Albert Vigoleis Thelen:
Die Insel des zweiten Gesichts
Aus den angewandten Erinnerungen
des Vigoleis

W0291389

Deutscher
Taschenbuch
Verlag

dtv

Ungekürzte Ausgabe
Mai 1990
Deutscher Taschenbuch Verlag GmbH & Co. KG,
München
© 1981 claassen Verlag GmbH, Düsseldorf
ISBN 3-546-49095-9
Erstveröffentlichung 1953
Umschlaggestaltung: Celestino Piatti
Gesamtherstellung: C. H. Beck'sche Buchdruckerei,
Nördlingen
Printed in Germany · ISBN 3-423-11207-7

umbrarum hic locus est, somni, noctisque soporae
Vergil, ›Aeneis‹

für Beatrice

Weisung an den Leser

Alle Gestalten dieses Buches leben oder haben gelebt. Hier treten sie jedoch nur im Doppelbewußtsein ihrer Persönlichkeit auf, der Verfasser einbegriffen, weshalb sie weder für ihre Handlungen noch auch für die im Leser sich erzeugenden Vorstellungen haftbar gemacht werden können. Im gleichen Maße, wie die Spaltung der ichverlorenen Gestalten größer oder kleiner zu sein scheint, unterliegt auch der chronologische Ablauf der Geschehnisse einer Umschichtung, die bis in die Aufhebung des Zeitgefühls gehen kann.

In Zweifelsfällen entscheidet die Wahrheit.

Prolog

Es hieße diese Aufzeichnungen mit Erdichtetem beginnen, wollte ich mich anheischig machen, nach zwanzig Jahren noch an den Tag zu bringen, wer mich auf der nächtlichen Meerfahrt mit ärgerer Tücke gequält hat: der gemeine Menschenfloh in dem von einem Matrosen entliehenen Schlafsack oder der garstige Traumalb, der mich in die Nicolaas Beets Straat nach Amsterdam entführte, wo sich das Grab über einer jungen Frau geschlossen hatte, deren Todesursache ich, Doppelgänger ihres treulosen Geliebten, geworden war. Ein schichtig-schauerlicher Anfang für ein Buch, könnte man meinen. Nun, es bleibt wohl bei diesem in der Ferne verzuckenden Wetterleuchten, und soweit ich als Autor ein Wörtchen mitzureden habe, glaube ich vorhersagen zu dürfen, daß es auf die lange Dauer gar nicht makaber hier zugehen wird, sehen wir von dem noch unabsehbaren Ende ab, wo Bomben platzen und der Haß, die Nacht, die Angst, kurz die Schießgewehre des spanischen Bürgerkrieges in Anschlag gebracht werden – lebt wohl, ihr Brüder, hier die Brust!

In diesem wie durch ein Wunder der Maria del Pilar von keinem Blei durchlöcherten Busen schlägt mein und meines Tragelaphen Vigoleis Herz noch unentwegt und unbewunden, heute wie zur damaligen Stunde, wo ich mich im Morgendämmer eines Sommertages von der Pritsche erhob und mit der zottigen Kotze auch das Geziefer und die Traumverstrickungen von mir tat, mich schüttelnd wie ein Pudel, der aus dem Wasser steigt. Meine Reisegefährten, die wie wir vor einer plötzlich einfallenden Nachtkühle Zuflucht gesucht hatten in den stickigen Verschlägen, wurden ebenfalls lebendig und gingen auf Kundschaft aus; diejenigen spanischer Zunge laut und sehr zu Hause auf den stampfenden Planken; ich und meinesgleichen indessen nur bedächtig, mit vorgestülpter Lippe gleichsam der neuen Welt den Geschmack abgewinnend. Und wer mir darin wieder am meisten glich, war Beatrice, die hiermit denn ihren sei es auch wenig feierlichen Einzug hält in dieses Buch, das sie bis auf seine letzte Seite nicht mehr verlassen wird. Allerdings wird sie sich erst in die neue Rolle einleben müssen, die ich ihr zuweisen will: Gestalt meiner Aufzeichnungen zu sein. Doch muß ich das, ehrlich gestanden, nicht selber auch? Unbeholfen im Leben, in das ich mich immer noch nicht eingelebt habe, des Lebens Untüchte wie ein Zeichen an der Stirn; Sterbling, dem jeder den Finger in die Wunde legen kann – soll ich da wendiger sein als »Held« eines Buches? Die Tatsache, daß ich 20 Jahre einen keineswegs alltäglichen Stoff mit mir herumgetragen habe, ohne ihn literarisch einzupökeln, könnte zu denken geben. Eingestanden: ich bin von nicht memoirenfähiger Geburt, und eine vielseitig verkrachte Existenz dazu – doch weniger noch war es die Angst vor dem bedruckten Papier, die mich abgehalten hat, wie jetzt hier übers Seil zu tänzeln. Wo aber Vigoleis mir zuweilen die Bürde tragen hilft, nimmt Beatrice alles allein auf ihre Schultern. Darum ist das Buch ihr auch gewidmet.

Auf größeren Meeren befahren, als es das mediterrane ist; der Sprache des Landes kundig und seit Jahren im Umgang mit Menschen vieler Stände und Rassen geschult; durch Inkablut zwiespältig und südlicher Art eben nahe wie überfremd, fand ich Beatrice nicht minder aus der Fassung geraten, als ich mich zu den Frauen wagte, die auf der Evangelienseite des Schiffes ihre Kambüsen hatten.

Mit Flöhen also und nach Geschlechtern getrennt, so segelten wir unter spanischer Flagge und spanischem Himmel der Insel entgegen.

Träume und Tierchen waren auch zu Beatricens Peinigern bestellt gewesen, aber nur die halbschlächtige Traumwelt hatte sich von der meinigen unterschieden, denn wo es sie sonst noch biß, biß es auch mich. Auch in ihren Schlaf war der Tod gedrungen, wie er der Mutter auflauerte, die wir, erblindet und einer schnellen körperlichen wie geistigen Verwüstung anheimgegeben, in Basel dem Schicksal hatten überlassen müssen.

Zwei Telegramme hatten im Abstande von wenigen Tagen unser Amsterdamer Leben in Unordnung gebracht, um nicht zu sagen aufgerüttelt. Das eine kam aus Basel und rief Beatrice an das Bett der erlöschenden Mutter. Das andere war in Palma auf der Insel Mallorca aufgegeben worden und lautete ebenso beschwörend wie gottergeben: »Liege im Sterben, Zwingli«, auf welchen Namen Beatricens jüngster Bruder getauft war. Dem galt es nun auch beizustehen. Wenn so die Wege sich scheiden, ist es schwer für ein Herz, den richtigen einzuschlagen. Einer Rücksprache mit den behandelnden Ärzten war es vorbehalten, die Entscheidung zu treffen. Sie lief schließlich darauf hinaus, daß die Mutter der Obsorge des zweiten Bruders anvertraut bliebe, den wissenschaftliche Bande sowieso in der Schweiz zurückhielten.

Mit diesem Entschluß war unser Inselschicksal besiegelt.

Erstes Buch

Gepriesen sei der Himmel nebst allen Heiligen, der uns endlich ein Abenteuer beschert hat, das etwas einträgt!

Don Quijote de la Mancha

Puta la madre, puta la hija, puta la manta, que las cobija.

Ein altspanisches Sprichwort

Jeder wird mit seinem Norden oder Süden gleich geboren, ob in einem äußeren dazu – das macht wenig.

Jean Paul

I

Ringsum hatte sich die graue Schicht der Nacht gehoben, als wir das Achterdeck betraten, unausgeschlafen, wie aus der Naht getrennt, leicht fröstelnd in der Brise, die den Kimm reinfegte und uns bald schon das Schauspiel der näher rückenden Steilküste Mallorcas bot. Am Vorabende hatte eine Trübung des Himmels den in jedem Reisehandbuch anempfohlenen letzten Blick auf die ins Meer versinkende Kette des sagenhaften Monsalwatsch verwehrt. Nun wurden wir reichlich entschädigt, und ich um so mehr, je weniger mich die Landschaft, das Schöne in der Natur als ihr großes Los zu fesseln vermag. Denn daß mir die Welt so hin und wieder durch ihre Laterna Magica eine berühmte Ansichtskarte in ihrer vorbildlichen Form vor die Augen stellt, ist nicht mehr als billig, sehe ich es von dem Standpunkte eines Beobachters, der sein Dasein immer noch nicht als eine kleine Vergnügungsreise mit Plaid und Parapluie auffassen kann. Ich bin kein Parvenu, ich wüßte ja nicht einmal, woraus und woran ich emporkommen könnte; aber so an der Reling neben Beatrice stehend, hatte ich alles an mir von einem eitlen Fant, der das, was ihm da geboten wird, schon tausendmal schöner und erhabener gesehen hat. Gesehen aber hatte ich in meinem Leben fast noch nichts. Ein paar Reisen in Deutschland, der Tschechoslowakei, in Holland und in der Schweiz, zu mehr hatte es nicht gelangt. Doch wäre das schon übergenug gewesen, hätte ich nicht ständig meine Augen nach innen gerichtet gehalten, auf die Landschaft meiner selbst. Da gab es fürwahr nicht viel zu besichtigen, verglichen mit der Loreley, den Tulpenfeldern in Lisse, dem Hradschin oder einem Luzerner Gletscherschliff mit Erklärungen von Professor Heim. Bei meiner Gletschermühle hätte auch der eingeschwätzteste Cicerone mit einem Mund voller Zähne dagestanden, denn da bot sich nur der Anblick einer Schlackenhalde, aus der freilich nie ein Escorial würde entstehen können.

Beatricens Begeisterung war groß und ungeteilt. Keine Vergleiche mit den Stationen ihrer weiten Reisen mischten sich in ihre Freude, die sich entzündete an jeder Farbenstrahlung, an einer Möwe, die einen Bissen Brot im kreischenden Taumel aus der Luft schnappte, am Spiel der Delphine und selbst am Kielwasser, das sich verbreiterte, je näher es dem Horizont kam und dort eins wurde mit einem aufwärts gerichteten Streifen Licht. Wie ich aber im akustischen Sinne amusisch bin, ist sie außerstande, sich mit der Feder ihrem musikalischen Gesetz entsprechend auszudrücken, sonst bäte ich sie, gleich hier eine Beschreibung des Sonnenaufgangs folgen zu lassen, die dem Grade ihrer damaligen Begeisterung entspräche, da vielleicht der eine oder andere Leser sie ganz am Platze fände. Sie wäre es und das um so mehr, wo jedem Mitfahrenden als einmalig erscheinen mußte, was sich bei einiger Gunst der Witterung allmorgendlich mit einer am Chronometer der Kommandobrücke zu überprüfenden Pünktlichkeit abspielte und Beatrice zu immer neuen Ausrufen der Ergriffenheit hinriß, bei einem sonst so verschlossenen Menschen eine merkwürdige Anerkennung der Leistungen unserer Allmutter Natur. Es gibt Orte auf der Welt, wo diese Mutter mit dem ihr eigenen, ob auch wenig mütterlichen schlechten Gewissen wettmacht, was sie an anderen Stellen dem Menschen an Schönheit vorenthält. Ein Sonnenaufgang zum Beispiel auf 9° 45′ 16″ nördlicher Breite und 2° 8′ 28″ östlicher Länge könnte mich für 365 alltägliche Sonnenfinsternisse in dem Kleinleuteviertel der dritten Amsterdamer Helmersstraße entschädigen, wenn mir an einem Aufgang dieses Gestirns überhaupt etwas gelegen wäre. Von mir aus kann es ewig unter der Wasserhöhe bleiben, solange ich das Geld aufbringe, meinen Bullerofen zu stochen und die Ampel zu speisen.

Viel der Worte fürwahr, sich an der Schilderung eines mittelmeerischen Fiat Lux vorbeizudrücken, das sich inzwischen mit allen Aus-, An- und Überstrahlungen soweit vollzogen hat, daß man mit Fug sagen könnte: es ist Tag. Sogar die Siebenschläfer sind nun aufgewacht und an Deck geeilt. Es wimmelt von Passagieren, Rufe fliegen hin und her, und mancher Mund bleibt einfach offen stehen, das Wort des Erstaunens kommt nicht mal mehr aus ihm heraus. Das ist die kindlichste und darum wohl göttlichste Art der Teilnahme an einem Phänomen der uns umgebenden Welt. Wir haben nur nicht den Mut, sie uns immer zu leisten, denn der offene Mund gilt als nicht fein. Wer ihn nicht halten konnte, erläuterte das Schauspiel, von einer stillen Andacht keine Spur. Viele Sprachen klangen durcheinander, doch schien mir das Spanische vorzuherrschen, was wohl darauf zurückzuführen ist, daß es meinem Ohre noch fremd war. Auch Englisch und Amerikanisch, was ich schon unterscheiden gelernt hatte, mischte sich in den allgemeinen Jubel der Tagwerdung, und dann Deutsch.

Neben uns wurde diese Sprache von einem Pärchen gesprochen, das mit erzwungener Ungezwungenheit den Zustand zu verbergen suchte, wo man das Licht eher scheut als sucht, besonders wenn es wie hier in einer so majestätischen Freigebigkeit von dem rasch steigenden Sonnenball auf uns alle niedergegossen wurde. Die beiden im sichtlichen Glück noch Unglücklichen hatten wohl nicht mit den Schmarotzern gerechnet, die da unten ihr Wesen trieben. Er nannte sie Lissy, und sie nannte ihn Heiner. Mit Heinrich und Elisabeth werden sie sich heute traktieren, wenn sie noch nicht gestorben sind. Meine Aufmerksamkeit vermochten sie nicht länger in Anspruch zu nehmen, als ich Zeit nötig habe, ihrer hier zu gedenken. Ich tue es auch nur der kosmopolitischen Palette wegen, auf die ich noch schnell eine ältliche Engländerin auftupfen will, die mit Beatrice ins Gespräch geriet und selig war, ihre eingefleischten »sightseeing«-Phrasen gegen ein höfliches Verständnis zwanglos einzutauschen. Sie »täte« die Insel, ja, allein – und mit solchen schlotternden Baumwollstrümpfen und dem unrasierten Kinn würde sie wohl kaum mehr einen Partner finden, der über ein »yes« und »no« der Unterhaltung hinaus an ihrem Leben Anteil nehmen möchte, weder außen, die Rente schien kümmerlich zu sein, noch innen, wo es trotz ihres gefältelten Lächelns muffig roch nach kleinstem Glück. Aber Engländer sind ja nie und nirgend allein, solange ihr Empire ihnen anhängt wie die sich verbreiternde Kette der Glieder am Kopf eines Bandwurms. Ich habe solcher Spinster im späteren Leben mehr getroffen. Sie sind zeitlos, wie die Spatzen auch sie an keinen Strich gebunden, und sie werden selbst die Ära ihres schlimmsten Feindes noch überleben, der da heißt: Nylonstrumpf.

*

Ebenso wie in dem Abteil des Zuges, der uns von Port-Bou nach Barcelona gebracht hatte, führten auch hier an Bord die Spanier das große Wort, von dem ich allerdings nicht ein Wörtchen verstand, zu meinem Leidwesen, denn ich bin neugierig. Menschenscheu wie wenige und ein Stubenhocker mit einem selbst unter Brüdern beneidenswerten Sitzfleisch – das mich zum Langstreckenübersetzer vorbestimmte, der ich heute bin –, habe ich aus der Not eine Tugend zu machen verstanden: wenn ich mich unter Menschen begeben muß, kommt meist etwas Ersprießliches für mich dabei heraus. Nimmer natürlich so viel, daß es meine eingeborene Abneigung gegen die Berührung mit der Außenwelt vergölte, aber gerade genug, mich wie in einem Netz vom Sturz aus der Einsamkeit aufzufangen. Noch eine Weile schwanke ich dann hin und her, wie ein Stehauf-Fallum-Männchen, bis ich wieder in mir selber abgeschieden ruhe.

Taurollen, Pappschachteln, verbeulte Koffer, Kratten und Korbflaschen, was immer als menschenmögliche Sitzgelegenheit dienen konnte, war von einer an Zahl reichen spanischen Familie zu einer Art Wagenburg zusammengestellt worden. Dort hauste man, als gelte es eine Überfahrt von Wochen und nicht von zehn gezählten Stunden; das Kroppzeug lausefrech; die Frauen, verschiedenen Alters und wenn's darauf ankäme einander noch mehr ausstechend hinsichtlich der weiblichen Reize, keifend und scheltend mit einem unermüdlichen Maulwerk; und ein Mann, der wie auf Todesanzeigen Vater und Bruder, Großvater, Schwager und Onkel, mit einem Wort, die ganze Versippung in einer und eigener Person zu sein schien, den Stamm überragend mit seinem Wuchs und einer sich in alle vier Winde geltend machenden Autorität. Das war ein Schauspiel, das mich mehr fesselte als die hochzeitlichen Bettgelüste des aus dem Flohsack vertriebenen Menschenpaars, die keiner Worte bedurften, oder der wortreiche Verzicht der einspännigen britischen Dame – von Sonne und Meer schon ganz zu schweigen.

Wie in einer kleinstädtischen Randarena wurde mir da eine Szene aus dem spanischen Familienleben vorgeführt, ich brauchte nur meinen Stehplatz zu beziehen. Eines erkannte ich auf den ersten Blick: das war alles ganz anders, als es in meinem elterlichen Hause gewesen war, dies Wohl und Wehe am offenen Herd, lauter, freier, aufgeschlossener in jeder Beziehung. So einen Vater hätte ich haben müssen, der mit zugeschnittener Eleganz und erstaunlicher Zielsicherheit im Kreise der Lieben herumohrfeigte, ohne auch nur bei einem einzigen Schlage so lächerlich zu wirken, wie es unsere Prügler im Norden immer sind. Denen fehlt nämlich das quijotische Wissen, daß jede Maulschelle, auch trifft sie mitten aufs Maul, einen Schlag ins Leere bedeutet. Während er so wie aus dem Stegreif seine Strafgerechtigkeit walten ließ, schüttete er sich aus einer besonderen Spritzflasche, von der noch die Rede sein wird, dem Porrón, roten Wein in die Gurgel, die den Strahl glucksend verschwinden ließ. Er erhielt aber einen Stoß aus dem Hinterhalt von einem Sproß, der Vater und Mutter sehr wenig ehrte, weshalb ihm wohl kein langes Leben beschieden sein konnte, und der Strahl ward aus seiner Richtung abgelenkt. Beispielhaft indes parierte die väterliche Kehle den Hieb, indem sie einen Teil des Gusses auffing wie ein Fliegenschnäpper die Fliege; der Rest verspritzte im Zuschauerraum, genau dahin, wo ich stand. Tosender Jubel begrüßte die Weintaufe des Zaungastes. Bei einer so deutlich an den Tag gelegten Gewandtheit im Umgang mit Sudelgut mußte es für mich damals rätselhaft sein, wie denn die tausend Flecken zu erklären seien, die den spiegelnd schwarzen Tuchanzug des Familienoberhauptes verunzierten. Die Lebensregel des Spaniers, nicht das Schlachtopfer seiner eigenen Kleidung zu werden (no hay que ser victima de su traje), kannte ich natürlich nicht, sollte sie freilich bald an Rock, Weste und Beinkleid einer hinkenden Gestalt dieser Aufzeichnungen kennenlernen.

Und was alles hätte aus mir werden können, wäre ich gepäppelt und auferzogen worden von einer Mutter jener gleich, die da mit jedem gewatschten Sprößling Front machte gegen den despotischen Vater, ihrerseits wieder ohrensausende Backpfeifen austeilend, die zwar weniger trafen, dafür aber mit um so größerem Wehgeschrei eingesteckt wurden. Sie kamen aus anderen Gefühlen heraus, vielleich sogar aus dem Herzen, und richteten sich an andere Grundsätze der Erziehung. Diese Spaltung schien also international zu sein, das heißt fast menschlich. Am Ton und der ganzen Pinselführung dieses Familienglückes gemessen, war die meine verkehrt gewesen, und darum bin ich auch das geworden, nur das, was sich hier auf dem Papier auslebt – kein Konquistador, kein Kathedralenbettler mit der Allüre eines spanischen Granden, kein Stiegenschuster mit mehr Weisheit im Pfriem, als Vigoleis sie im Schädel hat. Das soll kein Rechten mit dem Schicksal sein, noch auch mit Gott, der schon gewußt haben wird, warum er mich nicht als jenen frech gegen den Mast pinkelnden Knirps aus der schwimmenden Wagenburg auf seine Alltagswelt hat kommen lassen.

Gespeist wurde in diesem improvisierten Lager mit aller Ergiebigkeit. Dinge kamen da aus Körben und Felleisen hervor, die ich nicht einmal dem Namen nach kannte. Öl wurde auf dunkles Brot geschüttet, ein grünes Gemüse benebst Zwiebeln darauf geschnetzelt, Oliven, Kichererbsen und kleine Krabben machten die Runde, ein Huhn wurde entzweigerissen und unter das nimmersatte Volk verteilt. Der Rest war namenlos, damals wenigstens, wo ich noch kaum über Mutters Topf hinausgeschaut hatte, der bei Gott nicht schlecht war, aber eben schrecklich teutsch und gut vaterländisch verankert in der Miete des Knollengewächses, von dem der zu Unrecht immer noch als Materialist verschriene Nahrungsmittelforscher Moleschott einmal gesagt hat, daß derjenige, der sich 14 Tage lang ausschließlich von ihm ernähren wollte, nicht mehr in der Lage sein würde, es sich zu verdienen. Das ist mir aus der Seele gesprochen, denn ich mag sie nicht, diese unbegeistete Tuberkel, die es fertiggebracht hat, die gesamte abendländische Kultur zu unterwühlen. Vielleicht gelingt es jetzt dem nach ihr benannten Käfer, ihrer Vorherrschaft ein Ende zu bereiten. »Ohne Phosphor kein Gedanke«, ich halte mich wieder an Moleschott, und ohne die Kartoffel? Immerhin ist es ihr gelungen, meine Aufmerksamkeit für eine Weile von dem iberischen Picknick abzulenken, das auf einer Küchenkunst aufgebaut war, die weit über das Maß meiner Dinge hinausging.

Hier aß man anders, hier sprach man anders, hier züchtigte man anders – ich würde umlernen müssen, das erkannte ich klar in der Stunde, wo ich einer Nation so unverblödet in den Haushalt sehen konnte, während die »Ciudad de Barcelona« die Nordwestküste der Insel umsegelte, um am Kap von Calafiguera vorbei in die Bucht von Palma einzulaufen, und Beatrice der Reisegefährtin unentwegt ihr als Gesellschafterin im tauben Zuhören geschultes Ohr lieh, ohne indessen den Anblick zu versäumen, den die immer schneller auf uns zuschießende Insel bot.

*

Mit dem entsagend liebenswürdigen Stolz vieler Jungfern Menschen gegenüber, die als Paar auftreten, und dem auch hier das Quentchen Mitleid den Stich ins Hochmütige lieh, entfernte sich die Engländerin, als ich an Beatrice herantrat, um sie mit in meine Freilichtbühne zu nehmen. Das würde sie mehr ablenken, denn was in ihrem Inneren vor sich ging, las ich mit einem Blick von ihren streng gewordenen Zügen ab. Je mehr wir uns von ihrer hinscheidenden Mutter entfernten, je näher rückte das Lager des im Sterben liegenden Bruders. Ob er noch lebte? Wir hatten telegraphische Nachrichten nach Basel und postlagernd nach Barcelona erbeten, doch hatte man uns die ganzen Tage im ungewissen gelassen über sein Schicksal. Mit »man« meine ich die Direktion des Hotels »Principe Alfonso« in Palma de Mallorca, dessen Erneuerer, Manager und schweizerischer Allerweltsorganisator Zwingli geworden war. Dieses Hotel war darum auch der Endpunkt unserer Reise, obwohl uns deutlich war, daß der auf den Tod Erkrankte dort nicht mehr weilte. Er würde in einem Krankenhause liegen. Kein Hotel in der Welt kann es sich erlauben, einen Todeskandidaten unter seinem Dache zu beherbergen, und wäre es der Besitzer selbst. Die Gäste, sonst auf Rangunterschiede sehr bedacht, heben in solchen Fällen jede Trennung auf und machen ihre ungeschriebenen Rechte geltend: der Sterbende wird über die Hintertreppe durch die Tür für Lieferanten hinausgeschafft wie Müll und schmutzige Wäsche, woran sich nicht besaltern soll, wer vorne unter Bücklingen ein- und ausgelassen wird. – Kurz vor der Einschiffung hatte ich in Barcelona ein Telegramm an das Hotel aufgegeben und ein Doppelzimmer bestellt. Das weitere würde sich finden.

Der Freilichtzirkus hatte sein Programm abgewickelt, man brach die Zelte ab, packte den Troß zusammen, alles drängte sich an die Reling, um keine Szene von dem erregenden Schauspiel zu verlieren, das jede Hafeneinfahrt bietet.

Ungefähr eine Stunde schon hatte die Kathedrale von Palma den Hintergrund des Bildes beherrscht, erst nur als großartiger Klotz, goldbraun, von der Sonne angeschienen, die Gliederung der Baute noch verborgen unter der alles gleichmachenden Lichtfülle. Je näher wir indessen kamen, um so deutlicher trat jedes Maßwerk in den Blick. Die mathematische Ordnung des Aufrisses wurde erkennbar. Der gotische Flug gen Himmel, ich entsinne mich gut dieses ersten Eindruckes, den ich näher kommend gewann, wird auf die Erde herabgezogen, er bleibt an den Stein und in den Stein gebannt, alswie auch selten der Vers eines iberischen Mystikers sich vom Wort loszulösen vermag. An die irdische Flur gebunden, steht diesem Geist der Himmel offener als in den sonnenarmen Zonen, wo Nebel schwelen und das Auge Dinge gewahrt und das Herz Dinge wähnt, die jenseits der Grenze von Erkenntnis und Liebe sind – wo man Gott nicht schaut. Kant wäre als Sproß meiner Wagenburg ein philosophierender Sattlergeselle geworden, der heilige Johannes vom Kreuz unter einem nordischen Himmelslicht nicht über ein barfüßiges Dasein als singender Minderbruder hinausgekommen. Zum Glück aber für beide gehen solch spekulative Umpflanzungen nur in meiner Einbildung auf – und auch da nur als Krüppelstaude, denkt der Leser, der nicht gerne mit den wilden Gänsen um die Wette lebt und das Kräutlein hütet, wo er's trifft.

Das Gedränge an der Wallseite des Dampfers wurde ungemütlich. Auch wir hatten unsere Siebensachen zusammengestellt. Die Geschwindigkeit des Schiffes fiel ab, dafür bewirkte nun die optische Täuschung infolge der griffnahen Küste den Eindruck eines immer rascheren Nähergleitens. Der Schwarm der Möwen war größer geworden. Beutelüstern kamen die auf der Insel heimischen dem Schiff entgegengeflogen und lotsten es sicher in den Port. Es war sechs Uhr in der Früh, sieben nach meiner Zeitrechnung. Ich war den Spaniern also doch um etwas voraus, sei es auch einzig auf der Kommunionuhr meiner Großmutter. Das Landungsmanöver war in vollem Gange, die Maschinen stampften bei jeder Umschaltung der Schraube, Schreie, die wohl Befehle waren, flogen hin und her, Ketten rasselten, Winden kreischten im Gezwänge, ein großes Chaos schien entstanden zu sein. Auch hier berührte es mich wieder eigentümlich, daß eine erfahrungsmäßige Verrichtung, zu der es keiner Einsicht in die Gründe mehr bedarf und die sich Tag für Tag in denselben Handgriffen und Hebelstellungen und um dieselbe Stunde wiederholt, alle Mann an Bord und unter Deck vor bislang nie gelöste Aufgaben zu stellen schien. Die Angst vor einer Mechanisierung der Welt ist unbegründet, solange der Mensch auf der eingefahrenen Bahn des Alltags noch entgleisen kann; und wenn er obendrein noch Verwünschungen ausstößt, ist beileibe nicht alles verloren. Der Erlegene flucht nicht mehr, denn wen sollte er mit seinen Fuhrmannsgebeten noch spornen? Hier aber wurde geflucht, daß Gott und dem Teufel die Ohren geklungen haben werden. Wie schade, daß ich den Sinn der Flüche nicht verstand, die immerhin bewirkten, daß die »Ciudad de Barcelona« nicht am Pier von Palma zerschellte. Ohne Zweifel aber würde ich den erprobten Wortschatz in Zwinglis Fluchlexikon finden, wenn dieser noch unter den Lebenden weilte oder denn sein Nachlaß mir zugänglich gemacht werden könnte. Seit vielen Jahren arbeitete der Schwager nämlich an einem internationalen »Compendium Maledictionum«, für das er schon ein umfangreiches Material zusammengetragen hatte. Meine erste Bekanntschaft mit ihm geht auf dieses fluchmäulige Unternehmen zurück. Als Student in Köln hatte ich ihm meine Mitarbeit für den deutschen Teil zugesagt, wobei ich dann auf dem Wege oder Umwege über den anderen Bruder an die Schwester geriet, ohne daß ich bis zur Stunde auch nur ein einziges Mal Gelegenheit gehabt hätte, diese Begegnung mit einer Vokabel aus Zwinglis Lexikon zu verwünschen.

Nun schwiegen die Maschinen, der Boden unter unseren Füßen erstarrte, er war fast schon festes Land. Das Schiff wurde an der Mole vertäut, die Laufplanke an Bord gezogen, Polizei und Zivilgarde mit den drolligen, hinten abgeplatteten Lackhüten, die ein Schläfchen im Stehen gegen die Wand ermöglichen, betraten das Schiff und sammelten die Pässe der Passagiere ein. Da wir niemanden am Hafen unser wartend wähnen durften, brauchten wir auch nach keiner Seele Ausschau zu halten, wodurch unser Landungsfieber nicht den hohen Grad erreichte, wie wir ihn bei anderen Mitfahrenden beobachten konnten, die mit Hilfe von Fernstechern nach den Ihrigen Ausschau hielten. Unser Fieber war durch eine andere Dringlichkeit bedingt.

Seit der Abreise aus Basel hatten wir in endlosen Leerlaufgesprächen die Mittelmeerreise mit allen Stationen ausgebildet. In Palma an Land gesetzt, würden wir ein Taxi nehmen und gleich ins Hotel »Principe Alfonso« hinausfahren, falls wir nicht den Hotelwagen selbst erwischen könnten. Es mußte sich übrigens um ein Haus erster Klasse handeln, das außerhalb der Stadt irgendwo am Meere gelegen war. Weiter reichten unsere Kenntnisse nicht, denn Zwinglis spanische Briefe hatten sich fast ausschließlich mit Weibergeschichten befaßt. Obliegenheiten und neue Umstände seines Berufes, der ihn unerwartet aus Rom nach Mallorca verschlagen hatte, blieben Nebensache. Wo der äußere Beruf nicht mit dem inneren übereinstimmt, und das war bei Zwingli der Fall, ist es auch unwichtig, wie man sich seiner Verpflichtungen entledigt, die das tägliche Brot auf den Tisch bringen müssen, das nur der im Schweiße seines Angesichtes verzehrt, der es mit der linken Hand erntet.

Aber da, auf dem Wall, meiner Treu, ist das nicht – da müßte mich schon der ausgeschämteste Affe necken . . . Ich rieb meine Augen, aber warte, Beatrice hat bessere –

»Beatrice, sieh mal, da rechts, nein weiter, ja, wo der Mann mit dem weißen Kittel steht, neben der Handkarre und dem Stapel Körbe, das ist doch Zwingli, oder ich sehe Gespenster am hellen Tag!«

»Zwingli? Dann siehst du wirklich Geister, Vigo; oder Doppelgänger. Doch dünkt mich, du hättest an deinem aus Amsterdam genug. Muß nun der Ärmste auch schon einen haben? Komm, bemühen wir uns um unser Gepäck, winke einem Dienstmann, ›mozo‹ heißen sie hier, wir wollen keine Zeit verlieren. Mir ist so bange, hoffentlich kommen wir nicht zu spät. Das Gedränge wird widerlich. Nirgendwo kommt der Pöbel im Menschen so stark zum Ausdruck wie auf Bahnhöfen und an Schiffsländen.«

Während dieses Zwiegespräches hatte sich die am Pier gestaute Menge wieder verschoben, und so sehr ich auch meine Augen über die Köpfe gleiten ließ, ich konnte Zwingli nirgends mehr finden. Hatte ich doch eine Gespenstererscheinung gehabt? Ich hatte keine Zeit, solchen Gedanken nachzuhängen. Das viele Gepäck, auf jeden von uns kamen etwa sechs nach Größe und Art verschiedene Kolli, schubste ich mühsam vorwärts, denn einen Träger hatte ich nicht erwischen können, obwohl ich mehrmals das Wörtchen ›mozo‹ über das Geländer gerufen hatte. Vermutlich sah ich den Gäuchen nicht zahlungsfähig genug aus, die sich jetzt mit geübten Beinen über die Bordwand schwangen. Vielleicht hätte Beatrice mehr Erfolg gehabt. Sie trug wieder ihr hochmütig-abweisendes Gesicht als Einspruch gegen die proletarische Welt, die hier alle guten Umgangsformen außer acht ließ, um so rasch wie möglich an Land zu kommen. Wo gestoßen wird, soll man zurückstoßen: wir können es beide nicht, richtiger wollen es nicht, sie aus überwiegend ästhetischen, ich aus überwiegend fatalistischen Bestimmungsgründen. Auf diese Weise verpaßt man Züge und andere Anschlüsse des Lebens, und bei einer Ausschiffung geht man als Letzter über die Planke – was einer gewissen Vornehmheit freilich nicht entbehrt.

Je mehr es um mich tobte, je mehr mich die quetschende Schar mit der Ellenbogentheologie der christlichen Nächstenliebe an den Schwanz des sich an Land würgenden Schubes drängte, um so tiefer sank ich in mich ein. Der Traum gewann plötzlich wieder die Oberhand. Flugs geleitete mich Zwinglis

Doppelerscheinung über Länder und das Meer hinweg in die kleine Mansardenstube auf der Nicolaas Beets Straat in Amsterdam. Dort war ich Zimmerherr einer Madame Perronet gewesen, einer verwitweten Französin, die nach dem Tode ihres Mannes ihren Lebensunterhalt als Hospita verdiente. Dreizehn Wochen weilte ich als Hausgenosse unter ihrem sturmfreien Dach. Ein paar Tage vor unserer überstürzten Abreise nach Basel ereignete sich die in ihrem blinden Ungefähr so erschütternde Befahrnis mit meinem zweiten Gesicht.

Es war an einem Samstag, des Mittags gegen vier. Für den Abend erwartete ich Beatrice, welche die Nacht über bleiben würde. Madame Perronet war einkaufen gegangen, von den anderen Zimmerherren war keiner im Hause. Es klingelte, und in der heimlichen Hoffnung, es möchte Beatrice sein, ging ich an die Treppe, die Tür mit der langen Schnur aufzuziehen. Wer weiß, vielleicht hatte sie sich früher von den schwierigen Obliegenheiten ihres Berufes freimachen können, der darin bestand, die selten liebwerten Kinder im Ixschen Hause gegen den schauerlichen Ungeist der Eltern zu erziehen.

»Françoise!« klang es zu mir herauf, aber ich sah niemanden. Ich ging einige Stufen tiefer, um durch den Stiegenschacht sehen zu können, wer da unten stünde. Die holländischen Treppenverhältnisse, die dadurch entstehen, daß jeder seine eigene Vordertüre haben will – wo die hintere sowieso allen gemeinsam ist –, bringen es mit sich, daß man von oben kaum sehen kann, wer unten Einlaß begehrt. Ich selbst, durch das einfallende Licht geblendet, sah auch nicht deutlich, wer in der Leibung der Haustüre stand. Wohl hörte ich einen Schrei, und die Tür schlug zu.

Ich maß dem Vorgang keine Bedeutung bei und setzte mich wieder an die Maschine, um das letzte Kapitel eines Werkes zu übersetzen, das mich damals sehr beschäftigte, ich meine den ›Karneval der Bürger‹ von Menno ter Braak. Fragmente des Buches hatte ich in einer Zeitschrift gelesen, mich an der schriftstellerischen Technik geärgert und nicht viel von dem Ganzen begriffen. Dennoch kaufte ich das Buch, weil mich die romantische Grundhaltung ansprach, aus der heraus der ewige Streit zwischen Geist und Seele, Leben und Tod, Bürger und Dichter mit den einseitigen Mitteln einer glänzenden Dialektik behandelt wurde. Das Abenteuer fesselte mich um so mehr, wo es nach Nietzsche und, glaubte ich damals, Novalis hinüberwies. Um mir Rechenschaft von dieser Begegnung zu geben, beschloß ich, den ›Carnaval‹ in meine eigene Sprache zu übersetzen. Das Ergebnis war überraschend: in elf Tagen schrieb ich, was ich nicht zu verstehen glaubte, so vom Blatt in die Maschine hinein. Allerdings mußte ich die Nächte in meine Arbeit einbeziehen, was zu Reibungen mit der Hospita führte, da ein Zimmernachbar sich über den Radau meiner ausgeleierten Schreibmaschine beklagte. Nach zehn Uhr abends stellte ich darum die Maschine aufs Bett, zog schalldämpfende Wände aus Kissen um sie herum, kniete davor und schrieb bis zum Morgengrauen weiter. In solchen Nächten der Nachschöpfung merkte ich, daß mein Nachbar, ein Stellenvermittler für deutsche Dienstmädchen, sich auch im wahrsten Sinne des Wortes in seinen Beruf hineinkniete, wobei das Bett ebenfalls als Unterlage dienen mußte, nur daß sich der andere Vermittler nicht die Mühe nahm, con sordino mit seinem Original zu üben – eine Karnevalsmoral, die dem gelehrten Verfasser viel Spaß bereitete, als er von dem nächtlichen Werdegang der Übersetzung erfuhr.

Beatrice kam zur festgesetzten Stunde und eröffnete mir, sie habe sich genötigt gesehen, den Dienst bei der Familie Ix aufzusagen, da man ihr verweigert habe, ein paar Wochen einzig ihrer Sorge um Mutter und Bruder sich hinzugeben. Telegramme, die könne jeder schicken . . . Das änderte unsere Pläne dahin, daß wir Holland endgültig verlassen wollten, ein Land, wo auch Herrschaften sich der Hintertreppe zu bedienen schienen.

Mitten in der Nacht wurden wir aus dem Schlafe geweckt, an der Tür wurde geklopft. Mein erster Gedanke war: Sittenpolizei. Seit je hat Amsterdam den Ruf, eine unzüchtige Stadt zu sein, obwohl dieser Zweig einer nächtlich urbanen Betriebsamkeit sich nicht des Scharms rühmen kann wie Paris. Und so schien mir meine Liebe in dem riesigen Bauernbett, das Madame Perronet eines Tages in meine Mansarde hatte stellen lassen, eine verbotene Handlung, wie ja Liebe überhaupt verboten ist, die nur die Wege des Herrgotts wandelt. Im selben Augenblick, die Tür war nicht verriegelt, betrat die Wirtin das Zimmer. Ihr Gehaben war seltsam, das Negligé zeugte von Bestürzung, verstört blieb sie vor unserem Bett stehen, Tränen flossen die Wangen hinunter. Sprechen konnte sie nicht. Dann brach sie zusammen. Ich schlug einen Mantel um ihre Schultern und wartete, bis sie unter Beatricens geübter Sorge wieder zu sich kam. »Oh, elle est morte«, stöhnte sie mehrmals, »morte, la pauvre fille.« Dann berichtete sie:

Als ich auf der Zimmersuche bei ihr angeklingelt hätte, wäre der bare Schrecken in sie gefahren, denn aufs Haar gliche ich einem Schiffsoffizier, der auf einer ostindischen Linie fahre. Er sei einer Freundin anverlobt gewesen, die wenige Häuser weiter wohne. Vor einem Jahr habe er das Mädchen sitzenlassen, das heißt, er sei nie mehr zurückgekommen, auch kein Lebenszeichen habe er mehr geschickt. Sie, Madame, habe sich das Herzeleid der Freundin so zu Herzen genommen, daß sie auf eigene Faust nach dem Treulosen habe fahnden lassen, doch ohne Erfolg. Es hieße, er fahre noch bei derselben Kompagnie, aber ausschließlich in den indischen Gewässern. Als ich dann mit meinem vorstehenden Kinn – »un peu brutal, mais pas du tout de boxeur féroce« – die Treppe heraufgekommen sei, habe sie nur mit Mühe ihre Erregung meistern können – da käme er also, der Liebesflüchtige, in der befremdenden Vermummung von Lodenmantel und Schlapphut – meinem damaligen weltschmerzlich-intellektualisierenden Ornat – zu ihr, um sie wohl zur Vertrauten seiner Ränke zu machen, und dann hätte sie auf halber Treppe erkannt, das Opfer einer Täuschung geworden zu sein.

Ich sagte, mich zu erinnern, wie wenig freundlich sie mich empfangen habe, was ich indessen meinem linkischen Französisch zugeschrieben hätte. Nun sei es just mein Parlieren in ihrer Sprache gewesen, was sie für mich eingenommen habe, meinte sie; es sei in seiner abstrusen Verbogenheit und total unfranzösischen Sensibilität so charmant gewesen, »et l'est toujours, Monsieur!«, daß sie alle Bedenken des Augenblicks beiseite geschoben habe: den Doppelgänger einer hundsföttischen Kanaille zu beherbergen.

Das Ehebett anstelle des einschläfrigen Ledikants war nur ein kleiner Beweis der Zuneigung, die die Hospita für mich an den Tag gelegt hat.

Ich wußte, daß Madame seit dem Tode ihres »pauvre Perronet« nur noch zwei Wesen hatte auf dieser Welt, an denen sie hing, ihren gewaltigen Kater Melchisédech und eine Freundin, Trüüs, die ich seltsamerweise nie zu Gesicht bekam, die sitzengelassene Geliebte. Unsere erste Begegnung hatte an jenem Mittag stattgefunden. Sie, Madame, hatte sich bei den Einkäufen verspätet, das Mädchen sei gekommen, ich hätte die Tür von oben wie üblich aufgezogen, und da habe Trüüs im halben Dunkel der Treppe in mir den Verlobten gewähnt und denken müssen: aus Indien zurück und in heimlicher Liebe der Freundin verbunden! Verrat! Zu Hause habe sie ein paar verstörte

Worte des Abschieds an die Eltern geschrieben und dann den Gashahn geöffnet. Den Rest habe die Polizei und der städtische Sanitätsdienst erledigt. Man habe sie aus dem Bett geholt und zur Identifizierung der Leiche in die Wohnung der Freundin gebracht. Sie habe als mutmaßlichen Grund der Tat die Begegnung mit mir zu Protokoll gegeben, ich müsse mich sonach auf ein Verhör gefaßt machen. Tatsächlich kam am folgenden Tage ein Kriminalbeamter und nahm mich in Augenschein. Von vorne und im Profil verglich er meinen Kopf mit einer Anzahl photographischer Aufnahmen des Seemannes. Das Ergebnis fiel ganz zu seiner Befriedigung aus: ich hatte den Selbstmord des Mädchens auf dem Gewissen.

Dieses zweite Gesicht, frei von allen spökenkiekerischen Phänomenen, die unter diesem Begriff seit Samuel Johnson gemeinhin verstanden werden; das mich im Schlafsack schon bestürzt hatte: aufs neue betrat es mich, durch Beatricens Bemerkung über den Doppelgänger ausgelöst, als ich mich Schub für Schub der Laufbrücke näherte. Wieder sah ich mich auf den Albumblättern der Toten in der Hand eines Polizisten, einen Vigoleis im Offiziersrange der niederländischen Handelsmarine mit goldenen Tressen, Armaufschlägen und Tellermütze. Selbst meine Mutter hätte mich für ihren verlorenen Sohn gehalten, überglücklich, daß er es zwar nicht zum frommen Kaplan – den Bischofsstab schon unter der Soutane tragend, um der Tradition des Hauses gerecht zu werden –, wohl aber zu einer seetüchtigen Charge gebracht habe, die sich auch sehen lassen kann. Denn welche Mutter zeigt gerne einen Sohn herum, der, statt es zu etwas zu bringen, die Erzeugnisse seines Fleißes in den Ofen schmeißt? Als Seemann führe er auf allen Meeren, irdischen gewiß und ohne die Pensionsberechtigung auf die Ewigkeit – es wäre so übel nicht. Ach, liebe Mutter, für einen geistlichen Herrn war meine Brust zu eng und für einen Schiffer nicht rauh genug. Ein paar Verse, mehr ging nicht hinein, und ein paar Haare, mehr findet sich nicht darauf. Eine Tatauierung mit den Sinnbildern der göttlichen Tugenden hätte sie nicht einmal ausgehalten, ganz zu schweigen von der bläulichen mit dem nackten Weib ... Meine spanischen Traum-Kameraden auf der Kommandobrücke der »Ciudad de Barcelona« waren ohne Zweifel eleganter, sie schienen auch bärbeißiger zu sein, als wir Milchgesichter es waren, und sie entsprachen ganz der Vorstellung, die ich mir, durch die Piratenlektüre meiner Jugend unterstützt, von meinem verfehlten Berufe herangebildet hatte.

Daß ich nun weder ein spanischer noch ein holländischer Seefahrer war, hatte einem Menschen das Leben gekostet, in Vigoleisischer Logik denn, die um so weniger schließend ist, je mehr ich mit meiner Phantasie den Denkgesetzen ein Schnippchen schlage.

*

»Vigo! Olá! Vigoleis! Vigolo!«

Ich hatte Beatrice aus den Augen verloren und gewahrte sie erst, als ich meinen Namen rufen hörte. Aber die Stimme scholl von der Mole herüber, beide schauten wir gleichzeitig in die Richtung, aus der es wieder klang: »Vigoleis! Olá! Vigo, Vigolo!«

Weit hinten in einem Haufen Leute stand er wieder, unser sterbender Zwingli, oder sei es der Mensch, der sich für ihn ausgab oder den ich für ihn hielt. Ich muß vorsichtig sein, um nicht einem Geiste das Leben einzuhauchen, das einem anderen gehört. Aber der da, ein schmutziger Mensch übrigens, ist doch wohl nicht Zwingli, wie ich ihn aus Köln und von einem eleganten Besuch in meinem elterlichen Hause in Erinnerung habe, der lässig hoffärtige Dolmetscher von Kuoni und Cook, – und doch! Und doch!

»Beatrice, wenn der da hinten nicht dein Zwingli ist, dann will ich . . .«

Ja, was wollte ich damals sein, ich weiß es bei Gott nicht mehr. Immerhin etwas sehr Gewagtes, so sicher war ich mit einem Male, daß der Mensch – und dann hatte ich gerade noch Zeit, Beatrice aufzufangen, die taumelnd auf einen Koffer sank. Auch ich war erschüttert, nicht durch Zwinglis Auferstehung von den Toten, aber daß eine Frau, der ans Unwahrscheinliche grenzende Begegnisse widerfahren waren auf ihren Reisen, zumal als Gesellschafterin von Millionärsgattinnen, denen das vergoldete Ehebett nur noch als Sprungmatratze diente ins adulterale Vergnügen mit Giftmord und Erbschleicherei, daß so jemand aus der großen Welt, die ich nur aus Romanen kannte, hier nun wie das klassische Häufchen Elend auf einem Gepäckstück saß, es brachte mich aus der Fassung. Gewiß war der Abschied von der Mutter im Basler Spital schrecklich gewesen. Erst am Tage, wo ein Telegramm die Erlösung meldete, hat sie mir die letzte Stunde am Bett der Dahindämmernden mit einer bei ihr ungewöhnlichen Beharrung im Schmerz zu schildern gewagt – und mir nichts Neues berichtet. Darnach die Reise, auf die sie sich innerlich nicht hatte einstellen können, einem neuen Abbruch entgegen: so löste sich die Familie Glied für Glied auf. Der Vater war in den Pampas von Argentinien am Flecktyphus gestorben; Mutter und Kinder mit der einbalsamierten Leiche im Packraum desselben Paketfahrers nach Europa zurückgekehrt. Dazu ein Dasein an der Seite ihres geliebten Vigoleis, der sie immer in einer Art Angstfieber hielt, seit sie ihn im heiligen Köln aus den Fluten des Vaters Rhein gezogen hatte, wo sich der unverbesserlich fröhliche Weltverneiner ertränken wollte, in einer rückfälligen Anwandlung, dem Schöpfer als leicht zu ersetzender Statist in dessen großem Welttheater kontraktbrüchig zu werden. Das heißt, genau genommen kann von einer solchen Verfehlung nicht die Rede sein, sei es denn als theologisierende Schönrednerei, denn ich stehe in der Schöpfung drin wie ein in die stramme Haltung hineingeprügelter Gardist des Alten Friedrich, obzwar mit dem bemerklichen Unterschiede, daß Vigoleis eine bessere Miene zum bösen Spiele macht als jene historischen langen Kerls.

»Das Riechsalz!« – denken die Leser, »warum hält der Tölpel seiner Dame kein Prestonsalz unter die Nase?«

Lieber Leser, den Tölpel nehme ich im Augenblick ohne Widerwort hin, aber das Riechsalz ist eine Fehlleistung. Es steht nicht in meinem Taschenkalender unter »Erste Hilfe bei Unglücksfällen«, so daß ich auch nie welches bei mir habe. Und dann mußt Du bedenken, daß Beatrice mir das Flakon höflich aus der Hand genommen hätte, um es ins Meer zu versenken. Du kennst sie noch zu wenig, sie ist eine zeitgemäße Frau mit Herrenschnitt und epilierten Augenbrauen, der wir die kleine Schwächeanwandlung schon zugute halten müssen, um so mehr, wo sie bei ihrer zuweilen ins Komische entartenden Höflichkeit – hinter der sich Verachtung verbirgt, aber das merkst Du erst später – auch noch um Entschuldigung bäte für die Unpäßlichkeit, ahnte sie, daß man von ihr an dieser Stelle ihres Lebens, die auch eine meines Buches geworden ist, keine private Müdigkeit erwartet.

»Ja, es geht schon wieder. Wenn ich was Warmes in den Magen kriege, ist der Taumel behoben. Gehen wir an Land. Die Passage ist frei.«

Ein Träger hatte sich doch noch unseres Gepäcks angenommen. Ungerufen wie ein Kölner Heinzelmännchen schleppte er alles auf die Mole, wo der Mann Zwingli wieder stand und mit gebieterisch ausgestrecktem kleinen Finger der rechten Hand

Weisungen unterstrich, die in einem klangvollen Spanisch erteilt wurden. Alles ging wie am Schnürchen, und dann standen Bruder und Schwester einander gegenüber.

Wir schreiben A. D. 1931, mit dem Sturz der Monarchie ein denkwürdiges Jahr in der Geschichte Spaniens, und mit seinem Sturz in die Welt Don Quijotes ein denkwürdiges Jahr in der Geschichte unseres Vigoleis. Und wir schreiben den 1. August, einen Tag, an dem alle Schweizer wo auch in der Welt Glanz in die eidgenössischen Augen kriegen und stolz sind, Kinder ihres Ländlis zu sein. Hier standen ihrer zwei, aber eine Fahne wurde nicht gehißt, auch kein Alphorn geblasen, nicht einmal ein Tüchli wurde ans Auge geführt, was man nach einer so rätselhaft gescheiterten Leichlege wohl hätte erwarten dürfen.

Vigoleis holte tief Atem. Er sog die Lungen voll mit der meergewürzten mallorquinischen Luft. Fünf Jahre wird er sie atmen dürfen, bis ihn das Finis Operis neuen Schicksalen in anderen Breiten und Höhenlagen von Leib und Seele zuführt.

Adelante! Vorwärts!

II

Bruder und Schwester standen einander gegenüber, doch brauchte ich nicht rücksichtsvoll auf die Seite zu treten und mich um unser Gepäck bemüht zu zeigen, noch ist der Leser gehalten, eben von der Lektüre aufzusehen, um den Gefühlsaustausch zweier Menschen nicht zu stören, die unter so fremdartigen Umständen ein Wiedersehen am Rande des Grabes feiern, dessen Stein wer weiß welcher Engel hinweggewälzt hatte.

»Salut, Bé, Salut, Vigo! Schön, daß ihr gekommen seid! Als ich euch nicht gleich aus dem Schwarm herausfand, der täglich unsere Insel überschwemmt, dachte ich schon, ihr wäret im ›Barrio Chino‹ von Barcelona ins Garn gegangen. Da verschwinden nämlich jährlich mehr Menschen, als die Polizei wahrhaben will. Gut gereist, Bé, an der Seite deines weltfremden Kavaliers?«

Vier Jahre hatten wir einander nicht mehr gesehen, und nun gestaltete sich die Begrüßung so, als hätten wir am Vortage noch auf Zwinglis Bude im Hause des Totengräbers Firnich von Köln-Poll gesessen und Flüche in die Zettelkästen eingetragen oder über Dostojewskij philosophiert, der das Leib- und Magenthema des bildungswütigen Jünglings war.

»Aber Zwingli, was ist denn los mit dir? Und wie du aussiehst! Du bist ja am Verkommen! Was bedeutet dies alles, und das Telegramm, du lägest im Sterben! Weißt du, wie es um unsere Mutter steht? Ist Nachricht aus Basel da?«

»Bice, meine Liebe, Schwesterchen, Sorellina, du scheinst mich wieder einmal wörtlich genommen zu haben«, entgegnete Zwingli in einem sehr weichen, wie ich mich später belehren ließ: toskanischen Italienisch, wie überhaupt die Zwiegespräche der sprachbegabten Geschwister immer übergangslos in vielen Zungen geführt wurden, was mir, dem dermalen noch einzüngigen Kiek-in-die-Welt, mächtig imponierte. Allein mit Rücksicht auf mich, den Schreibtischphilologen, fiel Zwingli zuweilen herablassend ins Deutsche, das ihm zwar geläufig von den Lippen ging, nicht aber ohne die rollenden Rrr und die Kehlgeräusche, die ein Vermächtnis seiner eidgenössischen Geröllhalde waren, um ein Wort meines verehrten Dichterfreundes Albert Talhoff zu gebrauchen, der es als Schweizer ja wissen muß.

». . . wieder einmal wörtlich scheinst du mich genommen zu haben, Beatrice, Bice, Bé, als wäre ich eine Textstelle der Schrift, wo es so gar nicht gemeint war. Mein Sterben ist geistiger Art, seelischer genau genommen, das Luder ist nämlich total ungebildet und obendrein noch Analphabet.«

Ich spitzte die Ohren. Welches Luder? Ha, ein Weib natürlich, an dem er zugrunde ging. Beatrice sagte nichts. Sie war bleich, um ihre Mundwinkel, die immer im Schatten von ein paar Schnurrhaaren liegen, einem untrüglichen Zeichen ihrer Rasse, zuckte es. Die Unterlippe war vorgeschoben, es ging also um in ihr. Zwingli sollte sich vorsehen und nicht gleich mit der Tür ins Haus fallen.

»Im Bett, entschuldige«, fuhr Zwingli unbeirrt fort, wie jemand der seinen geweisten Weg geht, »ist sie großartig, ohne die geringste Übertreibung eine Uroffenbarung im Sinne der Genesis, aber der Rest . . . für den habe ich euch kommen lassen, wir werden das alles glänzend arrangieren, so daß jeder das seine kriegt. Du einen Flügel, Musik fehlt mir hier am meisten, und Vigo eine Stube, wo er hocken kann, ich habe an alles gedacht, wie ihr seht. Schwesterchen, komm an mein Herz!«

Nun erschrak ich. Zwinglis Herz war für meine Begriffe ein wenig weit, gewiß aber lauter wie gepochtes Erz. Nur die Hülle war nicht in einem Zustande der Sauberkeit, der es Beatricen erlaubt hätte, es an die eigene Brust zu nehmen. Sie mag den

Schmutz nicht und weicht ihm aus, wo es eben angeht. Würde sie jetzt den Bruder . . .?

Doch bevor es zu einer geschwisterlichen Berührung kommen konnte, rief eine Stimme:

»Don Helvecio!«

Zwingli, der auf diesen Namen zu hören schien, ließ die schon ausgebreiteten Arme sinken und wandte sich einem Manne mit blauer Drillichhose, bunter Bauchschärpe und einem noch verwegeneren Halstuche zu, der jetzt an ihn herantrat und etwas mit ihm besprach, was ich natürlich nicht verstand.

Don Helvecio? Hatte ich recht gehört, war der Schwager mit diesem Namen angesprochen worden? Und plötzlich zuckte erneut der Gedanke in mir auf, hier das Opfer einer satanischen Mystifikation geworden zu sein. Auch Beatrice gab mir mit einem rasch zugeworfenen Blick zu verstehen, daß irgend etwas nicht in Ordnung sei. War ihre Zurückhaltung der untrügliche Instinkt gewesen, der sie vor dem Usurpator des Bruderrechts warnte? Aus späterem Wissen will ich gleich hier die Lage klären. Zwingli wurde auf der Insel von jedermann der Schweizer schlechthin genannt, wie man das in Deutschland ja auch bei Kuhmelkern und im Stadtstaate des Vatikans bei Türhütern und Leibgardisten tut. Daraus hat sich dann das Appellativum »Helvecio« gebildet, mit dem »Don« die geläufige Form der spanischen Anrede für Angehörige eines höheren Standes. Das Wort Zwingli ist für eine spanische Zunge zudem nicht mühelos auszusprechen. Hier darf ich wohl des weiteren vorwegnehmen, daß man mich später in weiten Kreisen als den »alemán católico«, den katholischen Deutschen zwar nicht anredete, doch andeutete, eine doppelte Fehlbezeichnung, denn wo mit katholisch »allgemein« gemeint ist – das bin ich weder in räumlicher noch in zeitlicher Beziehung, und das andere, ein Römling, bin ich eigentlich nie gewesen.

Erneut hob Zwingli den kleinen Finger der Rechten um seine Weisungen zu erteilen, und nun sah ich an dessen letztem Gliede das Instrument seiner Macht über die Kobolde der Insel: den etwa anderthalb Zentimeter langen, mit dem schwarzen Lack der Ungepflegtheit unterlegten Nagel, der vorne ein klein wenig nach oben aufgebogen stand. Ein solches Pfriemhorn, welches nachts mit einer silbernen Scheide gegen das Abbrechen gesichert zu werden pflegt, hindert den Träger an jeglicher körperlichen Arbeit und zugleich ist es der sich daraus ergebende Ausweis für eine höhere Nichtstuerei, ein Standesattribut also, das man nicht unterschätzen soll. Bei Zwingli war es allerdings so unbeschnitten, wie ich es bei keinem Vaganten mehr gesehen habe.

Erstaunlich, was so ein Stückchen Horn alles bewirken kann, wenn Finger mit abgenutzten Nägeln in seinen Bannkreis kommen! Hier regten die Hände sich flink und verstauten unser Gepäck in einem Automobil, das sich sofort mit viel Gestank und Lärm entfernte. Wieder hob sich der Nagel und bedeutete einem riesigen Hispano-Suiza vorzufahren. Ein Mann in gelbem Overall riß den Schlag auf. Der Chauffeur, in weißem Staubmantel und mit weißer Tellermütze, würdigte uns keines Blikkes. Ohne Zweifel hatte er uns als Letzte das Schiff verlassen sehen, und nun waren wir für ihn die gediegene Herrschaft, die Zeit und somit auch Geld hat. Er wußte, was sich ziemt. Wir stiegen ein.

*

»Und wie du nur aussiehst!« hatte Beatrice bei der Begrüßung sich nicht enthalten können zu sagen, sie, die selten Kritik an den Mitmenschen äußert, weil die wenigsten ihr nach Wort und Werk einer solchen wert erscheinen. Sie muß also den Bruder sehr lieben, oder dieser hat fürchterlicher ausgesehen, als aus meinen Worten zu entnehmen war. Wie sah er denn aus? Na, wir wollen uns den Schwager einmal mit eigenen Augen und vorurteilsfrei betrachten.

Als ich gegen Ende des ersten Kapitels seiner ansichtig wurde, habe ich zur Umschreibung seiner Erscheinung das Wort »schmutziger Mensch« gebraucht, und Beatrice zieh ihn statt eines Kusses oder auch nur eines Freudenschreis: Daß du noch lebst!, der Verkommenheit zieh sie ihn, so auf den ersten Hieb – und wie ich jetzt die Schilderung auch beginnen möge, vom Scheitel bis zur Sohle oder von dieser bis in die pechschwarze Haartolle hinauf, an der sich seit Monaten keine Schere versucht haben konnte, es bleibt bei dem peinlichen Wörtchen und dem, was es schonungslos bedeutet: Zwingli war es, er war verkommen, heruntergekommen, vom Pferd auf den Esel und vom Esel auf den Hund, äußerlich von einer beängstigenden Augenfälligkeit, und innerlich wohl auch. Doch soll uns im Augenblick nur der äußere Mensch beschäftigen. Wie sehr freilich der innere Zwingli geschrägt werden mußte, wird der Verlauf der Geschichte zur Genüge erhärten.

Ein launenhaftes Spiel des Blutes, das nicht nach Ländern,

sondern nach Erdteilen abgeschätzt werden will, hatte auch Zwinglis Physiognomie den hervorstechenden Ausdruck verliehen, der nicht mehr ohne Mühe einrassig einer Landschaft zugeordnet werden konnte. Im großen Raume der Völker gesehen, war so etwas wie ein lateinisches Passepartout-Gesicht entstanden, das den Träger in Italien gern zum Italiener, in Spanien zum Spanier stempelte, nie aber in seinem Urkanton zum biederen Eidgenossen. Ein an das Phänomenale rührendes Vermögen, sich ganz in die Denkart des Landes einzuleben, in dem er gerade weilte, brachte eine Angleichung zuwege, die ihn auf spanischem Boden zum waschechten Spanier hatte werden lassen, bis in einen Grad, der es zuweilen nötig machte, seine Nationalität an Hand des Passes nachzuweisen. Das »Luder« hat ihn denn auch immer für einen eingekauften, einen sogenannten Papierlischweizer gehalten. Wie bei einem Spanier schimmerte sein Bart ins Blaue, wenn er unrasiert war, und das war er schon seit vielen Tagen, so daß man hätte glauben können, er wolle sich den Bart überhaupt stehenlassen wie ein Naturmensch oder heute ein Existentialist, was auf dasselbe hinausläuft. Vermutlich war auch daran die geheimnisvolle Schlunte, das »Luder« schuld, und was wissen wir, vielleicht wollte es an ihrem Helvecio noch etwas haben, woran auch oberhalb der Decke zu ziehen wäre – warum nicht? Frauen sind rätselhaft in ihrem Spieltrieb. Die Männer hingegen noch unergründlicher, wenn sie das Opfer solcher Katzen werden, die an einem Knäuel nicht genug haben.

Es ist gesagt worden, daß Zwingli einen führenden Posten in einem großen Hotel auf der Insel bekleidete, dem »Principe Alfonso«, das sich nach dem Sturze seines Taufpaten, des XIII. dieses Namens, mit einer kleinen demokratischen Mogelei »Principal Alfonso« nannte. Zwingli hatte, gestützt auf die jahrhundertealte freibürgerliche Überlieferung seiner Heimat, diesen Trick ersonnen. Ein hoher Posten also im Gastgewerbe, und man weiß, was das bedingt: Lackstiefel und schwarzes Tuch, die gestreifte Hose, den Schwalbenschwanz oder gesäßfreien Rock, das Hemd mit gesteifter Brust, gesteiften Manschetten, die aber längst keine Röllchen mehr sind wie bei einem verklepperten Oberlehrer, der sich das Hemd noch über den Kopf ziehen muß. Halsbinde: ein diskretes Grau, das ins Silber spielt, mit schwarzen Tupfen, reine Seide, wenn möglich und also vom Seiden-Grieder in Zürich. So steht man, das Mindestmaß vorausgesetzt, den Herrschaften aus aller Welt zu Diensten, ein Lächeln auf den Lippen, die Verbeugung nicht zu tief ins Untertänige gehend, dazu sind die niederen Grade der Beflissenheit in Reih und Glied vorhanden, und die Nelke im Knopfloch als Sinnbild der Standesgleichheit, die bei Geübten ihres Fachs nicht einmal durch die bis in die Spitze reichende Trinkgeldfrage ins Welken gebracht werden kann.

Das »Luder« aber, und der Leser wird merken, daß hier wieder späteres Wissen an der Schilderung beteiligt ist, diese Person hatte aus dem international anerkannten Typus eine Zille-Karikatur gemacht, ein aus der Gemeinschaft ausgestoßenes Wesen, mit Tendenzen einer Käthe Kollwitz und der Bitterkeit des galicischen Meisters Castelao in der Strichführung; einen Menschen, möchte ich sagen, der seine private Meinung nicht mehr unter der Zwangsjacke des Frackhemdes erstickt; dessen Herz unter dem zerknitterten und zerknüllten Brustlatz nicht mehr für den Dienst schlägt – ob auch kaum für sich selbst, wenigstens sah es so aus –, der, mit einem Wort, ein dextrinfreies Privatleben hat, dem wir jetzt im Hispano-Suiza des Hotels entgegenfahren. Muß ich nun noch auf die Flecken des Kostüms eingehen, die ausgetretenen Stiefel, deren Lack geborsten war, die Brustpartie des Hemdes, dessen Manschetten royal auf die Handrücken fielen, ohne sich groß von der Farbe der speckig gepaspelten Rockärmel zu unterscheiden? Ich meine, es ist alles gesagt, und wir können Beatrice nur noch mehr bedauern.

Nähe der Stadt. Schöne Lage am Meer gelegen. Süd-Seite – großer Park. Fünf Minuten vom Badestrand. Elektrische Bahn vor der Tür usw., so heißt es in den Prospekten des Hotels, wo wir bald im »Zimmer mit Bad« mit dem Dreck der Meerfahrt auch die sittlichen Spritzer von uns abspülen können, die wir im Augenblick der Landung abbekommen hatten. Unsere Kotbleche waren mangelhaft, schlimmer, wir hatten überhaupt keine, ich würde mich mit dieser Frage beschäftigen müssen, sie soll mein erstes Anliegen sein, wenn ich weiß, wo wir hingehören und wie alles abläuft; wenn ich meine Stube zum Hocken habe – wie nett von Zwingli, auch das zu berücksichtigen. Er ist doch ein charmanter Kerl, ein wenig verlottert, ja ein bißchen viel selbst, Beatrice mag das gar nicht, aber sie hätte doch um ein Fältchen lieber zu ihm sein können, wo er nicht tot war, denn dann wäre es ganz schlimm geworden. Dahinter steckt natürlich eine Schöke, das »Luder«, da bin ich neugierig. In Köln hatte er auch so eine, wir Studenten haben Stielaugen gemacht, nachher ist sie dann mit dem Totengräber ins Bett gestiegen, sie sei sadistisch geworden, meinte Zwingli lakonisch, sie brauche das Leichenhafte, was er ihr nicht geben könne. Keine Träne! Ich wäre vor Kummer bleichsüchtig geworden. Zwingli nicht, er packte seine Koffer und ging nach Brüssel, und da war wieder eine Affäre, und er ging nach Rom, angeblich wegen seiner archäologischen Interessen, aber sicher wollte er nur Frauen ausgraben, hatte er ausgraben wollen, denn nun war er ja hier, mit einem Weib zwischen Gänsefüßen, und wir hätten keine Vorurteile. Das mußte etwas ganz Riskantes sein.

Ich war plötzlich sehr müde. Beatrice neben mir war auch sehr müde, und Zwingli vor uns auf dem Klappsitz schien auch sehr müde zu sein. Im Coupé war es still. Wir vernahmen keinen Laut von der lebhaften Unterhaltung, die zwischen Fahrer und Palefrenier im Gange war. Der Kraftwagen stammte noch aus der Zeit des Klassenkampfes, eine Wand trennte die dienenden vom bedienten Stande. Im Sprachrohr steckte eine Wurst aus violettem Samt und machte die Scheidung noch vollkommener und sogar hochherrschaftlich. Eine halbe Stunde, schätzte ich, dann sind wir draußen und werden wieder demokratisch. Schade drum, denn ich habe aristokratische Neigungen, die ich an der nicht ganz sauberen Scheibe ein wenig befriedigen durfte. Sollte das hier, Vigoleis, die erste Sprosse auf dem Hühnerwiemen deines neuen Lebens sein?

*

Es war acht Uhr, eine Stunde, wo schon sehr viel Sonne auf allem lagert; und sie flitzte zu uns in den Wagen herein, der eigentlich wie das Gefährt mit den Leidtragenden in einem Begängnis sehr langsam hätte fahren müssen. Die Begräbnisstimmung ließ sich nicht leugnen. Selbdritt waren wir von ihr angesteckt, schwarze Gardinen und ein wenig Trauerflor, und die Bestattung I. Klasse wäre vollständig gewesen, bis auf den Toten! Aber der lebte, und darum konnte der Hispano-Suiza Vollgas geben, ohne pietätlos zu sein. Wir sausten mit einer rasenden Geschwindigkeit, fast nichts war zu erkennen von dem, was rechts und links an Spanischem vorüberflog, und ich hätte mir doch so gerne das eine oder andere merken wollen für meine Briefe. Drei Minuten, nicht länger kann es gedauert haben, da wurde es plötzlich dunkel im Coupé. Zu beiden Seiten rückten Häuserwände beängstigend an die Schutzbleche heran, das wird Schrammen geben, dachte ich, da hielt der Wagen mit einem Ruck. Wir schossen nach vorne und wären mit unseren Köpfen durch die kapitalistische Scheibe geflogen, wäre das Automobil nicht von der

Luxusklasse gewesen, die inwendig genügend Raum bot für eine gefahrenfreie Beförderung. Vornehm allerdings war diese Art des Vorfahrens nicht mehr. Vielleicht hatte das Hotel keine Rampe. Wir werden ja sehen.

»Nous voilà«, sagte Zwingli und klopfte an die Scheibe. Vermutlich hatte er unterwegs eine Besorgung zu machen. Der Schlag flog auf.

Beatrice rührte sich nicht, und da ich der Auffassung war, daß es sich hier um eine Sache unter Geschwistern handelte, wollte ich noch weniger tonangebend sein, als es mir gemeinhin liegt. So beharrte auch ich in der schweigenden Haltung, zurückgelehnt in eine Mulde der Polsterung, die viele feine Leute da für mich hineingedrückt hatten. Ich liebe ausgesessene Sessel, die dadurch erst richtig eingesessen werden.

Die Zauberzinke war kein Sesam für unsere Herzen, das hatte Zwingli bald erkannt, weshalb er dem »voilà« erläuternd hinzufügte: »Sie wohnt doch hier, wir haben hier eine Etage.« Und nach einer Pause fuhr er fort: »Es ist nur so hundsmäßig früh, da schläft sie noch«, und dabei kratzte er sich vor Verlegenheit den Kopf. Ein großer Schuppenfall setzte ein, man hätte einen Weihnachtsbaum mit dem schimmernden Gneist einschneien können, eine Kerze dazu, und es gäbe doch noch ein stimmungsvolles Wiedersehen. Arme Schwester eines Bruders, den du so liebst!

Eine Schar zerlumpter Kinder quetschte sich ins Spalier, als die Herrschaft aus der Limousine stieg und hinter dem Gastherrn ein Portal betrat, in das der Schlag des Wagens tief hineinragte, so schmal war die Gasse. Bei Regenwetter die ideale Anfahrt!

Mit wenig standesgemäßen Fußtritten vertrieb der Palefrenier die gaffende Schar aus der Vorhalle, in der unser Gepäck aufgetürmt war. Der bunte Dienstmann saß dabei und drehte sich eine Zigarette mit der linken Hand, eine Kunst, die auch Zwingli zu üben verstand. Nur nicht mehr Gliedmaßen in den Dienst des Lebens stellen, als notwendig ist. Jetzt aber half ihm weder diese kleine Fingerfertigkeit noch der Wundernagel über das Unbehagen hinweg, das ihn zu bedrücken schien. Er war nicht mehr der selbstherrliche Don Helvecio, nach dessen Nagel die Heinzelmännchen des Hafens tanzten. Immer kleiner und unscheinbarer wurde er, als wir hinter ihm die Treppe hinaufstiegen, bis er plötzlich überhaupt verschwunden war. Er hatte sich aus dem Staube gemacht. Die okkulten Wissenschaften sprechen in solchen Fällen vom Phänomen der Desmaterialisation, das noch viel seltener vorkommt als das Erscheinen von Geistern. Mit den nötigen sichtbaren Mächten im Bunde lassen sich die unsichtbaren schon herbeizitieren. Aber einen Menschen von Fleisch und Blut, dem ich auf dem Fuße folge, ins Nichts versinken zu lassen, das ist höheres Blendwerk, bei dem der Teufel seine Hand im Spiel hat. Der Teufel? Sollte es nicht weit eher das »Luder« sein, das, mit parapsychologischen Kräften ausgestattet, nun die Verflüchtigung ins Nada bewirkte, wo es schon die Verwandlung des eleganten Jünglings in einen schäbigen Hafensteher und Übelriechenden auf dem Gewissen zu haben schien? Und wenn Zwingli sowieso nur sein eigener Widergänger wäre, dann stünden wir vor einem Falle von doppelter Levitation, mit denen sich Forscher wie Driesch oder Dessoir beschäftigen sollten.

Ein paar Stufen weiter emporgestiegen, und Beatrice mitsamt ihren mediumistischen Fähigkeiten war auch verschwunden, und wieder eine Stufe, und ich sah nichts mehr von mir selbst! Nur das in der Beklemmung heftig klopfende Herz verriet mir, daß ich noch nicht entstofflicht oder zu einem Spuk von Gustav Meyrink geworden war. Einen Spiegel hatte ich nicht zur Hand, sonst hätte ich feststellen können, ob ich nicht schon die Totenmaske trüge, das hippokratische Gesicht, wie die Ärzte das so schön bezeichnen.

Wenige Sekunden nur dauerte das geisterhafte Zwischenspiel, dann drang ein Geräusch an mein Ohr, ein irdisch alltäglicher Klang, wie wenn ein Schlüssel in einem Schloß gedreht würde. Eine Tür wurde aufgestoßen, Licht fiel in das Treppenhaus zwar schwach, indessen genügte es, uns alle der Wirklichkeit zurückzugeben. Ich hatte die Kräfte der geheimnisvollen Schläferin überschätzt.

Der Mann mit der bunten Hosenschärpe schleppte wieder Koffer, und als alles drinnen war, blieb er wartend stehen. Zwingli tat einen Griff in die Hosentasche, die sehr tief zu sein schien, bodenlos wohl, denn die Hand verlor sich, noch ein paar rettende Bewegungen machte sie, und kam dann nicht mehr zum Vorschein. Die meinige war nicht so unergründlich und zudem mit Peseten gut gefüllt. Ich gab dem Heinzelmann eine Handvoll, womit ich ihn zugleich aus dem Zauber der Märchenwelt in seine schürgende Leibhaftigkeit zurückversetzte, in der er sich übrigens wohler fühlte. Er nahm das Geld, grinste und verschwand. Nun trat ich ein. Ich war, »wo sie doch wohnt«, gestrandet an dem Ufer einer fremden Liebe.

Beatrice hatte sich auf einen Stuhl gesetzt und zündete sich eine Zigarette an. Zwingli schloß die Tür. Ich lehnte mich gegen die Wand. Es war wieder wie in Köln-Poll, und doch ganz anders.

Die Straße, in der uns die Limousine abgesetzt hatte, war die Calle de la Soledad. Soledad heißt Einsamkeit, Vereinsamung, Öde; aber auch Heimweh, Verlangen, Trauer und Klage kann es bedeuten – ein in der iberischen Mystik erheblicher Begriff. Auf dem spanischen Lebenswege des Vigoleis wurde sie die erste Anlände. Sie sollte es nicht lange bleiben. Der Grund war nicht ankerfest, und sein Lebensschifflein bekam wieder Trift, und unkundig der Untiefen in den fremden Gewässern strandete es abermals.

III

Wie zu den Dauben der Reif und zur Ehe der Ring gehört, so gehört zur Insel die Inzucht: sie sollen das Gefaßte zusammenhalten. Inzucht bei Tier und Mensch und auch im Geistigen kann zu Höchstleistungen führen, wie sie die Zerstreuung nie erreicht. Man denke an Pferderassen, hochgezüchtete ägyptische Königskinder, an mystische Dichtungen, und, auf Inseln bezogen, die uns hier interessieren, an die Menschen etwa des kleinen Eilandes Marken, die sich seit Jahrzehnten mit geschwellter Brust den Fremden in beliebter Tracht als Attraktion feilhalten. Als ich zum ersten Male in meinem Leben unter solchen nur inwärtig versippten Inselgeschöpfen weilte, kam ich mir wie ausgestoßen vor, was ich auch war, und lange Zeit schämte ich mich meiner festländischen Spielart. Ich hatte den Eingeborenen ja nichts zu bieten. Bewußte Inzucht ist immer der Beweis, daß geringschätziger Stolz und berechnende Habsucht Hand in Hand gehen.

Da Mallorca eine Insel ist, läßt sich auch hier das genannte Phänomen beobachten, obwohl es mich im Laufe der Zeit mehr an ihrem Licht als den Bewohnern gefesselt hat. Am Licht? Der Leser stutzt vielleicht, denn gemeinhin ist von einer Inzucht des Lichtes nicht die Rede. Ich verstehe darunter die eigentümlichen Beleuchtungsverhältnisse, die sich dadurch ergeben, daß die verschiedenen Arten des Schattens sich vermengen. Schlag- und Eigenschatten, Kernschatten und Halbschatten begatten sich gewissermaßen und erzeugen so, vom Dunkel her, das Rätsel des Insellichts. Hunderte Maler aus aller Welt haben ihren Augen nicht getraut, als sie es zum ersten Male erblickten. Einigen ist es gelungen, das Erlebnis auf der Leinwand festzuhalten. Unter diesen Glücklichen tat sich ein Japaner hervor, der schon viele Jahre auf der Insel lebte und sie auch nie mehr verlassen wollte, bis der Bürgerkrieg ihn vertrieb. Er hieß, in Übersetzung, »Drei Wölkchen«, war leicht wie diese, und seine Bilder atmeten den transparenten Hauch des Inseläthers. Denn die Durchsichtigkeit der Atmosphäre, erklärte er mir, sei so einmalig, daß nicht einmal in seiner Heimat ähnliche Schichtungen die Voraussetzungen schüfen für das, was ich die Inzucht des Lichtes nenne, eine Terminologie, die ihn nebenbei bemerkt amüsierte.

»Wolkenlose Tage mehr als 170, Regentage nicht mehr als 70, Nebel 4 oder 5 Tage im Jahr«, ich halte mich strikt an die Prospekte und ändere nichts aus eigener Erfahrung, die wie aller Schein trügt, das sind die klimatologisch notwendigen Voraussetzungen, unter denen sich das Wunder begibt und Erd- und Himmelreich Töne hervorzaubern, deren Augenblickspatina alles möchte ich sagen in den Schatten stellt, wozu die Natur sonst Jahrhunderte nötig hat.

Ein wenig von diesem geheimnisvollen Licht weste auch im Vestibül der Person, in dem wir uns befanden. Ich sage Person mit dem Nebenbegriffe der Geringschätzung, wie er sich seit einer Ewigkeit schon in die Sprache eingeschlichen hat, wenn das weibliche Geschlecht bedeutet wird. Indem er sie »Luder« nannte, hatte Zwingli selbst die Persönlichkeit seiner Gefährtin zur Person erniedrigt, oder erhöht, bringen wir in Anschlag, was er über ihre Bettfähigkeiten angedeutet hatte. Wir werden ja bald dahinterkommen, in welchem Sinne die Luderei gemeint ist. Luder als Kosewort für Liebchen? Oder verbirgt sich ein Straßenaas dahinter, ist ein liederlicher Lebenswandel gemeint, müssen wir schon die Nase rümpfen? – Wie gesagt, im Vorraum war eine Handvoll von dem berühmten Licht, und es stimmte mich gleich zur Andacht, aber auch nachdenklich. Warum geizte man hier mit einer Himmelsgabe? Tapeten, die hätten verschießen können, waren nicht vorhanden. Die Wände waren weiß getüncht, wie ich es in meiner Heimat nur von Ställen und Kellergeschossen gewohnt war. Nun hatte ich schon zur Genüge erfahren, daß ich mein Eichmaß hier zum alten Eisen werfen konnte. Ich würde mich an den neuen Standard ebenso gewöhnen müssen wie an das zugemessene Licht des Raumes – das mich wohl zu inkommodieren scheine, meinte Zwingli. Dunkler wolle ich es gewiß nicht haben, und heller, ja, dann könnte ich was erleben. Ob ich denn nie von Fliegen gehört hätte, einen Spalt mehr und wir würden alle miteinander aufgefressen!

Fliegen, das war's! Die große Plage der Sonnenländer, von der ich einen Vorgeschmack auf dem Dampfer bekommen hatte! Sie lieben das Dunkel nicht, aus dem sie hervorwimmeln. Lichtwesen wie wenige und die dem Tage aufgeschlossensten Kreaturen der Schöpfung, sind sie die Wonne der Welt, die fluggewordene Freude am Geschöpflichen schlechthin. Mit ihren kosmopolitischen Neigungen und der ins Billionenhafte gehenden Kindeskinderschaft sind sie ein schönes Sinnbild für den Glauben an die Zukunft, das manchen Frommen beschämen könnte. Und doch ist sie von den Menschen nicht gemocht, sei es auch nur, wenn sie als Masse auftritt. Aber in dieser Potenz leidet der Mensch seine Mitmenschen ja noch viel weniger, nach der Ausrottungsraserei zu schließen, die er gegen Seinesgleichen richtet. Ein Mensch, und wir wollen ihm gut sein. Millionen Menschen, und wir besegnen uns und sinnen auf ihre Vernichtung. Eine Fliege, an einem melancholisch summenden Sommermittag, allein mit ihr und einem Band Gedichte in der Stube, wer vermöchte ihr ein Leid zu tun, wenn sie um eine imaginäre Mitte ihre Spiele treibt, wo auch wir um eine Mitte kreisen, die wir wohl ahnen, nicht aber bestimmen können? Doch zu Tausenden, dann saust die Klappe und spritzt das Blut. Der Mensch ist dem Menschen ein Moloch und der Fliege ein Hund, der nach ihr schnappt.

Mit dem Licht hatte die Frau auch die Insekten aus dem Raume verbannt. Die Läden mit den sich gegenseitig deckenden, unbeweglichen Stäben, Persianas geheißen, ließen den im schnellen Steigen begriffenen Tag nur mit der Streubüchse herein, und das hing sicher auch noch mit der Liebe zusammen. Liebe, das wissen wir alle, scheut das Licht. Nur das rote ist ihrem verworrenen inneren Getriebe gemäß; es regt die biochemischen Vorgänge an, deren sie bedarf, um aus der platonischen Abgeklärtheit in die Leidenschaft eines Triebs zurückzufinden, wozu es allerdings meist des Lämpchens nicht mehr bedarf. In diesem Zusammenhange betrachtet ist es mir ein Rätsel, warum man gerade die erste Farbe des Sonnenspektrums als Stopplicht im modernen Verkehr hat wählen können. Im verlockenden Schein der roten Ampeln geht es doch immer am flottesten zu. Aber da werfe ich eine Frage auf, die viel weiter verzweigt ist als nur in die sinnfälligste optische Etymologie. Es ist ein existentielles Problem, auf das Jean Paul-Sartre mit seinem Pariser Vorzugsrecht vielleicht noch einmal antwortet. Rot bedeutet natürlich auch Gefahr, und da will ich weniger laut eine Monopolstellung befürworten, die dem Licht der freien Liebe zukommt.

Meine Augen hatten sich bald an die milde Dämmerung gewöhnt, die wie aus den Lichtgaden einer Basilika fließend den Raum erfüllte. Und da war viel zu füllen, denn er war fast leer. Möbel standen nur wenige darin, es war ja auch wohl kein als Aufenthaltsort gedachtes Zimmer. Ich sagte, es sei ein Vestibül, obwohl man auch diese Bezeichnung beanstanden könnte. Eine Bank, deren Sitz und Lehne aus weich gedrehtem Bast oder Stroh bestanden, ein paar Stühle, ein Tisch mit einem seitlich angebrachten Abstellbrett, so daß das ganze Möbel, als Tisch zu klein und als Etagere mißglückt, eher an ein Auslegerboot der Karolinen-Insulaner erinnerte, und zwei in ihrer Überlebensgröße waghalsige Ständer, auf denen künstliche Palmen prangten, das war alles. Diese nicht einmal meisterhaften Nachahmungen zauberten indes mehr subtropische Pracht und Stimmung in den Raum, als es die wie täuschend nachgemacht wirkenden echten Palmen im Wintergarten des Amsterdamer Hotels Krasnapolsky vermögen. Es kommt ja immer nur darauf an, zu wissen, in welchen Dienst die Täuschung gestellt wird. Ich kenne Menschen, die so sehr ihrer eigenen wächsernen Panoptikumsfigur vorausleben, daß kein Wachsfigurenkabinett es sich leisten könnte, das Original auf den Sockel zu stellen. An den Wänden hingen ein paar Gemälde, die aber weniger gelungen waren, was ihre nachäffende Magie betraf. Weder die Südfrüchte verlockten zum Anbeißen, noch ließen die eingeschlagenen Farben selbst einem kunsthistorisch wenig geübten Auge den geringsten Zweifel offen, es mit Öldrucken zu tun zu haben. Von der Decke herab hing ein Kandelaber, der wie ein Schinken wirkte, hauptsächlich weil er mit einem Tüllsack verhangen war.

Eine einzige Fliege nur kreiste um den Lüster. Sie war allem Anscheine nach entartet, denn sonst hätte sie das Düster gemieden und wäre durch einen Spalt der Schlagläden ins Freie gewichen, um sich zu ihrem Schwarm zu schlagen, der um diese Tageszeit die Fleischbänke des Marktes heimsuchte.

Zwingli unterbrach die Stille, indem er sich räkelte. Laut gähnend, zog er sich die Jacke aus, er machte es sich bequem, brauchte er doch unseretwegen nicht mehr die Honneurs des fürstlichen Hotels zu machen; und die der Straße der Einsamkeit, die macht man – aber um das zu schildern, muß ich einen Augenblick historisch werden.

Als Erzherzog Albrecht von Österreich, Statthalter der spanischen Niederlande, im Sommer des Jahres 1601 die Stadt Ostende zu belagern begann, gelobte Isabella, die Tochter Philipps II., welche dem Gemahl die Niederlande als Brautschatz zugebracht, daß sie ihr Hemd nicht eher wechseln wolle, bis sich der Platz den Spaniern übergeben habe. Am 20. September A. D. 1604 erfolgte die Einnahme der Feste. Mehr als drei Jahre hat Isabella ihr Hemd auf dem Leibe getragen, ohne sich durch eine Verletzung des Gelübdes den Vorwurf der sittlichen Untreue zugezogen zu haben. Der Sporn für den Gemahl war natürlich groß, aber die Königstochter hatte die Widerstandskraft der Gegner unterschätzt. Als sie unter den Klängen der Siegesfanfaren das Hemd in die Wäsche gab, bot es sich in einer Tinte dar, die heutzutage ihren Namen trägt: bräunlich-weißlich-gelb, wie Milchkaffee, das nennt man isabellenfarben. An der Wahrheit der Überlieferung wird wohl niemand zweifeln wollen, soweit es die Tönung betrifft. Ich selbst halte auch die Hintergründe für echt. Wer sollte schon ein Interesse daran haben, so etwas zu erfinden? Oder aber »die Legende korrigiert die Geschichte«, wie Pascoaes sagt, dem ich nur beipflichten kann.

Geschichtlichkeit in ihrer trockenen, streng wissenschaftlich geläuterten Verpflichtung, und Legende als Sauerteig der dichterischen Wahrheit: bei Zwinglis Hemd – der Leser hat schon gemerkt, worauf ich ziele – vereinten beide sich aufs glücklichste: es war isabellenfarben über und über, sehen wir von den schwärzlichen Verbrämungen an Hals und Ärmelstutzen ab. Hatte auch er ein Gelübde getan, sich jemanden in ewiger Unreinlichkeit angelobt, belagerte er oder war gar über ihn selbst ein Belagerungszustand verhängt? Der Verfolg der Geschehnisse wird auf alle Fragen die historische Antwort geben.

Hatte ich aus Zwinglis beängstigend ungepflegter Erscheinung und mehr noch aus der Tatsache, daß er immer kleinlauter, ja kleinmütiger und hasenherziger zu werden begann, je mehr wir uns der Stätte genähert hatten, wo das Bett zu stehen schien, in dem sie ja großartig sein sollte; hatte ich weiter aus dem rettungslosen Griff seiner Hand in den bodenlosen Hosensack schließen können, daß die ungebildete Person, die immer noch ungenannt blieb oder furchtsam umschrieben wie der Eigenname des höchsten und einzigen Gottes der Hebräer, eine starke Gestalt sein mußte, hier erhielt ich eine neue Bestätigung für meine Mutmaßungen. Zwinglis Hemd und der Kitsch an den Wänden, wer daran nicht zugrunde geht, ist mit Kraft gesegnet.

Gegen das Hemd der Prinzessin hätte ich mir eine Schlappe geholt, aber gegen den Kitsch bin ich gefeit, mehr noch, ich liebe ihn überall da, wo er am Platze ist, wo er die Sendung erfüllt, die er unzweifelhaft zu erfüllen hat. Es kommt einzig darauf an zu wissen, worin diese besteht. Daß wir sie noch nicht kennen, soll niemanden abhalten, nach ihr zu forschen. Wir wissen ja heute auch noch nicht, wozu der Floh, das Zittergras oder der Mensch in der Schöpfung steht. Von der Stunde ab, wo wir es wüßten, verlöre alles seinen dichterischen oder religiösen Sinn. So weit selbst fühle ich mich über den Kitsch erhaben, daß ich ohne Anfechtungen für meine Persönlichkeit den Stier von Paulus Potter als Wandbespannung in meinem Arbeitszimmer ertragen würde, und dabei nenne ich ein berühmtes Werk, das mir als Schulbeispiel gilt für ein klassisch gewordenes Erzeugnis seiner Klasse.

Die Drucke an der Wand wurden beredter, je mehr Zwingli in seinem Schweigen verharrte.

»Gibt es denn bei euch nichts zu essen?«

Mit dieser Frage, von Beatrice gestellt, obwohl sie auch mich schon geraume Zeit beschäftigte, kam wieder Leben in den Schwager. Gewiß, eingerahmte Früchte sind schön, aber sie bleiben eine nature morte, die selbst Vögel, die zuweilen nach gut gemalten Trauben picken, auf die Dauer nicht befriedigen. Statt einer Antwort steckte Zwingli beide Hände in die Hosentaschen und spreizte sie nach außen, nach Art der Clowns. Da tat ich meinen zweiten Griff in die losen Peseten und schüttete eine Handvoll auf den Tisch.

»Ist es an dem, bitte, bediene dich!«

Geld regiert die Welt, bis in den kleinsten Erdenwinkel hinein, bis in die dunkelste Straße der Einsamkeit. Für Geld ist alles zu haben. Könige und Päpste sind vor ihm in den Staub gekrochen. Es kommt einzig auf den Kurswert an, den wir den dreißig Silberlingen einräumen. Judas Iskarioth hätte sich nie aus Verzweiflung in den Feigenbaum geknüpft, wenn die Hohenpriester und Ältesten das Blutgeld zurückgenommen hätten. Selten habe ich selbst die Macht der Münzen so erproben können wie an jenem Morgen, wo sie wieder Leben in den dahinsiechenden Zwingli brachten. Ich hatte mich also bei meiner Transfusion nicht in der Blutgruppe geirrt. Zwingli nahm die Peseten und trat ans Fenster. Als er die Läden aufstieß, drang Licht, Luft, Staub und Lärm ins Zimmer. Er pfiff, rief ein paar Worte in die Straße hinunter und schmiß das Geld hinterdrein. Die Geste machte Eindruck auf mich, geschah sie auch auf meine eigenen Kosten. Hohe Würdenträger zeigen sich in geschichtlichen Augenblicken zuweilen so dem Volke und werfen Gold unter den Pöbel. – »Steht unten die Menge?« wollte ich eben fragen, doch ehe sie ihn hochleben ließ, schloß der Souverän die Blenden wieder, und das stumme Herumhocken konnte seinen Fortgang nehmen. In den Wartesälen großer Entbindungsanstalten hocke man auch so, habe ich mir sagen lassen. Warten wir auf die Niederkunft, die, wenn wir erneut Pech haben, noch eine Fehlgeburt wird.

»Soll ich Kaffee aufgießen? Wo ist hier die Küche?« – Beatrice wollte nicht untätig bleiben, aber ihre Hilfe wurde abgewiesen.

»Der Kaffee kommt gleich. Ich hab ihn drüben bestellt, in einem Klub. Die Küche ist dort« – Zwingli wies mit dem Daumen in eine Ecke, wo eine schmale Tür war, »aber sie braucht sie gleich, das heißt, es ist noch so saumäßig früh!«

Es war mittlerweile neun Uhr geworden, tatsächlich früh in einem Lande, wo der Abend erst um Mitternacht beginnt und außer den Säuen auch die meisten Menschen in den Tag hinein schlafen.

Zu einer Aussprache zwischen den Geschwistern war es noch nicht gekommen, obgleich sie sich viel zu sagen hatten. Hatten sie Hemmungen meinetwegen? Wohl kaum, denn durch mein Verhältnis zu Beatrice war ich im Laufe der Zeit in eine Art Familienanschluß hineingeraten, wie er dem Leser hier übrigens auch zuteil wird. So ganz paßte ich allerdings noch nicht auf den Mischtopf, womit ich keineswegs sagen will, daß ich eine Aufgabe als Deckel zu erfüllen hätte. Ich mußte noch eingeschliffen werden wie ein Ventil; eine Prise Schmirgel, ein paar Tropfen Öl, den Rest besorgt die Rotation.

»Post aus Basel ist also keine gekommen? . . .«

Beatrice begann über die Mutter zu sprechen.

*

Ich stand auf und ging durch das Zimmer. Im Hintergrunde war eine dritte Tür, die ich noch nicht bemerkt hatte. Halb war sie verborgen durch einen der Ständer mit der Palme, und auch sonst nicht leicht zu erkennen, denn es war eine Tapetentür, das heißt, in diesem Falle war sie mit weißem Kalk beworfen. Ich dachte, sie führe zu dem Ort, den man ungefragt betreten kann, ich öffnete sie und verschwand unbeanstandet in einer noch größeren Dunkelheit. Bruder und Schwester waren ins Gespräch gekommen. Die Zungen hatten sich plötzlich gelöst. Beatrice bediente sich der französischen Sprache, das wurde ernst. Zwingli nahm seine Zuflucht zur spanischen, soviel hörte ich noch, dann schloß ich die Tür hinter mir zu und schlich davon, als gälte es, Liebende nicht bei einer Aussprache zu stören, mit der ihre Liebe steht und fällt.

Innerlich von einer Finsternis umgeben, in die selten ein Strahl fällt, bin ich von Kindsbeinen an ein sicherer, ob auch kein tapferer Taster im Dunkeln gewesen. Dieses ausgleichende Vermögen kam mir nun wieder einmal zugute. Die Wand, der ich mich entlang griff, war rauh und mußte auch getüncht sein. Ich fühlte die Verschalung einer Tür, dann die Tür, die nur angelehnt war und mich einlud einzutreten. Es war die natürliche Ausweitung aus der Enge des Ganges, denn in einem solchen schien ich mich zu befinden, zu einem weiten Raum. Die Tür war doppelschlägig und klemmte ein wenig, es schepperte und klirrte, als ich mit der Schulter an den anderen Flügel stieß. Die Dunkelheit wurde noch undurchdringlicher, als ich den neuen Ort betrat. Der Gewohnheit gemäß griff ich die Mauer nach einem elektrischen Schalter ab, fand aber keinen.

Wo der eine Sinn versagt, springt der andere ein. Das Auge war blind, dafür begann die Nase nun zu riechen. Wie weise hat Mutter Natur das alles eingerichtet! Und was in meine Nüstern drang, Vigoleis, das kennst du doch, als Knaben hat es dich sogar benebeln können, und hier, schnuppere nur, mischen sich Rosen- und Veilchendüfte in die menschlichen Ausdünstungen, deren zerstörender Wirkung auf Kleiderstoffe man gerne mit feinen Blättchen wehrt. Vigoleis, wie du auch schnüffeln und schnobern und spüren magst, es ist der Achselschweiß einer Frau, und sie ist nicht weit von dir entfernt, und was sich jetzt in dir regt, ich verstehe es nur zu gut, zu so früher Stunde und an so fremdem Orte, wo soll das hinaus, und noch ein Schritt durch die Finsternis, von der Nase geführt, o Gott, da stand er am Bett! Als Knabe, da war er einmal einem lüsternen Dienstmädchen in einer unzüchtigen Verschweimelung der Sinne nachgeschlichen, und auf diesem ersten Pirschgange wurde er von seiner Mutter ertappt. Mütter lieben so etwas gar nicht, und gegen Dienstmädchen haben sie in dieser fleischlichen Hinsicht unausrottbare Vorurteile. Statt ihn abzustrafen, wie er erwartet hatte, baute die Hüterin der söhnlichen Keuschheit Hindernisse auf, die eine halbwüchsige Begegnung im Geschlecht unmöglich machten. Das schuf eine Entfremdung, an deren Folgen Vigoleis noch hat tragen müssen, als er schon längst den schwülen Kniehosen entwachsen war.

Vigoleis tastete weiter, da, das fühlte sich an wie Schweder, etwas Weiches, Feuchtes, das war nacktes Fleisch, warm, heiß bog es sich in die neugierige Hand. Der Atem blieb aus. Dann zuckte das Fleisch, Vigoleis zog die Hand zurück, aber das Fleisch blieb darin, als wäre die Hohlhand magnetisch. Und dann kam der nackte Arm und schlang sich um seinen Hals, und dann ein Wort, das er nicht verstand. Es klang hell wie Silber und machte den Eindringling zittern, ein Schauer faßte ihn. Er floh.

Nicht ohne Poltern und Geklirr fand ich den Weg ins Zimmer zurück, wo Beatrice dem Bruder ins Herz hineinsprach. Zwingli hatte Tränen in den Augen. Sie waren beim Schweizerdeutschen gelandet, der Sprache ihrer Kindheit.

»Zwingli, was geht hier vor? Wen hältst du in dem Verschlag gefangen?«

»Gefangen? Quelle drôle d'idée! Sie hat doch ein Kind!«

*

Unten fiel der Schlägel zweimal gegen die Tür, Schritte auf der Treppe wurden vernehmbar, es klopfte, Zwingli tat auf. Ein Mann erschien, der sich durch seine Tracht als Kellner auswies. Er war mittelgroß, von einem gepflegten Äußeren, hatte feine Gesichtszüge und angenehme Manieren. Seine Jacke mit den goldenen Knöpfen war blendend weiß. Er brachte Kaffee, den er aus einer kupfernen Preßflasche schenkte, dazu heißes Gebäck, es waren die berühmten »Ensaimadas«, eine Spezialität der Insel, auf die die Mallorquiner fast noch stolzer sind als auf ihren größten Sohn, den Dichter, Mystiker, Philosophen und Märtyrer seiner eigenen, sogenannten Lullischen Kunst, Ramón Llull. In beide, das Schmalzgebäck und die »ars magna« des Raimundus, sollte ich mich bald schon verlieben.

Antonio, so hieß der Kellner und später unser Retter in der Not, stand auf vertraulichem Fuße mit Don Helvecio, und dieser, der uns vorgestellt hatte, klopfte ihm mit raschen Schlägen auf die Schulter, als wolle er sich selbst Mut einflößen. Antonio sprach ein paar Brocken Französisch, so daß ich mich mit den meinigen an einem Gespräch beteiligen konnte, das aber bald wieder ins Spanische zurückfiel. Ich war in der Minderheit.

Das Rad von Zwinglis Lebensmühle war oberschlächtig, die Schleusen standen wieder offen und es begann sich schnell zu drehen. Seine Nüstern blähten sich, er schnaufte durch die Nase wie ein Pferd, die Rechte spreizte sich zum Fächer. Der Nagel des kleinen Fingers war neuer Aufgaben gewärtig. War es der Kaffee, war es Antonios kellnerische Lebensüberlegenheit gewesen, der Alpdruck schien gewichen zu sein, von ihm und von uns allen. Es lag nichts mehr in der Luft. Sogar die Fliege hatte sich herabgesenkt und rüsselte sich auch ein bescheidenes Frühstück zusammen, das aus einem Stäubchen Zucker bestand. Friede und Eintracht wohin das Auge blickte. Warum kann, was im kleinen möglich ist, nicht auch im großen Geschehen der Völker gültig sein? So saßen wir an und labten uns, obzwar immer noch verwahrlost von der nächtlichen Überfahrt, aber was verschlug's? An das Bad im »Principe« dachte ich nicht mehr, auch Beatrice hatte wohl vergessen, daß wir jetzt eigentlich um ein Sterbebett stehen müßten oder im günstigsten Falle noch an einem solchen würden sitzen können. War sie nun glücklich, den Bruder, wenngleich verkommen, aber nicht in den letzten Zügen angetroffen zu haben? Den Dreck kann man abseifen, den inneren Menschen an einem neuaufgerichteten Ideal wieder emporranken, wo gegen den Tod kein Kraut gewachsen ist. Würden wir mit dem nächsten Schiff wieder abreisen oder ein paar Tage noch bleiben? Mal hören, wie die zwei sich das Weitere denken.

»You see, Baby . . .« Zwingli entschied sich für die englische Sprache, seine Pläne zu entwickeln. Im Entwickeln war er groß, das wußte ich. Er konnte auf eine ans Geniale grenzende Weise die Dinge zusammenschauen, versagte aber im Einzelnen. Den Frauen in der Mehrzahl war er gewachsen, an einer einzigen ging er immer vor die Hunde. Jetzt sprach er sachlich, mit leichtem Schalk, steigerte sich aber bald so sehr in seine Rolle als der kommende Mann hinein, daß wir für ihn nur noch Publikum waren, die amorphe Masse, der etwas eingetrichtert werden muß, ja die gegen ihren Willen und gegen ihre Instinkte in eine Verwandlung hineingeschwätzt wird. – »You see«, und wir sahen es wirklich. Das ist ja das Tolle an diesen Begabungen, daß wir für einen Augenblick dem Blendwerk zum Opfer fallen und mit eigenen Augen sehen können, wie das stramme Weib in der Kiste mittendurch gesägt wird. In Köln hatte ich ihn häufig in großer Form erlebt, wenn wir, aus einem Kolleg von Brinckmann kommend, auf der Bude noch weiter über ein von dem eleganten Kunsthistoriker angeschnittenes Problem diskutierten. Zwingli kannte sich in fast allen Museen Europas aus, durch die er reiche Leute aus den Staaten, vor allem aber Südamerikaner, geschleift hatte. Seine »Führungen durch die Galerien der Alten Welt«, die er in kleinen Gruppen von selten mehr als zwölf Personen und mit Hilfe verschiedener Reisebüros organisiert hatte, waren bekannt und beliebt. Ihm selbst trugen sie im Laufe der Jahre einen schweren Bollen ein, den er mit Weibern verpraßte oder an arme Künstler verschenkte, die sich ihm mit ihren Erzeugnissen erkenntlich zeigten. Seine Sammlung »Werke verkannter Genies« war beachtlich – wo sie hingekommen ist, mag der Teufel wissen. Um die kunstgeschichtlichen Kenntnisse, die er sich auf diese Weise zusammengetragen hatte, hätte ihn mancher Examenskandidat unserer Hochschulen beneiden können, desgleichen um sein Anschauungsmaterial. Weilte er länger als ein paar Monate in einer Universitätsstadt, dann belegte er sofort die kunstgeschichtlichen Vorlesungen, schrieb Kladden voll mit Kommentaren und Analysen, die er später verwerten wollte, wenn er selbst Professor für Kunstwissenschaft geworden sei. Das war der Traum seines Lebens, der Ahnherr dieser Disziplin und Verwandte seines Hauses, Jacob Burckhardt, schwebte ihm als Muster vor. Aber, allein, jedoch, indessen . . . wie man die Einschränkung auch einleiten möge, Zwingli bekam den ersehnten Lehrstuhl nicht, da er sich bei der falschen Fakultät um ihn bewarb. Denn er war nicht nur der außerordentliche, äußerst zuständige und beliebte Cicerone in den Sammlungen der Alten Welt – ebenso gründlich und bis in die feinsten Krakelüren kannte er sich aus in den Kabinetten schöner Frauen derselben Metropolen, durch die er dieselben reichen Schwärmer der Kunst und Schönheit führte. Was an Kunst und Schönem an diesen Stätten gezeigt wurde gegen ein erheblich höheres Eintrittsgeld, war freilich nicht immer keimfrei, und da Zwingli nie etwas vorführte oder anpries, was er nicht kannte, wurde er bald das Opfer gewisser Interieurs, die er auf der Leinwand der französischen Impressionisten so sehr bewunderte.

In seinen Ausführungen, jetzt, bei Kaffee, Ensaimada und im historisch angetönten Hemde, vor zwei müden Opfern stehend, die ihm die Welt bedeuteten, kam sehr vieles auf die Tapete, was unsere Zukunft auf der Insel betraf, nämlich: wie er sich unsere Mitarbeit an einer von ihm mit Hilfe eines amerikanischen Millionärs zu gründenden internationalen Hochschule für Kunstwissenschaft denke – ein Projekt, das er in allen Einzelheiten bereits ausgearbeitet hatte und wie es die Unesco heute kaum besser auf die Beine brächte. Ich werde mich noch damit zu befassen haben, wenn ich die Keimzelle des Unternehmens auf der Calle Calatrava schildere, wie sie in ein Lupanar zu entarten drohte, wo die Kunst wirklich auf den Bettel kam. Aber die nahe Zukunft, die nächste: wohin mit uns, wenn wir uns von dem improvisierten Kaffeetisch erhöben – davon kein Wort! Möglicherweise hatte er diese Nebensächlichkeit schon mit der Schwester besprochen, als Vigoleis seine Hand woanders im Spiele hatte.

»Dieser Hochschule werde ich eine Akademie angliedern, in der Aktmodelle erfaßt und ausgebildet werden. Schöne Körper an sich genügen dem Maler nicht; sie müssen von ihrer Anatomie Gebrauch zu machen verstehen, und das lernen sie bei uns. Auch will ich das Vorurteil bekämpfen, das noch in weiten Kreisen gegen das Modellstehen herrscht. Hierzulande gibt sich ja nicht einmal eine Prostituierte dazu her. Frauen aller Stände werden sich bald eine Ehre daraus machen, mit allen anatomischen und ästhetischen Vorzügen und Besonderheiten in meinen Kartotheken geführt zu werden!«

»Und du, mein alter Spillmage und Schwuchtelbruder«, konnte ich mich nicht enthalten ihm in die Rede zu fallen, »wirst der Fleischbeschauer des internationalen Akterfassungsamtes sein. Dein Auge ist geübt, und auch sonst hast du die Frauen ja im Griff, solange sie dich nicht beim Wickel halten!«

»Nicht nur im Griff, mein lieber Vigoleis! Frauen sind für mich das halbe Leben ...«

»Die Hälfte unterhalb des Zwerchfells natürlich, welche bei dir die von den Sprachreinigern so verpönte und doch unausrottbare größere ist. Die andere steht in anderen Diensten, der Kunst, soweit sie zur bildenden zählt, und des Hotels ›Principe Alfonso‹ zum Beispiel. Oder sind es Wagen aus deinem eigenen Park, mit denen du hier vor die Rampe gefahren bist?«

Wie garstig von mir, als Dank für die standesgemäße Beförderung und das originelle Frühstück Zweifel zu hegen an der Art, wie er sein Leben einteilt. Sicher hat Zwingli mich mit einer großartigen Antwort matt setzen wollen, aber ehe sie ausgesprochen werden konnte, vernahmen wir alle ein Geräusch hinter jener Tür, die mich in die Dunkelkammer geführt hatte. Es kündigte einen neuen Auftritt an. Daß eine Drehbühne nicht vorhanden war und man schon hinter den Kulissen das Rumoren der folgenden Szene hört, während die alte noch im Gange ist, erhöhte nur die Spannung. Aus einem doppelten Wissen, dem des Vigoleis, der das Drama als ein Mitspieler erlebt hat, und aus meiner übergeordneten Erzählhaltung heraus weiß ich, was jetzt kommt. Sonst würde ich mein Herz wieder in die Hände nehmen wie damals, wo es nach der Erregung, die meiner im Kabinett des schlafenden Mädchens mächtig geworden, noch nicht in das ruhige Pulsen zurückgeebbt war, und schon galt es neue Wirrnisse zu bestehen. Die Tür flog auf und herein kam . . .

*

Des öfteren habe ich im Laufe der verflossenen Jahre meine iberischen Abenteuer im Kreise von Freunden zum besten gegeben. Man rühmt mir nach, ein glänzender, ja nicht leicht zu übertreffender Erzähler zu sein, Wahrer einer Kunstübung, die im Aussterben begriffen ist. Da es genau besehen ein menschliches Verdienst nicht gibt, noch auch eine Schuld, wir alle vielmehr tun, was uns auf ewig rätselhafte Weise vorgetan wird, kann ich hier eine Seite meiner Fähigkeiten, die übrigens meinen Unwitz nicht aufwiegt, ins beste Licht rücken, ohne befürchten zu müssen, daß man mich des unbefugten Eigenlobs zeiht. Ich pflege die Kunst und einzige Gabe, die mir der Himmel verliehen hat, in einer Zeit, wo sie höchstens noch auf Ibiza ihren Mann ernährt, und stelle leider auch noch gewisse Ansprüche an den Aufwand, unter welchem ich das meiste aus mir heraushole. Diese Unterpfänder fügen sich nicht immer eben glücklich. Am besten setzt man mich so in Szene: Ein bequemer Sessel als Mittelgrund, in den ich versinken kann, doch darf der Schwerpunkt meines völlig ungeübten Körpers nicht zu weit nach hinten zu liegen kommen, das behindert mich im plötzlichen Aufstehen; eine Flasche Wein, Süßigkeiten – »nein, danke gehorsamst, ich rauche leider nicht, immer noch nicht«; gute Lüftung – und um mich herum ein paar liebe Menschen. Frauen? Wie es sich fügt, und sind sie dann noch schön, um so schöner.

Mit ein paar erklärenden Worten beginne ich, entwerfe in raschen Strichen die Situation, Land, Leute stelle ich vor, wobei ich schon vom Hundertsten ins Tausendste komme, während ich noch das Feld abstecke, in dem ich mich zu bewegen gedenke. Da kann es geschehen, daß eine Beiläufigkeit zur Hauptsache wird, weil mich plötzlich ein vorher wenig beachteter Zug selbst so fesselt, daß ich ihn stark herausarbeite und zur geschlossenen Erzählung runde. Spüre ich, daß die Zuhörer in meinen Bann geraten, dann wirkt das wie eine doppelte Zündung, ich wachse aus mir heraus und in alle die Rollen hinein, die ich zu verkörpern habe, sei es ein Mädchen mit dem Ölkrug auf dem Kopf; eine Greisin in einer Wolke von Staub und Motten, die ihr den

Pelzumhang einer Königin aufgefressen hatten, den sie mir zeigen wollte; oder einen Mann mit einem riesigen Hut, lächerlich gestiefelt und gespornt auf einem winzigen Esel, der ich selber war – ich meine jetzt den Mann, in einer anderen Geschichte bin ich aber wirklich der Esel –, das alles wird Fleisch von meinem Fleisch, das sitzt oder steht, urecht. Meine Mimik ist allen Themen gewachsen, und selbst mit einer Glatze, die ich noch nicht habe, mache ich mich anheischig, die hochgetürmte Coiffüre einer Frau ohne den Plunder eines Grimeurs suggerieren zu können, mit ein paar Fingern oder so, ich weiß nicht, wie ich's dann gerade mache. Sogar Landschaft, die in meinen schriftlichen Versuchen stiefmütterlich behandelt wird, um nicht gleich zu sagen, daß sie völlig fehlt – der Leser wird schon merken, welche Welt meine Umwelt ist –, sie wächst beim Erzählen um die Gestalten empor, und ich sehe sie dann selbst erst richtig im eigenen Blendwerk. Und eben, wie ich das mache? Ich weiß es nicht. Das sprudelt hervor, wie Wasser aus dem Fels, an den der Stab gerührt hat. Gute Erzähler haben ja immer etwas Märchenhaftes, Zauberisches, und nicht umsonst geht der Ursprung der Dichtung auf das mythische Sagen zurück.

Wenn ich, um das Gesagte an einem Beispiel zu erläutern, die Geschichte von unserer Ankunft auf der Insel erzähle, und der Wein ist gut, die Schokolade bitter, Lindt, wenn ich's treffe, und alles von schöner Hand kredenzt, und die Beine mir gegenüber übereinandergeschlagen von edler Form, dann ist bald der Augenblick gekommen, wo ich Beatrice, Zwingli und meinen Vigoleis mit einer einzigen Handbewegung in die Rolle der Statisten verweise. Man sieht, ich möchte sagen in Großaufnahme, wie jeder einzelne stumm und mit aller Aufmerksamkeit meinen Bewegungen folgt. Denn ich erhebe mich aus dem Sessel, schiebe diesen mit den Kniekehlen zurück, die Zuhörer merken, daß ich Raum brauche, es entsteht eine Schneise, und ich trete bis an die gegenüberliegende Wand des Zimmers. Nie habe ich, um die Wirkung zu erhöhen, das Zimmer selbst verlassen. Mein Vermögen, gegen die Wand aufgerichtet den Eindruck zu erwecken, als sei ich gar nicht mehr da, ist so stark, daß mich im gegebenen Augenblick alle im Kreise plötzlich erscheinen sehen, als sei ich hinter einer Kulisse hervorgekommen oder einfach aus der Wand getreten, wie das Doppelbild aus einem Spiegel uns entgegenkommt. Als ich unlängst diese Szene in der von vielen Kerzen erleuchteten Arbeitsklause des Dichters Talhoff spielte und wie aus dem Seienden des Nichts in das Nichts des Seienden verschwand und plötzlich wieder da war als die, die ich vorgeben mußte, da konnte sich der so aufmerksame und wortlose Lauscher nicht enthalten zu rufen: »Toll, wie der Hund das macht!« Ja, der Hund war da aber auch schon bei der zweiten Flasche Orvieto, Schloßabfüllung der Marchesi Antinori, angelangt, was Wunder, daß die Überkörperung wie selten geklappt hat. Indes auch ohne einen so gewählten Tropfen komme ich verblüffend genug durch die imaginäre Tür und nehme es, beispielsweise, jederzeit auf mit jener Christine Brahe auf Urnekloster, in Rilkes Aufzeichnungen des Malte Laurids Brigge. Mit einem kurzen Wort habe ich angezeigt, daß ein Geräusch hinter dieser Tür uns alle drei habe aufhorchen lassen und Vigoleis sein Herz in beide Hände nehme.

Und dann hebe ich die Rechte, die Beuge bildet einen stumpfen Winkel, der Unterarm ist leicht nach vorne geneigt, die Hand mit den eng anliegenden Fingern und der nach oben gerichteten Fläche steht in der Waage. Jeder sieht eine feine weiße Hand, die darzustellende, die, ein reines Spiel des Zufalls, der meinigen an Schönheit und Ebenmaß in nichts nachsteht, was den Trug nur fördern hilft. Sogleich beginne ich zu gehen, zu schreiten natürlich, das Haupt erhoben, ein schönes Frauenhaupt, so schön selbst, daß es mir hier niemand schwarz auf weiß glauben wird, wie ich's mit meiner eigenen Häßlichkeit ins Ebenbild erheben kann; und es wiegt sich im Rhythmus der Schritte und der leicht deinenden Hand, die das imaginäre Gefäß trägt. Die Linke hält das Gewand gerafft, den mit großen Blumenmustern grell bedruckten Albornoz, der bei jedem Vorsetzen des rechten Fußes etwas Weißes, Makelloses bloßgibt. Das feine Klappern rührt von goldenen Pantöffelchen her, die kaum größer sind als die einer beliebigen Märchenprinzessin. Mit einem Zucken der linken Achsel wölbe ich die Brust um einen vollen Atem vor, und ganz gleich nun, ob ich meinen Hausrock trage, einen bunten portugiesischen Hirtenwams, oder im gut geschneiderten Anzug stecke: ein deutendes Wörtchen, und noch jeder hat die Verwandlung erlebt in das, was zwar verhüllt, aber deswegen um so bestrickender unter dem Faltenspiel drängt – noch eine einzige Bewegung mehr, und die Brüste hielten ihre Wonne preis wie die Simonetta Vespucci auf dem Gemälde des Florentiner Meisters Antonio del Pollajuolo. Aber vergesse der Leser nicht, daß wir uns in Spanien befinden, wo die Frauen mit ihrer Leibesschönheit geizen: das bißchen Bein, um jeden zweiten Schritt, mehr ist es nicht. Ein einziges Mal noch schimmert es, dann bin ich am anderen Ende des Vestibüls angelangt. Eine Tapetentür tut sich auf, eine geschickte Wendung, um den Inhalt des rot und gold gelackten Gefäßes nicht zu verschütten: die berückende Erscheinung ist verschwunden, und mit ihr das Bidet auf unserer fürstlich dienenden Hand.

Was auf den vorhergehenden Seiten zwischen den Gänsefüßchen der hämischsten Verdächtigung als Luder, als ungebildete Person, ja selbst als freventlicher Vergleich mit dem Namenlosen des Alten Bundes umschrieben, um nicht zu sagen umgangen worden ist, das hat sich selbst in die angewandten Erinnerungen unseres Vigoleis Eingang verschafft, wie es erhabener wohl kaum hätte sein und geschweige ersonnen werden können.

Wieder holte Vigoleis tief Atem, doch nicht wie am Ende des ersten Kapitels zog er die Lungen voll mit der Luft, die vom Meer über die Insel blies. Jetzt füllte er sie mit dem Aroma einer Frau, das den Raum betörte. Dann nahm er sein Herz fest in beide Hände und drückte es in die Brust zurück, denn es klopfte schon am Halse und benahm ihm den Atem.

Das Fleisch des Kindes, das sich in seine Hand gedrängt – wenn das im jungen so geschieht, wie muß da erst das in voller Reife stehende der Mutter sein?

Hätte ich nicht auf einem Stuhl gesessen, dieses Mal wäre die Reihe bestimmt an mir gewesen, taumelnd auf einen Koffer zu sinken. Beatrice sah vor sich hin, ihr Blick fand keinen festen Punkt im Raum. Aber mein gekuckuckter Zwingli, wo bist du auf einmal hingekommen?

Der Kebsmann war nun tatsächlich von der Bildfläche verschwunden.

IV

Die Sonne schien in den Schmelz des eigenen Lichtes einzufließen, als wir um die Stunde des scheitelrechten Mittags die Straße betraten, welche nun ihrem Namen Ehre antat. Sie war ausgestorben bis auf ein paar streunende Hunde und Katzen, die den Dienst der öffentlichen Reinigung versahen. Unter feindseligem Geknurr und Gefauche zerrten sie den Inhalt von Müllkisten, Pappschachteln und zusammengedrehten Paketen aus den Hauseingängen auf das Pflaster, stoben aber davon, als wir uns näherten. Da, wo die Soledad in einen freien Platz einmündet, der, von baufälligen Häusern umstanden, als eine weiße Staubwüste dalag, stand eine Schar von halbwüchsigen Burschen und zerlumpten Kindern um ein hochaufgeschossenes Mädchen geschart. Das Mädchen tanzte, angefeuert von wilden Rufen und zu dem Geschepper einer Büchsenmusik. Nackte Ärmchen züngelten in die Luft empor, Kastagnetten klapperten. Das Bild war farbig. Schon wollte ich mich zu den Schlingeln gesellen, da gab es einen Schrei, und auch diese Störenfriede und Mittagsschänder stoben in alle Winde auseinander. Wieder lag der Platz verlassen da, als wir ihn überquerten, selbviert:

Maria del Pilar, von Namen eben schön wie von Wuchs, mit dem kokett zur Schau gewölbten Renaissancebäuchlein, wie es die spanischen Männer an ihren Eroberungen lieben (bis das durch Gottes jährlich fälligen Segen zur Matrone geweitete durch eines ersetzt werden muß, das im rechten Maße bleibt); der feinen Zier der hochgestellten Brüste, an denen keine Corsetière etwas zu verdienen kriegte, die Eigentümerin aber um so mehr –

– ihr Helvecio und unser aller Zwingli, glatt rasiert, daß er glänzte wie Blaufelchen aus einem Wasser seines Heimatkantons; gestrählt und ohne jede Rücksicht auf seinen Beruf nur mit Hose und einem blütenweißen Hemde bekleidet, worin er feierlich und wie aufgebahrt wirkte; weißen Bastsandalen: ein schöner Mann mit seinen 25 Jahren an der Seite der schönen, um ein Jährchen älteren Frau –

– ihre Schwägerin, zur Busenfreundschaft bestellt und der vorurteilsfreie Gast ihrer abgedunkelten Etage, Doña Beatriz, etwas ungewohnt noch wandelnd mit ihren weitausgreifenden Schritten am Arm der schrittelnden Person, wobei an dem bewußten Wörtchen nun auch nicht der Schatten eines Gänsefüßchens haftet –

– und ich, ihr Schwager und Cicisbeo, verfrühter Leichenbitter und noch nicht angestorbener Erbe ihrer Bettmächtigkeit, Don Vigo, mit dem sie sich in Gedanken so viel beschäftigte wie dieser es mit ihr tat:

– unser vier schritten wir über den Platz, da wurde auch Pilar der musizierenden Gaukler inne, wieder gab es einen Schrei, der wie das Echo des vorigen klang, schwächer, es war eigentlich mehr ein Seufzer aus tiefer Brust, er tönte wie ein Stoßgebet, in höchster Drangsal vorgebracht. So etwas mußte es auch sein, denn die heiligen Namen kamen ja darin vor, Jesus, Maria und Josef; und ein mit der Rechten rasch übers Gesicht angedeutetes

Kreuz, dem das große nachgeschlagen wurde, ließ keinen Zweifel mehr daran aufkommen, daß Pilar eine fromme Handlung vollzogen hatte. Meine Mutter pflag das alles genauso zu halten, das heißt etwas weniger laut und die Zeichen der Selbstsegnung deutlicher erkennbar, wenn sie in der Kirche die Stationen betete und mich als Knaben gezwungen hatte, hinter ihr drein zu gehen und ein Selbes zu tun. Aber hier war doch kein Kreuzweg? In Barcelona war es mir wohl aufgefallen, daß Männer den Hut zogen, wenn sie an einem Gotteshause vorübergingen, und die Frauen schlugen das Kreuz. Indessen eine Kirche sah ich ebensowenig. Daß man mit diesem Zeichen auch den Teufel bannt oder den Blitzstrahl erdet, wie hatte ich's vergessen können! Nun war gewiß so viel des Neuen und Befremdlichen auf mich eingedrungen, da konnte getrost das öffentliche Bekenntnis zum Glauben an den Dreieinigen Gott hinzukommen, ohne jedweden Anlaß und Anspruch auf Entgelt. Ich glaubte mich ein wenig auszukennen im katholischen Brauchtum, zu dem ich mich nicht mehr bekannte, seit ich von der Kirche abgefallen war. Halte Augen und Ohren offen, Vigoleis, denn nun lebst du in einem erzkatholischen Lande, das die Inquisition gepflegt hat. Heute wird man dich kaum mit Armsünderhemd und Teufelsmütze auf den Scheiterhaufen stellen, und dennoch, sieh dich vor! Auch Beatrice soll achthaben, traf sie nicht schon auf dem Dampfer ein fürchterlicher Blick aus fanatischen Augen! Sieht man ihr an, daß sie nicht katholisch aus der Taufe gehoben worden ist? Vigoleis, noch einmal, sei auf der Hut, du wandelst, Glaubensloser, unter Fanatikern des Glaubens in einem glaubensstarken Lande, und halt, wäre das nicht ein schöner Titel für Tagebuchaufzeichnungen, mit denen du endlich beginnen solltest, jetzt, wo du ein neues Leben beginnst, äußerlich, ich weiß, denn in deinem Herzen oder in der Seele wird sich nicht viel mehr ändern können. Schicke dann auch deinem Versprechen gemäß, an das ich dich wohl erinnern darf, Fragmente an deinen bischöflichen Onkel in Münster, der selbst, ehe er ins hohe Hirtenamt berufen wurde, Spanien bereist hat, am Wanderstabe und mit einer Zeppelinmütze, die das Brevet barg: wie lustig konnte er erzählen von seinen weiten Fahrten in Zivil! Kaum dürfte er aber auf spanischem Boden in so erregender Gesellschaft sich bewegt haben wie sein Neffe jetzt, der rasiert und aufgebügelt ist und auf dem Wege, ein Bett zu kaufen.

Ein Bett? Steigt ihr denn nicht im »Principe« ab, oder habt ihr das Absteigen in der Straße der Einsamkeit besorgt, so daß nun aussteigen und absteigen sinnverwandte Wörter werden? Man lernt nie aus! Und wenn ihr Gäste der Maria del Pilar seid, hat sie denn kein Fremdenzimmer? Und Zwinglis Nagel am weisen Finger der Rechten, ist er nicht mehr zauberstark? Natürlich pflegen Heinzelmännchen nur des Nachts ihr geschäftiges Wichtelwesen zu treiben, aber Ausnahmen gibt es überall. Zudem hatten sie am Hafen das Licht nicht gescheut, und Pilars Etage war doch wie geschaffen für ein dunkles Tun.

*

»Das sind ja furchtbare Zustände hier«, hatte mir Beatrice zugeflüstert, als wir allein geblieben waren im Vestibül, aus dem das Liebespaar verschwunden war, jeder durch eine andere Tür und mit einer anderen Last auf der Hand und auf der Seele.

»Da kann einem ja übel werden, der arme Zwingli. Es sollte mich nicht wundernehmen, wenn wir es hier mit einem schweren Fall von sexueller Hörigkeit zu tun hätten. Dann wäscht man sich nämlich auch nicht mehr!«

»Aber Beatrice, das ist doch Quatsch! Wenn alle Menschen, die sich nicht waschen, sexuell hörig sind, müßte ich meine Auffassungen von der menschlichen Freiheit und besonders der meinigen ändern, denn ich wasche mich auch nicht immer.«

»Das hat mit dir nichts zu tun, du hast zudem eine regenerierende Haut.«

Wie ein Neger, dachte ich, verschwieg es aber, um meinen Freibrief nicht aufs Spiel zu setzen.

Ja, die Zustände, in die wir hineingeraten waren, ließen das Wort furchtbar schon zu, wenn es im Hinblick auf kommendes Unheil und drohende Gefährdung gemeint ist. Auch waren es agonale Zustände in mehr als einer Bedeutung. Vor allem die Haushaltungskasse schien in den letzten Zügen zu liegen. Ein dritter Griff in meine Tasche, die allerdings schon einen Schein hergeben mußte, hatte ein Mittagessen ermöglicht, das glänzend war und jedem den Beweis auf die Zunge lieferte, daß Pilar auch mit dem Kochlöffel großartig sein konnte. Wie überwältigend sie da erst im Bett sein müßte, konnte ich leicht ermessen an der Tatsache, daß Zwingli die Kochkunst seiner Geliebten nicht der Erwähnung wert geachtet hatte, wo er ein ausgesprochener Gourmet war, mit dem verglichen ich damals noch einen Hundsgaumen mein eigen nannte. Das ist heute anders. Nur in der Philologie der Speisekarten bleibe ich weit unter dem Durchschnitt und falle immer wieder auf hochtönende Bezeichnungen herein, hinter denen sich meist die gemeine Kartoffel oder ein trauriges Kleinleutegemüse verbirgt, selbst in Gaststätten, die sich einer solchen unverblümten Verblümung schämen sollten – ein trauriges Beispiel für die Verirrung der Vornehmheit.

Was Beatrice im schweizerdeutschen Gespräch aus dem Nestquak herausgeholt hatte, unter der ständigen Drohung, sie würde gleich wieder abreisen, läßt sich mit wenigen Worten so weit darstellen, wie es für den Verfolg meiner Erinnerungen nötig ist; und ich tue wohl gut daran, sei es auch in der indirekten Rede, Beatrice selbst ans Wort zu lassen. In ihrer Besage weichen wir nicht zu weit vom Thema ab.

Die furchtbaren Zustände, die Ungewaschenheit, das alles wissen wir schon, aber dann:

– es sei nicht mit aller Klarheit aus Zwingli herauszuholen gewesen, ob er seinen Posten im Hotel noch innehabe, das Verhältnis sei indessen nicht gänzlich gelöst. Seit er mit der Person zusammenlebe, gehe er nur hin und wieder ins Terreno hinaus, wo das Hotel sei, um dort nach dem Rechten zu sehen. So, so, dachte Vigoleis, als er dies hörte, der Philosoph Scheler hatte schon recht, damals, wo er dem Erzbischof von Köln, der ihm Vorhaltungen wegen seines anstößigen Lebenswandels gemacht hatte, als Antwort die Frage stellte, ob Seine Eminenz denn schon einmal einen Wegweiser gesehen habe, der den angezeigten Weg auch selber gehe? Es gibt Diktatoren, die aus dem Dunkeln heraus ganze Völker lenken – warum sollte da Zwingli nicht im gelben Hemde die blütenweißen der Untergebenen dirigieren können? – Alles sei dort in guten Händen, von den seinigen abgesehen in den besten. Gemeint waren die eines Freundes, Don Darío, und einer baltischen Sekretärin. Mit ziemlicher Regelmäßigkeit bekomme er sein Geld ins Haus gebracht, ein Betrag sei wieder fällig, aber noch nicht gekommen, darum sitze er ein wenig knapp und leide an einer gewissen Behinderung seiner Bewegungsfreiheit, übrigens ein peinliches Zusammentreffen, unsere Ankunft an einem Monatsersten. Was die Unterkunft betreffe, könnten wir selbstverständlich Zimmer im »Principe« beziehen, auch anderswo; weniger weit draußen sei ihm allerdings lieber, und am liebsten: wir nähmen vorlieb mit seiner eigenen Häuslichkeit, was auch in der Richtung seiner bereits angedeuteten Pläne liege. Einiges darüber habe er, obzwar im Vertrauen auf Beatricens Intelligenz chiffriert, in seinen Telegrammen angerührt, und was er das Luder und sie die Person nenne, sei ein einfaches Mädchen, aus kleinen Verhältnissen emporgekommen, zwar noch nicht da, wo Zwingli sie haben wolle, aber auf dem besten Wege, Mittelpunkt der mallorquinischen Gesellschaft zu werden – ein paar Hindernisse gelte es noch aus dem Felde zu räumen. Sie habe eine Vergangenheit, Folge ihrer Schönheit und einer freien Auffassung vom Leben und von der Liebe, über dem wir ja stünden, des sei er gewiß. Nun wolle er ihr Zugang verschaffen zu den exklusiven Kreisen, wo der Adel vorherrsche, und wir könnten da mithelfen, Musik und Literatur öffne auch auf der Insel die Türen fast so schnell wie ein Dietrich aus Geld. Er wolle das Mädchen aus der Einseitigkeit ihrer Begabung erlösen und zu sich emporbilden. Das ginge am besten, wenn wir bei ihm einzögen oder besser gesagt bei ihr, denn sie scheine den Ton anzugeben. Gewöhnung an den Umgang mit geistigen Menschen, schöne Gespräche, das alles würde sie gewissermaßen fingerzahm machen, was die Bildung betreffe. Ein erster Schritt zu diesem pädagogischen Unter-uns müsse dann aber gleich unternommen werden: ein Gang in die Stadt, um ein Bett zu kaufen, wobei zu berücksichtigen sei, daß die Wollmatratze nach Inselart auf Maß gefertigt werde, und das könne bis zum Abend geschehen . . .

Vigoleis als Erzieher einer schönen Frau, der Stecken, an dem sich die geile Ackerwinde emporrankt – es sind Fälle bekannt, wo das Schlinggewächs den fremden Stützkörper überwuchert und einfach abgedrosselt hat.

Beatrice fand, daß wir bleiben sollten. Nur so könne sie etwas für den Bruder tun. Wollte sie seiner in biblisch-geschwisterlicher Liebe warten, wie es Martha und Maria mit dem siechen Lazarus getan, secundum Johannem? Das »Herr, er riecht schon« galt auch für Zwingli, obgleich dieser viel länger als nur vier Tage tot zu sein schien, ohne daß Engel ihn in Abrahams Schoß getragen hätten. Im Gegenteil, sein Schoß war immer noch von dieser Welt, genauer, von dieser Insel, genau: von dieser Stadt der Palmen, Ciudad de las Palmas, womit die Siegespalmen der römischen Eroberer gemeint sind, unter denen wir nun zogen, um ein Bett zu kaufen, in der glühendsten Stunde des Tages, wo, wer es eben vermag, im Schatten bleibt. Vor allem die wohlhabenden Kreise, auf der Insel mit einem katalanischen Spottnamen »Butifarras«, Blutwürste geheißen, sind um diese Tageszeit unsichtbar und wie verschollen hinter den mächtigen Portalen und verhangenen Fenstern ihrer Paläste, denselben, in die Beatricens Musik und meine Vigoleisische Literatur der Pilar Eingang verschaffen sollten. Reichte Schönheit allein dazu nicht aus? Wäre ich König und Schloßherr, ein Wink, und die Zugbrücke rasselte nieder, wenn hoch vom Turm der Wächter mit einem Stoß ins Horn das Nahen solcher Leibespracht ankündigte. Und da nach Schopenhauer, mit vollem Fug, der Intellekt sowieso der Feind der Schönheit ist, brauchte Maria del Pilar nicht einmal klug zu sein, um die kleinen Granden des erloschenen Königreiches Mallorca ins Joch zu beugen. Wenn es wahr ist, was die Chronikschreiber von den Schenkeln Katharinas der Großen berichten – und warum sollten sie an einer so wahren Stelle des Leibes zur Lüge greifen? –, daß es nämlich genügt habe, sie zu öffnen, und allsogleich sei ein Thron gestürzt, dann hätte Pilar aus den ihrigen zumindest das goldene Schlüsselchen schmieden können, das auch die Vexiere der kunstvollsten Schlösser meistert. Wozu da Beatrice als Sperrzeug verwenden, oder als Rammbock sogar den Vigoleis, der noch keine so heldenhaften Taten auf seinem Namen stehen hat wie sein Pate Wigalois, »der Ritter mit dem Rade«, aus der Minnedichtung des Wirnt von Gravenberg? Daß Pilar an süßer Lausche eines der fraglichen Gliedmaßen einen Dolch trug, wußte ich natürlich nicht, noch auch, daß sie ein eingeschriebenes Mitglied jener Zunft gewesen war, die man seit Don Quijote die leichte nennt und die ihre Gildenhäuser in allen Städten der Welt hat, und darum auch in Palma, und auch dort im Schattendämmer der Kathedrale: die Sünde schmarotzt an dem Ort, den die Pforten der Hölle nicht überwältigen können, und sichert sich so den Anspruch auf irdische Ewigkeit.

In einem Lande wie Spanien, wo die Güter der Welt sehr ungleich vergeben sind, ist der Teil der Bevölkerung, der sich keine Siesta erlauben kann, immer in der erschreckenden Überzahl, und er genügt in einer Stadt von nahezu 100000 Einwohnern, wie sie Palma hat, das Straßenbild auch um die Stunde des gut bemittelten Schläfchens farbig zu gestalten.

Je mehr wir uns der Innenstadt näherten, desto lebhafter wurde der Verkehr, das Gewimmel und die brotmagere Geschäftigkeit der kleinen Leute, die es immer eilig haben, aus der Sonne herauszukommen – oder aus der Armut. Das weiß man ja nie mit Sicherheit zu erkennen in Ländern, wo die Sonne die Nacht zum Tage macht, sobald sie untergegangen ist. Eselchen trabten munter daher, alles an ihnen wackelte, die Ohren, der Schwanz und die Last, die ihnen aufgebürdet war: Körbe, Säcke, große Tongefäße mit Wasser, Mutter und Kind in der ewig rührenden Haltung einer Flucht nach Ägypten, Joseph am

Stabe hinterdrein. Doch wie wenig heilig sahen diese Nähr- und Pflegeväter aus mit ihren bunten Schärpen, die die Hose gürteten unter dem überhängenden Bauch! Die biblischen Grautiere wirken immer und überall malerisch, und über die Gefilde der Schrift hinaus hat Cervantes den Esel gegen die Verachtung aller Völker und Sprachen in Schutz genommen. Auch in der geistigen Landschaft finde ich sie pittoresk, und da kommen sie fast noch mehr vor als in der anderen, wo sie zum Aussterben verurteilt sind. Im Geistigen sind sie an kein Klima gebunden, und, zum Allesfresser hinaufentartet, werden sie erst mit dem Geiste untergehen – eine romantische Fauna, der ich mich verwandt und artverbunden fühle. Mystische Eitelkeit? Vielleicht.

Nicht nur die Eselchen fesselten mich. Ich hielt Umschau nach allem, jeder Schritt lieferte mir Material für meine Reiseberichte, die ich für eine Zeitung schreiben sollte. In ein paar Innenhöfe hatte ich schon hineingeschaut und wollte sie mir merken für einen besonderen Besuch. Dann entdeckte ich einen Verkäufer, der außer dem üblichen Bafel Heiligenbilder feilbot. Sein Schlager war ein selbstleuchtendes Kruzifix für eine Pesete, unverkennbar »made in Germany«. In einer riesigen Pappschachtel befand sich ein Loch, durch das jeder einen Blick werfen konnte. Man schaute dann den Heiland im Strahlenkranze. Der Erfinder des phosphoreszierenden Andachtsartikel, ein sächsischer Schreinergeselle, ist in wenigen Jahren steinreich geworden. Neben ihm hatte ein öffentlicher Briefschreiber seinen Tisch aufgeschlagen. Ein Mädchen diktierte einen Text, vermutlich war es ein Liebesbrief, schade, daß ich kein Wort verstand.

»Beatrice, komm und mache dich nützlich, ich brenne vor Neugierde, was das Kind dem Kerl in die Feder sagt – wieso indiskret? es stehen ja noch mehr Leute da und hören und sehen zu, das ist doch eine öffentliche Einrichtung hier, aber was ist denn los mit euch, warum rennt ihr so, das Bett geht doch nicht laufen.«

Zwingli war in einen Geschwindschritt verfallen, mit ihm Pilar, und an deren Arm nothnünftig, wie die Alten noch sagen konnten, auch Beatrice. Dann schlugen die drei einen Haken, rechtsschwenkt marsch, und verschwunden war das Trüppchen in einem finsteren Paß. Ich hatte Mühe, ihnen auf den Fersen zu bleiben. Die enge Straße war kühl. Mit ausgestreckten Armen konnte ich die einschließenden Häuserwände berühren, die sich oben zueinander zu neigen schienen, so hoch waren sie und so schwarz wirkte der Streifen Tag, der den Engpaß wie ein Schieber gegen den Himmel abschloß. Ich blieb stehen und labte mich am Schatten, verschnaufte ein wenig, und dann verfiel ich in eine Gassenmeditation, die allzeit über mich kommt, wenn ich in ein schmales Sträßlein einbiege, seit ich vor dreißig oder noch mehr Jahren zum ersten Male die Bekanntschaft mit den Schriften des deutschen Erzspötters und »Selbstdenkers« Lichtenberg machte und in den Aphorismen über das menschliche Gesicht die Stelle fand, die mich auch heute noch amüsiert: »In Hannover logierte ich einmal so, daß mein Fenster auf eine enge Straße ging, wodurch die Kommunikation zwischen zwei großen erhalten wurde. Es war sehr angenehm, zu sehen, wie die Leute ihre Gesichter veränderten, wenn sie in die kleine Straße kamen, wo sie weniger gesehen zu sein glaubten; so wie einer hier pißte, der andere dort sich die Strümpfe band, so lachte der eine heimlich und schüttelte der andere den Kopf. Mädchen dachten mit einem Lächeln an die vorige Nacht und legten ihre Bänder zu Eroberungen auf der nächsten großen Straße zurecht.«

So wörtlich, wie ich sie hier anführe, stand mir die Stelle natürlich nicht vor Augen. Wohl erinnere ich mich genau, daß ich Verbindungslinien zog zwischen der kommunizierenden Gasse einer deutschen Stadt aus dem empfindsamen Jahrhundert und der spanischen Häuserschlucht, worin der Blick an allem scheiterte, selbst an den Lichtpfröpfen des Ein- und Ausgangs. Natürlich, so spann ich die Fäden, muß Pilar etwas an sich vornehmen, wozu Frauen einen düsteren Hausflur aufsuchen oder sich verschanzen hinter einen Laternenpfahl, der dann aber nur eine symbolische Aufgabe zu erfüllen hat. »Nicht hinsehen«, ruft er, wenn eine Frau an ihn herantritt, um die klassischen Zurechtziehungsbewegungen an ihrem Leibe zu vollführen, wobei es zuweilen irrlichtelt und ein Weniges von den Reizen entblößt wird, die ohne den keuschen Pfahl eine kleine Verkehrsstockung verursachen könnten. Ich gehöre zu den Männern, die den Blick wegwenden, wenn der Laternenpfahl dem Bürger seine mickrige Moral vorschreibt. Das ist ein peinliches Überbleibsel meiner guten Kinderstube, die für den Lebenskampf die schlechteste war, die man sich denken kann. So schlecht war sie, und in ihrer Verfehltheit so nachhaltig, daß sie mich über die Pyrenäen hinweg verfolgen konnte bis nach – Afrika, dem Wort jener völkerpsychologischen Ketzer zufolge, die Europa an dem genannten Bergzuge aufhören lassen, wohl weil sie von Europa wenig und von Afrika, seinem

»Unterbewußtsein«, gar nichts begreifen. Und so denn folgte sie mir noch übers Meer bis auf die Insel, wo sie nichts zu suchen hatte, und bis hinein in das eingezwängte und einzwängende Gäßchen, wo jetzt Maria del Pilar – und trotz der Dunkelheit schloß Vigoleis die Augen wie ein eben approbierter Beichtvater, dem eine Jungfrau die Sünden wider das sechste Gebot aufsagt. Aber an der erregenden Stelle, wo das Seelenheil des Kindes am meisten gefährdet war, wird der Vater plötzlich schwach, unterbricht das fromme Daumendrehen und schielt durch das Gitter. So auch konnte Vigoleis der irdischen Versuchung nicht widerstehen und er schaute hin, wie nun die Hand den Rock heben würde und das schöne Bein – aber da sieht er sie alle beide, sie trippeln unter dem Vorhang, sie haben allem Anscheine nach überhaupt nicht aufgehört zu trippeln. Nichts vom Zurechtziehen eines Strumpfes, mein lieber Lichtenberg, kein unanständiges Geschäft, ob sie aber an die verflossene oder an die bevorstehende Nacht dachte, meine Pilar, das bliebe zu raten, und lächelte sie? Nur von hinten sah ich die Schöne, wie es stob, wie sie alle auskniffen, das ist das richtige Wort, meiner Treu, was ist denn nur geschehen? Sie schossen um die Ecke, eine Straße hatte sie aufgesogen, vorbei war es mit dem literarisch verbrämten Prickel, dem halberotischen Mittagsspuk und Schluchtenzauber.

Als ich die Gasse durcheilt hatte und wieder ins Licht getreten war, erblickte ich vor mir meine geschwinden Verwandten, und sofort nahm ich die Verfolgung auf. Kaum hatte ich sie unter Anrempelung einiger Passanten auf ein paar Schritte nach eingeholt, da tat Zwingli erneut einen Seitensprung, und verschwunden war er in einem Laden. Pilar, die wir so königlich haben schreiten sehen, setzte ihm nach, und Beatrice, ob auch mit entschlossener Würde, hinterdrein. Ich folgte wohl oder übel. Es war ein Möbelmagazin, in das sie den Sprung gewagt, wo vom Kinderklappstuhl übers Ehebett bis zum Sarge alles zu kaufen war, was ein Mensch braucht, der von den Bäumen der Freiheit in die Zivilisation hinabgeklettert ist. Jetzt läßt sich der Schwager fürwahr einen Sarg anmessen, schoß es mir durch den Kopf, als ich den Laden betrat. Im Unterbewußtsein spielte Zwingli seine Rolle als der im Sterben Liegende noch weiter. Ich fand die Ausreißer aber bald schon in der Bettenabteilung, natürlich, wir waren dieses Möbels wegen ausgezogen. Wir brauchten ein Bett, so groß wie möglich, es müsse den konjugalen Erfordernissen ebenso gerecht werden wie dem Drange nach der allein liegenden Persönlichkeit. Ein Meter in die Breite, das sei für einen jeden von uns das rechte demokratische Liebesmaß. Das Thema wurde bald schon mit dem Verkäufer erörtert, der, ich merkte es an seinen Gesten und dem Zollstock, jedem ein paar Handbreit unserer Freiheit abdingen wollte. Der Sprache nicht mächtig, drang meine Theorie nicht durch, niemand verfocht sie bis ins Äußerste, am wenigsten Beatrice. Im Mittelalter, wo auch die Vasallen noch die Bettstatt der Könige teilten, hätte ich eine solche Zurückhaltung am Platze gefunden. Dreißig Zentimeter mußte jeder Ehepartner sich abknausern lassen, das fördere die Anhänglichkeit, habe zudem der Möbelmann gesagt, und Pilar tat sehr bewandert und redete flink und mit ihrer wohllautenden Stimme. Zwingli ließ seinen Nagel spielen und ich zum Abschluß des Kaufes mein Geld. Eine halbe Stunde, länger hatte die ganze Geschichte nicht gedauert, und doch zu lange für das, was wir erstanden: keins der Betten, wie ich es gewohnt war, worin die Kinder meiner niederrheinischen Heimat gezeugt und geboren wurden und worin auch ich, Vigoleis, das Licht der Welt erblickt habe: jene gewaltigen Schlafschreine meiner Ahnen meine ich, in denen auch die Liebe eine Angelegenheit der Scholle blieb. Wir hatten einen Schragen gekauft, ein mit Drahtspiralen bespanntes Untergestell, an das vier Füße geschraubt werden mußten, um die gewünschte Höhe zu erzielen. Niederhockend deutete ich sie an, ja, so wäre es recht, dann säße es sich gut auf dem Ding, das feinere Leute mit einem feinen Wort Couch nennen.

Couch, da muß ich immer wieder an Shakespeare denken: – »Let not the royal bed of Denmark be a couch for luxury and damned incest.« Inzest? Dagegen wurde von alters im weltlichen wie kirchlichen Recht auf Züchtigung erkannt oder das notpeinliche Halsgericht verhängt. Auch mich stünde man nicht an vor ein geheimes Tribunal zu schleppen, wenn ich die Couch mit Maria del Pilar in der angedeuteten Großartigkeit einweihen würde. Möchte ich wohl? Hatte ich gemocht? Noch ehe Vigoleis dem Händler den geforderten Betrag in die Hand gezählt, hatte er die Strafe gegen Leib und Seele schon verwirkt, im Geiste . . . »L'acte fut brutal et silencieux«, nur dann nicht auf dem nackten Boden wie in Zolas ›Thérèse Raquin‹.

Pilar errötete, sie fingerte fahrig an ihrem schwarzen Spitzenschleier und löste sich von Beatrice, in deren Arm sie sich eingehängt hatte. Auch Vigoleis konnte seinem Blute nicht wehren, verräterisch bis in die Haarwurzeln zu steigen. Niemand gewahrte, wie er den aufgespeicherten Atem langsam durch die Nase blies. Zwingli, der hier ganz als Don Helvecio auftrat, stand schon wieder draußen. Er suchte einen Heinzelmann mit oder ohne Packesel, um das Gestell zu schleppen. Beatrice verließ als letzte den Laden.

Auf der Straße sagte sie in einer allein mir verständlichen und darum auf mich gemünzten Sprache: das nehme kein gutes Ende. Sie liebt es, dunkle Prophezeiungen in die Welt zu setzen, die meist in gekränktem Ton ausgesprochen werden, womit sie andeuten will, es sei unser eigener Schaden, wenn man ihren Gesichten nicht glaube. Treffen die Weissagungen ein, dann weiß jeder, was sie sagt, denn Propheten sind selten originell, und treffen sie nicht ein, na, dann schweigt auch sie – das Geheimnis aller Sibyllen. Das also nehme kein gutes Ende, glauben wir's getrost, denn was kann schon einen guten Ausgang haben, wo unser Oberunglücksvogel und Erzweltschmerzler Vigoleis die Hand im Spiele hat, oder in der Sprache eines billigen Fatalismus: das Spiel ihn in der Hand?

Und dabei fingen wir erst an oder hatten überhaupt noch nicht angefangen.

Weiter ging die Wanderschaft durch die glühende Stunde und in unserer, wie es schien, immer brennender werdenden Angelegenheit. Die Schritte wurden geschwinder, und mich dauerte der Läufer. Er hatte sich die Spiralmatratze auf den Kopf gestülpt, der durch eine Baskenmütze gegen die einschneidenden Drähte geschützt war. Mit ausgebreiteten Armen hielt er den Rahmen in der heftig schwingenden Schwebe, und nur durch laute Zurufe an die Passanten konnte er verhindern, daß nach links und rechts gefährliche Püffe ausgeteilt wurden. Da wir hinter ihm drein zogen, erfüllte der Mann zugleich eine Rolle als Herold, feierlicher Ausrufer und Verkündiger unserer sich überstürzenden Herrlichkeit. Seltsamerweise erregten wir kein Aufsehen. Den nächsten Laden erreichten wir nicht ohne neue Seitensprünge in Gassen und Innenhöfe, wobei wir den Wegbereiter zuweilen aus den Augen verloren. Er schien freilich zu wissen, wohin mit der Fracht, denn wir trafen ihn wartend vor einem Tuchgeschäft, die Matratze bei Fuß. Ihn interessierten die Innenhöfe der Paläste natürlich nicht. Aber waren sie denn ein Gegenstand der besonderen Aufmerksamkeit für unsere Verwandten? Auch diese hatten keinen Blick zu verschwenden an einen Frieden, der von Katzen, Palmen und auf den Fliesen langausgestreckt sinnenden Bettlern gehütet wurde.

Sie verständigten sich mit Blicken, warfen uns welche zu, die von einer hingelächelten Beschwichtigung waren, und dann ging's weiter in geheimnisvoller Spute. Schleppfüßig waren die nicht! Doch da es Samstag war, schien der Einkäufe wegen Eile wohl geboten zu sein.

Im zweiten Laden kauften wir Bettbezüge und einen Drillich, aus dem die Wollmatratze hergestellt werden sollte. Das besorge ein Polsterer, den Pilar kenne, der wohne – und schon war die neue Last dem Fledermann aufgebürdet. Die Kreuz und die Quer ging es weiter durch Palmas Geschäftswelt, und wie im Traume verloren wir oft den Boden der Wirklichkeit unter den Füßen, wenn unsere Führer die Verschwiegenheit von Gassen, Hauseingängen und dämmernden Patios aufsuchten. Nur der Träger, den ich aus dem Reich der Geister kommend wähnte, behielt seine irdische Stetigkeit. Er hatte die Tuchpakete vorne und hinten auf die Matratze gelegt, wo sie sich die Waage hielten. Sein Kopf stach nun fast bis an die Schultern aus dem Geflecht heraus – ich würde es strammer spannen müssen, für unser beider Bettgewicht.

Der Polsterer erbot sich, das Unterbett und zwei Kopfkissen gegen Abend abzuliefern.

Da wir den Markt überqueren mußten, entschloß sich Pilar, für das Nachtmahl noch einiges einzukaufen, vor allem Fleisch. Ich sah keine Metzgerstände, aber ein Geruch in der Luft verriet, daß wir uns solchen näherten. Die Buden waren mit Plachen gegen die Sonne geschützt. Es stank wie in einer Abdekkerei. Der Lärm der feilschenden Weiber und anpreisenden Verkäufer dräuchte an unser Ohr. Als wir in die Gasse der Fleischtische einbogen, machte Beatrice mir ein Zeichen. Sie war grün im Gesicht und dem Erbrechen nahe. Zwingli verständigte seine Schöne, deren Nase wie die meinige noch ein paar der widrigen Geruchseinheiten mehr vertragen konnte. So trennten sich die Paare.

Am Fleische Pilars nicht weniger interessiert als an dem der Stände, bot ich dem Mädchen den Arm, Geschiebe und Gedränge des marktenden Volkes tat den Rest. Eng aneinandergeschmiegt zwängten wir uns von Stand zu Stand. Wonneschauer hätten nun durch meinen Körper rieseln müssen, zumal ich meinen Arm so hielt, daß sich ihre linke Brust an meinen Handrücken schmiegte, um so spürbarer, je stärker der Strom anschwoll an einer besonders wohlfeilen Bude. Grob gesehen hätte ich sonach vom Ramsch profitieren müssen, und wie bei der Menge hätte es sich auch in mir stauen müssen, aber der Kreislauf meines Blutes blieb normal, nichts gefährdete die Schleusen der amourösen Oberschlächtigkeit. Und der Himmel hätte doch voller Geigen hängen müssen! Mir hing er nur voller Fliegen. Und betörte dich nicht wie der laurige Ruch gewisser Nachtschattengewächse der Hautgout, über den ein Autor nicht spricht, der auch in den feinen Kreisen gelesen werden möchte, wo man dem Wildenzen mit Odorono begegnet? Merke dir, Vigoleis, alte Stubenschabe auf freier Wildbahn: wo es nach verwesendem Fleische riecht, hat das lebendige sein Recht verspielt.

Wir blieben Arm in Arm, und es blieb bei dieser toten Berührung, bis Pilar ihren haarigen Knochenhauer entdeckt hatte – endlich! Ich war froh, als wir uns lösen konnten. Eros und Fleischmetz passen nicht zusammen, auch ohne daß die Sonne den Liebesbraten verdirbt.

Die Bude war trotz der vorgerückten Stunde noch reichlich mit Ware versorgt. Die größeren Stücke hingen an eisernen Riegeln, das Kleinzeug lag auf den Planken, doch ob nun groß oder klein, nichts war als Fleisch in seinem Fleische zu erkennen. Es wies sich einzig als solches aus durch den blutigen Mann mit langen Messern, Beil, Säge und Klopfholz, der hinterm Tische stand. Alles war von einer dicken Lage Fliegen eingehüllt, und was nicht saß und saugte, das schwirrte umher, des Augenblicks gewärtig, wo der Schichtwechsel stattfand: wenn der Metzger mit seinem Wetzstahl an ein gewünschtes Stück schlug. Die schützende Hülle löste sich, und der Kunde sah für eines Blitzes Länge, was er kaufen wollte: ein schmieriger Braten wurde entblößt, bis sich der wimmelnde Vorhang wieder geschlossen hatte. Wer als Fliege nicht auf dem Quivive gewesen, mußte weiter schwirren, bis eine neue schubsende Anpreisung neue Anflugmöglichkeiten böte; und zur Not taugte auch der blutbespritzte Arm des Schlächters, das Rüsselchen anzusetzen, wenn der nur einmal eine Sekunde ruhig bliebe. Metzger mit einem Schwanz, so schoß es durch mein Erfinderhirn, die sich bewedeln können wie eine Kuh, warum hat der Herrgott das nicht vorgesehen, als er Spanien schuf?

Pilar blies gegen einen Fliegenbollen, unter dem sie sachverständig das vermutet hatte, was unser Sonntags-Fricco werden sollte. Dazu erstand sie noch eine Menge Gekröse, Hahnenkämme, gespornte Füße, Magen, Leber, Eierstöcke, Klunker von Putern und mehr der Teilchen, die nicht weniger rochen als die respektablen Klumpen. Ich zahlte die Kleinigkeit, und dann war es Pilar, die meinen Arm nahm, um ihn sacht zu drücken. War das als Dank gedacht für den unbedeutenden Pesetendienst? Hätte ich mich ihrer Sprache bedienen können, ich hätte abgewehrt, bitte nein, der Rede nicht wert und gern geschehen, und nur fort jetzt aus diesem verwesenden Fliegenhimmel. So ließ ich es sein Bewenden haben bei einem zarten Gegendruck, der ein empfindliches Weichteil traf. Das Mädchen schlug die kostbar präparierten Augen zu mir auf mit einem Blick, der mir buchstäblich das Rückenmark rauf und runter und wieder herauf und wieder hinunter lief, ein immerhin merkwürdiges Verhalten für einen Blick. Ich vermute darum auch, daß es der berühmte erste war, der die Liebe zur Folge hat. O, wie lag sie mir nun auf den Bränden! Da vergaß ich die Fliegen und das, was sie meinen nun anderweitig gefesselten Blicken entzogen. Der Gestank wurde ein Wohlgeruch, das Fleischpaket in meiner Linken ein Unterpfand dessen, was die Rechte nur mangelhaft auszudrücken imstande war. Schiebend, schwitzend, gedrückt und geschoben, so verließen wir die Passage, die doch noch eine Stätte der Seligkeit geworden war.

Schweiß gehört zur Liebe wie zum täglichen Brot, wenn wir dem Alten Testament Glauben schenken wollen, das sich in diesen Sachen ja auskennt. Mir stand er in dicken Perlen auf der Stirn. Zum Glück erspähte Pilar schnell das Geschwisterpaar, das vor einem kleinen Café im durchstaubten Schatten saß. Beatrice hatte sich von der Flauigkeit erholt. Auch der Träger war da. Er trank Dünnbier und schwang eine Rede. Zwingli palaverte gleichzeitig, auch der Kellner redete, und an den Nebentischen redete man, wobei nicht ohne weiteres auszumachen war, wer das Gespräch mehr bestritt, die Zunge oder die oberen Gliedmaßen. Das geht lebhaft zu, dachte ich, ein unvorsichtiges Wörtchen und der Krawall ist da, und dann fliegen Tische und Stühle über den Platz, Messer werden gezogen, Flaschen auf Schädeln zertrümmert, Kehlen, die hier ihren Durst stillen wollten, mit kundigem Griffe gedrosselt. Doch nichts von alledem, man war laut und lebendig aus seinem Naturell als spanischer Mensch heraus, unterm Hemde friedsam – Feuerwerk, das mit seinen kreisenden Sonnen und pfeifend steigenden Raketen im hellen Mittag verzischt. Da war das kleine Flämmchen in meiner Brust gefährlicher! Stille Wasser gründen tief, doch stille Feuer können noch tiefer zünden.

Auf dem Nachhausewege, der wieder ein großer Umweg

wurde, hatten wir uns anders gesellt. Jeder Mann ward seinem Weibe beigegeben, denn du sollst nicht begehren das deines Nächsten, was ich verflucht nochmal schon heftig tat. Eine Verbindung übers Kreuz à la Emil Ludwig war sowieso ausgeschlossen, es sei denn, Vigoleis hätte den Bruch für alle vier vollziehen müssen, was ihm wohl keiner zutraut. Laß er's erst einmal mit der Schlunte treiben, und wenn es dann nicht gegen Himmel schreit . . .

Pilar hatte ein schlechtes Gewissen der neuen Freundin gegenüber, man braucht auch nicht gleich mit allen Segeln ins Abenteuer zu treiben mit Vigoleis, der sowieso nicht laufen geht – dachte sie –, und heute nacht schläft er schon unter ihrem Dache. Es ist eine Frage der Zeit, wann anstelle des Daches die Decke tritt. Die beiden Wörtchen stehen nicht nur sprachgeschichtlich einander nahe. Um acht kommt die Wollmatratze, doch ehe wir uns auf ihr strecken, gibt es noch ein feines Essen, mit Wein, den wir jetzt kaufen. Zwingli kennt alle Marken der Welt und er weiß genau, welche zu der Speise mundet, die ich in meiner Linken schwenke wie ein Weihrauchfaß. Nur der Duft, der aus ihm wölkt, ist ein anderer. Er betäubte mich, indessen er machte mich nicht fromm.

Vermutlich hatte Zwingli sich der italienischen Sprache bedient, als er der Schwester erklärte, was die Bocksprünge und Eilmärsche zu bedeuten hatten. Die Lösung des Problems war einfach: Don Helvecio steckte bis an seinen ungewaschenen Hals in Schulden. Es gab keine Straße in Palma, wo nicht zumindest ein Kaufladen war, in dem er nicht in der Kreide stand. Palmas Straßen sind aber eng, die Ladenbesitzer hocken gerne vor der Tür, und so muß man eine gewisse Strategie entwickeln, um nicht von den lästigen Gläubigern gepäckelt zu werden – »immerhin, Beatrice, Bice, Bé, ich hab's mal wieder geschafft, dank meiner Fixigkeit und Ortskenntnis schlaft ihr diese Nacht auf mallorquinischer Wolle, eine feine Lage Roßhaar sorgt für die notwendige Kühlung, du wirst sehen, so schnell wird dich nicht nach einem anderen Bett verlangen. Was deinen Vigoleis betrifft, der paßt als gekörter Pessimist auf jeden Schragen. Ein patenter Kerl, noch immer ein wenig zu menschenscheu, das scheint seit Köln nicht besser geworden zu sein. Aber wir kriegen ihn schon herum, der muß nun ran an das Zeug, zuerst wird Spanisch gelernt, eine Stunde täglich, die Theorie bei dir, das Praktische, parlando, kommt mit dem Parlieren. Talent für Sprachen hat er ja nicht, sonst hätte er es sich doch nie beifallen lassen, Philologie zu studieren, oder muß ich es umdrehen? Wo wir Schweizer natürlich mit einer Mutter- und mehreren Vetternsprachen auf die Welt kommen, müssen die Deutschen sich alles mit ihrem ledernen Steiß zusammentrommeln, keine Kleinigkeit für ein linguistisch so unbegabtes Volk. Erst draußen in der Welt fangen sie an sich zu regen, nationale Muttersöhnchen allesamt, ich kann sie nur bedauern. Aber deinen Vigo werden wir schon entwickeln, das nehme ich am besten selbst in die Hand. Vor allem muß er gleich anfangen spanisch zu denken, für ihn sowieso eine gute Reinigungskur, damit er mal auf andere Gedanken kommt, denn mit den paar Brocken, die er sich in den ersten Tagen zusammenliest, kann er keine Systeme bauen, die ihn vor sich selbst erniedrigen. Montag gehen wir dann eine kleine Sprachlehre kaufen, in einer rudimentären deutschen Buchhandlung. Da wird Vigoleis Heimatklänge hören, zum Abgewöhnen, denn Anton Emmerich ist ein Kölner und ein Original dazu, dessen Wiege unter Fetten Hennen gestanden hat. Er lebt schon viele Jahre in Spanien, aber wenigstens einmal in der Woche läßt er sich noch von seiner Wirtin die schauderhaften Reibkuchen backen, und jeden Sonntag gibt's Knackwürste mit Süßreis! Von diesen Verirrungen abgesehen ist er ein brauchbarer Knabe, der es mit der Zeit auch noch lernen wird, sich in der Fremde anständig zu benehmen. Ein guter Schachspieler übrigens, wir messen zuweilen unsere Kräfte.«

Soweit Beatricens Bericht in gerader und abhängiger Rede und Anspielung. Schön also, schön und noch schöner, schlafen wir auf Wolle mit roßhaargekühlter Zwischenschicht, hoffentlich ohne Flöhe, ohne Träume, und sicherlich ohne Pyjama und ganz sicher, soweit es mich beträfe, ohne Pilar. Ich war mittlerweile so müde geworden, daß ich am liebsten gleich auf den faserneuen Pfühl gesunken wäre, um einen Müllerschlaf mitten im zunehmenden Getümmel der Stadt zu halten. Der Träger aber stand nicht still, es ging straßauf, straßab, treppauf und -ab im balancierenden Eiltempo, genau dem Irrwege folgend, den die unbezahlten Rechnungen Zwingli und seinem Kebsweibe vorzeichneten.

Von der entgegengesetzten Seite näherten wir uns jetzt dem Platze, in den die Straße der Einsamkeit einmündet. Vor einem Café erklang Musik. Esel waren an Mauerringen angebunden, sie schliefen im Stehen. Zwingli machte mich auf diese Erscheinung aufmerksam: im Stehen zu schlafen, so weit müsse es der Mensch auch bringen! Er selbst übe sich seit langem schon in dieser Kunst, doch da unser aufrechtes Menschenknie keine Sperrklinke habe, noch über den raffinierten Sehnenmechanismus des Pferdes verfüge, könne man einzig durch geistige Konzentration dem Umfallen vorbeugen. Das hielte wieder vom Schlafen ab; noch müsse er die Wand zu Hilfe nehmen, sonst –

– schlage er langhin, dachte ich, wurde aber eines Kommentars überhoben, denn nun sahen wir alle das Mädchen wieder, den langen Irrwisch, ja, dasselbe Geschöpf, es war wieder da und tanzte. Ein hübsches Kind, Rasse in jedem Glied, wie sich das bog und reckte und sprang und sich gleichsam selbst aus der Luft wieder auffing. Es knatterte und sprühte Funken, und stampfte den Boden, daß es zuweilen in einer Wolke von Staub verschwand. Elf Jahre, älter konnte das Balg nicht sein. Da spielt man in meiner Heimat noch mit Puppen und Kramläden, und hier macht sowas die Burschen verrückt und selbst Männer, denn nicht nur die halbwüchsige Schar hatte sich wieder eingefunden wie die Fliegen am Lendenbraten, wenn er ausgeschwungen hatte. Viele Erwachsene saßen und standen da herum und ließen kein Auge von dem feurigen Weibsspuk im Kinderkleidchen. Auch Pilar sah den wirbelnden Teufel, und zu meinem großen Erstaunen wiederholte sich die fromme Szene des frühen Mittags: sie schlug das Kreuz, rief die Namen der Heiligen und den des Himmels an, die Strohtasche mit den Zutaten fürs große Auferstehungsmahl entfiel ihrer Hand. Ein Glück nur, daß ich den Frauen allzeit ritterlich diene, sonst wären die drei Flaschen Valdepeñas auch futsch gewesen, die ich ihr abgenommen hatte, gegen ihren Einspruch übrigens, denn in Spanien trügen Herren keine Pakete. Pilars Versteinerung währte freilich nicht lange. Wie ein Pfeil schoß sie davon, ich sah noch eben, wie der Kreis der Gaffer wieder hinter ihr zusammenschlug, hörte Geschrei, keifende Stimmen, Männer lachten, dann klang die Szene aus mit einem schallenden Schlag, der wie eine gut sitzende Ohrfeige tönte.

»Jaja«, sagte Zwingli, der die Leckerbissen zusammengelesen hatte, »das nimmt noch ein schlechtes Ende. Wir wollen lieber gehen, sie kommt doch nicht eher nach Hause, als bis sie Julietta wieder erwischt hat.«

»Julietta?«

»Ja, ihr Kind!«

*

Neben dem Kämmerchen, wo ich am Morgen die sinnverwirrende Begegnung mit dem Mädchen Julietta gehabt hatte, befand sich ein zweiter Verschlag, fensterlos wie das Kinderzimmer. Dort sollten wir untergebracht werden. Er diente als Rumpelkammer und Garderobe. Von der Decke hing ein elektrischer Leitungsdraht mit einer nackten Glühbirne herab. Wenn das Bett darin stünde, bliebe gerade noch soviel Raum, ein paar Koffer als Kommode oder Nachtkonsole aufzustellen. Aber ich werde Schnüre spannen und Vorrichtungen ersinnen, man lasse mich nur machen. Doch Zwingli hatte Bedenken, mich machen zu lassen, ehe seine Pilar zurück sei, denn er wisse ja nicht, wohin mit dem Krempel. Es würde uns gewiß nichts ausmachen, die erste Nacht im Vestibül zu kampieren.

Beatrice kramte in den Koffern, packte aus und verwandelte die Entrada in eine Trödelstätte. Den Bettschragen hatten wir schon vollgehudelt. Um neun kam die Matratze, da mußte alles wieder abmontiert werden, das Bett wurde zur Nacht gerichtet. Zwingli tat sehr erstaunt, daß wir keine Bedenken hatten, die Leintücher so frisch aus dem Laden, wo sie durch viele Hände gegangen, zu gebrauchen. Das müsse doch erst in die Wäsche! Lieber in den Kleidern schlafen! Gewiß, Leute, die sich nicht waschen, haben ihre eigenen Anschauungen über Reinlichkeit und angewandte Ästhetik. Es ist nicht leicht, die Gesetze zu erkennen, nach denen sie leben. Dann erschienen Mutter und Kind.

Was bei der Mutter, der Leser weiß es schon, zur schleckenden Reife erfüllt war und auch ganz im Dienste dieser schenkenden Lebenszeit stand, war bei dem noch nicht durch die Bettmauser gegangenen Fechser nur erst als Ansatz und Verheißung gediehen, und es müßte schon wider alles Verhoffen gehen, wenn der Blick in die Zukunft dieses Weibes trügte. Ein schönes Reis fürwahr, potzblitz, wie sie so dastand und trotzig mit dem Fuß aufstampfte, sich rippelte und nicht zu bewegen war, die fremden Verwandten zu begrüßen. Diesen Spatz hast du also in der Hand gehabt, Vigoleis, und wieder fliegen lassen! Das kann auch nur dir passieren! Jeder andere hätte selbst im Dunkeln erkannt, daß solches Vögelchen in der Hand einen viel größeren Wert hat, als das neidische Sprichwort ihm zubilligt. Schau es dir jetzt bei Lichte an: das Haar rabenschwarz, die Augen eine Kohle und tief wie die Nacht, mit Sternen darin eingelassen, die funkelten, wenn der Vorhang der Wimpern hochgezogen wurde und der Blick mich traf. So könnte ich weiter fortfahren in der

Beschreibung des Mädchens, eine abgedroschene Phrase an die andere reihen, bis das Bild vollendet wäre. Die Schönheit des menschlichen Antlitzes ist unbegrenzt, mögen die Mittel noch so beschränkt sein, sie im Wort oder im Bilde darzustellen. Das Einmalige ist immer auf den Abklatsch angewiesen, wollen wir es vielen zugänglich machen. Untadelig war die junge Hülle dieser aufbegehrenden Seele, und dann dieser Blick, – wäre die Begegnung am Morgen nicht gewesen, ich hätte ihn in meiner Unerfahrenheit wohl noch als einen aus Kinderaugen hinnehmen können. So aber war ich befangen, und da ich leicht erröte, werde ich wohl auch bei der Gelegenheit übergossen dagestanden haben, ich schäme mich dieser Möglichkeit nicht. Die Lage war peinlich, nicht allein für mich, denn Pilar merkte gleich, daß der skandalöse Trotzkopf in mir ein Opfer für seine halbgaren Triebe entdeckt hatte und nun das Spiel von der Gasse in dem häuslichen Frieden und vor aller Augen fortsetzen wollte. Dem mußte vorgebeugt werden. Die Mutter tat es, wie die meisten Mütter so etwas anpacken, es knallte abermals. Das Mädchen rührte sich nicht.

»Julietta«, sagte ich auf deutsch, ohne zu bedenken, daß sie meine Sprache nicht verstand, »sei artig und geh ins Bett. Morgen ist Sonntag, dann mußt du mir die Stadt zeigen.« Dabei hielt ich ihr die Hand hin.

Julietta lächelte, trat näher und gab mir die Hand. Vor Beatrice machte sie eine Geste, halb Verbeugung, halb Knicks, und verschwand, ohne sich weiter um ihre Mutter und den Muttermann zu kümmern. Pilar begab sich in die Küche und begann eine lärmende Hantierung mit Töpfen und Kochgerät. Das Nachtessen gelang trotz vorausgegangener Mißwende ausgezeichnet; auch der Wein war gut. Zwingli hatte ihn auf die richtige Temperatur gebracht. Der Hitzegrad, darauf schien es mir in diesem Hause überhaupt anzukommen. Das, was man Stimmung nennt, oder etwas, wie ich später erfahren sollte, so Unspanisches wie Gemütlichkeit, wollte sich nicht einstellen. Jeder von uns war mit seinen eigenen Gedanken zu sehr ins Garn gegangen, um ein Endchen freizukriegen, das, an ein anderes geknüpft, ein Gespräch ergeben hätte, bei dem ich dann sowieso als die sprachliche Minderheit ausgeschaltet worden wäre. Zwingli wachte zudem ängstlich darüber, daß kein Wort gesprochen wurde in einer Sprache, die Pilar nicht verstand. Man war also ausschließlich auf das Spanische angewiesen. Die vereinigten Schweizer hatten obendrein noch vergessen, einen Trunk auszubringen auf die Urkantone, in denen um diese

Stunde die Herzen und die Raketen um die Wette stiegen. Hier, auf der Straße der Einsamkeit, waltete der Zug nach unten vor. Ich will nicht gerade sagen, daß wir mit Grabesmienen dem Mahle zusprachen, doch hätte das sprutzig gebackene Gekröse aufgeschlossenere Genießer verdient. Gegen Mitternacht, als es draußen laut zu werden begann, gingen wir schlafen, und bald lag ein jeder, wohin er gehörte, nicht aber, meine ich, wo er hätte liegen mögen.

Und Vigoleis, wo hätte er denn die erste Nacht auf der Insel seines zweiten Gesichts am liebsten zugebracht?

Alle Aufzeichnungen, die mit verpflichtender Wahrheitsliebe geführt und gleichsam mit der Hand auf dem Herzen geschrieben werden, rühren zuweilen an Dinge, die wir mit Scham und der Erkenntnis eigener Unvollkommenheit besser vor anderen verbergen. Aus meiner genauen Kenntnis der inneren und äußeren Vorgänge einerseits, und von der Überzeugung geleitet, daß eine Vertuschung der Geschehnisse dieser Nacht die Glaubwürdigkeit der weiteren Entwicklung gefährdet, will ich hier verraten, daß unser Held ohne Pyjama, ohne Flöhe, ohne Träume schlief – aber auch ohne die Mutter noch deren Hexe von Kind, auf die sich das altspanische Sprichwort bezieht, welches ich, um nicht gleich mit der Tür ins Freudenhaus zu fallen, unter dem Schleier des Originals dem ersten Buche vorangestellt habe: »Hure die Mutter, Hure das Kind, Hure die Decke, unter der sie liegen.« Im Spanischen reimt sich das wunderbar, aber soweit ist Vigoleis noch nicht, daß er schon Klang und Sinn zu binden vermöchte.

V

Wir schliefen bis tief in den Mittag hinein, so spanisch waren wir in einem Etmal schon geworden.

Ein telegraphischer Bericht aus Basel wirkte beruhigend auf Beatrice, bat aber gleichzeitig um ein Gegenkabel über die Lage, die wir auf der Insel angetroffen hätten. Das war eine schwere Aufgabe und mit gezählten Worten keineswegs zu lösen. Darum drahteten wir zurück, daß Zwinglis Zustand zu Hoffnung Anlaß gebe, und: Brief folgt. Diesen zu schreiben, mußte der Schwester überlassen bleiben, die, meine ich mich zu erinnern, einen halben Federhalter aufgesuckelt hat, ehe sie das Referat mit dem unter uns gängigen Gruße »ciau« beschloß. Darin stand, was wir schon wissen, freilich nicht mit allen Einzelheiten, noch auch der Vermutung, daß da was ein schlechtes Ende nehmen könnte; und was wir noch nicht wissen, denn ich selbst erfuhr es auch erst beim Überlesen des Briefes: Beatrice war fest entschlossen, solange auf der Insel und im Hause des Bruders zu bleiben, bis der Verirrte wieder auf dem rechten Wege wandele. Ein mütterlicher Unterton klang zwischen den Zeilen, wie ja überhaupt Beatrice Mutterstelle an dem jüngsten Sproß vertreten hatte, als das Schicksal die Familie in die Welt versprengt. Lange hat sie freilich ihre schützende Hand nicht über den Knaben halten können – und in diesen wenigen Jahren habe sie versagt. Viel von dem, was Zwingli an Schuld und Verirrung auf sich geladen und bekundet habe, sei im Grunde genommen auch ihre Schuld und Verirrung gewesen, meinte sie später einmal in einer sentimentalen Anwandlung über ihre fehlgeschlagene Hausmacherpädagogik. So tat sie an Zwingli, was sie tat, und was Vigoleis sie tun ließ, obwohl dieser bei aller erwiesenen und sich ständig neu erweisenden Weltfremdheit in Wort und Miene den Warner spielte. – In regelmäßigen Abständen, so endete die traurige Freudenbotschaft, wolle sie dem Bruder nach Basel die Stationen des Fortschrittes vermelden. Es wurden diese aber nur Fußfälle des Niederganges – von uns allen.

Beim Einrichten des Kämmerchens ohne Fenster erzählte mir Zwingli fesselnde Dinge über iberische Wohnverhältnisse. Ich wußte zum Beispiel nicht, daß man in Spanien noch an der Fenstersteuer festhielt. Um die sogenannte Lichttaxe zu vermindern, würden in den ärmeren Häusern die Schlafzimmer schon von vornherein ohne Fenster gebaut oder diese nachträglich wieder zugemauert. Mir war deutlich, daß dies alles mit der christ-katholischen Auffassung vom Leben als einer immerwährenden Sünde wider das Leben zusammenhinge, und da die Fortzeugung des Menschengeschlechtes in der zivilisierten Welt auf Schlafzimmer angewiesen ist – mit den entsprechenden Vermuffungserscheinungen unserer Kultur als notwendiger Folge, die paar Abstecher unter Gottes freien Himmel vermögen den Verfall nicht aufzuhalten –, so tut man natürlich gut daran, die Latüchte der Schöpfung nicht über der Sünde leuchten zu lassen. Nicht einmal der Mond, der sich in Gedichten so gerne zum Kronzeugen der Liebe aufspielt, wird ins Gemach gelassen, wo der Segen meist zum Fluch, der Fluch indessen selten zum Segen ausschlägt. – »Und Kerzen?« fragte ich. Die würden ausgepustet, wenn's soweit wäre, meinte Zwingli, denn der Spanier wolle sich nicht lieben sehen, auch der nicht, welcher nie eine Zeile von Schopenhauer gelesen habe. In den Freudenhäusern würde es darum wohl um so toller hergehen, mit vielen Kerzen, vielstelligen Stellungen und vielmugeligen Lustspiegeln; wenigstens hielte ich das für den natürlichsten Ausweg ins Freie aus einer fensterlosen Liebesbegegnung, obwohl, Paarung habe ja mit Liebe wieder nichts zu schaffen.

*

Ein deutscher Verleger war an der Herausgabe von Dr. Menno ter Braaks ›Karneval der Bürger‹ interessiert. Ich hatte ihm aus Amsterdam ein Probekapitel meiner Übersetzung zugeschickt, und der um die holländische Literatur sehr verdiente Schriftsteller Dr. Franz Düllberg hatte dem Verlagshause das Werk noch besonders zur Herausgabe empfohlen. Die Probe hatte genügt, den Verleger so weit zu ermuntern, daß er baldigst das ganze Buch zur Prüfung erhalten wollte. Die deutsche Fassung war abgeschlossen, sie mußte nur noch kollationiert werden. Das wollte ich mit Beatrice zusammen erledigen, in einer Woche wäre das geschafft, wenn man uns täglich ein paar Stunden den Auslegertisch überließe. Das stieß aber bei der Besitzerin auf Widerstand, der aus dem Instinkt des analphabetischen Menschen gegen die Überfremdung der Welt mit Buchstabenweisheit rühren mochte. Sie mißbilligte es, daß ich das Tischlein für meine schriftlichen Zwecke in Anspruch nähme. Aber als Schriftsteller, ließ ich ihr bedeuten, brauche man doch einen Tisch, sei ich selbst zwar nur ein Mann der Feder meiner Eintragung im Passe nach und kaum an dem gemessen, was aus dieser Feder flösse. Ich hoffte, mit einem solchen Selbstbekenntnis in der Gunst der Frau zu steigen, und hätte selbst dem Alphabete abgeschworen, wenn ich mich dadurch auf eine Stufe mit der Schönen hätte stellen können.

Also ein Schriftsteller oder kein Schriftsteller? Was du der Schöke vortäuschen möchtest, Vigoleis, soll uns hier für einen Augenblick einmal nicht bekümmern. Dein Herz ist zudem so voll von ihr, daß dir der Mund zu seiner Zeit schon wieder überlaufen wird. Da ist uns nicht bange. Kleide deutlich in Worte, ob du ein »Schriftner« bist oder nicht.

Gut: nach dem zu urteilen, was ich schon geschrieben hatte, war ich ein Schriftsteller, mit vollem Fug, und ein sehr fruchtbarer obendrein. Tausende Seiten hatte ich vollgeschrieben mit meinem unleserlichen Gehudel. Nur Beatrice vermochte die Glyphen zu entziffern, für die sie denn auch einzig bestimmt waren. Liebesbriefe? Ja, damit fing es an, damit wurde ich aus meiner Höhle gelockt, in der ich wie ein Bär im Winterschlafe meiner selbst an den Tatzen saugend auf den Tag wartete. Seltsamerweise bediente ich mich der französischen Sprache, aber beileibe nicht, weil das die klassische Sprache der Liebe ist, in welcher sich durch eine mir immer deutlicher werdende Laune des Schicksals die berühmtesten Liebesbriefe des Abendlandes erhalten haben, die Mariana Alcoforado zugeschriebenen Herzensergüsse, welche in den verschiedenen portugiesischen Rückübersetzungen nicht einmal lesbar sind, während zum Beispiel in der Fassung Rilkes ein ästhetischer Überzug die »ursprüngliche« Kraft der Ausstrahlung bricht. Und noch weniger schrieb ich französisch, weil ich mich in dieser Sprache ausgekannt hätte – nichts irriger als das! Ich mußte das Wörterbuch zu Rate ziehen, um genau zu sagen, was ich auf dem Herzen hatte; und dieses sich schattenlos Deckende fand ich im Langenscheidt für fortgeschrittene Benutzer nicht. Hatte ich es denn in der Liebe schon erheblich weit gebracht? Was ich brauchte, stand nicht einmal im großen Sachs-Villatte, mit dessen Hilfe man doch schon manche sprachliche Nuß knacken kann. Es gehört zu den unauslöschlichen Erlebnissen meiner geistigen Existenz, der Begegnung mit Karl May, Schopenhauer, Hamann oder Pascoaes vergleichbar, als ich eines Tages, was natürlich nachts war, reibungslos, übergangslos und schmerzlos das Ausdrucksmittel meiner Liebe fand in einer Sprache, in der ich es vor lauter Spiegelfechterei nicht gesucht hatte, in meiner eigenen. Die gab also nicht nur Gedichte her! Die Bogen füllten sich mit Muttersprache, die aber nicht die meiner Mutter war, wie ja Mütter jede söhnliche Liebe zu einer anderen Frau am liebsten im Keime ersticken. Eine nächtliche Ergießung von dreißig Seiten war die Regel. Ausnahme blieb ein Brief von achtzig, zwischen zwei Dämmerungen der Außenwelt und meiner ungeheuerlichen Umnachtung von innen auf die Blätter geworfen mit einem fliegenden Parker Duofold Sr. in der fiebrigen Hand, die aus einem körperlich erloschenen Leibe kam, der sich, allein, im Dunkel fürchtete vor zuviel unwiderleglichem Sein. Zwischen Gott und dem Teufel, ihrem Herzen und dem meinigen, einem Vers von Vogelweide oder der Zergliederung eines körperlichen Gefühls gab es nichts, was nicht dem Papier anvertraut wurde vom kleinen Amiel, alias Vigoleis. Wenn das nun aber nicht schriftstellern ist? Und dennoch nein und dreimal nein, mein liebes Ich, es ist es nicht, und deine Berufsbezeichnung ist und bleibt Titelanmaßung. Darf ich dann fragen, was es anders ist? Heyse meint in seinem Handwörterbuch der deutschen Sprache, daß ein Schriftsteller vorzüglich nicht der Mann sei, der Schriften stelle, sondern solche oder ganze Schriftwerke verfasse *und durch den Druck bekannt mache*. Hatte ich das getan? Der Druck beschränkte sich einzig auf den seelischen Zustand, unter welchem die Schriften entstanden waren. Hätte ich mich ihrer durch eine Drucklegung und öffentliche Verbreitung entäußern können, so wäre auch meine Zerrissenheit heilbar gewesen. Ein Dichter, ich spinne den Gedanken weiter, ohne ihn auf mich zu beziehen, der an seinem Werke leidet, wirft es auf den Markt, um sich eine sei es noch so kleine Linderung zu verschaffen, denn sonst nähme er nicht auch noch die Mühe auf sich, es handelsgerecht zuzustutzen. Hätte Gott, als der Schöpfergeist, nicht am Schöpferischen schlechthin gelitten, er hätte sein Werk nicht als »Welt« hinauszustellen brauchen. Ein »leidender Gott« aber – das wirft ein anderes Licht auf die Schöpfung, und man könnte Mitleid haben mit dem Schöpfer, wäre man nicht selbst das größte Opfer dieses ewigen Zwiespalts zwischen dem, was ist und dem, was nicht sein sollte. Mit »man« meine ich nun wieder ganz mich selbst und meinen Vigoleis, der ja eine noch größere Verirrung darstellt.

Als Buch hätten mein Epistolarium nocturnum und der Niederschlag meiner Dichterwut (furor poëticus) Bände gefüllt, wenn ich die beschriebenen Papiermassen nicht der Nachwelt und, ich gesteh's, selbst der Adressatin entzogen hätte, indem ich sie den Flammen überantworten ließ. Was nicht in Asche gesunken, das hat Felder gedüngt, und der Zwiebel oder dem Kohl war's einerlei, ob das gereimt oder ungereimt an die Wurzeln kam, das Wachstum zu fördern. Denn das haben meine Werke getan, ich könnte gärtnerische Zeugen mit Namen nennen.

Thomas Mann, dem ich im Sommer 1938 in Locarno zum ersten Male begegnete, klagte Stein und Bein über die leidige Frage der Schreibtische in Hotelzimmern. Nie fände er einen, der seinen Ansprüchen in allem entspräche, und je teurer die Unterkunft, je zweifelhafter sei es um das Möbel bestellt. Den Lyriker Marsman lernte ich als weniger anspruchsvoll in dieser Hinsicht kennen. Eine nicht wackelnde Planke genügte. Und noch bescheidener ist der begüterte Pascoaes, der an goldenen Tischen sitzen könnte, sein ganzes Œuvre aber an einem winzigen runden Tischlein geschrieben hat, wie es Zauberkünstler in ihrem Handgepäck mit sich führen. Eine symbolische Art der höheren Schreiberei? Wieder andere haben ganz auf das Gerüst verzichtet und buchstäblich in die Luft hinein gepennt und sind doch unsterblich geworden mit ihrer auf dem Knie verfaßten Literatur. Ich denke an Camões, Slauerhoff, Peter Altenberg, an den portugiesischen Erzdichter Barbosa du Bocage und an einige Propheten des Alten Bundes, von denen Job selbst auf einem Misthaufen die Chronik der über ihn verhängten Unglücks- und Leidensprobe geschrieben haben soll. Es kommt nicht auf die Unterlage an. Im Hause unserer Pilar aber war überhaupt keine vorhanden, sehen wir von dem Tisch ab, der für jede Mahlzeit wieder hätte abgeräumt werden müssen. Woran sollte ich arbeiten, um das von mir selbst so übel beleumundete Wörtchen schreiben zu umgehen? Da nun im selben Hause noch mehr Dinge nicht vorhanden waren und sogar die selbstverständlichsten Gegenstände des täglichen Bedarfes fehlten, wir aber mit ziemlich viel Geld auf der Insel gelandet waren, so kauften wir am folgenden Tage allerlei Nützliches zusammen. Ehe es Abend ward, hatten fleißige Hände es herzugetragen, sogar ein Kleiderschrank wurde in gefährlichen Schlingbewegungen die düstere Stiege hinaufgewürgt, wobei viel Kalk von den Wänden blätterte. Julietta, mit der ich den ganzen Sonntag durch die Stadt gebummelt war, legte einen Eifer, eine Hilfsbereitschaft und kindlich beratende Fürsorge an den Tag, die uns alle mit ihr aussöhnten. Es war der Abend des dritten Tages. So ging es denn munter und friedsam zu, eine Woche lang. Eines kam zum anderen, und ein jeder sah alles an, und was auch getan und was auch gekauft wurde, alle fanden, daß es gut sei. Wie im Schöpfungsbericht kann auch ich mit wenigen Versikeln über diese Zeitspanne hinweggehen, um dann, wieder das Buch der Bücher zum ehrfurchtgebietenden Vorbilde nehmend, bei den Folgen des majestätischen Blendwerkes um so länger zu verweilen.

*

Vigoleis als Abc-Schütz im Spanischen: seinen ersten Unterricht erteilte ihm weder Beatrice noch Professor Langenscheidt. Er wetzte, wie Zwingli es ihm angeraten hatte, seine Zunge am Zünglein Juliettas, deren Frühreife sich auch auf pädagogischem Gebiet bewährte. Natürlich meine ich das schärfende Sich-aneinander-Reiben nur bildlicherweise, obwohl die Lehrerin alles tat, um des Schülers Lippen an die ihren heranzubringen; ja ein Philologe könnte die Bildhaftigkeit der Sprache noch dahin erweitern, daß er Julietta eine besondere Vorliebe für die Erzeugung von Verschlußlauten unterschöbe, die dann natürlich ihre eigenen Lippen hätten schließen sollen. Dazu kam es aber nicht. Die Stunden wurden nicht für erotische Lippenübungen mißbraucht. Zudem war die schwüle Duse des ersten Tages schon bald von mir gewichen, das heißt, ich hatte keine allzugroße Mühe, den erregenden Zustand ganz auf die Mutter zu beschränken. Die Kameradschaftlichkeit wuchs, je mehr der Racker erkannte, daß ich das größere Kind von uns beiden war. Zuweilen trat Julietta als mein Beschützer auf, und ich ließ mich gerne von dem Kinde bemuttern. Leider entdeckte Julietta aber auch, daß sie mich sehr leicht mit den Waffen ihres aufkeimenden Weibtums in Verlegenheit bringen konnte, und als sie das einmal heraus hatte, wurde es brenzlicher für meinen Vigoleis, der darum auch nicht mit ihr ein Herz und eine Seele hat werden können.

Ich bin in einem schwesternlosen Hause aufgewachsen, unter Brüdern, die älter waren als ich und die mich, statt mich zu lieben, verprügelten. Vor allem der zweite, Jupp, der sich zum Hagestolz und zahmen Hühnerfarmer herausgemausert hat, mit langer Pfeife, beneidenswertem »Eieranfall« und Liebe für Musik und alles Schöngeistige, nebenbei bemerkt der Heraufzüchter des ersten nicht mehr fremdgehenden deutschen Unflughuhnes, dieser Bruder hat mich maßlos drangsaliert. Er war ein Tyrann mit einer gefährlichen Faust, die er hob und dann auf sein winziges Opfer niedersausen ließ, wenn dieses nicht gehorchen wollte. Im Keime war da natürlich schon der Gallinarier vorgebildet, der heute den Hühnern vorschreibt, wie hoch sie fliegen dürfen: Jedem Volk ohne Raum sein Huhn ohne Raum! Bei mir genügte aber meist schon die Aufwärtsbewegung seiner Hand, ein zornsprühender Blick und das gefürchtete »Wird's bald!«, um keine Unbotmäßigkeit aufkommen zu lassen und den kleinen Albert in der niedrigsten Fron zu halten. Das »Wird's bald!« hatte er sich übrigens von unserem Vater angeeignet, der dieses erzieherische Schlagwort oft im Munde führte, selber indes immer am frohesten war, wenn es bald wurde, denn er war ein selten friedliebender Mensch, sehr umgänglich, aber in sich gekehrt nach einer ausschweifenden Bierjugend, und sehr demokratisch. Darum weinte er auch, als Stresemann starb. Es war das einzige Mal, daß ich den verschlossenen Mann einem

Eindruck von außen habe erliegen sehen. Ich verdanke ihm viel, vor allem die Erkenntnis, daß es nichts auf der Welt gibt, was es verlohne, seine Schritte auch nur um einen Pulsschlag zu beschleunigen (ich habe ihn auch nie laufen sehen); dann, als eine ganze Reihe von Möglichkeiten irdischen Broterwerbes an meiner linkshändigen Seele gescheitert waren, mein auch wieder mißratenes akademisches Studium, und last not least verdanke ich ihm die Briefmarken, die mich meine oben angedeutete Schriftstellerei jahrelang gekostet hat. Diese Zuwendungen mußte ich mir allerdings dadurch verdienen, daß ich dem alten Herrn einmal in der Woche das Haupthaar schor, ratzekahl auf ein Zehntel Millimeter: eine sehr diskrete Art, meine Minderwertigkeitskomplexe nicht noch zu vergrößern. Mehr als einmal hat mein Vater sein Bedauern ausgesprochen über das langsame Wachstum seiner Haare. Aufgeklärt wie er war und ein Feind aller Finsterlinge, gelang es mir nicht, ihm Salvakran oder ähnlichen Schwindel anzudrehen. Bei dem Anschwellen meiner brieflichen Literatur blieb dem Guten nichts anderes übrig, als den Tarif seines Hausfrisörs zu erhöhen. Der Himmel hat ihm seine Güte, Herzensweite und ungewöhnliche, sei es auch durch keine psychologische Bildung getrübte Einsicht in seinen unentwirrbaren Rattenkönig von Sohn durch einen schmerzlosen Alterstod vergolten.

Doch zurück zu meinem pyknischen Zwingvogt: Da ich jahrelang das Zimmer mit ihm teilen mußte und eine Zeitlang sogar das Bett, blieb ich auch des Nachts nicht verschont von Tritten und Anranzungen. So wurde mir schon vor dem schulpflichtigen Alter deutlich gemacht, daß auch die Nächte einem Menschenkinde nicht allein beschieden sind. Wir müssen uns noch tiefer in das Dunkel zurückziehen, um dem Argen in der Welt zu entrinnen, und diese abgekapselte, wie ein Fruchtkorn vor der Aussaat in sich eingeschlossene Stelle finden wir nur in uns selbst. Dem einen gelingt es, bis in den Urgrund des Seins vorzustoßen, und ist er gesegnet, das Erlebnis andern zu vermitteln, als Dichter etwa, dann wird er unsterblich. Unsterblichkeit: mir ein schrecklicher Gedanke! So wenig ich nun selbst vor diesen Zwergvandalen sicher war, so wenig war es mein Spielzeug. Sogar die spitzfindigsten Verstecke spürten sie auf und lagen lange auf der Lauer, um sich an meinen Tränen zu weiden, die langsam zu fließen begannen, wenn ich die Hand aus dem ausgeraubten Gehege zog. Allmählich begann ich wie ein Axolotl zu reagieren, ob auch diese infantile Mutation nicht lange währte:

ich spielte mit Puppen, ohne allerdings die Gesellschaft anderer Puppenspielerinnen zu suchen. Das trug mir häßliche Fopperei und das unablässige Gehänsel meiner mannsigen Brüder und ihrer nicht weniger durchtriebenen Alterskumpane ein. Aber – am Spielzeug vergriff sich nun niemand mehr, kleine Mädchen bestritzt man nicht. Früh lernte ich somit gebückt zu gehen, und manchmal denke ich mit Schaudern daran, was aus mir geworden wäre, wenn meine Mutter es an Fruchtbarkeit ihrer in einer biblischen Segensfülle prangenden Schwiegermutter gleichgetan hätte, die 19 Kindern das Leben gab. Vermutlich wäre ich, zum Dackel entartet, in Dachshöhlen geschlieft, aus denen mich auch das blutgierigste Frettchen nicht mehr herausgebissen hätte.

Im Hause nannte man mich bald ganz allgemein einen Duckmäuser. Jedes Lexikon hätte freilich meine Angehörigen darüber aufklären können, daß nur ein Teil dieses Begriffes auf mich angewandt werden konnte, denn von Tücke und Verschlagenheit war bei mir, leider Gottes, keine Spur vorhanden. Es blieb bei dem Musen, dem Ins-Sinnende-sich-Verlieren. Ja, damit hatten es die flinken Wiedertäufer getroffen, und träfen es heute noch, wenn sie auf den Gedanken verfielen, mich abermal mit ihrem Unglückswasser zu besprengen. Man sieht, auch in meiner Hinneigung zum Philologischen bin ich aus der Art geschlagen. Fragt mich indes der Leser, aus welcher Art?, dann wird die Sache heikel und verfänglich. Einmal, weil ich bekennen müßte, lieber noch tiefer in sie hinein als herausgeschlagen zu sein in jenem Sinne, wonach der Stein glücklicher ist als die Pflanze; und ich näher auf meine Kindheit eingehen müßte, was mir schmerzlich wäre. So bleibt dieser pessimistische Eintopf dem Leser erspart. Die Anwendung meiner Vigoleisischen Erinnerungen soll nicht so weit gehen, daß auch noch die Nestfrühe ausgewälgert wird. Ich selbst mag zudem Kindheitserinnerungen nicht, ich lese lieber eine intelligente Tiergeschichte. Es kommt nicht darauf an, was man als Kind erlebt hat. Wichtig ist, wie das Erlebte gedeutet wird, und da die Tiefenforschung der Seele ein Wörtchen mitzureden hat, wird die Sache für mich wieder brenzlich. Ich gestehe, an einer Austreibung aus dem Paradiese genug zu haben. Freud als Cherub mit dem flammenden Schwert: als solcher ist er lange Zeit eine Gestalt meiner Angstträume gewesen. Herz, beschweige deinen Gram!

Julietta, die diesen Abstecher in meine mädchenlose Kindheit mir aufgezwungen hat, war mit meinem damaligen Werden verglichen schon verdammt geworden, nicht einzig, weil das

Hürchen in ihr mächtig zu kielen begann, und nun stehe ich nicht mehr allzu wunderlich vor dem Leser noch vor meinem entdämmernden Selbst da, wie ich dastand, wenn sie sich mir aus Verzweiflung über mein zu wenig rollendes Rrr mit einem schallenden Kuß an den Hals warf. Dann war es überhaupt aus mit dem Rollen, und das andere Gurren hätte beginnen müssen. Sie plagte mich mit spanischen Verben, auf meinem Schoße gesessen, und natürlich mit dem klassischen, zeitlosen Zeitwort aller Sprachlehren: lieben. Amo, amas, ama, amamos, amaís, aman – ha, wie mir da mein verstaubtes Latein zu Hilfe geflogen kam, und mit welch einer Dankbarkeit erkannte ich, daß der verkrachte Altphilologe meiner Klippschule, die unter dem Protektorat Wilhelms II. stand, die Wahrheit gesprochen, als er uns in den Hintern bläute: non scholae sed vitae discimus! Um die Zeit meines sprachkundlichen tête à tête mit Julietta war der Stockschläger schon tot und moderte irgendwo wie das Zeug, das er uns beibringen mußte. Sonst hätte ich ihm eine Ansichtskarte von Palma geschickt und Abbitte geleistet für die mühsame Sterbestunde, die ich ihm in glühenden, von atheistischen Zweifeln schon angeblasenen Stoßgebeten auf den Leib gewünscht, darin übrigens beigestanden von der ganzen Klasse, sehe ich von zwei Strebern ab, die sich nicht an der Schwarzen Kunst beteiligten. Sie lernten zwar auch für das Leben, aber für ein beschnittenes, denn sie wollten Kaplan werden und sind es auch geworden.

Julietta war stolz auf die Erfolge, die ihr Vigoleis bereits nach einer Woche aufzuweisen hatte: er konnte sich schon ein ganz klein wenig verständigen mit der Mutter, ein paar Artigkeiten sagen und auch das große Wort sprechen: Ich liebe dich. Als Fleißaufgabe gedacht, hätte es unverfänglich sein können, war es aber mitnichten. Denn ich hatte mich ja schon mit Pilar ohne Worte über dasselbe Thema verständigt, man hat Blicke, die man werfen kann, eine Schulter, die man kaum merklich in die Nähe der ihrigen bringt, kaum atmet die Haut sich an und schon springt der Funke über. Es zuckt, die Lunge arbeitet nur noch wie ein schlecht getretener Blasebalg, man hätte mit den Worten zu ringen, wenn man ihrer mächtig wäre. Aber die Natur hat das alles so schön eingerichtet, daß der Mensch unmittelbar in den Urzustand zurückfällt, wenn die Geschlechter aufeinanderstoßen. Nein, Julietta, bei deiner Mutter brauchen wir das probate Zeitwort nicht durchzukonjugieren; das wandelt sich zwischen uns ganz anders ab, mit anderen Zeitstufen, anderen

Möglichkeitsformen, einer anderen abgeschlossenen Vergangenheit, die noch in der Luft hängt: »hubiera amado«, ich würde geliebt haben – wenn's dann soweit gewesen wäre. Aber soweit sind wir noch nicht, mein Kind, das braucht Zeit und Gelegenheit und – »ja, was denn noch, Vigo?« – Julietta, das verstehst du nicht, obschon du schon mehr verstehst, als deiner Mutter lieb ist. Die Zeit, weißt du, das ließe sich einrichten, wir haben ja nichts zu tun, wir leben hier wie Gott in Frankreich ein dolce far niente. Indessen die Gelegenheit, die Diebe macht und auch Ehebrecher, Diebe nicht minder, sind auch die Socken anders, auf denen sie schleichen, da hapert es noch. Das Haus ist klein, man kommt sich auf Schritt und Tritt ins Gehege. Wir müssen warten, müssen die lange Bank einschalten; kennst du übrigens den Ausdruck: etwas auf die lange Bank schieben? Natürlich nicht, es ist eine typisch deutsche Bezeichnung aus dem Schöffenwesen vergangener Jahrhunderte, über die ich dir gerne mehr erzähle, wenn aus meinen drei Brocken Spanisch sagen wir dreitausend geworden sind. Ich meine nur, wir gehen ja nicht immer alle vier durch die Stadt bummeln und Sehenswürdigkeiten bestaunen, das tut man nur in der ersten Zeit. Sobald aber das Gefühl, auf Besuch zu sein und Besuch zu sein, sich abgenutzt hat, man uns keine festlichen Kaldaunen mehr backt und wir schon einen eigenen Hausschlüssel haben, dann geht jeder seiner Wege, und was das bedeutet, Julietta, das weißt du selbst am besten, kleine Streunerin. Dann werde ich einmal das Wörtchen mit deiner Mutter konjugieren, ohne daß mir jemand auf die Finger klopfen könnte, wenn sich Unregelmäßigkeiten einstellen bei diesem so regelmäßigen Verb. Das verstehst du wieder nicht, mein Poulet, aber noch ein paar Jährchen und du wirst einen Kursus für Fortgeschrittene leiten, dem Vigoleis nicht mehr folgen kann, so daß er von der Tochter wieder auf die Mutter kommt, und dann gibt's Krach, jesses, das sehe ich kommen ...

»Vigoleis, Don Vigo, wo bist du?«

»Julietta, verzeihe deinem unaufmerksamen Schüler, daß er mit seinen Gedanken nicht bei der Sache ist. Wo waren wir liegen geblieben?«

Als hellhöriger Gasthörer hatte Beatrice schon lange gemerkt, daß ich stark vom Lehrfaden abwich. Auch Zwingli durchschaute das Spiel. In der Schule gibt es in solchen Fällen einer beharrlichen Unaufmerksamkeit erst eine Verwarnung, dann eine schriftliche Mitteilung an die Eltern und zum Schluß eine schlechte Note ins Zeugnis. Im Leben werden keine Noten erteilt, aber dafür gibt es Musik. Lauschen wir darum ein wenig diesen Klängen aus dem deutsch-spanischen Oratorium unseres Vigoleis.

Das Vergleichen zweier Texte, zum Beispiel das einer Übersetzung mit dem Original, ist ebenso zeitraubend und langweilig wie Korrekturenlesen. Buchstäblich geisttötend wird diese Beschäftigung, wenn man an dem Ende des Tisches sitzt, wo die von einem selbst verfaßten Texte liegen, die man am liebsten nicht mehr sehen möchte oder, wer weiß, besser nie gesehen hätte. Ein derartiges Sodbrennen nach dem Schöpfungsakte kann so lästig werden, daß es Autoren gibt, die das Manuskript dem Verleger zu getreuen Händern überlassen und mit der ganzen Geschichte nichts mehr zu tun haben wollen. Ihre Werke sind gleichsam Nestflüchter, die den Weg ins Reich des Schönen selber suchen müssen. Gehen sie unter, nun gut, im folgenden Jahre kommt wieder die Balz des Federhochwilds, man ist taub, man ist blind, und dann sitzt man seine Zeit ab, durch nichts zu beirren, und bald ist auch dieses Gelege wieder ausgeflogen. Anders die Kunst mit der Brustwarze, die erheischt eine liebende Wartung, man muß sie trockenlegen, das Popöchen pudern, zusätzlich die Flasche geben, wenn der Balg nicht recht strampeln will. Man hat die liebe Not mit der Frucht, die nicht einmal ein Siebenmonatskind zu sein braucht, das in die Couveuse gelegt wird. Conrad Ferdinand Meyer und Flaubert zum Beispiel sind in der Literaturgeschichte bekannt für die rührende und zugleich sachkundige Säuglingspflege. Sie haben ihre Früchte aufgepäppelt. Die literarischen Kindsmörder, deren unser Vigoleis einer war, gehören einer noch zu wenig erforschten Gattung an, als daß ich hier Näheres über sie aussagen könnte.

Als ich mit Beatrice meine Übersetzung von ter Braaks ›Karneval der Bürger‹ kollationierte, saß ich am ursprünglichen Ende des Tisches und las mit halblauter Stimme. Das Vorgemach war abgedunkelt und kühl, keine Fliege, die uns hätte stören können, kein Lärm drang von der Straße zu uns herauf. Auch in dem gegenüberliegenden Postamt ging das Sortieren und Verkramen der Stücke ohne große Meinungsverschiedenheiten vor sich, so daß man fast sagen konnte: geräuschlos. Maria del Pilar schlief, ihr »Señorito« schlief und Julietta, die ihren Nährvater so zu nennen pflegte, schlief auch, falls sie nicht wach lag mit offenen Augen, die auf den Spalt der Doppeltür gerichtet waren, wartend auf die Kunft des Seligmachers. Zu einem solchen war ich inzwischen mit meinem Morgenkuß aufgerückt: der väterliche Freund, an dem kein Arg mehr kleibte. Sie hatte ihren Schmatz noch nicht bekommen, an diesem Vormittage, als ich wie ein Vorbeter automatisch und ohne innere Anteilnahme aus dem Kapitel über den Karneval der Gläubigen las: »Die Liebe, die alle Vernunft übersteigt, das ›Licht‹, das ›Wort‹, das ›im Anfang bei Gott war‹, ... das Dichterische, dies alles offenbart sich uns am Haß, an der Finsternis, am Schweigen ... an der Bürgerlichkeit. Was bedeuten schon solch hinkende Ergänzungen wie ›alle Vernunft übersteigen‹, ›im Anfang bei Gott sein‹ anders, als daß wir mit den Maßen von Raum und Zeit einem Unbekannten Ausdruck zu geben versuchen, das wir ebenso ständig wie vergeblich zu bezeichnen trachten? ... Der Bürger ist es, der bei Worten und auf Worte schwört, *über*steigen, im *Anfange* sein ...«

Mechanisch las ich den holländischen Text, während in einer anderen Schicht meines Bewußtseins die Gedanken mit einem weniger kühlen, weniger dialektischen und weniger abstrakten Karneval beschäftigt waren. Einem Carnevalino, ohne Masken, und um diese Stunde selbst ohne Kostüm, das heißt in Adams Kostüm, das ja keines ist. Das der Eva stellte ich mir in diesem Falle noch viel nackter vor, obwohl ja im allgemeinen die nackteste Frau die ist, deren letzte Hülle noch fallen muß. Ihren Bettadam, das Herrchen mit urbar haariger Brust und Zauberkralle, den mußte ich freilich weit von ihrer holden Seite wegdenken, um mein erotisierendes Frühstück ohne jedwede abgestandene Beigabe auskosten zu können. Zuweilen war der Schmaus so köstlich, daß ich, um im gewagten Bilde zu bleiben, mit der Zunge zu schmatzen begann. Dann schmolz die feine Lage zwischen den beiden Bewußtseinssphären weg, ich verhaspelte mich im unerbittlichen Text, und prompt erfolgte der Einspruch von der anderen Seite des Tisches, wo alles registriert wurde: jede sprachliche wie auch menschliche Abweichung vom geschriebenen und ungeschriebenen Urtext. Man muß als Frau sehr stark von seinem eigenen Wert überzeugt sein und außerdem über beachtliche »inside information« verfügen, um an einem solchen Morgen einem solchen zerstreuten Gegenüber nicht das Bündel Hirnextrakt, das Buch und ebenfalls noch den trennenden Tisch an den Schädel zu werfen und zu sagen: »Mach deinen Kram mit der da!« Warum tat Beatrice das nicht? War sie eine selbstquälerische Natur, die ihre Liebe im Leide nur um so stärker erfahren wollte? War sie ein Überwesen, das sich dem geliebten Vigoleis zum Opfer brachte, etwa im Stile einer großen Tragödin: »Schreite Du über mein blutendes Herze, ja über meine Leiche hinweg in den Pfuhl der anderen, ins ruchlose Beilager mit der Eintagsliebelei . . .« und so weiter. Ich müßte zur Vollendung des entsagenden Aufschreis Courths-Mahler zitieren, deren Werke ich im Augenblick nicht bei der Hand habe, und das will ich Beatrice nicht antun. Selbst nach zwanzig Jahren noch würde dieser Vergleich sie empfindlich treffen. Vor die Frage gestellt: Pilar oder Hedwig? schlüge sie sich auf die Seite der Analphabetin gegen die Frau, die mit dem Alphabet in einem lebenslänglichen Konkubinat gelebt hat. Nein, Beatrice ist nicht auf die abgeschmackten Mittelchen des kleinbürgerlichen Ehefriedensbruches angewiesen. Sie ist, ich wiederhole es, in der Welt bewandert und, was den Ausschlag gibt, belesen in der Literatur ihres Vigoleis. Den kann sie auch noch im letzten Augenblick vom Rande des Abgrundes zurückreißen. Welche Mittel ihr denn zur Verfügung stehen? Geduld! Die Methoden weichen von den alltäglichen der Dutzendärzte ab. Denn wo es sonst lautet: vor dem Gebrauch zu schütteln, kommt bei ihrer Therapie das Schütteln hinterher, worauf die ganze Wirkung beruht. Nicht umsonst ist Beatrice die Enkelin eines berühmten Homöopathen.

Pilar begann unsere philologischen Morgenandachten zu hassen. Ihrer immer giftiger werdenden Süchteleien wegen hatten wir die Lesestunde auf den Vormittag verlegt. Ich habe nie ergründen können, was sie an dem für uns beide mehr als langweiligen Geschäft so verdrießen konnte. Zwingli rückte mit einer Erklärung heraus, die mir indessen wenig stichhaltig zu sein schien. Aber seine Frauenkenntnis ging nie über die Haut hinaus, die er dafür um so gründlicher erforschte, und auch in der Benennung aller Reizzonen erwies er sich glücklich und mit Phantasie begabt. Er zeichnete sie übrigens in seinen anatomischen Atlanten ein, den er später nicht wie van de Velde verwerten wollte, sondern rein künstlerisch in seiner zukünftigen Akademie für Aktmodelle, eine Idee, auf die nicht einmal Leonardo da Vinci gekommen ist, dem doch nichts entgangen war zwischen Haut und Knochen der menschlichen Liebesmaschine. Vermutlich wurden bei Zwinglis Verfahren die Modelle erst in die richtige ästhetische Haltung hineingekitzelt, und warum eigentlich auch nicht? Zwingli also meinte, die Geliebte fühle sich vor den Kopf gestoßen und gleichsam in ihrem analphabetischen Nur-Weib-Sein getroffen durch das pertinent impertinente Herunterleiern unserer fremdsprachigen Bücherweisheit. Quatsch! Aber ich kann mich irren. Irren ist menschlich, sagt der heilige Hieronymus in einem seiner Briefe, welchen Ausspruch ich, Vigoleis, noch um einen Grad erhöhen möchte: es kann auch göttlich sein, betrachte ich unvoreingenommen, was der Schöpfer aus mir hat werden lassen. Nein, das konnte kaum der Grund sein. Die schriftmäßige Unbildung schlug bei diesem Weibe sichtlich zu ihrer Stärke aus. Zudem war ihr die kurzatmige Wortlosigkeit doch auch wieder nicht lieb, in die ich seit ein paar Tagen verfallen war, und die um so auffälliger wurde, je mehr ich in Juliettas Zungengrammatik fortschritt. Wir kamen einfach nicht von der Stelle. Auf die meisten Menschen wirkt diese Art einer potenten Keuschheit, wie Vigoleis sie an den Tag legte, lächerlich oder Mitleid erweckend. Sie ist in meinen Augen beides nicht, sondern eine dichterische Scheu vor dem Reim, der zum anderen finden muß.

Meinen Schleichweg in das Heiligtum der Pilar, diesen Paschergang mußte ich erst noch antreten. So wartete ich auf die gute Gelegenheit, die ich irrsinnigerweise abhängig machte vom Verlauf unserer vergleichenden Textübungen, so als ob mir aus dieser Karnevalsmeditation plötzlich der Mut erwüchse, in die Ernüchterung des Aschermittwochs zu sinken – der pure Wahnsinn und die sinnfälligste Überschätzung aller Literatur überhaupt. Außerdem waren wir immer noch beim ›Karneval der Gläubigen‹ – bis zur Karnevalsmoral des Schlußkapitels vergehen Tage. Dann hofft Vigoleis doppelt am Ziele zu sein.

*

»Vigo, was liest du da? Davon steht in deiner Übersetzung auch nicht eine Zeile. Du bist mit deinen Gedanken wieder nicht am angeführten Orte, wenn ich so sagen darf!«

»Entschuldige, Beatrice, ich war abgerutscht, zehn Zeilen zu weit nach unten, das kommt durch die Eintönigkeit meiner eigenen Stimme, und wohl auch durch das Zwielicht. Literatur sollte immer nur bei künstlichem Lichte gelesen werden, demselben, das über ihrer Entstehung leuchtet. Haha, hier steht es zudem, unwiderleglich schwarz auf weiß, darum waren meine Augen auch deinem Texte vorausgeflogen, ich will es eben einschalten, nachher knüpfen wir oben den Faden wieder an. Höre: ›Die Mystik ist die geborene Widersacherin der Kirche, und die Glaubensgemeinschaft der Bürger kann eine solche erst gelten lassen, wenn sie ihre Alleinheit preisgegeben hat im Spiel der Worte, die für den Bürger *und* den Dichter immer nur das bedeuten, was man dahinter sucht.‹«

Bums, einmal, bums, zweimal! Zweimal klopfen mit dem bronzenen Schlegel galt der Pilarschen Etage. Wer kann das sein, so früh, nach dem Stundenplan von Don Helvecios Liebesleben selbst bei nachtschlafender Zeit? Wissen die da unten denn nicht, daß sich der Fernverwalter des »Principe« nicht durch zwei Schläge aus dem Schlafe reißen läßt, geschweige aus dem Bett, wo er's überdies noch teilt?

Die da unten schienen das aber sehr gut zu wissen, und ihre Informationen gingen noch weiter, denn sie wußten sogar, wer ihnen auftun würde. Eben darum klopften sie um diese Stunde.

Ganz wie es »die da unten« erwartet hatten, wurde ihnen aufgetan, von Beatrice genau gesagt, was noch mehr in deren Pläne paßte. Aber es war nur einer, der kam, ein Mann, ein urgestaltiger Vertreter der insularen Männerwelt und -würde. Er war schwarz gekleidet, das Tuch glänzte an vielen Schabestellen. Dazu trug er weiße Hanfsandalen, wodurch er sich als Angehöriger einer niederen Volksklasse auswies. Er sprach fließend Spanisch, nicht also die Mundart der Insel, die dem Katalanischen verwandt ist und die ich, nebenbei bemerkt, in all den Jahren meines Aufenthaltes auf Mallorca nie erlernt habe. Er war sehr höflich, äußerst zuvorkommend, er wußte auch was sich ziemt, bei Leuten aus dem Volke an sich keine Seltenheit, und bei einem Spanier seiner Bildungsstufe erst recht nicht. Ich sage, daß er wußte, was sich einer Frau gegenüber schickt, die in lässiger Morgentoilette vor ihm steht und nach seinen Wünschen fragt und dabei zuhört und vor allem zusieht, wie der frühe Mann in seinen Taschen kramt, aus denen er ein Bündel schmieriger Papiere zum Vorschein holt. Nein, sauber waren die Schriftstücke längst nicht mehr. Der Bote mußte sie schon eine ganze Weile mit sich herumgetragen haben, und sicherlich war es nicht das erste Mal, daß er sie vor jemandem entblößte. Mit seinen stumpfen Fingern kramte er in den Akten. Natürlich, er solle sie ruhig auf den Tisch legen und dort sortieren, und da lagen sie dann neben dem Manuskript des ›Karnevals der Bürger‹, das in seiner Reinlichkeit allein schon die ganze Weltfremdheit und graue Theorie bezeugte. Der Mann zog zwei Zettel aus dem Spiel heraus. Für eine Sekunde schoß mir das Bild fahrender Wahrsager durch den Kopf, die einen abgerichteten Wellensittich Briefchen, in denen das Schicksal steht, aus einer Schublade ziehen lassen. Hier unser Mann schlug nun mit der flachen Hand auf die Lose. Es war übrigens nicht drohend oder unfreundlich gemeint, nein, er blieb korrekt, und selbst leutselig und redselig wurde er. Bald sollte er uneingeschränkt selig werden, und darin hatte er seine eigene Zukunft wahr erluchst. Wir beide, von dem Auftritt gefesselt, erkannten die großen Züge von Zwinglis Unterschrift, ein Glanzstück seiner kaufmännischen Beflissenheit, neben der sich mein hingekritzelter Namenszug etwas schämen sollte.

»Schulden?«

Nein, meinte der Eintreiber, das sei ein zu großes Wort für die kleinen Ausstände, die es noch zu begleichen gelte, freilich, allmählich sei es wohl an der Zeit, daß dies aus der Welt geschafft werde, sonst, hm –

Hm, dieses »Sonst« kennt man! Als »Wird's bald!« hatte es meine Kindheit überschattet, an eine Faust gebunden, die hier noch als flache Hand im Dienste des friedfertigen Vergleiches stand. In allen zivilisierten Ländern ist dieser Rückstand aus Höhle und Keulenzeit derselbe. Sobald wir ihn deutlicher umschreiben, lautet er: Zwangsvollstreckung, Gerichtsvollzieher, Offenbarungseid oder Schuldturm. Ich verstand fast nichts von dem, was der Mann an glatten Erklärungen abgab, aber dafür sprachen die Zettel ihre eigene, unmißverständliche Ziffernsprache. Tatsächlich, es *war* eine Kleinigkeit, ich meine mich zu erinnern, daß eine Hunderternote genügt habe, den Eindringling in die Flucht zu schlagen.

Mit seiner Erlaubnis zogen wir uns zur Beratung in eine Ecke zurück. Es war zufällig die, an der sich die Tür zum Korridor befand. Beatrice war rasch durch sie verschwunden und kam ebenso rasch mit den Peseten zurück. Sie hatte sie aus unserer Geldkatze hervorgebuddelt.

»Du willst ...?«

»Natürlich, es ist doch mein Bruder!«

Natürlich, und welch ein Bruder! Der Mann nahm das Geld in Empfang, gab ein paar Münzen heraus, stopfte die Papiere wieder in seine Tasche, uns die für ihn wertlos gewordenen Autogramme Don Helvecios überlassend. Die Ehre eines Auslandschweizers war gerettet.

Als ich mir die Zettel näher besah, entzifferte ich mit Hilfe meines bescheidenen Vokabulars, daß Beatrice dem Manne den Gegenwert von 12 Dutzend Trinkgläsern ausgehändigt hatte. Trinkgläser?

»Du, sag mal, ›copas‹ sind doch Gläser, oder kann es noch was anderes bedeuten?«

»Ja, Gläser, warum?«

»Dann scheinen die hier so eine Werfbude zu haben. 12 × 12 ist nämlich 144, und als wir kamen, stand nicht ein Glas im Schrank! Das nenne ich Liebe, die über Scherben geht, Scherben bringen aber Glück. Wollen wir auch mal einen Wurf riskieren?«

Dann ging die Tür auf. Die Herrin von Zwinglis Nacht schritt durch das Zimmer.

Wieder begann ein Tag.

*

Undank ist der Welt Lohn. So ging denn unserem Zwingli der Kamm empor, als Beatrice ihm die bezahlten Rechnungen zeigte. Sie tat es mit einer geschwisterlichen Selbstverständlichkeit, das gehört sich doch so untereinander, sie wolle ihn auch nicht zur Rechenschaft ziehen – »aber sag mal, zwölf Dutzend Gläser, da wäre eine elektrische Spülmaschine fast noch billiger!«

»Das habt ihr dem Gauner bezahlt? Kümmeltürken seid ihr und Schmalzphilister, Gimpel und Grünhörner!«

Zwinglis Entrüstung war ehrlich, mit keinem Wort und keiner Geste war sie gespielt. Aber noch ärger als wir wurde der Beitreiber abgetrumpft, so daß ich tatsächlich glaubte, wir seien ihm auf den Leim gegangen. Das war nicht der Fall. Die Forderung bestünde zu Recht – »aber verdammt noch mal«, und dann regnete es Schimpf und Schande über den Mann, wobei Zwingli natürlich aus dem Vollen schöpfen konnte. Sein Fluchlexikon lag gleichsam offen vor ihm. Das übrige bestritt er mit Ausdrücken aus dem Schweizer Idiotikon: was dieser Chaib sich erfrecht habe! Ein gutes Jahr hätte er noch warten können, und dann wäre die Angelegenheit sowieso verjährt, oder man erstrebe einen gütlichen Vergleich auf halb und halb. – »Die Schwester zu behelligen mit Männeraffären! Vermutlich hat er dich auch noch übers Ohr gehauen. Solche Glunkis sind zu allem fähig!«

Zwingli prüfte die Aufstellung. Er schien zufrieden zu sein, mehr noch, er strahlte. Er hatte nämlich einen Fehlposten ermittelt. 12 Peseten waren vergessen worden. Er buchte sie stolz als den Reingewinn des Tages.

Scherben bringen doch Glück! Zwölf Peseten bei nachtschlafender Zeit verdienen, das kann nicht jeder; dazu muß man nach

Spanien gehen, dachte ich, und es müßte begossen werden, dachte ich weiter im Geiste meines Vaters, der immer schnell mit der Flasche bei der Hand war und am liebsten den kleinen Anlaß hochleben ließ. Zwei blanke »Duros« und den Rest an Kupfermünzen stellte ich für das Fest zur Verfügung. »Manzanilla?« Nein, um diese früheste Stunde schmecke der nicht, meinte Zwingli.

»Julietta, flitze du jetzt wie der Pissewind um die Ecke und hole eine Flasche von dem Bewußten, für Don Helvecio, dann weiß die Alte Bescheid, und bringe auch Eier mit und einen Strang ›Sobrasada‹ . . .«

Eier und Würste, da haben wir's! Wem Gott ein Amt gibt, heißt es, dem gebe er auch Verstand. Bei Zwinglis Berufung schien der Verstand aber immer weniger zu werden, und Würste gab der Herr ihm anscheinend schon keine mehr, denn Julietta hat auch diese Stärkungsmittel mit dem Gelde bezahlt, das Beatrice so unerwarteterweise in den Schoß gefallen war.

Die Gläser, sagte Zwingli, verflixt ja, das sei eine Geschichte für sich, er wolle sie uns gelegentlich erzählen, Vigo würde sein wieherndes Vergnügen haben; überhaupt, man könne ein ganzes Buch schreiben über die Wechselfälle seines Lebens hier auf der Insel. Aber erst müsse er seine anderen Vorhaben verwirklichen, auf deren Gelingen wir denn mal anstoßen könnten.

Pilar hatte die Eier mit den roten, stark pimentierten Preßwürsten zusammen gebacken, auf menorquinische Art, »à la General«, wie Zwingli uns bedeutete. Pilar wurde wütend, als sie die Speisekartenbezeichnung aufschnappte. Es erfolgte ein solches Schnellfeuer von Rede und Gegenrede, daß man damit ein ganzes Regiment hätte niederranzen können. Ich begriff kein Wort. Beatrice gab mir zu verstehen, daß es um peinliche Dinge gehe, weshalb Julietta auch vor die Tür geschickt wurde.

Dergleichen Szenen spielten sich im Laufe der Zeit häufiger ab. Immer mußte Julietta das Feld räumen, wenn Mutter und Señorito bei den Eiern des Generals angelangt waren. Dort landeten sie nun öfter, als es ihrer körperlichen wie seelischen Verfassung dienlich war.

Welche Bewandtnis hat es nun mit den Eiern des Generals?

Im Plan dieser Memoiren, der mir mit allen durch das Leben unerbittlich eingezeichneten Stationen in großen Zügen vor dem Geiste steht, war es vorgesehen, der Geschichte unseres Garstvogels Maria del Pilar ein eigenes Kapitel einzuräumen. Ich wollte versuchen, ein geschlossenes Bild dieser Frau zu geben.

Aber längst schon habe ich gemerkt, daß ich den besten Vorsätzen immer wieder untreu werde. Manchmal genügt der Augenaufschlag einer Gestalt, mich mitten aus einer Schilderung herauszureißen und in eine andere Beziehung zu stellen – wie's denn in der Wirklichkeit wie oft nicht der Fall ist. Zum Glück ist aber der magnetische Pol meiner Inselwelt stark genug, die Feder stets nach dem befriedigenden Ende auszurichten. Die immer wieder auftretenden Schwankungen sind also nicht einmal durch die Spannung zwischen Dichtung und Wahrheit bedingt, doch einzig durch die Notwendigkeit, mir selber und damit dem Leser das Unglaubwürdige der Wahrheit glaubwürdig zu machen – ein Unterfangen, das schon ins Reich der Theologen weist. Und die Eier des Generals greifen so tief in mein Inselschicksal ein, daß ich auch deren zweites Gesicht auftischen will, kaum ist aus Zwinglis Mund der Ruf nach ihnen erschollen. Während Pilar sie in die Pfanne haut, will ich hinter dem Rücken der Schwägerin ein wenig über deren Vorleben klatschen, wobei ihre Ehre aber noch kaum angetastet wird.

Zwingli hatte das aufbauende Gericht nach einem ganz bestimmten General benannt, einem Fürst Pückler gewissermaßen, wenn auch der unsere noch nicht den Eingang in die Kochbuchliteratur gefunden hat; nach einem nämlich, der in der Festung Mahón auf der kleineren Baleareninsel, Menorca, mit seiner Einheit lag oder stand, ich kenne mich in den militärischen Fachbezeichnungen zu wenig aus; vermutlich liegt ein spanischer General mehr als er steht. Bei ihm hatte Maria del Pilar die Stelle einer Küchenfee innegehabt.

Unter der Anleitung der Frau General entwickelte sich das Mädchen zu einer perfekten Köchin, deren Kunst ich heute noch rühme, und unsere spanischen Gerichte, mit deren Hilfe wir uns die Kartoffel vom Munde halten, verdanken wir mittelbar dem Gebieter der kleinen Insel. In der anderen Kunst, der das Mädchen pflag, wurde es von dem Heerführer selbst ausgebildet. Auch da war sie gelehrig. Aber dann scheint sie beim Geschirrspülen einmal nicht sorgfältig genug gewesen zu sein – die hygienischen Verhältnisse lassen in Spanien viel zu wünschen übrig – und neun Monate später hatte der Generalissimus des von Hannibals Bruder Mago im Jahre 206 v. Chr. angelegten Flottenstützpunktes Port Mahón ein Kind. Ob da die Wachen ins Gewehr getreten sind, als der Bursche vor seiner Exzellenz die strammste Haltung annahm, die ein spanischer Muskote überhaupt annehmen kann? und die für deutsche Begriffe keine ist – zum Glück für Spanien, hätte ich fast gesagt, aber da geht es heute auch schon saupreußisch zu. Und hat der glückliche Vater die paar Dutzend Kartaunen auf seiner Bastion abprotzen lassen, um der Insel und den vor Anker liegenden Kriegsschiffen Seiner Majestät zu verkünden, daß der Himmel ihm aus dem Schoße seiner schönen Köchin ein Kind geboren, dessen Name Julietta sein solle? Nein, mein lieber Leser, nichts von alledem. Der General hat seinen öligen Schnurrbart nicht anders gezwirbelt als an anderen Tagen; wie an anderen Tagen ist er in die Kaserne, in den Klub und ins Bordell gegangen, die üblichen Ronden eines spanischen Generals. Wer abgeprotzt hat, das war unsere Magd. Sie verließ die kleinere Insel ihrer Mißwende, im Bündel das Kind, die Habe, ein Zehrgeld, um auf der größeren ihre Kochkunst an den Mann zu bringen. Sie hatte gelernt, mit einem hohen Militär umzugehen, vielleicht hilft einem das im Leben weiter. Ich persönlich glaube es zwar nicht, aber das kommt vielleicht daher, daß ich diese goldbetreßten Landsknechte nicht mag. Anerkannt hat der unsere das Kind natürlich auch nicht. Generäle sind privilegiert wie Priester. Wenn sie zeugen, tun sie es, wie man auf Spanisch unübersetzbar sagen kann, »a la buena de Dios«, und dann müssen die Früchte nur sehen, wie sie weiterkommen. Generäle und Priester, beide stehen im Dienste des Todes, wie können sie sich da noch groß bekümmern um das, was kreucht und fleucht? Ohne den Kult des Todes gäbe es derartige Berufe nicht, und ohne den balearischen Marschall keine Julietta; ohne Julietta keine Abwanderung der Pilar nach Mallorca; ohne Pilar auf Mallorca keinen Zwingli unter ihrer erotischen Knute – und so weiter die Kette der ursächlichen Zusammenhänge, die bis an diese Zeile meines Buches heranreichen. Mit einem Wort: ohne den General bliebe mein zweites, mein Insel-Gesicht, zeitlebens unter der Maske des ersten verborgen. Man sieht, der Bogen ist weit gespannt: ein hoher Soldat, geschmückt mit den Orden seines plemperasselnden Heldentums, den Sternen seines Ranges, den Streifen seiner Hose; der Verehrung seines Volkes gewiß, irgendwo auf einer märchenhaften Insel im Mittelmeer, der langweilt sich mit seiner abgegriffenen Generalin und läßt einen hübschen Küchendragoner zum hygienischen Nachexerzieren täglich mehrmals antreten – und nach dreißig Jahren sitzt irgendwo in einem Hinterzimmer der wenig märchenhaften Stadt Amsterdam ein Mann mit Namen Vigoleis, ohne Sterne, ohne Rang, an den Hosen nur die Spiegelstreifen seines stubenhockerischen Lebenswandels, Held nur in den Seiten seines eigenen Buches, und ein trauriger obendrein – er sitzt und schreibt sich noch das Ochsenfieber an den Leib. Wenn das nicht des Himmels Fügung ist, dann weiß ich wirklich nicht, worauf wir das fromme Wort beziehen sollen, Gottes Wege seien wunderbar. Indessen sind wir sie noch nicht zu Ende gegangen, die Wege und Irrwege über die Insel. Drum schneiden wir uns einen neuen Stecken, und weiter im Text.

*

Die Eierschüssel, die Maria del Pilar nach jeder an ihrem strammen Körper vollzogenen Dienstübung dem Generalissimus hatte zubereiten müssen, so mir nichts, dir nichts »à la General« zu nennen, war natürlich eine Ungezogenheit, zumal im Beisein Juliettas, die sehr an dem Papá hing, um den sich eine Legende zu spinnen begann. Wie beneide ich uneheliche Kinder, die einen König oder Kardinal zum Vater haben können, während die standesamtlich gezeugten immer an ihren Meier oder Schulze gefesselt bleiben. Wir bürgerlichen Angstgeburten, wie müssen wir noch bis in die Gestaltung unserer Traumwelt die Mythe leisten, die uns frei macht von der verfallenden Gesellschaft. Pilar war eine gute Mutter, dieses Zeugnis kann ich ihr ausstellen. So gut war sie, daß sie dem Kinde nicht den stiefelwichsenden Burschen, sondern den General selbst als Vater mit auf den Lebensweg gab. Julietta kannte ihn nur von einer photographischen Aufnahme aus einer Illustrierten, wo der Herrscher über die Landmacht in vollem Ornate prangte neben seinem Waffenbruder zu Wasser, einem Groß-Admiral, Miranda meine ich mit Namen, der wie ein Kapudan-Pascha mit Roßschweif und Degen die Seestreitkräfte der ganzen Welt herauszufordern schien. Es heißt in der Legende, daß er sich um den Ausbau der Hafenbefestigungen von Menorca besonders verdient gemacht habe. Ja man hat sogar ihm zu Ehren die Insel in den geographischen Rang eines Festlandes erheben wollen.

Ich stellte Zwingli eines Tages zur Rede, da es mir, der ich selbst sehr zynisch sein kann, doch manchmal zu bunt wurde, wenn das Gespräch auf den militärischen Anverwandten kam. Schließlich tat mir Julietta auch leid. Sie war noch in einem Alter, wo man sich schämt, ein Bänkling zu sein. Aber – mon cher Vigoleis, so ungefähr folgerte der beigebrachte Vater, Julietta kommt nun selbst in das Alter, wo sie die nach ihrem Erzeuger benannten Eierkuchen wird backen müssen, und da soll sie sich die Losung schon hinter die Ohren knüpfen. Dennoch hatte ich bewirkt, daß die Liebenden sich zusammennahmen. Die Auftritte unterblieben. Darüber hinaus gelang es mir noch, das Ansehen von Juliettas Vater mit einem Federstriche gleichsam im Kreise der Familie zu rehabilitieren. Ich erhob das Bildnis zur Würde eines Zimmerschmucks, der von allen Hausbewohnern als profaner Andachtsgegenstand anerkannt wurde. Das hat mich ein paar Peseten gekostet, des Aufhebens, damals wenigstens, nicht wert. Die Kleine war glücklich und lange nicht von meinem Halse loszuschlagen. Da war sie wieder ganz Kind, das einen Vater braucht, zu dem man aufsehen kann, selbst wenn er ein Trottel wäre. Ich hatte den General aus der Zeitung ausgeschnitten und vom Photographen vergrößern lassen. Dann wurde er bunt angelegt und eingerahmt. Die Vorlage gab ich Julietta später zurück, und sie wanderte in eine Pappschachtel, wo sie vergilbte neben anderen geheimnisvollen Nichtigkeiten, wie Mädchen sie aufzubewahren pflegen, wenn sie merken, daß das Paradies verlorengeht. Am Geburtstage Juliettas, der, ich wußte es von der Mutter, mit dem des Generals zusammenfiel, wurde das Bildnis enthüllt. Um den Akt feierlicher zu gestalten, hatte ich im Kämmerchen der verstoßenen Tochter ein paar Kerzen angezündet, in deren mildem Licht der martialische Rabenvater mit harten Zügen auf das Bett seines Kindes zu blicken schien, auf den strategischen Punkt seiner außerehelichen Schlachtpläne. Das Ganze kriegte ein wenig den Anschein einer Leichenfeier, zumal auch geweint wurde. Julietta weinte vor Freude über die glanzvolle Beförderung des Papás. Pilar weinte aus Gründen, die wir hier lieber nicht ergründen wollen. Beatrice und Zwingli benahmen sich wie Protestanten bei einem katholischen Gottesdienst, korrekt, doch ohne Beteiligung am Ritual. Und ich selbst? Auch meine Augen blieben trocken; dennoch spürte ich, wie sich die Brust weitete, und auf einmal fühlte ich mich bewogen, eine kleine Ansprache zu halten, was ich seit einer entgleisten Tischrede beim Feste der silbernen Hochzeit meiner Eltern nie mehr gewagt hatte. Hier durfte ich's, ohne in meinen heiligsten Absichten mißverstanden zu werden: so wie damals, wo ich, sprossender Mensch, auf meiner faustischen Wanderung durch die Geisterwelt des Abendlandes gerade bei Spenglers morphologischer Schicksalslehre angekommen war. Hier im Kämmerlein der kleinen Hexe wurde ich verstanden, ob ich auch in ein Gestammel verfiel, weil mein piepjunges Spanisch der Aufgabe nicht gewachsen war. Zwingli half nach. Es war dies übrigens das erste Mal in meinem Leben, daß ich einer militärischen Aktion beiwohnte. Heiterkeit beendete die schlichte Feier, und es knallte sogar. Von diesem Tage an hieß die jungfräuliche Kemenate einzig noch das Zimmer des Generals.

Damit war die Eierspeise namenlos geworden, doch verschwand sie nun keineswegs vom Frühstückstisch unserer Gastgeber. Pilar hatte Rasse im Leib, sie schien unersättlich zu sein. Manchmal wurde es bei den beiden wieder Nacht, kaum hatten ihre Hähne gekräht, so daß gegen sechs zum zweiten Male die Pfanne auf die Holzkohlenglut gestellt werden mußte. Wie oft nicht habe ich selbst die Eier hineingeschlagen und mit den roten Würstchen zur Tortilla verrührt. »Hay que ser hombre«, man muß seinen Mann stehen, so erläuterte Zwingli diese Zwischenmahlzeiten, die wie in einem Gasthof zu jeder Tages- und Nachtzeit aufgetischt werden konnten – und mußten. Denn das hatte ich auch schon herausbekommen: Zwingli mußte ins Gewehr treten, wenn die Musche den Stärkrampf kriegte. Da gab's kein Herumdrücken oder Auskneifen, keine Fahnenflucht, höchstens einen Waffenstillstand, und dann nahm der aufreibende Stellungskrieg seinen Fortgang. Ich, Vigoleis, auch arm im Fleische, hätte Dutzende solcher Generalsfladen verzehren können, ich wäre den Heldentod gestorben im Niemandsland, namenlos, ohne Nachruf und ohne nachträgliche Beförderung zum Gefreiten.

*

Ein paar Tage waren vergangen, da erschien wieder ein Mann, um die gleiche Stunde, die wir für literarische Arbeiten freigehalten hatten. Wieder wurden Papiere vorgezeigt, die Helvecios Unterschrift trugen. Der Betrag war ansehnlich höher, er ging in die Hunderte, Stühle waren dafür gekauft worden. Auch dieser Eintreiber erhielt, was er forderte, und zog sich mit einer großartig ausgeführten Geste des Dankes zurück.

Zwingli schimpfte abermal über die aufdringlichen Gläubiger, die man nur durch Wartenlassen zur Vernunft bringen könne. Ganz Spanien sei ein einziger Offenbarungseid, da wolle er doch die Belange seiner Wahlheimat nicht sabotieren durch ein Festhalten an den verkästen Prinzipien Kantönlilands! Dann lachte er wieder wie ein Seebär, der eine Zote erzählt, und versprach, auch die Geschichte mit den Stühlen einmal zum besten zu geben. Mir wurde es blümerant, denn ich mußte an meinen Großvater väterlicherseits denken, der ein ansehnliches Vermögen verpulvert hat, indem er aufkaufte und zusammenramschte, was auf Auktionen und Zwangsversteigerungen angeboten wurde: 500 Zylinderhüte einer bankrott gegangenen Fabrik, das Stück zu 1 Mark! Wo in aller Welt kriegt man einen hohen Hut für 1 Mark? Ein paar Dutzend Kinderwagen eines unter die Gant geratenen Möbelhändlers, das Stück für 5 Mark! Wo kriegt man Kinderwagen mit Bambusfelgen, Notgeschirr und Geruchverschluß für diesen Preis? Ein Dutzend hat er vermutlich für eigene Zwecke auf die Seite gestellt, denn er hatte wie gesagt 19 Kinder. Deren Nachkommen, wie Schreiber dieses, weilen zum Teil noch unter den Lebenden, sonst würde ich mich versucht fühlen, meine Schlußfolgerungen aus dieser Kaufmichelei bekanntzugeben. Was Großpapa nicht brauchte, wanderte auf den Söller, und das war praktisch alles. Leider blieb es nicht bei dem kindischen Kleinkram. Eine pleite gegangene Samtbandfabrik kam hinzu, eine aus der Achse gelaufene Ölmühle, eine Druckpresse. Diese wurde allerdings später in Betrieb genommen und noch heute läuft sie unter einem Namen, dem ich immer weniger Ehre mache. Sogar eine sanitäre Anlage gesellte sich zu den Spottkäufen, und das zu einer Zeit, wo meines seligen Großvaters allergnädigster und allerseligster Herr und König noch mit der Wurzelbürste in einem Waschzuber von Musketieren abgeseift wurde. Die Riesenwanne ging in den Besitz meines Vaters über, und sie gehört zu den glücklichsten Erinnerungen an mein elterliches Haus. In ihr habe ich bei 40° die ersten großen Leseerlebnisse der deutschen Lyrik gehabt. Ein Streichholz zwischen den Abflußstöpfel, ein Strumpf als geräuschdämpfende Verlängerung des ständig fließenden Heißwasserhahns, die Tür verschlossen – ich war in einer anderen Welt, in meiner Welt ... Endlich hatte Gott ein Einsehen mit der schwer geprüften Familie und berief den genialen Verschwender zu sich in seine himmlische Generalauktion, wo ja auch aller Ramsch zusammenkommt, obzwar der nichts kostet. Denn niemand nimmt dem lieben Herrgott die gebrauchte Ware wieder ab.

Ob Zwingli, dem ich in Köln einmal etwas über die wirtschaftlichen Spekulationen meines Großvaters erzählt hatte, ähnliche Wege ging? Die folgenden Tage sollten die düstere Vermutung bestätigen. Man erschien zu zweit, Mann und Frau, einig wie ein gutes Ehepaar sein soll. Nichts trübte die Harmonie, mit der sie die Forderung vorzeigten – ja, zwei Eismaschinen, und nie bezahlt! Das könne doch nicht so weitergehen.

Beatrice fand auch, daß das nicht ginge, und darum händigte sie dem Paar die bedeutende Summe aus. Das Paar sprach einen Segenswunsch und überließ das Feld einem neuen Forderer. Dieser kam allein, aber die Rechnung war noch viel gesalzener – und rätselhafter. Nein, keine Kinderwagen oder Bandwebstühle, aber kleine Tische mit Marmorplatten, zwei volle Dutzend! Und in der ganzen Wohnung kein anständiger Tisch! Großpapa, das wäre etwas für dich gewesen, denn du hast doch einmal eine ganze Bierwirtschaft aus der Konkursmasse erstanden und wieder mit frischen Fässern angezapft, bis du selber pleite gingst am unstillbaren Durst deiner Nachzucht.

Beatrice beglich die wachsenden Ausstände des vielseitigen Bruders. Geschah es, um die Ehre ihres Landes zu retten? Dann hinge heute eine Rettungsmedaille an ihrem Busen. Denn sie wagte sich immer weiter ins Meer der brüderlichen Schulden hinaus. Ich erhob keinen Einspruch. Sehe jeder, wie er's treibe, und wer steht, daß er nicht falle. Warnen? Auch da gibt der deutsche Zitatenschatz ein Wort an die Hand: »Verbiete du dem Seidenwurm zu spinnen, wenn er sich schon dem Tode näher spinnt!« Wir bestritten die unvorhergesehenen Ausgaben aus einer bescheidenen Erbschaft, die Beatrice eben angetreten hatte. Ich erinnere mich nicht mehr, wie groß die Hinterlassenschaft war, die in Schweizer Fränkli ausbezahlt wurde; in Peseten umgerechnet jedenfalls eine Summe, die man schmunzelnd ein nettes Sümmchen nennen konnte, mit demselben sprachpsychologischen Schnippchen, das eine ältere Dame jünger sein läßt als eine alte, zum Glück für viele noch viel ältere. Von dem Betrag hätten wir ein paar Jahre leben können, nicht auf großem Fuße, aber auf den Bastsandalen des kleinen Volkes und denen unserer bohemen Einstellung zur Welt; nicht wie Gott in Frankreich, aber doch wie einer seiner kleineren spanischen Propheten. Ich sage: *wir* bestritten, denn wir hatten Gütergemeinschaft, wenn auch die Beiträge aus der Säkularisierung meines geistigen Eigentums unter den Gesichtspunkten des Armenwesens betrachtet werden müssen. Aber was ist schon Geld, wenn der gute Ruf eines Menschen auf dem Spiele steht? Zudem erwartete ich einen Batzen, jawohl, und sogar einen ansehnlichen, in Worten ausgeschrieben: viertausend holländische Gulden, zahlbar an mich, Vigoleis, von einer Berliner Filmgesellschaft – ein paar Rechnungen mehr, das würfe uns uns noch lange nicht aus dem Sattel. Möge Beatrice erst das verirrte Schaf auf den rechten Pfad zurückbringen, und wenn ich ihr helfen kann, die Steine aus dem Wege zu räumen, nur zu gerne! Inwieweit die Pilar ein Hindernis sei, bliebe zu ermitteln. Mußte ich auch da die Schultern unterstemmen? Ich hatte mir schon lange vorgenommen, dieses Problem auf eigene Faust zu lösen. Der Weg, auch das lag klar auf der Hand, ging über das Bett des Weibes, das Zwingli zwang, sich in allem zu übernehmen. Vielleicht würde ich meinen Vigoleis für mich ins Feuer schikken, aber im Grunde läuft es doch wieder auf dasselbe hinaus, wo wir ja zwei in einem Fleische sind – und das war es, was die Schöke brauchte: zwei in einem Fleische.

*

Das Manuskript meiner Karnevalsübersetzung war druckreif abgeschlossen. Ich schickte es an den Verleger mit einem Lesezeichen: Nimm und lies. Dem Autor berichtete ich über den Stand seiner weltfremden Aktien. Zu einer Vertraulichkeit im Ton war es zwischen uns noch nicht gekommen. Dr. Menno ter Braak war ein sehr gelehrter und sehr schüchterner Mann, der verlegen wurde auf meiner Bude in Amsterdam, als ich ihm Beatrice vorstellte als das, was sie war. Ich glaube immer mehr, daß man nur aus der Antithese heraus leben kann, aus bösem Herzen gut ist und aus dem besten heraus haßt. Der Verfasser der scharfen Satire auf die bürgerliche Verkrampfung, wie wenig war er selbst ein Fastnachtsgänger! Es kommt mehr vor, daß freie Geister im alltäglichen Leben das Opfer der Hemmungen sind, die sie bekämpfen. Nietzsche, ter Braaks Idol und Lehrmeister, war ein stiller bürgerlicher Leisetreter, wenn er das Kettenhemd des Übermenschen ausgezogen hatte. Graf Harry Keßler, der ihm nahegestanden, hat ihn mir mit diesen Worten geschildert, so das Bild ergänzend, das man aus Nietzsches Briefen selbst gewinnen kann.

Mein Schreibmaschinchen war frei geworden für neue Aufgaben: Berichte an Zeitungen, etwas literarisches Flickwerk für Zeitschriften, ein paar Gutachten für Verleger, ein paar Gedichte für die Schublade mit dem unveröffentlichten Nachlaß, Briefe an meine Freunde, in denen ich mich jahrzehntelang literarisch verpulvert habe, immer wieder erstaunt, wenn ich Aussprüche oder ganze Geschichten von mir in Büchern oder Zeitungen antraf. Dann hätte ich ja selber dran verdienen können . . . Der Rest war: sich anpassen an die Inselwelt, an die Bullenhitze, an Palma und seine Staubkloake, an Maria del Pilar und ihre erotische Reibungselektrizität, die mir mehr zu schaffen machte als die anderen Fächer meiner Umschulung. Die Spannung häufte sich an wie bei einer Leidener Flasche. Pilar war der reine Bernstein. Die Exzellenz auf Menorca wußte schon, warum sie sich nicht mehr an der Alten gerieben hat.

Und du, mein Vigoleis, willst jetzt Funken ziehen aus der Stanniolnutte? Sieh dich vor, sonst werden die Funken aus dir gezogen, es ist nur eine Frage der Polarität und Isolierung. Ihr seid beide geladen, du zudem noch mit Bücherweisheit, und das hat noch keinem Menschen im Leben weitergeholfen, und bei einer Frau – aber du mußt es selbst wissen.

Ja, Vigoleis war geladen, fragt Beatrice! Eine Antwort bekommt ihr natürlich nicht. Suchen wir darum anderweitig unsere Neugier zu befriedigen. Dazu wird es nötig, daß wir erst einmal Herrn Anton Emmerich aufsuchen, der um diese Stunde in seinem Laden am Borne ist. Von Zwingli wissen wir schon, daß er Bücher und Zeitungen verkauft, an den Reibekuchen seiner Vaterstadt festhält und auf Süßreis mit Knackwürsten eingeschworen ist. Wir sind zudem das, was man engere Landsleute nennt, denn von Spanien aus gesehen lassen die 60 km Luftlinie zwischen seiner Stadt Köln am Rhein und meinem Städtchen Süchteln an der Niers eine derartige Landstümelei ohne weiteres zu. Es blieb natürlich bei dieser erdkundlichen Beschränkung, denn darüber hinaus betrachtet bin ich niemandes Landsmann, und von einem Reibkuchenpatriotismus weiß ich mich überhaupt frei. Ein »Vaterland«, was ist das schon? Wie wenig es auch denen bedeutet, die es gerne als den geweisten Ort irdischer Seligkeit hinstellen; wie schnell man es vor die Säue wirft, das haben die Ereignisse von 1933 am Beispiele des deutschen Vaterlandes gezeigt. Mein ausgefallener Philosoph Wilhelm Traugott Krug, den nur ein Afterwitz des Schicksals zu Kants Nachfolger auf den Königsberger Lehrstuhl berufen konnte, spricht von der Doppelartigkeit der Vaterlandsliebe: es gebe eine niedrige, natürliche und pathologische neben der höheren, die allein die echt menschliche sei. Die krankhafte habe keinen sittlichen Wert, man fände sie selbst bei vernunftlosen Tieren. Und je ungebildeter und mit den Vorzügen anderer Länder unbekannter der Mensch sei, desto größer die Anhänglichkeit an die Erdscholle, auf der er das Licht der Welt erblickt. Grönländer und Lappländer, Samojeden und Hottentotten stünden in dieser Beziehung auf gleicher Linie mit dem Sennhirten einer Schweizeralp.

Dieses Weistum wurde »zur Ostermesse in Leipzig 1833« in

Krugs Handwörterbuch erneut ans Licht gegeben. Ich frage mich heute, was Wilhelm Traugott anstelle des Sennhirten wohl gesetzt hätte, hätte er das Werk ein rundes Jahrhundert später »nach dem Standpunkte der Wissenschaft« des Dritten Reiches geschrieben?

VI

Das Haus, in dem Zwingli für seine Schöne einen »Piso« gemietet hatte, befand sich in einem Block, einer »manzana«. Manzana heißt Apfel. Warum man solche Komplexe so bezeichnet, weiß niemand mehr. Der Block hatte seine Fenster nach drei Straßen und dem schon erwähnten Platz hinaus. Von den Straßen war die der Einsamkeit die schäbigste. Die vornehme Hausfläche war dem Borne zugewandt. Die Bewohner, Mieter wie Eigentümer, sahen auf Palmen hinab und nicht zum Beispiel in die verdreckten Zimmer und Sortiergemächer des Hauptpostamtes. Der Besitzer der Liegenschaft war ein Graf, über den allerlei ergötzlich-ehrenrührige Geschichten im Umlauf waren. Die Miete wurde von einem Makler eingetrieben, der auch bald schon Beatricens Bekanntschaft machen kam, was uns sehr schmeichelte. Er zog mit einem fetten Betrag an rückständigem Zins wieder ab. Den Grafen ließ ich grüßen. Ich liebe den Verfall, nicht nur in den Gedichten von Quental oder Trakl.

Zola hätte seine Freude haben können an der gemischten Menschenwelt, die im gräflichen »Apfel« ein- und ausging und dort ihr Wesen trieb, das zuweilen das wahre Unwesen war. Eine so anrüchige Partie wie den eidgenössischen Don Helvecio mit seinem erregenden Verhältnis habe der Conde allerdings noch nie unter seinem demokratischen Dache gehabt, meinte Herr Emmerich, als ich bei ihm im Laden saß, zu bekanntem Zwecke.

Dieser Laden ist für das Verständnis der weiteren Entwicklung meiner Aufzeichnungen sehr wichtig, weshalb ich hier eine Beschreibung folgen lasse. Er nahm die vornehme Ecke des Häuserblocks ein. Rechts vom Eingange stieg die Calle del Conquistador an, links bog man in eine kurze Straße, die auf den Platz mündete, wo Julietta ihre aufkeimenden Reize an den Gassenjungen zu erproben pflegte. Schräg gegenüber befand sich die offene Terrasse eines feudalen Klubs, auf der immer Herren saßen und Domino spielten, Kaffee tranken oder einfach schliefen. Das schmale, sehr in die Länge gezogene Geschäftslokal wies an seinem linken Ende eine Tür auf. Wenn ich sage »aufweisen«, so ist das keineswegs Sprachwulst, denn die Tür wies selbst auf sich als eine solche hin mit dem Wort Puerta, was Tür heißt. Der Inhaber hatte es mit roter Farbe aufgepinselt. Dahinter befand sich ein Raum, dem durch Unterteilung noch eine Toilette abgewonnen worden war. Sie hatte kein Fenster, war also auf künstliche Beleuchtung angewiesen. Man sieht, ein sehr anspruchsloser Laden. Herr Emmerich hatte eine Theke hineingestellt, ein paar Stühle waren vorhanden, an den Wänden Büchergestelle und Zeitungsständer, das war die ganze Einrichtung. Das Geschäft war noch sehr jung, aber das einzige in der Stadt, wo die immer zahlreicher werdenden Fremden ausländische Zeitungen und Reiselektüre kaufen konnten. Der Besitzer war mit dem Betrieb zufrieden; er würde ihn noch ausbauen und auch eine Annoncenexpedition angliedern, eventuell selbst eine englische Wochenschrift für Touristen gründen. An Unternehmungslust fehlte es ihm nicht. Gerne hätte er auch die Etage, die zum Laden gehörte, hinzugemietet, aber diese werde noch vom früheren Inhaber bewohnt. Der Graf könne den Kerl nicht so ohne weiteres vor die Tür setzen. Gekündigt sei ihm schon lange, und die Miete zahle er auch nicht mehr, aber – Don Helvecio sei eine bekannte und auch angesehene Gestalt in der Mallorquiner Geschäftswelt, ob er zwar –

»Entschuldigen Sie, Herr Emmerich, aber kommt der Name Helvecio in Spanien häufig vor? Sie sagten doch Don Helvecio, oder habe ich falsch gehört? Ich kenne nämlich hier jemanden, der so heißt, einen Schweizer.«

»Und ob Sie den kennen, Herr Vigoleis! Komischer Name übrigens, bei uns am Rhein so gar nicht üblich.«

»An der Niers noch viel weniger. Ich bin in Münster, der historischen Stadt der Wiedertäufer, auf diesen minnesängerischen Namen getauft worden, aber das ist Nebensache. Sie kennen also den betreffenden Herrn?«

»Natürlich, es ist der, den wir beide im Auge haben, nein alle drei, wenn Sie erlauben, denn Ihre Frau kennt ihn auch. Sie sind ja sein Schwager.«

»Eigentümlich! Wieso war denn mein Schwager der frühere Ladeninhaber? Haben Sie das Geschäft von Don Helvecio übernommen? Der ist doch Leiter oder was im Hotel ›Principe

Alfonso‹, bis vor kurzem war er es bestimmt noch, freilich sind mir die Zusammenhänge nicht sehr deutlich.«

»Da sind Sie nicht der einzige, der nicht deutlich sieht. Aber die meisten sehen doch klar genug, daß die Frau, mit der er zusammenlebt, den Kerl noch unter den Rasen bringt mit ihren Liebespatronen. Die knallen da Tag und Nacht. Pilar, lieber Herr, da kommen unsere Kölsche Mädcher nicht mehr mit, was ich Ihnen aus Erfahrung flüstern kann! Und die wissen doch auch, daß sie das Ding nicht für die Maiandacht haben!«

Ich hatte wiederholt Zeitungen bei Emmerich gekauft, doch waren nie persönliche Dinge zur Sprache gekommen. Jetzt packte er aus:

»Und was Ihre Gattin betrifft, darf ich wohl als eine Art Doyen der hier lebenden Fremden mit einem diskreten Hinweis dienen. Ich kenne Ihre Pläne nicht. Wollen Sie lange auf der Insel bleiben? Helvecio sagte mir neulich, Sie seien Schriftsteller und Professor für Literatur, und er wolle Sie engagieren für seine im Aufbau begriffene Kunstakademie. Ich bin als Buchhändler Ihrem Namen nie begegnet, auch in den Zeitungen nicht. Sie schreiben vermutlich unter einem Pseudonym, das tun viele. Wie dem auch sei, hier sind wir alle Professor und Doktor und Conde oder Principe, jeder nach Geschmack und verkrachter Existenz. Aber wer Sie auch sein mögen, wenn Sie länger in Palma bleiben wollen, nehmen Sie Rücksicht auf Ihre Frau. Man klatscht nämlich schon, müssen Sie wissen!«

Ich bat Herrn Emmerich, sich deutlicher auszudrücken. Das könne er nicht, er habe keine Zeit, ein Dampfer im Hafen, es gebe Hochbetrieb. Ich solle doch abends gegen sieben kommen, er lade mich ein zu einem Trunk ins Café Alhambra, gegenüber, und ich könne meine Frau mitbringen, falls sie starke Nerven habe.

*

»Beatrice, hast du starke Nerven?«

»Nachrichten aus Basel? Der letzte Brief gab zu Besorgnis Anlaß. So sprich doch, ich bin auf alles gefaßt, das weißt du!«

»Kein Telegramm. Und worauf du gefaßt sein mußt, weiß ich selbst nicht mal. Heute abend will uns der Kölner aus dem Büchelchen-Shop ein paar Fingerzeige geben, wie wir uns auf der Insel zu benehmen haben für den Fall, daß wir hier bleiben wollen. Er hat einen Reiseführer über Mallorca geschrieben; als einer der alteingesessenen Fremden weiß er hier Bescheid, obwohl ich den Eindruck bekam, daß er uns mehr persönliche

Dinge erzählen will. Die Enthüllungen scheinen aber, was dich betrifft, zähe Nerven vorauszusetzen, daher die verfängliche Frage.«

Beatricens Nerven sind eisenstark. Immer schwingen sie und geben bald einen hohen, bald einen gedämpften Ton von sich. Als wir indessen gegen Mitternacht nach Hause gingen, die paar hundert Schritte quer über den palmenbestandenen Platz, da blieb die Musik überhaupt aus. Herr Emmerich hatte nämlich nicht nur die beliebten Krätzchen seiner Vaterstadt zum besten gegeben, worüber er seltsamerweise ebensowenig hinausgekommen war wie über den Reibekuchen und den süßen Wurstreis: er war persönlich geworden, indem er einiges über das Vorleben der unerhört bettfähigen Pilar enthüllt hatte. Heiliger Pantaleon! Heiliger Kunibert! Heilige Maria im Kapitol! Santa Catalina de Tomás! San Antonio de Viana, ihr Heiligen alle der frommen Städte Köln und Palma, deren Kathedralen zu den berühmtesten der Welt gehören, nehmt euch unserer beiden Helden an, die dem Verderb an Leib und Seele entgegenschlittern! Aber die Angerufenen wollten von uns Heiden nichts wissen. Wer sich ihrer anzunehmen wagte, das war meine gute Mutter, deren besorgten, treuen, vergrämten und warnenden Blick ich über das Meer hinweg auf mich gerichtet sah, als ich neben der stummen Beatrice unter den Palmen wandelte. Mutteraugen durchdringen jedes Dunkel. Sie folgen dem verlorenen Sohne über Stock und Stein. In der rauhesten Fremde finden sie sich besser zurecht als der Wandernde, der ungeachtet seiner offenen Augen und des handfesten Steckens noch stolpert. In jener südlichen Sommernacht blickten mich meiner Mutter Augen an; als eines zweiten Gesichtes wurde ich ihrer inne. Wie die sagenhafte Atlantis versank die Insel in den Fluten. Auf einem Floße trieb ich über das Meer meiner Erinnerung.

Emmerichs Bericht, im Kölner Tonfall und mit den Fachausdrücken der dortigen Gassen vorgebracht, warf mich um Jahre zurück, wo er das Gegenteil hätte bewirken sollen. Ich sah meine Mutter vor mir stehen, mit Tränen in den Augen. Warum weinst du, Mutter? Weil ich verloren bin? das schwarze Schaf der Familie, in der Wolle gefärbt? – Ich will das Erlebnis schildern, das der Lieben die Tränen in die Augen getrieben hatte und es vermochte, in jener laurigen Inselnacht meiner mächtig zu werden. Es führt uns von Emmerichs lockerer Geschichte in sein geliebtes Köln. Nachher wird man erkennen, daß der Abstecher notwendig war, um ärgeres Übel und häßlichere Unbill zu verstehen, die Vigoleis und Beatrice die Geniereise so verbittert haben.

Anno Domini ... das Jahr tut nichts zur Sache. Deutschland hatte in seinem blinden Vertrauen auf die Blechparole am Bauchgurt des Heeres seinen ersten Weltkrieg verloren und begann sich wieder emporzuschuften. Kunst, Literatur, Wissenschaft, das gedieh wie in einem Schlaraffenlande. Ich hatte, im Vertrauen auf nichts, wieder einen kleinen Krieg meines Daseins verloren und schickte mich an, zum ersten Semester nach Köln zu fahren, wo Gelehrte wie Bertram, Scheler, Nicolai Hartmann den Stubenhocker ein wenig bei der Hand nehmen sollten. Über Nacht hatten meine Eltern den Entschluß gefaßt, mich auf dieser Jungfernfahrt in die offizielle Wissenschaft zu begleiten. Die Mutterseele wollte vor allem nach dem Rechten sehen wegen der Bude: keine Wanzen, anständige Bettwäsche, und mit der Hospita müsse sie ein Wörtchen sprechen, ihr meine auch körperlich undurchsichtige Gesundheit aufs Herze binden und ähnliche Fingerzeige geben, ich brauche sie nicht aufzuzählen. Jeder, der eine Mutter hat, weiß, daß der Sorgen kein Ende ist, wenn der Sohn in die weite Welt zieht. Der alte Herr war auch von der Partie. Für diesen, eher ein Seelenkärgling, war mein Aufbruch nur ein Anlaß für eine Bierreise, die bei »Früh« am Dom mit einer großen Maß und Würstchen begann und beim »Allerheiligenmüller« mit langhalsigen Flaschen endete. Mehr hatte Köln ihm schon seit Jahren nicht zu bieten. Ich hatte mir einige Zimmerangebote aus dem ›Stadt-Anzeiger‹ herausgeschrieben, und Mutter und Sohn begaben sich auf die Suche. Gemeinsam fanden wir die erste Adresse, in einer kleinen Gasse am Heumarkt, ein uraltes Haus mit ineinandergedrehten Stiegen, verschachtelten Korridoren, alles in ein Dämmerlicht gehüllt, an das man sich erst gewöhnen mußte, um sich zurechtzufinden. Mutter meinte, das sei doch nichts für mich, wir sollten nur wieder gehen, es gäbe gewiß anständigere Häuser, wenn sie dann auch schon etwas teurer seien, darüber käme man auch noch hinweg. Ich beschwichtigte sie mit dem Hinweise, daß sich hinter kleinen Pförtchen gar Prunkgemächer verbergen könnten; zudem sei es romantisch, wofür ich damals noch etwas übrig hatte. So klopfte ich beherzt an die erste Tür, um nach der Hospita zu fragen. Ein halbnacktes Mädchen mit wockigem Haar und üppigem Busen trat verschlafen auf den Flur hinaus, musterte erstaunt die frühen Besucher und sagte: »Na, Kleiner, so früh, und haste dein Mötterken gleich mitjebracht? Die setzen wir mit 'nem Rosenkranz auf die Stiege, bei mir drin ist es nämlich ein bißchen klein.« – Dann rief sie mit frecher Stimme ein paar Namen in den Gang, hinterher etwas von einem, der frisch von der Mutterbrust an ihren Busen wolle, und sie lache sich noch kaputt, kein Fettmännken sei an dem zu verdienen. Im selben Augenblick gingen mehrere Türen auf, der Flur füllte sich mit dem losen Frauenvolk, das Mutter und Sohn auf die heiter-schamloseste Art begrüßte. Es regnete obszöne Bemerkungen, als wir durch die Piken laufen mußten, um den Ausgang zu erreichen. Meine Mutter schrie, sie hatte Tränen in den Augen. Wußte sie überhaupt, daß es in der Welt eine organisierte Unzucht gibt? Vermutlich nicht. Sie kam aus glücklichen Verhältnissen. Ich selbst bedauere die Menschen, die sich solcher Einrichtungen bedienen oder daran verdienen müssen, finde das aber lange nicht so verwerflich wie den organisierten Massenmord, der zwar mit Massengräbern, aber auch mit Orden, Ehrenzeichen und blankem Golde gepaart geht und gleichfalls mit Liebe etwas zu tun hat: der krankhaften, der zum »Vaterlande«. Auf der Gasse angekommen, wagten wir nicht, einander anzuschauen. Es ist peinlich, mit seiner Mutter in einem Bordell hochgenommen zu werden: ich habe es mein Lebtag nicht vergessen. Ich führte die Gedemütigte in eine nahe Kirche, wo ich sie ihrem glücklicheren Schicksal überließ, während ich weiter nach einer Bude suchte. Ich fand eine in einem Hause, wo mir zwar keine nackten Weiber um den Hals fielen, dafür aber eine fromme Alte, die jeden Morgen zur Messe ging und mir das Geld auf andere Weise aus der Tasche zog. Provinz bleibt schließlich Provinz, auch mit einer Kiste Gelehrsamkeit als Begleiterscheinung, und das um so mehr, wenn dieser Kiste schon der Boden ausgeschlagen war, ehe sie an Ort und Stelle befördert werden konnte. Denn das darf ich nicht vergessen zu erwähnen: die Reise zur Alma Mater hatte unter einem bösen Stern begonnen. Auf dem Hof der Bimmelbahn meiner Vaterstadt ereigneten sich zwei Unglücksfälle. Beim Verladen in den Frachtwagen platzte meine Bücherkiste, und im Augenblick, wo ich das Abteil besteigen wollte, in dem meine Eltern schon Platz genommen hatten, fanden sich zwei Männer zur Ausleuchte ein: der Pfarrer des Ortes und sein Schatten und böser Geist, ein ortswichtiger Herr und Ohrenbläser, ein nachgedunkelter Ehrenmann, der in meiner Erinnerung einzig weiterlebt als Symbol: Hagen Tronje in dessen kleinstädtisch-bürgerlichen Entartung, ein urdeutscher Typ, an dem Deutschland immer wieder zugrunde geht. Die beiden Herren fingen mich ab und machten einen letzten Versuch, mir die akademische Freizüglerei auszureden: mein Seelenheil stünde auf dem Spiel. Die Bücherkiste war schon aus den Fugen gegangen – aber da erbarmte sich der Lokomotivführer meiner und ließ den Dampf in die Zylinder strömen. Ich war den Häschern der Inquisition entronnen. Beatrice hätte den Dorf-Torquemada das Wasser angeschmissen, wie sie es in einem späteren Kapitel bei einer ähnlich dunklen Bedrängung ihres Vigoleis auch tun wird. Aber ich kannte sie damals leider noch nicht und mußte mich selber gegen den »bösen Blick« wehren. In Köln ging es dann auch gleich auf die schiefe Ebene.

Emmerichs Geschichte über das Vorleben der Pilar zauberte mir das Bildnis meiner Mutter vor den Geist, in jener Nacht, und ich sah sie für mich beten. Beten ist eine Quelle des Trostes und eine Gnade, aber man muß es können. Ich kann es leider nur gereimt, im Gedicht, wo es ein Selbstgespräch bleibt, eine Angelegenheit des Ich ohne das Du, worauf es ankommt. Und so sah ich denn die treue Seele mir zu Hilfe eilen; wie ein Schutzengel geleitete sie uns über den Platz dem Haus des Weibes zu, in dem die »Kölsche Mädcher« viel gefährlicher Fleisch geworden waren – möge der Himmel das Arge verhüten! Denn auf dieses Weib passen die Worte der Schrift: »Wie träufelnder Honigseim sind die Lippen der Fremden, und glätter als Öl ist ihre Kehle: aber ihr Ende ist bitter wie Wermut, und scharf wie ein zweischneidiges Schwert. Ihre Füße steigen hinunter bis zum Tode.«

Statt »Schwert« möchte ich lieber sagen »Dolch«, und ihre Füße, das wissen wir schon, stecken in goldenen Pantöffelchen.

*

Maria del Pilar stammte aus dem Hinterlande von Valencia, kleiner Leute Kind. Als sie heranwuchs, erwies sich ihre Puppenschönheit nicht als Schmeiche der Kindheit, die mit den Jahren schwindet. Sie wurde ein schönes Mädchen, auffallend selbst in einem Lande, wo wie in allen Ländern schöne Frauen eine Seltenheit sind. Vom Vater schon in jungen Jahren vergewaltigt, war sie von Hause fortgelaufen. Ein Seemann hatte sich ihrer erbarmt und sie mit auf sein Fischerboot genommen. Später verdingte er sie in Menorca als Spülmädchen in eine Taberne. Dort wurde sie von Don Julio, unserem Eiergeneral, entdeckt. Er besorgte ihr eine Stelle in der Offiziersmesse, wurde eifersüchtig auf seine Kameraden und bewirkte, daß die Generalin das Aschenbrödel in die eigene Küche stellte. Nach den bereits geschilderten Wechselfällen landete Pilar auf Mallorca, wo sie es auch bald satt bekam, in Hafenkneipen den Matrosen den Schlunzhammel zu spielen und von ihnen unter die Röcke gegriffen zu werden. Noch ekliger empfand sie den Dienst bei feinen Herrschaften, wo die »Señoritos« ihr nachstellten, und das alles ohne Gehaltszulage. Ein so schönes Weib kann überall mit der Hexenküche ihres Geschlechts an einen höheren Lohn kommen, wenn es schon ohne die Liebe nicht geht. Und ohne sie geht es nicht, die Welt stürbe sonst aus. Die Schöpfung hat auch die Pilars in ihren ewigen Ratschluß einbezogen. Die unsere ließ sich nacheinander von reichen Männern aushalten. Auch ein hoher kirchlicher Würdenträger hat an dieser Sulamitin sich gelabt, und Monseñor war es übrigens, der Julietta auf seine Kosten in einem Inselkloster erziehen ließ. Als die Maitresse erfuhr, daß der geistliche Herr die eigenen Pfaffenkinder verleugnete, schmiß sie ihn hinaus aus dem rotsamtenen Nest, das er ihr in einer teuren Etage eingerichtet hatte. Etwas später wurde sie selbst vom Hausbesitzer auf die Straße gestellt. Die Nonnen wollten Julietta unentgeltlich weiter behalten, das lehnte die Mutter ab: keine Almosen! Dann verdingte sie sich in einem Bordell und war so der Mühe überhoben, selbst auf Kundschaft auszugehen. Es sei ein in allen Klubs und Gesellschaften viel besprochenes Ereignis gewesen – ich folge immer noch der Skandalchronik des Kölners –, als Maria del Pilar ihren Einzug in die »Casa Marguerita« gehalten habe, damals das beste Freudenhaus am Platze, immer erstklassige Besetzung, auch ausländische Kräfte hätte die Patrona hinzugezogen. Keines der Mädchen durfte über eine Matrikel von 6 Dienstjahren hinausgehen. Eine pfundige Wirtschaft, meinte der Referent, der übrigens auch durchblicken ließ, daß er sich persönlich habe vergewissern können, einen wie guten Griff die Stiftsmutter getan habe. Don Helvecio habe Pilars Bekanntschaft in seiner Eigenschaft als Direktor, Verwalter oder was er schon im »Principe« sei, gemacht, auf einem Inspektionsgang durch die Freudenhäuser der Stadt. Das sei in Spanien eine Obliegenheit des Hotelpersonals, vom Groom bis zum Generaldirektor: den Fremden den einheimischen Liebesbetrieb zu zeigen. Eines Nachts sei Helvecio in die »Casa Marguerita« gekommen, um einigen steinreichen englischen Lustlords einen ihren Fähigkeiten entsprechenden Lichtblick zu verschaffen. Die Patrona habe ihn auf die Seite genommen: was Feines, für ganz Reiche, frisch eingetroffen, und schön, schön, Don Helvecio . . . Einmal an ihr genippt, und das bleibe Kunde! Maria del Pilar heiße sie. Don

Helvecio, bedacht auf den guten Ruf seines Hotels, erklärte den Engländern, daß er etwas ganz Feines für sie habe, nur für ganz Reiche, frisch eingetroffen, und schön! Sie würden ihren Augen nicht trauen. »Einmal an ihr genippt, Mylords, und Sie verlassen die Insel diese Saison nicht mehr!« Da die Gentlemen aber eine schwierigere Altersbehandlung nötig hätten, müsse er einiges vorbereiten. Die Herren könnten im großen Saal solange die Zeitung lesen oder Domino spielen. Auch Kaffee würde serviert, und hie und da käme ein Mädchen, damit sie nicht dächten, sie säßen in einer Bahnhofswirtschaft.

Zwingli war, wo man ihn auch hinstellte, ein erstaunlicher Organisator. Mir ist ein solches Phänomen nie mehr über den Weg gelaufen. Die Mädchen in den Freudenhäusern liebten ihn alle. Manch einer hat er mit Geld aus der Not geholfen und sie wieder in das züchtige Leben zurückgeführt. Er kannte ihre großen und kleinen Anliegen, aber entsprechend auch ihre Matratzenleistungen; und selten, behauptete er einmal, habe er den falschen Mann an das falsche Weib gebracht. Im Hotelwesen stand er dafür in hohem Ansehen. Zwinglis Pfiffigkeit und Materialkenntnis bewährte sich auch auf diesem Gebiet. Er machte seine Tests und verfügte. Die Neue aus Valencia schien ein Überflieger zu sein, nach den Anpreisungen der Vorsteherin zu urteilen, die nicht zu übertreiben pflegte, wenn sie den Zubringern ihre Errungenschaften vorstellte.

Zwingli hat der neuen Mitarbeiterin die höchste Note ausgestellt, die seine Liebespädagogik zu vergeben hatte: das Examen nahm kein Ende. Denn in diesem Fach kennt man ja bei besonderen Leistungen die Befreiung vom Mündlichen nicht. So lange dauerte das Kolloquium, daß die Lords ungeduldig wurden und an die Tür klopften, hinter der ihr Manager verschwunden war. Ob sie sich nachher noch mit anderen Mädchen eingelassen haben, weiß ich nicht. Wahrscheinlich hat der Hotelwagen sie unbefleckt im »Principe« abgeliefert, mitsamt der Flasche Sublimat, die allen Engländern aus der Tasche herausschaut, wenn sie auf den Strich gehen.

Gegen Abend des folgenden Tages erschien Zwingli wieder auf seinem Posten. »Man muß seinen Mann stehen«, meinte sein Busenfreund, zweiter Direktor und Halbbesitzer des Unternehmens (niemand wußte, wie dort die Eigentumsverhältnisse geregelt waren), »hay que ser hombre, Don Helvecio, aber dieses Mal haben Sie dran glauben müssen. Donnerwetter! He, ihr Kellner, Eier, Schinken, Bananen, Sekt, bringt mir den da wieder auf die Beine, morgen kommt Conde de Keyserling mit seiner Schule der Weisheit, dann gibt es wieder Hochbetrieb!«

Don Darío wußte, was man braucht, wenn man seinen Mann gestanden hat.

In der folgenden Nacht verschwand Don Helvecio erneut, und er stand nicht frühmorgens am Hafen, um dem berühmten Philosophen die noch berühmtere grobschlächtige Hand zu drücken. Das besorgte dann der kleine, hinkende Don Darío.

Nacht für Nacht ging das so seinen Gang, bis Zwingli sich überhaupt nicht mehr im Hotel sehen ließ.

Maria del Pilar hatte sich in Helvecio verliebt, sie gab sich ihm hin, es war das erste Mal in ihrem Leben, daß sie einen Mann erkannte. Ihre Künste, das war Theater gewesen, sie war eine unberührte Frau geblieben bis zu dem Augenblick, wo der Schweizer in ihr Leben schwuchtelte. Dies ist Zwinglis eigener Gesichtspunkt, den ich gelten lasse, nicht nur, weil er soviel Tolstoi und Dostojewskij gelesen hatte. Was einer ist, erfährt seine Bestätigung erst durch die anderen. Und hinzu kommt, daß es ja mehr Huren in den eingesegneten Ehebetten gibt als auf den Pfragen der Freudenhäuser, die, wie so vieles, ihren Namen einem Grundirrtum verdanken.

Zwingli war fasziniert, der neue Tolstoi lebte in ihm auf. Er fühlte die große Berufung in sich mächtig werden, er mußte die Auferstehung ins Werk setzen, mußte das Mädchen aus dem Schlamm ziehen, in dem er sich ein paar Wochen lang mit ihr sauwohl gefühlt hatte. Das Moorbad der Liebe müsse verlegt werden, denn – und das ist weniger christlich – er wollte die schöne Sünderin ganz für sich alleine haben. Auferstehung mit auswechselbaren Rollen, auch das will ich gelten lassen.

Zwingli mietete einen Piso, möblierte ihn kostbar aus, an den Wänden prangten die Gemälde und Zeichnungen seiner verkannten Genies. Viel Geld verplemperte er auch an die verkannte Schöne. So begann das traute Leben. Julietta gab dem Ganzen die besinnliche Note. Die selbstlosen Nonnen hatten ihr Manieren beigebracht, und Gebete, und Handfertigkeiten. Das häusliche Glück war vollkommen. Es ging auch eine Zeitlang ohne schief zu gehen, und dann ging es schief. Mit Eifersucht von Seiten Pilars fing es an, dann kriegte Zwingli den gleichen Rappel. Dieser allmächtige Trieb brachte die beiden zur Verzweiflung, Liebe, Haß und Furcht wurden durcheinandergewürfelt, und auf einmal begannen sie sich zu prügeln. Pilar argwöhnte, daß Helvecio es im »Principe« triebe, sie wußte, daß vor allem die deutschen Frauen in dieser Beziehung einen guten Ruf hatten und einzig der romantischen Abenteuer wegen nach Spanien reisten. Und obendrein war ihr bekannt, daß ihr Señorito auch nachts für sein Hotel arbeiten mußte in den Häusern, aus deren einem er sie ja herausgeholt hatte. Die Bettzunzel wurde zu einer rasenden Furie der Liebe.

Zwingli verständigte sich mit seinem Hotel über eine neue Dienstregelung: nur ein paar Stunden am Tage sähe er nach dem Rechten, erledige die Korrespondenz, leite weiterhin die Propaganda in der ganzen Welt, die übrige Zeit gehöre dem häuslichen Herde. Vater liest ein schöngeistiges Buch, Mutter strickt, oder häkelt, denn das ist feiner, Pilar soll ja hoch hinaus, und zu Füßen spielt der kleine Bankert, dem das Schicksal einen neuen Papa beschert hat; keinen General, denn die Schweiz unterhält ja kein stehendes Heer, aber doch etwas Tüchtiges in der zivilen Fremdenlegion.

Glücklichsein ist eine Kunst. Die wenigsten Menschen beherrschen sie. Wirklich glückliche Menschen sind so selten wie Christen, die an Gott glauben. Man tut so als ob, und bringt es mit dieser Schutzfärbung sehr weit. Pilar wurde nicht glücklich, ich meine »restlos« glücklich. Denn den Rest, den konnte Helvecio ihr auch nicht besorgen. Die Frau begann sich zu langweilen. Lesen konnte sie nicht, sonst hätte sie mit ein paar Schundromanen die Stunden totschlagen können. Immer nur sich schminken und die Wimpern steif halten, das reibt auf. Reisen? Helvecio stand in einem Beruf, wo der Ortswechsel von anderen besorgt wird, selbst mußte man auf dem Posten bleiben. Pilar war eine tätige Person, sehr jung noch, selbst für Spanien, wo Frauen früh altern; mit einem schönen Töchterchen, dem sie dieselbe glänzende Zukunft besorgen wollte, welche Zwingli sich für seine Querida ausgedacht hatte. Darum warf sie eines Tages die Frage in die immer stickiger werdende Luft: Helvecio, warum sollen wir uns nicht selbständig machen? Wir gründen ein Geschäft! Und zwar eines, wo ich meine Talente zur Geltung bringen kann. – Lieber Leser, nun denkst du vermutlich dasselbe, was ich denke, aber Pilar dachte wirklich und ehrlich nur an den Kochlöffel. Der Freiheitsgedanke ist ja der Urtraum der Menschheit. Beatrice und ich werfen seit zwanzig Jahren schon immer wieder dieselbe Frage auf. Nur können wir uns nicht einigen über die Kunst. So bleibt es bei dem Morgenrot am Horizont. In Spanien leuchtete es zuweilen so verheißend, daß wir schon dachten: bald ist's erreicht. Dann kamen wieder Nebel, und im

Augenblick ist es überhaupt ganz finster. Zwingli ist schon lange tot, und ich, Vigoleis, bin ein schlechter Nebelspalter.

Pilars Kochlöffel tat es an Zauberwirkung sicher dem Nagel an Zwinglis Finger gleich. Den Bonettfisch habe ich von keiner Hand so köstlich bereitet gefunden. Zwingli, für jedes Geschäft allsogleich Feuer und Flamme, denn er verfügte ja auch über sein eigenes verkanntes Genie, prüfte den Vorschlag, zog den Pelman-Kursus zu Rate, beriet sich mit Oberkellnern, Pensionswirtinnen, seinem Busenfreunde Don Darío, und man tiftelte heraus, daß eine Eisbar, an günstiger Stelle der Stadt gelegen, wohl zu einem gewinnbringenden Unternehmen ausgestaltet werden könnte. Man brauche nicht gleich mit Marmor und künstlichen Palmen zu beginnen, bescheidener gehe es auch, ein paar Geraniumstöcke, ein paar verrenkte Kakteen – »solide, Don Helvecio«, riet Don Darío, und er mußte es wissen. Warum? Er hatte selbst seinen einträglichen Nebengewinst, auf den er stolz hätte sein können wie ein Spanier, wenn er nicht von Hause aus schon einer gewesen wäre. In seiner Vaterstadt Felanitx unterhielt er nämlich eine Stierkampfarena, wo die sogenannten »novilladas« veranstaltet wurden, das sind Gefechte mit weniger geübten Toreros und jungen Stieren, gewissermaßen die Puppenspiele dieses nationalen Theaters. Wer auf den großen Kampfbahnen von den gewaltigen »Miuras« sofort auf die Hörner genommen würde, der schnitt im Sande Don Daríos noch ganz gut ab, zumal auch diese Spiele von dem gottesleugnerischen Veranstalter unter den Beistand des Himmels gestellt wurden. Die Gottesmutter, so behauptete er, leihe ihre Hilfe jedem Fechter, und aus Solidarität mit den Kleinen der Welt erfreue sich der »Novillero« ihres höheren Schutzes. Er, Darío, war ein frommer, aber kein kirchengläubiger Mann, und man konnte über seinen Atheismus stolpern, wenn er von seiner »Virgen«, der Heiligen Jungfrau, schwärmte, die auch die Eisbar unter ihren Schutz nehmen würde. Dann könne die Sache nicht mehr fehlschlagen.

Im Häuserblock des Grafen fanden die beiden ein geeignetes Lokal, an der vornehmen Ecke, dem feudalen Klub gegenüber, dessen Herren sicher eine Schale Eis schlecken würden, würde sie ihnen von Pilar kredenzt. Die meisten kannten sie übrigens von der anderen Lecke her, und der Conde – aber diesen Satz zu vollenden wäre schon böse Zunge, und die sei fern von meinen Aufzeichnungen. Antonio, der Majordom und Oberkellner, nähme das auf seine Ehre. Es ist derselbe Antonio, der uns im dritten Kapitel den Kaffee serviert hat. Eine Seele von einem Menschen, war er Zwingli sehr zugetan und später hat er uns in sein Herz geschlossen. Er war ein paar Jahre in Nizza Kellner gewesen; indessen hatten ihn häusliche Umstände genötigt, nach Mallorca zurückzukehren. Er war ein Grandseigneur seines Berufes, ohne jede Firlefanzerei, die Oberkellner meist so unausstehlich macht. Auf mich wirken sie wie Geheimagenten, die einen im Auge behalten. Es läßt sich natürlich einwenden, daß das Hochstaplerische, das jeder Kellner von Berufs wegen an sich hat, bei Antonio gemildert wurde durch seine Landesart, die er nicht verleugnete. Die Überlegenheit der südlichen Rassen über die nordischen, die sich gerne als Edelinge aufspielen, kommt besonders stark in den dienenden Klassen zum Ausdruck.

In den Tagen vor der Eröffnung der »Bar Valencia«, wie Zwingli das Unternehmen zu Ehren des Lockvogels nannte, entwickelten alle Beteiligten eine rege Tätigkeit. Den Löwenanteil versetzte der Schweizer Fachmann. Er ließ Prospekte in vier Sprachen drucken und in Tausenden von Exemplaren verbreiten; spannte Transparente mit dem Aufdruck »Bar Valencia« über die Straßen, mietete Sandwich-Männer und Ausrufer. Einladungen ergingen an alle offenen und geschlossenen Gesellschaften der Insel. Wer Spanien kennt, kann sich ungefähr ausrechnen, wie hoch sich die Auflage belief. In allen Hotels, Pensionen und Kinos lagen Faltblätter auf, die sein Freund, ein deutscher Graphiker, der »Dibujante Knoll« aus Barcelona, entworfen hatte und die auch in Barcelona in einer ersten Werkstätte vervielfältigt worden waren. (Beatrice hat auch diese Rechnung später bezahlt.) Don Helvecios Selbstständigkeit sollte gut verankert werden; der Laden könne nur noch scheitern durch eine Naturkatastrophe, bei der dann aber schon die ganze Insel wie ein Atoll im Meere versinken müßte. Er hatte ja auch Jahre vorher das »Principe« in kürzester Frist zu einem erstklassigen Etablissement entwickelt, nachdem es von einer Gangsterbande ausgeplündert worden war und niemand mehr den Mut hatte, dort abzusteigen. Der neue Eigentümer, der es den Räubern buchstäblich durch einen Hilpersgriff entrissen hatte, wußte nichts damit anzufangen, bis Zwingli auftauchte. Ich bin nie recht dahintergekommen, wie das alles zusammenhängt. Man erzählte sich die unglaublichsten Geschichten über die Transaktionen. Wahr ist, daß der steinreiche Besitzer, einer der einflußreichsten Advokaten Mallorcas, Alcalde von Palma, nach einer einstündigen Besprechung dem ihm völlig unbekannten Schweizer das Ruder in die Hand gab. Der Zaubernagel wird dabei eine Rolle gespielt haben, der von Zwingli, meine ich, denn der verschlagene Rechtsgelehrte hatte sich auch einen wachsen lassen, aber doch nicht lang genug, damit alle Probleme des Daseins zu lösen. Übrigens hatte Emmerich den frisch zugereisten Schweizer auf das leerstehende Spukhotel aufmerksam gemacht. Um die Zeit der Mandelblüte war Zwingli auf der Insel an Land gegangen, »um sich das auch einmal anzusehen«, und Weihnachten brannte der große Christbaum in der Halle des Hotels und wurden deutsche und englische Lieder auf den Erlöser gesungen, der es einem so weh ums Herz machen konnte und zugleich so wohl sein ließ bei knallenden Propfen und Hippokras, knisternden Tannennadeln und wie Weihrauch duftenden Lichtschnuppen. Generalvollmacht und ein dickes Scheckheft in der richtigen Hand hatten das Wunder dieser Christnacht möglich gemacht. Und dieser selbe Zwingli, der inzwischen zum respektablen Don Helvecio emporgestiegen war, sollte der nicht eine kleine Versuchsbar für Eislutscherei aus dem Boden stampfen können? Mit so einer Bardame, die sich nicht immer zeigt, aber wenn sie kommt, dann kommt auch Bewegung in die Kundschaft – mit der hätte selbst Vigoleis eine kleine Limonadenbude riskiert. Natürlich wollte Zwingli nicht, daß Pilar ständig mit der Spachtel die Hörnchen striche; für den Anfang, na ja, nachher würde er sie in die Leitung einschalten, wenn das Ganze mal ausgebaut sei. Dazu allerdings müsse er einen besonderen Zuckerbäcker haben, einen echten Patissier aus dem Wallis, mit internationaler Erfahrung. Entsprechende Anzeigen wurden losgelassen in der schweizerischen Fachpresse.

Die notwendige Einrichtung wurde gekauft, zum Teil bar bezahlt, zum Teil auf Pump. Kredit hatte Zwingli als Don Helvecio fast schon unbeschränkt. Ein Anruf im Hotel, und auch der vorsichtige Lieferant lud die Handkarre voll und schob sie zum »Apfel« des Grafen, wo schon seit ein paar Tagen die Handwerker tätig waren. Wenn die Kreditbestätigungen des Hotels trotzdem nicht ausreichten, nahm Zwingli die Schöne in den Arm, und dann schmolzen die Widerstände wie nachher das Eis der heißgelaufenen Bar. Frauen sollten mit Feuer spielen, das sei ihr Element, aber nicht mit Gefrorenem, sagte Zwingli, auf dessen eigene Erzählungen übrigens das meiste von dem zurückgeht, was ich hier berichte. Emmerich kannte nur die große Linie. Das Feine tischte Zwingli uns selber auf, zum Beispiel den Zwischenfall mit einer bekannten Spiegelfabrik, »Espejo Mallorquín« –: »wie die chaibe Siëche immer kleiner wurden, als ich mit meiner Pilar erschien! Sie wollten nur gegen Barzahlung liefern, aber der Auftrag ging in die Tausende. Eis verkaufen ohne Spiegel an allen Wänden und selbst an der Decke, das kann man sich am Nordpol erlauben, nicht in Spanien. Man braucht doch kein Schweizer zu sein mit einer eingeborenen Gletschererfahrung, um das zu begreifen! Macht aber mal einem Menschen, der nie im Leben eine Flocke Schnee auf der Hand hat schmelzen sehen, diese intimen Zusammenhänge klar. Das gespiegelte Licht strahlt die polare Kälte aus, ich mußte Spiegel haben, und sonst sollen die Mallorquiner nur ihre Sopas löffeln. Zufällig standen Zerrspiegel im Packraum, durch den wir schritten, als uns der Direktor entgegenkam. Ich sage euch, der Kredit war gewährt, ehe wir in vielfacher Verwandlung von dick und dünn und lang und breit das Privatkontor erreicht hatten. Lachspiegel in den Spiegelsälen der internationalen Konferenzen, und es gibt nie wieder Krieg!«

Eine Woche später war im Laden kein Fleckchen Wand mehr zu sehen, alles Kristall!

Eröffnung: Samstagnachmittag um fünf. Zwingli hatte einen Burschen eingestellt, giftblaue Livree, dazu einen Mixer aus dem »Principe« in Lohndienst genommen. Pilar mußte das Eis trüftern, in feinen Seidenchiffon gekleidet, die Kühle suggerieren sollte, bei diesem heißen Weibe eine schwierige Aufgabe. Eine Modistin aus Barcelona scheint sie allerdings gelöst zu haben. Zwingli hatte darauf bestanden. Er selbst war gekleidet, wie es sich gehört, der Nagel fein gefeilt und poliert, blank wie die Spiegel an der Wand, die auch hier sich nicht lange bedenken brauchten, wer die Schönste sei im ganzen Lande. Eigenhändig geschriebene Einladungen hatte er versandt an Persönlichkeiten von Format, an den zivilen und den militärischen Gouverneur, den Alcalden, an die konsularischen Vertreter der wichtigsten Länder (die kleinen kämen doch von selbst), an markante Ausländer, von denen es immer wimmelte; man mußte ja damals auf Mallorca gewesen sein, wenn man in den Salons wollte mitsprechen können – und gedruckte Einladungen an Gott und tausend Mann.

Zwingli und Pilar hatten inzwischen die Etage im gräflichen Hause bezogen, die zum Laden gehörte, wenn sie sich auch auf der schäbigen Seite des Apfels befand. Dem Geschäftsinhaber bot das bedeutende Vorteile, so um die Ecke bei der Hand gelegen. Julietta, um das noch einzuflechten, war auch ausstaffiert worden. Sie hatte weiter mit dem Fest nichts zu tun, man hatte ihr sogar verboten, sich zu zeigen. Dennoch wurde es auch für die verstoßene Generalstochter ein hoher Tag, nur anders, als es sich die Alten hatten träumen lassen.

Das festliche Paar hatte zum späten Frühstück eine doppelte Portion Generalsplinzen verzehrt, und so wissen wir, daß der Himmel den beiden doppelt gnädig gewesen war. Zeitig begaben sie sich in die Bar, wo der »Botones« schon das Nötigste gerichtet hatte. Die Kaffeemaschine war eingeheizt, die Eismaschinen setzten Wärme in Kälte um. Zwingli speuzte vor Schaffenslust und auch wohl, weil er das wieder hingekriegt hatte.

Liebe ist unberechenbar. Sie kann wie der Blitz aus heiterem Himmel herniederzucken, und dann hüllt sie alles in Licht. Ich meine natürlich die geistige Liebe, die seelische, die unsagbare, die allesdurchdringende, die das Tote beseelende; die im andern lebt wie in sich selbst, und von der Augustin, eine Autorität auf dem Gebiete der Liebe Himmels wie der Erden, meint, sie sei die »vita quaedam, duo aliqua copulans vel copulare appetens ...« Über sie schweigen fast alle Begriffslexika, da sie doch nichts Gescheites zusammentragen könnten – wogegen sich die Dichter um so mehr mit diesem Wunderding beschäftigen. Die andere aber, die Liebe im Fleisch, ist einer Durchdringung weniger verschlossen. Sie bietet fast keine Geheimnisse, da jeder Mensch mit ihr Versuche anstellen kann und die meisten Menschen von dieser Möglichkeit auch ausgiebig Gebrauch machen. Kommt sie weniger zur Sprache als ihre mystische Stiefschwester, dann hängt das meiner Meinung nach zusammen mit dem schlechten Gewissen der Menschheit. Wir schämen uns einer Tat, ohne die wir uns nicht einmal schämen könnten. Er ist nicht ästhetisch, dieser Vorgang, den die einen Vergnügen, die anderen Sünde, und die Heimlifeisten überhaupt nicht nennen. Man muß also vorsichtig sein, wenn man Dinge behandelt, die sich um diese ausgeleierte Achse drehen. Ich will es so diskret wie nur möglich machen, aber laufen lassen muß ich das Rädchen schon, sonst könnte ich gleich hier mein Finis Operis setzen. Wer A sagt, muß auch B sagen – und wer sich mit Zwingli einläßt, kommt um seine Pilar nicht herum. Die Achse lief leider warm und es entstand ein kleiner Zimmerbrand. Zum Glück war genügend Eis vorhanden, so daß der Schaden am Leibe noch behoben werden konnte. Was wir Seele nennen, war sowieso nicht an den Vorgängen beteiligt.

Zwingli soll großartig ausgesehen haben mit seiner wilden Pinksnelke im Knopfloch. Pilar war einfach schön, bezaubernd, ein Gedicht, ein Sommernachtstraum. Alles glänzte an ihr. Verführerisch stachen die Wimpern in die Welt, Schmeißfliegen von der Markthalle hatten dafür ihr Leben lassen müssen. Rimmel, Quelques Fleurs und was Paris sonst noch für solche Maskierungen liefert, hatte sie aufgelegt. Schaulustige hatten sich eingefunden. Auf der Terrasse des Klubs schliefen mehr Herren, als es sonst um diese Zeit der Fall war, wo man drinnen zu duseln pflegte. Die Diener waren allerdings beauftragt, kurz vor der Eröffnung Alarm zu blasen.

Die Spiegel an Decke und Wänden warfen nur festliche, frohe Dinge zurück, und auf aller Gesichter spiegelte sich eitel Heiterkeit. Niemand merkte den Kristallflächen an, daß sie noch bezahlt werden mußten – ein Tag, und alle Schulden sind ausgewischt, dafür sorgt eines genialen Mannes genialer Nagel, unter dem auch nicht der mindeste Rückstand zu entdecken war. Mit einem Worte: eine reine Welt, woran selbst der vergallteste Nörgler nichts auszusetzen gehabt, und eine Stunde noch, dann verbeugen wir uns benebst allen Geladenen und lassen eine kurze Rede über uns ergehen, ein paar Worte nur, wir hören nicht einmal zu, und nicken dann beifällig, küssen wohl auch der Barschönen die Hand, tolles Weib, was, ja, wo der die aufgetrieben hat, mit so einer kann man sich überall sehen lassen, nanu überall, das kommt noch darauf an, wie man sich zu der Vorgeschichte stellt, wieso denn, Sie wissen doch. Nicht? Na, aber das weiß doch jeder, wo Don Helvecio seine Helvetia her hat, ne, sowas gedeiht nicht auf den Käsealpen seiner Heimat, haha, aber Rasse, ganz gleich aus welchem Stall, und unter welchem Namen man sie hat laufen lassen, und ihr Trainer, auch nicht übel, wie der das »Principe« wieder aus dem Dreck gezogen hat, das soll ihm unsereins mal nachmachen. Große Nation, die Schweiz, nur wollen wir uns die Pünktlichkeit ihrer Uhren nicht zum Vorbild nehmen, olé Don Jaime, olé Manolo, auch zur Stelle? und dahinten unser Gouverneur, ja, was für den Fortschritt der Insel ist, kommt sich hier kühlen – man klatscht in die Hände, Antonio und seine Kellner reichen den »café negro« herum, die Schläfer wachen von selbst auf und erheben sich sogar aus ihren Sesseln und müssen obendrein noch die Hälse recken, aber es lohnt sich: Zwingli und seine schimmernde Eiskokotte bogen um die elegante Ecke –

und verschwanden im Laden. Dann schloß sich hinter ihnen

die mit dem Wörtchen Tür bezeichnete Tür. Generalinspektion, dachte jedermann, denn in dem Raume waren die technischen Anlagen untergebracht. Die Abflüsse waren entstopft, die elektrische Kreiselpumpe surrte und sorgte dafür, daß der Tank unterm Dache immer gefüllt war. Eine Gläserspülmaschine, probeweise vom Vertreter zur Verfügung gestellt (ein Glück für Beatrice!), brauchte nur eingeschaltet zu werden, um auch den heimtückischsten Bazillus im mechanisierten Handumdrehen zu verjagen und das Glas keimfrei für den nächsten Gast bereit zu stellen – Zwingli wird sich die Hände gerieben haben vor Zufriedenheit. Der Champagner hatte die richtige Temperatur. Pilar, die Inselvenus, dem Schaum des Meeres entstiegen, sie sollte ein paar Propfen gegen die Spiegeldecke springen lassen als Zeichen der Eröffnung, durch den Spalt der Tür, so hatte der Regisseur sich den Bühneneffekt ausgedacht: erst knallt es, dann sieht man die schöne Hand an dem berückenden Arm, der Schaum fließt auf den Boden, und dann kommt die Göttin.

Programmwidrig, wie so manches im Leben, erschien aber erst im festlichen Kinderstaate ihr Kind. Julietta hatte bei Mutter und Pflegevater darauf angedrungen, unter Tränen selbst, die ihrer Auffassung vom vierten Gebot alle Ehre machen, daß man auch ihren echten Vater an der Feierlichkeit teilnehmen ließe, den General, Don Julio. Der hätte sich fürwahr nicht übel ausgenommen unter den Honoratioren, die wider jede Erwartung zahlreich erschienen waren; und wenn er die reibungslose Alte noch mitgebracht, mit Marketenderbusen, Krampfadern und Elfenbeinfächer, dann hätten wir dieses Möbel auch noch zu sehen bekommen. Aber der Verteidiger seiner mittelmeerischen Schanze wurde nicht für würdig befunden, ein Löffelchen Eis mit zu löffeln in der nach seiner emporgekommenen Küchenfee benannten Bar. Julietta hatte getrotzt, geweint, geschrien, die Zähne gezeigt, dunkle Drohungen ausgestoßen, Kinder haben ja immer eine Menge Stoff, um gegen die Eltern Chantage zu treiben – wochenlang. Doch es nutzte nichts. Die Eisheiligen ließen sich nicht erweichen. Schlimmer noch: als Julietta im kritischen Augenblick durch den Spalt der Tür entwischen wollte, aus dem in wenigen Minuten der weihende Schaum fließen würde, da stieß die Mutter sie mit einem heiser gezischten Fluche zurück – verstoßen war das arme Kind, verleugnet vor aller Augen, die schon auf die »Türtür« gerichtet waren! Jetzt keine Auftritte, Helvecio, sage doch selbst, es steht zu viel auf dem Spiele!

Kinder sind unberechenbar wie die Liebe, von der ich oben gesprochen habe, und Generäle sind unberechenbar wie beide zusammen: Liebe und deren Frucht.

Julietta, bis aufs Blut erniedrigt und in ihrer Liebe zum Vater gedemütigt, raste die Stufen der Calle de la Seo hinauf und lag nach wenigen Sekunden in der Kathedrale zu Füßen des Standbildes Unserer Lieben Frau auf der Docke, der Virgen del Pilar. Bei den Nonnen hatte sie beten gelernt und es noch nicht vergessen. Mit der Inbrunst ihrer Verzweiflung rief sie den Vater an: »Hilf mir, steh mir bei, ich bin verlassen!« Wer wie ich das Beten verlernt hat, glaubt eher an die Kraft des Gebets, weil er die Probe der Enttäuschung nicht mehr zu befürchten braucht. Julietta glaubte noch, im ersten Stadium ihrer Frömmigkeit, an die Hilfe der himmlischen Mächte. Wenn nun ein ganzes Volk »in der Angst und Not eines Krieges, der die Völker und Nationen in ihrem Bestande bedroht . . .« sich an Gott wendet mit der Bitte, das andere Volk zu vernichten, warum soll da ein kleines Mädchen nicht sein ganz kleines Anliegen der Gottesmutter anvertrauen, zumal wenn diese auch noch die Schutzpatronin der eigenen Mutter ist? Julietta, die mir das alles selbst erzählt hat, habe nie gezweifelt an der Wirkung ihrer Trutzgebete, eben weil die Jungfrau den Namen ihrer Mutter trüge, und dann habe sie natürlich flink mit den Füßen gestampft und Maria unter Druck gesetzt und noch eine Art Rückversicherung beim San Antonio abgeschlossen – »wenn deine Mutter der Madonna deines Sprengels mal gründlich den Standpunkt klargemacht hätte, hättest du es zu was bringen können . . .« Ach, Julietta, wenn du wüßtest, wie lieblich unsere niederrheinischen Madonnen sind! Die erpreßt man nicht, nicht einmal, um so reich zu werden, daß man sich eine aus dem 13. Jahrhundert kaufen könnte.

Ausgestoßen auch er, Don Julio, in seiner imposanten leiblichen Erscheinung mit Federbusch, Epauletten, Schärpe, Degen, Orden, Stulpenstiefeln und dem Kielwasser seines sich rasch wieder verlaufenden Ruhms, verbannt als Leib: kam er jetzt als Geist. Er wurde herbeizitiert von seinem Bankert, der gewiß von Spiritismus keine Ahnung hatte. Da war eben die Hand des Himmels schlechthin im Spiel. Und so geisterte denn der General der doppelt verleugneten Tochter zu Hilfe und durchkreuzte die Strategie seiner Feinde, wozu Generäle schließlich auch da sind.

Don Julio trat hier in der »Bar Valencia«, am Samstagnachmittag, eine Sekunde vor dem Champagnerschuß, und ohne das ritterliche »tirez le premier, Monsieur!« in einer Form und Wirkungsart in Erscheinung, die unseren aufgeklärtesten Parapsychologen nicht einmal bekannt sein dürfte, weshalb ich sie hier auch mit einer doppelten Verpflichtung bekanntgebe: der gegen die Erinnerungen meines Vigoleis und einer nicht minderen gegen die Wissenschaft. Don Julio kam, wie auf den Wichtelpfiff, als Aperitif der nach ihm benannten Eierspeise. Und so wie der Heilige Geist sich in Gestalt einer Taube niedersenkte auf die Jünger, die an einem Orte versammelt waren, daß sie in allen Zungen zu reden begannen, so aus dem überirdischen Hauptquartier ließ auch der General sich hinab auf die zwei, daß es sie in ein Brausen stieß, als führe ein gewaltiger Sturmwind durch den Raum, und sie begannen, einander in allen Fasern und mit allen Zungen ihres Leibes zu lieben. Zwingli hatte gerade noch die Zeit und Geistesgegenwart, den Riegel vor die Türtür zu stoßen – untergegangen war die Außenwelt, und sie erkannten sich in ihrem Fleische. So sehr freilich erkannten sie sich, daß sie sich bald schon nicht mehr kannten, vielleicht weil die Unterlage nicht weich war, wohl kühl, aber nicht durch Roßhaar zwischengekühlt; womöglich wegen der Dunkelheit im Kabinett, das man erstmalig für die Liebe in Anspruch nahm. Man eckte an allen bezahlten und unbezahlten Gerätschaften des Betriebes an; natürlich, in einer auswattierten Tobsuchtszelle läßt es sich besser lieben, wenn's schon an einem extravaganten Orte geschehen soll.

Daß Liebe in Haß umschlagen kann, darüber weiß die Bibel viel zu erzählen, und Friedrich Nietzsche hat über dieses Problem gute zehntausend Seiten vollgeschrieben. Darum mag es an dieser Stelle bei der kurzen Mitteilung sein Bewenden haben, daß die Liebe des Zwingli zur Pilar und die der Pilar zu ihrem Helvecio umschlug in den beiderseitigen Haß, und wer würde auch nicht von einer rasenden Wut erfüllt, wenn er in den Augenblicken der höchsten Lust sich den Schädel anstößt, mit dem Fuße ein Behältnis mit Eis ins Wanken bringt, so daß die vor Gierde schmerzenden Glieder gekühlt werden, wie es Pfarrer Heumann in seinem Gesundheitsbüchlein anrät: kalte Umschläge! Ist aber der Haß einmal an Ort und Stelle, dann hat er das Bestreben, die äußere Ursache seiner selbst aus der Welt zu schaffen. Spinoza hat das richtig erkannt. Man will den anderen vernichten, der muß dran glauben, aber endgültig, da gibt es keinen Ausweg mehr: du oder ich. Alles deutet darauf hin, daß unsere Barhalter hinter der Tür nach dieser hausbackenen philosophischen Erkenntnis haben handeln wollen: sie wollten sich gegenseitig aus der Welt schaffen, ein schrecklicher Gedanke, und das vor dem Fest, oder beinahe schon drin, denn der Türspalt hatte sich ja bereits geöffnet, um die Sekttaufe schäumen zu lassen.

Die beiden wollten sich umbringen, Hoffnungen mit sich zu Grabe tragen, zu denen sie berechtigten Anlaß gaben, der junge Mann nicht minder als das blühende Weib. Wie sie den mörderischen Plan ausführen wollten? Ich weiß es genau, ich habe alles rekonstruieren können, teils an Hand von Aussagen der Beteiligten, teils durch ein fleißiges Zusammentragen mitbestimmender Umstände. Nicht umsonst habe ich im Zuchthaus von Münster zu Füßen des Kriminalprofessors Többen und dessen menschlichen Anschauungsmaterials gesessen. Das Ergebnis gehört nicht hierher. Auch die skandalöseste Chronik hat ihre Grenzen, hinter der ein jeder seiner Phantasie um so freieren Lauf lassen kann.

Der General hatte einen Sieg davongetragen, den ersten und einzigen übrigens in seiner ordengeschmückten Laufbahn. Flugs begab er sich auf den Schwingen seiner Emanation zurück in die Schanze und in den ehelichen Dunstkreis seiner Alten. Auch Julietta hatte eine Schlacht gewonnen, die erste ihres jungen Lebens. Es sollte aber nicht ihre letzte sein.

Wer nicht so schnell das Feld verließ, das waren die geladenen und mehr noch die ungeladenen Gäste. Der Mixer horchte an der Tür. Was er an Geräuschen auffing, war verwirrend und ließ keine mittelbaren Schlüsse zu. Antonio erzielte kein besseres Resultat, als er sein Ohr an die dünne Schotte hielt. Daß es da drinnen hoch herging, darüber waren die beiden sich eins. Aber was, was ist da los? Wenn nur die Kreiselpumpe nicht so heulen würde! Tot waren die im Verschlag aber nicht, obwohl sie weder auf das Klopfen, noch auf die Zurufe des Personals Antwort gaben. Tote sind stumm, während in der Eisküche geredet wurde, geschrien selbst, und auch gestöhnt. Eigenartig, solche Geräusche gehören doch nicht in die Copa einer Bar, dafür hat die Zivilisation andere Vorkehrungen getroffen, über die man sich allerdings hinwegsetzt, wenn der Urmensch im Menschen die Zähne fletscht und das Steinbeil schwingt – »meine Herren«, sagte Antonio nach einer geflüsterten Beratung mit dem Mixer, »meine Herrschaften, ein kleiner Betriebsunfall, eine unvorhergesehene Störung in den technischen Anlagen veranlassen die

Direktion, die Eröffnung der Bar auf kommenden Sonnabend zu verlegen.« Dann kam Julietta im feinen Kleidchen und begann zu tanzen. Sie warf die Ärmchen hoch, die Kastagnetten klapperten, Musik fand sich hinzu; niemand ging nach Hause. Antonio servierte seinen »café negro« aus der Küche des Klubs, die Terrasse füllte sich immer mehr, auch mit Leuten, die da sonst keinen Zutritt hatten. Pepe, der neben der Eisbar eine kleine Fonda für Eseltreiber und Werkvolk unterhielt, bediente die Tische der Bar und verdiente ein hübsches Geld an einem Publikum, das anders nie aus seinen Gläsern trank. Und Julietta tanzte pausenlos, drehte sich im Wirbel mit fliegendem Röckchen, schritt balzbrüstig vor den Männern her, stieß mit den Füßchen auf, eine kleine Argentinita, die sie übrigens heute schon herausfordern kann, denn, so höre ich, sie ist berühmt geworden auf den Schmieren des spanischen Festlandes. Das Publikum feuerte an, olé, olé, doch bedurfte sie dessen nicht, um das Letzte herzugeben, was der General an Schneid und Prunk und die Mutter an valencianischem Feuer ihr in das Blut gegeben hatten. Doch den Höhepunkt erreichte ihre lückenbüßende Kunst, als sich ein junger Mann durch die Zuschauer drängte, seinen Rock auszog und ihn dem Irrwisch vor die Füße legte, dann den Kreisel auffing und wie der Täuberich verliebt um die Täubin gurrend den Reigen vollführte, unter dem donnernden Beifall der Menge, die längst vergessen hatte, zu welchem Anlaß man gekommen war. Der Bursche war Pedro, der werden wollte, was er geworden ist, ein Maler, heute weit über die Insel hinaus bekannt. In diesen Blättern wird noch sehr viel von ihm die Rede sein.

Maria del Pilar, die einem nach dem Vater und nach der Kunst sich sehnenden Kinde das Fest hatte wehren wollen, wurde im hermetisch verschlossenen Liebesgemach von Zwingli mit Liebe und Eis behandelt. Unter Ächzen und den wiederholten Anrufungen der Jungfrau Maria del Pilar kamen ihre Lebensgeister langsam wieder zurück, sei es denn in einen blau und grün gequetschten Leib, welcher dem ihres Samariters an Buntheit in nichts nachstand. Auch in der tätlichen Liebe bestimmten die Anlauffarben den Härtegrad des Gefühls.

Um sieben brach Julietta mitten in einer Pirouette zusammen und mußte von Pedro in den Klub getragen werden, wo ein Arzt sie rasch wieder auf die Stelzen brachte. Die Wiederbelebungsversuche an der »Bar Valencia« blieben indessen ohne Erfolg. Das Unternehmen hat die Liebeskrise ihrer p. p. Begründer nicht überlebt. Es starb in den Wehen, den Asra gleich, von denen Heine singt, daß sie sterben, wenn sie lieben.

Mit ihren Schweizer Franken hat Beatrice später ein schlichtes Kreuz auch auf diese Gruft gesetzt, mit dem frommen Spruch: Getilget sind nun alle Schulden.

VII

Bei diesem Kapitel angekommen, weiß der Leser schon mehr als wir in jener Nachtstunde, wo wir uns mit Tschüß und Ciau von Anton Emmerich verabschiedet hatten, und ich war wieder Beatrice um ein paar Seiten in der schlüpfrigen Chronik voraus. Es waren solche, die selbst dem kölnischen Zotenreißer zu gewagt erschienen, sie Beatricen zu unterbreiten. Diese merkte, daß sie ihm die Zunge band, und zog sich für eine Weile zurück. Herr Emmerich gestand mir sogleich, daß er der Reißlänge ihrer Nerven doch nicht traue, und dann legte er wieder los:

Beatrice zeige sich immer mit der Freundin auf der Straße. Arm in Arm. Da sei in gewissen Herrenkreisen das Gerücht aufgekommen, der Freudenmarkt der Stadt habe Zuwachs erhalten, eine Neue von ebenso unbestimmbarer wie unzweifelhafter Rasse sei in Begleitung der Pilar wiederholt gesehen worden, niemand wisse freilich, ob sie auf eigene Rechnung arbeite oder das Bouquet der »Casa Marguerita« um einen exotischen Duft bereichere. Vielleicht grase sie erst die Hotels ab. Es sei ein Rätselraten entstanden, und er, Emmerich, wisse, daß selbst Kundschafter angestellt seien von reichen Fettwänsten, um Näheres über das fremde Frauenzimmer zu erforschen. Man glaube zu wissen, sie sei aus der Schweiz gekommen, wo es infolge der bundesrätlichen Beschlüsse nur noch die innere Prostitution gäbe, doch habe man andere Vorstellungen von Schweizer Frauen. Und teuer sähe der Vogel aus . . .

»Werden Preise ventiliert?« konnte Vigoleis sich nicht enthalten zu fragen.

Emmerich lachte verschmitzt und nannte die Beträge, welche die Mallorquiner Herrenwelt für die Ahnungslose auf das Nachtkonsölchen zu legen gewillt sei. Das war kein Schleck, um ein Lieblingswort derjenigen zu gebrauchen, deren Marktwert so schamlos durchgehechelt wurde, als handele es sich um die natürlichste Sache der Welt – was sie auch ist. Hätte Vigoleis für seine Auserwählte die gangbare Münze zahlen müssen, er würde mehr für sie übrig gehabt haben als die auf ihren Geldsäcken und Klubterrassen hockenden Insulaner. Aber, der Wahrheit die Ehre, was jene boten, das hätte er nie und nicht einmal mit den erleichternden Bedingungen seines Rabatts als Selbstverbraucher aufbringen können, nimmer! Daß er's nicht nötig hatte, hängt mit einer Stelle aus dem Korintherbrief zusammen, wo Paulus lyrisch wird wie ein Minnesänger. Und selbiger Vigoleis, statt dankbar zu sein, eine so hoch im fremden und noch höher im eigenen Kurse stehende Frau zu haben, hatte seine Augen auf die andere geworfen, auf das Luder mit den Gänsefüßchen, und im Geiste hatte er die Ehe schon gebrochen, falls wir Ehe nennen können, was ihn mit der einen verband.

*

Im Geiste die Ehe schon gebrochen – wirklich im Geiste? Ich frage mich, ob die Kirche – mit Bezug auf Pilar erwähne ich es –, die in ihrem Ehekanon die feinsten und ausgetifteltsten Unterschiede zwischen Geist und Stoff herausgearbeitet hat, Vigoleis noch die Absolution erteilen würde für eine im Geiste begangene Verletzung der matrimonialen Treue, als er sich eines Mittags allein mit der schmachtenden Buhle im Hause befand und tat, was er dann noch nicht tat? Und was tat er denn, indem er es nicht tat? Das würde mich, seinen zeitweiligen Doppelgänger, auch fesseln, denn soweit ich ihn kenne, ist er schüchtern, wie Amiel, was Frauen betrifft.

Nach dem wenigen, was wir von Pilar wissen und dem vielen, was ungesagt zwischen den Zeilen steht, scheint es die Frau gewesen zu sein, die es auf Tätlichkeiten abgesehen hatte und nicht warten wollte, bis das neue Opfer von selbst flagrant würde. Ich kann mich natürlich täuschen, und wo irrte der Mensch leichter als in den Irrgärten des Herzens. Wenn dann die Pfade noch glitschig sind, schlägt man längelang hin.

Alles scheint dafür zu sprechen, daß sich zwischen Vigoleis und Pilar die Vorgänge ähnlich abgespielt haben wie in der Geschichte vom biblischen Josef, der, wider Gott, nicht mit der Frau des Kämmerers schlafen wollte. Ich ziele bei diesem Vergleich einzig auf die äußeren Umstände ab. Das Innere des Vigoleis ist noch reichlich unerforscht, und der um zwanzig Silberschekel verhandelte Traumdeuter hat auch noch keinen allzutief in die Seele blicken lassen, nicht einmal seinen ergiebigen Biographen Thomas Mann. Die Frau des Kämmerers soll alles getan haben, den fremden Mann ihrer Lüsternheit gefügig zu machen. In den Worten: Komm und lege dich zu mir! können wir ihr darum bis auf den Grund des Herzens blicken. Ich nehme an, daß auch Pilar ein solches Wort an Vigoleis gerichtet hat, ihn gleichsam beim Wickel nehmend und auf die Matte ihres ewigen Frühlings zerrend, wobei der Männling mit den zwei Seelen ach in einer Brust den Rock in ihren Händen ließ und floh, was ihm denn auch nur zu ähnlich gesehen.

»Es war nicht«, und hier ergreift Vigoleis selbst das Wort, um eine weitere Legendenbildung am Pfuhl der bösen Tat zu ersticken, »es war nicht so, wie ihr alle denkt. Wohl bin ich ein Meister der verpaßten Gelegenheiten, sei es bei Frauen oder Büchern aus zweiter Hand – und, in einem höheren Zusammenhange, habe ich mich doch auch gründlich vergriffen in der Wahl meines Jahrhunderts und im Abziehbild meines zweiten Gesichts. Das Mädchen Pilar, das manchen Herrn schon unter den goldenen Pantöffelchen gehabt, das sollte mir aber nicht entwischen, das würde kein Fehlgriff, und die Gelegenheit, an jenem Nachmittage, war allem günstig: meinem Ehrgeiz, meiner animalischen Neugierde, meiner vergleichenden Wissenschaft, meinem schriftstellerischen Bedürfnis nach Stoff aus der echten Menschenwelt, der meine Phantasie dann doch ein Schnippchen schlägt. Das alles ist deutlich. Verschwommen bleibt, wie ich indessen den Weg ins Schlafgemach gefunden habe. Zwischen dem Vestibül und der Stätte der sündhaft-siegreichen Eroberung, liegt der dunkle Flur, und da begegneten wir uns, das heißt, ich hatte es so abgepaßt, daß wir uns in die Arme laufen mußten. Ihr Mund lag an meinem Munde, was ist schon dabei? Die Passage war schmal, und dann ruhte meine Hand an ihrer Brust; das kühle Gewebe des Albornoz verschob sich, sicher hat die Trägerin ein bißchen nachgeholfen, und als meine Hand so auf ihrer Blöße lag, flammten Sternchen vor meinen Augen – im Dunkeln auch wieder eine sehr natürliche Erscheinung, wie überhaupt der ganze hier geschilderte Vorgang nichts Übernatürliches an sich hat. Darum ist er auch so wenig ursprünglich, wie die Natur selbst, die sich ja immer wiederholen muß, um unsterblich zu sein. Heftiger spürte ich den Wunsch in mir, daß auch der Rest der Hülle fallen möge, da waren wir schon in ihrem Zimmer und drängten gegen die Bettstatt. Großartig, zuckte es durch meinen Sinn, großartig bist du auf deinem erweiterten Récamier; nach dir wird zwar nicht die Welt, aber doch Vigoleis in Zukunft das Lager der Liebe »Pilarière« nennen. Laß mich nur machen, erst aufknöpfen, das nimmt seine Zeit, du ausgepichtes Weib hast die Knöpfe in Millimeterabständen angenäht. Unter dem Peignoir war sie, ja was war sie da nur – war sie die Göttin, die ich herbeigesehnt hatte, bis auf die Strümpfe nach, die von lila Rüschenbändern gehalten wurden.

Die Weltliteratur ist reich an Schilderungen, wo zwei Menschen sich im Schlauch der bösen Gelegenheit begegnen und dann tun, was die Natur ihnen vorschreibt, als wären sie nur eine Fliege oder ein Eichhorn. Lyrische Dichter haben das ausgebeutet, auch größte Prosa gibt es, die dieses ewig-einmalige Thema behandelt. Man kämme sie dieserhalb durch und man stößt auf die andeutende Zeile mit den »gebrochen bluomen unde gras« und die sich über viele Seiten hinwälzende Liebeslava. Albrecht Schaeffer hat eine durch die Jahre seines Schaffens hindurch sich immer gleichbleibend glückliche Feder, wenn er zwei Menschen eins werden läßt. Als ich zum ersten Male den ›Helianth‹ las, blieb mir der Atem aus im Kapitel »Rausch«: Georg steigt auf die Leiter und klettert zur Anna ins Zimmer, und dann verlieren weder der Dichter noch die Liebenden viel Zeit. Es geht aufs Ganze – »er hörte sie leise aufstöhnen, fühlte selber Schmerz, war ratlos, aber da kam die anschluchzende Sekunde, und jählings fühlte er sich von der unsichtbaren Riesenfaust zu rasenden Zuckungen der Lust . . .« und so weiter.

Die anschluchzende Sekunde – genial! Selig geprickelt ließ ich das Buch sinken, ich vertiefte mich in die Sekunde, ich ließ sie an mir vorüberziehen, ich kostete sie aus, sie wurde zur Minute, und noch einer und immer mehr, und die beiden waren schon lange fertig, Georg hatte sich aus seiner Leere und Schlaffheit schon wieder aufgerichtet, fuhr in die Kleider und haute ab, da schmeckte ich immer noch vor, wieder las ich die Stelle, bis plötzlich der ganze Zauber zersprungen war. Es stand da ein banaler Satz, ich hörte eine Stimme, die trieb zur Eile an: na, Kleiner, kommste noch nicht angeschluchzt, wird's bald – ich schloß das Buch. Wenn man irgend ein Wort, dessen Sinn uns vertraut ist, mehrmals hintereinander laut aufsagt, verliert es seine Bedeutung, es sagt uns nichts mehr, wird hohler Klang. Genau so kann man ein Gedicht, eine Zeile Prosa zu Botokudisch zerlesen, bis nur der nackte Kitsch übrig bleibt. Meine anschluchzende Sekunde war Kitsch geworden, wie die Liebe selbst, wenn man sie mit der Zeitlupe aufnimmt.

Was ich da empfand an der Pilarière meiner Pilar, ein paar Sekunden vor der betreffenden, wäre, Wort für Wort hingeschrieben, höchst zweifelhafte Literatur, und auch in seinem vorverbalen Urzustande schon bedenklich, aber – es war!

Noch bemüht, die letzten irdischen Anklebsel von meiner Göttin abzustreifen: da bückte sich die Hehre, griff in den rechten Strumpf und zog einen Dolch heraus. Ich will kurz sein und ein Bekenntnis meiner Schwäche im Fleische, die in einer Feigheit von Leib und Seele ihr Ende fand, nicht mißbrauchen zu schwülen Schilderungen. Man könnte meinem Chronisten noch pornographische Absichten unterschieben, die ja selbst dem Hohen Liede nicht erspart geblieben sind. Es war eine Klinge feinster toledanischer Schmiede, was Pilar in den Händen hielt. Wie Charlotte Corday stand sie da, um mir das heiße Bad zu segnen, bevor ich drin lag. Nie hatte ich eine Pagerie an so atemberaubender Stelle des weiblichen Körpers vermutet! Atemberaubend ist darum hier auch das einzig richtige Wort, in zweifacher Hinsicht an seinem Platze: einmal verschlug mir der Anblick ihrer Schönheit die Luft, und ich wurde fast nüchtern wie vor dem Bildnis einer feierlich monumentalen Madonna. Und dann blieb das bißchen Schnauf, das mich in solchen Anschluchzungen vor dem Tode des Erstickens rettet, aus, als ich den Stahl vor meinen Augen blitzen sah. Er hatte einen Lichtstrahl aufgefangen, der sich durch ein Astloch der Blenden geschlichen hatte, um mit von der biblischen Szene zu sein. Da zuckte der Gedanke an Mord durch mein Hirn: Lustmord! Sie will dein Blut, sie schreit nach deinem Blut! Sie will sich rächen dafür, daß du sie so lange hast schmachten lassen! Sie will dich lieben und dann die Klinge bis ans Heft dir zwischen die Rippen stoßen. Indessen kann auch vor der Wonne die schimmernde Furie dich ins Jenseits befördern! Gäbe es einen schöneren Tod für einen lebensmüden Dichterling? Ehe ich mir auf diese Frage Antwort geben konnte, war ich meinerseits schon biblisch geworden und floh wie der ägyptische Joseph, einzig mit dem Unterschiede, daß nicht ich meinen Rock in der Hand der Zaupe ließ, sondern mit ihrem Albornoz in der Hand durch die Tür wischte, mich in dem Gewand verfing und beinahe im Flur hingeschlagen wäre, wenn nicht ein guter Geist mich hochgerissen hätte und mich sicher durch den dunklen Gang geleitete, um einen Schritt schneller als die vermeintliche Mörderin an meiner Ferse: Himmel, ich bin der tückischen Senknadel ihrer gekränkten Liebe entronnen! Du hast ihre Blöße gesehen, Vigoleis, und sie verachtet, du wirst sterben müssen.

Soweit der Bericht des Vigoleis zu diesen Vorgängen, in dem

er nackt dasteht wie ein Lyriker im Gedicht, worin menschlicher Exhibitionismus den äußersten Grad erreicht. Vor die Frage gestellt, ob er immer noch glaube, Pilar habe ihn ins Bett gelockt, um ihm den Garaus zu machen, wird er antworten können, daß er schon nach wenigen Wochen seines spanischen Lebens mit der Sitte vieler Frauen vertraut war: einen Dolch im Strumpfband zu tragen, mit dem ungetreue Geliebte und Nebenbuhler beseitigt werden. Pilar hatte den rächenden Stahl nur aufs Konsölchen legen wollen, um keinen so scharfen Fremdkörper zwischen sich und dem schüchternen Bringer der Lust zu haben. Ergänzend darf ich wohl noch hinzufügen, daß der Spurt sich auch darin von der Prüfung des keuschen Träumers unterschied, indem dieser ins Gefängnis geworfen wurde von Potiphar, während Vigoleis frei ausging – für den Augenblick. Nachher traf auch ihn die Rache des erniedrigten Weibes. Ein besonderes Kapitel wird darüber berichten, wie Maria del Pilar am Vigolo ein Wort wahr macht, das, theologisch noch umstritten, längst schon aus der Bibel den Weg gefunden hat in die große Kolportage-Literatur: Mein ist die Rache!

Aber zurück zu der Frage, juris utriusque, die diesen Abstecher bis hart an das Beilager mit der Fremden nötig machte: hat Vigoleis die Ehe im Geiste gebrochen? Und daraus sich ergebend eine andere: wie stand er nachher vor seiner Beatrice da, die doch nicht die erste beste war, die man mit »so einer« hintergeht? Offen gesagt, unser Held stand gar nicht da, sondern er lag, auf der Pilarière des eigenen Zimmers, als Beatrice von einem Gang mit Zwingli aus der Stadt zurückkehrte. Sie hatte ein Klavier mieten wollen und ein paar Instrumente bespielt, und nun diese atonale Musik mit den Tönen des Ultraschalls: ohne einen Ton, ohne Lebensgeister – was ist geschehn? Und da der Alkoven keine Nähstube war, sprach der auf dem Boden liegende Albornoz die üblichen Bände, deren Seiten wir hier unaufgeschnitten lassen wollen. Wer geschickt ist, kann etwas von ihrem Inhalt ergattern, indem er die Bogen zur Röhre rundet und hindurchspäht. Nicht falsche Scham hält mich ab, das Falzbein anzusetzen, vielmehr soll der Leser auch ein wenig mitarbeiten und seine Phantasie gebrauchen. Das erhöht den Reiz bei der Lektüre, mir wenigstens geht es bei anderen so, und bringt eine gewisse Kameradschaftlichkeit zustande, die den Wandermut bis zum Finis Operis munterhalten könnte. Wo in diesen Blättern so viel von Buhlerei, Buhlschaft und Buhltum in allen ritterlichen und weniger ritterlichen Bedeutungen die

Rede sein muß, sei es mir vielleicht auch erlaubt, in einem sehr eindeutigen Sinne um die Gunst des Lesers zu buhlen.

*

Ein Wörtchen des Textes ist leicht zu erkennen, weil es gesperrt und außerdem fett gedruckt ist, und so möge es auch hier in den Aufzeichnungen des Vigoleis nach zwanzig Jahren noch wörtlich aus der Vorlage übernommen werden, als einziger Beleg dafür, daß es damals seine Wirkung nicht verfehlt hat. Es lautet: »mal de France«.

Jeder Spanier ist mit dieser Krankheit behaftet, aber sie tut den Leuten schon seit Jahrhunderten nichts mehr. Sie sind immun geworden gegen den gefürchteten Giftstoff wie alte Imker gegen Bienenstiche. Dafür haben ganze Geschlechterfolgen in einer unermüdlichen und selbstlosen Vorarbeit gesorgt. Ihr Wahlspruch lautete nicht: nach uns die Sintflut, sondern menschlich-brüderlich: nach uns die Immunität! Wer aber von draußen reinkommt, noch ungestochen, auf den stürzen sich die Bazillen wie die Fliegen auf das Fleisch der Marktschrannen. In Köln hatte ich ein Kolleg über Gefahren und Probleme der geschlechtlichen Ansteckungen gehört. Das war, kurz nach dem ersten Weltkriege, an allen deutschen Hochschulen obligatorisch für Hörer aller Fakultäten, mitsamt der ärztlichen Untersuchung. Deutschland galt damals als das am meisten gefährdete Land von Europa, und als guter Europäer im Sinne Nietzsches wusch ich mir fleißig die Hände; an mir soll es nicht liegen, dachte ich, wenn das Abendland an *dieser* Seuche in die Binsen geht. Ich wurde zum Syphilophoben, sah mich schon angefressen und aufgefressen. Wie gerne ich immer jenseits des stygischen Wassers gewesen wäre, so nicht! Der Teufel war an die Wand gemalt, ich wurde vorsichtig oder feige, wie man will. Dem Blödsinn verfiele ich lieber durch eine poetische Jungfernzeugung. Nimmt es da wunder, daß Beatricens Stichwort mich elektrisierte? Ich flog in die Küche und begann meine Hände zu schrubben wie ein Chirurg vor dem Eingriff. Den Albornoz zerrte ich mit den Füßen bis vor die Tür des gefährlichen Keimträgers. Mag sie ihn aufheben und wieder über ihren verlockenden Aussatz ziehen, ich rühr noch das eine noch das andere je wieder an! Es gibt Fensterscheiben, durch die man von draußen nicht ins Zimmer hineinsehen kann; die da drinnen sehen aber alles, was draußen vor sich geht. Das war Pilar, ein Vexierglas, eine gleisnerische Giftblüte, Schierling, ein Seuchenherd und

Teufelsmoor, ein höher entwickeltes Pflänzchen aus der Klasse der fleischfressenden Droseraceen, im Volksmund die Fliegenklappe genannt – und Vigoleis war das Insekt, dessen Säfte ausgesogen werden sollten! Hat einer Worte! Peinlich wird es allerdings mit den Mahlzeiten, denn kann man noch aus ihren Schüsseln essen und mit ihrem Besteck? Es heimlich an der Tischdecke abzuwischen, wie in Bahnhofswirtschaften, hat das wohl Sinn? Man müßte einen Sterilisierapparat wie einen elektrischen Brotröster auf den Tisch stellen, neben den Mundtüchern auch Gummihandschuhe auflegen – und dann? Dann gäbe es offenen Krach. Ansteckende Menschen sind sehr empfindlich, sobald sie merken, daß man merkt, was sie niemanden merken lassen wollen. Die Ranze Pilar hatte es schnell heraus, daß der bettflüchtige Vigoleis sich immerzu die Hände wusch, wenn sie um die Wege gewesen war. Soso, der feige Knabe wäscht seine Hände in seiner vermaledeiten Unschuld, die ich ihm nicht habe rauben können! Warte nur, ich bin schon mit anderen fertig geworden, dich werde ich so ganz nebenbei erledigen.

Mein ist die Rache, spricht der Herr. Das ist eine kühne bildliche Redensart, die den Theologen schon viel zu schaffen gemacht hat. Mit einem gelehrten Begriff bezeichnet man diese sinnfällige Art, der Gottheit ein schäbiges menschliches Gefühl zuzuschreiben, als Anthropopathismus. Mit Gott läßt sich aber immer noch unterhandeln, man kann versuchen, ihn umzustimmen, Menschen beten zu ihm, daß er ihre besonderen Anliegen im Auge behalte, das große Los auf die Nummer fallen lasse, von der sie ein Zehntel haben; daß er einen Feind vernichte oder ein Examen bestehen helfe. Ich selbst, wenn ich an Gott glaubte, würde ein solches Gefühl nicht durch einen Handel beschmutzen wollen, aber das ist Privatsache. Pilar, deren auch die Rache war, ließ nicht mit sich handeln, denn ihre Affekte waren kein Gegenstand gelehrter Wortfechterei; darauf wurden keine Systeme gebaut, noch wurden sie durch komplizierte Begriffe aus ihrer Natürlichkeit herausgehoben. Und darum schlug sie den Vigoleis, daß er aus dem Regen in die Traufe käme.

Wer's zuerst entgelten mußte, das war Zwingli. Gewiß, er hatte die sauberen, auf Hygiene so bedachten Verwandten ins Haus gebracht, war aber fürder unschuldig an meiner Angst und noch unschuldiger an dem Stichwort, mit dem Beatrice das hinaufzubildende Bettvieh aufs Geströhde verwiesen hatte.

Nun sog das Biest dem Helvecio erst einmal die Säfte aus dem Leib. Zusehends magerte er ab, da halfen keine Eieromeletten à la General, kein Wein, keine Titusperlen. Er wurde zum klappernden Leichnam der Liebe. Und wenn er auf der Pilarière nicht gehorchen wollte, wurde er zusammengestaucht wie ein Ballen Torf. Das Schlafzimmer hatte sich allmählich in eine Heilstätte der Lust verwandelt. Überall lagen Schachteln und Fläschchen herum mit den Vermerken ihrer erfolgreichsten Dosierung – es half jedoch nichts. Mehr als einmal habe ich, an seinem Bett sitzend, den frommen Trost gespendet und kleine Hausmittelchen empfohlen, die ein dem Leben mit allen Fasern zugetaner Studienfreund in Köln anzuwenden pflegte; wobei ich freilich verschwieg, daß der betreffende Jüngling den Verfall nicht hatte aufhalten können. Aber Zwingli lachte nur ob solcher Ratschläge aus dem Hauskalender eines Stubenhockers: ihn würde das Luder nicht unter den Rasen falzen. Ein schlimmes Omen schien mir allerdings zu sein, daß er eines Tages ohne den Zaubernagel zum aufgewärmten Eierfassen erschien. Ich sah es gleich, so sehr bestimmte dieser an sich unbedeutende Anwuchs die ganze Erscheinung des Mannes. Hätte er einen Bart getragen und wäre plötzlich glattrasiert aufgetreten, er hätte nicht ausgezogener dastehen können. Er bemerkte meinen Blick in die Richtung des Talismans – ja, der sei abgebrochen in der Hitze des Gefechts, einen Monat, dann übe er wieder seinen magischen Einfluß aus, solange müsse er sich ohne den Pfriem zu halten suchen. Ich wurde das beängstigende Gefühl nicht los, daß es nun rasch bergab gehen würde, und wir waren nicht einmal bis an die Tore der Paläste gekommen, in die wir seine Geliebte hätten einführen sollen mit unserer andersgearteten Kunst. Der einzige Fortschritt, den wir erzielt hatten, war das Klavier, das in ein paar Tagen im Vestibül erklingen würde, zur Freude Juliettas.

So sehr auch Pilar von Berufs wegen gewohnt war, die Forke gehörig voll zu nehmen, für die Befriedigung ihrer Rache wählte sie andere Umgangsformen. Das zweite Opfer war Julietta, die nun wenigstens einmal am Tage verprügelt wurde. Sie schrie dann wie eine an das Karrenrad gebundene Sau, der man langsam den Halsstich beibringt, so es in iberischen Landen noch gang und gäbe ist. Nur darin unterschied sich die Mutter von den langmesserigen Schlächtern, daß sie mit dem Opfer über schrie, so daß ein Außenstehender nicht hätte sagen können, wer wem ans Leben wollte. Wir wissen es natürlich, und auch

Zwingli wußte es, aber er war schon zu wenig Don Helvecio, zu wenig Schweizer mehr, um für die geschändeten Menschenrechte eine Lanze zu brechen. Versuche in dieser Richtung scheiterten schon nach dem ersten, Donner sein sollenden Vaterwort. Denn dann flogen harte Gegenstände dorthin, wo Zwingli stand, und wenn er sich nicht bückte, was er zum Glück gelernt hatte, war sein schöner Männerkopf bedroht. Pilars Werfkünste machten der balearischen Überlieferung wenig Ehre, aber sie war ja auch kein Nachfahre jener berühmt gewordenen balearischen Schleuderer.

Julietta zog es nun wieder vor, auf der Straße zu tanzen, statt den Sündenbock abzugeben für den Liebeswahnsinn der Mutter. Wenn sie dann aber bei ihren frühreifen Turteltänzen ertappt wurde, waren die goldenen Pantöffelchen um so erbarmungsloser. Bei einer solchen Gelegenheit wurde es Zwingli doch zuviel, und er schickte sich an einzuschreiten. Wäre er kurzerhand dazwischengefahren, dann hätte es ein Handgemenge zu dritt gegeben; so bot er dem gestochenen Weibe die Möglichkeit, einen besonders harten Gegenstand gegen den Dritten im Bunde zu schleudern, ein Plätteisen, mit dem sich Pilar die Einmischung in ihre Erziehungsmethoden verbat. Zwingli bückte sich, und dadurch blieb sein Charakterkopf verschont und heil für größere Aufgaben. Das Eisen verfolgte seine Bahn nach den voraus zu berechnenden Gesetzen der Ballistik, flog erst durch die klirrende Scheibe des Zimmerfensters, überquerte die Straße der Einsamkeit, dann klirrte es wieder, diesmal am fremden Glas, dann gab's einen harten Aufprall: das Wurfgeschoß war in das Hauptpostamt geflogen, wo es sich mit seiner Spitze in den Arbeitstisch des ersten Sekretärs, Don Fernandos, einbohrte. Am folgenden Tage wurde es übrigens auf dem üblichen Bestellgange vom Briefträger wieder abgegeben, mit dem Vermerk: Retour, Annahme verweigert. Don Fernando, dessen Bekanntschaft wir auch bald machen werden, hatte sich diesen kleinen Scherz erlaubt.

Das Klavier schien die Rettung zu werden, der Friede hielt wieder seinen Einzug in die Beletage. Bach, Beethoven – Pilar tat gebildet und lauschte. Sie verstand auch bald schon, in einer Haltung dazusitzen, die auf tiefes Verständnis und die Hingabe des inneren und äußeren Ohres schließen ließ. Wenn sie so in den Palästen und Musiksalons hocken würde, könnte Don Helvecio zufrieden sein. Sie fiele nicht schnell aus der Rolle, die Zwinglis Ehrgeiz ihr zugedacht hatte und die sie selbst auch anstrebte. Nur nicht klatschen, Pilar, auch wenn du glaubst, es käme nichts mehr. Gerade die langen Kunstpausen setzen eine Kenntnis der Partitur voraus, blamiere dich also nicht! Nein, Pilar würde nicht zu früh klatschen, denn sie klatschte nie. Das eigene Kunstgewerbe, in welchem ausübender und genießender Teil innig ineinander verschmelzen, brachte es mit sich, daß sie an das geräuschlose Dahinsterben nach dem Erklingen des großen Schlußakkords gewohnt war.

Beatrice begann zu üben, sieben Stunden hockte sie täglich an dem Instrument, mit einem vor Anspannung verzerrten Gesicht, daß einem angst und bange werden konnte und es der Pilar auch angst und bange wurde. Sie kannte bislang nur die Handgelenkpianisten und Klavierfräulein, die mit einem Groschen in Betrieb gesetzt werden können. Hier galten andere Maßstäbe, und das Ganze war nicht weniger befremdend und beleidigend als das Vergleichen von zwei Texten in fremden Sprachen. Und das unter ihrem Dach! Von einem Aufspielen zum Tanz für die kleine Argentinita war auch nicht mehr die Rede. Das führte Mutter und Tochter zeitweilig wieder zusammen, eine gefährliche, weil unberechenbare Bundesgenossenschaft. Die kleinen Einakter im Dormitorium milderten kaum die Stimmung der gereizten Frau. Im Gegenteil, je toller es dort zuging oder zuzugehen schien, je knurriger maunzte das Weibchen und biß jeden ab, der sich ihr in den Zwischenphasen nahte. Die Urwald- und Höhlenstimmung wurde immer schwüler, ich meinte sogar einen scharfen Wildgeruch wahrzunehmen, wenn die geile Pantherkatze neben mir hinstrich, unter den Klängen von Beatricens Musik. Wann wird sich die Pranke mit vorgeschnellten Krallen heben und Vigoleis einen Lappen aus seinem feigen Fleisch hauen? Julietta sagte mir eines Tages: »Vigo, sieh dich vor, Mamá mag dich nicht mehr, und ich möchte dich auch nicht, wenn ich Mamá wäre!«

Olalá! Töchter, die die Sprache der Mutter sprechen! Vigoleis, gürte die Plempe um und stehe deinen Mann wenigstens mit der Waffe in der Hand.

Julietta war nun überhaupt nicht mehr von der Straße und dem Eselplatz vor der Fonda wegzukriegen. Späher waren bestellt, um das Herannahen der Mutter zu melden; das war sehr aufregend und erhöhte Lust am verbotenen Tanz. An mir hing das Kind schon lange nicht mehr mit derselben Anhänglichkeit, die nach dem Militärbündnis im Zimmer des Generals ein Pakt auf Leben und Tod geworden zu sein schien. Aber Pakte sind da, um verletzt zu werden, sonst brauchte man sie nicht erst zu schließen. Die Mutter sah es nicht gerne, wenn wir viel zusammen waren. Sie erlaubte sich gar diesbezügliche Äußerungen, die ich auf das Konto ihrer Unbildung und mangelhaften psychologischen Einsicht schob, bis mir Julietta den Wink gab: Mutter sei eifersüchtig.

Man sieht, vieles drohte bachab und in die Binsen zu gehen. Beatrice begleitete die Mußfreundin immer weniger auf ihren Gängen in die Stadt. Das Instrument hatte die Oberhand bekommen. Das Getuschel der reichen Herren kümmerte Beatrice übrigens nicht. Es belustigte uns im geheimen, mich freilich noch mehr als die unmittelbar Betroffene. Pilar deutete es leider anders. Hätte sie obendrein noch gewußt, daß Anton Emmerich uns die Chronik ihrer Kammachergasse enthüllt, es wären Leichen auf der Strecke geblieben.

Ein neuer Lichtblick war die Anzeige, daß drei der berühmtesten Stierfechter Spaniens nach Palma kämen. Einstimmig wurde beschlossen, die besten Schattenplätze für uns fünf zu bestellen. Ich als Neuling – Beatrice hatte schon in Südfrankreich Corridas gesehen – sollte in diese nationale Kunst eingeführt werden mit den Namen: Lalanda, Ortega und Barrera. Tagelang wurde von nichts anderem mehr gesprochen. Bald schon kannte ich die gesamte unübersetzbare Terminologie, wußte, daß die Stiere aus den »ganaderias« kamen; was »cabestros« sind, was ein »picador«, ein »chulo« oder »mono« zu tun hat; daß es feige und »träge« Stiere gebe, und eine Menge mehr. Julietta bändelte wieder mit mir an, sie war unermüdlich im Erklären und Vormachen der Kampfphasen; auch Zwingli begann zu dozieren und war wieder für eine Weile in einem seiner Elemente. Olé mußte ich jedesmal rufen, wenn Julietta den Pflegevater vom Stande aus, »al quiebro«, abgestochen hatte. Pilar beschränkte sich darauf, Publikum zu sein, ein schönes bei Gott mit dem hochgestellten Schildpattkamme, von dem die kostbare Seidenmantilla, ein Geschenk des Prälaten, herniederfloß, und dem Elfenbeinfächer, mit dem sie selbst für eine Spanierin unnachahmlich sich befächeln konnte.

Der Bann war gebrochen, es regten sich allerorts wieder fröhlichfreie Gefühle, auch in jeder Zone des Vigoleis, die durch Beatricens fatale Losung unter keimfreiem Verschluß gehalten wurde. Aber so schlimm wird es wohl nicht sein, dachte er, und gleich beim ersten Anländen . . . Pilar spürte den Frühling wie ein Maikäfer im Vormärz, es schmolzen die Widerstände, ihre

Züge heiterten sich auf, Julietta bekam eine Woche lang keine erniedrigenden Abstrafungen, und beider, Mutter und Tochter Nasen schnupperten wie Meerschweinchen, die man in frische Streu gesetzt hat. Auch Zwingli tauchte aus seiner Versackung wieder empor. Der Nagel am kleinen Finger war so weit nachgewachsen, daß er nachts mit dem silbernen Hut gegen das doppelt schmerzhafte Abbrechen geschützt werden mußte. Die ursprüngliche Zauberlänge hatte er zwar noch nicht erreicht, doch fehlte nicht viel daran.

Im Auftrage einer Illustrierten hatte ich einen größeren Reisebericht über Mallorca geschrieben. Zwingli hatte die Unterlagen dazu geliefert, denn ich hatte von der Insel eigentlich nur ein Interieur kennengelernt. Die Redaktion nahm die Arbeit an, verlangte aber Bildmaterial, am liebsten Zeichnungen. Auch da wußte Zwingli Rat: Knoll, der sich als Pressezeichner »tiroteo« nannte, sollte die Reportage bebildern. Es wurde beschlossen, den Künstler in Barcelona aufzusuchen, zwei Tage sollte die Reise dauern. Die Reisenden: Zwingli und Vigoleis. Da ging Maria del Pilar wie von einer Bremse gestochen hoch: der Taranteltanz dauerte eine Stunde. Der Dolch wurde nicht gezückt, obschon die Nutte rasend mit den Armen fuchtelte und ich mehr als einmal wähnte, sie griffe unter den Rock und es träfe einen von uns beiden. Die Eifersucht ist eine Leidenschaft, die mit Eifer sucht, was Leiden schafft – die Spanier kennen für eine so aufregende Angelegenheit keine Wortspielerei. Das wird anders ausgefochten: – die Sehnen durchschneiden, ich schneide euch die Fußsehnen durch, und dann könnt ihr abziehen!

Weder wurden unsere Sehnen gekappt, noch zogen wir ab. Julietta bot sich an, mit mir zu reisen, da sie schon gemerkt hatte, daß ich mich ohne ortskundigen Führer sogar in einem kleinen Dorfe verlaufen würde. Das reizte Pilar noch mehr. Ich beschwichtigte sie, indem ich ihr verständlich machte, die beste Lösung sei, wir beide führen und ließen die Geschwister unter Juliettas Obhut zurück. Ein schrecklicher Blick traf mich aus den Augen des unversöhnlichen Weibes; er verriet Mordlust und Liebesgier in einem, und er hätte mich bei lebendigem Leibe durchbohrt, wenn nicht die langen Fliegenbeine an den Wimpern seine Kraft gebrochen hätten.

Ein Telegramm machte den Plänen ein Ende. Beatricens Mutter hatte ihre erblindeten Augen für immer geschlossen.

Eine Woche lang hütete Beatrice das Bett, mit hohem Fieber,

von Pilar mit einer seltenen Hingabe gepflegt. Pilar verstand sich auf diesen Dienst, nie hätte ich das hinter ihr gesucht. Zwingli war nicht erschüttert. Ich hatte den Eindruck, daß der Hinschied der Mutter nicht zu ihm durchdrang, denn er war nicht, was man einen kalten Menschen nennt. Insofern zog er Vorteile aus der neuen Lage, als nun Friede war, oder sage ich richtiger: bewaffneter Friede, und er der Ruhe pflegen konnte. Er ging wieder häufiger ins »Principe«. Da in einem Hotel, mag es auch noch so blühen, immer ein Bett aufzutreiben ist, in das man sich hinstauchen kann, kam Zwingli stets gestärkt und munter von seinen Inspektionsreisen zurück. Julietta hatte die Gasse gänzlich zu ihrem Heim gemacht, wir sahen sie kaum noch. Ich selbst hockte ständig zu Hause, auch ohne die Stube, die Zwingli mir bei der Landung für diese Zwecke zugesagt hatte.

Eros war aus der Straße der Einsamkeit verbannt, und mit ihm der General von der anderen Insel. Das Öl in der Pfanne, die sein zweites Gesicht so häufig spiegeln mußte, wurde ranzig. Nur die Fliege im Vestibül war dieselbe geblieben. Aber da eine Fliege der anderen gleicht wie eine Fliege der anderen, war es vielleicht doch eine andere. In Spanien ist alles möglich.

*

Beatrice erholte sich rasch von dem Schlag. Hauptsächlich hatte sie ja der Umstand gequält, die letzten Lebenswochen ferne von der Mutter gewesen zu sein, in unfreiwillige Abenteuer verstrickt, die ohne weiteres peinlich genannt werden können. Von uns allen wurde der Tod als eine Erlösung empfunden, ein Gedanke, hinter den auch die am meisten Betroffene ihren Egoismus zurückstellte. In gleichem Maße peinigte sie es, in der fraglichen Zeit nicht das erreicht zu haben, was sie bei Zwingli hatte erreichen wollen. Sein Lebenspfad war noch nicht geebnet, da mußte noch eine schwerere Walze angefahren kommen, als wir sie ziehen konnten, und, der Wahrheit die Ehre, ich war ein schlechter Vorspann geworden.

Das alles gäbe sich mit der Zeit, meinte Beatrice, erst müßten die Schulden des armen Bruders abgetragen sein, dann sähe sie weiter, was sie mütterlicherweise für sein leibliches wie auch seelisches Heil tun könne. Beatrice als Heilsapostel – warum nicht? Es haben sich Menschen schon ärger in sich selbst getäuscht. Unsere Kasse begann zwar bedenklich zusammenzuschrumpfen; bald würde ich so in den Hosensack greifen wie Zwingli, und die Hand käme nicht mehr zum Vorschein. Größere Beträge mußten für Gas und Elektrizität abgeführt werden, nachdem eines Tages Monteure erschienen waren, um die Leitungen zu sperren. Mehrere Druckereien hatten ihre Rechnungen vorgelegt, sie wurden prompt bezahlt. Eine Sekunde lang dachte Vigoleis: dafür hättest du deine Gedichte in einer bibliophilen Ausgabe herausgeben können, mitsamt der von Zwingli verfaßten Verlagspropaganda, und mit einem Schlage wärest du in der literarischen Welt so berühmt geworden, wie es Pilar in der erotischen Halbwelt der Insel war. Doch das Schicksal läßt sich nicht ins Handwerk pfuschen, am allerwenigsten von solchen Verseschreibern, die sich am eigenen Werk dann am meisten berauschen, wenn sie's in Flammen aufgehen sehen. Die lyrischen Ergüsse des Genannten gingen meist den Weg zur Asche, sie waren Staub und kehrten wieder zum Staube zurück. Einiges versuchte diesem irdischen Autodafé zu entkommen, es machte sich auf und davon, fragte Asylrecht bei Redaktionen und Verlagen, wurde hinausgejagt und fand sich nach langer Wanderung verschmutzt, zerrissen und verstümmelt wieder beim Erzeuger ein, auf der Straße der Einsamkeit, wo so großes Leid gelitten wurde. Viel hätten die Strophen berichten können von Verunglimpfungen, Anranzerei, von den Fußtritten des Hochmuts, dem Hohngelächter der Scharfrichter – aber sie schwiegen. Sie waren diskret, sie zuckten höchstens mit den Achseln, als wollten sie sagen: da sind wir wieder, man mag uns nicht. Mitunter nahm sich die Post der verstoßenen Kinder an und ließ sie verschwinden in der fürchterlichen Unordnung, die in dem verfallenden Gebäude tonangebend war. Sie blieben verschollen. Bei Menschen setzte früher der Rechtszustand der Verschollenheit ein, wenn bei dem Verschwundenen das auf 70 Jahre angesetzte gewöhnliche Ziel des Lebens erreicht worden sei. Was aber ist das normale Lebensziel eines Gedichtes? Wann können die Nachfahren die verschollene Lyrik des Vigoleis als nicht-existent erklären, als »noch nie dagewesen«? Eine Frage, die in einem folgenden Kapitel ihre ans Wunderbare grenzende Erklärung finden soll. Vergesse der Leser dann bitte nicht, sich eben das göttliche Plagiat der Pilar ins Gedächtnis zurückzurufen: Mein ist die Rache.

Eines mehr als schönen Tages war der beglückende Zustand erreicht, wo Pilar und Zwingli die Stadt Palma in die Kreuz und Quere durchstreifen konnten, ohne aus dem Hinterhalte von einem Gläubiger in den Laden gezerrt und der Debetseite des Daseins gegenübergestellt zu werden. Das sanfte Ruhekissen, das uns dem Sprichworte nach von einem guten Gewissen unter den Kopf geschoben werden soll, hätte nun auch Zwinglis Schlaf fördern können, wären nicht andere Plagegeister gewesen, die ihre Vorzugsrechte geltend machten am Schlafe dieses Gerichteten.

Wegen der nur so dahinschmelzenden Peseten entschlugen wir uns allzu großer Sorgen. Beatrice betrachtete die Säuberung des wirtschaftlichen Vorlebens unseres Benjamins als eine Angelegenheit erster Ordnung. Sie mag, ich habe es schon gesagt, den Schmutz nicht, ganz gleich, ob er als Staubhauch auf dem Klavierdeckel liegt oder Krüstchen bildet um den Hals eines Angehörigen. Solche Ablagerungen waren übrigens schon entfernt worden und täglich wurden die Reinigungen beigehalten. Das goldene Kettchen um das linke Handgelenk hatte also nicht mehr die Aufgabe zu erfüllen wie das Lederbändchen um die Laufnabe eines Fahrrades. Es diente wieder, rein ästhetisch, den Zwecken des verschönernden Schmucks, ohne daß Zwingli dieserhalb als ein Zierbengel hätte angesprochen werden müssen. Es stand ihm auf die natürlichste Weise, wie einem Papua der Ring durch die Nase und einem Volendamer Fischer das goldene Ohrgehänge. Wie sich Beatrice den Bau der inneren Kläranlage vorstellte, verriet sie mir nicht. Sie habe Erfahrungen auf diesem Gebiete, ich solle sie nur machen lassen, was ich denn auch tat. Sie strebte ihrem Ziele zu wie ein Zugvogel dem fremden Strich. Jede Vogelwarte weiß, daß jährlich Tausende und aber Tausende Vögel an den Leuchttürmen zerschellen. Heute werden diese von außen ganz leicht angestrahlt und durch Netze gesichert. Mit der leuchtenden Säule Maria del Pilar hatte Beatrice nicht gerechnet, noch auch Vigoleis.

*

An ausstehenden Honoraren hatte ich soviel, daß wir würden leben können, bis der sagenhafte Betrag der Berliner Filmgesellschaft angewiesen wäre. Aber es kam kein Geld, noch über die Bank, noch durch die Post. Bald säßen wir ganz auf dem Trockenen. Hatte ich Seifenblasen aufgelassen?

*

Es brach ein Tag an wie alle anderen, dieselbe Sonne, dieselbe Fliege kreisend um das winzige Sonnenstäubchen im Vestibül, dasselbe Unbehagen im Herzen, immer noch unter den Lebenden zu weilen, derselbe Hunger nach einem großen dichterischen

Glanze, dieselbe Beatrice übend am Instrument. Nein, in einer Hinsicht war der Tag doch anders, denn Beatrice hatte schon früher als sonst zu üben begonnen, sie müsse sich über etwas hinwegspielen. Schon lange hatte ich mich mit den Eigentümlichkeiten übender Pianisten abgefunden und dankte meinem Schöpfer nur, daß Beatrice nicht sang oder Alphorn blies. Dann wäre ich mit Julietta auf die Straße gezogen. So blieb ich, auch an diesem Morgen, der für spanische Begriffe noch in den Windeln lag, versenkte mich in einen Mystiker, arbeitete ein wenig an meinem literarischen Nachlaß, konjugierte einige unregelmäßige Verben mit Konsonantenwechsel, schrieb einen pikaresken Brief und merkte erst, daß die Zeit nicht stehengeblieben war, während Beatrice und ich jeder auf seinem Instrumente geübt, als Pilar mit erhobener Hand ihren Morgengruß durchs Zimmer balancierte. Beatrice merkte das nicht einmal. Ein Finger wollte nicht, wie er sollte.

Später kam Zwingli angehumpelt. Auch er hatte geübt, und nun wollten seine Beine nicht, wie sie sollten. Eine fleißige Familie, denkt der Leser, wo jeder trichtert und sein Steckenpferd reitet mit hebda, hü und hott und einem immer schlapperen Habersack, um das einmal gesteckte Ziel zu erreichen. Zwinglis Wunschziel an diesem so unscheinbar sich anlassenden Morgen war ohne Zweifel das eindeutigste: Eier, Wurst und Wein, und wo ist die chaibe Julietta, das Gewünschte zu holen? Er war gewesen, was Don Darío so sehr an ihm schätzte, und er hatte Grund anzunehmen, daß er es in Bälde wieder sein müßte. Julietta war eiliger als sonst, sie wußte, was auch für sie auf dem Spiele stand, wenn's da drinnen hinter verschlossenen Türen wieder haperte – lieber eine Mutter, die dem Trunke ergeben ist, meinte sie schnippisch. Ich hatte ihr Geld gegeben, Zwingli fand gerade keines, »sie« war in der Küche, na, unter Verwandten schaut man doch nicht auf eine Pesete, flink, Mädchen, hier ist Eile geboten. Das Mädchen streckte mir die Zunge heraus und verschwand. Alles lief wie am Schnürchen.

Nach einer weiteren Stunde klappte Beatrice den Deckel des Pianofortes zu und zündete sich eine Zigarette an, die altgewohnte Geste. Sie bekomme ihre Finger allmählich wieder in die Gewalt, aber an ein öffentliches Auftreten, ob auch im kleinen Kreise, sei nicht zu denken, dafür sei sie zu lange aus der Übung, sie müsse wieder Stunden nehmen. Zwingli machte sie auf einen musizierenden Priester aufmerksam, unseren späteren Freund Mosén Juan

María Thomás. Die ausländische Kolonie sei ganz bezaubert von seinem A-cappella-Chor.

Julietta ließ auf sich warten. Statt der Plinzen aßen die beiden, was die Vorratskammer bot, und das konnte im Sommer nie sehr viel sein, denn der Eisschrank war mit unter den Hammer gekommen. Sicherlich war es nicht das, was sie vonnöten hatten. Pilars Nasenflügel bebten. Bei Zwingli bebte die Hand, an welcher der Zauberstab angewachsen war. Beatrice bebte auch, das waren die Nachzuckungen ihrer Gelenkakrobatie. Vigoleis war der einzige, der an diesem Morgen bebte im Hinblick auf das Kommende. Die Gabe des zweiten Gesichtes ward ihm plötzlich zuteil: das wird brenzlich, Junge, wenn Julietta nicht raschestens mit den Zutaten erscheint. Pilar zitterte immer mehr, Zwingli konnte sich auch nicht beherrschen, sie ratterten ein Wortgefecht herunter, das mit einem an Zwinglis Schädel geschleuderten Schälchen roter Marmelade, Membrillo genannt, endete. Da Zwingli vergaß sich zu bücken, klebte die Süßigkeit im Gesicht, sein Glück bei allem Unglück, denn das Geschoß hätte ebensogut mit der irdenen Seite aufprallen können, und es wäre Blut geflossen. So floß nur das Gelee. Für uns war es das Zeichen, daß Pilar die Tafel aufhob. Diskret entfernten wir uns. Hasta luego! Ciau! Tschüß!

*

Krach ist das Fürchterlichste, was es zwischen vier Wänden geben kann. Lieber eine verstopfte Abflußröhre, eine geplatzte Wasserleitung und einen qualmenden Kanonenofen! Solchen Übeln ist abzuhelfen, Kräche sind aber unheilbar.

Wir wollten eben die Straßenbahn nach Ca's Català nehmen, um am Meer den Frieden der Natur zu finden – da hörten wir Lärm, eine verwahrloste Bande Jugendlicher zog hinter einem Mädchen her; natürlich Julietta, die wieder den Staub des Platzes aufwirbelte. In großen Tanzsprüngen flog sie hin und her, ließ die Strohtasche über den Kopf wirbeln, bis sie sie mit einem kühnen Schwung über die halbspännige Horde in den Dreck schleuderte. Ich ging auf Julietta zu, um sie zur Rede zu stellen. Als sie mich erblickte, flog sie an meinen Hals, wir wären beinahe miteinander durch den Staub gekugelt. Sie nannte mich Don Vigo und imponierte den Gassenjungen mächtig mit solch einer fremdländischen Bekanntschaft. Auf meine Frage, warum sie die Sachen nicht nach Hause bringe, antwortete sie schnippisch, wieso denn, man habe sie ihr doch abgeratzt, die da, und sie zeigte auf die zu allem fähige Rotte ihrer Verehrer. Ohne die bewußten Mittel wage sie es allerdings nicht, der Mutter unter die Augen zu treten. Die beiden sollten es nun einmal ohne die Tortilla versuchen. Nanu! dachte ich und erschrak noch mehr. Ich gab ihr Geld, sie solle schleunigst das Gestohlene ersetzen, auch den Wein nicht vergessen, den die Bengel ausgetrunken hatten, und dann noch schleuniger nach Hause. Das Geld nahm sie mit einer ungewohnten Gier, zeigte es den Strizzis, die alle Vorgänge aufmerksam verfolgten, und schleuderte es dann in die Runde. Sofort entstand eine unerhörte Katzbalgerei, an der Julietta sich weidete, und die auch mich in Atem hielt. Darauf begann das Mädchen wieder zu tanzen. Der Staub wölkte empor und entzog das Bild meinen Blicken.

Beatrice hatte aus der Ferne meiner Niederlage zugesehen. Ans Meer fuhren wir nicht mehr. Wir machten einen stillen Gang zum Hafen, wo die Luxusjacht eines französischen Geruchsmilliardärs vor Anker lag, Cotys, meine ich mich zu erinnern. Ein schönes Schiff! ach, wer da mitfahren könnte ... An Deck bewegten sich Gestalten, vermutlich alles Millionäre, ich kam aus dem Staunen und Phantasieren nicht heraus. Beatrice blieb nüchtern und kühl. Sie hatte ihre Erfahrungen auch auf solchen Planken hinter sich: monatelang hatte sie Millionären aus einem ex-regierenden Hause Gesellschaft geleistet an Bord einer ähnlich vergoldeten Arche, die Kreuz und die Quer durch die blauen Tiefen des Adriatischen Meeres – kein zweites Mal und nicht für die doppelte Gage! Lieber steuerlos auf dem offenen Floße des Vigoleis! Mit diesem Lichtblick gingen wir nach Hause. Der Tag war heiß wie alle Tage. Abends legte sich der Wind, die Nacht würde unerträglich werden. Seit der Landung war noch kein Tropfen Regen gefallen. Für einen Menschen, der sich in Amsterdam hatte einregnen lassen, ein seltsames Erlebnis.

Wir waren einige Stunden fortgewesen. Der Sturm hat sich hoffentlich drinnen schon gelegt, mitsamt seinen Wettermachern, dachte ich, als wir die drei Stufen des Portals emporstiegen. Wir standen im Treppenhaus, da hörten wir gellende Schreie: Julietta brüllte! Pilar brüllte! Kein Zweifel, die Mutter, die Pflanze, vermöbelte die Tochter, das Pflänzchen. Mit wenigen Sprüngen war ich oben, öffnete die Tür des Vestibüls und sprang meinem Schützling zu Hilfe: »Halt! Kein Schlag mehr!« Pilar hatte das Kind schon blutig gebeutelt, es lag auf dem Boden und wand sich vor Schmerzen. Auch mit goldenen Pantöffelchen kann man einem die Weichen zusammentreten, wie es hier geschah. Pilar schäumte, sie war außer Rand und Band, die Namen aller Heiligen wurden angerufen, die unbefleckt empfangene Gottesmutter, der ganze Himmel mit einem Wort, um die strafenden Gliedmaßen zu segnen. Julietta antwortete weniger fromm, aber nicht minder zweckbewußt. Sie bediente sich des erprobten Wortschatzes der Gosse, hing der Mutter den Namen »puta« an, Hure, in Spanien ein unendlich wichtiger Begriff, mit dem das Verständis des ganzen Landes erschlossen werden könnte. Und im selben Atem wünschte sich das Kind den Tod – tritt nur zu, verfluchte Mutter, wenn ich dann verreckt bin, hast du das Nachsehen! Diese an Selbstmord grenzende Aufstachelung zum Mord war mir bekannt, als Kind hatte ich ähnlich reagiert, wenn auch die Umstände nie so dramatisch waren bei uns zu Hause. Da drehte sich die ewige Mutter-Kind-Feindschaft um eine schauerliche Möhrensuppe, die zu essen ich mich weigerte und vorgab, daran zu sterben, wenn man mir die Masse in den Hals würge wie einer Gans – und ich sehnte nichts inbrünstiger, als daß ich an der Pappe erstickte, um meine Mutter zu strafen. Die wußte aber, wie weit man bei einem im Strafsack quietschenden Spanferkel gehen konnte. Pilar und Julietta gingen zu weit. Mir zerschnitt es das Herz, als ich den Racker so geschunden sah, und da ich ein sehr unerfahrener Vigoleis war und in dem ohrenbetäubenden Kriegsgeheul Beatricens warnende Stimme nicht hören konnte, die da rief: »Um Gottes willen, Vigo, misch dich da nicht rein!« – so stürzte ich mich, wie ein Held der eigenen Feigheit unbewußt, auf die entmenschte Mutter.

Die Beatricen unter den Lesern, die sich in der Welt und ihrer höchsten Hervorbringung, dem Menschen, auskennen, wissen natürlich, was Vigoleis zu gewarten stand, als er seinen Keil treiben wollte zwischen die Gefühle von Mutter und Kind. Aber die Vigoleise, deren auch der eine oder andere unter meinen Lesern sein dürfte, denen zu Nutz und Frommen will ich verraten, wie es dem löblichen Bruder erging.

Kaum daß er den angeschwärmten Leib der Mutter berührte und mit seinen »basta! basta!« die Pilar von der geifernden Tochter weg an die Wand drückte, da erhob sich das Kind, das auch ein weniger erfahrener Schiedsrichter in den letzten Zügen gewähnt, erhob sich und sprang mir in den Nacken. Dann begannen die beiden gemeinsame Sache zu machen und mich zu verprügeln, zu kratzen, zu treten, zu schubsen, zu spucken, ich blutete an den Händen und im Gesicht. Pilar ergriff mein Hemd und riß es bis an den Bauchgurt in Fetzen, und ehe ich mich versah, hatte Julietta es mir ganz vom Leibe gezerrt. Ich blutete schon wie ein Galeerensträfling, als Beatrice meinem Bedrang zu Hilfe kam und in das Strafgericht eingriff, auf ihre unerforschliche Art: sie rief mir zu, die Redoute noch eine Weile zu verteidigen, dann käme Entsatz. So hielt ich mich mit erlahmenden Kräften, ein Auge war bereits erblindet. Mit dem anderen sah ich allerdings doppelt, daß ich verloren wäre, wenn nicht bald ... Beatrice ließ in der Küche eine große Schüssel voll Wasser laufen, den Kran mit »hebda« und »allons donc« spornend. Sehr impulsiv, nimmt sie sich Zeit für ihre Racheakte, ein Bluterbe aus den Tagen, wo ihre Vorfahren vom Sonnengott auf eine Insel im Titicacasee ausgesetzt wurden. »Hebda, allons donc«, aber das Wasser lief darum nicht schneller. Ich sagte, der Tag war heiß, das Reservoir auf dem Dache um diese Stunde schon fast leer. Dies indianische Zuwarten kostete mich noch ein paar Beulen und Kratzer, denn ich setzte mich, am Eifer der Stäupung gemessen, kaum zur Wehr. Dann flog die Schüssel mitsamt dem stickigen Wasser der Hurenbrut an die Schädel.

Mutter und Kind ließen von ihrem Opfer ab, spuckten beide wie auf Verabredung in die Richtung, aus welcher sie matt gesetzt worden waren, liebkosten sich mit herzerquickenden Worten und verschwanden im Zimmer des Generals. Pilars Albornoz hatte sich wieder verschoben und legte große Stücke ihres Busens frei. Auf mich wirkte der Anblick nicht, ein Fleischgewächs. Wie wunderbar es doch um eines Mannes Herz bestellt sein kann!

Zweimal war Pilar erniedrigt – wehe dir, Vigoleis!

*

Es dauerte lange, ehe ich soweit zusammengeflickt war, daß ich mich auf die Straße begeben konnte, um Luft zu schnappen. Beatrice hatte inzwischen nach Zwingli Ausschau gehalten und ihn auch gefunden. Er lag auf dem Bett, doppelt zugrunde gerichtet, durch die Ausstrahlungen der Liebe und die Geißel des Hasses, denn Pilar, das konnte der Bruder der Schwester eben noch zuflüstern, hatte ihn außer Gefecht gesetzt, als er dem Mädchen zu Hilfe eilen wollte. – »Mach, daß du fortkommst, wenn sie dich hier findet, sticht sie dich tot! Sie ist rasend heute, wie ich sie noch nie gesehen habe, wenn sie vom Beichten kommt. Raus, raus, use!«

Pilar beichtete oft und gern, war aber nachgehends immer ungenießbar. Der Beichtiger kitzelte sie nämlich auch.

Wir Schwäger waren keine Helden gewesen an diesem Nachmittag. Der eine nicht, weil er nicht konnte, und der andere nicht, weil er nicht wollte, wobei er lieber dahingestellt sein läßt, ob er überhaupt gekonnt hätte. Diesen Auftritt habe ich auch nie erzählt, ich unterschlage ihn, er steht nicht auf der Liste meiner Schildgesänge, und das aus einem einfachen Grunde. Der Leser erinnert sich, daß Vigoleis im dritten Kapitel mit vollen Backen sein Eigenlob geblasen hat als Erzähler, dessen Mimik jeder Aufgabe gewachsen sei. Stellt ihn dann auf die Probe, jetzt und hier soll er sich selber darstellen, Auge in Auge und Zahn um Zahn mit den Hyänen. Laßt ihn ein kleines Schaubluten vollführen, die Stigmata der Demütigung, die Hexenmale umhurter Ungeburt zum Aufstrahlen bringen, zeigen, wie er mit dem heil gebliebenen Auge nach seiner Beatrice schielt, die ihn herausspritzen muß. Und überhaupt die Augen! Das heile ginge noch an, aber ihr könnt ihm den ordinärsten Fusel für Müllkutscher schenken, und er kriegt das andere, das ausgekragte, nicht so überzeugend, so aperspektivisch – picassohaft hingemimt, wie es ihm das Weib seiner schlaflosen Nächte auf das Jochbein gehauen hat. Ruhmredigkeit war es, Fanfaronnade und billiges Ablenkungsmanöver, denn der Schelm weiß genau, daß seiner Kunst Grenzen gesteckt sind. Wundern dürfen wir uns allerdings auch wieder nicht, daß die zwei schönen Spanierinnen ihre Inselgäste mit solcher Vehemenz aus dem Felde schlugen. Es war ja nicht das erste Mal, daß Spanien einen historischen Sieg davontrug über das Inkablut, das hier in einer schon stark überschweizerten Verdünnung in die Bresche sprang und auf der Pilarière röchelte. Den deutschen Träumer können wir links liegenlassen, der erledigt sich selbst. Das ist ja die Tragik seines Volkes, daß es sich immer selbst fertig macht.

»Sich durchwammsen«, sagte ich zu Beatrice, als wir die Walstatt verließen, wo wie bei Waterloo Blut und Wasser in Strömen geflossen, »ist unästhetisch und im Grunde auch sinnlos, wir müssen alles von der hohen Warte unseres Geistes betrachten.«

»Natürlich! Darum hab ich ja auch mit Wasser geschmissen, Liebling. Wasser ist das einzige Mittel, bei Katzen hilft es immer, und bei den Weibern da oben hat es auch geholfen. Die waren schnell fertig!«

Ich schwieg, um dem Schutzengel den Flug der Flügel nicht zu stutzen, wer weiß, wann ich ihn wieder nötig habe. Gewiß, bei der Straubgeiß und ihrer Zicke hatte das Wasserbad genutzt, wer aber da oben wen fertig gemacht hatte, darüber war ich mir auch im klaren.

»Komm, wir wollen zur Kathedrale gehen und den Blick auf das Meer genießen. Morgen ist Zwingli wieder so weit beigefüttert, daß wir in Ruhe und Umsicht unsere ferneren Schritte besprechen können. In der Eierkaserne können wir nicht bleiben, bei Huren und Buben hausen, heißt im Grinde lausen!«

Rührend zu sehen, wie wir einig waren in der Absicht, nicht in der unterkötigen Wirtschaft zu bleiben, in die uns das Telegramm eines Sterbenden gelockt hatte. Meine Gefühle für das Luder, welches Wort ich hier ohne Gänsefüßchen setze, da auch ein Dutzend nicht ausreichen würde, den Grad ihrer Verworfenheit anzudeuten, die Gefühle für das Rabenaas waren erloschen. Mutter und Tochter hatten sie mit dem Hemd aus meiner Brust gerissen, von meiner Brust, besser gesagt, denn sie waren nicht mit Stumpf und Stil im Busen verwachsen. Leukoplastische Erotik, mehr war es nicht gewesen – ein Ruck, ein paar Haare blieben am Verband, man schreit nicht einmal au! und rasch erholt sich die Haut.

So endete die Liebe des Vigoleis zur ersten spanischen Frau, die ihm über den Weg gelaufen kam, den Dolch im Strumpfband, unter dem zu sterben er nicht für würdig befunden wurde, der traurige Held.

*

Vor der Kathedrale lungerte das Heer der gesunden und kranken, der aussätzigen, verstümmelten und idiotischen Bettler, die ebenso malerischen wie Abscheu erweckenden Türhüter aller Gotteshäuser in südlichen Ländern. Kein Kostümier wäre imstande, solches Kleid des Elends zu entwerfen, wie es die Brüder Habenichtse tragen. Spanien wimmelt von diesen Gäuchen, die eine Gilde für sich bilden, eine Berufsklasse streng genommen. Dem, der etwas gibt, flehen sie den Segen des Himmels herab, und wer sich ihrem heruntergeleierten Gebettel verschließt mit dem abwehrenden »perdone hermano«, Bruder verzeih, den treffen Fluch und Verwünschung. Da aber Himmel und Hölle mit diesen Trockenkiemen der Nation übers Kreuz im Bunde sind, bleibt alles wie es ist, ob man gibt oder nicht – sollte man meinen. Die meisten Fremden entrichten freilich ihren kupfernen Obolus, auch ohne abergläubisch zu sein, nur um die Plage so schnell wie möglich los zu werden.

Einer unter der stinkenden Bettlerschaft galt als Berühmtheit und man mußte ihn fast ebenso gesehen haben wie die Kathedrale selbst, in deren ewigem Lichtkreis er die milden Gaben sammelte. Er sprach »alle« Sprachen, worunter die Spanier gemeinhin Deutsch, Englisch und Französisch verstehen, und darüber hinaus beherrschte er noch das Italienische. Die Legende dichtete ihm auch die klassischen Idiome und das Hebräische an. Nachher stellte sich heraus, daß die Legende die Geschichte nicht zu verbessern brauchte, denn der Bucklige hätte auch in diesen Zungen Segen und Fluch auf die Opfer herabflehen können. Der Bucklige: ein gewaltiger Höcker ragte aus den Fetzen seines Gewandes, verhüllt mit andersfarbigen Lumpen. Wer den Scheußlichen sah, wurde mit Abscheu und Ekel erfüllt. Aus seinen Augen triefte es grünlich, Haupt- und Barthaar waren verlaust, er stank aus allen Poren Leibes und der Hadern.

Der greinende Bettelkönig hockte auch da, als wir über die Stufen der Calle de la Seo zum gleichnamigen Platze gelangten, auf dem die Kathedrale sich erhebt. Porfirio, so hieß der Verwachsene, schob sich an uns heran und leierte seinen Spruch auf Deutsch. Ich gab ihm ein paar Münzen und erhielt die Versicherung, daß der Himmel sich meiner annehmen werde, nicht erst da droben, ein grün verschleiertes Auge wies in die überlieferte Richtung, sondern schon hier auf Erden, »und bereits heute, mein Herr, ehe es Abend wird!«

Das Meer war glatt wie ein Spiegel. Boote mit schlaffen Segeln trieben ins Leere, vergeblich warteten sie auf eine Brise, die sie in den Hafen zurückblasen würde. Wir fanden eine Bank und warteten auch auf eine Belebung der Lüfte. Morgen würden wir weiter sehen, alles läßt sich einrenken, und nur nicht mit Krach auseinander.

Eine Stunde hatten wir so dagesessen und übers Meer hinausgebrütet, jeder mit den Gedanken des anderen beschäftigt, da kamen Zweie durch die Palmenallee den Kai entlang gewandelt, und sie stiegen die theatralischen Stufen zur Kathedrale hinauf, große Frauen, eng aneinandergeschmiegt, Mutter und Tochter ohne Zweifel. Ich neige nicht leicht zu sentimentalen Anwandlungen, aber nach den entmenschten Szenen in der Straße der Einsamkeit, wo die versunkene Vorwelt mit Kralle und Zahn wieder um ihr Recht geschrien, rührte der Anblick dieser friedsamen Liebe mein Herz. Zuweilen blieben sie stehen, die Mutter streichelte das große Mädchen, das große Mädchen küßte die Mutter, dann warfen beide einen Blick übers Meer und schritten weiter die Stufen hinan. Wie erhebend, diese ganz auf sich selbst gestellte Verbundenheit zweier Menschen, und das noch an einer so romantischen Stelle, die nicht leicht vergißt, wer einmal dort gestanden hat: unter dem gotischen Bogen mit dem Abendmahl, der Puerta del Mirador. Auch die beiden menschgewordenen Sinnbilder der Eintracht lenkten ihre Schritte dorthin, um unter den von Tauben weiß betünchten Heiligen noch größerer Wonneschauer inne zu werden. Kein Wunder, denn es gibt keinen Menschen in Palma, der nicht wenigstens einmal in der Woche von der Brustwehr herab seinen Blick über die blaue Flut schweifen läßt in jene Richtung, aus der vor Jahrhunderten der Eroberer herangesegelt war, um die Insel dem Krummschwert der Ungläubigen zu entreißen.

Als Mutter und Kind näher kamen, erkannten wir sie als unsere Mutter und unser Kind, die geile Schindkracke mit dem Füllen. Diese erkannten uns als die Ungläubigen, die Sarazenen, die Piraten, die Verstockten, die Großeltern des Teufels – was weiß ich viel? Pilar schlug das Zeichen des Kreuzes, Julietta spuckte uns an, zwei Gebärden, die ihrer jeweiligen Altersstufe und den Erfahrungen mit der Welt entsprachen. Langsam und mit derselben Würde, mit der sie gekommen waren, verschwanden sie – bald sind auch sie bei den Bettlern angelangt, und bevor sie die Kathedrale betreten, um vor dem Gnadenbilde der Heiligen Magd auf der Säule das Knie zu beugen, haben sie den Himmel schon bestochen, und obendrein noch mit unserem eigenen Gelde. Denn wir hatten eine, zwar etwas einseitige, gemeinsame Haushaltungskasse. Es blieb die Frage zu erwägen, wieviel Münzen sie den räudigen Zuhältern von Himmel und Hölle zuwerfen würden. Davon hängt dein Schicksal ab, Vigoleis! Denn du darfst nicht vergessen, daß der Himmel das Flehen derer erhört, die in seinem Namen sündigen und auch die Liebe an sich vollziehen lassen in seinem Namen und zur größeren Ehre des Herrn. Und vergiß nicht, was man dir schon erzählt hat: in den spanischen Freudenhäusern gibt es einen Herrgottswinkel, und die Mädchen tragen Sorge, daß das ewige Lichtlein nicht erlöscht. Auch Pilar hatte in ihrem Schlafgemach das milde Flämmchen, das auf dem Öl einer silbernen Ampel schwamm und das bunte Kleid der Himmelskönigin mit seinem goldenen Glanze anstrahlte. Lassen sich die da oben auf den Handel ein, und das Paar hat auch nur einen »perro chico« (5 centimos) mehr gegeben als du, dann sehe ich schwarz wie Beatrice, die an Aberglauben glaubt. Bei Pilars wurde um neun

Uhr genachtmahlt. Wir überlegten noch, ob wir nicht klüger täten, irgendwo einen Imbiß zu nehmen und dann zu Hause sofort unseren Verschlag aufzusuchen. Das hätte als Fahnenflucht gedeutet werden können, was wir, nach der erlittenen halben Niederlage, verrückterweise vermeiden wollten. Alle Reibungen unter den Menschen sollen durch Mißverständnisse entstehen, eine Theorie, an die ich felsenfest glaube, da ich die Welt selbst für ein Mißverständnis halte. Das größte war ohne Zweifel die Tatsache, daß ich mich mit Mutter und Kind eingelassen hatte in einem Augenblick, wo sie dabei waren, ihr eigenes kleines Mißverständnis aus dem Wege zu räumen.

Als wir zum zweiten Male an diesem Tage durch das Portal ins Treppenhaus traten, kam etwas durch den dunklen Lichtschacht gesaust und schlug hart vor uns auf den Stein. Hinterher flog wieder ein Gegenstand und bestätigte die Gesetze der Fallbeschleunigung, die mir auf der Schulbank soviel Kopfzerbrechen bereitet hatten. Dann regnete es weiter aus der Höhe herab, einiges kam auch die Treppe heruntergepoltert; eine Tür schlug oben zu. Die leichteren Teile schwebten noch in der Luft und senkten sich langsam wie der Schnee in jenen Wunderkugeln, die mich als Kind fasziniert haben. Es waren Blätter, beschriebene Blätter, es war Literatur, was da geflogen kam und sich um den Urheber niederließ. So stelle ich mir einen Taubenfütterer auf dem Markusplatz in Venedig vor.

Hab und Gut von Beatrice und Vigoleis waren an die Luft gesetzt worden, und sicher wären die beiden hinterdrein geflogen, wenn sie sich nicht noch eine halbe Stunde lang in der Kathedrale allem Diesseitigen entrückt hätten. Mehr, es wäre Blut geflossen, nicht von Kratzstellen und Hautschürfungen, sondern aus den klaffenden Fleischwunden, die die toledanische Klinge ihnen beigebracht hätte. So groß die Bescherung war, der Himmel hatte Ärgeres verhütet. Gerne wüßte ich, wieviel die Schlampe den Bettlern in die gichtigen Hände gedrückt hat. Aber der Himmel läßt sich, in Spanien wenigstens, nicht in die Karten sehen. Der Bürgerkrieg hat mich da vor die größten Rätsel gestellt.

Eine Aufschüttung von Plunder auf der »Feira de Ladra« in Lissabon, dem Waterlooplein in Amsterdam, dem Judenmarkt im alten Warschau, um nur ein paar berühmte Sammelplätze gescheiterten Hausrates zu nennen, das war der Anblick, den der Berg unserer Habseligkeiten bot in der Entrada des gräflichen Mietshauses an der Straße der Einsamkeit. Die Eigentümer standen wortlos dabei, und nur in dieser Stummheit unterschieden sie sich von den Aufkäufern der Bafelplätze, die ja den Trödel wieder abstoßen müssen an noch geschlagenere Menschen. Es war neun Uhr, die Stunde, wo bei Pilars das Abendbrot verzehrt wurde. Zwei Gedecke brauchen weniger aufgelegt zu werden, fuhr es mir durch den Kopf, da, horch! Ein tiefer Ton erklang, wie ein Gongschlag, »bitte zur Cena Platz zu nehmen!« – und hinterher ein gräßliches Krachen.

»Sie schlägt das Klavier entzwei, die rasende Vettel!« rief Beatrice auf Französisch, »schnell schnell den Etagenschlüssel!«

Mutter und Tochter ließ sie sich gegenseitig tottreten, zum Entsatz des belagerten Vigoleis entwickelte sie ihre indianische Schleichgiftstrategie, aber nun es dem geliebten Instrument an die Saiten ging, war es aus mit der Berechnung. Ich faßte sie beim Rock und hielt sie zurück: welch ein hochdramatischer Augenblick für das Laiendrama einer Vereinsbühne, die nur über bescheidene Mittel verfügt! Der Szenenaufwand ist gering, ein wenig Plunder, ein wenig Makulatur, aber groß die Geste des ersten Helden, Vigoleis, Don Vigo besser fürs spanische Kolorit, den der Verfasser jetzt mit verschlagenem Atem rufen läßt:

> Verwegene! Du wagst das Beil zu rauben,
> Das deinem Schädel sie schon zugedacht,
> Die Rasende! Laß ihre geile Wut
> Am toten Holze sich befriedigen –
> Zurück, wenn dir das Leben deines Bruders lieb ist!

Vigoleis stand aber nicht auf den Brettern eines Jünglingsverein. Darum sagte er gefaßt und beinahe resigniert mit der Stimme seines kleinen Lebens: »Beatrice, laß die Dreckspetze da oben nur alles kurz und klein schlagen, uns trifft es nicht mehr. Wenn du zudem jetzt einen falschen Schritt machst, räumt sie auch noch unseren lieben Zwingli auf die Seite, und dann wären wir für nichts auf die Insel gekommen. Da hätte er besser gleich sterben können, wie er's in seinem Telegramm übrigens versprochen hat. Aber niemand scheint sich in diesem vermaledeiten Lande an Abmachungen zu halten. Wo ist die Stube, in der ich hocken sollte? Wo ist der Flügel für dich? Das Klavier war doch nur ein jämmerlicher Klimperkasten! Sobald das Geld aus Berlin kommt, kriegst du den Bechstein von mir, worauf du dich verlassen kannst wie auf deinen Aberglauben. Beschäfschäftigen wir uns lieber mit unseren eigenen Sachen, die ziemlich trübe aussehen. Wir müssen –«

Da öffnete sich oben die Etagentür abermals, und wieder regnete es knüppelhageldick durch den Schacht. Pilar hatte aus dem Piano ofenfertiges Brandholz gemacht, bis auf ein paar schwere Riegel nach; in den wenigen Minuten eine beachtliche Hausknechtsleistung. Einzig die bronzenen Rahmen und das Drahtwerk widerstanden der Zertrümmerung. Zwingli hat das nachher fortschaffen müssen. Dieser erzählte uns später, daß er sein letztes Stündlein gekommen glaubte, als die Sachbeschädigung begann. Wäre Beatrice in die Etage eingedrungen, hätte er dran glauben müssen, was wir auch blind glauben können. Pilar habe getobt über die H... von Schwester und deren deutschen Schöps. Erst als sie begonnen sich an dem Musikmöbel zu rächen, habe er aufgeatmet und sein Leben für den Augenblick in Sicherheit gewußt.

So hatte Beatrice doch noch dem Bruder das Leben gerettet. Die Macht der Musik.

Oben waren die Klänge weggestorben, es herrschte wieder Friede unter dem Dache des gräflichen Apfels. Nun hätte ich zwar nicht in Zwinglis Haut stecken mögen, aber sein langer Nagel wäre mir lieb gewesen, um die große Schweinerei ins reine zu bringen. Was tun? Ich entschloß mich, Herrn Emmerich aufzusuchen, der schon viel erlebt hatte in Spanien und sicher auch Rat wußte in solch notpeinlicher Lage. Mit wenigen Worten war er mit den neuen Tatsachen vertraut gemacht. Meine Schmisse im Gesicht ließen nicht den mindesten Zweifel daran aufkommen, daß ich tatsächlich unter die Räuber gefallen war, daß diese mich ausgezogen, wund geschlagen und halbtot liegen gelassen hatten. Emmerich, ein Mann des großen Worts, war aber auch einer der raschen Tat. Alles wurde in seinen Laden geschafft, in die Hinterstube, die ja nicht zum ersten Male die Folgen der Pilarschen Liebestollwut zu sehen bekam. Lumpensammler der eigenen Existenz, schleppte ich fleißig unsere Fahrnis um die vornehme Ecke. Um elf war alles verstaut. Der immer enger werdende Landsmann kannte eine Pension, in der er selbst einige Jahre gelebt hatte. Sie gehöre einem verarmten Grafen vom Festlande, der sich mit einer noch ärmeren gräflichen Tochter der Insel verheiratet habe. Ganz in der Nähe, eben über den Borne, in einer der kleinen Straßen, die zum Hafen führen – ob er rasch anläuten solle, ein Zimmer mit zwei Betten wohl?

In der »Pensión del Conde« war ein Zimmer für uns frei, mit zwei Betten, in denen wir um Mitternacht schon lagen.

Den Betten gegenüber hingen zwei hölzerne Tafeln mit eingebrannten Schriftzeichen, ein Bastelwerk des halb katholischen, halb anarchistischen Herbergsaristokraten. Die ›Zehn Gebote Gottes‹ waren da angebracht, wo sonst die Hausordnung zu hängen pflegt: einmal klingeln fürs Frühstück, zweimal fürs Zimmermädchen, dreimal fürs Beschwerdebuch. Die Zehn Gebote sind nicht weniger bekannt, so daß wir wissen, was der Brennstift an neunter Stelle lapidar verkündete: Du sollst nicht begehren deines Nächsten Weib!

Vigoleis erblickte die Tafeln erst am anderen Morgen. Doch auch ohne die alttestamentarische Drohung begehrte er in dieser Nacht nicht seines Nächsten Weib, ja, wenn es zu sagen erlaubt ist, nicht einmal das eigene. Er schlief, und auch Beatrice schlief; traumlos beide, denn sie hatten zur Vorsorge ein Schlafpulver genommen, um die Geister zu wehren. Gönnen wir ihnen die Ruhe. Der Tag war, wie schon gesagt, sehr heiß gewesen.

* * *

Drei Sternchen, lieber Leser, trennen uns von unserem schlafenden Heldenpaar, und das ist eine gediegenere Isolierschicht als eine dreifach beworfene Bleichwand. Wir brauchen uns deshalb nicht aufs Flüstern zu verlegen, wenn wir noch ein Weilchen beisammen bleiben, um nachzukarten und vorsichtig einen Blick in die Zukunft zu werfen.

Der erste Teil meiner Aufzeichnungen ist abgeschlossen. Du bist den Helden auf dem Fuße gefolgt, durch dick und dünn, wobei das Dicke leider überwiegen mußte. Aber das hättest du halb vermuten können, denn das spanische Sprichwort an der Schwelle des Werkes ist als verschmitzte Warnung gedacht: wer sich nicht mit der leichtfährigen Brut einlassen will, weise das Buch zurück: so etwas lieber nicht! Es ist ja auch nicht nötig, mich zu lesen, wo auf dem Büchermarkt Hunderte von Autoren angeboten werden, denen ich nicht einmal das Wasser reichen kann. Du indessen hast dich nicht gleich abschrecken lassen und bist mit auf die Reise gegangen, um einem im Sterben liegenden Angehörigen des Verfassers das letzte Geleite geben zu können. Da stellte sich dann heraus, daß der Verwandte nur scheintot war. Springlebendig ist er allerdings nie mehr geworden. Das heißt, im vierten Buche hebt er sich selbst mit einer großartigen Geste und kühnster Unbefangenheit aus der Wiedertaufe; aber dann knallt es schon aus Marokko herüber, zum Zeichen, daß General Franco die Lehre bei Mussolini und Hitler beendet hat und sein Gesellenstück einreicht – und wir verlieren Zwingli aus den Augen, und beinahe uns selbst.

Diese Lebenszähigkeit, diese zynische Verkündigung, man liege im Sterben und stirbt dann doch nicht; dieser Appell an unsere Weichmütigkeit und christliche Nächstenliebe: das hat uns allen böse Stunden bereitet. Uns Helden ist es dabei zwar noch schwerer gefallen sie zu bestehen als dir, Leser, der du das Buch an einer zu bunten, zu schamlosen, zu anrüchigen, zu offenen oder zu kitschigen Stelle hast zuschlagen können. Als Schrittmacher dieser Geschichte konnten wir das nicht. Wir wurden in die Kluppe genommen, mußten weiter im Text, der, wie oft nicht, zu einem unerklärbaren Urtext sich gestaltete. Aber nun sage selbst: Haben wir Helden deines Buches uns nicht tapfer gehalten? Nichts verschwiegen und nichts hinzugefügt, so wahr uns Gott half? Nun liegen wir nebenan sanft auf der Seegrasmatratze, die keiner Zwischenkühlung durch Roßhaar bedarf, in den Betten eines Palastes und schlafen einen etwas herbeigekünstelten Schlaf.

Du hast es natürlich selbst schon gemerkt: sie befinden sich wieder unter einem gräflichen Dach! Kann das noch Zufall sein? Du erinnerst dich, daß Vigoleis sich selbst einmal aristokratischer Neigungen geziehen hat, während seine Beatrice von Hause aus sowieso königlich ist, und das mit einem doppelten Erbrecht: als Inkatochter und als Kind der ältesten Monarchie der Welt, auf deren Thron ein Herrscher sitzt, der nicht nur dem Reime nach diese Welt regiert. Dennoch hat sich das Heldenpaar bei der Wahl seiner neuen Unterkunft mitnichten von feudalen Gesichtspunkten leiten lassen. Es hatte ja nicht einmal die Zeit, solche feinen Gedanken im Zwerchfell zu erwägen, als es den gräflichen »Apfel« mit Schimpf und Schande verließ. Es sei denn, daß du dem Kölner Heinzelmann Anton Emmerich zutraust, in dieser Beziehung dem Schicksal ein wenig nachgeholfen zu haben. Diese Möglichkeit wollen wir hier nicht näher untersuchen. Eines freilich kann ich dich versichern, gräfliches Obdach hin oder her: von der genannten Brut wirst du eine Weile nichts zu sehen bekommen. Im Palacio unseres anarchistischen Granden spricht man von solchem Gelichter nicht, das heißt, nicht mit menschlichen Zungen. Daß es ein Papagei besorgt, bleibt nicht ohne Unstatten, aber wir müssen da ein Auge zudrücken. Der gefiederte Schwätzer hat eine schlechte Kinderstube gehabt, und nun meint er, er müsse die Insassen der Pension zuweilen daran erinnern, daß sie sich in Spanien befinden, falls sie's trotz der Hitze und den Flöhen vergessen sollten, wie es tatsächlich der Fall ist beim Herrn Hauptmann a. D. Joachim von Martersteig auf Zimmer 13. Doch dem losen Vogel, ich meine den aus der Ordnung der Psittaci, dürfen wir es nicht verargen, wenn er aus der Schule plappert, wie ihm der Schnabel gewachsen ist.

Im dritten Buche geht es dann wieder los. Da werden die Helden erneut hochgenommen, und du, lieber Leser, wirst vermutlich doch die Segel streichen. Niemand hindert dich daran, die Bürde abzuwerfen. Aber wäre es dann nicht besser, du gingest jetzt schon nach Hause, wo wir doch nicht Weggesellen bleiben können, von Freundschaft zu schweigen? Das vertrauliche Du wäre alsdann auch nicht mehr an seinem Ort, ich müßte Sie zu dir sagen und Ihnen anheimstellen, sich nach einem anderen Leseabenteuer umzutun. Ihr Buchhändler kann Sie da am besten beraten.

Nichts für ungut und leben Sie wohl! Vielleicht begegnen wir einander noch einmal, die Welt ist ja so klein, und der Name unseres Vigoleis ist zudem noch an den eines portugiesischen Mystikers gebunden – doch wie gesagt, Ihr Buchhändler wird Ihnen gerne Rede und Antwort stehen.

Ihr anderen aber, ihr Leser auf dem noch unerschütterten Du und Du, wir müssen weitergehen, Hunderte von Seiten liegen noch vor uns, mit allen Haupt- und Nebensprüngen – ja, hier, wenn ich bitten darf, über die Hintertreppe, ins zweite Buch.

Zweites Buch

> Glücklich, wem der Himmel ein Stück Brot gegeben, ohne daß ihm die Verpflichtung obläge, einem anderen als dem Himmel selbst dafür zu danken.
>
> *Don Quijote de la Mancha*

> Komm, geliebter Herzensschatz,
> Nimm auf der Pilarière Platz!
>
> *Frei nach Wilhelm Busch*

I

Wenn ein Verleger ein Buch herausgibt, rechnet er von vornherein mit einer bestimmten Anzahl Leser, deren Kauflust und Kaufkraft ihm das Abenteuer des Geistes möglich machen. Man könnte also die Leser mit einer vorbezüglichen Wirkung die Stifter des Werkes nennen, und ich selbst betrachte sie auch als solche. Nicht indessen im Stile jener frühmittelalterlichen Meister, die dem Donator nur ein kleines Eckchen irgendwo unten am Saume des Bildfeldes einräumten, von wo der hingekniete Fromme mit einem demütigen Blick gegen die Schar der Heiligen aufschauen durfte. Nein, ich halte es mehr mit den Künstlern der Renaissance, die den Stifter auf eine Stufe stellten mit den Heiligen und heiligmäßigen Personen. In meinem Werke kann der großgünstige Leser sich darum frei bewegen, ja er mag sich selbst höher stellen als gewisse Gestalten, was ihm nur lieb sein dürfte. Daß ich die Führung behalte, ist natürlich, obwohl, wie gesagt, jeder nach seiner Façon selig werden kann, vor allem im Hause des Grafen Nummer zwei, der die alleinseligmachenden Ansprüche seiner Kirche durch anarchistische Neigungen schwächt oder gar aufhebt.

Beatrice und Vigoleis schlafen, und sie tun es bis tief in den Mittag hinein, nicht weil sie sich immer spanischer gehaben; nein, sie hatten die doppelte Dosis ihres Pülverchens eingenommen, um wirklich von keinem dienstbaren, sei es gerufenen oder ungerufenen Geiste aus der Nacht gerissen zu werden. Nach der Austreibung aus der Straße der Einsamkeit hatten sie diesen

Tiefschlaf wohl verdient. Machen wir ihn uns zunutze, um schon ein wenig mit der neuen Umgebung vertraut zu werden, mit dem Hause, seinen Besitzern, seinen zahlenden Gästen und der schlecht bezahlten Dienerschaft.

Als ich in einem Gespräch mit dem Verleger dieses Buches beiläufig erwähnte, es käme darin auch ein halb anarchistischer, halb katholischer Graf vor, stieß ich auf den heftigsten Widerspruch beim Ur- und Oberdonator meiner Aufzeichnungen. Die jähe Zigarre gegen mich fällend, sagte er: »So etwas gibt es nicht! Entweder ist man Anarchist, oder man ist katholisch. Beides zugleich, das sind Ihre Hirngespinste!«

»Herr van Oorschot«, erwiderte ich, »jeder Verleger ist auf die bewußten Gespinste seiner Autoren angewiesen, und je toller die nichtige Einbildung, je hirnverbrannter das Ersonnene, je besser fürs Buch! Bei meinem gräflichen Wunder handelt es sich indessen um eine reine Hervorbringung der Natur, der doch zuweilen auch mal ein Wurf gelingen soll. Wenn Sie bei der betreffenden Stelle im Manuskript angelangt sind, werden Sie sich hoffentlich überzeugen lassen.«

Wir sind bei diesem Grafen angelangt, der ja noch viel merkwürdiger ist, als mein Verleger vermutet, sehen wir ihn in seiner unerhörten Dreifaltigkeit: Graf im Namen seines Vaters, Anarchist im Namen des die Freiheit über alles liebenden Sohnes, und Katholik im Namen seines ob auch wenig heiligen Geistes – aber Heiligkeit und Katholizismus brauchen einander ja nicht unbedingt zu ergänzen, wie die faszinierende Geschichte der Päpste lehrt. Wenn nun ein spanischer Grande zum Anarchisten wird, dann vollzieht sich in diesem Menschen eine weitaus lehrreichere Metamorphose als bei unserem kleinen Vigoleis, alias Albert, in jenen weit zurückliegenden Kinderjahren, wo er seinen winzigen Spielzeugbesitz vor der Schreckensherrschaft seiner Brüder dadurch in Sicherheit brachte, daß er zum Mädchen entartete und mit Puppen zu spielen begann. Den kleinen Albert habe ich deswegen mit ein paar Worten abtun können. Mit dem Señor Conde muß ich mich mehr befassen, obwohl ich seiner Hausgeltung und verwirrenden Trinität erst im Epilog die volle Gerechtigkeit zumessen kann.

Wenn ein Graf Anarchist wird, verleugnet er den langen Adelstitel, legt die Axt an den Stammbaum und haut den Ring mit dem Wappen des Geschlechtes platt. Den Palast nennt er dann ein Haus, was ich für weniger zielsicher halte, denn unter solchem Dach lassen sich Könige unterbringen und selbst Gott.

Unser Graf dachte anders und stand auch darin allein, was er als Anarchist ja anstrebte. Der Baedeker kümmerte sich zum Beispiel nicht um diese soziale Wandlung, die in dem Hidalgo vor sich gegangen, und betrachtete den Palacio als das, was er war, und seinen Besitzer als den Sproß eines Titulados, dem ein paar Zeilen im Führer gewidmet sind. Auch ich habe keinen Grund, das uralte Gebäude einer Laune des Abtrünnigen wegen Haus oder gar Hütte zu nennen, wo es der ganzen Bauweise nach seine glorreiche Vergangenheit nicht verleugnen konnte, noch auch die Tatsache, daß viel blaublütige Menschen in ihm ein- und ausgegangen waren, mit immer schmaler werdenden Säckeln, die schließlich nicht mehr hinreichten, den Verfall des »Hauses« aufzuhalten.

»Wer nichts wird, wird Wirt«, sagte mein Großvater, da kaufte er eine Wirtschaft und hing ein Schild ans Tor: »Hier können Familien Kaffee kochen!« Und in langen Prozessionen kamen die Sippen angepilgert, meinem Ahnherrn mit dem Gründerblick das kochende Wasser nach Maß und Lägel abzukaufen, um sich den Kaffee selber aufzuschütten. So berühmt war dieses heiße Wasser allerdings nicht, daß die Familien dessenthalben gekommen wären. Mein Vaterstädtchen liegt an einer Pilgerstraße nach Kevelaer. Gut, auch unser Conde war nichts geworden, richtiger gesagt, er war mit seiner Entwerdung noch beschäftigt, als ich ihn kennenlernte. Auch er nagelte ein Schild ans Tor, um die Pilgrime aller Länder in seinen Palast zu locken, nicht um ihnen heißes Wasser anzupreisen; doch eine erträgliche Unterkunft gewährte er für einen erschwinglichen Preis. Wo nun der Leser erwartet, auf dem Torschilde die Worte zu finden: »Haus zum Volksfreund« oder »Fonda für Katholische Anarchisten« oder umgekehrt: für »Anarchistische Katholiken«, lautet es reaktionär mit goldenen Lettern auf blauem Grunde: »Pensión del Conde«, »Gräfliche Pension«. Und siehe da, es zog wie die Heiß-Wasser-Attraktion des niederrheinischen Wallfahrtsspekulanten: unterm gräflichen Dache wimmelte es immer von Gästen, Herrschaften, die entweder bessere Tage gesehen hatten oder noch sehen wollten, wie ja auch die Wasserkäufer meist von der Hoffnung getrieben wurden, die ihnen am Ende der Pilgerfahrt winkte. Der sich selbst zum Gegenstande seines Unglaubens machende Graf hätte auf eine Beanstandung des Aushängeschildes natürlich einwenden können, in seinem Hause sei gewiß kein Conde, aber in einer »Hirschapotheke« erwarte man auch keinen Hirsch hinter der Theke, noch im »Gasthof zum Ochsen« einen Hornochsen am Zapfhahn.

Don Alonso Maria Jesús de Villalpando, Marqués de Sietefillas y Conde de Peñalver y Tordesillas, so hieß mit einem Teil seines geschlechterlangen Namens und der weitverzweigten Titulatur unser anarchisierender Herbergsvater und Volksfreund. Hier will ich ihn der Kürze halber und damit zugleich im Sinne des abgeschworenen Feindes aller hochmögenden Vergangenheit selbst nur Don Alonso nennen. Don Alonso denn war in den Palast an der Calle de San Felio hineingeheiratet und damit auch in den Preis des heiligen Sakramentes: Doña Inés, einzige Tochter und letzter Sproß eines uralten Geschlechtes mit womöglich noch längerem Namen. Die Wurzeln ihres Stammbaumes verloren sich im Erdreich des altkastilischen Landes, und so ausgedörrt dieses war, so taub war auch der letzte Zweig, den sie mit einer gewissen Gottergebenheit in die Welt hinausstreckte. Einer ihrer gepanzerten Vorfahren war 1229 mit Jakob I. von Aragonien, dem Eroberer, auf die Insel gekommen, auf der das Haus geblüht. Nun ging es mit ihr zugrunde. Doña Inés blieb kinderlos, ein scharfer Gegensatz zu den sieben Töchtern, die Don Alonso in seinem plattgeschlagenen Wappen führte: Marqués de Sietefillas. Unehelicherweise übertraf er aber die heraldische Herausforderung, denn er hatte viele Nachkommen von den Geliebten, die ihm das Leben versüßen mußten an der Seite der dadurch immer saurer werdenden kleinen, fast zwerghaften und sehr häßlichen Doña Inés, deren Physiognomie von Velazquez schon festgehalten werden konnte, ehe des Geschlechtes letzte Spottgeburt um die Jahrhundertwende das Licht der Insel erblickte. Doch wie gesagt, im Hause des Grafen wurde von so anrüchigen Dingen nicht gesprochen. Jedermann merkte, daß sie vorhanden waren, das sollte genügen. Ohne den Preis, die »Casa del Conde«, ohne dieses noch nicht unter Denkmalschutz gestellte Feudalgewese hätte Don Alonso das gute Hausmütterchen sitzenlassen, wo es auch nun noch sitzt. Wer wäre um eine solche Mitgift nicht ebenso zu Werke gegangen? Ich sofort! Mit Beatrice hätte ich dann eine ähnliche Regelung getroffen, wie sie der Graf mit seinen vielen Weibern zu haben schien. Denn ich habe nicht nur aristokratische Neigungen, sondern auch kapitalistische: Vigoleis Herr eines Palastes – ich sehe ihn schon im Ahnensaal hocken, und seine Beatrice bekäme endlich ihre Orgel.

Wie die meisten der mallorquinischen Herrenhäuser wies auch der Palacio des Freigeistes im Baustil den starken Einfluß der italienischen Renaissance auf, und wie viele, war auch er im

Verfall. Ein Bogen des Innenhofes war geborsten und mußte durch Balken und eiserne Zwingen vor dem Einsturz gesichert werden. Auch die Freitreppe war aus der Waage geraten, desgleichen die Galerie, die zum Portal des »Piso principal«, des Hauptgeschosses, führte. Alles mußte hier unterpölzt werden, um den Zusammenbruch noch so lange aufzuhalten, bis der betriebsame Anarchist eine genügende Menge seiner hausbackenen Bomben und Höllenmaschinen beisammen hätte, die ganze Inselwelt, also die Welt, in die Luft zu sprengen. Nun haben die Spanier im Laufe der Jahrhunderte eine wahre, faszinierende Meisterschaft entwickelt in ihrer architektonischen Verfallskultur, worin sie höchstens noch übertroffen werden von den iberischen Brüdern in Portugal. Zum Restaurieren taugen sie nicht, dafür sind sie zu impulsiv, zu wenig kleinmütig und immer noch zu reich in ihrer Armut. Denkmalpflege erfordert das Bewußtsein, nichts besseres an die Stelle des Untergehenden schaffen zu können. Die Spanier sind sich ihrer Armut nicht bewußt, das ist ihre Größe.

Im Atrium standen verkümmerte Pisangstauden, die nur an der Form der Blätter noch als das zu erkennen waren, was sie vorstellen sollten. Eine weiße Staublage hüllte die subtropischen Gewächse ein, die aber von Zeit zu Zeit einen gewissen tropischen Schein bekamen, dann nämlich, wenn es von der Wüste Sahara übers Mittelmeer blies und ein rötlicher Niederschlag den weißen bedeckte. Die Stauden überragte eine feinschäftige Palme, die wie das Bananengewächs ebenfalls echt war, indes im Gegensatz zu jenem völlig staubfrei. Ein kleiner Affe, Don Alonsos Liebling, trieb sich darin herum und sorgte durch fleißiges Schütteln, daß die Fächer keinen Belag ansetzen konnten. Don Alonso, der an der Menschheit zweifelte und in Zeiten eines minderen Umsatzes an Petarden selbst verzweifelte, suchte und fand in »Beppo«, was Madame Perronet im Kater Melchisédech und Bismarck in seinen Reichshunden gefunden haben. Allerdings mußte der Spanier auf eine Vorstufe des menschlichen Geschlechtes zurückgreifen, um seinen Trost zu erlangen.

In weitbauchigen Tongefäßen, uralten Wasserbehältern, wuchsen breitblätterige Pflanzen mit Luftwurzeln, wie ich sie nirgends mehr auf der Insel angetroffen habe. Sie waren darum so merkwürdig, weil sich an den verholzten Fasern kleine rote Blümchen bildeten, Schmarotzer, wie Herr von Martersteig zu wissen vorgab. Der Boden des Vorhofes war mit großen Steinplatten belegt, über die man schreiten mußte, um trockenen

Fußes die erste Stufe der Freitreppe zu erreichen, wenn in der Regenperiode das Wasser blank in der Senke stand. Im Hintergrund des Patios, wo Türen zu den Ställen und Remisen führten, befand sich ein Ziehbrunnen aus rötlichem Marmor, dessen verrostetes Eisengestänge andeutete, daß er versiegt war wie der Schatz des Hauses.

Die Entrada oder Eingangshalle war geräumig, und wer gleich seinen Blick zur Decke emporhob, die aus polychromiertem Holz reich getäfert war, bekam den Eindruck von etwas Grandiosem, von Weite, von einem Lebensstil, der nicht darauf angewiesen ist, seine vier Wände mit gelöschtem Kalk zu bewerfen. Doch da man ja selten mit zum Himmel erhobenen Augen ein fremdes Haus betritt, in manchen Lebenslagen ist selbst das Gegenteil der Fall, mußte der Blick beim Betreten des Solars sofort auf das fallen, was an Doña Inés und ihrem eingehandelten Alonso gar nicht mehr aristokratisch war, nicht einmal im Sinne jenes Etagenadels, der auf dem Sofaumbau die Zeugen der erlauchten Geburt aufgebaut hat: man schaute in eine große Stube kleiner Leute, die eine ruhmreiche Vergangenheit verleugnen, dafür aber hoch in Ehren halten, was sie vom Schwiegervater außer dem Palast noch geerbt haben: Gemälde, die so unverkäuflich waren, wie ich sie unmöglich nennen würde, wüßte man nicht, daß es das Unmögliche nicht gibt. Schwiegervater hatte die Helgen im Laufe eines langen Lebens als Sonn- und Werktagsmaler zusammengepinselt: Stilleben mit Säulen, darangeklebten Eidechsen, und im Schatten lagernd eine Ziege; Fruchtstücke; Sonnenuntergänge, die aber auch als -aufgänge ihre Wirkung nicht verfehlten; Sackgassen, wo alles sich in ein gnädiges Dunkel verlor; Bildnisse von Frauen, die so, wie sie da aus dem Rahmen auf den Betrachter blickten, von keinem Manne mehr begehrt werden konnten; Porträts von Männern, denen man im Finstern besser aus dem Wege ginge; Bildnisse von Kindern, von denen Beatrice sagte, sie würde sie in einem Eimer ersäufen, wenn es die ihren wären. Ich ergänzte ihre verbrecherische Ästhetik dahin, daß es auch Menschen geben würde, die selbst die Bildnisse ins Jenseits zu befördern sich nicht genierten, wenn sie vis-à-vis mit ihnen leben müßten – wozu wir uns ja anschickten. Das Selbstbildnis des Künstlers stand auf einer Staffelei, da man nur so den richtigen Lichtzauber auf die gewaltige, sehr kastilische Nase lenken konnte. Oberflächlicher Schätzung nach waren gute 50 qm vollgestrichener Leinwand in der Halle vorhanden, und das ist derselben oberflächlichen

Schätzung nach der Flächeninhalt der Halle selbst, ohne Abzug der Türen, denn auch diese waren mit Kunst bespannt.

»Schauderhaft!« sagte Beatrice, als ihr deutlich geworden war, daß die Bildwerke schlimmer waren als die von ihr getadelten Kinder, die sicher ihren Eltern noch ein klein wenig Freude bereitet haben, »das gehört doch ins Feuer!«

Beatrice neigt zu Hochmut und sie läßt sich sehr oft zu ungerechten, weil übereilten, Urteilen hinreißen. Ich beruhigte sie deshalb mit dem Hinweis, daß in den berühmten Galerien Europas nicht weniger kitschige Gemälde zur Schau gestellt würden, wobei ich an das Mauritshuis im Haag dachte – und heute an viele andere denke, die ich damals nicht kannte, wo ich mich bei meiner Apologie des Kitsches ein wenig auf Zwingli verlassen mußte. Wenn Haare auf Kunst reagieren würden, ständen sie einem doch häufig zu Berge in solchen Hallen. Aber Haare sind ungebildet und selbst gefühlsroh und obendrein pietätlos, sonst würden sie nicht nach dem Tode ihrer Mutterböden auf eigene Faust noch ein wenig weiterwachsen. Nun komme – ich zitiere mich immer noch selbst, vor den Machwerken des Alonsoschen Schwiegervaters stehend – bei dem ehrwürdigen Schimmelkitsch berühmter Sammlungen noch hinzu, daß dort der Plunder historisch respektiert wird, während im Palast des Grafen Rücksicht genommen werden müsse auf den Urheber, der noch unter den Lebenden und sogar unter dem genannten Dache weile. Durch diesen Tatbestand wird allerdings das Wörtchen »erben«, das ich oben gebraucht habe, nicht ohne weiteres entwertet. Als Graf und Grande einer geschichtlichen Nation und als Künstler zwischen den eigenen vier Wänden war Don Juan, der Schwiegerpapa, nämlich schon lange gestorben. Sein Reich war nicht mehr von seiner eigenen Welt, und er könnte als beigesetzt gelten, wenn er nicht mit einem erblindeten Auge noch in der Küche auf einem Schemel hockend von früh bis spät Kartoffeln schälte und Gemüse putzte. Dieses zweite, proletarische, auf den Hausknechtsstand gesunkene Dasein hielt er selbst für eine Verirrung seines Geschlechts, um so mehr, wo er nicht mehr malen konnte und ihm so die Vergoldung des Lebens auch noch abging. Er war, rein körperlich betrachtet, ein großer Mann, ein wahrer Koloß, mit weißem, kurz geschorenem und sehr dichtem Haarwuchs. Seine Augenbrauen, buschig, wahre Pelzwülste mit einigen abstehenden Grannen, hätten gefährlich wirken können, wäre darunter der Blick ebenso stechend gewesen. Der aber war links erloschen und rechts getrübt. Nur wenn sich der

Alte nach Feierabend aus seiner Erniedrigung erhob und den Ehrenplatz in der Halle einnahm, lebte er bedeutend auf, und es gilt das oben Gesagte nur noch mit Vorbehalt. Dieser Platz war ein Strohsessel auf schaukelnden Kufen, und daß er neben dem Selbstbildnisse stand, war eine Zufälligkeit, die zu Vergleichen Anlaß böte. Aber da der Feierabend in einem spanischen Hause und einer Herberge obendrein erst nach Mitternacht beginnt und Don Juan schon wieder früh aus den Decken mußte, saß er nie allzulange neben sich selbst in einer früheren Auflage. Sicher hätte er mehr Grund gehabt, die Schwenkung zum Anarchismus zu machen als sein flotter, lebenstüchtiger, lebensfroher, lebenskundiger und dieses Leben oft verdammender Schwiegersohn, wäre er nicht, Don Juan, schon halb kindisch gewesen.

Ich täte dem Künstler unrecht, verschwiege ich, daß auch die anderen Räume mit seinen vergnüglichen Farbgemächseln austapeziert worden waren. Vor allem der Speisesaal enthielt Prachtstücke von seiner Hand an appetitanregender Pinselei. Ich hatte das Vergnügen, während unseres ganzen Aufenthaltes in der »Pensión del Conde« einem Fisch mit einem in seiner Verglasung täuschend gemalten Glotzauge gegenüber zu sitzen. Dieser Blick schien mich anzuflehen: Mensch, nun friß mich einer doch endlich, wo ich schon auf dem Trockenen schnappe, seit mich mein Henker aus seinem Hirnaquarium herausgeangelt hat! Dabei schnappte der Fisch gar nicht nach Luft, sondern in eine ordinäre Zwiebel, die er im Maul hielt. Ein Büschel Petersilie war vom Maler so um die Bauchflosse garniert, daß der Fisch nicht aus dem Rahmen fallen konnte.

Wo die Kunst des Erblassers fehlte, stieß man auf die angewandte des Erben, der praktisch in allen Schulen des Kunstgewerbes bewandert war. Er punzte in Leder, malte auf Porzellan, brannte in Holz, töpferte, drechselte, ziselierte, schnitzte in Elfenbein, bildete in Wachs; beflissen war er in der Intarsia- und Intagliokunst, band Bücher mit selbstgemaserten Vorsatzblättern, kurz, es gab nichts, was in einem Handbuch der Liebhaberkünste steht, und mein Klitteranarchist hätte sich in der Übung nicht ausgekannt. Seine Werkstatt, im zweiten Stock, war mit allen erforderlichen Maschinen und Gerätschaften ausgestattet. Ich kam aus dem Staunen und, zugegeben, auch aus dem Neide nicht heraus, wenn ich den Meister basteln sah, im weißen Kittel, der in einem Batikmuster die Spuren aller von ihm betriebenen Fertigkeiten aufwies. Selbst uneingeschriebenes Mitglied der Zunft, die aus zwölf Handwerken dreizehn Unglücke gedeihen läßt, waren wir schnell befreundet, und ich konnte in seinem Atelier ein- und ausgehen und mich seiner Werkzeuge bedienen, nachdem Alonso gesehen hatte, daß ich ihm an Fingerfertigkeit in nichts nachstand, noch die Geräte in meinen Besitz übergehen ließ. Das hätte der Anarchist nie geduldet. Nur eine Abteilung blieb auch mir verschlossen, die, worin er sich ganz zu seinem Anarchismus bekannte. Im Palast nannte man das kleine, fensterlose Kubikel, zu dem man durch Dachböden, Taubenschläge, über Stiegen und längs halsbrecherischen Passagen gelangen konnte, die »cámara ardiente«, womit in katholischen Kirchen die Kapelle mit dem Katafalk für Seelenämter bezeichnet wird. Der Graf hatte seine Cámara auch in den Dienst des Todes, sei es auch auf weniger fromme Weise, gestellt. Hier versammelten sich zu nächtlicher Stunde Gesinnungsgenossen, Männer, die überzeugt waren, daß es so nicht weitergehen könne, und daß etwas geschehen müsse. Einige hatten Bakunin, andere Ballanche gelesen, alle schwörten sie auf das, was sie bei Unamuno und Pio Baroja zwischen den Zeilen lasen, und alle bastelten sie fleißig an Handschwärmern und Höllenmaschinen, um die bürgerliche Gesellschaft zu unterminieren und vor allem die Kirchen in die Luft zu sprengen. Eine müsse verschont bleiben, forderte der Anführer der Verschwörer, Don Alonso, und zwar die Kirche Montesión, in der er einmal im Jahre das Sakrament des Altares empfing. Don Darío, von dem uns schon etliche Aussprüche, aber noch keine Taten bekannt sind, gehörte auch jahrelang dem Knüttelbunde an. Er galt einigen selbst als das intellektuelle Rückgrat und unbestechliche Hirn der Kommune, viel belesen wie er war, weit gereist, mit einem persönlichen Haß auf den Papst, und den Geldmitteln, ohne die man keine Verschwörungen anzetteln kann. Er mußte aber aus der nächtlichen Runde hinausgeschmissen werden als ein zu gefährlicher Umstürzler. Obwohl ich mich in einem späteren Kapitel noch mit diesem Herrn zu beschäftigen habe, will ich doch hier vorwegnehmen, warum man einen so reichen und gescheiten Terroristen nicht mehr im gräflichen Pulvermagazin dulden konnte. Eines Nachts, als die Bande in der brüderlichen Eintracht und Friedfertigkeit, wie sie der Umgang mit hochexplosiven Stoffen erfordert, wieder beisammen war und Kartätschen klebte, kam der hinkende Barrikadenmann über die Schleichwege in die Schreckenskammer gepoltert und verkündete, nun sei es genug: *alle* Kirchen müßten dem Erdboden gleichgemacht werden, auch die Montesión, die Kamerad Alonso für sein eigenes Seelenheil wolle stehen lassen. Schluß mit den Eminenzen, deren eine graue monatelang fett mit Weib und Wein in seinem Hotel gelebt habe, und dann sei sie ohne zu bezahlen aufs Festland verduftet! Don Alonso, versteinert, habe sich schnell gefaßt und entgegen gehalten, wenn Kamerad Darío die Pulvermine an seiner Kirche sprenge, würde er, Alonso, die Lunte legen an die Kapelle in des Verschwörers Stierkampfarena und die Gottesmutter in die Luft fliegen lassen, so wahr ihm Gott helfe! Don Darío nahm seine Drohungen zähneknirschend zurück, ersetzte sie aber durch solche, die schlimmer waren, da sie in der Pulverkammer selbst hätten verwirklicht werden sollen. Es sei nichts anderes übrig geblieben, als den Eiferer dingfest zu machen und auf die Straße zu setzen. Als wir in der »Pensión del Conde« unseren Einzug hielten, waren die Beziehungen zwischen den Petardisten schon abgebrochen.

Im Laufe der Jahre habe ich in Palma viele Bomben aus Alonsos Offizin platzen sehen. Sie hatten den besten Willen, mit der ganzen klerikalen Schweinerei aufzuräumen; aber wenn sie etwa gegen eine Straßenbahn geschmissen wurden, deren Passagiere man erst höflich aussteigen ließ, mußten doch noch kräftige Anarchistenschultern sich unter das Fahrzeug stemmen, es umzulegen. Mit den Scheiben hatte die Bombe allerdings kurzen Prozeß gemacht, ihr Zerklirren mischte sich vielversprechend in die Verpuffung, man ließ die Freiheit hochleben, wünschte Bürgertum und Klerisei zum Teufel und zog sich zur Besprechung des folgenden Attentates in ein Café zurück. Als dann Franco die große Bombe legte und das ganze Land in eine »cámara ardiente« verwandelte, mußten Don Alonso und seine bezopften Mitverschwörer erkennen, daß sie Butifarras gestopft hatten, worüber mehr im Epilog. Erfreuen wir uns noch eine Weile des Friedens, der nach dem Verhallen der kleinen Sprengschläge um so tiefer wirkt.

Doña Inés war die Liebe selbst, die Güte selbst, die Aufmerksamkeit selbst, und das alles nicht einmal, weil sie die Häßlichkeit selbst war. Da sie keine Kinder hatte, war sie fleißig wie eine Biene, ein Vergleich, der in einem nordischen Land ohne weiteres hinken würde. In Spanien sind kinderreiche Mütter zum Nichtstun verurteilt, so sehr fallen sie von einem Schrecken in den anderen über das Wehe der Nachkommenschaft, zu dem sich selten das Wohl gesellen will. Nie habe ich Doña Inés mit leeren Händen gesehen, selbst mit dem Staubtuch scharwerkte sie unermüdlich, obwohl sie den kürzeren zog. Das Personal wußte schon, warum es keinen Staub wischte. Das ganze Affenheer des deutschen Gastes von Zimmer 13 hätte aufgeboten werden müssen, um mit Beppo im Bunde den Staub an seiner bürgerlichen Funktion zu hindern. In den Schoß legte Doña Inés die Hände erst, als sie starb. Vor ein paar Monaten meldete mir ein Freund ihren Tod. Sie ging in die Vierzig, als wir uns ihrer Obhut anvertrauten; schon schlohweißen Haars, immer ein Lächeln um ihre Züge, das gar keines sein sollte. Es war ein unglückliches Faltenspiel um den Mund, das ihr diesen Streich ins Muntere spielte. Streich ist zuviel gesagt, denn als Inhaberin einer Pension hätte sie ja getrost immer lächeln können, auch ohne innere Anteilnahme am Wohlbefinden ihrer Gäste. Keep smiling, nennen Amerikaner diese Art, dem Leben mit einer Lüge die rauhen Kanten abzuschleifen. Lachen habe ich sie demnach nie gesehen, und sie hatte fürwahr auch nichts zu lachen mit dem Troß schludriger Dienstboten unter ihrem Szepter, dabei selbst unter der Knute ihres gewaltigen Fremdgängers von Mann, der seinen Stammbaum umgelegt hatte, um im niedrigen Gesträuch desto behender herumzuklettern.

Unter den weiblichen Dienstboten tat sich die Köchin hervor, ein Pumpermädchen mit einem bedeutenden Busen, aus dem immer Rauchwölkchen emporstiegen, so daß es aussah, als trüge sie eine dampfende Schüssel vor sich her. Da sie an Gott glaubte, auf jene seltene Art übrigens, bei welcher der Glaubende nie vor dem Geglaubten zu erröten braucht, konnte man auch denken, sie brächte dem Allerhöchsten ein Rauchopfer dar. Das war nicht der Fall. Josefa paffte während der Arbeit die Pfeife, die sie in die geräumige Busenteufe verschwinden ließ, wenn sie am Herde stand, Gästen ein spanisches Gericht erklärte oder die Speisen selbst auftragen mußte, weil die Tischdiener sich rüpelten. Ein Fachmann auf dem Gebiete der Rauchentwicklung, Hauptmann von Martersteig, hat mir später erzählt, daß Josefa einen von des Grafen eigener Hand hergestellten Asbestbeutel zwischen den Brüsten trug. Als Beobachtungsflieger bei der Jagdstaffel des Freiherrn von Richthofen hatte Martersteig schon vieles aus der Vogelschau gesehen, und so können wir ihm glauben, daß er bei seinem Blick in den Busen der Köchin auch die richtige Beobachtung gemacht hat. Leider blieb sein Dasein auf solche Tiefenflüge beschränkt, das heißt – aber ich bin noch nicht mit der pfostigen Josefa fertig.

Jeder im Hause liebte das kleine, runde, alterslose, gottesfürchtige und ehrliche Mädchen mit dem rauchentwickelnden Männerlaster. Ich hatte sie bald in mein Herz geschlossen, und sie hat mich mehr als einmal an ihre Polster gedrückt. Sie kochte gut, Josefa, leider immer wieder dasselbe, aber das war nicht ihre Schuld. Die Pension des Grafen war ja kein »Principe« mit einem Küchenchef, der in Deutschland ohne weiteres den Geheimratstitel bekommen hätte oder Professor geworden wäre wie ein Kunstmaler. Beim Grafen mußte billig gegessen werden, um den Tagespreis niedrig zu halten. Das heiße Wasser, das mein Großvater umsetzte, war gewiß niedriger im Kurs, doch ich will nicht schmähen. Niemand hat je am Tische der Doña Inés Hunger oder Durst gelitten, und wenn wir es nachher tun sollten, war es eben nicht an ihrer Gästetafel, sondern in Gottes freier Natur.

Jedermann liebte Josefa, selbst alte Engländerinnen und die mit ihren Gefühlen für die Menschheit kargende Beatrice. Und doch hatte die Köchin Feinde unter dem gräflichen Dache, gegen die sie obendrein noch wehrlos war, zwei Feinde: Beppo, den Affen, und Lorico, den Inka-Kakadu.

Beppo schikanierte das kugelrunde Mädchen, sprang ihr von hinten auf die Schulter und langte mit seiner fledderfertigen Hand zwischen die geselchten Brüste, um die Knellerpfeife zu stehlen, was ihm zuweilen auch gelang. Mit einem solchen Cicisbeo auf dem Buckel hätte Josefa in einem Wanderzirkus mehr verdienen können als in der anarchistischen Inselherberge, deren Gäste sich kostenlos über das Schauspiel amüsierten. Natürlich wurde Beppo von Josefa mit Ausdrücken belegt, die an Buntheit nichts zu wünschen übrig ließen, aber echte Verfluchungen waren es nicht, denn heilige Namen kamen nicht über ihre Lippen. So zog sie den kürzeren und wurde von Beppo unter Gebell mit allem beworfen, was nicht niet- und nagelfest war. Wenn er nicht aussähe wie ein Menschenkind, sagte Josefa wie zur Entschuldigung ihrer Niederlagen, hätte sie ihn schon längst geschlachtet mit dem breiten Küchenmesser, das sie jeden Morgen auf den Stufen der Freitreppe wetzte – mit Arglist aus der Palme bespäht von dem sakrosankten Opfertier, das die Zusammenhänge natürlich nicht ahnen konnte, weil es dafür doch wieder zu wenig Mensch war. Josefas christliche Menschenfürchtigkeit in allen Ehren, aber auch ohne diese Hemmung hätte sie dem Affen nicht den Pelz über die Ohren gezogen, denn er war der Liebling ihres Herrn.

Das Zerwürfnis mit dem Kakadu war anderer Art, obwohl

auch hier das Menschlich-Allzumenschliche die dem Tier gesetzten Schranken durchbrach. Lorico hatte einen losen Schnabel. Sein früherer Besitzer, ein portugiesischer Schiffskapitän, hatte ihm zwei Worte beigebracht, die einem Menschen, der wochenlang nur Wasser und Himmel um sich hat, die Welt bedeuten müssen: »porra« und »puta«. Mit diesen Vokabeln traktierte der Vogel jeden, der in die Nähe seines Ständers kam. Dabei sträubten sich die gelb und rot angeflogenen Federn des Schopfes, als würden die Worte in der höchsten Erregung hervorgebracht. Nicht einmal Graf Hermann Keyserling, der bei einem seiner Besuche auf der Insel den Palast seines abtrünnigen Adelsbruders besichtigte, hat ausmachen können, ob Lorico die betreffenden Worte vor Vergnügen oder vor Wut aus seinem Halse krähte. Immerhin hat er sich noch nach Jahren an den Vogel erinnert, als ich ihm von dem Phänomen erzählte, des Glaubens, dem Gelehrten vom Animalischen her neue Perspektiven für seinen »Sinnkosmos« zu eröffnen.

Josefa wurde von dem Inkablut gehaßt, und sie haßte den Vogel, die Abneigung war somit gegenseitig. Das Vogels Gründe müssen uns dunkel bleiben, die der Köchin aber liegen jedem offen. Josefa nahm Anstoß an einem der Worte aus dem Sprachschatz des gelehrigen Tiers, und ausgerechnet an dem, das als die meist im Munde geführte Vokabel der spanischen Sprache gelten kann, am Wörtchen »puta«. In Spanien geht es nicht ohne dies Wort, weil es ohne das nicht geht, was es darstellt. Und je mehr der erlauchte Anarchist die noch höher geborene Gattin mit diesen Darstellungen betrog, je weniger duldete Josefa solche Anzüglichkeiten im Hause, mit der rührenden Anhänglichkeit treuer Diener, die über den Ruf der Herrschaft oft ängstlicher wachen als diese selbst. Wie sehr sie auch in eigener Sache dem Vogel gerne den Schnabel verboten hätte, braucht nicht besonders hervorgehoben zu werden. Josefa war eine keusche Person, deren Züchten es keinen Abbruch tut, daß aus ihrem Busenkrater zuweilen der beizende Rauch eines giftigen Lausewenzels kräuselt, und ihr Schamgefühl wurde durch das Lasterwort ebenso tief verletzt wie durch die Handgreiflichkeiten des Affen, der es an Unzüchtelei den Menschen gleichtun wollte.

Mit der zweiten Vokabel aus der Sprachschule des portugiesischen Schiffers fiel Lorico unter Spaniern weniger aus der Rolle. Eine portugiesische Josefa hätte ihm gleich den Hals umgedreht. »Porra« im Spanischen bedeutet Spazierstock, Gummiknüppel, Anmaßung, Dünkelhaftigkeit, auch Donnerwetter und noch einiges mehr, aber beileibe nichts, was man nicht in Gegenwart der prüdesten Mädchenseele aussprechen könnte. Im Portugiesischen ist die Porra nicht salonfähig. Der Volksmund hat das Wort in seiner Bedeutung durch eine peinliche Lokalisierung praktisch auf seinen etymologischen Kern beschränkt. Lorico war kein Philologe in unserem Sinne, er brauchte das Wort in seiner lusitanischen Bedeutung, wie sie dem alten Seebär lieb gewesen war, der sich auf allen Meeren und in allen Hafenbordellen der Welt auskannte, indes von Semantik und Bildverschiebung seiner Lebtage nie gehört haben dürfte. Lorico blieb seinem Lehrmeister auch auf Mallorca noch treu im Nachplappern seines beschränkten Abeces, obwohl der Kapitän ihn schmählich im Stiche ließ, als er mit seiner Puta auf und davon ging, ohne die Rechnung mit dem Wirt zu machen. Die analphabetische Josefa wußte auch nichts von den rätselhaften Vorgängen, die es einer Sprache ermöglichen, einem mit demselben Wort ein X für ein U vorzumachen. Offen gestanden waren mir diese Feinheiten auch nicht bekannt. Ich wurde aber lebhaft an den Inka-Kakadu unseres Granden erinnert, als mir Jahre später mein Pascoaes, dessen Eltern dem portugiesischen Hof nahegestanden, die Geschichte erzählte, wie der König Don Carlos sich genötigt sah, die Beglaubigung eines italienischen Gesandten zu verweigern, der Träger eines großen Namens war: Conte Porra di Porra – für Portugal eine denkbar peinliche Familienzugehörigkeit. Man solle einen weniger aufdringlichen Grafen schikken, meinte Seine Majestät, die Sinn für Humor hatte: Porra, das gehe noch eben an, aber diese Insistenz, Porra di Porra: das könne man dem Manne selber nicht antun.

Engländerinnen, der iberischen Sprachen unkundig, ergötzten sich immer sehr am Gekreisch des Vogels und pflegten zu fragen, was es bedeute. Wiederholt habe ich den Dolmetscher spielen müssen zwischen den Ladys und His Masters' Voice, was dann weniger ergötzlich ausfiel. Am Ende meiner Künste war ich aber stets bei der unvermeidlichen Frage: »Does he really mean it?«

Beatrice wirkte auf den Vogel wie das rote Tuch auf den Stier und der Anblick eines Pfaffen auf Don Darío. Es entstand eine Feindschaft auf den ersten Blick, die vom Vogel ausging und Beatrice in die Bundesgenossenschaft der Köchin trieb. Vermutlich war der Gattungsinstinkt in Lorico noch so lebendig, daß er als Inka-Kakadu in dem neuen Gast die Entartung des Blutes witterte, zu der das Basler Standesamt das seinige beigetragen. Lorico konnte sich über eine solche Rassenschande nicht beruhigen. Anfänglich begriff Beatrice die Zusammenhänge nicht, doch als ich sie ihr deutlich gemacht hatte, strafte sie den engstirnigen Vogel mit derselben Verachtung, die sie später gegen die Nazis an den Tag legen wird, wenn diese ihren Vigoleis der gleichen Schande zeihen.

Pepe sei noch erwähnt, ein kleiner Laufbursche, Junge für alles, der durch seine erweiterte Auffassung des »Alles« sehr zur Unehre des Hauses beitrug, dessen Honneurs er in einem blauen Fräckchen sicher ebenso gut zu machen verstand, wie es Beppo in seinem roten tat. Und wie dieser stahl auch er. Es ist heute für mich nicht leicht, Pepe getreu zu konterfeien, da er schon mit seinen langen Fingern nach Portugal hinüberweist, auf das Weinschloß des Dichters Pascoaes, wo ein ähnlich livrierter Miniaturlakai mein und dein verwechselt. Der lusitanische Pepe, Victorino, verdrängt mit seinen Bübereien und einem dreizehnjährigen amourösen Heldentum das weniger verschlagene Mallorquiner Bürschlein, so daß ich mir die Gestalt aufsparen will für ein Buch über meine portugiesischen Abenteuer. Unterschiede zwischen den beiden waren natürlich vorhanden: Pepe wurde täglich verprügelt von seinem erlauchten Herrn, während sich auf Pascoaes niemand an Victorino vergriff, da nach der These des mystischen Schloßherrn, die er in allen seinen Büchern verkündet, der Mensch nicht der Sünder, doch die Sünde ist. Pepe stahl im kleinen, Victorino im großen. Die Gäste des Anarchisten empfanden diese bescheidenen Abzapfungen mehr als eine Kurtaxe, vom Hause privatim erhoben für die hochdramatischen Szenen der Abstrafungen, die immer unter dem schadenfreudigen Beifall von Affe und Kakadu stattfanden. Ich habe es dem Knaben nie verübelt, daß er sich am fremden Eigentum vergriff. Was sollte er anders tun in einem Gemeinwesen, wo man Bomben fabrizierte für die gewaltsame Regelung der Besitzverhältnisse der Welt? Leider wurden wir selbst die Ursache, daß Pepe noch in unseren Tagen von Don Alonso eigenhändig aus dem Palast geschmissen wurde. Ich hatte einen größeren Betrag unverschlossen in unserem Zimmer liegenlassen, und da begann sich in dem Filou aus seinen anarchistischen Neigungen ein kapitalistisches Karma gefährlich zu entwickeln. Er nahm das Geld an sich, wurde dabei von einem Dienstmädchen ertappt, das ihn aber erst verriet, als er die Peseten schon verpulvert hatte. Der Auftritt der gewalttätigen Entlassung war grandios und entschädigte uns einigermaßen für den nicht minder grandiosen Verlust. Pepe biß und kratzte und verkündete mit dem Wortschatz Loricos die intimsten Geheimnisse seines umstürzlerischen Brotherrn, und das im Beisein von Doña Inés, deren vergrämte Züge steinern blieben. Der Kakadu raste vor Freude auf seinem Ständer, die Futterkerne flogen durchs Frühstückszimmer, wo der Abschied gefeiert wurde. Und unaufhörlich krähte der mitwissende Vogel die beiden nun wirklich angebrachten Wörtchen aus seinem Hals. Er sah sich gewiß in die Kajüte seines alten Lehrmeisters zurückversetzt, wo dergleichen Vorgänge an der Tagesordnung waren. Hauptmann von Marteresteig, durch den kriegerischen Lärm herbeigelockt, erschien schluffend in seinen riesigen Pelzpantoffeln, ging aber sofort auf sein Zimmer, als ich ihm meldete, Pepe sei soeben des Diebstahls einer bedeutenden Summe überführt worden. Der alte Soldat wollte sich vergewissern, ob der Marodeur nicht auch seinen Tornister heimgesucht habe, worin er die kleine Invalidenrente barg, die Hindenburg ihm persönlich zuschusterte. Es fehlte aber nichts. Die Köchin betete. Auf der Freitreppe lauerte Beppo dem urdummen Komplicen hinterfötzig auf und warf ihm Dreck ins Gesicht, worauf er sich bellend und kreischend wieder in die Palme schwang. Allerdings sollte seine Affenfreiheit nicht mehr lange dauern. Ein paar Tage später wurde er an die Kette gelegt, die ihm zwar erlaubte, den Baum weiterhin staubfrei zu halten. Auch er hatte gestohlen. Einer englischen Lady, die im Innenhof den romantischen Brunnen malte, fuhr er mit Blitzesschnelle ins Haar, um eine verlockende Spange zu stibitzen, wobei ihm leider der ganze Schopf in den Fingern blieb. Die Dame wurde nun sehr lebendig und versuchte, ihren kahlen Schädel mit beiden Händen zu bedecken, während oben im Baum der schamlose Dieb die Perücke zerpflückte. Noch lange hing der Skalp wie eine Trophäe an einer dünnen Strähne vom »Klapperboom« herab, zur stillen Freude eines kränklichen holländischen Pflanzers, van Beverwijn. Er hatte lange Jahre unter den Kopfjägern auf Borneo gelebt, die aber weniger gefährlich gewesen sein müssen als seine Mevrouw. Mijnheer wurde nun wieder an den Urwald erinnert und lebte für eine Weile auf. Dann fiel er erneut in sich zusammen und verkümmerte weiter wie seine Schrumpfniere, deretwegen er die Kolonien verlassen hatte. Ich kann sagen, daß auch ich ein wenig Licht in seine umdüsterte Seele getragen habe in den Wochen, die wir im selben Hause weilten. Ich war der einzige, mit dem sich Herr van Beverwijn in seiner Muttersprache unterhalten konnte. Seiner Frau hörte er lieber nicht zu, denn sie redete in den Zungen der christlichen Wissenschaft. Im dritten Buche begegnen wir den »Indischgasten« wieder: Mijnheer noch verschrumpfter und verlassener, Mevrouw noch weiter gefördert in ihrer immer unchristlicher werdenden Christtümelei.

II

Gegen drei Uhr mittags war ein Geräusch der Außenwelt stärker als die betäubende Kraft des Pülverchens. Ich wachte auf, ohne gleich zu wissen, wer noch wo ich war. Doch dauerte dieser angenehme Entselbstungszustand nicht lange. Die Augendeckel senkten sich wieder, und ich schlummerte weiter, ohne den Lärm aus dem Ohr zu verlieren, der mich geweckt hatte. Dieser nahm zu, es war ein schütternder Schall, den Klappern der Karwoche gleich. Beatrice wachte auch auf, mit einem Schrecken fuhr sie empor und schrie dabei – »vite, vite, Zwingli wird totgeschlagen . . . Wasser anschmeißen . . .«

Ich war ganz wach, stand auf und beruhigte sie, indem ich ihr die Hand auf die Stirn legte. Das Handauflegen ist bei ihr immer noch das wirkungsvollste Mittel gegen den bösen Alp.

»Du hast geträumt, Chérie, hier sind keine Pilars mit Dolchen und Hackebeilen. Ein Sturm rast über die Insel, die Blenden sitzen nicht fest in den Gehängen, alles kaputt.«

Draußen war heller Sonnenschein, der mich blendete, als ich die Läden aufstieß. Im selben Augenblick erhielt ich einen Schlag ins Gesicht, der empfindlich schmerzte. Darauf ertönte ein kreischender Schrei, ein haariger Balg schwang durch die Luft, Sekunden später sah ich die bunte Steißfayence eines mittelgroßen Affen durch die Fächer einer Palme blinken. Der Gegenstand, mit dem ich den verspäteten Morgengruß empfangen hatte, fiel zur Erde, ein geflochtener Strohwedel, mit dem die Holzkohlenfeuer in Glut gehalten werden. Gewiß eine originelle Art, neuangekommene Gäste willkommen zu heißen!

»Verflixtes Biest!« schrie ich in die Palme hinauf, bekam aber eine Antwort von unten, wo ich sie noch weniger erwartet hatte als aus dem subtropischen Lichtsieb.

»Wie bitte?«

Unten stand ein Herr, vermutlich Gast des Hauses, in einem weißen Anzug, der sehr kontrastierte mit der polaren Fußbekleidung, die aus Fell bestand und so von oben gesehen wie ein haariger Gipsverband wirkte. Er klemmte sich ein goldrandiges Monokel ins linke Auge, ließ es aber gleich wieder an der schwarzen Schnur herunterfallen und schaute dann zu mir hinauf.

»Entschuldigen Sie«, sagte ich etwas unsicher und auch auf deutsch, »ich meine den da oben, von dem ich soeben malträtiert worden bin«, und zeigte auf den Affen, der an sich selber etwas entdeckt hatte, was ihn vollends in Anspruch nahm.

»Selbstverständlich haben Sie den da oben gemeint, den verfluchten Persifleur, den wir alle meinen. Mein Herr, wir werden uns noch darüber zu unterhalten haben. Ich darf mich Ihnen wohl später vorstellen; so durch die Luft, und auf verschiedenen Standpunkten stehend, das mag ich nicht, und empfehlen Sie mich gehorsamst der gnädigen Frau Gemahlin. Haben Sie acht, wenn ich Sie warnen darf, Beppo kennt wohl den Unterschied der Geschlechter, doch respektiert er ihn nicht. Zu dienen!«

Er klemmte das Glas ins Auge, ließ es wieder fallen und verschwand humpelnd durchs Tor.

»Jesses, Chérie, hast du den gehört? Das kann noch lustig werden. Du bekommst wieder einmal recht mit deiner Verallgemeinerung, was meine engen, engeren, weiten und weiteren Landsleute in der Fremde betrifft: sie werden entweder verrückt vor Fremdtümelei oder immer deutscher vor lauter Gedeutsche. Der Herr, mit dem ich eben gesprochen habe, ist so deutsch, wie er meschugge ist, Offizier oder schlagender Student. Die Hacken hat er allerdings nicht zusammenhauen können, denn er hat keine mehr, man hat sie ihm wahrscheinlich schon abgetreten. Er läßt sich dir mit schuldigem Gehorsam empfehlen, und so schlage ich gehorsamst vor, daß wir uns anziehen und uns unten allergehorsamst melden. Vermutlich müssen wir hier über unseren Stand leben, nach dem Affen und dem Herrn mit dem Einglas zu schließen, doch bei Pilar wär's auf die Dauer auch nicht angegangen.«

Das Zimmer war geräumig und im Gegensatz zur Empfangshalle unaufdringlicher ausgestattet, das heißt, nur mit dem Allernotwendigsten. Ein stabiler Tisch zum Schreiben fehlte nicht; Thomas Mann hätte nicht einmal Anlaß gefunden, darüber eine süffisante Bemerkung zu machen. Auch für einen Flügel wäre Raum die Fülle, wie es mir durch den Kopf fuhr, wodurch unbewußt die Gedankenverbindung hergestellt war mit der Wirklichkeit und dem gestrigen Tage. Diese Weltverbundenheit und feste Verankerung in unser Inselschicksal zwang uns denn auch zu neuem Handeln: Beschlüsse mußten gefaßt werden, der Kassensturz ergäbe weitere Anhaltspunkte für die Gestaltung der Zukunft, und da wir des Wehs schon genügend gehabt, sollten wir auf das Wohl um so bedachter sein. Ein Gang auf die Post, ein Gang auf die Bank, ein paar Briefe an Säumige – :

»Beatrice, die rasende Kurtisane und Gassenfege hat uns wohl aus ihrem Hause, nicht aber aus unserer Verfassung gebracht. Ich bin wieder ganz beisammen. Und du? Hat sich dein Herz beruhigt? Du traust der Luft hier noch nicht so ganz. Du schnupperst!«

In der Halle empfing uns Doña Inés und entschuldigte sich im Namen des Hauses für Beppos Ungezogenheit. Don Joaquín, ein deutscher Gast, habe ihr bereits von dem peinlichen Vorfall berichtet. Es sei ihrem Manne leider nicht beizubringen, daß man Beppo an die Kette legen müsse, ehe es zu spät sei. Der Javanese sei heimtückisch und verschlagen, sie möge ihn auch nicht. Und ob sie uns gleich einem lieben Hausgenossen vorstellen dürfe, der auch unsere Zunge spräche, Doña Adeleide. Die Gräfin wies auf einen Schaukelstuhl, der im Schatten der uns schon bekannten Staffelei eine ältere Dame in wiegender Bewegung hielt. Diese bremste, ließ den Sessel sich ausschwingen und sagte sehr natürlich, doch nicht ohne Würde: »Ich bin Frau Gerstenberg, und dies hier ist Friedrich, mein Sohn.«

Von diesem Friedrich sahen wir allerdings erst überhaupt nichts, denn er hatte sich ganz in eine Ecke verkrümelt, wo es noch düsterer war als hinter dem Selbstbildnis des sich selbst überlebenden Ahnherrn und Hauskünstlers. Der zweite Stuhl hörte auch zu schaukeln auf und aus ihm erhob sich der Sohn, ein langer Mensch, der sehr salopp gekleidet war. Er trug eine Brille mit schwarzer Montur und einen ebenso tiefschwarzen Schnurrbart.

»Ginsterberg!« so stellte er sich mit einer akademisch steiflächerlichen Verbeugung vor, derselben, die ich mir hier ablernen wollte.

»Um Mißverständnissen vorzubeugen«, warf die Dame jetzt ein, »will ich klarstellen, daß mein geschiedener Mann Ginsterberg heißt, Professor Ginsterberg. Ich selbst schreibe und nenne mich wieder mit meinem Mädchennamen, den ich am Wiener Burgtheater geführt. Da war ich die Gerstenberg.«

Bei diesen Worten haben sich ihre Züge gewiß umschleiert, man konnte es nicht sehen, da der Autoretrato das ganze Licht der Vorhalle für sich und seine dynastische Nase in Anspruch nahm. Der Stuhl begann wieder sich leise zu wiegen, wie es zu einem vergangenen Traume passen mag.

»Gnädige Frau!« rief Beatrice erregt, »sind Sie die Hofschauspielerin Gerstenberg, Adele Gerstenberg? Dann habe ich Sie mehr als einmal bewundert und vor die Rampe geklatscht!«

Die Schleier der Wehmut, die sich meiner Mutmaßung nach auf die Züge der Gerstenberg gelegt, auf Beatricens Gesicht waren sie nun deutlich erkennbar. Mehr noch, ihre Augen bekamen einen feuchten Glanz, den ich nur zu gut kannte: Erinnerungen an Wien waren immer verbunden mit ihrem Musikstudium bei Juliusz Wolfsohn, das sie hatte aufgeben müssen, der Not gehorchend. Frau Gerstenberg rührte an eine schmerzhafte Vergangenheit, da war die Pilar mit der Axt am Pianoforte nur ein kleines Zwischenspiel.

Die aschfahle Künstlerin erhob sich, unterstützt von ihrem Sohn. Sie ging auf Beatrice zu und schloß sie bewegt in die Arme.

»Mein Kind, seien Sie mir nicht böse, daß ich mich so gehen lasse, aber Sie sind bisher der einzige Mensch in diesem kunstfeindlichen Lande, der mich erkannt, wiedererkannt hat. Das goldene Wien, wo man mich auf den Händen getragen, o Friedrich, mein Sohn, hier steht jemand, der dir sagen könnte, wer deine Mutter war, wenn du es nicht wüßtest! Weil ich die Gerstenberg war, konnte ich nicht Frau Ginsterberg bleiben. Und das ist wohl Ihr lieber Mann? Seien auch Sie mir willkommen!«

Ich küßte der Hofschauspielerin die Hand und geleitete sie zum Stuhl zurück.

»Ach, mich bewegen so viele Gedanken und Gefühle! Herr von Martersteig hat uns schon erzählt, daß Sie schreiben. So bilden wir eine kleine Welt für uns.«

»Aber Mutti, Martersteig übertreibt, und alles, was er von Anton Emmerich importiert, ist sowieso mit Vorsicht zu genießen.«

Aha, dachte ich, die Chronique scandaleuse ist schon bis in die Schaukelstühle der gräflichen Herberge gedrungen. Doch beruhigte es mich, daß es für den lieben Friedrich ein größerer Skandal zu sein schien, daß einer schreibt, als von einer Strunze aus dem Haus gejagt zu werden.

»Mein Sohn, du hast dich wieder sehr unglücklich ausgedrückt. Schreiben an sich ist keine Übertreibung; was man schreibt, darauf kommt es an. Und da kann ich beim besten Willen nicht mehr sagen, daß unser Hauptmann das rechte Maß zu halten weiß. Du gibst dir Blößen wie dein Vater, das bekümmert mich, aber ... Freunde, verzeiht, wir sind wieder bei unserem Hausthema angelangt, das um so abstruser wirkt, wenn man es vor Fremden in einer Pension erörtern muß. Wir wollen uns zusammennehmen, nicht wahr, mein Friedel?«

Die Sessel von Mutter und Sohn waren noch keine hundert Mal hin- und hergewippt, da wußten wir schon in großen Zügen das Lebensschicksal der beiden Verschlagenen: Friedrichs Vater war ein namhafter Tübinger Herzanatom, der monatlich 400 Mark überwies, von denen Mutter und Sohn gut hätten leben können. Aber der Sohn konnte auch nicht Maß halten, wie der genannte Hauptmann, nur auf einem anderen Gebiete. Er war lungenkrank und hatte sein ärztliches Studium vor der Promotion abbrechen müssen. Ein Jahr hatten sie in der Staubwüste von Alicante gelebt, weil dort ein Weib war, von dem der liebe Friedrich sich nicht trennen konnte. Dann waren sie aus anderen Gründen nach Mallorca gezogen, das mir für Tb auch nicht gerade der ideale Ort zu sein schien. Die Schweizer Sanatorien seien zu teuer, und in Deutschland wollte die Gerstenberg nicht bleiben. Das liefe böse aus, sie seien Juden: Hindenburg sei ein Recke mit Gehirnerweichung, den die aufkommenden Nationalsozialisten mit Hilfe der Hindenburg-Deutschen eines Tages von hinten abstechen würden, und dann würden alle Nichtarier abgeschlachtet. Bedenkt man, daß solche politischen Spekulationen im Sommer 1931 vorgebracht wurden, dann kann man der Hofschauspielerin die Achtung auch auf einem anderen Gebiete nicht versagen. Sie sah sehr scharf und las nicht umsonst die wichtigsten Blätter der Weltpresse. Friedrich war ein guter Kunde von Anton Emmerich.

An diesem Mittag lernten wir keine weiteren Gäste mehr kennen. Der Kakadu hatte sich, wie Beppo, selbst vorgestellt, und wer wie wir frisch von Pilars kam, hörte Heimatklänge aus dem losen Schnabel ertönen. Leider hatten wir nicht die Zeit, ihnen zu lauschen. Mit Pepes Hilfe schafften wir das Gepäck aus dem Buchladen in die Pension und bauten alles ordentlich in unserem Zimmer auf. Beatrice ist ein Genie der spontanen Raumerfassung, sie kann kramen und wursteln wie keine zweite intellektuelle Frau. Sie stellt Kisten und Koffer nach einem vorbedachten Plan so aufeinander, daß es immer die unterste Kiste ist, aus der man gerade etwas Dringliches braucht. Bevor wir uns zum Abendbrot in den Comedor begaben, hatten wir uns ein Heim geschaffen, aus dem uns so leicht niemand vertreiben würde.

*

»Hauptmann von Martersteig, wenn Sie gestatten, aus Magdeburg, Joachim, darum nennen mich die komischen Leute hier Don Joaquín.«

»Vigoleis mit Vogel-f, aus Süchteln am Niederrhein, wenn ich so frei sein darf.«

Wir verbeugten uns gegenseitig, sehr steif, der Hauptmann aus Gründen, die später deutlich werden, ich aus einer an sich grundlosen Rückfälligkeit in die Kinderkrankheit des deutschen Michels.

»Vigoleis? Und Vogel-f? Was bedeutet das? Sie führen einen romantischen Namen, wenn ich Sie recht verstanden habe, wohl ein Verwandter jenes Ritters von der Artusrunde, der mit dem Rade auf dem Helm, le chevalier à la roue, Wigalois? Minnesang, 13. Jahrhundert, ich besitze die Benecke-Ausgabe; eigentümlich, höchst merkwürdig, mein Herr mit dem Vogel-f!«

Der weiß Bescheid, dachte ich, ein Hauptmann mit germanistischer Bildung, da muß man aufpassen. Wenn das Militär gelehrt wird, ist es doppelt gefährlich. Preuße obendrein, wo ich nur Mußpreuße bin. Doch zum Glück war der Hauptmann in Zivil, das milderte den Standesdünkel. Vorwerkadel, nichts Bedeutendes.

»Verwandt«, so gab ich Auskunft auf die literarisch-gothaische Frage, »artverwandt, ja, das bin ich schon mit der Gravenbergschen Gestalt«, – verschwieg aber, daß ich das Rad, welches mein Namensvetter als Helmzier auf dem Kopfe trug, im Kopf selbst hatte, wo es sich zuweilen so rasch dreht, daß mir schwindlig wird. Der Hauptmann wird es schon merken, wenn wir länger der Tafelrunde des anarchistischen Ritters Don Alonso angehören. – »Was aber das Vogel-f betrifft, das erkläre ich Ihnen, Herr Hauptmann, ein andermal, eine rein schweizerische Angelegenheit, meine Frau ist nämlich eine halbe Schweizerin.«

»Donnerwetter!« entfuhr es dem Hauptmann, »die andere Hälfte dürfte dann wohl etwas mehr Indianisches sein, ich mußte an Azteken denken, als ich Sie erblickte, habe die Ehre, gnä' Frau, haben gnä' Frau sich schon von dem Schrecken erholt, Zeuge der Begrüßung gewesen zu sein, die dem Herrn Gemahl aus der Palme zuteil wurde?«

»Gestern«, so sagte ich an Beatricens Statt, die den Hauptmann höflich, aber ablehnend behandelte, »gestern ist uns der Schrecken aus künstlichen Palmen in die Glieder gefahren, heute aus natürlichen. Herr Emmerich hat Sie gewiß informiert?«

»Beppo ist unberechenbar, gnä' Frau«, der Hauptmann überging mich, »und das ist sein gutes Recht, das summum jus, das ihm durch seine Zugehörigkeit zur Affenheit durch niemand streitig gemacht werden kann, nicht einmal durch einen anarchistischen Grafen. Hätte sich die Szene übrigens in einem französischen Hotel zugetragen, ich würde nicht anstehen, darin eine perfide Manifestation des Deutschenhasses zu erblicken. Ich liebe meine Landsleute nicht bedingungslos, im Augenblick liege ich selbst in offener Fehde mit dem Vaterland, aber gegen das Franzosenpack, da setze ich jederzeit mein krummgeschossenes Rückgrat ein. Nicht einmal das Geschabte eines grünen Käse –«

Es blieb bei dieser geheimnisvollen Andeutung, denn der Gong bat zu Tisch. Der Hauptmann führte Beatrice, ein schönes Paar, zwei Menschen, die mit ihrer Heimat in Fehde lagen, da mußte sogar Lorico wieder unanständig werden. Ich zog bescheiden hinterdrein, ein Mensch, der mit dem Vaterlande noch nicht ganz zerfallen war, dafür aber mit sich selbst im Feuer stand. Martersteig meldete gehorsamst, er habe sich erlaubt, die Gedecke so zu legen, daß wir eine aparte Ecke bildeten, mit Mutter und Muttersöhnchen, verstehe sich, benebst dem Fräulein Höchst aus Dresden, welches noch auf seinem Zimmer mensendiecke.

Dieses Fräulein war eine akademisch gebildete Turnlehrerin, ein burschikoses Weibsbild mit blonden Haaren und wasserblauen Augen, das außer Deutsch keine andere Sprache sprach und in der ihrer Mutter natürlich sächselte. Sonst war nichts an ihr bemerkenswert. Sie hielt sich bescheiden im Hintergrunde und war immer froh, wenn sie losziehen konnte zum Schwimmen und Speerwerfen. Die germanische Furie nannte man sie am Strande von Ca's Català, wo ein jeder das Weite suchte, wenn sie den Speer ins Meer hinaus schleuderte und dann hinterdrein sprang, um ihn wie ein Hund zu apportieren. An den Tischgesprächen beteiligte sie sich nie. Vater Jahn war ja für uns kein Thema, auch nicht in der salonfähigen Entartung von Frau Dr. Mensendieck.

Viel lieber hätte ich an der einheimischen Seite der Table d'hôte gesessen, wo es weniger gesittet und gebildet zuging als im nordischen Winkel. Doch hätte ich das Beatrice schon nicht antun dürfen, der es sofort den Appetit verschlägt, wenn jemand die Suppe schlürft oder den Löffel wie eine Kohlenschaufel von vorne in den Mund schiebt, nicht zu reden von den gewandten Herrschaften, die mit dem Messer essen, ohne sich zu schneiden. Wenn die Industrie »safety-Messer« auf den Markt brächte, würde sich ein derartiges Vorurteil nicht lange mehr halten können in den Handbüchern fürs feine Benehmen. Das erinnert mich an eine lustige Geschichte, die zu den kleinen Anekdötchen unseres Lebens gehört. Wir waren zu Gast in einem berühmten Hause, man saß bei Tisch, das Gespräch drehte sich um Hitler und das Dritte Reich. Wir armen Naziopfer hatten einen schweren Stand inmitten einer zwar neutralen, aber hochkapitalistischen Gesellschaft, die noch nicht erkannt hatte, daß es auch ihr an den Kragen ginge, wenn der deutsche Mob über die Grenzen flute. Ich wehrte mich politisch-philosophisch, während Beatrice vor Verachtung schwieg. Der Herr des Hauses bat Beatrice um ihre Meinung. Diese entgegenete, sie könne bei Tisch nicht über Hitler diskutieren, einen Mann, der mit dem Messer äße. Da blieb dem Gastherrn der Bissen, den er sich gerade mit dem Messer in den Mund gestrichen hatte, stecken, – »mais Madame« ... sagte er, worauf man vom Wetter und den Vorbereitungen für die Weinernte sprach – es war mehr als peinlich.

Meister in der betreffenden Kunst war einer der Gäste vom spanischen Festlande, ein spanischer Müller oder Schulze, aus Burgos, der mit seiner Frau und zwei Töchtern in verlockend mannbarem Alter die Ferien auf der Insel verbrachte. Er war kein Künstler, deren laut Emmerich immer viele in der »Pensión del Conde« zu finden seien, stand aber der Kunst insofern nahe, als er holländische und deutsche Farben- und Pinselfabriken vertrat. Alles, was einigermaßen anständig male in Spanien, drücke die Farben aus seinen Tuben auf seine Leinwand und verstreiche sie mit seinen Pinseln. Miró, Zuloaga, Puigdengolas, Sureda seien einige seiner großen Kunden. Auch der Graf auf der Staffelei habe seinen Malbedarf von ihm bezogen. Die Leuchtkraft seiner Vertretungen sei unübertroffen, so hätten die alten Meister nicht einmal mischen können. Auf seinem Teller mischte der Generalvertreter mit kundiger Hand. Ich konnte zu wenig Spanisch, um in eine Diskussion über den Tisch hinüber einzugreifen. Der Sohn Friedrich übersetzte einiges für mich, während Beatrice mit einer solchen Verachtung vor ihrem Gedeck saß, daß nicht einmal die Gerstenberg es wagte, sie in ein Gespräch zu ziehen.

Martersteig erklärte die Speisen. Er kannte sich in der spanischen Küche aus, vor allem die Salate mengte er geschickt an, nicht die kleinste Schnecke entging seinem Augenglas; nur die Typhusbazillen – da übernähme er keine Haftung. Diese ehrliche Warnung hatte meist zur Folge, daß er die ganze Schüssel selber essen konnte. Seine kulinarischen Kenntnisse hatte er indirekt Hindenburg zu danken, der ihm seine Rückgratrente nicht erhöhen wollte, so daß er sich in seinem Deyáër Hauptquartier selber den Topf bereiten mußte. Verglichen mit unserer Josefa, der Pilar oder einem Santiago Kastner blieb er freilich ein Schnirrbrater und Sudelkoch.

»Martersteig schreibt auch«, warf Friedrich unvermittelt ein.

»Auch«, entgegnete der Angegriffene, wobei er sich uns beiden zuwandte – »auch ist von diesem Jüngling als eine Anzüglichkeit an meine Person gedacht, wobei sich derselbe Jüngling nicht einmal bewußt ist, daß er mit einer so verdächtigen Partikel auch Sie kränken könnte, Herr Vigoleis, weil Sie ja ›auch‹ schreiben, wie wir alle wissen. Was mich betrifft, ich schreibe nicht auch, sondern ich schreibe, weil ich muß. Ich habe eine Aufgabe zu erfüllen. Sie liegt auf einem anderen Gebiete als dem Ihrigen, dennoch möchte ich der gnädigen Frau und Ihnen einmal aus meinem Manuskript vorlesen. An Ihrem Urteil wäre mir gelegen, Ihrer beider Urteil, wie sich von selbst versteht.«

»Hurrah! Es lebe unser Hauptmann außer Dienst, Generalissimus und Leit-Schimpanse seines Affenheeres, das schon in Reih und Glied angetreten ist, und wir sind noch nicht über das erste Gericht hinausgekommen!«

Dies sagte Friedrich, es klang wie ein Triumph. Frau Gerstenberg versuchte die Lausbüberei zu dämpfen: es herrsche immer eine offene Feindseligkeit zwischen ihrem Jungen und dem Hauptmann, sie sei nicht böse gemeint. »Das Affenheer« sei der Titel eines Romanwerkes, an dem Martersteig schon seit vielen Jahren arbeite. Immer wieder werde es umgemodelt, die rekrutierten Affen wollten nicht so, wie er sich den vollwertigen Ersatz reichsdeutscher Wehrpflichtiger dächte. Worauf Friedrich dann wieder das lose Wort in die Erklärungen warf, der ausgediente Militär schreibe natürlich aus Erfahrung.

Martersteig ließ sich diese halb als Aufklärungen, halb als Hechelei gedachten Bemerkungen nicht anfechten. Schweigend schüttelte er seinen kugelrunden Kopf, auf dem schneeweiße Haare in einer sorgfältigen Anordnung eine Rodung tarnten.

Dann klemmte er das Glas ins Auge und widmete sich einer roten Sackbrasse, die er kunstgerecht entgrätete, um sie Beatrice vorzulegen.

»Doña Inés ist eine kluge Frau«, sagte die Hofschauspielerin. »Zweimal am Tage wird ein gefährlicher Grätenfisch aufgetischt, der die beiden Streithähne zwingt, sich ausschließlich mit ihrem Teller zu beschäftigen, sonst wären die Rodomontaden unerträglich, nicht wahr, Fräulein Höchst?«

»Verzeihung«, überhob der Vorschneider die Angeredete einer Antwort, »noch ein paar Wochen Geduld, dann ziehe ich mich wieder in mein Mühlenschlößchen von Deyá zurück. Bis dahin wird sich mein Feind beruhigt haben.«

Friedrich, der die eigene Brasse zerlegt hatte, ergriff wieder das Wort:

»Martersteigs Feind schreibt auch, auch, und er schreibt sich auch von, doch nicht immer. Zur Zeit eine der Berühmtheiten auf der Insel, man sieht es ihm nur nicht an. Er heißt Graves, aber als Enkel unseres Historikers Ranke nennt er sich gerne Robert von Ranke Graves. Der Hauptmann, wählerisch in der Aushebung seiner Rekruten, bestimmt auch seine Feinde mit Sorgfalt.«

»Ginsterberg ist albern und naseweis und für deutsche Begriffe erstaunlich ungebildet und oberflächlich, von Tiefe nicht das Geschabte eines grünen Käse! Er soll ein Streber gewesen sein, um es dem berühmten Papa gleichzutun, und heute ist er krank. Wir müssen ihm vieles verzeihen. Doch sagen Sie, Herr Vigoleis, ändern wir das Thema, Entschuldigung – was meinten Sie vorhin eigentlich mit dem Vogel-f?«

»Vigoleis mit Vogel-f? Ja, das war ein kleiner Scherz, den ich mir erlaubte, um Ihrer mehrstelligen Vorstellungsformel mit Hauptmann, a. D., von und Magdeburg um ein Kleines gewachsen zu sein. Und selbst bei diesem Spaß war ich noch auf eine Anleihe angewiesen, aus eigener Existenz brächte ich nichts dergleichen auf die Beine. Ich bin durch meine Frau nach der Schweiz hin liiert, und zwar nach Basel. Basel ist berühmt durch seine humanistische Vergangenheit, von der heute nur noch der papierene Niederschlag übrig geblieben ist. Dafür blüht dorten der Karneval um so mehr und, wie mir ein Basler Historiker erklärte, damit zusammenhängend der Schabernack, den die alten Familien mit ihren Namen treiben. Durch Jacob, seinen größten Sproß, ist das Haus Burckhardt unsterblich geworden, das mit ck-dt wohl zu verstehen. Denn es gibt auch ein

Friedrich hatte noch einen kleinen Auftritt mit seiner dramatischen Mutter, zu dem der Hauptmann seine Erläuterungen gab. Friedrich sei ein Muttersöhnchen, aber nur bei Tage. Nachts versetze er die eigene Mutter und begebe sich zur Urmutter zurück, die er mit Herrn Emmerichs Hilfe fände in gewissen Häusern, wo der Buchhändler sich auszukennen scheine. Erst werde im »Alhambra« Schach gespielt, was für Friedels Gesundheit nicht so schädlich sei. Dann müsse aber einer Königin Schach geboten werden, und daran gehe Ginsterberg zugrunde. Es folgte ein diskreter Hinweis auf Don Helvecio, alias Zwingli, man wisse Bescheid. Die Hofschauspielerin war eine gebrochene Frau, als Friedrich seine Aktenmappe nahm und mit einem »Grüß Gott allerseits« verschwand. Martersteig empfahl sich ebenfalls, um an seinem »Affenheer« zu schreiben. Er sei an der Stelle angelangt, wo die Oberste Heeresleitung die ersten Manöver mit den frisch eingedrillten Mußtierpreußen abhalte, im Teutoburger Wald natürlich – und er küsse den Damen gehorsamst die Hand, Don Vigoleis, auf gute Nachbarschaft, eine steife Verbeugung, die Herrn von Hindenburg täglich zehn Peseten kostete, und der Luftkollege des Freiherrn Manfred von Richthofen schluffte an seine vaterländische Pflicht.

»Ich weiß nicht, wer von den beiden jungen Menschen mehr zu bedauern ist«, sagte die Gerstenberg nach einer Weile. Wir hatten sie zu ihrem Lieblingsplatz im Schatten des gepinselten Schloßherrn geführt, wo sie, ohne sich zu schaukeln, das Gehörte und Gegessene zu verdauen versuchte. Letzteres ging nur noch mit Hilfe eines Pulvers, das Doña Inés schon bereitgestellt hatte.

»Ich frage mich, wen ich mehr bedauern soll, meinen Friedrich oder Martersteig. Beide sind Todeskandidaten, obwohl der Hauptmann mit seiner anerzogenen preußischen Disziplin meinen Sohn überleben wird. Friedel stirbt an den Frauen. In Deutschland war es schon schlimm, jetzt gibt ihm Spanien den letzten Stoß. Mein geschiedener Mann dringt darauf, daß er nach Hause kommt, aber wir wollen nicht. In Deutschland drängt der Pöbel empor, den Brüning mit einer weißen Weste in Schranken halten will. Ich sehe schwarz, Ihr Lieben, für uns alle.«

Das Gespräch verlor sich ins Politische. Ich sagte schon, daß die alte Dame sich auch auf den anderen Brettern, die die Welt bedeuten, gut behauptete. Große Staatsmänner und Diplomaten hatten ihr gehuldigt, Dichter und Musiker waren in ihrem Wiener Heim ein- und ausgegangen, es waren die Namen ihrer Zeit: Schnitzler, Hofmannsthal, Richard Strauß, Harry Keßler;

jeder kann die Liste selbst ergänzen, ohne leicht einen Fehlgriff zu tun. – Unsere Befahrnisse auf der Straße der Einsamkeit waren ihr bekannt, obwohl es noch nicht zu ihr durchgedrungen war, daß jener Don Helvecio aus dem »Principe« in der eigenhörigen Haut unseres Zwingli steckte. Sie hatte einige Monate in seinem Hotel gewohnt, vor der Zeit, wo der Manager die große Zaupe entführt hatte. Zwinglis Schicksal verglich sie mit dem ihres Sohnes, der sich auch nicht mehr regelmäßig wüsche.

Um Mitternacht gingen wir auf unser Zimmer, das neben dem des Hauptmannes gelegen war, der noch auf seiner Orga-Privat exerzierte, ohrenbetäubend. Friedrich behauptete, daß Martersteig auf den Radau angewiesen sei, der das Gebrüll seiner Affen übertönen müsse, gewissermaßen ein doppelter Schlachtenlärm. Als die Standuhr im Korridor Zwölf geschlagen hatte, hörte das Tippen auf. Martersteig deckte mit dem Glockenschlag das schwarze Wachstuch über seine Affenfabrik. Er war der Auffassung, daß in Spanien das Verbot der nächtlichen Ruhestörung um diese Stunde in Kraft trete, weshalb er dann auch das Hornsignal: »Rührt euch!« erschallen ließ; seine Makaken konnten aus dem Gliede treten. Selbst legte er sich mit steifen Gliedern ins Bett und träumte von Lustknaben, die er sich mit der kargen Invalidenrente nicht mehr leisten konnte. Seine große Zeit war längst vorbei, man ist nur einmal Fährich im Kadettenhaus und Liebling des Kommandanten. Hauptmann a. D. Joachim Freiherr von Martersteig, aus 3 000 Meter Höhe aus der Jagdstaffel des Freiherrn von Richthofen in die feindlichen Linien hineingetrudelt, war nämlich homosexuell, wie die langschwänzigen Kameraden seines imaginären Heeres, auch darin alte preußische Tradition, der er leider in Spanien als Don Joaquín nicht treu bleiben konnte. Die Schuld lag wiederum beim Generalfeldmarschall a. D. Paul von Hindenburg, der als Reichspräsident ebenso vernagelt war wie das riesige Götzenbild seiner Person, in das wir Kriegskinder Nägel schlagen durften. Wie Schlachtvieh war der martialische Popanz in bonitierte Zonen eingeteilt, und da mein Vater sich keine goldenen Nägel leisten konnte, wurde ich nur an einen ganz miesen Körperteil herangelassen, um meinen billigen Stift hineinzuschlagen. Ich schämte mich. Das goldene Kalb der biblischen Geschichte war schöner.

*

Beppo war noch nicht von Martersteigs allgemeiner Aushebung fürs großdeutsche Affenheer erfaßt, und so konnte es geschehen, daß der zuchtlose Javanese schon in aller Herrgottsfrühe, die in Spanien die wahre Teufelsstunde ist, die Pest- und Fastenklapper an unserem Fenster erneut in Bewegung setzte. Er hing sich mit allen vieren an die Blenden und trommelte uns aus dem Schlaf. Als ich den Laden aufmachte, turnte der Bösewicht mit heiserem Bellen in seine Schanze hinauf, von wo er dieses Mal einen übelriechenden Saft auf mich spritzte, dem ich zum Glück ausweichen konnte. Dafür aber traf ein Stein meine Schulter. Ich zog es vor, die Läden wieder zu schließen.

»Wasser anschmeißen, das mögen sie nicht«, rief Beatrice vom Bett aus. Sie hatte die neue Angriffstaktik des gräflichen Lieblings und Gästeschinders beobachtet und meinte, daß ihr Allerweltsmittel gegen Huren und Katzen in gleichem Maße gegen Meerkatzen verschlüge. Beppo gehörte aber der Rasse der Javaneraffen an, die gar nicht wasserscheu sind und sich durch ein paar Spritzer nicht verpleffen lassen. Vielleicht wüßte Martersteig Rat, der sich doch so weit in die Psyche seines Untertanen-Ersatzes eingelebt hatte, daß er selber fast schon zum vierfüßigen Söldner des großdeutschen Heerbanns der Zukunft zu werden drohte. Es wäre ja nicht das erste Mal, daß sich ein Autor mit seinen Helden Stück für Stück identifiziert. Beim Morgenkaffee dieserhalb angegangen, meinte der Sachverständige, es gäbe nur ein Mittel, den schamlosen Anpöbeleien und exhibitionistischen Frechheiten Beppos die Stirn zu bieten: Gift! Solange der turne, zögen wir alle den kürzeren! Das sei ja auch der Grund, weshalb er, Martersteig, Hauptmann a. D., auf dem Wege über einen Roman den Verwesern des Reiches den Vorschlag unterbreite, ein Affenheer auszuheben: dann gäbe es keine Marneschmach mehr, kein Compiègne, keine kaiserliche Fahnenflucht. Leider habe ihm General von Schleicher nie Gelegenheit geboten, seine Militär-Reform vorzutragen – aber das führe von der Dringlichkeit unseres Anliegens ab. Er rate, da Gift auch Beppos Herrn und Gönner träfe, eines der fensterlosen Innenzimmer zu nehmen, vielleicht mit der kuhdummen Walküre zu tauschen, die ein solches innehätte. Es seien ungesunde Verschläge, aber sehr meditative, und der seelischen Hygiene zuträglicher. Auch er wohne hier unter Ausschluß der Außenwelt, nein, nur kein Zimmer mehr mit einem Fenster, und das noch zur Straße hin, die nach Einbruch der Dunkelheit zum Wartesaal niedrigster Klasse werde, in heißen Nächten mit Schlafmatratzen und ehelichen Zwistigkeiten coram publico!

Don Alonso war überzeugt, daß wir uns mit der Zeit an Beppos Zapfenstreich gewöhnen würden. Nur kein Aufhebens von dem Burschen machen, dann ließe er uns von selber in Ruhe oder suche sich ein neues Opfer. Er fand tatsächlich ein solches in einem reizbaren ältlichen Ehepaar, er Spanier, sie Französin, die in einem ständigen Kleinkrieg lebten, an dem Beppo sich als wetterwendischer Bundesgenosse beteiligte. Niemand hat ergründen können, warum der Affe einmal Madame und dann wieder Monsieur seine Hilfe lieh. Da die Dresdener Turnerin den höheren Zimmerpreis nicht bezahlen konnte, tauschten wir mit dem zänkischen Paar, das für volle vierundzwanzig Stunden Frieden hielt. Dann ging der Krach wieder los, und so sehr ich Krach in der Ehe hasse, diese zwei hatten einen höheren Stil entwickelt, der sich sehen lassen konnte, was er auch tat. Beppo hatte eine Zeit größter eigener und fremder Schamverletzung, der Inkavogel kam auch auf seine Kosten, und wir nicht minder, indem nämlich das mystische Gemach fast um die Hälfte billiger war als das große Zimmer mit der musikalischen Weckerblende. Die Hälfte billiger:

»Du, Beatrice, das macht was aus für unsere Verhältnisse, die nicht gerade im argen liegen, aber wenn wir uns dieses Arge einmal räumlich vorstellen wollen, als Rinnstein zum Beispiel, dann kommen wir demnächst drein zu liegen, daran zweifle ich nicht. Die Peseten schrumpfen zusammen, meine Manuskripte kommen zurück, von den Berliner Filmleuten keine Spur!«

Nein, auch die Herrschaften der flimmernden Leinwand wollten nichts von mir wissen. Wie kam das eigentlich? Der Vermittler der hoffnungsvollen Geschichte, in Amsterdam wohnhaft, der Schriftsteller, Dichter, Essayist und Dramatiker Victor Emmanuel van Vriesland schwieg auch. Er hatte einen bedeutenden Roman geschrieben, den die Berliner verfilmen wollten. Sie witterten Geld und Ruhm, und beides steckte verborgen in dem Werk. Vigoleis hatte das Buch übersetzt, die deutsche Fassung sollte als Text für das Drehbuch dienen. Der Titel lautete ›Der Abschied von der Welt in drei Tagen‹, leider wurde es ein Abschied auf ewig. Das gäbe einen Sensationsfilm, hatte eine Filmdiva dem Dichter gesagt, und diese Mittelsperson war eine bildschöne Frau; mit ihr wurde der Vertrag abgeschlossen. Schönheit und Film – die natürlichste Sache von der Welt. Mein Manuskript war nach Berlin gewandert, dort lag es. Wo die schöne Frau lag, wußte ich nicht, vermutlich aber in Amsterdam, ein Grund für den Verfasser des Urtextes, sich in Schweigen zu hüllen. Liegende Frauen bedürfen einer liebenden Wartung – wer denkt da an Arges? Und wer noch an Vigoleis?

Die Welt hatte ihn so vergessen, wie er das Mädchen Pilar und das nach ihr benannte Liebesmöbel vergessen hätte, wäre nicht der Schnabel des Kakadus täglich in Bewegung gewesen. Mit zwei Silben hielt er die Erinnerung lebendig. Beppo war inzwischen seiner Freiheit beraubt worden und lag an der Kette. Schütteln konnte er noch, aber mit dem Stehlen war es aus. Die englische Lady hatte eine neue Perücke und malte, sanft in Farben und Linien, weiter an ihrem Brunnen, der auf der Leinwand nicht versiegte. Der Utensilienhändler war mit seinen Frauen wieder abgereist, Fräulein Höchst schickte sich an, ein selbes zu tun, mußte dann aber einer Fußverletzung wegen noch eine Woche länger bleiben. Pepe war an die Luft geflogen, unter Umständen, die ich schon vorweggenommen habe. Friedrich blieb die tägliche Sorge seiner Mutter und der nächtliche, immer schwächer werdende Page einer Flitterkönigin, die Emmerich ihm zugeführt hatte. Hauptmann von Martersteig war wieder in Deyá, wo sein Feind Gnade vor Recht ergehen zu lassen schien. In seinem Zimmer lebte ein katholischer Priester in Zivil, der eine sehr verwickelte Erbschaftsangelegenheit für einen Orden auf dem Festlande regeln mußte. Sein Hang zum weiblichen Geschlecht war bemerkenswert, ebenso sein Durst nach Wein und freigeistiger Wissenschaft. Ich unterhielt mich gern mit diesem verfeinerten Gottesmanne, der sehr belesen war. Die Gerstenberg entwickelte sich zu unserer großen Freundin, und auch wir schlossen sie immer mehr in unser Herz. Der halbblinde Graf schälte Kartoffeln, Josefa schmauchte ihren Kneller und ließ es lustig aus dem Busen dampfen, so daß sie als wandelnde Darbringung unser aller Ehrfurcht erweckte – und so ging es von einem Tage in den andern. Ich las viel Spanisch, das Alte Testament vor allem, weil ich das Buch sehr liebe und man sich am besten in eine fremde Sprache einliest mit Hilfe eines bekannten Textes. Von Zwingli sahen und hörten wir nichts. Wie auf Verabredung wurde der Name nicht mehr von dem Zweigestirn Gerstenberg-Ginsterberg erwähnt, und natürlich blieb auch die Erzkokotte für uns verschollen. Nur Julietta lief uns zuweilen über den Weg, wenn wir zur Post gingen oder bei Emmerich Zeitungen kauften und ein wenig in den zwei Autoren blätterten, die die deutsche Literatur auf der Insel vertraten. Hin und wieder erlaubte sich der Buchhändler die bescheidene Frage, wann denn mein Name in seinem Shop gefragt werden würde – was steht zu Diensten, bitte? – Ach ja, haben Sie das jüngste Buch von Vigoleis? Einfach phantastisch, man spricht von nichts anderem! Wie denn, sind Sie hinterm Mond, was liest man denn als Deutscher auf Ihrer Insel?

Ein gelesener Autor zu sein, stelle ich mir erregend vor, zumal wenn man als Horcher an der Wand seine eigne Schande hören kann, oder im Buchladen steht und Zeuge ist, wie man am laufenden Bande gefragt wird. In Köln ging ich viel in eine winzige Buchhandlung, wo Max Scheler zu stöbern pflegte. Der Philosoph war das Glanzstück des Geschäftes, sowohl auf den Planken broschiert und gebunden, als auch sehr ungebunden vor der Theke stehend, den metaphysischen Rundkopf aus den Seiten eines Werkes erhoben, den Blick fast tierhaft verzweifelt ins Leere gerichtet. Etwas von dieser Haltung hat Otto Dix in seinem beängstigenden Gemälde festgehalten, und so lebt Schelers Bild in meiner Erinnerung fort. In den Vorlesungen wirkte auf mich die Glatze und das Unverständliche seiner Ausführungen so ernüchternd, daß ich bald schon zu denen gehörte, die die Reihen lichten halfen. Die Rede meidend, hielt ich mich nur noch an seine Schreibe, und kam auf meine Kosten.

Gut, niemand fragte nach dem jüngsten Werk des Vigoleis, aus dem einfachen Grunde, weil es noch nicht geschriftstellert war. Es mußte erst noch geboren werden, und um geboren werden zu können, mußte es seine Zeit austragen, und um seine Zeit austragen zu können, mußte es zuvor empfangen werden. Zu dem Zwecke war der Verfasser schon auf die Insel gekommen. In zweifacher Gestalt wandelte er dort unter der glühenden Sonne, sich selbst im Licht und sich selbst im Schatten, keiner Hure mehr ein Ärgernis, keinem Zwingli ein Gegenstand mitleidigen Achselzuckens, keiner Julietta fürder der Bringer einer schwülen Lust.

Nein, niemand fragte nach dem neuesten Werk von Vigoleis, wie auch niemand nach den Heldentaten eines Ungeborenen verlangt. Beginnen wir darum ein neues Kapitel, das uns neue Lichtblicke gibt. Denn ehrlich gestanden, von der Pension des anarchistischen Grafen hatten wir mehr erwartet, zumindest eine Palastrevolution mit einer gebrochenen Scheibe und einer hysterischen Engländerin, die dann doch lieber auf der eigenen Insel lebt, ohne Sonne, ohne Apfelsinen so vom Baum in den Mund und ohne die tägliche Erregung, die das Schwanken des Pesetenkurses mit sich bringt.

Kleine Ursachen haben oft große Wirkungen, noch kleinere können öfter noch größere haben, und überhaupt keine Ursachen haben am öftesten die allergrößten. Nehmen wir als Beispiel die Welt: sie ist aus dem Nichts erschaffen worden, und damit die größte Kalamität, die die Welt je gesehen hat.

Nichts geschah, und weil nichts geschah, wurden die Kassenstürze, die Vigoleis und Beatrice von Zeit zu Zeit veranstalteten, immer mehr die Ursache, daß wir die Brauen zusammenzogen. Und groß war die Besorgnis, als wir eines Tages unseren Bankbruch buchen konnten. Eine Firma reibt sich bei einem solchen Anlaß die Hände und rechnet mit fliegendem Stift aus, was sie an dem Schwindel verdient. Ein General spuckt in solchen Fällen auf seinen Degen, ohne auszurechnen, wieviel Leichen ihn der schwarze Tag gekostet hat. Ein Stoiker, falls er überhaupt pleite gehen kann, dreht weiterhin die Daumen. Da wir keiner der drei genannten Gruppen angehörten, mußten wir auf eine andere Lösung unserer Daseinsfrage bedacht sein. Beatrice fand sie, und wir beschlossen, das Zimmer vorderhand noch zu behalten, als Dach überm Kopf, aber die Verpflegung im Hause aufzusagen, bis auf das Frühstück, das auch hier aus Milchkaffee mit Ensaimada bestand. Durch diese drastische Einschränkung würden wir uns einige Zeit halten können, und dann – sinke die Insel ins Meer.

Aus falscher Scham, ein Überbleibsel bürgerlicher Denkart, verschwiegen wir den Hausgenossen, wie engbrüstig unsere Verhältnisse geworden waren. Daß man einer Hure wegen in der Stadt mit Fingern auf uns zeigte, ließ uns kalt, doch zahlungsunfähig geworden zu sein, dessen schämten wir uns. Wir waren verschämte Arme. Vielleicht würden wir uns aufhängen, sofern ein letztes, dringendes Telegramm an die Filmleute ohne Erfolg bliebe. Vielleicht? Schnell bei der Hand mit kurzen Prozessen, hatte ich diese Lösung vorgeschlagen. Beatrice fand Selbstmord aber lächerlich und feige, und Aufhängen zudem noch unästhetisch, das überlasse sie gern dem Fuhrmann Henschel aus Hauptmanns Drama und ähnlichen Proletariern der Literatur. Wenn sie je Hand an sich legen würde, dann nur im Stile der Sappho, die sich, die Leier schlagend, vom Leukadischen Felsen ins Meer gestürzt. Worauf ich eine Antwort bereit hatte: daß wir zur Wahrung dieses musischen Stils dann schon eine größere Handkarre oder besser noch ein Eselsgefährt mieten müßten, um das von der Pilar bereits vorzertrümmerte Instrument auf einen der Felsvorsprünge zu schaffen, an denen die Insel so reich sei, draußen bei Ca's Català oder Porto-Pi zum Beispiel, jedes Reisebureau gäbe da Auskunft. Selbst nähme ich mein kleines Schreibmaschinchen mit, oder den handlicheren Parker-Duofold, der als Symbolisierung meiner Muse vollauf genüge. Dem Meere sei es wohl gleich, womit ich in die Tiefe sänke.

Vigoleis hatte sich um die Zeit, wo er so auf Beatrice einsprach, schon lange mit Schopenhauer überworfen. Er zieh ihn des Verrates am großen und das Christentum als Verneinung weit überflügelnden Lebenswerke, das in eine Scheinmystik und immer muffiger werdende Studierstuben-Erlösungslehre ausgeklungen war. So war er denn auf der Suche nach einem Ersatz für den abtrünnigen Geist, und er hatte begründete Hoffnung, ihn in einem unverfälschten spanischen Mystiker zu finden. Dann würde er sich buchstäblich in den neuen Freund versenken, ihn entsinnen und mit jedem erschlossenen Vers die eigene Lebenslüge bemänteln, die darin bestand, daß er nicht mehr den Mut aufbrachte, die Hand an die eigene Kalmäuserei zu legen, verurteilt sonach, dem Strohtode entgegen zu leben. Dabei merkte er nicht, daß er sich unter dem Ewigkeitswinkel gesehen viel zu wichtig nahm mit einem Lebensekel, für den er sich übrigens eine Mimikry geschaffen hatte, die so fröhlich wirkte, daß niemand seinen Weltschmerz mehr ernst nehmen wollte. Das schmerzt doppelt, bis man auch dagegen gefeit ist. Er hätte ihn unter Beweis stellen müssen mit einem Strick um den Hals, einer Kugel durch den Kopf oder einer Nadel in der Aorta, um nur ein paar Hausmittelchen zu nennen. Vigoleis verfügte doch über ein seltenes handwerkliches Geschick und eine über seine Bedürfnisse weit hinausgehende Fingerfertigkeit und Erfindungsgabe. In den Dienst der Selbstvernichtung gestellt, überhöben sie ihn mit einem Male der allmorgendlichen Bestürzung, noch unter den Lebenden zu weilen mitsamt seinem ersten und benebst seinem zweiten Gesicht. Pessimisten sind gerne die größten Optimisten. Jahraus, jahrein schloß Vigoleis allabendlich die Augen in der unumstößlichen Zuversicht, es werde die letzte Nacht eines Lebens sein, dessen Annahme er verweigert hätte, hätte die geheimnisvolle Bestellordnung das zugelassen. Dreimal schon hatte der hintersinnige Mensch seine schöne und geschickte Hand an sich selbst gelegt, aber – es war auch die Hand eines Geistersehers gewesen, oder eines Don Quijote. Sein Aufbruch war noch nicht gekommen. Vielleicht schafft ihm die Insel die Möglichkeit einer ersprießlichen Lebensflucht. Vergessen wir freilich nicht, was sich Vigoleis, dieserhalb auf den Zahn gefühlt, selber nur ungerne eingesteht und mit einem mystischen Nebel zu beschwögen trachtet: vor dem Dolche der Pilar suchte er das Weite. Da hätte der Todessüchtige bleiben, hätte den Leib entblößen müssen, der vermutlich schon reichlich aus den Kleidern geraten war fürs große Liebessterben. Er hätte mit einem Wort seines Chronisten in doppelter Anführung sagen müssen: »Lebt wohl, ihr Brüder, hier die Brust! Pilar, stoß zu, erlöse mich von diesem Leibe!« Statt dessen ging er stiften. Sonntagsreiter des Suizidiums, verlor er die Füße aus den Steigbügeln und landete in hohem Bogen im Bett der eigenen Geströhdehochzeit. Darum tun wir gut daran, ihm ein wenig auf die Finger zu sehen. Wir können seinen Weltschmerz erst für bare Münze nehmen, wenn ihm das Messer zwischen den Rippen steckt, oder es selber wie der Skalp der Engländerin an Beppos Palme baumelt, zum Ergötzen des Herrn van Beverwijn, den ich deshalb ein wenig aus den Augen verloren habe, weil seine Frau ein schrecklicher Drachen ist, dem ich nicht gerne in den giftigen Atem laufe, nicht einmal in der Erinnerung und auf dem Papier.

*

Eine Woche vagabundierten wir durch die Stadt und ernährten uns aus der Tüte. Zuerst leisteten wir uns noch Brot, Wurst, Käse und viel Obst, dann wurden die rein bauchfüllenden, wenig nahrhaften Futtermittel gestrichen, und zu guter Letzt machten wir eine Traubenkur. Das ist im ersten Eifer sogar aufbauend, aber dann kriegt man das unangenehme Gefühl, ein Vegetarier ohne vegetarische Weltanschauung zu sein, und was kein Roß aushält. Ich kenne berühmte Vegetarier, die heimlich ihr Fleisch verzehren und wohl dabei fahren. Die kleine Selbstbefleckung enthält mehr Vitamine als das ganze Gemüse zusammen. Uns wurde immer übler, aber sterben taten wir nicht. Ich selbst war auch noch lange nicht soweit, die in der Kindheit verschmähte Suppe herbeizuwünschen, deren geschmacksmalerische Bezeichnung allein mich noch heute erschauern läßt: Muhrepruchel! Nein, keinen solchen Pruchel im Schatten der Kathedrale von Palma, doch auch nichts von der elenden Kartoffel und dem biblischen Brot, Sinnbild irdischer Armut, seit das erste Menschenpaar dazu verflucht worden ist, es im Schweiße des Angesichtes zu essen.

Im Schatten des Miradors saßen wir mit unseren Vitaminen und hatten das Meer zu Füßen in dem unwahrscheinlichen Blau der Anilindruck-Prospekte des nationalen Verkehrsvereins. Die Schalen spuckten wir in den heißen Sand. Es gab jedesmal eine kleine Explosion, Staubwölkchen stiegen auf wie beim Einschlag von Schrapnells. Unsere Gespräche drehten sich meist um das Ursein und das Urseine des Menschen, und ich muß gestehen, daß wir mit dem beinahe leeren Magen den letzten Dingen doch näher kamen als an der anarchistischen Tafel im Wortaustausch mit der gebildeten Ecke.

Zuweilen leistete der bucklige Bettler uns Gesellschaft. Er hatte herausbekommen, daß wir uns in Schwierigkeiten befanden, und erteilte uns Ratschläge, wie man in Spanien auch ohne Geld an seinen Unterhalt und Lebensabend kommen könne. Beatrice setzte sich meist eine Bank weiter, was der Aussätzige ihr nicht einmal übelnahm. Er lausenze ihr wohl zu sehr, aber das gehöre zu seinem Gott wohlgefälligen Erdenwallen. Er habe in vielen Ländern die Hand nach milden Gaben ausgestreckt, doch so reichlich wie in Spanien gebe man nirgendwo, nicht einmal an der Pforte der Peterskirche flösse der Segen wie hier. Ich bewunderte die vielseitige Bildung des Krummen, die er gewiß nicht wie seine Almosen bruchstückweise hatte zusammentragen können. Allen diesbezüglichen Fragen wich er geschickt aus, es gelang mir nicht, in seine Vergangenheit einzudringen. Man behauptete, es mit einem abgefallenen Priester oder aus einem Bettelorden weggelaufenen Klosterbruder zu tun zu haben. Beide Möglichkeiten bieten Möglichkeiten, die letzte immerhin die greifbarste: Der mit dem hohen Rücken hat sich selbständig gemacht, mit einer Anzeige im Kirchenblatt: »Den verehrten Spendern milder Gaben zur gottgefälligen Kenntnis, daß ich mich nach gründlicher Ausbildung im Gelübde der Armut und in der Demut des Bettelns in dem seit 1210 päpstlich anerkannten Bettelorden des hl. Franziskus auf meine eigenen Barfüße gestellt habe. Wer Barmherzigkeit üben will an seinem Nächsten, der tue es an mir! Kein Zwischenhandel, daher größere Ablaßkraft! Auf Wunsch Fürsprache auch beim Teufel! English spoken. On parle français und so weiter. Gelobt sei Jesus Christus! Porfirio, Bettler strengster Observanz.«

Wenn sich Porfirio nach einem längeren Gesprächsel zur Pforte zurückbegeben hatte, mußte ich erst die Flöhe aus den Kleidern klopfen. Insektenpulver hatten wir als Luxus abgeschafft. Beatrice wollte immer noch nichts von dem Menschen wissen, den Gott mit einem Höcker geschlagen hatte. Ich ließ mich aber nicht beirren und spielte weiterhin den Anwalt eines Bettelfürsten, der mir nach zwanzig Jahren noch meine Fürsprache dadurch vergilt, daß er mir die Aufzeichnungen ein wenig beleben hilft an einer Stelle, wo durch das Versagen des anarchistischen Grafen weiter nichts geschieht. Des Minderbruders Ende sei noch mit einem Strich gezeichnet: Man fand ihn eines Tages tot auf einem Haufen Lumpen in seiner Kammer liegen. Ein Arzt stellte fest: Hungers gestorben. Er entdeckte aber auch den überraschenden Umstand, daß der Buckel ein künstliches Gebilde war, eine Art Tornister aus Leder, der angeschnallt werden konnte. Darin befanden sich Wertpapiere, Banknoten und Schuldverschreibungen aus vieler Herren Länder, im Werte von Millionen Peseten. Nachgelassene Schriften wiesen ihn als einen Deutschen aus, weshalb der deutsche Konsul die Rechte seines Landes geltend machte. Er legte Beschlag auf die Hinterlassenschaft, ehe noch die spanischen Behörden ihr Wörtchen gesprochen hatten. Diese kamen, wie immer, zu spät, vertrieben aber den voreiligen Nachlaßverwalter und setzten sich selbst in den Besitz der Millionen, da sich keine Erben meldeten. Im Buckel soll sich auch ein Bündel beschriebener Blätter befunden haben, Aufzeichnungen des Simulanten, dessen lahmes Bein auch noch aufgebunden war. An diesen Schriften war ich sehr interessiert, der Schriftsteller Bernanos nicht weniger, aber keinem gelang es, ihrer habhaft zu werden. In den literarischen Kreisen der Insel wurde der Fall eifrigst diskutiert, und wir alle haben gewiß nicht wenig zu der Legende beigetragen, die sich um den räudigen Millionär im Lausegewand zu weben begann. Priester? Mönch? Später tauchte ein anderer Bettler auf, der einen echten Buckel hatte, an dem ein ärztliches Zeugnis hing. Doch wie das Gevögel auf den Aufstoß, stürzten sich die Kollegen auf den bresthaften Mann und vertrieben ihn von der heiligen Pforte.

Schätzungsweise fünf Peseten hatte ich beigesteuert zu den Millionen im Buckel des Bettlers, der den Faden meiner Erzählung an der Stelle anlängen mußte, wo ein Griff in seinen Höcker genügt hätte, uns von der Traubenkur zu erlösen, womit dann aber auch das Finis Operis als happy end unter dieses Kapitel gesetzt werden könnte. Auf meiner Insel des zweiten Gesichts wird aber selten in die richtige Lade gegriffen. Darum kann Vigoleis noch nicht in die Namenlosigkeit der Glücklichen zurücksinken, denen Mallorca zur Erholung dient und als weltberühmter Absendeort für Ansichtskarten an die Lieben daheim.

IV

Ich habe im letzten Kapitel des ersten Buches die Aussage getan, ein Tag hätte begonnen wie alle anderen, ohne daran die Folgerung zu knüpfen, daß er endete wie keiner. Zu Beginn dieses Kapitels, mit dem abermals ein Buch abschließt, könnte ich denselben Ausspruch tun, unterlasse es aber, um mich nicht zu wiederholen. Denn auch dieser Tag begann wie alle anderen und endete wie keiner.

Wie allmorgendlich hatten wir das Frühstück in der Herberge eingenommen, diesmal in Gesellschaft zweier Maler vom Festlande, von denen noch die Rede sein wird. Ich finde uns beide wichtiger in einem Augenblick, wo die Verhältnisse so zerrüttet sind, daß unsere Existenz als gescheitert betrachtet werden kann. Unsere harmonische Winkelehe hatte den Anfechtungen der fremden Pilarière standgehalten; jetzt wurde sie auf eine finanzielle Probe gestellt, die ich die Duro-Probe genannt habe nach dem Fünfpesetenstück, das Duro heißt, und duro wiederum heißt hart, zäh, schwer, schwer zu ertragen; auch grausam und selbst herzlos kann es bedeuten. Wir sahen uns schon an die Wand gemalt zur Verewigung unseres Schicksals: Vigoleis von dem zittrigen Quast des halb erblindeten Grafen, der das Kartoffelschälmesser für eine Weile wieder mit der Kunst vertauscht, um den Held als Schnapser oder Fuhrmann Henschel ans Fensterkreuz zu knüpfen – Beatrice überlebensgroß im diaphanen Gewande der Sappho von einem noch berühmteren Feudalvertreter der Genremalerei in Öl auf Kreidegrund gelegt. Ich meine von keinem Geringeren als dem Baron Antonie Jean Gros, dessen Sappho durch ein makabres Spiel des Zufalls Beatricen gleicht. Daß der Künstler selbst den Tod in den Wassern der Seine suchte und fand, kann ihn für unsere Zwecke nur empfehlen. An jenem Morgen sah ich die Zusammenhänge deutlich vor mir.

Wir gingen auf die Post – kein Geld gekommen, dann stiegen wir zur Kathedrale hinauf, jeder mit seinem Buch und einer Traube. Unterwegs begegneten wir dem Kellner Antonio, – olá!

wie gehe es allerseits, und immer noch beim Palastanarchisten? Ja, aber wie lange, das wüßten wir nicht. Antonio stellte Fragen, seine Anteilnahme an unserem Geschick war ehrlich, er fühle sich ein wenig verantwortlich, denn – und dann kam ein Geständnis. Er habe Beatrice nach Basel berichten wollen, Don Helvecio sei gar nicht auf den Tod erkrankt, sondern er langweile sich mit einer »querida«. Seine Frau habe ihm diese Einmischung in fremde Angelegenheiten ausgeredet. Heute bedauere er die Unterlassung. Mit klaren Worten eröffneten wir ihm unsere Lage. Da müsse Abhilfe geschaffen werden, caramba, das gehe nicht so weiter, man solle ihn nur machen lassen! Fürs erste: es sei Luxus, noch länger in der Herberge des neutümlichen Umstürzlers zu bleiben; er wisse eine billigere Unterkunft draußen vor der Stadt, in mancher Hinsicht geeignet, in anderer minder, doch dürfe nicht wählerisch sein, wessen Beutel die Naht nicht halte. Mit dem Eigentümer des Anwesens sei er befreundet, auch erböte er sich für die Miete gutzustehen. Dann wolle er in seinem Klub herumfragen, ob nicht wer eine lernbegierige Tochter habe, Französisch, Englisch, Italienisch, vielleicht auch Deutsch – »nur Geduld, Freunde, und keine übereilten Schritte!« Wir schworen in die Hand des braven Mannes, nichts zu unternehmen, was seine Rettungspläne durchkreuzen oder gar hinfällig machen könnte. – Wir möchten uns bereit halten, gegen sieben oder acht komme er in die Pension, wenn wir Glück hätten, würde noch heute zum Umzug geblasen. Antonio lächelte mit seinen dünnen Lippen, die er wie einen Strich zusammenkneifen konnte, und dann hatten selbst die adeligsten Klubherren vor ihm einen Heidenrespekt.

Wir stiegen nicht mehr zur Kathedrale hinauf an diesem Tage, gingen nicht ans Meer und auch nicht für ein Stündchen in den Shop, wo ich Zeitungen zu durchstöbern pflegte und Beatrice den Inhaber zuweilen vertrat, was sie wie eine geborene Verkäuferin verstand. Der Alltag war in die Brüche gegangen, und selbst die vegetarische Note wurde gestört durch eine Einladung der Gerstenberg, auf ihrem Zimmer eine Wurstjause einzunehmen. Zum tausendsten Male in ihrem Leben packte Beatrice Koffer, und man muß es gesehen haben, um es in seiner ganzen Intelligenz und Fugenlosigkeit würdigen zu können. Im Hause hatte es sich herumgesprochen, daß die indianische Dame mit ihrem germanischen Häuptling abreisen würde mit unbekanntem Ziel. Um acht war alles für den Aufbruch bereit. Zum Glück waren Bücherkisten aus Deutschland, Holland und der Schweiz noch nicht angekommen. Wir hatten sie an unsere erste Inselanschrift spedieren lassen, in einem Augenblick, wo wir hatten glauben können, mindestens ein Jahr in Palma zu bleiben, und wenn es nicht Mallorca sein konnte, dann doch das spanische Festland. Nach Deutschland zog es mich nicht zurück. Ich hatte die Heimat verlassen ohne eine Träne zu vergießen. Was ich an deutschem Erbe mit mir herum trug, außer der Sprache, das ging in ein paar Bücherkisten. Heines Wort: Denk ich an Deutschland in der Nacht, dann bin ich um den Schlaf gebracht, sollte erst ein paar Jahre später auch für mich gültig werden. Nun wurde ich durch andere Geister um den Schlaf gebracht. Noch war die Gegenwart stärker als die Vergangenheit.

Erschütternd pünktlich erschien Antonio, lächelnd, rauchend, höflich, hilfsbereit. In seiner Begleitung befand sich ein kleiner mutzig-bunter Geselle, wortkarg in der Sprache seiner Nation, aber laut im Dialekt der Insel. Antonio hatte ein Unterkommen gefunden, ebenda bei dem bewußten Freunde vor der Stadt, auf der Landstraße nach Valldemosa. Während der Almocrebe unser Gepäck in den Innenhof trug, wo die Tiere angebunden standen, nahmen wir Abschied von ein paar Menschen, die uns lieb geworden waren. Die Gerstenberg wurde gefühlvoll und in ihren Augen blinkte es verräterisch. Sie hatte nicht nur einen prophetischen Blick, die politischen Weltläufte und ihren Friedrich betreffend: unser Aufbruch ins Ungewisse gefalle ihr nicht – »nein, ihr Lieben, mir schwant Böses!« Ihre Stimme zitterte. Beatrice hatte ihr die Lebensgeschichte ihrer exotischen Mutter erzählt, die an den Klippen derer von ck-dt zerschellen mußte und auch zerschellte. In unserem Auszuge aus dem anarchistischen Friedenspalast, hinter Maultieren, die die Habschaft trugen, obzwar nicht bei Nacht und Nebel, aber sonst mit allen Nebenumständen zweifelhaft, darin erblickte die verdüsterte Tragödin eine Nachwirkung des Fluches aus jener spießig verfrömmelten Unterwelt, in der man Gott Handlangerdienste des Teufels zuzumuten pflegt. Friedrich, der unseren Herausschmiß aus dem Hause der gottesfürchtigen Metze mit allen Einzelheiten kannte, meinte, wir seien doch schon wieder im Aufstieg begriffen.

»Kinder, wie ihr mich dauert!« rief die Gerstenberg, als Antonio das Zeichen gab, uns den Packtieren anzuschließen, »über eurem Elend vergesse ich fast das eigene. Vigoleis, was würde Ihre Mutter tun, wenn sie euch hier abziehen sähe?«

»Meine Mutter, gnädige Frau, würde ihren Augen nicht trauen, stünde sie selbst neben uns hier auf der Treppe! Meiner Mutter Sohn hinter Eseln auf dem Weg in Nacht und Graus, nein, das hielte sie für einen Spuk, einen Traumrausch, für Narretei. Zum Glück sind Mutteraugen blind, sonst würde manch eines sich vor Gram noch früher schließen.«

»Nicht sentimental werden!« sagte Friedrich, der nach einer solchen Rührszene größere Schwierigkeiten befürchtete für seinen eigenen Abzug um halb elf. – »Die zwei haben es gut, die wissen noch nicht, was ihnen blüht. Bei mir ist das Tasten im Dunkeln längst vorbei.«

Adele Gerstenberg bat uns, doch immer zu ihr zu kommen, wenn wir Hunger hätten; ja, sie nannte die Dinge beim rechten Namen. Friedrich war der bessere Menschenkenner von den beiden, weshalb er denn der Mutti vorschlug, gleich einen Tag in der Woche zu vereinbaren, mit dem man beginnen könne uns im Futter zu halten, sonst kämen wir doch nicht. Und da sie uns sowieso aus ihrem Drama vorlesen wolle, ließe sich die Wurstpartie literarisch fein verbrämen, – »sagen wir also kommenden . . .«

Die Gerstenberg denn, auch sie schrieb! Zwischen Tür und Angel, auf der Schwelle und als Abschiedsgruß wurde uns diese überraschende Enthüllung gemacht. Das beanstandete Wörtchen »auch« bekam mit einem Male einen eigenen Sinn. Die schriftstellernde Tragödin blickte mißmutig und wie auf böser Tat ertappt in die Runde, murmelte etwas zur Entschuldigung, nicht daß sie schreibe, doch daß sie es verheimlicht habe, und jetzt der Friedrich, er sei immer so vorlaut, ein enfant terrible, der seine alte Mutter noch ins Bühnenfieber bringen könne. Übrigens mache sie sich beim Abfassen ihres historischen Dramas über Elisabeth und Essex ihre lange Erfahrung auf den Brettern zunutze, und außerdem störe sie niemanden, sie schreibe nachts, bei Kerzenlicht, mit der Hand. –

Tragische Gestalt. Ich war erstaunt, eine solche Auffassung bei dieser ungewöhnlich intelligenten und begabten Frau anzutreffen. Sie hatte es gewiß nicht nötig, wie ein Pianist ein Bravourstückchen für die eigene Fingerfertigkeit zu schreiben. Ihre Laufbahn war ja abgeschlossen. Mir gingen die Worte im Kopf herum, die Brentano in der Geschichte vom braven Kasperl und dem schönen Annerl über die Schriftsteller und deren Scham geschrieben hat: sich als solche vor aller Welt zu bekennen. Poesie als übergroße Gänseleber, die eine kranke Gans voraussetze, das war doch nicht der Fall bei der schreibenden Gerstenberg, – »denn sehen Sie, gnädigste Gerstenberg, Kunst hat nur Bedeutung als eine Krankheit, die vereinzelt auftritt. Als Epidemie wütend, würden wir auch vor ihr die Flucht ergreifen. Der Einzelfall und die Quarantäne . . .«

Vigoleis konnte sein Thema nicht weiter entwickeln, Antonio wurde ungeduldig und drängte zum Aufbruch. Herr von Martersteig, zufällig in der Stadt, hatte sich auch eingefunden, schweigend, noch im gekrümmten Rückgrat der strammen Haltung zu einem Recht verhelfend, das ebenso kümmerlich war wie die Rente des Reiches, dem er die Lähmung verdankte. Graf, Gräfin, Schwiegergraf waren da, und auch der sehr wenig leibeigene Troß hatte Aufstellung genommen. Mit Würde und edler Freundschaft nahmen wir von einem jeden Abschied. Keine Trinkgeldschande trübte das Lebewohl. Der ritterbürtige Staatsumwälzer bot mir seine Ateliers zum Basteln an, Doña Inés versicherte, ihr Haus sei das unsere, und alle stünden wir in der Hand des dreieinigen Gottes, ergänzte Josefa, die in der Eile selbst vergessen hatte, ihr Pfeifchen in den Busen zu bergen. Beppo lag schon an der Kette, so daß wir aus der Palme heraus keine Unberechenbarkeit zu befahren brauchten, während der Kakadu sich in den bekannten Anzüglichkeiten erging, da man ja seiner Zunge keine Fesseln anlegen konnte.

Daß Lorico mit seinem Gekreische von Porra und Puta Weissagungen kundtat und nicht auf unsere Vergangenheit in der Straße der Einsamkeit anspielte: wie hätten wir es damals auch nur ahnen können!

Unser Kassenbestand war auf die schon erwähnte Summe zusammengeschrumpft, die ich mir leicht habe merken können: den Silberduro, ein Geldstück, das in Spanien jeder einigermaßen geschickte Hausmünzer in Blei nachgießen kann. Der unsere von Anno dazumal war echt. Wäre er obendrein noch falsch gewesen, so würde ich diese Tatsache hier verschweigen, um dem Schicksal nicht auch noch einen schlechten Geschmack anzuhängen.

Ich vermeide es, durch die Verwendung spanischer Vokabeln meinen Aufzeichnungen die Würze der örtlichen Verhältnisse zu leihen. Es ist ein billiges Mittel, die Erzählung mit solchen Brocken aufzuespanjolieren. Wer die Sprache nicht beherrscht, dem sagen solche Intarsien nichts, vielmehr könnte er sich ärgern, wie ich es immer tue, wenn Autoren Dialekte verwenden. Wer hingegen Land und Leute und die Sprache, die sie sprechen,

Geschlecht ohne die Auszeichnung des alphabetischen Bürgerdünkels, Burkhart schlechthin, buchstäblich buchstäblich zu kurz gekommen. Niemand nimmt es für voll, und die ›echten‹ wollen mit den Simili-Burkharts nicht verwechselt werden. Ähnlich liegt der Fall bei den Vischers mit Vogel-f, die nicht mit den Fischern von der Gosse über denselben Kamm geschoren werden wollen, was um so seltsamer anmutet, wo doch gerade der Fischer mit dem Fischli-f durch Goethes Gedicht Ewigkeitswert erlangt hat. Zu erwähnen wären dann noch die berühmten Meier mit dem Eier-ei. – Meine Frau hatte eine Großmutter mit ck-dt und heute hat sie einen Mann mit Vogel-f. Diese bis in die Rechtschreibung und Rechtsprechung vorgetriebene Sippentiftelei ist allerdings standesamtlich noch nicht legalisiert, wie Sie von Herrn Emmerich ja schon wissen werden.«

Ja, jedermann in der Pension wußte, daß der Ritter mit dem Rad im Kopf und dem Vogel-f in seinem Minnesangs-Pseudonym in wilder Ehe lebte mit seiner vom Kakadu der Rassenschande geziehenen Beatrice.

Der Hauptmann hatte meiner philologisch-konföderativen Dünkel- und Klüngelthese aufmerksam zugehört, den Blick in sein Vichywasser gesenkt. So wird Jakob Böhme in seine Schusterkugel geschaut und in ihr die Gottheit und ewige Natur, das Gute und das Böse zugleich gefunden haben. Unser Hauptmann, weniger verzückt bis in den Urgrund des Seins, hob seine blauen Seher wieder zu uns empor und sagte:

»Über das, was Ihr Herr Gemahl da vorgetragen hat, müssen wir uns noch näher besprechen, gnädige Frau! Ich habe auch gewisse Bindungen zur Schweiz, nicht nach der Hochburg des Humanismus. Meine Mutter ist eine von Tscharner. Martersteigsche Tanten haben dieser Mesalliance wegen die Beziehungen zu meinem seligen Vater gelöst, während die Tscharners unser Haus nicht für ebenbürtig halten. Kennen Sie zufällig dies Berner Geschlecht?«

Beatrice kannte es glücklicherweise nicht. Ich selbst verwechselte den Namen mit dem eines ausgefallenen Philosophen, von Tschirnhausen, was mir einen mitleidigen Blick des Hauptmanns eintrug, aber dann kam schon der schwarze Kaffee und deckte meine Bildungsblöße zu. Wir tranken ihn auf einer offenen Loggia, wo wir noch eben feststellen konnten, daß ein Hofrat Martersteig aus Wien, dessen Gastvorlesungen ich am Kölner Institut für Theaterwissenschaft gehört hatte, nicht mit dem unseren verwandt war, dafür aber der Gerstenberg um so bekannter.

kennt, weiß sowieso, wie eine Situation sich im ursprünglichen Zustande abgespielt haben wird. Selbst kann ich natürlich zu wenig beurteilen, ob es mir gelingt, die Abenteuer des Vigoleis erinnernd so nachzugestalten, daß sie dem Leser spanisch genug vorkommen. Das Wörtchen »Almocrebe« aber muß mir der Leser schon zugute halten, einmal, weil aus dem Zusammenhange ohne weiteres erkennbar ist, daß wir es mit einem Eseltreiber zu tun haben, und dann oder hauptsächlich, weil es aus dem Arabischen kommt. Dort bedeutet es Maultiertreiber. Almokerí – ich genieße das Wort um so mehr, wo ich die arabische Sprache nicht kenne. Mit dieser Beschwörungsformel versetze ich mich selbst wieder in jene Märchenstimmung, die damals mein Gemüt bewegte, als wir den Gang hinter den Blendlingen antraten. Es waren übrigens nur zwei von den vier Tieren beladen. In großen Körben aus weitmaschigem Palmgeflecht, die seitlings des Packsattels fast auf die Erde hingen, stak unsere Habe. Der Leitesel war am schwersten vollgehudelt, ihm folgten in gleichmäßigen Abständen aneinandergehalftert die anderen. Unmittelbar ruft dieser Aufzug das arabische Märchenreich vor mir auf. Ali Baba und die vierzig Räuber könnten gut als Illustration dienen, um so mehr, wo auch wir einer Räuberhöhle zutrabten. Da eile ich freilich dem Zeltgang der Tiere und damit dem Gang der Ereignisse ungebührend voraus.

Antonio hatte mit keinem Sterbenswörtchen verlauten lassen, wohin die Wanderschaft ginge. Ja, vor die Tore der Stadt, zu einem Freunde, und bei dieser Geheimniskrämerei blieb's vorderhand. Soll unser Schicksal getrost in weiten Säcken hängen, wir stellten keine indiskreten Fragen. Wir waren mürbe und wollten uns lieber von der Zukunft überraschen lassen. Auch untereinander hatten wir nicht gesprochen: wo will der hin mit uns? Zudem hätten solche Fragen von einem Mangel an Vertrauen in unseren Führer und Retter aus der Not zeugen können. So wanderten wir ergeben in der Nachhut der Karawane, die aus der Straße San Felio in die Allee des Borne einbiegt, dieser in rechter Linie folgt, und weiter geht es durch die San Jaime an dahindämmernden Palästen vorbei, vorbei an der Kirche Santa Madalena, hinein in die Olmos, deren Ulmen dem großen Sterben längst schon anheimgefallen sind. Und dann gelangen wir in einen Stadtteil, der uns beiden immer unbekannter wird. Weiter als zur Stierkampfarena und zum Vorplatz des Bahnhofes waren wir auf unseren Hungerzügen nie gekommen.

Wir ließen den Weichfrieden der Stadt hinter uns und folgten einer Landstraße, die von Mandelbäumen gesäumt war, Baum an Baum in voller Blüte – um diese Jahreszeit? und ohne den betäubenden Duft? Wir kennen die Erscheinung schon, diesen Trug, bei dem die Phantasie ein wenig in die entgegengesetzte Richtung mitarbeiten muß – oder Beppo der Schüttelaffe, um die Bäume ihrer botanischen Wirklichkeit zurückzugeben. Die Straße, so bedeutete uns Antonio, führe nach Sóller, gute dreißig Kilometer an roter Scholle und ausgedörrten Landgütern, den Fincas vorbei. Von dem kleinen Städtchen dieses Namens hatte uns Martersteig schon dies und jenes erzählt. Valldemosa, höher in den Bergen gelegen, kannten wir aus der Literatur. Die Zeltgänger, ich weiß nicht ob es Maultiere oder Maulesel waren, ich kann die Kreuzungen nicht voneinander unterscheiden, schienen zu wissen, wohin sie unser Zeug schleppen mußten, denn der Almocrebe hatte sich uns hinten angeschlossen und diskutierte lebhaft mit Antonio über Politik. Der monarchistischen Anarchie war die republikanische gefolgt, sie war erst wenige Monate alt und berechtigte sonach zu den schönsten Hoffnungen, Hoffnungen, zu deren Verwirklichung die Verschwörer im Pulverstübchen des siebentöchterlichen Grafen beitrugen, zu der schlechter- und rechterdings jeder beitrug, der etwas auf sein Spaniertum hielt. Nun würde man auch an Wochentagen nach Herzenslust mit Bomben schmeißen können, ja, jeder Tag der Woche wird ein Feiertag auch für das arbeitende Volk! »Wenn ihr noch lange unter uns bleibt«, sagte Antonio, »müßt ihr auch Bomben werfen, ihr wißt ja jetzt, wo sie zu haben sind.« Im Zeltgang beschlossen wir Anarchisten, die nicht übers Wasserschmeißen hinausgekommen waren, den romantischen Zug.

Wie gerne hätte ich mich auf eines der ledigen Tiere geschwungen, wagte es aber nicht Beatricens wegen, die in den schreiend bunten Kruppdecken noch mehr Flöhe witterte als im Wams des Ranzenheiligen Porfirio. Als Wigalois, *Chevalier à la roue*, stünde es mir besser an, dem neuen Schloß entgegenzureiten, denn niedrig im Staube fürbaß zu ziehen. Einem Schloß? Wieder ein Schloß? Ich weiß nicht, was nachher kommt, jetzt und hier auf der Straße nach Sóller pilgern wir nur einem scheußlichen Gestank entgegen, einem Massengrabe vermutlich. Es roch nach Leichen und Aas, wo bleiben da meines Arabiens Wohlgerüche?

»Das Schlachthaus«, sagte Antonio, »der Wind bläst von der Sierra del Teix herüber. Heute steht er ausnahmsweise ungünstig und nimmt so die Pestilenz mit. Ihr werdet aber nicht jeden Tag darunter zu leiden haben.«

Mit fünf Peseten im Beutel kann man sein Fähnchen nicht gut gegen den Wind hängen, dachte ich, einen besorgten Blick auf Beatrice werfend, die wieder grün im Gesicht zu werden begann wie auf dem Fleischmarkt. Solch kleine Widerwärtigkeiten muß mit in den Kauf nehmen, wer eine Reise tut. Zu Hause kann jeder sich hermetisch abdichten – ein Argument, dem sich Beatrice nicht verschloß –, aber, fragte sie unseren Führer, wie lange es noch dauere, bis wir die Pestzone durchschritten hätten?

»Noch eine Viertelstunde«, sagte dieser und drehte sich eine neue Zigarette, dünn wie ein Gänsekiel, die hundertste gewiß an diesem Tage. Der Almocrebe rauchte eine Tonpfeife. Der Weg blieb weiter staubig. Weit und breit keine Menschenseele, und wie es immer noch nach Ende und Auflösung roch, schien auch die Welt hier am Ende zu sein. Eine Weile wanderten wir so durch die Dämmerung des jüngsten Tages, da beschleunigten die Tiere ihren Trab, die Halfter spannten sich, ein Esel schien den anderen zu ziehen und zur Eile zu spornen. Doch taten sie des Mutwillens zu viel, ein Koffer löste sich aus dem Trechband und platzte in den Staub. Wir standen in der Wolke und besahen den Schaden. Der Almocrebe schimpfte auf die Biester ein, was ich für eine große Ungerechtigkeit hielt, denn der ganze Treck war zum Stillstand gekommen und die Geschöpfe warteten geduldig, bis der Koffer wieder an der Albarde hing. Dann ging's, hebda, so schnell, daß wir nicht mehr folgen konnten. Sie wittern den Stall, meinte der Treiber, da halte sie niemand mehr. Desto entgegenkommender sei dann doch die Geste gewesen, anzuhalten, um sich den gefallenen Koffer wieder aufeseln zu lassen, hätte ich gerne geantwortet, unterließ es aber, weil ich mich dem Araber doch nicht gewachsen fühlte.

Das Hufgeklapper verebbte, und als die Staubwolke sich zu dünnen begann, sahen wir den Vierzerzug nicht mehr. Kolkraben hockten auf den Olivenbäumen, über uns kreisten ein paar Adler, angeludert von der Witterung, die uns immer noch in der Nase stand. Ein großes Anwesen tauchte auf, bestehend aus verschiedenen ineinander- und aneinandergeschachtelten Baulichkeiten, das Ganze überragt von einem Turm. Es war keine Burg, kein Schloß, aber auch kein gewöhnliches Haus oder eine balearische Finca, wie ich deren schon einige gesehen hatte. Was es auch sein mochte, der Begriff romantisch stellte sich unmittelbar ein: die Fiedel dazu, und Beatrice im Arm geschwungen, ein kleines Lied vom Gott, der uns die rechte Gunst erwiesen, indem er uns in die weite Welt geschickt bis an das Tor dieser menschlichen Siedlung, die uns doch kaum zugedacht sei – weit hinaus war es zwar, aber so hoch hinaus? Mit fünf Peseten und einer braven Kellnerbürgschaft wird man nicht in eine so schirmende Stätte bestallt.

Ich hielt Ausschau nach einer Hütte, sah aber keine. »Müde?« fragte Antonio und zeigte auf den Turm, neigte dann den Kopf zur Seite, legte die Wange an die Hand und deutete Schlafen an: also doch! Wir waren am Ziel, Antonio war ein Segensmann und Oberzauberer, und Gott schien sich ausnahmsweise einmal auf die Seite der Schwächeren geschlagen zu haben. So pries ich ihm Lob mit den Worten: »In diesem Neste werde ich sterben, und lange leben wie der Phönix! – Beatrice, wir ziehen am rechten Ende! Es riecht auch schon weniger.«

Aber das war eine reine Geruchstäuschung.

Beatrice hatte gerade noch Zeit, ein wenig verstimmt einzuwenden, daß ich den ungeglaubten Gott immer wieder im Munde führe und das nicht nur als poetische Figur, da kam ein Mann auf uns zugeschritten, der auch groß war und schön wie so bemerkenswert viele Männer auf Mallorca. Bunt und malerisch war er in einem noch beachtenswerteren Maße, so daß meine Aufmerksamkeit von Gott abgelenkt wurde und hin zu einem seiner prachtvollsten Geschöpfe, mit dem er noch nach einer Ewigkeit Ehre einlegen konnte, und Antonio nicht minder, denn der uns entgegenkam mit kleinen, explosionsartig hinten aus dem Halse hervorgestoßenen offenen »o«-Rufen, das war des Kellners Freund, der Herr der Hufe, um das Anwesen vorläufig so zu bezeichnen.

Die Zeremonie der gegenseitigen Vorstellung war großartig, und dieser Eindruck des Grandiosen, Feudalen, über dem irdischen Staube Erhabenen wurde noch dadurch gesteigert, daß auf keiner Seite Namen genannt wurden, wie bei einem Königstreffen, wo auch jeder eine weiß, wo jedem anderen die Krone wackelt: Antonio kein Kellner, er war ein Gesandter am fremden Hofe. Wir waren keine Vaganten mit geplatztem Zwerchsack und abgebrannt bis auf den letzten Fünfliber; seht nur den Troß, so kommen einzig edle Gäste daher mit Roß und Reisigen, der Staub auf Gewand und Schuh zeugt von der langen Fahrt, Beatricens Sänfte, sie ist leider am Wege zusammengebrochen, was verschlägt's – »nun seid ihr da, willkommen in meinem Hause, heda, Volk, will sich das wohl tummeln!« – der reckenhafte Mann klatscht in die Hände, der weite Platz, auf dem wir stehen, halb Hofreite, halb Anfahrt und Vorgelände, füllt sich im Nu mit Menschen jeden Alters und Geschlechts. Das fängt beim Säugling auf dem Ärmchen seiner winzigen Pflegerin an, geht übers halbwüchsig Schlacksige und Kichernde ins gesetztere Lebensmaß, und endet erhaben, ehrfurcht- und mitleiderweckend zugleich, bei der schlohweißen Ahnfrau, die mit Hilfe eines blankgescheuerten hochlehnigen Stuhls, der unter der Achsel als Krücke dient, von Hunden umblafft, auf uns zugehumpelt kommt. Ein zahnloses »Bona-nit«, das Guten Abend im Mallorquinischen, wird zweimal hintereinander gesprochen, dann läßt sich die Greisin auf ihre Reitkrücke nieder und bildet so den natürlichen Mittelpunkt der biblischen Szene. Nennen wir sie in abermals vorläufiger Namengebung die Ältermutter, die sie übrigens auch war: Na' Maguelida, die Hundertjährige, vor der wir Fremdlinge jetzt den Scheitel beugen.

Der Herr des Stammes hieß Arsenio. Ich hätte ihm ohne weiteres das Don zuerkannt, welches spanische Sitte seinem Stande vorenthält. Ein Graf war er auch nicht, er war einfach ein Mallorquiner.

Arsenio wirkte durch die Art, wie er sich gab, durch das Gebärdenspiel, ein paar Winke mit der Hand, und alles tummelte sich, Zwingli mit seinem Zauberdorn wäre vor Neid erblichen – er wirkte noch hünenhafter, als er mit Rumpf und Gliedern schon war. Mein Bürgermaß von 1 Meter 78 überragte er um die Länge seiner Schuhnummer. Seine Schultern waren geschaffen, sich unter schwere Möbelstücke zu stemmen. Auf einem indischen Rangierbahnhofe hätte er einen Elefanten zum Schieben zu ersetzen, in einem Zirkus die Eisengitter der Manege allein zusammenzustellen vermocht, und mehr der kraftstrotzenden Vergleiche, wo ich mit einem Wort sagen könnte: Arsenio war ein Riese. Und als solcher lachte er, ja er schüttelte sich auf eine Bemerkung Antonios hin, daß wir ein wenig zurückwichen. Doch war er auch ein friedfertiger Gigant, der es gut mit uns meinte. Freude übermannte ihn, das war auf der großen Fläche seines Gesichtes zu lesen, jede Lachfalte war ein besonderer Willkommgruß, »hahahahaha, o, o, o, o, o«, und dann reichte er mir seine Hand, brüderlich, jovial. Ich gab ihm die meine. Die Pranke des Ungeheuers schloß sich, wir blickten einander in die Augen, Mann gegen Mann, und als die Kluppe sich öffnete, fiel eine blutleere Sache heraus und blieb welk an meiner Hosennaht baumeln. Aber geschrien habe ich nicht! Das tat ich auch ein paar Jahre später nicht, als ich eine ähnlich gebaute Klammertatze drücken mußte, die des Philosophen Hermann Keyserling. Man übersteht es jedesmal und ist jedesmal wieder erstaunt, daß man ohne Gipsverband davongekommen ist. Und doch sind mir solche Männerzwingen lieber als die weiche Masse von Hand, die manche Menschen in die unsere legen, daß es sich anfühlt wie etwas Unzüchtiges, auf das wir nicht gefaßt sind. Beatrice wurde nicht in die Klemme genommen, vor ihr verbeugte sich der Recke, das heißt, er vollführte mit seinem Oberkörper eine halbrunde Schwenkung, nach unten und wieder hinauf, der rechte Arm machte eine einladende Geste, man mußte sich den Hut mit der wallenden Federzier hinzudenken, um ganz in die höfische Galanterie versetzt zu werden. Welch eine Gestalt für einen Räuberfilm! In Amerika könnte der Mann Tausende verdienen, aber er will sicher nicht Räuber spielen und fühlt sich wohler auf seinem Erbe inmitten seines gedeihlichen Volkes, ohne Mustang und ohne Blutspritzer auf Hose und Hemd. Sein Alter schätzte ich auf fünfzig Jahre.

Nach der Elle des Enakiten gemessen, war die Frau des Hauses als klein anzusprechen, eine rundliche Person, schön von Gesicht, mit den weichen Zügen, die schwerleibigen Müttern oft eigen sind. Sie trug Ohrgehänge aus gediegenem Gold. Das rabenschwarze Haar war in der Mitte glatt gescheitelt und glänzte wie frisch gegossener Asphalt. Wie die Ältermutter, sprach auch sie nur die Mundart der Insel. Um sie herum standen einige Mädchen, schöne und gar nicht schöne, gestuften Alters, und alle kicherten hinter vorgehaltenen Händen und Schürzenzipfeln wie die Gören. Sie flüsterten sich Dinge ins Ohr, die uns betrafen, weshalb sie von Arsenio mit einem Wort zusammengedonnert wurden. Es klang so gebieterisch, daß selbst ein paar Hunde die Schwänze zwischen die Beine klemmten und Reißaus nahmen. »Fort mit euch! Wer hält da Maulaffen feil, ins Gewölbe und Wein aufgetischt und Schafskäse, Eselsquark, Oliven, Butifarras, und Trauben und Pasteten für Madame! Nicht wahr, Antonio, das sollen uns liebe Gäste sein, die der Abend gebracht hat nach einem reichen Tag. Aus Deutschland und der Schweiz sagtet Ihr, daß sie kämen? Ja, ein gut Stück Welt findet sich an den Tischen unserer goldenen Insel zusammen!«

Arsenio, wie auch zwei der älteren Söhne, sprachen ein glänzendes Kastilisch, gingen aber von Zeit zu Zeit ins Mallorquinische über, zumal nun auch der Almocrebe sich zu uns gesetzt hatte, um sich an einem Trunk zu laben. Der Tropfen war gut, ein Wein der Insel, was sage ich, das Hausgewächs des Räubers, der viele Pipen jährlich kelterte. Beatrice bestritt für mich mit die Unterhaltung. Sie drehte sich um Nichtigkeiten, die aber spanischerseits mit großem Schwung behandelt wurden. Arsenio wollte wissen, was die »Welt« draußen zum Sturz des Königshauses sage – wir wußten es nicht, da wir uns mit dem eigenen Fall zu sehr beschäftigt hatten. Nichts für ungut, und abermal war man beim Wetter. Ich konnte mich an solchen diplomatischen Verlegenheitsgesprächen wiederum nicht beteiligen, da die Zunge noch versagte, so gerne ich über mein Verhältnis zum Wetter und den täglich auf allen Isobaren und Isobronten versagenden Wetterpropheten etwas Geschwögenes beigesteuert hätte. Es blieb bei einem Brocken, den ich in die Unterhaltung warf, dieweil ich meine Gedanken sich mit dem eigenen Wetterbericht beschäftigen ließ. Der Wind blies da noch stark aus der Ecke des Weltgrams – er stünde verkehrt, würde Antonio entschuldigend sagen, und ich müßte ihm wohl beipflichten. Er steht auch heute noch nicht wie er soll, und immer noch hocken die Kolkraben am Rande des Weges und kreisen die Geier in den Lüften.

Das Haus, hub der stolze Besitzer zu erzählen an, heiße in aller Mund die »Torre del Reloj«, Turm der Uhr, nach der schräg in einem Gemäuer steckenden Eisenstange, die von Reben umrankt war. Vor hundert Jahren habe dieser Weinstock als Zeiger einer Sonnenuhr gedient, die Ältermutter habe als Kind noch die Stunden von der Mauer abgelesen. Er, Arsenio, erinnere sich nicht an diese astronomische Bestimmung des rostigen Weisers. Früher habe das Besitztum »Ca'n Costals« geheißen, doch sei der echte Name seit Generationen in Vergessenheit geraten. Mit dem fortschreitenden Verfall des Erbes habe sich die schönere Bezeichnung im Volksmunde durchgesetzt, seltsamerweise, denn wenn die Sonne noch die Stunden auf der Mauer anzeigte, würde wohl nie jemand auf den Gedanken gekommen sein, »Ca'n Costals« den »Turm der Uhr« zu nennen. Dem Menschen läge das Naheliegende oft sehr fern. Ob aber »Ca'n Costals« oder »Torre del Reloj«, das Haus sei jetzt unser Haus nach altem spanischem Gästerecht.

Mein Steckenpferd, das Schöpferische des Verfalls: wie schade, daß mir die Zunge gebunden war und ich mich nicht in ein Gespräch darüber einlassen konnte mit einem unverbildeten Geiste, ob ich auch damals in der Materie nicht so bewandert war wie heute, wo mich eine jahrzehntelange Beschäftigung mit dem mystischen Werk von Pascoaes ermächtigt, ein Wörtchen mitzureden über Gottessünde und Welterneuerung. Aus dieser geistigen Situation heraus wäre es selbst verführerisch, ein erdachtes Gespräch zu entwickeln zwischen Vigoleis, dem nachmaligen Entdecker, Deuter und Übersetzer des Portugiesen, und Arsenio, dem sattelfesten Stegreifphilosophen und Mann aus dem spanischen Volke. Es verstieße nicht einmal allzusehr gegen die Gepflogenheiten in Erinnerungswerken, wie derselbe Vigoleis später wird bestätigen können, wenn er als Sekretär eines echten Memoirenschreibers von Weltgeltung einen Blick in die Werkstatt tun darf, wo das Versunkene gemutet wird. Höchst lehrreich, Vigoleis kam aus dem Staunen nicht heraus, es wird davon die Rede sein, wenn Graf Harry Keßler ein Kapitel für sich in diesen Aufzeichnungen beansprucht. Jetzt will ich nicht wieder von der Hufe schweifen, da Antonio ein wenig Aufmerksamkeit für seine bescheidene Retterperson beansprucht. Höflich fällt er dem Riesen ins selbstgefällige Wort – er müsse gehen, Nachtdienst auf der Klubterrasse, wo inzwischen die erstocktesten Schläfer aufgewacht seien und bis in den ausgeschlafenen Morgen lebendig gehalten werden müßten mit Kaffee, Domino, Politik und Weiberskandalen.

Er zieht sich zurück und überläßt seine Schützlinge dem Schutze Arsenios, der mit einer einzigen Faust ein ganzes Rudel Feinde niederschlüge; passieren könne uns nichts mehr, und Bona-nit meine Damen, Bona-nit ihr Herren – schmal wie der Strich seiner Lippen verschwand Antonio in die Nacht.

In welches Teufels Küche aber hatte er uns zurückgelassen? Aus dem bisher Geschilderten hat der Leser sich wenig zusammenreimen können – »Turm der Uhr«, ein weitumschattendes Anwesen, weder Schloß noch Burg noch auch ein gewöhnliches Haus; viel Menschen in biblischer Feierlichkeit um eine Ältermutter und unseren betulichen Gönner und Freiling geschart; der Almocrebe, dessen Packtiere auf der Hufe ihre Krippe haben; es wird Wein geschenkt, der bei Bacchus nicht von schlechten Reben ist, dann Kaffee aus den uns sattsam bekannten Preßbehältern – das alles vermehrt um die mir vorgehends entschlüpfte Bemerkung, unsere Karawane zöge einer Räuberhöhle entgegen, und um das noch früher gefallene Wort, der Inkavogel sei mit seinem erschöpfenden Sprachschatz prophetisch gewesen: wo sind wir?

Wir erhoben uns und folgten der Frau des Hauses, die uns das Zimmer zeigen wollte: So würde sich wohl ein Zipfelchen des

Geheimnisses lüften, das um uns alle gewoben zu werden schien – und scheint. Antonio ließ sich auch nun zu keinen Erklärungen herbei, er stünde für alles gut, im »Turm« könnten wir auf seine Rechnung es uns gut sein lassen, nur bäte er, wieder mal an seine Kellertür zu klopfen, nein nein, keinen Dank – mit geschwinden Fingern wird noch eine Zigarette gedreht, wir klopfen uns zum Abschied auf die Schulter: so war es doch gewesen, als Antonio in die Nacht hinein verschwunden. Die Zugbrücke konnte aufgeholt werden, in Asche fällt das Lagerfeuer, nur Funkenwürmer glimmen, und oben der Mond, bleibt er meinem Märchen treu?

*

Gute Nacht: das war keine Redensart, denn die Stunden waren weit vorgerückt, nicht viel fehlte, und die Geister hätten erscheinen können auf unserer verwunschenen Hufe. Aber der Uhrturm blieb stumm wie die Ahnfrau, die auf ihrem Krückstuhl eingenickt war; ein Regiefehler Antonios, daß nun nicht zwölf eherne Schläge aus der Höhe auf uns niederfielen. Dafür surrte und schwirrte es durch die Luft, riesige Hirschhornkäfer, die mit schräg erhobenem Zangengeweih über unsere Köpfe flogen. Leuchtkäfer blinkten auf, erloschen und blinkten wieder auf. Fledermäuse, wie Tauben so groß, taumelten aus dem Nichts herab, fingen sich wieder und verschwanden mit einem heiseren Schrei. Es hätte nur noch nach Jasmin, Mandeln und Orangen duften müssen, und die romantische Südnacht unter einem ausgestirnten Himmel wäre vollkommen gewesen. Aber der betäubende Ruch kam nicht aus verzückenden Blütenständen. Der Wind, der immer noch nicht richtig stand, blies uns das memento mori aus der Schindbaracke in die Nase, eine Mahnung ans vergängliche Fleisch, die mich fast zur Pflanzenkost hätte bekehren können, stänke der so blumenhaft benannte Kohl nicht ebenso abscheulich.

Hinter der neuen Gasthalterin begaben wir uns in einen Säulengang, durch dessen rebenbewachsene Bügen und Spanten das Mondlicht flimmerte, und traten gleich wieder auf einen freien Platz hinaus, der von verschiedenen Gebäulichkeiten eingefaßt war. Trotz des Mondes, der jetzt voll aufgezogen ist, lassen sie sich ihrer Bestimmung nach nicht erkennen; vermutlich sind es Stallungen, Lagerschuppen oder Kornscheuern. Im Hintergrunde steht ein besonders augenfälliges Bauwerk, das wir, von der Straßenseite kommend, nicht gesehen hatten, da es teils durch den Turm, teils durch das Haupthaus den Blicken entzogen wurde. Der Giebel war mit Reben bewachsen, die sich über den Platz zu Bäumen und Weinpfählen hinüberrankten. Eine Treppe aus Stein führte breit und geländerlos zu einer Art Toreingang, dessen Architektur an die Hufeisenbogen islamischer Bauten erinnerte. Unsere Helden hatten sich bei der Hand genommen, wie sie so unterm Monde stunden, als gelte es eine nächtliche Anfechtung zu bestehen. Lauerten ihrer neue Gefahren?

War die Luft über uns angefüllt mit dem, was fleucht, das Kreuchende zu unsern Füßen fehlte keineswegs, um des lieben Herrgotts fünftem Schöpfungstage auch auf diesem Inselfleckchen sein Recht widerfahren zu lassen. Langschwänzige Ratten huschten hin und her, aber keineswegs mit der flitzenden Hatz, die ich an diesen Biestern gewöhnt war aus Ländern, wo man ihnen nachstellt. Hier fluchte man Noah nicht noch übers Grab hinaus, daß er auch Ratten mit in seine Arche genommen auf des Herrn Geheiß. Man mochte die Tiere nicht, indessen ließ man sie gewähren und achtete so den Ratschluß des Allerhöchsten, der diesen einfachen Menschen noch heilig ist, wenn's auch hie und da mal einen Fußtritt absetzt. Die Geschäftigkeit der scheußlichen Nager auf Arsenios freier Wildbahn schien darum auch eine Eile in eigener Sache zu sein, deren Dringlichkeit wir als Außenstehende wohl kaum beurteilen konnten. Vielleicht galt es eine ungewöhnlich große Brut aufzuziehen und mußte man Tag und Nacht auf den Beinen sein, um den nimmersatten Bälgen die vollen Zitzen zu schenken, ohne daß man sich dazu gegenseitig auffressen mußte. Unvergeßlich bleibt mir da die alte Rattenhexe im Silberhaar, die an der Neige eines wander- und fraßreichen Lebens auch ein friedliches Loch irgend im gastlichen »Turm der Uhr« gefunden zu haben schien. Gleich in der ersten Nacht lief sie uns über den Weg, als habe der Himmel sie geschickt zur Vorverheißung: hier ist es gut sein, hier lasset uns Hütten bauen! Später traf ich sie Nacht für Nacht am selben Wechsel bei der offenen Abtrittgrube, mit derselben Würde und schwanzierenden Bedachtsamkeit. Auf den ersten Blick hätte man meinen können, es mit einem halben Weißling zu tun zu haben, denn das Fell des Tieres war hell gescheckt. Doch als es so dicht an uns herangekommen war, daß Beatrice schrie und ich in aller Muße seine Schwanzschuppen hätte zählen können, sah ich, daß es eine räudige Ratte war in einem vermutlich nicht mehr heilbaren Stadium des gefürchteten Krätzgrindes. Sie beschleunigte ihre Schritte nicht, als wir vor ihr standen und ein Tritt genügt hätte, sie aus unserem Wege und in ihr Jenseits zu befördern. Den Tritt spendete ihr unsere Führerin, aber sie tat es mit einer gewissen Vorsicht, sie schob die Alte mit dem Fuß beiseite und sagte nur, wir würden uns an das Treiben des Rattenvolkes schon gewöhnen, und dieses alte Biest täte niemandem mehr etwas zuleide, sogar die Hunde ließen es in Frieden. Auf Beatricens Bitten habe ich mich an diesem Tier versündigt. In scheuer Mittermondscheinnacht habe ich es gemeuchelt, es mußte sein. Nach vollbrachter Tat drückte sie mir stumm die Hand. Auch heute weiß die liebe Seele nicht, welches Tötungsmittel ich angewandt habe. Der Ekel würde sie noch nach zwanzig Jahren packen, erginge ich mich in Einzelheiten. Begreiflich ist es mir immerhin, daß es im Mittelalter einen vom Bischof verhängten Rattenbann gegeben hat, solcher Plage Einhalt zu gebieten. Erbaulich ist ein derartiger Eingriff in die Schöpfung freilich nicht.

Die Frau stieg die Stufen hinan und sagte, drinnen sei unser Zimmer; sie habe eine der Eckbuchten am Eingange für uns richten lassen, das sei bequem, eine solche Kammer habe auch entschieden mehr Licht und Luft. Der Haupteingang war nur bis in Brusthöhe durch eine halbschlägige Tür verschlossen, wie deren auf alten Gehöften üblich sind, um dem Großvieh das freie Hineinspazieren zu verwehren. Ich liebe solche Türen sehr, sie sind zur Meditation wie geschaffen, ein Sinnbild von Friede und Feierabend. Der obere Schlag war ausgehoben, nur im Winter würde er wieder eingesetzt, erläuterte die Hospita, die vermutlich einer Beanstandung vorbeugen wollte. Das war überflüssig. Alles wäre in diesem Hause reif gewesen für ein Beschwerdebuch, wie der Leser bald erkennen wird.

Vor uns die Dunkelheit, in die sich ein langer Flur verlor, den ich später messend abschreiten werde, wozu ich 16 meiner Schritte tun muß, von denen jeder 1,20 m mißt. Türen rechts und links waren im Dämmer noch eben als solche zu erkennen, es waren viele Türen, eigentlich schienen die Wände nur aus Türöffnungen zu bestehen – standen wir in einem Gang, auf den Zellen mündeten, Klosterzellen? Als Kind habe ich viel in einer historischen Zehntscheune gespielt, in der Zigarren gedreht wurden, und sie schwebte mir nun vor dem Geist, vielleicht eine Geruchsassoziation. Jedenfalls mußte ich an etwas Frommes denken, wie es Kloster und Scheune ja ohne weiteres nahelegen können. Meine Augen hatten sich inzwischen an die Finsternis gewöhnt, so daß ich weit hinten einen großen Bult gewahrte: unser Gepäck, wie ich mit einer gewissen Erleichterung erkannte. Wir standen vor der ersten Türe rechts.

»Wo Ihr Gepäck steht, sind Sie zu Hause«, hatte mir einmal eine Studentenwirtin gesagt – so denn waren wir wieder einmal zu Hause angekommen. Aber warum hatte der Almocrebe sich nicht die Mühe genommen, alles ins Zimmer zu schaffen, helfende Hände waren doch auch genügend vorhanden? Nun ja, das würden wir morgen schon selber tun und gleich nach unserem Sinn; aber die Schreibmaschine, die mir von aller Habe am meisten ans Herz gewachsen ist, wo ist mein Diamant-Juwel? Ah, obenauf die schwarze Sache – und dann sah ich dies Schwarze sich bewegen, sich spalten, in zwei, drei, vier Pakete, – hatte mein Maschinchen Junge geworfen, und ich wußte nicht einmal, daß es trächtig gewesen, abgesehen von den Erzeugnissen meines Geistes? Mit einem Plumpsen fielen die Sprößlinge auf den Boden, und es begann ein Stieben zwischen unsere Beine hindurch. Beatrice schrie abermals, also wieder Ratten. »Wasser anschmeißen«, sagte ich, aber es war ein schlechter Scherz. Sogar ins Kloster tragen die Pestverbreiter ihre alles zernagende Geschäftigkeit.

Die Frau, sie hieß Adeleide und man nannte sie Señora Adeleide, da ihr das Doña nicht zustand; Señora Adeleide öffnete die Tür und knipste das Licht an. Da sahen wir im gelblichen Schein einer Lampe niedrigster Kerzenzahl, wie arm wir geworden waren, und für wie wenig der getreue Pfandmann selbst unter Freunden Bürge stehen konnte.

»Das wäre denn Ihr Zimmerchen«, sagte Adeleide, »gefällt es Ihnen?« Beide antworteten wir wie aus einem Munde: ja, es gefiele uns, ausnehmend sogar; so sehr drängte es uns, die Lüge loszuwerden und mit ihr auch die Frau, die uns das Gute Nacht auf Mallorquinisch bot und verschwand. Wir waren allein.

Vigoleis, wie war dir da zumute, als du deiner Beatrice im Wege stundest, und die liebe Beatrice dir im Wege stand, nachdem sich die Tür geschlossen hatte? Denn im Wege standen sich die beiden, trotz des beliebten Sprichwortes, daß Raum auch in der kleinsten Hütte sei für ein glücklich liebend Paar. Liebten sich die beiden denn nicht mehr? War's aus und zu Ende? Waren sie sich überdrüssig geworden? Hatte die Pilarière das Verhältnis unterwühlt? Hurenrache mit Zeitzündung, eingestellt auf den Augenblick, wo Adeleide das Paar allein läßt mit zwei oder drei von dem schwarzen Gekreuch? Nein, wir haben es mit einer rein technischen Abneigung zu tun. Ein baulicher Widerwille hatte sich ihrer bemächtigt, ein räumlicher besser gesagt, denn wo der eine stand, hätte der andere stehen müssen, indessen beide zusammen auf demselben Fleck, das ging nicht. Darum fiel Beatrice auch gleich aufs Bett, und alles hier in dieser Kabuse schien darauf berechnet zu sein, daß einer aufs Bett fallen mußte und der andere auf den einen, und dann war die Frage des Lebensraumes in einer für beide Teile höchst befriedigenden Weise gelöst. Da es Nacht war und wir uns doch schlafen legen mußten, lösten auch wir dieses Problem im Geiste des Hauses, in das Antonio uns eingeliefert hatte. Nur insofern sündigten wir gegen eine mir gleich erkennbare Überlieferung, indem wir nicht sündigten gegen den Baum dieser Erkenntnis. Ich liebe die Liebe im Schatten dieses Baumes, doch lasse ich mich nur ungerne zur Ernte bestellen; und Fallobst mag ich schon gar nicht.

Beatrice schloß ihren Vigoleis fest in die Arme, und dieser rührte sich nicht. Er meinte noch, er habe die Frau schluchzen hören, ein paar Erschütterungen gespürt, die durch ihren Körper gingen, aber es kann eine Anwandlung des halben Traums gewesen sein, der ihn schon beflogen hatte. Der Wein war schwer gewesen, und nun machte er ihn federleicht. Wie in großen Liebesnächten lagen die zwei Menschen da und schliefen den Inselschlaf ihrer vertauschten Gebeine. Dies geschah unter dem dritten Dach ihrer immer wieder auffliegenden Spanienfahrt. Gönnen wir ihnen die Ruhe und Abgeschiedenheit, den Schlaf und einen lichten Traum, es wird schon früh wieder Morgen. Zu bald werden ihnen die Hähne krähen, und die Eseltiere, hinter denen sie dreingezogen kamen, vom arabischen Märchenzauber angehaucht, werden mit der ersten Leuchte ihr markerschütterndes Stottergebölk in den Tag trompeten. Hunde werden kläffen, Menschenstimmen durcheinanderschwirren. Dann wird Beatrice auffahren, vor Schreck die Arme öffnen und den geliebten Mann aus der fast pflanzlichen Umrankung entlassen – genau umgekehrt, wie sich die schamhafte Mimose auf eine Reizwirkung von außen verhält. Vigoleis, an sich haltlos im Irdischen, wird die letzte Sicherheit verlieren und, da er noch schläft, zu rollen beginnen, eine halbe Drehung zwar nur, und er ist schon aus dem Bett gefallen. Dann wird er sich vermutlich die Augen reiben, aber mehr noch den Hinterkopf, an dem eine Beule zu schwellen beginnt . . . Wir wollen Beatrice die Scham ersparen, uns als Zeugen zu wissen, wie sie gleich am ersten Morgen im neuen Heim Vigo hat fallen lassen. Deshalb ziehen wir uns wieder in das Dunkel der Nacht zurück, die Gott der Herr nicht geschaffen hat, um den Tag hinters Licht zu führen, obwohl menschliches Tun es vielfach so zu bezeugen scheint. Hier indessen will ich gerne diesem lichtscheuen Treiben Vorschub leisten zum Wohl meiner Helden, denen diese Nacht nicht lange genug währen kann.

Sternchen seien wiederum ans Ende des Buches gesetzt, drei von den Myriaden, die zu Häupten von Vigoleis und Beatrice zur Wache aufgezogen sind, ob es die beiden auch nicht sehen. Immer sind Sterne da, die wir Menschen nicht sehen, weil es vielleicht noch nicht dunkel genug um uns geworden ist. Wer bei hellichter Sonne durch einen hohen Schornstein schaut, erblickt ein Stück des ausgestirnten Firmaments – »Sterne, Sterne, Abend ist es ja, Sterne, warum seid ihr noch nicht da . . .?«

* * *

Drei Sternchen habe ich wiederum der Himmelsflur entliehen, wo niemand ihr Fehlen merkt, während sie mir zustatten kommen als Abschluß des zweiten Buches. Da blinken sie nun und wehren sich gegen die Fittiche der Nacht, einer Nacht, die den Helden den Schlaf und mir die Besinnung auf den Fortgang der Handlung und auf die peinliche Frage geben muß: wie bringe ich's ihnen bei, den Schlemihlen, daß sie aus dem Regen in die Traufe gekommen sind?

Zwei Bräuche haben sich bei der Niederschrift meiner Erinnerungen ganz natürlich herausgebildet: die Unterteilung des Buches in Bücher, und am Ende einer jeden gemeinsam durchwanderten Strecke das Parzengeplausch an der Wiege der Heldenkinder, die wir im Schlaf geborgen wissen. Dadurch habe ich eine Tradition ins Leben gerufen, an die ich mich fürder halten will, mag man auch zweifeln, ob ein Geschehnis, das einmal stattgefunden hat, schon als Überlieferung angesprochen werden kann. Ich meine in jenem Sinne, der uns bei der spitzfindigen Frage nach der Bildung des Haufens in die beabsichtigte Verlegenheit setzt: ein Korn bilde keinen Haufen, ein weiteres hinzugefügt, und wir hätten noch keinen; um ein drittes vermehrt, und es sei immer noch der Haufe nicht zustande gekommen. Wann fängt dann aber ein Haufe an, Haufe zu sein, wenn ein Körnchen mehr nicht hinreicht, ihn zu bilden? Das umgekehrte Spiel treibt eine müßige Philosophie mit dem ihr schon näherkommenden Kahlkopf: wieviel Haare müsse man haben, um ein Calvus zu sein? Für mich sind das längst keine Probleme mehr, seit ich am eigenen Leibe erlebt habe, welch einen Haufen Geld zwei Peseten darstellen können. Darum kann ich es mir auch hier erlauben, den zweimal unterlaufenen Brauch als Überlieferung geltend zu machen.

»Und soweit ich als Autor ein Wörtchen mitzureden habe . . .« steht schwarz auf weiß im Prolog zu lesen – die pure Großsprecherei und Autoreneitelkeit, wenn man bedenkt und vor allem merkt, daß dieses Wörtchen immer kleiner wird. Darum will ich an dieser Stelle mit dem Geständnis herausrücken, daß ich das Schicksal meiner Helden nicht so am Halfter habe wie der Geringste unter den Almocreben der Insel den störrischsten seiner Esel. Bei allen Lebenserinnerungen ist es eine Frage der Wahrheitsliebe, wie gut oder wie schlecht der Verfasser sich seiner erinnert. Wie leicht wäre es für mich, dem Gang der Ereignisse ein wenig nachzuhelfen ins schönere Schicksal hinauf. Statt nun in Beatricens unfallverhütender Umarmung auf einer schäbigen Lastermatratze zu liegen, könnte ich mich schlafen lassen in einem der Paläste auf Mallorca, deren Tore Beatricens Musik und des Vigoleis dann nicht zweifelhafte Literatur hätten überwältigen sollen; in einem Himmelbett, dessen aus Seide gewobenes Moskitonetz die Mücken vergeblich, in einem wutsummenden Tanz, nach unserem Blute lechzen ließe. Anstatt den ungeschriebenen Gerechtsamen eines Bandenführers überantwortet zu sein, könnte ich mich mit einem Federstrich adoptieren lassen von einer steinreichen amerikanischen Lustgreisin, und säße dann in Miramar, einem der Landgüter des österreichischen Erzherzogs Ludwig Salvator: jawohl, mein Leser! Doch die Wahrheit will, daß im vierten Buche scheelsüchtige Elemente dem Vigoleis diesen kapitalistischen Traum zerschlagen. Warum tue ich hier auf dem sogenannten geduldigen Papiere nicht, was ich zum Beispiel meiner lieben Mutter einmal angetan, daß mir beim bloßen Gedanken an den scheinheiligen Lug noch heute die Scham das Gemüt bewegt, tat ich es auch um des Seelenfriedens der Guten willen? Nämlich: ich log ihr vor, ich hätte meinen ehelichen Bund, der unter standesamtlich merkwürdig lächerlichen Umständen in Barcelona geschlossen wurde, diese bürgerliche Farce hätte ich kirchlich segnen lassen. Das sei eine Notlüge gewesen, wie deren der gottesfürchtige Alltag dem Menschen täglich abzwingt. Nein, ich mußte mich noch weiter wagen auf dem freventlichen Pfad.

Gottes Wort habe ich zu Papier gebracht: so sei es uns durch den Mund eines Jesuiten (drunter tat ich's nicht) in der Hauskapelle von Freunden mit auf den gemischten Eheweg gegeben worden. Auf ein paar Seiten entwickelte ich meine geistliche Beredsamkeit, ich wurde zum Licht der Welt und zum Salz der Erde, wobei mir der münsterische Predigtkünstler Donders vor Augen schwebte. Der hätte es natürlich besser gekonnt, aber für einen Laien war es ein beachtliches Gesellen- oder Bubenstück.

So denn bleibe es bei der Wahrheit, und darum auch bei der Armut, dem Hungertuche und der Unterwelt.

Unsere Helden kamen auf die Insel, sie fanden ein Dach überm Kopf, nicht eines, wie sie es erwartet hatten, doch schloß es ihre Existenz nach oben hin befriedigend ab. Der Himmel wurde ihnen bald schon gram, es ging schief mit der Zauche, sie wurden obdachlos, kamen aber durch die Geistesgegenwart eines Kölners schnell wieder unter die schützenden Ziegel. Erneut traten Störungen auf, die einen Zockeltag, jetzt schon mit Grauchen und Almocrebe, nötig machten, obwohl die beiden gut eine Zeitlang im Freien hätten kampieren können, denn, das müssen wir uns jetzt merken: es ist noch kein Tropfen Regen gefallen seit ihrer Ausschiffung, und es sieht auch nicht danach aus, daß es ihnen so bald von oben herab in die Laufbahn tröpfeln werde. Dennoch wollen wir froh sein, daß Antonio ihnen ein neues Dach über den Kopf gezimmert hat mit seinen bescheidenen Mitteln, die vieles entschuldigen. Einem geschenkten Gaul sieht man nicht ins Maul, wenigstens nicht, solange der Stifter noch dabei steht. Ist er abgezogen, und der unsere ist jetzt schon im Klub bei seinen alten Herren, dann kann man sich die Sache einmal näher betrachten. Darum auch hier die Gewissensfrage an den Leser: willst du dabei sein, wenn ich unserem Gaul auf der Hufe des Riesen das Maul so gründlich aufreiße, daß jeder, ob Roßkamm oder Laie, sieht, mit welcher Rasse von Vieh wir es zu tun haben? Keine Bange nicht? Keine sittlichen Hemmungen? Keine Mikrobenangst? Schön, solche Fahrtenbrüder lobe ich mir. Willst du dann vielleicht ganz hier bleiben, mit uns unter dem neuen Dach? Señora Adeleide weist dir gerne ein Zimmer an, ein Wort, und sie schließt dir auf! Einen Revolver? Nein, den brauchst du hier nicht. Ach so, weil ein paar Mal von Räubern die Rede war? Nun, so schlimm ist es wieder nicht, und zudem bedient sich Arsenio einer Waffe, gegen die dein Blasrohr doch nicht aufkäme. Unsere Helden sind überdem auch ungewappnet und völlig wehrlos in ihrer ehrlichen Haut. Aber dafür sind sie Helden, von der rühmlichen Sorte, die immer wieder in der Nachbarschaft des Ungewissen ihre Robinsonade zu bestehen scheint.

Dich aber, liebe Leserin, wage ich nicht so ohne weiteres zum Bleiben aufzumuntern an einer Stätte, wo es mit der Schäferei sehr bunt getrieben wird, obwohl – wenn auch du ein Stübchen mieten willst, könnte es dir blühen, daß du Bekannte träfest. Eine zumindest von den beliebten Bekannten in der Fremde grüben wir vielleicht aus, falls du zufällig Kathrinchen kennst, die charmante Gattin eines Essener Hüttensyndikus mit Doktortitel, Bierglasbrille und Nervenzusammenbruch. Möglich wäre das durchaus, die Welt wird ja immer kleiner, je weiter man sich in sie hineinwagt. Beatrice war dem beliebten Gesellschaftsfeger zum Beispiel schon im Hause eines rheinischen Industriemagnaten begegnet. Allerdings war Frau Doktor da sehr elegant an-, und hier ist sie sehr überzeugend ausgezogen, sonst aber noch dasselbe lebens- und liebeslustige Kathrinchen. Selbstverständlich macht Beatrice keinen Gebrauch vom erotischen Inselgeheimnis der Frau Syndikus, und auch an den Leser ergeht der Aufruf, dieselbe Diskretion zu wahren, die jeder Memoirenschreiber beobachten muß, wenn ihm Gestalten über den Weg gelaufen sind, die noch fröhlich weiterleben, dieweil er ihre Taten schon der Nachwelt überliefern will. Graf Keßler haben solch lebenszähe Figuren harte Nüsse zu knacken gegeben, als er an seinen Erinnerungen schrieb. Vor allem war da eine berühmte Fürstin, die nicht sterben wollte und ihn so um ein paar wichtige Seiten prellte – fürs Prellen war sie ja zuständig –, denn auch als Madame X, meinte Keßler, könne er sie nicht auftreten lassen, da jeder Eingeweihte wisse, welches Biest gemeint sei.

Daß meine Gestalten sich mir im Doppelbewußtsein ihrer Persönlichkeit zur Verfügung stellen, wofür ich ihnen auch an dieser Stelle meinen Dank sage, ändert manches, obzwar es bei einigen schwer fällt, an den mildernden Keil zu glauben. Wer nachher das fragliche Kathrinchen wohlig grunzend auf der Schranne des eigenen Fleiches daliegen sieht, kriegt nicht den Eindruck, es mit Gespaltenem zu tun zu haben.

Mit diesem überlieferten Siegel der Verschwiegenheit auf den Lippen darf ich die Leser wohl bitten, mir ins dritte Buch zu folgen – nein, nicht über die Treppe und nicht durch die Tür. Auch ohne mit dem hinkenden Teufel des Dichters Don Luiz

Velez de Guevara im Bunde zu sein – ihr kennt die Geschichte, Goethe streift sie mit einem Satz in ›Dichtung und Wahrheit‹: der Teufel hob seinem Freunde in der Nacht die Dächer von Madrid ab –, auch ohne einen derart diabolischen Pakt ist es uns vergönnt, einen Blick aus der Vogelschau auf unser glücklich liebend Heldenpaar zu werfen. Das Zimmer hat nämlich keine Decke.

Drittes Buch

> Ich will das Tier sein schlechthin, das vor Gott und den Menschen die Tragikomödie aufführt, die da heißt: der Geist.
>
> *Pascoaes*

> »Despabiladera« heißt eine Lichtputze auf spanisch. Man sollte glauben, es hieße wenigstens ein kaiserlicher Generalfeldmarschalleutnant.
>
> *Lichtenberg*

I

Der blutunterlaufene Hübel am Hinterkopfe des Vigoleis spielt keine lebenswichtige Rolle in seinen Erinnerungen. Wo es aber schon einmal angewandte sind, oder er sie wenigstens als solche ausgibt, da mag in ihnen angebracht sein, was sich auf den Ablauf seines Lebens an Erfahrungen und Erkenntnissen, Bodensatz aus dem reinen, ungespaltenen Ich, bänkelhaft und wie ein Reis aufokulieren läßt. Das nun rechtfertigt ein paar empirische Zeilen über die Beule, die ihn klug und gewitzigt gemacht.

Die Brausche, wo kam sie her? Ich meine aus welcher Berührung mit welchem Gegenstande des uns beengenden und bedrängenden Lebensraumes, der fast schon der Raum eines Todes genannt werden könnte? Die Frage ist nicht müßig. Sie wäre es, hätte ich mir den Schädel einfach am Boden angeschlagen, der aus den landesüblichen glasierten Tonfliesen bestand. Nein, ich fiel mit dem Hinterkopf auf einen eisernen Gegenstand, der sich zu Häupten des Bettes befand, griffnahe wie eine Nachtkonsole, obwohl er anderen Zwecken diente, hygienischen genau gesagt. In einem Raume, der nahezu raumlos war, sogar ein herausfordernder Luxus, wollte mir scheinen, und das nicht, weil ich mit ihm in schmerzliche Berührung gekommen war. Heute weiß ich natürlich, daß das tückische Gestell mit der hüftförmig geschwungenen Blechwanne in das Zimmerchen hineingehörte mitsamt den Frauen, die sich des Möbels zu bedienen pflegen, rittlings, wie es die aus dem Italienischen kommende Benamsung vorschreibt. »Bidetto« ist ein kleines Pferd, ein Klepperlein, auf dem reitend man den Erdboden mit den Füßen berührt – eine äußerst treffende Benennung. Nun haben wir, einbegriffen der Leser, der ja allmählich schon zur Familie gehört und vor dem die vertrautesten Dinge ohne Rückhalt besprochen werden, wir haben gleich am ersten Morgen unseres Inseldaseins die Bekanntschaft mit der Pilarschen Liebesmurrhine gemacht; und nun hier, beim ersten Erwachen zu einer neuen Uchtstunde unseres Lebens, ist wieder so ein Ding, das sich noch weniger geniert als sein freilich kostbarerer Artgenosse von der Straße der Einsamkeit. Ich versetzte ihm einen Tritt, scheppernd flog es gegen die Tür. Dann rieb ich die Wunde und suchte nach einem kalten Gegenstand, um sie zu kühlen. Ich erinnerte mich der Klinge des Brotmessers, womit meine Mutter Beulen behandelte, indem sie es mit leichtem Druck gegen die Schwiele hielt. Das lindert den Schmerz und fördert die Aufsaugung des gestauten Blutes. Ein Messer hatten wir in unserem Haushalt nicht, aber warum soll ich nicht an der Wanne kühlen? Wie eine ägyptische Göttergestalt werde ich wohl dagestanden haben, mein Haupt überragt von der kuhhornförmig geschweiften Weiberzier. Aber es wirkte. Das Klopfen ließ nach.

»Wo sind wir eigentlich?« fragte Beatrice, die noch nicht mit allen Sinnen zum neuen Leben im neuen Paradiese erwacht war, »und wie du bloß aussiehst mit dem scheußlichen Hafen am Kopf! Feuchte Umschläge? Ist denn kein Wasser da? und überhaupt diese Örtlichkeit, das scheint mir eine Jugendherberge zu sein oder ein Asyl für Wanderburschen.«

Voilà, da habt ihr sie wieder, meine Beatrice mit dem Mangel an Kombinationsvermögen, wo es die handgreifliche Seite des Lebens betrifft. Rein zerebral, hätte sie auf dem Gebiete der vergleichenden Sprachwissenschaft bedeutende Leistungen erzielen können. Ihre ungewöhnliche linguistische Begabung, ein doppeltes Erbe von Vater und Mutter, weist ihr diesen verpaßten Beruf als den einzig richtigen zu. Mit einem Blick übersieht sie die entlegensten etymologischen Zusammenhänge; aber vom Ei auf das Huhn zu schließen, vom Gewölle auf den Raubvogel, der es ausgeworfen, von Vigoleis auf Don Quijote, das dürfen wir von ihr nicht erwarten.

»Beatrice«, sagte ich darum im Geiste der Enzyklopädisten, die gegen Irrwahn und Afterglauben zu Felde zogen, »la mia Beatrice, halte es meinem unterlaufenen Blut zugute, wenn ich dich mit diesem suspekten Gefäß am Hinterkopfe aufkläre; aber mir will scheinen, daß du dich im Wort vergriffen hast, weil dir die Zusammenhänge wieder einmal nicht deutlich sind. Wo du von Wanderburschen sprichst, möchte ich Wandermädchen vorschlagen, und wenn du mir eine weitere Verbesserung nicht verübelst, möchte ich statt Wandern nach einem mehr auf das Statische deutenden Begriffe suchen. Das alles klingt so schulmeisterlich, und dann am frühen Morgen, aber denkst du nicht auch, daß wir des Rätsels Lösung eher bei den liegenden Señoritas finden werden – falls es uns überhaupt etwas angeht, wie der vertrakte Badeschemel gesellschaftlich unterzubringen ist. Seien wir fürs erste froh, daß wir ein Dach überm Kopf haben.«

Diese unzweideutige stehende Redensart, der ich mich soeben im Erinnerungsgespräch mit Beatrice bedient habe, ist hier nur bedingt richtig. Wenden unsere Helden die Blicke nach oben, dann werden sie erkennen können, was wir schon wissen: daß auch da nicht alles in Ordnung ist.

Beide hatten wir uns den Blick in diese Höhe noch nicht eigentlich gegönnt. Wohl war es mir am Vorabend im funseligen Licht vorgekommen, der Raum zu unseren Häupten verlöre sich wie ins Raumlose. Das Auge blieb an keinerlei waagerecht geschichteten Gliederung hängen. Alles strebte aufwärts, himmelan. Und hatte schon der Eingang mit seiner betont unbürgerlichen Bauweise, hatte der sich ins Namenlose verlierende Flur den Gedanken an eine klösterliche Bestimmung nahe gelegt, das Zellenhafte des Zimmerchens die Vermutung bestärkt: warum sollte da nicht gen Himmel gestrebt werden auch im Abschluß der Baulichkeit nach oben hin?

So war es in der Tat: unser Zimmer hatte keine Decke. Der Blick verlor sich lange, bevor er sich irgendwo da hoch im Dachgestühl brach. Das Dach war auf spanisch-antike Art mit Hohlpfannen gedeckt, und da kein Unterfutter eingezogen war, sah man auf dem Gesperr die Ziegel liegen, denen die alten Baumeister ihrer Deckart nach treffend die Bezeichnung »Nonne und Mönch« gegeben – oben die Mönche, unten die Nonnen, und alles zur höheren Ehre Gottes, und auf daß es den Irdischen nicht in den frommen Alltag regne. Viele Ziegel waren schadhaft, andere hatten sich aus der Überfalzung gelöst, so daß Lükken entstanden waren, durch die der Tag in feinen Strahlen eindrang. Das gab dem Innenraum wirklich etwas Kathedralenhaftes, dieses Spiel des Lichts, wie es sich im farbigen Fächer brach beim Durchgang durch die großen Spinnwebflächen, die im Luftzuge leise hin und her wehten. In mondklaren Nächten wirkte das Satteldach wie ein Sternenzelt. Licht an Lichtlein war über uns ausgesät, und wie nahe liegt es da, an Kant zu denken, an seinen gerne angeführten Ausspruch, der so verständlich ist, daß er fast nicht mehr von diesem schöpferischen Zermalmer zu sein scheint: »Zwei Dinge erfüllen das Gemüt mit immer neuer und immer zunehmender Bewunderung und Ehrfurcht, je öfter und anhaltender sich das Denken damit beschäftigt: der bestirnte Himmel über mir und das moralische Gesetz in mir . . .« Und wenn es regnet – aber soweit sind wir noch nicht und kommen wir wahrscheinlich auch nie, denn es müßte schon mit vielen Teufeln zugehen, wenn die vom Verkehrsverein der Insel zugebilligte Niederschlagsmenge ausgerechnet den Weg durch unseren Dachschaden fände. Die Regenzeit setzt zudem erst im Spätjahr ein, und bis dahin findet sich ein Ausweg und vielleicht sogar einer im Geiste der reinen Vernunft, obwohl da mehr Verlaß auf unseren unvernünftigen Vigoleis ist, der sich gerne mit seiner erfinderischen Ader brüstet. Dem regnet es nicht so leicht ins grüblerische Gemüt und darum auch nicht in seinen täglichen Kram.

Die Wände unserer Zelle waren so hoch, wie mein ausgestreckter Arm reicht, also 2,32 m. Es handelte sich um Bretterverschalungen, mit denen das Gebäude in kleine Kemenaten aufgeteilt war. Die Fenster waren so hoch angebracht, daß ich sie nicht einmal mit einer Treppenleiter hätte putzen können. Ein solcher, sich nach außen verjüngender Lichtschacht befand sich an der Frontalwand, genau über unserer Kammer. Ich verwandelte ihn später mit Hilfe einer Baumleiter in einen Wäschekasten, wobei mir die abgeschrägte Sohlbank noch einiges Kopfzerbrechen bereitete. Halsbrecherisch war die Sache sowieso, und sie hatte einen nicht zu unterschätzenden Einfluß auf meine Hygiene.

Das Mobiliar bestand nur aus dem Nötigsten: einem Bett von der Schulterbreite eines kräftig gebauten Mallorquiners, doch keineswegs dessen Länge; einem primitiven Stuhl, ähnlich dem, den die Ältermutter als Krücke und Sitz benutzte; dem schon angeführten Wannenschemel und einem dreibeinigen Toilettgestell aus weißlackiertem Eisen, dessen Kumpf nicht größer war als eine Suppenschüssel. Darunter stand die Kanne, in der sich eine reiche Auswahl an toten Insekten befand, ein Zeichen, daß die Zelle lange leer gestanden hatte, oder aber ihre Benutzer hatten sich nicht gewaschen. Der Köder, eine ekelhafte Sache nicht tierischer Natur, klebte am Boden. Beatrice hatte das zum Glück noch nicht gesehen.

Ich stieg auf den Stuhl, um einen Blick über die uns zugeteilte

Einfriedung zu werfen, und zählte fünfzehn gähnende Schächte. Das waren ebensoviel Boxen, $\times 2 = 30$, und um den Spruch, daß immer zwei in einem Fleische sind, vermehrt, ergibt es die runde sechzig, ein Schock und ½ Großhundert: so viel also vermochte die Liebeskaserne in einer Schicht an Freude umzusetzen. Das Kämmerchen Wand an Wand mit dem unseren war auf dieselbe Weise ausgestattet, und die anderen vermutlich auch. Das war genormt, DIN-Format, eine kluge Maßnahme, eine unbrauchbar gewordene Scheuer wieder gewinnbringend zu verwenden. Das war hier der Fall, ohne Zweifel ein Bordell – aber warum zog Arsenio dann nicht noch ein paar Böden ein? Sofort erkannte ich die vielfältigen Möglichkeiten, die der Raum nach oben hin schuf für die billigste und traurigste Art, das eherne Gebot des »Wachset und mehret euch nicht« zu erfüllen. Die Frage der natürlichen Beleuchtung ergäbe einige Schwierigkeiten, aber Licht, das brauchen die dabei ja nicht, eine kleine Birne wie in unserem Zimmer reicht hin. Die Luft ließe sich durch besondere Schächte zuführen – nötig, wenn ihr mich fragt, wäre das auch wieder nicht. Zugang von außen durch einen vorgebauten Altan, der sich im Stil . . .

»Was gibt es Fesselndes zu sehen?« unterbrach Beatrice meine baumeisterlichen Entsinnungen, »ist das Känsterchen nebenan auch besetzt? Das müssen schon sehr arme Leute sein, die hier wohnen kommen.«

Ich brachte es noch nicht über mich, ihr zu sagen, was ich gesehen hatte und was ich aus allen örtlichen Gegebenheiten, die Wasserkanne einbegriffen, mit unumstößlicher Sicherheit wußte: wir waren in einem Absteigequartier der miserabelsten Preisklasse gestrandet. Fünfundzwanzig Peseten zahlte Antonio für diese gemeine Bleibe pro Monat, das Handtuch mitgerechnet und wohl auch die Lustbarkeitssteuer; denn für ein lustloses Wohnen waren 25 Peseten der nackte Nepp.

»Ich sehe eigentlich gar nichts, Chérie, so daß du doch recht haben dürftest mit deiner Vermutung. Wir befinden uns in einer Jugendherberge, die im Sommer natürlich kaum in Anspruch genommen wird. Wer wandert schon bei dieser Hitze? Im Winter wird es anders sein, ich kann mir vorstellen, daß Adeleide dann immer ein volles Haus hat. Sie hat ja auch wohl das Zeug und das Herz für eine die Jugend betreuende Herbergsmutter.«

»Vielleicht, es wäre dann allerdings das erste Mal, daß ich von wandernden Spaniern hörte. Der Betrieb wird ganz auf Ausländer abgestellt sein, und die kommen tatsächlich erst gegen den Winter. Wichtiger wäre mir zu wissen, wie du dir das Weitere nun denkst. Wir haben noch fünf Peseten. Lange halte ich es hier nicht aus, das ist ja gräßlich. Die Pilar könnte ich erwürgen! Ja, lach du nur, ich finde nichts Ridiküles an unserer Lage. Riecht hier was? Das kommt sicher aus der Kanne!«

Es folgte noch eine ganze Tirade auf Französisch, die für mich nicht sehr schmeichelhaft, ja stellenweise sogar verletzend war. Alles verstehen heißt alles verzeihen, dachte ich, immer noch auf dem Auslug stehend, aber auch auf Französisch, wobei mir die Lehrerin der Klippschule in den Sinne kam, in die wir alle verliebt waren und die diesen Ausspruch immer im Munde führte, wenn meine Klassenleistungen unter dem Gefühlsstand blieben. Sie dachte dann aber nicht an die Liebe, sondern an meine Dummheit, während ich jetzt an Zwingli denken mußte, der uns doch eigentlich in dieses doppelt anrüchige Hurenabenteuer gestürzt hatte. Statt die Pilar zu erwürgen, sollte Beatrice redlicher auf einen Brudermord bedacht sein, aber – wer erwartet bei einer Frau die Logik am frühen Morgen, im Bett, ungeschminkt, über sich kein Dach, unter sich eine zerwanderte Matratze und neben sich auf einem Stuhl stehend einen Mann, der den Zins für dieses Piedestal nicht einmal aufbringen kann?

»Die weiteren Schritte? Liebe, das kann ich dir erst verraten, wenn ich auf der Post gewesen bin. Ich gehe sofort in die Stadt, ungewaschen, unrasiert, sogar mit ungewichsten Stiefeln, damit du siehst, wie eilig ich es habe. Du hast mehr als recht, es muß etwas geschehen, und es wird etwas geschehen, und vergiß nicht, daß wir als letzte Zuflucht noch die Seile haben.«

»Die – du willst – pfui! Und unästhetisch, und ich kann dann zusehen, wie ich aus diesem Dreck herauskomme. Danke!«

Die Seile – Mädchen, ach wie siehst du wieder alles vom verkehrten Ende! Du ahnst wieder einmal nicht, wie alles ineinandergreift, wie es sogar eine Vorsehung gibt, die uns Zielen zuführt, welche nur ihr in lichten Augenblicken deutlich sind. Die Seile! Ich hatte wirklich nicht im Sinn gehabt, sie ins schwindelerregende Gebälk zu knüpfen und dann mein Genick in der Schlinge zu kerben; zudem hätte ich schon vor der Ausführung solch sinisteren Vorhabens beim Herumturnen in den Balken den Hals gebrochen. Ich versuchte Beatrice das deutlich zu machen, aber es gelang mir nicht.

Selbstmordsüchtig seit Jahr und Tag, mit bedeutenden metaphysischen Ansprüchen an den Lauf meines Gestirns und peinlichen Blindgängern auf dem Gebiete der diabolisch ausgetüftelten Entleibung – damals lag mir der so naheliegende Gedanke fern. Die Seile hatten eine andere Aufgabe, ich wollte sie innenarchitektonisch verwenden, wollte sie knüpfen, gewiß freilich waagerecht und nicht senkrecht, wie ich's auch später tat. Alles schwebte mir vor dem Blick, wie man aus der Stundenboxe eine einigermaßen menschliche und, wer weiß, sogar gemütliche Wohnstätte machen könnte; wie ich unter Einsatz all meiner verkrachten Existenzen, den Instinkt des Steinzeitbastlers verbindend mit dem hochentwickelten technischen Wissen meiner Person und meines Jahrhunderts, Beatrice ein Heim schüfe, wie es ihr höchstens Henry van de Velde hätte bieten können. Lassen wir sie darum grollen und mit zusammengebissenen Lippen, wobei die untere etwas nach vorne geschoben steht, zuckenden Mundwinkeln und der zum Zeichen der äußersten Verachtung – aber auch Not – wie eine Flosse herabhängenden blutleeren Hand über ihr Schicksal ruminieren: einen weltfremden Theologen zum Vater, eine Frau der exotischen großen Welt zur Mutter, einen Zwingli zum Bruder, ein öffentliches Mädchen zur Schwägerin und mich, Vigoleis, den Blancoschriftsteller, zum ledigen Manne zu haben. Überlassen wir sie eine geraume Weile diesen niederschmetternden Gedanken und hören wir, was es mit den Seilen auf sich hat, es ist schnell erzählt.

In Lyon hatten wir keinen Anschluß. Über den Bahnsteig schlendernd, sah ich einen Reisenden, dem der Koffer in eben dem Augenblick platzte, wo sein Zug einlief. Der Inhalt ergoß sich über den Steig und wurde im Gedränge teilts zertreten, teils unter die Räder geschubst. Die Katastrophe war vollkommen, der Mann den Tränen nahe, und der Zug fuhr ohne ihn ab. Mit Hilfe eines Schaffners trug der Herr den Rest der Habe zusammen. Da der Koffer vernichtet war, konnten die Effekten nur noch in ein Pyjama geknotet werden. Soweit der anonyme Zwischenfall. Mir indes genügte er, sofort Maßregeln zu ergreifen, einem solchen Reiseschicksal nicht fahrlässig ausgesetzt zu sein. Spornstreichs begab ich mich in die Stadt und kaufte einige Meter Lederriemen, Hanfseile und schmales Gurtband mit verstellbaren Fibeln, zum Erstaunen von Beatrice, die auf die weltgültige Qualität ihrer Schweizer Ausrüstung vertraute, weshalb sie denn auch sagen konnte, sie sei schon weit herumgekommen auch ohne Seil und Riemen, das heißt weit herumgekommen und nie sei was geplatzt – und man wird hochmütig. Daß da in Lyon der Himmel vor des Vigoleis

Augen einen Mann in Koffernot stürzte, ihm also die Augen öffnend: daß da Vorsehung schlechthin am Werke war, erkannten wir erst, als zwar nicht unser Gepäck, wohl aber unsere ganze Daseinsherrlichkeit geplatzt war: ich hatte die Stricke! In der blutten Klosterzelle konnten wir sie nun sehr zu unserem Vorteile verwenden; Beatrice wird bald erfahren, auf welche verschlagene Art. Sich mir nichts, dir nichts daran zu erhängen, wäre angesichts solcher Möglichkeiten geschmacklos und so unter meiner Erfinderwürde gewesen.

»Ich komme mit, hier bleibe ich nicht. Und wie das wieder riecht, ekelhaft! Aber erst wollen wir unser Gepäck hereinschaffen, sonst stiehlt man uns noch den Rest.«

»Stehlen?« Ich wies nach oben, wo jedem der Zutritt freigelassen war, dann gingen wir mit fünf Peseten in der Tasche den tausenden entgegen, die vielleicht gerade heute auf der Banca March für mich eingetroffen waren. Wo die Not am größten, da ist Gott oft sehr nahe – ich wage schon lange nicht mehr zu sagen: am nächsten, denn dann hätte er uns nicht erst den Gang ins Kloster der Unzucht antreten lassen. Oder wollte er uns prüfen wie jenen Abraham im Lande Moria? Wer in Gottes Welt nicht auf alles gefaßt ist, zieht leicht den kürzeren, und die Helden dieser Geschichte zogen an jenem späten Morgen den allerkürzesten Halm aus dem Strohwisch ihres Schicksals. Es war nämlich kein Geld auf der Post, überhaupt keine Post war gekommen, und auf der Bank bekam unser Duro auch keine Jungen. Da es das Phänomen der Jungfernzeugung im Geldverkehr nicht gibt, blieb uns nichts anderes übrig, als den Duro anzubrechen, um das Nötigste zu kaufen. Das Nötigste – was ist einem Menschen in einer Lage wie der unseren am heiligsten not? Aus der Art, wie wir diese Aufgabe lösten, gewinnt der Leser zugleich einen Einblick in unsere seelische Verfassung schlechthin, nachdem er ja schon dies und das hinter dem Vorhang unseres ungesegneten Ehe- und Wehestandes hat gewahren können.

Wir tranken in einer Volksbeize, wo nur Eseltreiber und ähnlich malerische Barfüßer anländen, jeder einen expressen Kaffee, und dann noch einen, und sogar einen dritten, denn der Geruch aus dem Schlachthause war zwar aus der Luft, aber nicht aus unserer Nase und längst nicht aus dem Magen verschwunden. Drei »café negro« können da Wunder wirken. Dann kauften wir einen Spiritusbrenner, von Beatrice »Ampel« genannt, das billigste Modell, aber nicht explosiv; dazu Brennstoff und eine Stielpfanne, in der man kochen, braten, schmoren und rösten konnte, stellte man seine Ansprüche nicht höher als einen viertel Liter Milch, ein Spiegelei, eine Sobrasada und eine Scheibe Brot. Für den Rest des Geldes erstanden wir eine Tafel Kochschokolade »à la española«, Zigaretten und Schiffszwieback. Damit war die Verproviantierung unserer Expedition ins Planetarium abgeschlossen. Es fehlte wohl noch dies und das, aber auch ohne Wein und Ölsardinen trieben wir nicht mehr so ganz ruderlos, und ich hatte ja noch meine prädestinierten Seile, meinen Erfinderkopf und meine Hoffnung auf jenen Victor Emmanuel van Vriesland in Amsterdam. Beatrice hatte das Ihrige, Musik im Kopf, dunkle Ahnungen: nie werde sie es zu einem Flügel bringen, denkt sie nun, und doch gibt es Musik, mein Schatz, verlaß dich auf Vigoleis, der sich gerne amusisch nennt – und einen Schritt, denke ich meinerseits, zwei Schritte Vorsprung muß ich haben, wenn wir das Heim betreten, um die Schutzmarke aus der Kanne entfernen zu können. Ich werde sie aufweichen, dann löst sich das Liebessiegel.

Unverweilt traten wir den Nachhauseweg an, um vor der heißesten Stunde im kühlen Schatten unseres Stifts zu sein, und da merkte ich erst, wie ich meine Augen übte im Absuchen der Straße nach brauchbaren Gegenständen. Es lohnte den Fleiß: ich fand einen Nagel, ein Stück Draht, wieder einen Nagel, und noch allerlei Rostiges, was Möglichkeiten bot. Wortlos schaute Beatrice meinem Picken zu, wortlos nahm sie diese neue Phase im Leben ihres Vigoleis hin. Das näherte sich bedenklich dem Bettelstabe, und wenn ich jetzt ehrlich sein will, bleibt doch beileibe noch nicht ausgemacht, wer wen an denselben gebracht hat: ich sie durch eine chronische Dialyse als geistiger Mensch, als hermetischer Dichter – sie mich durch ihre bedenkenlose Bruderliebe. Immerhin, als wir uns dem »Turm« auf Sichtweite genähert hatten, barg ich eben den letzten Fund in meine Büchermappe, und dann ging's auch schon los mit olé und hallo und guten Mittag allerseits und wünsche dies und rühme das, und bitte hier – Arsenio war freigebig mit seinem großen Munde, der wiederum die Szene stellte und beherrschte, der vollendete Räuberhauptmann mit seiner bunten Seidenschärpe um den Leib gewunden an der Stelle, wo gegen jede anatomische Wahrscheinlichkeit bei ihm der Bauch aufhörte und die in enge blaue Samthosen gekleideten Schenkel begannen. Auch Adeleide zeigte sich einen Augenblick mit einem Futterkoben für die Schweine, man hatte also Mastvieh, ein landwirtschaftlicher Betrieb so nebenbei vermutlich, und schon humpelte auch die Urahne heran, scheltend auf eine Schar Kinder, die Lust und Unfug zu wüstem Spiel vereinte. Sie spielten Stierkampf mit einem echten Ochsenschädel, an dessen Hörnern Blut von mancher Schramme klebte. Die Greisin war freundlich und von einer achtunggebietenden und doch einnehmenden Art. Ich habe sie im Laufe unseres Bordellverbleibs sehr lieb gewonnen, ob ich mich auch nicht rühmen kann, nur ein einziges Mal ihre Rede verstanden zu haben. Sicherlich war es tiefe Lebensweisheit, was sie mir immer vortrug. Wer so im bäuerlichen Gewese am Herzen, schollenhafter gesagt: am Busen der Natur nicht nur alt, sondern uralt geworden ist und krumm und gar dazu, der hat vieles gesehen, was nicht in den Pandekten meiner Philosophen steht. Und wenn wie hier im »Turm« noch eine Pfründe angegliedert ist, wo die Einkünfte aus des Menschen menschlichster Bedingung flossen, dann muß man sich auf dieser Menschenwelt auskennen, was Na' Maguelida gewiß auch tat.

Einer Einladung Arsenios, an seiner Tafel anzusitzen, leisteten wir nicht Folge – nein, wir hätten in der Stadt ein reichliches Frühstück genossen, ein sogenanntes Gabelfrühstück englischer Art, Arsenio kenne das ja, natürlich, Eier und Schinken und allerlei scharfe Mixturen. Nein, das sei nichts für seinen Gaumen. Um diese Stunde müsse er seine »Sopas« haben, die mallorquinische Nationalspeise, eine Suppe, in die man soviel Brot brockt, daß der Löffel steif steht. Aber es bliebe dabei: Küche und Keller böten nicht nur das Allerbeste, sie stünden uns auch Tag und Nacht offen.

Die Kinder hatten sich um uns geschart, es waren ihrer noch mehr als am Abend zuvor. Alle ohne Ausnahme mußten sie Herr Vater zu Arsenio sagen, denn er allein war ihr Erzeuger. Insgesamt hatte er dreiundzwanzig auf seinem Namen stehen. Auf seiner Männlichkeit gründeten vermutlich noch bedeutend mehr in den unermeßlichen Außenrevieren seiner Erotik. Drei Söhne arbeiteten in seinem Betrieb, stramme Jungen alle und wie geschaffen, des Vaters Sach' zu führen. Einer diente beim Militär, kahlgeschoren lernte er da, mit Pulver und Blei umzugehen. Aber nicht nur fürs Vaterland übte er sich. Im Turme betrieb man noch ein drittes Gewerbe, dem die anderen als Tarnung dienen mußten.

Ich entlieh mir Hammer und Zange und brachte meine zusammengelesenen Rostwaren in unserer Zelle an. Schon nach einer Stunde konnte jeder Nagel und jedes Endchen Draht den ihm zugedachten Dienst versehen. Beatrice legte sich aufs Bett, und, des Meditierens oder Starrens in den leeren Raum ungewohnt – leer hier nicht allegorisch gebraucht, obwohl sie es ja hier hätte lernen können wie an keiner Station ihres Lebens sonst –, griff sie zu einem Buch und verschwand aus meiner Umwelt. Mir war das lieb, denn ich mußte allein sein, um den Innenraum zu planen, desto mehr, wo ich nicht rechnen kann und hier nicht mit grobem Zoll, sondern mit dem Nonius kalkuliert werden mußte. Präzisionsarbeit mit einem Wort, wo eins ins andere saugend schließt, hebda Vigoleis, zeige was du vermagst auf einem Gebiet, wo niemand mehr etwas von dir erwartet.

Beim Basteln bin ich nicht gerne gestört, weil ich mich eigentlich geniere, wie da geschwitzt und geflucht und ins Blaue hinein eines ans andere gefügt und wieder schwitzend und fluchend gelöst wird, bis schließlich aus dem planlosen Beginnen das fertige Werk makellos hervorgegangen ist, vollendeter jedenfalls, als wäre es durchdacht. Fragen wie: was soll das denn werden, du, das wird nie was, das sieht ja nach nichts aus – und der ganze Spaß ist futsch. Ich bastele, wie ich Gedichte mache, ohne zu wissen beim ersten, wie oft nicht eingerosteten Wort, das angesungen kommt, wie sich eines ans andere fügt, in Reim und Rhythmus, und auf einmal ist es fertig, man hat es vor sich, gut oder schlecht, das ist dann eure Sache, aber ich hab's gemacht.

Als Beatrice aus ihrer literarischen Narkose erwachte und das Buch zuklappte, weil es aus war, da war zwar nicht mein ganzes Werkgedicht fertig geworden, aber doch die erste Strophe, die gewöhnlich den Ausschlag gibt für den ferneren Verlauf und die Stimmfügung des sprachlichen Kunstwerks. Mit geübten Fingern, an denen kein Zwinglischer Schülp hinderlich war, dem grobschlächtigen Hauswerkzeug Arsenios, den Funden Bettelmanns und den Seilen der Vorsehung, mit so vereinten Mitteln hatte ich das diskrete Geschirr dadurch gewissermaßen ins Geistige erhoben, daß ich ihm eine neue, ob auch immer noch dienende Bestimmung gab. Ich hatte es dergestalt an die Wand montiert, daß es als Schreibtisch gebraucht werden konnte; ein winziger zwar, neckisch in seiner ästhetisch praktischen Gesamtwirkung, welche die Mitte hielt zwischen dem reichen Empire und dessen nüchtern deutschen Entartung ins Biedermeier. Es fehlte nur der Tintennapf mit Gänsekiel und Sandstreuer, und Ehren Vigoleis hätte zu schreiben beginnen können, eine Ode auf den »Turm der Uhr« zum Beispiel, oder eine sizilianische Stanze über die dreißig Zellen der Liebe unter Nonne und Mönch. Da ihm aber weder Herz noch Sinne, noch auch die Seele nach Gereimtem standen in diesem unreimlichen Augenblicke seines Lebens, begnügte er sich damit, Beatrice das Putapult vorzuführen, aber dann immerhin feierlich auf Italienisch: »Ècco, la mia bella, ècco, il bidetto anche per scrivere!« Aber auch ihr stand der Sinn nicht nach einer dem kulturellen Augenblick entsprechenden geistigen Tat. Sie nutzte die libertinöse Unterlage nicht für die Abfassung einer lapidaren Denkschrift in lateinischer Sprache, in hoc equidem equuleo . . . sie hatte nicht einmal ein überschwengliches Wort der Anerkennung für meine Möbelkunst, sie hatte einfach Hunger und sagte es auch. Ècco, dann decke ich den neuen Tisch zum Richtmahl. Zusammen brauten wir die nationale Schokolade, die mit Zucker, Zimt und anderen Spezereien gemischt ist. Beatrice hatte den ersten Schluck, und so auch war sie die erste, die die sämige Brühe mit kühnem Unanstand auf den Boden spuckte: also Gesöff und ich war gewarnt. Darum spuckte ich nicht, ließ aber alles unter Anwendung des bekannten hydraulischen Kniffs von Säuglingen wieder in das Gefäß zurückfließen, ging hinaus und schwenkte das Nationalgetränk plaschend in die Grube. Gackernd kamen Hühner angeschossen, um was zu picken. Pickt ihr nur, aber ein Wurm ist besser. Ich schloß die Packung und barg sie in das einzige Fach, das unser Sekretär aufzuweisen hatte, kochte Wasser, und wir labten uns an dem zwar faden, aber keimfreien Trunk. Typhus, das hätte uns noch gefehlt! Beatrice wußte Schauerliches darüber zu berichten, und ich kannte die Geschichte, die sie jetzt zu memoirieren für angebracht hielt: der Vater war in Argentinien an dieser Seuche gestorben, zu einer Zeit, wo sie selbst sich die Bubonenpest aufgeladen hatte, die sakrale Geißel des Alten Testamentes, den Würgengel Gottes, den Schwarzen Tod, den ihre Mutter dann mit der Wunderkur homöopathischer Tropfen bannte, zum Staunen des einheimischen Arztes, der Beatrice die damals dortzulande übliche letale Spritze geben wollte, und zum Staunen der Menschen weit und breit: Tausende waren schon der Seuche erlegen; noch nie war jemand mit dem Leben davongekommen, schwarz wurden sie alle und redeten irre, und es war aus. Nein, keine Experimente jetzt, auf dem vorgeschobenen Posten des Elends und hart neben der Rattengrube. Wo wir der Syphilis durch meine strenge Selbstzucht und durchmoralisierte Feigheit entronnen waren, sollte uns das miasmatische Fieber nicht heimtückisch überfallen in einem Schluck Wasser. »Mit vielen kleinen Pulvern kann man den Mutigen zum Feigling machen: aber auch den Feigling zum Mutigen«, sagt Nietzsche.

Die Traubenkur hatte uns geschwächt, aber auch das Blut gereinigt, und somit waren wir gegen Hypochondrie gefeit, eine Anfechtung weniger. Um uns die Welt war feindlich, wir mußten auf alles gefaßt und somit auf alles bedacht sein. Der Fehlkauf der Kochschokolade hatte unsere Kasse unnötig belastet, eine weitere Unbesonnenheit brächte uns noch näher an den Rand des Kraters, aus dem es schon spuckte. Dieses abgegriffene Bild vom gähnenden Loch nennt man in der Redekunst einer Trope: die Verwandlung einer abstrakten Vorstellung in ein anschauliches Bild. Ich bediene mich dieser Wendung nicht einzig, um meine sprachlichen Mittel anzureichern, sondern denke an die ganz bestimmte Grube, die ihren Abgrund in ständig gähnender Bereitschaft hielt, und was beunruhigender war: sie lockte uns. Jeder landwirtschaftliche Betrieb hat eine Dungstätte, und da im Turm der Uhr viel Menschen einund ausgingen und auch Großvieh stand, war die Grube entsprechend bemessen. Sie fügte sich baulich gut der klösterlichen Anlage ein, wenn ich selbst sie auch nicht just neben der Freitreppe angelegt hätte. Länger als breit, erhob sich ihr Mauerwerk einen Fuß über dem Boden, alles den Bräuchen entsprechend. Ungewöhnlich war für uns jedoch der Umstand, daß dieses Geviert zugleich als der stille Ort für Menschen dienen mußte. Um den Menschen nun die Begehung zu ermöglichen, hatte man eine Planke über die Grube gelegt, die vom eigenen Gewicht und der ständigen Beanspruchung durchgebogen war. Herabhängende Reben verschleierten ein wenig den Ort, eine Aufmerksamkeit der Natur, für die vor allem weibliche Benutzer dankbar waren.

Nachts war der Steg immer von Ratten belebt, die dort schattenhaft ihr Wesen trieben und sich auch nicht so schnell abschrecken ließen, wenn jemand in seiner dumpfen Not die Planke in wippende Bewegung versetzte. Monatelang habe ich meine nächtlichen Rattenstudien angestellt und immer wieder bedauert, nicht den Zeichenstift führen zu können. Doch will ich hier mit Rücksicht auf das Ästhetische, von dem so oft die Rede ist, die Begegnisse überm Krater nicht weiter ausmalen. Erwähnt sei nur noch, daß mein regelmäßiges Verharren auf nächtlichem Anstand damit belohnt wurde, daß ich einmal einen lebendigen Knäuel erblickte, eine schattenverzerrte schwarze Masse mit Schwänzen und Beinen und Schnauzen rundherum, was nichts anderes als der sagenhafte Rattenkönig selbst sein konnte, und vor zoologischer Erregung wäre ich fast in den Mergel gefallen. Statt nach dem freudigen Schrecken in atemverhaltener Beobachtung dazuhocken und womöglich zu erleben, daß die zusammengewachsene Gesellschaft zu mir auf den Steig gerummelt käme, benahm ich mich unforscherhaft, schnellte auf und flitzte zu Beatrice in die Zelle, um ihr endlich einmal etwas Gutes über die Stätte zu berichten, die von ihr aus tausend Gründen gemieden wurde. »Ein Rattenkönig!« stammelte ich, »schnell, sonst ist er fort! Sicher dreißig zusammen!« Beatrice wurde bleich und wächsern vor Ekel, hatte sie doch an einer Ratte schon genug. Nicht einmal der alte Brehm habe mit eigenen Augen eine solche königliche Familie gesehen! Was hätte er wohl darum gegeben, ein Stündchen neben mir auf der Planke zu kauern – da sagte Beatrice etwas von Beulenpest, die durch Ratten übertragen werde, und daß in Spanien noch jährlich Fälle zu verzeichnen seien, vor allem in Barcelona. Ich schlich wieder auf das Sprungbrett zurück, aber das Wunder wiederholte sich nicht mehr. Lange hockte ich mit steifen Kniegelenken, da kam jemand und vertrieb mich.

Nebenbei bemerkt löste ich für Beatrice das Problem ihrer doppelten Grubenangst auf eine Art, die meinem Erfindergeist wieder Ehre machte. Es war eine Zimmerlösung, auf die nicht einmal die genialen mittelalterlichen Baumeister verfallen waren. Als wir das Lustkloster verließen, ist die Anlage außer Betrieb gesetzt worden, und keine Chronik, und am wenigsten diese, wird je von dieser technisch-hygienischen Schlaubergerei mehr berichten, als was hier andeutungsweise gesagt werden darf. Beatrice denkt noch zuweilen mit Schaudern an jene Notzeit mit den schwarzen Völkern, und dann wird sie auf einmal gerührt, weil sie es zu schätzen weiß, daß Vigoleis sie nicht mit einem barschen Wort auf die Planke gejagt. Nein, das tat er nicht. Gejagt war die Frau schon genug. Liebe im Verein mit Erfindungsgabe und schlechtem Gewissen fand die sanitäre Sicherheitslösung.

Der erste Klostertag endete damit, daß wir unsere bewegliche Habe so gut wie möglich den unbeweglichen Gegebenheiten der Zelle anpaßten. Dazu mußte ich allerdings den Stuhl an die Wand nageln, doch so, daß er mit einem Hinlangen wieder vor den Sekretär gestellt werden konnte, ganz der Philosophie des

Entweder – Oder gemäß, die hier nicht als reine wissenschaftliche Erkenntnis, sondern als Lebenskunst gewertet werden wollte. Zwei große Koffer legte ich auf die Scheidewand, wo diese mit der Nachbarbox ein T bildete, wodurch ein anheimelnder Abschluß nach oben entstand und der Bau einen Schein von Innerlichkeit gewann. Hoffentlich würde der Übergriff auf den Lebensraum des angrenzenden Gebietes, es handelte sich immerhin um eine Handbreit, nicht beanstandet. Dann müßte ich Klötze unterschrauben, und woher nehmen? Schrauben zog ich überall heraus, das war einfach. Nie hat jemand mich wegen der Annexion gerügt, und nach oben hin war sowieso kein Rechtsfall gegeben, da war freier Raum, den ich kühn in Anspruch nahm. Die Koffer türmten sich und eine Verstrebung mit den Seilen wurde erforderlich, wollte ich nicht wegen fahrlässiger Tötung ins Gefängnis wandern.

Zwei Stunden räumen, bei dem die Ordnung der einen Ecke die Unordnung der anderen bedingte, und wir waren erschöpft. Jeder erhielt noch einen Schluck keimfreies Wasser, die von Beatrice ausgerechnete Ration Biskuit und einen keimfreien Kuß. Dann klammerten wir uns in die Umarmung und fielen in Schlaf. Der Tag war voll gewesen und auch des Segens hatte er nicht entbehrt, denn keiner hatte dem anderen nach dem Leben getrachtet, um sich am Raum des anderen zu vergehen. Sie teilten ihn beide wie Menschen, die noch nicht zur Erkenntnis des Guten und Bösen gekommen sind.

Nichts störte ihre Ruhe, kein Lärm drang aus der Höhe auf den Schragen nieder, die Kaserne war ausgestorben. Beatrice hatte wahr gesprochen, die spanische Jugend wanderte nicht. Dafür waren die Ratten um so geschäftiger. Doch ihr Rumoren und Hasten, das Stieben und Plumpsen war an der Taubheit unseres Schlafes gemessen geräuschlos, obwohl es schon einen tüchtigen Krach abgesetzt haben wird, als der Schwarm von unserer Zelle Besitz ergriff. Es gab da nicht viel, doch genügend, womit sich einer Ratte nimmersatter Zahn beschäftigen konnte; aber die Schläfer wachten nicht einmal auf, als sich der Troß der unheimlichen Nager über den Proviant hermachte. Ob die räudige Altratte mit von der Partie war? Ich glaube kaum, denn sonst hätte sie schon von den jüngeren Artgenossen die Wände hinauf gehißt werden müssen, wie ich es einmal eine säugende Ratzenmutter mit einem Spiel Junge tun sah. Gewiß wird es sie alle gewundert haben, daß es auf einmal in einem Revier mehr zu beißen gab, als was sonst in den Zellen an Leckerbissen angetroffen wurde. Das ging selten über eine Bananenschale, eine Praliné oder eine Kruste Brot hinaus. Wer Glück hatte, erwischte ein Schächtelchen mit einem Aufstrich von Vaseline, das schleckte man gern, man zeigte sich sogar die Zähne und fauchte um diese Fettigkeit. Aber seit die Tuben in Gebrauch gekommen waren, erschnupperte selten mehr jemand dieses beliebte Schmalz.

In langen Reihen wanderten die Tiere über den schwindligen Plankengrat, die Schwänze hingen wie ein Strich nach unten – sah man ihn rasch sich fortbewegen? Sie beschnüffelten alles, kein Koffer, kein Paket, kein Buch blieb unbeachtet. Diese Zelle und deren Herrschaften würde man sich merken müssen, und vor allem hieße es, einen kleinen kofferartigen Tragkasten im Auge zu behalten. Er schien nicht leicht zu ernagen zu sein, die Zähne glitten an seinen Flächen ab, und doch, es roch aus ihm so, daß man gut täte, es einmal an den Kanten zu versuchen; und siehst du, es geht. In diesem Behältnis, in dem ehmals ein holländischer Handlungsreisender seine Artikel herumgeschleppt hatte, pflegte Vigoleis seine Manuskripte aufzubewahren, vor allem Gedichte, die er trotz vorgerückten Alters immer noch heimlich schrieb und mit einer ungesunden Keuschheit vor jedermann verbarg. Nicht einmal Beatrice bekam Einblick in die Hervorbringung. Vigoleis hielt ihr Interesse an seinem dichterischen Eigenleben mit schon genügend abgelagerten Versen lebendig, oder denn mit herostratischen Erzählungen über schon eingeäscherte Reimereien – Gespräche im Reiche der Toten, wie jene berühmten aus der frederizianischen Zeit.

Der Morgen des zweiten Tages sah unsere Klausner schon früh auf steifen Beinen. Die Körper hatten sich taub gelegen, stellenweise waren sie mit Malen gezeichnet, und es dauerte eine Weile, ehe jeder wußte, dies ist mein und das ist dein Glied. Dann löste sich die Umschnallung wie von selbst. Der Fall, der nun erfolgte, war gewollt, und er tat Vigoleis keinen Schaden. Einen Kuß gab es nicht, er wäre auch Hohn gewesen, eine Verunglimpfung gewissermaßen seines kultischen Urmotivs, des der Kraftübertragung. Und die Nebenbedeutungen – ach was, sie küßten sich darum wohl nicht, weil sie gleich die Ravage erblickten, die ihnen die Nacht beschert hatte, und beide wie aus einem Atem sagten: »Nun haben wir nichts mehr zu essen.«

Die Nationalschokolade war schon abgeschrieben, sie kam für den Genuß nicht mehr in Frage, selbst wenn sie an einer weniger anrüchigen Stelle aufbewahrt worden wäre. Wir hätten sie gerne den Ratten noch nachgeschmissen. Wir gerannen vor lauter Verzweiflung.

Flüsternd berieten wir uns. Einer allein sollte den Gang zur Post antreten, denn jetzt mußte mit den Körperkräften hausgehalten werden. Ich ging und kam mit einer leeren Hand zurück, ohne das erwartete Bündel Banknoten. In der anderen trug ich ein Büschel Trauben, die ich gestohlen hatte, sie hingen mir über den Weg, so nahm ich sie mit. Vielleicht war es öffentliches Eigentum, mein Gewissen blieb jedenfalls unbeschwert. Die Trauben waren für Beatrice, rostige Haken und ein winziges Hufeisen beanspruchte ich für mich selbst, für meine Künsteleien: eine Rattenfalle.

Beatrice lag auf dem Bett und rauchte. Sie las nicht, sie tat einfach nichts: sie streikte.

Die Ratten seien wieder dagewesen, am heiterhellen, in der Zelle zwar leicht angedunkelten Tag. Sie habe ihnen Bücher angeschmissen, ekelhaft, lange halte sie es nicht mehr aus. »Hast du die Anweisung bekommen?«

Ich stand vor ihr mit der Traube und dem Rostigen, und sie fragte nach Geld!

»Beatrice, du bist phantasieloser als Adam und Eva vor dem Sündenfall. Anweisung bekommen, ja, und dann zu Fuß zurück mit dieser Bettelei!« Ich legte alles sorgfältig aufs Bidetto. »Mit einem Hispano-Suiza wäre ich zu dir hingesaust, hätte getutet, Rosen gestreut und dich entführt. Morgen vielleicht – nein, morgen willst du ja gehen.«

»Verzeih, ich bin so dumm, und müde. Sei nun so lieb und sammle die Bücher wieder ein, die ich den Biestern nachgeschmissen habe. Sie liegen nebenan.«

Ich klabauterte durch die verschiedenen Zellen, bis die Handbibliothek wieder beisammen war, dann nahm ich den Stuhl vom Haken, kletterte hinauf und begann ein umständliches Umschichten der Koffer. Ich wollte Gedichte lesen. Darauf bezog ich die Wacht vor meiner holden Fraue, Ritter Wigalois, dessen Drachen Ratten sind.

Gerne wüßte ich heute, was ich damals meiner seelischen Lage gemäß empfunden. Unter meinen Büchern befand sich die erste Gesamtausgabe der Dichtungen von Georg Trakl. Da hätte ich Beatrice aus dem homöopathischen Hause, similia similibus curantur, das Gedicht über die Ratten vorlesen können, das ohne Zweifel von einem »Turm der Uhr« inspiriert worden ist. Da stimmt bis auf weniges alles: das Pfeifen, das leere Schweigen in den Fenstern, die Schatten vom Dachrand, der greuliche Dunsthauch aus dem Abort. Nur die Winde, die im Dunkel greinen, waren bei uns nicht eisig, sie erreichten auch des Nachts eine Temperatur, bei der es in deutschen Schulen hitzefrei gab. Und der Mond ist überall weiß und geisterhaft, in jedem Gedicht und in jeder Nacht, wo es nicht um die Liebe unterm Holunderbusch geht. Die Vision des Todes, die Trakl am Faulenden, Ekligen, Verwesenden hölderlinisch groß und wahr gestaltet hat, hätte uns stärken können, damals, als das Geschmeiß unseren Untergang beschlossen hatte. Auch Beatrice, jetzt um den Autor befragt, mit dem sie den Kampf gegen die bösen Mächte des garstigen Girrhauses aufgenommen, weiß sich nicht mehr zu besinnen, vermutlich sei es ihres Angel Ganivet ›Idearium Español‹ gewesen. Sie schwärmte für diesen andalusischen Schriftsteller und Diplomaten, der sich einer Liebesaffäre wegen in jungen Jahren in Riga das Leben nahm. Mich fesselte später vor allem die mystisch-religiöse Grundhaltung, aus der heraus Ganivet den Katholizismus ablehnte, während Beatricens nüchterne, weitblickende oder weiterblickende Art sich mehr an die rassisch-politischen Bemühungen des Spaniers hielt, wie solche das »Idearium« bestimmen.

Wir lasen. Aber auch der eingefleischteste Leser läßt das Buch aus der Hand fallen, wenn das Fleisch versagt. Zum Lesen braucht es einen Schnappsack.

Der dritte Tag: er deckte sich ganz mit dem vorhergegangenen, was die mechanischen Verrichtungen betraf, nur daß Beatrice jetzt in die Stadt pilgerte und »ohne nichts« zurückkam. Da sie weder stiehlt noch Lumpen sammelt, waren ihre Hände wirklich leer. Es gab warmes Wasser, jeder nahm seinen Autor wieder vor, dann verfielen wir in einen schlafähnlichen Zustand, worin klare Gedanken die Rolle des Traumes übernommen hatten. Als wir erwachten, tauschten wir unsere Gedanken über diese Gedanken aus, wobei Beatrice das Wort lucide, ich das Wort mystische Taubheit gebrauchte. Das Hungerleiden schien also doch für etwas gut zu sein. Dann sagte Beatrice plötzlich, sie wolle ihrem Leben ein Ende machen, ich redete immer von Selbstmord, sie wolle ihn üben. Ich war erschüttert, denn schließlich hatte sie mir, und es war noch gar nicht so lange her, Nietzsches Werke geschenkt, um meiner Verdüsterung ein Licht zu stecken.

Beatrice spielt nie, weshalb Schiller in seiner Sendung als

ästhetischer Erzieher des Menschengeschlechtes ihr das Prädikat Mensch vorenthalten hätte, der ja nur da ganz Mensch sei, wo er spiele. Da sie nie spielte, spielte sie auch nie mit dem Leben, nicht einmal mit dem Gedanken daran, ihm ein Ende zu setzen. Dem eigenen Leben meine ich, dem ihrigen, das der anderen zählt ja nicht, es hat nur einen kollektiven, also keinen Wert, wie unsere Kriege und die sich im Abendlande bereits vollziehende Verwandlung von Humanismus in Hominismus zeigen. Daß Beatrice der Lunze Pilar an den Kragen wollte, beweist zudem zur Genüge, daß sie in diesem Sinne dem Menschlichen noch nicht entwachsen ist, nicht asozial ist – oder muß ich sagen: war? Nein, sie fußt auch heute, nach der Überwindung der Krise im »Turm der Uhr« und vieler anderer Krisen, wie sie Krieg und Flucht, neuer Hunger und der ewig alte Vigoleis mit sich bringen, noch im Alten Testament. Auf ihrer Opferliste stehen immer ein halbes Dutzend Namen, deren Träger eigentlich durch unbefugte Tötung aus der Welt geschafft werden müßten, soweit diese Welt in ihre Umwelt eingreift. Die Zahl ist darum auch eine magische Konstante, wohingegen die Namen wechseln. Das tritt ab und aus dem Blickfeld und rückt auf und ihr auf die Nerven, und so runden sich die Jahreszeiten der Abneigung in ganz natürlicher Weise.

Ich mißbillige den Selbstmord, den uns die Schöpfung schließlich in einprägsamen Beispielen vorgelebt hat, nicht. Seine Vorstellung ist mir sogar erhabener als der Tod, der einen Menschen fertigmacht durch einen Blumentopf, der aus der fünften Etage auf seinen Schädel fällt mit demselben Vorwissen Gottes, der auch den fallenden Spatz in den Allplan einbezieht. Jeder Mensch hat das Recht, mit seinem Leben anzufangen, was ihm beliebt; macht er Schluß damit, so ist das seine Sache. Eine andere ist es indessen, ob das seinen Mitmenschen behagt. Die meisten erblicken darin einen Eingriff in die Natur, und wenn das jeder täte – da liegt der Haken. Aus Egoismus will der Mensch, daß auch der andere am Leben bleibe, oder von des Nächsten Hand falle, wenn er zuviel wird. »Die Ethik jeder pessimistischen Religion«, sagt Nietzsche, »besteht in Ausflüchten vor dem Selbstmorde.« Sogar ein Mensch, der an Gott glaubt und nur dem Allerhöchsten das Recht zusteht, dem Leben vor dem »natürlichen« Ziel ein unnatürliches zu setzen, könnte im Selbstmord noch den Willen des Schöpfers erblicken, der sich eben hier nicht einer Beulenpest, eines Pilarschen Bazillus, eines Blumentopfes oder des Bethlehemischen Kindermordes bedient, um die Seelen zu sich zu holen, sondern ausgeklügelte und überlegene Voraussetzungen schuf, daß sich sein Geschöpf selbst entleibt. Mit den Worten meines Dichters Pascoaes gesagt, dessen Bruder als Student in Coimbra durch einen ihm geistig unterlegenen Professor in den Tod getriezt wurde: »Er verringerte selbst den Abstand, der ihn als Geschöpf vom Schöpfer trennte.« Auch ich halte den Selbstmord für eine religiöse Spielart des paradiesischen va banque, freilich nicht jenen, wo sich einer an den Kragen geht, weil das Leben zu drosselnd wird, weil der Griff in die Portokasse Fingerabdrücke hinterlassen hat, der Bankkrach nicht aufzuhalten war, das eigene Weib mit dem Schornsteinfeger schläft, was noch ganz andere Abdrücke hinterläßt, und man kann nicht dagegen an und knüpft den Strick. Das hat mit Selbstmord nichts zu tun, ich meine mit der edlen, metaphysischen Gattung, es sind kleinbürgerliche Verkehrsunfälle, wie sie im Urwald nicht vorkommen. Ich weiß, daß ich diesen Problemen gegenüber die Haltung eines Schwarzen einnehme, der sich den Weißen überlegen fühlt, eines Snobs der happy few, die hinter der Physik mehr zu Hause sind als in den jedermann offenstehenden Bereichen der Welt unter dem Mond; der die erlösende Leere ahnt und vorkostet, sich in sie versenkt und vor allem dann, wenn er vor einer Pilar stiften gegangen ist, die Fühler langsam wieder nach dem Ewigen ausstreckt; der den Tag und die Nacht und wieder einen Tag und wieder eine Nacht besteht, weil er weiß, daß es einmal Schluß sein wird mit diesem Unfug, ohne Wiedergeburt, ohne ein Fortleben in neuer Welt, hüben wie drüben. Und der in dieser Metaphysik des »Nada« so wenig original ist wie die Antipoden, die auf den schlotternden Knien der Zuversicht und des Glaubens an das Gegenteil die Helden des Schlachtfeldes sind, die sich selber den Heimkehrmarsch blasen mit vollen Backen – wenn sie nicht schon gestorben sind. Aber dann kriegen sie ein Denkmal. Ursprünglich gesagt ist das alles nicht, aber was heißt hier Ursprünglichkeit? Ursprünglich war nicht einmal Gott, als er seine Schöpfung nach vollbrachter Tat an den Mann brachte wie ein beliebiger Erdenkünstler, der um Brot geht. Aber das ist schon eine Ausweitung der Philosophie von der Schöpfungssünde meines selben mystischen Freundes Pascoaes, den ich damals, Novize und leiblicher Selbstmordkandidat im »Turm der Uhr«, noch nicht entdeckt hatte, so sehr ich auch die iberische Literatur nach neuen Erregungen und Anregungen, nach Brennstoff für mein Nada absuchte; so sehr – es ist bare Übertreibung, denn ich überließ es dem Zufall, auf meinen Verneiner zu stoßen. Viel fehlte nicht, der Portugiese lag schon in der Luft, und es gehört zu den gewinnbringenden Faktoren meines mittelmeerischen Gastspiels, an diesen lusitanischen Dichter gelangt zu sein, der ohne Furcht die Schanze seines Gottes erstürmt. Der Weg zu ihm führt über einen Ort, den wir im »Turm« so sehr entbehrten. Geduld!

Ich mißbillige den Selbstmord nicht, denn er hat seine Wurzeln im Irrtum der Schöpfung selbst. War es nun aber Beatrice an diesem dritten Hungertage um einen solchen Tod mit metaphysischer Konstante zu tun? Wollte sie zu ihrem Schöpfer zurück? und dann: »ciau Vigo, warmes Wasser kriege ich überall und auch ein Dach überm Kopf«, – was ich für das Jenseits übrigens in Zweifel stelle. Aber immerhin, was wollte sie? Das Wort von der Vernichtung war gefallen. Unsere Werte sollten umgewertet werden – mir schwante Letztes. Gewiß, hier in der Klausur der nicht wandernden Burschen galten andere Maßstäbe, allein schon die Zelle bewies, daß man seine Angelegenheiten in jeder Beziehung auf Nichts gestellt hatte, und hinzugenommen die Frage der Beköstigung: ach wie gerne wären wir auf dem Bauche durch den Staub des langen Ganges gekrochen, wenn am Ende ein Stück Brot, am liebsten mit Sobrasada oder einer steinharten Butifarra gewinkt hätte. Nun waren wir Asketen, die ihre Kehle mit abgestandenem Wasser netzten. Keine Heuschrecke fiel vom Himmel, von Manna und dem wilden Honig gar zu schweigen. (Damals war Velikovskys ›Worlds in Collision‹ noch nicht geschrieben.) Wenn ich nun nachgäbe, wenn ich seelisch noch unter die körperliche Schwäche hinabsänke, dann könnten wir Hand in Hand Hand an uns legen. Das ließe sich alles sogar noch romantisch gestalten. Man hat Phantasie, man genoß, ob auch im kleinen Kreise, einen Ruf als Erfinder, und zudem hatte man manches gelesen, Beatrice sogar sehr viel. Die Literatur gab Vorbilder an die Hand, wie zwei des Lebens überdrüssige Menschen aus diesem Leben scheiden, Romeo und Julia zum Beispiel. Wir haben ihr Schicksal in der novellistischen Fassung des Luigi da Porto, in der bühnengerechten William Shakespeares und in der versponnen-romantischen von Gottfried Keller. Gäbe ich meinem Vernichtungsdrange nach, dann entschiede ich mich für die schweizerische Lösung, obzwar Vigoleis und Beatrice nicht der Haß der Geschlechter trennte, unversöhnlicher, je mehr Geld dahinter steckt. Ein anderes schob sich zwischen sie und ihre Liebe, die an der Pilar nicht zerschellte, und ich meine, ihre Tragödie, ihr spanischer »auto« sei nicht weniger der Beachtung wert, obwohl bis zur Stunde, wo ich dies niederschreibe, sich nur ein Autor obskurster Art damit beschäftigt hat. Genau gesagt, er ist dabei, den Stoff auszuwalzen. Wird er die Bühnen erobern? Das hängt davon ab, ob das große Publikum ihre Todesart gutheißt. Es liebt beim fallenden Vorhang die Bretter voller Leichen, viel Blut, Degen federnd im Schuppenhemd der Helden, Dolche bis ans Heft in die Rippen gestoßen, und den Hornstoß des Rächers: so habt ihr es gewollt!

Darum sagte ich, Beatrice, ich wolle ihr nicht in die düsteren Pläne hineinreden, nie sei ich ein Spielverderber gewesen denn in eigener Sache, – »und weißt du, Chérie, wenn ich's gutheiße, wenn wir's tun, wird es da nicht zugleich ein Nachgeben, ich meine Den-eigenen-Wünschen-hörig-Sein? Eine auf Egoismus aufgebaute Ehe ist faul und fällt auseinander. Wollen wir das? Wegen eines bißchen warmen Wassers? Es widerstrebt mir, in diesem Hause pro domo zu sprechen, auch könnte es falsch ausgelegt werden. Und stell dir vor, wenn ich je meine Memoiren schriebe, was soll da mit diesem Abschnitt unseres Lebens werden? Ihn unterschlagen? So tun, als wären wir nie auf den Hund gekommen, oder Kapital schlagen aus solchem Pflücksel, wie es Große machen, Augustin zum Beispiel? Düster, wenn du das meinst, das bin ich von Hause aus, auch ohne irdische Überrumpelung durch eine Pilar oder in ärmlicher Jugendherberge. Nur: niemand merkt es mir an. Aber dies sei doch deutlich gemacht: ich weigere mich, meinen höheren Lebensekel in dein niederes Taedium vitae zu stellen. Ich mache einen anderen Vorschlag, einen famosen, der aus der noch nicht eingedunkelten Ecke meines Wesens kommt. Wir wollen der Vorsehung doch nicht so mir nichts, dir nichts ins Handwerk pfuschen. Die hat es bestimmt auch nicht immer leicht. Geben wir ihr darum eine ehrliche Chance, wie unter Männern, die letzte, oder besser noch zwei, denn wir stehen zwei gegen eins, und so denn wäre es fair play, sportiv, wie man sagt. Von heute an wird unser Trinkwasser nicht mehr abgekocht, Schluß mit der Keimtötung, keine prophylaktischen Maßnahmen mehr. Schließen wir eine Art Trödelvertrag mit dem Schicksal, früher war so was sehr im Schwange, diese Art des sich gegenseitig ehrlichen Übervorteilens. Es gibt ein juristisches Wort dafür, das ich nicht bei der Hand habe. Also einmal der intestinale Weg. Der zweite führt über Amsterdam, und dazu brauche ich Papier, einen Umschlag, ein Postwertzeichen, das wir nicht haben, aber dann gebe ich den Brief ohne Absender auf, der Empfänger muß zahlen, und er wird es gerne tun, wenn er den Poststempel sieht mit Clima Ideal, wo es in Amsterdam doch immer nur regnet. Übrigens die sicherste Art der Beförderung, weitaus zuverlässiger als eingeschrieben, da die Post schon dahinter her ist, an ihr Porto zu kommen. Und an wem denkst du nun, daß ich die Post Strafporto verdienen lasse? An einem deiner Opfer? Am gelehrten Bruder in Basel? Am Onkel vom Domplatz in Münster? An meinen Lieben in Süchteln a. d. Niers? Gefehlt! Denen schreibe ich bei einer anderen Gelegenheit, daß ihnen die Augen aus den Karkassen treten; still, nicht fragen, ich will da dunkel bleiben, das muß ich reifen lassen wie einen Kartoffelkeim, wenn er ans Licht kommt, wird er sofort grün. Ich schreibe, Beatrice, während du kraft- und mutlos auf der Schütte der verwanderten Jugend liegst, einen Brief an den einzigen Menschen, der unseren Lebenssperling in der Hand hat, und er wird ihn nicht vom Dache fallen lassen. Ich schreibe an Vic, in der nach geheimnisvoller, jedem Außenstehenden unerschließlichen Barrême ermittelten Titulatur seines kleinen Ländchens sonach: An den hochwohledelgeborenen, hochgelehrten, sehr gestrengen, hochgescheiten, sehr dem schönen Geschlechte und sehr dem Geistigen in jeglicher Abfüllung zugetanen literarischen Herrn Victor Emmanuel van Vriesland, der erste Schriftsteller der Weltliteratur, an dem Vigoleis sich versündigt hat, ehe er zur Selbstbefleckung überging, -geht oder -gehen wird, denn siehst du, Beatrice, alles ist eine Frage des Überganges, der Transzendenz, wenn du es lieber hochtönend hörst von deinem transzendenten, nicht aber immanenten Vigoleis. An Vic schreibe ich und setze ihn gewaltig unter Druck, er soll ihn auf die bildschöne Frau übertragen, mit der er den Filmvertrag und wohl auch sonst noch einen geschlossen hat, und wer wie Vriesland wäre imstande, im schwachen Geschlechte die nur in der Kunst der alten Ägypter bekannten Senkreliefs zu hinterlassen? Die Punzstellen können sich im Laufe der Jahre verstopfen, raus geht das nur mit der Schruppfeile. Er wird auf seine Weise das Mädchen bedrücken, becircen, und dann kommt das Geld los, nächste Woche ist es hier, ich schwöre darauf! Heute haben wir Donnerstag, der Brief geht um neun nach Barcelona. Ich bringe ihn direkt zum Hafen, damit er nicht noch einige Wochen in Palma liegen bleibt auf dem Schreibtisch unseres Don Fernando. Der ist genau, und das bedeutet immer und überall Verzögerung.

Kommenden Dienstag wird er in Amsterdam sein, Mittwoch hat Vic das Strafporto aufgetrieben und Donnerstag liest er ihn, wenn er aus dem Rausch erwacht, den ihm der Pumpgang eingebracht hat. Etwelche Einwände, ma Chère?«

Keine. Während dieses ganzen, in optimistischer Selbstverleugnung schwelgenden Gesprächs mit der pessimistischen Beatrice hatte ich die Schreibmaschine aus dem von Ratten angenagten, aber noch nicht geknackten Kasten genommen und aufs Bidetto gestellt, den Bogen eingespannt, das Datum fixiert, »Torre del Reloj«, den . . . und es konnte losgehen mit »Mein verehrter Herr van Vriesland« oder »Lieber Victor E. van Vriesland« oder einfach: »Bester Vic«, ich weiß heute nicht mehr, auf welcher Stufe menschlich-literarischer Vertraulichkeit Autor und Übersetzer damals stehengeblieben waren.

Das Maschinchen knatterte und pängte, hin und her sauste der Wagen mit der steinharten Walze, Zeile rückte an Zeile, es wurde eine ausführliche Epistel. Die Not macht breitbeinig, manchmal. Und wo sonst die Inspiration von oben zu kommen pflegt – materialistisches Denken hat das so ausgebildet, daß man sich die Erschaffung der Welt und die Enthüllung alles Guten, Wahren und Schönen, die göttliche Begeisterung der Dichter oder das Große Los als einen von oben herabfließenden Strahl denkt, als eine Art Brause mit feinsten Düsen, deren Haupthahn der Mensch jedoch nicht selbst bedienen kann, wo sonst bliebe das Wunder? – hier im Zeigerturm, in der trefen Penne und Trampoline für die Ewigkeit, kam sie Vigoleis von unten, aus dem Möbel, an dem und auf dem er schrieb. Es waren gleichsam Erdstrahlen, tellurische Kräfte, die ein Rutengänger hätte ausmitteln können, hätte sein Wünschelgang ihn in unsere Freudenzelle geführt.

Vigoleis schrieb am Bidet, und da soll es niemanden verblüffen, daß jedes Wort im Zeichen der Dichtermähre erstand und stand, wo ja Bidetto Klepperchen heißt, Rößlein, kleines Pferd: welch eine sinnige Verwandtschaft, wie naheliegend der Vergleich mit dem geflügelten Pegasus, dem Sinnbild der Poeten, der mit seinem Hufschlag die Quelle Hippokrene auf dem Gebirge Helikon schuf, wo unser dichtender Held dem niederländischen Kollegen den Sporn in die Weichen jagte, bis dieser ausschlüge: und siehe da, die große Quelle der Berliner Film A. G. begänne zu fließen!

Ein paar Stunden war die heilige Halle durchsungen vom rhythmischen Spiel der mechanisch eingefangenen Offenbarung.

Kein Mißklang störte. Beatrice schnarcht nicht, wenn sie schläft. Alle anderen Zellen standen noch immer leer. Niemand, der die Orchestrierung der bitteren Not hätte entweihen können mit lautem Gezänk, wie es so unter wandernden Gesellen geschehen mag, wenn auch denen das Brot ausgeht und man die Fahrtenmesser zückt, um das Recht an der letzten Kruste mit dem Stahl zu besiegeln. Denn wir wollen uns doch nichts vormachen, es ist nicht eitel Liebe, was da unter Gottes Zelt zum Wanderstabe greift. Manch meuchlerische Tat, wie manche, wird von solchen begangen worden sein, denen Gott nach des Dichters Lied die rechte Gunst erweisen wollte und vielleicht auch erwiesen hat, es ist eben die Frage des Abstandes zwischen Schöpfer und Geschöpf. Schwarze Schatten nur bewegten sich oben über die Trennwand. Die Ratten wurden von Tag zu Tag zudringlicher.

Mit dem letzten Punkt, den Vigoleis in die Maschine hieb, erstarb auch die Eingebung. Der Strahl war abgedrosselt, von unten kam nur noch der etwas muffige Geruch aus dem mythologischen Möbel. Und von oben senkte sich Schweigen auf den jungen Menschen, der mit dem Schicksal in die Schranken treten wollte.

Sein Mädchen schlief noch immer den Schlaf der Ausmüdung am dritten Tage der natürlichen Fasten, denen eine sittliche Abstinenz schon voraufgegangen war.

Das hygienische Roß hatte brav seine Pflicht getan und ohne zu bocken erstmalig eine geistige Last auf die Kruppe genommen.

Gegen sieben ging ich zum Hafen. Ich hinterließ ein paar Worte, erinnerte den dringenden Bestellgang. Beatrice hätte sonst erschrecken können: der hat sich auf und davon gemacht, allein tritt er den Spurt in die Ewigkeit an. Vereint marschieren und getrennt geschlagen werden, ist das die Devise des Vigoleis?

Ein rüstiger Geher meiner Schrittlänge braucht 35 oder 40 Minuten vom »Turm der Uhr« bis zum Briefkasten des Dampfers der Transmediterránea. Im gemächlichen Stärzgang benötigt man $^3/_4$ Stunden. Mehr als 3 kostete mich die Wanderschaft hin und zurück. An der Mole ruhte der Briefträger lange aus, dann trat er den Heimweg an, zuckelnd wie ein Genesender. Auch die Gedanken werden geschwankt haben, zwischen Himmel und Erde, ich kann mir vorstellen, was ich mir damals weniger lebhaft vorgestellt habe.

In den Bereich der Geruchsbarrikade des Schlachthofes gekommen, galt es eine andere Absperrung zu durchbrechen, und das konnte nicht mit zugehaltener Nase geschehen. Die Landstraße in der Nähe des »Turms« war von bewaffneter Macht umstellt. Näherkommend sah ich, daß um das Anwesen ein Kordon gezogen war. Scheinwerfer suchten das Gelände ab, ich kam in die Lichtkegel, die mich sofort wieder preisgaben. Ich war also nicht ihr Ziel. Ein paar Berittene sprengten davon – ein nächtliches Manöver vielleicht? Man hatte die Feste Arsenios als strategisch vorzüglich gelegenen Übungsplatz gewählt, das heißt vorzüglich? ich verstehe ja doch nichts von kriegerischem Geplänkel, und vielleicht war es auch nur Feuerwehr mit Trokkenalarm. Da ertönte das Alto.

»Hier können Sie nicht weiter, zurück bitte!« wurde freundlich, ruhig und deutlich gesagt. Spanier können das, ein deutscher Posten brächte eine solche Leistung nie fertig. Der wird hart wie seine Knarre, wenn er anschlägt. Der mich verwies, war kein Mallorquiner.

Ich raffte meine Vokabeln zusammen und machte dem Karabinier deutlich, daß ich leider nicht umkehren könne, denn ich müsse dort in das Haus, tatsächlich in die »Torre del Reloj«, da logierte ich mit meiner Frau. Das von der Frau, was ihn nichts anging, sagte ich aus reiner Diplomatie, einem deutschen Posten hätte ich etwas Amtliches gesagt.

Der Gendarm lachte, statt mich zu verhaften, er lachte sogar schallend, und ich hätte meinen Kopf verwettet, daß er ein ganz hoher Rang war. Seine Sterne sah ich nicht. Er schepperte immer noch, dann rief er einen anderen von der Streife herbei, der sollte mit von dem Spaß sein, he, du, sogar mit einer Frau und seiner Frau wohne der da. Auch der Hinzukömmling lachte, ja, wer habe da nicht schon mit einer Frau gewohnt – »aber bitte, kehren Sie jetzt um!«

Widerstand gegen die Obrigkeit zu leisten ist nicht meine Art, dazu habe ich nicht das Geld und somit auch nicht den Mut. Und dann war ich doch müde, das entschuldigt auch vieles. Ehe ich freilich gehorsam wurde, hatte ich noch eine Erleuchtung: ich nannte einen Namen. Bei Beamten ziehen Namen immer, da sie ja ihr Brot damit verdienen, gegen die Namenlosigkeit in der Welt zu Felde zu ziehen. Ich sagte: Don Arsenio solle man verständigen, ja, kurzerhand rufen und ausrichten, Don Vigo, der Deutsche, der homme de lettres stände an der Sperre, Arsenio möge ihn ausweisen.

Gott sei Dank, das haben sie endlich kapiert, und Minuten später werde ich unter Bewachung auf den Hof geführt, wo ein großes Welttheater in vollem Gange ist. Wie die Rollen verteilt sind, weiß ich nicht, noch kenne ich den Autor, aber daß der Herr der Hufe nicht als Statist auftritt, wird aus allen seinen Gesten deutlich und mehr noch aus der Erregung und gebieterischen Überheblichkeit, mit der er randaliert und seine Backentaschen schüttelt, – »da soll doch einer mal!« Auch mein Almocrebe ist da, und noch ein paar Männer, die ich schon wiederholt über den Hof habe schlendern sehen, Stammgäste wohl, denn Arsenio unterhielt ja ein Café, und man konnte dort essen und trinken soviel man wollte, man klatschte in die Hände und das Tischlein deckte sich. Und nun schimpften die alle, keiner verstünde, sei es mein Wort, sei es das des anderen, was bei Schimpfereien auch nicht bezweckt wird. Als ich auf der Bühne erschien, schwenkte Arsenio seinen Hut. Das Stichwort des Einsprechers verstand ich nicht. Da trat ein Hauptmann auf mich zu.

Der Hauptmann, vielleicht auch ein Stern höher, ich kenne diese Astronomie nicht, grüßte höflich und bediente sich in seiner Anrede der französischen Sprache. Er war geschniegelt und gebügelt, gewichst und gelackt, und ich war zerknüllt und unrasiert, und so müde, ach ihr Wegelagerer, die ihr die Macht bedeutet, laßt mich passieren, welche Losung gilt? Ich will ins Bett, ich habe einen Brief an Vic geschickt, der schwimmt schon, ich meine den Brief, er ist euch zuvorgekommen, das ist wieder Prädestination wie in Lyon, alles greift weich ineinander wie ein Schneckengetriebe. Ja, hätte das Bidet mir's nicht so quellenhaft und artesisch sprudelnd von unten eingegeben, ich hockte noch da vor der Maschine und suchte nach dem passenden Wort, um dem Kollegen, ja bitte ihr Geschniegelten, ich bin Kollege von Monsieur Victoire de Vriesland, homme de lettres lui aussi, – um dem den Star zu stechen.

Was die wohl wollen hier im Abendfrieden? Polizei ist immer und überall in der Welt eine Peinlichkeit, und je unschuldiger man ist, je ertappter steht man da, denn der Schuldige zieht den Hals rasch aus der Schlinge; die geht ohne ihn zu, den fangen sie nicht. Aber mich, wollen sie mich fangen? Oder Beatrice? Oder ein Freudenmädchen, eins von den dreißig? das heißt neunundzwanzig sind es nur noch, wo wir ein Bidetto selbst ins geistige Geschirr genommen haben, wir, die typischen Vertreter einer bidetlosen Kultur – da hab ich's, bidetlose Kultur, das wollte ich Beatrice klarmachen, daß wir daran zu Grunde gingen, wir aus dem Norden mit Stechschrittzeugung und Trompetengeburt. Die Größe einer Nation . . .

Man habe ihm gesagt, so eröffnete mir der Major, ich sei Deutscher und habe Wohnung bezogen mit meiner Madame im »Turm der Uhr«, recht schön, aber ob es auch wahr sei, wolle er wissen, eine Formalität, bitte, und ob ich mich entsprechend ausweisen könne, und was ich denn, pardon, in diesem Hause suche oder täte, denn es schiene ihm nicht für Dauergäste eingerichtet zu sein, oder habe Señor Arsenio neuerdings, hem – eine lange Pause, der Oberst blickte auf den Riesen, ohne sich dabei mit der Reitpeitsche auf die Gamaschen zu schlagen. Er sprach langsam und korrekt, fehlerfrei, obwohl Beatrice ihm sofort mehr als ein Dutzend Schnitzer angerechnet hätte, die meinen dazu, und schon wären wir durchgefallen. So aber verständigten wir uns perfekt: natürlich könne ich mich legitimieren, mein Reisepaß läge in unserem Zimmer, ob ich ihn holen solle, und wenn ich fragen dürfe, was diese ganzen Umstände zu bedeuten hätten?

Das ginge mich vorderhand nichts an, so ungefähr, vielleicht auch höflicher, lautete die Antwort. Eine kleine Verwicklung sei entstanden, allons, und ich schritt die Freitreppe hinan, der Feldwebel hinter mir. Keine Ratze ließ sich blicken, alle hatten sie sich verkrochen, denn der Heerbann, der jetzt hier lagerte, hatte auch Hunde im Train, und wer nicht Posten stand, lief mit der Flinte schießbereit über die Felder. Revolution? Der König war doch längst ausgeräuchert, oder wollte er sich wieder einschmuggeln?

Vor der Tür unserer Kemenate hatte ein Karabinier die Wache bezogen. Er salutierte seinem Vorgesetzten und erstattete Meldung, das klappte wie im großen Hauptquartier, und ich dachte jetzt, so nahe der Pilarière: Sittenpolizei, wie in Amsterdam auf der Nicolaas Beets Straat. Na denn, wenn ihr's wissen wollt, verheiratet sind wir nicht, wir leben in einer Gottesehe und pfeifen aus dem letzten Loch. Arme Beatrice, dann doch lieber eine räudige Ratte am Trapez. Versöhnend wirkte allerdings eins: der Posten saß auf einem Stuhl.

Und Beatrice saß auf der Pritsche, im buntgeblümten Peignoir, exotisch schön, indianischer als je zuvor sah sie aus. Die rechte Hand – mein Gott, muß die Frau wütend sein! »Was ist denn los, du, sitzt der schon lange vor der Tür? Suchen die wohl eine?«

»Was los ist? Das wollte ich dich fragen, die kehren das Unterste nach oben.«

Meine Sicherheit war wiedergekehrt, alle Müdigkeit geschwunden. Ich hätte den Degen mit dem General kreuzen können, nicht gekniffen wie damals in Münster, wo mich ein schlagender Kommilitone fordern wollte und ich ihm vor satisfaktionsfähigen Zeugen sagte, ich sei zu feige, mich zu schlagen, und darüber hinaus selber nicht satisfaktionsfähig. Meine Freunde von der theologischen Fakultät waren stolz auf mich, sie erblickten in dieser Antwort einen Beweis meines kühnen Mutes, und da war ich zum zweiten Mal feige und versuchte nicht, ihnen zu erklären, daß ich wirklich feige sei. Dem Kapitän da draußen reichte ich die Pässe hin, das Dokument der Weimarer Republik und das von vorne bis hinten vollgestempelte Heftchen der Schweizerischen Eidgenossenschaft. Weit gereiste Dame, meinte der Offizier, und ich schämte mich der paar Eintragungen in meinem eigenen Paß. Alles sei in Ordnung, danke verbindlichst, und ob er noch eben einen Blick ins Zimmer werfen könne, falls es Madame nicht inkommodiere, es sei mehr als peinlich, er frage nichts, denn da gehörten wir wohl nicht hin, »c'est la vie«, aber es sei seine Pflicht. Er tat sie mit einem raschen, sehr kundigen Blick, salutierte großartig, sicher hielt er die höchste Charge seiner Branche inne, und ein Mann von Welt war er ohne Zweifel. Als solcher und in Zivil kam er ein paar Tage später zurück und unterbreitete Beatrice einen unsittlichen Antrag großen Stils. Der Posten war mittlerweile auf seinem Stuhl eingenickt. Ich ließ ihn schlafen und schloß geräuschlos die Tür.

»Haussuchung«, sagte Beatrice, als ich mich zu ihr ins Boudoir geklemmt hatte, »kaum warst du fort, da weckte mich ein Schuß, und ich merkte dann erst, daß ich eingeschlafen war, und du warst nicht mehr da. Und ein Spektakel und Vacarme, und Weinen und Geschimpfe, viel schlimmer als damals die Geschichte mit Bela Kuhn. Ich dachte . . .«

»Vigo hat sich erschossen. Hand aufs Herz! Wer sonst sollte hier ein Interesse haben, mit Pistolen zu knallen?«

»Ich weiß doch, daß du Angst hast vor einer Pistole. Ich brauchte überhaupt gar nichts zu denken, denn ich fand gleich deinen Zettel, und wenig später wurde gegen die Wand geschlagen, fast wären alle Koffer heruntergefallen. Adeleide kam heulend herein und sagte, es passiere uns nichts, wir sollten nur drin bleiben, man sei auf der Suche nach Schmugglern, wenn ich sie richtig verstanden habe, und immer wieder werde ihr Mann verdächtigt, der sei aber unschuldig. Weiter kam sie nicht, ein Karabinier holte sie heraus und bat mich um den Stuhl, das ist alles was ich weiß. Aber Vigo, ich flehe dich an: hier kann ich nicht bleiben, wir müssen fort, lieber im Rinnstein verenden!«

Das ist leichter gesagt als getan in einem Lande, wo die Rinnsteine voll weltzufriedener Pennbrüder liegen. Ich glaube sogar, daß es überhaupt kein Land gibt, wo man im Rinnstein verscheiden könnte, das sind Redensarten, mehr nicht.

Diese Nacht fanden wir keinen Schlaf. Dafür war eine große Leichtigkeit über uns gekommen, wir schienen Flügel zu haben, und in den Ohren klang es, zitternde Töne, und rauschende, Beatrice könnte viel besser schildern, wie das war, will man den Vergleich im Reich der Musik suchen. Nötig ist es nicht, denn der Orgelmund war nicht über uns im Gewölbe der Basilika, er steckte in unserem Bauch, feiner gesagt: was sang, war der Hunger im Blut.

Gegen den dünnen Morgen dämmerten wir in einen Halbschlaf hinüber, der eine Sekunde, aber auch Stunden gedauert haben konnte, als ein Geräusch an den Schotten uns weckte: Ratten!

Es waren weder die Nager, noch die bewaffnete Macht. Zuerst kam eine winzige Hand über dem Geplänke zum Vorschein, schattenlos wie die einer Kinderleiche, aber zum Gruseln kamen wir nicht, denn die Fingerchen bogen sich fest um das Brett, man sah deutlich, wie sie einen Halt suchten. Gleich darauf schob sich eine zweite Hand vor, klemmte sich fest, dann kam ein Wuschelkopf. Nur eine im »Turm« hatte solche Locken: die kleine Rosario spähte in die Zelle.

Was sie da erblickte, muß sie wenig befriedigt haben, denn ganz hinten in der Kehle stieß sie einen Laut aus, der wie Blöken klang von noch steifen Lämmern. Unten im Flur schienen die anderen Kinder der höheren Stimmgruppen zu stehen. Dann sagte das Stimmchen über die Planke: »Sie tun es immer noch nicht!« – ab rutschte die Vorwitznase, und lärmend verschwand die Kinderschar.

Ach, ihr lieben Kinder, wie gerne hätte ich euch damals den Gefallen getan, zu tun, was wir nicht taten! Denn dann hätten wir nicht nur in einer anderen Haut, sondern auch in einem anderen Fleische gesteckt, nicht in dem kasteiten, welches mit kleinen Schlucken Wasser so weit bei Kräften gehalten wurde, daß wir uns die Stationen des Kreuzweges weiter schleppen konnten, immer den schmerzhaften Rosenkranz des »Herr, erbarme dich unser!« zwischen den Fingern drehend – doch niemand erbarmte sich der Helden. Was aber wißt ihr Kleinen schon, was in eures Vaters Haus getrieben wird? Was sich da tut, 30mal von Tür zu Tür – Kinder, geht lieber woanders spielen.

Beatrice hielt ihre Blicke auf mich gerichtet: »C'est ça?«

»Was könnte es anders sein?«

II

Bis auf das landesübliche Sturmgebraus und die alltägliche Betriebsamkeit des Geweses, mit Hundegebelfer, Ferkelgequiek, Eselgeschrei, Hühnergestiebe, bis auf den gewohnten Lärm war die Ruhe in den Turm zurückgekehrt. Ich trat aus der Tür.

Arsenio ging stolzer als sonst umher und erteilte seine Befehle. Als er mich sah, zwinkerte er mir vertraulich zu und rief ein paar Worte, als wolle er mit raschem Griff den Vorfall der Nacht zusammenfassen: da müßten die Büttel schon früher aufstehen, um ihn abzufangen – wenn es überhaupt etwas zu erwischen gäbe auf seinem Grund.

Mittags lagen wir wieder lang, Beatrice auf dem Bett, ich auf dem Boden, und spannen unsere Geschichten, jeder im duseligen Schatten seines Hungers. Da auf einmal hörte ich sprechen, es war Getümmel da, Leben und mehr Leben schien in den Konvent einzuziehen, Tür für Tür wurde aufgeschlossen, die Schotten wackelten. Ich erkannte Adeleides Stimme. Kinder kreischten wie toll.

Im Flur machte Adeleide sich lange zu schaffen. Am Ende stand auf einer kleinen Wandkonsole eine Madonna, der Hausaltar der Liebe, viele Kerzen brauchten nur angezündet zu werden, um die Liebliche mit einem natürlichen Glorienschein zu umspielen. Ich spähte durch die Tür. Die Herbergsmutter ordnete Blumen und Grün in vergoldeten Vasen. Ein wunderbar ineinander verflochtener Palmzweig ragte hinter Unserer Lieben Frau in die Höhe, die hier die wahre Unendlichkeit war. Fronleichnam? Ich hatte dieses Fest in guter Erinnerung. Im elterlichen Hause wurde ein Straßenalter gerichtet, wir Kinder mußten Schilf und Lieschgras schnitzeln zum Bestreuen des Pfades, wo das Allerheiligste getragen wurde. Fronleichnam, ein bewegliches Fest, aber so spät im Jahr? In Spanien schien die katholische Kirche anderen Ordnungen zu folgen, man glaubte anders, stand mit dem Himmel auf anderem Fuße, aber immerhin schrieben wir schon Mitte September.

»Freitag«, sagte Beatrice, »der Todestag des Herrn. Den hast du nur als fleischlosen Tag in der Erinnerung. In Spanien bedeutet er mehr, sogar das Angstläuten am Vorabende ist in vielen südlichen Ländern noch nicht aus der Übung gekommen. In Fiesole hat es mich immer wunderbar berührt.«

»Angstläuten? Das gab es bei uns in Süchteln nicht und« – zur Seite gesprochen – »auch keine Lupanare mit immerwährendem Maialtar.«

Der Gang zur Post wurde an diesem Tage unterschlagen. Das Wörtchen Selbstmord fiel nicht in unseren Flüstergesprächen, doch hegten wir es beide in unserem Sinn und merkten es uns auch gegenseitig an, so beflissen bestanden wir darauf, das Wasser abzukochen, die Tagesration. Dann nahmen wir unsere Lagen wieder ein. Die Sponde konnten wir schon nicht mehr miteinander teilen, die Riemen versagten den Dienst. Auf dem Rücken ausgestreckt, von Kissen aus Kleidern aufs angenehmste vom harten Grunde getrennt, begann ich zu träumen – was? Ich weiß es gewiß nicht mehr. Beide erinnern wir uns aber mit der unbestechlichen Sicherheit, mit der man einen überstandenen Schmerz »dumpf« im Gedächtnis bewahrt, daß alle irdische Schwere zeitweilig von uns gewichen zu sein schien. Wir konnten zwar noch nicht fliegen, doch käme es wohl soweit, wenn wir nur die Geduld nicht verlören und uns weiterhin fleißig im Fasten übten. Wenn Rilke, der so gern auf Schlössern und mit eingehenkten weißen Fürstinnen lebte, von der Armut sagen konnte, daß sie ein großer Glanz aus Innen sei, dann hat er vielleicht an das mit dem Armsein Hand in Hand gehende Hungerleiden gedacht, welches tatsächlich zu einer inneren Lichtquelle werden kann. Die Knochen werden hohl wie bei den Vögeln der Luft und verwandeln sich in Leuchtröhren. Die Askese beruht ja zum Teil auf der Bestrebung, durch Einschränkung und Abtötung das Höhere im Menschen zu entbinden. Unsere Selbstentäußerung im Stift des Giganten Arsenio hat uns zwar nie so recht über die Willfahrungen des Alltags hinausgehoben, daß wir seiner hätten entraten können, noch war der Zustand der Seligkeit, in den wir eindröselten, so verlockend, daß wir ihn später durch freiwillige Hungerkuren noch ein zweites Mal hätten nacherleben wollen.

Mehr! mehr! – aber auf spanisch mit dem vollen a-Klang, más! más! – so hämmerte das Wort im Takt in meinen Halbschlaf. Hände streckten sich nach mir aus, alle Bettler der Kathedrale umzingelten mich, ein Hauptmann kam, halb war ich ich, halb Don Vigoleis, der katholische Deutsche, und dann spaltete ich mich noch einmal auf und wurde zum treubrüchigen Kapitän des Ostindienfahrers, und in langen Reihen sah ich Tiere vorüberziehen, große Waldameisen, die zur Schlachtbank geführt wurden, sie trugen brennende Kerzen, es war wie eine Prozession und es roch nach Fleisch und Weihrauch, nach Frauen. Schreie gellten, ein Flammenstoß züngelte empor, Mönchskutten drängten auf mich ein, Menschen im Sambenit, ein nacktes Weib durfte nicht fehlen, Asketen sind berühmt für ihre wüsten Träume, es kam und kam auf mich zu, in der einen Hand einen Dolch, in der anderen ein strahlendes Gefäß, ich empfand einen süßen Schmerz auf der Zunge, dann gab es einen Riß mitten durch mich hindurch, die Zunge sprang, das Geklinkel eines Schlüsselbundes ertönte, und wieder: más und más und más . . . Ich wollte mich aufrichten, da schrie ich und erwachte.

»Du hast so geschrien«, sagte Beatrice und beugte sich aus dem Bett über mich, um mir den Schweiß vom Gesicht zu wischen. »Was hast du wieder Ekliges geträumt? Ich habe dich geweckt, ich hätte dich hinterm Ohr kratzen sollen, dann erschrickt man nicht. Selber liege ich schon lange hellwach. Ich weiß, wo wir sind. Hörst du? Ich muß Watte haben, um mir die Ohren zuzustopfen, sonst werde ich irrsinnig. Das ist das Inferno!«

Über mir der Raum schien in einem schwachen Lichtschein zu schwanken. Strahlenbündel verloren sich in die Unendlichkeit des Himmels. Die Fledermäuse, deren nächtliche Jagdflüge das schwirrende Geziefer im Zaum hielten, warfen gespenstische Schatten, wie Drachenungeheuer, gegen den Blick. Und aus neunundzwanzig Boxen lärmte und brodelte, krachte und stöhnte, fluchte und rühlte es. Weiber schrien wie am Spieß im Gefühl aller Urgefühle, und was sie an Worten aus den schluchzenden Lauten der Wollust zusammenstammelten, gedieh nicht weit über das Analphabet ihrer frommen Brunst hinaus: »ay Jesús, ay Jesús, Santa Maria, ay Jesús, Maria, José«, und dann das kochende MG der Lust, es knatterte aus 29 Stellungen: »más! más! más!«

C'était ca, évidemment!

Die Bude wackelte. Sie hatten endlich ihren Einzug gehalten, die viel geschmähten Wanderburschen, und statt der Wanderlust hatten sie nur die Lust mitgebracht, und jeder ein Weib. Die Unzucht schrie gen Himmel wie in den Tagen von Sodom und Gomorrha, aber keine strafende Gotteshand ereilte die Stätte in ihren Greueln. Der First war festgefügt auf festen Mauern, an denen sich die schäumenden Wogen der Lust brachen. Wie hätte der Inkavogel da auf seinem Trapez schaukeln und kreischen können mit Porra und Puta! Manchmal setzte eine der Zellen aus, dieweil eine andere ihre Schwungkraft verdoppelte. Eine dritte war ein einziger Stoß ins Muschelhorn. Fanfaren fielen ein, mächtig haute einer auf die Pauke, irgendwo wimmerte eine Vox humana – und wurde da nicht auch geprügelt?

Die Fledermäuse hingen schon lange im angeglommenen Gebälk, da erstarb der orchestrale Akt. Die Schöpfungsgeräusche wurden von draußen übertönt, immer mehr Instrumente verstummten – hie und da noch ein Ton, ein Nachzügler der Wonne, und was bewies der mehr, als daß jeder seiner Madonna doch nur seinen eigenen Marsch geblasen hatte. Auf dem Hof balkte ein Esel.

Doch war nun keineswegs Stille unter Nonne und Mönch. Ein fürchterliches Schnarchen hatte eingesetzt, ohrenbetäubend, aus dem zuweilen ein Fluch sich losrang, und vielleicht auch ein Tritt.

Wie eine Leiche, kalt und weiß, aber aufrecht saß Beatrice im Bett. In den Ohren hatte sie weitausstehende Watteflusen stekken. Sie zitterte am ganzen Körper. Ich erhob mich aus meiner unbequemen Lage, in der ich Stunden ausgeharrt hatte, räkelte die Beine, nahm den Stuhl von der Wand und kletterte hinauf. Ich wollte Umschau halten, über die trennenden Bretter hinausblicken in den Tempel, mich vergewissern, ob er diese Urnacht heil überstanden hatte. Nach einem Gewitter, einer Sturmflut gehen die Menschen so übers Land und besehen den Schaden, der je nach seinem Umfange noch geschlechterlang von Mund zu Mund weitergegeben wird. Was ich in der benachbarten Zelle erblickte, kann ich dieser Chronik nicht anvertrauen, ich könnte es höchstens in einem Sonderdruck veröffentlichen, der aber auch sofort von der Zensur beschlagnahmt werden würde. Rührend aber, ja erschütternd war das Bild, das der Herrgottswinkel am Ende des Ganges mir bot: der kleine Altar war mit Blumengebinden überblüht, wächserne Votivgebilde hingen an Schnüren herab, Dutzende Kerzen waren bis in den Halter niedergebrannt, und nur ein einziges Lichtlein war der Gottesmutter treu geblieben, kaum merklich hütete es seinen Flackerschein im leisen Luftzuge, der nach oben blies. Hier blies alles nach oben in diesem frommen Stundenturm. In einem bunten Kelche auf goldenem Öl schwamm der Docht. Farbig gebrochener

Widerschein strahlte das Figürchen der Maria auf der Säule an, Unsere Liebe Frau von der Liebe, die ausgeharrt hatte die lange Nacht der Ausschweifung. Sie wußte, daß man die Lichter nicht angezündet hatte, um die Finsternis zu bekämpfen, doch als ein Zeichen der Freude und als Dank für ihre menschliche Anteilnahme am menschlichen Los, und auch um ihren Segen herabzuflehen auf das, wovon viele sagen, es sei Sünde. Sie weiß um jedes Kreuz, um jedes Los, um jede Vergehung. Zu ihr kann man mit allen Anliegen kommen, auch denen im »Turm der Uhr«. In Spanien sind die Heiligen keine kalten Gnadenbilder, und Gott ist nicht entmündigt, er wird nicht am Gängelbande der Theologie herumgeführt, kein Professor klopft ihm auf die Finger und weist ihn zurecht wegen philologisch anfechtbarer Stellen in seinem schriftlichen Nachlaß. Er ist nicht abgerichtet wie ein Zeisig. Er bewegt sich frei und hat es dort sicher so gut wie Gott in Frankreich, den ich zu wenig kenne. Daß seiner Mutter aber in einer Scheuer der Wollust ein solcher Ehrenplatz zugedacht worden war, zeigte mir die spanische Volksseele deutlicher als manche tiefgründige Schrift. Gewiß, ich las viel in den Aufzeichnungen der Santa Teresa, und das allein hätte eigentlich genügt, das Gnadenbild der seligen Jungfrau im wüsten Konvent des Herrn Arsenio ganz an seinem Platze zu finden.

*

Es wird hoch auf den Mittag zugegangen sein, da sagte Beatrice leise, doch sehr entschlossen: »Komm, mach dich fertig, wir gehen ins Wasser.«

Sie sagte: ins Wasser, und nicht etwa ins Kino, ins Café Alhambra oder an die Kathedrale. Aber sie hatte auch gesagt, ich solle mich fertigmachen, also fertigmachen zum Fertigmachen, und darum fing ich erst einmal an mich zu rasieren.

Die verflossene Nacht war zuviel für sie gewesen, das begriff ich, doch sagte ich nichts; ich schor mich mit ungewöhnlicher Sorgfalt. Das hat nichts mit einem standesgemäßen Selbstmordreglement zu tun, wie es von farbentragenden Studenten oder Offizieren in Ehren gehalten wird: schwarzer Anzug und steifer Hut. Ich säuberte mich, weil ich das schon zwei Tage nicht mehr besorgt hatte. Ich bin nie frei von Eitelkeit gewesen, was meine äußere Erscheinung betrifft. Kein Spiegelgeck, das bei weitem nicht, aber die Stiefel habe ich gerne blank und die Falten der Hose sollen sich nicht verleugnen. Als Raucher hätte ich mir nach einer solchen Aufforderung sicher eine Zigarette angezündet.

Dieser Tag hat sich als ein ungewöhnlich heißer in unser beider Erinnerung gebrannt, ein wahrer Hundstag war es, ob auch der betreffende Stern schon nicht mehr regierte. Die Schilderung des Ganges an den Ort der Selbstvernichtung kann daher nicht ohne dicke Schweißtropfen und geballte Staubwolken auskommen. Haben wir einen letzten Blick auf unsere Habe geworfen, ade du mein Bidetto, mein Schreibmaschinchen, mein lyrisches Werk; leb wohl Pantoffel und Kragenknopf, Dachshaarpinsel und Büstenhalter, Indianerkleid und Unkulunkulu (das war Beatricens Schirm, von dem noch zu sprechen sein wird), tschüß das allesamt, auf Nimmerwiedersehen? Ich schloß die Zellentür mit dem Schlüssel ab, das taten wir sonst nie, aber wer ewig wegbleibt, nimmt seine Vorsorge.

Die Köchin des Stundenturms, ein schon älteres Mädchen mit eisernen Knochen und einem Busen, der sich noch unter den Armen breitmachte, Bet-Maria, begrüßte uns lebhaft und wies über uns in den Tag hinauf, wo ein flimmernder Dunst das Blau verhüllte, mit Worten, die ich nie mehr vergessen habe: welch ein strahlender Tag, möge der Herr uns auch morgen diese Sonne bescheren, und daß die allerreinste, die allerseligste, die unbefleckt empfangene Gottesmutter auf der Docke denen allen ihren gnädigen Beistand gewähre – und nun zeigte sie auf die Hochburg der Lust, die wir für immer verließen.

Langsam und würdig, wie die Leidtragenden unseres eigenen Begräbnisses, gingen wir in die Stadt hinein, durch die Stadt hindurch und an den Hafen hinaus, um uns am äußersten Ende des Piers ins Meer zu stürzen. Dort steht der Leuchtturm auf einem erhöhten Umgang, ich hülfe erst Beatrice aufs eiserne Geländer, sie ist so schlecht im Klettern und auch nicht schwindelfrei, und stiege hinterher. Ich bin auch kein behender Turner, aber so ein Gitter bereitet mir keine Schwierigkeiten. Das war nebenbei bemerkt eine wortlose Übereinkunft, wie wir nachträglich feststellen mußten, eine der vielen, wo zwei mit Leib und Seele aufeinander eingestellte Menschen im richtigen Augenblick das Verkehrte tun.

Beim ersten Dock angekommen, sahen wir etwas, das uns zwang den Plan zu ändern. Zwischen Orangenschalen und Sardinenbüchsen, Kehricht und Strohwischen und einer in den Farben des Regenbogens schimmernden Lache Öl ragte der aufgetriebene Balg einer Katze aus dem Wasser; darauf saß eine Ratte und fraß ein Loch in das Floß. Ich wies auf dieses Symbol der Vergänglichkeit und wollte gerade Trakl aufsagen, da zog

Beatrice mich fort von solcher Stätte der Verwesung, die einem Zahn noch Leckerbissen bot: ». . . in Verfaultem süß und schal lautlos ihre Schnäbel mähen.« Das wäre uns doch auch so gegangen, pardon, das würde uns doch auch so gehen, hat sie gedacht, also fort an einen rattenfreien Strand: – »komm, wir gehen nach Porto Pi!«

Porto Pi? Natürlich, dort ragt ein Felsen übers Meer hinaus. Wir hatten einmal dagestanden als und wie Touristen, die wir aber schon lange nicht mehr waren. Die goldene Insel war schon zur Satansinsel geworden, und nun sollte sie uns zur Insel der Seligen werden: auf nach Porto Pi.

Ob ich mich erinnere an Porto Pi, hatte Beatrice gefragt. Und ob sich Vigoleis erinnerte an den Felsen überm Meer! Da hatte er gestanden in jenen Tagen, wo Pilar noch nicht zur rasenden Bettfurie entartet war, und sie neben ihm: die Rauschende neben dem Berauschten, und hatte seinen Arm gefaßt und auf etwas hingezeigt, in der Ferne, und Vigoleis hatte dabei heftig an das Leben gedacht und auch an das Meer und an Schwimmen und woran man dann eben denkt, wenn es soweit ist, daß man zusammen auf einen fernen Punkt stiert. Die Selbstmordtopographie hatte er sich natürlich nicht eingeprägt, er hatte sie nicht einmal als ideal erkannt. Doch wenn Beatrice nun dahin wollte, mußte die Felsnabe ein gutes Sprungbrett sein, kein federndes – aber einmal im Leben kann man das selbst besorgen. Ich folgte ihr.

Wir brauchten drei Stunden sicherlich für die Wanderung, der Hafenbucht entlang nach Santa Catalina, der Arbeitervorstadt von Palma; dann durch das Villendorf El Terreno, damals schon die beliebte Fremdensiedlung, und weiter, weiter auf der Straße nach Andraitx dem Felsen zu. Endlich erblickten wir ihn, eine Wegkrümme gab die Aussicht frei. Unten lag winzig der Hafen, silbrig flimmerte das Meer, kühn ragte der Fels: noch eine halbe Stunde, dann stünden wir am Absprung.

Stehen ist viel gesagt nach einem solchen Gewaltmarsch. Wenn wir uns bis an die Felszinne geschleppt hätten, würden wir ein wenig ausruhen müssen. Vorab einmal zur Besinnung kommen, ehe man den Sprung aus dem Elend wagen konnte. Katapulte für Selbstmörder gab es noch nicht auf Mallorca, der Verkehrsverein wollte sie erst anlegen lassen, wenn die geplante Spielhölle genehmigt worden sei. Na, da blieb uns wohl nur der Startkniff der Fledermäuse übrig. Die Natur weiß auch den Zukurzgekommenen unter die Arme zu greifen: wir würden uns einfach fallen lassen wie ein Handflügler, denn nachher raufzukraxeln brauchten wir ja nicht mehr.

Zugleich mit dem Fels der Heimsuchung war auch ein Gebäude in unser Gesichtsfeld getreten, ein großer Palast mit einem wie ein Campanile freistehenden Turm, den ein riesiger Sonnenschirm überdachte: das Hotel »Principe Alfonso« – ein Wunder, daß wir unsere Schritte hemmten? Wir sicherten wie Wild, das Gefahr wittert, aber wieso sollte Gefahr im Anzuge sein? Wir gingen weiter. Mit Zwingli hatten wir uns auf die ehrlichste Weise überworfen, was ging der uns fürder an? Wir gingen weiter. An das »Principe« hatten wir beide nicht gedacht, als wir uns auf den Todesweg machten – aber, was haben wir mit dem Hotel zu tun, und . . .

Und ein Unglück kommt selten allein. Doch wir hatten ja schon eine ganze Anthologie zusammengetragen, Porra und Puta hatten wir über uns regnen lassen, der Syphilis ward ins Auge geblickt: da kann ruhig auch noch der Urheber unseres letzten Ganges im Portal des Hauses stehen in eben dem Augenblick, wo wir mit der oft erprobten nachtwandlerischen Sicherheit Mondsüchtiger da vorüber müssen und auch vorüber gehen, schleichen besser gesagt, falls unsere Sprachwustmänner den Begriff des Schleichens billigen bei einer menschlichen Fortbewegung mit erhobenem Haupt. Denn das senken wir nicht, verdammt und zugepicht, und so geht es Schritt für Schritt, ohne den Angehörigen eines Blickes zu würdigen aus unseren schon fast brechenden Augen.

»Olá! he! ihr zwei, Bice, Vigo, was macht ihr dahier? zu Fuß, bei der Hitze, ihr kriegt noch einen Sonnenstich!«

Zwingli sagte noch mehr, er hielt eine ganze Rede; der Rest seiner Ermahnungen verlor sich in schweizerischen Kehlgeräuschen, wo er großartig mit seinem amerikanischen Slang begonnen hatte. Wir hatten den Punkt, wo wir zur Gefahr im Lot standen, schon überschritten; hören taten wir natürlich nichts. Andere Stimmen riefen uns. Denen folgten wir.

Getrappel hinter uns, das liefe wohl auf eine öffentliche Anranzung hinaus. Zwingli hatte uns erwischt, einen jeden faßte er beim Arm, spaltete uns, und da konnte Beatrice lange sagen: »Bitte, laß das«, oder: »Mach daß du fortkommst«, oder was man in solchen Fällen sagt, ich erinnere mich nicht mehr, auch nicht an den Urtext, mit dem uns der saubere Bruder zur Rechenschaft zog. Was wir hier draußen wollten, wo wir schon nicht zu ihm zu wollen schienen? Mir war das alles mehr als peinlich, dies

Waschen der Familienwäsche auf offener Straße, in Spanien zwar kein so ungewöhnliches Schauspiel, aber trotzdem, das durfte bei unsereins nicht einreißen. Ich hasse Szenen sowieso, ich bin viel zu dekadent fürs robuste Dreinschlagen und Randalieren, und die zwei, das ist häuslicher Knies, den sollen sie alleine ausbaden und sich in die Büsche schlagen – aber die dürftigen Pinien, alle zehn Meter eine, das bleibt öffentlicher Bereich. Und du, Vigoleis, gesteh es heute, hast du damals beim unliebsam unterbrochenen letzten Gang nicht mehr an dich denn an Zwinglis Schwester gedacht?

Zwingli überhebt mich der Antwort. Er hat kurzen Prozeß gemacht mit den störrischen Selbstmördersleuten, er hat sie einfach auf der Stelle umgedreht und ins Hotel gezogen, erst starken, dann geringeren und dann gar keinen Widerstand mehr überwindend. Er herrschte über uns mit seiner gut genährten Kraft und seinem an Pelmanismus gestählten Willen, und wir gerieten auf die schiefe Ebene. Alle sittlichen Verworfenheiten fangen so an. Nachträglich betrachtet, komme ich zu dem Schluß, daß man vor der Selbstentleibung erst ein gutes Gabelfrühstück zu sich nehmen soll, am besten mit Sekt, und auch die Verdauung wäre ins Auge zu fassen, damit von dieser Seite keine unliebsamen Notlösungen aufgenötigt werden, und dann erst schreite man ins Unvermeidliche. Sonst, und uns ist es ja nicht anders ergangen, kann der erstbeste lockere Bruder unsere schönsten Vorsätze über den Haufen werfen, wir werden schwach wie eine Jungfrau nach dem dritten Stoßgebet: o laß nicht ab – da meint sie die Kraft wider den Anfechter, und der meint sich selbst, und es ist vollbracht.

Welch ein Zynismus, denkt vielleicht ein Leser, der nie aus einem Stundenturm den Weg zum Fels der Ewigkeit angetreten hat neben einer geliebten Frau. Wäre ich zynisch, dann ließe ich Beatrice jetzt eine Handkarre über die Carretera de Andraitx schieben, mich selbst gewiß mit schräger Schulter vorgeseilt, und die Karre wäre vollgeladen mit den Trümmern des von der Hure vorvernichteten Pianos. In einem früheren Kapitel habe ich ja eine Anspielung gemacht auf den Leukadischen Fels, von dem die Dichterin Sappho mit ihrem Instrument sich in die Tiefe geworfen – der Handwagen mit dem Klavier käme also nicht unvorbereitet, auch er wäre Vorsehung wie das Seil, an dem ich ihn ziehen hülfe, und ein wenig auch eine Ausgeburt meiner Phantasie, deren ich genügend habe, eine Situation nach der biblischen Seite hin auszugestalten. Und doch fehlt dann immer noch etwas bei mir, denn sonst wären wir ja nicht auf dem Wege nach Porto Pi gestrandet. Ihr Sohn, so haben Lehrer meinem Vater wiederholt mitgeteilt, wird das Klassenziel nicht erreichen. Dann wird er Schuster, pflegte der Vater, kein Mann vieler Worte, zu antworten, und beide, Lehrer und Vater, teilten mir diese Zukunftsaussichten mit. Das Klassenziel habe ich nie erreicht, aber Schuster bin ich leider auch nicht geworden. Gott hatte anderes mit mir vor, obwohl er einen guten Besohler aus mir hätte machen können. Setze ich nun hier statt Klasse Fels, dann ist mein Vater prophetisch gewesen. Ich habe nie Ziele erreicht, die mir von anderen gesteckt worden sind, und selber Fähnchen setzen, darin bin ich immer vorsichtig gewesen. Der Fels war Beatricens geweistes Mal, ich lief nur so mit im Rennen, da kam die Panne, und was nun aus uns werden sollte, sagte uns niemand, nicht einmal Zwingli, der uns jetzt als Don Helvecio mit Anstand in die Halle seines »Principe« schob.

Unsere Existenz war gebrochen, der Traum des Nichts, der Sturz in die Wasserfluten, alles zunichte gegangen an einem leeren Magen! Wir standen beschämt, und ich brauche nicht zu sagen wie müde und ausgelaugt, in der Empfangshalle eines Hotels, wo das billigste Mansardenzimmer mehr kostete für eine Nacht, als was wir auf dem Leibe trugen. Wir waren verdreckt und schäbig anzusehen, ich erschien mir trotz des glatten Kinns als verludert, und Zwingli hätte nun den Spieß umkehren können: »Nanu, ihr seid ja heruntergekommen!«

Er aber, Don Helvecio, der wieder obenauf war, tat nichts dergleichen, er zahlte nicht mit solcher Münze heim. Fein stak er in der Wäsche, die Stiefelkappen spiegelten, das Haar lag schwarz und gekräuselt um einen gepflegten Kopf, nirgends rieselte es, überall war die Bürste am Werk gewesen, und siehe da, am kleinen Finger der Rechten wuchs der Pfriem wieder in die Welt, er schien noch länger jetzt getragen zu werden als damals, ach damals am Hafen und auf der Straße der Soledad. Kein Fleckchen Schwarz bei der Kuppe, und die übrigen neun: alles ohne Makel, Maniküre mit Mandelmilch, kein Häutchen zuviel: Zwingli der gesuchte schweizerische Hotelfachmann und auch sonst ganz Mann der internationalen Welt, die hier in einer teueren Auslese versammelt war zum Fünfuhrtee. Fünfe, so spät war es geworden, ein Samstagnachmittag, Mitte September, noch ein paar Wochen und Vigoleis feiert seinen Geburtstag. Doch lassen wir ihn erst die Feier seiner Auferstehung bestehen.

Zwingli, nein, Don Helvecio hob den geschülpten Finger,

und sofort kamen sie alle herzugelaufen, große und kleine Kellner, ein Headwaiter, ein Oberheadwaiter und noch einer über allen: und sie richteten eine Tafel im kleinen Saal – »oder Bice, wollt ihr vielleicht lieber in der Rotunde sitzen, ja, das ist recht«, und wieder der Finger und ein nicht ganz geräuschloses Flitzen: nicht weil die da nicht wüßten, was sich gehört, aber viele Fremden haben gerne den echt spanischen Spektakel, und wo um diese Tageszeit die Angelsachsen den Tee einnahmen, fanden auch wir es recht: ganz hinten sei ein Tisch frei, da hätten wir zugleich auch einen schönen Blick aufs Meer, »mare nostrum«, sagte Zwingli und meinte Tacitus, und wir meinten den bestimmt nicht. »Hier sind die Felsen besonders steil und malerisch, luëget emol da, den Fels, wie pittoresk, der bringt uns jährlich einen netten Bollen ein.«

Ja, nun zeigte Zwingli mit dem Wundernagel auf die Leukadische Klippe, die haushoch aus den Fluten ragte, ein wenig nach vorne geneigt, rötlich angeschienen, unten von weißem Gischt umflockt. Eine zitternde Säule stand über dem Kegel und verlor sich in Dunst. Uns flimmerte es vor den Augen, das war wohl die Schwäche, denn es ist uns erst viel später aufgegangen, daß wir unser Henkersmahl im Angesicht der verpaßten Todesstätte eingenommen haben.

»Wollt ihr euch nicht ein wenig richten, ein Bad?«

Das wollten wir nicht, gar nichts wollten wir. Wir waren wunschlos geworden. Während der Nagel weiter Zauberzeichen in die Luft malte, deckte sich das Tischlein, goldbetreßte Knaben sprangen, Kellner kreisten, Schwebendes kam, soll ich alles beschreiben? Ich weiß seltsamerweise noch genau, was aufgetragen wurde, doch es gehört so wenig hierher, wie es damals dorthin gehörte. Gäste kamen und gingen, der Betrieb war flott, viele grüßten in ihrem Baedeker-Spanisch den beliebten Don Helvecio, der wunderbar diskret anzudeuten wußte, daß er mit besonders hohen Gästen beschäftigt sei: es seien seine Leute, Schwester und Schwager – es blieb natürlich nicht bei der Andeutung – Künstler beide, sie hätten gewandert, man stelle sich das vor, um diese Hundsstunde, da seien sie über Genova nach Schloß Bendinat hinaufgezogen, und nun müsse er sie wieder zu Menschen machen. Es war eine lustige Fabel, die Ladies hörten das gern, die auf ihren verkehrt eingesetzten Beinen doch nie weiter kamen als bis an die Straßenbahn, aber, wer weiß, an einem kühlen Tage würden sie das auch mal wagen, und Don Helvecio sagte, gewiß, der Wagen des Hotels stände ihnen zur Verfügung.

War er verlegen, daß er so schwätzte? Mitnichten. Er tat uns sogar die Ehre an, mit ihm zu speisen, denn er langte schon zu, und was sah ich, potzhenker, er hatte die Eier des Generals vor sich stehen und hieb in sie hinein, und Wein, den Roten der Julietta: da war er also noch oder wieder mit einer Pilar zusammen, obzwar in gemäßigter Hingabe, denn sonst hätte er ja unseren Leichenwagen nicht vor dem Portal seines Hotels zum Entgleisen gebracht. Wir aßen nichts.

Aber so langt doch zu, haut doch drein, geniert euch doch nicht, das habt ihr doch nicht nötig, ihr seid Touristen, und du, Bice, sicher nicht, du hast doch mit Fürsten und Königen getafelt, und ihr müßt mal wiederkommen und dann erzählst du unserem Es Mestre, dem Küchenmeister, vom Schloß der Colloredo-Mansfeld, wo der Leibkoch des letzten Zaren die Herrlichkeiten der Tafel bestritt. Mon cher Vigoló kann das ja immer wieder hören – aber was ist denn los mit euch . . .?«

Der Wasserfall plätscherte weiter. Wir schwiegen, was hätten wir sagen sollen? Essen konnten wir nicht. Wir tranken einen Tee, der unserem warmen Wasser noch sehr angepaßt werden mußte, und brockten Zwieback hinein, fein war das auch nicht, aber Touristen und Künstler stehen über allen Tischmanieren.

Was nur über uns gekommen sei? Müsse er uns denn die Würmer aus der Nase ziehen? Doch wohl nicht eingeschnappt wegen der dummen Geschichte mit seiner Pilar, und wo wir wohnten; Emmerich habe ihm gesagt, wir seien zu dem Grafen gezogen, den kenne er gut, das sei ein feiner Typ, überlegener Anarchist, fast ein Künstler, mit einer Privatgalerie zum Gruselnlernen; dort habe er uns mal aufsuchen wollen, um den Quatsch aus der Welt zu schaffen, – »Weiber, wüsset ihr, – da wart ihr schon wieder ausgezogen, Don Alonso wußte nicht wohin. Auch Antonio hatte keinen Schimmer, und mit dem hat man euch noch häufig gesehen, ein guter Kerl. Habt euch inzwischen wohl an spanische Verhältnisse gewöhnt, das geht schnell, man darf sich nur nicht unterkriegen lassen; man muß vom ersten Tage an spanisch denken, dann geht es von selbst.«

Ich sagte ihm, wir hätten vor der Stadt ein Zimmer bezogen, in einem Hause, das hieße die »Torre del Reloj«.

Da brach dem Eidgenossen fast der Nagel ab: Im »Turm der Uhr«?! Da hätte er uns nie im Leben gesucht, Beatrice in *dem* Betrieb, er griff sich an den Kopf und stierte seine Schwester an. Mich fand er da wohl mehr am Platze, endlich die gute Stube gefunden, wo ich hocken könne. »Das berüchtigtste Haus auf der

Insel! Puff! Schmugglerhöhle! Absteigequartier! Falschmünzerei! Alles, was das Licht scheut und auch am offenen Tage sein finsteres Wesen treibt, findet sich unter des Riesen Dach zusammen. Da müßt ihr auf dem Quivive sein, ihr kriegt Stunk mit der Polizei, die hat Arsenio seit Jahren in Verdacht, daß er den Opiumschmuggel auf den Balearen organisiert. Das muß ich Don Darío erzählen, die zwei sind alte Bekannte, eine Mordaffäre spielt da hinein und der Bankier Juan March, ihr wißt, der Milliardär, ganz große Sachen das alles, mit Blutrache wie auf Korsika. Und der Liebesbetrieb, hab das alles mitgemacht! Wenn die Corridas sind und die ganze Truppe vom Festlande kommt, ist die Kirmes perfekt, alle Boxen besetzt mit Picadors, Chulos, die ganze Fechterschar überschwemmt den Stundenturm. Wir lassen oft Pritschen reservieren für unsere Gäste. Mal von der Buttlarschen Rotte gehört? Pietismus und erotische Muckerei, aber das war nichts gegen die Torre da draußen mit den Kabauzen und dem Prunkgemach für die reichen Toreros. Das müßt ihr euch mal von Adeleide zeigen lassen, hat Tausende gekostet, einzig auf der Insel!«

Zwingli lachte, daß es ihn schüttelte. »'Torre del Reloj', wartet mal, morgen ist doch Corrida . . .«

Die Schöpfungsnacht hatte ihre Erklärung gefunden: die Truppe war den Tag zuvor an Land gegangen. Morgen würden die Kerzen auf dem Altar der Madonna in der Arena brennen – Ave Maria Purissima.

Die Gäste hatten die Rotunde verlassen, nur wir saßen noch da, ein ganz klein wenig gestärkt, und nun sich ausstrecken können und schlafen in einem richtigen Bett!

Dann zogen wir wie geprügelte Hunde davon.

»Wie steht es mit eurer Vermögenslage? Vermutlich ungünstig, mal sehen« – Zwingli griff in die Tasche und klimperte mit Metall. »Hier mal fürs erste etwas Kleingeld, Tram und so, den Rest der Schulden bereinigen wir ein andermal; zu dumm damals, Bice, deine Skrupel, aber ihr bleibt ja noch ein Weilchen auf der Insel. Wir müssen uns häufiger sehen, ich muß das alles organisieren, meine Pläne mit euch, ich komme mal raus zum »Turm«, Vigo kann da was lernen, für seine Bücher, meine ich. Letztes Jahr hat ein Photograph sich oben ins Gebälk gehängt, um eine Blitzlichtaufnahme aus der Vogelschau zu machen in der Kampfnacht. Der wollte Millionär werden, aber die Picadors haben ihn frühzeitig entdeckt und halb tot geschlagen. Ich komme bestimmt, Arsenio hat besondere Weine und Adeleide ist berühmt für ihre Tintenfische in der Tinte, mon cher Vigo!«

»Auf die Tinte kommt es an, mon cher Zwingli, besonders wenn man selber drin sitzt.«

»So long!« »Ciau!« »Tschüß!«

*

Wortlos schlichen wir in die Stadt zurück. Uns schien nichts zu verbinden, nicht einmal mehr das sonst so sprechende Schweigen. Wir waren Feinde geworden, jeder hatte den anderen wie mit ruchloser Hand an der Tat gehindert, und jeder schämte sich vor dem anderen. Selbstmord zu zweit setzt eine völlige Homousie voraus. In Romanen geht das auf einer Seite spielend. Wir hatten ein ganzes Kapitel dafür vorgesehen, und noch war nichts daraus geworden. Wir mußten von vorne anfangen. Als wir auf der Plaza de la Libertad ankamen, war es gerade noch Zeit, auf der Post nachzufragen, ob Geld oder Briefe gekommen seien. Der Beamte im blauen Kittel kannte mich nicht, so daß alles in analphabetischer Sachlichkeit vor sich ging: nichts unter den postlagernden Vorräten. Ob er auch wirklich gut nachgesehen habe, getraute ich mich zu fragen. In Spanien kann man das, in Deutschland hätte ich es nie gewagt. Der Mann im Kittel wurde auch gar nicht böse, von Anranzung nicht das Geschabte des Martersteigschen Käse, er lächelte höflich – »ach so, Sie meinen, wir könnten hier nicht lesen, weil wir ein so fatales analphabetisches Erbe aus der Klerikalmonarchie angetreten haben? Das denken alle Ausländer, und irren sich alle. Aber bitte, wenn Sie sich selbst bemühen wollen« – er schob mir einen ganzen Stapel Post zu und beschäftigte sich wieder mit seinem Kreuzworträtsel, wo noch Felder offen waren.

Ich fand nach kurzem Stöbern einen Brief aus Stuttgart, Deutsche Verlagsanstalt, das mußte die Anweisung sein. »Na also, doch noch was rausgefischt?« Ich zeigte meinen Paß, der Mann sagte »schon lange gut«, und dann strahlte er förmlich auf; halt, rief er, ich sei von allen Heiligen gesandt, ob ich mich nicht der Mühe unterziehen wolle, einen anderen Stoß durchzusehen, der liege schon Jahre da, man wisse nicht, was anfangen damit, vielleicht –? »Vielleicht«, sagte ich und fingerte den Haufen durch. Da war noch dies und das für uns dabei, alte Kamellen, überfällige Korrespondenz, ich nahm es an mich.

Der Beamte wollte mir noch mehr aufdrängen, es waren wichtig aussehende, schwer versiegelte Stücke darunter, die wäre er gerne losgeworden, aber ich ließ mich nicht bestechen. »Ein ander Mal vielleicht, so Gott will!«

»So Gott will! Aber bitte, einen Moment!« Er zeigte auf sein Kreuzwortblatt. »Berühmter deutscher Schriftsteller, mit Doppel-V?«

»Vigoleis.«

»Sie? Mensch!«

»Inkognito, sonst kann man sich nicht lassen vor Bewunderern, Sie verstehen.«

Er verstand es doch nicht so ganz, und mit Jakob Wassermann wäre er entschieden weiter gekommen. Er drückte mir die Hand.

Beatrice saß unter den Palmen des Triangulums und hörte die Mär von des Vigoleis Reichtum, über Nacht in seinen Schoß gefallen, ein Scheck auf einige hundert Peseten, Früchte seines, zwar wenig wassermännischen, Federfleißes, seiner pygmäischen Schriftstellerei, der in bare Münze hinzuzählende Beweis seines Daseins als Verfasser, durch tückische Mächte ein paar Wochen zu spät an den Mann gekommen, durch dieselben kabbalistischen Wesen, die im letzten Augenblick von der über uns verhängten Prüfung abstanden und an Zwingli den Befehl ergehen ließen, uns über den Weg zu laufen. Das ging alles ohne den üblichen Sicherheitszuschlag, beginnend im Bordell bei dem über uns erkannten Hochgericht, à chandelle éteinte, fast mittelalterlichem Rechtsbrauche gemäß – und Beatrice brach ja auch zusammen, als die letzte Kerze erlosch. Kein Stern schien aufzugehen. Rein äußerlich ist das alles anders, einfacher zu erklären, ganz unter Umgehung der Vorsehung: die Spaltung meiner Persönlichkeit erstreckt sich bis in die standesamtliche Erfassung meiner Person. Mein Reisepaß vermeldete damals nur die aus der Taufe gehobene Hälfte meines Seins. Vigoleis stand da nicht vermerkt. Den Beamten traf also keine Schuld.

Herr Emmerich fand sich ohne weiteres bereit, uns fünfzig Peseten zu borgen. Ich wollte ihm den Scheck zeigen, da lachte er, wir hätten bei ihm Kredit, wir sähen so ehrlich aus wie selten Menschen, die nach Mallorca kämen. Hundert hätte er auch gegeben. – Wer einem Luftikus die Schulden abtrage, mache selber keine.

Wir kauften leichte Eßwaren ein, ein Krankensüppchen sollte gebraut werden; dazu eine Kerze, Oropax für Beatrice, für den Frieden der Nacht, die wir statt in Oktopus' Armen nun wieder im Gehege des »Turms« verbringen sollten. Wir schritten – nein, natürlich nichts von Schreiten: ich winkte einem Taxi, es war zufällig dasselbe, mit dem sich Vigoleis im vorhergehenden Kapitel seiner Beatrice gegenüber aufgespielt hatte. »Wohin die Fahrt?«

»'Torre del Reloj'!« – da sehen wir gleich, ob das Haus so berüchtigt ist, wie Zwingli behauptet.

»'Torre del Reloj'? Sehr gut, sehr gut, man muß seinen Mann stehen!« – und der Wagen war fast schon da.

*

Auf unserer Hurhufe herrschte Jahrmarktsbetrieb. Sogar ein Trödler hatte einen Kram aufgeschlagen und bot Süßigkeiten und kleine Geschenkartikel feil, wie Mädchen sie lieben, die sich für Geld niemals wegwerfen würden. Bei Arsenio war für alles Vorsorge getroffen. Wer die Seele liebt, soll auch dem Leibe Kuchen backen. Wir jedenfalls waren glücklich wieder zu Hause. Ungesehen gelangten wir über die Freitreppe in unsere Zelle, wo ein neuer Schlag uns rühren sollte und es auch kräftig tat: da war Schnitzeljagd gehalten worden, oder hatten Vandalen gehaust? Papierfetzen lagen umhergestreut, alles war mit ihnen berieselt, Bett, Boden, die Koffer, überall das Geschnetzel. Ratten waren am Werk gewesen. Die Handlungsgehilfentasche, die ich als Ort der Läuterung für meine dichterischen Sünden verwandte, ehe ich sie dem höllischen Feuer zu überantworten pflegte, war von den Nagetieren für ihre vermittelnde Fürbitte auserkoren worden, und, seltsamerweise im Instinkt getrübt und unwiderruflich den dem Tode verschrieben wähnend, der nun die Tür aufstieß, hatten sie sich mit geschultem Zahn über den literarischen Nachlaß des Vigoleis hergemacht. »Wenn aber jemandes Werk verbrennt«, sagt der Dichter Paulus von Tarsus, »der wird Schaden leiden, er selbst aber wird gerettet, so jedoch wie durch Feuer hindurch.« Diese dunkle Stelle, viel umstritten und immer noch nicht in so begreifliche Rede übersetzt, wie sie aus des Apostels Munde gekommen sein wird, ist mir später bei meiner Beschäftigung mit dem »Dichter Gottes« von Pascoaes in den Sinn gekommen als hinweisend auf jenen Zustand, worin ich mich damals befand, nachdem mein Werk vernichtet, ich aber gerettet war und dazu verdammt, das eigene Œuvre zu überleben, das Ärgste, was einem Schriftsteller geschehen kann. Und nicht von der Mitwelt gerichtet, sondern von den Lemuren eines Bordells.

»Der Käse! Der Käse!« schrie Beatrice und war wieder ganz lebendig. Ein Licht hatte sie angestrahlt, die Lehre vom Unterbewußten spielte ihren kleinen Triumph aus gegen Vigoleis, der von solchen Zicken nichts hält. Porto Pi und Port Bou, wie reimt sich das im Schlamm der Seele zusammen? Und noch mit dem archetypischen Käse? – »Käse?«

»Ja, in Port Bou, du weißt doch, der Emmentaler!«

Natürlich, ich hatte es vergessen, es war einfach abgesunken, das Stück Käse, das ich an der Grenze zum Zwecke der Zollirreführung (nicht -hinterziehung!) in meine Lyrik eingewickelt und unter die Prosa gemuschelt hatte, in der bewußten Tasche. Dann kam Zwingli aus der Gruft gehumpelt; Pilar mit dem wurmstichigen Apfel stellte mir nach, unser Dasein krachte in allen Fugen, Szenen, Rausschmiß, der Leser zähle es selber auf, was alles gekommen, daß wir sogar überm Hungerleiden vergessen konnten, den berühmtesten Käse der Welt im Gepäck zu haben. Reine Instinktverlochung! Solche Rassen können sich nicht halten – »aber Beatrice, Chérie, das kann ich beim besten Willen nicht tragisch nehmen. Du stehst da, als wolltest du dir die Haare ausraufen. Laß sie sitzen. Bedenke hinwieder eines, die Zeiten des Alten Testamentes sind vorbei, die guten alten Zeiten, wo Gott noch im Schlafe zu mir gesprochen hätte: Vigoleis, stehe auf, nimm die Tasche des Handlungsgehilfen, schlage dein Werk auseinander, nimm den Käse heraus, iß und gib auch deinem Weibe, daß es esse, und laßt es euch wohl sein im Hause der Unzucht. Aber Gott ist nicht mit uns, Beatrice, obwohl ich als Deutscher doch einen Anspruch auf ihn habe.«

»Du spottest, da sieht es wieder dunkel in dir aus.«

»Im Gegenteil, ich habe nie so klar gesehen wie jetzt. Paß nämlich mal auf, mit mir hat der Himmel noch etwas vor. Denn daß die Ratten den verschnarchten Gottesfrieden benutzt haben, mich literarisch zum toten Mann zu machen, das bedeutet etwas, und Käse inspiriert nicht nur Ratten. In Deutschland baut man zur Zeit an einer ganzen Philosophie auf der Basis des Quarks. Weißenberg ...«

»Kinder, zankt euch nicht, das Leben ist doch so schön, und die Spanier, hu, die können es aber! Da muß man sich erst dran gewöhnen, so oft hintereinander; und wenn mein Mann wüßte, daß ich hier liege, der bräche wieder zusammen. Aber der meint, ich sei auf 'nem Ausflug, und das bin ich ja auch ...«

Wir standen betroffen. Die Stimme im unverkennbar niederrheinischen Tonfall, getragen von einer wohlig gekuschelten Schläfrigkeit, kam aus der Zelle nebenan, in die ich am Morgen meinen Blick geworfen hatte. Es war die in ihrer quellenden Lust so durchsichtige Erscheinung meines Sonderdrucks, die hier den Nachwehen ihres Lendenglückes Luft gab in der Sprache meiner Heimat zwischen Nette und Niers. Ich kenne das Heimweh nicht, da ich überall zu Hause bin, selbst in einem Freudenhause, dessen Freuden ich nicht einmal teile. Dazu muß man ein starkes Innenleben haben, große Weltverachtung dazu, nicht pervertiert, sondern introvertiert sein, und vor allem: nicht am eigenen Schatten kleben. Dennoch ließ mich der Gedanke nicht unberührt, daß nur ein Sprung über die Planke mich trennte vom teuren Vaterlande, an das mich anzuschließen ich dann doch auch wieder nicht hätte schaffen können ohne die Speise des Generals.

Flüsternd setzten wir unsere Besprechung fort. Beatrice kochte auf der Ampel eine sämige Panade aus den Extrakten ihres Landsmannes Maggi, was mir heute als eine lustige Fügung vorkommen will, denn so wurden wir beide nach der überstandenen Prüfung angerührt vom Heimatlichen in der schieren Fremde, an der wir fast zerschellt. Schweigend löffelten wir die Kraftbrühe aus dem Geschirr. Darauf nahm ich die Kerze und ging zum Gnadenbilde Unserer Lieben Frau auf der Säule, vor der das Ewige Licht noch brannte. Für die kommende Nacht waren schon viele frische Kerzen aufgesteckt, große und kleine, weiße, gelbe und buntverzierte, je nach dem Anliegen und der Börse einer jeden.

Ich liebe Kerzen und habe immer mehrere auf meinem Schreibtisch stehen, die ich auch über Tag brenne, um mich an dem dunklen Geheimnis der Flamme zu erbauen. Warum ich damals das Licht gespendet habe, weiß ich nicht mehr, vielleicht aus einem abergläubischen Gefühl heraus, es könne uns Arges überkommen, wenn wir weiterhin die Ursache wären, daß aus einer Zelle heraus nichts ertöne; daß wir eine der Lauren, die wie Orgelpfeifen offen in das Gewölbe hinauf klangen, durch unsere Unlust gleichsam zur tauben Tuba gemacht, fast hätte ich hinzugefügt: mirum spargens sonum. Solcher Posaune hätten wir dann den geheimnisvollen Ton genommen, der, so sagte mir einmal unser Freund, der Organist Mosén Juan Maria Thomás, der Prüfstein für alle Komponisten sei. In meiner Vaterstadt pflegte eine uns befreundete jüdische Familie am Fronleichnamstage mit geliehenen Kultgeräten ein Votivfenster aufzubauen, um das allgemeine Bild nicht durch eine Lücke in der Zeile der geschmückten Häuser zu stören. So taten auch wir im Turm der Uhr, was von einem schönen Gemeinschaftsgeist in der Diaspora zeugt.

Mit der zarten Hand der Liebe legte Vigoleis seine Beatrice auf den Schragen. Dann ergriff er einen Palmzweig, fegte seinen Nachlaß zusammen und bettete sich selbst darauf.

Oropax schenkte den Frieden, den das Mittelmeer den inselmüden Pilgern verweigert hatte – einen Frieden für eine Nacht.

Aber diese Nacht währte eine halbe Ewigkeit.

III

Es war Sonntag.

Mit offenen Augen hatten wir schon eine geraume Weile dagelegen und in die Schwebe des Domes geblickt, jeder vom anderen wissend, daß er wach sei; aber niemand rührte sich, kein Wort. Es war Sonntag.

Als Kind habe ich sehr unter einem Zustande gelitten, den einmal jemand die Sonntagsmelancholie genannt hat. Später dehnte er sich auf die übrigen Wochentage aus, und da war es nichts Besonderes mehr, zumal ich auch schon Gegenkräfte hatte bewegen können. Ich erinnere mich an so manchen Morgen, wo die Sonne durch die Latten der Jalousien in mein Zimmer schien und alles in ein Fest verwandelte. Jede Blume der Tapete war anders, obwohl sich das Muster tausendmal wiederholte. Ich kannte jede Abweichung auswendig und entdeckte immer neue Verwandlungen; und kein Karrengerassel auf der Straße, weil am Sonntag die Fuhrwerke nicht fahren durften: Sonntag, durchzuckte es dann meinen noch nicht ganz wachen Kopf, keine Schule, keine Erniedrigung, kein Gehänsel, keine Prügel, keine Aufgaben, nichts, nur Sonntag, der tröstliche Tag – und dann war ich ganz lebendig und wußte: du mußt in die Kirche! und es war aus mit der tausendfältigen Blumenwiese. Alle Rosen waren gleich und schlecht und billig, fünfzig Pfennig der Meter und schief aneinandergestoßen.

Der Kirchgang war ein doppelter Zwang, Elternhaus und Schule bestanden darauf, und von der Schule aus wurde sogar Buch geführt über den Kirchenbesuch. Dieses zwischengeschaltete Aufpassertum konnte ich Knirps natürlich nicht in Einklang bringen mit der Allwissenheit des lieben Gottes, und viel Kopfzerbrechen bereitete mir auch die Tatsache, daß ein Mitschüler von der Beteiligung an sämtlichen Gottesdiensten befreit war, auf Grund eines regelrechten ärztlichen Attestes.

Dieser Wilhelm war kerngesund, aber sein Vater war der höchste Steuerzahler der Gemeinde, ein Millionär, der sich ein solches Konkordat mit der Kirche leisten konnte. Obschon wir denselben alten, streng katholischen Hausarzt hatten, wäre es vermessen gewesen, auch nur in meinen Träumen eine gleiche Dispens anzustreben. Mein Vater stand nicht in einer Gehaltsklasse, welche die nötige Basis zu Verhandlungen mit den Vertretern Gottes geschaffen hätte. Als er sich emporgearbeitet hatte und Gott auch hätte bestechen können, hatte ich mich selber schon von der Lüge befreit. Das kostete mich keinen Groschen, aber so manche schlaflose Nacht, und ging gepaart mit Gleichgewichtsstörungen, die meinen Bildungsgang hemmten. Die Sonntage blieben verpestet, jahrelang, und jahrelang währte mein Mißtrauen gegen die Kirche, die ich nicht mit dem Gott, der in ihr zu wohnen belieben sollte, in Einklang bringen konnte. Dann kam der Tag meiner ersten Kommunion, ein Höhepunkt im Leben eines katholischen Christen, der schönste Tag seines Lebens – in den Dom hinaufblickend, sah ich die Strahlen des Sonnenlichtes durch die Dachlücken gleißen, das gebrochene Licht meiner Sonntagsmelancholie – der schönste Tag fürwahr.

Ich war neun Jahre alt und glaubte noch an Gott, wie ich an Märchen glaubte. Nur verpflichteten Märchen zu nichts. Gott aber ließ uns zu seinem Dienste »antreten« mit gezücktem Gebetbuch. Der schönste Tag . . . ihm ging, und vermutlich ist es heute auch noch so, ein Unterricht voraus, der uns in das Mysterium der schwer auszusprechenden und noch schwerer zu begreifenden Transsubstantiation einweihen sollte. Ich werde auch nichts davon verstanden haben, aber geschadet hat es nicht. Ich bekam vom Pastor die nötigen Ohrfeigen, andere bekamen sie auch. Der unheilvolle Vorgang fand zwei oder drei Tage vor dem Feste statt. Da mußten wir in Reih und Glied zum »Üben« an der Kommunionbank, dem Speisegitter, antreten. Jeden Schritt und jede Handlung mußten wir uns einprägen, und vor allem hatte die Vorschulung den Zweck, zu lernen, wie man sich bei der Ausspendung des heiligen Mahles zu benehmen hat: wie die Hände unter dem Laken zu falten sind, wie das Haupt zu neigen in richtiger Demut; züchtig niederzuknien, ohne dem Hintermann das Schienbein einzutreten, und dann: die Zunge so vorzulegen, daß die Hostie ohne die geringste Verunehrung, etwa durch Fallenlassen, verschluckt werden kann. Nicht kauen! Der Heiland schmelze von selbst auf der Zunge. Der alte Pastor hatte ungezählte Generationen eingeübt, jedes Jahr das gleiche

Manöver, und er hatte nicht viel Geduld, er war wie ein Feldwebel, mit dem nicht zu spaßen ist. Ich war unverdorben und glaubte an das Wunder, das kommen sollte. Meine Mutter hatte mir da mehr erzählt als der Pastor. Es würde mich durchschauern im Augenblick, wo ich den Heiland in mich aufnähme; eine Verwandlung geschähe, ich würde ein anderes Kind, ein besseres wird sie gesagt haben, vielleicht sogar ein Engel. Ich lebte in einer zitternden Erwartung, denn das alles versprach mehr zu werden als ein Heiliger Abend, der bis dahin das Wunderbarste war, was ich kannte. Ich bedauerte die Negerkinder aus dem »Steyler Missionsboten«, die sich, statt den Heiland zu empfangen, gegenseitig auffraßen, aber – wenn wir viel Silberpapier sammelten und in Kugeln an den Pastor ablieferten, dann würden auch die Negerlein kommunizieren. Ich sammelte viel. Die Heidenkinder dauerten mich sehr. Heute dauern mich die christianisierten Kinder noch viel mehr. Im Katechumenat hatte ich mich wenig ausgezeichnet. Gott hatte mir nicht den Verstand verliehen, den zu seinem Empfange notwendigen Wissensapparat zu bewältigen, und am Tage der Übung erwies sich, daß ich auch körperlich unbeholfen war, ein rabenschwarzes Heidenkind, für das die Weißen noch ganze Ballen Silberpapier einsammeln müßten, um es würdig an den Tisch des Herrn zu führen. In Reihen zu zweit, den sogenannten Kommunionpaaren, traten wir an das Gitter heran und knieten nieder. Ich faltete vorschriftsmäßig die Hände unter dem Linnen, neigte den Kopf und lauerte, ob ich nun »dran« käme; dann hob ich ihn, legte die Zunge ein wenig nach vorne, nicht sehr, das ist wahr, der Pastor hätte das falsch auffassen können, denn es gab auch Kinder, die ihm während des Unterrichtes die Zunge herausstreckten, aus Übermut. Mein »Kommunionpaar« war darin sogar groß. Wie habe ich diesen Jungen überhaupt bewundert, den Vetter Karl, der nun neben mir kniete und noch Zeit fand, mich zu kneifen, wo ich vor lauter Schielen schon schwitzte. Der alte Mann schritt die Bank ab und prüfte jede Haltung, jede Zunge. Bei mir angekommen, schimpfte er los: was, nicht mal die Zunge könne der Bengel gehörig herausstrecken, mehr, noch mehr, und als es wirklich nicht mehr weiter ging, ein Mensch ist schließlich kein Specht, haute er mir mit seinem großen Schlüssel dahin, wo ich am Weißen Sonntag den Heiland empfangen sollte. Die Zähne bohrten sich schmerzhaft in die Froschader, und mein Mund füllte sich mit Blut. Im eingeübten Gang, der Einkehr und innere Seligkeit vortäuschen sollte, schwankte ich an meinen Platz zurück, neben mir das Kommunionpaar Karl. Karl hatte alles genau beobachtet, er zischte mir zu: »Mensch, warum hast du nicht gespuckt! Das hätte der mir machen sollen, das ganze Blut hätte ich dem auf den Talar gerotzt. Aber warte nur, das muß der Buschklepper büßen ...« Der Mann hieß Busch.

Vetter Karl ist früh gestorben. Mit sieben Jahren behauptete er schon zu wissen, woher die Kinder kämen; niemand glaubte es ihm, aber das focht ihn nicht an, und er hat auch recht behalten. Er hat mich nicht gerächt, wie hätte er es tun sollen? Mit dem üblichen Tritt vor das Schienbein? Stinkasant spritzen an die Talarschöße, auf daß alle Hunde der Stadt das Bein am Pastor höben? Hatte der alte Mann überhaupt schuld? Handlanger Gottes wie Tausende, war er geachtet in der Gemeinde, die ihm einen schönen Stein setzte, als er tot war. Alt und grau geworden im Dienste Gottes, nicht minder abgestumpft wie ein Küster, der täglich Dutzende Male den Knicks vor dem Tabernakel macht, ohne sich etwas dabei zu denken, hatte er noch eben einem namenlosen Opfer des letzten Jahrganges, den er auf den Heiland drillen mußte, mit einem gutgezielten Schlag seines Schlüsselbundes das kindlich-mystische Glaubensgebäude zertrümmert.

Auf der geschwollenen Zunge sollte ich nun den Heiland zergehen lassen – ja nicht kauen, es sei die Hostie kein Lutschbonbon; und wer von diesem Brode isset, der wird ewig leben. Auf dem Heimwege von der Übung, wo ich mich wieder einmal wie ein Tollpatsch und wenig heldisch dazu benommen hatte, ließ ich meine Mütze fallen und hatte so wenigstens einen Grund für meine Tränen: die schöne bunte Mütze! Meine Mutter tröstete mich, sie hatte für den Festtag schon eine neue gekauft, eine seidene Sextanermütze mit steifem Draht. Von dem Schlag auf die Zunge erfuhr niemand etwas. Das war mein Geheimnis. Ein wenig vertraute ich noch auf den Sonntag, der alles wieder gut hätte machen können. Dann käme die göttliche Einstrahlung. Gott würde sich kaum von einem Landpfarrer mit Flecken im Talar und nicht ganz sauberen Fingernägeln aus dem Felde schlagen lassen.

Der Weiße Sonntag kam, ich kniete nieder, Vetter Karl stieß mich an im Augenblick, wo ich die Zunge herausstrecken mußte, viel Weihrauch, festliche Menschen, in hundert Kasserollen schmorten schon die Kommunionsbraten, die Orgel brauste, ein Mädchen leierte Gebete, Ordner lenkten die Auserkorenen des schönsten Tages: da legte sich der Heiland kühl auf meine Zunge. Habe ich gezittert? Ohne Zweifel. War der Mund ausgetrocknet? Bestimmt, und bestimmt habe ich Mühe gehabt, das Lamm Gottes, welches hinwegnimmt die Sünden der Welt, hinunter zu schlucken. Die Sünden des kleinen Ankömmlings waren nun getilgt, aber die Erleuchtung war nicht über mich gekommen. Außer einem faden Geschmack nach Pappe spürte ich nicht das Geschabte eines grünen Käse, um mit Martersteig zu sprechen. Ich war betrogen worden – exkommuniziert.

Wo der Himmel versagt, ist die Erde oft sehr ergiebig. Die Giraffe hat einen langen Hals, um die Blätter von den Bäumen rupfen zu können. Die Natur denkt an alles. Das göttliche Mahl war mißraten, das Festessen bei Muttern war königlich. Dafür hatte die Vorsehung meinem Vater eine Verwandte beschert, eine weit über die Gemarkung hinaus bekannte Jungfer, die Base Hemmersbach: berühmt für ihren Stadtklatsch, den sie aus winzigen Gegebenheiten zu vollendeten Geschichten aufbauschte, daß mir immer die Ohren steif standen vor Lust, wenn sie ihren sogenannten »Berliner Korb« auskramte; und geschätzt für ihre Kochkunst. Keine Taufe, wo sie nicht buk, keine Hochzeit ohne ihren Sebastopol-Pudding, und die Spezialität: Kinderkommunion! Diese Kunkelmuse war dem Schöpfer längst auf die Spur der läßlichen Sünden gekommen, wußte, was es an solchen Tagen gutzumachen gab, und bei mir tat sie es mit den erlesenen Speisen, die ich noch heute aufzählen könnte – aber leider mir nicht mehr leisten. Das Leben ist weitergegangen, viele Schläge auf die Zunge habe ich einstecken müssen, doch nie mehr hat nachher eine müde, aber glückliche Hanna Hemmersbach auf dem Ehrenstuhl noch eben an der Tafel angesessen und sich rühmen lassen. Und nie mehr bin ich beschenkt worden für meine Niederlagen. Denn es gibt ja auch Angebinde an diesem schönsten Tag. Die Verwandten waren erschienen, und jeder brachte das Seine. Der Pate mit rotem Bärtchen, Bratenrock und selbsteingerahmtem Herzen Jesu (oval, roter Samt, die Strahlen aus Blattgold) war schon betrunken, als ich nachmittags in die Danksagungsandacht geschickt wurde. Aus eigenen Stücken wäre ich nicht gegangen. Einem solchen göttlichen Kinderfreunde schuldete ich nichts.

Es war Sonntag – und ich brauchte nicht in die Kirche zu gehen. Der Wald ist mein Dom, sagen die Pantheisten der verschiedensten Schattierungen. Auch wir lagen unter einer ausgestirnten Kuppel. Die meisten Gläubigen schliefen noch. Ihr Schnarchen sang rauh durch das Haus.

Beatrice wollte wissen, woran ich dächte. Ich erzählte ihr die Geschichte von dem Priester, der mir den Weg des Herrn bereiten sollte und, statt ihn zu ebnen, seinen Schutt ablud, den beiseite zu schaffen mir nie mehr gelungen ist. Oft noch habe ich von ihm träumen müssen, und jetzt, im »Turm der Uhr«, war er wieder erschienen als Unhold, halb Satyr, halb Seelenhirt im Weihgehänge, der einer Jungfrau nachstellte, den Schlüssel erhoben im lechzenden Eifer, ich hörte seinen Schrei: mehr, mehr, – más! mit dem vollen a-Klang des Spanischen. Spanien ist das Land der göttlichen Erotik. Ich wage heute zu bezweifeln, ob ich je die großen iberischen Mystiker mir hätte erschließen können, wenn ich nicht im Hurenturm die minderen Weihen empfangen hätte.

Das Haus und alle seine Nebenhäuser waren ausgestorben, als wir nach einem neuen Dämmertaumel abermal in den Sonntag blinzelten. Alles ausgeflogen? Stand die Zeit still? Hatte der Stundenturm ausgeschlagen? Wir standen auf.

Nur die Ältermutter saß im Laubengang und schlief. Stierkampftag ist Festtag für jung und alt. Ortega, Lalanda und Barrera traten um diese Stunde in der Arena vor die Hörner der riesigen Stiere aus der Züchterei des berühmten Miura. Was sich erst auf Adeleides Matratzen ausgetobt hatte, mußte nun seinen Mut und sein »más« in der Corrida bewähren, jeder nach der ihm zugedachten Rolle im verwickelten Spiel; man konnte dabei draufgehen, obwohl jetzt alle Kerzen brannten in der kleinen Kapelle der »Plaza de Toros«, wo die Fechter inbrünstig knien vor der Gottesmutter, ehe sie unter Pauken- und Trompetenschall die Todesbahn betreten. An diese drei damals beliebtesten Fechter hatte Zwingli gedacht, als er uns einladen wollte, dem nationalen Schauspiel unter der kundigen Führung seines Freundes Don Darío beizuwohnen. Die saßen jetzt wohl im Lärm und lärmten mit; auf teuren Schattenplätzen ließen sie sich peitschen vom Schauer der Todessekunde, die in schimmernder Seide wirbelt. Darüber maßlos in seiner Teilnahmslosigkeit das Gewölbe mit der Sonne, die die Minderbemittelten im anderen Halbrund schmort.

Weiterhin verlief uns der Tag ohne Zwischenfall, und was in der nun folgenden Nacht in der Scheuer an Leidenschaft entfesselt wurde, drang nicht in uns und geht somit der Nachwelt verloren. Der Schlaf war hermetisch geworden. Auch das

Schlüsselloch, durch das man sich träumen sieht und hört, war verstopft. Dann wieder ein Tag in der Chrysalide der Neugeburt, wo aus behaart sich mästender Häßlichkeit der schimmernde Flügel wächst – zum Eintagsflug. Am dritten Tage waren wir wider gelenkig und gingen in die Stadt. Die Welt hatte sich nicht verwandelt. Es stank vom Matadero herüber, Staubwolken ballten sich. Mit scharfem Bug segelten wir dem Telegramm des Herrn Victor Emmanuel van Vriesland entgegen. Es war nicht gekommen. Emmerich bekam sein Geld zurück, dann besuchten wir Antonio vom Herrenklub »La Veda«, was soviel wie Schonzeit bedeutet, und schonen taten sich die Herrschaften ohne Zweifel.

Antonio riet Beatrice, eine Anzeige für Sprachunterricht in die ›Ultima Hora‹ einrücken zu lassen. Da ihm Eile geboten schien, setzte er im Handumdrehen einen bestechenden Text auf. Zuschriften besser poste restante, niemandem dürften wir je verraten, wo wir abgestiegen seien. Arsenio und Adeleide seien prächtige Menschen, und von der Polizei würden wir nicht mehr belästigt, er habe dem Kommandanten der Carabineros die Geschichte von unserem Pech mit der Hure Pilar erzählt. So hin und wieder müsse er im Turm nach dem rechten sehen, doch uns jage niemand mehr auf.

Noch ein Tag – und keine Depesche aus Amsterdam. Dafür aber die Mitteilung von Danzas, daß unser großes Gepäck, vor allem Bücherkisten, in Palma de Mallorca zur zollamtlichen Abfertigung bereit liege. Das wußten sie in Basel eher als die Herren im Zollschuppen selbst. Gebühren: 1000 Peseten. Bücher sind Bannware in einem Lande, wo Literatur nach Kilogramm eingeschätzt wird, was an sich gar nicht so ungeistig ist. Ich segnete mich, guter Gott, nehmen die Nachstellungen denn kein Ende? sind wir darum am Leben geblieben, um gleich wieder mit des Lebens miserabelem Wurmfortsatz behelligt zu werden, der Sorge um Geld? Auch da wußte Antonio Rat. Er ließ die Kisten vorläufig in das Freilager schaffen.

Weitere Post fiel an, die Welt hatte uns nicht vergessen. Ein Brief von meinem Vater: in seiner gestochenen Schönschrift eine Augenweide. Was gäbe ich darum, wenn ich eine solche Hand hätte, ich könnte mein Brot damit verdienen. Was er schrieb, war ebenso offen wie die Kalligraphie: nicht deutlich sei ihm, wie ich mein Leben angriffe da unten; meine Berichte seien doppelsinnig, bisweilen tauche zwischen den Zeilen ein anderes Gesicht auf, das er nicht kenne; wie die Verhältnisse seien in Spanien, und Mutter mache sich Sorgen – und dann mit einer Zeile die Steigerung des Endes. Wie bei einem guten Autor steht es plötzlich da und öffnet den Blick über die Zeiten, und man faßt sich ans Herz: Die Tage seien schon kühl, da ginge eine Ente an mich ab, prima Hausmast, und wohl bekomm's! Mit gleicher Post? Ein Blick auf das Datum – dem freudigen Schreck folgte das Unbehagen des mit den Verwesungserscheinungen alles Lebendigen vertrauten Skeptikers.

Es kam noch andere Post an diesem Tage, doch will ich erst die Ente erledigen, wobei ich den Zeiger vorrücken muß. Vierzehn Tage später bekam ich vom Zollamt die Mitteilung, ein Paket sei für mich da, aus Deutschland, zollpflichtig, im Beisein des Beamten zu öffnen – die Ente.

Es röche ein wenig, sagte der Zöllner, höflich wie immer nur ein Spanier, wo es schon stank; ja, es war die Pestilenz selbst, was ich im Beisein der Autorität zu öffnen hatte. Die Verpackung war mustergültig, imprägniertes Papier, ich mußte mehrere Lagen abwickeln, ehe die Hausmast zu laufen begann. Der Beamte nickte, ich schlug, was uns wohl bekommen sollte, wieder ein. Die Gebühren wurden niedergeschlagen. Vor den Toren der Stadt schleuderte ich den Braten ins Feld. Warum hatte ich ihn nicht gleich am Hafen ertränkt? Meine Angehörigen hatten es gut gemeint, aber so undeutlich die Vorstellung war, die sie von mir hatten, die vom spanischen Klima war total verkehrt. Beatrice rechnete aus, daß der Vogel uns über die Hungersnot hinweggeholfen hätte, aber ginge das zusammen, Ente mit Emmentaler? Viel einfacher wäre es ja gewesen, wir hätten Zwinglis Rechnungen unbezahlt gelassen. Mein Vater hatte recht: nie sich in fremde Angelegenheiten mischen, mein Sohn, die eigenen sind meist fremd genug.

Der zweite Brief war ein Dichterbrief und kündete auch eine Ente an: Vic hatte ihn geschrieben, Mijnheer van Vriesland, Verfasser eines Romans über einen Abschied von der Welt in drei Tagen. Vics Vogel war blau, wo der meines Vaters ins Grünliche verlaufen: die Berliner Filmgesellschaft sei pleite, die Bildschöne von sämtlichen Flächen verschwunden, und Geld hätte er sowieso nicht vorschießen können auf den Kontrakt, da er selber auf die Vorschüsse seines Verlegers angewiesen sei – aber: mein Brief! Wie der ihn amüsiert habe! Der sei ja mehr wert als ein ganzer Film, diese Hurengeschichte, das Weib Pilar, daraus solle ich Kapital schlagen, er jedenfalls habe die Epistel vervielfältigen lassen, und nun zirkuliere sie unter den Literaten (und wohl auch Literasten), deren einige sich bereits meine Adresse ausgebeten hätten. Ich solle mich also nicht wundern, wenn ich um Fortsetzungen ersucht werden würde.

Klingende Münze trug er mir somit nicht ein, dieser pikarische Notschrei an den Dichter van Vriesland, der heute als würdiger Präsident des Niederländischen und Vice-Präsident des Internationalen P. E. N.-Clubs die Weltgeltung errungen hat, die ihm unser verdrehter Film nicht besorgen konnte. Dennoch verdanke ich dieser auf dem Bidet verfaßten Pilariade etwas, und nicht wenig: meine Freundschaft mit dem Lyriker Marsman, dessen Gedichte ich kannte und wie die von Trakl immer bei mir trug.

Der dritte Brief an diesem denkwürdigen Tage hatte auch etwas mit Enten zu tun, sei es mit einem Entlein: die Besitzerin eines kleinen Hotels in der Innenstadt bat um Beatricens Besuch. Sie habe da ein Töchterchen, das in der englischen Sprache schnattern solle.

*

Der Selbstmord lag hinter uns, als habe er nie stattgefunden. Die fl. 4000 für einen einzigen Abschied von der Welt wurden in Berlin durch einen Offenbarungseid am Verkehr gehindert, und es konnte nicht mehr die Rede davon sein, mit ihrer Hilfe die Insel zu verlassen, um auf dem Festlande das neue Leben zu beginnen, in Toledo, wohin es uns beide zog. Wir mußten auf Mallorca ausharren und, schlimmer, im »Turm der Uhr«. Darum Hand ans Werk, Vigoleis, werde der Schöpfer eines neuen Stils, verbinde die Umraum-Vision eines van de Velde und Gropius mit der Erkenntnis des Alten Testamentes, daß auch unter den Nomaden der Unzucht gut sein ist, wenn man nur seine Hütte hat. Mache aus der Not eine Tugend und aus einem Absteigequartier eine trauliche Bleibe.

Das ließ Vigo sich gesagt sein, und schon blitzten die Ideen und flogen die Späne.

Beatrice machte sich auch ans Werk, das heißt sie machte sich fein und ging ums Brot ins Hotel, wo das Entlein war. Die Welt war wirklich verkehrt. Die Mutter, eine gesetzte Dame, hieß Doña Maria.

Die Kleine hieß Maria de las Niëves, Maria Schnee, und sie war es, die das Wunder bewirkte, das frühchristlicher Legende nach an diesen Namen gebunden ist: es fiel Schnee im Sommer, oder auf unsere Inselumstände übertragen, Geld in den Schoß der Helden. Dreimal in der Woche mußte Beatrice ins Hotel kommen, um dem lieben, aber wenig sprachbegabten Töchterlein der reichen Witwe das Englische einzupauken. Der Unterricht war mit einer »merienda«, einem Imbiß verbunden. Das fügte sich ganz natürlich, die Lehrerin wohne weit draußen und in einem Hotel stände die Küche nie still. Auch gab es sich nun regelmäßig, daß Beatrice ihrem Vigoleis in einer Büchse von den Leckerbissen mit ins Kloster brachte, wo dieser unverschämte Arme den Abfall vom Tische der Reichen mopsfidel verzehrte wie ein eingefleischter Vegetarier sein Sonntagshühnchen hinter verschlossener Tür. Einmal wurde sie bei dieser Übung ehelicher Armenpflege von der Patronin mit heißem Geschirr ertappt: Heimlichkeiten? Wenn sie einen Hund habe – Abfall sei genügend in der Küche, da brauche sie nur dem Küchenjungen etwas zu sagen – wie wir Beatrice kennen, hat sie nicht rundheraus gesagt: »Verzeihung, aber mein Hund heißt Vigoleis«, sondern sie hat es, bis in die Leber rot vor Scham über die Lüge, mit schonenden Worten vorgebracht: es sei für ihren Mann, wir lebten da vor der Stadt in einer Pension, aber um die »volle Verpflegung« sei es nicht gut bestellt, die Dame des Hauses viel krank – ich wenigstens hätte das dazu erfunden. Doña Maria begriff nicht alles, indessen genug um zu schimpfen über Mallorquiner, die ehrsame Ausländer ausbeuteten, und nun kriege Doña Beatriz jedesmal einen Freßkorb mit für den Gemahl, den sie doch mal mitbringen solle. Beatrice gelobte dankend, mich zu zeigen.

Es ist nicht meine Absicht, die Lehrerin auf ihren Gängen ins Hotel zu begleiten, noch weniger, den Leser mit in das kleine Zimmerchen zu führen, wo Maria Schnee sich abquälte mit der neuen Mundart, die sie als künftige Besitzerin des bestehenden und eines schon im Bau begriffenen Riesenhotels erlernen mußte. Es fiel ihr so unselig schwer, und wir kämen nicht aus dem Wandern heraus, immer wieder und wieder, dreimal die Woche den Weg aus unserer Villa vor der Stadt hinein in die Stadt, es nähme kein Ende, und längst schon würde der Bürgerkrieg seine Lunten legen und Häscher auf unsere Spuren setzen, und alles Errungene zeige die Leere dahinter – und bei Maria Schnee säßen noch nicht einmal die unregelmäßigen Zeitwörter. Wir haben es immerhin weiter gebracht, rackerten hartnäckig, wurschtelten uns blindbesessen aus der lausigen Steinzeit heraus, kamen ins blühende Äon mit Maßschuh und Maßanzug und tausend Büchern auf den Planken und noch diesem und jenem, was man sich wünscht, wenn man über den Wünschen steht.

Während dem bastelte Vigoleis das Heim. Rostige Nägel, geklaute Latten, eine weggeworfene Radspeiche, die Seile, ein Stück Wellblech – mit Millionen kann jeder bauen, aus Nichts hat Gott die Welt erschaffen. Alles entwickelte sich organisch, mit der wunderbaren Zwecksetzung der Natur, und hie und da auch ein blinder Darm dazwischen, auf den Beatrice gleich mit dem Finger zeigen wird: wozu das da? Das ist wie bei einem guten Buch, von dem die Kritiker sagen: kein Wort zuviel.

Der Stuhl, der zuviel war, wenn wir uns beide im Zimmer aufhielten, hatte seinen festen Platz an der Wand, wo er sich wie ein Hänge-Epitaph ausnahm, eine barocke Auskragung, auf der sich manches abstellen ließ. Meist zierte ihn eine Blechbüchse mit frischen Blumen, die zum Problem wurde, wenn gesessen werden mußte. Koffer hatte ich in Schränke verwandelt, der Bidetto ist seiner neuen Bestimmung nach schon allen vertraut, wir kochten natürlich auch auf ihm; brauen wäre das bessere Wort und beiden Befugnissen angepaßt. Die Seile spannte ich da, wo der Baumeister nach oben das Loch gelassen hatte, wie Wäscheleinen, doch nicht zum Wäschetrocknen. Ich hing unsere Bibliothek daran auf, und Gegenstände des täglichen Bedarfs. Alles baumelte uns zu Häupten, Schuhe, Strümpfe, Georg Trakl, Bürsten, Kochlöffel, Nietzsche, Augustin, Wischlappen, Hosenträger, Novalis, Detektivromane, Büstenhalter, Teresa von Avila, Johannes vom Kreuz; die Bücher »à la amazona« über die Schnüre gelegt. An besonderen Drahtklammern befestigte ich zurückgekommene oder frisch aus der Maschine gezogene Manuskripte, wo sie, wie auch die Lebensmittel, vor den Raten einigermaßen sicher waren. In den Werkstätten der frühen Drucker, wie sie auf alten Stichen überliefert sind, hängen die Druckfahnen ähnlich an Schnüren zum Trocknen herunter, und wenn man sich den anderen Plunder an Würstchen oder Brot, Tüten mit Mehl und Zucker, die Stange Vanille, den Krautnagel und das Lorbeerblatt wegdenkt, sah es bei uns im »Turm der Uhr« aus wie in der Offizin des Aldus Manutius.

An der Stelle der fehlenden Decke war nun ein stark vom Geist durchwirktes Rastel eingezogen, ohne uns den Blick ins noch Höhere zu benehmen. Welcher Schriftsteller hat je ein solches Arbeitszimmer gehabt, wo es ihm von unten und von oben schöpferisch ins Gemüt geistert?

Es ging uns nicht zum besten in diesen ersten Wochen nach

dem Zusammenbruch aller Hoffnungen, die wir auf den Grund des Meeres und Victor van Vrieslands Frauenkenntnis gesetzt hatten. Wenn der Mensch im Glauben an die Hoffnung lebt, täte er gut daran, eine Auslese vorzunehmen und gewisse fragwürdige Sicherheiten von vornherein auszuschalten. Wir klagten freilich nicht, wir werkelten emsig und Beatrice sogar mit jener Verbissenheit, die nach Ziel schmeckt und angesichts derer ich mir auch bei untergestemmten Schultern wie ein Nichtstuer vorkomme. Körnchen um Körnchen rackerten wir zusammen im Ameis-Turm der Unzucht unter Huren und Ratten, Haussuchungen und Eselgeschrei, Kerzenschein und frommer Brunst; bei einem Umtrunk mit Arsenio, einem Geklöne mit der Ältermutter; und ich fand noch Zeit, mit den Kindern zu spielen oder dem Rattenkönig aufzulauern.

Ein Sohn des Hauses, Pablo, sollte Englisch lernen, um in des Vaters Gewerbe, dessen Schleier sich uns immer mehr lüftete, eine Rolle zu übernehmen. Neunzehn Jahre alt, borniert und verschlagen, war er ratzekahl geschoren und roch nicht wohl aus dem Atem. Er diente beim Militär, insofern freigekauft, als er nicht in der Kaserne zu übernachten brauchte. Dreimal in der Woche hockte er in der Fonda des Riesen und ließ sich trichtern von Beatrice, die dafür 25 Peseten erhielt, anders gesagt: wir brauchten für unsere Zelle keine Miete mehr zu entrichten. Der Soldat, der nachts lebensgefährlichen Schmuggeldienst hatte, schlief regelmäßig ein, wenn englische Laute sein Ohr trafen, und da man keine schlafenden Soldaten wecken darf, blieb Beatrice nichts anderes übrig als auch einzuschlafen. Nur ganz große Feldherren könne es sich leisten, auf dem Schlachtfelde zu dachsen. Einzig der Riese war wach. Er schlich um die Schulstunde, er hatte was vor, aber was? Jedesmal, wenn Beatricens Kopf auf die Tischplatte gefallen war, wurde sie wach und sah dann den Räuberhauptmann, der ihr mit einem blanken Duro winkte – seine Adeleide merke es doch nicht und schließlich sei er der Patron im »Turm der Uhr«. Vor lauter Bäumen sah Beatrice den Wald nicht mehr, so daß ich ihr erklären mußte, was der Mann mit den 5 Peseten von ihr wolle. Schonend brachte ich ihr bei, daß sie im Preise gesunken sei, seit wir an der Quelle selber weilten; was alte Herren auf Terrassen geboten, sei vorbei, nun wir mit Kellners Kredit zunftwidrig in einem Freudenhause lebten. Beatrice schüttelte den Kopf und stellte mir dadurch das beste Zeugnis aus für meine Innenarchitektur: sie hatte vergessen, daß um uns herum die Luft nicht sauber war.

Dann war es an Arsenio, mit dem Kopf zu schütteln. Er legte noch einen Duro dazu, er kam bis auf zwanzig, dann gab er es auf. Wir blieben die besten Freunde. Daß einer von seinen natürlichsten Gaben keinen Gebrauch macht, verstand er nicht.

Wer legt sich selber brach!

Nach ein paar Monaten bot er sich an, mir das Geld vorzustrecken für den Zoll unserer Bücher. Wir könnten alles bei ihm unterstellen, denn Bücher, mehr hätten wir doch nicht im Kopf. Ich dankte mit einer schwungvollen Verbeugung und bekam Wein. Aus Angst vor den Ratten machten wir von dem verlockenden Angebot keinen Gebrauch. In den Kisten steckte bestimmt kein Käse, aber den Lemuren der Freudenscheune traute ich nicht über die Planke.

Bei den festen Turmdirnen standen wir in Ehren. Es waren arme, nicht immer schöne Geschöpfe, die von den Stierkämpfern übel verpiesackt wurden, wenn sie nicht wollten, wie sie sollten. Da setzte es zusätzliche Tritte zur Liebe. Sie wußten, daß wir alles mitanhören konnten, und das sei doch eigentlich eine Schweinerei. Ich sagte einer Señorita, mit der ich mich angebiedert hatte und die auch geistig bestrebt war, die Tritte setze es in jedem Beruf, ein zurückgekommenes Manuskript sei auch keine Liebkosung. Als ich dem Mädchen unser Zimmer zeigte, brach es in Tränen aus. Ob ich die »Große« schon mal gesehen hätte?

Die Große war des Hurenturms Staatsstück und Übermädchen, die wandelnde Wollust, das schreitende Liegelaster, die zweite Pilar, eine im Geruche der lenigsten Heiligkeit stehende Stußhure, Palmira mit Namen, die sich nur für einen Tausender auf die Matratze bequemte, falls wir noch Matratze nennen können, worauf sie des Gewerbes pflag. Ihre Herren kamen mit Wagen vorgefahren, sofern es nicht die berühmten Espadas selber waren. Für diese Hochkokotte hatte Adeleide ein Prunkgemach im Haupthause eingerichtet, das sie uns eines Tages sehen ließ, unverkennbar mit dem Stolz, den ein reich eingeheiratetes Mädchen den armen Verwandten gegenüber an den Tag legt. Da war verschwendet worden. Das Himmelbett stand überhöht, der Baldachin wurde von vergoldeten Säulen getragen, eine kostbare Mantilla diente als Spreite. Mit einer seidenen Schnur konnte der Vorhang des Himmels beiseitegeschlagen werden und dann kam ein Spiegel zum Vorschein. Lichter waren versteckt eingebaut und auch diese mit seidenen Zügen zu bedienen. Die Wände des Zimmers waren mit Genueser Damast bespannt. Im Herrgottswinkel stand eine antike Madonna auf der Mondsichel, zum Anhimmeln schön. An einem Silbergehenk schwebte die Weihrauchampel, Ewiges Licht war da und der elfenbeinerne Kruzifixus fehlte auch nicht. Eine Wiedergabe von Goyas nackter Maja, kein Piper-Druck, steckte in einem kostbaren Rahmen. In der Supraporte lagerte ein Schäfer bei der Schäferin und blies ihr was auf der Schalmei. Es roch nach ganz teurer Unzucht. Eine Tapetentür führte ins Badezimmer, eine Meisterleistung der Casa Buades, Plaza Cort 32–35. So badeten auf der Insel höchstens noch die Geliebten des Milliardärs Juan March im Palacio March. Pilars Murrhine war hier aus rotem Marmor und nicht auf die flache Hand zu nehmen, der einzige schwache Punkt der vorbildlichen Anlage.

Die solchem Ehrenbette den Glanz des Fleisches lieh, Palmira, der einige auch Doña Palmira sagten, kam eines Tages ans Kämmerchen des Vigoleis, dem alle Don Vigo sagten, und bat ihn recht und schlecht, ohne viel Federlesens, Girren und Gurren und Turteltanz, so aus ihrem züchtig verhüllten Busen heraus, ob er ihr nicht ein wenig Gesellschaft leisten wolle in ihrem Boudoir – »ich will mit dir schlafen, fremder Mann, warum kommst du nicht? Du weißt, daß man viel gibt für eine Nacht mit mir, aber du weißt nicht, wieviel ich geben würde für ein Stündchen mit dir, Fremdling. Mein Lieber, mein Kleiner, Weithergereister, ich könnte dir Summen bieten, ganze Summen« – so ungefähr verlockte die Rede – »aber du nähmest sie nicht, du bist stolz wie deine Doña Beatriz, ich bewundere euch, wie ihr hier lebt in diesem Saustall, wie ihr eure eigene Welt gegen die unsere stellt und euch nicht anfechten laßt von dem Elend, in das ihr hineingeraten seid. Weißt du, mein Süßer, ich kenne nämlich eure Geschichte und da mußte ich dich sehen, und nun komm!« In der Mandorla ihrer vergoldeten Wimpern schimmerten die Augen als einzige Lockung.

Vigoleis, der Süße, der Kleine, der Wonnepuschel und Liebeslöli, Inhaber des Blauen Bandes im Syphilis-Spurt, der schon fröhlich Spanisch plauderte, zog seinen begehrten Leib ungefähr so aus der Umstrickung: »Señorita, meine Freundin, meine Kleine und Große aus dem Prunkgemach, Stolz des elfenbeinernen Turms, du schwindelst. Denn wenn du unser Abenteuer kenntest, würdest du wissen und begreifen, daß ich nicht kommen kann. Und weil du größer bist als Maria del Pilar, sollst du mir nicht nach dem Leben trachten. Ich liebe es nicht, dies Leben, aber ich brauche es nun wieder, ganz plötzlich, um eine

Erzählung zu beenden, an der ich schreibe, die Geschichte von einem dichterisierenden (ich sagte: poetisante) Jüngling, dem die Ratten seinen Nachlaß aufgefressen, als sie witterten, daß es mit ihm zu Ende ging. Und da überlebte er den Sprung ins Nichts und hatte kein Œuvre mehr im Koffer, das er selber hätte vernichten können. Das holt er nun auf. Er schreibt sich die Fingerkuppen platt, da sieh nur . . . Und so wollen wir Freunde bleiben, und so romantisch es wäre, dies Schleichen auf den Pfaden der lockeren Holdschaft, darüber zu schreiben ist es nicht minder. Ich will als nächstes die Romanze dichten von Palmira und dem Weithergereisten und ihrer Begegnung im 'Turm der Uhr' . . .« – aber da merkte ich, daß die Nutte das alles gar nicht verstand: sie wollte keine Literatur über die Liebe, sie wollte die Liebe selbst, stampfte dabei mit dem Fuß, gab mir die Hand und ging. Kaum war sie draußen, da wollte ich mir die Hände waschen, schämte mich aber meiner doppelten Feigheit.

An die Naturlaute des Turms hatten wir uns mit der Zeit so gewöhnt wie Anwohner einer Bahnstation an die ein- und ausfahrenden Züge. Man merkt sich unbewußt den Fahrplan und hat eine Uhr im Haus. Für uns war der Hurenschlag mehr ein Kalender. Viele Stammkunden kannten wir, und sie kannten uns: wundersame Vögel das, das fremdländische Paar, das sich in der Torre eingenistet hat – Etagenadel der Liebe. Es macht das Wesen des Aristokraten aus, daß ihn der Pöbel nicht anficht, hat dieser ihn auch längst aus dem Sattel gehoben.

Hier scheint mir denn der Augenblick gekommen zu sein, über den eigentlichen Betrieb in der »Torre del Reloj« ein Wort zu verlieren. Absteigekloster, Fonda, Weinhandel und Hauderei, das alles war nur Vortäuschung. Arsenio unterhielt einen genial aufgezogenen Schleichhandel mit Opiaten, wofür eine gröbere Pascherei in amerikanischen Zigaretten wieder als Tarnung dienen mußte. Er war übrigens nicht selbständig; hinwieder auf den Balearen war er der führende Mann, verschlagen und ausgekocht, wie keiner begabt mit dem Feldherrnblick, und ein gründlicher Kenner der Örtlichkeit. An der Spitze des Gangs stand der rühmliche Bankier Juan March, alias »Verga«, das heißt Rute, welchen Beinamen das Geschlecht in Ehren führt nach dem Stecken, mit dem die March ihre Schweine züchtigten. Spaniens reichster Mann und einer der reichsten Männer Europas, »enrichi au su de toute l'Espagne par la fraude et la concussion«, wie Bernanos sich über ihn ausläßt in seinem Buch über den spanischen Bürgerkrieg, der von Juan March weitgehend finanziert worden ist. Heute ist er reicher als nie zuvor, wie mir Freunde aus Spanien berichtet haben. Die Lebensgeschichte dieses Abenteurers von amerikanischem Gangsterformat möchte ich schon schreiben, aber es wird wohl eine würdigere Feder gefunden werden für diese Aufgabe. Viel ist ja im Laufe der verflossenen Jahre schon über diesen Emporkömmling in Zeitungen und Zeitschriften veröffentlicht worden. Der grundlegende »thriller« fehlt meines Wissens immer noch: »Vom Schweinehirt zum Milliardär«. Der Roman kriegte sogar noch das kirchliche Imprimatur. Hier will ich nur an die Rolle erinnern, die dieser politische Haselant im Wilhelminischen Weltkriege gespielt hat und die ihm seine ersten Millionen in die Schweinsblase brachte: Getreidelieferungen an die kriegsführenden Mächte, Schiffsladungen aus Argentinien, vorausbezahlt über neutrale Konten, versichert bei neutralen Gesellschaften. Die Fracht bestand aus Steinen, die Schiffe wurden von einem eigenen U-Boot versenkt – neues Spiel, neues Glück! Als wir auf die Insel kamen, stand schon des Bankiers marmorner Palast, aber der Vater hütete immer noch in Santa Margarita die Schweine auf jene urbalearische Art, die nicht weniger verblüffend ist als die mathematisch-philologische Begabung der Elberfelder Pferde: Der Hirt zieht mit seiner Verga eine Furche ins Feld, und kein Schwein, das über den so abgesteckten Bezirk sich hinauswagte. Vor Tausenden von Jahren haben sie da nämlich einen Steinwurf auf den Rüssel bekommen, und das wirkt noch nach. Der Sohn indessen durchbrach den magischen Kreis und rüsselte sich weit über die einem Analphabeten gesteckte Linie hinaus. Er ging auch über Leichen und darum wanderte er ins Gefängnis, als die katholische Monarchie zusammenbrach. Da blieb er nicht lange: er bestach die Besatzung vom Direktor bis zum letzten Zellenschließer, sicherte eines jeden Existenz außerhalb Spaniens auf Jahre hinaus, und in einer genial vorbereiteten Flucht zog die ganze Karawane in La Linea über die Grenze nach Gibraltar, wo ein Schiff bereit lag. Dieser Staatsstreich hat den Bankier viele Millionen gekostet. Die junge Republik bebte in ihren Grundfesten. Don Darío, der in einer Mordaffäre ein eigenes Hühnchen mit Don Juan zu rupfen hatte, erlitt einen Nervenzusammenbruch, die Monarchisten hingegen veranstalteten glänzende Feste. Beatrice gab damals einer Señorita französischen Unterricht. Sie bekam Sekt an dem Tage, wo die Auskneiferei offenbar wurde. Der Papá des Mädchens war nämlich Don Juan Marchs Rechtsanwalt. Als Hochzeitsgeschenk für seine Tochter schwebte Juan March im wahrsten Sinne des Wortes ein Luftschiff vor, und er gab Dr. Eckener den Auftrag, einen Zeppelin zu bauen für die Hochzeitsreise um die Welt. Die Werft konnte den Auftrag leider nicht annehmen, da der Liefertermin zu kurz bemessen war; und in Palma munkelte man, der Bräutigam habe die Linie bereits überschritten, und selbst deutschester Werkfleiß vermöchte in neun Monaten keinen lenkbaren Luftriesen zu bauen. Don Juan begnügte sich mit einem Dornier-Superwal. Als Bordbutler war ein riesiger Neger, ein Vatzua, auserkoren, der sich wochenlang in den Straßen Palmas anstaunen und begehren ließ. Die kleineren Hochzeitsgeschenke lagen in einem Saal öffentlich aus; es war wie eine Weltausstellung, man kam vom Festlande, um das alles zu sehen. Nur Göring und Caligula haben ähnlich Feste zu feiern verstanden. Ungezählt sind die Geschichten, die über den Inhaber der »Banca March« in Umlauf waren. Dann war es ein paar Jahre lang still um den Mann, der im Exil lebte, bis sein Name zu Beginn des Bürgerkrieges wieder in Umlauf kam. Als wir nach unserer Flucht von der Insel in Basel weilten, Ende 1936, äußerte ich eine Tages in einem Gespräch mit Dr. Hartmann, dem Auslandsredakteur der ›Basler Nachrichten‹, meine Überzeugung, daß Franco nie den Krieg gewinnen werde, nicht einmal mit Hitlers und Mussolinis Hilfe, da die beiden Potentaten doch nur ihre eigenen Ziele im Auge hätten und Seine Caudillöse Verwegenheit fallen ließen, wenn die eigene Frucht reif sei. Dann könnten wir nach unserem geliebten Spanien zurückkehren. Dr. Hartmann, wir aßen bei den Italienern, ließ neuen Wein bringen, wir tranken viel, und er wurde immer nachdenklicher. Sein hochroter Kopf verfügte über zwei intelligente Augenlichter hinter dicken Brillengläsern. Mit diesen blinzelte er, sonst war er ein toter Mann, ich dachte: betrunken. Aber er war nur traurig. Er hat wie viele Hagestolze ein gutes Herz, und da wollte er nicht mit der Sprache heraus. Ich schwärmte weiter über Spanien, bis er sagte: wir könnten nicht mehr zurück, Franco würde siegen. Sie hätten auf der Redaktion gerade eine Information aus Rom erhalten: Juan March sei im Vatikan eingetroffen, er verhandele mit dem Papst über eine Hilfsaktion für Franco. Also dann würde das vereinte Gold zu fließen beginnen? »Ohne Zweifel«, sagte Hartmann und trank mitleidsvoll. Auch beim Becher übersah er die Zusammenhänge, und es ist alles haargenau eingetroffen, wie er's prophezeit hat. Nach ein paar Tagen wurde aus dem Konkordat kein

Geheimnis mehr gemacht, alle Zeitungen brachten die Nachricht. Jede Kirche, die Weltanspruch erhebt, muß über Leichen gehen, will sie sich nicht selber ins Grab schaufeln. Das ist eine bittere, aber gesunde Wahrheit. Nur wen es trifft, der muß weinen. Wir weinten damals auch.

Don Pío Baroja, einer meiner Lieblingsautoren, hatte zu der Zeit auch eine Zuflucht in Basel gefunden, wo er im Hause, im Hemd, in der Hose und in den Pantoffeln des eigentümlich totalisierenden Schriftstellers Dominik Müller lebte und sich verzehrte im Heimweh nach Spanien. Nur die Baskenmütze auf seinem Kopf stammte nicht aus der Müllerschen Kostümanstalt. Don Pío war ein Anarchist eigenster Prägung. So eigen war sie, daß er in allen politischen Lagern seines Vaterlandes Feinde hatte, und darum wollten sie ihn alle erschießen, sogar noch in Paris in den Dachstuben der beiden Ambassaden. Da floh er nach Basel an den Wasserturm, wo Dr. Müller an diesem Spanienflüchtling tat, was wir uns vom Führer nicht tun lassen wollten; er gab ihm Hosen. Pío Baroja nahm an. Herr Müller veröffentlichte dann ein Interview mit diesem größten spanischen Romancier: wer's las und Baroja kannte, dachte: auch dieser ist gefallen, Don Pío auf seiten Francos! Es gab uns einen Ruck. Wir suchten den Basken auf. Er war noch der alte, Gottseidank! Sein Gastherr spielte ein übles Spiel mit dem Weltruf des Flüchtlings. Ich hatte nicht den Mut, Don Pío auf diese Hinterziehung aufmerksam zu machen. Selbst konnte er nicht lesen, was ihm sein Freund in den Mund legte. Baroja bestätigte sofort Dr. Hartmanns dunkle Befürchtungen, und er fügte noch düsterer, weil ohne die Aufhellung des Weins, hinzu: dann werde er zu Kreuze kriechen müssen; er sei alt, krank, aufgebraucht, ohne Spanien könne er nicht leben. Der geniale Vagabund, Desperado und anarchisierende Romantiker, dessen Lebenswerk damals schon über 80 Bände füllte, litt wie sein baskischer Landsmann Unamuno an derselben Krankheit: Spanien. Galgenvögel wie der Juan March, dessen Biographie zu verfassen keiner wie Don Pío das Zeug hätte, im Rahmen seiner großen Abenteuerbücher, die viel zu wenig bekannt sind, halten dies Leiden latent. Die besten Söhne des Landes gehen daran immer wieder zugrunde, und das natürlich nicht nur in Iberien, obwohl die Agonie dort eine dramatische Besessenheit erreicht, wie sie nur möglich ist im Dämmerschatten des Manchaners.

Arsenio war kein Mörder und auch kein Millionär, indessen das, was man einen steinreichen Mann nennt. Er hätte sich alle

Lyrikbände der Welt kaufen können und wäre um keinen Deut ärmer geworden. Juan March war der gekrönte, Arsenio der ungekrönte König der Insel. Die Bande arbeitete mit einem Unterseeboot, einem abgedankten deutschen Modell, das gesteuert wurde von einem echten deutschen Kapitänleutnant, dem wir einmal im »Turm« begegneten, wo er fürstlich bewirtet zu werden pflegte. Wenn er keine eigene Seemannsbraut mitbrachte, legte ihm Adeleide die Große in den Himmelspfühl. Der Korvettenkapitän sprach fließend Spanisch, aber er verriet sich, als er, über irgend etwas erschrocken, »au Backe« rief. Ich antwortete: »mein Zahn«, und die Bekanntschaft war gemacht. Es lag etwas in der Luft in den Tagen, wo der schneidige Pirat auf der Hufe auftauchte. Tatsächlich sagte mir Arsenio eine Woche später, wir sollten nicht erschrecken, wenn es nachts wieder knalle. Die Carabineros seien verrückt geworden und nicht vom Gedanken abzubringen, er, Arsenio, habe etwas mit der berüchtigten Schmugglerbande Don Juan Marchs zu tun. »Opium?« – »Mädchenhandel!« Der Räuberhauptmann schlug sich auf die Schenkel und ließ mich stehen. In der folgenden Nacht gab es Schießerei, es war ein Höllenspektakel, Hufe klapperten, Weiber schrien (aber nicht in den Boxen), Hundegebell und steigende Raketen. Vigoleis und Beatrice wurden nicht belästigt. Antonios Beziehungen zur Polizei waren zuverlässig – und wir galten als solche Trottel, daß wir wie Engel frei durch die Hölle spazieren konnten. Arsenio und seine zwei ältesten Söhne wurden abgeführt. An dem Abend fiel der Schulunterricht in der Fonda aus. Tags darauf kamen die Räuber aber wieder angepilgert. Man hatte ihnen nichts nachweisen können, und Arsenio stieß ins Muschelhorn: Wein, Tintenfisch, Pavo Real, Turrón, die Herrschaften von Boxe I als Ehrengäste. Beatrice brauchte nicht mit der Büchse ins kleine Hotel, ihr Hund kriegte die saftigsten Bissen frisch vom Spieß. Bruderschaft wurde nicht getrunken. Es blieb bei der zeremoniellen Form: Señor Arsenio, Señora Adeleide, Doña Beatriz und Don Vigoleis – auf unser und aller Wohl!

Jahre später hörten wir im Hause von Freunden eine hochromantische Geschichte: eine halbe Stunde Wegs vor die Stadt hinaus läge ein geheimnisvolles Anwesen, »Turm der Uhr« genannt, keine eigentliche Finca, alte Baulichkeiten mit einem plumpen Turm. Darüber seien die unglaublichsten Gerüchte in aller Munde. Der Besitzer sei ein Helfershelfer von Juan March, der Typ eines Haudegens und Wildwestmannes, der zum Schein

ein Bordell unterhalte, auch Wein vertreibe, Fonda dazu, Maulesel haudere (haudern und huren gehen übrigens auf denselben Stamm zurück) – ein dunkles Treiben! Nun habe da eine Zeitlang ein deutsch-schweizerisches Ehepaar gelebt, das die Verbindung mit dem Auslande unterhalten hätte, Menschen, die viele Sprachen kannten, Rauschgifthändler, internationale Verbrecher, Steckbrieftypen. Auf einmal seien sie von der Bildfläche verschwunden gewesen, verschollen. Juan March habe sie vermutlich woanders eingesetzt, oder sie hätten ihr Schäfchen im trockenen und lebten wieder unter anderem Namen irgendwo. Was da nicht alles auf der Insel anspüle an dunklen Existenzen! Wir kamen aus dem Staunen und Gruseln nicht heraus. Gehört hätten wir von Juan March und seinen Maulwürfen natürlich schon, er stünde gewissermaßen im Baedeker, aber Einzelheiten seien uns nicht bekannt. Und die Deutschen, die steckten wieder überall dahinter und sogar mit U-Boot und Korvettenkapitän – eine schmissige Reportage für die Berliner Illustrierte. Den Namen des Kapitäns müßte man in Erfahrung zu bringen suchen, Namen zögen immer, auch wenn sie falsch seien, und »von Borck« hieße der nun bestimmt nicht – aber da hätte ich mich fast verplappert. Übrigens auch nicht Kraschutzki, wie man in der deutschen Kolonie munkelte. Kraschutzki war Kapitänleutnant gewesen; er war der Mann, der von sich behauptete, die Kieler Meuterei gestartet zu haben. Er lebte friedlich in Cala Ratjada und flocht Stroh oder züchtete Hühner und lancierte keine Torpedos mit Opium.

Als wir es später zu einer gewissen bürgerlichen Seßhaftigkeit gebracht hatten und »in den ersten Kreisen verkehrten«, habe ich uns als das berüchtigte Ehepaar aus der »Torre del Reloj« zu erkennen gegeben, Aftermieter im Feilhaus jener Adeleide: Konsternation im feinen Hause, Töchter spitzten die Ohren und wollten Einzelheiten wissen, und Beweise! Doña Beatriz da draußen auf der Hufe? Nicht möglich! Unser Ruf stand auf dem Spiel. Doch waren die Herrschaften eingeschworene Monarchisten – wie Juan March, der ja auch ein Doppelleben führte. Jeder auf der Insel hatte sein eigenes zweites Gesicht. Man wies uns nicht die Tür.

Wie oft wohl habe ich Beatrice noch aufgezogen mit dem Silberduro des Enakiten: daß sie nicht gemerkt habe, in was der Mann die 5 Peseten umsetzen wollte! Sie dann: »Héhé, mon pauvre petit, und du, mit deiner Phantasie, was hat Arsenio denn von dir gewollt, hab ich's dir nicht sagen müssen?« Das ist wahr. Ich hatte über die Schotten der Unzucht geblickt, aber auch nicht weiter. Wochenlang ist der Räuber um mich her gestrichen, hat mich ausgehorcht, auf die Probe gestellt, getestet nach meiner Eignung als Hintermann für den Gifthandel. Einer der Söhne hat es uns kurz vor Ausbruch des Bürgerkrieges erzählt. Sein Papá habe Hoffnungen auf mich gesetzt (das hat der meine ja auch getan), es habe nach allerhand ausgesehen: aus dem sei was zu machen! Aber bald schon habe er gemerkt, daß ich zu dumm sei für den lichtscheuen Beruf und wieder nicht dumm genug, um als blinder Gauch eingesetzt zu werden – die alte Tragik! Zu dumm und nicht dumm genug: ein ganzes Leben kann an dieser Klippe scheitern. Kann?

IV

Sollte ich mich im letzten Augenblick noch entschließen, den Kapiteln Überschriften zu geben, dann würde dieses heißen: Vigoleis im Festanzug. Da die Erscheinung vor Hitlers Kraft-durch-Freude-Reich liegt, entbehrt diese Vorstellung sowohl des Lächerlichen an sich wie des besonders Lachhaften der Tellermütze. So gründlich sind ja diese Deutschen, daß sie zu ihrer Erniedrigung auch immer gleich die Uniform dazu erfinden. Freilich war die meinige nicht blau, sondern schwarz.

In einem früheren Kapitel habe ich beiläufig das Fest der silbernen Hochzeit meiner Eltern erwähnt, und wie ich da jämmerlich vor den Geladenen in ein Stammeln verfiel, das niemand begriff, zumal man sogar etwas Besonderes erwartet hatte. An solchen Tagen treten ja die schwärzesten Schafe ins Weiß; und man ist eine kleine Stunde lang stolz auf sie – also es ging daneben, und ich stand da im teueren Festanzug, den der Jubilar seinem Sohne auf den hoffnungslosen Leib hatte anmessen lassen. Noch sehe ich mich dastehen im feinen Laken, aber es geht jetzt nicht um mich, sondern um den Anzug, den ich eingemottet in meinem Gepäck bewahrte. Ob ich ihn je wieder anziehen würde?

»Zieh du aber den Schwarzen an«, sagte Beatrice. Vigoleis knöpfte sich hinein und los ging's an der Seite einer Beatrice im Wiener Tailleur ins kleine Hotel der Doña Maria, wo wir zum Soupieren geladen waren von einem gewissen Don Felipe, dem Direktor des Unternehmens. Gewissen: er hatte etwas mit der Besitzerin, der Mutter von Maria Schnee. Sonst war er ohne Bedeutung.

Klein, gelblich, süffisant, sehr gut gekleidet, war er als Reisender regelmäßig da abgestiegen, wo er später die Geschäfte führen sollte. Er wird sich die Witwe gemerkt haben, diese sich ihn, ein Kostenüberschlag, ein paar Rückfragen, und bald stand Don Felipe noch besser angezogen in der Réception.

Das Essen war ausgezeichnet. Ich gefiel der molligen Dame auf den ersten Blick, das merkte ich gleich, wogegen Don Felipe viele Blicke über meine Person gleiten ließ, um herauszufinden, ob ich ihm für seine Zwecke gefalle, und das merkte ich erst viel später. Denn bei aller Neubegier nach Beatricens Hündchen und Doña Marias herzoffener Gastlichkeit, es war nicht nur so ein Soupieren zur Ehren des Gemahls von Maria Schnees Hauslehrerin. Da steckte mehr dahinter, das spürte ich, doch prickelte es mich am verkehrten Ort. Beide schienen sie nämlich etwas von mir zu wollen, und da sie es beide zusammen auf mich ablegten, konnte es nur etwas Unverfängliches sein. Man hing an jedem Bissen, den ich in den Mund steckte, an jedem Wort, das aus diesem Munde kam – wurde ich ausgehorcht? Nach dem zweiten Gang wußten sie schon eine Menge über mein Vorleben, mehr als ich selbst, und es schien sie zu befriedigen. Wieviel Sprachen ich beherrschte, wo es meine Frau nicht unter zehn täte; ob ich Kenntnis von Weinen hätte, eine Speisekarte deuten könnte, autofahren, buchhalten? und wie es mit dem Umgang mit Menschen stünde? Nicht zum besten stand es mit alledem, aber die Leute fanden Gefallen an der Art, wie ich mich aus der Klemme zog, die Witwe mehr als der Cicisbeo, und Hauptsache war für mich das Essen selbst, dessen Gerichte ich bestimmt nicht auf der Speisekarte als das erkannt hätte, was sie waren. Endlich einmal wieder eine gepflegte Tafel, und Speisen, die nicht auf einem Bidet zubereitet worden waren. Ich mußte mich zusammennehmen, um nicht in meine lockeren Turmmanieren zu verfallen. Bei Beatrice bestand diese Gefahr nicht, da sie sich auch an einem Bidet nicht gehen läßt. Der Anzug, sagten beide, stände mir gut. Ich erzählte, daß ich in ihm meine Eltern an den silbernen Altar geführt hätte. Rührung schlich in aller Gemüt, auch die lustigste Witwe wird einen Atem lang still, wenn der Hochzeitsgott einen Kranz hängt an den Bettpfosten eines fünfundzwanzigjährigen Bundes. Der Wein, es war ein Weinchen.

Die Einladungen wiederholten sich, zwangloser gewiß verliefen die Schmäuse, und ehe wir's recht begriffen, waren sie zum Brauch geworden: einmal in der Woche die Fülle an Speise und Trank. Don Felipe blieb reserviert, beobachtend, höflich, bis er den Augenblick für gekommen hielt, mit der Sprache herauszurücken, und also tat es der ausgepichte Wicht:

Er sei der Geschäftsführer dieses kleinen Gasthauses für Handlungsgehilfen und den reisenden Mittelstand, und weiter sei uns ja bekannt, daß Doña Maria im Terreno ein Hotel baue, das den ständig wachsenden Ansprüchen genüge, ein paar hundert Betten, eigener Badestrand, eigener Funikular, »Majorica« solle es heißen. In ein paar Wochen sei es fertig – also in einem Jahr, dachte ich – und da müßten die ersten Gäste empfangen werden. Eine Etage sei bereits vollgebucht, – also doch in ein paar Wochen? Schön, Nun brauche er höheres Personal, und sein Auge sei auf uns gefallen: Doña Beatriz als Gouvernante, in der Freizeit könne sie den Flügel benutzen, er lege Wert darauf, daß sie keine gewöhnliche Hausdame sei, er brauche die vollendete Dame, somit kein schwarzes Kleid mit weißem Kräglein unterm Witwenblick. Don Vigo käme in die Réception. In der Frühe müsse er an den Hafen, um die fremdländischen Gäste zu empfangen, dann sei er den ganzen Vormittag von weiteren Verpflichtungen entbunden, er könne sich seinen literarischen Obliegenheiten hingeben. Während der Mahlzeiten sei er im Speisesaal erwünscht – ich dachte schon als Grüßmichel, als Kind habe ich mir immer gewünscht, so einer zu werden – aber das war es nicht; lediglich da sein, falls man einen Dolmetsch brauche, der Headwaiter könne nur Englisch und Französisch, mehr nicht. Kleine Handreichungen gewiß, – gewiß, nickte ich, – mal eine Schüssel halten, mal einen Stuhl unterschieben, eine Speise erklären, nun, er wisse ja. Don Vigo wußte. Eine Hausbibliothek müsse angeschafft werden (er sagte: angeschafft), in den wichtigsten Sprachen, ich hätte da freie Hand; Zeitungen, Zeitschriften, ein Plattenarchiv fürs Grammophon, ich zeigte auf Beatrice; die sei da zuständiger, und eben nachts, da könne es hin und wieder vorkommen, daß Gäste die typisch spanischen Attraktionen besuchen wollten; vor allem die Engländer ließen sich nichts entgehen, da müsse Don Vigo den Cicerone machen – ob er verstünde? Don Vigo tat eine Gebärde, mit der Don Felipe zufrieden war, sagte aber nicht, daß er kraft seines Verstehens überhaupt in die Lage gekommen sei, hier verstehen zu müssen. Natürlich erwarte niemand, daß ich gleich ein perfekter Hotelmann sei, ich solle mich nur geben, wie ich sei, und immer feste drauflos gelogen, wenn die Wahrheit auf dem Spiel stünde. Daß er mit dem »Principe« konkurrieren wolle, verschwiege er nicht, aber da hätten sie einen tollen Mann, einen echten Schweizer, Don Helvecio, der habe das Hotel wieder hochgebracht, nun blühe es; ja, die Schweizer – zu Doña Beatriz gewendet – verstünden was vom Fremdenbetrieb, und wohl kaum würde sie den Landsmann kennen? Nein, Beatrice kannte ihn nicht. Wir hätten dort einmal gegessen, sagte ich, aber mir wäre nichts Schweizerisches aufgefallen. Don Felipe: das stimme schon, Don Helvecio sähe aus wie ein waschechter Spanier. Im Prinzip also einverstanden?

Uns taumelte der Kopf, das hieße mit anderen Worten: ein richtiges Zimmer, richtiges Essen, ein richtiges Bett, Bad, fließendes Wasser, warm und kalt. Don Felipe stellte alles klar heraus: das Zimmer sei natürlich eine Mansarde, das Bad eine Duschzelle und das Gehalt zu Anfang mehr als Taschengeld aufzufassen. Angenommen?

Ich hatte mich nun ganz in der Gewalt. Nur keinen Hüpfer jetzt, kühl bleiben dem kühlen Rechner gegenüber, der uns lauernd aufnahm. Ein voreiliger Sprung von der Planke – und das Wunder verschwände wie der Rattenkönig Arsenios. Die Stirn furchen, die Brauen zusammenziehen, sichtbar das Unsichtbare überschlagen: ein halbes Jahr, neun Monate in der Réception, dann hätten wir das Geld für zwei Eseltiere zusammen und könnten durch ganz Spanien trippeln und Reiseberichte schreiben: aus der Eselschau. Das hatte ich mir schon zurechtgelegt. Was kostet wohl so ein Grauchen?

Vielleicht, meinte Don Vigo, ließe sich dem Vorschlag nähertreten, drei Tage, vier, dann könne man Bescheid geben. Dinge seien zu überlegen, literarische Angelegenheiten zu ordnen, ein paar Telegramme zu versenden; vor allem müsse eine Berliner Filmgesellschaft darauf vorbereitet werden, daß ein bestelltes Drehbuch nun wohl später fertig würde als vereinbart, aber – Don Felipe begreife es, wenn ich schon umsattle, dann doch mit der Aussicht auf die Möglichkeit, Material für neue Romane zu sammeln: Menschen im Hotel zu studieren sei immer lukrativ für eine Feder – jesses, das hätte ich ja alles nicht sagen dürfen, Doppelverdiener, Vicki Baum, Ernst Zahn . . . Beatrice meinte nachher auf der Straße, Don Felipe habe das nicht gemerkt. Und das Nachtleben mit den pilarisierenden Engländern, ein Buch für sich.

Der Heimweg war ein Schweben. Es wäre das Ende der Turmzeit mit Blechbüchse, Bidet, Huren- und Rattengezücht, einmal in der Woche Überfallkommando und einmal im Monat Corrida auf 29 ächzenden Matratzen. Wir wechseln hinüber ins

Revier, wo ohne Herrgottswinkel den Weibern, die dann Damen sind, der Marsch geflötet wird. – »Und hast du gemerkt, Beatrice, wie wichtig es für Don Felipe zu sein scheint, daß ich katholisch bin? Daß ich mich nicht mehr bekenne, kümmere ihn einen Dreck, er habe auch nie was daran getan, es gehöre eben zur Nation, sie seien ein katholisches Land.« – Taufschein und Festanzug, zwei Ausrüstungsstücke aus meiner Heimat, ebneten mir nun den Weg in eine schimmernde Zukunft. Trinkgelder würde ich ohne weiteres einstecken, und auch mit einer eingepökelten Lady schlafen, wenn sie mich dafür zum Generalerben einsetzte, wie es in jenen Tagen einem kleinen Schweizer Liftboy im Grand Hotel passiert war – und überdem bogen wir in den monddurchsickerten Peristyl des Klosters ein, dessen Zelle erste Tür rechts wir nicht mehr lange durch unsere gehobene Askese entweihen würden.

Maria Schnee war die einzige, die in dieser Nacht keinen Grund hatte zu besonderen Lämmereien. Für sie hieß es nach wie vor: Englisch büffeln, Manieren lernen. Zur großen Dame fehlte da noch alles, das Kind steckte noch in den klebrigen Läufeln.

Wer nichts wird, wird Wirt, und zwischendurch macht man Literatur. Das härene Hemd kann man immer wieder anziehen, wenn alles daneben geht.

Die Tage, die wir verstreichen ließen, um den Schein zu wahren, wollten nicht vorübergehen, obwohl ich sie mit Nützlichem ausfüllte. Ich übte mich als Empfangschef meines Hotels, teilte Verbeugungen nach allen Seiten aus, strich andere ein und sagte das dazu Passende in den Sprachen, die ich am meisten würde anstrengen müssen. Beatrice, die am Trog die Wäsche auf dem Stein wusch, war mein teuerster Kunde, ein langjähriger Gast, der auch nicht davonlief, wenn man mal einen Fehler machte. Im Gegenteil, er gehört so sehr zum Hause, daß er sich Verbesserungen erlauben kann. So tat sie es. Grammatikalisch war an meinen Phrasen vieles auszusetzen, an meinen Rezeptionsallüren aber nichts. Die Kinder der Hufe standen herum, das war ihnen ein Mordsvergnügen. Sie meinten, ich spielte Theater mit Doña Beatriz, wenn ich diese mit geschäftstüchtigem Anstande durch das Spalier der diskret auf Abstand gehaltenen Haus-, Dach- und Wanderratten über die Freitreppe und durch den abgedunkelten Flur in unsere Kobe komplimentierte, als gälte es, der Gattin eines gefeierten Schriftstellers in der ihrer Stellung entsprechenden Würde das Zimmer zu zeigen, das man für den Herrn Verfasser reserviert habe – »aber bitte, selbstverständlich lassen wir die Tischbeine absägen, gnädige Frau, will's Maß gleich notieren, und auch die Kniebüge aussparen, die Intellektuellen haben ihre Manien – Lärm? Seien Sie da unbesorgt, ja, alles schalldicht, Doppeltüren, Korkböden, Trennwände mit eingezogenem Roßhaarfutter, und nach oben hin, wie Sie sich gnädigst überzeugen wollen, ist die Bahn frei in die Unendlichkeit, eine kleine Aufmerksamkeit für schöpferische Geister. Mit dieser Neuerung stehen wir einzig da, es spricht sich herum, und die Autoren wollen gar nicht mehr woanders absteigen, wenn sie einmal bei uns die deckenlose Umwelt über sich gehabt haben . . .«

»Und diese Karaffe hier, das ist doch eine Schweinerei!«

»Sie meinen wegen des Geziefers am Boden? das wird entfernt. Da hätte unsere Gouvernante besser aufpassen müssen, aber sie kann auch nicht überall sein . . .«

Doña Maria und Don Felipe waren glücklich, als wir ihnen unsere Zusagen brachten. Vieles wurde besprochen; am wichtigsten schien den Gründern die Gestaltung einer groß aufgezogenen Eröffnungsfeier. Es sollte ein Akt werden, würdig für die Annalen des Hauses; man bat um unsere Meinung, wir gaben Anregungen, ich entwickelte kühne Ideen, die sich des aufhorchenden Ohrs von Don Felipe erfreuten: Eine Einladung an den deutschen Philosophen Conde de Keyserling, der solle die Inaugurationsrede halten. Ob der käme? Und ob der käme! Aber das koste viel Wein.

Don Felipe machte sich Aufzeichnungen, er kalkulierte, strich, ergänzte, war selber auch nicht ohne Phantasie, fragte aber beiläufig, ob ich früher schon einmal ein Fest organisiert hätte. Daß ich Zwinglis Eisbar-Premiere mir zum Vorbild genommen hatte, konnte ich nicht verraten. Ich verschanzte mich hinter die Tatsache, daß jeder Autor jeden Augenblick alles Mögliche aus der Erde stampfen müsse, auch eine Einweihung, wenn es einer Gestalt seines Romans plötzlich einfiele, ein Hotel zu gründen – die dann durch die erstbeste liebestolle Nickel auffliegen könne.

Einladungen wurden verschickt. Anzeigen in allen Zeitungen kündeten Tag und Stunde der Inauguration an, Samstag um fünf Uhr nachmittags. Auf der Liste der Geladenen entdeckten wir auch den Namen Don Helvecios. Würde der Augen machen, wenn er mich im Festanzuge der Silberhochzeit die Rolle des grünen Michels spielen sähe, und seine Schwester hätte zum Spielen einen Schlüsselbund und einen Flügel! Schade, daß wir verkracht blieben, dachte ich, aber waren wir das überhaupt? Besondere Umstände hatten uns auseinander gebracht. Sobald Maria del Pilar Zwingli den Laufpaß gäbe, um erneut auf den Finkenstrich zu gehen, wäre alles wieder wie in Köln-Poll beim Totengräber Firnich.

Ich hatte eine Eröffnungsansprache für Don Felipe aufgesetzt, in der, meine ich, die geistige Note bescheiden hinter der weltweiten gastwirtlichen Ambition zurücktrat, ohne indes ihre Ansprüche ganz preiszugeben. Ich dachte, wer Wirt wird, kann alles werden, und fügte im Geiste den zwei Saumtieren unseres Luftgestüts noch einen Packesel hinzu. Don Felipe lobte die Rede, sah sich aber genötigt, vieles zu verbessern, anderes zusammenzustreichen, aus Eigenem zu ergänzen, und was übrig blieb, war ein Vigoleis-castratus fürs beschränkte aber einträgliche Einkehrwesen. Eine glücklichere Feder bewies ich bei der Abfassung eines Werbefaltblattes, das in seiner romantischen Palette eine so getreue Nachbildung der goldenen Insel wurde, daß nicht einmal ein Museumsdirektor das Original für eine Kopie gehalten hätte, noch Don Felipe merkte, wie sehr ich der Geographie Gewalt antat. Dabei brauchte ich meinen gelernten Hotelschweizer-Schwager nicht einmal in den Fußnoten heranziehen. Alles war eigene Verfasserkunst, einzig eingegeben vom hygienischen Pegasus unserer Zelle und dem heißen Wunsch, die reichsten Leute der Welt ins »Hotel Majorica« zu locken. Was ich zuviel belobigte, würde ich nachher als Chef de Réception und Generalimpresario schon ins Recht reden. Wenige Menschen sind ja imstande, einen Prospekt richtig zu lesen, und noch geringer ist die Zahl derer, die das Gelesene auf die Wirklichkeit übertragen können. Hotelreklame ist doch im Grunde nichts anderes als Parteipolitik. Nicht aufs Programm kommt es an, sondern darauf, daß man den Losungen gewachsen ist. Ich, Vigoleis, fühlte mich den Verheißungen von Tag zu Tag mehr überlegen; und endlich einmal eine schriftliche Leistung, die in alle Welt hinausging, ohne daß ich mir das Porto am Munde abzusparen hatte, noch auf die Gefahr hin, daß sie wie ein abgewiesenes Manuskript an den Absender zurückkäme. Sie flog in andere Papierkörbe.

Die Tage bis zur Eröffnung rissen sich um die Wette vom Kalender. Wir hatten den Neubau noch nicht gesehen. Am Tage vor dem Fest jedoch nahm Don Felipe uns mit ins Terreno, um uns den Wunderbau zu zeigen, und bei der Gelegenheit wiese er uns unser Zimmer an. Wir hatten vereinbart, erst nach dem Festrummel in aller Ruhe umzuziehen.

Ich kann mir den Rundgang durch das riesige Gebäude sparen. Es roch noch nach Handwerkern, aber Trockenwohner waren bei der Hitze natürlich nicht vonnöten. Hier und dort wurde noch ein Fensterloch aus dem Sandstein gesägt, der kleinere Vergeßlichkeiten des Architekten rasch zu korrigieren erlaubte, sonst aber war alles fix und fertig, wir konnten mit einem reinen Gewissen eröffnen. Wer sagt, jede Inauguration sei Betrug, hat kein Gefühl für Dynamik. Girlanden, Ehrenjungfrauen, hohe Hüte, ein Spruch aus unschuldigem Kindermund, eine Kette anschwirrender Minister, und die erweiterte Grundsteinlegung, der Stapellauf, kann vor sich gehen. Dann wird geredet und getrunken und schön gesungen, und nachher wird weiter gehämmert und genietet und gepliestert. In einer bescheidenen wissenschaftlichen Hilfestellung hatte ich Gelegenheit gehabt, der Eröffnung der Kölner »Pressa« (30 Millionen Defizit) hinter Adenauer und den Generaldirektoren schreitend beizuwohnen, anno 1928. Die Ereignisse lebten also noch verhältnismäßig frisch in meiner Erinnerung. Ich kann bezeugen, daß unser Hotel auf Mallorca weiter gefördert war als die Presseausstellung vierundzwanzig Stunden vor dem Öffnen der Schleusen, ohne daß mit Doña Marias Geld so geaast worden wäre wie mit den Fettmännchen der heiligen Stadt.

Wir hatten wenig Zeit, uns in unserem Zimmer, das groß und hell war, umzusehen. Beatrice wollte noch schnell ein paar Tasten auf dem Flügel anschlagen. Don Felipe war nirgends zu sehen. Erst auf dem Nachhauseweg ging uns die Latüchte auf. Beatrice sagte, stehenbleibend wie unter einem Einstrahl von oben, den man nicht im Weitergehen fangen kann, und wie erschrocken: »Du, sag mal, hast du dir unser Zimmer gut angeschaut?«

»Nur einen Blick hineingeworfen, ein rechtes Zimmer, kein finsterer Schurfbau wie bei Pilars, und von dem Loch im Turm zu schweigen. Wir haben es weit gebracht.«

»Weit? Hast du einen Kleiderschrank gesehen?«

Ich stellte mir das Zimmer wieder vor, durchmaß es Zoll für Zoll, mein Gedächtnis tastete es um und um ab, dann hatte ich es beisammen: ein Kleiderschrank stände nicht darin, wohl so eine Stellage mit Gardinchen. Der Kasten sei natürlich eingebaut, ein Druck auf den Knopf, und die Kleiderhalter schössen hervor. Laden schöben sich heraus und bei jedem Öffnen und

Schließen das feine Stäuben von Mottentod – im »Turm der Uhr« hielten die Fledermäuse den kleinen Schmetterling aus den Liebeskotzen . . .

»Spotte nur! Du wirst sehen, die geben uns keinen Schrank!«

Die, das war nicht schön gesagt. Es war auch sehr pessimistisch ausgedrückt, denn warum sollten »die« uns einen Kleiderschrank vorenthalten, in einem Unternehmen, worin schon Millionen steckten? Millionäre gehen gewiß über Leichen, aber über Kleiderschränke . .? So argumentierte ich zu Gunsten des großen Kapitals.

»Eben weil in dem Bau Millionen vermacht sind, drücken die sich um den Kasten. Lehr du mich Millionäre kennen!«

Das lag mir fern, im Gegenteil, ich wollte selber in ihre Psyche eindringen, und noch lieber in ihren Tresor. Ein Kleiderschrank als Machtmittel in der Hand eines Millionärs – Beatrice hatte auch da ihre Erfahrungen, war sie doch einmal im Hause eines solchen vergiftet worden, und komischerweise steckte ein Kleiderschrank dahinter und in demselben ein Mann, der auf seine Weise der Dame des Hauses die Gesellschaft leistete, für die Beatrice engagiert worden war. Na, da sei es am besten, der Sache nachzuforschen, von der Annahme ausgehend, daß Beatrice ohne Kleiderschrank nicht die Gouvernante spielen wolle, und ich dächte dann auch nicht mehr daran, den Herrschaften den literarisch vorexerzierten Affen auf die Empfangsmatte zu stellen. »An sich, Chérie, haben wir das nicht einmal nötig.«

»Das sagst du jetzt, aber wenn wir drinnen bei der Verhandlung sind, kneifst du, und ich muß die Suppe allein auslöffeln. Du kriegst entweder Mitleid mit den Leuten oder wirst mystisch, und da weiß ich nicht, was schlimmer ist.«

Das Mitleid, na ja, wer es mit sich selber hat, hat es leicht auch mit anderen. Indessen die Mystik, das saß, und ich konnte darum nur sagen: komm! – »Komm, sofort gehen wir ins Hotel und stellen Don Felipe zur Rede. Wenn es dir lieber ist, du kannst draußen warten. Transzendent werde ich wegen eines Kleiderschrankes nicht, nur keine Bange. Den können sich die Herrschaften getrost –«

Doch ehe ich sagen konnte, wohin mit dem Schrank, hatten wir die Calle San Nicolás schon erreicht und standen unter der Tür, und wenige Sekunden später im kleinen Privatkontor des kleinen Herrn. In diesen Sekunden hatte ich mir den inneren Ruck gegeben. Meine Wirbelsäule war steif, doch nicht federlos. Allein bestand ich den Buhurd gegen Millionen Peseten.

Beatrice hatte richtig geargwöhnt: im Zimmer befand sich kein solcher Schrank, noch als Möbel, noch unsichtbar in die Wand eingelassen. Ob wir denn keinen bekämen? Nein, vorläufig nicht, man könne sich ja wohl behelfen mit der Stellage. Holz sei kostspielig auf der Insel ...

Beatrice flammte mich an mit ihren indianischen Augen, das spornte mich unerhört. Ich kniff mitnichten, und so zogen wir siegesgewiß am verkehrten Ende. Meine Mystik war erdgebunden – iberisch, und Don Felipes Herz blieb steinern wie das eines Balladenkönigs.

Dann witterte der Kleine Unrat. Erblickte er gar in unserem Verhalten einen Erpressungsakt? Er wurde frech. Die winzige goldene Bleifeder, mit der er eine Weile auf der Glasplatte des Schreibtisches das Morsealphabet seiner Ungeduld heruntergeklopft hatte, verschwand in der Faust, mit der er auf das Büro hämmerte – caramba, das war der Teufel selbst, der mir nun den Text las. Dann erhob er sich, und da er das nicht in seiner ganzen Länge tun konnte, wirkte es ein wenig komisch, so mit vorgekrümmten Schultern und eingelegtem Kopf auf mich zuzukommen: was das Spiel bedeuten solle, anmaßende Haltung, versteckte Drohung, und am Vorabende der Inauguration?! »Wollen Sie Geld von mir? Sind Sie Gesindel (gentuza)?«

Alles deutete darauf hin, daß Vigoleis nun eine in die Fresse kriegen würde. Beatrice traf entsprechende Maßnahmen, sie kannte Don Felipes jähzornige Natur, zudem vertrat er die Millionen der Patronin, war also doppelt gefährlich. Dennoch kam es zu keiner Tätlichkeit. Der Spanier entlud seine Wut in einem gedonnerten: »me cago en Dios«, im Beisein einer Frau ausgesprochen ärger als die Verrichtung selbst. Ich hätte tot sein müssen.

Vigoleis bestand diese erste große Probe im Kampf um das Recht des Menschen auf einen staubfreien Kleiderschrank, den wir wohl ohne Übertreibung symbolisch werten können. Eine geohrfeigt bekam er nicht, und auch nicht den Kasten. In seinem Horsd'œuvre-Spanisch, ohne die dicken Knüttel göttlicher Anpöbelungen, mit denen er selber ausgemacht wurde, bedeutete er dem schönen Philipp, daß er unter den obwaltenden Umständen davon absehen müsse, seine Dienste dem Hotel zur Verfügung zu stellen, und selbst ginge Don Felipe in sich, erkenne er seinen Fehltritt, rücke er noch mit dem Möbel heraus, selbst dann sei eine Zusammenarbeit nicht mehr möglich. Das Gespräch habe eine Kluft aufgeworfen, es gähne nun ein Abgrund, der sei unüberbrückbar. Zudem wisse er sich in seinem Vorgehen eins mit seiner Beatrice.

Doña Maria, durch den Zank herbeigerufen und mit wenigen Worten aufgeklärt, erbot sich sofort, ihren eigenen Kleiderschrank in unser Zimmer schaffen zu lassen, doch kam das Angebot zu spät; zu tief hatte ich in die Kloake einer Kapitalistenseele geblickt, mir schauderte. Würde ich auch so sein, um ein paar Bretter markten, wenn ich den Traum meines Lebens verwirklicht hätte? Doña Maria blieb nichts anderes übrig, als sich ganz ihren Nerven zu überlassen, die geschickt zusammenbrachen. Der Cicisbeo fing sie auf, Personal kam, das hinter der Tür gehorcht; Riechsalz, Purgative, dem Busen boten kundige Hände Entschnürung. Wir gingen, in diesem Hause hatten wir nichts mehr zu suchen.

Oben in ihrem Kämmerchen klappte Maria Schnee die englischen Lehrbücher zu. Sie hatte Beatrice gern als Doña Beatriz, aber nicht als Profesora. War diese Profesora nun aber auch zufrieden mit ihrem Don Vigoleis? Wie der es »denen« gegeben? Keinen Zoll gewichen vom staubfreien Anspruch?

Kaum draußen im offenen Felde, nur umspielt vom Ruch der Schindbaracke, Mahnmal alles Vergänglichen, zu dem nicht nur Vieh, sondern auch Kleiderschränke gehören, tat Beatrice pudelnärrisch, umarmte und küßte Vigoleis, den ungegürteten Helden: denen hätte er's mal gegeben!

Was hattest du anders erwartet? Und was haben die Leute wohl gedacht wo wir herkämen? Gesindel, oder bedeutet »gentuza« vielleicht nicht Pöbel? Dabei haben sie sich selbst in den Schlamassel geritten, morgen wird jedenfalls nicht eröffnet. »Der Schaden geht in die Tausende, und was kostet schon so ein Schrank!« Ob immer zu Puffgesessenen geniedert, waren Vigoleis und Beatrice wieder einmal obenauf.

Maria Schnee war ein liebes Kind, aber kein Tanz-Mariechen wie Julietta, die in einem solchen Falle sofort zur Kathedrale geflitzt wäre, um der Gottesmutter das Fest abzutrotzen, des neuen Kleidchens wegen, andere Belange hatte Niëves noch nicht.

Das Hotel wurde nicht eingeweiht. Infolge unvorhergesehener Umstände technischer Art müsse die Eröffnung auf unbestimmte Zeit hinausgeschoben werden – Vigoleis legt die Lanze ein, und schon splittert das Gewäff der Feinde.

Wir haben diesen Armeleutestolz büßen müssen, bereut haben wir den Schildbürgerstreich nicht eine Sekunde. Wir sind Idealisten. Wenn durch die perfiden Fügungen des Schicksals plötzlich ein Kleiderschrank zur Gottheit erhoben wird, so dienen wir ihr bis in die Entsagung. Drei Tage Ganzfasten war die erste Nachwirkung unserer Standhaftigkeit.

Herr Emmerich gratulierte. Gerüchte seien zu ihm durchgedrungen, daß wir einen großartigen Posten erwischt hätten. Ach, es macht ja den Reiz jeden Gerüchtes aus, daß an ihm alles eben wahr wie falsch sein kann: »dran« ist immer etwas. Ob denn die Gelder aus Berlin gekommen seien und wir auf Eselwalz gingen, meinte er, als ich ihm sagte, wir hätten denen den Krempel vor die Füße geschmissen. Wie ein Lauffeuer verbreitete sich die urtümliche Lesart der Geschichte von Vigoleis jüngster Donquijoterie, und Häupter wurden geschüttelt, zu wissen: die der Gersten- und Ginsterberg, Antonios, der gräflichen Anarchisten, des Hauptmanns von Martersteig, des Räuberbullen Arsenio, der dann auch gleich wieder Durogelüste an den Tag zu legen begann. Wir galten als Helden.

Zu einem Kleiderschrank habe ich es noch nicht gebracht, da ich mich seit jener mystischen Stunde immer wieder geweigert habe, ein Reservat meines Ich preiszugeben für vier Bretter, seien es die zum Aufbewahren der Kleider oder des für immer Entkleideten.

Ich darf hier nicht verschweigen, daß Doña Maria einige Monate später um Entschuldigung für das draufgängerische Verhalten ihres Geschäftsführers Don Felipe bat und anfragte, ob Doña Beatriz gewillt sei, den Unterricht in ihrem Hause wieder aufzunehmen. Maria Schnee habe in der Zwischenzeit zwei Lehrinnen verschlissen, nun wolle sie keine andere mehr als Beatrice.

Beatrice sagte zu. Der Festanzug war eingemottet, und so orgelten wir weiter im »Turm der Uhr«.

Ein Tag wie der gestrige, und warum sollte er morgen anders sein? – ein Klostertag mit schmaler Kost, auf schmalem Raum, im schmalen Bett, das Auge auf die ewigen Ziele gerichtet, ins dämmerschwüle Gewölbe, das ausgestirnt stand mit dem Strahlenschießen der Lücken zwischen Nonne und Mönch über dem gesprenkelten Kahlschlag der irdischen Liebe.

Früher als sonst hatten wir uns auf den Schragen geschnallt und hörten dem Rauschen der Liebeswogen zu, das aus den Zellen an unser Ohr schlug, Ebbe und Flut menschlicher Leidenschaft, die uns vertraut gewordene Brandung.

Da meinte ich, musikalisch ungeschult, doch einen mir atonal vorkommenden Wellenschlag aus dem Konzert heraus zu hören: nicht zwei Koben weiter, höchstens drei, da muß sie wieder liegen mit ihrer schimmernd weißen Rubensfülle, das männernde Kathrinchen, und schenkt sich stöhnend einem dunkelhäutigen Bullen – ein Glück, daß die Nerven des ehelichen Syndikus immer noch in ihren Trümmern liegen! Da kann man sich mal wieder nach Strich und Faden und wider den Strich und Zwirn austoben. Kein müder Friedrich winkt ab, weil er am anderen Tage Tagung hat, und hat er sie gehabt, dann ist er noch aufgebrauchter, und es gibt wieder nichts. Da hast du es im »Turm der Uhr« natürlich prima angetroffen, da wird nicht getagt, sondern genachtet, das geht immer feste druff und ran wie ein Preishengst. Sie riechen wohl etwas säuerlich und nach Stall, diese potenten Kerle, aber die Babyseife deines Friedrich Wilhelm hängt dir ja schon lange zum Halse heraus. Du mußt freilich aufpassen, daß sie dir nichts anhängen, die Essener feine Hüttenwelt sieht sofort, daß du den Balg nicht von deinem, sondern einem spanischen Obersteiger bekommen hast.

Indem ich so mit meinen Gedanken in die Zelle der weißen Brunst hinüberglitt und gerade dem blonden Kind vom Rhein anraten wollte, sich wegen eines Fleckenwassers an die Scheunenmutter zu wenden, da klopfte es an die Wand. Adeleide richtete Beatrice aus: unten in der Taberne warteten zwei Herren, die sie dringend zu sprechen wünschten. – »Um diese Zeit?« Ob sie von Sinnen seien? Nein, einer sei ein Mitsoldat ihres Sohnes, in Uniform, der andere, in Zivil, sehe besser aus, den kenne sie nicht.

Was die wohl wollen von mir, meinte Beatrice beim Überziehen des Albornoz, und da ich einwarf, das sei deutlich, sagte sie, erstens solle ich mich was schämen und zweitens kämen sie dann nicht zu zweit und drittens sei einer der Kamerad ihres Schülers.

Selbander – zu Köln hatte ich einen solchen Ort am Arme meiner Mutter betreten, und was das Schämen angeht, hier in dem verdammten Lottergehöft war ja nicht mal eine Ecke frei, solchen moralischen Bedürfnissen Genüge zu tun. Aber Beatrice hörte diese Entgegnung schon nicht mehr, sie ging durch den langen Flur, an dessen Ende sie im Schein des ewigen Mai-Altars die Tür für Eingeweihte fand, die direkt in die Fonda geleitete. Nachts kriegte man sie nicht allein über den Rattenhof.

Aus der Zelle, wo sich die Walküre von einem iberischen Schiffer oder Almocreben salben ließ, ertönte abermal die uns schon bekannte Stimme: »Aber Kinder, seid ihr euch schon wieder am Zanken, ihr tut wohl nichts anders?! Dafür braucht ihr doch nicht in den ›Turm‹ zu kommen, das macht ihr besser zu Haus.«

Ehe ich meine Antwort über die Wand rufen konnte, kam schon der Schrei mir zuvor. Das jus primae noctis und aller anderen Nächte ist in Spanien eine mehrstellige Zahl. Der Wonnepfropfen verhinderte das Überschäumen der Lust bei unserer menapischen Katharina, die ich schon die unsere nenne, lange bevor wir ihre senkrechte Bekanntschaft machen können an der Seite ihres zerrütteten Gemahls. Diesem gegenüber lassen wir uns, unnötig es zu sagen, nicht das geringste merken. Wir zwinkern uns mal an, und das bedeutet im Jargon des »Turms der Uhr« ungefähr: na, was sich da wölbt unter der handgestickten Bluse aus der Casa Bonet zu 100 Pts., haben wir schon im Zustande göttlicher Urfrühe und paradiesischer Unberührtheit gesehen, betaut erglänzend, wenn wir uns den nimmersatten Watz und seine wüsten Hände wegdenken wollen, was wir schon müssen, soll nicht dem Wort Unberührtheit der Makel der zweiten Hand anhaften.

Im folgenden Kapitel sind wir hoffentlich soweit, daß wir Kathrinchen zu sehen kriegen, ohne auf einen Stuhl zu klettern. Sie ist dann kein schleckiges Wildbret, sondern eine gnädige Frau. Aber Beatrice kam und kam nicht.

*

Ich hatte die Pilarière für mich allein.

Auf dem Rücken liegend, schaute ich durch die Gitterdecke in den Scheunenhimmel hinauf. In der Zelle nebenan tobte sich ein Matrose aus, der eine lange, hafenlose Fahrt hinter sich zu haben schien. Die Trennwand zitterte, die Schnüre und alles, was daran hing, kamen in eine deinende Bewegung. Meine Manuskripte raschelten leise, die Stiefel schwankten an den Senkeln hin und her, und je mehr der Schiffer in einer mir fremden Sprache rühlte und sich für seine ersparten Peseten schadlos hielt für manche weiberlose Nacht und auch schon vorzulieben schien, um so gespensterhafter wogte die Barockdecke über mir. Mondlicht geisterte durch die durchbrochene Kuppel und mischte sich mit dem Kerzenschein des Herrgottswinkels zu einer melancholischen Dämmerfrühe, die wasig irrlichterte im schwingenden Filter.

In solchen Stunden habe ich Gedichte gemacht, die besten und schönsten meines Lebens, die nur insofern dem Ort ihrer Entstehung Gerechtigkeit widerfahren ließen, als ich in ihnen nakkender war als drei Boxen weiter das himmlische Kind vom Rhein. In diesen Strophen hub etwas an, etwas klang auf, das dem Leben fast einen Sinn hätte andichten können.

Mit fester Hand übergab ich auch das dem Feuer, als die Stunde mir dazu gekommen schien.

Während Vigoleis, von der Wollust des fremden Fleisches umtobt und alles Irdischen entkleidet, seines Menschseins Sternstunde erlebte, hatten unten in der Taberne die Parzen neue Fäden gesponnen. Das heißt, gesponnen war das vom Anbeginn der Tage, es gölte einzig noch, Kette und Einschlag ins Gestühl zu bringen, und dann konnte das Schiffchen sausen.

Gekommen waren zu dieser für uns immer noch: schon nächtlichen Stunde: Pedro, ein Maler, und Fernando, sein Freund und Schwager.

Pedro trug die Uniform des spanischen Heeres. Er war Gemeiner, mit nicht erkaufter Dienstzeit, der seiner militärischen Pflicht verdrossen und spottend oblag: ein junger, geistiger Mensch und noch nicht am Fluch der Zivilisation zum Schelm geworden. Auch er war kahl geschoren, »raso« wie sein unterster Rang, denn der seelischen Erniedrigung wird ja das nach außen gekehrte Kainszeichen gleich beigegeben. Wer zum Schießen auf seinen Mitmenschen abgerichtet wird, warum soll der bewachsenen Hauptes gehen oder sich Läusen aussetzen? Arme Tröpfe, meinte Beatrice, die noch nie einen deutschen Kasernenhofsträfling gesehen hatte. Arsenio habe geschmuggelte Zigaretten spendiert und einen Tropfen aus der Cave geholt, wie ihn sonst nur die Herren mit Rolls-Royce und U-Booten bekamen. Don Fernando sähe tatsächlich gut aus – kein Wunder neben zwei Schubiaken von Prügelwämsern.

Die Geschichte: Pablo, Beatricens pädagogischer Schlafbursche, hatte in der Kaserne große Töne gespuckt von seiner Hauslehrerin, die ihm das Englische beibringe, mit dem er seinen Mund allerdings weniger voll nehmen konnte. Nun wußte jeder, daß der »Turm der Uhr« ein billiger Stundenturm war, und da sagten sich die Kameraden: nun sei da eine, die sich noch eine Pesete hinzuverdiene mit einer anderen natürlichen Gabe, wo sie schon Engländerin ist – aber ist sie es wirklich? Es wird eine Prostituierte sein, die dem Pablo vorschwätzt, was er nicht nachschwätzen kann, nach Monaten noch nicht, das ist bedenklich; doch sucht niemand die Schuld im kahlen Kopf. Ein

Waffenbruder, Pedro, auch kahl, aber helle, war schon seit langem auf der Suche nach einer Lehrerin, die gut und billig sein mußte, zwei Eigenschaften, welche die Natur selten vereinigt – das heißt, wir Menschen kriegen ihren Bafel ja auch nicht gerade nachgeschmissen. Im Turm da draußen gerieten ihre Grundsätze zwar ein wenig aus den Nähten, doch ob Pablos Profesora gut war? Billig würde sie schon sein, und das brauchte Pedro auch, denn er war sehr arm, weil er weiter nichts war als der Sohn eines noch ärmeren Vaters aus hocharistokratischem Hause, aufgeflogener Inseladel, mit historisch markanter Ahnenreihe. Im Prado hängen ihrer einige mit gefälteltem Mühlsteinkragen, die Hand am Degen oder auf der Brust. Pedros Bruder, Jacobo, scheine ein bereits berühmt gewordener Maler zu sein, verheiratet mit einer reichen Amerikanerin. In Génova hätten sie ein Haus, C'an Boticari, dort verkehre die kunstliebende ausländische Kolonie, und man spreche nur englisch, weshalb Pedro Englisch lernen wolle. Pablo hatte von seiner Lehrerin geschwärmt, aber wohl kaum gesagt, daß und wie er mit ihr schliefe, nämlich an einem Marmortisch der Taberne, beim mitleidigen Schein einer durch Fliegendreck stark abgeblendeten Lampe. Don Fernando spreche Englisch fließend, weit gereister Mann, ich müsse ihn kennen, er sei der angegraute dürre Herr von der Post, den wir immer Engländerinnen hätten trösten hören über verlorengegangene Korrespondenz; Sekretär, der höchste Mann nach dem Direktor, den es nicht gab. Seine Frau, Pazzis, sei Bildhauerin, eine von Pedros Schwestern, der deren viele haben müsse, und noch mehr Brüder; das sei überhaupt ein blühendes Haus . . .

In zwei Stunden kann man viel erzählen. Beatrice mußte mir alles haarklein berichten. Ich lauschte wie ein Kind, das am Munde der Märchenerzählerin hängt, während der Regen gegen die Scheiben prasselt. Das Prasseln besorgten die Männer in den Boxen, doch darum war es nicht weniger wunderbar und einlullend. Zwischendurch kreischte Kathrinchen einen rheinischen Lustschrei nach Wegzehrung in das spanische Trommelfeuer, und Beatrice erzählte, erzählte . . .

Don Fernando und Pazzis, die Lebenslust selbst, sind unsere Freunde geworden. Künstlerisch hochbegabt, morbide, das Gesicht voller Sommersprossen, so habe ich Pazzis in der Erinnerung. Es schnürte mir immer etwas die Kehle zu, wenn ich in ihrer Nähe war. Oft hatte ich auch nur einen Knödel im Mund, der mich am Sprechen hinderte, und dann sagte Beatrice, ich sei verliebt; aber verliebt, das kannte ich, da sind Kehle und Mund eins. Es war etwas anderes. Pazzis hat sich später das Leben genommen, und da erst wußte ich, daß ich in ihr den eigenen Widergänger gewittert hatte.

Don Fernando hatte eine hohe Stimme, sehr unspanische Umgangsformen in seiner betonten Fremdtümelei, graumeliertes Haar, das Beatrice eine Sekunde lang aus der Fassung gebracht haben wird, des weiteren einen sarkastischen Zeichenstift, der alle gesellschaftlichen Ereignisse der Insel verewigte, und, als wunderbarste Ergänzung seiner verqueren Persönlichkeit, einen kleinen Fiat, an dem alles lose war, was fest sein sollte, aber festsaß, was sich hätte drehen müssen. So mußte der Wagen geschoben werden. Je mehr Don Fernando ihn trat und lästerte, je steifer stand er. Doch als Postbeamter war Fernando von einer internationalen Findigkeit. Er hatte sich die Tramschaffner der Génova-Linie erkauft und hing sich täglich nach Schalterschluß an den Anhängewagen. Oben an der Endstation erwartete ihn sein rasseloser Hund Perna, so benannt nach dem Bein, das er überall hob, auch am Bein seines Herrn. Kinder mußten den Fiat bis an das Künstlerheim schieben. Don Fernando ließ sich fahren wie ein Satrap. Am anderen Morgen setzten die Burschen die Kiste einfach auf die schiefe Ebene, und Fernando fuhr durch Staubwolken geräuschlos an seine Pflicht. Im Terreno mußten wieder fremde Kräfte vorgespannt werden, um eine tote Strecke zu überbrücken. Auch dort hatte der Herr seine Regalien. Jahrelang hat Fernando sich auf diese Weise fortbewegt, bis es Pazzis gelang, dem schlechten Rechner vorzurechnen, daß er an Bestechungs-, Schiebegeldern und laufenden Reparaturen, dem einzigen, was an dem Vehikel immer lief, mehr ausgebe, als was ihn ein Taxi koste. Taten sich nämlich fünf Fahrgäste zusammen, dann kostete ein Taxi nach Génova soviel wie die Straßenbahn. Da gab er den Wagen auf und versank in Schwermut und, wie es hieß, selbst Pflichtversäumnis, falls ein spanischer Beamter überhaupt noch seine Pflicht versäumen kann. Als er sich im »Turm der Uhr« die gebildete Hetäre mal anschauen wollte, stand Don Fernando noch auf der Höhe seines Kraftwagens und somit auch seiner Kraft. Denn daß die Lehrerin keinen Brocken Englisch verstünde, davon war er überzeugt, doch das andere, das Turmgewerbe, wie sie das betriebe, das habe er einer Prüfung unterziehen wollen. Er gestand es später, was übrigens nicht nötig gewesen wäre.

So sehr war Don Fernando Weltbeamter und Postmann, daß

ihn der Schlag nicht rührte, als er in Pablos Profesora die Schwägerin jener Nutte erkannte, deren Etage gegenüber er sein Arbeitszimmer innehatte. Der gemeinsame Bekannte war da, und so habe sich das Gespräch gleich flott und mondän angelassen, teils englisch, dann französisch, und wieder spanisch. Die Biographie der Zwinglischen Mätresse war ihm bekannt, Zwingli kannte er auch, aber nur als Don Helvecio; einen Schweizer habe er hinter diesem nie vermutet – »und du, hier der Turm, der muß verrufener sein als wir ahnen, da werden auch Leute umgebracht!«

»Leute umgebracht? Ist dir das neu? Aber ja, du kletterst nie auf den Stuhl, sonst sähest du die Leichen reihenweise herumliegen. Was kommen deine zwei da mit aufgewärmtem Quatsch!«

»Nein, Vigo, du verstehst mich falsch, richtige Morde! Die haben sich natürlich nicht deutlich ausdrücken können, Arsenio strich immer um den Tisch, er traute dem Besuch nicht. Und der Chinese, der in der Küche aushilft, ist übrigens kein Schiffskuli, wie Adeleide sagt, sondern ein wichtiger Typ im Opiumschmuggel, von der internationalen Polizei gesucht!«

»Dann findet man ihn so leicht nicht. Die ›Torre‹ ist das beste Alibi für ehrbare Leute. Wer zum Beispiel würde uns hier vermuten? Aber das mit den richtigen Morden, wäre das nicht ein packender Stoff für einen Schundroman? Der Titel, sonst das schwierigste an einem Buch, läge vor der Hand: ›Der Leichenmord im Turm der Uhr‹, was sagst du dazu?«

»Leichenmord?«

»Natürlich, ich meine die Mordsleichen, die erst von den frommen Kobelmädchen mit Hilfe des sechsten Gebotes vorgeschlachtet werden. Dann kommt ein verwegener Pascher mit Halbmaske und Sadismus und macht sie ganz fertig. Das Beiseiteschaffen der Überreste, das vielen Kriminalschriftstellern schlaflose Nächte bereitet, lasse ich von den Ratten besorgen. Brehm berichtet einen Fall, wo solche Viecher dem jungen Hagenbeck drei Elefanten bei lebendigem Leibe aufgefressen haben. Wenn sie alle mitmachen, geht das mit so einem entseelten Bullen in einer Nacht, dann ist der ausgebeint, und die Knochen drehe ich zur Not noch selber durch Adeleides Schrotmühle, in einem Kapitel, wo der Verfasser sich genötigt sieht, in die Handlung einzugreifen, um nicht durch eine dumme Entdeckung der Mörder dem Roman ein frühes Ende zu bereiten. Die geile Trine von hierneben . . .«

»Pst, wenn die uns hört!«

»Die ist inzwischen auch fertig geworden, ich habe mich überzeugt, sie liegt da wie Leuchtholz in schwüler Sommernacht. Also was denkst du, das brächte doch Geld ein, so eine Räuberpistole?«

»Ich halte alles von der Idee, aber nichts von ihrer Ausführung, das heißt, die Ratten werden auch dieses Manuskript vertilgen, ehe das erste Opfer gefallen ist. Doch du mußt selbst wissen, welche Bestimmung du deinen Arbeiten vorbehältst.«

»Beatrice, Chérie, ich schwöre dir einen gestabten Eid, dieses Mal . . .«

»Schwöre nichts, wir haben uns doch geschworen, uns gegenseitig nie was zu schwören. Hast du schon geschlafen?«

»Gelesen.«

»Nietzsche?«

»Tiefer! Im Buch der Natur. Ganz wunderbar, wenn alle Zellen am Schöpfungsakt mitwirken, wie da eines ins andere greift, man könnte fast gläubig werden. Inspiriert hat es mich jedenfalls mächtig: zwei Gedichte! Ein Wiegenlied voll Süße und ein Sterbelied voll spröder Hiaten, im Kopfe fertig, ich hätte nur den Bleistift herzulangen brauchen, aber das tue ich nie, wie du weißt. Der Seismometer meldete neue Beben, sogar dein Unkulunkulu hat gewackelt, was er meist nur bei voller Besetzung tut. Auf Brücken kann das gefährlich werden, weshalb da nie Tritt gefaßt wird, aber hier – ju, und die Blonde hat sogar nach ihrer Mutter geschrien, da kannst du dir vorstellen, wie der zumute ist. Jetzt herrscht Ruhe, kleinere Nachstöße sind indessen immer noch zu erwarten. Aber die zwei da unten, erzähl mir mehr.«

»Morgen. Der Maler scheint mir stark überhölzelt zu sein. Er sieht übrigens aus wie der Exkönig von Spanien, ihm glatt aus dem Gesicht geschnitten.«

»Und der andere, Don Fernando?«

»Wieso der?«

Ach so, dachte ich, denn statt »wieso« hätte Beatrice schon sagen können: »Der? na, elegant, übergeschnappt, rohseidener Anzug, stahlblaue Augen, baskisches Blut und die Hände eines Vampirs.«

Wir hatten uns indem wieder auf unserer keuschen Gautsche nach der Decke gestreckt und überließen alles Weitere der Nacht. Der Mond war davongegangen, die Kerzen in den Zellen und auf der Docke Unserer Lieben Frau waren auch erloschen, und da der Bebenmelder seine Wahrnehmungen in die bare Luft schrieb, ist nichts mehr auf die Nachwelt gekommen von dem, was sich bei der Nachlese noch zugetragen haben mag. Wollte ich auch nur ein einziges Wort, einen einzigen Stoßseufzer aus dem Busen meines Kathrinchens vermelden, dann müßte ich auf frühere Sprüche und Stöhnstellen zurückgreifen, und das Angeführte wäre dann zwar wahr, aber nicht historisch. Katharina ist aber historisch. Im Essener Standesamt hat sie Spuren hinterlassen, und auf der Sponde im »Turm der Uhr« Eindrücke, die mir unvergeßlich sind. Soll ich da ihre Glaubwürdigkeit in meinen Aufzeichnungen gefährden, einzig weil es ihre Gestalt runden würde, wenn ich sie noch eben hörbar röcheln ließe: »Junge, Junge, nun hab ich's aber gekriegt, nun bin ich für drei Tage kaputt.« (Zwischen keusche Klammern: am anderen Tage war sie es immer noch nicht.)

Nicht einmal von den Ratten wissen wir, ob sie auf ihre Kosten gekommen sind in jener Nacht, in der Don Pedro José Maria de Lourdes Juan Celerino Roman Miguel Bruno Ramón León Ignacio Luis Sureda de Montaner Bimet de Maturana y Vega Verdugo de Rousset y Lopez da Sousa y Villalonga de Alba Real del Tajo seinen kahlköpfigen Einzug hielt in die Erinnerungen des Vigoleis.

*

Als Beatrice Pedro ihren Armenpreis einräumte, kannte sie nur drei Zentimeter seines Namens, sonst wäre sie gewiß noch um einige Peseten heruntergegangen. Denn je länger die Namen der spanischen Granden sind – einige laufen über eine ganze Buchseite, und der Pedros ist hier nur zu seinem kleinsten, aber geschichtswürdigsten Teile aufgezogen –, je ärmer pflegen ihre Träger zu sein. An Ahnenschwund leiden sie selten. Pedro, königlich, ließ es auf seiner Visitenkarte übrigens beim Sureda sein Bewenden haben.

Die Stunden wurden in Pedros elterlichem Hause abgehalten. Dort lernte Beatrice nach und nach das vielköpfige Geschlecht kennen – nein so was Verrücktes, meinte sie, das würde man nie zusammenfabulieren können. Ich mußte meine novellistische Neugier immer wieder zügeln. Es dauerte Wochen, bevor ich Pedro und seinen Clan kennenlernte, dessen quijotesker Ausbund er war. Ich bin versucht zu schreiben: »quijoteskester«, im Hinblick auf die anderen Mitglieder des Hauses, aber diese Steigerungsform ist sprachlich nicht schön und schüfe obendrein Wertungen, die ich vermeiden will. Warum Pedro verrückter als sein Vater zum Beispiel? Bleibe ich bei der Grundstufe, die mir zudem genügend Spielraum läßt, der neuen Gestalt in ihrer gesteigerten Abweichung als Künstler und Mensch gerecht zu werden.

*

Wiederholt hatten wir schon von der Einladung der Gerstenberg Gebrauch gemacht und auf ihrem Zimmer in der »Pensión del Conde« eine Kleinigkeit gegessen, die bewußte Kleinigkeit gutsituierter Menschen, die unsere Hauptmahlzeit weit an Nährwert übertraf.

Wir mußten uns revanchieren, und es kam der große Tag, wo Beatrice ihren »jour« hielt im »Turm der Uhr«. Adele Gerstenberg war gerührt, – »aber Kinder, das ist doch nicht nötig, und macht um des lieben Himmels willen kein Gedöber mit mir alten Frau.« Wie wir da draußen wohl wohnten? Sie sei neugierig geworden, seit Friedel ihr erzählt habe, das Landgut sei hoch romantisch, und Vigoleis selbst habe ja auch schon manches in Andeutungen vorweggenommen. Ja, fast wäre sie mal hinausgewandert, um uns zu überraschen, aber der gute Sohn habe es hintertrieben – »warum eigentlich, mein Sohn?«

Der Sohn blieb die Antwort schuldig. Nun war die Einladung in aller Form ergangen, der Rest wären die Schuppen, die von den Augen fallen.

Wir hatten für den Empfang einen Tag gewählt, wo nicht allzuviel Matratzenkundschaft zu gewärtigen war. Es gab Tage, an denen überhaupt niemand von den Zellen Gebrauch machte und wir mit Ratte und Fledermaus das Himmelreich für uns allein hatten.

Alles war auf das schönste hergerichtet, der Stuhl von der Wand geschraubt, die natürliche Unordnung verwandelt in eine unnatürliche Ordnung – Beatrice zeichnete für die Regie. Sie hatte ihre eigenen Auffassungen und auch Erfahrungen bezüglich des Jour fixe. Ich hatte keine. In meinem elterlichen Hause hatte es das nicht gegeben. Da war jeder Tag ein fixer Tag und damit basta. Wohl hatte meine Mutter in den ersten Monaten ihrer Ehe versucht, etwas in diesem Sinne ins Leben zu rufen mit Hilfe ihrer reichen Bauernverwandtschaft, die dann reihum mit den von schweren Ackergäulen gezogenen Chaisen vorgefahren wäre, steif in Seide, Pelzwerk und Samt, eine steinreiche hermaphroditische Cousine darunter, Tante Malchen, deren Ehe tragisch wurde – ein Buch für sich: da drückte mein Vater der Tradition in der Stunde der Geburt den Kopf ein: Scheidung, wenn dieser Unfug einrisse! Für ein kleinstädtisches Ehepaar, das noch mit dem Esel den Hochzeitsritt auf den Drachenfels machen mußte, war das eine beachtliche Meuterei. Mein Vater liebte eben kein »Gedöns« und brachte mich somit um Jour-Erfahrungen. Ich war auf meine Phantasie und gewisse Lesefrüchte angewiesen. Und so fragte ich mich, wie Madame de Staël oder die Bettina wohl empfangen hätten, verschlagen wie wir auf die durchhurte Burg des Räubers Arsenio. Beatrice indessen ließ sich nicht beirren und entwickelte ihren persönlichen Stil. Nicht einmal die Schlösser der Fürsten und Schlotbarone, auf denen sie manchem Jour mit verfänglichen Plaudereien, köstlichem Gebäck und Gift im Tee beigewohnt, dienten ihr als Vorbild.

Unser Koben wirkte weniger schweinemäßig, nachdem ihre ästhetische Hand den Kram an den Seilen in eine freundliche Ordnung gerückt, so wie jemand auf einem Vertiko die Nippsachen gefällig um den silbernen Schwan mit Pfauenfedern gruppiert, wenn Besuch erwartet wird. Das Bidet war mit einem indianischen Schal verhangen: und gerade das nackte hatte ich der schreibenden Gerstenberg zeigen wollen, seit wir einmal ins Gespräch gekommen waren, wie ein Mensch, der stundenlang ununterbrochen von Hand und von außen nach innen schreibt, am besten den gefürchteten Schreibkrampf ohne Psychoanalyse überwindet.

Wir holten den Gast in der Pension ab und wandelten gemächlich dem fixen Tag entgegen. Ich trug ihr Klappstühlchen, von dem sie unterwegs häufig Gebrauch machen mußte. Sie vertrug die Hitze nicht, sie fühlte sich darin wie in einen Harnisch eingeschlossen, der ihre Bewegungen beeinträchtigte. Der Tag war ungewöhnlich drückend. Die Landstraße staubte nebelhaft, und das Schlachthaus machte wieder Propaganda für eine vegetarische Lebensweise. Adele, leicht empfänglich für Ekel und Beatrice darin fast noch übertreffend, schüttelte sich. Ich sagte, sie habe es schlecht getroffen, es röche natürlich nicht immer so; nun bliese der Wind von einer gewissen Bergkette herüber und da nähme er manches mit in seinem Fluge. Sie kenne ja das Vorfrühlingsgedicht ihres Freundes Hugo von Hofmannsthal, wo der Wind durch kahle Alleen laufe und in dessen Wehen seltsame Dinge seien. Auch bei Mörike fände sich eine ähnliche Strophe, wohlbekannte Düfte streiften da ahnungsvoll das Land – wie hier. »Die große Lyrik, gnädige Frau, umfaßt den Erdball. Ganz gleich, welcher Dichter den Blasebalg tritt, was er in seinem Atem mit sich führt, greift jeder aufgeschlossenen Kreatur ans Herz.«

Beide Damen hätten sich lieber an die Nase gegriffen, aber das tut man unter feinen Leuten nicht. Doch ehe auch die Tragödin den grünen Belag auf die Wange kriegen konnte, standen wir schon vor der Hufe. Da sind wir! brauchte ich nicht zu sagen, die Gerstenberg tat einen Ruf: »O ihr liebsten Menschen! Nein, Vigoleis hat nicht zuviel gesagt, das *ist* romantisch. Ich muß mich setzen!«

Ich schob ihr den Klappsitz unter, und nun saß sie da wie ein Feldherr auf dem Hügel, um den herum ein Kommen und Gehen ist, Ordonnanzen sprengen an, Hufschlag und ein Stoß ins Horn, der Stab steht hinter dem Feldstuhl, bereit, jede Auskunft zu erteilen – »ja, da rechter Hand, Sie sehen das brache Feld um den tausendjährigen Johannisbrotbaum, dort können Sie in mondhellen Nächten die Einschläge aufstauben sehen: unseres Hospes treffsichere Schleuderer schießen die Kokainkugeln in den Acker, dressierte Hunde apportieren die Konterbande. Alles habe ich rekonstruieren können. Heute wissen wir sogar schon mit Sicherheit die Nacht anzugeben, wo der Korvettenkapitän ein mit Rauschgift geladenes Torpedo an die Küste schießt und Dutzende Frauen über Grate und Schlünde klettern, um – bitte? ach Sie meinen die schwarzen Vögel, das sind Kolkraben, von denen auf der Insel noch ein paar Kolonien nisten; sie sterben aus, wenn es nicht bald wieder Krieg gibt. Ob sie zur Hufe gehören? Nein, so weit hat es der Räuber noch nicht gebracht, daß ihm auch die Vögel des Himmels in biblischer Weise dienen. Er kommt mit seinen Leuten und dem Gold von Juan March viel weiter. Die Raben aasen immer um die Schindgrube des Mataderos, ich habe auch schon Geier beobachtet, siehst du gerade welche, Beatrice? Die sollen gefährlich sein, weil sie außer Zicken und Lämmern auch Säuglinge in ihre Horste tragen. Arsenio knallt sie ab, wo er kann, sie pfuschen ihm ins Handwerk, ich glaube der Hunde wegen, die dann nicht mehr vorstehen wollen; irgend so was muß es sein, ich bin kein Jäger. Und sehen Sie den bewachsenen Vorsprung oben am Turm, eine Pechnase vermutlich; da drin hockt einer, wenn das Schwingen einsetzt, und zählt die Einschläge, wie sie anplätzern.«

Die Gerstenberg war hingerissen. »Aber Vigoleis, warum schreiben Sie kein Buch über die ›Torre‹, Sie müssen es schreiben, Sie müssen! Einfach so, wie Sie's halt erzählen!«

Ich wechselte einen Blick mit Beatrice, in dem sich wie auf Stoß und Hieb der Leichenmord im Turm der Uhr abspielte. »Und dabei, gnädigste Gerstenberg, haben Sie nur einen Eindruck bekommen vom äußeren Betrieb. Was im Hause selbst vor sich geht, ist auch der Beschreibung wert, obwohl es weniger originell ist.«

»Wunderbar, wie hier jeder Stein zum Schreiben drängt! Welch ein Glücksgefühl muß einen Schriftsteller anwandeln, wenn er sich vom Schicksal grade an solchen Ort verschlagen sieht. Nun begreife ich vieles, Vigo, und fast möchte ich sagen, Sie beide müßten Ihrem Lose dankbar sein. Wollen wir gehen? Ich bin so erleichtert, euretwegen.«

Im Mauerring des Räuberranchos herrschte die altgewohnte Geschäftigkeit, wie sie ein kinderreiches Haus mit großem Ingesinde auch an einem backheißen Spätnachmittag noch kennzeichnet. Die Ältermutter hockte auf ihrer Krücke und briet einen Fisch am Spieß über einer Glut aus Rebenholz. Aus einer Kalabasse träufelte sie roten Wein über den Brätling, eine Kunst, da der zwar in Speckstreifen gewickelte Fisch leicht auseinanderfällt. Sie hieß uns willkommen und deutete mit Zeichen und in die langen Barthaare hinein gemurmelten Worten an, daß sie uns alle einlüde zum Mahl. Arsenio überquerte den Hof, von der Meute seiner Rauschgifthunde umblafft. Er trug sein blaues Wams mit roter Schärpe und entsprach auch sonst bis ins kleinste, bis in die Verschnürung seiner Bastspargatten dem Bilde, welches ich der Tragödin von dem Inselfürsten gemacht hatte. Er brauchte nur noch in die Hände zu klatschen – und da prallten auch schon die Pranken aufeinander: »heda, Wein und was immer Ihr wollt«, ein Mädchen schnellte herzu, Frau Adeleide zeigte sich für einen Augenblick zwischen den Fliegenketten der Tür. Ich winkte ab, dankend, Doña Beatriz habe heute ihren Jour, und die Dame sei eine große Freundin aus dem Lande der Walzer, die Herr Arsenio so liebe. Sofort schwang der Riese das Bein im Takt der Donauwellen, er trällerte die Weise, die Beatrice Nacht für Nacht zur Verzweiflung bringen konnte, wenn sie unten aus dem rotlackierten Trichter des Walzengrammophons erklang. »Zu goldig« fand es die Gerstenberg, die sonst keinen Lärm vertrug, – »Beatrice, Vigoleis, wie habe ich euch auch nur eine Nacht lang bedauern können! Aber euer Auszug damals, ohne Geld und hinter den Packeseln . . .«

»Das kommt daher, Frau Adele Gerstenberg hat vergessen, daß in Spanien keine Fiaker vor die Rampe fahren, wenn das Theater aus ist.«

Beatrice hatte sich verkrümelt, sie müsse noch eine Kleinigkeit richten, ganz ohne Personal zu sein – natürlich, natürlich, Frauen verstehen sich da ohne Worte, und doch: besser keines als eine spanische Unglücksmagd –

– und über ein kleines war es Beatrice, die in die Hände klatschte, fast unhörbar vornehm, aber der Schall mußte ja noch den Weg um die Ecke zurücklegen, die uns vom Jour trennte, und da stand sie denn da, die Herrin, oben auf der Freitreppe, wie geschaffen zum großen Empfang. Wer? Beatrice? Beide, die Treppe und die, die ihrem Gast nun zwei Stufen entgegenkam – »und noch einmal, von Herzen willkommen bei Vigos.«

Ich bot der Tragödin meinen Arm und fühlte mich der Aufgabe nicht weniger gewachsen als die weltgewandte Beatrice. Es war das erste Mal in meinem Leben, daß ich empfing, und noch im eigenen Heim, und da wird wohl das seltene Glücksgefühl mich durchrieselt haben, das einen Storch überkommt, der sein Karrenrad gefunden hat und es nie wieder aufgibt. Weltschmerz, wo ist dein Stachel? So stark wird der Augenblick gewesen sein: kein Zerrbild der Vergangenheit, noch auch ein Wunschtraum der Zukunft, einzig heitere und ein wenig zu heiße Gegenwart am Arm der Heldendarstellerin.

Der Riese hatte die gaffende Kinderschar verscheuchen wollen, aber zum Glück waren die Sprößlinge ungehorsam und standen ganz im Banne unseres Tages. Sie ließen sich das Schauspiel nicht nehmen. Um besser sehen zu können, bildeten sie eine Ehrengasse, durch die wir schreiten mußten. Blumen und Schilf streuten sie nicht auf den Pfad, dafür aber taten sie mehr, die rotznasigen Geschöpfe, von denen einige in Hemdchen steckten, die nicht einmal bis an den Nabel reichten. Das sah aber nur, wer genau hinsah, denn das Linnen hatte Deckfärbung angenommen; die Gerstenberg meinte, sie seien überhaupt nackt. Sie taten dies: sie schirmten die Dungstätte ab und wehrten den Ratten, die Tag für Tag, auch untertags, ihren Jour hielten auf der Planke mit Müll und Ekligem. Von der Pest befallen, hatten sie ihre Menschenscheu immer mehr verloren. Und fingerzahme Ratten sind der Tod!

»Welch eine bezaubernd natürliche Anmut spanische Kinder entwickeln können«, sagt der Gast, »bei uns muß das alles einstudiert werden und behält immer was Steifigs – hier: bühnenreife Wirklichkeit!«

»Weshalb, wenn Sie erlauben, es nie zur Bühnenreife kommt. Sie haben sich in Madrid überzeugen können von dem, was ich nur von Martersteig weiß, nein, nicht dem Hauptmann, vom Hofrat: die spanischen Bühnen sind hundsmiserabel, Schmiere, oder, wenn Sie wollen, Theater.«

Wir standen oben und ließen dem Gast den Vortritt, wo ich eigentlich den Wegbereiter ins dämmernde Schiff hätte machen sollen. Zu sagen jetzt: durch diese hohle Gasse muß er kommen – wäre banal gewesen. Wir wußten, daß die Schauspielerin Zitate nicht liebte. Zudem fiel mir etwas Höheres aus der Spruchweisheit der Bühne nicht ein, und am allerwenigsten Dantes Wort, das vielleicht einzig am Platz gewesen wäre, von der Hoffnung, die gut tut fahren zu lassen der, welcher eintritt, und noch italienisch mit der unerbittlichen Vokalisierung: lasciate ogni speranza, voi ch'entrate ... Das hätte allerdings nur Gültigkeit gehabt über dem Pförtlein von Zelle eins. In den anderen schwoll die Hoffnung erst eigentlich beim Betreten. Es ist natürlich schön, wenn man für jede Gelegenheit im Leben einen weisen Dichterspruch, ein göttliches Wort oder selbst einen gutgemünzten Fluch auf den Lippen hat, es macht alles viel leichter. Ganze Berufsstände leben sogar vom zugeschnittenen Wort ihrer Meister und Propheten. Hier mußte es ohne den Büchmann gehen, und es ging auch ganz gut.

Adele Gerstenberg, einen Augenblick irregeleitet von der flackernden Helle am Ende des Flurs, wo ich in der Nische eine Kerze angesteckt hatte, warf einen Blick in unser Zimmer, schaute dann zu der hängenden Gant hinauf, und ehe sich ihr Auge durch den Rechen hindurch in die Kuppel unseres Domes verlieren konnte, tat die Tragödin etwas, das ich nur mit mehr als abgegriffener Rede wiedergeben kann, indem sie nämlich zur Salzsäule erstarrte. Das Blut in ihren Adern gefror, wie von eines Höheren Finger angerührt stand sie angewurzelt da, und Schauder wird sich auf der Gipsmaske ihrer Züge gemalt haben. Das sahen wir nicht, die wir hinter ihr standen, aber man kennt das, es gehört zum Bilde des Erschreckens. Lange währte dieser Zustand der völligen Entgeisterung indessen nicht, und da war es natürlich ein Glück, daß wir hinter ihr standen, denn als wieder Leben in die Darstellerin kam, war es just genug, um aus der Versteinerung in einen anderen Gemeinplatz überzugehen, in das Häufchen Elend, das wir gerade noch auffangen konnten. Das war bühnenmäßig unerhört, ganz Wiener Schule, aber niemand klatschte. Ich hielt die nicht sehr schwere Frau unter die Achseln gefaßt, während Beatrice den Stuhl aus der Zelle über uns beide hinweg in den Flur lenkte, den einzigen Stuhl aus dem Salon, wo der Jour in Stücke gesprungen war, ehe er angebrochen.

Da hatten wir nun die Bescherung, die Premiere, mit der gefeierten Künstlerin vom Wiener Burgtheater. Sie saß da und weinte Tränen, die ihr so ungehemmt auch ein Stückeschreiber mit Nobelpreis nicht hätte erpressen können. Wir ließen sie weinen und zogen uns ein wenig zurück, in jener diskret-wesenlosen Trauerhaltung, wie staatliche Würdenträger sie bei einer Kranzniederlegung am Grabmal des Unbekannten Soldaten annehmen. Aber nein, da tue ich uns unrecht, denn so zynisch standen wir nicht neben dem ehrlichen Schmerz der erschütterten Freundin.

Inzwischen war das Teewasser in einem richtigen holländischen Flötenkessel zum Kochen gekommen. Unter Zischen entwich der Dampf, er versuchte sich in ein paar heiseren Tönen, dann kam der Pfiff, der sich überbrodelnd immer durchdringender durch die Scheune gellte. Gegen Lärm überaus empfindlich, zuckte Adele zusammen, aber es dauerte einige Sekunden, bis sie den Zelleneingang freigeben konnte. Ich flog in den Koben und stellte das Signal ab: Feierabend!

In einer Nachbarzelle wurde es auch lebendig. Der Kesselpfiff hätte Tote erwecken können – da waren zwei aus ihrem Liebesdachsen schnell geweckt. Doch ehe es dort zu einer neuen Szene kam, Sudermann mit spanischer Besetzung, hatten wir unseren Gast auf den Hof geleitet, wo er sich auf einer Pipe niederließ und zwar Rilkes Zeile aus dem Konfirmandengedicht nicht sprach, aber gut hätte sprechen können, ohne aus der Rolle zu fallen: Das Fest ist aus, und es wird laut im Hause, und trauriger vergeht der Nachmittag ... Auch die drei Pünktchen sind von Rilke. Es war nämlich aus und doch nicht aus.

Adele Gerstenberg ergriff unsere Hände und verweilte so, stumm, überwältigt, wie um Jahre gealtert. Frau Adeleide fragte, ob unserem Gast etwas zugestoßen sei, ein Hitzschlag? Arsenio, der seinen Gaul abschirrte, lief um ein kaltes Getränk, »sofort ins Kühle«, sagte er, »in die Cave«. Beatrice klärte ihn auf, eine kleine Unpäßlichkeit, es ginge schon besser. Wortlos schob der Riese den Wallach wieder in die Deichsel. Adeleide wischte mit einem Kokoswedel den Staub von den Sitzen, dann wartete Arsenio geduldig wie ein Kutscher. Da hatte die Wienerin doch noch ihren Fiaker bekommen, und Beatricens Tag war nicht ganz ohne Glanz in die Brüche gegangen. Ein Knecht fuhr uns in die Stadt zurück. Nach Hause wollte die Tragödin nicht, also ins Alhambra? Wir begleiteten sie. Etwas später fand sich auch Friedrich an ihrem Stammplatz ein.

Ob's schön gewesen sei draußen im Grinzing, wollte er wissen, als er lustig und etwas lärmend zu uns stieß, erschrak aber nicht wenig über das eingestaubte Gesicht seiner Mutter. »Verzeihung, aber du wolltest ja partout in den Turm.«

»Es ist nicht, was du denkst, mein Sohn, das hat mich nicht umgeworfen. Ich kenne das Laster in jeder Gestalt. Aber so hausen zu müssen, und das bringt sich nicht gegenseitig um, das hat mich erschüttert.«

Wenig später kam der Kölner, nachher noch Hauptmann von Martersteig, der wieder in der Stadt weilte mit Leidensmiene und seinen Klagen über neuen Tort, ihm von seinem Feinde von Ranke Graves angetan; und ein Freund Friedels, den wir noch nicht kannten, ein tschechischer oder ein polnischer Brillenschleifer. Ganz Mallorca, sagte Adele, sähe die Welt durch dessen Gläser. Langsam taute sie auf und war fast froh, als sich ihr Sohn schon nach einer Minute mit dem Aviateur zankte.

Ehe wir uns trennten, wurde ein Tag vereinbart, an dem sich die Schauspielerin revanchieren wollte, Jour ist schließlich Jour. Ich fand, das hatte Stil. Sie läse uns dann ein paar Szenen aus ihrem Stück; ja, auch Martersteig erwarte sie, falls er in Palma sei. Es sei, entgegenete dieser, für ihn ein Grund mehr, in der Stadt zu bleiben. Und wann Vigoleis denn aus Eigenem läse?

»Nach Ihnen, Herr von Martersteig. Erst die Truppe, dann die Heimwehr. Nach der Kapitulation des Affenheeres der Leichenmord im Turm der Uhr!«

V

Don Fernando hatte mich ins Sekretariat der Post kommen lassen, um mir ein paar Fingerzeige zu geben, wie es anzustellen sei, daß wir mehr als die Hälfte aller für uns einlaufenden Stücke auch in die Hand bekämen, und ohne allzu große Verzögerung. Das war ein menschenfreundliches Angebot, von dem ich postwendend Gebrauch machte. Don Fernando war mit allen Abteilungen vertraut, er kannte alle Schliche seiner Untergebenen und auch alle Löcher im Boden des baufälligen Postamtes. Denn das Sprichwort »O chão não tem buracos«, der Boden hat keine Löcher, das der Portugiese gerne anwendet, wenn er etwas zu

Boden Gefallenes nicht finden kann, galt nicht für die Hauptpostbaracke von Palma de Mallorca. Dort hatte der Boden wirklich Löcher, wenn wir sie auch nicht gerade im Boden suchen müssen. Don Fernando hatte als Generalsekretär auch diese Sickerstellen unter seiner Kontrolle.

Über eine lebensgefährliche Stiege wurde ich zu ihm geführt. Lebhaft beglückwünschte er mich, nicht den Hals gebrochen zu haben, offensichtlich unter dem Eindruck meiner kühnen Kletterei. Dann ging es wieder treppab, durch dunkle Flure, man stolperte über Säcke, trat in Haufen Papier – Emballage, sagte Don Fernando, in der immer viel Post hängenbleibe, es sei nicht zu ändern: das erste Loch. Das zweite, gefährlichere, war ein Kollege, ein richtiger Postbeamter mit blauem Kittel, der gefürchtetste Briefmarkenräuber von ganz Mallorca, unausrottbar wie Quecke oder Hausschwamm. Während sich das Interesse eines Postbeamten normalerweise auf Absender und Empfänger gleichmäßig verteilt, war dieser Blaukittel nur auf Adressaten eingestellt. Alle Briefmarken, die er noch nicht hatte oder zum Tauschen brauchte, weichte er von den Poststücken los (mit einem eigenen Verfahren) und ließ sie verschwinden. Ging das Ablösen nicht nach Wunsch, dann schnitt er mit einer Knopflochschere die Marken einfach heraus. Sendungen, die ernsteren Schaden litten, warf er weg. Im Laufe der Zeit war ihm ein Gewohnheitsrecht zugewachsen, das die Leitung ihm nicht mehr zu entziehen wagte. Er war schließlich noch das kleinere Übel im großen Mißstande des spanischen Postwesens, der in einem genauen Verhältnis zum Analphabetismus des Landes stünde, wie mir Don Fernando an Hand seiner Statistik dartat.

Ich wurde dem Markendieb vorgestellt. Es kann hier nicht der Ort sein, diesen idealen Typus eines Philatelisten genau zu schildern. Erwähnen will ich nur den Bart des Mannes, der im Grunde keiner war und auch keiner sein sollte: eine Ungeschorenheit von zehn Tagen. Sie genügte ihm und wurde entsprechend beigehalten, um die abgeweichten Wertzeichen mit einem Griff an die Gesichtsbürste hängen zu können, wo sie trockneten und von selbst herabfielen. Mehr als einmal habe ich ihn allerdings gesehen mit Marken im Bart, die sich in den Haaren verstochen hatten. Er war freundlich wie alle guten Räuber, aber wehe ... Er kannte mich, hatte Interesse an meinen Beziehungen zu den Niederlanden, klagte aber sofort, daß sie nachgelassen hätten, und was da los sei, ob ich das nicht wieder in Gang bringen könne, Holland habe eine neue Serie herausgebracht, von der ihm noch einige Stücke fehlten. Im Beisein von Don Fernando wurde ein »Gentleman-Agreement« abgeschlossen. Ich verpflichtete mich durch Handschlag, dem Sammelwüterich alle für mich einlaufende Post zur Begutachtung vorzulegen und ihm die erbetenen Marken zu überlassen. Ich mietete ein Schließfach, »apartado«, was mir das Bündnis erleichterte, gegen das nicht zu verstoßen mir übrigens nicht schwer fiel, da ich selbst nicht sammle, gar nichts, nicht einmal Erfahrungen, und sonach auch kein Geld. Ich begreife aber, daß ein guter Sammler immer hart an der Grenze der Untat leben muß. Das Reizende an der Sache scheint mir der Schwindel überhaupt zu sein: den man an anderen verübt oder auf den man selber hereinfällt. Immer diese Spannung: ist der Pott auch echt, hat van Gogh die Brücke wohl selber gemalt, ist dieser Knochensplitter wirklich vom Schienbein des heiligen Kunibert, dieser Felgennagel tatsächlich vom Kreuze Christi? Ich habe an meiner zweifelhaften Echtheit vollauf genug. Nebenbei bemerkt: mein Mallorquiner Trockenbart hat seine Sammelwut teuer bezahlt. Kurz nach Ausbruch des Bürgerkrieges wurde er beseitigt, wie es hieß, von einem anderen Sammler, den er jahrelang beklaut hatte. Es ist das Löbliche an allen Bürgerkriegen, daß sie zur Bereinigung solcher internen Fragen ihr eigenes Standrecht entwickeln und dadurch die Juntas entlasten.

Zahlenmäßig ausgedrückt, kann ich sagen, daß nach Abschluß des Übereinkommens selten mehr als 36% unserer Post in die Rapuse gegangen ist.

*

Menno ter Braak hatte mich auf den Dichter Slauerhoff aufmerksam gemacht, selbst war ich auf Albert Helman gestoßen, dessen Erzählungen mich bedeutend fesselten. Hinter dem Namen verbarg sich ein surinamischer Dichter, von dem es hieß, daß er mit siebzehn Jahren noch auf den Bäumen des Urwaldes herumgeklettert sei, eine Übertreibung, ohne Zweifel; indessen sehr von unserer Zivilisation verdorben konnte er noch nicht sein. Ich wollte ihn um die deutschen Rechte an seinem Urwaldroman ›De stille Plantage‹ fragen, da saß ich eines Tages im Lesesaal der Universitätsbibliothek neben einem jungen Manne, der unverkennbar aus einem Buch übersetzte. Es war die ›Stille Plantage‹. Ich schlug mich mit des Westinders widerhaarig gesittetem Antipoden Menno ter Braak und seinem ›Karneval der Bürger‹ herum. Wir kamen ins Gespräch. Mein Nachbar, ein frischgebackener deutscher Dr. phil., war tatsächlich mit der Eindeutschung des Helmanschen Buches beschäftigt, und ich stände wohl auf der anderen Seite mit meiner intellektuellen Bestie ter Braak. Dr. . ? . . war ein stiller, kultivierter Philologe, der über ein katholisches Stipendium verfügte, von dem er sich Bücher kaufen konnte und darüber hinaus noch normal ernähren: ein idealer Zustand für einen Literaten – während ich mich mit Abfall fütterte wie ein Straßenhund. Das bedarf einer Erklärung. Ich arbeitete viel, verdiente aber fast nichts. Nun bin ich aber ein großer Fleischverzehrer, den die Lebensumstände immer wieder zur erbärmlichen Allesfresserei erniedrigen. Ich lasse mich nicht mürbe kriegen, doch erfüllt mich die Erkenntnis mit Traurigkeit, wie sehr die Natur den schlechten Hund an bestimmten Geschöpfen zu machen versteht. Freilich gibt es bedenklicheren Wurmfraß am Wunder der Schöpfung als einen Vigoleis-Carnivor mit sieben fleischlosen Tagen in der Woche. Immerhin, ich hatte herausgefunden, daß ein Metzger in der Nähe meiner Bude Abfall für Hunde verkaufte, eine Unze für zehn Cent. Ich wurde täglicher Kunde: für meinen kleinen Pinscher, ein wundersüßes Tier, klug, possierlich, auf die Fliege dressiert, wachsam, und vor lauter Rassenreinheit käme er aus dem Zittern nicht heraus. Fleischer und Stammkunden wollten das Wundertier sehen. Daß ich der Hund war, sah man mir nicht ohne weiteres an, zumal sich die Verwandlung erst auf meiner Bude vollzog, wo ich mit viel kostbaren indischen Gewürzen, die weit über meine Verhältnisse gingen, den nicht beigeschmackfreien Leckerbissen verzehrte. Der andere Hund hatte das Nachsehen, ob er auch in seiner Nichtexistenz immer noch besser fuhr als sein Herr.

Täglich berichtete ich dem staunenden Laden über neue Dressurleistungen meines Pinschers, und als ich ihn fast soweit hatte, daß er zu sprechen anfing – damals lebte in Amsterdam noch ein anderer sprechender Hund –, kam eine dumme Grünkrammagd und trat meinen Micky mitten im Laden tot: das schmierige Fleisch fräße der selbst, der »stakkerd«!

Sie hatte die Lacher auf ihrer Seite. Stakkerd bedeutet Wicht, armer Schlucker, erbärmlicher Tropf, Storger und Bettelmann; doch ehe ich im Geiste die ganze Etymologie über das Nordische zurück und wieder hinauf zum Vigoleis durchmessen konnte, in welchem sich jede noch so feine Schattierung des Begriffes deckte, bis in die dunkle Röte, die mir in die Wangen stieg: da stand ich schon auf der Straße mit meiner Unze Fleisch, ertappt von einer Magd – so wie Beatrice Monate später mit einer Büchse vor Doña Maria stehen sollte. Denn auch ihr Hund hieß Vigoleis, ein Beweis mehr für dessen doppelzügige Einmaligkeit. Ich zog den Schlapphut tief in die Stirn, empor stülpte ich den Kragen des Lodenmantels und schlich davon wie ein Bösewicht. Aus war es nun mit der gepfefferten Sudelbraterei. Gedemütigt griff ich zur Kartoffel und lernte sie noch abgründiger verachten. Den Ort meiner Erniedrigung mied ich, wo ich mich im Grunde selber hätte meiden sollen. Ich machte einen weiten Bogen um den Metzgerladen; wie Zwingli benahm ich mich, oder, um auf dem eigenen Dürpfel zu bleiben: wie ich mich als der Vigoleis meiner selbst im folgenden Kapitel werde benehmen müssen. Alles ist schon dagewesen, sagt Uriel da Costa.

Der Dr. phil. wollte mir ein Stipendium verschaffen von derselben katholischen Organisation, die ihm den Lebensweg ebnete; allerdings müßte ich mich dann zum Glauben bekennen. Ich zog es vor, meinem Pinscher treu zu bleiben, so verlockend das Angebot war: für eine Messe am Sonntag jeden Tag Fettlebe.

Treu blieb ich auch der holländischen Literatur, deren reiche Lyrik den fast völligen Mangel an »großer« Prosa aufwiegt. Ich entdeckte Henny Marsman, kaufte mir seine Gedichte, kaufte anderer Dichter Gedichte – schmale Bändchen sind leicht am Munde abgespart, der Vorteil der Lyrik überhaupt. Das hing nun alles schon über der Leine in unserer Klosterzelle, ohne daß ich damals ahnen konnte, daß es gerade mein Abenteuer im »Turm der Uhr« war, das mir die Freundschaft mit Marsman eintrug, dem großen Carnivoren, der die Einsamkeit liebte, ob auch nur dann, wenn ein Metzgerladen in der Nähe war. In meiner Marsman-Biographie will ich erzählen, wie ein Speisesaal von Anthroposophen, im Schatten des Dornacher Goetheanums und unter dem photographisch in Lebensgröße festgehaltenen Theosophenblick von Rudolf Steiner versteinerte, als Marsman durch Beatricens Mund dem Saaltöchterli blutigen Ochsenbraten bestellte. Das war trotz Uriel da Costa noch nie dagewesen: wir mußten das Lokal verlassen und erhielten im »Ochsen« zu Arlesheim, wonach uns gelüstete. Niemand runzelte dorten die Augenbrauen, niemand erhob drohend den Finger, niemand zeigte auf das Bildnis Steiners und niemand sagte mit der Stimme eines Herausschmeißer-Engels: »Rudolf Steiner sagt . . .«

Die Anthroposophie in Ehren, aber ihr Gründer ist nie durch

geistiges Hören aus den sieben Regionen seines Geisterlandes in die achte vorgedrungen, in den »Turm der Uhr«, allwo ich mich eben kümmerlich ernähre wie auf der Nicolaas Beets Straat in Amsterdam; wo ich Literatur mache und wieder vernichte, was nicht von Gottes Zahn vernichtet wird. Slauerhoffs Roman ›Das verbotene Reich‹ hatte mich mit seiner morbiden Grundhaltung soweit gefesselt, daß ich mich um die Übersetzungsrechte bemühte und das Buch zu übertragen begann in den Stunden, die Beatrice in der Stadt verbrachte, wo sie ein paar Häuser hatte zum Stundengeben. Es ist mir natürlich nie gelungen, für diesen Camões-Roman einen Verleger zu finden, obwohl ich auch an dieses Manuskript ein nettes Sümmchen für Porto verwandt habe. Zwischendurch die lyrischen Aderlasse, die satirischen Strophen, die dunklen Balladen: alles kam über die Leine zu hängen, wo es an der Luft trocknen konnte wie Bündner Fleisch. Die Ratten schnupperten, doch nicht der Verse wegen; dessen kann ich mich leider nicht berühmen. Es baumelten ja auch Speisereste und Vorräte an Eßbarem an den Schnüren, die nicht so straff gespannt waren, daß die Biester hätten darüber tänzeln können. An lebenswichtigen Knotenpunkten waren selbst unübersteigbare Hindernisse aus Blechbüchsen eingebaut. Das wurmte die Brut, aber sie wußte sich zu helfen. Sie wählte den Umweg, der deutlich eine Einsicht und Überlegung verriet: auf den Schotten stehend, zernagten die Ratten die Leinen. Eines Nachts kam die Bescherung an verschiedenen Stellen herunter. Das schlafende Menschenpaar wurde in Mitleidenschaft gezogen, alles lag wie Kraut und Rüben durcheinander. Es war wieder wie bei Pilars am Abend der Austreibung. Keine Schnur, an der nur Literatur hing, war angetastet worden! Doch da ich mich immer noch für intelligenter hielt als der ausgeschämteste Rattenklügling auf Arsenios Hurenhufe, sann ich auf Abhilfe und ersann, den Zeigefinger an der Stirn: Draht. Auf meinen Bettelwegen fand ich nie so lange Stücke, daß ich die Bespannung ganz aus Metall hätte anlegen können. So behalf ich mich mit drähternen Enden zum Anknüpfen, Flaschenhälse darübergeschoben, und die Ratte möchte ich sehen, die sich nun noch aufs Seil wagt! Strahlend zeigte ich Beatrice den Geistesblitz: nagefreie Hängebücherei! wurde aber sofort wieder ins Maß der nüchternen Wirklichkeit zurückversetzt, als die Frau lakonisch sagte, sie habe mir in meinen technischen Behelf nicht dreinreden wollen, aber nie begriffen, warum ich den Draht nicht gleich eingeschaltet hätte! Die Hoffnung, daß noch zu meinen Lebzeiten ein englischer Lord mir einen Zahn abkaufen würde, um ihn als Ring zu fassen, wie es von Newton erzählt wird, schmolz dahin. Schlimmer noch, ich würde mir selber die Zähne gründlich auszubeißen haben, um diesem schwarzbevölkerten Nebelreich der Schatten gewachsen zu sein. An den Kolumbuseiern, die Beatrice zuweilen legt, hatte ich nichts.

*

An Tüchte und Werkfleiß fehlte es unserem Heldenpaar nicht. Beatrice gab Sprachstunden in und außer dem berüchtigten Hause, Vigoleis führte sein weniger ersprießliches poetisches Sitzerleben im Denkerstübchen. Zuweilen schauten ihm Kinder über die Trennwand in seine Weltliteratur hinein, und immer wieder kamen die großen Kinder mit noch größeren Spielkameraden und trieben das Ihrige mit Ach und Krach nebenan. Das gehörte zum Alltag wie das Gebölke der Esel oder ein Hofgespräch mit Arsenio. Die niederrheinische Maid ließ auch zuweilen ihre silberne Lust erklingen, und als die Töne der Seligkeit wieder einmal aus der Boxe nebenan geschmolzen kamen und es gerade haperte mit meiner Eingebung von oben durchs filierte Maßwerk, wo von unten es sowieso nur noch hohl klapperte im blechernen Trott meines Bidettos, da stieg ich auf den Stuhl und warf einen Blick in den Kotter – es wurde ein Lichtblick von reinstem Wasser, so ungetrübt, so leuchtend schimmerte es mir von der Pritsche in meine seelische Düsterkeit. Lichtblicke aber sind wie Augenblicke, sie dauern nicht. Der meine währte darum auch nicht länger, schon kam der Stiefel angesaust, und ich mußte wieder in meine eigene Unterwelt untertauchen. Der Almocrebe, mit dem sie es gerade trieb, hatte schlecht gezielt. Das Geschoß flog gegen die Gibelwand, löste dort den hunderte Jahre alten Staubbewurf, prallte ab und richtete in meiner Kobe bedenklichen Schaden an; gewiß einen anderen, als ihn der gestörte Krippenreiter hatte erzielen wollen. Dem war es um meinen Kopf zu tun gewesen. Mein Luftarchiv geriet in Bewegung, Leinen sprangen, und ich hatte mehrere Stunden zu tun, um alles wieder ins Alphabet zu hängen. Dabei durfte mein Schädel nie über die Planken kommen, es wäre mein Tod gewesen. Kathrinchen kicherte und kam doppelt auf die Kosten. Was brauchte ich auch die ungeschriebenen Gesetzte einer Freilustkrippe zu verletzen. Die Spanier sind das keuscheste Volk, das ich kenne. Eine Berufshure, ich glaube ich sagte es schon, oder dann kommt es bestimmt noch zur Sprache, ist auf den Tod beleidigt, wenn ein Maler ihr zumutet, Akt zu stehen.

Viel verdienten wir nicht mit unserer Arbeit, doch wenn wir mit dem Hungerrechen alles zusammenharkten, reichten die echten und falschen Duros aus, die laufenden Ausgaben zu bestreiten, Manuskripte in alle Welt zu senden und den Eintopf auf dem Flämmchen gar zu kriegen. Fleisch? Nicht einmal am Sonntage, wo es noch in den Töpfen der Ärmsten sein Fettauge erschimmern läßt. Wir rochen es nur aus der Abdeckerei, aus den Zellen um uns oder am Spieß der Ältermutter. Einmal in der Woche waren wir bei der Hofschauspielerin zu Gasterei und Erinnerungen an Wien geladen, für uns immer ein Fest, mit Wein, schönen Gesprächen, Inkagekreisch und Affenzank, und dann das Händeschütteln und Schulterklopfen, reihum bei Bekannt und Unbekannt, und siehe da, eines Tages, sieh da, sieh da, Timotheus: zwar nicht die Kraniche des Ibikus, aber das Kathrinchen des Hüttensyndikus aus Essen! Die Schaukelstühle kamen aus der Bewegung nicht heraus, Lärm und Lachen – »ja Freunde, Beatrice, Vigoleis, endlich kann ich euch zusammenbringen mit ein paar engeren Landsleuten von Vigo. Ich habe schon von euch erzählt, ja bitte, Friedel, mach du die Herrschaften miteinander bekannt.«

Nun wurde die große Welt wieder zur Nußschale, zum Fingerhut: die schöne und imposante Dame in der teuer gestickten Mallorquinerbluse über der wogenden Rubenswonne, sie stutzte, als sie Beatricen gegenüberstand, und auch Beatrice beschattete im Geiste ihre Augen – na, wo hatten die zwei einander denn schon gesehen, natürlich, in Berlin, nein, Verzeihung, ja, in Düsseldorf bei der Aktienmehrheit von Stahlwerk Becker – »Friedrich Wilhelm, denk mal an, ist das nicht zu lustig, man trifft sich wieder auf Mallorca!« Der Gemahl, der Herr Doktor, der Herr Hüttensyndikus teilte diese spontane Wiedersehensfreude nicht, weshalb die Dame sich genötigt sah, die kleine, auf totalem Gedächtnisschwund beruhende gesellschaftliche Unhöflichkeit zu entschuldigen. Ihr Mann sähe zudem noch schlechter als damals, wann war es doch? ja, 1928, als Massenmörder Kürten sein Unwesen trieb im Graf-Adolf-Park – dieser allen gemeinsame Bekannte mit dem blutbespritzten Serviteur überbrückte die Peinlichkeit. »Überarbeitung im Beruf«, sagte die Dame noch, und die Gerstenberg konnte, sich wieder schaukelnd, dem über sie gebeugten Vigo zuflüstern: »Nervenzusammenbruch«, was ich mit Diskretion an Beatrice weitergab; und alle nahmen wir nun eine ernste Haltung an, wie es sich im Beisein eines zerrütteten Menschen wohl ziemen mag. Nur der Inka-Kakadu achtete die Minute der Einkehr nicht, er kreischte seinen unkeuschen Schlachtruf, mit dem er übrigens der nackten Wahrheit sehr nahe blieb. Hüttenfriedrich nahm seine fingerdicken Gläser und putzte sie bedächtig am Rockfutter sauber, ohne nachher besser zu sehen. Er hatte aristokratische Hände, wohl weil er leidend war. Er war auch sehr wortkarg und schien zu allem Unglück noch einen Floh aufgelesen zu haben, denn er kratzte sich manchmal verstohlen unter dem Bauchriemen, wo die Tierchen sich mit Vorliebe aufhalten. Sie wähnen sich geborgen unter dem leichten Druck zwischen Kleidung und Haut.

Wir hatten uns um das Selbstbildnis des schwiegerväterlichen Grafen gruppiert. Mir gegenüber saß die forsche Rheinländerin, deren seidendrapierter Busen bewirkte, daß auch ich wortkarg wurde wie der Herr aus Essen. Denn auch meine Welt war immer mehr zusammengeschrumpft, nicht zur Nußschale, doch zur Zelle Nr. 2 von rechts im »Turm der Uhr«, und da mußte ich mich erst an den Anblick des bekleideten Weibes gewöhnen: So also siehst du aus, gleißende Bettstörzerin, wenn du die Hucke voll hast und aus dem Puff von dannen schreitest, um deinem abgeästeten Friedrich Wilhelm vor den getrübten Blick zu treten und ihm etwas vorzuschwindeln von »'nem Ausflug«, dieweil sich dein Almocrebe noch mal eben mit der Zunge über die Lefzen fährt beim Gedanken an das Schönheitspflästerchen an so zauberischer Stelle deiner linken Brust. Hat dein Herr Gemahl das schon gesehen? Es steht als besonderes Kennzeichen natürlich nicht im Paß.

»Vigoleis, so still heute? Tut sich da was? Gedichte? Oder eine schöpferische Krise?« fragte Frau Gerstenberg, der mein Schweigen aufgefallen war, um so mehr, wo ich meist die Unterhaltungen bestreiten mußte mit meinen Fabeln.

»Nein, weder das eine noch das andere, und das dritte schon gar nicht! Noch langt meine Mimikry, derartige Zustände vor anderen zu verbergen, sonst könnte ich mich ja überhaupt nicht mehr sehen lassen.«

»War denn wieder Überschwemmung bei Ihnen draußen?« fragte Friedrich, worauf ich entgegnen konnte, die Lage sei unverändert günstig in der »Torre del Reloj«, mal Ebbe, mal . . .

»Turm der Uhr!« rief Frau Syndikus und wurde bleich wie der Rest ihres nun bekleideten Leibes. Ihre Züge brachen zusammen, das Auge blickte hohl, doch dann hatte sie sich wieder in der Gewalt und scherzte leichthin, »ach, ›Turm der Uhr‹, wie neckisch, bei uns sagt man Kirchturm, was wohl gemeint ist, aber bitte, wo Sie schon die Uhr erwähnen, ein Blick auf die meine (ein kostbares Stück, mit Diamanten gefaßt, sie hatte es nie angehabt auf der Pritsche, die Beschäler hätten das auch noch goutiert) belehrt mich, daß wir aufbrechen müssen, mein Mann erwartet einen Anruf aus Deutschland. Männe!«

»Ja«, sagte die Tragödin in den überstürzten Aufbruch der Hüttenleute hinein, »was wäre der Doktor ohne die Sorge seines Frauchens, gell!«

»Und was wäre die Frau Doktor ohne den spanischen Beischuß im Stundenturm!« sagte nicht Vigoleis, der es braun auf weiß hätte bezeugen können, sondern Friedrich Ginsterberg, Frau Gerstenbergs ebenso vorlauter wie wissender Sohn.

»Aber Friedel! muß denn immer gleich alles ausgeplaudert werden! Das Beiseitesprechen ist zudem aus der Mode gekommen, höchstens in einem Schmierenstück hält sich das noch.«

»Mit Schmiere dürften wir es denn auch zu tun haben, Mutti«, entgegnete der Eingeweihte und hatte damit wieder das letzte Wort, und mit einer Verbeugung rundherum geschwenkt ging er seiner eigenen Wege, die ihn, von vielen solchen Türmen der Ausschweifung bestanden, ohne Krümmen und Kehren auf den Friedhof von Alicante führten.

Das Ferngespräch mit der Heimat, an das sich Frau Doktor noch in letzter Minute dank meines Winks erinnert hatte, scheint die ganze Nervenkur des zusammengebrochenen Mannes umgeworfen zu haben. Das Hüttenpaar schickte ein paar Zeilen an die Gerstenberg: es zwängen sie dringende Familienangelegenheiten, vorübergehend nach Deutschland zurückzukehren – und dann reisten sie mit dem nächsten Dampfer nach Malaga. Das milde Klima und die berühmten Medizinalweine werden Friedrich Wilhelm schon wieder auf die Beine bringen, und Kathrinchen kriegt auch da, was es braucht.

Ob die beiden noch leben, er mit vielen Vermeldungen und klingenden Titeln im »Wer ist's« und sie, namenlos und einzig kenntlich am Leberfleck auf der linken Brust? Ihr werden wir noch begegnen, wieder nackt, sei es auch nicht in eigener Blöße.

*

Hüttendoktors hätten auch dabei sein sollen, als Adele Gerstenberg aus ihrem Drama las, doch schwammen sie schon auf dem Mittelmeer, wie Friedels unersättliche Neugier ausgekundschaftet hatte. So blieb es bei dem ursprünglich angesetzten Hörerkreis: Freiherr von Martersteig, Beatrice, Vigoleis, Herr Emmerich, der Brillenschleifer und Friedel, der Muttersohn.

Die Autorin las zwei volle Stunden, mit einer kurzen Atem- und Sodawasserpause nach dem zweiten oder dritten Akt. Es hatte verlautet, sie würde nur ein paar Szenen vortragen, niemand war gefaßt auf das ganze Stück. Der historische Stoff ist bekannt: die keusche Königin Elisabeth, das Sittenwunder ihrer Zeit, die draußen vor der Stadt auch einen »Turm der Uhr« unterhielt, wo es ähnlich mit Almocreben und Stierfechtern feste über die Stränge ging; allerdings, dem Essex hat's den Hals gekostet. Ich erinnere mich nicht mehr, ob die Gerstenberg dem abgegriffenen Stoff solche spanische Note hat abgewinnen können, historisch wenig bewandert und noch weniger neugierig und grüftesüchtig, wie ich bin. Der Eindruck ihres Vortrages war überwältigend. Das besagt nun wieder nichts über den Hauswert des Stückes. Ein guter Vortragskünstler kann die kitschigsten Verse zu Perlen der Lyrik umsprechen und ewige Dichtung auf den Schindanger rezitieren.

Beifall wurde keiner laut, als der Kopf der Tragödin hart auf die Tischplatte sank. Da Friedel nicht hinzusprang, schien das zum Stück zu gehören. Es war kein Theater. Ich war erschüttert über die Wucht dieses menschlichen Ausbruchs. Warum hatte diese Künstlerin der Bühne Valet gesagt? Als Adele das Haupt hob und lächelte, sich über die Stirn fuhr und mit einer anderen Handbewegung alles wegwischte, was im Raum zu verhalten schien, war ihr Gesicht fast schon wieder von dieser Welt, grau, zerfallen, alt. Friedrich war es, der zuerst das Wort fand; er bat uns, die Mutti allein zu lassen. Auf den Zehen schlichen wir hinaus. Unten in der Halle blieben wir noch sitzen, bis lärmend spanische Gäste kamen und uns vertrieben. Doch ehe wir aufbrechen konnten, heim zur »Torre«, hörten wir oben den Stock der Tragödin auf den Fliesen tappen. Sie rief mich; ich folgte ihr in ihr Zimmer zurück.

»Bitte, gehen Sie nicht ohne ein Wort über mein Stück! War es so schlecht, Vigoleis?«

Meine Antwort kann ich nicht wörtlich wiedergeben, doch haftet der Sinn genau in meiner Erinnerung: Sie, Adele Gerstenberg, sei doch auch ohne ein Wort zu sagen fortgegangen, als sie einen Blick habe tun können in unser Elend, und Turm oder Drama, es sei im Grunde dasselbe Drama ...

Ich küßte sie auf den Scheitel und ging.

*

Eine Woche später kam die Reihe an mich, dem Kreise aus des Vigoleis Eigenem vorzulesen. Aber was? Bei einem so selekten Publikum kam nur etwas Unveröffentlichtes in Frage, und da mein Œuvre daran besonders reich war, hätte mir die Auswahl nicht schwerfallen dürfen. Gedichte? Ein Griff an die Wäscheleine – und doch, Gedichte sind eine peinliche Angelegenheit, ich komme mir vor wie in langen Unterhosen, zum In-den-Boden-Sinken – der dann aber auch nicht den kleinsten Krater auftut, in den man verschwinden könnte. Prosa? Das ist unverfänglich, ein Kapitel zum Beispiel aus dem »Leichenmord«, oder – »du, Beatrice, glaubst du, daß ich der Gerstenberg gleich mit Leichen kommen kann, die nicht einmal eine historische Patina aufweisen, die sie stubenrein macht?« An dem Schmöker arbeitete ich nämlich fieberhaft. Die Untaten häuften sich, Vigotrice als unzertrennliches Detektivpaar, Oberdirne und Stußhure: Maria del Pilar. Aber reif für die Tertulia in der gräflichen Pension? Ich entschloß mich, für den Abend eigens etwas zu schreiben, und schrieb die Geschichte meiner und meines Bruders Jupp Ermordung durch Priesterhand. Die Moritat verhielt sich folgendermaßen:

Die vaterstädtische höhere Klippschule und Klippe meiner wissenschaftlichen Ausbildung stand unter dem Protektorat Kaiser Wilhelms II., was an sich keine welterschütternde Tatsache ist, da der genannte Herr seinen erlauchten Namen für ärgere Unternehmungen hergegeben hat. Zur Einweihung, wo ich ein vaterländisches Gedicht aufsagen mußte, hatte er es sich verkniffen, selber zu erscheinen; er ließ sich durch eine Eiche vertreten (quercus pedunculata), die im Beisein höchster Autoritäten vor dem Schulgebäude eingepflanzt wurde. Sie schlug nicht richtig an und ging nach wenigen Jahren kümmerlich ein, mitten im Wilhelminischen Kriege, wo das Eingehen sowieso an der Tagesordnung war. Da eine abgestorbene Kaisereiche keiner Kaiserschule zur Zierde gereicht und zudem noch als schlechtes Omen gedeutet werden konnte, wurde der Baum heimlich durch eine bodenständige Art ersetzt. Nötig wäre das kaum gewesen, denn die hohenzollerische Stammeiche wurde kurz darauf gefällt. Aber das alles stand nicht in meiner Erzählung, es kommt mir jetzt erinnernd wieder in den Sinn. Bei der Geschichte drehte es sich um den Leiter der höheren Bildungsanstalt, den geistlichen Herrn Dr. Kremers, der dem Heiligen Vater und meinem bischöflichen Onkel in Münster viel zu schaffen gemacht hat. Berüchtigt und von der kirchlichen Behörde gemaßregelt, ist er eine historische Persönlichkeit geworden als Drahtzieher und Hintermann der rheinischen Separatistenbewegung, die 1923 mit einer mißglückten Ausrufung der Rheinischen Republik in Aachen zusammenbrach. Ich habe diesen Lehrer geliebt und verehrt. Er war ein ausgezeichneter Pädagoge, kein Schinder wie die anderen Schulweibel des Lehrkörpers, der nur aus verkrachten Existenzen bestand. Er war es, der mir den Blick geöffnet hat für philosophische Fragen, für Dichtung (soweit das nicht vom rheinischen Liederdichter Hanns Willy Mertens besorgt wurde, der auch zum kaiserlichen Paukerstab gehörte) und für die kosmopolitische Lebenshaltung, auf die ich noch heute eingeschworen bin. Gegen seinen Willen Priester geworden, hatte er von seinem Stande keine hohe Auffassung und machte keinen Hehl daraus. Deshalb, und wegen seiner immer dreisteren politischen Umtriebe, war er verhaßt in der kleinen Stadt, die sich als Hochburg des Katholizismus ausgab, aber von Würmern an der Wurzel angetastet war wie die arktische Kaisereiche. Als der erste Heil-Hitler-Ruf erschallte, kapitulierte sie, und das verlogene Glaubensgebäude stürzte nicht einmal mehr donnernd zusammen. Von einem Priester erwartet die kleine Stadt ebenfalls, daß er heuchelt. Und wenn er gerne mit seiner Haushälterin schläft, soll er wenigstens soviel Lebensart besitzen, das Verhältnis als Schwester oder Nichte auszugeben. Über diese Art von Lebensart verfügte mein geliebter Lehrer indessen nicht, er hielt es mit jenem Papst, der den Skandal der Lüge vorzuziehen die Stirn hatte.

Meines Vaters Haus gehörte zu den wenigen Häusern, die dem Rektor noch offenstanden. Von dieser Gastfreundschaft machte er einen ausgiebigen und von uns allen gern gesehenen Gebrauch, und auch vom Weinkeller und der Kiste Zigarren zu 500 Stück, in die jeder seinen Griff tun konnte. An diese Kremers-Abende habe ich die schönsten Erinnerungen.

Meine Brüder und ich botanisierten viel mit dem Rektor; wir machten Ausflüge zu Rad ins benachbarte Holland, besuchten das Missionshaus in Steyl (Dr. Kremers gehörte der Gesellschaft vom Göttlichen Worte an) und erforschten den Grenzstrich zwischen Venlo und Roermond. Einmal, im Mai, ich war seiner Schule schon entwachsen, schlug Dr. Kremers uns eine Radtour nach Roermond vor; er habe uns da noch vieles Schöne zu zeigen. Mit von der Partie sollten sein: mein Bruder Jupp und ein Klassenkamerad namens Erich. Aufbruch um drei in der Früh. Wir standen pünktlich vor des Rektors Tür, aber Erich war nicht erschienen. Ich mußte ihn holen, sehen was los sei mit dem Faulpelz, der nicht aus den Federn könne. Ich flitzte vor die Stadt hinaus, wo der Junge wohnte, und pfiff unter seinem Fenster. Erichs Vater, ein kleiner, wichtigtuerischer Fabrikant, steckte den Kopf zum Fenster hinaus und verfluchte mich und den geistlichen Herrn; sein Junge käme nicht, der Rektor sei kein Umgang für anständige Schüler, ich solle mich zum Teufel scheren, Erich war, was man ein Pflänzchen nennt, aber das wußte der Vater, der eine Pflanze war, nicht. So fuhren wir zu dritt, der Rektor in Zivil. Aus dem benachbarten Dülken, Goethes Narrenakademie, gebürtig, kannte er jeden Fingerbreit im Schwalmtal, alle Pflanzen und Tiere und, was mir am meisten imponierte, auch solche, die nicht einmal im Brehm standen. Auf dieser Fahrt wurde auch der Plan gefaßt, gemeinsam eine Zoologie für Radfahrer zu verfassen: »Was nie im Brehm stehen wird«. Gegen Abend kamen wir mit vollen Trommeln heim. Auf den bewaldeten Höhen vor der »Stadt im Grünen« wurden wir vom Hauptlehrer der evangelischen Schule, einem Freunde des Rektors, abgefangen. Er überreichte dem Geistlichen den schwarzen Hut und einen schwarzen Lodenmantel: er könne unmöglich in Zivil zu Hause erscheinen. Dann brachte er ihm bei, daß man seinen Vater, den alten Severin Kremers, tot im Bett gefunden habe. In der vor der Stadt gelegenen und längst entkaiserten Schule solle er sich umziehen. Es gingen Gerüchte um – wir Jungen wurden auf Abstand gehalten, schnappten aber genügend auf, uns als Helden einer Räuberpistole zu empfinden –: der geistliche Herr habe seinen Vater, mit dem er in Unfrieden lebe, mit eigner Hand umgebracht, sei dann in aller Frühe mit dem Rade entflohen, in Zivil, und zwei seiner Lieblingsschüler habe er mitgelockt, man habe sie gesehen. Ein dritter, der Knabe Erich, sei dadurch dem sicheren Tode entronnen, daß sein Vater ihm die zweifelhafte Radpartie verboten habe; denn, so spann das Gerücht weiter, die Jungen seien auch schon tot, der entmenschte Priester habe sie erwürgt und im Walde in der Nähe eines Ameisenhaufens verlocht.

Eine schöne Bescherung! Nachfrage bei meinen Eltern: es

stimmte, die Jungen seien mit dem Rektor nach Holland – über die Grenze also! Für eine Kleinstadt, in der abgesehen von Selbstmorden verhältnismäßig wenig gemordet wurde, war das eine Sensation. Die genannte Base Hemmersbach, meine Kommunionköchin, trat in Aktion, Bluede zu Bluede und Benike zu Benike der Untat trug sie zusammen, bis es unerschütterlich feststand: der Ungeistliche, dem auch päderastische Neigungen ins Brevet geschrieben wurden, hatte die Knaben in die holländische Heide gelockt, um das Blut vom Vatermord mit unserem unschuldigen Blute abzuwaschen. An allen Straßenecken bildeten sich Haufen. Die Polizei tat ihre wichtigen Schritte. Die Plempen rasselten, ernst und düster schleiften sie wie das Schicksal selbst über das holperige Pflaster. Unser Blut schrie gen Himmel. Dieselbe Base brachte meiner Mutter die vollzogene Mordtat bei. Auch Tanten haben sich im Trauerhause eingefunden, Tante Mina und Tante Lena, Säulen des Beileids, wandelnde Krypten des koffeinhaltigen Trostes, die sofort zur Kaffeemühle langten, um der schmerzgebeugten Scheifes Johanna eine besonders starke Jammertasse aufzuschütten. Und fürwahr, meine Mutter brauchte das!

In der Scheifeshütte zu Sankt Hubert gebürtig, hatte sie in ihrer Kindheit an den langen Winterabenden, in der Spinnstube bei Knechten und Mägden hockend, immer wieder die schauerliche Geschichte vernommen, wie ein Erbe des Hofes, ihres Vaters Bruder, von einem Entmenschten, der sich im Dunkel in seinem Opfer versah, abgeschlachtet worden war. Auch uns Kindern war die Mordtat geläufig, und mir bedeutete sie selbst mehr: Eines Tages entdeckte ich in einer Truhe meiner Großmutter den auf Einhorn-Bütten in Schwarz und Silder gedruckten Totenzettel hinter Glas und Rahmen und hing ihn über mein Bett, unter den schrecklichen Schutzengel aus Gips, den fallen zu lassen ich immer noch zu feige war. So schön in seiner fast dichterischen Eingezogenheit war der Wortlaut von der Hand meines Urgroßvaters, die sonst nur den Pflugsterz hielt, daß ich ihn damals in den Text meiner Erzählung hineinschmuggelte. Schmuggelte? Erst nachher bemerkte ich zu meinem Erstaunen, daß die vermeintliche novellistische Pascherei, wie so oft in diesem Gewerbe, eine ganz natürliche Grenzüberschreitung war; denn Dichtung hebt ja alle Schlagbäume auf: zu schweigen von diesen im Anwenden so freizügigen Erinnerungen, wo selbst der Verfasser nicht immer weiß, auf welchem Grunde er gerade steht. Deshalb sei das Requiem hier wieder eingeflochten.

Jesus, Maria, Josef! Hubertus!
GOTT!
Sieh' in Gnaden hernieder
auf
den früh entschlafenen Jüngling

Heinrich Herrmann Scheifes

für welchen unser Herr Jesus Christus kein Bedenken trug, sich den Händen der Ungerechten zu überantworten und die Leiden des Todes zu tragen.

Der Entschlafene, geboren zu St. Hubert 1823 den 4. März, zählte noch keine 21 Jahre, als er auf seinem Heimwege, aus dem Dorfe St. Hubert nach Scheifeshofe, spät abends 11 Uhr, den 8. Oktober 1843 angefallen, durch einen Messerstich eine tödtliche Seitenwunde erhielt. Hart und härter wurden seine Leiden, der Tod wuchs an ihm hinauf, während dem er die h. Sakramente empfing, reuigen Blickes zu seinem Erlöser aufschaute, bis er den dritten Tag nach jener unglücklichen Nacht gegen 12 Uhr Mittags unter dem Gebete der Seinigen und priesterlichem Beistande vor dem Kreuze Jesu aushauchte seinen Geist. Seine Jugend, Unschuld, Güte und kindliche Liebe wird der Herr nicht verachten.

Im Vertrauen auf den Reichthum der göttlichen Erbarmungen stehen die tiefgebeugten Eltern mit ihren noch übrigen 4 Kindern an dem Grabe des früh Verblichenen, und flehen zu Gott, daß er dem, der ihnen den theuren Sohn tödtlich verwundete, nach seiner unendlichen Barmherzigkeit vergebe; empfehlen aber ihren lieben Entschlafenen dem Gebete der Gläubigen,

auf dass er ruhe in frieden

(Gott hat dem Mörder übrigens vergeben, aber die irdischen Richter knüpften ihn in den Baum, unter dem er sich so schändlich am Opfer und im Opfer vergriff.)

Und nun, in der dritten Generation, schrie wieder ruchlos vergossenes Blut um Vergeltung: Johannas Kinder, und gleich alle drei! – denn das Gerücht hatte auch meinen Bruder Ludwig mit in den Heidetod radeln lassen. Mutter Johanna, fromm und ergeben in den unerforschlichen Ratschluß des Allerhöchsten, brach zusammen, während mein Vater, von seinem Kontorstuhl herbeigezetert, gesagt haben soll: »Der Rektor kann sich mal an einer Flasche Wein oder einer Messe vergreifen, aber nicht an seinem Vater oder an meinen Kindern«, womit der Fall für ihn erledigt war und er wieder gemessen sich an die Arbeit zurückbegab, von der ganzen Verwandtschaft als herzlos und kalt verflucht: doppeltes Unheil, das über meiner Mutter Haus gekommen! Diese sah nun im Geiste, von Base und Tanten unterstützt, den Mordhügel über der Stätte des Bubenstückes sich erheben mitsamt dem Marterkreuz, dessen Inschrift die vorüberwallende Nachwelt bittet um ein Vaterunser für die Seelen der dort ruhenden, von Priesterhand grausamlich umgebrachten unschuldigen höheren Schüler ... Daß die betreffenden höheren Schüler bis auf einen geplatzten Hinterreifen vom Rektor unversehrt wieder abgeliefert wurden, also keine Fürbittafel errichtet zu werden brauchte, und es sich auch herausgestellt hatte, daß der alte Severin eines natürlichen Todes gestorben war: das war für die frömmelnden Stadteiferer eine bittere Pille, und viele der politischen Gegner des Geistlichen haben es dem Schulmanne nie verziehen, daß er kein Bube war. Am Begräbnis beteiligte sich eine Handvoll Freunde, mehr war es nicht. So verscharrt man einen Hund. Meine Verehrung für den gehaßten Priester wuchs nach diesem Zwischenfall bedeutend. Ein Jahr später wurde er seines Amtes enthoben.

Einen Tag und eine Nacht brauchte ich in der Zelle des Turms, diese Erlebnisse niederzuschreiben. Ich tat es in der Form einer Rahmenerzählung: Ein Student berichtet seinem bischöflichen Onkel und Freund die Vorfälle des tragischen Tages, die auf den jungen Menschen, der durch eines anderen Priesters Hand schon seinen Glauben verloren hatte, einen unauslöschlichen Eindruck machten. Der für einen katholischen Geistlichen ungewöhnlich offene und weltbürtige Kirchenfürst klärt durch seine Zwischenfragen gewisse Unklarheiten, ohne daß der Student im Eifer des Erzählens merkt, daß der Bischof mehr von dem Vorfall weiß, als er vermuten kann. Am Schluß bittet der Bischof seinen Hauskaplan, doch einmal die Akten Kremers aus dem Archiv zu holen, und da erst erfährt der Student, daß sich der Onkel vor Jahren in seiner Eigenschaft als kirchliche Autorität mit dem heiklen Fall des gemaßregelten Priesters hat beschäftigen müssen.

Ich las die Erzählung, ich kann sagen frisch vom Bidetto weg, und erntete Beifall. Vor allem das Urteil des Buchhändlers war schmeichelhaft – und zugleich vernichtend: das habe die Stubenschabe irgendwo abgeschrieben, denn einem Schriftsteller, der nichts auf seinem Namen stehen habe, also nicht schreibe und doch so gut schreibe, um das da innert vierundzwanzig Stunden zusammenzuschreiben, dem müsse man auf die Finger sehen, es sei denn, er rücke nun endlich mit seinem Pseudonym heraus, und auf das solle dann angestoßen werden. So ungefähr formulierte es der Kölner. Auch die Gerstenberg war stutzig geworden: »Sagen Sie mal, wer sind Sie eigentlich?« Wer ist doch dieser, daß ihm auch die Winde und das Meer gehorchen? – immer wieder stellen Kleingläubige dieselbe Frage. Kleingläubige allein? Vigoleis saß rotübergossen in seinem Autorenstuhl und grübelte, kaute, grübelte wieder und kaute das also Gekaute noch einmal gründlich durch, und ehe er mit Beatrice aufbrach, um den Weg zum »Turm« zu nehmen, stand sein Entschluß fest: das Manuskript noch in selbiger Nacht dem Rattenvolk vorzuwerfen, denn keinen Schnipperling war es mehr wert. Abgeschrieben also hatte er es, seinem Vordermanne über die Schulter gelauert, wie auf der Klippschule mit der wurmstichigen Kaisereiche als Symbol aller deutschen Bildung – kommt er denn nie über die Schule hinaus, nicht mal in Spanien, im Lande des Quijote? Die Lehrer hatten seine zuweilen erzielten Leistungen ja immer wieder als Früchte des Abschreibens hingestellt, so war es beschlossen worden. Daß der betreffende Schüler überhaupt zu feige war, seinem Vorder-, Neben- oder Hintermann ins Extemporale zu schielen, hatten die Steißtrommler nie herausgefunden. Nicht für die Schule, sondern für das Leben lernen wir – abschreiben.

In dieser Nacht brachte Vigoleis dem Schöpfer seines verbrannten Gehirns ein Rauchopfer das. Denn die Blätter zu zerschnetzeln und den Ratten zum Nachnagen in die Grube zu schütten, erschien ihm noch zu gewagt: Die Geschichte mußte gänzlich aus der Welt geschafft werden, kein Fetzchen dem Winde ein Spiel! Abgeschrieben! Das hatte ihm noch gefehlt!

Dennoch hatte der Autorenabend weitgehende Folgen. Der Leser denkt: natürlich, Krach auf der Pilarière mit Beatrice, der es endlich zu bunt wird mit der Selbstverstümmelung. Gefehlt. Wir müssen uns an den Hauptmann von Martersteig heranpürschen, um auf den Wegen der Vorsehung wandeln zu können, und ich versichere, es verlohnt dies mehr der Mühe, als der stumme Zeuge von Beatricens Resignation zu sein. So wollen wir uns zurückbegeben in das Zimmer der Tragödin, wo Vigoleis noch auf dem Stuhl des Vortragenden sitzt, der sich durch den Verdacht des Buchhändlers Emmerich in eine Anklagebank verwandelt hat.

Der Hauptmann, um seine Meinung als Mann von der Feder gefragt, bat gehorsamst um Einsicht in das Typoskript. Er prüfte es eingehend, blätterte darin herum, unser aller Augen hingen an seinen Lippen, die sich aber nicht zu öffnen beliebten. Sie blieben aufeinandergepreßt. Erst nach einer Weile ließ Joachim das Einglas in die Hand fallen, gab mir die Arbeit zurück, und ich war auf das »setz dich, mangelhaft« aller Lehrer gefaßt, die nicht gleichen Schritt halten können mit dem Schüler. Da erging sich der Kampfflieger in Betrachtung über Stilprobleme, über die Vernachlässigung der Rahmenerzählung in der modernen Literatur; er führte den ebenso berühmten wie platten Satz des Buffon an, le style sei de l'homme même, und um auf den meinigen zurückzukommen, der sei –

»Wie eine Sprungmatratze, sagen Sie es rundheraus, Herr Hauptmann, oder haben Sie mehr an einem Beispiel, das in die Tiefe weist – o schaurig sei's übers Moor zu gehn, wo es angeblich wimmele vom Heiderauche – oder was Botanisches, falls Sie das weiterbringt, der gemeine Schachtelhalm . . .«

»Equisitaceae, kryptogamische Pflanzenklasse aus der Abteilung der Gefäßkryptogamen«, warf Friedrich ein, der ja sein Physikum schon bestanden hatte.

– der meinige also sei nicht ausgereift oder überreif, er habe Widerhaken, es fehle ihm auch an Ehrfurcht und – freilich habe er das alles nicht beanstanden wollen, er sei ja kein Literaturwissenschaftler, sondern nur schöngeistig interessierter Rentenbezieher; aber sauber getippt sei das Manuskript ohne Zweifel, und mit einem dreifachen Durchschuß, wodurch alles übersichtlich wirke und glatt vom Blatt gelesen werden könne. Auch könne man nach Herzenslust hineinkorrigieren. Seine eigenen Typoskripte seien Sudelwerk übelster Art, er fände sich selber nicht mehr darin zurecht, und schon lange suche er jemanden der ihm seinen Roman ins reine tippe, mit dreifachem Durchschuß; das bißchen Mehrkosten an Papier brächte er auf, falls nicht sein Feind ihn zu ungewöhnlich langen Abwesenheiten aus Deyá zwänge. Dann schob er das Glas wieder vor seinen matten Blick und wartete meiner Antwort auf die so umständlich und wenig sturzfliegerhaft vorgebrachte Frage: »Don Vigoleis, wollen Sie gehorsamst mein Schreibgehülfe werden?«

Wo Eigenes eigene Wege geht, muß das Ziel am Fremden gesucht werden. Vigoleis hatte keine Bedenken, in des Hauptmannes Dienst zu treten, falls der Herr schon sagen könne, was er für die Seite zahle.

Er wisse nicht, was man auf der Insel für diese Art Schreiberei entrichten müsse, ob da Emmerich nicht –

Der spielte den kölnischen Salomon: Zwei so bedeutende Schriftsteller wie die zwei beiden, er sagte es zur Tragödin gewandt, würden sich doch wohl nicht gegenseitig über den Affen lausen. Das Papier liefere er mit Rabatt, und tschüß und alaaf allerseits.

Vereinbart wurde nichts, der Fall blieb in der Schwebe. Was der Hauptmann über meinen Stil gesagt hatte, war so abwegig nicht, aber das einzig treffende wäre doch gewesen, ihn mit Kaktusstil zu bezeichnen: es bilden sich Ableger, ins Wilde hinein, wie beim Kaktus, der gerade da Augen setzt, wo man sie nicht erwartet. Aber das fiel mir selbst erst auf dem Nachhausewege ein: ein Grund mehr, das Manuskript zu vernichten.

*

Robert von Ranke Graves hatte sich in eine Anakonda verwandelt, die den Feind von Martersteig auf offener Gasse anzischte, und dieser, immer noch nicht immun geworden gegen das britisch-deutsche Gift, dessen er sich auf spanischen Boden nicht gut erwehren könne, beschloß noch einige Wochen länger in der anarchistischen Herberge Schutz zu suchen, was die Gerstenberg wieder zum Anlaß nahm, ihn zu bitten, als nächster und letzter aus seinem Werk zu lesen. Dann könne er sich in seine Gebirgsklause zurückziehen, und wenn sie Graves mal wieder im »Alhambra« träfe, wolle sie ihm einiges zu bedenken geben. Dagegen protestierte der Hauptmann, der sich nach echter preußischer Art immer noch selber verteidigen wolle – was aber das Lesen aus seinem »Affenheer« angehe, stünde er in gehorsamster Bereitschaft.

Eine Woche später ließ der Hauptmann im Zimmer der Tragödin seinen makakalen Heerbann aufmarschieren. Er las nicht gut, immer wieder verlor er den Faden, das Typoskript mußte tatsächlich mal anständig und mit genügendem Durchschuß abgetippt werden. Doch was er zu sagen hatte, konnte sich hören und sehen lassen, gottverdammichnochmal, das hatte ich nicht hinter dem abgetrudelten Fant gesucht. Eine beißende Seite um die andere; der ganze preußische Militarismus, seine Unmenschlichkeit, Lächerlichkeit, Leere und Veridiotisierung kam aufs Tapet, von einem geschildert, der es wissen mußte, und mit einem Höhepunkt, der mir den Atem benahm: die Affenbataillone ziehen im Stechschritt durch das Brandenburger

Tor, und das deutsche Volk, das nicht merkt, daß seine Soldaten die ewigen Affen sind, marschiert mitüber mit der langschwänzigen Horde in des Kaisers Rock: Tritt gefaßt, Marsch und den Regenschirm geschultert. Da war es aus mit dem Brehmschen Jägerlatein. Sitzungsberichte der Schimpansenstation der Preußischen Akademie der Wissenschaften auf Teneriffa waren fruchtbringend verarbeitet, und ein Laie sah: diese Affen benahmen sich richtig. Der neue Clausewitz war erstanden, das Volk der Dichter und Denker und Schlachtenverlenker hatte ihn geboren, wo die Not aus dem Mark der Nation auch mit tausend Schröpfköpfen keinen heldischen Gedanken mehr heraussegeln konnte.

»Und?« Das Einglas war auf mich gerichtet – und der Stil, was ich davon hielte, ob er sich mit diesem seinem behelfsmäßigen Stilhandwerk nicht selbst im Wege stünde? Ehe ich antworten konnte, hm, der Stil, ganz nett, doch es ginge ja nicht um den, da sagte die Gerstenberg: »ganz nett«, falls er sie frage, doch sie verstünde zu wenig von Literatur und von Militär halt gar nichts.

Herr von Martersteig packte sein Manuskript zusammen. Dann steckte er es in eine Klammermappe, deren Federn er böse zuschnellen ließ, und erst darauf blickte er finster in die Runde. Als sein Monokel die Schauspielerin fokierte, sagte er in dem vergeistigten Kasernenhofton des Affen-Clausewitz, an den uns das kleine Vorexerzieren schon gewöhnt hatte, gnädigste Frau, ungefähr so: er danke gehorsamst für das Urteil, das gewiß milder ausgefallen sei als eines aus des Vigoleis Munde – »ganz nett«, warum nicht? es sei, unterstrichen, ein Urteil, ein wertendes, und ein vernichtendes obendrein; »ganz nett«, soso, da sei es wohl gestattet, sich zurückzuziehen, und ob er Vigoleis hernach noch auf sein Zimmer bitten dürfe, auf einen Sprung nur und nur um ein paar technische Dinge zu besprechen, wegen des Abtippens seines »ganz netten« Romans – und raus war die gekränkte preußische Soldatenseele, nicht ehe wir uns versahen, versteht sich, dazu war der Hauptmann zu invalide, doch schleuniger als sonst. Eine Minute später hörte ich den Autoklysmus rauschen – ach so. Oder sollte er sein Manuskript den Weg sovielen Papiers geschickt haben? Ich hätte nach einer solchen Nettigkeit die Handschrift vor den Augen der Tragödin in Fetzen gerissen.

Diese wollte nun wissen, ob das, was der da vorgelesen habe, mehr sei als ein Zeitvertreib für einen aus der Luft gepurzelten Offizier. »Vigoleis, Sie haben das Wort!«

»Gnädigste Gerstenberg«, ich setzte mich zur Verteidigung des Kollegen zurecht, »Martersteigs Stil ist tatsächlich ›nett‹, Sie haben mir das Wort von der Zunge genommen, aber in meinem Munde hätte es dann doch etwas anderes bedeutet. Ich hätte nämlich hinzugefügt: ›ganz nett, ja, mit den Augen eines Verfassers betrachtet, dem Sie, Herr Hauptmann, den Schnabel durch den eigenen Stil gewischt haben. Schreiben können viele, zu sagen haben wenige etwas. Sie können nicht schreiben, aber zu sagen, verdammt, zu sagen haben Sie alles.‹ Das Buch ist großartig, wer es liest, ist für den Krieg verloren, und unser Neo-Clausewitz wird das mit dem Neuen Testament gemeinsam haben, daß er nie den Weg in den Tornister eines Soldaten findet. Aber ich befürchte, daß die Feme unseren Martersteig kaltmacht, eine Woche nach der Veröffentlichung. Die Kerle holen ihn noch aus seinem Bau in Deyá heraus und knüpfen ihn in einen Olivenbaum. Die Rückgratrente steht auch auf dem Spiel, obwohl, die anfallenden Royalties bringen dann mehr ein als was Hindenburg blechen kann.«

Und was sollte ich fragen für die Seite? Was zahlte man auf der Insel für dergleichen Fronschreiberei?

Für wirtschaftliche Unterhandlungen mit dem Autor war es nun zu spät geworden. Leiblich und seelisch gestärkt gingen wir nach Hause, ja, ich meine den »Turm der Uhr«, wo wir uns tatsächlich schon zu Hause fühlten, geborene Weltbürger, die wir waren. Im Grunde braucht ja auch nicht die nackte Traurigkeit übrig zu bleiben, wenn man von einem Freudenhause die nackte Freude abzieht.

Unterwegs wollte Beatrice wissen, was ich nun tatsächlich von der »ganzen Schreiberei« des Hauptmannes hielte. Sie fände den Stil schauerlich und den Rest unbedeutend, Rankünе eines verkrachten Soldaten, der auf die Truppe schimpfe, aber die Stirn runzele, wenn man ihn nicht mit seinem militärischen Rang anspräche – und seinen Pour le mérite, pflichtete ich ihr bei, habe er ja immer noch nicht auf den Mist geworfen. »So was liest keiner, da ist blutwenig dran«, und auf französisch fortfahrend: sie habe sich in meinem Geschmack getäuscht.

Wenn man Hand in Hand einem »Turm der Uhr« zuschreitet und weiß, daß man sich nach einer Stunde schon fest im nächtlichen Griffe hat, und es weht vom Schlachthaus übers Feld, und Ratten huschen über den Weg, am Himmel die Sterne stehen, ewig schweigend aufgespießt auf dem mattunterlegten Grunde des Nichts, des Schöpfers vielfacettiges Insektenauge fürchterlich – dann lügt man nicht.

»Beatrice«, sagte ich darum, »Chérie, wenn ich den Flieger soweit kriege, daß er mir fünfzig Centimos hinzahlt für jede Seite Affenliteratur, dann soll es mich das Geschabte seines eigenen Käse scheren, welchen Stil der Kümmelpreuße schreibt. Dem Offiziersstande, dem er immerhin angehört hat, macht er mit diesem Schreibstil wenig Ehre. Der richtige Clausewitz, Moltke, Gneisenau, das waren Sprachklassiker ersten Ranges, an denen jeder lernen kann, der sich der deutschen Sprache bedient; aber das, was sie so vorzüglich zu Papier gebracht haben, interessiert heute nicht mehr, mich nicht mehr und die Welt nicht mehr. Was Martersteig zu sagen hat, wird auch morgen noch seine Bedeutung haben, und wenn ich prophetisch sein darf: überhaupt solange es ein deutsches Volk mit deutschen Soldaten gibt, die Affen sind vom Gemeinen über den Gefreiten bis zum Generalfeldmarschall. Morgen leite ich die Verhandlungen über das Abtippen in die Wege, Papier und Farbband liefert der Verfasser, die Maschine stelle ich aus meinem eigenen Park, desgleichen den dreifachen Durchschuß, und« – den Blick zu den Sternen erhoben, aber Beatrice sah das nicht – »so wahr ich Vigoleis heiße, wird dann auf meiner ›Diamant‹ zum ersten Male Weltliteratur geschrieben, was Vic van Vriesland mir verzeihen möge und ter Braak und Slauerhoff und auch die kleineren Geister, mit deren Hilfe ich vor mir selber davongelaufen bin. Für 30 Centimos täte ich's übrigens auch schon, selbst für einen Real, aber das braucht der Hauptmann wiederum nicht zu wissen.«

Und Beatrice brauchte nicht zu wissen, daß ich den Schrieb auch schon für eine Perra Gorda in Angriff genommen hätte, das sind 10 miserable Centimos, bei einem Manuskript von 500 Seiten, rechnet selbst, es gäbe die Miete für zwei Monate bar, und wir wären dieser Sorge bis zum Jahresende überhoben, wo ja Pablo nicht mehr mit Beatrice pädagogisch schlief. Der Oktober näherte sich nämlich schon dem Ende.

So kam doch noch die Lüge, sei es auch als Deckmantel eines wahren Gedankens, in unser nächtliches Wandergespräch. Das da über uns stand, dem ausgestirnten Auge, blieb sie nicht verborgen. Diese hatte den nächsten Zug auf dem Brett unseres Schicksals. Wir spielten Schwarz und verloren.

*

Die Verhandlungen mit dem Schriftsteller zogen sich in die Länge. Meine hoffnungsvollen 50 Centimos stießen auf ein entschiedenes Nein: *das* könne er nicht bezahlen, 250 Peseten, ob ich mir vorstellen wolle, bitte, daß diese Summe einen Monat Feindschaft mit Graves bedeute, und ob er sich gehorsamst die Frage erlauben dürfe, ob ich übergeschnappt sei? So ging ich in den Handel und unterbot mich um 10 Centimos: Nein! Nicht das Geschabte! Weitere 10: auch nun noch brächte ich ihn an den Bettelstab, für einen Offizier, der gewohnt ist, sich auf seine Stutzerplaute zu stützen, fürwahr kein ermunternder Gedanke, und zudem sei es gerade immer wieder sein Feind, der ihn zwänge, sich ökonomisch zu übernehmen. Auf die Dauer könne er sich die ewigen Abstecher in die Redoute des Grafen nicht erlauben, zu respuieren weigere er sich, zudem sei der verfluchte Tommy der Stärkere, und so habe er denn in seinem Zwerchfell erwogen, die Insel überhaupt zu verlassen, um nach Ibiza oder Alicante überzusiedeln. In diesem Falle würde er sein Inventar veräußern, so schmerzlich ihm der Gedanke sei, und habe er denn eine Kommode, eine Truhe sage man wohl am Niederrhein, er habe da ein solches Prachtstück, das er gerne als Preis für meine Tipparbeit aussetze, und, »gnädige Frau, Frau Beatrice, wie segensmäßig, daß gnädige Frau zur Verhandlung mitgekommen sind, denn sehen Sie, Ihr Vigoleis, nichts gegen den, ein Pfundskerl, aber doch nicht sachlich genug; bitte, keine Einwände, wir wollen alles beim rechten Namen nennen, er verbaut sich ja die eigene Daseinsmöglichkeit mit seinen metaphysischen Lebensschlichen, und wenn Sie mich fragen, Verzeihung, das endet in einer Tonne.«

»Schon drin, Herr Hauptmann! Aber wo Sie schon diese Warnung erschallen lassen, sagen Sie mir dann: aus welcher Höhe muß ein Vigoleis abtrudeln, um eine Heldenrente zu kriegen?«

Herr von Martersteig blickte mich mit seinem Glas mitleidig an und fuhr zu Beatrice gewandt fort:

»– und darum müssen wir auf der Hut sein, denn Don Vigo wäre noch imstande, mir meinen Konvolut für nichts abzutippen, was ich beileibe nicht will!« Der Hauptmann machte eine abwehrende Geste, an der sich auch seine in den Pelzpantoffeln steckenden Füße beteiligten, die ja immer noch, ob auch kaum erkennbar, zu seinem soldatisch untauglichen Leibe gehörten.

Nur ungern trenne er sich von der Kommode, einem Martersteigschen Erbstück, das er sich aus Magdeburg habe kommen lassen, der Umwelt wegen. Ein Milieumensch, könne er sich immer noch nicht an Spanien gewöhnen. Diese Truhe sei ein

Stück Heimat, Vigoleis habe gut lachen, glücklich, wer die seinige in einem Handköfferchen mit sich herumtrage. Er brauche seine ganz bestimmte häusliche Sphäre; ob ich das nachfühlen könne?

Das konnte ich. Ich wußte, daß es Autoren gibt, die nur schreiben können, wenn sie einen Kater auf dem Schoße schnurren hören, der ihnen dann und wann mit dem Schweif die Perlen der Schöpfungsarbeit von der Stirn wischt. Andere brauchen statt der Katze ein Weib, das ihnen unter Umständen mit dem Schweiß auch die Schöpfung ausputzt. Josef Roth behalf sich mit Schnaps; Hemingway nimmt während der Arbeit ein kompliziertes Reibesitzbad; Teixeira de Pascoaes braucht ein paar Dutzend griffeldünner, aus kostbaren Hölzern gedrechselter Halter mit goldenen Federbüchsen, die wie große Zahnstocher in einem besonderen Köcher stecken, um den Kampf mit seinem Dämon zu bestehen. Dante hatte seine Beatrice, Vigoleis tat es auch nicht drunter; François Villon speiste die Ampel seiner Göttlichkeit mit verwegenem Straßenraub: soll da der Clausewitz des 20. Jahrhunderts getrost aus einem altdeutschen Möbel die Kraft popeln, sein vierbeiniges Krümpersystem zu entwikkeln zum Heile des neudeutschen Wesens, an dem dann endlich die Welt wird genesen können.

Bei der Schilderung der Kommode wurde der Hauptmann von Rührung übermannt, und wir fühlten ihm jedes Gefühl und Gefühlchen nach: eingelegte Arbeit, die Beschläge aus getriebenem Metall, ein altertümliches Schloß mit einem geheimen Mechanismus, Martersteigscher Überlieferung nach ein Werk von der Hand des Nürnberger Meisters Hans Ehemann; eine verbogene Lade; eines der Scharniere leicht beschädigt, Vigoleis könne das in der Werkstätte des Anarchisten mit einem Hammerschlag wieder einrenken – und da möchte er das verkannte Genie sehen, das nicht für den Preis eines so edlen Zunftcassone die ± 500 S. Affenheer abgetippt hätte; und nach ein paar Wochen ginge die Lade aus dem von Martersteigschen Besitz über in den des Vigoleis, wobei, Verzeihung, das Adelsprädikat des in Reliefintarsia ausgeführten Monogramms das Vogel-f des neuen Inhabers in einem sinnbildlich schönen Anlauf aufs Urtümlichste zu parodieren scheine. Leider, so beschloß der Hauptmann seine wehmütige Anpreisung, sei er nicht imstande, das Erbstück so vor uns erstehen zu lassen, daß ich ohne Bedenken in den Handel einwilligen könnte, und deswegen äußere er den Wunsch, zu ihm nach Deyá zu kommen und uns selbst vom Wert der Spinde zu überzeugen – aber bitte, die gnädige Frau brauche ihn gar nicht so entgeistert anzustarren, natürlich seien wir seine Gäste, und er schlage gleich zum Faktischen vor: bis Sóller mit der Bahn, dann über die Bergkette, ein Spaziergang, Vigoleis! Er schaffe es bequem mit seinen lahmen Gelenken, und ins Tal hinab, am Hause seines Feindes vorbei und –

Ehe er die Geschäftsreise zur Lustfahrt ausbauen konnte, fiel ich ihm in die Rede, sicher nicht ohne eigene Gemütsbewegung:

»Herr Hauptmann, ohne im Augenblick die Folgen ihres romantisch-praktischen Vorschlages überschlagen zu können, möchte ich Ihnen danken für die Einladung: auch ungesehen hätte ich die Kommode der Martersteigs in Zahlung genommen, doch ist es für Sie vielleicht eine Beruhigung, daß wir die Katze nicht im Sack einhandeln, und darum sage ich: auf nach Deyá!«

Beatrice, nicht spontan, gar nicht spielerisch, doch auch sie bewegt wie immer, wenn's ans Reisen geht, sagte, wieder um den halben Ton sich vergreifend, so daß die Frage die Mitte zwischen Dämpfer und Rüge hielt: »Und das Reisegeld?«

Immer das verfluchte Geld! Kaum schwingt die Seele sich auf wie eine Lerche ins tirilierende Blau, und schon ist sie am Ende vom Lied und schießt auf die Erde zurück, ins gemeine Kartoffelkraut. Hätte der liebe Gott auch nur eine einzige Tierart weniger erschaffen und dafür dem Menschen die Möglichkeit gegeben, das nötige Kleingeld selber herzustellen ohne das Wunder der Falschmünzerei, es wäre besser um seinen Alltag bestellt. Aber nein, unübersichtliches Geziefer mußte er schaffen, Gewürm, das in seinen Millionen Spielarten jeder Katalogisierung ein Schnippchen schlägt; die Bettwanze, die Kleiderlaus, den Menschenfloh, Käfer mit gewaltigen Zangen, mit denen weder die Gelehrten, geschweige sie selber etwas anzufangen wissen; tausendfüßige Ziefer, die auch mit 30 Beinen weniger ans Ziel kämen – und Vigoleis weiß nicht, wie wir das Reisegeld zusammenschrappen. Die Geschichte der Menschheit hat auf gewisse Fragen noch keine Antwort finden können, aus dem einfachen Grunde, weil sie sich scheut, sie zu stellen. Der Vogel Strauß ist das einzige Tier der Schöpfung, das seinen Daseinszweck nicht verfehlt hat. Es gibt dem Menschen ein Sinnbild an die Hand. Und die Fahrt nach Sóller, da muß man sich selbst vor einem Fliegerhauptmann schämen, nicht über ein Organ zu verfügen, 2 mal dritter Palma-Sóller lösen zu können. Jede Spinne ist imstande den Draht zu erzeugen, an dem sie sich herunterlassen kann, während ein Hauptmann trudelt mit den fatalen Folgen für seinen Verstand. Eine Raupe verpuppt sich, wenn sie der eigenen Häßlichkeit überdrüssig geworden ist, und fliegt aufgewertet als Falter davon, und ich – doch will ich mich nicht in solche Gedanken hineinfressen, da sich dann mein Gemütszustand umdunkelt, auch hier nicht der Ort ist, mit dem Schöpfer ein Huhn zu rupfen. Als Laie zöge ich den kürzeren und zudem führte es zu weit von der Truhe ab, auf der ganze Generationen Martersteige gewickelt wurden; in der ihre Kronjuwelen lagen und das eine und andere süße Billet Martersteigscher Fremdschleicherei, und das Affenheer. Jetzt aber ist sie für unsere Helden wichtig geworden, wohl wichtiger noch, als ein paar Kapitel vorher der Schrank im Hotel es war.

Beatrice hatte Summen überschlagen, die Speisevorräte auf der Leine vor ihr geistiges Hausfrauenauge zitiert und kam zum Ergebnis: in drei Wochen sei das Reisegeld beisammen. Am Ton der Aussage merkte ich, daß sie dann mehr zusammengeharkt hätte, und so war's: für jeden noch eine Limonade in der Bahnhofswirtschaft.

Beatrice wollte keinem Esel auf der Hufe des Schnapphahns auf den Hintern klopfen, um ihn Goldstücke küsseln zu lassen, aus ästhetischen Gründen hätte sie's schon nicht vermocht. Sie hatte Sparmaßnahmen im Auge, jeden Kubikzentimeter des Schreins mußten wir uns vom Munde absparen, den Riemen um ein Loch enger schnallen, das letzte: dann sähen wir die Ahnenlade von Angesicht, und so lebten wir froh in der Erwartung. Die Haut des Bären hatten wir natürlich schon verteilt, ehe Meister Petz erlegt war: Beatrice erhielt sämtliche Schubladen für ihre Wäsche, großmütig stand ich sie ab und beanspruchte für mich nur das Geheimfach – »du weißt, Chérie, wie dringend ich ein Tabernakel für meine Gedichte brauche, denn es quält mich, daß meine heiligsten Gefühle auf der Leine hängen wie ein Hemd, und selbst bei Wäsche läßt man eine gewisse Zurückhaltung walten, denke an Büstenhalter und dergleichen Suspensorien, die eine Dame, die wirklich Dame ist, nur in der Dunkelkammer zum Trocknen hängt. Ich könnte meine Gedankenlyrik ja mit einer geheimkräftigen Tinte schreiben, aber das Spind derer von Martersteig ist für meine Zwecke wie geschaffen. Die Lokalbesichtigung wird zeigen, ob ich ein paar Luftlöcher in das Fach bohren muß, um Schimmelbildung und Verdumpfung durch das Lagern zu verhüten. Wir fragen Adeleide, ob wir das Möbel solange in den Flur stellen können, und dann, Beatrice, des Pudels Kern: der Tauschhandel zwingt uns, nach einer anderen Wohnmöglichkeit Ausschau zu halten. Wenn wir unser Spanbett woanders aufschlügen, wäre die Truhe ein Fingerzeig Gottes.«

Emmerich hatte schon vernommen, daß wir zur Truhenschau nach Deyá reisen würden. Deyá sei ein Loch, feucht, hochromantisch, drei Kreuze im Baedeker und noch mehr auf dem Friedhof, und wir sollten ja nicht verabsäumen, einen berühmten japanischen Maler aufzusuchen, der »Drei Wölkchen« heiße, Martersteig sei mit ihm befreundet. Sóller: wunderbar, prächtig, die Superlative aller Reisehandbücher reichten nicht aus, das Tal zu schildern, den Hafen, winzig, ein Bild in Weiß, Blau und Olivengrün, und dann seien wir schließlich lange genug auf der Insel, um endlich mal ins Innere vorzustoßen. Den Kasten sollten wir nachher auf den Autobus laden, es könne uns nämlich blühen, daß den Piloten noch in letzter Sekunde die Reue anwandele, er könne sich schlecht von Gerümpel trennen, siehe den Pour le mérite, das E. K. Eins und ähnliche Trudelorden. Jedesmal, wenn er in den Laden komme, klöne er über Deutschland, den deutschen Wald, den deutschen Geist und deutsche Möbel. – So sprach der Kölner, der nicht auf seine Reibekuchen verzichten konnte.

Schon nach vierzehn Tagen hatte Beatrice das Reisegeld beisammen. Daß Martersteig uns vier Tage dabehalten wollte, bedeutete eine Einsparung an Beköstigung für eine glatte Woche, indem wir einen Tag vor- und einen nachhungerten. Er lebe sehr einfach, aber verhungern würden wir bei ihm nicht in seinem Mühlenturm. Das taten wir nicht einmal in der Hungerbucht unseres Turms der Uhr, und ohne den Militär schädigen zu wollen, gedachten wir doch, uns in Deyá noch ein wenig herauszumästen.

Wir fuhren mit einem frühen Zug. Unser Führer, wie immer steiflendig, war ungewöhnlich schweigsam. Er streute Insektenpulver auf den Sitzplatz von Beatrice, mich und sich den Tierchen aussetzend. Dann kümmerte er dahin, gewiegt und geschüttelt vom Coupé 3. Klasse, unstandesgemäß; und durch einen unglücklichen Zufall saßen wir auch noch über der Achse. Des Hauptmanns Luftkissen milderte die Stöße nur wenig, und da es nach ein paar Minuten schon platzte, es war spröde geworden, kein Tropenkissen, wurde die Stimmung bedenklich. Die Heimkehr schien ihn zu bedrücken, wer weiß, welche Ränke und Triezereien sein Feind wieder ausgetiftelt hat? Wir überließen Martersteig seiner Mutlosigkeit, seinem stechenden Rückgrat, seinen sich immer finsterer ballenden Ahnungen und einem Heer von Flöhen, die sich auf die Reisenden stürzten. Beatrice einzig blieb ungestochen.

Die Fahrt war das Geld wert, das wir zusammengehungert hatten. Es ging durch viele Tunnel, die an sich schon beitragen, eine Gegend, mag sie noch so fade sein, ahnungsvoll aufzulokkern. Die Landschaft in ihrer berühmten Üppigkeit brüstete sich, wissend, die schönste und fruchtbarste der ganzen Insel zu sein. Ölbaumpflanzungen wechselten mit Mandelhainen, Palmen schossen aus Orangengärten empor, ohne übrigens sehr tropisch zu wirken in dieser südlichen Vegetation. Und überall sühlten die lustigen schwarzen Mallorquiner Ferkel, Erbträger eines durch Aprikosenmast auf die Höhe des gastronomischen Weltruhms gelangten Schweinetums, und gaben mir mehr als Palmen, Aleppokiefern, Araukarien, Affenbrotbaum oder Mandarinen das Gefühl, weit weg zu sein von der Heimat meines weißen deutschen Edelschweins.

Sóller ist ein liebliches Städtchen, falls der Begriff lieblich noch Gültigkeit hat unter spanischer Sonne: in einem bunten Talkessel gelegen; man möchte sich gleich dort niederlassen in einem der blanken Häuschen, mit Katzen, Apfelsinenstauden und den goldig leuchtenden Brüsten stillender Mütter im Vorgärtchen. An diesem Vormittage bekamen wir freilich wenig zu sehen von dem Apfelsinenort, dessen Südfrüchte wo auch in der Welt in keinem Früchtekorb fehlen. Der Hauptmann hatte es eilig, nach Hause zu kommen, wir wußten uns sputen. Nicht einmal einen Bummel durch die Straßen erlaubte er uns; wir mochten keinen Blick in das Franziskanerkloster werfen, nicht den Markt besuchen, keinen Herrgottswinkel aufstöbern, nichts, nur heim, ich hätte fast geschrieben: ins Reich – und so stiegen wir denn den Saumpfaden folgend über verkarstetes Land, glühendes Felsgeschiebe und Schuttfußgehänge einen Höhenzug hinan, der von Sóller nach Deyá führt.

Ich bin nicht in der Lage eine Landschaft zu schildern, und das aus dem einfachen Grunde, weil sie mir nichts sagt, bescheidener: nicht viel. Darum käme mir jetzt die Feder des Erzherzogs Ludwig Salvator von Österreich zustatten, der Jahrzehnte auf der Insel gelebt hat. Das grundlegende Werk über die Balearen stammt von seiner Hand. Der hat es wirklich verstanden, den Archipel in Wort und Bild festzuhalten. Abschreiben – ja, wenn ich jetzt ein oder zwei Seiten irgendwo abschreiben könnte, um dem Leser wenigstens einen kleinen Begriff zu vermitteln, wie großartig unsere Wanderung war hoch über des Meeres nervig zuckender Flanke, immer der Küste folgend, die mit Fjorden und Buchten der blauen Flut Einlaß gewährt. »Abgeschrieben«, würde dann Anton Emmerich sagen, und ich stritte es bei Gott nicht ab, indessen an Emmerichs eigenem ›Führer durch Mallorca‹ vergriffe ich mich zu diesem Behufe nicht. Wer sich schon mit fremden Federn schmückt, wartet nicht, bis ihm aus einer Sperlingsmauser ein Federchen anfliegt. Des Kölners geschäftstüchtiger Sinn in Ehren, sein »Führer« war Gesudel, da sind die paar Tupfer auf meiner Palette immer noch besser.

Die Füße des Hauptmanns steckten in Pantoffeln aus Seehundshaut, die er sich von einem Orthopäden in Deutschland eigens für die spanische Reise hatte zuschneiden lassen. In der gräflichen Herberge trug er immer nur Babuschen aus Katzen- oder Kaninchenfell, die gewiß gicht-, aber nicht mottenfrei waren. So schlurfte er über die Eselssteige; er stöhnte zuweilen, und dann war es immer das Zeichen, uns auf einer knorrigen Kiefer niederzulassen, was wir gerne taten, denn auch wir Helden waren wandermüde, wo ich selbst dem Wandern überhaupt abhold bin. Daß wir nicht gehtüchtiger waren an diesem Tage, lag gewiß nicht an der Fußbekleidung, noch an den Füßen selbst. Beatrice ist zudem wie alle Schweizer eine Kilometerfresserin, und als Indianerin hätte sie das Ziel ja immer noch streckenweise im Anschlich gewinnen können. Auch war unser Wasserwaagensystem im Ohr nicht gestört wie bei dem Flieger, den wir anseilen mußten, wenn es um jähe Abschüsse herumging – »Saumpfadangst, gnädige Frau, scheußlich, aber von Ihnen ist ja auch keiner aus 3000 Meter abgetrudelt. Das da unten . . .«

Martersteig klappte fast hörbar die Augen zu, denn von unten gähnte es schauerlich herauf, hunderte Meter. Da abzustürzen ohne Pensionsberechtigung – der welthistorische Abschuß aller berühmten Kampfflieger ist ja immer noch der eigene, dachte ich, und dann hatten wir den Rentner schon sicher um eine Klippe geschoben. Geröll kullerte dumpf in die Tiefe. Unser siechlicher, steifleinener Führer, der jeden Augenblick erneut abrutschen konnte, dankte mit einem verglasten Blick. Der Dank des Vaterlands ist dir gewiß, sangen so nicht die Dichter seiner Heimat?

Die Sonne kannte auch kein Erbarmen und drohte trotz der vorgerückten Jahreszeit mit ihren gefährlichen Stichen. Regen war keiner noch gefallen, von ein paar Streifschauern abgesehen, die über die Insel gewettert waren; aber, meinte der Hauptmann, der wie alle Gichtbrüchigen eine Wetterdistel war, das sei nicht Regen zu nennen. Der richtige komme bald, er habe ihn schon in den Pantoffeln gespürt, und dann, Herrschaften, dann würden wir erfahren, was es sei, wenn eine Insel sich einregnet, was Wasser in Spanien sei.

Nach einem Gewaltmarsch, -schlich und -geschiebe von vielen Stunden erreichten wir das Dorf Deyá, das in einem Orangenwald an einer Berglehne klebt, ohne Zweifel so malerisch, wie es Baedeker verkündet. Martersteig wurde lebendig. Sichernd wie ein Wild, nahm er Beatrice beim Arm und sagte flüsternd: dort unten sei es, abseits, weiter rechts, nein, noch weiter – wo die einsame Kiefer rage? – ja, genau, und wer wohne dort?

Beatrice gab keine Antwort. Über den Zeigefinger mit abgekautem Nagel hinweg, und darunter und daneben verlor sie sich in den Anblick der gesamten Landschaft, was kümmerte sie die einzelne Siedlung und eine Kiefer? Da hob ich meinen gepflegten Finger und sagte schnell: »Ihr Feind, Herr von Martersteig, unser Kollege von der Feder, Sir Robert von Ranke Graves.«

»Gehen wir weiter, noch eine halbe Stunde, dann ruhen wir im Schatten *meiner* Kiefer.«

Das war sachlich, überlegen, strategisch bedeutend bemerkt. So stelle ich mir vor, daß der Beobachter seinem Piloten zututet: abgeschossen, der nächste Feind bitte.

Die Berechnungen stimmten. Nach der angegebenen Zeit saßen wir schweißtriefend auf dem Mauerwerk der alten Behausung, in der unser Hauptmann sein Hauptquartier aufgeschlagen hatte. Da also hatte er sich mit seinen imaginären Affen versippt, hauste er mit seinen imaginären Lustknaben, imaginären Feinden, seinem imaginären Haß auf Deutschland, und hatte als Gegenständliches dem nur sein verknackstes Rückgrat, seine knotige Gicht, seine Rentensorgen entgegenzuhalten – und den Schrein der Ahnen, der uns beiden wie der Stern von Bethlehem vor Augen gestanden während der ganzen hundsmäßigen Wanderschaft, jeder seines Anteils eindächtig: Beatrice des ihrer Wäsche, Vigoleis seines lyrischen Hinterhalts und Allerheiligsten. Das Schlüsselchen zum Geheimfach stellte er sich aus purem Golde vor, drunter hatte es jener Nürnberger Meister gewiß nicht getan.

»Seien Sie willkommen als meine lieben Gäste!« sagte der Hauptmann und schloß die Pforte des Turmes mit einem knarrenden Schlüssel auf.

Die Entrada war kühl, mehr noch, sie war eisig kalt. Weiß getüncht wie alle Räumlichkeiten, bot sie weiter keine Zier als ein kleines Schmuckkästchen, das in einer Mauerblende stand, denn eine große schwarze Spinne mit den berüchtigten haarigen Beinen (ihr Biß kann dem Menschen und sogar Pferden gefährlich werden, steht im Lexikon) begab sich unmittelbar in ihren Schlupf zwischen Balken und Steinwerk zurück. Der Hausherr versetzte einen elektrischen Schalter in Drehung: kein Strom!

Wie schlägt das Herz eines jeden Pessimisten höher, wenn mal wieder alles schief geht, und dann noch vor Zeugen! – »Gnädige Frau, Don Vigo, bitte überzeugen Sie sich, drehen Sie selbst, kein Licht! Wollen Sie ein nackteres Indizium für die Ruchlosigkeit meines Feindes? Robert von Ranke Graves will, daß wir dunkel sitzen! Seine Späher werden ihm gemeldet haben, daß ich mit Gästen komme. Er will mich vor Ihnen erniedrigen, aber – ich habe Kerzen!« Das klang wie ein Triumph. Tod, wo ist dein Stachel, Hölle, wo ist dein Sieg, Robert von Ranke Graves, wo ist deine Dichterphantasie? Joachim hat Stümpfe! Die können im Tornister eines echten Soldaten oft wichtiger sein als der Marschallstab.

Während wir uns von der Strapaze erholten – unser Gastherr hatte im Schatten *seiner* Kiefer (oder war es eine Palme?) Liegestühle auseinandergeklappt, im Hause war es zu kalt –, war Martersteig in der Küche geschäftig. Unterwegs hatte er drei völlig ausgewachsene Sardinen gekauft und briet sie nun auf dem Rost. Der Gestank drang durch alles hindurch, ich möchte fast sagen durch Mark und Bein; nichts ist gräßlicher als Sardinen riechen zu müssen, wenn sie langsam knusperig werden, den ganzen Urweltschlamm in der Flamme läuternd. Die Wissenschaft rätselt immer noch daran herum, wie es möglich ist, daß gerade die Sardine, neben dem Regenwurm das reinste Tier der Schöpfung, so stinkt, während ein durch und durch versühltes Schwein am Spieß lieblich duftet. »Die Küche gehört aufs Dach«, sagte Beatrice und sagte dann nichts mehr. Sie war grün geworden, und ich war nicht minder mürbe. Der Hungerhappen stärkte uns wieder, dann fielen wir in einen tiefen Schlaf, und dann gingen wir ins Dorf. Der Nachmittag war weit vorgerückt, die Schatten lagen schon breit.

Deyá ist, um weiterhin Baedeker anzuführen, da ich's aus Eigenem nicht so überzeugend vermag: schlechterdings phantastisch, unerhört, reizvoll, wirklich lohnend – mehr weiß ich auch nicht zu zitieren, denn zu meinem nicht geringen Erschrecken stelle ich soeben fest, daß mein Baedeker von 1929 das Dörfchen mit einer dreiviertel Zeile abtut! Jedenfalls haben spätere Werke den dortigen Kunstbetrieb mit Worpswede und Ascona verglichen. Worpswede kenne ich nicht, Ascona bietet aber mehr nacktes Fleisch, mehr Skandal auf den Pritschen und weniger Kunst als damals Deyá, wo weltberühmte Maler sich niedergelassen hatten. Bunt eingesprengt lebten auch ein paar Schriftsteller dort, ein paar Philosophen, der und jener Vegetarier; ein rumänischer Wahrsager, eine italienische Koloratursängerin, deren Verzierungen schon alle abgebrochen waren, so daß sie nur noch in hellen Mondnächten auf einsamem Steine von ihrer Gottesgabe Gebrauch machte; ein Dutzend Bildhauer und ein sehr gesuchter Porträtphotograph, ein Russe. Am einen Ende des Dorfes wohnte Graves, am anderen Martersteig. Dazwischen lag die internationale Kunst, der Ruhm des einen, die Verkanntheit des anderen, der Neid und der Haß, die böse Zunge und der Kern der Ureinwohner, die schon lange nicht mehr wußten, was sie eigentlich noch an der orangenbewachsenen Bergleite zu suchen hatten. Viele ließen sich widerstandslos malen – qué remedio? – da kann man nichts machen.

Hatte nun aber ein so bekannter Schriftsteller wie Graves es nötig, einen so unbekannten Verfasser wie Martersteig zu drangsalieren, ihm nach dem Leben zu trachten, ihn aus Haus und Dorf zu bieten?

Robert Graves war damals schon berühmt. Sein Buch ›Godbye to All that‹ galt als eines der besten Kriegsbücher Englands. Deutsch war es unter dem Titel ›Strich drunter‹ erschienen. Wie Joachim von Martersteig war auch Graves im Wilhelminischen Weltkrieg Offizier gewesen, hatte dazu noch in Frankreich gestanden, in demselben Lande, dem Martersteigs Haß immer noch galt. Aber beide hatten sie eines Tages einen Strich drunter gemacht; es war aus mit dem Soldatentum, der bunte Rock war in Fetzen gegangen, Sieger und Besiegte waren niedergeschlagen. Omne animal post coitum triste, praeter gallum qui cantat, sagt Aristoteles: Jedes Tier ist nach dem Geschlechtsakt traurig, ausgenommen der Hahn, der kräht. Oder er singt, wie unsere beiden Schriftsteller aus den feindlichen Lagern. Sie widmeten sich der Literatur, Graves auf eine Weise, die in jeder Literaturgeschichte vermeldet steht, Martersteig auf eine, die der Welt erst noch erschlossen werden mußte. Sein Bild als Kampfflieger war in den Illustrierten schon vergilbt. Und um der Welt den neuen Martersteig zu zeigen, den clausewitzigen, dazu mußte erst einmal Vigoleis, der lausewitzige, das »Affenheer« ins reine tippen. Beide Kontrahenten führten ein deutsches Adelsprädikat im Namen, beide hatten sie Deyá für ihre pazifistischen Nachwehen auserkoren, und nun kommt die ans Tragische grenzende Unbegreiflichkeit: beide wollten sie trotz der vielen gleichen Züge nichts voneinander wissen. Sie schnitten sich. Graves behandelte den krummgeschossenen Preußen als Luft. Und da scheint es einmal passiert zu sein, daß der Engländer mitten durch den Deutschen hindurchgehen wollte, wie so etwas nur in der Bibel und in Geistergeschichten gang und gäbe ist. Da aber der Hauptmann bei aller urpreußischen Dienstvergeistigung kein Geist war, kam es zu Anranzung und Rempelei auf offener Dorfgasse, und man frage nicht erst, welcher den kürzeren gezogen. Denn wer Graves kennt, oder auch nur sein Bildnis in den Penguin Books flüchtig betrachtet, wird mir ohne weiteres glauben, was ich aus erster Hand berichte: der Dichteroffizier haute den Offiziersdichter zusammen, er legte ihn um, er machte ihn fertig wie einen frühen Hering, und dann nochmals: Strich drunter!

Martersteig hatte es betrübt berichtet, diesen Affront, den Tort, den Insult, er hatte es einstecken müssen; aber die Martersteigs schienen mir schon viel mehr haben einstecken müssen, so aus allem zu schließen. Der spinne, meinte Beatrice, die es immer weniger auf ihn hatte. Ich selbst traute der Schlägerei auch nicht ganz. Vieles wird sich im Hirn des Hirnverletzten abgespielt haben; spätere Gespräche mit Graves haben das bestätigt, obwohl der englische All-round-man nicht offen Farbe bekennen wollte. Graves wird für Martersteig das gewesen sein, was die geilen Traumvorstellungen den frommen Anachoreten in der Wüste Chalcis bedeuteten. Wenn so ein nacktes Weib einem Säulensteher, der nach der letzten Heuschrecke eben eingenickt war, im Traume erschien, dann brauchen wir keinen religionshistorischen Zweifel daran aufkommen zu lassen, daß 99% der Heiligen im verdrängten Wollustrausch von der Säule gepurzelt sind. Hieronymus hat solche Sachen mitgemacht und sie überzeugend geschildert. Auf die Säule stieg der aber nicht. Herr von Martersteig, zum Absturz vorbestimmt, fiel, wo er ging und stand.

Was die Verdunkelung betrifft: Deyá besaß damals ein elektrisches Kraftstatiönchen, ein primitives Unternehmen privater Natur. In einem Schuppen stand der winzige Generator, an einen winzigen Zweitakter gekuppelt. Tag und Nacht knatterte es, Tag und Nacht gab es Pannen, aber da der Strom über Akkumulatoren geleitet wurde, war die Stromzufuhr sichergestellt. Ich erinnere mich nicht mehr, ob Graves an dem Kraftwerk finanziell beteiligt war oder ihn nur Freundschaft mit dem Stromerzeuger verband. Wenn sich nun Graves über Martersteig geärgert hatte, sperrte der Spanier aus Sympathie für den Engländer dem Deutschen die Lichtzufuhr. Je dunkler hinwieder der Hauptmann zu sitzen kam, je wütender wurde er, dieselbe Technik wie beim Stierkampf: der Bulle wird im abgedunkelten Toril vorgereizt. Dann war es so, wie bei alten Familienstreitigkeiten, wo niemand mehr weiß, wer angefangen hat und warum man überhaupt verkracht ist. Jeder spuckt auf den anderen. Martersteig verfügte schon über ganze Regimenter Maulaffen, die Graves die Ehre abschnitten, wo sie nur konnten. Frauengeschichten natürlich – und da schnitt Graves dem anderen den Strom ab. Aber die Deutschen haben nicht nur das Pulver und die Buchdruckerkunst, sondern auch die gezogenen Lichter erfunden: Martersteig hatte Kerzen.

Beim Schein einer einzigen solchen Erfindung saßen wir nachts im sechseckigen Arbeitszimmer des Schöpfers der neuen deutschen Armee. Dieser Raum verdient eine Beschreibung. Die Wände des Turmgemaches waren weiß getüncht, die Balkendecke reichte tief hinab, der Steinboden war mit einer der üblichen Palmblattmatten bedeckt. In der Mitte stand ein großer, runder Tisch aus dunkel gebeiztem Holz, der in der Diagonale geborsten war. Im Spalt steckten ein paar Briefumschläge und eine Fliegenklappe aus Draht. Um den Tisch standen drei einfache Stühle mit hohen Lehnen. Auf der Platte ein Lichtknecht mit der rettenden Stearinkerze. In einer Wand war ein kleines Loch, rundherum war der Bewurf abgeblättert. Dort, erläuterte der Hauptmann fast entschuldigend, habe jemand versucht, einen Nagel einzuschlagen. Das sei zum Glück mißlungen. Nirgends wies die Tünche Blutspuren auf, noch plattgehauene Mücken: wie er das mache? Er schlage die Moskitos im Fluge. Natürlich, Jagdstaffel Richthofen! Die Jagdstaffel Vigoleis tötet Mücken an der Wand mit einer weichen Kleiderbürste statt mit dem Pantoffel, das gibt auch keine Totenmale. Von der Decke herab hing eine elektrische Schnur mit der nackten Birne.

In dieser soldatisch nüchternen Zelle arbeitete der Affenfeldherr seine strategischen Pläne aus, hier wurde das »Affenheer« fortgezeugt, hier sann Clausewitz auf Hieb und Hau, den Feind zu entmannen. Und hier saßen wir nach einem zweiten Hungerimbiß steif auf den Stühlen und hörten der Lebensgeschichte eines Menschen zu, die ans Spukhafte grenzt. Man konnte das Gruseln lernen. Stunde um Stunde ging es in einem Trumm. Der Hauptmann saß etwas vornübergebeugt in der Haltung, die der Schmerz ihm vorschrieb. Nur einmal stand er auf und holte eine frische Kerze aus einer Lade im Tisch, zündete sie an und stülpte sie über den noch brennenden Stumpf. Mir waren die Beine schon lange eingeschlafen, mich rühren konnte ich nicht, hätte aber auch kaum gewagt, mich zu mucksen.

Martersteigs Vater war ein Tyrann, ein eiserner preußischer Erzieher, der seine Freude gehabt haben würde an einem Oberlehrer meiner kaiserlichen Bildungskaserne, der uns zur Abhärtung in die Brennesseln kommandierte: auf! nieder! auf! nieder! Und wehe, wer da wehleidig wurde und die Rockärmel wie Fäustlinge über die Hände zog! Der kriegte Senge und mußte nachsitzen – in den Brennesseln. Auch bei Martersteigs gab es kein Mucksen. Deutschland brauche Helden und die wüchsen einzig unter der elterlichen Rute heran. Vater hatte viele Titel und viele Pflichten. Er war Geheimrat, bekleidete einen hohen militärischen Rang, hatte Ordensbändchen, an denen es klimperte vor lauter Verdienst um Volk und Vaterland; vielleicht war er sogar General. Im Zivilberuf war er Jurist, zweimal mit dem Doktortitel bestallt, Staatsanwalt, Oberstaatsanwalt, Obergerichtspräsident? Auch das habe ich nicht behalten. Es genüge, daß der alte Herr etwas sehr Hohes, sehr Ehrfurchtgebietendes und von vielen Gefürchtetes war, denn er hatte mit der sogenannten allerhöchsten Instanz zu tun. Wer beim alten Martersteig nicht durchkam, konnte sich in die Sparren knüpfen oder wurde aufgeknüpft; aus war es mit dem Leben jedenfalls. Im Hause wußte jedermann, daß Vati über Leben und Tod zu befinden hatte.

Eine späte Heirat mit einer unebenbürtigen Schweizerin schuf Spannungen im Stammbaum und im Vermögen, aber zum Glück für die Nachwelt schien die Ehe kinderlos zu bleiben. Schmach macht taub, oder hatte der Justizrat über den Akten vergessen, mit der Tscharnerschen zu schlafen? Das ist meine Auffassung, wohingegen der Sohn dieses Vaters es anders ausgedrückt hat: Liebe, das Wort habe sein Erzeuger nicht gekannt, so was gab es nicht, weder im Geiste noch im Fleisch. Und doch ist dem strengen Eheherrn in einer schwachen Minute der Same zum spätgeborenen Joachim entfallen.

Joachim bezog das Gymnasium, er hatte das, was die Holländer mit »studiekop« bezeichnen, ein Studienhaupt, ins Lächerliche verzerrt übersetzt, Grütze im Schädel, schlicht und bürgerlich.

Als Joachims Vater 25 Jahre dem Reich gedient hatte, gab es Ehrung über Ehrung, neue Bändchen, Sonderzulagen, einen geschmückten Stuhl im Amt und ein Essen in der Martersteigschen Villa mit Lohndienern und gedrucktem Menü, Schießschnüren, Fracks, nackten Schultern, Martersteigschen Diamanten, einem Tscharnerschen Gehänge, einem ungarischen Geiger, einfältigen Stiftsdamen, Monokel; man schlägt ans Glas, der Wein schäumt, alle erheben sich und blicken dem Jubilar ins silberne Auge – auf viele Jahre noch, Prosit! die Kapelle bläst einen Tusch, draußen steigen fauchend die Raketen, 25 Stück, und da führt auch der gestrenge Richter das Glas an die Lippen und dankt allen, allen, und ein Schluck, er wankt, ein Diener fängt ihn auf, Getümmel im Saal, ein Schrei, die Frauen greifen an ihre Diamanten; doch kein Mörder oder Dieb hat sich eingeschlichen. Der Jubilar hatte nur Gift genommen, und der Vorhang fiel.

Im Nachlaß fanden sich ein paar Worte an die Hinterbliebenen: Ein deutscher Richter, der seine Pflicht vor Gott und Vaterland erfülle, könne nach fünfundzwanzigjähriger Dienstzeit nur zwei Dinge tun: sein Amt niederlegen oder Gift nehmen. Er ziehe das letzte als die anständigere, soldatischere, preußischere Lösung vor, so wahr ihm Gott helfe.

Gott half ihm wunderbar: die Dosierung war für des Geheimrats Konstitution die richtige, er sackte ab wie vom Blitz gefällt. Preußisch, soldatisch wäre nun zwar die Kugel gewesen, aber der alte Herr war auch Ästhet, er liebte nicht das Blut auf seiner weißen Weste, und vielleicht hat er mit dem Knall nicht zuviel Aufhebens von sich selber mehr machen wollen. Ich weiß nicht, ob damals in Deutschland der Selbstmord noch strafrechtlich verfolgt wurde; ein Staatsbeamter jedenfalls war an gewisse Tötungsformen gebunden, er mußte sich standesgemäß umbringen, sonst ging die Witwe der Pension verlustig. Im Augenblick, wo der Vater umgesunken und Panik entstanden sei – eine taube und blinde Martersteigsche Komtesse und die Fische im festlich beleuchteten Aquarium waren die einzigen, die ihre Fassung bewahrten – habe schon jemand gerufen: »Der arme Joachim, nun ist es aus mit dem Studieren.« Joachims Mutter bekam tatsächlich keine Rente.

Tanten indes brachten Taler beisammen, und der Knabe wurde in eine Kadettenanstalt königlich-kaiserlicher Observanz gesteckt, in eine »Hirnkelter«, wie der Hauptmann sich ausdrückte, was immerhin noch schmeichelhaft für derartige Einrichtungen war, denn es setzte Hirn voraus. Aber er meinte wohl, daß nichts mehr davon übrig bliebe, wenn die Kerlchen erwachsen seien und ins »Leben« träten. Ob es die Anstalt in Berlin-Lichterfelde war, weiß ich nicht mehr zu sagen. Herr von Martersteig schüttelte sich, soweit seine Knochen ihm das noch erlaubten, als er die Zustände schilderte. Wer mehr über diese Zuchtanstalten wissen will, sei an die erste deutsche Autorität auf diesem Gebiete verwiesen, den Grafen Dr. Dr. Werner von der Schulenburg, der dort auch seine Jahre abgesessen hat, ohne daß die Zuchtmeister ihn mürbe gewalkt hätten. Aber das sind erstaunliche Ausnahmen. So wie das Christentum, das sich in seiner ganzen historischen Mächtigkeit aus dem Hungerödem der Menschheit auf das natürlichste entwickelt hat, an der unnatürlichen, satten, selbstgefälligen Kathedertheologie zerschellt ist, so ist Deutschland draufgegangen an seinen, um mit Nietzsche zu sprechen, unnatürlichen Bildungsmethoden. Joachim lernte die Feldherrnkunst, statt griechische und lateinische Klassiker, Philosophie und Psychologie zu studieren, wozu ihn seine Veranlagung trieb. Dann gab es Krieg und der Kadett stieg auf, nicht freilich als Offizier, denn er hat es ja nur zum Hauptmann gebracht, wo in einem Kriege es jeder wenigstens zum Untergeneral bringt; nein, Herr von Martersteig wurde der Jagdstaffel des Kollegen Mandfred von Richthofen beigegeben, und als Beobachter hat er viel zu sehen bekommen, Feindesland vor allem, den Untergang aus der Vogelschau – wenigen war das vergönnt. Darum konnte er nachher auch der Köchin Josefa in den Busen spähen und den Asbestbeutel als feuersicheren Unterstand fürs Pfeifchen identifizieren, ohne daß übrigens Erregung seinen Blick benebelt hätte; er liebte ja nur Knaben. Dann wurde er aus der Luft heruntergeholt, ein Schuß genügte, das Heldentum zu festigen – es ist wie bei der Kirmes in einer Schießbude, wo man für einen Groschen die Tonpfeife aufs Korn nimmt und: päng, der ganze Zauber fängt an zu tanzen, zu zappeln, es kampelt und kullert, klingt, macht Purzelbäume, es ist eine wahre Lust, die Umstehenden staunen: ein Held verläßt erhobenen Hauptes die Bude und genehmigt sich an der nächsten einen Rollmops und einen Schabau. Ein Afterwitz des Schicksals wäre es ja, wenn der Tommy Robert Graves (ohne den Ranke, à bas les boches war ja noch Trumpf) diesen besonderen Feind sich heruntergeholt hätte, denn Martersteig trudelte hinter die feindliche Linie mitten in die Franzosen hinein, unter denen auch Graves stand. Er trudelte, wie gesagt, und bohrte sich nicht wie eine Granate in den welschen Boden. Dem lerchenhaften Niedersinken verdankte er sein Leben, seine ausgeklinkte Wirbelsäule, seine Hirngespinste, seine Hindenburgrente, seinen Liebeshaß auf das Heimatland, sein »Adieu du mein lieb Heimatland« und seine Inspiration fürs Affenheer.

Der Vollmond war aufgegangen, längst Mitternacht vorbei; die Schnuppe der letzten Kerze in der Talglache erloschen. Der Erzähler hatte sich mit Mühe erhoben, geräuschlos wanderte er auf seinen Babuschen ab und an, ohne im Sprechen innezuhalten. So ging das eine Weile weiter, dann setzte er sich wieder, aber die Geschichte schien aus zu sein, es kam nichts mehr; die Gedankenpause war so lang geworden wie das Ende vom Lied.

Ich vergaß zu sagen, daß der Hauptmann uns Wein eingeschenkt hatte, in sehr unspanischen grünen Römern. Aber keiner rührte die Martersteigschen Giftbecher an.

Bevor wir ins Bett gingen, sagte Joachim, er habe, überwältigt vom eigenen Bericht, den er immer im Geiste, selten aber mit lauter Stimme aufsage – er habe, Verzeihung, überdem den Entschluß gefaßt, die Insel nicht zu verlassen, er bleibe in seiner Atalaya, trotze dem abgeschworenen Feinde, der Feuchtigkeit des Bergkessels, den Spinnen und Skorpionen und – von dem Familienmöbel könne er sich nicht trennen, des Vaters letztes Gift sei darin gefunden worden – ob wir es ihm sehr verübeln täten? Und nun wir die Kommode selbst gesehen hätten, könnten wir seine Bedenken noch besser begreifen.

»Selbst gesehen?« sagte Beatrice, »wir haben die Truhe noch nicht gesehen, Herr von Martersteig, wir sind ja noch nicht in allen Zimmern gewesen.« In unserem Schlafzimmer stand sie nicht.

»O, ich bitte, gnädige Frau, Sie sind zu gütig – ›wie hübsch‹, sagten Sie nicht so, als Ihr Blick in die Nische fiel, kaum hatte ich aufgeschlossen . . . Im Geheimfach bewahrte mein Vater mein Schicksal auf, und auch das Pulver, mit dem er seiner glänzenden Laufbahn ein Ende bereitete, und mich in die meine preßte – nein, davon kann ich mich nicht trennen, solange *mein* Werk nicht abgeschlossen ist.«

Am anderen Tage brachen wir in aller Frühe wieder auf. Ein paar Meter oberhalb des Schlößchens ging die Landstraße vorbei in einer Kehre, die gefährlich war, weshalb auch zuweilen Fahrzeuge aus der Bahn geschleudert wurden und dem Hauptmann mit der Tür ins Haus fielen. Auch das nahm er nun auf unbestimmte Zeit wieder mit in den Kauf.

Unser Gastherr hatte sich oben auf Posten gestellt, um einen Lastwagen abzufangen, der über Valldemosa nach Palma führe.

Der Abschied war korrekt. In einer einzigen Nacht waren wir uns so nahe gekommen, daß jeder das Bedürfnis empfand, so schnell wie möglich wieder auseinander zu gehen. Als wir die gefährliche Kehre nahmen, sahen wir noch gerade, wie das Monokel des Turmherrn in die blutleere Hand fiel, und dann sahen wir nur Staub, Hühner, Ölkrüge – wir schlossen die Augen.

Der Hauptmann blieb zurück, nun lag er schon 1000 Meter hinter uns, 1001, 1002, es ging schnell, der Abstand zwischen uns und der Truhe mit dem Geheimfach für meine Gedankenlyrik wuchs, während der Schrein in seinen kleinen Maßen nicht einmal perspektivisch mehr kleiner werden konnte: ein Gedicht, gefaltet wie das Cachet für die Prise Gift, soweit es meinen Schatz beträfe, wäre in das Sekret hineingegangen. Beatrice hätte vom ihrigen untergebracht: ein seidenes Tüchlein, eine hauchdünne Kombination, ihre glückbringenden Störschilde, ein wenig Breloquerie. Des Hauptmanns Eisbärpantoffel war größer als die Zierschatulle mit dem Gesperre des Nürnberger Meisters Hans Ehemann.

Bei unserem Gang ins Dorf, tags zuvor, hatten wir den japanischen Maler Drei Wölkchen besucht. Ich war mit ihm ins Gespräch gekommen über die Lichtverhältnisse auf der Insel (nicht die von Deyá), hatte seine elfenzarte französische Freundin ebenso angestaunt wie seine überhauchten Zeichnungen, im Atelier ein wenig gestöbert, sehr unter dem Eindruck der Simpelsfransen des Künstlerpaares, die aufeinander zugeschnitten waren. Drei Wölkchen wollte Beatrice zeichnen, Aimée mein Miniaturbildnis auf Elfenbein malen, am folgenden Tag; aber es kam die Nacht mit dem Giftbecher, und wir fuhren geschunkelt und gestoßen in einem mit Federvieh, Kaninchen, schwarzen Ferkeln und Tomaten vollgepackten Urford nach Palma zurück. Es blieb bei der Miniatur des Minnekästchens, en pensée.

Den Hauptmann sahen wir dann ein paar Jahre lang nicht mehr. Das heißt, man sah durcheinander hindurch, wenn man sich auf der Straße oder in der Pension des Anarchisten in die Quere lief. Als die Wunde, die wir uns gegenseitig mit der Affenkommode geschlagen hatten, ausgeheilt war und man sich hätte versöhnen können, obwohl eine anständige Feindschaft nie entstanden war, da traf den Neo-Clausewitz ein neuer Schlag:

Robert Graves hatte von der Truhenschau vernommen, und erfuhr somit, was auch nicht im Baedeker stand: daß ein Mann namens Vigoleis Manuskripte ins reine schrieb, auf Abzahlung. Statt des ›Affenheeres‹ von Joachim Freiherrn von Martersteig tippte ich ›I, Claudius‹ aus einer verzwickten Handschrift klar zum Druck – das Werk des Feindes.

So denn verlieren wir auch den Getrudelten ein wenig aus dem Gesichtsfeld. Doch als mit dem ersten, staatlich anerkannten »Deutschland erwache, Juda verrecke« Deutschland erwachte und es Juda an den Hals ging, tauchte unser Joachim wieder auf, und wir reichten uns die Hand, angesichts des größeren Feindes, der zum Sprung auf unser aller Schanze die Sehnen spannte. Zu dritt schimpften wir nun über das Reich, oh die maßlose Schande, wie sie alles überflutet, an dem man doch noch gehangen hat, denn sonst: warum läßt es einen nicht kalt wie ein Gemetzel unter Botokuden? Abschwören, dem verleugneten Vaterlande abschwören, nun mit dem Herzen nicht nur, auch mit der Tat. Beatrice und ich haben das bis zum letzten braunen Hemd ausgehalten. Der Hauptmann strauchelte schon nach wenigen Wochen über eine Stange deutsches Bier und zwei deutsche Würstchen. Doch diese Geschichte einer wahrhaft Freiherrlich von Martersteigschen Affenschande paßt nicht mehr in dieses Kapitel, das enden möge mit Vigoleis und Beatrice: beide wieder auf der Matratze im »Turm der Uhr«, den Blick zwar nach oben gerichtet, auf die Leine ihrer körperlichen und geistigen Patraquen, doch immer noch unten liegend, im Kielraum ihres Lebensschiffes, wo sich die Grundsuppe sammelt. Es gluckst und kluckert. Nur die Ratte wohnt dort; nie oder fast nie ein Mensch.

VI

Ein Unglück kommt selten allein.

In der Nacht, wo der Hauptmann den Giftkelch seines Vaters heraufbeschworen; wo das Martersteigsche Ahnenmöbel aus einer gediegenen Bohlentruhe zusammenschrumpfte in das putzige Maß eines Kommödchens, wie man es gern auf eine Kommode stellt; wo wir nach langer Zeit mal wieder in einem richtigen Bett lagen, ohne freilich den Schlaf zu finden – in dieser Nacht waren alle Sterne aufgegangen und der Mond hatte das seine getan, dem Herrn der Atalaya einen Lichtstumpf sparen zu helfen.

Die folgende Nacht machten wir wieder von unserem Pferchrecht auf der Klunthufe Gebrauch, und auch in den Buchten neben uns hatte manch einer sein Schäfchen ins Trockene gebracht, und daran gut getan.

Der Himmel hatte sich gegen Mittag überzogen. Die Ältermutter prophezeite Regen, und man brauchte nicht einmal über eine hundertjährige Wettererfahrung zu verfügen, um ihr beizupflichten. Gegen Abend fegte der Wind vom Teix die Wolkenballungen wieder auseinander, der heiter-blauen Binnenseen wurden immer mehr, und da unsere Ernte sowieso nicht auf dem Halm stand, legten wir uns unbekümmert um die Pläne der himmlischen Mächte nieder und schliefen.

Ein Kanonenschuß weckte uns – nach einer Sekunde, nach einer Stunde? Potzblitz, fährt Arsenio nun schon mit der Dicken Bertha auf? Hat er an einem U-Boot nicht genug? Langhin verhallte der Donner. Ein Gewitter stand über der Stadt. Blitze erhellten das Domgewölbe, die Wände wackelten von höherer Gewalt, und aller Plunder zu unseren Häupten geriet in Aufregung. Pfeifend, dann wieder hohl, fuhr der Sturm durch die beschriebenen Blätter – was hätten wir darum gegeben, nun alles reinlich und glatt in einer Truhe geborgen zu wissen. So erbärmlich klein sich auch der Mensch beim Toben der Elemente vorkommen mag: eine der eichenen Truhen, wie sie auf der Scheifeshütte meiner Großmutter standen, hätte uns einen bedeutenden moralischen Halt geben können im Aufstand der toten und belebten Natur. Aus allen besetzten Zellen erscholl nun nicht die große Pauke der Brunst, kein durchmännertes Kathrinchen stöhnte nach mehr Lust, kein Almocrebe schnalzte mit der Zunge: man rief nach der Gottesmutter, flehte sie um Beistand an gegen Blitz und Feuersnot. Doch mehr noch erscholl der Name der heiligen Barbara, jener wunderbaren Frau, die zu den vierzehn Nothelfern zählt, seit sie in grauer Vorzeit an einem Manne mit Namen Hendrikus Stock zu Gorkum in Holland ein Wunder bewirkt hatte. Das wußten die losen Liebeshökerinnen natürlich nicht; doch daß ihre Santa Barbara bei Feuersbrunst und Ungewitter mehr erreichte als die Gottesmutter selbst, darauf könne ich mich verlassen. Gern ließ ich mich noch in selbiger Notstunde und unter krachenden Salven von einer Liebenden aus Zelle 2 belehren, wie im Himmel die Feuerwehr funktioniere, wer an den Eimern stünde, wer an der Pumpe und wer am Strahl.

Das wußte die fromme Hure genau, und ich kriegte auch keinen Stiefel an den Schädel, als ich über den Verschlag zu ihr hinabblickte, weil es sich so fügte. Ich mußte nämlich etwas an den Seilen in Ordnung bringen, da sonst das Brausen aus der Schwebe unseren ganzen aufgescheucht flatternden Krempel entführt hätte. Das Mädchen hockte halb angekleidet vor der Pilarière auf den Knien und betete, die Augen zum Himmel und somit auch zu mir erhoben, der ich aber weniger wundertätig sein konnte. Ihr Bulle lag auf der Matratze und schlief. Nur ein Kugelblitz oder die Aufforderung zu einem neuen Tanz hätte den Mann wieder munter machen können. – Ob die Meine keine Angst habe, wenn die Welt untergehe? man höre sie nicht schreien, nicht beten, keine Kerze brenne bei uns . . . Nein, die Meine habe das Fürchten schon lange verlernt, und vom Beten halte sie auch nichts, und Gott lasse seiner nicht spotten. Kaum gesagt, da schlug der Blitz in die Hurenbude ein. Ich taumelte vom Stuhl auf Beatrice nieder, der Donnerhall erschütterte den Klosterbau, die Schotten klapperten, gellende Schreie erfüllten die Luft: die Torre brennt! Es roch nach Schwefel und dem billigen Universalbleichmittel »Legia«, Schrecken aller Ausländer, die sich nicht alle halbe Jahre neue Wäsche kaufen können. Beatrice bebte am ganzen Leibe unter mir, und ich zitterte unter der ganzen Bescherung von der Leine, die wieder einmal heruntergekommen war unter dem schmetternden Faustschlag des Himmels. Dann war es still für den Bruchteil einer Sekunde, die eine Ewigkeit lang im Raume stand. Dann brach die Wolke. Der Regen platschte aufs Dach. Nonne und Mönch begannen zu tanzen.

Wäre dies ein Roman und ich sein Verfasser, dann ließe ich an dieser Stelle die Freudenmädchen antreten und nach einer Minute schon einander in die Haare fliegen im Streit über die Frage, wer im letzten, aber auch allerletzten Bruchteil einer Mikrosekunde den Blitz von der Torre abgezogen, um ihn einen Schleuderwurf weiter in den Johannisbrotbaum zu lenken: Santa Barbara oder Unsere Liebe Frau auf der Säule? – »O Santo da porta não faz milagres«, lautet ein portugiesisches Sprichwort: der Hausheilige wirkt keine Wunder. In der Kaserne der Sünde wurden der hl. Barbara keine Lichter gesteckt: also war sie es gewesen, die das Unheil abgewehrt. Der Turm stand nicht in lichter Lohe; dafür waren aus dem Johannisbrotbaum zwei geworden.

Dennoch war es nun aus mit der Liebe. Auch das ist hier anders als in einem Roman, wo der Autor sein Pärchen über die

Felder schreiten oder in einer feineren Geschichte sogar reiten läßt, glühender Gefühle, zuckender Hemmungen voll, aber es kommt zu nichts. Dann läßt er ein Gewitter aufziehen, und bei den ersten dicken Tropfen schnellen die zwei einem Heustadel zu. Der Himmel öffnet sich und gießt und pladdert, die zweite Sintflut. Doch die beiden werden nicht naß, und auch nicht satt, sie lieben und lieben, als hätte es seit Adam und Eva kein Heu mehr gegeben . . . Das alles kann ich mit meinen Pärchen nicht machen, einmal, weil es so viele auf einmal sind, und dann: wohin mit ihnen? Draußen schüttet es erbarmungslos, und drinnen auch. Hatten Nonne und Mönch den Gestirnen des Himmels Einlaß gewährt, jetzund wehrten sie seinen Wassern nicht. Der Spiegel in den Zellen stieg. Rette sich, wer kann. Nach uns die Sintflut.

Die Leitungen waren durchgebrannt. Ich zündete Kerzen an, keine Weihe-, doch Werklichter: ran an die Pumpen!

Mit unseren Regenmänteln und Beatricens wundertätigem Unkulunkulu gelang es mir, die Traufen abzuleiten; gegen die ärgsten Fontänen waren wir geschützt. Um uns herum das Chaos: die Lyrik, die große Prosa, das schon gedruckte fremde Geistesgut, der Zucker, das Stänglein Vanille: alles weichte auf, lief aus, ging aus Leim und Leiste. Nur ein Büschelchen der krausen Hauspetersilie, das Beatrice gegen Ungeziefer ständig an der Leine hängen hatte, sog gierig die Tropfen auf und grünte und duftete wieder märzlich.

Den Rest der Nacht verbrachte ich wie eine Klucke sitzend auf meiner Schreibmaschine, um sie vor dem nassen Element zu schützen. Beatrice hockte weggekauert unter dem Kaffernschirm und schlief. Neuer Selbstmord oder zwei nasse Rippenfellentzündungen werden die Folgen des Wolkeneinbruchs in unser Schloß der gottesfürchtigen Unzucht sein.

Als der Morgen graute über der Schwemme, stand mein Entschluß fest: hier müssen wir raus, raus aus dem Stall, so schnell wie möglich.

*

Der hat gut Entschlüsse fassen, denkt der Leser; mit Worten ist er ja rasch bei der Hand, aber: wo will er denn hin, Vigoleis mit seinem Mädchen, wo er ja nicht mal das Geld hat, um mit der Straßenbahn an die Endstation seines Lebens zu fahren, zu schweigen von einem Kommodenabstecher nach Deyá? Ein anderer Leser erinnert sich seine Mutter immer haben sagen hören: Junge, merke dir eins, dreimal umziehen ist so teuer wie einmal abgebrannt; während der klassisch Gebildete zur Seite murmelt: ach, oder besser: eheu, plus salis quam sumptus habebat. Wie dem auch sei, lieber Leser, aus dem oberschlächtigen Koben mußten wir heraus.

»Beatrice, Chérie, Bice, Bé«, sagte ich, als es unter dem Gott der Kaffern sich zu regen begann, »meine Liebe, wir sind kein Federvieh mit einem Bürzel, durch den man den Schnabel wetzt, dann die Federn einzeln durch den geölten Schnabel gezogen und man ist wasserdicht wie ein Burka. Ich habe es mir überlegt, ich bin in mich gegangen, während du schliefst, kleinere Erleuchtungen sind über mich gekommen: als in der ersten großen Liebesnacht das Unwetter der menschlichen Wollust über uns niederging, wollten wir Hand in Hand ins Wasser springen. Aber die Tiefe versagte sich uns. Jetzt, wo uns die Wasser von oben heimsuchen, findest du da nicht, daß die Brunst unserer Nachbarn immer noch das erträglichere ist? Sollen wir uns wieder umbringen? Aber schon Heraklit, der Dunkle, sagt: panta rhei, alles fließt, man kann nicht zweimal in dasselbe Wasser steigen – denke auch du einmal über den Fall nach. Oder ob der Hauptmann noch eine Messerspitze von dem Jubiläumsgift seines alten Herrn hat? Man sollte das Geheimfach mal gründlich ausklopfen! War es andererseits wieder göttliche Vorsehung, daß wir um die Schatulle geprellt worden sind? Ein Axolotl würde jetzt Kiemen entwickeln, aber, auch so 'ne Lurche sind wir leider nicht. Dennoch, mir schwant Wunderbares.«

Beatrice wollte keine Kiemen kriegen, keinen Strick um den Hals, kein Gift; nicht einmal wie eine Scholle wollte sie ein Wanderauge haben, um das Elend nur noch von einer Seite zu sehen. Mit einem Wort, sie wollte sich nicht wieder das Leben nehmen, und so sollte denn auch das meine dem ihrigen erhalten bleiben. Das war Punkt eins der Plauderei bei unserem eingeregneten Frühstück. Der zweite Punkt war nur stichwörtlich, er erschöpfte sich darum in sich selbst. »Antonio!« riefen wir wie aus einem Munde. Wie hatten wir den Guten so lange vergessen können!

Antonio sagte: ja, Freunde, jetzt, wo die Regenzeit eingesetzt habe, auf Ehrenwort übrigens früher als sonst, da könnten wir in der »Torre« nicht mehr bleiben. Die Scheune sei kalt, zugig, Arsenio ließe das Dach nicht flicken – »zähl du nur auf«, dachte ich – und da sei es wirklich an der Zeit, nach einer Unterkunft Umschau zu halten. Schluß mit dem Kampieren! Antonio riet, eine unmöblierte kleine Etage zu nehmen, für den Hausrat fände sich auch eine Lösung, käme Zeit, käme Rat – in einem Lande, wo die Zeit nicht gilt, eine etwas gefährliche Vertröstung, aber – das Wasser stieg. Don Vigo müsse auf die Suche gehen, straßauf, straßab; überall, wo ein »Piso« leerstehe, hinge ein weißes Papier am Fenster oder es sei an das Balkongitter gebunden. Dann rein und gefragt: wieviel Zimmer, ob Wasser da sei – na, wir wüßten wohl selbst, wie es anzustellen, in anderen Ländern sei es kaum anders. Ich bestätigte dem Antonio, in Holland zum Beispiel sei es ganz ähnlich – da dachte ich an Madame Perronet, an eine lange Stiege, einen Kapitän in Lodenmantel und Schlapphut, an eine Mädchenleiche . . .

Wilhelm Traugott Krugs enzyklopädisches Wörterbuch gibt über mehr Dinge Auskunft, als ein Mensch normalerweise wissen muß, um, sei es auch in einer sehr weit gesteckten Polypragmosyne (siehe Krug), an das Ende seiner Tage zu kommen. Wie aber man bei der Suche nach einem Piso vorgehen soll, systematisch oder unter Durchbrechung der Schranken aller Ordnung, darüber findet sich in dem trefflichen Handbuche nichts. Wohl aus dem einfachen Grunde, weil man in beiden Fällen dem Zufall ausgesetzt ist, ein für einen echten Philosophen, der Krug war, wenig erheblicher Gedanke. Dennoch folgte ich Beatricens Rat und graste die Stadt systematisch ab, in der Hand einen Plan und ein Löschverzeichnis, um die durchwanderten Straßen, Gassen, Stege, Plätze und sogenannten Inseln zu vermerken. An weißen Papieren fehlte es nicht. In Palma wurde emsig gebaut. Die Insel blühte. Sie war an Leben reich, das sich immer mehr in der Hauptstadt zusammenzuziehen begann, die in 30 Jahren ihre Einwohnerzahl verdoppeln konnte. Man zeugt zwar auch hier aufs Geratewohl, aber eben das füllt systematisch die Welt mit neuen Zeugern. Außerdem liebt es der Spanier, häufig die getünchte Wand zu wechseln. Das verschafft ihm freilich dieselbe weiße Wand, aber in anderen Dimensionen, und: andere Nachbarn, andere Aufregungen. Er liebt die Straße, nicht das häusliche Beisammensein. Er liebt den Klub und das Bordell. Die Frauen laufen sowieso in die Kirche.

Mein Spanisch hatte sich so weit entwickelt, daß ich ohne Schwierigkeit mit den Leuten verhandeln konnte. Das ging treppauf und -ab, von früh bis spät. Viele Etagen standen leer, in allen Vierteln der Stadt, und in jede steckte ich meine Nase, erschrak über die Preise, ohne daß man es mir angemerkt hätte: Nein, das sei leider zu groß, mit der Frau allein, keine Kinder, nur zwei Dienstmädchen, von denen eines nach Hause schlafen ginge. Aber wie reizend, ein Gedicht, ein Knusperhäuschen, doch leider, zu klein: sieben Kinder, das achte unterwegs, drei Dienstmädchen, eine Köchin, und bald kämen die Schwiegereltern aus Paris. So wurden meine Familienverhältnisse immer verwickelter. Auf diesen Gängen lernte ich meinen Vigoleis erst richtig kennen. Mein Beruf wechselte mit wechselnden Umständen, und es kam auch vor, daß ich dieselbe Etage aus Versehen zweimal besuchte und demselben Schlüsselbewahrer eine andere Geschichte auf den Hals band: was, vergangene Woche hätte ich drei Kinder gehabt und jetzt schon sieben? Ja, vier aus erster Ehe, die ließe ich nun kommen, und raus war ich. Einmal wurde ich vom Hauseigentümer selbst empfangen und nach einem Kreuzverhör beargwöhnt. Er stellte immer verfänglichere Fragen, aus denen ich entnahm, daß er uns kenne, was auch der Fall war: er wolle reine Verhältnisse, er wisse Bescheid, ich sei der Zuhälter einer Puta von draußen, ich wolle sein Haus wohl unlauteren Zwecken dienstbar machen, er kenne uns alle, auch den Don Helvecio vom »Principe« – doch ließe er mit sich handeln: 150 Peseten im Monat, 3 Monate im voraus zu entrichten, hay que ser hombre! Wenn etwas sehr teuer ist, sagt der Spanier gerne, es koste ihn »el ojo de la cara«, das Auge im Kopf. Für mich war das Billigste damals immer noch so gepfeffert, daß ich beide Augen dafür hätte opfern müssen.

Nach Wochen fand ich eine Etage in der Altstadt. Nur Katzen und Betschwestern begegneten mir. Die Wohnung war wie geschaffen für uns, auch nicht *zu* teuer; ein Auge wäre draufgegangen, das andere hätte ich zugedrückt. Der Besitzer war ein sympathischer Herr, Buchdrucker, die Offizin im Hause selbst; vielleicht könnten wir zusammenarbeiten, Korrekturaufträge habe er immer. Ich mietete die Etage auf Handschlag und schoß hinaus auf die eingedämmerte Straße, die Katzen stoben, die Beatas schlugen das Zeichen des Kreuzes – ein Dieb? ein Ehebrecher? Bevor sie zu sich kamen, war ich schon im »Turm der Uhr«, um unsere Pässe zu holen für den Mietvertrag. Als der Drucker die Dokumente sah, wurde er stutzig. Ob denn Madame meine Frau oder mein Verhältnis sei? Da sie weder das eine noch das andere war, mir aber eine dem Sachverhalt genau entsprechende Bezeichnung in keiner Sprache einfiel, sagte ich unter dem strengen Blick des Klemmers: Doña Beatriz sei meine Frau. – »Legal?« – »Nein.« – »So?« – »Ja.«

Verhältnisse, Geliebte könne ein Mann haben, soviel er wolle, aber eine Frau, die gehöre verheiratet zu sein. Mit meiner Querida dürfe ich jederzeit bei ihm einziehen, aber mit einer zweifelhaften Frau, da müsse er Rücksicht nehmen auf seine eigene, auf die Nachbarn und auf seine katholische Druckerei.

Ich hatte mal wieder den Anschluß verpaßt. Es war zu spät, dem Moralisten zu bedeuten, meine Frau sei meine Querida, meine Schlunte, Trutte, Kebse und Pilar, wir kämen geradewegs aus dem Nuttenturm der Uhr, ob er bessere Empfehlungen wolle? Zu spät, ich wurde hinauskomplimentiert; der Hausbesitzer wollte klare Verhältnisse.

Wieder verlief ich Tage, Wochen und Absätze, ohne etwas Gescheites zu finden. Da eines Morgens war das Glück mir hold. Ich bin nicht abergläubisch, aber wenn einem im Dämmergrauen eine Ratte mit weißem Schwanz über den Leib läuft, kann das nur Gutes verheißen. Ich fand einen Piso, der wie geschaffen war für unseren morganatischen Bund. Die Schlüsselfrau war freundlich zu mir, ich war freundlich zu ihr, die Etage war frisch gekalkt, so daß auch sie die Freundlichkeit selbst war, und ich mietete auf der Stelle, nur – ich käme noch mal schnell mit meiner Frau, um ihr die Wohnung zu zeigen. Aber: Beatrice erblickend, da schlug sie das Kreuz und donnerte uns die Tür vor der Nase zu. Eine Nachbarin, die alle Vorgänge beobachtet hatte, klärte uns auf: die da drinnen sei eine Beata, eine bigotte Strunzel und entsprechend verlogen. Das kurzgeschnittene Haar der Madame sei für sie der Teufel in Person. Herrenschnitt war von der Kirche verboten. Oft hatten sich fromme Frauen bekreuzigt, wenn sie in Beatrice eine Ausgeburt der Hölle erblickten. Jeder hat seine eigenen Vorstellungen vom himmlischen und höllischen Jenseits und seinen Bewohnern. Selbst maße ich mir allerdings nicht an, einen Engel von einem Teufel zu unterscheiden. Darum schlage ich auch niemandem die Tür vor der Nase zu. Das ist mein Unglück.

*

In den ersten Filmen, wo es immer regnete und die Schauspieler mit zackigen Gebärden, gleichsam als lebten sie in einer ständigen Angst vor sich selbst, ihre stummen Rollen abreagierten, wurden Zeitspannen, in denen nichts Filmenswertes geschah, mit den Worten überbrückt: . . . und die Jahre gingen ins Land. Hinschmelzende Musik untermalte dieses Dahingehen der Zeit, man sah die Wolken ziehen, Schnee schmolz vom Heckenpfahl, die Bäume schlugen aus, ein frisch geborenes Lamm tat den ersten Hopser. Dann tauchte plötzlich der abgewiesene Liebhaber wieder auf. Er hatte in der Zwischenzeit seine Nebenbuhler abgemurkst, in den Staaten Gold geschürft, das Mädchen hatte den anderen genommen, der Tanz konnte weitergehen.

Auch in unser ewig regnendes Inseldasein war nun eine Zeit gekommen, von der ich nur sagen kann: die Wochen zogen ins Land ... Drei oder mehr Pünktchen dahinter, damit man sie richtig ziehen sieht, und nichts geschieht. Beatrice gibt ihre Stunden, wir haben uns ausgesöhnt mit Doña Maria vom Hotel; dem verwirkten Kleiderschrank Don Antonios hat sich die verwirkte Kommode des Hauptmanns gesellt, Möbelstücke, von denen die Parzen an unseren Wiegen nicht gesungen haben, denn auch heute eignen wir solchen Hausrat nicht. Ich führe mein Sitzfleisch spazieren, die Augen unauffällig, aber scharf, wie ein patrouillierender Polizist, auf alles gerichtet, was nach einem weißen Zettel aussehen könnte. An viele Türen klopfe ich, Palma zieht fleißig um, ich bekomme Einblick in seine Städtebaukunst, wie ein Gasmann rieche ich überall hinein – und finde nichts. O Unkulunkulu, du Gott der blankgewichsten Kaffern, wohl hältst du den Regen von meiner Beatrice ab, aber warum bewirkst du kein Wunder an mir? Führe mich den geraden Weg, 1 hoch, 2 hoch, 3 Treppen hoch ... In den Stunden, wo ich die alte Stubenunke bin, schreibe ich weiter das Blaue vom Himmel herunter, ob ich's auch nun hinter den Wolken hervorholen muß – doch welcher wahre Dichter läßt sich von einer Wolkenbank um seine Schöpfung bringen? Zu teuer fürs Papier, zu billig für den Druck, Schuster soll er werden, sagte mein Vater, und als solcher säße ich nun bestimmt nicht in einem Bordell. Da hätte ich mir längst Kommode und Kleiderschrank mit eingebautem Spiegel zusammengepinnt. Ein Verleger, dem ich ein Spiel Erzählungen eingereicht hatte, schrieb mir einen warmen Brief: lobende Anerkennung; noch nicht das, was er brauche, doch wolle er mich im Auge behalten, während ich ihn auf dem laufenden halten solle über mein schriftstellerisches Wachstum. Das tat ich natürlich nicht, obwohl ich das Pflänzchen fleißig weiter düngte. An Mist fehlte es meinem Leben ja nicht.

Dreimal in der Woche ging Beatrice in das Haus der Suredas, wo sie schon die ganze Familie kennengelernt hatte. Papá schiene ihr noch verrückter zu sein als Pedro. Da wurde es Zeit, die Bekanntschaft der Leute zu machen. Doch was Verrücktheit betrifft, kehre ich lieber vor der eigenen Türe, nämlich:

Alle Straßen von Palma konnte ich reinen Gewissens durchwandern – bis auf eine, da wagte ich mich nicht hinein. Jeder Mensch hat einen dunklen Punkt in seiner Vergangenheit, so auch ich. Der meine hieß Villalonga, und die Straße, wo der Mann wohnte, war die Calle del General Barceló, ein paar Schritte nur vom Palast des Anarchisten gelegen: die, die ich mied. Dr. Villalonga war einer jener gefürchteten Höhlenspezialisten, in deren Stuhl einem Hören und Sehen vergeht. Ich stand in seiner Kreide. Der Inselstaub hatte meine Ohren verstopft, ich war taub geworden. Don Alonso empfahl mir den Spezialisten eben um die Ecke. Die Behandlung war vorbildlich, so elegant hatte mir in Köln nicht einmal ein Professor die Ohren ausgespritzt, und sie kostete die Bagatelle von 10 Peseten. Ich wollte das gleich bereinigen, wurde aber über 14 Tage noch einmal zur Konsultation bestellt. Dr. Villalonga hatte in Deutschland studiert, er kramte Erinnerungen aus und nannte mir auch die Namen seiner Professoren. An einen klinisch merkwürdigen Fall, den er anführte, erinnere ich mich noch. Einem Soldaten war ein Schuß quer durch den Kopf gegangen, und sein Professor hatten den Mann wieder zusammengeflickt. Wenn man dem was erzählte, ging's wirklich zum einen Ohr hinein und zum anderen wieder heraus. Als die zwei Wochen um waren, waren wir schon bei der Traubenkur angelangt, so daß ich meine Schulden nicht bezahlen konnte. Wie Zwingli mied ich jetzt die Straße, auf der ich auch sonst nichts zu suchen hatte. Dann kam die Zeit meiner Zettelwanderung durch die Stadt. In die General Barceló getraute ich mich nicht hinein aus Angst, dem Doktor über den Weg zu laufen. Für mich und meine Strategie war Palmas Stadtplan um eine Straße kleiner geworden.

Es gibt Autoren, die mit vielen Worten wenig, andere, die mit wenigen viel, und wieder andere, die seltenen, die mit einem Wort alles sagen. Der Leser möge entscheiden, zu welcher Klasse Vigoleis gehört, da ich selber es nicht ausmachen kann. Eines aber steht für mich fest: dieses eine Wort werde ich nie schreiben. Ich umschreibe es. So bin ich auch immer darauf bedacht gewesen, bei der Schilderung des Bordells im Ausdruck zu wechseln, weil das Auszudrückende genau besehen von einer griemelnden Eintönigkeit war, wenn man sich einmal an den Zusammenklang der Töne alle gewöhnt hatte.

Unsere Stallung auf der lustverschanzten Banditenburg habe ich mit vielen sinnverwandten Ausdrücken belegt. Unter uns nannten wir die Bleibe eine Zeitlang den Ziegenstall, weil einmal ein Bock mit einem Satz über die Freitreppe und mit dem zweiten in unsere Klause gesprungen kam und dort so schreckliche Verwüstungen angerichtet hatte, daß selbst mir altem, auf Untergang erpichtem Pessimisten die Tränen blank in die Augen traten. Das naheliegende Wort »Loch« ist mir, meine ich, nie in den Sinn gekommen, oder sollte ich mich gescheut haben, unseren Tiefstand so bis an die Wurzel bloßzulegen? Nun aber unser Bau nicht mehr wasserdicht ist, die Ratten von Tag zu Tag dreister über die Trennriegen laufen, die Feuchtigkeit uns die Gicht in alle Glieder plackt, der Sturm rasaunt und Beatrice der Verzweiflung so nahe ist, daß sie nun täglich ihr Tränenstündlein unterm Unkulunkulu hat, woraus eine bösartige Hispanophobie sich entwickeln könnte, wo sie zum nackten Vigolophoben hätte werden müssen, wäre sie keine unlogische Frau: da erinnerte ich mich meiner kleinen Freundin von der Straße der Einsamkeit. Julietta, jubilierte es in mir, Kind eines Generals, mit dem du so viel Erfolg in deinem jungen Leben erzielt: warum sollte nicht auch Vigoleis seine letzte Karte auf rote Streifen an der Hose und Sterne auf der Guerrera setzen? Was der Range nutzte, sollte ihm frommen.

Ohne Beatrice von meinem kühnen Vorhaben in Kenntnis zu setzen, begab ich mich mit dem Mute von Beatricens Verzweiflung in die gemiedene Straße, die so klein, schmal und eingeschattet ist, daß sie nicht viel Möglichkeiten bietet, die Spannung des Lesers künstlich zu steigern: was wird Vigoleis nun blühen? Kommen Räuber und schlagen ihn tot, um ihn nach einem Griff in den leeren Beutel liegenzulassen fürs Eselbegräbnis? Schlägt ein Maultier nach hinten aus und zerschmettert ihm die Kniescheibe? Locken leichtfährige Frauen ihn auf die Pilarière, um ihm seine Pesete abzumergeln? Oder bedienen die Schicksalsgöttinnen sich des Dr. Villalonga, um ihm an den Grotzen zu fahren: »Freundchen, endlich haben wir dich erwischt! Nun her mit den 2 Duros, sonst schnalle ich dich auf meinen Stuhl und ziehe dir dein vergeßliches Gehirn durch die natürlichen Öffnungen heraus, wie man es bei Mumifizierungen macht!« – Nichts von so hochdramatischen Zwischenfällen; nur ein paar Nonnen wandelten gesenkten Blickes an mir vorbei. Schwarze Priester bringen Unglück, da werden Nonnen wohl – noch keine fünfzig Schritte war ich in die gefährliche Zone eingedrungen, und mein Mut wurde belohnt. Von einem Balkon winkte ein vergilbter Zettel. Ich fuhr zusammen, faßte mich aber und betrat den zu ebener Erde gelegenen Hausflur. Es roch nach Fisch und sehr kleinen Leuten, doch nicht nach

Dirnenfleisch. Eine Minute später hatte ich den Schlüssel zur Etage und schloß den Piso auf. Zwei Säle nach der düsteren Straße hin, ein langer Korridor, an dem zwei große Kammern lagen, dann ein geräumiges Zimmer, dessen Fenstertür auf einen weitläufigen Park hinausging: Palmen, Zedern, Orangen, Zitronen, Bananen, Mandeln, was man nur an halbtropischer Pflanzenwelt erwarten kann, lag vor meinem Blick, eine Oase in der Steinschlucht. Anschließend ein kleiner Vertritt, auf den nützliche Kämmerchen mündeten, auch der Schacht mit dem Zieheimer; dann die Küche mit eingebautem Eisenherd und zwei offenen Holzkohlenrosten; fließendes Wasser. Zuletzt noch ein Raum, dessen Fenster, wie alle in dieser Flucht, auf denselben Park wies. Siebzig Peseten koste die Herrlichkeit im Monat, der Hausbesitzer wohne im selben Apfel, der Lustgarten gehöre ihm ebenfalls, und die Frau, die mir nachgeschlichen war, zeigte mir auch die Terrasse des Palastes, auf der sich gerade ein paar Mädchen zankten: die höheren Töchter des Herrn, an den die Miete abzuführen sei.

Weder ging ich noch lief ich in den »Turm der Uhr« zurück: ich flog. Die 7 Zimmer, à 10 Peseten das Stück, eines größer als das andere, jedes mit einer eigenen Decke, Glanz-Estrich, fließendes Wasser und Ziehbrünneli, die Palmenpracht, im dunklen Laub die klassischen Goldorangen, alles das, was Goethes Südsehnsucht bis in den unsterblichen Ruf gestachelt hat: dahin, dahin will ich mit dir, o mein Gebieter, ziehn – mir hatte es Flügel gegeben.

»Beatrice, 7 Stück, das Stück zu 10 Peseten, *mit* Decke, mein Schatz! Auf der gemiedensten Straße von ganz Palma, der ›General Barceló‹, wo Dr. Villalonga Ohren ausspritzt, jawohl, zum einen Ohr rein, zum anderen raus, etwas weiter abwärts, nur Nonnen und Mönche wohnen dort, die Straße war schwarz von ihnen, und ich bin keine feige Kröte mehr; ja, wäre ich ein Pelikan, so würde ich auf der Stelle an meiner eigenen Brust die Legende wahrmachen: ich risse sie mir auf und fütterte mit meinem eigenen Blute die Brut!«

Beatrice stierte mich an. Sie hat keine Angst vor Spinnen, die zu ihren Bundesgenossen zählen, aber vor Verrückten duckt sie sich. Ob ich spänne? Ob mir was passiert sei? Schlimme Post?

Rasch, trockene Kleider anziehen, wir würden das Aquarium verlassen, ich möchte ihr ein Terrarium zeigen, und im übrigen sei ich nüchtern wie selten, aber auch wie selten beschwingt.

Als ich den Piso nach ein paar Stunden zum zweiten Male aufschloß, um ihn Beatrice zu zeigen, waren die Zimmer merklich kleiner geworden. Säle waren keine mehr da, die beiden Gemächer an dem langen Flur waren Kämmerchen ohne Fenster, wie das »Zimmer des Generals« auf der Soledad, und die übrigen Räume ließen sich auch mit wenigen Schritten abmessen. Die Decken – o Glück, die waren noch da, zwar auch um ein gut Stück nach unten gekommen, ein Stabhochsprung ließe sich nicht in dem Piso machen, aber ein Salto schon. Nur im Park hatte sich nichts geändert, die Blumenpracht war nicht zusammengewelkt, der Springbrunnen nicht versiegt. Im Gegenteil, Beatrice entdeckte noch Treibhausraritäten und andere botanische Seltsamkeiten, die ich nicht dem Namen nach kannte, aber – »70 Peseten, Chérie, die muß man haben. Hier geht es um Sein oder Nichtsein!«

Selten führe ich die Namen der Heiligen im Munde, aber Beatricens sachliche Entgegnung entlockte mir den Ausruf: »Heiliger Barlaam, stehe meiner armen Nabelseele bei!« Beatrice hatte Ersparnisse!!! Drei Ausrufezeichen, eines für je 10 Peseten.

»Aber Unkulunkula, wie hast du das fertiggebracht? Hattest du die Einlage schon, als wir uns ins Meer stürzen wollten? Das traue ich dir nämlich zu.«

Die durch jeden Selbstmord entstehenden fiskalischen Unkosten hätten aus dem Erlös unserer nachgelassenen Habe bestritten werden müssen, denn Beatrice hatte erst in der Nacht des Wolkenbruchs den Entschluß gefaßt, kleine Münze sich zusammenläppern zu lassen. Da ich kein Verhältnis zum Geld habe, solange es unter 6 Nullen bleibt, hatte ich natürlich keinen Schimmer, daß wir uns zuweilen einen Tropfen Öl mehr im Tiegel hätten leisten können, eine Briefmarke mehr für meinen geistigen Austausch mit der Welt.

Während Beatrice die leere Etage belagerte, damit niemand sie uns wegschnappe, ging ich zum Hausbesitzer, dessen Namen die abergläubische Beatrice noch im letzten Augenblick hätte abhalten können, den Piso zu mieten. Der Mann hieß nämlich Aguado, das bedeutet »der Verwässerte«. Also aus dem Regen in die Traufe.

Ein kleiner Herr empfing mich, nachdem Mägde mich vom Portal durch viele Korridore und Gemächer zu einem Familienzimmer weitergereicht hatten. Er befand sich im Kreise der schönen Töchter, die nun still waren. Auch sein Frau war zugegen, überhaupt viele Frauen und Mädchen, alles Verwandte, an die zwölf Seelen, ich kam aus den Verbeugungen so schnell nicht heraus.

Don Jaime stellte ein paar höfliche Fragen, er sprach Französisch wie Wasser, war akademisch gebildet und an meiner Person vor allem in dem Teile interessiert, wo sie schreibt. Sein Großvater habe auch geschrieben, und eine Tochter schreibe Gedichte – wohl die, welche errötete, als ich meine Blicke teilnahmsvoll in die Runde gehen ließ – er hege eine große Liebe zur Literatur. Dann wollte er meine Pässe sehen, stellte aber keine peinlichen Fragen, vermutlich der unschuldigen Töchter wegen, oder weil ihn seine Beschäftigung mit der schreibenden Welt über jedes bürgerliche Vorurteil erhob. Der Sichtvermerk unserer Konsulate genügte, wir waren als Mieter willkommen. Und dann kam der große, der größte Augenblick dieser ganzen, an Augenblicken so geladenen Geschichte. Don Jaime bat eine Schöne, auszurechnen, was ich bis zum Monatsende als Anzahlung zu entrichten hätte, dann könnten wir immer am Ersten zinsen; zudem füge es sich gut, er würde einen Mietvertrag ausstellen auf den kommenden 1. Januar. Ob wir noch vor Weihnachten einzögen?

Weihnachten: 3 Tage trennten uns von der Geburt des Erlösers, 9 vom Monatsende . . . Ich bezahlte in barer Münze aus Beatricens Strumpf 22 Peseten 50, erhielt es verbrieft mit spanischem Schnörkel, eine Dienerin geleitete mich wieder durch Säle, Flure und viel Verfall an das schwere Portal. Ich hätte sie abküssen können, so flog mein Busen. Für jede eingesparte Pesete ein Kuß? 57,5 hatte ich zu vergeben.

Beatrice schenkte ich einige davon, und die doppelte Mär: indes nur mit den restlichen Peseten brachte ich sie aus der Fassung. Daß Weihnachten vor der Türe stünde, wußte sie längst; sie habe es mir nur verschwiegen, um keine Melancholie bei mir aufkommen zu lassen, bei Deutschen in der Fremde sei das ein eigen Ding. »Und bei den Schweizern mit Inkablut?« fragte ich, bekam aber keine Antwort. Beatrice zählte das Geld. Hausbesitzer verrechnen sich meist. Aber dieses Mal stimmte es auf den Centimo: zweiundzwanzig fuffzig.

VII

Aufgestiegen zu Anwohnern einer Straße, mußten wir erhobenen Hauptes durch dieselbe schreiten können, zumal sie einen heroischen Namen trug: Calle del General Barceló. Deshalb nahm ich 10 Peseten aus Beatricens gestrickter Schatulle wieder heraus und ging zehn Häuser weiter zum Dr. Villalonga, den ich mit seinem kyklopischen Augenspiegel antraf.

»Olá!« sagte er, »mein deutscher Freund, ich habe lange auf Sie warten müssen, nämlich . . .«

Ich wurde rot und stammelte eine Lüge, Krankheit, dringende Reise nach Barcelona; aber der Arzt nahm keine Notiz von meinen Ausflüchten. Er gab mir eine Ansichtskarte und fragte mich, ob ich Düsseldorf kenne und dort eine bestimmte Ecke an der Graf-Adolf-Straße und an dieser Ecke ein bestimmtes Haus. Das Haus war auf der Karte abgebildet, eines von den tausend Eckhäusern in Düsseldorf, ich hatte es bestimmt Dutzende Male gesehen, und sagte so. Ein reiches Haus zudem: schnell erfand ich eine Geschichte, in der natürlich ein Radschläger vorkam und der Barmer Bankverein. Dr. Villalonga dankte erleichtert. Dann bat er mich, den deutschen Wortlaut zu übersetzen. Er kannte die Sprache, wollte aber Sicherheit haben, da es um Feinheiten ginge. Die Karte war nämlich von einer Frau. Die Übersetzung ipsis verbis und von einem Berufsübersetzer löste ebenfalls Befriedigung aus. Da spann sich was oder hatte sich schon manches gesponnen. Der Doktor steckte die Karte wieder zu sich. Nun tat ich meinen Griff in die Tasche und bat um Entschuldigung für das Versäumnis. Die Duros klangen echt auf der gläsernen Tischplatte. »Zehn Peseten?« Dr. Villalonga erinnerte sich nicht, daß er noch Geld von mir zu fordern habe, und Geld, an das er sich nicht erinnern könne, könne er nicht einkassieren. Zudem sei ihm meine Auskunft mehr wert als die zwei Duros, die ich nur wieder einstecken solle. Dann schob er noch schnell ein Hörnchen in meine Ohren – alles sauber, gut akklimatisiert, aber wenn wieder gespritzt werden müsse: bei ihm! Ja, sagte ich, das sei jetzt einfach, wir seien Nachbarn, schräg gegenüber. Spanischer Sitte gemäß bot ich ihm mein Haus an, er mir das seine, und jeder blieb, wohin er gehörte.

Am selben Tage noch gingen Karten und Briefe in die Welt hinaus mit der neuen, festen, unumstößlichen Adresse: Calle del General Barceló 23, für Besucher. Postschließfach nach wie vor: Apartado 112. Und mit dem Porto schmolz auch der Rest aus der Sparbüchse.

Generale als Helfer in der Not: Julietta und Vigoleis können davon ein Liedchen singen. Julietta tat es auf offener Straße, Vigoleis, weniger dreist, besorgt es auf den keuschen Blättern seiner Aufzeichnungen.

Was mag das aber für ein Haudegen gewesen sein, dieser sechzehnte Nothelfer im Rang eines Generals?

*

Von der Post gingen wir zum Klub der Veda-Leute, um Antonio den bevorstehenden Umzug anzuzeigen. Er stand auf der Terrasse und schwenkte mit der Serviette. Gute Nachrichten, rief ich ihm zu, ob er Zeit habe? In Spanien hat man immer Zeit. Alles wird auf den folgenden Tag verschoben, also auch das, was man verschoben hat. »Mañana«, morgen, ist der erste spanische Wortwitz, den jeder Ausländer lernt. Zwinglis Erfolge in diesem Land hingen zum Teil mit dem mañana zusammen; da er am liebsten schon gestern getan hätte, was er heute tat, war er den Einheimischen immer um das Morgen voraus. Sein Untergang waren die Frauen, die im Bett nur das Heute kennen. Darunter klappte der Mann von gestern zusammen, bis ihm der Morgen nicht mehr aufging.

Antonio hörte sich unsere Geschichte an. Wenig Sinn schien er zu haben für die satanischen 10 Peseten des Dr. Villalonga, deretwegen ich nie in die Barceló auf Suche gegangen war. Die Wohnung hatte nämlich schon seit Monaten leergestanden. Er dachte nicht über Vorsehungsfragen nach, sondern über Möbel.

Beatrice hat ein Gedächtnis, dem auch die nächstliegenden Dinge nicht entfallen: unsere Couch mit der durch Roßhaar zwischengekühlten Wollmatratze, unsere Pilarière! Die Möbel, an die ich überhaupt nicht mehr gedacht hatte, müsse Pilar herausgeben; sie denke nicht daran zu verzichten auf das Bett, den Schrank, die Wäsche, 7 Kleiderbügel, 1 Zuckerbüchse, 1 Stopfei, 9 Sicherheitsnadeln, 1 Kamm, 1 Paar Schuhe, 1 Schreibblock – alles war mit glühendem Stift in die Hirnwindungen gebrannt. Nichts schenke sie dieser »Frau«: in ihrem Munde bekam das Wort, mit dem so Hehres angedeutet werden kann, alles Gemeine aufgeludert, die Betreffende stand da als Geschmeiß, Urätz und Abhub der Menschheit. Schön, dann müsse die Wachtel das alles rausrücken, aber wie? Hausfriedenbruch? Arsenios Bande könnte das nebenbei mit einem Streich erledigen. Beatrice war aber nicht für Gewalt. Sie bat Antonio, ein Bürschlein der »Veda« ins Haus ihres Bruders zu schicken, um die Sachen zu beanstanden. Tausende hatte sie für Zwingli geopfert, und wenn im selben Augenblick ein Nachzügler mit einer verjährten Forderung gekommen wäre, Beatrice hätte sie beglichen. Die »Frau« aber – da pochte sie auf ihre letzte Stecknadel.

Antonio schüttelte den Kopf, alles sei inzwischen überholt, Don Helvecio wohne nicht mehr im Piso um die Ecke. Verschollen mit Frau und Kind, seit Wochen habe man nichts mehr von ihm gehört. Eine Nachfrage bei der Post habe ergeben, daß dort schon seit geraumer Zeit keine Wurfgeschosse mehr gelandet seien: Wutgeheul werde auch nicht mehr vernommen. Man verständigte den Hausmeister, dieser holte die Polizei. Ein kleiner Machthaufe begab sich darauf an die Etagentür, pochte die vorgeschriebenen Male: keine Antwort. Vermutlich alles tot. Auf der Straße der Einsamkeit bildeten sich Neugiergruppen: alles tot! »Blutige Tat«, wie ein Lauffeuer verbreitete sich die Nachricht im gräflichen Apfel. Absperrung, die Tür wurde eingetreten und die Mordkommission drang unter Inachtnahme der üblichen Vorsichtsmaßnahmen in die Pilarsche Lustetage ein. Aber niemand strauchte über herumliegende Leichen, nirgendwo Lachen geronnenen Bluts, keiner stieß sich den Schädel an einem Erhängten, Julietta lag nicht mit einem Knebel im Wäschekorb. Kein Zettel von letzter Hand, kein Gruß an die Lieben auf der Insel und in Baselstadt und -land. Kein Testament, worin Vigoleis bedacht war mit dem kunsthistorischen Nachlaß, dem Manuskript des Fluchlexikons und dem schweizerischen Militärtaschenmesser, auf daß er sein Auge geworfen. Dafür viel Dreck auf dem Boden, Sauerei, wohin die Mordforscher traten. Fingerabdrücke an allen Klinken – wo aber waren die dazugehörigen Finger?

Die Mieter waren ausgeflogen, unbemerkt wie beim rund umschriebenen Haarausfall waren auf einmal die kahlen Stellen da. Die Hermandad stand vor einem Rätsel. Zwingli hat uns später erzählt, wie er alles eingefädelt hat; doch will ich das nächtliche Treiben nicht in dem Augenblick einschalten, wo wir selber auf einen Umzug bedacht sind, der bei hellichtem Tage stattfinden soll – und ein kleiner Triumphzug wurde.

Antonio setzte sich mit dem »Principe« in Verbindung, wo der Schweizer auch schon als verschollen galt und von der Verlustliste gestrichen worden war. Der solle nun seinen Dreck alleine machen, so ungefähr wurde Antonio bedeutet – meist ist es ja umgekehrt, wer geht, ruft das den Hinterbliebenen nach. In Weibersachen entwickeln die Spanier eine bewundernswerte Solidarität. Das hurt Hand in Hand und nie gegen des anderen Strich.

Am folgenden Tage hatte Antonio den Standort der Pilarière ermittelt, etwas später kam ein Bote mit der Mitteilung, die

Matratze von Doña Beatriz schwebe bereits auf dem Schädel eines Straßenlungerers unserer Wohnung zu. Bettwäsche, die Kopfkissen, das Stopfei, den Kamm und so weiter habe die Señora nicht mitgegeben, und Antonio, der Völkerpsychologe, riet der einen Frau an, die andere nicht zu reizen, den Rest kriegten wir mit der Zeit – mañana.

Darauf ging ich in den Zollschuppen, wo man mir drei der Bücherkisten gegen Verpfändung der übrigen aushändigte.

Das Räuberpaar im Turm war betrübt über unser Vorhaben, am folgenden Tage die Boxe zu räumen. Da müsse Abschied gefeiert werden, sagte Arsenio, er lüde uns zu einer Gasterei, zu der er auch Antonio entbieten wolle.

Es gab Lammskeule nach Altermutterart und noch zwei Dutzend kleine Gerichte, auch Eselsquark für Beatrice. Wir stießen an auf unsere Prosperität in der Straße des Generals, und auf Wohl und Wehe des Turms und was er verbarg. Nach Mitternacht gesellte sich der Korvettenkapitän zu einem kleinen Umtrunk zu uns, dann verschwand er wieder. Wenn der Unterwasserschmuggler im Bau war, konnte man sicher sein, daß ein schweres Ding gedreht wurde. Doch nun hing seine Eile mit der Schönen zusammen, die im Prunkbett lag. Er mußte wieder tauchen.

Kaum abgetreten, rückte Arsenio mit einer Frage heraus, die ihm schon lange auf der Zunge gebrannt: ich solle endlich ein freies Wort sprechen, Schluß mit der Heimlichkeit, wir brauchten uns nun gegenseitig nichts mehr vorzumachen! Ich wisse, was er treibe und warum ihn die Carabineros im Auge behielten. Er aber wisse bei allen Heiligen nicht, was ich auf der Hufe suche. Was ihm Antonio erzählt habe von der ihm übrigens bekannten Pilar, könne wahr sein, er halte es aber für den dümmsten Schwindel. »Und nun raus mit der Sprache, Don Vigo, wer sind Sie, was für ein Doppelleben führen Sie auf meinem Hof, in der Stadt, auf der Insel?«

Ich sagte ihm die Wahrheit, aber die wollte er nicht wissen, die könne sich jeder immer selbst aus dem Daumen saugen. Er war beleidigt, Vertrauen um Vertrauen – »vorwärts, lassen Sie mich nicht länger zappeln, oder wollen Sie, daß ich Ihnen sage, wer Sie sind und was Sie auf meinem Erbe tun?« – »Bitte!«

Der Riese schlürfte seinen glühend heißen Kaffee und klärte mich über meine balearische Sendung auf.

Er war kein Analphabet wie sein übergeordneter Kollege, obschon er nie im Leben ein Buch gelesen hatte. Daß es aber

Bücher gab, wußte er, und auch, daß es Menschen gebe, sie zu schreiben. Sein Sicherheitsdienst habe meinen Fall unter die Lupe genommen, hier das Ergebnis: Ich sei Schriftsteller, hätte es auch nie abgestritten, und ein Blick in unsere Zelle genüge, meinen Beruf gewissermaßen von der Leine abzulesen. Es seien nun Fälle bekannt, wo Leute, die Bücher schrieben, sich als Kellner oder Schiffsjunge verdingten, zur Weinlese oder in der Fremdenlegion sich anwerben ließen, als Kumpel einführen, ganz gleich was, nur um Stoff für ein Werk zu sammeln. Ich hätte wohl im Sinne, einen spanischen Sittenroman zu schreiben und sei zu ihm in seinen Betrieb gezogen. Ein Spanier würde dasselbe in Deutschland machen, nur mit dem Unterschiede, daß er seine Frau zu Hause ließe. Er lachte, wir lachten auch, und er fuhr fort: Nun hätte ich genügend Material beisammen, morgen lüde ich alles auf eine Fuhre, auf die seine übrigens – nein, keine Widerworte, das sei Ehrensache – und im neuen Heim schriebe ich dann meinen Roman – »aber bitte, Caballero, keine Zeile über mich, so lange ich lebe!«

Wir stießen an auf den Roman des Vigoleis, auf den ›Leichenmord im Turm der Uhr‹, von dem schon einige Kapitel verregnet und ausgelaufen an der Leine hingen. Ehe sie an den Verleger geschickt werden könnten, müßte ich sie durch die Mangel drehen: Prost!

Wenn ich nach zwanzig Jahren in diesen Blättern Arsenios Namen preisgebe, breche ich das ihm gegebene Versprechen nicht, denn der Räuberhauptmann ist schon in den ersten Tagen des Bürgerkrieges auf der Strecke verblieben. Sein Tod muß fürchterlich gewesen sein. Viele Lesarten sind mir darüber zu Ohren gekommen. Ihm blieb nicht einmal die Zeit, mit seinem U-Boot davonzuschnorcheln. Das heißt, sein Kapitän tauchte nun wieder für Deutschland.

*

Wir gönnten uns ein paar Stunden Schlaf, dann begannen wir, unseren Pferch abzubrechen. Ich löste die Seile, zog jeden Nagel sorgfältig aus der Wand, und, ob krumm oder gerade, alles wanderte in meine Tasche. Auch die Bretter und Latten, die ich auf der Hufe gefunden hatte, nahm ich an mich. Ich betrachtete sie durch das Gebrauchsrecht als in meinen Besitz übergegangen, wo sie vorher doch nur dem Strandrecht offengelegen, von keiner Hurengrundruhr eingeschränkt. Mit Wehmut erfüllte mich der Abbruch meines Universal-Bidets – woher käme mir inskünftig die Inspiration? Beim Verpacken der Bücher blätterte ich in den vertrauten Werken, in denen ich immer wieder Neues entdecke, so zwischen Kiste und Deckel. Beatrice freilich, die sonst beim Bücherpacken Tage verbringen kann, drängte, hebda, jetzt sei dazu keine Zeit, auf der Barceló müsse noch so viel gerichtet werden – »und heute abend ist Heiliger Abend!«

Heiliger Abend – und die Bäume blühn.

Ein Knecht lud das Fuhrwerk, wir nahmen Abschied von groß und klein, die Ältermutter weinte eine Träne über ihrem Brätling, im beißenden Rauch am Spieß; die einzige, die sich nie Gedanken gemacht haben wird über unsere Sendung auf der Hufe. Wir waren einfach da, freundliche Fremde, die niemandem im Wege standen, den Patron nicht der Polizei in die Hände spielten, noch durch Chantage an ihm verdienten – wie Ratze und Strichhur gehörten wir zum Gewese, so wie sie selber zum Hause gehörte: ohne noch erkennbaren Zweck, es sei denn, den Spieß zu drehen. Warum steht ein Baum nicht hier, sondern dort in der Landschaft? Man nimmt ihn hin wie die Natur selbst, man macht sich keine Gedanken darüber; wer es tut, kann höchstens dem Irrsinn verfallen, und das wollen die meisten nicht. Erst wenn der Baum umgelegt wird, merken wir, daß er fehlt, und das auch nicht immer. Der gespaltene Johannisbrotbaum, auf den sich die Warnung an den Leser zu Eingang dieses Buches übrigens nicht bezieht und den Arsenio hatte ausgraben lassen, fehlte schon keinem mehr. Der Bandit hatte für seine Schleuderer einen anderen Baum zeichnen lassen.

Adeleide gab uns ein paar Peseten zurück von zuviel entrichteter Miete, eine kleine Vorbescherung, die uns strahlen machte. Der Patron hatte seinen struppigen Klupphengst angespannt, wir nahmen Platz in der lustigen Kutsche, tschüß und ciau mein Hurenschloß – ein Winken, Rufen, Hundegebell, Mägde kamen und lachten mit bleckendem Munde, Kinder schlugen Purzelbäume. Die Hundertjährige humpelte am Stuhl auf die Landstraße, um uns nachzublicken, ein Wurf schwarzer Ferkel schoß ins freie Feld, die Meute hinterdrein, Staub, Staub, darin der »Turm der Uhr« versank.

Und nun Hand aufs Herz, Beatrice: Du hättest den Turm täglich in die Luft sprengen können, wenn der Regen trotz Plachen und Unkulunkulu in den Schragen drang, Nässe uns die Knochen verklammte, der Schimmel zwischen den Tasten der Schreibmaschine sproß und dein Pariser Hut einen Bart kriegte, wo die Modistin ihn nie hätte wachsen lassen. Und als die große

Fledermaus in unserer Hängebibliothek ins Garn gegangen war, sehr zu deinem Schrecken und ein Hohn auf alle Zoologie, die dem Tiere eine solche Fehlleistung nicht zutraut, wärest du am liebsten aus der Haut gefahren – und mußtest bleiben. Gesteh's, es war doch schön, und unseren häuslichen Frieden haben wir gehabt da unter Nonne und Mönch.

Wie sinkt das zurück, wie fällt alles ab, wenn man ein Ziel vor Augen und einen Wallach in der Deichsel hat. Arsenio schnalzte mit der Zunge lauter als ein Peitschenknall. Die Hufe flogen, Funken stoben.

In der Straße des Generals erregte unsere Kunft nicht geringes Aufsehen. Es hatte sich herumgesprochen, daß ein fremdländisches Ehepaar die leerstehende Etage beziehen werde. Man hätte Spalier gebildet, aber die Straßenenge erlaubte das nicht. So blieb man, ein Klumpen menschlicher Neubegier, im Patio des gegenüberliegenden Klosters geschart und verfolgte alle Ereignisse mit einer Anteilnahme, der wir uns in jeder Hinsicht würdig achteten. Zwar fuhren wir dieses Mal ohne Palefrenier vor die Rampe, aber Arsenio wirkte noch viel imposanter. Von allen Balkonen kullerten Truthähne, wie uns zum Gruß.

Dennoch, mon cher Vigoleis, wollen wir hier nicht Schritt für Schritt und Griff um Griff wissen, wie euer Kram von der Gugelfuhre in den Piso geschafft wurde; wie ein altes Mütterchen kam und sagte, hinter dem Portal stünde ein Bett für den neuen Mieter, sie habe nicht gewußt wohin damit. Ein ander Mal kannst du uns erzählen, wie der Mann der Alten sich als Hausgenosse und Schlüsselwart vorgestellt; er sei weit über neunzig, doch immer noch versehe er seinen Dienst als Pförtner im Kloster. Wer hätte es dem verschnürfelten Männlein angesehen? Um zwölf, als im Konvent das Glöcklein erklang, war die Straße leer, keine Menschenseele kümmerte sich mehr um den deutschen Schriftsteller, der mit einem Karren voll Kram und einem Brägen voll Baustoff aus dem Menschenleben auf den Augenblick wartete, wo er sich an die Maschine setzen konnte, um sein »Pilariario íntimo« zu verfassen. Ja, sagen könntest du vielleicht noch, was du ausgepichter Schalk dem Riesen zur Antwort gabst auf dessen Frage: und die Möbel? »Die Möbel, Señor Arsenio, stehen im Zollschuppen, doch hoffe ich, daß wir alles hier unterbringen können, denn die Räume sind kleiner, als ich beim ersten Rundgang meinte gesehen zu haben. Schweizer Möbel übrigens, ein kleines Vermögen an Fracht, Versicherung, Verpackung und Zoll! Hätten wir Sie eher gekannt, dann hätten wir alles schwarz an Wall gebracht, Ihr Kapitän hätte Stück für Stück an den Strand torpediert, in eigens errichtete Pufferdocks.«

*

Was in der Menschen Häuser in den Tagen und Wochen vor der Geburt des Erlösers an geheimnisvoller Geschäftigkeit betrieben wird, um das Fest des Ärmsten unter den Armen mit Gepränge zu begehen, mußten wir in wenige Stunden zusammendrängen; mehr Zeit verblieb uns nicht nach der Gründung unseres Hausstandes bis zu dem Augenblick, wo uns das Glöcklein zur Bescherung unter den Christbaum rufen würde. Eine Hose, ein Hemd, eine Kombination wurden als Haderlumpen zum Wischen und Putzen eingesetzt. Ich rutschte über die schwarz-weiß gewürfelten Fliesen und rieb ihnen einen solchen Hochglanz an, daß sich das Christkind darin würde spiegeln können, käme es nochmals aus dem Himmel gefallen. Doch da es seine eigenen Stallerfahrungen hat mit Ochs und Esel und einer Krippe aus Stroh, meidet es geflissentlich die Hütte des Armen und sucht sich Häuser aus mit Perserteppichen. Beatrice säuberte die Küche, in der es verdächtig nach dem vorigen Mieter duftete. Rauchzäpfchen hatten wir nicht, eine Apfelsinenschale tat aber die gleichen Dienste. Ich röstete sie auf einem Manuskript, das sowieso schon zur Vernichtung reif war. Dann richtete ich das Schlafzimmer ein; mit zwei Griffen war's geschehen. Zwei weitere Griffe in der großen Sala mit dem Blick auf den Wundergarten, und auch da war das Wunder vollbracht mit Kisten und Koffern. Man muß nur das nötige Raumgefühl haben, um die Leere zu überwinden, das Geheimnis der Gotik kennen, und es geht. Den Rest unserer Sachen verstaute ich in eines der fensterlosen Zimmer. Dann verschwand ich. Auch Beatrice hatte noch einen Gang zu tun.

Ich wußte eine Stelle am Hafen, wo Kakteen standen, die gemeine Opuntia, riesengroß und gefährlich an einem Steilhang. Zweimal kam ich mitsamt einem Erdrutsch wieder nach unten, aber der dritte Versuch gelang, ich faßte Boden und löste nicht ohne Blut eine große Mutterpalette, an der zwei kleine Schösser wie Lauscher standen, füllte einen Abfallkübel mit Erde und begab mich verdreckt und glücklich nach Hause. Ein Meter hoch war der Christkaktus immerhin. Zwei Kerzen, die ich aus Wut über den Regen der Madonna im »Turm« nicht mehr geopfert hatte, wurden eingeschmolzen, Dochte gedreht, und dann zog ich bleistiftdünne Lichter, die ich auf die Nadeln steckte. Wenn man nun zu aller Geschicklichkeit im Unglück noch dicke Freund mit den Musen ist, holt man Rilkes ›Neuer Gedichte Anderer Teil‹ aus der Kiste, Büttenausgabe, trennt ein schon stockfleckiges leeres Vorblatt heraus und schreibt darauf ein eigenes Gedicht, »für Beatrice«, das sich zum Heiligen Abend verhält (verhielt, denn es ist untergegangen) wie der spanische Feigenkaktus zur deutschen Weihnachtstanne. Nur keine Reibekuchenmelancholie aufkommen lassen! nur nicht daran denken, daß jetzt irgendwo am Niederrhein eine Gans aus Hausmast geschmort wird, bis sie recht kroß, gelbbräunlich, doch nicht zu braun für die Bescherung ist – und ich schrieb einen mit südländischem Malkasten angelegten Gedankenbrief: »Spanische Weihnacht«, der der Eltern und Brüder Blick und Nase von der Gans abziehen würde, und statt das »Stille Nacht, Heilige Nacht« mit schon halb eingefuselter Andacht zu singen, würden sie in den Wunschfluch ausbrechen: was sie darum gäben, jetzt bei dem da unter Palmen wandeln zu können, am blauen Meer zu sitzen und sich die Sonne auf den Pelz brennen zu lassen, denn verdammt, schau doch mal einer nach, sicher schon 20° unter Null, das könne ja eine nette Bescherung werden, wenn jetzt noch der Lokus zufriert . . . Daß dem verlorenen Sohn im Süden die Leitung bei 40° über Null eingefroren war, brauchten sie nicht zu wissen, auch nicht, daß wir auf einem anderen Glatteise ins Rutschen gekommen waren, und noch weniger, daß wir vor unserer eigenen Bescherung noch zwei Hemden vor das Fenster hängen müssen, damit die Töchter des Parkes uns nicht in das Fest sehen. Und daß wir dunkel sitzen, wenn die Kerzen erloschen sind, denn Geld für eine Glühbirne – aber würden sie's überhaupt glauben? Auch mit der äußersten Armut kann man romantisch renommieren. Arrivierte Schriftsteller berühmen sich ja gerne ihrer verkrachten Jugend – schlechte Schüler, Quintareife, Zeitungsjunge, Bettelwege, Zuchthaus (heute sehr beliebt, ein Autor, der nie gesessen hat, wird ja kaum für voll genommen) – »und habt ihr auch einen Truthahn in der Kasserolle?« höre ich da jemanden mir in meine Gedankenepistel fallen, einen, der schon zu wissen scheint, daß die Weihnachtsgans des Spaniers der »pavo« ist; für welchen Wein wir uns entschieden hätten, einen Malvasia aus Bañalbufar? – und Schritte im Gang, porra, Beatrice! – »Halt, nicht reinkommen, ich bin beschäftigt, oder denkst du, das sei hier wie bei armen Leuten, wo das Christkindchen mit Keuchhusten auf der Nase liegt? Gib lieber eine Kombination heraus, ich muß was zudecken – so, nun kannst du kommen ...

Dann mußte ich verschwinden, denn Beatricens Erbe des Lichts schien auch nicht von kleinen Eltern zu sein. Ich begab mich in eines der vorderen Zimmer und spähte durch die Blende auf die Straße hinab, wo Patres eiligst hin- und herwehten in ihren malerischen Soutanen. Für diese steht ja in der Heiligen Nacht viel mehr auf dem Spiel als nur ein heidnischer Christbaum.

Beatrice hatte ihre Ecke auf der Bücherkiste aufgebaut. Einträchtig setzten wir uns auf die Bettkante und verzehrten unser Christabendmahl. Wie Arbeiter auf einer Baustelle aßen wir aus dem Papier, und da scheint mir der Vergleich mit Zimmerleuten nicht so weit hergeholt, denn Bauarbeiter waren wir ja: wir bauten unser Heim und unsere Zukunft auf der Insel.

Als es dunkel geworden war, zündete ich die Kerzen an, hatte meine liebe Not, daß sie nicht kippten, und wir bescherten uns.

Meine Strophe hatte ich mit einer Kaktusnadel an die Lichterkaktee geheftet. Von außen angestrahlt, nahm sich das beschriebene Büttenblatt feierlich aus – ob es auch innen ein wenig Glanz enthielt? Ich konnte es nur hoffen.

Unter einem Tuch lag mein Geschenk: ein Buch, aus wievielter Hand wohl? abgegriffen, zerlesen, auch stockfleckig das Papier, doch welch ein Leuchten auf jeder Seite, in jedem Wort – ›Las Moradas‹ der Santa Teresa, die Seelenburg.

Als die Kerzen bis auf das letzte Schnüppchen niedergebrannt waren, gingen wir zur Kathedrale, um der »Misa del Gallo« beizuwohnen. Uraltem Brauche gemäß, so hatte man uns erzählt, würden in der Christmette von einem Mohrenknaben maurische Gesänge abgeleiert. Es war ein Erlebnis: der helle Dom, der kleine schwarze Knabe, wie er seinen Singsang von der Kanzel herunterplärrte, die Frauen mit kostbaren Mantillas über hochgestecktem Kamm, und vor uns auf der Bank längelang hingestreckt ein Mann selig schnarchend in heiliger Nacht. Ich mußte an Felix Timmermans denken und an einen verlausten Landstreicher aus meinen Kindertagen, den wir seines Ungeziefers wegen Bienenkönig nannten. Der pflegte in dem kleinen Prostyl einer Waldkapelle zu übernachten – ich empfand das in meinem kindlichen Unverstande als eine Entheiligung der frommen Stätte. Die Ortspolizei räucherte den Storger aus, freilich aus anderen Gründen. Der Schläfer vor uns beanspruchte fünf Sitzplätze für seine stille und heilige Nacht, die ihm niemand wehrte.

Jeder feiert die Kunft des Erlösers auf seine Art, und diese schien mir nicht die schlechteste zu sein. Denn wer weiß, vielleicht war der müde Mensch, längst schon über die letzte Kruste Brot hinaus, in seinen Träumen ein Hirte, der seine Herde hütete draußen auf dem Felde. Und siehe, ein Engel des Herrn trat zu ihm und der Lichtglanz des All-Einen umleuchtete ihn, und er fürchtete sich sehr. Da rauschte es wie von Fittichen in seinen Schlaf, und ein Engel ließ sich nieder und sprach zu ihm – doch das kann jeder selber im Evangelium nachlesen, falls er's nicht auswendig weiß. Nur wird der Engel zu unserem Pennbruder Spanisch und vermutlich selbst Mallorquinisch gesprochen haben. Einmal setzte das Schnarchen unter den Stoppeln aus, da stand der Stern über dem Stalle still, und der Sternschläfer erblickte Maria und Josef und das Kindlein in der Krippe liegend, strahlend und gar nicht rot von der Zwackerei durch die enge Pforte. Während die anderen Hirten wieder zu ihren Herden zurückkehrten, den Flammenstoß schürten und Gott und die himmlischen Heerscharen lobten und priesen für alles, was sie gehört und gesehen hatten, all wie es ihnen verheißen worden war, da drehte sich unser Mann auf die andere Seite und schnarchte weiter, drei volle Messen lang.

Auf Straßen und Gassen lärmte das Volk. Die Heilige Nacht, die Nacht des Hahns, kennt in Spanien das Gehen auf leisen Sohlen nicht. Aber auch nicht den gepflegten Suff im häuslichen Kreise, wenn man das Christkind mit frischen Windeln wieder in die Krippe gelegt hat.

Auf weitem Umwege kehrten auch wir an unseren Herd zurück. Eilig hatten wir es nicht. Wir wußten nun, wo wir hingehörten und daß wir allein waren, wenn die Tür ins Schloß gefallen war. Keine Ratten, kein Gloria aus 2 × 29 Kehlen, nicht nur ein Dach, auch eine Decke über dem Kopf. Kein Esel, der uns, statt uns mit seinem biblischen Atem anzuwehen, weckt mit markerschütternden Atemstößen.

Vigoleis hatte noch eine Kerze aufgespart. Er steckte sie auf die oberste Nadel der Opuntia natalis und zündete sie an. Sie sollte in die leere Nacht hinein brennen. Er liebt dieses tragische Umsonst, wie er auch seine Sanduhr zuweilen wendet und die Körnchen rinnen läßt, für nichts und wieder nichts, so wie die Tage seines Lebens rinnen, Korn um Korn, für nichts und abernichts; und wie am Firmament die Sterne scheinen, ewig und ohne Sinn.

Auch in dieser Nacht war der Himmel mit Lichtern übersät.

Und da es eine merkwürdige Nacht war in seinem Leben, schaute er hinauf und verlor sich in den Anblick der Unendlichkeit, die ihm immer wieder bis in den körperlichen Schmerz hinein die Gewißheit gibt: da kann kein guter Vater wohnen. Ein Stern, da könnte Gott sein, Millionen Sterne mal Millionen aber ... da muß man schon als Sturzhelm eine goldene Tiara tragen, um nicht in solcher Erlösernacht zur Pulle zu greifen.

Vigoleis schloß das Fenster, der Nachthauch war kühl. Er blickte sich um nach seiner Beatrice, sie war nicht mehr da. Sie hatte sich aufs Bett gelegt, und eben wollte er nachsehen, ob sie unter ihrem Kopfkissen seine Strophe hätte, da fiel ihm ein, daß die verfluchte Pilar die Kissen ja nicht herausgegeben hatte. Ohne Kopfunterlage zu schlafen sei gesund, behaupten die Ärzre, dieselben, die auch sagen, daß eine vegetarische Lebensweise der Fleischkost vorzuziehen sei. Was aber hätte Vigoleis in dieser Wundernacht der Menschheit wohl gegeben für eine knusperig gebratene Gans, deren Duft ihm schon ein paar Seiten vorher sehr unchristlich in die Nase gestiegen war? Die ›Seelenburg‹ der heiligen Teresa vielleicht? Vielleicht, oder sein letztes Hemd.

Er deckte Beatrice zu mit dem Mantel der bethlehemischen Liebe und legte sich angekleidet neben sein Weib, und Friede war auf Erden an diesem Fleck, wo zwei Menschen eins und ihres guten Willens waren: auf der Straße des Generals Barceló, im Hause Nummer 23, eine Treppe hoch, im letzten Zimmer, dessen Fenster ich gegen die palmenbestandene Nacht hatte schließen müssen.

Nur keine Erkältungen jetzt!

*

Ein Stern, lieber Leser, strahlt über der Nacht, mit der ich dieses Buch beschließe, und da soll auch nur ein Sternchen als typographisches Zeichen an seinem Ende stehen. Es ist derselbe, welcher der Sage nach die Weisen aus dem Morgenlande zum Stall des Erlösers geführt hat, und derselbe, der einem jungen Mann aus Schweizerland so ins Gewissen leuchtete, daß er sich von seiner Pilarière erhob, in die Hosen fuhr und sich aufmachte nach der Straße des Generals. Kein Laut hallte wider von seinem Schritt, denn er ging auf Alpargatas. Er wußte, daß da in einem Piso zwei Menschen auf einem Bette lagen und also hatten, wohin mit dem Haupt; doch mehr hatten sie auch nicht. Das schmerzte den Mann sehr, denn er fühlte sich schuldig am

Schicksal der zwei. Einen brennenden Christbaum pflanzte er nicht vor die Etagentür, das wird in einem späteren Kapitel eine amerikanische Millionärin tun oder doch durch ihren Diener besorgen lassen. Der Schweizer, kein Millionär, ob auch zeitlebens immer nur ein paar Stellen daneben, schob einen Briefumschlag unter die Tür. Darin befanden sich einige hundert Peseten und ein Zettel mit den Worten:

Fröhliche Weihnacht! Ihr hört von mir,
sobald mich das Luder losläßt! Zwingli.

Unsere Helden fanden diese Nachbescherung am anderen Morgen auf einem Gang durch das leere Haus. Dann dauerte es lange, ehe sie wieder ein Zeichen erhielten von dem Weihnachtsmann; und als dieser endlich auf der Bildfläche erschien, wurde es die höchste Zeit, daß unsere Helden eingriffen: Kaiserschnitt. Sie taten es mit Umsicht, desinfizierten alles gründlich, und obwohl Vigoleis bei dieser Gelegenheit dem gezückten Dolche der Pilar gegenüberstand, kniff er nicht aus, er zuckte mit keiner Wimper – es kommt dies alles zu seiner Zeit aufs Papier. Jetzt haben wir die nötige Muße; nichts braucht überstürzt zu werden, da die beiden nahezu fünf Jahre unter demselben Dache bleiben. Du, Leser, kannst ihnen weiterhin auf dem Fuße folgen, kannst deiner eigenen Wege gehen, anderen Gestalten anderer Autoren nachsteigen, ganz wie es dir paßt in deinen Kram. Wenn du anklopfst, wird dir aufgetan. Es kann aber auch sein, daß du die Türe unverschlossen findest. Der Schlüssel ist altmodisch, riesengroß, ein sperriges Modell, kein Kunstwerk von der Hand des Nürnberger Meisters Hans Ehemann. Man steckt ihn nicht gerne zu sich, und schon gar nicht, wenn man mal eben zur schönen Angelita ins Lädchen geht, oder zum Bäcker Don Matias, der zwar selber kein Bäcker, sondern ein großer Philosophierer ist. Stiehlt man denn bei euch auf der Insel nicht? wirst du denken. Nein, die Barceló ist eine Straße, an deren unterem Ende nur die kleinen, armen und ehrlichen Leute wohnen, die sich eher die Finger abhacken, als sie in fremde Taschen zu stecken. Nachher wird das anders, so gegen Ende 1933, da tauchen überall Spitzel auf, politische Genossen, die im Auftrage eines Mannes, den sie als ihren herrlichen Führer anbeten, nach dem Rechten sehen in der sogenannten deutschen Kolonie auf den Balearen, zu der auch unser Vigoleis kraft seiner deutschen Geburt gehört. Dieser erschien ihnen verdächtig. Da sprengten sie die Tür mit der Brechstange und schnüffelten drinnen: was schreibt der eigentlich? Doch wohl nicht gegen den Führer? Ein Führer ist kein Gott, an den glauben kann, wer will. Wir machen dich kalt, Männeken, sieh dich vor! – »Ein Yale-Schloß«, sagte Beatrice dann, »und immer die Kette eingeklinkt.« Das hat aber auch noch seine Weile. Wenn der betreffende Führermensch zur Macht kommt, warne ich dich abermal, damit du weißt: nun heftet er sich auch an deine Ferse. Und wenn sich, wieder ein paar Jahre später, auch der Caudillo zum Schusse meldet, wird es dir manchmal heiß unter der Sohle brennen, willst du partout überall dabei sein. Aufatmen wirst du erst, wenn wir alle sicher an Bord des englischen Zerstörers sitzen, der uns von der zur Hölle gewordenen Insel entführt.

Schwüle Abenteuer, lockere Frauenzimmer, Kerzen für Maria del Pilar – ist es damit aus? Ja und nein, doch will ich in dieser Hinsicht nichts versprechen.

Entweihen wir die Heilige Nacht nicht durch zu fürwitzige Blicke in die späteren Kapitel. Lassen wir die Engelein singen ihr ewiges Lied von der Ehre, die Gott in der Höhe gebühre, ganz gleich, ob man an ihn glaubt oder nicht, und vom Frieden auf Erden den Menschen, die eines guten Willens seien, woran leider niemand mehr glaubt.

Viertes Buch

Ecce homo – ecce demens
nach Unamuno

Homo homini homo
nach Vigoleis

I

Bestünde die Welt aus lauter berühmten Leuten, dann wäre sie längst wie Spülicht in einem Schüttstein abgegurgelt und es gäbe sie nur noch in den Dränagen des Jüngsten Gerichts. Zu ewig unerforschlichen Zwecken erschaffen, hat der liebe Gott dafür gesorgt, daß die Bäume nicht in den Himmel wachsen und die Übermenschen nicht so ins Kraut schießen, daß sie das Menschengewürm unter dem Stechschritt zermalmen, mit dem sie ins Jenseits einmarschieren. Die Geschichte lehrt, daß die Menschheit stärker ist als ihre bejahenden und verneinenden Genies, Heiligen und Helden. Beide Klassen sind Gallen, Ausgeburten, die man bestaunt oder besegnet. Zuweilen hat es den Anschein, als ob der Menschen namenlose Trift plötzlich mehr große Gestalten hervorbrächte, deren Namen unsterblich werden sollen. Dann kriegen es einsichtige Leute mit der Angst zu tun und fragen, die Hände am Kopf: wo soll das hinaus? Solche Befürchtungen sind meist unbegründet. Wieviel wirklich große Päpste hat es gegeben, und doch ist es ihnen nicht gelungen, die Kirche von ihrem Fels zu stürzen, und nicht einmal Adolf Hitler hat es fertiggebracht, Deutschland so in die Tinte zu reiten, daß ihm nicht mehr aus der Patsche geholfen werden könnte. Die wahre Größe liegt in der Namenlosigkeit, im Wanzenlos. Gregorio Marañón, das spanische Universalgenie, hat zu dieser Frage lesenswerte Dinge geschrieben in seinem Buch über den großen Namenlosen, den Mann von der Straße, Henri-Frédéric Amiel.

Diesen Abstecher ins Gebiet von Größe und Ruhm schreibe ich in der Stadt Amsterdam und in einem Hause, das an einer Straße liegt, die nach einem berühmten Dichter benannt ist: Jan Frederik Helmers. Ich gestehe, nie eine Zeile Helmers gelesen zu haben, und in dem Kreise meiner literarischen Freunde bin ich noch nie auf einen »Letterkundigen« gestoßen, der weiß, wer Helmers war, zu schweigen, daß er ihn läse. Und doch ist der Barde so berühmt, daß die Stadtväter gleich drei Straßen nach ihm getauft haben. Das ist mehr, als ein Dichter nach seinem Tode erwarten kann, wo ihn sowieso kein Auge mehr liest. Mein Freund Pascoaes, Mystiker und Weingutsbesitzer, für dessen Werke und Weine ich immer wieder die Trommel rühre, erschrak in seinem Herzen, als er hörte, daß Potentaten seiner Vaterstadt Amarante eine Straße nach ihm benennen wollten: »Wollt ihr mich denn nicht mehr lesen? Wenn mein Werk nicht solcher Art ist, daß es sich selbst der Nachwelt überliefert, mag es untergehen; als Straße will ich nicht bei lebendigem Leibe beigesetzt werden!«

So berühmt nun wie der holländische Dichter Helmers im Stadtplan von Amsterdam ist der spanische General Barceló nicht in den Augen der Mallorquiner, denn nur eine Straße führt seinen Namen, eine zudem, die selber nicht einmal die Bezeichnung Straße verdiente, würde sie sich an ihrem oberen Ende nicht ein ganz klein wenig verbreitern. Dort, wo sie in die Calle San Felio mündet, wohnen auch nur bessere Leute, so der reiche Dr. Villalonga in einem alten Palast. Und diesem schräg gegenüber, in einer schon bescheiden gewordenen Mietskaserne, Mosén (Monsignore) Juan Maria Thomás, ein gottbegnadeter Musiker, eine der schönsten Gestalten, die wir auf der Insel kennengelernt haben. Nach unten schlaucht sich die Straße immer enger ins blitzblanke Elend hinein, und sie bietet nicht viel des Aufhebens wert. Kleine Leute wohnen dort, vom Schlag, der dazu beiträgt, daß die Insel nicht ausstirbt; und zwei Klöster haben an ihr ihre düsteren Fronten und von Gott gesegneten Portale: unserem Hause gegenüber eines mit männlichen Insassen und weiter oben, zur reicheren Lichtung hin, das mit dem weiblichen Geschlecht. Ob es wahr ist, daß die frommen Häuser durch einen unterirdischen Gang miteinander in Verbindung gestanden haben, kann ich nicht ausmachen. Bei den meisten spanischen oder portugiesischen Klöstern ist es immerhin der Fall. Ich habe selbst in einer solchen kommunizierenden Röhre drin gestanden, im ehemaligen Konvent der Nonnen von Santa Clara, der »Casa da Cêrca em Cima« zu Amarante, wo heute meine mütterliche Freundin Dona Maria da Gloria Teixeira de Vasconcellos Carvalhal wohnt, die Schwester des Dichters Pascoaes. Im Geiste habe ich da den heiligen Verkehr an mir vorüberziehen lassen, und was Wunder, daß ich unmittelbar in den Bann der süßen Modererotik geriet, wie sie mich sonst nur noch in der frühen iberischen Mystik anweht. Zum Glück für die Liebesbriefliteratur hatte das Kloster der Conceição zu Beja, wo Sor Marianna Alcoforada dem Herrn diente, keinen geheimen Gang ins Reich der Mönche, da sonst die Briefe der Portugiesin nie geschrieben worden wären – wenn sie von ihr geschrieben sind, was ich bezweifle.

Vermutlich ist General Barceló auf der nach ihm benannten Straße geboren worden oder wenigstens gestorben, denn sonst kann ich mir nicht erklären, daß man kein besseres Viertel für seinen Nachruhm ausgesucht hat. Er lebte von 1717 bis 1797, ein großer Sohn der an großen Kindern so reichen Insel. Er säuberte das Mittelmeer von der Plage der Piraterie, die damals noch mit geschwellten Segeln ihr Unwesen trieb. Auch den verwegensten Seeschäumer stäupte Antonio Barceló aus seinem Schlupfwinkel in die Räumte hinaus und bohrte ihn in den Grund. Zu Lande stand er nicht weniger seinen Mann, und noch heute begegnet im Volke ein Vierzeiler, der zu Lebzeiten des Helden entstand: »Hätte der König von Spanien vier wie den Barceló, Gibraltar gehörte Spanien, aber den Engländern: No!«

Don Francisco Franco, auch ein General, und sogar einer im Superlativ, der in Marokko ein gefürchteter Haudegen war, nach dem heute die elegantesten Avenidas im ganzen Lande umbenannt sind, hat Gibraltar immer noch nicht den Engländern abgenommen, weshalb er bei einem militärischen Vergleich mit seinem historischen Kameraden den kürzeren zöge. Wie viele Francos Spanien brauchte, damit man singen könnte: Aber den Engländern – No! weiß niemand, und wer es wüßte, würde sowieso erschossen. Es ist auch weniger bedeutend für den weiteren Verlauf meiner Geschichte, die ebensowenig von großen Menschen gemacht wird wie die Weltgeschichte, von der sie ein verwehendes Blatt ist.

In einem schwarzen Stall auf unserer Straße saß ein Flickschuster, der sich kümmerlich ernährte mit seiner Ahle und dem Verkauf von Holzkohle und Olivenholz, dem beliebten Brennstoff der Insel. Wir nannten ihn bald nur noch den »Siete Reales«, sieben Realen (ein Real sind 25 Centimos), weil er sich immer zu seinen Ungunsten verrechnete, eine Leistung ganz besonderer Art bei einer Abrechnung mit Vigoleis, der nie über das kleine Einmaleins hinausgekommen ist. Siete Reales war Analphabet, sprach aber das glänzende Spanisch derer vom Festlande, weshalb er mir ein willkommener Gesprächspartner wurde. Auch von seinen philosophischen Einsichten nahm ich gerne mein Teil, und so schlossen wir bald Freundschaft, die aber nie so weit gehen konnte, daß wir uns gegenseitig auf die Schultern klopften; es hätte zuviel Kohlenstaub aufgewirbelt. Beim Bäcker Matias, der nämlich gar keiner war, sondern nur Lehrer und als solcher Don Matias – ein paar Häuser weiter zum billigen Ende hin befand sich der Laden –, war mir diese landesübliche Bekundung der ewigen Freundschaft weniger unangenehm, ob auch nicht gleichgültig. Es stäubte auch da, aber wie schon aus dem Umlaut des Zeitwortes ersichtlich, nicht aus dem Schwarzen heraus. Mit dieser eingepuderten Gestalt, zu der ich ebenfalls in ein lebensphilosophisches Kundenverhältnis trat, werde ich mich noch beschäftigen, wenn die Nazis schon aus ihrem historischen Hinterwald herausgetreten sind und eine ihrer Mata Haris, mit einem balearischen Sonderauftrag, den Männern erst die Köpfe und dann die Hälse verdreht.

Auf einer Nebenstraße, der Apuntadores, befand sich das Lädchen zweier alter Tanten, von denen eine zwei schöne Töchter hatte, deren eine wiederum im Laden bediente: Angelita, mit Augen, größer als die verheißungsvollste Nacht. Wenn ich zu ihr an die Theke trat und sie wimperte mich mit ihren fliegenbeinumstandenen Sehnsuchtsblicken an, dann vergaß ich sofort, was ich heimbringen mußte. Es surrte um mich, als lebten die Fliegen noch, deren Beine den schwarzen Teufel so gefährlich machten – wenn man von der Niers kommt und mit Muttern durch Bordelle wandelt, um eine Bude zu suchen. Alles versank unter einem solchen Auge. Übrigens behauptete Beatrice, die Wimpern Angelitas seien natürlich, sie brauche keiner Fliege ein Leids zu tun, um dämonisch zu werden. Mir ist sie aber, selbst in der Erinnerung, lieber mit den Fliegen, wo sie zudem den diesbezüglichen Bedarf gleich eine Tür weiter eindecken konnte: bei einer säuerlich abgestandenen Alten, die eine Metzgerei betrieb, in der auch wir zuweilen eine Hammelschuft kauften. Die Fleischerin war mürrisch und knurrte jeden feindselig an, der den Frieden ihrer Fliegenschwärme stören kam. Eines Tages fand man sie tot hinter der Theke liegen, jetzt selbst von Fliegen eingekrustet. Es war im Hochsommer. Ein erbauliches Ende für eine Metzgerin, ein Fliegengrab im eigenen Laden zu finden. Sie hatte übrigens keinen Eisschrank, in dem sie fliegenlos ins Jenseits hätte hinüberschlummern können.

Ich glaube, dem Straßengeneral die nötige Ehre erwiesen zu

haben, so daß er nicht hinter Juliettas Vater zurückzustehen braucht. Der eigentliche Grund aber, weshalb ich mich so lange auf den verschiedenen Straßen herumgetrieben habe, ist der, daß im Hause selbst nicht viel zu sehen ist. Es ist ein leeres Haus, ich meine: eine leere Etage. Nun hätte das Geld, das der Weihnachtsmann unter die Tür geschoben hatte, gewiß ausgereicht, die Zimmerfluchten mit dem notwendigen Hausrat auszustatten.

Wir hielten es aber für ratsamer, unsere Bücher vom Zoll freizukaufen, ehe sie von den Ratten aufgefressen würden. Für 300 Peseten kamen wir wieder in den Besitz unserer gedruckten Welt. Der Rest wanderte ins selbe Möbelmagazin, wo wir mit der Strunze unsere Bettcouch erstanden hatten. Wir kauften einen windigen Tisch, zwei Stühle nach Ältermutterart, und dann waren vielleicht noch einige Klittermünzen da für eine Briefmarke und ein Brot.

So war der kleine Beginn: in der Küche die Stühle und der Tisch. Krupp hat noch kleiner angefangen, und Diogenes hauste selbst in einer Tonne. Wir entbehrten viel, gingen indessen in der uns aufgezwungenen Übung der Askese nicht so weit, daß uns die Entbehrung des Vergnügens zum Vergnügen selbst wurde. Im Gegenteil, es war Festtag, wenn der Sparstrumpf aufgeknotet wurde und so viel Kleingeld, calderilla, herausfiel, daß wir uns einen Kochtopf leisten konnten, oder ein Messer, und dann blickt man sich in die Augen bis auf den Grund, wo es geheimnisvoll flimmert, und sagt: »Du, was meinst du, wir haben nun schon so lange ohne Topf gelebt, wie wär's, wenn wir es noch ein paar Wochen ohne täten, und ohne Messer, und ohne Spucknapf (den man in Spanien fast noch dringender braucht als Küchengeschirr) – und wir kaufen uns ein Buch?« Ein Buch! Das war's! Wir fielen uns um den trotz aller Armut sauber gewaschenen Hals und zogen am richtigen Ende.

Je mehr ich mit der neuen Sprache vertraut wurde, je deutlicher wurde mir, daß da ungeahnte Schätze zu heben waren. Dichter entdeckte ich, die man im Norden nicht einmal dem Namen nach kannte. Spanien, das beschränkte sich auf Cervantes und die klassischen Stückeschreiber. Einen besonderen Reiz bot mir die Aussicht, die Aufzeichnungen der heiligen Teresa, die Bekenntnisse des Johannes vom Kreuz, Fray Luiz de León im Original lesen zu können. An Don Quijote wagte ich mich nicht einmal in Gedanken heran, das erschien mir Lesegut für einen ausgereifteren Geist, als es der meine war, so wie ich mir auch an der Schwelle meines halben Säkulums erst erlauben kann, Goethe mit Gewinn zu lesen, sei es auch noch nicht in der Artemis-Ausgabe. Dazu müßte ich hundert werden, was mir wiederum Goethe nicht wert ist. Wir fraßen uns im wahrsten Sinne des Wortes in die spanische Literatur hinein, indem wir weniger andere Sachen aßen. Jeder hatte seinen bevorzugten Kreis. Beatrice wandte sich dem Geschichtlichen zu, ich, aller auf Bücher gezogenen Überlieferung abhold, hielt mich an das Unwandelbare, das gereimt oder ungereimt Gedichtete. Geschichtsschreibung kann auch für mich faszinierend sein, wenn das Geschehene einseitig betrachtet wird, gewissermaßen mit dem Auge des Huhns, das auf den Boden blicken muß, um den Himmel zu sehen; wenn der Historiker die Geschichte zur Legende erhebt und sie damit erlöst aus der sogenannten wissenschaftlichen Genauigkeit seiner Forschung, die doch nie über astronomische Annäherungswerte hinausreicht. Tausende von Werken sind über Napoleon geschrieben worden, und noch immer wächst die Literatur über diesen dankbaren Stoff. Was aber wissen wir von ihm? Wer war Napoleon? In jeder Lebensbeschreibung muß er neu gestaltet werden, aus der Keimzelle eines, vielleicht seines Menschseins heraus. Die Welt, auf der wir solche Fragen aufwerfen, hat den neuesten Forschungen nach Aussicht, noch 20 Milliarden Jahre zu bestehen. Es können aber auch nur 15 Milliarden sein. Da liegt der Hase im Pfeffer. Napoleon war ein Erlöser, er kann aber auch ein Verbrecher gewesen sein, oder umgekehrt. Wer in die »Geschichte« eingegangen ist, hat aufgehört, er selbst zu sein. Über solche Probleme sprachen wir stundenlang und beschwichtigten so Regungen eines anderen Hungers, der sich oft ingrimmig meldete. Ich vertrat die Dichtung und die Legende und warf mich kühn zum Fürsprecher einer Wahrheit auf, die in den Wolken thront. Beatrice hielt sich im leiblichen wie geistigen Sinne nüchtern an die historische Wirklichkeit und focht mit ihrem schärferen Geist und gestützt auf eine, für mich beängstigende, sterilisierende Belesenheit für das, was ich aus eigenem Ungenügen nicht umhin konnte und kann, die historische Lüge zu nennen. Wird Vigoleis auch einmal ihr Opfer sein? Ich hatte einen schweren Stand, das heißt: ich saß, und auch Beatrice saß; beide in intellektuell befeindeter Eintracht hockten wir bei solchem Disput erst auf Bücherkisten, dann auf den roh gezimmerten Stühlen, die etwas später schon einen Anstrich erhielten, und sehr, aber wirklich sehr viel später saßen wir in richtigen Sesseln aus Stroh. Zwei

Jahre meine ich, der geschichtliche Verlauf steht nicht genau fest, mußten vergehen, ehe wir uns solch luftige Sitzkörbe leisten konnten. Kaum eingesessen, gab es wieder einen Kladderadatsch, und wir kehrten zurück zu unserem uranfänglichen, das heißt auf Kisten niedergezwungenen Lebensstil. Die erhebenden Bildungsgespräche litten darunter nicht, wohl aber die Erweiterung unserer Bücherei.

Wohnzimmer, Speisekammer, Küche und Schlafzimmer lagen in einer Flucht, und wie gesagt gingen die Fenster und der »Sala« große Fenstertür auf den Park hinaus. In Küche und Schlafzimmer konnte uns niemand hineinsehen, zudem waren hölzerne Läden vorhanden, die zu starke Sonne und zu neugierige Blicke fernhalten konnten. Schlimmer war es im Wohnzimmer, das ebensöhlig lag mit einer vorgebauten Terrasse, die aber nicht von unserer Etage aus betreten werden konnte, da ein Lichtschacht sich wie ein Burggraben dazwischen schob. Zudem war die Altane in den Mietpreis nicht einbegriffen. Darüber hinaus trennte uns noch ein Eisengitter von der Welt der besitzenden Klasse. Die Aussicht wurde uns meist durch Wäsche verhangen. Im Süden wäscht man täglich, mit kaltem Wasser und auf dem Stein. Da flatterte es immer lustig im Winde, große Laken und die kleinen Stücke, die dem Leibe am nächsten sind. Bald schon kannte ich die Brustweite von Mutter und Töchtern, von den Mägden nicht minder, und ich wußte um ihre Mondphasen und -finsternisse. Es wurde peinlich, wenn förmlicher Besuch kam, und es hingen wieder ein paar Blätter des Hauskalenders an der Leine. Beatrice ärgerte sich anfänglich über die Exhibition. Ich nahm es weniger tragisch. Schön fand ich es auch nicht, aber meine Seelenlyrik an der Leine im Bordell, war das stilvoller? Schlimmer waren die Urheber dieser Plakatmalerei, die Töchter des Hauses, die täglich mehrere Male auf die Terrasse kamen; immer hatten sie etwas für die Leine ihrer Neugierde, spähten dabei ins Zimmer und wunderten sich sehr: nichts sahen sie außer Bücherkisten und unserem Christkaktus, der übrigens schon neue Augen setzte. Ob »die« noch nicht eingezogen sind? Haben »die« nur ihren Kram da abgestellt und wohnen woanders? Ausländer pflegten sich eigentümlich auf Mallorca zu benehmen, das wußte man und nahm daran Anstoß. Eines Tages faßte sich eine Señorita ein Herz, lauerte mir auf und fragte rundheraus, ob wir schon da seien? Ich stand am Gitter und schaute in die fremde Pracht. Bürgerlich, wie ich in kleinen Dingen bin, die Vigoleis fern sind, griff ich zur Lüge und beging die Pökelsünde der Feigheit: indem ich die Geschichte ausspann, die ich Arsenio schon aufgebunden hatte, vom Hausrat, der im Zollager auf Abfertigung warte. Der Vorsicht halber verlegte ich die Angelegenheit mit den lästigen Formularen, Erklärungen, Wertangaben, Eidschwüren und Kautionen nach Barcelona, denn es hätte ja sein können, daß des Mädchens Papá den Direktor vom Zoll sehr gut kenne und: nur ein Wörtchen und alles sei noch am selben Tage in der Straße des Generals. Wem der Zufall schon so viel Knüppel zwischen die Beine geworfen und Felle weggeschwemmt hat, wird vorsichtig – und reitet sich noch ärger in die Tinte. – »Barcelona?« sagte die Tochter, »da kennt Papá den Direktor vom Hauptzollamt, sprechen Sie doch mal mit Papá, es kostet ihn bestimmt nur ein Wörtchen, und alles kann mit dem nächsten Schiff verfrachtet werden. Ohne Möbel zu leben, das ist doch schrecklich, das kann man doch nicht . . .«

Welchen Heiligen hätte ich anrufen sollen, der mich gegen diese Hilfe in Schutz nähme? Ich kannte keinen, der sich in so verwickelter Lage einsetzen ließe, und Beatrice, die für alles den heiligen Antonius bemüht, war nicht um die Wege. Ich log weiter: danke für die Freundlichkeit, aber einem letzten Schreiben zufolge könne ich in den nächsten Tagen mit der Freigabe rechnen. Nur der Bechstein würde noch unter Siegel gehalten, da wir allein dafür 3000 Peseten an Zoll entrichten müßten.

»3000 Peseten?«

»Dreitausend, wie ich sage, und die haben wir im Augenblick nicht.«

Nach diesem Gespräch kauften wir Gardinen, um den entgegenkommenden Töchtern den freien Blick in unsere Zollschwierigkeiten zu wehren. Ich hasse Gardinen, eben weil sie mich ständig daran erinnern, daß die Welt eng ist, und mehr noch, daß ich so arm bin, sie mir nicht vom Halse halten zu können. Was gäbe ich darum, ein Arbeitszimmer zu haben im obersten Stockwerk eines Wolkenkratzers! Nur keine Gardinen an den Fenstern, weg mit dieser Kirmeswagenmisere. Und dabei ist mein ganzes Dasein ein ununterbrochener Kampf gegen die Kartoffel und den Lappen Tüll, Symbole beide für den Ikarus, der nicht einmal jene Höhen erreicht, wo das Wachs der Flügel zu schmelzen beginnt.

*

In der Pension des Grafen gab die Gerstenberg ein Abschiedsessen. Sie ertrug das Leben auf der Insel nicht mehr. Sie litt an Inselangst, die sich zur Inselwut steigerte, einer furchtbaren Krankheit, an der Beatrice später auch wird leiden müssen. Da gibt es nur zwei Heilmittel: die Insel verlassen, zur Not im Hechtsprung, oder mit dem Kopf gegen die Wand rennen. Die Tragödin gab den Planken der »Ciudad de Alicante« den Vorzug und zog mit dem Sohn nach Alicante, von wo sie gekommen waren. Der Gedanke, durch das Meer von der Welt abgeschlossen zu sein, war ihr unerträglich geworden. Sie kam sich vor wie in Stock und Block gelegt. Ich versuchte sie zu beruhigen mit dem Sophismus, daß man ja niemals mit Bestimmtheit sagen könne, wann ein Kontinent anfange, erdkundlich zur Insel erniedrigt zu werden. Die Wissenschaft habe da noch keine Normen aufgestellt. Dann packte ich meine Geldtheorie aus: eine Insel sei nicht unerträglicher als irgendein beliebiger Ort auf dem sogenannten festen Lande, man müsse sich nur ein Rennboot oder Flugzeug leisten können wie Don Juan March. Der lebe auch auf einem Korallenriff gesicherter gegen die Umwelt als eine Adele Gerstenberg in Alicante. Die Gerstenberg ließ statt einer Antwort ihr gelbes Gesicht sprechen, so daß ich schwieg und mich einen Narren heißen ließ. Hauptmann von Martersteig, der einzige wirkliche Ikarus unseres aufgeflogenen Kreises, war nicht zum Mahl erschienen, obwohl er in der Stadt weilte. Er lag, krumm vor Gicht und Heldentum, in einer verwanzten Pension und quälte sich obendrein noch ab mit der Niederschrift eines offenen Briefes an Hindenburg: Entweder der verkalkte Feldmarschall erhöhe dem Flieger die Kriegsbeschädigtenrente, oder dieser – doch hat niemand je erfahren, was dem Reichspräsidenten geblüht, hätte er sich geweigert, seinen martialischen Namenszug unter eine Zulagebulle zu setzen, denn Hitler machte auch mit diesem Spatzenschreck des alten Reiches kurze Metten und kaufte sich die Treue des Luftkämpfers mit einem Glas Bier, zwei Frankfurter Würstchen und einem Strich Senf.

Ein paar Briefe habe ich mit der Gerstenberg gewechselt, dann wurden die Zwischenräume immer größer, bis sie so groß waren, daß man auf beiden Seiten das Schreiben einstellte. Friedrich starb an Tuberkulose, und ein halbes Jahr später folgte ihm die Mutter nach ins Reich der Schatten. Das Festland war noch enger als die Insel. Beide liegen sie begraben auf dem Gottesacker von Alicante. Der Hauptmann begräbt sich selbst für ein paar Jahre in seinem Geisterschloß von Deyá. Dort lebt er wie eingeäschert in seinem Gram und in der feuchten, nackten Arbeitsklause. Nicht einmal sein Feind von Ranke Graves kann ihn mehr vertreiben. Die Rente war wieder um einige Mark gekürzt worden, das sagt alles. Doch lassen wir ihn getrost ein wenig Schimmel ansetzen, nachher kommt dann der Führer und brüllt es in alle Welt hinaus: Deutschland erwache. Da erwacht auch unser Hauptmann, und er wird sich auf diesen Seiten wieder zum Wort melden, mit Einglas, Pelzbabuschen, Pour le mérite, Giftschoppen und seiner geflügelten Rede vom Geschabten eines grünen Käse.

Anton Emmerich verschwindet auch immer mehr aus unserem Gesichtsfeld. Er hat große Pläne, will wieder in die Welt hinaus; nicht daß er an Inselitis litte, aber er hat das faule Inselparadies satt. Für einen Pappenstiel bietet er uns seinen Laden zur Übernahme an – Zwinglis Schulden hatten sich auf weit mehr belaufen. Aber wenn man den Pappenstiel nicht hat und ärmer ist, als es im Volksliede heißt: Wir hätten gern der Pfennig viel, da bot man uns den Pappenstiel . . . Kurz, der hillige Reibekuchenpatriot verließ das Eiland, nachdem er das Geschäft einem frisch zugewanderten Deutschen abgetreten hatte. Dieser Herr kam aus dem Bankfach, hatte ein paar Kröten und war bemerkenswert klein von Wuchs. Hinter der Theke wirkte er wie in einer Versenkung stehend. Die Versenkung sollte auch sein Inselschicksal werden.

Damit wäre auch der Kölner aufgeräumt und ich bekomme Platz für neue Gestalten.

*

Mehr als die Hälfte dieses Buches – sofern meine Vorausberechnungen aufgehen – habe ich gebraucht, um die Wechselfälle unseres Schiffbruchs zu schildern, der genau genommen keiner war, verloren wir doch den Grund unter den Füßen, als wir die Insel schon betreten hatten. Erst durch unseren Einzug in Nr. 23 auf der Straße des Piratengenerals festigte sich unser Dasein, und ein verbissener Kampf um das tägliche Brot setzte ein. Jahre dauerte er und endete mit einem vollen Sieg: wir bringen es zu einer Badewanne. Manch ungegessenes Essen, manch ungekauftes Buch hat das ermöglicht. Mir bedeutet die Badewanne mehr als nur Bütte der Reinigung zu sein. In ihr erlebe ich das Archimedische Prinzip im Geistigen. Mehr als tausend Mal hat Beatrice die Insel verflucht, gelb wie die

Tragödin, und mehr als tausend Mal habe ich sie angefleht: nicht die Insel verdamme, verdamme mich, deinen Vigoleis, Vigoleis, der ja keine Spielart meines Ich ist, eher dessen Hofnarr, sei es auch ohne Halskragen und Hahnenkamm. Nimm ihn als Sinnbild einer Lebenshaltung, die an sich selbst genug hat und darum auch in sich selbst zugrunde geht. Gewiß, so ungefähr mußte ich fortfahren, die Spanier müssen in vieler Hinsicht noch erzogen werden, sie sind nicht stubenrein, sie spucken auf den Boden, wenn man ihnen keinen Napf in die Ecke stellt, und versauen dir die Etage mit Zigarettenasche. Haus und Straße ist für sie noch eins. Aber ist das *so* schlimm? Ich wische das alles ja immer wieder auf. Wie der Clown im Zirkus hinter den Elefanten mit Blech und Besen herläuft, bin ich hinter unseren Hausspaniern her und erschrecke, ehrlich gestanden, wenn die Klingel aufschrillt und du nicht den lieben Freund, die liebe Freundin kommen siehst, sondern Spucker, Aschenstreuer und Stummelschmeißer. Und wer deinen verzweifelt vernichtenden Blick sehen könnte in solchen Augenblicken, möchte wahrhaft schließen, der Besuch höbe auch noch das Bein an unseren Dünndruckphilosophen. O diese verfluchte Insel der balearischen Schleuderer! sagtest du, liebe Beatrice. Und ich konnte immer nur wiederholen: O dieser sich selbst verschleudernde Vigoleis, warum schreibt er nicht endlich ein Gedicht, das ihm eine Matte vor der Haustür einbringt, einen Spucknapf und einen Aschenbecher. Du sollst mal sehen, Chérie, wie sich dein ganzes Leben umkrempelt, wenn der Gast sich erhebt, in die Ecke geht und mit hörbarem Klatsch und sichtlicher Befriedigung in die sich verjüngende Schale speit. Manchmal zielt er daneben, zuckt dann mit den Achseln, aber in solchen Fällen erhebe ich mich und fege, und wir wollen nur so froh sein, wenn 30% der Räusperungen ins Weiße treffen. Tag und Nacht, meine Liebe, martere ich mein Hirn, um etwas Großes zu erfinden und mit einem Schlage 1000 Peseten zu verdienen, tausend! Stelle dir nur einen Augenblick vor, es gelänge mir, endlich die Formel für meine leuchtende Druckerschwärze zu finden, die Menschheit würde fürder im Dunkeln lesen können, kein Zank mehr in den Ehebetten, wenn der eine Partner noch lesen, der andere schon schlafen will – aber man verkennt mein Genie, selbst du, und das ist bitter.

Der Leser bedenke, daß hier Gedankengänge verfolgt und Gesprächsbrocken hingeworfen werden, die den Ereignissen weit voraus sind. Denn bis zur Stunde hat noch kein Spanier

Gelegenheit gehabt, auf die mit Hemd und Hose blankgewichsten Ladrillos zu spucken. Und unter uns, was ich auch offen sagen könnte, denn Beatrice weiß es schon seit einem Vierteljahrhundert: was gäbe ich darum, wenn ich die innere Größe mit auf den Lebensweg bekommen hätte, meinen Mitmenschen so mir nichts, dir nichts in die gute Stube zu spucken, mit dem Messer zu essen nicht nur, wenn ich mich unbeobachtet glaube, und mein Haus zu betreten, ohne mir den Dreck von den Sohlen zu fegen! Warum hat es Vigoleis im Leben zu nichts gebracht? Weil er nicht spuckt; sich benimmt; weil er Schloßpantoffeln anzieht auch in seiner Elendsbude auf der 3 e Helmersstraat. Ich rede dem freien Spucken das Wort, und ich preise mich glücklich, mit diesen Aufzeichnungen an einen Verleger geraten zu sein, der diese Kunst aus vollem Halse beherrscht: da kann mir ja noch was blühen! Ein wenig spät. Vielleicht – und reichlich früh für einen Unbekannten, gleich einen Stoß Aufzeichnungen unter die Leute zu werfen? Nun, da komme ich mit Nietzsche: das Recht, nach seinem vierzigsten Jahre seine Lebensgeschichte zu schreiben, möge ein jeder haben, denn auch der Geringste könne etwas erlebt und in größerer Nähe gesehen haben, was dem Denker wertvoll und der Beachtung wert sei. Ich habe meinen Vigoleis in der fraglichen Zeit erlebt und in allergrößter Nähe gesehen, und wenn du, Leser, ein denkender bist, sind wir auf dem rechten Pfad, und ich kann weiter wandeln. Weshalb man es denn als Auszeichnung nehmen möge, wenn ich Pedro Sureda als ersten spanischen Hidalgo in unseren Piso spucken lasse. Das ist, wie Beatrice mir über die Schulter ins Manuskript spähend bemerkt, nicht historisch, denn gerade Pedro habe eine unspanische Kinderstube gehabt. Ich finde es schade, daß er nie gespuckt haben soll; hier jedenfalls lasse ich es ihn gründlich besorgen. Geschichte, ich wiederhole es, ist kein Wachsfigurenkabinett, wo jeder Leberfleck hingeklebt wird, wo er gesessen hat. Herodot hat noch ganz andere Sachen auf dem Gewissen, und was die Schriftsteller des Alten Testamentes Jahwe nicht alles anstellen lassen, und Christian Morgenstern erst seinen Palmström! Und da sollte mein Sureda nicht einmal spucken dürfen! Warum dürfte die Welt, die uns etwas angeht, nicht eine Fiktion sein? – sagt dein Nietzsche nicht so?

*

Wer sich der Bildnisse Alfons' XIII., des letzten Königs von Spanien, erinnert, dem brauche ich Pedro nicht weiter zu schildern: er ist dem Bourbonen aus dem Gesicht geschnitten. Im Ausdruck zwar intelligenter und die Stirn nicht so weibisch gewölbt, der Blick lebendiger als der seines Königs und die Nase um einen kleinen Schlag seitwärts geknickt, so ist er des Monarchen Zerrspiegelgänger, was oft zu Verwechslungen Anlaß gegeben hat, denen Pedro übrigens immer königlich gewachsen war; und zu vielen Flüstergeschichten. Denn wie kommt einer an eines Königs Gesicht und ist kein König nicht? Es wäre ja schön für die Insel meines zweiten Gesichts, wenn Pedro zum König von Spanien im selben Verhältnis stünde wie Julietta zum General aus der Feste Mahón. Das würde, soziologisch gesehen, den Kreis meiner intimen Beziehungen bedeutend erweitern, und ich könnte heute nur bedauern, den Kohlenmann Siete Reales nie an meine Brust gedrückt zu haben, einzig wegen der verpaßten romantischen Gelegenheit: Vigoleis wandelt mit Köhlern und Königskindern auf den Höhen der Inselwelt. Es hat nicht sollen sein, beim schwarzen Manne nicht wegen seiner Staubentwicklung, und bei Pedro nicht – ohne dem König zu nahe treten zu wollen – weil Könige zur Blutauffrischung bekanntlich über die Hintertreppe schreiten, und Pedros Mutter hinwieder aus einem ebenbürtig herzoglichen Hause stammt. Das sei kein Argument, höre ich die im Okulieren von Stammbäumen geübten Genealogen sagen. Gewiß, aber die Fürstin lebt noch, hochbetagt, auf ihrer Insel. Mütterlicherseits stammt Pedro sonach aus iberischem Uradel, das Geschlecht blühte am Tajo unter Karl V. und Philipp II. mit dem den Niederländern so verhaßten Namen. Auch unter Verleugnung solch königlichen Schmands weist, vom Vater her, Pedros Geschlecht nicht minder auf das Festland hinüber. Die Vorfahren der Suredas waren mit Jakob dem Eroberer auf die Insel gekommen, im Jahre 1229, dem jedem Mallorquiner heiligen Jahr. Nach langer Belagerung wurde Palma am 31. Dezember von dem christkatholischen König den Mohrenhunden entrissen. Pedros Urahn war dabei, im Kettenhemd wütete er fürchterlich gegen die Heiden, denn gerade er hatte eine besondere Rechnung mit den Moros zu begleichen: noch heute führt das Geschlecht den Namen »Verdugo«, was Henker, Scharfrichter oder Köpfer heißt, und zwar zur Erinnerung an die blutige Tat, durch welche das Geschlecht der spanischen Krone erhalten blieb. Ich will es einer Lesart nach erzählen, die meinem Gefühl für romantische Moritaten am meisten entgegenkommt. In der Überlieferung Don Paco Quintanas rollen weniger Köpfe, sonst ist alles genau dasselbe. Dreizehntes Jahrhundert ... die Burg der Suredas belagert, es dröhnt der Schlachtruf: Tod den Kastiliern! Rammböcke bummsen, Tore splittern, schwarze Teufel ersteigen die Zinnen, ein großes Gemetzel beginnt. Der Schloßherr fällt unter dem Krummschwert. Herrin und Kinder, als einzige dem Blutbad entronnen, werden vor den Scheich geführt. Der entscheidet: Tod den Kastiliern, den Glaubenslosen, doch – eine Gnade sei gewährt: wenn die Mutter mit eigener Hand ihre Kinder enthaupte, könne ein »hijo varón« am Leben bleiben. Es sind 13 Kinder. Die Herrin nimmt an, indes entscheidet sie nicht selbst, wer dem Kindermord von Mutterhand entgehen soll. Sie stellt die Lieben im Kreise auf, läßt sich die Augen verbinden, nimmt ein Schwert und dreht sich mehrere Male taumelnd um sich selbst, die Waffe wie einen Zeiger schwingend. Stillstehend zeigte der Flamberg auf einen »Varón«, einen Knaben: dieser war ausersehen, das Haus weiter zu tragen. Die anderen Sprößlinge tötete sie und legte dann Hand an sich selbst. – Ich habe diese Ahnenbravade oft erzählt, doch nie eine Mutter angetroffen, die in einem gleichen Falle gleich gehandelt hätte. Aus Liebe zu töten, ist das denn so schwer? Oder reicht die Liebe einer Mutter nicht über den Tod hinaus? Nur als Masse heißt man das Töten gut.

Pedro aus dem Hause Verdugo ist groß, ein geborener Tänzer, er hat schöne Hände, mit denen er wunderbare Bewegungen machen kann, er singt leidlich und mit Vorliebe die alten Lieder seiner Insel. Seine Lunge ist verkorkst, sein Magen verpfuscht, sein Herz erweitert. Er spielt ausgezeichnet Theater, nicht auf der Bühne, wo er gewiß versagen würde, sondern im Leben, wo diese Kunst mehr einbringt, vor allem in Spanien, dessen Theater schlecht sind, weil sie mehr sein wollen. In den Tagen, wo wir Pedros Bekanntschaft machen, hat er sich noch für keinen Beruf endgültig entschieden; und niemand drängt ihn dazu. Er fühlt sich zur Schriftstellerei hingezogen, mehr aber zur Hantierung mit Pinsel und Zeichenstift, doch muß er erst den Militärdienst hinter sich haben. Ich habe nie als Soldat gedient, weiß aber, daß man als Rekrut weniger gilt als ein Stück Vieh. Das Viehische ist am Menschen aus dem Urschleim kleben geblieben, darum machen fast alle mit, wenn es gilt, den bunten Rock anzuziehen. Wer sich drückt, wird an die Wand gestellt. Sobald der Mensch eine Uniform anlegt, hört er auf zu sein, was er ist. Pedro aus dem Hause Verdugo, zu seiner Ehre sei es gesagt, hat versucht, auch als Soldat seine Menschenwürde zu wahren, und in Spanien ging das dazumal noch leidlich. Ihm gelang es, indem er sich aus der Monturkammer einen Rock holte, dessen Ärmel zu lang, der Halskragen zu weit waren; eine Hose, deren Gesäß auch noch die Kniekehlen aufnehmen konnte; ein Koppel, das er zweimal um seine Taille winden mußte, damit es auf dem letzten Loche schloß. Die Kopfbedekkung wäre selbst für seinen heraldischen Vater noch zu groß gewesen. In diesem Aufzuge hatte Beatrice seine Bekanntschaft gemacht und ihn für überhölzelt erklärt, im selben Kriegsknechtsplunder lernte ich ihn kennen und spürte beim ersten Handschlag: das ist ein Mensch nach deinem Herzen. Beatrice hat als Schweizerin keine Ahnung, was Soldatsein bedeutet. Die Handvoll Leute, die da in ihren Kantonen jeden Sonntag zum Ärger der Anwohner einen Pflichtschuß lösen, dabei Stumpen rauchen oder einen Jaß klopfen, im Kriegsfalle eine Mine legen und ein wenig Grenzwache schieben und weiterhin freie Bürger bleiben, können nicht mitreden, obwohl sie es gerne tun. Wenn sie es satt haben, schmeißen sie dem Divisionär den Krempel vor die Füße und werden nicht erschossen. Pedro konnte mitreden, obwohl, und da glaube ich Hauptmann von Martersteig aufs Wort: in Deutschland wäre das wegen Sabotage an der äußeren Michelei vor ein Kriegsgericht gestellt worden; eine Affenschande, solche Kerle der spanischen Armee! Pedro war nicht der einzige, der seine Würde durch ein Vergreifen im Maß hoch hielt. Martersteig: »Dunkelhaft für jeden fehlenden Knopf, Festung für jede herunterrutschende Hose! Wie wollen die ran an den Feind, wenn sie sich im Sturmschritt noch die Buxe halten müssen? Aber was wollen Sie anfangen mit einem Heer, dessen Generäle den Regenschirm aufspannen, wenn's tröpfelt?« Napoleon, entgegnete ich, habe das auch getan und doch Schlachten gewonnen. Bei Waterloo hatte er gerade keinen Parapluie zur Hand – und es ging schief. Ich habe viele spanische Generäle gesehen, einem mit aufgespanntem Schirm bin ich nie begegnet; ich hätte ihn umarmt! Dafür entschädigte mich der Bildbericht einer portugiesischen Zeitung: unter strömendem Regen wurde eine Truppenschau abgehalten. Der ganze Generalstab saß auf Küchenstühlen unter aufgespannten Schirmen, die sich die Offiziere nicht einmal von ihren Burschen halten ließen, denn diese bleiben zu Hause und passen auf die Kinder auf. Soviel Menschlichkeit in einem unmenschlichen Beruf rührt mein Herz. Der Negus von Abessinien trägt seinen Regenschirm sogar mit kaiserlicher Würde, falls das Ding nicht zu den Throninsignien gehört.

Um noch einen Augenblick bei der Verteidigung des arg zusammengeschrumpften spanischen Weltreiches zu bleiben: Pedros Großvater, Don Jaime Montaner y Vega Verdugo etc., war Admiral, der sich seinen Ruhm bei dem an sich wenig rühmlichen Feldzuge in Kotschinchina erworben hat, wo er, blutjung, dabei war, als man den Rifpiraten Ceuta wieder streitig machte. Von da an reihte sich eine Schießkordel an die andere, ein vergoldeter Stern klimperte heller als der andere, und bordschäbevoll war die betagte Brust des Tapferen, als ich ihn kennenlernte in seinem Palast. Ich erstarb ehrfürchtig vor diesem balearischen Nelson, der prangte im gestanzten Blech, und das ist um so natürlicher, wo ich den Mund gern voll nehme mit meinem Spott über weltlichen oder kirchlichen Mummenschanz. Ein Beispiel, das Bände spricht? Hier:

Ich mußte einen Antrittsbesuch machen bei meinem bischöflichen Onkel in Münster, dem ich noch nie begegnet war. Ich kannte nur seinen hochbetagten Diener, der Jean hieß wie sein Herr, mit dem er auf Duzfuß stand, denn er war schon Kutscher gewesen bei dessen Vater. Darum konnte er es sich auch erlauben, den hohen Priester von der Kanzel herunterzuholen, wenn er an Hand seiner Zwiebel feststellte, daß der Junge wieder zu lange predigte und der Kaffee aufgewärmt werden müsse. Das imponierte mir; der Onkel verblaßte neben der Gestalt dieses Getreuen. Wohl war das Prestige von »Ohme Jean« in unserer Familie mächtig gestiegen, seit er ins Hirtenamt berufen worden war, und die Hefte des ›Steyler Missionsboten‹ und der ›Stadt Gottes‹, die bis dahin auch nach außen die Frömmigkeit meines elterlichen Hauses ebenso deutlich dokumentierten, wie sie dessen schlichten literarischen Geschmack verrieten, traten in den Hintergrund. Der Titularbischof von Cestrus übertrumpfte mit Stab und Mitra die Kolportage.

Ich war ein Ungläubiger im Sinne der, mit Berdiaeff zu sprechen: untragischen Theologie, die darum auch keine Erbittlichung kennt, und als solcher, als »Aufgeklärter«, wollte ich dem Onkel gegenübertreten; als Mensch und kleiner Verwandter aus der Provinz vor den Menschen und Herrn eines Dieners, vor dem jener sich gerne beugte. Daß man einem Bischof den Ring küßt, wußte ich, die Mutter hätte es mir nicht eigens auf die Seele zu binden brauchen; wußte aber auch, daß ich mich nicht das Geschabte eines mir damals noch unbekannten Käses kümmern würde um diese mittelalterliche Firlefanzerei, was ich meiner Mutter verschwieg. So gesteipert begab ich mich in das

Haus Nummer 30 am Domplatz, den Kopf voll Nietzsche und Schopenhauer und ähnlichem Rüstzeug, dem Verwandten mal die Flosse zu drücken: Tag, Onkel, da bin ich, Johannas Sohn aus Süchteln; wie geht es dir, und Grüße von Vater und Mutter, und wann du mal kämst, uns gegenüber im Krankenhaus kannst du die Messe lesen, falls Jean das erlaubt, und die Nonnen schütten dir nachher einen Kaffee auf im Rektorzimmer . . . da sagte die Pförtnerin, seine Eminenz seien nicht zu Hause, ich solle nur morgen wiederkommen, gegen elf, das sei eine gute Stunde, und wen sie melden dürfe?

Pünktlich zur guten Stunde begab ich mich wieder in den kleinen Palast. Viele Menschen hatten sich vor dem Portal eingefunden – doch wohl nicht meinetwegen? Oder sollte Ohme Jean, von meiner Mutter avisiert, eine öffentliche Bekehrung ins Werk setzen, mit anschließendem Umgang und Tedeum? Unbeirrt schritt ich durch die harrende Menge, den Vorgarten, durch das geöffnete Portal. Als ich die Halle betrat, fing ein junger Kaplan mich ab und bedeutete mir, wer ich auch sei, ich käme etwas ungelegen, Hochwürden hätten Primiz im Dom, ich möchte doch – da hörte ich Stimmen und Schritte, Gewänder rauschten, der Weihbischof kam die breite Treppe heruntergeschritten, im vollen Ornat, um ihn dienstbare Hände, die noch dies und das an den Gewändern und Umhängen rückten und nestelten. Die Toilette hoher kirchlicher Würdenträger ist ja ebenso verfänglich wie die einer großen Dame von Welt. Der unerwartete Anblick dieser Pracht brachte mich trotz der im unvermindert würdigen Schreiten angebrachten Sicherheitsnadeln so aus der Fassung, daß ich im Protagonisten nicht mehr Ohme Jean, sondern den Kirchenfürsten sah und mich ihm in den Weg warf: er hatte die unterste Stufe erreicht, und da lag ich auch schon vor ihm auf den Knien, ergriff seine Hand und wollte den Fischerring küssen. Der Bischof war aber Onkel geblieben, ich verdutzte ihn keineswegs. Er bedeckte den Ring mit der anderen Hand, zog mich aus der Vasallenbeuge und sagte lachend: »Das hat Johanna dir beigebracht, aber bei mir brauchst du das nicht, das machen wir ganz anders, komm heute abend mal um sieben, ich habe es jetzt eilig, du siehst ja, noch auf der Treppe muß ich mich anziehen lassen. – Propinquus meus«, sagte er noch zu einem fremdländisch aussehenden Mönch, es klang wie eine Entschuldigung, und verschwunden war der theatralische Verwandte.

Die Geste mit dem Ring ist mir unvergessen geblieben, und

kaum nötig zu sagen, daß der Bischof mit ihr Herz und Vertrauen eines Ungläubigen gewonnen hatte, ob auch keinen Folger.

Uniformen und Ornate sind gefährlich wie Kriegsbemalungen wilder Stämme. Man muß schon sehr stark sein, um ihnen zu widerstehen. Habe ich besser abgeschnitten als jener Missionar, der beim Anblick einer bemalten Negerbande Zweifel bekam an seiner eigenen Sendung? Wie dieser hatte ich mich rasch wieder in der Gewalt. Aufgefressen wurden wir nicht, aber gefallen war ein jeder von uns auf seine Weise. Voller Wichs gehört zum Geschäft, sei es das frömmste. Die protestantische Kirche verliert immer mehr an Boden. Ich glaube, wenn sich die großen Professoren und Wortführer des göttlichen Wortes ein wenig malen würden, bunte Lappen umhingen, ein Weihrauchfaß schwängen und mit fremder Zunge redeten, es wäre fruchtbringender um ihre Sache bestellt. Sie brauchten die Maskerade ja nicht so weit zu treiben, daß Verwechslungen mit aufgedonnerten Frauen zu befürchten wären, wie es dem Patriarchen von Lissabon einmal auf Madeira passierte; aber ein bißchen mehr ins Bunte könnte der Sache nicht schaden; ich meine der Kirche, denn um Gott dreht sich das alles ja schon lange nicht mehr. Der hat Kirchenarrest, und den Theologen bedeutet er nicht mehr, als was nach Nietzsche die Bücher den allermeisten sind: Literatur – und das zum Glück. In der katholischen Kirche hingegen ist der Urmythus noch lebendig, der den ersten Neger sich einen Ring durch die Nase ziehen hieß. Das wirkt auch in unserem sich anbahnenden »aperspektivischen« Zeitalter noch seine täglichen Wunder. Doch dafür ist mein Freund Don Juan Gebser, der Urheber der genannten Zeit, zuständiger als Vigoleis.

So denn habe ich Pedro Sureda vor den Leser hingestellt mit Bezügen, die über Jahrhunderte reichen. Köpfe mußten rollen, Schleier gelüftet werden, der Name eines Königs mußte herhalten, um die Beschreibung eines Gesichtes zu erleichtern; ein Admiral von den Toten auferstehen und mit Orden klimpern; ein Ketzer sank vor einem hochgebröteten Diener Gottes in den Staub. Mit einer Beschreibung nach der Natur wäre ich weiter, will sagen mit weniger Worten ausgekommen. Ich unterlasse sie geflissentlich, weil ich diese Kunst nicht beherrsche. Es ist schwierig, einen Menschen mit Worten so zu konterfeien, daß bei der Illustrierung eines Werkes von verschiedener Hand der Typus gewahrt bliebe. Ich habe mir einmal das Vergnügen gemacht, die Bebilderungen der frühesten Quijote-Ausgaben zu vergleichen: da hatte sich der uns geläufige Typus des Ritters von der traurigen Gestalt noch nicht herausgebildet. Mich kostet es heute noch Mühe, an Hand der Lektüre selbst meinem Don Quijote die bildliche Ebenburt zu geben. Immer kommt mir die Karikatur von Cervantes' zickebärtiger Karikatur ins Gehege, wie ja auch Christus als Typ kaum noch aus der Erstarrung des schönen Mannes mit Christusbart erlöst werden kann.

*

Man sieht, es fehlt Vigoleis auf der Insel nicht an Beziehungen. Schlachtenlenker zu Wasser und zu Lande haben ihre Beglaubigungsbriefe schon bei ihm abgegeben; in den besten Freudenhäusern der Stadt steht er angeschrieben und eingeschrieben; ein bischöfliches Brevet empfiehlt den jungen Mann zu gelehrten Zwecken einem Busenfreunde von Pedros Papá, dem erzbischöflichen Bischof von Mallorca, und dieser hat es schon mit seinem kirchlichen Siegel versehen und mit feiner, etwas zitteriger Hand gezeichnet: Joseph, Archiepiscopus – Episcopus Maioricensis. Darüber hinaus will der Zufall noch, daß die exhibitionistischen Mädchen der Terrasse mit Pedro verwandt sind.

»Sie kennen die Señoritas?«

»Auf unserer Insel kennt jeder jeden, obwohl es manchmal angebracht ist, so zu tun, als kenne man sich nicht. Außerdem sind wir alle miteinander verwandt. Mit den Aguados bin ich es sogar nur übers zweite Kreuz.«

Und doch: es bleibt bei der betrüblichen Tatsache, daß es Vigoleis nicht gelingt, aus all diesen hochtönenden, gesalbten, puff- und königsbürtigen Beziehungen klingende Münze zu schlagen; nicht aus solchen, die in die Hölle, noch denen, die in den Himmel weisen; und die gar nirgends hinführen und meist am ergiebigsten sind, auch die bleiben ungenützt. Wer Erze schürfen will, muß Stollen in die Erde treiben. Vigoleis treibt seine Gänge ins Leere, nach wie vor.

»Habt ihr denn überhaupt keine Möbel?« fragte Pedro, der als Schüler Beatricens seinen Antrittsbesuch machte, um endlich den Mann zu sehen, der nicht in der Lage war, sich den Stuhl zu verdienen, auf dem er seiner Veranlagung nach hocken muß.

Beatrice hatte ihm unsere Schicksalswege erzählt. Wenn man sich drei Mal in der Woche teachend und geteacht gegenübersitzt, eine Stunde lang, dann fließt manches in die Unterhaltung, was dem aufgeweckten Diszipel genügend Stoff an die Hand gibt, die ganze Hurenkomödie mit der Pilar, der körenden Julietta, dem genialen Zwingli, dem »Turm der Uhr«, Affenheer und Giftkommode, dem zweimaligen Verzicht auf einen Kleiderschrank – all dies zu rekonstruieren und das seinige zu denken. Natürlich müßte man sich dazu auch den Mann Vigoleis einmal ansehen, mit Maleraugen, und wenn er ein verlockendes Angesicht hat, nimmt man den Stift zur Hand und hält den Schlemihl mit ein paar Linien fest.

Unsere ersten Unterhaltungen wurden in einem Gemisch von Spanisch, Englisch und Französisch geführt, wobei die Anredeformen Sie und Du entweder nicht erkenntlich waren oder so durcheinander gingen, daß ich es jetzt vorziehe, gleich das Du einzuführen. Die Engländer haben es da gut, das geht von der Wiege bis zum Grabe auf you, und geplagte Übersetzer aus dem Englischen in Duz-Sprachen können dann sehen, wann sie den Augenblick für gekommen halten, wo man vernünftigerweise Du zueinander sagt.

Ich weiß nicht, was schlimmer ist, keinen Schatten oder kein Gesicht zu haben. Meinen Schatten kann mir niemand nehmen, ich werfe ihn wie das berühmte große Ereignis voraus, werfe ihn zurück und meist verschwinde ich ganz in ihm; aber immer ist er da. Mein Gesicht indessen, das wurde mir wieder einmal streitig gemacht, und natürlich von Pedro, der selber mit dem seines gefallenen Königs herumlief. Der Maler besorgte den Rest.

Pedro zwängte mich nicht wie Madame Peronnet und deren Freundin in die Uniform eines holländischen Schiffsoffiziers, um mich dann wortbrüchig in der Straße von Makassar vor dem Winde der Untreue kreuzen zu lassen. Pedro, des Königs Sohn, witterte in mir das edle Blut, obwohl meine Nase gar nicht sehr edel ist. Darum griff er auch nicht an diese, sondern an mein Kinn – armer Vigoleis, nimmt das denn nie ein Ende? Wer hätte außer Beatrice nicht schon daran gegriffen? Und er sagte:

»Deine Nase ist nicht edel (castizo), aber das Kinn und die geschweiften Lippen: willkommen mir, Bamberger Reiter und Sproß aus urdeutschem Geschlecht auf unserer Insel!«

Ich war gebrandmarkt. Pedro hatte mir den Bügel gehalten, ich schwang mich in den Sattel und saß da, ein schuppenklirrender Recke, den Blick in die Ferne gerichtet, Vigoleis Imperator, Vigoleis Magnus Dux, Vigoleis Dominus et Rex– aber einen Stuhl hat er immer noch nicht und auch nicht einen einzigen handfesten Vasallen, Maria del Pilar von der Säule ihrer Unzucht zu stürzen und ihr den Kleiderschrank und die Bettwäsche aus der Etage zu holen – »Möbel habt ihr also keine, nicht einmal Stühle, halt, so, einen Augenblick, Vigo, nicht bewegen, still, die Kopfhaltung ist gerade richtig . . .« Pedro zeichnete weiter. Vermutlich hatte er jetzt eine Facette meines Bamberger Hauptes erwischt, wo die weniger hohenstaufische Verfratzung nur als Linie wirkte und nicht als Bastardbalken die ganze Kunst in Scherben schlug. »Stühle haben wir in unserer Wohnung auch nicht viele, auf drei von uns kommt einer, darum sind wir stets unterwegs, aber in Valldemosa, in unserem Feudo, hat Papá deren Hunderte. Valldemosa ist ein Dorf in den Bergen, dort steht unser Schloß, aus dem wir vertrieben worden sind, Schulden, Mißwirtschaft, Weiber. Papá ist nämlich noch verrückter als eine Ziege im Frühling, wenn Bock und Bäume ausschlagen. Den mußt du unbedingt kennenlernen.«

»Hundert Stühle? Nur so?«

»Ja. Papá hat sie beim Zusammenbruch der Suredaschen Herrlichkeit gerettet, aber es ist keiner darunter, auf dem nicht wenigstens einmal eine berühmte Persönlichkeit gesessen hätte. An allen hängen Zettel mit Namen und Datum: Miguel de Unamuno, Rubén Darío, Alfonso XIII El Rey, Chopin, Luis Salvador Erzherzog von Österreich, George Sand – Bücher von ihr gelesen?«

»Keine Zeile. Ich weiß nur, daß Nietzsche sie eine fruchtbare Schreibe-Kuh nennt und daß sie ein Buch über Mallorca geschrieben hat, das jedermann hier zu lesen scheint. Im deutschen Shop vertritt es die Weltliteratur.«

Pedro zeichnete, wir schwatzten, dann mußte ich den Mund halten, da der Amors Bogen neckisch nachgezogene Linienschwung meiner Bamberger Oberlippe ihm in der doppelten Bewegung einige Schwierigkeiten zu bereiten schien. Beatrice las, unbekümmert um unsere Unterhaltung und mein habsburgisches Bluterbe, das ich übrigens erst Jahre später in Portugal zur höchsten Blüte treiben sollte, ihren Thriller.

Pedro riß das Blatt aus dem Block und heftete es an den Kaktus. Goethe erzählt in ›Dichtung und Wahrheit‹, daß er durch eine Ungeschicklichkeit der Hebamme für tot auf die Welt kam und man es erst durch vielfache Bemühungen dahin gebracht habe, daß er das Licht der Welt erblickte. Was da auf der Zeichnung wiedergeboren wurde, doppelgängerisch zweifelhaft, eine Ungeburt aus der Paarung von Goyas Geist mit einer Blüte des deutschen Mittelalters, war nicht lebensfähig.

Die Konstellation war nicht glücklich gewesen. Beatrice wandte sich auch sofort schaudernd ab und verließ die Wochenstube. Wehe dem, der ihren Vigoleis häßlicher darstellt, als Mutter Natur ihn hat werden lassen! Der Künstler, gekränkt, bat um mein Urteil. Ich habe oft Malern gesessen. Es ist immer ein peinlicher Augenblick, wenn diese Frage fällt oder nur der fragende Blick zwischen Modell und Leinwand hin und her geht. Pedro sagte ich die Meinung in sein bourbonisches Gesicht: wenn ich so schlecht schriebe, wie er zeichne, würfe ich mich vor die Straßenbahn. Pedro wurde betrübt, er hing an seinem Bamberger Reiter und sagte zur Entschuldigung, er fange ja auch erst an. Sein Bruder Jacobo habe es schon weitergebracht, und seine Mutter, die dilettierende Fürstin ... Ich sagte, nicht weniger betrübt, ich finge ja auch erst an und müsse befürchten, nie aufzuhören mit dem Anfangen. Darauf schlossen wir uns in die Arme. Ob ich da nicht die Feder mit dem Pinsel vertauschen wolle? Und morgen schon brächte er mir Hefte mit Aufzeichnungen, Gedankensplittern, ich solle alles lesen und dann urteilen, ob er nicht doch besser täte zu schreiben statt zu malen. Aber die verdammte Kaserne! Seit einer Stunde schon hätte er in einem verfallenen Schilderhaus stehen müssen, er habe Wache und leider keine Zigarette, um sie dem Offizier vom Dienst zu geben; der drücke dann beide Augen zu. »Was würde dich eine solche Unbotmäßigkeit bei deinen Preußen gekostet haben, mein Freund? Sicher eine ganze Schachtel!«

Ich gab Pedro die Bestechungszigarette aus Beatricens Bestand. »Den Kopf, mein Freund, und meiner Familie die Schande bis ins siebente Glied.«

»Ein großes Volk, die Deutschen! Papá bewundert sie, vor allem, wenn sie katholisch sind. Er ist gegen Luther und kann auch Deutsch; das hat er auf dem Klosett gelernt.«

»Auf dem ...? Wie macht man das?«

Meine philologische Neugierde war geweckt. Ich kannte viele Sprachmethoden, sollte einige Kapitel später sogar selber eine erfinden, aber von der angedeuteten hatte ich nie vernommen. Beatrice, diplomierte Sprachlehrerin, gewiß auch nicht. Leider war Pedro nicht zu bewegen, noch zu bleiben; das würde Beatrice zwei Zigaretten kosten. Geld habe er keines, wir hatten auch nichts, und so ging er davon, um seine Wache abzulümmeln. Wir schieden als Freunde fürs ganze Leben.

Erst als die Tür hinter ihm ins Schloß gefallen war, drang es zu mir durch, daß er nicht in die Stube gespuckt hatte, und, wie schon vorweggenommen, gerade in dieser seiner spanischen Überlegenheit hatte ich ihn vorstellen wollen. Er hinterließ nichts in diesem Sinne. Dafür hing nun seine Zeichnung am Kaktusdorn, und das war ebenso schlimm. Ich nahm das Blatt ab und legte es in eine Mappe, oder sollte ich es doch hängenlassen und mich dabei auf Goethe berufen: »Ach, Beatrice, wenn du Deutsche wärest und nicht dieses Widerspruchsvolle zwischen ck, ck-dt und einer Indianersquaw, würde ich mich auf den Alten von Weimar berufen können, wie er einmal zu Eckermann geäußert hat: die Deutschen wüßten nicht leicht, wie sie etwas Ungewohntes zu nehmen hätten, und das Höhere gehe oft an ihnen vorüber, ohne daß sie es gewahr würden. Den Rest sogar wörtlich: ›Ein Faktum unseres Lebens gilt nicht, insofern es wahr ist, sondern insofern es etwas zu bedeuten hat.‹ Pedros Zeichnung und meine durch keinen Bamberger Reiter aus der Welt zu deichselnde Häßlichkeit sind ein Faktum, aber zu bedeuten hat es eben nichts.«

Dieses erhabene Wort sprach ich in den Wind, denn Beatrice kam herein, prüfte die Bodenverhältnisse, verschwand und tauchte dann mit dem Hosenaufnehmer wieder auf. Sie begann den Boden zu fegen, wobei sie finster blickte.

»Nun siehst du, wie die Leute einem alles schmutzig machen. Man kann am Putzen bleiben.«

Wenn geistige Frauen die Putzwut kriegen, kann man nur stiften gehen. Und wenn sie sie nicht kriegen, verkommt man im eigenen Dreck.

Dann heiterten sich ihre Züge auf, denn nun hatte auch sie festgestellt, daß Pedro nicht auf den Boden gespuckt hatte.

»Das spricht für seine Erziehung. Bei aller Verrücktheit sind das erste Leute, die Suredas.«

»Das spricht, meine Liebe, für sein königliches Blut. Könige spucken aufs Volk, aber nicht in die Stube!«

II

»Beatrice, Pedro hat eine Idee, wie wir an Geld kommen können!«

»An Ideen fehlt es dir ja auch nicht, doch bin ich neugierig, was der Junge vorschlägt, laß hören.«

»Prostitution!«

»Danke! Hab mir's übrigens halb gedacht. Ihr seid unausstehlich, wie Lausbuben. Ich soll also auf die Straße!«

»Ja, auf die Straße, aber mit mir, beide, weißt du, ganz großer Strich, wir werden Führer.«

Das Wort Führer hatte damals schon einen üblen Beigeschmack, aber nur ganz leicht, wie bei einem Kotelett um den Knochen herum, wo es immer zuerst zu riechen anfängt. Führer, das rief etwas Lächerliches auf, man sah die Wichsbürste des Schnauzes und die Haarlocke eines Homosexuellen, den Blick eines Irrsinnigen, und das alles in Uniform, um die Komik zu erhöhen und ins Tragisch-Deutsche zu heben. Den internationalen Witzblättern bot das einen billigen Stoff, wo sich eigentlich die Kriminalpsychologen und der Irrenanstalt meiner Vaterstadt berühmter Dr. Orthmann mit dem Manne hätten beschäftigen müssen, in dessen Namen schon Tausende von Morden begangen worden waren. Aber in sogenannten heroischen Zeiten muß das Blut ja erst in Strömen fließen, ehe man merkt, daß man es mit Blut zu tun hat. Deutschland mußte erst selbst zu einem Irrenhaus werden, um das Wort wahr zu machen: der Kerl endet noch in der Gummizelle.

So wurden wir Führer ohne Anführungszeichen.

Pedro brachte uns mit dem Leiter eines Reisebüros zusammen, eines deutsch-spanischen Unternehmens, Baquera Kusche y Martins geheißen. Der Direktor war ein Deutscher mit stark links gerichteten Ideen und viel Rankünе im Herzen. Sonst schien er ein guter Herr zu sein, dessen Wiege in Hamburg oder da oben gestanden hat, wo man S-tein und s-toßen s-pricht; und der liebte es, mich meines rheinischen Singsangs wegen zu necken. Wir verstanden uns gut und wurden handelseinig. Die Firma organisierte Gesellschaftsreisen mit Woermanndampfern, Führungen durch die Stadt Palma und über die Insel. Der Herr Führer bekam dann eine Nummer, sichtbar zu tragen, eine Armbinde, und abends, wenn die Horden ihn halbtot gefragt und gejagt hatten, 25 Peseten. Das war für uns sehr viel Geld.

Man kann als geborener Führer auf die Welt kommen und hebt die Welt aus den Angeln. Man kann es aber auch lernen, die Massen zu führen. Dem angelernten Führertum klebt natürlich zeitlebens etwas Stümperhaftes an, wie jedem Beruf, zu dem man sich emporgebüffelt hat. Man erfüllt seine Pflicht, stellt die Leute zufrieden und hat sein Brot, mehr ist es nicht. Anders die Glücklichen, die in ein Amt hineingeboren werden. Alles geht ihnen spielend von der Hand, und wenn es eine Berufung ist, die mit Menschen unmittelbar zu tun hat, Mörder oder Schalterbeamte zum Beispiel: dann spielen sie mit diesen Menschen; und wenn es um Menschenleben geht, setzen sie es aufs Spiel, als klopften sie einen Jaß.

Als Führer in Dienst genommen, wurden wir auf Handschlag vereidigt. Unsere, vor allem Beatricens Sprachkenntnisse waren eine Empfehlung, unser Bildungsgang nicht minder, die Bildung selbst erntete auch Beifall; und das Aussehen: befriedigend. Wir bekamen einen Führungsplan, den sollten wir studieren, uns vertraut machen mit den Sehenswürdigkeiten der Insel, falls wir das noch nicht getan hätten, lange genug seien wir ja schon im Lande; auch Literatur stände zur Verfügung. Denn es sei s-trengste Pflicht: der Führer dürfe den Geführten nie eine Antwort schuldig bleiben! – »Der Führer weiß alles! Merken Sie sich das, und Sie werden ein guter Führer werden!«

Daß ein Führer nicht nur alles wissen muß, sondern auch alles weiß, wußte ich schon, und ich brauche nicht weit in meine Vigoleisische Vergangenheit zurückzugreifen, um den Beweis anzutreten: nur vier Jahre und wieder nach Köln an Deutschlands Strom, aber leider nicht Deutschlands Grenze, 1928, in die Kürassierkaserne. Da finde ich Vigoleis als wissenschaftlichen Führer durch die kulturhistorische Abteilung der »Pressa«, Kölns Ruhm und Ruin. Monatelang hatte er dem Stabe der Gelehrten Karl d'Ester, Günther Wohlers und Albert Bruckner angehört und die Abteilung aufbauen helfen. Er wußte, was in jeder Vitrine stand oder lag, und darum wußte er auch, daß da alles falsch lag oder stand. »Nur keine Zeit verlieren mit Mätzchen«, sagte beschwichtigend Günther Wohlers, die größte und sympathischste Bierkanone, die je an einer deutschen Hochschule doziert hat, die volle Maß auf dem Katheder, »nach der Eröffnung wechseln wir alles aus; die Minister merken das doch nicht. Das merkt überhaupt kein Schwanz von den Bonzen, die zur Einweihung durch die Säle geschleust werden.« Ausgewechselt wurde aber nichts, Professor d'Ester ließ sich von seinem Kollegen totschwätzen, und so prangte das Falsche neben dem Echten, wie sich das in der Wissenschaft und vor allem in der Geschichte auch gehört. Ich machte dann die Entdeckung, daß man als Führer eine Autorität ist und eine Macht darstellt. Ich dozierte das Blaue vom Himmel herunter und war bald schon der beliebteste und – fachkundigste Erklärer. Für berühmte, besonders anspruchsvolle, besonders gelehrte Besucher wurde Vigoleis herangezogen – da hatten sie einen, der so beschlagen war auf allen Gebieten der Zeitungswissenschaft und Literatur, daß er nie eine Antwort schuldig blieb, der ideale Examenskandidat, der darum auch vor jedem Examen davonlief. Verschimmelte Geheimräte, Oberbürgermeister Adenauer, Gelehrte aus aller Welt drückten ihm nach vollbrachter Führung die Hand. Herr Dreyer von den Dreyer-Filmen wollte ihn vom Fleck weg engagieren als Erklärer und Textschreiber für seine Schulfilme, Bodo Ebhardt als wissenschaftlichen Assistenten für seine aristokratischen Burgenfahrten und seine phänomenale Bibliothek auf der Marksburg; Dreimaster Krone für seine Weltpropaganda; eine Waschmittelfabrik für den Besuch der Hausfrauen und eine schlichte Kölner Hausfrau für einen Besuch abends, wenn der Mann zur Nachtschicht ausgerückt sei: mir wurde angst und bange vor soviel Leistungsfähigkeit und ich ging wieder stiften. Die Krone der Wissenschaft setzte mir aber das Berliner Institut für Zeitungswissenschaft auf. Der Leiter war mit seinen Schülern nach Köln gekommen. Inkognito hatte er sich meiner Führung angeschlossen. Am Schluß überreichte er mir seine Karte. Ich kannte den Gelehrten natürlich aus der Wissenschaft selbst. Er bat mich, statt seiner die Führung seines Seminars zu übernehmen und den Studenten noch einen besonderen Vortrag zu halten über ein besonders verzwicktes Thema, das ich angeschnitten hätte im Raum der Einblattdrucke, der meiner Phantasie ja den meisten Spielraum bot. Ich stammelte ein paar Worte und wollte den Professor gerade darauf aufmerksam machen, daß in den Vitrinen ja nicht alles stimme und er da aufpassen müsse, als ich merkte, daß der Mann nichts gemerkt hatte. Ich schwieg und beriet mich abends mit Dr. Wohlers, dessen münsterischer Musterschüler ich war. Wohlers sagte: führen, auf Teufel komm heraus, und wenn das hier abgelaufen ist, promovierst du bei mir über das Falsche in der Geschichte, nachzuweisen an Görres. So bestand ich mein Führerexamen vor dem selekten Seminar und erhielt später noch ein Handschreiben aus Berlin, von Dovifat oder Heide, ich erinnere mich nicht mehr genau an den Schwindel, der die Stadt Köln 15 Millionen gekostet hat.

»Siehste«, sagte Günther Wohlers, als ich ihm den Brief des Berliner Instituts zeigte, »das läuft hier wie in 'ner Randarena, man darf nur net aufhören, mit der Peitsche zu knallen. Mit den Großen wirst du fertig, aber vor den kleinen Paukern müssen wir uns in acht nehmen.«

Ein solcher Pauker, Oberlehrer aus der Provinz, mit Butzenkneifer, Wurststulle, Rucksack, Wickelgamaschen und Obersekunda stellte mir das Bein im Raum Napoleon. Er war auch

Napoleonforscher, Spezialist für das Wartburgfest und die dort verübten Bücherbrände, ein gefährlicher Zusammenbüffler. Just im Raum Napoleon und der Deutschen Erhebung war der Geschichte noch mehr Gewalt angetan worden, als es in Wirklichkeit geschehen ist. Der Lehrer runzelte die Stirn, strich sein Butterbrotpapier auf einer vor Geschichtsfälschung strotzenden Vitrine langsam glatt, während ich weiter dozierte, und erhob dann Einspruch: Schluß mit der Notzucht an der deutschen Freiheit! Die Sekundaner, mehr an einer Mädchenklasse als an meinem Stuprum interessiert, horchten auf. Der Lehrer ergriff das Wort und drückte mich gegen die Wand, an der auch vieles nicht stimmte. Die Schüler grinsten. Das Prestige der Ausstellung, das der Zeitungswissenschaft schlechthin stand auf dem Spiel, und mit der »Pressa« stand und fiel mein Brotherr Adenauer. Die Meuterei, durch einen Bildungsgefreiten angezettelt, mußte im Keime erstickt werden. Ich bat den Besserwisser vor seiner Klasse, an meiner Stelle die Führung fortzusetzen, und wo er schon einmal Spezialist sei und vermutlich beschlagener als Professor d'Ester, die Koryphäe unserer jungen Disziplin – »bitte, Herr Doktor, erklären Sie Ihren Herren dieses Dokument, es ist das bedeutendste, aber auch historisch verfänglichste Stück der ganzen Ausstellung.«

Ich führte ihn an eine Vitrine, wo eine einzige Urkunde sich sehr wichtig ausnahm. Sie war auch wichtig, aber nicht, weil sie auf Italienisch abgefaßt war, sondern in eine andere Abteilung gehörte. Auch die Beschriftung war verkehrt, so schön immer gestaltet auf einem Goldkärtchen, in Ehmcke-Fraktur, von einer der vielen schönen Ehmcke-Schülerinnen. Tausende von Goldkärtchen hatten die Künstlerinnen vollgeschrieben, die Stapel häuften sich in unserem Archiv, und auf einmal wußte niemand mehr, wo sie hingehörten. Kein Professor hätte sich mehr ausgekannt, Karl d'Ester, sein Ei vom eiligen Frühstück noch an der Backe, rang die Hände, Volkswirtschaftler mit Doktortitel kamen und wußten auch keinen Rat. Da fand Wohlers das erlösende Wort: auf die Vitrinen verteilen, was zuviel ist, wird vernichtet, was falsch ist, später ausgewechselt. Herr König, der Archivbote, brachte ein Bier, und alles war in Ordnung. Aber nun war es an dem Oberlehrer, Ei an die Backe zu kriegen. Kurz, so sehr er seine Brille auch der Vitrine näherte, er wurde nicht schlau aus dem Zusammenhang, konnte wohl auch kein Italienisch, und fast hätte er vor versammelter Klasse um Entschuldigung bitten müssen, da lärmte wieder eine Schar höherer

Töchter, von einer züchtigen Nonne geführt, in den Raum der angezweifelten Wissenschaft. Die Sekundaner wechselten das Schlachtfeld. Nur ein Streber mit Pickel im Gesicht machte sich genaue Aufzeichnungen für den Klassenaufsatz. Im nächsten Raum hatte der Führer wieder das Wort, ob auch damals noch niemand rief: »Achtung, der Führer spricht!«

Mein Führertum hatte sich also schon einmal auf dem Boden der angewandten Wissenschaft bewährt, sollte es da auf der Insel versagen? Beatrice präparierte sich. Bücher wurden verschlungen, Auszüge gemacht, Daten gemerkt. Dann zog sie durch die Stadt und besichtigte brav alle angekreuzten Sehenswürdigkeiten. Da wir kein Geld für eine Führerübung verplempern konnten, blieben die Sternchen außerhalb Palmas unberücksichtigt. Ich las nichts, besah nichts, weil ich doch kein Gedächtnis habe und auch nicht an Grüfte glaube. Am Vorabend der Führung könnte ich mich zur Not noch ein wenig orientieren, damit die Leute nicht in die falschen Attraktionen geführt würden. Dann kam der Stellungsbefehl: ein Woermannschiff. Rund zwanzig Führer wurden aufgeboten. In langen Reihen standen die gemieteten Autos um sieben Uhr an der Mole. Der Reiseleiter verteilte die Listen, Abzeichen und schriftlichen Instruktionen. Jeder bekam eine Gruppe von 20 bis 25 Personen, die auf Autos verteilt wurden. Unter den Führern waren Berufsdolmetscher, die von jeder Sprache die benötigten 1000 Worte besaßen; einige sprachen sie sogar. Seit Jahren schon zerrten sie die Fremden, die sie übrigens als echte Insulaner verachteten, über die Insel und streckten dann die Hand hin.

Obwohl das Schlagwort des spanischen Verkehrsvereins: »Mallorca Clima Ideal« wie alle Schlagworte auf Schwindel beruht, oder sagen wir auf einer falschen Ausdeutung der Wetterwendischkeit, und schon Tausenden der Aufenthalt auf der Insel verregnet ist, wollen wir annehmen, daß am Tage unserer Jungfernführung heißer Staub und heiße Sonne auf uns alle niedersengte. Der Dampfer lag im Golf vor Anker, die Hafenpolizei war bereits an Bord geklettert, Schaluppen, Barkassen und Pinassen waren ausgefahren. Dann kamen die ersten Schübe und schwärmten aus. Jedem Teilnehmer an der Exkursion war sein Auto zugewiesen worden, er brauchte nur die betreffende Wagennummer zu suchen oder bei der Ausschiffung zu nennen. Organisieren können diese Deutschen, aber Vertrauen in ihre eigene Organisation haben sie nie gehabt. Ein Hetzen begann, ein Schreien, man rempelte sich an, zeigte sich die Zähne; jeder wollte der erste sein, den besten Wagen und im Wagen den besten Platz erwischen; mancher Vater fiel über manche Mutter, Töchter vergaßen, daß sie höhere waren, Söhne mit Schmissen wähnten sich auf dem Paukboden und hauten um sich, um für die alten Herrschaften das eleganteste Auto zu erobern: wozu reist man schließlich 1. Klasse? Bei einem Schiffbruch werden solche Szenen mit der Pistole gemeistert. Wir durften nicht schießen und hatten unsere Not mit den teuren Herrschaften: »Ihre Nummer, bitte? Nein, Verzeihung, Sie bekommen den nächsten Wagen, es steht ja drauf geschrieben.« – »Was, den ollen Kasten, da setzen *wir* uns nicht rein, ne danke! Meiers dort, die haben den großen Mercedes-Benz, sind die vielleicht mehr als wir? Wissen Sie, wer Meiers sind? Wo kann man sich hier beschweren, bitte?« – »Bitte, beim Führer, oder bei der obersten Reiseleitung in Hamburg, beim Führer geht's aber fixer.« – »Na, dann geben Sie mir den Führer, sofort, sonst fahren die uns vor der Nase weg. Wir sind 1. Klasse, falls Sie das nicht wissen sollten. Wo ist der Führer?« – »Das bin ich, wenn Sie gütigst erlauben, und als solcher kann ich Ihnen verraten, daß der Wagen, den wir für Sie ausgewählt haben, ein ganz besonderer Wagen ist, einer mit einer Bewandtnis.« – »Liesel, komm doch mal, Herr Führer hier sagt, unser Wagen habe eine Bewandtnis, das müssen wir hören, laß die Meiers doch fahren.« Liesel kommt, auch die Töchter und der Sohn. Ich erkläre: »Dieser alte Rummelkasten ist ein ausrangierter Luxuswagen, das sehen Sie selbst. Er hat keinem Geringeren gehört als dem berühmten und berüchtigten Bankier Juan March, Sie wissen ja – natürlich, derselbe, und die Bewandtnis, das ist der Motor, 200 PS, den hat der Halunke sich damals einbauen lassen für seine Rauschgiftfahrten. Unter uns, auch Leichen sind darin befördert worden. Ich zeige Ihnen nachher ein paar Einschußstellen. Historischer Wagen, sage ich Ihnen, falls Ihnen das was sagt!« Die Familie stutzt, ist aber gebildet genug, widerstandslos im historischen Gangstervehikel Platz zu nehmen. – »Der von den Herrschaften, die Sie scherzhafterweise Meiers nennen, sieht besser aus, aber der Motor taugt nicht. Den kenne ich von hundert Führungen: Panne nach 30 km.«

Der Chauffeur nimmt Platz, ich setze mich neben ihn. Vati und Mutti im Fond strahlen, die Töchter und der Sohn auf den Klappsitzen strahlen, denn schließlich hat man es mal wieder blendend getroffen: man sitzt im Führerwagen!

So, die wären fürs erste ruhig und können noch schnell vor

der Abfahrt eine Karte an Tante Amalie schreiben: Rate mal, liebes Tantchen, wo wir jetzt sitzen? Im Führerwagen! – Da muß ich wieder raus, an anderen Stellen wird gemeutert, eine Schlägerei droht – in Beatricens Gruppe. Beatrice steht eingepöbelt in der Horde, im Eifer redete sie Französisch, und das wirkt Wunder. Es sind ja feine Leute, die alle Sprachen können, die werden nun sanft wie Lämmer und suchen ihre Brocken zusammen – »aber bitte, Madame, sprechen Sie weiter Französisch, das können wir alle, und Ihnen als Spanierin fällt das leichter, obwohl, auch alle Achtung für Ihr Deutsch, ein bißchen Akzent, das klingt so lustig. In Valencia, da war ein Führer, der sprach auch Französisch, vielleicht kennen Sie ihn, einen so schwarzen, wissen Sie, mit vorne . . .«

Ich erwische Beatrice noch für einen rasch hingemaulten holländischen Fluch: zum Kotzen, dieses Gelichter, ersäufen soll man das, totschießen, in die Affenbrotbäume knüpfen! Aber Beatrice, in der Etage reizbar bei Spucke und Fußstapfen auf dem blanken Boden, ist hier wie ausgewechselt und beruhigt sogar noch mich mit dem Hinweis, das sei eben 1. Klasse, aber es kämen auch anständige Touristen, 3., dann sei es erträglich, und weg war sie, hinter einer Furie von Dame her, die mit erhobenem Ridikül auf einen Unterführer los will: Der Chauffeur habe versucht, kaum daß sie ihren Platz neben ihm eingenommen, sie wohin zu kneifen, jawohl, bitte, und das ließe sie sich nicht bieten! Andere Damen wiederum waren wütend, weil man sie noch nicht entsprechend gekniffen hatte: wozu reise man schließlich als alleinstehende Dame nach Spanien? Ich gab allen recht. Das hätte man gleich im »Turm der Uhr« abladen sollen und dann die Bullen los; aber sie kämen unterwegs schon auf ihre Kosten erster Klasse. So ein spanischer Fahrer strotzt vor Männlichkeit, und wie die chauffieren können, was ja einheizen heißt: eine Hand am Steuer, die andere in der Kundschaft, man kreischt, vor allem in den Kurven, wo sich der Schenkeldruck erhöht – wenn das nur gut geht! Aber in all den Jahren meines Führertums habe ich nie von Unfällen gehört, die auf solchen Dienst am Kunden zurückzuführen waren. Mal eine Schramme am Kotblech, ein zerrissenes Höschen . . .

Eine Stunde dauert eine derartige Ausschiffung, dann sind die Massen verstaut, der Reiseleiter gibt das Zeichen, die ersten Wagen können abfahren, Gruppe 1, Führer 1; nach 5 Minuten: Gruppe 2, Führer 2 – bis sich die Schlange durch die Stadt und über die Insel windet. Erster Haltepunkt: »La Lonja«, die alte

Börse, ein beredter Zeuge des einstigen Reichtums der Stadt. »Wie Sie sehen, meine Herrschaften, schloßartiger Sandsteinbau in gotischem Stil, kleine Minarette, erste Hälfte des 15. Jahrhunderts, erbaut von Guillermo Sagrera, reicher Skulpturenschmuck, vier Ecktürmchen, brustwehrartige Dachgalerie. Im Innern, wenn ich bitten darf, aber aufpassen, manchmal kommen Steinbrocken herunter, im Inneren ist das Innere durch sechs gewundene Säulen in drei Schiffe geteilt, beachtenswert vor allem die Sammlung von Gemälden aus dem 15., 16. und 17. Jahrhundert. Eine Wendeltreppe führt, wie Sie sich bitte überzeugen wollen, auf das Dach und weiter auf einen der Ecktürme, der einen überwältigenden Blick auf Stadt, Hafen und Bucht gestattet. Aber da gehen wir nicht hinauf, viel zu gefährlich, noch letzthin ist dort eine behinderte Dame abgestürzt und konnte nur noch als Leiche geborgen werden.«

Leichen ziehen immer, sonst steht alles wörtlich in meinem Baedeker, Ausgabe 1929, und manche Führer, Beatrice ohne Zweifel, haben diese Tatsachen ipsis verbis mitgeteilt. Ich tat es nicht, aus dem einfachen Grunde, weil sie mir fremd waren. Ich war einzig darauf bedacht, ein paar Schritte vor den Geführten das Gebäude zu betreten, um mit allesumfassendem Führerblick zu ermitteln, was denn da drinnen los sei. Dann sammelte ich die Schar um mich und erklärte alles nach bester Phantasie, die mich schon nach ein paar tastenden Eingangsworten in die Hochblüte des mediterranen Piratenwesens führte: in diesem Palast hätten die Seeräuber ihre Schätze verlesen, entführte Frauen vergewaltigt, die unbrauchbaren verkauft; oben seien vier kleine Pulverkammern, dann taucht mein General auf – »und aus ist es mit der Schäumerei. Barceló säuberte das Mare Nostrum! Die Gemälde hier erinnern noch an die wilde Zeit, werfen Sie eben einen Blick darauf, viel sehen Sie nicht, Alterspatina, und nun müssen wir weiter« – ich höre den nächsten Führer kommen und bringe meine Leute vor falschen Erklärungen in Sicherheit. Das hätte geklappt, die Geschichte hat allen gefallen, mehr will ich nicht, die Bande ist auf ihre Kosten gekommen. Das heißt, ein älteres Fräulein, die Nase im Baedeker, kommt und sagt, da stände ganz was anderes, ob das vielleicht nicht die »Lonja« sei – und ein noch älteres Fräulein, dem ich zugezwinkert hatte, meint schnippisch, wer es denn besser wissen müsse, der Herr ortsansässige Führer oder der wildfremde Baedeker, und ich sei sicher schon lange im Fach! Nicht nur das, auch noch von einem Verlag beauftragt, ein neues Handbuch über Mallorca herauszugeben, mit bisher unveröffentlichtem Material, zum größten Teil von mir selber ausgegraben, und alles brächte ich ohne jede Rücksicht auf die historische Empfindlichkeit der Eingeborenen zur Sprache.

»Vater, hast du gehört, unser Führer schreibt einen ganz neuen Führer über die historische Empfindlichkeit der Insel, den müssen wir aber kaufen, wo wir den Führer doch gekannt haben, nicht wahr, Vater?«

»Natürlich, Agnes, das sind eben Pioniere des Deutschtums im Auslande, die machen unseren Namen groß; und nachher wollen wir den Herrn Führer bitten, mit uns auf das Vaterland anzustoßen, es findet sich schon eine Gelegenheit; aber jetzt, Agnes, mußt du aufpassen, wir machen die Reise ja nicht nur zum Vergnügen, sondern hauptsächlich deiner Bildung wegen. Reisen bildet mehr als Schule und Elternhaus zusammen.«

»Verzeihung«, jemand tritt an mich heran und unterbricht das Bildungsgespräch meiner Opfer, »das Gemälde da rechts in der Ecke, das ist doch ein später van Dyck?«

»Das? nein, ein früher Hodler, aber Ihre Frage ist wichtig und ich bin Ihnen dankbar, daß Sie sie angeschnitten haben. Man hat nämlich immer noch nicht mit Sicherheit feststellen können, wie das Kunstwerk gerade nach Mallorca verschlagen worden ist. Das Berner Landesmuseum untersucht den Fall. Dr. Iselin, Sie werden von ihm gehört haben, ist in eigener Person gekommen. Wir arbeiten übrigens zusammen.«

»Danke, sehr interessant, ich habe von der Sache schon gehört.«

»Bitte.«

Mehr konnte ich zu dieser brennenden Standortsfrage nicht beitragen, ohne dem Schweizer das Wasser allzusehr abzugraben; und ehe ein sehr gut aussehender Herr mir eine, ich sah es ihm an, sehr gefährliche Frage vorlegen konnte, saß ich bereits wieder im Führerwagen, und durch Straßen und Gassen ging es zur Kathedrale. Dort wußte ich ein wenig Bescheid. Aus der Zeit unserer beschaulichen Hungerwanderungen war mir die eine oder andere Merkwürdigkeit beigeblieben; aber wer unter den vielen Sarkophagen schlummerte, wie lang, wie breit, wie hoch; wieviel Säulen, wann erbaut, warum, mit welchem Gelde, mit wessen Schweiß, von wem noch gar, und wann der Verfall eingesetzt habe, wann sie restauriert werden würde; wie viele Menschen sie fasse – Herrschaften, fragt mich das um des Himmels willen nicht, zu dessen Ehre sie wohl dasteht, denn ich weiß es nicht und müßte wieder zur Legende greifen. Betet lieber zu eurem Führer. Kirchen sind zum Beten erbaut und nicht zum Besichtigen, das haben die meisten Menschen vergessen.

Für die Kathedrale ist eine halbe Stunde vorgesehen. Ich bitte die Gruppe, erst einmal den kolossalen Raum auf sich wirken zu lassen. Alle tun das, die Hälse recken sich wie bei Hühnern, über die der Habicht schwebt. »Einfach kolossal!« – »Nicht wahr?« Dann kommt die erste Frage: warum die Säulen, die das Mittelschiff tragen, nach innen leicht geneigt seien? Verdammt, das hatte ich noch nicht bemerkt, sie stehen tatsächlich schief. Der Turm von Pisa blitzt durch mein Hirn, kann ich mit dem hier was anfangen? Eine partielle Inklination? – und da bringe ich erst mal den Zimt, der immer weiter hilft: »Ihre Frage ist wichtig und zeigt von einem ungewöhnlichen Kombinationsvermögen. Vermutlich sind Sie Kunsthistoriker und werden als solcher eigene Wege gehen.«

Der junge Mann bejaht, da muß ich auf der Hut sein. Selbst auf ausgetretenen Pfaden können Fußangeln liegen. Vater und Mutter treten einen Schritt vor und blicken stolz auf den Sohn, der so gescheite Fragen stellt. Das ganze Schiff wird es heute abend schon wissen: der bringt es noch weit, der bringt Probleme ins Rollen und Führer in Verlegenheit – aber soweit sind wir noch nicht. Ich berufe mich auf einen Vorsokratiker, der einmal gesagt habe, die gut gestellte Frage sei die halbe Antwort, indessen ginge dieser Satz in der Kunstgeschichte nicht immer auf und hier in der Kathedrale schon gar nicht. Es umdunkeln sich die Blicke der Eltern, der Sohn sagt »bitte?« und ich merke, daß ich seinem Prestige und damit dem meinigen schade. Ich sage: Wir könnten von zwei Urideen ausgehen, von der religiösen und der bautechnischen, doch scheine es mir besser zu sein, die beiden zu vereinen, denn bekanntlich seien die großen Dome aus religiös-rhythmischer Versenkung und technisch-säkularem Schauvermögen entstanden. Darum bauten unsere Jahrhunderte keine Kathedralen mehr. Das wird bestätigt, und noch mehr wird bestätigt, was ich mit eleganten Handbewegungen vortrage. Vor allem der Kürbisgriff, der die begrenzte Unermeßlichkeit des Domraumes im Raume noch einmal nachzeichnet, verfehlt seine Wirkung nie. Der Student ließ mich aber nicht von der Leine, er war ausgesprochen lästig mit seiner Insistenz, und da sich wieder mehr Teilnehmer zu meiner Gruppe zurückgefunden hatten und mit schiefen Köpfen mithörten, mußte ich mit der Sprache heraus. Ich strich mir den Verstand unter die Sohlen, gürtete die Plempe der Unverfrorenheit um und fand augenblicks des Rätsels Lösung: Mystische Neigung, die Säulen seien mystisch geneigt. So etwas muß man aber mit feierlich widerhallenden Ausdrücken sagen, dann ergreift es: »Inclinatio mystica, Herr Doktor, das ist Ihnen ja ein Begriff, und hier begegnen wir dem einzigen Fall in der mediaevalen Mystik, wo diese Tendenz direkt in den architektonischen Raum übertragen worden ist.« Der Adept bestätigt vor der lauschenden Schar, daß er diese Sorte Neigung kennt. Weitere zehn Minuten Geschwafel, und geklärt war, wie die Baumeister die Pfeiler hatten aufziehen können, ohne daß ihnen der ganze Turmbau zusammenstürzte, denn sie stehen aus der Mittellinie, was einer der Teilnehmer, wohl ein Architekt, inzwischen festgestellt hatte. Vigoleis wieder ran ans Zeug: Kärrner, tausende Kärrner setzte er in Bewegung und ließ sie das ganze Schiff mit Sand füllen, um die Säulen vor dem Einsturz zu bewahren. Es schien mir das Ei des Kolumbus zu sein; aber Mißtrauen wurde laut, ein paar ungebildete Fratzen lachten, ein Herr zog einen Rechenschieber und sagte: »na, mein Lieber, so 'ne kolossale Erdbewegung, das haben wir schnell.« Meine Knie schwankten. Rechenschieber arbeiten zwar hinter dem Komma überhaupt nicht genau und kurz davor lassen sie auch der Phantasie viel Spielraum; aber ich würde entlarvt und log mir doch nur 25 Peseten zusammen: keine Antwort schuldig bleiben! Ein Führer weiß alles.

»Na, mein Lieber, das hätten wir, alle Achtung! Beim Bau des Suezkanals . . .« Alles lauschte dem Kanalsachverständigen. Ich atmete auf; ich war mit heiler Haut entkommen, die Kathedrale von Palma versank ins Nichts, die schiefen Säulen gaben nach, niemand kümmerte sich darum, denn es war ein Streit unter den Herrschaften entstanden, ob nicht Ferdinand von Lesseps, der Erbauer meines rettenden Kanals, doch ein Deutscher gewesen sei, und die Welt, die Neider, Deutschland auch diesen Ruhm wollten streitig machen; man denke nur an Johannes Gensfleisch zum Gutenberg, dem die Holländer ihren Coster vor die Nase setzen . . .

Gott war mit mir und gegen meine Deutschen, und da soll mir noch mal einer kommen und sagen, er wohne nicht in den nach ihm benannten Häusern!

Wir schlenderten weiter; ich wies auf die Fensterrose hin, deutsche Glasmaler hätten ihren Anteil an dem einzigartigen

Werk, womit ich zufällig das Richtige traf. Dann kam wieder Ungereimtes, und haarig wurde es vor den steinernen Särgen, deren Inhalte ich durcheinanderwürfelte; keine Leiche blieb an ihrem heiligen Ort und keine wurde dem zugeschrieben, der sie im Leben gewesen war. Niemand merkte es, denn jemand hatte einen Vergleich mit deutschen Leichen angestellt, die viel besser seien. Das lenkte ab.

Und so ging es weiter, über die vorgesehene Zeit hinaus. Ich ließ Brunnen springen, wo keine waren, holte Sterne herunter, sargte Lebendige ein, alles für 25 Peseten. Leute, die 1. Klasse reisen, sind aber zum Glück so gebildet, daß sie auf alles hereinfallen. Und dann kommt ein Herr, stellt sich vor, wir schütteln uns die Hände, er hält mir seine Zigarrentasche hin, echte deutsche Brasil, oder lieber Wybert-Tabletten?, macht mir ein Kompliment für meine kolossal fabelhaften Erklärungen: Donnerwetter, das Beste bisher auf der Reise, denn ich müsse wissen, gerade auf dem Gebiete der Fremdenführung mache sich ein Unwissen breit: hahnebüchen! Dann nahm er mich beim Arm und wurde vertraulich, ich dachte, nun will er die Adresse von einem Puff haben; den schicke ich mit Empfehlungen in den »Turm der Uhr« – »doch bitte, Herr Führer, wissen Sie eigentlich, mit welchen Leuten Sie es zu tun haben, ich meine haben Sie schon erfahren, wer unter uns weilt?«

Ich gestand, es nicht zu wissen, denn daß ich es mit Hornochsen zu tun hatte, hätte ich ihm doch erst am Abend beim Adios an der Pinasse verraten können. Man habe uns nur gesagt, mit dem betreffenden Schiff kämen lauter Akademiker und ganz erste Gesellschaft, aber das merke man doch gleich an der Art, wie sich das ausschiffe. Die Jünger zu Emmaus hatten schließlich auch nicht gewußt, wer unter ihnen geweilt.

Der Herr brachte seinen Mund an mein Ohr und blies das Geheimnis hinein: »Von Puttwitz!«

»Von ...?«

»Jawohl! Der General, leider in einer anderen Gruppe, aber den holen wir her, der muß zu Ihnen kommen. Sie wissen ja, es ist der mit den ...«

»Der? Mit den beiden?«

»Beiden? Gelacht, es waren doch drei!«

»Natürlich, wenn Sie es so auffassen.«

»So muß man es heute doch auffassen, sonst ist unser deutsches Volk verloren. Wir gehen bösen Zeiten entgegen, aber Puttwitz ...«

Von einem General von Puttwitz wußte ich noch weniger als vom Erbauer der Kathedrale und von den Leichen, die sie in ihren Grüften birgt. Ein Herr mit Schmiß und Bärtchen war mir aufgefallen, er befand sich in Begleitung zweier Damen. Der hätte sehr gut General sein können, und darum wollte ich nur sagen: der mit den beiden Damen, ist es nicht der? Unverkennbar ein General! Aber im Leben des Herrn von Puttwitz schien Drei die mystische Zahl zu sein, vielleicht war er dreimal geschieden, oder vorbestraft, politisch natürlich, oder hatte drei Attentate auf den Führer gemacht, oder auf Poincaré. Immerhin schuf das Mißverständnis Vertrauen.

»Donnerlitsch«, sagte ich, »das muß ich heute abend noch meinem Freunde Martersteig berichten!«

»Martersteig?«

»Kein Geringerer, Freiherr von Martersteig, oder General, beide Titel stehen ihm rechtens zu.«

»Was Sie nicht sagen! Mir dämmert's: Marneschlacht . . .«

»Verzeihung, Jagdstaffel Richthofen.«

»Natürlich, das war er ja, ganz toller Flieger, und der lebt hier, zur Erholung?«

Ich legte den Finger auf den Mund, es hatte sich wieder ein Grüppchen genähert, dann flüsterte ich's dem Herrn ins Ohr: »Geheime Sendung!«

»Verstehe. Und Sie?« Er zwinkerte mir zu, ich zwinkerte zurück und deutete vielsagend auf meine Führernummer. Der Geheimbund war besiegelt, zwar nicht am Stammtisch einer altdeutschen Bierkneipe, doch in treudeutscher Umgebung und auf vorgeschobenem Posten in der deutschfeindlichen Welt. Mein Verschwörer verbeugte sich leicht, er wolle dem General Meldung machen und ihn in meine Gruppe holen, mit noch ein paar Herren, »und dann stoßen wir auf unseren Führer an.«

Ich verbeugte mich – »Zu gütigst, mein Herr!«

Aber da war wieder ein Mißverständnis im Spiel gewesen, denn mit dem Führer war nicht Vigoleis, sondern der andere, der unquijotische, war Adolf Hitler gemeint.

Mein Schädel rauchte, mein Magen drehte sich um, gallichtes Wasser trat mir in den Mund – und wir standen erst am Beginn der Fahrt.

Ich trommelte meine Leute zusammen, hatte für jeden ein passendes Wort, erntete Dank und Pfefferminztabletten; aber keiner, der mir 25 Peseten gegeben hätte! Denn dann wäre ich spornstreichs nach Hause gelaufen.

Mutti, Vati, Trude, Lore und Fritz hatten ihre Plätze im Führerwagen wieder eingenommen. Sie lächelten mir zu, ich gehörte jetzt zu ihnen, ich bekam Familienanschluß mit Schokolade und Zigarren, aber »danke gehorsamst, ich rauche leider nicht.«

Ich konnte ein paar Minuten verschnaufen. Das Papstwort: eher den Skandal als die Lüge, hat etwas für sich, aber nur wenn man Papst ist. Ich konnte mir den Skandal nicht leisten, ich mußte mir meine Peseten zusammenlügen, und es wird auch einmal Abend werden. Ich bin besser als mein Geschwätz, heißt es in einer Erzählung von Bjørnstjerne Bjørnson, wo von der Feigheit die Rede ist. Vigoleis ist aber feige.

Die Weiterfahrt durch die Stadt und in die Berge hinauf nach Valldemosa geht nur langsam vonstatten. Jede Kolonne muß warten, bis sich der Staub hinter der vorauffahrenden gelegt hat.

Erst wurde noch das Kloster San Francisco besichtigt, wo der Mystiker Raimundus Lullius begraben liegen soll und vermutlich auch liegt. Ich widmete diesem Geiste ein paar in jeder Beziehung ungelogene Worte, die aber auf keinen so fruchtbaren Boden fielen wie meine Fabeleien in der Börse und Kathedrale. General von Puttwitz oder -kammer kam und erlöste mich von den Fesseln der Wahrheit. Wir drückten uns wie alte Bekannte die Hand, es bedurfte ja keiner Worte mehr. Wir ergingen uns in Andeutungen, es klappte ausgezeichnet. Deutsche finden sich im Nebeldunst immer besser zurecht als auf den übersonnten Straßen der Welt. Daran scheitern denn auch ihre Bemühungen um den vertrackten Lebensraum.

Zur Stadt hinaus: ich würde dösen können bis Valldemosa, eine Stunde? Nicht eine Sekunde! Zurückgelehnt, den Hals verrenkt, so saß ich auf meinem Führerplatz und mußte Rede und Antwort stehen. Meine Lebensumstände interessierten die Herrschaften jetzt mehr als die Landschaft mit Palmen, Orangen, Oliven. Schwarze Ferkelchen fegten über die rote Scholle, nur Trude hatte dafür noch einen Blick übrig, die anderen hingen an meinem vertrockneten Mund. Ehe der Wagen zu steigen begann, wußten sie, daß ihr Führer in Spanien geboren, aber in Deutschland aufgewachsen und erzogen worden sei, in einem Städtchen am Niederrhein, das durch die christliche Saat einer Heiligen und seine Möhrenkultur berühmt sei, im Hause einer blinden Tante. Der Vater, Konsul in Malaga, sei bei dem bekannten Eisenbahnunglück ums Leben gekommen; die Mutter, zum zweiten Male verheiratet, lebte in Burgos. »Schicksale«, sagte der Herr im Fond. Mutti konnte das bestätigen, denn Fritz hatte einen Freund, dessen Vater war Konsul in der Türkei gewesen und dort ebenfalls gestorben. »Schicksale«, sagte ich und wollte mich umdrehen, um ein wenig zu nafzen, da mußte ich meine Auskunftei wieder öffnen, dieses Mal wegen einer Führer-Dame, die wie eine Zigeunerin aussehe – ob ich sie kenne? Das tat ich: es handele sich um die Tochter eines Attachés der peruanischen Gesandtschaft in Madrid, die mit ihrer schweizerischen Mutter schon seit Jahren auf der Insel lebe und sich zu Tode langweile. Sie führe zum Zeitvertreib. Ihr Bruder, ein Luftikus, sei der bekannte Ballonflieger, der kürzlich mit einer papierenen Montgolfiere aufgestiegen sei und den Rekord im Alpenflug aufgestellt habe, man habe vielleicht auch in Deutschland davon vernommen? Vati erinnerte sich dunkel, in der Neuen Zürcher darüber gelesen zu haben. Das freute mich sehr.

Der Chauffeur war ausgezeichnet, er nahm die Kurven mit echt spanischer Todesverachtung, aber auch mit echt spanischer Fahrsicherheit. Hätte ich einen Wagen, so würde ich ihn nur steuern lassen von einem Spanier oder Portugiesen. – Die Möglichkeit, den Hals zu brechen, wurde immer kleiner, ich mußte also aushalten.

Wir näherten uns einer der vielen ländlichen Besitzungen, fincas geheißen, und schon ging's los: Was das für ein Landgut sei? Die Tochter, die schon den Ferkeln nachgeblickt hatte, stellte die tückische Frage, wurde aber sogleich von der Mutter zurechtgewiesen: ob der Herr Führer denn rein alles wissen müsse; und erklärend zu mir gewandt: Trudi mache ihre erste große Auslandsreise! Nun fand ich die Frage aber gar nicht so albern und entschuldigte mich fast, daß ich selbstverständlich wisse, was es mit der Finca auf sich habe, nämlich ... Ich spann die Geschichte langsam aus, sie sollte bis Valldemosa vorhalten – feindliche Brüder, Liebe auf dunklen Pfaden, ruchlose Tat unterm Maulbeerbaum, Blutrache wie auf Corsica – »so? gibt es das auch auf den Balearen?« – »Nur noch auf Mallorca, und die Zeder, die Sie gewiß bemerkt haben, wurde gepflanzt, als die Häuser sich aussöhnten. Der Dichter Mario Verdaguer hat darüber einen Roman geschrieben, darum weiß ich das so genau.«

Valldemosa! Alles aussteigen!

In Valldemosa zeigt man das Kartäuserkloster und die Zellen, wo Chopin und George Sand gelebt haben, in jenem berühmten Winter 1838/39. Das würde ich mir nun alles auch selber zeigen.

Pedro hatte uns schon manches von ihrem unter den Hammer geratenen Besitztum erzählt, und so kannte ich Dorf und Kloster, ohne die Stätten betreten zu haben. Die Bravourgeschichte von der verdugischen Ahnherrin kam mir nun zustatten – die Herrschaften schauderten, wie kann eine Mutter nur ... Der Turm des Burggeweses, in dem Pedro sein Atelier gehabt hatte, gab willkommenen Anlaß, einiges über diesen dem König von Spanien in den Stammbaum geknüpften Freund zu erzählen, wie er als Kind mit maurischen Totenschädeln im Klostergarten Fußball gespielt habe, bis Don Juan dem unchristlichen Treiben ein Ende bereitete und die Schädel seiner Sammlung einverleibte mit den entsprechenden Zettelchen: Ibn Mohamed Bar...

Ich ließ meine Leute sich die Beine vertreten, ein paar dumme Aufnahmen machen, eine Orange verzehren, dann schleifte ich sie in die Cartuja, in der vorgeschriebenen Reihenfolge: Kirche, Sakristei, Kreuzgang und Zellen. In der Kirche war nicht viel des Erklärens wert. Eine Heilige steht dort auf einem Postament und hält ein Auge in der Hand, das ist blind zu deuten. Baustil: meiner Schätzung nach Anfang des 18. Jahrhunderts, eine häßliche Dreingabe aus frommer Kasse, an der Gott aber mehr Wohlgefallen haben wird als der kunsthistorisch immer anspruchsvoller werdende Mensch. Obwohl, manchmal genügt es ja, daß ein Bauwerk in Spanien steht, es schön zu finden; so wie vieles Gerümpel Wert erhält, wenn es sein Alter nicht verleugnet.

Meine Herrschaften drängten sich in die Sakristei; ich war ins Hintertreffen geraten mit einem Fachgespräch über mallorquinische Tomatenkultur, von der ich zu meiner Überraschung auch etwas verstand – »ja bitte, die Sacristía, das wollen wir noch mitnehmen ...« Als letzter betrat ich den Raum, zu dumm, nun konnte ich nur hoffen, daß keine voreiligen Fragen gestellt würden.

Ich sah Vitrinen mit Paramenten und Meßgeräten, alte Missale, Dinge, die ich aus meiner einmessigen Meßdienerzeit kannte – o wie liegt so weit, o wie liegt so weit, und ich hub an: »Hier sehen Sie, meine Damen und Herren, wenn ich bitten darf ...« doch wollte anscheinend niemand sehen, was der Führer zu zeigen hatte. Man hatte auf eigene Faust etwas entdeckt: der deutsche Geist da draußen in der Welt, wie der sich bewährt, Pionierarbeit selbst auf einer Ferienfahrt – »bitte, Herr Führer, was ist das?«

Die Sakristei lag in Dämmer gehüllt, ich konnte nicht genau erkennen, was mir zur Erläuterung angewiesen wurde, ich wagte es auch nicht, die Menge zu teilen und auf den ausgestreckten

Finger zuzuschreiten. Der Finger wies auf einen Gegenstand hinter Glas, der Rahmen war dick, schwarz, das Objekt, eine Spanne groß, war schwarz, alles war schwarz, pechrabenschwarz, was kann das sein?

Was es alles hätte sein können, wußte ich nicht, was es indessen sein mußte, jetzt auf der Stelle, das stand wie der Blitz vor meinem Geist, durch eine jener rätselhaften Gedankenverbindungen, an denen die Psychiater so viel verdienen. Pechrabenschwarz, dachte ich, und nicht gefackelt, das war's, und ich ließ mich vernehmen:

Ja, da hätten sie gleich wieder mit dem untrüglichen Instinkt, der unser Volk zum ersten Volke der Welt mache, auf den ersten Blick hätten meine verehrten Herrschaften wieder das einzig bedeutende Stück aus der Sammlung herausgefischt, das zu sehen wir die Sakristei überhaupt betreten hätten; denn alles andere in den Vitrinen und an den Wänden sei unwichtig, die üblichen Sakralia, aber das dort – mir wurde schwarz vor den Augen, schwarz, und 25 Peseten sah ich meinen Geist verdüstern, bis die zweite Erleuchtung kam: Der schwarze Tod! Der Würgengel Gottes! Engel des Herrn vollziehen das Strafgericht des Himmels. Den Seuchentod sollen sie sterben, die sündigen Menschen, unbeklagt und unbegraben, zum Dünger auf dem Acker sollen sie werden und ihre Leichen den Vögeln des Himmels ein Fraß. Alles formte sich wie im Traum, in wenigen Sekunden, über Jahrhunderte und Kontinente, es ging jaß durcheinander: die Justinianische Pest des 6. Jahrhunderts, Stellen aus dem Alten Testament, Hunderte von Einblattdrucken aus dem Einblattraum der »Pressa«: der verheerende Schwarze Tod des 14. Jahrhunderts, der die Bevölkerung Europas fast so intelligent gelichtet hat wie ein mechanisierter Krieg. Ich wurde beredt wie ein Prophet des Alten Bundes, man hing an meinen Lippen, niemand achtete mehr auf den schwarzen Gegenstand, der das große Sterben über die Insel heraufbeschworen hatte. Im Tale des Musa, des Scheichs, der dem Ort seinen Namen gegeben, Vall-de-Muza, ging der Knochenmann ärger um als wo immer im Lande; man starb wie die Fliegen, es stank wie die Pest, die Beulen platzten, Gesunde fielen um und waren eine Leiche, schürftig neuen Tod ausdünstend. Gottesleugner wurden zu frommen Betern, Stündler verfluchten Gott, Beter taten es Hiob nach auf seinem Mist. Das währte Jahre, noch eines, noch zwei, und Mallorca, die goldene Insel, ist ein ausgebrannter Vulkan. Da in der berühmten Stunde der höchsten Not hatte ein, natürlich uralter, Priester die Eingebung: Bittprozession! Unter dem Wuf frommer Lieder, betend und sich geißelnd, wer es noch könne, solle man nachts über die Berge ziehen und den Himmel anflehen um seine Gnade, die Gottesmutter um ihre Huld: erbarme sich der Herr seiner sündigen Kinder aus dem Tale des Musa! Schauerlich schön das Bild, das ich von den nächtlichen Umgängen entwarf: die Pestgänger wallend durch die Landschaft, die der Tourist um sich sehen konnte, und man denke sich die Nacht hinzu, Wolken jagen über die Welt, Mondschein geistert über die Wipfel der knorrigen Pinien, über die zerkarsteten Grate, über die klagenden Palmen. Es riecht nach Tod.

Langsam ging ich rückwärts dem Ausgang zu, um die atemlos Gebannten von der verflixten schwarzen Sache abzuziehen, ehe ich zum Clou käme, denn dann wenden sich aller Augen erfahrungsgemäß wieder dem erklärten Gegenstande zu – »und sehen Sie, meine Herrschaften, wenige Nächte nur hatten die Prozessionen stattgefunden, da zog der Würgengel seine Hand von den schwer geprüften Valldemosinern ab, es starben immer weniger Menschen, und auf einmal starb überhaupt keiner mehr. Die Wunden heilten, der Schorf blätterte ab, nur die schauerlichen Narben sprachen noch eine beredte Sprache. Der letzte Tote war begraben, die Pesthauben flogen ins Feuer, bezwungen war der Schwarze Tod. Nur ein Opfer forderte er noch mit seiner knöchernen Hand: den alten Priester. Dieser starb wie das Mütterchen in Goethes bekanntem Gedicht.

Jahrhunderte später ließ ein Mönch der Cartuja zum Gedenken an die frommen Umgänge eine Pechfackel en miniature jenen nachbilden, die in den Nächten schauerlich lodernd den Prozessionen vorangetragen worden, daß es weit über die Berge flammte beim klagenden Miserere. Der Erzbischof von Toledo hat sie geweiht, ehe sie eingerahmt wurde und der Verehrung der Gläubigen ausgestellt. Einmal im Jahre wird die sogenannte Taeda pestis öffentlich gezeigt und alle 13 Jahre führt man die schicksalsträchtige Reliquie in einer Bittprozession denselben Weg, den vor Jahrhunderten die Valldemosiner gegangen sind: Von Pest und Hunger erlöse uns, Amen!«

Um mich war es still geworden, die berühmte Nadel hörte man nur darum nicht fallen, weil niemand sie fallen ließ; und dann lärmten ja draußen in Kirche und Kreuzgang die Horden. Sie verzehrten Feigen und Apfelsinen, tranken Bier aus Flaschen und Wein aus Kalabassen, so daß viele schon betrunken waren und doppel aus der Rolle fielen. Denn der Spanier betrinkt sich nicht an geistigen Getränken, er hat andere Rauschmittel.

Kaum das Amen ans Ende der heiligen Geschichte gesetzt, da hörte ich einen anderen Führer sich heranschwadronieren, einen Spanier, der sich schlecht und recht mit seinem Deutsch und seinen Deutschen herumschlug. Er stieß ins Horn: »Damen und Herren, jetzt zeigen ich Sie die Sacristía mit die echte Kreuznagel von die Kreuz von Christus in eine schöne Rahmen.«

Mir brach der kalte Schweiß aus: ein echter Nagel vom Kreuze des Herrn! O Herr, der Du für uns bist gekreuzigt worden, warum hast Du Deinen Vigoleis verlassen? Das Nächstliegende, wie lag es ihm fern! Er war ja Schopenhauer schon aufgefallen, dieser eigentümliche Fehler der Deutschen: das, was vor ihren Füßen liegt, in den Wolken zu suchen. Und derselbe Schopenhauer hatte auch erkannt, daß es keine große Kunst sei, die Deutschen bei der Nase zu führen, wenn der Scharlatan nur brav seinen Unsinn schwätze. Steckte dann in Vigoleis beides, der deutsche Nasführer und Wolkengänger? Ist Vigoleis so gespalten – und so urdeutsch, wie die Großen, Nietzsche, Heine, Börne, bis in den kleinsten Deutschenfresser? Braver hätte er keinesfalls seinen Humbug verzapfen können!

Es gelang mir, den Führer zum Schweigen und meine Gruppe an die frische Luft zu bringen. Gemerkt hatte niemand etwas.

Draußen setzte ich mich auf die Mauerwehr. Um ein Haar hätte mich der Würgengel selber gepackt und in die Tiefe geschleudert, mir war, als hörte ich meine Gebeine klappern. Da kam Beatrice munter auf mich zu. Nie hätte ich gedacht, daß ihr diese Prostitution so viel Vergnügen bereiten könnte; aber sie habe »reizende Leute« in der Gruppe, sogar einen Verleger, mit dem sie über mich ... »aber Vigo, was ist passiert, wie siehst du aus?«

»Beatrice, der Schwarze Tod, fast hätte er mich geholt!«

Die Tochter des peruanischen Gesandtschaftsrates starrte mich an, dann wurde sie quicklebendig. »Rasch, in den Schatten, du kriegst einen Sonnenstich!«

»Ach Chérie, Eile ist nicht mehr not, den Stich habe ich soeben bekommen, laß mich nur sitzen. Heute abend erkläre ich dir alles.«

»Eine Frau?«

»Viel schlimmer! Du sollst alles erfahren, heute abend, falls ich dann überhaupt noch den Mund auftun kann.«

Ehe Beatrice mir einen Orangenschnetz in den Lügenmund

schieben konnte, waren wir von einem Kreis von Herren umstellt: General von Puttkammerwitz mit seinem Stabe.

»Hallo, da haben wir ihn, unseren Auskneifer, der schäkert hier wohl; ja ja, tolle Landschaft, wie ich jetzt feststelle, erinnert ganz merkwürdig an gewisse Karstgeschiebe in den Dolomiten, sind das wohl Ausläufer . . .? äh, Verzeihung, wir stören . . .«

»Durchaus nicht, Herr General, aber darf ich die Herrschaften miteinander bekannt machen?«

Das billigte die Tochter des peruanischen Gesandten in Madrid und benahm sich ihrem Stande gemäß. Da krachte nicht nur der Herr von, zu und auf Putt- und Kammerwitz die Hacken zusammen. Es knatterte nur so im Kreise herum, die Garde salutierte, jeder schnarrte seinen Namen, von denen ich einen behalten habe: Pfördtner von der Hölle. Beatrice zog ein hochmütiges Gesicht, was die Generalstäbler zu schätzen wußten; weniger behagte es ihnen, daß sie nur Französisch sprach. Alles war fabelhaft, und alle zermarterten sich die schneidigen Gehirne, um herauszuknobeln, »wen wir denn eigentlich da drüben (gemeint war Lima) auf der Gesandtschaft sitzen haben«. Ehe man sich auf einen geeigneten Diplomaten hatte einigen können, erschien eine ältere Dame, die hochbeglückt auf Beatrice zuwakkelte und in reinstem Baseldütsch der Peruanerin etwas Dringendes mitteilen wollte, das mit »do luëge Sie emol« begann und nicht mehr vor den Ohren des Stabes beendet wurde. Denn Beatrice verduftete mit ihrer Frau Sozin, Sarasin oder Phischer mit Photo-f. Die Herren um Herrn von Witzprittkammer taten erstaunt, nanu, war das eben nicht Schweizerdeutsch? Ich klärte sie auf: Mutter Schweizerin – na also, und dann wollten sie mehr über meine »geheime Sendung« wissen. Da war ich nun leider an ein Ehrenwort gebunden, aber soviel konnte ich den Herren doch flüstern: keine Marneschmach mehr, kein Compiègne – keine kaiserliche Flucht, wollte ich eben noch hinzufügen, hatte aber die Geistesgegenwart, diesen Schnitzer zu unterlassen. Was wußte ich, vielleicht waren es Kaiserliche aus dem rechten Flügel um den Mann aus Braunau.

»Meine Herren, habe die Ehre! Führerpflichten, doch vergessen Sie bitte nicht, unterwegs einen Blick auf das Dörfchen Deyá zu werfen, linker Hand auf einem Hügel, ich instruiere die Fahrer Ihrer Wagen. Dort wohnt er nämlich, unser Herr von Martersteig, in einem Turm, Atalaya genannt. Deutschlands Schicksal dürfte in absehbarer Zeit nicht wenig aus dieser Ecke heraus beeinflußt werden, wo ein Großer sich noch im stillen Heldentum übt. Auch sein Feind lebt dort, Sie kennen ihn alle, Graves, Robert von Ranke Graves.«

Jemand ließ einen Pfiff langsam durch die Lippen ziehen und sagte dann: »Good-bye to all that?«

»The same!«

»Diese lausige Rübe!«

Mehr hörte ich nicht, denn ich war wieder untergetaucht und überließ den Generalstab sich selbst und dem Schatten der Kartause, die schon mit anderen Größen dieser Welt fertig geworden war. Pedros Papá hätte da ein Wörtchen mitsprechen und gewisse etikettierte Gegenstände herumreichen können.

In Sóller harrten des Führers neue Aufgaben. Je weiter die Reise ging, je vorgeschobener wurden die Posten seiner deutschen Kultur. In diesem uns schon bekannten Städtchen sollte das Mittagsmahl eingenommen werden. Die Touristen wurden nach genauen Listen auf die Gasthöfe und Fondas des Eisenbahnknötchenpünktchens verteilt. Der Bahnhof, eine jüngere Schöpfung, hat ein sehr gutes Restaurant, »Ferrocarril« genannt. Gut 100 Gäste können dort in einem Turnus abgespeist werden. Die Tische waren gedeckt, ein erhebender Anblick für ausgehungerte, schwitzende und verstaubte Gäste. Die Führer weisen den Herrschaften die Speisegelegenheiten an: Sie dort, Sie hier, es ist das wahre Geduldspiel.

Ich mußte zehn Leute in eine kleine Fonda begleiten, die ich mir selbst von einem Straßenjungen zeigen ließ: ein uraltes Haus mit einer Terrasse fast gegen das Dach geklebt, unter Rebenlaub, Trauben hingen in dicken Büscheln bis auf den Tisch. Alles blühte und glühte, es duftete nach Wein und Öl; Staub und Fliegen erfüllten die Luft und bedeckten alles – spanischer hätte es kaum sein können. Doch meine Gäste rümpften die schwitzenden Nasen: Protest! Ob sie weniger gölten als die Herrschaften, denen da fein gedeckt sei im »Ferrocarril«? Und ob der Herr Führer vielleicht wisse, was sie für die Reise gezahlt hätten? 1000 M pro Person, jawoll, und da solle man in einer Spelunke abgefüttert werden wie ein Fuhrkutscher?! Beschwerdebuch!

Einer hatte gesprochen, in solchen Fällen spricht immer erst einer, der Leithengst, der den feinen oder weniger feinen Ton angibt. Nachher stimmen alle wild durcheinander in den Klamauk ein. Auch hier. Die Leicas wurden wieder ins Futteral gesteckt, die Röcke über die Achsel geworfen, à la Español, und auch minder Begüterte wußten, was sie ihrer Touristenklasse schuldig waren. Man forderte den Führer auf, die Gesellschaft zur Bahnhofswirtschaft zu führen, dort werde man essen, er solle das Nötige veranlassen, man habe Hunger! Wäre doch gelacht, in so einer Budike!

Wieder war ich, im Lande der Heiligen, um einen verlegen, der mir gegen diesen Bildungspöbel hätte beistehen können. Keiner trat vor. Darum versuchte ich es mit der Lokalheiligen meiner Vaterstadt, Irmgardis, von der die Sage weiß, daß sie die Burgen der ihr in geiler Pirsch nachstellenden Raubritter mit einem Wort in Trümmer sinken ließ. »Heilige Irmgardis, stehe deinem Vigoleis bei!« Ich wurde ruhig, das Fieber sank, klar sah ich den Weg vor mir, den ich zu gehen hatte. Es war der des Geldes. Ich mußte den Leuten was vorrechnen.

»Entschuldigen Sie, mein Herr, aber habe ich richtig gehört – 1000 Mark?«

»Was dachten Sie denn? Jawoll, einen glatten Tausender! Auf der 'Monte Rosa' reist man billiger, wie Sie wissen dürften.«

»Ich weiß. Aber sagen Sie mal, kennen Sie da Bielefeld? Ist Ihnen das ein Begriff?«

»Die Stadt? Kenn ich auf der Karte. Warum?«

»Wer von den Herrschaften kennt Bielefeld?«

Niemand kannte die Stadt, ich auch nicht, aber auf mich kam es nicht an. Ich erkundigte mich nun, aus welcher Stadt der Nörgler stammte. Mitteldeutschland, und so konnte ich ihm in runden Zahlen vorrechnen, daß er erste Klasse für 20 Mark nach Bielefeld reisen könne. Die elektrische Bahn von Palma nach Sóller sei nun ein Werk deutschen Geistes, Siemens und Schukkert. Der Bahnhof: deutscher Geist, deutsche Architektur; die Bahnhofswirtschaft: deutsche Kunst und – zufällig vom selben Architekten erbaut, der auch das Bahnhofsbüffet in Bielefeld gebaut habe, nur etwas größer. Das Essen im »Ferrocarril« sei gut, ausgezeichnet sogar, aber mit 1000 M zu teuer bezahlt, in Bielefeld sei es genau so, und das Bier sicher noch besser, Dortmunder Union. In Spanien aber solle man sich an das Spanische halten, statt Bier Wein trinken und statt in deutschen Bahnhofswirtschaften zu hocken, sich auf der Terrasse einer Fonda niederlassen, die zudem, wie hier, noch weltberühmt sei.

Man horchte auf. Berühmte Stätten kann man knipsen. Fragen bestürmten mich.

»Ja, sehen Sie, in diesem Hause und auf dieser Altane hat Cervantes seinen Don Quijote geschrieben, in 95 Nächten beim

Schein einer Ölfunsel. Über Tag schlief er bekanntlich, wie viele Dichter. Wir befinden uns hier auf geweihtem Grund. Mehr brauche ich wohl nicht zu sagen.«

Daß dieser Boden mir unter meinen Alpargatas zu brennen begann, merkte niemand. Es vergingen ein paar Sekunden, keiner erhob Einspruch gegen die Literaturverhunzung, im Gegenteil: man knipste schon den heiligen Ort, zog sich die Jacken wieder ab, würdigte jeden Stein und jede Strebe mit Kennermiene, und ich konnte dem Wirt, der der Szene zugeschaut hatte, Bescheid geben, aufzutragen. Ich erklärte die Speisen, rühmte alles und erntete Dank. Frauen kriegten blanke Augen: so ein herrlicher Führer!

Wenn ein Deutscher sich an einer historischen Stätte niederläßt, schöpft er tief Atem, krempelt die Hemdärmel hoch, falls er nicht schon hemdärmelig die Stätte betreten hat, zückt seine Bleifeder und schreibt eine Ansichtskarte. Das ist schon so, seit es auf der Welt Deutsche und Ansichtskarten gibt, zwei Schöpfungen, die sich ergänzen. In der Fonda, wo Cervantes seinen Don Quijote geschrieben hatte, hielten es meine Deutschen nicht anders. Der Wirt brachte das Kistchen mit den Ansichten, man netzte den Stift, und bald würde die Heimat aufhorchen: »Ihr Lieben daheim, diesen Gruß verdanken wir unserem Führer, und wir schreiben ihn, was wir ebenfalls unserem Führer zu danken haben, an historischer Stätte, nämlich da, wo bekanntlich nachts Don Bosco seinen Infanten von Spanien geschrieben hat. Unser Führer hat uns das alles genau erklärt, darüber mündlich mehr. Die Apfelsinen sind hier teurer als zu Hause, das Bier ist bei uns entschieden besser. Dein ...«

»Aber Richard, was du da für einen Fehler gemacht hast, der Führer hat doch nicht gesagt Don Bosco! Es muß Boskop heißen, das ist doch der bekannte Name.« – Ach was, protestierte Richard, das sei schon richtig mit dem Bosco, und zu mir gewandt, entschuldigend, seine Frau denke immer nur an ihre Äppel im Schrebergarten, die Edlen von Boskop, aber Bosco, das sei eben der große Weltumsegler gewesen. Sie hätten ja auf der Penne alle seine Reiseberichte gelesen. Navigare necesse est. – Bildung auch.

Speisend, Karten schreibend, die Brust geschwellt von der Größe des historischen Augenblicks, ließ ich die Tischgesellschaft unter dem Schutz von Cervantes' Geist zurück und wollte mich in die dem Generalstab zugewiesene Kantine schlagen, um mit den Herrschaften zu tafeln und mit zu bauen an der Zukunft des Reiches.

Vor einer anderen Fonda stand händeringend der Wirt und wehrte sich zweier Gäste, die ihm, wie es schien, zu Leibe gehen wollten. Ich trat als Führer dazwischen. Also endlich lasse ein Führer sich sehen! und was das wieder für eine namenlose Schweinerei sei – »bitte, kommen Sie mit!«

Die Fonda war nicht so hochromantisch wie die Taberne zum Schreibenden Cervantes, aber doch auch typisch spanisch, sogar echt mallorquinisch. Drei Dutzend Menschen blickten mir finster entgegen. Raubmord? Vergewaltigung?

»Herr Führer, sind Sie Deutscher?«

»Spanier, aber in Deutschland aufgewachsen.«

»Dann sind Sie ja mit unserer Sprache genügend vertraut, um zu wissen, was ein Saufraß ist. Das hier ist ein Saufraß, das gehört in den Trog.«

Der Sprecher der Rotte zeigte auf seinen Teller, auf dem ein gerösteter Fisch lag, der sich vor Verzweiflung in den Schwanz biß, in der Sprache der feinen Küche: er war gekrollt. Ich kannte die Art, ein fades Essen, nur mit viel Zitrone zu genießen, freilich sehr nahrhaft, hochprozentiger Eiweißträger. Wenn in einer so kleinen Stadt und noch ohne rechtzeitige Anmeldung die Touristen zu Tausenden abgespeist werden mußten, griffen die Köche zu diesem Fisch, der sich in großen Mengen rasch und billig fangen läßt. Der Wirt konnte sich nicht verständlich machen, die Kellner blickten voll Verachtung auf die schimpfenden Fremden, die wie Sträflinge in den Hungerstreik getreten waren. Zu Hause fraß das Hering mit Sauerkraut. Ich mußte handeln, heiliger Petrus, stehe deinem Vigoleis bei! Ich klopfte ans Glas und bat um Gehör:

Die Deutschen seien ein großes Volk, ein begabtes Volk, ein kluges Volk. Die Welt, auch wolle sie es nicht eingestehen, verdanke den Deutschen viel. Die Mienen hellten sich auf. Nun konnte ich aus dem blöden Fisch kein Eisbein mit Sauerkraut machen, auch keinen Rollmops, darum schlug ich statt dieser Verwandlung den heroischen Weg ein, der bei Deutschen immer ans Ziel führt. Den alten Germanen, so fuhr ich fort, sei der Fisch heilig gewesen, und die Brukterer am Rhein hätten sogar einen Salm als Wassergottheit verehrt. Zustimmung. Im Weltkriege nun hätten die deutschen U-Boote unter den unvergeßlichen Korvettenkapitänen die Weltmeere beherrscht, hätten nicht nur die feindlichen Flotten versenkt oder zu Paaren getrieben, sondern auch die Schwärme der Haifische hätten vor ihnen Reißaus genommen. Kein Gewässer, das vor der deutschen Flagge sicher gewesen. – »Nur im Mittelmeer herrschte der goldene, sonnenüberspiegelte Wasserfrieden. Das witterten die Haie, und durch die Meerenge von Gibraltar zogen sie ins Mare Nostrum ein. So verzeichnet die zoologische Wissenschaft seit den Jahren 1914 bis 1918 als neuen Standort für den Menschenhai das Mittelländische Meer. Meine Damen und Herren, was Sie hier vor sich auf Ihren Tellern haben, ist Hai in einem Alter, wo er den Menschen, denen er seinen Namen verdankt, noch ungefährlich ist. Eine Delikatesse erster Ordnung, in Paris chez Nogarette kostet eine solche Schlemmerei ein Vermögen. Ein Glück übrigens, daß Sie nicht einen Monat später gekommen sind, jetzt ist nämlich Fangzeit, die Insel Ibiza lebt fast ganz vom kleinen Menschenhai. Achten Sie übrigens auf den eigentümlichen Wildgeschmack, und mit einem Tropfen Weißen aus Felanitx geben Sie dem Gericht eine Würze, die selbst den Franzosen unbekannt ist. Soll ich Felanitx bestellen?«

Im Nu waren die Teller leer. Kein Hai hätte so aasen können mit der Kost, wie es die auf den Geschmack gekommenen Sauerkräutler taten. Man rief nach mehr Hai, nach Felanitx und nach Postkarten, und schrieb: »Liebe Tante Trude, wir sitzen hier in einem ganz fabelhaften spanischen Lokal, in Sóller, und Du ahnst ja nicht, was wir soeben gegessen haben: Krollhai mit ganz penetrantem Wildgeschmack. Dabei haben wir an Dich denken müssen und hoffen wir, daß es Dir auch weiterhin gut geht. Unser Führer hat das alles sehr plastisch erklärt und nachher gehen wir noch schwimmen in der Bucht von Sóller, wo bestimmt keine Haifische hinkämen, obwohl dem Führer sein Freund einen Onkel hatte, der von einem solchen Ungeheuer aufgefressen worden ist.«

Der Wirt umarmte mich vor der gierig schlingenden Runde und drückte mir zwei blanke Duros in die Finger. Dann zog er mich in die Küche, ich mußte vor dem Personal erzählen, wie ich die Barbaren umgestimmt hätte: ein Wunder am hellen Tag! »Hombre!« rief er, und das bedeutet Mensch in der höchsten Potenz, »es hätte auch schief gehen können! Ist es denn niemandem schlecht geworden? Aber Haifisch ist tatsächlich ein Leckerbissen, die Flosse steht hoch im Preis.« Da merkte ich, wie nahe ich wieder einmal am Abgrund dahingewandelt war. Doch hatte mich Petrus, der wunderbare Fischer, an seiner Angelrute über Wasser gehalten. Zum Kotzen übel war es mir nun aber selber geworden. Ich verließ die Pinte zum Gekrollten Hai, auf der Suche nach einem Ort, wo ich ungestört eine

Stunde platt liegen könnte. Die Lust am Essen war mir vergangen.

Im Städtchen lärmte das Herrenvolk, man war angeschwipst, teils stark betrunken. Ich verhüllte mein Antlitz. Das benahm sich wie zu Hause, und man war ja auch nur in Spanien. Daß sie vaterländische Lieder sangen, konnte ihnen niemand verargen, obwohl sich unter peitschender Sonne und Palmen das »Blonde Kind am Rhein« noch ärger anhörte als »Deutschland über alles«. Kinder, wenn ihr doch bliebet, wo ihr hingehört, und dafür zahlt ihr noch 1000 Mark!

Mein Lager fand ich nicht – »Herr Führer!« und dann ging's wieder los: »Kommen Sie mal her, man will uns hier beschwindeln, für dieses Ding da sollen wir 3 Peseten bezahlen! Das macht man bei uns für fuffzig Pfennige!«

Ihr Arschlöcher, dachte ich, eben weil es made in Germany ist, kostet es hier drei Peseten. Handeln können ist eine Frage der menschlichen Würdigkeit. Ich kann es leider nicht und habe es nie gekonnt, weder mit Gott, noch mit dem Teufel, noch mit einer Hökerfrau. Ich zahle immer den vollen Preis, und Gott, Teufel und Hökerin grinsen sich eins, wenn ich abziehe. Ich schlichtete aber den Handel auf meine Weise, zu Gunsten des spanischen Verkäufers, gegen den deutschen Eindringling. Ich dichtete dem Gegenstand eine solche Einmaligkeit an, daß die Touristen jeden möglichen Preis zu zahlen bereit waren. Die Bude blühte.

Darauf wurde meine Auskunftei und Mittlerschaft in einer delikateren Angelegenheit in Anspruch genommen. Ein Tourist winkte mich zu sich, klopfte auf seinen Baedeker und sagte: »Bitte sehr, können Sie mir auch sagen, was nicht im Baedeker steht, Sie Alleswisser?«

»Selbstverständlich! Ich habe mein Führerpatent und beteilige mich jetzt noch an einem Sonderkurs für ausgefallene Fragen.«

»Dann sagen Sie mir doch, wo man hier mal anständig . . .«

Der Herr sprach immer bedächtlicher, und bei der Anständigkeit angekommen, wußte ich schon, was er wollte. Ich hatte ja in der Kathedrale bereits einigen Teilnehmern diskrete Winke gegeben und ein paar Casas genannt, wo sie das zünftig besorgen könnten. Nach dem Haifischdiner hatte der Mann wilde Gelüste bekommen, er mußte nun was ganz Tolles auf den Spieß kriegen, vielleicht sogar mit Widerhaken an den Flossen und kleinen peitschenden Schlägen mit dem Ruder – aber in Sóller kannte ich keine Adressen.

». . . anständig sein Wasser abschlagen kann«, vollendete der Wißbegierige seinen Satz.

Das Wörtchen anständig hat im Laufe der Jahrhunderte einen bedeutenden Bedeutungswandel erlebt, und es wandelt sich immer noch. Ich wußte also nicht gleich, in welchem Sinne des Anstandes der Herr seine Handlung verrichten wollte. Dachte er national? Vermutlich. Ich sagte ihm, die diesbezüglichen Anlagen im Bahnhofsgebäude seien von deutschen Sanitätsspezialisten gebaut worden, Gefahr der Ansteckung ausgeschlossen, falls er das befürchte – »und sonst, zehn Schritte weiter bitte, die Palme, aber sehen Sie sich vor, der Spanier ist da sehr empfindlich. Wir sind hier nun einmal nicht in Deutschland!«

Der Herr hob einen dankenden Finger an seinen Tropenhelm und verschwand hinter der Palme. Ich drehe mich um, da steht vor mir eine Dame und sagt: »Ach, verzeihen Sie, Herr Führer, ich habe das dringende Bedürfnis . . .«

Du lieber Himmel, mir wurde schwummerig, ich kann sie doch nicht an dieselbe Palme verweisen! Dies ist doch keine Kinderbewahranstalt! Die freundliche Dame hatte zum Glück aber nur das Bedürfnis, mir erst einmal zu danken für meine ganz wundervollen Erklärungen, ich könne das alles so überzeugend (zum Glück!) darlegen, und so bildend sei das; ja, sie reise viel, aber so auf allen Gebieten beschlagen und derart auf den Kern der Sache gehend, und immer das Wichtigste herausgreifend – sie schüttelte mir lange die Hand. Dann kam eine konkrete Frage, die nach meiner völkischen Zugehörigkeit: ob ich wohl Deutscher sei? Eine Stunde vorher hatte ich die spanische Nationalität angenommen, nun verleugnete ich sie wieder zu Gunsten meiner Wiege. Also Landsleute, wie reizend, und wieder ergriff sie meine Hand. Ich verbeugte mich und dankte für die Ehre, ihr Landsmann sein zu können, und was zu Diensten stünde? Wo ich also Deutscher sei, ob ich da nicht Herrn Müller kenne in Barcelona? Jeder anständige Deutsche hat, sei es auch nur einmal in seinem Leben, einen Müller kennengelernt. Ich kannte sogar einen sehr gut, sieben oberflächlich und zwei Dutzend an der Peripherie meines Daseins; da konnte der aus Barcelona getrost dazugehören, und ich äußerte mich spontan in diesem Sinne. Gemeinsame Bekannte gehören zu den schönsten Begegnungen im Leben. Sie meine doch so einen großen Schwarzen, nein richtig, der sei ja blond und das Haar ganz glatt gestrichen – natürlich, diese wunderbaren Wellen, die Spanier staunen da immer, und die blauen Augen – es war unser gemeinsamer Müller. Die Welt ist so klein, und das Bedürfnis der Dame war leichter zu befriedigen gewesen, als ich befürchtet hatte.

Der lange, dürre Mensch, der jetzt über den Platz lief, hatte sich bis auf die Hose alles ausgezogen. Auf der Brust baumelte wie ein Skapulier an einer schwarzen Schnur das Einglas. Er suchte etwas, aber was? Suchte der gar seinen Führer? Da hatte er mich auch schon erwischt: »Hallo, wo Sie nur bleiben! Kommen Sie zum Umtrunk, Herr Führer!«

Er gehörte zur Clique um von Kammerputt. Der Kriegerverein saß, teils nackt, aber standesgemäß und mit hochgeröteten Gesichtern in der Bielefelder Bahnhofswirtschaft und trank Bier. Das sei zwar Gesöff, die reinste Gülle: ob man denn in diesem rückständigen Lande nicht einmal Bier brauen könne? Ich beschwichtigte die Herren und wurde, meiner geheimen Sendung gemäß, wieder vertraulich: diesem Elend werde freilich bald abgeholfen, Verhandlungen seien im Gange und selbst schon weit gefördert, mit einer Großbrauerei in Deutschland, um ein hitzebeständiges Lagerbier eigens für den spanischen Export einzubrauen. Die Angelegenheit laufe über das Generalkonsulat in Barcelona, mein Freund der Generalkonsul, Dr. Köcher, habe das persönlich in die Hand genommen. Wegen des Wassers müsse man den Gedanken fallen lassen, einen Brauereibetrieb ganz nach Spanien zu verlegen.

Man nickte beifällig, natürlich, das Auswärtige Amt sei rege, und fast immer der rechte Mann am rechten Ort – fast! Darauf mußte ich mit allen anstoßen auf die liebe Heimat, den kommenden Führer, das neue Deutschland. Goldig glänzten die Haare auf der Brust des Mannes mit dem geschliffenen Skapulier. Judas hat seinen Herrn für 30 Silberlinge verramscht. Vigoleis erniedrigte sich für 25 Peseten.

Da war mir der bedürftige Mann hinter der Palme und die Frau vom Herrn Müller doch lieber. Immerhin aber werde ich Martersteig fragen, was das für Sektierer und verkrachte Adelsbonzen sein können, die nach Spanien reisen, um dort einen Biereid auf den Ranküneproleten Hitler abzulegen.

Ich erbrach mich hinter einem Kaktushag. Pesetas 12,50 waren abverdient. In einer halben Stunde mußten die Volksgenossen im Hafen von Sóller sein, 10 Minuten bleiben wir dort, dann zurück über Sóller und auf die Paßhöhe, den Coll de Sóller, 563 Meter über dem Meere. Da trommelt der Reiseleiter seine Führer zusammen und erteilt neue Weisungen: 2 Stunden

Aufenthalt, im Hafen von Sóller somit Gelegenheit zum Wassersport. Im Puerto angekommen, posaunen wir Führer es aus: Baden!

Baden? Niemand hatte sein Badezeug mitgebracht, und ein Sturmlauf auf die einzige, baufällige Badebaracke beginnt. In wenigen Minuten liegt sie in Trümmern. Gesetzte Herren, gefüllte Damen, Jungvolk, alles rennt und rauft um eine Badehose. Männer ziehen sich im Sturmschritt aus und stolpern über die eigene Hose, den Frauen fliegen die schon entfesselten Busen, unter dem Zelt wimmert ein Kind, das von einem spanischen Sommerfrischler aus der Einklemmung gezogen wird. Taschentücher werden aneinandergebunden und um die Lenden gegürtet, schamhaft dreht man sich noch um, aber wohin man seinen Hintern auch wenden mag, immer hat man vorne wen vor sich, der sich auch dreht. Ausgeschämte pfuschen sich ohne Feigenblatt in die kühlende Flut. Nur ein paar Berufsnudisten schreiten hochaufgerichtet ins Mittelmeer. Die Spanier sind empört. Sie sind ein prüdes Volk, das keine Nacktheit duldet. Der Reiseleiter wird zur Rede gestellt, er ist aber machtlos gegen die entfesselte Naturgewalt. Auch die Führer können dem sündhaften Schauspiel keinen Einhalt tun. Irgendwo ist eine Prügelszene im Gange, es geht um einen Badefetzen. Ältere Damen suchen ihre Wagen auf, sie wollen sofort abfahren. Aber der Fahrer versteht kein Wort, einmal weil er schläft und weil er sowieso kein Deutsch kann. Einzig der hohe Generalstab um von Kammerwitzputt, an Sturmangriffe, Debakel und nackten Einsatz gewöhnt, trinkt weiter Bier und mischt die Speise für den Bau des neuen Reiches. Der Pfördtner von der Hölle steht in privater Mission mit seinem Feldstecher am Strand. Er hat ein tolles Weib ins Fadenkreuz genommen, wunderbarer Körperbau: das gibt an Bord ein kleines Nachplantschen.

Der Besitzer des Strandlokals meldet den Diebstahl von Servietten und Tischtüchern, die der Keuschheit zum Opfer gebracht worden sind. Der Reiseleiter trägt alles in sein Protokoll ein, die Linie zahlt alles.

Die Zeit ist verstrichen, Aufbruch. Kein Schwein, derer im Wasser, das sich daran stört. Man planscht und läßt sich verbrennen. Die Autohupen machen einen Heidenlärm, auch das nutzt nichts. Da brüllt ein Führer übers Meer hinaus: wer nicht in fünf Minuten im Auto sitzt, bleibt zurück und muß auf *eigene* Rechnung die Heimreise bewerkstelligen. Das kleckt! Man krault und quappt sich ans Ufer, streift sich die Pluten über den nassen Leib, setzt sich wahllos in einen Wagen und dann ab.

Bis auf meinen Führerwagen sind alle Teilnehmer schon nach Sóller zurückgefahren. Ich hatte beim Wirt in der Küche ein wenig geschlafen. Mein Chauffeur meldet mir, eine der Señoritas sei verschwunden, die Eltern seien außer sich. Kaum daß ich zu ihnen an den Strand stoße, flehen sie mich an: »Herr Führer, wo ist unsere Tochter?« Ich lasse mir Vatis Feldstecher mal geben und spähe die spiegelglatte See ab. Kein Fräulein ist mehr zu sehen. Ob sie überhaupt schwimmen könne? »Wie ein Fisch, aber – sie habe ihr Badekostüm nicht mit, sagt Mutti, und ohne – das täte ihre Tochter nie! Nie! Es sei ja die nackte Schande, wie man sich benommen habe, ich solle nur nicht denken, daß das Deutschland sei – aber ich denke gar nichts und suche weiter. Der Fahrer wird ungeduldig. Ich gebe ihm einen von meinen Duros aus der Haifischkneipe. Er schläft weiter. Dann kommt der Schrei aus Muttis Kehle. Sie hat ein Häufchen Kleider entdeckt – die Schande, Trude schwimmt nackt! Und nackt kommt plötzlich die Lockere angeschwommen. Mit ihrem breiten Rücken übernimmt es Mutti, die Geburt der Venus aus den Wellen des Mittelmeeres neugierigen Blicken zu entziehen. Der von der Hölle rollt allerdings schon mit dem Stab den Paß hinauf. Da ich als Führer nicht nur Pflichten, sondern auch gewisse Rechte habe, verbinde ich beides und überzeuge mich, daß die Schaumgeborene heil in die Kleider kommt – und der Pfördtner einen himmlischen Engel in seine Hölle kriegt, sofern Mutti den Wildfang nicht an die Kette legt.

Vati, der inzwischen dem Fahrer auch ein Wartegeld gegeben hat, bedeutet mir, daß es mein Schade nicht sei, meine Pflicht den anderen gegenüber seiner Tochter wegen versäumt zu haben. Da mir das dazu passende Führerwort nicht einfällt, nehme ich mit einer Verbeugung neben dem Schlag Aufstellung und lasse das Fräulein einsteigen, das mich spitzbübisch anblinzelt. Ihr Interesse an schwarzen Ferkelchen ist mir nun deutlich. Mutti im Fond benimmt sich daneben, indem sie versichert, es sei dies die erste und die letzte Auslandreise für Trudi. Vati muß das bestätigen. Schwester und Bruder, peinlich berührt, schweigen. Die Stimmung im Wagen ist verdorben. Ich überlasse die Familie ihrem Schicksal. Gesegnet sei Trudi und ihre Nacktkultur, denn jetzt kann ich ungeschoren schlafen bis »Alfabia«, wo subtropische Gärten besichtigt werden. Ach, hätte Trudi sich doch schon gleich bei der Abfahrt am Hafen ausgezogen, denke ich; und die Kleine beginnt, ihren langen, langen Gedankenbrief an die Busenfreundin zu schreiben, himmlisch ist das meist darin vorkommende Wort, und ich schmeichele mir, auch genannt zu werden: der Führer, denk dir, der wußte alles, und er hat mich auch nicht zurückgelassen; aber ob das alles wahr ist, was er erzählt? Vati sagt, das müsse schon stimmen, denn sonst könne der sich nicht eine Woche halten, das merke man doch, und immer seien Fachleute dabei, und was das schrecklichste von allem ist, das macht der schon 7 Jahre! Ich würde verrückt . . .

»Würde? Trudi, dein Führer ist es schon, aber sonst kannst du deiner Freundin alles so schreiben, wie du es dir in Gedanken zurechtgelegt hast. Es stimmt, und wenn du nun noch Stoff für einen romantischen Erguß landschaftlicher Art brauchst: halte die Augen offen, die Fahrt den Paß hinauf ist einmalig, nicht nur für Baedeker, und bald siehst du tief unten die Ebene und das Meer; da sollen immer wieder Touristen in Tränen ausbrechen, so überwältigend muß der Anblick sein. Muß? Natürlich, denn ich werde ihn ja auch heute zum ersten Mal erleben. Es ist auch meine Jungfernfahrt.«

Wir halten auf der Paßhöhe, aber die Herrschaften wollen nicht aussteigen, bitte weiterfahren, und in verwegenen Kehren geht es taumelnd in die Tiefe.

Vor dem Schloßgut Alfabia stehen noch Dutzende Wagen, wir haben die Verspätung aufgeholt. Doch die schwer geprüfte Familie will auch hier nicht raus: Strafe für Trudi! Wo soll das noch hin mit ihr? Das endet im Freudenhaus! Aber dann nur »Torre del Reloj« und auf der Prunkmatratze.

Wir sausen an dem maurischen Tor des Parkes vorbei. Ich habe meine Führerembleme abgenommen, ich meutere und reise inkognito weiter.

Der Abschied am Hafen war förmlich. Mutti schnitt mich, die Geschwister verneigten sich kurz, Vati hielt Wort und drückte mir eine Note zu 25 in die Hand: soviel ließ er sich die Exhibition seiner Tochter kosten. Er tat es übrigens mit einem geübten Zaubergriff; der Fahrer, der uns belauerte wegen des Trinkgeldes, merkte nichts.

Trudi war die einzige, die sich mit Herzlichkeit von mir verabschiedete, was die Mutter zu einem giftigen Blick veranlaßte. Ich wollte mich schon zum Heimgang wenden, da rief das Mädchen: »Himmel, mein Badezeug!« – »Sie hatten doch keins!« – »Wohl, ich habe es immer bei mir, aber ich wollte nicht, da hab ich's im Wagen versteckt.« – »Dann tun Sie gut, es jetzt noch besser zu verstecken, sonst schlägt Mutti Dich tot!«

Vigoleis war entlassen. Er ging nach Hause, dunkelte das Schlafzimmer ab und warf sich auf die Pilarière, verbrannt, zerschunden an Leib und Seele, gerädert, von Ekel erfüllt über den Mensch der Herde. Heine, Nietzsche, Schopenhauer, jeder hatte seine bittere und beißende Wahrheit über die Deutschen gesagt. Wie hätten sie wohl vom Leder gezogen, wenn sie einmal einen ganzen Tag Deutschenführer auf Mallorca hätten spielen müssen? Spielen? Und doch, mein erstes Führererlebnis war nichts, verglichen mit den Führungen jener Horden, die auf Kraft-durch-Freude-Schiffen kamen und die Insel heimsuchten.

*

Beatrice kam müde und abgehetzt nach Hause, aber nicht verstimmt, von Verzweiflung keine Spur. Gewiß, diese Deutschen, das sei durch die Bank Gesindel, das sich im Auslande nicht zu benehmen wisse, als Masse ungenießbar, und die Auftritte in Puerto de Sóller! So würde sich kein anderes Volk der Erde aufführen.

»Auch Schweizer nicht? Oder rennen die nur, wenn der Franken fällt?«

Wir schimpften noch eine Weile über unsere sogenannten Vaterländer, das riß mich aus meinem Gefühl der Erniedrigung. Dann fragte ich unvermittelt: »Trinkgelder?« Stolz glättete ich vor ihr den 25er-Schein. Beatrice kramte in ihrem Täschchen und holte 2 Realen heraus, das sind 50 Centimos. Eine Dame habe ihr das in die Hand gedrückt, die anderen hätten sich nicht getraut Trinkgeld anzubieten.

»Eine Deutsche natürlich!«

»Leider nicht, Schweizerin, aber aus Basel«, fügte sie mildernd hinzu.

»ck-dt oder Vogel-f?«

»So ähnlich, und steif vor Geld.«

»Aber du sagtest mir doch in Valldemosa, du hättest so reizende Leute!«

»Die reizenden Leute sind weder Deutsche noch Schweizer, das ist immer, was man selbst nicht ist, Österreicher zum Beispiel. Wußtest du das noch nicht?«

*

Im Laufe der Jahre haben wir regelmäßig solche Führungen gemacht, auch für andere Reisebüros, und gut damit verdient. Den Ekel habe ich nie überwunden. Bei der dritten war ich schon soweit, daß ich mich erbrechen mußte, ehe ich auf den Strich ging. Das ist so geblieben bis zur letzten Führung. Im Grunde war solch vorbeugende Reinigung besser; sie harmonierte auch mehr mit meiner Feigheit, denn jeder andere, der so reagiert, hätte den Leuten ins Gesicht gespien oder wäre zu Hause geblieben.

Nach und nach wußte ich überall Bescheid, ich kannte nicht nur alle Gemälde, sondern wußte, welche echt und welche gefälscht waren, wie ein richtiger Kunsthistoriker; wußte, wer in welchem Sarge ruhte, ob er mit Gift oder mit dem Schwerte getötet worden war oder an Altersschwäche gestorben; warum eine Kirche hier und nicht dort stand, alles genau nach anerkannter Überlieferung und Wissenschaft. Dennoch habe ich ins Blaue hinein weiter fabuliert, und mein Ruf als Führer war groß. Als ich einmal aus Wut über die bornierte Masse die Wahrheit verzapfte, stieß ich auf Murren. Die Masse hat einen untrüglichen Instinkt für das, was historisch billig ist. Wie auf der »Pressa« wurde ich in besonders wichtigen Fällen zugezogen. Ich habe abgedankte Könige, Erzbischöfe, Generaldirektoren, Generäle, große Huren, Millionäre und weltberühmte Künstler geführt und angeführt. Reich bin ich nicht dabei geworden; ich besitze nicht einmal ein einziges Autogramm. Niemand hat es fürder gewagt, mir Trinkgeld anzubieten, was mich sehr bekümmerte. Führer, die sich an die tumbe Wahrheit hielten, ernteten reich – eine psychologische Ungerechtigkeit sondergleichen. Die 100 Peseten, die mir ein Generaldirektor einmal gab, waren nicht als Trink-, sondern Schweigegeld gedacht. Es war in eigener Person der Leiter der Linie, für die ich zusammenlog, was nie in den Baedeker zu stehen kommt. Er reiste mit einer eigenen Frau, einer eigenen Tochter und wunderlicherweise auf einem eigenen Schiff. Ich wurde ihm als eigener Führer zugeteilt: so hoch stand dieser Herr. Er machte dieselbe Rundfahrt, aber der Reiseleiter schärfte mir ein: dafür Sorge zu tragen, daß Herr Generaldirektor nicht mit dem Volk in Berührung komme. Er liebe das nicht, wolle ungestört sein, aber erklären müsse ich alles wie sonst. Der Generaldirektor nahm mich dann auch auf die Seite und bat bestimmt, aber freundlich: Touristengewimmel vom Halse halten; mit Erklärungen verschonen, es würde mein Schaden nicht sein. Geschäftsmann, nannte er gleich die Summe; er ließe mir abends an der Mole von seinem Sekretär 100 Peseten für meine Bemühungen extra auszahlen, das heißt, er könne es auch gleich liquidieren. Das geschah. Frau und

Tochter ergaben sich, nur hie und da stellten sie schüchtern eine Frage, die ich im Tone der Verschwörung und der gebotenen Kürze halber wahrheitsgemäß beantwortete. Der eleganteste Wagen, der damals auf der Insel lief, war gechartert worden für die Fahrt, die der inneren Einkehr des Generaldirektors zu dienen hatte. Irgendwo am Meer wurde das Picknick eingenommen; ich ließ es mir munden, die Damen langten weniger tapfer zu, und der Generaldirektor rührte keinen Bissen an. Er saß abseits auf einem Felsen und sann übers Blau hinaus. Er hatte vermutlich Liebeskummer, oder die Linie ging schief. In Sóller kam es dann doch zu einer Berührung mit dem großen Schub; es hatte aber keine ernstlichen Folgen. Der Fahrer gab Vollgas und wir staubten uns wieder ein. Pünktlich zur abgemachten Zeit fuhren wir an der Mole vor, wo die Pinasse wartete. Der Sekretär des Generaldirektors erschien mit düsterem Gesicht und erstattete eine Meldung. Da stimmte vieles nicht. Auf mich zeigend, sagte der Direktor, dieser Führer habe noch Anspruch auf 100 Peseten. Den ganzen Tag über hatte ich mich brav gehalten, nun, in letzter Minute, versagte ich, indem ich darauf aufmerksam machte, die Kleinigkeit sei schon vom Herrn Generaldirektor geregelt worden, er habe es nur vergessen. Ich Idiot, hätte ich auch da geschwiegen, denn dafür war ich doch zu guter Letzt engagiert worden! Reden ist Silber, Schweigen Gold.

Auf dem Nachhauseweg schwor sich Vigoleis, in Zukunft den Mund zu halten, dann würde er bald selbst Generaldirektor sein. Es blieb bei dem guten Vorsatz, und bis zur Stunde ist er nichts geworden, weil er immer wieder zur Unzeit schwätzt.

III

Pedro kam in Zivil, die Zeit der Karnevals-Schmach war vorbei.

Mit Sobrasada, Wein und Brot feierten wir das Fest der wunderbaren Auskleidung und stießen an auf die Freiheit. Die Speise glich den Eiern des Generals, hatte aber keine solche Funktion zu erfüllen. Pedro nahm seinen Block und begann wieder zu zeichnen: Vigoleis als Fremdenführer. Ein zweites Blatt: Vigoleis als Pfaffe mit Staubsoutane und Schaufelbarett. Ein drittes: Vigoleis als Rekrut der spanischen Armee, meuternd. Das vierte stellte ihn dar als Ritter mit der Hand auf der Brust, Halskrause und Degen, frei nach Greco. Der Bursche hatte Talent, aber Vigoleis als Vigoleis zu gestalten, ist ihm nie gelungen, trotz der Hunderte von Skizzen und Entwürfen zum großen Porträt. Später, als er bei dem aus Deutschland geflohenen Maler Segal in die Schule ging und ich Modell sitzen mußte, spielte mählich ein Schatten von meinem zweiten Gesicht in das erste hinein; doch ehe das Werk vollendet werden konnte, packte Segal seine Utensilien zusammen und verließ die Insel, und ich folgte ihm bald flüchtend nach.

Aber nicht nur Pedro Sureda war der Menschheit wiedergegeben. Auch wir hatten eine menschenwürdige Daseinsstufe erreicht, dank sei vor allem der Zähigkeit von Beatrice, die viele Sprachen in die verstocktesten Gehirne hämmerte. Sie hatte sich in Palma einen Namen gemacht. Unser Haus wurde überlaufen. Auf ihrem Gebiete war sie schließlich so gesucht, wie ich auf dem meinigen als Cicerone. Wohlstand meldete sich. In der Küche stand bereits ein Topf auf dem Schaft, wir hatten jeder ein eigenes Kopfkissen und brauchten abends nicht mehr unsere Kleider zusammenzurollen; auch Bettwäsche war vorhanden, sogar eine wollene Decke, ein bäuerliches Prunkstück aus zweiter Hand, das uns an Entflöhen und Entpilarisieren mehr kostete als eine neue. Da aber das meiste Geld wie gewonnen, so zerronnen war, nämlich am queckigen Laster unseres Lebens, Büchern, lag immer noch keine Matte vor der Tür; vor dem Bett: mein alter schwarzer Lodenmantel, gespenstisch anzusehen wie die Trophäe aus den Jagdgründen einer Geisterwelt. Ein Rivadeneira-Klassiker reihte sich an den anderen. Viel Geld steckten wir auch in Kleider. Weit mehr als wo auch machen in südlichen Ländern Kleider die Leute.

Ich begann spanische Literatur zu übersetzen, erst für mich, um mich in die Texte einzuarbeiten, dann, um iberisches Geistesgut in Deutschland bekannt zu machen, bescheidener gesagt: bekannter. Ich übersetzte aus dem Padre Feijó; aus Baltasar Graciáns ›Criticón‹; Romane von Pio Baroja, ein paar Bücher von Mario und eines, ein Kleinod über die Kunst des Pfeifenrauchens, von Joaquín Verdaguer, den literarischen Brüdern und Verwandten des großen katalanischen Nationaldichters Jacinto Verdaguer. Und anderes, das mir entfallen ist. Pedro war unermüdlich, mir bei sprachlichen Schwierigkeiten zu helfen; Beatrice als wandelndes Wörterbuch ersetzte das fehlende. Ein reger postalischer Verkehr mit Verlegern setzte ein; die Kasse lichtete sich um so bedenklicher, je mehr die deutschen

Verleger bedauerten, im Augenblick spanischen Themen nicht nähertreten zu können.

Lag es an der Qualität meiner Übersetzungen? Später hat Karl Vossler meinem Einfühlungsvermögen in den iberischen Geist ein schönes Lob gespendet.

Der holländischen Literatur war ich treu geblieben. Zu Beginn eines früheren Kapitels habe ich den Namen Slauerhoff erwähnt, ter Braak hätte mich auf ihn aufmerksam gemacht, und kaum der Name hingeschrieben, sprang ich auf einen anderen über und landete beim eigenen Hundefraß. So geht es immer wieder im Leben des Vigoleis und darum notgedrungen auch in diesen Blättern. Jetzt aber kann ich berichten, daß inzwischen auch der einzigartige Roman Slauerhoffs über Camões, ›Das Verbotene Reich‹, in deutscher Fassung abgeschlossen vorlag. Ich hatte viel Zeit und Sorgfalt darauf verwandt, den berühmt chaotischen Stil des Dichters nachzubilden, und war stolz auf meine chaotische deutsche Nachdichtung. Der erste Verleger, der das Manuskript in die Hände bekam, ließ es fallen, um sie über dem Kopf zusammenzuschlagen. Zurück an den Absender. Andere Verleger sahen von einer Veröffentlichung ab, da nationale Kreise an dem Titel Anstoß nehmen könnten, das Dritte Reich sei in der Schmiede. Der große Karneval stand vor der Tür, weshalb auch Menno ter Braaks ›Karneval der Bürger‹ von einem Dutzend Verlagen mit politischen Begründungen zurückgewiesen wurde. Man war auf der Hut. Sogar Verdaguers Büchlein über die Pfeife, in diesen Tagen endlich, ob auch nicht in meiner Verdeutschung, erschienen, gab einem Verleger Anlaß zu einer welthistorischen Boutade. Daß man sich an einer Pfeife die Finger verbrennen kann, wußte ich selbst als Nichtraucher – aber politisch? Weil Hitler nicht rauchte!

Vrieslands ›Abschied von der Welt in drei Tagen‹ nahm auch kein Ende; immer wieder wurde er mir an die Inselgestade gespült. Schließlich taucht in dem Buch schon in der ersten Zeile ein Jude auf – und am Horizont dämmerte das verbotene Reich.

»Wenn du schon deine eigenen Sachen nur fürs Feuer schreibst, warum übersetzt du dann keine Schundromane? Wir haben da unseren Pedro Mata.«

Pedro meinte es gut, ich meinte es aber noch besser meinen zu müssen und übersetzte weiter für High-brows: Eugenio d'Ors, Angel Ganivet, Miguel de Unamuno – alles für die Katz. An eine ungekeuschte Fassung der Schriften meiner Teresa von Avila wagte ich mich allerdings noch nicht heran.

Was für Don Quijote noch Windmühlen waren, waren für Vigoleis schon Verleger geworden, eine uniberische Evolution.

*

Beatricens Umsatz an Lektüre ist so groß, daß auch ein reicher Mann nicht leicht imstande wäre, die Lesekrippe immer nachzufüllen. Sie hat einen literarischen Bandwurm, um den ich sie zuweilen beneide. Dieser war denn auch der Grund, daß wir uns nach einer Leihbibliothek umsehen mußten. Pedro empfahl die »Casa del Libro« auf dem Borne. Dort schrieb ich mich als Mitglied ein. Der Katalog umfaßte genügend Titel, das Abenteuer zu wagen. Die Gebühr war auch erschwinglich: monatlich zwei Manuskripte weniger verschicken. Der Verwalter der Bibliothek war ein kleiner, dicker Mann mit einem leichten Sprachfehler, der auf unnachahmliche Weise meckernd lachen konnte und dabei Speichelbläschen erzeugte, die blendend weiß in seinen schwärzlichen Mundwinkeln standen. Er hieß Mulet. Ich sah mich genötigt, ihm vom zweiten Tage unserer Bekanntschaft an meine größte Aufmerksamkeit zu widmen. Vormittags war Mulet glattrasiert, um fünf hatte er einen Stoppelbart. Um zehn bat ich ihn um ein bestimmtes Buch; ich könne es um fünf holen. Um fünf konnte er sich an nichts mehr erinnern. Vormittags quetscht er sich die Hand grün und blau, nachmittags ist die Brausche verschwunden. Ich sehe ihn in einem Café am Borne sitzen, winke hinüber, gehe weiter – und da steht er im Laden. Lange bin ich auf die zum Teil mit viel Geist ausgeheckten Späße der eineiigen Zwillingsbrüder Mulet hereingeflogen, zum Gaudium der Tertulia, die sich in der »Casa del Libro« um den Schriftsteller Verdaguer, den Pfeifen-Verdaguer, gebildet hatte.

Eine Tertulia ist ein Kreis von Menschen, der sich zwanglos schließt und wieder öffnet, eine Loge der leeren Geschwätzigkeit, ein Kränzchen, in dem einem gemeinsamen Laster des Spaniers ausgiebig gefrönt wird: der verbalen Nichtstuerei. In dieser höheren Zwecklosigkeit, diesem Totschlagen der an sich schon toten Stunden besteht sein besonderer Reiz, dem sich nicht entziehen kann, wer dem Nichts auch nur den kleinsten Geschmack abgewinnt. Mir, der mir das Nichts Selbstzweck ist, Stubenhocker und menschenscheu, mir griff die Tertulia so ans Herz, daß ich ihr verfiel. Es gibt in Spanien auch Tertulias, die von 24 Stunden zu 24 Stunden mit voller Besetzung drehen. Dazu muß man aber einen großen Beutel, einen großen Mund und die Bereitschaft haben, alle Stunden einem anderen Wichser seine Stiefel auf den Knecht zu stellen. Alle Tertulias haben ihren eigenen Stiefelputzer, der meist auch der Mittelpunkt des Kreises ist. Seine Meinung in allen Tages- und Nachtfragen ist ebenso geschätzt wie die des anerkannten Autors. Berühmte spanische Staatsmänner haben vor jedem Staatsstreich erst ihre Tertulia und in der Tertulia den »Limpiabotas« befragt, ehe sie losschlugen. Der Mann aus dem Volk ist in Spanien nicht zu verwechseln mit dem bekannten »Mann auf der Straße« anderer Länder. Mein Haarschneider José war ein Philosoph, der ein ebenso reines Spanisch sprach wie Unamuno oder Pedro Sureda. Er hat seine Erkenntnisse nur nicht schriftlich niedergelegt, weil das, wie er mir sagte, was auf dem Kopfe wächst, für ihn eben mehr einbrächte als das, was drin ist.

In Mulets Tertulia traf ich regelmäßig einen jungen Mann, der mir auffiel durch die Umständlichkeit, mit der er sich seine Pfeife stopfte. Zum »eigentlichen« Rauchen kam er immer erst, wenn er wieder gehen mußte. Reinigen, Ausblasen, Nachklopfen, den Tabak in dem aus dem Skrotum eines Kampfstiers gefertigten Beutel vorquetschen, Einfingern, Vorstopfen, Nachfüllen, Nachstopfen: alles vollzog er wie eine heilige Handlung, mit großen Zwischenpausen, die dem Gespräch gewidmet waren, an dem er sich mit feinem Sarkasmus und gefürchtetem Spott beteiligte. Es war Don Joaquín Verdaguer, der einzige Autor, den ich kenne, der den in seinen Büchern aufgezeigten Weg auch selber geht. Er hatte den schon genannten Traktat über ›El Arte de Fumar en Pipa‹ geschrieben und lebte nun ganz im Geiste dieser archetypischen Kunst, ließ sich mit Seelenruhe Löcher in die Hose brennen und verlor, einmal die Pfeife im Mund, auch die Fassung nicht vor der dümmsten Klasse, die er unterrichten mußte in Deutsch, Englisch, Französisch und Sozialökonomie, und nicht vor dem superklügsten Text der Autoren, die er übersetzte: Nietzsche, Zweig, Dickens, Papini, Mann, Kipling, Istrati und andere Rauchverzehrer. Daß ich nicht rauchte, nahm er mit einer »broma«, einem Scherzwort hin. Daß ich schrieb, war selbstverständlich, aber daß ich übersetzen konnte, ohne dabei die Peife zu rauchen, und, als Deutscher, natürlich die lange, das gab ihm Probleme auf, die er nicht einmal mit seiner eigenen Pfeife hat lösen können. – »Wie machen Sie das, ohne verrückt zu werden?« – Daß man sich schon im genannten Zustande an eine solche Aufgabe heranmachen kann, auf den Gedanken war er als echter Spanier nicht gekommen. Den Rest besorge mein doppelt genähtes Sitzleder.

Sein Bruder, Don Mario, arbeitete damals an der Übersetzung des ›Zauberberges‹. Thomas Mann hatte ihm in einem wunderbaren Brief mitgeteilt, daß er nicht gewillt sei, seinen Übersetzern halsbrecherische Stellen zu deuten. So besorgte ich das, wogegen Don Joaquín mir half, wenn meine Karre festgefahren war und selbst Pedro sich nicht mehr getraute, Vorspann zu sein. Mit Freude und Wehmut denke ich an die Jahre zurück, wo sich die Geschicke der Weltliteratur in einer kleinen Leihbibliothek entschieden, unter der meckernden Ermunterung des bartzauberischen Mannes Mulet. Als einziger Vertreter des nordischen Literaturgutes hatte ich einen schweren Stand gegen die eingefleischten Tertulianer, unter denen sich noch die beiden Brüder Villalonga hervortaten, Don Miguel, Hauptmann a. D., und Don Lorenzo, Arzt und Psychiater. Beides namhafte Schriftsteller, vor allem Don Miguel, der als der »Proust mallorquín« in die Geschichte der spanischen Literatur eingehen wird. Dieser war die zwar nicht wandelnde, aber doch sitzende Melancholie selbst, ein Spötter, der sich mit Lichtenberg hätte messen können. Graf Hermann Keyserling wird ein paar Kapitel später vor ihm Reißaus nehmen. Auch Verdaguer ging manchmal die Pfeife aus, wenn Don Miguel seiner schlechten Weltlaune Luft machte, im Hinterstübchen, wo die Auslese der Tertulia tagte, zu der ich erst nach Jahresfrist zugelassen wurde. Da beherrschte ich die Sprache genügend, um auch für meinen Weltschmerz eine Lanze zu brechen. Übrigens habe ich auch für Miguel Villalongas reizende Skandalgeschichte ›Miss Giacomini‹ geweibelt, aber vergeblich. Ferner liefen: ein Botaniker und Astrologe, Don Felipe, und ein reicher Weinhändler, Busquets, der in seiner Bodega, der typische spanische Autodidakt, ein großes arabisch-spanisches Wörterbuch zusammenstellte, das ihm in Fachkreisen einen Namen gemacht hat. Wenn er ein Wort nicht wußte, segelte er nach Marokko, holte sich in den Zelten seiner ihm befreundeten Scheichs die Auskunft und kam jeweils mit einem Sack voll der wunderbarsten Geschichten zurück. Ich muß es mir verkneifen, sie hier einzuflechten. Der »Arabische« wurde für mich bedeutungsvoll, weil in seiner Bibliothek auch die Gedichte von Pascoaes standen.

Der Inhaber dieses literarischen Überbrettls zeigte sich selten. Seine Interessen galten der hohen Politik mehr als den schönen Wissenschaften, obwohl die politischen Läufte auch in unserem Kreise ausgiebig zur Sprache kamen. Eine richtige Tertulia schreckt ja vor keinem Thema zurück, und je fleißiger man das leere Stroh drischt, je überzeugter ist man, die Geschicke der Welt in der Hand zu haben. Als wider jede Erwartung einer höheren Vernunft das Dritte Reich aus der Blut- und Feuertaufe gehoben worden war, stieg ich auf zum Sachverständigen für innerdeutsche Angelegenheiten, ich wurde eine Autorität schlechthin. Einzig wenn ich mich aufs Prophezeien verlegte, büßte ich an Ansehen ein; dies im Gegensatz zu den echten Propheten, wie deren der einer war, der Anlaß zu solchen Abstürzen gab. So mußte ich denn die bittere Erfahrung machen, daß ich auch draußen nichts galt. Mein Seherauge entschleierte auch zu gräßliche Dinge: neue Marneschlachten, ein neues Compiègne, die Flucht des Führers, Deutschland ein Trümmerhaufen – es sei denn, daß es Freiherrn von Martersteig gelänge, zeitig mit seinem Affenheer auf den Plan zu treten. Diesen kleinen Vorbehalt erlaubte ich mir. Die Propheten des Alten Bundes hatten ja auch alle ihre Hintertüren. Hauptmann Villalonga, der mehrere Jahre in Afrika gestanden hatte und Affen aus eigener Anschauung kannte, wo sein deutscher Kamerad auf den Großen Brehm angewiesen war, legte es ungefähr so dar: ich solle mir die Affenrekrutierung meines Freundes getrost aus dem Kopfe schlagen. Deutschland habe Goethe, Bach, Nietzsche und so weiter hervorgebracht, da ginge es an einem Gefreiten nicht zu Grunde. Don Lorenzo, der Seelenforscher, ergänzte das dahin, daß es bekanntlich im Kopfe anfange, wenn ein Mensch verrückt werde, und bei einem Volke sei das nicht anders. Was da in meiner Patria von unten heraufdränge, würde das Gehirn nicht antasten, es sei Schlick und bleibe in sich selber stecken. Belesen wie die Brüder waren, regnete es Zitate, doch Vigoleis ließ sich nicht irre machen. Seit wann verstehen Soldaten und Psychologen etwas von der menschlichen Seele? Beide bewegen sie sich in Laufgräben, die immer wieder verschüttet werden, so daß sie aus dem Buddeln nicht herauskommen.

*

Da lustwandelte ich eines Tages mit Pedro auf dem Borne. Es war um die Stunde, wo der Mallorquiner seine Promenade schiebt oder sich einen eisernen Stuhl des Verkehrsvereins mietet und die Vorüberziehenden Spießruten laufen läßt. Geld für einen Sitzplatz hatten wir nicht, so bummelten wir mit im Geschiebe. Plötzlich entstand eine Unruhe, die Promenade stockte, aller Augen wandten sich nach oben. Ein Raubvogel aus der Familie der Falken kam aus dem blauen Himmel herabgestoßen, das Opfer sollte eine zahme Taube sein. Die Taube machte ein paar Luftschlangen und ließ sich dann wie tot unter die Menschen fallen. Der Raubvogel fing sich hart über unseren Köpfen noch auf und schoß in die Lüfte davon. Mit ausgebreiteten Flügeln lag die Taube mitten auf dem Borne. Der Luftkampf hatte sich so schnell abgespielt, daß die Spanier keine Gelegenheit hatten, ihn mit »olé« anzufeuern. Nun blickte alles auf den vor Schrecken noch gelähmten Vogel. Da entstand eine neue Bewegung in der Allee. Ein schon älterer Herr in weißem Leinenanzug, einen Stoß Bücher unter dem Arm, rannte, so schnell ihn seine langen Beine tragen konnten, mitten über den Borne, die Reihen öffneten sich und ließen ihn hindurch. Um ein Haar hätte er die Taube zertreten. Leute lachten, andere schimpften, ein Knabe ergriff die Taube und brachte sie vor weiteren Mordanschlägen in Sicherheit.

»Mensch, Pedro, schau dir bloß diesen weißen Sprinter an, wer mag wohl hinter dem her sein?«

»Niemand. Es ist Papá. Er rennt jetzt in den ›Circulo , um französische Zeitungen zu lesen. Die englischen hat er in einem anderen Klub verschlungen, dann kommen die deutschen an die Reihe. Es wird Zeit, daß du Papá kennenlernst. Du könntest dich novellistisch mit ihm beschäftigen, ausdenken kann sich doch niemand eine solche Gestalt.«

Es war Don Juan Sureda Bimet aus dem Hause Verdugo, der übergeschnappte Aristokrat, in seiner Jugend einer der reichsten Grundbesitzer der Insel. Er ist für meine spätere geistige Entwicklung so wichtig geworden, daß er schon ein eigenes Kapitel in diesen Erinnerungen verdient, ob ich es mir auch nicht zur Aufgabe mache, den verschrobenen Hidalgo über seine eigene Anekdote hinaus zu gestalten, noch will ich es in Klatschsucht aufnehmen mit Diogenes Laërtios, dem Ahnherrn des historischen Bisbigliamentos.

IV

War es Zufall, daß ich Don Juan Sureda kennenlernte in jenen Tagen, wo sich die Geister des Abendlandes anschickten, Goethes 100. Todestag zu feiern?

Buchhändler Emmerich hielt eine Flasche Schabau bereit, um mit der Kundschaft anzustoßen auf den größten Bucherfolg der deutschen Literatur seit Bestehen der Goldenen Klassiker-Bibliothek, deren Interessen er auf den Balearen vertrat. In Mulets Tertulia hatte man mich auserkoren, ein paar tiefe Worte zu sprechen, und mein Thema lautete: Goethe und der Auslandsdeutsche. Mulet war begeistert und bat mich, die Improvisationen schriftlich niederzulegen und vor einem geladenen Kreise als richtiggehende »Conferencia« vorzutragen. Daraus wurde nichts, weil Mulet dessen Zwillingsbruder gewesen war, und der andere, dem ich ein paar Tage später den Essay, von Pedro korrigiert und sauber getippt, überreichte, von nichts wissen wollte oder konnte, da er vielleicht doch nicht der eine war. Den Höhepunkt erreichten die Goethefeiern aber am Abend des 22. März, dem unvergeßlichen Datum, wo wir bei Pedros Eltern zu einer Stehvisite geladen waren.

Beatrice ging in der Etage ein und aus und kannte die Bräuche, die dort in acht genommen werden mußten, um nicht aus der Rolle zu fallen. So wußte sie zum Beispiel, daß im kleinen Empfangszimmer nur ein einziger Stuhl stand, auf dem nie eine berühmte Persönlichkeit gesessen war, weil er seit Menschengedenken nur drei Beine hatte. Darum stand er in der Stadtwohnung gegen die Wand gelehnt und nicht unter seinen hundert Artgenossen im Suredaschen Arsenal zu Valldemosa. Pedros Mutter, die Fürstin, Doña Pilar geheißen, wußte natürlich, wie man empfängt. Aber sie war nicht nur Dame der höchsten Aristokratie, sie war auch Künstlerin, und als solche lebte sie in einem anderen Standesbewußtsein und vergaß zuweilen, was sich schickt. Es war zum Beispiel ihre Aufgabe, dem Besuch mit einem Lächeln zu bedeuten, sich ganz vorsichtig zu setzen und zugleich bestrebt zu sein, den Schwerpunkt des natürlich herzlich willkommenen Körpers so weit wie möglich nach hinten zu legen, da der geladene Körper sonst nach vorne fallen könne, denn dem Stuhl fehle seltsamerweise ein Bein und niemand wisse, wo es hingekommen sei. Der Besuch sagte dann meistens: O, das mache nichts, es gehe schon, danke – und dann ging es natürlich nicht. Es erfordert einige Übung, sich standesgemäß auf einen dreibeinigen Stuhl zu setzen. Doch war die Familie an solche Ungeschicktheiten gewohnt und stand immer schon mit vorgehaltenen Händen da, um die Stürzenden aufzufangen oder allein schon durch die drohende Geste den lieben Gast an die Wand zu drücken, der dann selten fiel. Beatrice hatte sich gut gesetzt, aber beim Aufstehen sei es brenzlich geworden; doch ihre jahrelange Mensendieckerei hatte sich in dem kritischen Augenblick bezahlt gemacht: ein Ruck nach vorne, und man steht.

Die zweite Anstandsregel im Umgang mit den Suredas hatte ihr Pedro schon beigebracht: auf die Frage, möchte man eine Tasse Tee, dankend abzuwehren. Es seien keine heilen Tassen im Haus, denn aus diesen hätten berühmte Leute getrunken, und nun lägen sie in muffigem Stroh schockweise im Arsenal zu Valldemosa. Papá könne sich immer noch nicht entschließen, sie zu profanem Hausgebrauch freizugeben, und seit sie am Bettelstabe aus dem Palast in Valldemosa ausgezogen seien, kämen sowieso keine berühmten Leute mehr zu ihnen in die Etage.

Don Juan und Doña Pilar heißen den Mann der Sprachlehrerin ihres Sohnes willkommen, und dieser läßt ein forschendes Auge über das Elternpaar gleiten. Er steht. Beatrice sitzt auf dem Stuhl, dessen Rückenlehne Vigoleis fest gegen die Wand drückt, wobei er recht freundlich lächelt, wie beim Photographen. In Wirklichkeit ist es mir gar nicht leicht zumute. Ich kenne Beatrice, sie hat keinen technischen Sinn und wird in der Hitze der französisch geführten Unterhaltung mit der Fürstin vergessen, daß es statische Gesetze gibt, die in acht genommen werden wollen. Und dann kommt auch schon der Augenblick, wo Beatrice bedenklich auf unsere Gastgeber zuschießt. Ich setze geistesgegenwärtig einen Fuß auf die Sprosse. Sie kracht, aber das Gleichgewicht bleibt erhalten. Niemand nimmt Anstoß an dem kleinen Unglück, eine Bagatelle für Aristokraten, denen ein ganzer Palast über dem Kopf zusammengestürzt ist. Wer wie ich aus der Bürgerwelt kommt, achtet noch auf jede Wuge.

Pedros Mutter ist eine kleine Dame, die sich sehr salopp kleidet. Als Bildnismalerin geschätzt, hatte ihr der König schon gesessen, wo Könige sonst nur nach Postkarten porträtiert werden. Verwirrend war auch, daß sie Pilar hieß. Dieser Name war mir als Sinnbild der strich- und standmäßigen Fleischeslust ein Begriff geworden, in den ich diese Frau nicht unterbringen konnte, die auch im vollgekleckststen Malerkittel, in dem sie empfing, ihre erlauchte Abkunft nicht verleugnete. Aber auf einer Säule wie die Strunze von der Straße der Einsamkeit stand sie nicht.

Hinter ihr stand Don Juan.

Er hatte eine Trompete in der Hand, und ich dachte schon, auf alles Absonderliche gefaßt, er würde uns einen Marsch blasen oder ein romantisches Lied aus des Knaben Wunderhorn, und wie dann das Lachen verbeißen? Den Nagel des Mittelfingers unter den Daumennagel gekniffen hilft meistens, wenn ich mich nicht benehmen kann, aber hier? Zur Vorsorge spannte ich meinen Körper an, wo man ihn gerade entspannen soll, und forderte den Aristokraten auf, ins Horn zu stoßen: »O, blasen Sie? Ach bitte, dann blasen Sie uns eins!« Da setzte der Grande die Tute ans Ohr und den Trichter mir an den Mund: »Bitte?« Er war taub, kein Musikant.

Die Unterhaltung wurde nun laut. Don Juan schwenkte seine Trompete wie ein Elefant seinen Rüssel, einmal hielt er sie an diesen, dann an jenen Mund, um das Seine aufzufangen vom Gespräch. Seine Bemerkungen verrieten aber, daß er nicht schnell genug folgen konnte. Pedro machte ihn dann darauf aufmerksam, daß ich der betreffende katholische Deutsche sei. Das verstand Papá aber nicht, so daß Pedro brüllte: »El alemán católico!« Das Horn leitete das Stichwort weiter und der alte Herr nickte befriedigt und erklärte seiner Frau, nun sei die erste Phase des Besuches abgeschlossen und man möge zu ihm in sein Arbeitszimmer kommen. Das war ein kleiner Raum, mit Büchern vollgestapelt, meist alte Folianten. Dort standen bei Gott auch Stühle und ein Kanapee. Wir nahmen Platz, hier drohte kein Beinbruch.

Pedro tutete in den Trichter: dieser katholische Deutsche wisse alles, er brauche nur zu fragen. Darauf faßte er Beatrice beim Arm und zog sie aus dem Zimmer. Es wäre besser, Papá habe seinen Deutschen allein.

Don Juan packte einen Haufen Bücher um, bekam so einen Hocker frei und setzte sich vor mich in Aufnahmestellung. Da ich eine gebrechliche Lunge habe, haben oft Ärzte in einer ähnlichen Haltung vor mir gesessen und das Rohr gezückt: bitte tief atmen! Don Juan näherte das Mammut-Stethoskop meiner Brust, aber das Räuspern und Spucken besorgte er vorerst selbst. Darauf sagte er: »Goethe ist tot.«

Der Trichter befand sich jetzt an meinen Lippen. Don Juan hatte die Augen geschlossen, den Kopf hielt er leicht zur Seite und aufwärts gebogen, so daß ich einen Teil seines Gesichtes wie in einem Hohlspiegel vor mir hatte. Es war gelb und runzelig. Aus einem Nasenloch sproß ein Büschel Haare, das sich im Rhythmus seiner Atemzüge auf und ab bewegte. Wenn der mal tot ist, braucht man ihm nicht erst ein Federchen unter die Nase zu halten, um zu sehen, ob er noch lebt. Aus dem Ohr um die knöcherne Tülle des Apparates herum kamen auch lange, hartgedrehte Haare. Da ich schwieg, dachte der Taube, die Trompete sei vielleicht verstopft. Er klopfte etlichemale an den Rand, schob das Ohrstück fester in den Pelz und wiederholte die hundertjährige Tatsache, Goethe sei tot.

»As dead as a door-nail«, hatte ich die Schlagfertigkeit, mit einem fast hundertjährigen Kernspruch zu antworten. Der Hidalgo nickte. Ich hatte den Nagel auf den Kopf getroffen. Nach einer Besinnungspause kam die erste Frage, die mich in nicht geringe Verwirrung versetzte: »Welchen Einfluß hat die Tatsache, daß Goethe schon hundert Jahre tot ist, auf die Interpretation seines Altersstils?«

Ich schwieg. Don Juan fuhr fort: »Als Deutscher werden Sie sich mit der Frage beschäftigt haben. Ich bin ganz Ohr.«

Das Deutsch, das er sich auf dem Klosett angelernt und in den Klubs beigelesen hatte, war nicht übel: Ganz Ohr sein – im Munde eines Spaniers eine schöne Leistung. Wenn nun aber ein Tauber ganz Ohr ist, meint er natürlich die Trompete. Don Juan stieß sie mir ermunternd ein paarmal an die Brust, hielt sie dann wieder an meinen Mund und schloß die Augen: »Bitte!«

Um dieselbe Stunde, wo ich vor dem Wortmittler des Aristokraten saß, der mich unerbittlicher auf die Kapelle nahm als ein Professor seinen Prüfling, standen überall in der Welt die Goethefestredner neben der Wasserkaraffe und ließen ihre berühmten Reden los, die Bertram, Heusler, Ortega y Gasset, Gundolf (falls er diese Stunde noch erlebt hat), Gide, Schweitzer. Gewiß, die Goetheforschung befand sich hundert Jahre nach des Olympiers Tode noch im Wertherstadium, und keiner der Gelehrten wäre imstande gewesen, dem Großen Sureda etwas Darüberhinausweisendes in die Posaune zu sprechen. Was Wunder, daß jemand wie ich auch auf das Faseln angewiesen war. Ich besorgte es eine halbe Stunde lang. Don Juan rüttelte mehrmalen ans Blech, wiederholt schob er das Ohrstück tastend in den Haarpfropf, um ja kein Wort von meinem Gedenkgebraus zu verlieren. Er nickte befriedigt, ich schien ihm also aus dem Herzen zu improvisieren. Taube sind mißtrauisch, wenn sie sich aber einmal vom guten Funktionieren ihres Lautverstärkers überzeugt haben, werden sie sanft wie Blinde. Ich bestand mein Antrittsexamen glänzend. Wie aber wäre Don Juan vor Bewunderung erstarrt, wenn ich damals schon den größten Beitrag unseres Jahrhunderts zur Goetheforschung geleistet hätte, ich meine meine Entdeckung von Goethes Gesprächen mit Frau Eckermann, womit ich die Fachwelt zum 200. Geburtstage überraschen konnte. Als ich das Vorgetragene, am Ende meines Weistums, in einer Schlußfanfare zusammenfaßte, war meine Stimme heiser. Don Juan dankte, indem er den Trichter sinken ließ. Ich schielte nach der Tür, um auszukneifen, aber der Grande hielt mich am Arm, zog einen Musenalmanach aus der Tasche und bat mich, ihm zum Abschluß der Säkularfeier noch ein paar Gedichte zu blasen. Er hatte angekreuzt, was er hören wollte, und kriegte es auch zu hören . . . »durch das Labyrinth der Brust – wandelt in der Nacht.« O unvergängliche Stunde! Als sie nun wirklich verklungen war, schlug Don Juan die Augen zu mir auf und sagte bewegt: »Goethe lebt. Sie haben ihn zum Leben erweckt! Ein großer Geist!«

Wer? Goethe oder Vigoleis? Im Buche Josua wird berichtet, wie die sieben Priester in sieben Posaunen aus Widderhörnern stießen, daß die Mauern von Jericho in Trümmer sanken. Das ist erstaunlich, doch nicht weniger wunderbar mag ich es nennen, daß mein Stoß ins Horn eines Schwerhörigen Goethe zum Leben erweckte, und das am Tage, wo er feierlichst von der Wissenschaft gemeuchelt wurde.

Don Juan war ein belesener Grande, und Reisen hatten seinen Geist gebildet. Ob Ernst Haeckel auf einem seiner Stühle gesessen, in einem seiner Betten geschlafen, aus einem seiner Teller gespeist hat, weiß ich nicht, aber ein Exemplar der »Lebenswunder« mit einer Widmung des Verfassers, in großen Zügen über die ganze Seite hingemalt, stand in des Hidalgos Bibliothek. Wichtiger freilich als die Bücherei war Don Juans Sammlung von Billetten aller Eisenbahnen, Trambahnen, Ponten, Schiffe, Theater, Museen und so weiter, die er von einem bestimmten Augenblick seines Lebens an gesammelt hatte. Sie füllten Dutzende Kisten und verdrängten allmählich den lebensnotwendigen Hausrat. Darüber sei ein Wort am Platze:

In den neunziger Jahren des vergangenen Jahrhunderts befand sich Don Juan auf einer Reise in Deutschland. Eine Kriminalaffäre machte viel von sich reden. Ein Mann, des Mordes angeklagt, wurde für schuldig befunden und zum Tode verurteilt. Er beteuerte seine Unschuld, beweisen konnte er sie indessen nicht. Er behauptete, am Tage des Verbrechens nicht einmal in der Stadt der Tat gewesen zu sein, sondern in dem entfernt liegenden X. Kurz vor der Hinrichtung entdeckte sein Verteidiger bei einer nochmaligen Haussuchung einen abgelegten Anzug des Angeklagten. In einer Tasche fand sich ein Pferdebahnbillett. Es gelang festzustellen, daß es an dem fraglichen Tage in X-Stadt gelöst worden war. Der Mann wurde freigesprochen.

Don Juan, der den Fall mit wachsendem Schauder verfolgt hatte, sah sich nun selbst als das Opfer eines Justizmordes. Auch bewegte die Affäre Dreyfuß damals die Gemüter. Da hieß es auf der Hut sein; jederzeit mußte man sein Alibi nachweisen können. Von dieser Reise kehrte Don Juan schon mit einem Koffer voll Material zurück, das ihn vor dem Galgen bewahren sollte. Seinen Angehörigen schärfte er ein, keinen Schritt mehr zu tun, den sie nicht nach Jahren noch belegen könnten.

Seine Sammelwut erstreckte sich auch auf Zeitungen, und darin übertraf er sicherlich noch meinen verehrten Zeitungskundler Karl d'Ester, vor dem nicht einmal das bedruckte Butterbrotpapier seiner Studenten sicher war. Don Juan hatte nämlich einmal von einem Fall gelesen, wo ein Jahrgang einer Wochenschrift plötzlich sehr gesucht wurde und Tausende einbrachte. Seither bewahrte er alle Periodica und abonnierte sich dazu noch auf eine Reihe obskurer Blättchen.

Das Archiv war in Kisten, Koffern, Körben und Pappschachteln, in Schubladen, Schränken, unter den Betten, in Zimmerecken, wo immer Platz war, geborgen. Allmählich machte es den Suredas den Lebensraum auf der Etage streitig, denn Don Juan ließ mit der Zeit auch die Bestände, die im Ammenhaus in Valldemosa zurückgeblieben waren, nach Palma schaffen. Er wollte einen Generalkatalog anlegen und beriet sich lange mit mir über die beste Art der Klassifizierung. Ich schlug vor: Mikro-Zettelkasten, Taschenformat. In 2 bis 3 Jahren sei alles zu bewältigen, und dann könne ich nur wünschen, daß Don Juan wirklich des Mordes angeklagt würde: es sei die denkbar schönste Einweihung des Archivs.

*

Wie es die Fiumare gibt, Flüsse, die nur während der Regenzeit Wasser führen und dann um so bedrohlicher anschwellen, hatte auch Don Juan Sureda seine regelmäßig wiederkehrenden Quell- und Schwellzeiten, die vieles niederrissen, dafür aber im Bett seines Geistes einen fruchtbaren Schlick hinterließen – womit ich am Anfang der Geschichte stehe, wie der Hidalgo der deutschen Sprache mächtig wurde, einer für diese Blätter ebenso grundwichtigen, wie sie gleich diesen indiskret ist; eine wahre Kabinettgeschichte, freilich inodorer Observanz, um es salonfähig auszudrücken. Einmal die Kabinettfrage gelöst, wird der

Leser begreifen, warum ich so die Ohren spitzte, als ich zum ersten Male den Namen des portugiesischen Mystikers Teixeira de Pascoaes hörte, dessen Gestalt aus meinem Leben nicht mehr wegzudenken ist.

Hämorrhoiden sind, abgesehen von ihrer Tücke, ein unpassendes Leiden; daran ändert die beschönigende Umschreibung »Goldene Ader« nichts. Don Juan litt an dieser Krankheit, und zwar in einem Maße, das ihn zwang, oft stundenlang auf dem unaussprechlichen Orte zu verharren. Der Mönch vom Kloster Heisterbach hätte unter solchem Drange der Ewigkeit nachgesonnen, aber Don Juan, Angehöriger eines autodidaktischen Volkes, sann auf Bildung und paukte sich in diesen Stunden der äußeren und inneren Aus- und Einkehr zwei Sprachen ein, Deutsch und Griechisch. Da das Leiden chronisch war, kam er ans Ziel. Nun weiß ein jeder, daß man keine fremde Sprache stumm erlernen kann, man muß alles laut aufsagen und sein Ohr an den neuen Klang gewöhnen. Don Juan hielt es auch so, und da er schwerhörig war, tat er es sehr laut, zumal er sich die Lektionen nicht in den eigenen Trichter tuten konnte.

Stellt man sich nun den Ort vor, wo der Selbstunterricht stattfand, und zum Beispiel eine Magd vom Lande, dann ist es begreiflich, daß diese Magd es nach ein paar Tagen schon mit der Angst zu tun bekommt: stundenlang sich einzuschließen und unverständliche Worte auszustoßen – da packt man sein Bündel und verläßt die neue Stelle, ehe es zu offenem Wahnsinnsausbruch kommt. Länger als eine Woche, sagte Pedro, habe es eine Criada nie ausgehalten, so daß Doña Pilar immer wieder von ihrer Staffelei abberufen wurde, um niedere Hausarbeit zu verrichten. Ihre Kunst litt darunter, doch litt Don Juan mehr, denn die Trauben reicherten sich mit den Jahren an. Die Fürstin fügte sich allem. Vom linguistischen Standpunkte aus waren die goldenen Knoten, die Don Juans zweites Gesicht entstellten, nur zu begrüßen. Allmählich dreht sich das ganze Hauswesen einzig noch um des Hausherrn philologische Ader.

Don Juan zählte bereits zu den Fortgeschrittenen, als wir ihn kennenlernten. Im Deutschen hatte er es selbst schon zu einer großen Fertigkeit gebracht. Das Leiden verschlimmerte sich, und die Familie ging gedrückt unter der Befürchtung, Papá würde nun auch noch mit Chinesisch beginnen. Die Ärzte waren ratlos wie bei einer Grippe: warten, bis es von selber abklingt.

Hatte Don Juan seine Linderungszeit auf der Sprachbrille abgesessen, dann verließ er die Klausur, die Lehrbücher unter den

Arm geklemmt, die heruntergelassene Hose in der einen Hand, mit der anderen die Unterwäsche von der empfindlichen Stelle fernhaltend, und schlurfte über den Flur in sein Schlafzimmer. Bäuchlings legte er sich quer über das Bett. Da das Zimmer klein war und er lange Beine hatte, mußte er die Türe offen lassen. Die Beine ragten dann wie eine Schranke in den Gang hinein. Die Familie hatte sich längst auch an diese neue Phase des Leidens gewöhnt und stolperte nun gottergeben über die väterlichen Stelzen. »Lerne leiden ohne zu klagen«, lautet ein Ausspruch eines siechen deutschen Kaisers, den unser alter Hausarzt zum Schrecken der Patienten im Wartezimmer hängen hatte. Don Juan litt lernend.

Seit Pedro ein Ewiges Licht im Flur angebracht hatte, strauchte niemand mehr. Eine reiche Tante stiftete das Öl, nicht aus Nächstenliebe: sie beugte vor, weil sie sonst die Spitalrechnungen auch noch hätte zahlen müssen. Ein größeres Unglück konnte das Ewige Licht indessen nicht verhüten.

Eine englische Lady hatte Pedro ihr Bildnis in Auftrag gegeben. Sie war durch Freunde an den »berühmten Sureda« empfohlen worden und durch ein Mißverständnis statt an Don Jacobo an den namenlosen Pedro geraten. Pedro strahlte: der Himmel hatte ihm diese verirrte Häßlichkeit vor die Staffelei geführt! Es sind mehr Fälle in der Geschichte der Kunst bekannt, wo durch Irrtümer unvergängliche Werke entstanden sind. Die vermögende Dame zahlte den Preis, den Jacobo hätte fordern können, ein paar tausend Peseten. Die Erregung schlug auf uns alle über: Tausende Peseten! Die Sitzungen sollten in der elterlichen Wohnung stattfinden, vormittags um elf, in dem kleinen Zimmer, wo ich Goethe geehrt hatte. Es wurde als Atelier eingerichtet. Die Lichtverhältnisse waren um diese Stunde gut.

Um diese Stunde hielt aber auch Don Juan seine Seminarsitzungen ab. Doch einem Unglück ließe sich vorbeugen. Mutter und mehrere Geschwister hatten sich in die Aufgabe geteilt, Papá in Schach zu halten und notfalls am Konjugieren zu hindern. Ich erbot mich, als Wächter mit auf der Lauer zu liegen oder Don Juan durch eine Unterhaltung über sein Lieblingsthema, die Erbsünde, von seinem Blutzwang abzulenken. Das sei nicht nötig, meinte Pedro im Vertrauen auf seine eigenen Leute.

Als Pedro am Abend des ersten Sitzungstages zu uns kam, sah ich sofort, daß eine Mißwende eingetreten war. Tatsächlich waren ihm die Peseten durch die Lappen gegangen. Als stolzer Spanier, wie er auch in diesem Buche zu stehen hat, weinte Pedro Sureda aus dem Hause Verdugo nicht. Aber man sah es seinen zuckenden Lippen an, daß er im Zwerchfell grauenvolle Tat erwog. Hätte er die Lady doch seinem Bruder überlassen und nachher mit diesem die Beute geteilt!

»Wieso?«

»Papá!«

»Good gracious!« rief Beatrice mit der Emphase einer waschechten Engländerin, der man den Tod ihrer Lieblingskatze aus den Teeblättern weissagt. Wie bei einem Film hatte sie sofort die Zusammenhänge erfaßt, während ich noch im Finstern tappte.

Die Lady war pünktlich gekommen, die Fürstin hatte sie empfangen und ins Atelier geführt, wo Pedro noch schnell eine Wand durch ein Bettlaken verhangen hatte. Das wirkte wie eine Unterteilung und täuschte Größe vor. Ein Meisterwerk Doña Pilars, überhaupt das Glanzstück im Piso, wurde von der Engländerin gebührend bewundert: Bildnis in Blau vom alten Freunde des Hauses, Don Miguel de Unamuno. Dann zog sich Doña Pilar zurück und Pedro plazierte sein erstes zahlendes Opfer. Mit den paar Brocken Englisch, die Beatrice ihm schon beigebracht hatte, kam ein Gespräch zustande, dann verstummte der Maler. Er legte die Umrisse fest, trug vielleicht auch schon ein paar Farbstriche auf, ich erinnere mich nicht mehr an seine Technik.

Ruhepause fürs Modell; ja, bitte, sie könne es sich bequem machen, die Handtasche? Ach so, die habe sie gewiß in der Entrada gelassen, eben durch den Flur, wenn sie sie schon selber holen wolle. Pedro malt weiter. Die Lady stelzt zum Atelier hinaus. Es ist eine ältere Dame mit den dazugehörigen Stockings. Der Notschrei ist durchdringend. Man hört ein Geräusch, wie wenn jemand stolpert, »our Lord« wird angerufen, Pedro vernimmt deutlich das Wort »umbrella«, dann schlägt die Haustür ins Schloß.

Pedro vor der Staffelei erstarrt zur Salzsäule: Papá! Er braucht nicht eigens auf den Gang hinauszutreten, um sich von der Bescherung zu überzeugen. Die Beine quer über den Flurläufer gespreizt, auf dem Bette bäuchlings der laut paukende Grande, mit entblößtem Hinterteil: kann es einen gräßlicheren, aber auch beängstigenderen Anblick geben für eine Lady, die gemalt werden will? Dazu diese unverständlichen Brüllworte aus dem Munde des Schamvergessenen, Deutsch, vielleicht Griechisch, Homer,

Goethe, Hölderlin . .? Die Wächter waren jeder den eigenen Weg gegangen, und darum konnte Papá den seinen wandeln im namenlos quellenden Leid seines philologischen Dranges.

Es spricht für Pedros gute Eigenschaften als Mensch und Sohn eines Vaters, daß er diesem Vater in der Verzweiflung nicht eins mit der Palette auf den Spiegel gehauen hat. Wer hätte da nicht gespuckt oder wenigstens den Stiefelknecht nach der Blöße geschleudert?

Wir waren erschüttert.

»Da kann man nichts machen«, schloß Pedro resigniert seinen Bericht, »oder . . . was hättest du getan, Vigoleis?«

»Papá eingeschlossen und fertig!«

»Eingeschlossen? Du Tor, man sieht, daß du aus einem Lande kommst, wo nicht nur die philosophischen Systeme, sondern auch die Türen schließen. Hast du in unserem Piso schon eine Tür gesehen, die richtig schließt? Die des Kabinetts zum Beispiel kann nur von innen verriegelt werden, und da muß man noch einen ganz besonderen Kniff kennen, sonst kommt man nicht mehr heraus. Anders hätte ja nie die peinliche Sache mit Mamás Nonne passieren können.«

Ich horchte auf. Die Fürstin hat eine Nonne? und der stoßen peinliche Dinge zu? Nonnen haben mich immer interessiert. Eine war einmal schrecklich in mich verliebt und wollte mit mir schlafen; eine andere hat mir eine mit viel Hingebung gezähmte Dohle weggefangen, geschlachtet, gerupft, gebraten und aufgegessen. Seit der Zeit sehe ich in diesen schwarz verschlaubten Frauen das archetypische Phänomen der Urbrunst Leibes und der Seele. Auf mein Andringen erzählte Pedro den merkwürdigen Vorgang, es lenkte ihn zudem vom eigenen Unglück ab. Als er uns nach Mitternacht verließ, hatte er sein Schicksal wieder fest in der Hand.

Die Engländerin, so erfuhren wir später, hat sich nach der Flucht aus dem Unhause in ein Taxi fallen lassen und ist zu ihrer Majestät Konsul gefahren. Dem hat sie den Auftritt zur Anzeige gebracht: unter dem Vorwande, porträtiert zu werden, habe man sie in ein finsteres Haus auf einer finsteren Straße gelockt. Dort sei sie von einer kleinen Dame empfangen und in ein Atelier geführt worden, das gar keines gewesen sei, wie ihr erst nachträglich aufgefallen. Die Dame habe ihr dann einen blauen Mann gezeigt, den sie angeblich selbst gemalt habe, und darauf sei der richtige Maler gekommen, der sich für den berühmten Jacobo Sureda ausgegeben habe, und habe auch hinter einer Staffelei verborgen so getan, als male er sie. Dann sei das Gräßliche geschehen – wie mag sie es dem Konsul geschildert haben?

Am selben Abend verließ die Lady die Insel, auf der Flucht vor dem zerquälten Gesäß eines spanischen Granden. Der Grande selbst hat übrigens nie erfahren, was für ein Unheil er angerichtet hat mit seinem philologischen Blut. Schwerhörige oder Taube haben ja immer das letzte Wort, das einzige, an das sie sich halten können. In der Geschichte mit der Nonne fällt dieses Wort wiederum Don Juan Sureda zu, wenn es auch Pedros bildhauende Schwester Pazzis ist, welche die Klosterfrau erlöst.

Nach soviel eingestreuten Andeutungen komme ich natürlich nicht mehr darum herum, die Tragödie hier zu erzählen. Ich bin zudem der Meinung, daß ich mit solchen Donquijoterien das Bild Don Juans, der meiner geistigen Existenz eine beachtenswerte Wendung gegeben hat, deutlicher vor den Leser hinstelle, als wenn ich des längeren bei seinen doppelten Tränensäcken verweilte oder bei der Tatsache, daß man mich meiner habsburgischen Eselskinnlade wegen oft für einen Sohn von Papá Sureda gehalten hat, während sich Pedro tummeln mußte im Kindergarten des Dreizehnten Alfons, Königs von Spanien, El Rey.

*

Die Fürstin hat sich nie eine Nonne in dem Sinne gehalten, wie sich ein katholischer Fürst einen Hauskaplan hält. Doña Pilar war krank und hatte sich lieber der Pflege einer Nonne als der Obsorge ihrer zahlreichen Familie anvertraut. Nun kommen Krankenschwestern in viele Häuser, ob arm oder reich, und sie sind daran gewöhnt, sich selbst schnell mit den neuen Örtlichkeiten vertraut zu machen. Sie fragen nicht viel. Schwester Amalberga, im Suredaschen Hause noch mehr als in welchem auch auf ihre Findigkeit angewiesen, wußte bald, wo die Türen auf und zu gingen. Indessen das Wie nicht zu wissen, wurde ihr verhängnisvoll. Ans Örtchen hatte sie allein gefunden, aber niemand, der sie mit den Widerspenstigkeiten des Riegels vertraut gemacht hätte.

So geschah das Unglück gleich in der ersten Nacht.

Pedro teilte das Schlafzimmer mit einem älteren Bruder, Juanito, der rechtswissenschaftliche Studien trieb. Sein Augenmerk galt vor allem dem kanonischen Recht, mehr aber noch einer frömmlichen Nichtstuerei.

Es mochte Mitternacht sein, da erwachte Pedro von einem

Geräusch; er horchte, es war so, als habe jemand geklopft. War ein Nachtvogel gegen die Läden geflogen? Nur das Schnarchen des kanonischen Bruders war zu vernehmen. Pedro drehte sich auf die andere Seite und wollte weiterschlafen, da tönte das Klopfen deutlicher, er horchte wieder ins Haus hinein, kein Zweifel, man klopfte! Wer aber – da schoß es ihm in den Sinn: die Nonne auf dem Ort! und kann nicht mehr heraus. Man hat vergessen, ihr den Kniff beizubringen, verdammt, was jetzt? Ohne rot zu sein, war Pedro der Kirche nicht grün, und Schwester Amalberga war schließlich eine klerikale Angelegenheit. Darum rüttelte er seinen Bruder wach und sagte ungefähr so: »Juanito, schnarche nicht so unchristlich, während eine Ordensfrau sich in unserem Hause in der unwürdigsten Klausur befindet, horch!« Das Klopfen war wieder hörbar, lauter, aber noch zurückhaltend. Juanito bestätigte des ketzerischen Bruders Vermutung: ohne Zweifel Sor Amalberga auf der Brille!

Die Brüder saßen aufrecht im Bett und lauschten dem Klopfgeist, der sich in regelmäßigen Abständen manifestierte. Pedro meinte nach einer Weile, Juanito als dem Katholischen läge es ob, die Nonne herauszulassen. Juanito war nicht so überzeugt von dieser Glaubenspflicht und verteidigte seinen Standpunkt mit der Handhabe beider Rechte, obwohl das kanonische allein ausgereicht hätte, seine Drückebergerei zu sanktionieren. Da hatte Pedro einen Einfall, der ihn uns erneut als den treuen Sohn zeigt, diesmal der Mutter gegenüber. Es ginge im Augenblick weniger um die Nonne als um die Mutter, die vielleicht der Hilfe der Schwester bedürfe. Dann würde Mamá doch klopfen, meinte der verschlagene cand. jur., und die Schale der Gerechtigkeit neigte sich für eine Weile wieder zu seinen Gunsten. Schweigen und Stille. Die Brüder horchten, ob das Klopfen nicht doch aus Mamás Zimmer käme. Der Geist tat ihnen diesen Gefallen nicht. Es tönte weiter, und nun lauter schon, aus dem Ort.

Pedro: »Vielleicht ist Mamá zu schwach, ein Zeichen zu geben, stell dir vor, wenn ihr etwas zustößt, während die Nonne mal eben ausgetreten ist.«

Juanito: »Da sei Gott vor! doch glaube ich nicht an solch teuflische Zufälle. Aber eine andere Frage: warum läßt Pazzis sie nicht heraus?«

Pedro: »Pazzis ist auf dem Fastnachtsball, morgen ist Aschermittwoch.«

Juanito: »Morgen? Mitternacht ist schon vorbei und die großen Fasten haben begonnen, die Zeit der Buße bricht an.

Darum komm, Bruder, lasset uns beide aufstehen und gemeinsam die Nonne aus der Pönitenz erlösen, auf daß auch wir dereinst mögen erlöset werden von unseren Sünden.«

»Amen, du Jesuit«, hätte Pedro da sagen können, falls er es nicht wirklich gesagt hat. Immerhin standen die faulen Brüder auf und begaben sich in ihren Nachtgewändern an den Ort. Juanito richtet das Wort an die Schwester: »Sor Amalberga, merkt auf, wir wollen Euch gut. Steckt den rechten Finger von unten links unter den Zapfen, da, wo er abgebrochen ist, aber nicht ganz bis an die Kerbe; haltet mit der Linken die Feder der Klammer ein wenig nach oben, aber nicht zu fest drücken, mit einem Streichholz geht es noch besser; drückt dann mit dem Fuß gleichzeitig gegen die Tür, lasset den Zapfen los und der Verschluß springt auf. Wir hätten es Euch zeigen sollen, aber so geht es auch.«

Die Nonne hatte kein Streichholz, kein technisches Fingerspitzengefühl und kein Gedächtnis für mündliche Gebrauchsanweisungen. Darum ging es nicht. Zudem schämte sie sich, die Señoritos um deutlichere Anweisungen zu bitten. So betete sie nur statt einer weiteren Antwort.

Die Brüder berieten, was angesichts dieser klösterlichen Begriffsstutzigkeit zu tun sei. Pedro erbot sich, durch das Oberlicht der Tür, dessen Glasscheibe sowieso fehlte, in die Zelle einzudringen oder, besser gesagt, sich mit halbem Leibe nach unten hinabzuwürgen und der Ungeschickten den Kniff beizubringen. Die Nonne aber wehrte ab: »Señorito, im Namen des Himmels, kommen Sie nicht zu mir durch das Fensterchen, lieber wache und bete ich hier, bis der Morgen graut und mir andere Hilfe wird. Gott verläßt die nicht, die seiner im Gebete nahe sind.« Das wollte aber Juanito wieder nicht, denn er sagte: »Nonne, bedenke, Mamá könnte Eure Hilfe nötig haben – doch wenn Ihr Euch auf die Brille stellt und die Arme durch das Oberlicht streckt, ziehen wir Euch aus der Klause. Bindet Euch schon die Röcke unten zu, wir holen schnell einen Tisch.«

Diesen Vorschlag fand Sor Amalberga noch viel unziemlicher. Sich von zwei jungen Herren aus dem Häuschen ziehen lassen – lieber tot! Ich sehe sie das Kreuz schlagen bei diesem freventlichen Gedanken. So mußten die Brüder weiter beraten, während die Nonne, ergeben in ihr Schicksal, betete, bis plötzlich Pazzis hereingestürmt kam, fröhlich nach einer durchtanzten Nacht, mit Flitter umhangen, Konfetti im Haar, dieselbe Künstlerin, die mit dem Grabstichel wunderbar sinnliche Madonnen aus Olivenholz schnitzte und mir den Kopf verdrehte mit ihrer Schönheit und einem Weltschmerz, an dem sie sich tödlich übernahm.

Pazzis wußte immer Rat, für alle und alles, nur für sich selber nicht, und darin standen wir uns so beängstigend nahe. Mit einem Blick übersah sie die Lage, lachte die Brüder aus, warf Sor Amalberga ein aufmunterndes Wort durchs Ochsenauge und sagte entschlossen: »Der Baumstumpf im Kamin der Sala!« – »Rammen!« fügte sie hinzu, als die Brüder immer noch nicht merkten, welche Kriegskunst sie anwenden wollte. »Wir sprengen die Tür!«

Der Baumstumpf hatte auch seine Geschichte. Er lag zwar im Kamin, aber wehe, wer ihn verheizt hätte! Ein Zettel verkündete, daß er das einzige Überbleibsel des Baumes war, in dessen Schatten der Großvater die Großmutter genommen – sei es auch nur beim Wort.

Sor Amalberga erhielt neue Anweisungen, denen zu folgen weder schwierig noch sündhaft war: sie mußte sich auf den Kasten stellen und den Körper fest gegen die Wand pressen, am sichersten wäre sogar, sie drehe sich um, damit sie keinen Schaden nähme, wenn der Rammbock durchschlüge. Die Nonne tat, wie ihr geheißen, erleichtert durch den unerwarteten weiblichen Beistand. Ja, sie stünde oben und abgewandt. Sie betete weiter. Die Brüder ergriffen den Klotz, schwenkten ihn hin und her, erst zur Übung, dann zählte Pazzis, eins – zwei – und bei drei gab es einen fürchterlichen Knall. Nicht nur das tückische Schloß, die ganze Tür splitterte entzwei, und um ein Haar hätte man die fromme Frau auch noch ins Jenseits befördert. Der natürliche Prellbock der Nonne war dem Stoß indessen gewachsen, nicht einmal, daß sie geschrien hätte.

Ich merke schon, daß ich mich hier um eine stilistische Wirkung gebracht habe, indem ich nach erfolgter Sprengung noch bei der frommen Frau verweile, wo ich hätte schreiben müssen: ... gab es einen fürchterlichen Knall, und als die Tür zersplitterte, öffnete sich eine andere: die von Don Juans Zimmer. In einem bis auf die Füße reichenden Hemd stürzte der Grande auf den Flur hinaus, vor Schrecken bleich, den Trichter schwingend, und rief mit sich überschlagender Stimme: »Revolution! Revolution! Rette sich, wer kann!«

Ehe seine Kinder ihn aufklären konnten, daß keine neue Schreckensherrschaft angebrochen, vielmehr eine kleine Palastrevolte durch seiner Tochter Dazwischenkunft einem glücklichen Ende zugeführt worden sei, war der Alte schon auf der Treppe, und er raste durch die nächtlichen Straßen der Stadt, das Blutbad kündend: »Revolution! Revolution!«

Pedro trat die Reste der Tür zusammen, die Nonne war frei. In bleicher Würdigkeit stieg sie von der Brille, bot den Geschwistern ein dankbares »Gelobt sei Jesus Christus!« und nahm ihren Dienst am Bette der Kranken wieder auf.

Damit hätte ich in mehreren Zusammenhängen den Ort geschildert, der zum Mittler werden sollte in der abendländischen Sendung des mystischen Werkes von Teixeira de Pascoaes, den ich bald entdecke.

V

Habe ich erwähnt, daß der geheimnisvolle Graf und Inhaber des gräflichen »Apfels« aus dem ersten Buch Pedros Onkel war? Ja, ein »Tío« mütterlicherseits, aus dem Hause Alba Real del Tajo. Warum er nur als Conde sein Leben fristete und nicht mit der Fürstenkrone herumlief, weiß ich nicht mehr. Pedro hat es uns einmal erklärt. In Spanien wird ja ein schwunghafter Handel mit Adelstiteln getrieben: man kann sie innerhalb der Familie austauschen, sich erhöhen und erniedrigen je nach Standesdünkel. Vom erbbiologischen Standpunkte gesehen, ist das eine gesunde Simonie, die übrigens auch in Portugal eifrigst betrieben wird, ohne allerdings dem allgemeinen Verfall des Adels Einhalt gebieten zu können. Dies alles kommt mir erst jetzt in den Sinn, wo ich mit derselben Beiläufigkeit, womit ich den Onkel in meine Inselabenteuer einbeziehe, noch erwähnen will, daß der bronzene Schlägel an Zwinglis Portal die Nachbildung einer jener hochnäsigen karthagischen Götterfiguren war, an denen das Museum in Ibiza so reich ist. War es gar Tannit, die Hüterin der himmlischen Liebe, mit der man die Hausbewohner aus ihren Pilarièren klopfte?

Der Hammer am Portal des Hauses Nr. 23 war kunstgeschichtlich nicht so bedeutend. Der Schreiner hatte eine eiserne Hand dem Stande der Mieter entsprechend gefunden. Der Krach war derselbe. Da wir die Beletage inne hatten, genügte es, sie einmal in Bewegung zu setzen.

Bums! – einmal, das galt uns. Sekunden später schrillte die Drehklingel an der Etagentür. Wer konnte das sein, an einem

Sonntagnachmittag? Pedro hatte seine besondere Art, sich anzumelden. Ich öffnete.

»Santa Barbara!« rief ich wie eine gottesfürchtige Spanierin bei einem Gewitter. Ich dachte, mich rühre der Schlag: Pilar stand vor mir.

Maria del Pilar, das Weib, an dem Vigoleis sich die Lust versagt; dem er die Lust versagt hatte; Zwinglis rasende Bettgeißel und unser aller Ungestirn. Aus rotverweinten Augen sah mich die feile Kebsschwägerin an und sagte: »Kommt, schnell, ehe es zu spät ist.« Dabei reichte sie mir einen Zettel. In des Schwagers gar nicht mehr schwungvollen Zügen stand es geschrieben: »Liege im Sterben, Zwingli.«

Dein Sterben, Bürschlein, das kennen wir! Du hast die besten Vorsätze, aber leider bleibt es immer dabei. Dir gehe ich nicht mehr auf den Leim. Ich gab Pilar die Todesvoranzeige zurück und sagte ungefähr: unsere besten Wünsche für eine gesegnete Sterbestunde, vielleicht ein andermal. Aber das Weib wurde böse, blickte mich durchbohrend an, stieß mit dem Fuße auf, an dem keine goldenen Pantöffelchen gleißten, und rief: »Wo ist Beatrice? der Bruder stirbt, schnell, mir nach!«

Das war keine Finte; ich verständigte Beatrice. Sie warf sich eine Mantilla über den Scheitel, und wir folgten der Unglücksbotin.

Die Romanliteratur ist reich an Schilderungen, wie Angehörige an das Sterbebett eines Lieben eilen, durch Nacht und Wind, über Berg und Tal, und meist kommen sie noch gerade zur rechten Zeit, dem Scheidenden ins brechende Auge zu blikken, die flockenlesende Hand zu ergreifen oder aus seinem Munde zu vernehmen: »Ich war der Täter, hab' seine Leiche verlocht, Gott sei mir armem Sünder gnädig . . .« Unterwegs haben die Gerufenen reichlich Zeit, ganze Romane zusammenzuphantasieren; das Leben des Sterbenden zieht noch einmal an ihrem geistigen Auge vorbei: o Gott, wenn Du ihm das Leben erhältst, dann wollen wir Frieden schließen, alles soll vergeben und vergessen sein.

Uns wurde nicht die Zeit gegönnt, solch aufwühlenden Gedanken nachzuhängen, denn Pilar lief wie ein Wiesel, und wir im Laufschritt hinter ihr drein, rechts ab durch die Barceló und dann links eingebogen in die Calle San Felio, gleich das zweite Haus links, neben unserer Apotheke – wir waren am Ziel! Da also wohnten die Liebesleut, und hatten da gewohnt, seit sie den gräflichen Apfel heimlich verlassen hatten, hundert Schritte von unserem eigenen Hause, und wir waren uns nie begegnet! Da soll einer noch sagen, wir hätten keinen guten Schutzengel mitbekommen in die Straße des Generals.

Zwingli lag auf der Pilarière, den Kopf tief in die Mulde des Kissens geborgen, ich hätte den meinen verwettet, daß er diesmal wirklich tot sei. Sein Bart war christushaft, die Wangen noch eingefallener als im Leben, so daß die Backenknochen um so indianischer wirkten. Weiße Hände lagen auf der Decke, an allen Fingern waren die Nägel zauberhaft in die Länge geschossen, nur übertrumpft von dem echten Zauberschülp, der leicht nach oben gekrümmt noch eine letzte Aufmerksamkeit für sich beanspruchte, ehe er mit dem Rest unter die Erde wanderte. Er hatte ausgezaubert.

Ich habe nie einen Menschen geboren werden noch sterben sehen, hätte also als Dichter nicht viel mitzudichten, wollen wir Rilke glauben, der seinen Malte Laurids Brigge sagen läßt: »Aber auch bei Sterbenden muß man gewesen sein . . .« Nun war ich wenigstens bei einem Toten.

Der Raum war abgedunkelt, dennoch erkannte ich sogleich unseren Kleiderschrank aus der Straße der Einsamkeit wieder. Aha! Der Tod meiner Großmutter mütterlicherseits, die am Heiligen Abend des unseligen Steckrübenwinters während der Bescherung plötzlich aus dem Leben schied, hochbetagt, gab Anlaß zu einem sehr häßlichen Erbschaftsstreit, der eigentlich schon an der Bahre der von mir sehr geliebten Frau begann. Ich war noch zu jung, den Wert der irdischen Güter zu erkennen, und schon zu alt, um nicht tief getroffen zu werden von der würdelosen Nachlaßpocherei eines strenggläubigen Onkels, den ich wiederholt vor unserem Familienbischof im Straßenstaub habe rutschen und der Duz-Eminenz den Ring küssen sehen; – und Ohme Jean, dieser wunderbare Mensch und Menschenkenner, hat es dem Erbschleicher nie mit der anderen Hand verwehrt.

Und nun ertappte ich mich selbst bei einer gewinnsüchtigen Regung an der Leiche eines Angehörigen: den Schrank hat die Klunte nicht herausgerückt, den Tisch auch nicht, die Wäsche auch nicht, aus der sie nun Leichenwäsche schneidern kann; aber warte nur, Gottes Finger reicht weiter als der Zaubernagel deines ausgehurten Helvecio!

Beatricens Augen waren auch auf den Schrank gefallen, aber da sie sich langsam mit Tränen füllten, blieb ihr die Rechtslage verschwommen. Armer Zwingli! dachte sie nicht nur, sondern sagte es auch, zwar auf Französisch, was die Verelendung in meinen Augen nur noch erhöhte. So standen wir am Fußende des Bettes – wie auch wir vergeben unseren Schuldigern, und führe uns nicht in Versuchung ...

Die Witwe Pilar weinte laut, zuweilen schrie sie selbst auf im Schmerz, »ay Jesús, ay Jesús«, dann warf sie sich über die Leiche, rüttelte, drückte und erdrückte sie, so daß dem Geliebten, wäre er nicht tot gewesen, der letzte Atem abhanden gekommen wäre. »Beatrice«, flüsterte ich, »lassen wir sie mit ihrem Schmerz allein.« Pilar hatte dasselbe gedacht, sie erhob sich und ließ uns allein mit dem unseren und mit dem Toten. »Hätte er uns doch eher gerufen!« stöhnte Beatrice.

Der Tote aber schlug die Augen auf, ließ einen langen Atemzug pruschend aus der getünchten Maske fahren und sagte, seine internationale Großmächtigkeit vergessend, auf Schweizerdeutsch:

»Isch si use? Iech ha doch nit könne met dem chaibe Wieb!«

Will denn der um den Tod nicht sterben, immer nur drin liegen?! Das geht entschieden zu weit! Ich hätte ihm den Stiefelknecht, den Pedro seinem Papá nicht auf den Spielverderber geknallt hat, an den Schädel schleudern mögen. Dann wäre es ein für allemal aus gewesen mit dem blinden Sterbealarm.

Beatrice, zum zweiten Male der Wiederauferstehung des geliebten Bruders Buschibuëb gegenüber, hatte alles Blut aus ihrem Gesicht verloren, sogar die Lippen waren weiß. Sie rührte sich nicht, sie jubelte nicht, sie sagte nichts. Wasser war keines da, es dem Schelm anzuschmeißen, als wäre er eine Katz oder eine Hure. Wie nicht anders von ihr zu erwarten, war Beatrice diesem kitschigen Augenblick gewachsen.

Pilar kam wieder herein; sofort schloß Zwingli die Augen, stellte sich aber nicht tot, sondern atmete hörbar. Es waren die »stoßweisen Geräusche« in der Stube der Sterbenden, die nach Rilke ein Dichter um eines guten Verses willen gehört haben muß. Also wenigstens das trug mir die Stunde als Gewinn ein.

Ohne Zweifel an solch spontane Auferstehungen ihres Bettburschen gewohnt, sackte das Weib nicht über dem Wunder zusammen. »Wasser«, stöhnte jetzt der Sterbende. Pilar schoß aus dem Zimmer.

»Sie mueß use, ich muß euch sprechen, schickt sie in eine entlegene Apotheke!«

Beatrice schrieb ein Rezept und jagte Pilar nach der Calle San Miguel um homöopathische Tropfen. Vigo würde den Arzt holen, selbst übernähme sie die Wartung.

Die Tränen einer spanischen Frau trocknen noch leichter, als sie zu fließen beginnen. Pilar stob davon. Gewiß würde sie außer den Tropfen auch die Ingredientia für die Eier des Generals mitbringen.

Zwingli hatte sich zu seinen beträchtlichen und sehr männlichen Liebesleiden noch eine arge Sache dazugeholt, und es ging ihm in der Tat hundsmiserabel. Er pfiff aus einem seiner letzten Löcher. Da unten sei alles in Unordnung geraten, er müsse der Insel Valet sagen, und das beste wäre sogar, er würde Spanien ganz aufgeben und in die Schweiz ziehen, um sich dort gründlich auskurieren zu lassen. Das ginge aber nur auf dem Wege der Flucht. Wir sollten ihm dabei behilflich sein, und fein eingefädelt werden müsse das: ein falscher Schritt, und alle drei kriegten wir ein Messer zwischen die Rippen. Zwingli wandte seinen Leidenskopf zur Seite und wies auf den Nachttisch. Dort lag die Toledaner Klinge griffbereit.

»Schlimmer als der Dolch und fast schlimmer als meine Affektionen ist aber die Karte, die am Spiegel steckt; lest sie und ihr begreift, daß ich hier use muß.«

Die Karte war alarmierend. Sie kam aus einem kleinen Dorf im Hinterlande von Valencia. Dort wohnten Pilars Eltern und Geschwister: sie hätten ihre Habseligkeiten veräußert und ständen vor der Einschiffung nach Mallorca, wo sie sich im Hause ihrer Tochter in den Ruhestand setzen wollten! Pilar hatte ihren Leuten einmal mitgeteilt, sie sei mit einem berühmten Hotelfachmann verheiratet, habe einen große Piso – und nun war der Anhang jeden Augenblick zu erwarten. Uns allen grauste, vergessen Zank und Hader, es mußte sich Sippe gegen Sippe stellen; und die Eidgenossen schwuren wieder einmal einen geschichtlichen Schwur: Ça? Jamais! Niëmols!

Mein Familiensinn ist nur schwach entwickelt, und mein Nationalbewußtsein muß sogar als verkümmert bezeichnet werden, aber so zusammenzustehn in der Stunde der Bedrängnis empfand selbst ich als schön. So schwur ich als dritter im Bunde, meine Hand zu leihen und Zwingli der Hure und ihres Hinterlandes zu entohnigen.

»Wenn ich nur mal auf dem Schiff bin«, sagte Zwingli, »in Barcelona hilft mir Knoll schon weiter. Ihr holt euch dann eure Sachen hier heraus, und vor allem, Vigo, meine Bibliothek, meine Sammlungen, ich habe alles in meinem Arbeitszimmer zusammenstehen, teils noch unausgepackt in Kisten, nichts darf zurückbleiben, der Wert geht in die Tausende, das Luder . . .«

Da kam das Luder aber selbst, und Zwingli fiel in sein Sterben zurück. Die Apotheke war natürlich geschlossen, doch Beatrice, die durch das Luder hindurchsah, erbot sich, einen Künzlitee aufzuschütten, der wirke abführend und beruhigend zugleich. Er wirkte auch Wunder, die sogar den alten Kräuterpfarrer an seinem Tränkli irre gemacht hätten. Vereinbart wurde im geröchelten Sennendeutsch, daß Zwingli sich am folgenden Tage in unser Haus schliche, um das weitere zu besprechen.

So schieden wir und ließen den siechen Eidgenossen in der Gewalt des Vampirs zurück. Hoffnunggebend aber schwebte der Geist derer vom Rütli durch das Sterbezimmer.

Zu Hause läpperten wir unsere Peseten zusammen, sie reichten gerade für eine Überfahrt nach Barcelona. Spanien, sagte Beatrice, sei Zwinglis Untergang; nun müßten wir alles daransetzen, ihm über den Berg zu helfen, koste es, was es wolle. Und dann dürfe er nie wieder nach Spanien zurück.

Zwingli kam zur verabredeten Stunde angeschlichen, aber nicht auf den Beinen des Verschwörers, der er auch war, sondern auf den lahmen Knochen des ausgemergelten Liebeshelden, der sich mit dem Gedanken trägt, ins Kloster zu gehen. Begleitet war er von einem Straßenjungen, der einen großen, aber leichten Koffer trug. Zwingli tat den bekannten Griff in die Tasche, doch nichts mehr von dem alten Glanz haftete an dieser Geste. Ich bettete den Freund auf unsere Matratze, denn stehen konnte er nicht mehr. Seit Wochen bettlägerig, habe er nach uns schikken wollen, aber das Luder sei dazu nicht zu bewegen gewesen. Die Sterbeszene habe er gespielt, als er vernommen, daß sich der Anhang zu ihnen ins Altenteil setzen wolle. Ein spanisches Sprichwort sagt, die Familie sei das größte Hindernis im Leben. Mit Putas sei noch fertig zu werden, aber deren Kletten . . .

Julietta war ausgekniffen, nach einer fast tödlich verlaufenen Verprügelung hatte sie die Insel verlassen. Ein »Onkel« hatte sich des gescheiten und vielversprechenden Rackers angenommen. Er lasse sie in Barcelona als Bailarina ausbilden.

So sehr Zwingli körperlich auch abgespielt war, sein Geist war noch rege; und da Pilar ihm nicht in die Quere kommen konnte, schwuchtelte er in großen Tönen über seine Akademie. Die Pläne seien ausgearbeitet, ein umfangreiches Memoriale ginge demnächst an den amerikanischen Finanzmann, dazu habe er eine Schuhfabrik und einen Rennstall geplant – wir hatten Mühe, ihn auf solidere Gedanken zu bringen, auf den einzigen, der not tat: die Flucht. Die hatte er vergessen.

Als Tag der Abreise wurde, ob auch Eile geboten war, der kommende Samstag festgelegt, da sonntags kein Schiff gehe und er vor einer möglichen Nachstellung so einen Tag Vorsprung habe. Zwingli vereinbarte mit Pilar das folgende: sie solle mit einer Freundin ins Kino gehen und ihn nach der »Sesión« auf der Plaza Santa Eulalia erwarten. Der Arzt habe ihm Spritzen gegeben, so daß er einigermaßen auf den Beinen sei, etc. Pilar, kinosüchtig, schöpfte keinen Verdacht. Wenn Helvecio erst wieder seinen Mann stünde, sei alles gut. Sie ging sogar erneut auf den Strich, um Geld für die Speise des Generals aus ihrer Himmelsgabe zu schlagen.

Zwingli hielt es für zu gewagt, sich mit seinem richtigen Namen in die Passagierliste einzutragen, da er befahren mußte, daß Pilar sofort bei der Gesellschaft Nachforschungen anstellen würde. Fremder Anleihen bedurfte er für diese Camouflage nicht, denn der patristisch bewanderte Vater hatte ihn mit vielen Namen aus der Taufe gehoben, unter denen sich außer bürgerlichen Konzessionen hochmögende Anklänge an Humanismus und Reformation fanden, wie Erasmus, Melanchthon oder Oekolampadius. Der Basler Umformer Oekolampad, einer jener gefürchteten Glaubensgangster seiner religiös überhitzten Zeit, hieß standesamtlich Johannes Hausschein, und als ein obskurer Señor Hausschein wollte Zwingli die Überfahrt antreten; und er durfte wohl hoffen, in solch gebildeter Tarnung Pilar und ihren Häschern zu entrinnen. Am Tag der Reise aber schickte mir Zwingli ein Zettelchen und bat mich, schon mal die Schiffskarte zu lösen. So tat ich's auf meinen eigenen Namen, Vigoleis, was ein doppeltes Blendwerk war, obwohl es insofern wieder einen Schein von Echtheit erhielt, als ich dem Fliehenden im letzten Augenblick noch meinen Lodenmantel umtat und den Schlapphut in die Stirn drückte.

Der Abend war der Flucht günstig. Nebel lag über dem Meer und hüllte auch den Hafen und unser eben gelegenes Stadtviertel ein. Beatrice nahm Abschied von dem Sorgenbruder, der kaum von mir zu unterscheiden war, im Kleide nicht und in der Sorge nicht, und dann: »Ciau!« und: »schrieb emol!«

Wir gingen getrennt. Vor mir im Dunstgebräu wandelte mein Lodenmantel unter meinem bedeutenden Schlapphut; nur der Vigoleis, der die Garderobe in Bewegung setzte, schien lendenlahm zu sein oder mit jenem tückischen Leiden behaftet, das Don Juan Sureda in vielen Zungen reden ließ. Hätte Beatrice nicht zur rechten Zeit das rechte Wort gefunden, damals auf der Straße der Einsamkeit, wo ich meines Schwagers Weib begehrte, ich schliche nun selbst als gestauchter Kapaun hinter meinem Doppelgänger drein.

Vor der Anlegestelle des Dampfers nahm ich Abschied von Zwingli; bis an die hell erleuchtete Laufplanke wagte ich ihm nicht zu folgen. Zwingli erteilte mir gute Ratschläge: nicht zuviel Stubenhocken, recht zum Bé schauen, dem Luder das Archiv herausholen, wenn nötig mit Hilfe der Polizei . . .

»Kugelweste?«

»Eine Nacht mit ihr, und du kriegst alles!«

»Den Dolch zwischen die Rippen oder Syphilis?«

Eine Antwort auf diese überflüssige Frage bekam ich nicht mehr. Mein Doppelgänger war verschwunden.

*

Als ich in die Barceló einbog, begann ein Nebelhorn zu heulen: die »Ciudad de Palma« hatte die Anker gelichtet und setzte Kurs auf Barcelona.

Zwingli konnte nun den Vigoleis von sich abschütteln und in die alte, ach so geschundene Haut zurückkehren. Wie einen stallenden Gaul sah ich ihn noch vor mir stehen. Im Stehen zu schlafen hatte er nie gelernt, dafür hatte er es im Liegen um so weiter gebracht. Ob man ihn in der Schweiz wieder zusammenflicken konnte? Er wollte sich in Basel von einem namhaften homöopathischen Arzt, dem alten Scheidegger, Freund des Hauses, in dessen Spital entpilarisieren lassen. Die ganze Familie schwörte hoch auf die Homöopathik, in der es Großpapa zu einer kleinen Berühmtheit gebracht hatte. Sein ›Homöopathischer Hausarzt‹ gehörte zum eisernen Bestand der Handbibliothek der Geschwister, die den Leitfaden in allen Lebenslagen zu Rate zogen. Beatrice verdankte ja den Tröpfli ihr Leben. Von kundiger Hand ins Glas geträufelt, würden nun die flüssigen Potenzen ihre Wirkung gegen das Pilarsche Gift auch nicht versagen. Da die Heilung auf dem Prinzip der Ähnlichkeit beruht, bliebe er sogar noch eine Weile unter dem Stachel des Weibes, was die Entwöhnung nur um so menschlicher gestalten konnte.

Zu Hause angekommen, verrammelte ich die Tür. Wir mußten damit rechnen, daß Pilars Verdacht sogleich auf uns als die natürlichen Beihelfer der Flucht fallen würde und sie imstande wäre, sich mit Zuhältern zusammenzutun, um sich den Zugang zu erzwingen. Ich wußte, daß sie immer noch die besten Beziehungen zur Mallorquiner Unterwelt hatte.

In dieser Nacht war unser Leben keinen Schnipperling wert.

Ein paar Tage vorher hatte sich auf unserer Straße schon ein blutiges Drama abgespielt: ein Mann erwischte seine Frau mit einem Kerl im Bett. Das nennt man Ehebruch, und Ehebruch gilt Menschen, die noch nicht viel über die Welt nachgedacht haben, als molscher Fleck im Apfel Edens. Unser Nachbar schlug den Schänder seiner vermeintlichen Ehre tot, machte mit einem zweiten Beilhieb seiner Frau, mit einem dritten der bei ihm wohnenden Schwägerin den Garaus. Das Blut floß nur so die Treppe hinunter, Volk eilte zuhauf, ein paar Metzgerhunde mußten verjagt, Kinder nach Möglichkeit ferngehalten werden. »Siete Reales« kannte die Einzelheiten, er war mit den Schwestern verwandt; so bekam ich alles aus ungetrübter Quelle. Der Fall fesselte mich über die metaphysische Blindheit des Täters hinaus auch ethologisch. Die Polizei sperrte den Mörder ein, der nicht einmal Anstalten zur Flucht getroffen hatte, da, wie mich der Schuster belehrte, jeder Spanier das Recht habe, seine Frau und ihren fremden Beischläfer zu töten, wenn er das Paar auf frischer Tat ertappe. Nach ein paar Tagen wurde der Sittenrichter tatsächlich wieder auf freien Fuß gesetzt und im Triumphzuge von allen Nachbarn nach Hause begleitet, wo hilfsbereite Frauen die Spuren der Tat beseitigt hatten. Und wieder ein paar Tage später nahm sich der Rächer seiner Ehre eine Geliebte ins Bett, die er schon lange an Hand gehabt hatte, die Frau eines anderen, ein braves Mädchen übrigens, das bei uns tünchte. Keine tünchte wie diese Ehebrecherin, die Stunde zu 2 Realen.

Blut, mehr habe ich mit dieser kleinbürgerlichen Moritat nicht sagen wollen, war also schon reichlich durch die Straße des Generals geflossen. Sollte das unsere nun auch unschuldig vergossen werden, sollte es die gewaltigen Hunde anludern, Nachkommen jener Meute, die um die Jahrhundertwende die Stadt Palma unsicher gemacht hat? Die Köter stammten aus dem Zwinger unseres Don Juan Sureda, der sie sich hielt zum Schutze der eigenen Person und der immer zahlreicher werdenden Familie. Er bewohnte damals noch den nach seinem Geschlecht benannten Stadtpalast auf der Calle Zavellá. Abends wurde der Hungerschwarm losgelassen, aber statt Leib und Leben des ihnen anvertrauten Adels zu bewachen, hetzten die Bluthunde durch die Stadt, drangen in die Häuser ein, stürmten vor allem die Fleischerläden, die der Kühlung wegen offen standen, und sorgten selbst für den Fraß, den ihnen der Rüdenmeister längst nicht mehr geben konnte, da Don Juan schon damals zu jenen

Aristokraten gehörte, die es sich leisten konnten, im Klub Wetten abzuschließen wie etwa die: »Wetten, daß ich eine Omelette backen kann im Wert von X-tausend Peseten?« Man nimmt: ein Pfännchen, ein Ei, einen Schuß Öl und bäckt das Ganze unter ständigem Rühren auf leichtem Feuer, das mit Hundert-Peseten-Scheinen unterhalten wird. – Immer entstand eine Panik, wenn die blaffenden Bestien angestürmt kamen. Der Ruf: »Gott steh uns bei, die Suredas sind los!« hat sich noch viele Jahre im Volk gehalten. Wir selbst waren sogar einmal der mittelbare Anlaß, daß der furchtbare Notschrei fast täglich durch unsere Straße erscholl.

Ich hatte es auf mich genommen, einer englischen Reiseschriftstellerin Manuskripte abzutippen und teils ins Deutsche zu übersetzen. Ihr Mann war kriegsbeschädigt, er litt an einer seltsamen Art Gicht, die nur durch Feuchtigkeit geheilt oder zumindest erträglich gehalten werden konnte. Darum suchte das Ehepaar immer feuchte Umgebungen auf. Es half wenig. Da kaufte die entschlossene Gattin eine winzige Segeljacht, klemmte den Gichtbrüchigen in die einzige Kajüte, segelte los und entwickelte sich gleichzeitig zur beliebten Reiseschriftstellerin. Die »Hydrophilus« war nicht seetüchtig, die Inhaber waren es noch weniger, so daß man immer nur den Küsten entlang treideln konnte. Aber auch das war mit Gefahren verbunden, denn segeln konnte die dickliche Lady nicht, während der körperbehinderte Krieger sowieso ein Hindernis war. Da schaffte sich die um keinen Rat verlegene Schifferin zwei dänische Doggen an und dressierte sie so, daß sie beim Umwerfen des Segels immer auf die andere Seite sprangen und das Gleichgewicht hielten.

Sie hatten schon alle deutschen und französischen Flüsse auf ihre Feuchtigkeit abgefahren und kamen ins Mittelmeer, das nun auch schriftstellerisch und hygroskopisch erforscht werden sollte. Die Überfahrt nach Mallorca hatten sie im Schlepptau eines Frachters gemacht, die ganze Insel umtreidelt und dann an der Mole von Palma beim Paseo Sagrera die Dragge geworfen und das Sanatorium vertäut. Die »Stories« der Lady waren der reine Kitsch, ein elendes Geschmiere, aber da alles zu Wasser geschah, fand es reißenden Absatz in den Magazinen der meerbeherrschenden Engländer. Emmerich verkaufte die Hefte in seinem Shop wie geschnittenes Brot. Kein Wunder, daß die Autorin, deren Namen ich vergessen habe, mich gut bezahlen konnte.

Immer kam die Lady in Begleitung ihrer Gleichgewichtsdoggen, das heißt, die Hunde jagten ihr voraus und tollten wie besessen an unserer Tür, verkratzten den Firnis, zerrissen die Matte, die wir uns nach vielen körperlichen und seelischen Entbehrungen angeschafft hatten, und waren, in Ermangelung einer Stube, auch nicht stubenrein. Doch ehe sie sich auf dem Patamar vor der Etage austobten, hatten sie auf der Straße schon namenlose Verheerungen angerichtet. Wie Herolde fegten sie der Herrin den Weg frei. Die friedfertigen Anwohner, die es liebten, auf niedrigen Stühlen vor der Tür zu sitzen und zu sticken, Netze zu büßen oder, was noch beliebter war, nichts zu tun, rafften beim ersten Geblaff Sachen und Kinder zusammen und stoben ins Haus. Stühle flogen, degenerierte Hunde, die nicht schnell genug begriffen, was ihnen blühte, wurden totgebissen. Katzen fauchten und rasten die nackten Wände empor, Nonnen schlugen das Kreuz und drückten sich instinktsicher mit ihren platten Busen gegen die Mauer; und dann erst kam die Schriftstellerin, auf dem verwitterten Haar den Tropenhelm, der unter dem Kinn mit einem Schleier gehalten wurde, in der Hand die große Palmbasttasche, die ihre Schreibe barg. Kleinere Sachschäden, die bei mir angemeldet wurden, bezahlte sie anstandslos: es gäbe ihr Stoff für eine Story. Als aber einmal ein Kind von den Doggen überrannt wurde und mit inneren Verletzungen ins Spital geschafft werden mußte, wurde der Lady die Sache brenzlich, und wir kamen überein, daß ich die Manuskripte an Bord holen und dort wieder abliefern würde. Nun, und darum habe ich die Geschichte erzählt, tönte nicht mehr der Warnruf: »Gott steh uns bei, die Suredas kommen!« durch unsere stille Straße. Man flickte und stickte wieder, schusterte und nähte Matratzen, knüpfte Netze und säugte Kinder, wie ehedem. – Nachgehends hat die Lady den Kahn wieder flott gemacht und ist mit Mann und Meute erneut in See gestochen. In den Magazinen erschienen noch eine Zeitlang ihre Reiseberichte, dann erlosch der Name, das Schifflein blieb verschollen. Vermutlich haben die Doggen einmal bei einem schwierigen Manöver einen nautischen Fehlsprung gemacht und so sich und den Masters einen schönen Seemannstod bereitet.

Blut also, ich greife ein paar Seiten zurück, das Hunde anlockt: sollte es wieder fließen müssen, aus dem Hause Nr. 23 und aus den Adern von Vigoleis und Beatrice? Hat der Himmel denn kein Einsehen? Ich baute lieber vor, aber keine Hure weit und breit, die uns die Klinge zu kosten gegeben. Da hätte ich mir die Umsicht sparen können – doch wurde ich anderen

Sinnes, als wir mittags den Büchershop betraten. »Eine Minute früher«, sagte der Inhaber, »und Sie wären einer Rasenden ins Messer gelaufen!« Pilar sei dagewesen und habe Haussuchung gehalten, des Glaubens, Zwingli hielte sich in der ihm vertrauten Eisbar-Copa versteckt.

Der das sagte, war schon nicht mehr unser Kölscher Emmerich, sondern der Nachfolger, der kleine, hellblonde, überaus freundliche Herr aus Schwabenland, der zu spät merkte, daß er für Spanien nicht geschaffen war. Es kostete ihn seine Nerven, seine Gesundheit und seine und seiner Frau Ersparnisse. Er bebte noch am ganzen Leib, und ich, zwei Kopf größer, doch nicht minder hurenfeig, spürte nun auch den kalten Strahl über den Rücken laufen. Jemand würde auf der Walstatt bleiben dieses Mal, wenn nicht von Pilars Hand, so doch von ihresgleichen gerichtet. Zwingli hatte uns erzählt, daß Pilar schon mehr als einen abgestochen hatte. Ob tödlich? Nehmen wir es zur Rechtfertigung meiner Gänsehaut an. Der neue Inhaber sprach noch kein Wort Spanisch und wußte also nur, daß die Verfolgung uns galt. Er kannte das ganze Hurenabenteuer natürlich bis ins aufgeflogene Sterbelager. Den zweiten Schrecken jug ihm dann Vigoleis ein: »Sie hier? Ich hätte geschworen, Sie gestern abend mit Lodenmantel und Schlapphut an Bord des Dampfers gesehen zu haben, als ich noch rasch ein paar Briefe aufs Schiff brachte.«

Ich klärte ihn auf. Wir waren beide sehr erregt, während Beatrice schon wieder seelenruhig in den Büchern stöberte. Antonio von gegenüber, bei dem die Pilar auch gewesen war, kam und warnte uns: »Vorsicht! Das Weib ist unberechenbar, der Dolch sitzt locker im Strumpf!«

Abends verbarrikadierte ich wieder den Eingang und bastelte noch ein kunstvolles Alarmsystem, das uns sofort wecken würde, wenn Unbefugte sich am Schloß zu schaffen machten. Die Vorrichtung trat aber erst am anderen Morgen in Bewegung, als der Milchmann kam. Von Maria del Pilar keine Spur.

»No hay mal, que por bien no venga«, sagt ein spanisches Sprichwort: auch das Unglück schlägt manchem zum Guten aus! Beatrice fühlte sich nicht wohl, eine Unpäßlichkeit, doch zog sie es vor, im Bett zu bleiben.

Die Bettruhe rettete uns oder wenigstens einem von uns das Leben.

Gegen Mittag kam die Hure. Ich fiel weder in Ohnmacht, noch erbebte ich, als sie Einlaß begehrte. Da ich das ruhige Gewissen aller Atheisten habe, war meine Rechnung mit dem Himmel auch an diesem Tage gemacht. Stößt sie zu, wohlan! Ich hätte Beatrice ein schöneres Wittum wünschen mögen, aber es liegt dies alles nicht in des Menschen Hand.

»Müssen wir wieder kommen? Liegt er wieder im Sterben, dein Helvecio?«

Sie sei gekommen, um abzurechnen, aber mit uns beiden, nun würde nicht mehr gefackelt, wo Beatrice sei? Das sprudelte nur so aus dem schönen Mündchen, über dem das Näschen bebte. Sie hatte vergessen, es zu pudern, und ward sich dessen bewußt, als ich es mit Aufmerksamkeit ins Auge faßte. Frauen mögen das gar nicht.

Die kosmetische Überrumpelung gab mir den Vorsprung.

Also abrechnen wolle sie mit uns, nun, dann müsse sie sich nach hinten bemühen, an Beatricens Bett. Beatrice sei krank.

Beatrice, Schlimmes befürchtend, hatte an der Tür gehorcht und stob wieder unter die Decke, als wir das Schlafzimmer betraten. Ich ließ die Rächerin vorangehen; die Wohnung war wie der Bau eines Höhlentiers, am Ende der Gänge das Lager, man konnte nicht irren. Doch ging es nun nicht auf die scharfe Bettpirsch.

Mein Rücken war vor dem Dolchstoße sicher – ob aber Beatricens Brust?

Vor dem Bett blieb das Weib stehen und warf Beatrice erst einmal den üblichen haßerfüllten Blick zu, oder war er schon tödlich? Wohl kaum, denn zum Töten hatte das Weib andere Mittel, und ehe wir uns versahen, griff Pilar unter den Rock und zog die hier schon so zerschwätzte Klinge hervor, daß mit ihr keine große Wirkung mehr zu erzielen ist, ich meine stilistisch. Als Waffe blieb sie gefährlich.

Beatrice rührte sich nicht, sie lag auf der Lauer. Vermutlich hatte sie eine geheime Wehr unter der Decke griffbereit oder wußte aus Kriminalromanen, daß Messerstiche durch Bettdecken und Kissen hindurch schwer anzubringen sind. Dennoch ergriff ich einen Küchenstuhl, um der Hure den Schädel einzuschlagen. Der Stuhl war aber schlecht gehobelt, ein Span drang unter den Nagel des Mittelfingers, ich schrie »au!« und ließ die Lehne los. Im selben Augenblick schrie auch Pilar: Helvecio sei fort und sie sei gekommen . . .

». . . auch uns zu ermorden!« unterbrach Beatrice sie kalt, wobei sie sich unvorsichtigerweise im Bett aufrichtete. »Wir wissen alles, die Polizei ist schon hiergewesen. Man sucht Sie, denn wer anders könnte meinen Bruder umgebracht haben als Sie, sale femme!«

Wer hätte das hinter Beatrice gesucht? Statt Wasser diese Bezichtigung! Pilar erstarrte, der Dolch entfiel ihrer Hand, sie rief die Namen ihrer bewährten Heiligen, stöhnte ein schwaches »ay Jesús« hinterher, und warf sich dann über das Bett. So heftig weinte sie, daß es unsere Herzen beinahe zerriß. Der Mordkrampf war gebrochen, auf den Schützen war der Pfeil zurückgesprungen.

Wir ließen die Geprüfte sich ausheulen. Sollte ich inzwischen Kaffee aufschütten? Beatrice bat um eine Zigarette.

Ich klärte Pilar auf: daß Helvecio verschwunden sei, wüßten wir. Gerüchten zufolge habe eine eifersüchtige Konkubine ihn umgebracht. Die Polizei sei alarmiert. Beatrice habe bei der Nachricht das Bewußtsein verloren, schwerer Herzanfall, und da liege sie nun.

Pilar warf sich mir zu Füßen und beschwor mich mit erstickter Stimme, ja nie zu glauben, daß sie Hand an Helvecio gelegt habe, an Helvecio! den einzigen Mann, den sie je geliebt. Die Szene war fürchterlich in ihrer erschütternden Schundallüre. Die Frau wand sich buchstäblich auf dem Boden; da ginge ich doch besser in die Küche das Feuer anblasen. Beatrice stand auf, ich sah wie sie ein Kehrblech unter der Decke hervorzog; damit hatte sie entweder den Dolchstoß auffangen oder der Furie die Nase einschlagen wollen. Nun hängte sie es wieder ordentlich an den Nagel, nicht ohne vorher noch schnell ein paar Unsauberkeiten vom Boden aufzuwischen. Maria del Pilar kümmerte das alles nicht, sie hatte ihre eigene Not; doch da Jesus, Maria und Joseph ihr beistanden, kam sie bald über den toten Punkt hinweg.

Ob die Polizei dagewesen sei? Ja, doch nicht ihretwegen, es hinge mit dem Ehetotschlag im selben Apfel zusammen. Aber wo denn Helvecio sei? Sie käme geradewegs von der Schiffsagentur, wo sie die Namen der Passagiere habe einsehen lassen; er befände sich nicht auf der Liste, auch nicht als Zwingli, und was sie tun solle, ob wir ihr wieder an den Mann helfen könnten? Dazwischen plötzliche Tränenausbrüche, Heulstöße, Beteuerungen, fahrige Gesten; die Nase wurde gepudert, Rouge aufgelegt, Pläne wurden geschmiedet. Ich riet zur Flucht, ehe sich die Behörden ernstlich mit dem Verschwinden eines Schweizer Bürgers beschäftigten. Untertauchen! Wo? in Barcelona natürlich, da fände sie niemand, sie aber vielleicht ihren Helvecio.

Die Saat fiel auf fruchtbaren Boden. Sofort wolle sie ihren Haushalt auflösen, alles verkaufen, verschleudern, meistbietend und gegen bar, ob wir ...? Warum nicht? Wir hätten ja gerne unsere paar Möbel zurück, den Schrank, vor allem den Tisch, und die Bettwäsche, du weißt ja, Pilärchen – damals ... Neue Tränenausbrüche, Ays, Anrufungen des Himmels: jetzt, im Angesichte ihres großen Schmerzes, ihrer verzweifelten Lage, ihrer Verlassenheit, da hätte ich die Stirn, an das Alte zu rühren, pfui! Sie hatte recht, es war häßlich von mir, den Zankapfel wieder hervorzuholen, und besser täte ich, mir das Wort von dem fliehenden Feinde hinter die Ohren zu schreiben, dem man goldene Brücken baut. Die Zauche, Vigo, hat Heu am Horn, vor der bist du erst sicher, wenn das Mittelmeer zwischen euch liegt.

»Gut denn, Pilar, wir kaufen dir unsere, pardon, ein paar Sachen ab; wenn du zum Beispiel einen Schrank hast und einen vernünftigen Tisch, an dem ich schreiben könnte, und etwas Bettwäsche – ginge das?«

Wir einigten uns auf einen Freundespreis mit kleiner Notzulage, Transport einbegriffen.

Der Abschied war denkwürdig. Die beiden Frauen lagen sich am Halse und küßten sich umständlich auf die Wangen, teils mit tränenverschleiertem, teils mit verglastem Blick. Wenn eine von beiden mit einer Stricknadel in der Aorta tot hingeschlagen wäre, mich hätte es nicht verwundert. Vigoleis stand dabei und dachte, ob sich das jetzt auch an deinen Hals wirft? Jedoch so goldene Brücken brauchte er nicht zu schlagen, der lüsterne Pontifex: ein Händedruck, und dann ein Blick, der ins erste Buch zurückweist, in die Straße der Einsamkeit, wo die nimmersatte Zulle den Hergereisten auf die Giftsponde locken wollte.

Ehe meine Augen wieder in der Achse standen, fiel die Tür ins Schloß.

O alte Hurenherrlichkeit, wohin bist du entschwunden? flötete ich, da ging die Klingel, ich öffnete, Porra: die Pilar!

Maria del Pilar lächelte, mein Widerstand brach zusammen, jetzt oder nimmer, aber nicht hier! Auf deiner Pilarière, Pilar, eben um die Ecke, ich komme schon ... da bat sie um ihren Dolch, vor lauter Aufregung hatte sie ihn vergessen.

Beatrice holte ihn wieder aus dem Mülleimer heraus.

*

Um Span und Sponde gebracht, verließ Pilar die Insel. Der Möbelhandel war noch zustande gekommen. Der Schwabe hatte uns das Geld vorgestreckt. Zwinglis Archiv war verschwunden. An wen das Luder die Sammlung verschleudert hatte, war nicht mehr festzustellen.

Eine Postkarte von Zwingli kam aus der Schweiz: er lag diesmal nicht im Sterben, sondern reinlich gebettet in Scheideggers homöopathischem Spital in Basel. Großvaters Tröpfli und der millionenreichen Gotte Fränkli würden ihn bald wieder auf die Beine bringen.

Nun hatten wir die Insel für uns allein.

VI

Gebet dem Kaiser, was des Kaisers, und Gott, was Gottes ist: keinem gottgläubigen Geschöpf wird es je Schwierigkeiten bereitet haben, Gott zu geben, was ihm zukommen soll. Aber dem Kaiser seinen Steuergroschen abzuführen, wer hätte darüber nicht schon schlaflose Nächte verbracht? Mir raucht immer der Kopf, wenn ich einen Steuerzettel ausfülle. Ich habe es schon in vielen Ländern und Sprachen tun müssen, und überall stieß ich auf dasselbe unergründliche Rätsel: wozu dieses Kauderwelsch, das ein normaler Mensch ohne Eselsbrücke nicht versteht? Man spricht heute so gerne von hermetischer Dichtung – als ob nicht jede Dichtung hermetisch wäre! –, aber spielend dringe ich in ein Gedicht ein, verglichen mit einem Steuerbrief. So denn füllte ich meinen ersten spanischen nach bestem Wissen und mit schlechtestem Gewissen aus.

Die Behörden setzten sich über meine Armut hinweg und forderten mich auf, Hunderte Peseten zu zahlen, ansonst ... es folgte die Bedrohung des Untertanen. Mich rührte der Schlag. Das war wie in Deutschland.

Wir hatten die Fassung noch nicht wiedergewonnen, als Pedro kam und fragend von einem zum anderen blickte: neues Unglück? Pilar ist fort, Helvecio fort, ihr habt doch jetzt das Reich allein! Dann sah er den Steuerzettel – ach so, ja, das sei natürlich lästig. Da müsse etwas ersonnen werden, mit Ausländern mache man auf der Insel kurzen Prozeß. Es seien zuviele zweifelhafte Existenzen darunter, die wenigsten zeigten ihr wahres Gesicht.

Pedro zog seinen Block und zeichnete Vigoleis, der bürgerlichen Freiheit beraubt; Beatrice kahlgeschoren im Schuldturm; dann bestellte er mich aufs Rathaus, er kenne da höchste Herren.

Das Arbeitszimmer des höchsten Herrn war seinem Range gemäß: groß und leer. Fast leer, will ich sagen, denn der Diplomatenschreibtisch war da, und an den Wänden, nach Mallorquiner Brauch, standen ein paar Dutzend der schönen, unbequemen, hochlehnigen Stühle mit Ledersitzen und Lederrücken, in die Wappen eingepreßt waren, die sich ihrerseits wieder den Sitzenden in die Partien drückten. Bedeutende Gemälde, die mich als Führer sofort fesselten, waren auch vorhanden, aber zum Glück brauchte ich nichts über sie auszusagen. Ich hätte sie ohne weiteres den teuersten spanischen Meistern zugesprochen. Der Herr auf dem heraldischen Thronsessel hinter dem Tisch wirkte selbst übrigens auch wie ein alter Greco. Er war sich dessen, wie es schien, bewußt, will sagen er war sich bewußt, daß er echt wirkte.

Auf der Tischplatte befand sich außer einem goldenen Zigarettenetui, einem silbernen Glöckchen und einem Buch mit Goldschnitt und bunten Bändern nur seine rechte Hand, weiß und müde vom vielen Unterschreiben.

Pedro hatte mich nicht vorbereitet auf das, was er mit mir, dem hohen Herrn oder mit uns beiden vorhatte. Ich war auf meinen Führerinstinkt angewiesen, mußte aber bald feststellen, daß der Inhaber der weißen Hand auch ein geborener Führer war.

Don Francisco war sehr erfreut, daß es ihm endlich vergönnt sei, die Bekanntschaft Don Vigos machen zu können, von dem er natürlich schon viel gehört habe – warte er, bei welcher Gelegenheit war das doch gleich? Gelesen? Nein, ehrlich gestanden noch keine Zeile, auch gebildeten Spaniern sei ja die deutsche Sprache verschlossen, man sei nach Frankreich orientiert – also Zoologe, natürlich, Tierforscher ist Don Vigoleis . . . Don Francisco nickte beifällig zu den Erklärungen Pedros, es schien ihn alles sehr zu fesseln. Mich interessierten die Enthüllungen über meinen neuen Beruf nicht minder. Das war nicht einmal schlecht ersonnen! Ich hatte immer eine Schwäche für Tiere gehabt, war in meiner Jugend selbst ein großer Kleintierhalter gewesen, hatte Dohlen und Stare dressiert, Wellensittiche und Mehlwürmer gezüchtet, Harzer Edelroller, Maulwürfe, Frösche, Salamander und Aquarien gehalten, Kaninchen und Meerschweinchen, Eichhörnchen; eine stinkende, quietschende, zeugende, kostspielige, lärmende und stumme Menagerie – da hätte etwas Zoologisches aus mir werden können, warum nicht? Und hier war ich's denn endlich: mein Steckenpferd, führte Pedro aus, sei der Floh – »bitte, Vigo, erzähle Don Francisco etwas mehr über deine letzten Forschungsergebnisse auf diesem uns alle angehenden Gebiet!«

Don Francisco machte eine einladende Geste, mit der er zugleich Zigaretten anbot – »Flöhe?« – Das fessele ihn besonders, sei es auch nur wissenschaftlich; dieser Tierchen wegen sei ich also nach Spanien gekommen, höchst merkwürdig, höchst merkwürdig!

Der Floh, begann ich, sei ein anabiotisches Inkarnat – sei »bekanntlich« diese Merkwürdigkeit, hätte ich sagen sollen, um meiner These Halt zu geben, aber das konnte ich auf Spanisch noch nicht. Doch half ich mir mit großen Namen: Haeckel, Darwin, Bölsche, Aristoteles; ich sprach von Okkasionalismus und Prästabilismus, von Mendelei und Trugeiern, bis ich mich zum Känguruh durchgeschwätzt hatte, dem Kernpunkt meiner Forschung: der Floh als Entartungserscheinung der Marsupialia! Die so verpönte Degenerationstheorie, nach der vom Menschen als dem höchstentwickelten Geschöpf die ganze Tierwelt durch Entartung entstanden sei, würde durch meine Untersuchungen wieder gestützt. Aus rein wirtschaftlichen Gründen machte ich meine Versuche am kleinen, mir leichter als Känguruhs zugänglichen Floh, zumal sich herausgestellt habe, daß der iberische Floh, und von diesem der spanische, vom spanischen der balearische, und von diesem der mallorquinische, pulex irritans maioricensis, sich am besten zum Versuchskarnikel eigne. Meine Station befände sich auf der Barceló, Assistentin sei die Tochter eines Schweizer Gelehrten, der sich zwar auf einem anderen, sei es auch nicht weniger flagellierenden Gebiet einen Namen gemacht habe. Eine größere Arbeit über mein Thema sei im Entstehen, Auftraggeber sei die »Union Internationale des Recherches Zoologiques« in Genève, auf deren letztem Kongreß ich über den Beutelfloh gesprochen hätte. Die Presse habe sich eingehend mit der Entdeckung beschäftigt. Don Francisco erinnerte sich, meinem Namen begegnet zu sein.

Daß es mich bei meinen Ausführungen am ganzen Leibe ameiselte, brauche ich nicht hervorzuheben, denn vom Tage an, wo ich spanischen Boden unter den Füßen hatte, wurde ich von Flöhen heimgesucht; und auch keine Seite dieser Aufzeichnungen, soweit sie Iberien betreffen, die nicht ohne Stiche zu Ende gelebt worden wäre; wogegen Beatrice immer ungestochen blieb. Die Bubonenpest hat sie gegen vieles immun, aber gegen noch mehr allergisch gemacht. Keatingpulver war für unsere Verhältnisse noch unerschwinglich. Eine Büchse ging in einem Tage drauf, und Zwinglis Patin hatte das DDT noch nicht erfinden lassen.

Don Francisco hatte höflich und mit Interesse heuchelnden Zwischenfragen zugehört. Nun sprach er die Hoffnung aus, daß meine Forschungsarbeit ungestört, ob auch nicht ungestochen, vonstatten gehen möge, die Insel böte ja nicht nur die nötigen Flöhe, sondern auch die entsprechende Ruhe. Das war der Augenblick, wo Pedro das Wort ergriff und dem Herrn nahelegte, daß es leider schon zu ernsthaften Ruhestörungen gekommen sei: Don Vigo habe eine vertrackte Steuergeschichte am Halse, die seinen Aufenthalt in Palma in Frage stelle; er müsse horrende Summen an den Fiskus abführen, und ob denn wissenschaftliche Stipendien nicht steuerfrei seien? »Vigoleis, hast du die Unterlagen zufällig bei dir?«

Das hatte er. Don Franciscos Miene hatte sich verdüstert. Der Flohprofessor, meinte er nach einigem Nachsinnen, habe gewiß in seiner Zerstreutheit und Bescheidenheit versäumt, sich dem Gouverneur der Insel vorzustellen. Man müsse eben nicht nur mit Flöhen, sondern auch mit Behörden umzugehen wissen. Natürlich sei da noch einiges zu machen. Die Klingel ertönte, ein Beamter erschien, es wurde auf Mallorquinisch getuschelt; meine Papiere verschwanden mit dem Beamten. Das Gespräch ging weiter, Clima Ideal, Stierkämpfe – mein Flohzirkus hatte seine Vorstellung beendet. Der Beamte kam wieder mit einem Karteiblatt. Don Francisco überzeugte sich, daß es das richtige war, entließ den Untergebenen, erhob sich und sagte ungefähr so: »Don Vigoleis, seien Sie versichert, daß wir Spanier es zu schätzen wissen, einen so bedeutenden Pulelologen in unserer Mitte zu haben. Unser Land hat eine große Tradition; es hat Weltgeltung gehabt unter einem Herrscher, in dessen Reich die Sonne nie unterging. Heute stehen wir politisch nicht mehr ganz so stark da, aber dafür überflügeln wir wissenschaftlich die übrigen Länder der Welt, La Cierva, Marañón, Unamuno – Sie wissen Bescheid. Was Ihre persönlichen Investigationen betrifft, sollen sie durch keine Steuerschikane beeinträchtigt werden, solange Sie unser Gast sind.«

Bei diesen Worten zerriß Don Francisco die Matrikelkarte und warf sie in den Papierkorb, der sich, ich vergaß es zu erwähnen, auch noch im Kabinett befand. Damit waren wir entlassen. Don Franciscos Mienenspiel war es anzusehen, daß er keine unnütze Zeit mehr an uns verschwenden wollte, und wir hatten es natürlich auch eilig, aus dem Fiskalat herauszukommen. Pedro tanzte im Wandelgang Bolero und sang eine pikareske Strophe. Ich wahrte die professorale Würde noch bis auf die Plaza Cort, dann ließ auch ich mich gehen. Beatrice aber, statt uns um den Hals zu fallen, sagte, sie glaube uns von der Flohgeschichte kein Wort. Mochte sie; aber in den ganzen Inseljahren hat man uns nie mehr einen Steuerzettel und somit auch keinen Gerichtsvollzieher ins Haus geschickt.

*

Die weltüberlegene Art, wie ein spanischer Beamter auf hirnverbrannten Unfug einging, hat einen tiefen Eindruck auf mich gemacht: das war Spanien in seiner quijotesken Unberechenbarkeit, in einem der leichten Anfälle zwischen Wahnwitz und Wahnwitzelei, die schon nichts Lächerliches mehr haben, wie auch Don Quijotes närrische Verirrungen ja nur dem lächerlich vorkommen können, der zu wissen glaubt, wo denn der Ernst seine Grenze hat. Dies Spanien habe ich geliebt und liebe es noch in seinen Mystikern, seinen ekstatischen Dichtern, den düster-erotischen Priestern; in seinen Pedros und in Pedros philologisch heimgesuchtem Vater; in seinen gottesfürchtigen Stand- und Strichhuren, die eine Kerze für die Jungfrau brennen, der auch der Stierfechter sein Leben weiht, ehe er vor die Hörner tritt. Ich liebe es in seinem harten Stolz, worin es der Lächerlichkeit, und in seiner Lächerlichkeit, worin es der Stumpfheit der Welt begegnet. Ich liebe es in seinem »morgen, morgen, nur nicht heute«, weil auch das Morgen wieder ein Heute wird. Ein deutscher Steuerherr, dem ein Vigoleis auf eines Pedros Anstiften einen solchen gelehrten Floh ins Ohr gesetzt hätte, was hätte der getan? Auch dieser hätte den Klingelzug in Bewegung gesetzt, doch statt eines Beamten wären deren zwei erschienen, handfeste Kerle, sie hätten auf Vigoleis gezeigt und gesagt: ist es der? und ihn mit dem Blauen Wagen abtransportiert. Erst 1933 wäre er unter dem Heilruf des Führers als geheilt entlassen worden.

Der Heilruf des »Führers« – in meinem Vaterlande hallte er schon seit Jahren, aber staatlich anerkannt war der neue Heiland noch nicht. Der einzige, der den römischen Gruß damals schon weltgeschichtlich erneuern und handelsgerichtlich hatte eintragen lassen, war Mussolini, der auch in Spanien und auf Mallorca seine Adepten hatte. Sie waren gezählt, ein kleines Häuflein nur scharte sich um das Rutenbündel, und seltsamerweise waren es nicht wie in Deutschland die Menschen aus der Unterwelt, die zum Umstürzler stießen. Hier stellte die Aristokratie die ersten Anhänger, die auf das Kommende schwörten. Ich sage seltsamerweise, doch warum? Auch der Säckel des Adels war leer.

Beatricens Ruf als Sprachlehrerin war schnell gestiegen, wie der Stern meiner Flohkunst, und eine Zeitlang leuchteten wir beide eben hell am Firmament. Sie paukte gesellschaftsfähige Sprachen in die mallorquinischen Gehirne aller Härtegrade. Inzwischen war sie auch Lehrerin an einem Lyzeum geworden, da sie über die besten Empfehlungen und ein noch besseres Schweizer Diplom verfügte. In diesem Institut wurden nur reiche und allerhöchste Töchter zugelassen. Deutsche Gründung, hieß es immer noch »Colegio Alemán«, obwohl Eigentumsrechte und Leitung schon seit langem in spanische Hände übergegangen waren, in die einer klugen und pädagogisch hochbegabten Frau, Doña Maria, die viele Namen und viele Kinder und Kindeskinder hatte, unter denen ein wilder Mischling von bezaubernder Schönheit ihr viel zu schaffen machte. Weltklug, weitgereist, verheiratet mit einem schon erlöschenden Manne, der aber den Wein kannte, liebte und reichlich schenkte, wenn man an seinem Tische saß, hatte Doña Maria die neue Lehrerin entdeckt und kurzerhand angestellt. Gerüchte, die Profesora sei eine vom Strich und Fang der Pilars gewesen, tat sie mit Schweigen ab.

Die Paläste des verarmten Adels hatte Pedro Beatricen erschlossen. In einem jeden lebten Onkel und Tanten, Vettern und Kusinen bis in einen Grad der Verwandtschaft, der nicht einmal mehr auf jene altertümliche Art nach den Gelenken des Leibes, vom Kopf bis zur Spitze des Mittelfingers, dem Nagel, daher der Nagelmage, abgezählt werden konnte. Überall dozierte Beatrice, ließ sie Señoras deklinieren und konjugieren. Manche verblieben auf der Strecke, andere kamen hinzu, und allen hatte Pedro erzählt, Doña Beatriz habe auch einen Mann, der sei schon des Anschauens wert; ein wenig verrückt, ein wenig schüchtern, sehr gelehrt, aber sehr wenig schön, was ein Mann ja auch nicht zu sein brauche. Sein Standbild stände in einem deutschen Dom. Das machte die Mädchen neugierig. Sie drangen bei den Eltern darauf an, Don Vigo einmal einzuladen. Es geschah, und er kam. Er fand die Mädchen bezaubernd und gar nicht so schrecklich dumm, wie Beatrice sie geschildert hatte; machte züchtige Konversation, errötete leicht ohne besonders schamvollen Anlaß – ein lästiger Bodensatz der Erbsünde – und machte auch die Mädchen zuweilen erröten. Das waren immer schöne Stunden in den von allen Baedekern aufgezählten Palacios, in die wir schließlich Eingang gefunden hatten, ob auch anders, als Zwingli es sich ehedem für uns und seine Schöke gedacht.

Eine dieser pädagogischen Provinzen war der Palacio des Conde de la Torre, in der »Portella« gelegen, die »Casa Formiguera«, die durch einen über die Gasse springenden Bogengang mit der Casa Marqués de la Torre verbunden war. Bei meinem ersten Besuch stießen wir in den verlassenen Sälen auf unerhörte Schätze aus einer Zeit, wo die Insel einem halben Dutzend dieser Granden gehört hatte; und auf eine richtige Ahnfrau, deren Alter ich auf mehrere hundert Jahre schätzte und die so echt in dieser echten Umgebung wirkte, daß ich mich schon zur klassizistischen Geschichtsauffassung bekehren wollte, als der Graf sagte, das sei seine Mutter. Hatte man sie künstlich nachfossiliert? Der Sohn war kaum älter als ich. Er hatte viele Kinder, sehr viele, vielleicht weil der Name des Geschlechtes, Formiguera, Ameisenburg, verpflichtet. Die Mädchen lernten Französisch und Englisch. Eine ältere oder die älteste Tochter war mit einem Hauptmann verheiratet, der, auch war er Soldat, der Schlechtesten einer nicht war. Sein Leibkoch war sogar sehr gut. Wir klopften uns bald schon vertraulich auf die Schulter. Ich hatte ihm erzählt, wie ich einen spanischen General wieder in seine Ehre eingesetzt hätte, hielte ich auch sonst gar nichts vom Militär. Da lud er uns auf seine Festung und ließ die Geschütze der Kasematten aus ihrer Versenkung drohend über die Futtermauer winden: das war sein Stolz. Ein paar Sterne mehr, und er hätte Juliettas Vater sein können. Nachher trat der Kochbursche in Tätigkeit. Die Laufgräben der Bastion dienten in Friedenszeiten hauptsächlich als Kaninchenfallen. Es gab Hasenepigrammes au Madère – unvergeßlich, mein Capitán!

Die Grafen de la Torre hatten einen Freund, der auch dem Soldatenstande angehörte und von dem sie gern erzählten. Als blutjunger Offizier habe er die berühmte Campagne von Marokko mitgemacht und sei dann gleich Haupt der Militärakademie von Zaragossa geworden. Ehrgeizig wie nur der Korse, strebe er aber höher, und sein Leitstern sei der Duce.

Wie so vieles, kannte ich den italienischen Diktator nur aus der Zeitung. Was er anstrebte, war mir unklar, wie er es tat, allerdings deutlich, und da alles in Uniformen geschah, war mir die Bewegung von vornherein unsympathisch. Beatrice mochte den Duce auch nicht, ob auch ihre Abneigung auf persönlicher Erfahrung beruhte. Sie hatte lange in Italien gelebt, faschistische

Terrorakte aus nächster Nähe mitgemacht, und vor allem die Jahre in Florenz waren ihr beigeblieben, wo sie und der paläographische Bruder zum intimen Kreise des Historikers Guglielmo Ferrero und der Dina Ferrero, Lombrosos Tochter, gehört hatten. Ferrero stand auf der schwarzen Liste und war den Nachstellungen des Duce ausgesetzt, die sich auch auf die Familie und deren Freunde erstreckten, so daß Beatrice schließlich keinen Schritt mehr tun konnte, ohne einen der unheimlichen Sbirren an den Fersen zu haben. Mehrmals wurde sie in Haft genommen und verhört, aber als Schweizer Bürgerin wieder freigelassen, dann mit Ausweisung bedroht. Doch ehe sie wegen staatsgefährlichen Umganges des Landes verwiesen oder in den Arno geworfen werden konnte, hatte sie eine Stelle als Gesellschafterin einer deutschen Millionärsgattin angenommen, die ihr allerdings Arsenik in den Frühstückskaffee schüttete, was sicher so schlimm war die Liktorenbündelei. Darum, bedeutete sie dem für den spanischen Duce weibelnden Grafen: Duce lieber nicht.

Eines Tages schickten uns die Formigueras eine Einladung für ein Fest zu Ehren ihres Freundes und Duce-Aspiranten Don Francisco Franco y Bahámonde, der mit seiner Gattin die Ferien auf der Insel und in ihrem Hause verbrächte. Eine Vorbesprechung wegen der Einübung des Zeremonials sei erforderlich; man erwarte uns beide, vor allem Don Vigo als den Vertreter einer Nation, in der der Duce ja auch schon Anklang gefunden habe.

Don Francisco Franco, General der Infanterie, war 1931 von Azaña als Militärgouverneur nach den Balearen versetzt worden, bald darauf aber wieder nach Marokko zurückgekehrt. Im Hause Formiguera nannte man ihn gerne den Cabdillo oder Caudillo, was soviel wie Häuptling oder Bandenführer bezeichnet: Duce.

Das Wörtchen »üben« hat für mich einen üblen Beigeschmack, ganz gleich, ob nun am kleinen Einmaleins, an einem Maschinengewehr oder an der Kommunionbank geübt werden muß: es ruft mir den Vorläufer meines Vigoleis vor die Seele, wie er von eines greisen Priesters Hand den Schlag mit dem Schlüssel Petri auf die nicht weit genug vorgelegte Zunge bekam, so daß er nachher das schöne Preislied des Aquinaten »Pange lingua gloriosum, Preise Zunge . . .« nie mehr mitsingen mochte. Und nun sollte ich üben: den rechten Arm zu heben und einem General das Ave Caesar zuzurufen. Gehen wir mal hin, ansehen kann man sich den Mumpitz ja.

Junges Volk war in den Sälen versammelt, es wurde getanzt, getändelt, mit großen Worten ins Leere geschwätzt und an einem Ersatzgeneral das neue Heil geübt. Es saß natürlich schon nach der ersten Geste, denn schließlich steckt der Affe dem Menschen im Blut.

Seltsam: auch zum Scherz war ich nicht zu bewegen, vor den Strohmann hinzutreten, den Arm zu heben und zu sagen: Viva Franco! Arriba España! – es wird, ob auch nicht in diesem Buche, noch zu erzählen sein, wie ich's Jahre später, imaginär als General verkleidet, tun sollte auf einer kleinen spanischen Grenzstation. Zum Fest, sagte ich, kämen wir nicht, wir wollten keine Spielverderber sein, um so weniger, wo es uns schiene, daß die Faschisterei ihnen allen blutiger Ernst sei.

»Wie ihr wollt«, meinte der Grande aus dem Hause Formiguera, der sein Brot als kleiner Bankbeamter verdienen mußte, »aber ihr werdet es noch bereuen, die Bekanntschaft einer zukünftigen Berühmtheit ausgeschlagen zu haben. Hitler oder Franco, mal sehen, wer von beiden zuerst oben ist!«

Der General erschien, es wurde ein rauschendes Fest. Noch tagelang nachher wußten die Töchter Beatricen vorzuhalten, was wir alles versäumt hätten durch unsere unbegreifliche Kneiferei. Doch mehr als an das Politische, das uns bewogen hatte, dem Empfang fernzubleiben, dachten die Señoritas an den Glanz, den Tand, das erotisierende Spiel mit Mantilla und klapperndem Fächer; und wie hätten sie oder wer immer damals ahnen, bei aller rutenbündlerischen Mantelparade (suerte de capa) auch nur ahnen können, daß der ruhmsüchtige General nach vier Jahren schon in den Superlativ erhoben werden würde: El Generalissimo?

Vigoleis als Meister der verpaßten Gelegenheiten, sei es bei Büchern oder Frauen aus zweiter Hand, in der Wahl seines Jahrhunderts oder im Abklatsch seines zweiten Gesichts: der weltberühmt gewordene Caudillo nimmt sich nicht schlecht aus in diesem Gewölle. Eine Träne hat er diesem Versäumnis allerdings nie nachgeweint.

Wer hätte nicht schon eine Waschfrau sich berühmen hören, daß sie nur in feinen Häusern schaffe? Auch Näherinnen, Hebammen und Hauswurster pflegen ihr Standesbewußtsein. Beatrice beansprucht für ihren Beruf keine Sonderstellung, ja sie verdiente lieber eine Duro weniger in einem verblühten Palast als den fetten Bollen am Tische des rülpischen Emporkömmlings. Was in der Hütte des getretenen Volkes lernbegierig war

– und intelligent! – kam zu uns in die Barceló, mit noch weniger zwar als einem Duro, aber begabt mit dem hellen Verstand und schönen Anstand, der in den niederen Schichten noch als eine Naturerscheinung begegnet. Alle, ob nun mit oder ohne Geld, mit oder ohne Gehirn, machten Beatrice die Wohnung schmutzig, aber das lag nicht an der Bildung, sondern an der Matte, die immer noch nicht vor der Tür lag, Bücher waren wichtiger.

Die Häuser, in denen ich vorzugsweise ein- und ausging, waren nicht reich und sicher nicht fein: des »Siete Reales« Kohlenbaracke und Schusterschuppen lud oft zu einem Gesprächsel über die Innenwelt, in der dieser schwarze, bedachtsam Wort an Wort fügende Mann lebte, der auch darum noch einer »von der Straße« war, weil ihn nicht einmal eine Tür von ihr trennte. Und der Bäckerladen! Die Panadería war eine noch größere Anziehung für mich geworden, aber dafür mußte erst die Bäckersfrau im Kindbett sterben und die berühmten Würmchen, fünf an der Zahl, benebst dem rosaroten Säugling mutterlos in der rauhen Welt zurücklassen. Das ist eine alte Geschichte, der auch ich keine neue Seite abgewinnen könnte, wollte ich es. Das Leben erbt sich fort über die Hintertreppe des Todes. Gott hat es so befunden, und Jaume, der Bäcker, ergab sich in den Ratschluß eines Schöpfers, an den er immer weniger glaubte – doch hatte er auch keine Zeit, ernstlich über sein Schicksal nachzudenken. Denn während Gott unnahbar im Ewigen west und ihm ein Tag wie eine Stunde oder ein Aeon ist, schrien die Bälge wie am Spieß, der Teig mußte geknetet, der Lehrjunge geohrfeigt, Laib auf Laib in den Ofen geschoben werden. Und immer die Kunden! Gewiß, Frauen aus der Nachbarschaft nahmen sich der Köttel an. Wer gerade selber geboren hatte, legte den fremden Schreihals mit an die Brust. Arme Leute machen da nicht viel Umstände. Wo eines trinkt, können auch zwei angelegt werden, seht doch selbst: und so eine gesegnete Mutter aus dem Volke öffnet das Kleid, hebt stolz die schwere Kugel über das Hemd und spritzt mit geübter Hand einen Strahl Milch gegen die Wand. Das überzeugt. So prüde spanische Frauen sind, werden sie Mutter, dann fällt jegliche Scheu. Brüste sind ein Prunkstück, das man herumzeigt wie ein Bauer eine doppelt prall geratene Runkelrübe. Daß Mütter ihre Kinder oft drei und vier Jahre stillen, ist in Spanien keine Seltenheit. Das führt dann zu ergötzlichen Szenen, wenn der Durstige selber die Quelle auspackt und sich seinen Schoppen holt, wobei geflucht und gekreischt wird im Stile des Inka-Kakadus. Man pocht auf den nie zu erlöschen scheinenden Anspruch. Es hat lange Zeit gedauert, ehe ich mich an dieses, einem auf Schritt und Tritt begegnende Mutterglück habe gewöhnen können. Das Wunderbare der weiblichen Brust, die zum Werden führt und das Gewordene hält, verlor bei diesen Madonnen sein Geheimnis und wurde Euter.

So ward Jaumes jüngster Wurm mit durchgeschwemmt, es fehlte ihm an nichts, er schrie wie die Geschwister, plärrte mit im Chor; das bißchen Leben wollte genutzt sein. Man weiß ja in diesen Ländern nie, wie lange es vorhält. Nämlich gestorben wird viel in den Häusern, wo das Dutzend Kinder die Norm ist, und Gott gibt sie und nimmt sie nach Seinem Ermessen. Was übrigbleibt, sorgt wieder für ein neues Dutzend. Aber die Kundschaft im Laden, die bereitete Jaume Sorgen, denn die war wichtiger als das von Gott gewollte Genist. Matias nahm sie ihm ab.

*

Matias war der Bruder der verstorbenen Bäckerin. Sein linkes Bein war kürzer als das rechte. Er war mit solcher Mißbildung auf die Welt gekommen und darum Lehrer geworden; und weil er Lehrer war, hatte er Anspruch auf den Titel Don. Als Don Matias lernte ich ihn bei der Beerdigung seiner Schwester kennen. Er war ganz in Schwarz gekleidet. Hätte ich ihn ein Jahr früher kennengelernt, so wäre er auch in Schwarz gegangen, und noch ein Jahr früher: auch in Schwarz. Nur der Glanz des Anzuges wäre weniger geschabt gewesen. Die Trauer blieb sich immer gleich.

Pedro hatte uns einmal vorgerechnet, daß der Durchschnittsspanier nie aus dem »Luto« herauskommt und somit nie aus dem schwarzen Zeug, es sei denn, er pfeife etwas auf Trauer und einen altüberlieferten Leidbrauch, der vorschreibt, wieviel Jahre, Monate und Tage man von der schweren bis zur leichten Trauer tragen muß, gestaffelt nach dem Grade der Verwandtschaft. Manchmal glaubt einer, der 20 oder 30 Jahre in Schwarz begraben herumgelaufen ist, nun ginge es gut, noch 23 Tage, dann könne er endlich einen feinen hellen Anzug tragen, und er geht schon zum Schneider, es wird Maß genommen, das Tuch gewählt, alles spricht dafür, daß es diesmal klappt, hintangesetzt, man stürbe selbst und käme dann ganz weiß in die Kiste – da flattert eine Todesanzeige ins Haus: caramba, ein vergessener Onkel 7. Grades, der auf den angeheirateten Vetter einer längst verstorbenen Großtante zurückzuführen ist – das kostet 3 Wochen! Der Schneider trennt die Nähte auf und gibt den Stoff in die Farbe.

Don Matias hatte mit pädagogisch geschultem Blick sofort gesehen, daß ich ein Fremder und der einzige »Intellektuelle« unter den Leidtragenden war. Er humpelte an meine Seite, erhielt seinen Händedruck und erfuhr, daß er es mit Vigoleis zu tun habe, Don Vigo, ja, einer schriftstellerischen Existenz aus dem Erzlande der Dichter und Denker. Das war ihm ein sichtlicher Trost an dem Tag, wo er mit der Schwester auch seine langgehegte Hoffnung auf einen weißen Anzug wieder einmal zu Grabe trug.

Von meinen Dichtern kannte er Goethe, von meinen Denkern Kraußе – »bitte, wie war der Name schon?« – »Carlos Cristiano Frederico Krauße.«

Ach so, der Krause, von dem ich nie eine Zeile gelesen hatte, und »gehabt« hatte ich ihn auf der Universität doch auch nicht, oder hatte ich gerade gefehlt, als er an die Reihe kam? Krause? Ich muß zu Hause gleich nachschlagen, im Sternbeck steht er sicher. Da aber eine Grundforderung der Philosophie die Wahrheit ist oder zumindest das ernste Streben nach ihr, gestand ich es dem Leidtragenden, noch ehe die Tote versenkt war, daß mir der Krauße kein wesentlicher Begriff sei. Don Matias blieb in dem schwatzenden, rauchenden, scherzenden Leichenbegängnisse stehen und sah mich an, auf seinen Krückstock gestützt, als bräche ihm eine zweite Hoffnung entseelt vor die Füße nieder: »Den kennen Sie nicht? Ist das möglich, ein Deutscher, der seinen Krauße nicht kennt?« Ich ließ mich nicht korrumpieren und blieb bei der bitteren Wahrheit: »Nein!«

Don Matias hatte bei seiner vorgesetzten Schulbehörde einen sogenannten Barmherzigkeitsurlaub erwirkt, um dem Schwager den Laden so lange in Gang zu halten, bis ein vollwertiger Ersatz für die Verstorbene gefunden sei. Gut, daß ich es wußte, ich würde Don Matias also in Zukunft täglich begegnen – und mußte auf der Hut sein. Einem deutschen Philosophieprofessor hätte ich, um meine geistige Niederlage nachträglich ein wenig abzuschwächen, immer noch etwas über den Krausianismus vorfaseln können. Bei einem spanischen »Aficionado«, einem Amateur, der sich mit Leidenschaft auf die Philosophie geworfen hat, hieß es vorsichtig sein. Und dann noch »Krausista«, Neukrausianer! Zu dumm, dem gleich auf die Nase gebunden zu haben, daß ich schreibe und Krause nicht kenne! Ich bin doch sonst so vorsichtig mit dem Bekenntnis zu einem Beruf, der in meinen Händen nichts auf sich hat. Meine Vorlautigkeit hatte zur Folge, daß wir drei Tage lang Brot aus eines anderen Bäckers Ofen aßen. Drei Tage: da wußte ich meine Lektion, Beatrice hat mich nie so pauken sehen! Nun konnte ich ruhig vor Don Matias hintreten und mich über Krausens Urwesen und Urinnentum, den Panentheismus, verbreiten, ohne durchzufallen, und dabei ganz natürlich ein Brot kaufen.

»Aber Sie sagten doch, Don Vigo, Krauße nicht zu kennen?«

»Ihr Spanier sagt Krauße, wo wir Krause sagen, daher der Irrtum, vielleicht verzeihlich, wenn man hinter einer Leiche schreitet.«

Don Matias hatte sich halb gedacht, daß da ein Irrtum obwalten mußte, jeder Deutsche kenne seinen Krauße, das gäbe es doch nicht anders. Aus meinen Handbüchern wußte ich und merkte es auch bald selbst, daß die Krausesche Philosophie gerade in Spanien eine weite Verbreitung gefunden hat. An der Universität in Madrid gab es sogar einen Lehrstuhl für Krausismus, der eine eigene, politisch-ideologische Bewegung im Lande auslöste. Die Anhänger hießen Krausistas, sie zählten nach Tausenden, und Don Matias war deren einer.

Unsere zweite Begegnung stand aber nicht im Zeichen der deutschen Philosophie. Hatte ich mich umsonst mit dem freimaurerischen Pantheisten drei Tage lang herumgeschlagen? Don Matias nahm von meiner Rekrausierung nur oberflächlich Notiz und begann sogleich, mir einen verzückten Vortrag zu halten über Spaniens größten Lyriker des verflossenen Jahrhunderts, José de Espronceda, der sich gerne für den iberischen Byron hielt: Frauenräuber, Barrikadenheld, Geheimbündler, Laufschrittmacher des Weltschmerzes – »ein Beispiel, Don Vigo?«

Don Matias deklamierte mit Begeisterung, hinter der Theke auf einem Mehlsack sitzend, die vielumstrittene Strophe über den Friedhof, den der Dichter gestopft voller Leichen sehen will, »de muertos bien relleno, manando sangre y cieno, que impida el respirar.« Espronceda hat stärkere Strophen, und die Philologen sind sich immer noch nicht einig, ob die zitierten echt oder untergeschoben sind. Auf Jaumes Mehlsack wurde das Gedicht jedenfalls zur hinreißend echten Dichtung; das hatte Schneid, da kam es auf eine Leiche mehr nicht an, und es ist ein Kennzeichen aller großen Poesie, daß sie nicht knausert. Nur Jaume selbst und die Frauen und Mädchen, die sich im Laden angesammelt hatten, fanden den Totentanz weniger angebracht, und noch in einem Trauerhause! Das Seelenamt des Siebenten Tages war noch nicht gehalten worden. Einige unter den Weibern bekreuzten sich: »Aber Don Matias!« Auch von unten klang es wie eine Mahnung herauf: »Matias!« Von unten, das bedeutet nicht aus der Unterwelt, vielmehr schloß sich an den zu ebener Erde befindlichen großen Ladenraum die Backstube an, doch gut um eine Manneslänge tiefer im Gesenk und vom Laden nur durch ein Eisengitter geschieden. Das war das Reich Jaumes, des Witwers, der von früh bis spät und auch nachts in der brütenden Hitze zwischen den Trögen und Brenten schweißtriefend sein Brot verdiente, indem er es buk, während er oben Schwager Matias und jenen fremden »Intelectual« auf seinen Mehlsäcken sitzen sah und sich mit dem Mundwerk weit über das tägliche Brot erheben. Das paßte ihm gar nicht, aber noch schwieg er, noch war sein Haus ein Trauerhaus. Der Schwager, eigens beurlaubt um den Laden zu führen, ließ es sich nun angelegen sein, mit einem der kleinsten Kunden – ein halbes Brot pro Tag – die großen Welträtsel zu lösen. Denn daß wir das anstrebten, hatte der Semmelmann sofort herausgefunden, nicht aber, welche schönen, ob auch wenig bleibenden Ergebnisse wir erzielten. Unnötig zu sagen, daß wir auch als Weltverbesserer das Mehl in den Säcken muffig machten, immer bereit, das Gute dem Besseren zum Opfer zu bringen.

In den ersten Tagen, genau: bis zur Messe des siebten, saß Don Matias in sein schwarzes Tuch geknöpft auf dem Sack und bediente mit Würde, wie es einem beurlaubten Lehrer ansteht. Dann unterließ er es sich abzustäuben, wozu auch? Weiß beflogen, dozierte er oder lauschte meinen Ausführungen und verkaufte zwischendurch, was man verlangte. Dann wurde es ihm zu heiß, und er legte als erstes den Kragen und den schwarzen Schlips ab, wobei sich herausstellte, daß er nichts an Bedeutung und magisterhafter Wichtigkeit einbüßte. Zum Zeichen der ewigen Trauer behielt er zwei schwarze Pastillen im weißen Piquéhemd, das selten gewechselt zu werden brauchte, weil es vom Staub des neuen Berufes immer blütenweiß blieb. Das ging so geraume Zeit, dann traf ich ihn ohne Rock, und statt des Hemdes hatte er sich ein grobmaschiges Ringkämpferleibchen angezogen. Um den Hals trug er ein Skapulier, das bei diesem eingeschworenen Krausisten natürlich nicht das Bildnis der Gottesmutter enthielt. In der goldenen Kapsel steckte die Photographie seiner Braut, der sagenhaften Doña Encarnación, Carnita, Fleischlein, von der noch zu sprechen sein wird.

Wie jeder Spanier, der lesen und schreiben kann und sich allein dadurch schon über die Masse erhebt und dem Intellekt verpflichtet ist, schrieb auch Don Matias Gedichte und kleine Prosa. Diese Früchte seiner geistigen Verzückungen und gewisse sarkastische Analysen und Panentheismen trug er in eine Wachstuchkladde ein. Als ich ihn kennenlernte, hatte er schon mehrere Dutzend Hefte vollgeschrieben. Sie befänden sich in seiner Bibliothek im »Pueblo«, dem Dorfe, wo er als Lehrer gewirkt habe und auch wohl wieder wirken würde, wenn Jaume zwar keinen Ersatz für seine Frau, aber für ihn, Matias, gefunden hätte.

Er würde die Elaborate holen gehen, sagte er mir, denn an meinem Urteil sei ihm gelegen. Nach und nach füllte sich aber auch die Schublade der Theke mit Hausmacherliteratur, während auf einer Planke des Regals, gleich hinter dem Sitzsack, schon Blechdosen einer kleinen Handbibliothek hatten weichen müssen. So brauchte Don Matias nicht immer aufzustehen und mühsam in seine Kammer zu humpeln, wenn die Rede auf einen bestimmten Autor kam, den er »oben stehen hatte«. Ein Griff nach hinten, es stäubte, und in einer Wolke von Mehl beugten wir uns über die angeführte Stelle.

So wurde der bescheidene Laden eines Arme-Leute-Viertels zu einem geistigen Mittelpunkt erster Ordnung.

Es gelang mir, Don Matias auf ein paar Züge im Werk des Urkrause aufmerksam zu machen, die ihm entgangen waren. Darunter litt das Geschäft, das war unausbleiblich. Aber hatte nicht Katharina II. dem unverbesserlichen Weltverbesserer Diderot den Vorwurf machen können, die großen Prinzipien seines Geistes ergäben wohl schöne Bücher, indessen eine sauschlechte Wirtschaft? Sollten wir da, die Ungedruckten, einen besseren Einfluß auf den Gang der frauenlosen Backstube haben? Eines sprach ja zu unseren Gunsten, ich meine zu Gunsten des Intellekts, der sich unter die Mehlsäcke begibt: Pio Baroja, der große Romancier, war in seiner Jugend außer Arzt auch Bäcker gewesen, Jacob Burckhardt hatte ungeachtet seines baslerischen ck-dt manche seiner weltgeschichtlichen Betrachtungen angestellt auf einem der Mehlsäcke des Hauses in der Sankt Albanvorstadt, wo er oben eine Kammer innehatte. Es war mir übrigens ein Vergnügen, Don Matias auf den Kulturhistoriker, sein Werk, Beatricens Versippung mit ihm und auf die kleine biographische Zunftmerkwürdigkeit aufmerksam zu machen.

Das Verhältnis der beiden Schwäger litt durch den Umstand,

daß der Lehrer sich als ein schlechter Ladenhüter erwies. Die Kundschaft drohte sich zu verlaufen.

Beatrice hatte den intellektuellen Bäckerersatz auch auf der Latte, einmal, weil mich das halbe Brot so lange von meinen Obliegenheiten abhielt, ums andere, weil ich oft den weiten Umweg über die Stadtbibliothek machte, um meine Bildungslücken zu stopfen; denn nichts war mir peinlicher, als vor Don Matias wie ein Schuljunge dazustehen, der seine Lektion nicht gelernt hat. In Mulets Tertulia wurde mir so nicht auf den Zahn gefühlt wie auf Jaumes Mehlsack!

Da war es nun Beatrice, die dem Geschäft neuen Auftrieb gab, indem sie zur Erfinderin wurde, was eigentlich meine starke Seite ist. Das kam so:

Ich war über Gebühr lange ausgeblieben mit dem Wecken, und so machte Beatrice sich auf, ihn selbst zu holen. Sie betrat den Laden in dem Augenblick, wo Don Matias vom Mehlsack aus seinen Werken las. Zuhörer waren außer mir ein Schub Frauen und Kinder aus unserem Viertel, die keine Literatur, sondern Brot wollten. Statt mich mit einem strafenden Blick am Schlafittchen zu packen und mitsamt dem Brot nach Hause zu zerren, wie es manch plebejische Ehefrau getan hätte, langte sie selbst nach einem halben Laib, wobei sie allerdings eine bedenkliche Schippe zog. Sie kannte aus meinen Erzählungen und dem für sich sprechenden Bildungseifer den Schulmeister und dessen iberische Sendung, in die sie nicht einzubrechen wagte; darin übrigens den anderen Frauen gleich, die offenen Mundes dem Vortrag des Schwestermannes lauschten, während unten Jaume den Teig knetete und die abgewogene Masse mit voller Wucht und Wut auf die Mengplanke schleuderte. Beatrice denn, am Œuvre meines Praeceptors Iberiae nicht im geringsten interessiert, langte sich selbst kurz entschlossen das Brot vom Gestell, zahlte den Preis auf die Theke und verschwand. Das war das Zeichen für die anderen Kunden, ihrem Beispiel zu folgen. Niemand außer mir war mehr Ohr für die lyrischen Ergüsse des Krausisten im verschwitzten Ringerleibchen: man stürmte die Regale, nahm, was man brauchte, ein Mädchen setzte die Maschine in Bewegung und schnitt sich die dünnen Scheiben für die landesüblichen Sopas, man zahlte und ging. Damit war der erste Laden mit Selbstbedienung ins Leben gerufen, eine Tat kühner fraulicher Entschlossenheit, angeregt indes durch meine, des geborenen Erfinders, Versenkung in den abstrakten Geist. Heute sind solche Läden in der ganzen Welt verbreitet. Die

Amerikaner und der Schweizer Migros-Mann Duttweiler streiten sich noch um die Vorhand. Das Urheberrecht liegt bei Beatrice.

Da der Laden nur von kleinen Leuten betreten wurde, kamen Betrügereien praktisch nicht vor. Kontrolle wurde nicht ausgeübt. Don Matias war dankbar, daß alles sich reibungslos um ihn herum abwickelte; so konnte er sich immer mehr in seine philosophisch-schöngeistigen Betrachtungen versenken, sich seinen Studien hingeben nach Herzenslust. Ich blieb ihm treu auf meinem Stammsack. Da kam der Tag, wo er auch an der Ladentheke zu schreiben begann, keine gewöhnliche Literatur, nichts von l'art pour l'art: Liebesbriefe! Er war also nicht nur ein theoretischer Liebeslyriker, er war auch persönlich verliebt.

Sein Mädchen erfüllte seine Brust. Er nannte sie sein, obwohl er sie nach spanischem Brauch erst erobern mußte. Diese Aufgabe war spornend für seine dreißig Lenze, seine leichte Feder, seinen beschwingten Geist. Das Fräulein hieß Encarnación.

Kann eine Geliebte einen schöneren Namen haben? Mensch- und Fleischwerdung der Liebe-: dreimal die Woche beutelte Don Matias sorgfältig den Mehlstaub aus seiner Trikotage, aus dem darunter befindlichen Brusthaar, aus der Hose, warf den schwarzen Rock, die sogenannte »Americana«, über die Schulter, klemmte seine Guitarre unter den Arm und winkte dem Schwager da unten sein Adios! zu: er gehe ins Pueblo. Dort, wo er Lehrer war, wohnte sie, an der sich einmal das Bibelwort erfüllen sollte, welches sie in ihrem Namen vorwegnahm: sie werde mit Don Matias zwei in einem Fleische sein. Bis dahin aber mußte Jaume noch manchen Sack Mehl verbacken, und auch ich habe aber Dutzende Brote kaufen müssen, ehe mich der verliebte Schulmeister in sein Herz und einmal sogar, in einem Augenblick des eifersuchtslosen Überschwangs, in das Medaillon hat blicken lassen. Der Dichtung, Mystik und Weltweisheit aufgeschlossene Menschen pflegen in ihrem Umgang mit der Mitwelt zurückhaltend und wie oft nicht schüchtern zu sein. Sind aber einmal die Hüllen gefallen, die Dämme niedergerissen, dann ist dem Entströmen kein Halten mehr. Was ich hier berichte, ist das Ergebnis einer langen, durch das tägliche Brot lebendig gehaltenen Freundschaft und literarisch-philosophischen Geheimbündelei, die meiner eigenen Theorie vom Brote als dem allfälligsten Sinnbild der Armut Abbruch tun könnte. Hören wir:

Doña Encarnación war die Tochter eines Generals, des vierten nebenbei bemerkt, der sich in diesen Erinnerungen aufspielt. Vom Himmel mit Reizen ausgestattet, schielte sie leider auf einem Auge: die Mutter war kurz nach der Geburt gestorben und das Neugeborene der Pflege einer indianischen Ama anvertraut worden, die es nur links trug. Der Vater, dessen Augapfel Carnita war, liebte es ebenfalls, das Kind auf dem linken Arm zu tragen. Doch was bei der Amme aus Gedankenlosigkeit und blinder Gewöhnung geschah, war beim General eine tragische Notwendigkeit. Ihm fehlte der rechte Arm. Vom linken Arm der Wärterin wanderte der Säugling auf den linken des Vaters, bis er in ein Alter kam, wo er nicht mehr getragen werden wollte. Aber da schielte Carnita schon erheblich, und man sagte dem General, es sei nichts mehr zu machen, vielleicht korrigiere sich der Fehler im Laufe der Jahre von selbst. In einem zivilisierten Lande hätte man natürlich noch eine ganze Menge Mittel zur Korrektur der Achsen anwenden können, eine Schielbrille zum Beispiel, oder die Christliche Wissenschaft, oder das homöopathische Bilsenkraut in einer heilsamen Gabengröße. Indessen war die kleine Encarnación nicht nur als die Tochter des Generals eine exotische Blume, sie war auch zur Welt gekommen in einem echten Wigwam aus Büffelhäuten hoch in den Kordilleren von Honduras. Um diese Zeit hatte der Vater schon den betreffenden Arm verloren, es war der Preis seines Heldentums. Doch war er damals noch nicht zum General aufgerückt.

Don Matias wußte nicht, wessen Lob er höher preisen sollte, das seiner fleischgewordenen Liebe oder das des zukünftigen Schwiegervaters, aus dem sie zu diesem begehrten Inkarnat geworden war, des Don Patuco.

Don Patuco, der hondurensische General, verzehrte auf der Insel Mallorca die bitteren Sopas der Verbannung. Als junger Soldat hatte er sich beim Bau der interozeanischen Eisenbahn ausgezeichnet im Kampf gegen Räuberbanden; hatte bei einem solchen Strauß den rechten Arm verloren; hatte in stinkenden Lazaretten mit der Wundfäule gekämpft, aber schließlich gesiegt. Der Brand war geheilt, und es kam der rasche Aufstieg. Die oberste Heeresleitung seines Landes warf ihn von einer gefährdeten Grenze an die andere; überall wichen die Feinde zurück, wo der »Manco«, der einarmige Haudegen auftauchte. Bei allen Aufständen und Pronunciamientos spielte er eine Rolle, und es währte nicht lange, bis sein Name galt als das Symbol für ein in Gott freies, geeintes und von der Welt unabhängiges

Honduras. Ein groß angelegter Putschversuch der zwanziger Jahre war durch die Bestechlichkeit eines Verschwörers gescheitert, und Don Patuco hatte mit einem Häuflein Getreuer die heimatliche Erde, in der sein Arm und seine Gattin ruhten, verlassen müssen. Von den Nachbarstaaten ausgewiesen, waren die Heimatlosen nach langen und unbeschreiblich mühseligen Irrfahrten auf Mallorca niedergestrichen, im selben Pueblo, wo Don Matias die Jugend dem spanischen Laster des Analphabetismus zu entreißen hatte. Den Namen des Generals habe ich nie erfahren, denn er lebte inkognito. Soviel verriet Don Matias, daß der Vater seiner zukünftigen Braut ein direkter Nachkomme jenes in der hondurensischen Geschichte berühmten Zambogenerals Guardiola sei.

Priester, Generäle und Huren sind seit eh und je die großen Kraft- und Animierquellen aller südlichen Länder, deren Geschichte nie geschrieben werden kann, ohne daß man sich eingehend mit dieser Trinität befaßt. Wir besorgten das auch ausgiebig während unserer Mehlsackstunden; stellten zum Beispiel fest, daß zwei der Kategorien sich in der dritten fänden und einten, hinwieder Gegnerschaft herrschen könne zwischen den Dienern der militanten Kirche und denen des Staates. Dies Kräftespiel macht den Süden für mich anziehender als die Sonne, indessen nicht als sein Wein.

Don Matias liebte den geistlichen Stand auch nicht, mochten seine Vertreter ihm auch nicht so unheimlich erscheinen wie mir, wenn sie mit geraffter Soutane und fanatischem Blick einer Frau nachstiegen, um sich dann in der erstbesten Kirche vor einem Kruzifixus in den Staub zu werfen und zu geißeln. Matias hatte seine Erfahrungen mit den Männern Gottes, und ich die meinigen. »Hüten Sie sich vor Generälen mit doppeltem Arm und vor Priestern mit doppelter Zunge!« sagte er mir eines Tages, als die Wogen der politischen Erregung bis in unsere Backstube schlugen und viel Staub, aber nicht den friedfertigen weißen, aufwirbelten.

Priester mit doppelter Zunge kannte ich viele, was Don Matias aber meinte mit einem doppelarmigen General, war mir nicht ganz deutlich. Beredt erläuterte er es darum am Beispiel Don Patucos, der ihm das Sprichwort in den Mund gegeben hatte:

Ein General müsse sich im Einsatz vor der Truppe bewähren, in die Bresche springen, über die Savanne jagen, dem Feinde mitten ins Herz. »Keine Feldherrnhügel, Don Vigoleis, keine Bleifederstrategie! Don Patuco hat alle Siege mit dem Säbel in der Faust erfochten. Daß dabei Gliedmaßen auf der Walstatt bleiben, ist selbstverständlich. Als der Milizianer Patuco den Wegelagerern die Kassette mit den Geldern der interozeanischen Eisenbahn wieder abjug, hieb ein Bandit ihm den rechten Arm ab. Der Sieg neigte sich den Räubern zu. Da hatte aber der Feldscher schon das Blut des Stumpfes abgebunden, und als der Kampfesmutige weiter fechten wollte, reichte man ihm einen Säbel. Nun geschah das Unerhörte: Patuco wollte nur mit der eigenen Waffe kämpfen. Man suchte und fand die Plempe noch in der Faust des abgeschlagenen Armes. In der Eile gelang es nicht, die verkrampften Finger vom Griff zu lösen. Patuco, in dem noch alte Beilmythen lebendig waren, Bluterbe jener Mischlinge von der Moskitoküste, nahm nun die fremde Waffe und trennte mit einem einzigen Hieb seine ehemalige Hand vom ehemaligen Arm, umspannte die tote Rechte mit der ruhmbegierigen Linken, und so doppelt im Bunde mit sich und den Geistern der Vorwelt, rief er: mir nach! Ehe der Abend fiel, war der Bahnschatz wieder im Besitze der Transozeanischen Compagnie. Patuco wurde zum Sergeanten befördert.«

»Welch ein Heldenleben, welch ein mythologisch-religiöser Stoff für ein Epos! Ist denn kein hondurensischer Sänger da, solches in Reim und Rhythmus auf die Nachwelt zu bringen? Daneben verblaßt die ganze germanische und griechische Heldensage und sogar die astrale Gilgameschmythe. Tun Sie es, Don Matias, Sie müssen es schreiben, das Lied von der Hiebwaffe in der doppelten Faust, das sind Sie dem Vater Ihres Fleischleins schuldig!«

Don Matias lächelte fein, dann ergriff er seinen Krückstock und hieb damit, als wäre es eine Plaute, erst auf meinen und dann auf seinen Mehlsack, so daß eine Wolke uns für ein paar Minuten den Blicken des kopfschüttelnden Bäckers in der Unterwelt entzog. Als wir aus der mythologischen Vernebelung wieder emportauchten, weiß wie die Schemen einer anderen Welt, aber sehr irdisch niesend, sagte er geheimnisvoll: »Don Vigoleis, mein germanischer Freund, ehe das Mehl dieser Säcke, auf denen wir sitzen, von dem da unten zu Brot verbacken ist, werde ich Ihnen den Dichter des hondurensischen Nationalepos' vorgestellt haben. Alles hat seine Zeit. Dichtungen, die Generationen überdauern müssen, wachsen nicht wie der Halm eines Sommers!«

Ich packte mein Brot, zahlte und stürmte nach Hause. Beatrice schüttelte erst ihren Kopf und dann mich: so weiß war ich noch nie aus der Backstube gekommen – »hat der Brotbeck euch endlich herausgeprügelt? Das hätte ich soooo lange nicht mit angesehen!«

Klopf mich ruhig aus, dachte ich, dir wird schon die Spucke weg bleiben, wenn ich mit meiner Wildwestgeschichte komme. – »Don Patuco . . .« aber die Räuberpistole machte auf Beatrice fast keinen Eindruck; ein richtiger Kriminalroman sei ihr lieber. Sie kannte Südamerika, war als Kind selbst auf ungesattelten Mustangs über die Savannen gestürmt, hatte mit Cowboys Herden getrieben – sicher, meinte sie, sei mein »General« Patuco ein in seiner Heimat so gefürchteter wie gesuchter Viehdieb, großen Stils natürlich, der ganze Ranchos klaue, und der wolle der Retter seines Landes werden? Warum nicht, schließlich sei jeder Diktator ein Viehtreiber, und die südamerikanischen hätten eine gute Schule hinter sich: an echtem, also höherem Vieh gebildet!

»Und der Nationaldichter, der am Patuco-Epos schreibt, läßt dich der auch kalt?«

Den müsse sie erst noch sehen, sagte die schweizerische Theologentochter, mit einem Schlage ihre indianische Abstammung und die wilde Jagd über die Savannen wieder verleugnend. Das macht sie ja so kompliziert, diese unerwarteten Übergänge, dieses Schwanken zwischen Basel und dem Inkasee.

Ob zwei oder mehr Säcke Mehl verbacken worden sind – ich will hier Don Matias nicht auf ein Wort festnageln, das ihm in der Begeisterung für die hondurensischen Staatsaktionen entschlüpfte: aber ich bekam den Dichter zu sehen.

Einen Dichter sehen ist für mich immer ein bewegender Augenblick. Sie verkörpern das Übersinnliche, solange man sich nicht an sie gewöhnt. Ich habe viele in meinem Leben erblickt, große und kleine, gedruckte und ungedruckte. Keiner war wie der hondurensische, den ich auf meinem Stammsack antraf, als ich zum täglichen Brot erschien.

Ein bleicher Mann um die dreißig, schwarz gekleidet, hohle Wangen, die vom Tode gezeichnet schienen, was aber hier wohl die Muse war: scharf traten die Backenknochen hervor, die Lippen waren wulstig, und dem Schwung der oberen folgte der feine Strich des Schnauzes. Mehr als am müden Blick des neuen Kunden erkannte ich an dem bedeutungsvollen, den Don Matias mir zuwarf, wen ich vor mir hatte. So denn gaben sich die Ungedruckten hier ein Stelldichein. Ein halbes Brot und ein Pfund Mehl, hatte Beatrice gesagt – was aber gilt noch Brot und Mehl, wenn auf dem Sack das erste Raunen einer Sage hockt?

Don Matias erhob sich feierlich, ergriff den Stock und humpelte hinter der Theke hervor auf mich zu und vollzog die Vorstellung: »Don Gracias a Dios, Poeta – Don Vigoleis, Poeta.« Wir verbeugten uns, ich sehr tief, Don Gracias a Dios weniger tief, da er, wohl ausgemüdet von seinen vaterländischen Gesichten, auf seinem weißen Thronsack kleben blieb. Heute lächert mich diese Begegnung, aber damals war ich mir der Größe des Augenblicks bewußt: wir alle früh, wenn auch nicht mehr ganz früh vollendet; zu schönen, wenn auch nicht mehr den schönsten Hoffnungen berechtigend, drei Dichter, drei Schicksale – wann wird die Welt von ihnen künden, oder besser, wann künden sie der Welt von sich?

Don Gracias a Dios buhlte nicht um die Gunst von Verlagslektoren und Zeitungsredakteuren, wie es Vigoleis zuweilen tat. An ihn war ein höherer Auftrag ergangen, die Anerkennung seiner dichterischen Person ging nicht über die Papierkörbe Dritter: eine ganze Nation blickte auf ihn, und darum konnte er es sich erlauben, den eigenen Blick ganz nach innen gerichtet zu halten, was er da auf dem Sack sitzend auch tat.

»Bücher haben ihre Schicksale«, lautet der beliebte Kernspruch eines gewissen Terentianus Maurus; als ob die Geschicke derer, die sie schreiben, nicht auch eines klassischen Zitates wert seien! Bei Don Gracias a Dios ist das, trotz aller Ungedrucktheit seines Werkes, sicher der Fall. Darum will ich hier sein Los berichten, so wie es Don Matias mir in jener Stunde gekündet hat. Ich machte mir auf seinen Wink einen Sack frei, und unter dem ständigen Kommen und Gehen der sich selbst bedienenden Kundschaft erfuhr ich, was Nornen spinnen können, wenn sie eine anständig gehechelte Faser am Rocken haben.

Dichter Gracias a Dios war das Kind einer Mutter, die jährlich eine tote Frucht zur Welt zu bringen pflegte. Sechsmal hatte sie schon verworfen, die siebente Niederkunft stand bevor, da begab sich das Wunder: sie trug aus und gebar, und das Neugeborene lebte. »Gott sei gedankt!« rief die Erlöste, »meine Bitten sind erhört worden!« So nannte man das Kind, es war ein Knabe, nach diesem Dankstoß: Gracias a Dios.

Bald zeigte sich, daß der kleine Gottseidank nicht war wie alle Kinder. Er war zu Höherem geboren, er, der erste aus seiner Mutter Schoß, den es nicht verwarf, und darum sollte er als Dichter zu den Ewig-Verworfenen gehören. Was bei den sechsen vor ihm nicht zum Atmen gekommen war, steckte gesammelt in Gottseidank als die Brunst nach dem Allewigen und Unaussprechlichen. Das zeigte sich, als der Knabe in die Pubertät kam, bleich, jagend, weil selbst gejagt, mit heißem Atem grübelnd im heißen Atem der Nächte seiner ungesunden Heimat. So traten die ersten Gedichte aus ihm heraus. Don Matias zeigte auf die Schublade der Theke, wo er ein Heft bewahrte, in das Gottseidank die Primeurs seiner göttlichen Überrumpelung eingetragen hatte. Sie würden später im Pantheon seiner Nation aufbewahrt werden. Ich fände sie in des Bäckers Schranne tragischer an ihrem Ort, und das erntete Beifall; selbst Don Gracias wischte sich mit einer bleichen Hand wehmütig etwas Mehlstaub aus dem Schnurrbart.

Dann: Patucos Aufstand und Untergang. Vom Blei der Regierungstruppen durchlöchert, war Gottseidanks Vater auf der Barrikade verblieben. Des Wunders der »lebenden Sohngeburt« eingedenk, hatte der General den Jüngling beschworen, sein Geschick dem der Männer zu verbinden, die nun heimatlos werden würden. Er solle ihr guter Geist und mitüberwandelndes Amulett sein. Dieser, neuer Gesichte voll, willigte ein. Welcher Dichter, der nicht die Stimmen zu deuten verstünde, von wo sie auch kommen? Gracias a Dios nahm Abschied von seiner Braut, seiner Kammer, seiner Scholle, von allem, was ihm lieb gewesen – lieber tot denn Sklave! So ging er mit jenen in die Verbannung, in die neue Entrücktheit, wo das nationale Verhängnis mächtig werden konnte – und sollte! – im Gedicht. Denn das, so immer noch Don Matias, sei ja des Dichters Sendung, die Meteore, die durch das All stürzen, im rasenden Fluge aufzufangen und in die heilige Ordnung zu bannen. Als Sieger kämen sie heim, sagte der Haufe, als er sich, vermehrt um ein Häuflein weinender Frauen und Mädchen, die mit in die Verbannung zogen, an einer heimlichen Bucht einschiffte. Sie kämen wieder, es sei die übliche Frage der Zeit, auf einmal seien sie da, dann gingen die Hörnerrufe ihnen voraus: Sie sind an der Moskitoküste, Don Patuco, der Manco, der Maneta, der General, der Befreier!

Matias schilderte alles sehr farbig und sicher nicht ohne unbewußte Anklänge an die napoleonische Legende vom Marsch auf Paris nach der Auferstehung des Helden aus dem Grab der Hundert Tage. Soweit sei denn auch die Nationalhymne in der Kladde Gottseidanks gefördert. Die letzte Strophe könne erst geschrieben werden, wenn der Hornruf der Freiheit wirklich erschölle.

Unten wuchtete Jaume im Schweiße seines käsebleichen Angesichtes mehr an seiner unterdrückten Wut als an der zähen Masse, die er kneten mußte, damit das Volk da oben am Fressen bleibe. Er hatte die richtige Einsicht nicht, denn schließlich singen und sagen auch die Dichter fürs Volk, fallen die Helden im Kampfe fürs Volk, was wieder neue Helden und neue Dichter auf den Plan ruft. Jaume sah nur die Knetplanke unter und die tagediebischen Schwätzer über sich. Der Schweiß rann weiter, und Don Matias fuhr fort:

In der ersten Zeit nach ihrer Niederlassung auf Mallorca habe der Frühvollendete im Pueblo gewohnt, wo auch Don Patuco sich sonne und die Plaute scharf halte, während das Töchterlein Encarnación an der Fahne des Pronunciamientos sticke. (Dies der Entwurf: aus dem Wogenmeer der Freiheit ragt eine Faust, die wieder eine Faust in ihrem ehernen Griffe hält, und in der zweiten steckt das Kriegsbeil, darüber ein Regenbogen in den Farben des Landes.) Dann wurde Don Gracias a Dios nach Palma beordert, weil er dort besser die Weltpresse nach Berichten über Honduras durchstöbern und die öffentliche Meinung über sein Vaterland abhorchen konnte. So spärlich das alles auch fließe – die Welt nahm ja kaum Notiz von dem Krümelstaat, mochte es da auch noch so knallen – man mutmaße aus Gottseidanks Gedichten, daß der große Tag im Heraufziehen sei; es jucke den Dichter schon buchstäblich in den Fingern, die lang geschaute letzte Strophe zu schreiben; ich wisse ja um solche Zeichen.

Und ob ich es wußte! Doch von einem Jucken in den Fingern Gottseidanks merkte ich nichts, es sei denn, man nähme die Tatsache, daß er an den Nägeln kaute – was viele Dichter tun – als eine glückliche Vorverheißung.

In seiner Bleichheit und schwindsüchtigen Entflammung erschien mir Don Gracias nun wirklich als das ergreifende Inbild des vaterländisch hingerissenen Jünglings, der sich verzehrt im Gedanken an die erniedrigte Heimat, der Stunde gewärtig, wo die Nation aufbricht wie ein Mann und auch ihn, den im Schmerze Reifenden, den verbannten Sänger des Volkes, heimholt auf den Flügeln des eigenen Lieds. Aus eigener Erfahrung kenne ich die Heimwehliebe zum Vaterlande nicht, ob ich auch viele Jahre das sogenannte Brot der Verbannung verzehrt habe, das mir nie säuerlicher auf der Zunge geschmeckt hat, als wo immer das Brot der Armut bitter schmeckt. Denn auch im Exil kann man schlemmen. Ich kenne viele Verbannte, denen es daheim nie so fett in den Töpfen gestanden hat wie in der baren Fremde. Aber da pfusche ich Don Matias in seine Erzählung. Sagen wollte ich nur, daß ich im Gedankenaustausch mit dem Barden der hondurensischen Schmach und Erhebung und seinem spanischen Freunde, dem Freiersmann der scheelen Stickerin, wieder einmal auf die literarische Überlieferung angewiesen war. Die gab mir allerdings großartige Vorbilder an die Hand: erzählen konnte ich den Männern von deutscher Größe und Freiheitsliebe, von deutscher Nacht und deutschem Totengräbertum, vom Aufbruch ins Licht, von völkischer und volksherrlicher Lyrik, von Leier und Schwert, von Körner, Schill, Arndt und dem letzten Seher der Deutschen in Uniform, Ludendorff. Das zündete! Es weckte sogar den Jüngling auf dem Mehlsack aus seiner lyrischen Verträumtheit, daß er nun feurig blickte und Anstalten traf, sich zu erheben; indessen schienen seine Beine eingeschlafen zu sein – die meinen waren es –, so daß er sich wieder gegen das eiserne Geländer fallen ließ. Mehlstaub hüllte ihn für eine Weile ein, man sah ihn nicht mehr, hörte dafür aber seine Stimme: er sagte jetzt eine eigene Strophe in die Backstube hinein, hinauf und hinunter, nur eine. Er verausgabte sich nicht. Als er wieder sichtbar wurde, war sein Sang schon verschollen.

Don Matias, auch von der rätselhaften Begeisterung ergriffen, die ich mit meinem deutschen Sturm und Drang ausgelöst hatte, wurde jetzt lebendig in seinem dampfenden Ringerleibchen. Mit einem Ruck zog er die Lade aus der Theke, kramte, fand aber nicht, was er suchte: seinen Beitrag zur Stunde – der war sicher im Pueblo im Pult des Klassenzimmers zurückgeblieben.

Ich sprang in die Bresche und konnte es, denn zufällig trug ich Hölderlins sämtliche Werke in der Insel-Ausgabe bei mir. Ich hatte Don Matias viel von meiner Dünndruckphilosophie erzählt, und er wollte einmal einen solchen Band auf »papel biblia« (Bibelpapier) sehen. »Der Tod fürs Vaterland«, hub ich an, »von Hölderlin«: Nie wohl hat diese zynisch hehre Strophe bleichere Hörer gefunden, als es auf Jaumes muffig gesessenen Mehlvorräten Gracias a Dios und Matias waren, wie ich da im Auftrage des deutschen Parnasses die Jünglinge von ihren Hügeln hinab ins Tal wogen ließ, wo keck herauf schon die Würger drangen, dann aber die Seele der Knaben über sie kam, denn die Gerechten schlugen wie Zauberer und, Gottseidank wußte es ebensogut wie der der Umnachtung nahe Hölderlin: die Vaterlandsgesänge lähmten die Knie der Ehrlosen . . . bis dann die Schlacht unser war-: »Lebe droben, o Vaterland, und zähle nicht die Toten! Dir ist, Liebes! nicht *einer* zu viel gefallen . . .« Nicht einer, also keiner!

Ich hatte die Verse erst deutsch vorgetragen, nicht gut, kein Wüllner, obwohl mein Haar wie das des großen Rezitators weiß war, und dann Wort für Wort übersetzt. Ich erntete bedeutenden Applaus. Auch Jaume da unten klatschte, aber nicht Beifall, sondern er hieb die Teigmassen klatschend in den Trog. Und nicht die Toten zählen! das hatte auf beide Dichter wohl den größten Eindruck gemacht. Wo kämen wir auch hin, wenn das einrisse? Don Patuco, ließ Gottseidank sich vernehmen, habe es sich vom ersten Pronunciamiento an zum heiligen Vorsatz gemacht, nie die auf der Strecke Verbliebenen zu zählen: nur so gelänge der Schlag der Freiheit. Ich pflichtete ihm bei, obwohl Hölderlin meiner Fürsprache kaum bedurft hätte. Der Tote auf dem Schlachtfelde ist ja nur Legende. Wirklichkeit wird er erst in den Seiten der geschriebenen Geschichte. Wäre es anders, welcher Jüngling, der da noch wogen ginge? Das Zählen überlasse man dem Chronisten, der je nach der Geschichtsauffassung, in deren Dienst er schreibt, mit den Ziffern umspringen und fertigwerden wird. Wieviele blieben auf den Katalaunischen Feldern, bei Waterloo, in Stalingrad? Nur der Kümmerer kerbt seine Toten in den Stab. »Me gusta ver un cementerio de muertos bien relleno«, deklamierte nun Don Matias seinen Pseudo-Espronceda, der hinter meinem Hölderlin nicht zurückblieb.

Unaufhaltsam bengelte die heisere Glocke der Ladentür, die kleinen Leute, das Kanonenfutter unserer vaterländischen Gesänge, holten sich ihr Brot, das sie sich seit jener unseligen Geschichte mit dem Weib und der Schlange, wo eins dem anderen nach dem Kopfe treten und nach der Ferse schnappen sollte – aufgeklärt ist das nie – so sauer verdienen mußten wie Schwager Jaume, der es fluchend für sie buk. Uns ließ das unbekümmert.

Die Gesichtsblässe des hondurensischen Jünglings war nicht nur der vaterländischen Auszehrung und dem Heimweh zuzuschreiben, wie mir Don Matias später verriet. Gracias a Dios hatte in Palma eine Standbraut, die er ansang, unter dem Gitter ihres Fensters, wie ein anderer Sterblicher von den tausend, die so Nacht für Nacht den Blick erheben zur Angebeteten, bis sie, weggefenstert, ein Haus weiter gehen und weiter kommen. Gottseidank nahm das so mit, gewiß half es ihm, das Leid zu ertragen, auch hielt es das Feuer der Dichtung in schwelender Glut: man würde nur anzublasen brauchen und die Fackel brenne wieder hell – für Honduras!

Ja, meinte Don Matias, wo nun schon so vieles gesprochen worden sei und man gleichsam Erde und Himmel im gemeinsamen Vorspann durchpflügt habe, was ein Band hehrer Menschlichkeit und Kameradschaft geschaffen, da wolle er mir auch das letzte nicht verschweigen, sofern ich es nicht, als Poeta, schon erfaßt hätte: Don Gracias a Dios habe ja noch seine richtige, gereimte, vaterländische Braut, Asunción (Auf- oder Himmelfahrt), die er heimführen würde, wenn er selber unter fliegenden Fahnen heimgeholt werde. Ihrer gedenke er täglich – und dabei schwäche er sich.

»Hay que ser hombre, Don Matias«, sagte ich, »man muß seinen Mann stehen, auch in der Verbannung!«

Gute Kameraden, klopften wir uns den Mehlstaub aus den Schultern. Ich schritt mit meinem Brote heimwärts, während Matias auf seinem Sack hinter der Theke verblieb und seine arge Not hatte mit Schwager Jaume, dem das alles immer bunter wurde.

*

Ich muß Don Matias, nicht aber die Sache der hondurensischen Freiheitsbewegung ein paar Seiten lang verlassen, um einen anderen Bannling aus dem Fähnlein des einarmigen Generals vor den Leser hinzustellen. Sein Name, wie der aller Mitverschworenen ein der Geographie ihres Landes entliehenes Nennwort, ist in meiner irrlichternden Erinnerung auf immer verbunden mit Reinhold Conrad Muschlers Roman ›Bianca Maria‹. Ich meine den Schuster Ulua.

Ulua hatte nicht nur zwei Namen, das wäre wenig gewesen für einen Verschwörer, er hatte auch zwei Berufe: außer Schuster war er Petardist, oder sage ich besser Petardero, denn in Spanien nennt man einen Gauner und Betrüger, der heimlich Lunten legt und ganze Geschichten mit seinem selbstverfertigten Sprengkörper, der Petarde, auffliegen läßt, einen petardista. Ulua war kein Betrüger, sehen wir davon ab, daß er sich selbst betrog, wie das jeder gute Revolutionär und blinde Anhänger einer Bewegung tut. Ohne Idealismus geht es nun einmal nicht, doch das stehe hier nicht zur Erörterung.

Ulua hatte an der Seite Patucos gefochten, manchen Schienenstrang unterminiert, manchen hohlen Knochen mit Pulver gefüllt. Denn das war seine Spezialität: Sprengkörper aus Markbein. Seit er zum Feuerwerker der hondurensischen Nationalbewegung bestellt worden war, galt Don Patuco als der gefürchtetste Herdendieb von Mittelamerika, was lange Zeit die Pronunciamientos in ein schiefes Licht gerückt hat. Ulua brauchte Rinderknochen. Er lachte über die papierenen Tüten, die überall, auch von Don Alonso und seiner Bande, geklebt würden: das sei Spielerei – »aber bei uns in den Kordilleren, bei uns auf den Savannen . . .«

Ulua wohnte in Palma, in einem der baufälligen Häuser, die den Platz bei der baufälligen Post gegen den höher gelegenen Stadtteil hin säumten, da, wo Julietta zu tanzen pflegte. Es gehörte Mut dazu, vier Stockwerk hoch sein Leben dem morschen Flurgebälk anzuvertrauen. Seine Frau war das Kind mallorquinischer Auswanderer; und diese war es auch gewesen, die unseren Freiheitshelden angeraten hatte, auf der Goldenen Insel ihre Stunde abzuwarten. Die Ehe war mit einem Sohn gesegnet, der Sacramento hieß und schon in jungen Jahren anfing, den Gott zu leugnen, dem ihn die fromme Mutter in der Taufe aufgetragen hatte. Da paßte der Name des Allerheiligsten nicht mehr gut zu ihm, und er griff zu Pablo als unverfänglichem Ersatz, zumal niemand mehr den Apostelfürsten darin erkannte. Als Pablo lernte ich ihn kennen. Er war damals gerade zwanzig geworden, sah aber älter aus, wie alle diese Burschen mit dem Lippenbart.

Im Hause Uluas hatte Gracias a Dios eine kleine Kammer bezogen, und so schließt sich der Kreis.

Die erste Begegnung mit Uluas Sohn hatte natürlich auf Jaumes Mehlsäcken stattgefunden; die zweite kündete Pablo schon mit der eisernen Faust unserer Haustür an. – »Willkommen, Don Pablo! Beatrice, hier kommt ein Kombattant aus der Freischar des Don Patuco. Noch ist er nicht mehr als ein Gedankenstrich im Heldensang unseres gemeinsamen Freundes Gottseidank, aber bald – wer weiß?«

»Enorme!« rief Don Pablo, »enorme, Don Vigoleis, ein Gedankenstrich, und vielleicht sogar nur ein Fragezeichen. Darum bin ich hier: Doña Beatriz, ich möchte Englisch lernen, denn offen gestanden, ich halte nicht viel von der Manie unserer Alten, mit hohlen Knochen die Welt umstürzen zu wollen. Jeden Monat eine Revolution und einmal im Jahre, zur österlichen Zeit, zum Empfang der Sakramente, enorm, enorm, aber es führt zu nichts. Ich will nach England und dann nach den Staaten.«

Das war Don Pablo, der Zweifler am Umsturz aus hohlen Knochen, den wir nur noch Don Enorme nannten, weil er das Wort ständig im Munde führte, und weil er selbst in jeder Hinsicht es war. Er war Schreiber am Pult einer Schuhfabrik. In der

Freizeit, zu der in Spanien auch die Bürostunden gehören, beschäftigte er sich mit Literatur und Philosophie. Deutsch hatte er sich selber angelesen, ohne daß dazu der Sprachgott in seine Goldene Ader hätte treten müssen; und er war natürlich Krausist, kannte Nietzsche von vorne bis hinten, auch Stirner, dessen Maxime er sich zu eigen gemacht hatte: »Mir geht nichts über mich«. Ortega y Gasset, den Salonlöwen der Philosophie, tat er mit ein paar Barbareien ab, um sofort des Grafen Keyserlings lateinamerikanische Bekenntnisse in alle Himmel zu heben – »enorm, enorm!« Nachdem so das Gebiet ein wenig eingegrenzt war, kam die Frage: was Don Vigo an Honorar verlange für eine philosophische Unterweisung, zweimal die Woche, aber bitte, ganz klar –: an der deutschen Philosophie interessiere ihn nur das, was dem Präzeptor selber schleierhaft sei, und dann könnten wir versuchen, aus zwei so verschieden gearteten intellektuellen Haltungen und Erziehungen den Weg zu gehen. Nun wurde es enormer als enorm, als ich vorschlug, eine Anthologie deutscher Tintenfischphilosophie zusammenzustellen. Die Texte würden wir gemeinsam ins Spanische übertragen; aus dem Spanischen ins Englische, aus dem Englischen ins Italienische – und so über viele antagonisierende Sprachen wieder zurück in den deutschen Ursprungstext. Das derart beschnittene, aber um neue Weisheit angereicherte Werk würde ich dann einem Verleger als Blütenlese aus einem verschollenen altindischen Erlösungsphilosophen anbieten.

Diese Stichprobe der Philosophie, ein Lieblingstheorem von mir, haben wir nicht angestellt, wir blieben im Geläufigen und versuchten die Götter nicht. Bis zum Ausbruch des Bürgerkrieges war Pablo mein unermüdlicher Diszipel, ein gefährlicher auch mit seinem enormen Gehirn, das alles faßte und versetzte, schnell und ohne Reibungsverlust. Ich habe nur noch einmal eine solche aus dem Rimbu kommende exotische Denkmaschine kennengelernt, mit auswechselbaren Rädern und staubsicheren Schmierkapseln: den surinamischen Schriftsteller Albert Helman, von dem schon die Rede war. Ich bestaune diese Zerebrationen, nicht frei von Unbehagen, da Kräfte am Werk zu sehen, deren sich das Abendland seit langem begeben hat.

Nun hätte man meinen können, daß Ulua und Don Patuco stolz gewesen wären auf einen solchen Keimträger der nationalen Erhebung. Aber nein! Der sich in bräutlicher Vaterlandstreue schwächende Gottseidank, die schielend an der Standarte stickende Encarnación und ein gewisser Don Sulaco, ein Rauschgifthändler, der Anschluß an die Bande aus dem »Turm der Uhr« gefunden hatte und die Verbannten mit dem nötigen Geld versorgte – sie alle waren dem verstümmelten Haudegen lieber als der Studiosus, der gewiß keinen Säbel schwingen, geschweige eine Petarde, von seines Vaters gepichtem Daumen gestopft, würde werfen können, ohne selbst dabei in die Luft zu fliegen. Das Zerwürfnis mit den Alten spitzte sich zu, die Schuhfabrik zahlte schlecht – »Doña Beatriz, in einem Jahr muß ich perfekt Englisch können!«

Immer weniger Freude erlebte Ulua an seinem Sacramento. Dieser, kein Stubenhocker wie sein Präzeptor, der mehr Angst hat vor unexplodierten Sprengkörpern als im Augenblick, wo sie losgehen, war die revolutionären Sticheleien der »Alten« satt. Er sagte: die nächste Bombe, die in Palma geschmissen würde, würde von seiner Hand geschmissen, und vor bestellten Zeugen. Ob ich dabei sein wolle?

Eines Tages kam er zur Stunde und zog anstelle des Philosophen eine blau-weiß gestreifte Radrennermütze aus der Tasche. Mit dieser Kappe sei er morgen um 12 Uhr auf der Plaza Cort seinen Leuten kenntlich und schmeiße einen scharf geladenen Knochen ins Ayuntamiento – »den Rest sollen die spanischen Revolutionäre selbst besorgen, damit habe ich nichts zu tun. Alles ist von langer Hand vorbereitet. Später werdet ihr über einen Mittelsmann Don Patuco bezeugen müssen, daß Uluas Sohn vor nichts zurückschreckt.« Er lachte dröhnend, dann verloren wir uns in eine Diskussion über das »cogito, ergo sum« im Lichte des Anarchismus.

Sacramento, Uluas Sohn, warf die Bombe um Glockenschlag zwölf. Sie richtete nicht mehr Schaden an als die einheimischen Petarden aus der Werkstatt des anarchistischen Grafen. Der Aufstand war mit wenigen Gummiknüppeln niedergeschlagen. Sacramento entkam. Er hatte nämlich die Rennermütze zugleich mit dem Sprengknochen weggeworfen – die geniale Doppelleistung des philosophisch geschulten Terroristen. Wir, harmlose Vorbeigänger, von der Straßenrevolte überrascht, sahen, wie ein Tagedieb die Kopfbedeckung aufgriff und mit ihr das Weite suchte. Ein Polizist hatte aber schon in blitzschneller Reaktion Mütze und Bombenanschlag in Zusammenhang gebracht, und da die Bombe ihre eigenen Gesetze hat, die einen spanischen Polizisten wenig angehen, setzte er dem Burschen nach, dessen Beine leider die kürzeren waren. Er wurde auf die Wache geschleppt. Erst viel später stellte sich der wahre Sachverhalt heraus.

Don Patuco soll sehr erstaunt, aber auch vaterländisch gerührt gewesen sein über die Feuerprobe von Uluas verloren geglaubtem Sproß. Ich war erstaunt über die unspanische Pünktlichkeit, mit der der Knochen geworfen worden war. Pablo erzählte uns noch am selben Abend, daß die Revolution an dieser Pünktlichkeit gescheitert sei, denn die Hauptthelden hätten noch in den Cafés gesessen, als das höllische Mark schon den Knochen sprengte – und leider nicht mehr.

»Anarchie und Pünktlichkeit, Don Enorme, voilà das Thema für die nächste Stunde!«

»Enorm, Don Vigoleis, enorm!«

*

Ulua als Schuster: feinste Maßarbeit, lautete es immer wieder im Munde des geistigen Schirmherrn aller hondurensischen Angelegenheiten, Don Matias – »elegante Paßform«, pflichtete der sich immer mehr schwächende Barde bei – »nicht so schlecht, wie man befürchten sollte«, meinte der eigene Sohn, der die maschinengenähten Schuhe seines Arbeitgebers den handgepinnten seines Erzeugers vorzog.

Meine eigenen vaterländischen Stiefel waren schon lange bis auf die Brandsohlen durchgelaufen. Sommers und winters trug ich nur noch Alpargatas, die Fußbekleidung der kleinen Leute, das Stück zu 50 Centimos. Es kam aber der Tag, wo wir so viel zusammengespart hatten, daß ich mir wieder ein Paar Schuhe leisten konnte, gewöhnliche Schuhe, nichts Besonderes. Aber, meinte Beatrice, noch ein paar Monate, und es lange zu Maßarbeit: beim Schuster Ulua! Also warten. Das war so selbstverständlich wie das schwarze Kraut in des Pfriemers hohlen Knochen.

Die Bande mit Honduras waren inzwischen so eng geknüpft, daß ich auch ohne gewisse Aussichten nie einem anderen Meister den Auftrag erteilt hätte. Worin bestanden diese Aussichten?

Don Matias begab sich nicht nur ins Pueblo, um seine Braut anzusingen und der Guitarre solche Töne zu entlocken, die das Herz des Mädchens erweichen, den Blick des gesunden Auges auf den Schmachtenden lenken sollten. Er traf sich jedesmal mit Don Patuco und erstattete Bericht über den Lauf der Welt, soweit diese sich um Honduras drehte. Mit der Zeit hatte er, selbst bresthaft, ob auch nicht heldischer Art, Gnade gefunden vor dem General und waltete nun seines Amtes als vortragender Rat und Einflüsterer. Nach der Machtergreifung würde er ins Kultusministerium berufen werden: Sonderbeauftragter für die Bekämpfung des Analphabetismus. Das stand alles schon in der noch ungeschriebenen neuen Verfassung. Sobald sich eine Gelegenheit biete, wolle Don Matias »meinen Fall« vor dem General zur Sprache bringen: denn ich müsse berufen werden als Dezernent für abendländische Geistesfragen, soweit diese auf Honduras von Einfluß sein könnten. Studiengang, Weltanschauung, Abneigung gegen Kirche und Staat, sofern ihre Vertreter mit zwei Zungen und zwei Armen föchten; meine Erfindungsgabe, die Sitzschwielen; Doña Beatriz halb Inkablut, halb Schweizerin, solches wichtig wegen der Golddeckung der Lempira – dies alles erhöhe meine Chancen als Bewerber. Kein Wunder, daß ich mich da schon in Tegucigalpa hinter einem leeren Diplomatenschreibtisch aus Palisanderholz meditieren sah, 3200 Fuß über dem Meeresspiegel, und in unermeßlicher Höhe über mir selbst.

Es war nicht das erste Mal, daß mir ein solches Staatspöstchen winkte. »Männeken«, hatte mein Freund und Lehrer Dr. Wilhelm Kremers wiederholt gesagt, in jenen Tagen, wo er den Niederrhein für seinen separatistischen Staatstreich beackerte, »Männeken, so einen wie dich kann ich gut gebrauchen, wenn wir die ›Rheinische Republik‹ ausgerufen haben. Du kommst zu mir ins Kultusministerium!« Ich war damals gerade Weber oder Schlosser, drängte aber nicht von unten nach oben, sondern wollte meine Biographie eher im umgekehrten Sinne bereichern. Dennoch, alles hing an einem Haar, und das war insofern fatal, als dieses Haar ein Härchen von den auf der Tonsur des abgefallenen Priesters nachgewachsenen war; es hatte eine verminderte Reißfestigkeit. Mit dem Oktoberputsch krachte alles zusammen. Die Dorten und Smeets, Kremers und Pepi Matthes hatten den Rheinischen Freistaat zu sehr auf Schnapsnasen und Biersäcken, angeklebten Bärten, Schiebern, Zuhältern und verludertem Militär aufziehen wollen. Dabei ist es eine Binsenweisheit, daß Priester und Soldaten in der Politik immer eine ungute Hand haben. Möglicherweise ist das in einem Wildweststaat anders, Don Patuco wird es zu beweisen haben. Biographisch wichtig bleibt im Fall Kremers oder in dem jetzt aktuellen des einarmigen Generals, wie alles von langer Hand vorbereitet wird und wie klug eine solche Hand in der Wahl der Mitarbeiter zu sein weiß. Einmal die Macht erobert, müssen nicht nur der Posten, sondern auch alle Pöstchen sofort besetzt werden können, sonst bleibt der Aufstand ein Schlag aufs

Wasser mit viel Gespritze, ein Brecher, der alles von Deck schwemmt. Graf Keßler sagte mir am Tag der Röhmrevolte, die ihn ziemlich aus der Fassung brachte: Wenn es wirklich gelänge, Hitler zu stürzen, was dann? Die Emigration versage, sie sei ein Phantom, und in Deutschland selbst habe man niemand. Don Patuco würde nicht versagen, entgegnete ich. Don Patuco? Wer das nun wieder sei? Da erzählte ich einiges über das Schicksal meiner hondurensischen Freunde, über die Tertulias auf den Mehlsäcken des Bäckers Jaume, und sagte natürlich dem Verfasser der ›Notizen über Mexiko‹ nichts Ungewöhnliches. – »In Mexiko bin ich seit der Veröffentlichung meiner ›Notizen‹ vogelfrei, aber nach Südamerika ganz allgemein sollten wir alle emigrieren.«

Schuhe sonach, sei es mit oder ohne Anwartschaft auf einen Ministerstuhl, nur vom Schuster Ulua.

Eine aufregende Zeit begann. Der Schwabe vom Shop, ins Vertrauen gezogen, dessen er würdig war, stellte bereitwilligst ausländische Magazine zur Verfügung; Don Pablo schleppte die Kataloge seiner Schuhfabrik herbei; Pedro, auf seine Kunst und sonst nichts gestellt, lieferte eigene Entwürfe für die Fußbekleidung. Vigoleis verglich, wägte, verwarf, wählte; Beatrice wurde gehört – und so kam man zur Lösung, die übrigens von vornherein in die Richtung des Schnabelschuhs gewiesen hatte.

Ich kenne kein Volk, das ein so ausgeprägtes Verhältnis zum Schuhwerk hat wie das spanische. Das muß wie angegossen sitzen, blitzblank gewichst sein, dreimal am Tage, viermal, wenn der Spiegel der Kappe sich trübt oder man nicht weiß, was man tun soll. Auf 100 Spanier kommt ein General, auf 50 ein Cura, auf 10 ein Limpiabotas und auf jeden, General, Priester und Stiefelwichser einbegriffen, eine Maria del Pilar.

Ich hätte in Uluas Werkstatt hinaufsteigen können, um den Staatsauftrag zu vergeben. Aber nein, ich kostete die Vorfreude aus, zögerte den Tag hinaus, wo ich elegant beschuht unter den Beschuhten der Insel wandeln würde. Einen Monat ließ ich verstreichen, in der Erkenntnis, daß der Weg immer schöner als das Ziel, die Hoffnung auf Erfüllung immer gesegneter als die Erfüllung ist, wie es Altes und Neues Testament gerne bezeugen. Dann mußte es sein. Philosophisch bewanderte Leser kennen die Erscheinung der geistigen Überschwängerung (Superfötation), der ich mich um ein Paar Schuhe nicht aussetzen wollte.

Ulua war ein Schuster nach eigener Leiste. Nichts Mystisches war an ihm zu entdecken, eine Kugel hatte er auch nicht. Sein Dreifuß war blank, ein Zeichen, daß er emsig pinnte. Merkwürdig war sein Daumen, ein echter Pulverdaumen, von einer Breite, die dem Hohlen auch des größten Rinderknochens entsprach. Pablos Mutter, die Mallorquinerin, stopfte einen Büschel Roßhaar in die Polsterung eines Schemels zurück, auf den sie mich dann nötigte. Das Gespräch nahm sogleich einen hohen Flug, genau gesagt, wir landeten auf 3200 Fuß mitten in die Capital der umstrittenen und umlittenen Heimat, die auf den Befreier wartete. Dann ging es im Gleitflug wieder in die Ebene hinab, wo der Marxismus unser harrte. Wie Don Matias seinen lahmen Schritt im Leichenbegängnis gehemmt, als er hörte, daß ich nie eine Zeile von Krause gelesen, so staunte mich nun Ulua an, als er einen Menschen vor sich sah, der Marx nie gelesen hatte noch auch zu lesen bereit sei. Dieses freimütige Bekenntnis hatte zur Folge, daß Ulua mir in großen Zügen die Bestrebungen seines Carlos näherzubringen suchte. Darüber und über einem Becher Pulque und ein paar Schnitten Turrón vergaß ich den Anlaß meines Besuches.

Ein zweiter Gang in die Werkstatt des vielseitigen Meisters klärte Fragen des Faschismus. Mehrere Klöster wurden in die Luft gesprengt, die Jesuiten erneut des Landes verwiesen, Juan March aufgeknüpft und dessen Millionen der hondurensischen Freiheitsbewegung zugeleitet. Das alles nahm Ulua auf die eigene Kappe. Ich wollte nicht tatlos sein oder als Feigling gelten und riß darum allen Generälen die Schießschnüre von der Brust und die roten Streifen von der Hose, wie ich es als Schuljunge 1918 in Deutschland gesehen hatte. Aber da kam ich an den Falschen: Don Patuco, unser aller künftiger Brotherr, war ja auch General. Des Anarchisten Unmut legte sich aber schnell, als ich ihm sagte, ich hätte natürlich nur die zweiarmigen im Sinn und vorzugsweise die deutsch-preußischen Vertreter dieses Standes; nannte Namen am Schnürchen und stieg wieder in der Gunst des Mannes, als ich bemerkte, in absehbarer Zeit stünde ein Affenheer in Deutschland marschbereit. Bei der Gelegenheit erfuhr ich auch, daß Honduras meinem Kaiser noch schnell den Krieg erklärt hatte, als dieser schon beim Packen war. Dann nahm Ulua Maß. Er rühmte meinen edlen Fuß, den keine Schwiele entstellt – und nie ein Soldatenstiefel gedrückt hat.

Erst beim dritten Besuch wurde das Material bestimmt. Lange saß ich auf dem Schemel und ließ mir die Ledersorten erklären, prüfte sie, auf eines gleich zu Beginn des Werkgespräches aufmerksam gemacht: Europa habe kein gutes Rindvieh. Ich wurde stutzig. Mussolini hatte schon Millionen ins schwarze Joch gezwungen, Hitler schickte sich an, das ganze deutsche Volk zum Herdenvieh zu brandmarken mit dem zischenden Hakenkreuz – aber natürlich, Meister Ulua meinte die Häute: Häute nur auf den Savannen! Wäre Ulua ein Mongole gewesen, dann hätte er auf die Häutebüffel der Hohen Tatarei geschworen. So entschied ich mich für tschechisches Oberleder, deutsches Spaltfutter und in spanischer Lohe gegerbte Sohlen. Diese Zusammenstellung sei die teuerste, aber ich würde es nie bereuen.

In einem Monat sei der Maßschuh fertig, vorausgesetzt, daß keine unvorhergesehenen politischen Ereignisse den Schuster zwängen, Knochen zu stopfen oder gar – aber wer wagte das Letzte so mir nichts dir nichts auszusprechen? Es tat sich da allerlei, es gärte wieder bedeutend an der Moskitoküste; man rebellierte gegen die Yankees, die sich dort festgesetzt hatten; ein gewisser doppelarmiger General und zum Dr. promovierter Don Tiburcio müsse umgelegt werden. Von Don Matias hörte ich, daß Carnita bis tief in die Nacht über dem Rahmen säße, um das motivreiche Wappen ins Banner zu sticken, und Gracias a Dios aus seinem heroischen Pilarièrenleben nicht mehr herauskäme, ohne dabei der fernen Staatsbraut den täglichen Liebestribut zu versagen: noch sehe ich ihn vor mir auf dem Mehlsack, dies bleiche Menschengefäß, in das bald die letzte, noch unerlebte Strophe des hondurensischen Horst-Wessel-Liedes einströmen würde. Bereit sein sei alles, meinte Ulua mit der Wehmut des Verbannten, der in die Freiheit aufbrechen wird, bald, und es doch nicht so schlecht gehabt hat im Exil. Hoffentlich aber, entgegnete ich, sehr eigensüchtig, ließe der Lauf der Weltgeschichte es zu, daß Meister Ulua meine Stiefel noch auf die Leisten kriege, ehe der große Knochen zum Springen käme – »und dann, mein Freund, kann ich auf neuen Sohlen meinen Einzug halten ins Kultusministerium der Hondurensischen Republik.«

Brot esse ich ungern. Es schmeckt mir so wenig wie die Kartoffel, und da es keinen großen Nährwert hat, muß man sich den Bauch damit vollschlagen, um dem Grimmen zur Unzeit vorzubeugen. Dennoch schlugen wir uns nun den Bauch mit Brot voll; zu Nahrhafterem reichten die Peseten nicht in den Wochen, die dem Ablieferungstermin der Schuhe vorausgingen. Das tschechische Oberleder ging über unsere Verhältnisse; wir mußten es uns am Munde absparen, indem wir uns stopften. Jaume profitierte davon.

Don Matias horchte ich nun fleißig aus über die Entwicklung unserer Angelegenheit: wann er glaube, daß es losginge? Immer wieder brachte ich unser Mehlsackgeplauder auf Tegucigalpa, gemeinsam bangten wir um das Gelingen des Knochenwurfs, der unser beider Leben in eine neue Bahn werfen würde.

Mitten in diese auftreibende Brotzeit warf Don Pablo ins philosophische Geplänkel gelassen das Wort, die Stiefel seien fertig, der Meister mache sich eine Ehre daraus, sie mir selbst zu bringen . . . Edler Fuß, bald kommt deine Stunde!

Ulua erschien im Feststaat, unter dem Arm ein großes Paket, das Meisterwerk, eingewickelt in den ›Diario de Honduras‹. Wir begrüßten uns mit der Vertraulichkeit alter Attentäter. Ich hatte für Zigaretten gesorgt, auch für Kaffee, Costa-Rica-Mischung, da der einzig trinkbare, der hondurensische, auf unserer Insel hinter dem Monde nicht erhältlich war.

Kein Kind, zügelte ich meine Neugier. Großspurig, ob auch beide noch auf Alpargatas, beschritten wir erst die Wege der Politik, klärten wichtige Punkte des Pronunciamientos, sanierten mit andermanns Geld die Staatsfinanzen, erhoben deutsche Sprache und Literatur zum Pflichtfach an allen Lehranstalten von Honduras, regelten beiläufig kleinere Grenzstreitigkeiten mit Nicaragua, besprachen noch dies und das um Don Patuco; dann packte der Meister die Schuhe aus. Hörbar wendete sich ein Blatt unserer Geschichte.

Als Beatrice aus einem ihrer feinen Häuser nach Hause kam, war Ulua schon mit seinem Lohn und meiner Versicherung abgezogen, die Stiefel seien »enorme«, und wegen des Aufpreises für die Leisten, die er meines unverbildeten Fußes wegen habe anfertigen lassen, brauche er sich keine Gedanken zu machen – eine Kleinigkeit. Wir schieden als Freunde, mit Handschlag und Schulterklopfen und einem Ruf auf die Revolution.

Der Schuster hatte schlechte Augen, das war mein Glück. Nun konnte er nicht sehen, wie nahe ich den Tränen war, als ich die Ungeheuerlichkeit erblickte, die aus dem ›Diario de Honduras‹ zum Vorschein kam. Waren das die Schnabelschuhe, deretwegen wir seit Wochen mit geblähten Bäuchen herumliefen? Es waren Schnabelschuhe, aber es gibt ja viele Schnäbel; einzig auf die Auffassung kommt es an, die man vom Schnabel hat. Ulua hatte sich nicht an Pedros Kunst gehalten, doch an die Natur und zum Pelikan gegriffen, bei dem die Äste des Unterkiefers durch einen weiten Hautsack verbunden sind: so sah die Schnabelkappe meiner Schuhe aus. Und statt sich nach vorne elegant zu verjüngen, wurden die Schnäbel immer breiter und wirkten wie der aufgerissene Rachen eines Nilpferdes, der unbeweglich aus der stinkenden Zoopfütze ragt. Da aber in Honduras der Hippopotamos nicht beheimatet ist, war auch dieser naturgeschichtliche Anklang verzerrt. Außerdem hatten sich die Papiere mit Skizzen und Maß im Laufe der Monate »transpapeliert«, so daß mir der Meister für alle Sicherheit einige Nummern mehr auf die Leiste gegeben hatte – »enorm«, entgegnete ich nachher dem Sohn auf dessen beiläufige Frage, ob ich mit seinem Alten zufrieden sei. Enorm? das wundere ihn, denn Vater Ulua könne wohl Revolutionen, aber keine Schuhe machen. Ich sei der erste Kunde für bessere Maßarbeit gewesen, und dann gleich ein Deutscher! Uluas Brust schwelle vor Stolz, und Gracias a Dios könne diese Tat in die Annalen eintragen. In der Verbannung nicht die Hände in den Schoß legen, auch das sei hondurensisch.

»Weine nicht, Liebling«, tröstete Beatrice, »auch diesen Schlag werden wir überwinden. Ich habe auf der Sindicato ein Paar Schuhe gesehen, die ich dir Weihnachten schenke. Solange mußt du noch auf Alpargatas gehen.«

Ich fiel der Frau um den Hals, nicht weil sie mir ein Paar Schuhe in Aussicht stellte, sondern weil sie mich nicht mit dem Trost erniedrigte, auf Alpargatas laufen sei zudem gesund. Ich weiß, daß alles Arme gesund ist. Die Steckrüben Wilhelms II. waren es auch.

Ich habe die Uluas zum ersten Male angezogen, als wir die Insel verließen. Die Nummer erlaubte in jedem Schuh eine Einlegesohle aus verbotener Literatur.

*

Folgendermaßen aber reimt sich in diesen ungereimten Erinnerungen der Schuster Ulua auf den Dichter Muschler:

Ein Freund aus meinem Hünenstädtchen, Matthias, der seit vielen Jahren in Mexiko lebt, wo er sich als Don Matias mit Patucos, Pilars, Sacramentos und Uluas herumschlagen muß – wie beneide ich ihn darum! –, hatte mir einmal Muschlers ›Bianca Maria‹ als einen literarischen Leckerbissen empfohlen. Ein studierter und promovierter Mann, der viel las, hatte er gewiß auch ein eigenes Urteil, das ich aber nie an meinem hatte messen können. Ich merkte mir die »Weiße Maria« für eine seelische Notzeit. Sie brach erst an im Tessiner Exil, in Auressio. Ich hatte den ›Hieronymus‹ von Pascoaes deutsch und holländisch übersetzt, eine verflucht harte, »angewandte« Mystik; ich war erschöpft. Weihnachten stand vor der Tür. Ich dachte, nun könnte ich keine Bücher mehr sehen; aber ein solches geistiges Fastidium dauert bei mir nie sehr lange. Wohl müßte meine Lektüre leicht und labend sein. Da fiel mir ›Bianca Maria‹ ein: die Stunde für diesen Leckerbissen, den zu genießen ich mir Jahre hindurch versagt hatte, war gekommen. Freund Peter Jud, Buchhändler in Locarno, Libreria Internazionale, Unter den Bögen, hatte das Werk auf Lager. Ich verständigte ihn. Da sagte Beatrice, ich müsse natürlich selber wissen, was ich täte und womit ich mir das Fest verderben wolle, mit Muschler oder mit Marzipan. Zudem sei Muschler ein Obernazi geworden – »und denke bitte an Ulua!«

»Ulua?«

»Nous verrons!«

Die Uluas waren vom Schuster Schira in Loco fachkundig in gletscher- und granitfeste Bergstiefel umgepinnt worden, die ich täglich trug. Was meinte Beatrice mit ihrer Warnung? Die Kähne taten doch nun ihren Dienst.

Der Heilige Abend in der »Casa Peverada«, unterm schilfernden Sturz der Puttendecke, bei knisterndem Kamin und geborstenen Wänden, die eintreten ließen, was vom Himmel hoch und vom beschneiten Salmone kam, brachte mir als große Bescherung Muschlers Roman. Noch hatte ich mir nicht den Magen verdorben an den Süßigkeiten, die Barbara, die Buchhändlerin und der gute Geist aller da unten darbenden Schriftsteller, mitgeschickt hatte, warf ich schon die Beine über die Lehne des lebensgefährlichen Sessels, kuschelte mich und ließ mich mit der langersehnten und -versagten Weißen Maria ein. Beatrice hatte auch einen Festautor, und jeder einen siebenarmigen Leuchter.

Eine Seite sagt nichts über ein Buch. Zwölf Seiten sagen wenig über ein Buch – aber Matthias, hast du mich foppen wollen, damals, genau zehn Jahre sind es nun her? Bücher reifen nicht wie Wein oder Frauen. Was in ihren Seiten beschlossen liegt, kann eine Wandlung nur noch in uns erfahren. In sich sind sie tot. Ich hielt eine Leiche im Arm.

Traurigkeit kam über mich, die gepaart ging mit fliegender Hitze und dem Trieb, sich zu ertränken. Ehe Beatrice, die über ihren Autor zu mir hinübergeschielt hatte, um zu sehen, wie denn die Begegnung mit Bianca sich anließe: ehe das goldene Herz die genannten und von ihr sofort erkannten Symptome im Doktorbuch nachschlagen konnte, um mir dann Aethusa Cynapium ins Glas zu tröpfeln, hatte ich den Schmöker bereits in den Kamin geworfen. Karl May war keiner da, aber Grappa und ein Stoß Korrektur.

»Weine nicht, Liebling«, sagte Beatrice, »auch diesen Schlag wirst du überwinden.«

Im Kamin loderte die Weiße Maria, die Kerzen brannten flackernd nieder im Luftzug der Heiligen Nacht, die durch den Mauerspalt in die Sala drang, wo Marsman gedichtet hatte.

Will es jemand in der Literatur zu etwas bringen, sagt Don Quijote, so kostet es ihn Zeit, durchwachte Nächte, Hunger und Nacktheit; kostet ihn Schwindel im Kopf und Verrenkungen des Magens und andere Dinge mehr, die mit den genannten Symptomen zusammenhängen.

Als Sancho Panza möge es mir erlaubt sein, die Erkenntnis des Ritters dahin zu ergänzen, daß auch das, was auf solche Weise zustande gekommen ist, gleiche Auswirkungen auf den Leser haben kann – ècco: Bianca Maria.

VII

»Mémé nannten sie ihre Enkelkinder. Sie liebte dieses kindliche Wort, das in einem sonderbaren Gegensatz zu ihrer herben, leidenschaftlichen, kompromißlosen Natur stand.«

Mit diesen Worten beginnt Harry Graf Keßler den ersten Band seiner Erinnerungen. Es ist das dreizehnte Mal, daß ich sie abschreibe: zwölf Mal geschah es aus der vom Verfasser immer wieder umgemodelten Urschrift; und nun halte ich mich an den gedruckten Text, der sich übrigens mit dem fast deckt, der in meiner Erinnerung haften geblieben ist aus jenen Tagen, wo ich zum Schreibgehilfen des Verbannten aufgestiegen war. Beide waren wir immer wieder über den vorangestellten Akkusativ des ersten Satzes gestolpert, aber Keßler konnte sich einfach nicht entschließen zu schreiben: Ihre Enkelkinder nannten sie Mémé. Der Name seiner geliebten Mutter sollte am Anfang seiner Aufzeichnungen stehen, und in mehreren Fassungen waren ihm auch stilistische Lösungen gelungen, die der Sprache keine Gewalt antaten. Aber als er das Gut zum Druck erteilte, hatte der Augenmensch Keßler, der typographische Künstler, der meist selbst verantwortlich gezeichnet hat für die Gestaltung seiner Cranach-Drucke, einen schwachen Augenblick. Er setzte die nicht ganz glückliche Fassung wieder ein. Mémé war der Initialornamentik erhalten geblieben, was in der anspruchslosen Fischerschen Ausgabe der ›Gesichter und Zeiten‹ nicht zur Geltung kommt. Als Keßler mir das Belegexemplar zeigte, noch weiß vor Entrüstung und buchstäblich am ganzen Leibe zitternd wegen der unbefugten Eingriffe, die der Verleger aus Angst vor den Nazis vorgenommen hatte, sagte er: »Und dann fällt man gleich über den ersten Satz! Wie konnte ich das durchgehen lassen?« – Er war untröstlich, bis ein Brief seiner verehrten Freundin Annette Kolb eintraf und ihm die Grillen vertrieb. Die Dichterin rühmte den großen Stilisten, der Keßler war, und hob – ich habe es in all den Jahren nicht vergessen – die Seite 13 des Buches besonders hervor: da offenbare sich der Meister des deutschen Stils.

Na endlich, denkt der Leser, endlich erscheint eine Figur von Weltrang in den Erinnerungen des Vigoleis, nach all den zweifelhaften Gestalten vom Schlage eines Zwingli, Arsenio, Patuco, eines Ulua, oder wie sie mit ihren echten und untergeschobenen Namen immer heißen mögen! Geduld, Harry Keßler bekommt ein Kapitel für sich, vielleicht sogar zwei; aber die Nazis haben ihn ja noch nicht aus Deutschland verjagt, die Tobsuchtszellen der Irrenhäuser haben sich noch nicht geöffnet. Des Grafen Kopf steht vorerst nur auf der Konskriptionsliste. Im folgenden Kapitel soll dann der Ruf des Irrwahns erschallen, der Deutschland erwachen und Juda verrecken läßt. Gemach! Ich brauche die Anleihe aus ›Gesichter und Zeiten‹, um eine andere Mémé, die unsere, in meine Geschichte einzuführen; eine, die zwar nicht *so* schön war wie des Grafen Mutter und auch, ehrlich gesagt, ein ganz klein wenig anders hieß; aber es genügt, zwei Buchstaben nur zu ändern; und um künftigem Autorenärger vorzubeugen, stelle ich das Wort nicht an den Anfang. In allem anderen kann ich Keßler auf dem Fuße folgen, womit denn dieses Kapitel eigentlich erst beginnt:

Ihre Enkelkinder nannten sie Mamú. Sie liebte dieses kindliche Wort, das in einem sonderbaren Gegensatz zu ihrer herben, leidenschaftlichen, kompromißlosen Natur stand. – Herb? Hatte Mamú eine herbe Natur? Da fängt es doch schon an, nicht mehr zu stimmen. Und wo Keßler fortfährt: »Sie schien es wie einen Mantel und Schutz gegen die harte, kalte Welt zu empfinden«, dieses kindliche Wort, da mehren sich die Vorbehalte, denn unsere Mamú verstand es bis an ihr Lebensende, sich auf andere Art gegen die Unbill der Welt zu wehren. Mit Hilfe der Christlichen Wissenschaft hatte sie ein Bollwerk um sich aufgezogen mit Pechnasen, Schießscharten und Schanzen, auf denen viele alte und ältliche Frauen von derselben Wissenschaft die Wache schoben, sehr falsch ihre Lieder sangen und Sorge trugen, daß keine unchristlichen Elemente das Vertrauen der Spätbekehrten in den Scientismus ins Wanken brächten oder ihr gar etwas von ihren Millionen abbeteten: denn Mamú war auch Millionärin. Als solche hatte sie es freilich leichter als andere, in Christian Science Fortschritte zu machen. Glauben ganz ohne Geld ist schwierig; der Vatikan wäre auch längst in Trümmer gesunken, wenn in den Fels, auf dem Petri Kirche steht, nicht das lautere Gold eingesprengt wäre, das auch durch das Scheidewasser des Scheinglaubens nicht angetastet wird. Doch bleiben wir vorerst noch bei dem karätigen Glauben an unsere Mamú, wo sich schon früh genug erweisen wird, daß es auch außerhalb der Kirchen ohne den Schein nicht geht.

»Bis ans Ende«, fährt Keßler in seiner Beschreibung fort, »war und blieb sie königlich schön.« Streichen wir das Wörtchen schön, dann paßt es wieder auf Mamú: sie *war* königlich, sei es auch mit dem leichten Stich ins Wienerische, der sie gerade so unwiderstehlich machte.

Was Keßler weiter an seiner Mutter rühmt, wäre hier fehl am Platze, weshalb ich mit meinen eigenen Erinnerungen vorliebnehmen muß.

*

In Mamús zahlreichem Gefolge befand sich eine Pariser Schönheitskünstlerin, die selbst die schlechteste Propaganda für ihren Beruf machte, denn sie war schön, ohne daß sie an sich hätte herumsalben müssen. Ohne Rouge aufzulegen, hatte sie rosenfarbene Wangen. Sie schminkte die Lippen nicht und hatte den kußechten Kirschenmund der Lippenstifte, die sie vertrieb. Die Augenbraue war ein Strich, an dem nicht gezupft zu werden brauchte, und zwischen den langen Wimpern steckte nicht ein einziges Fliegenbein. Der Busen des Mädchens – ein Gedicht, an dem kein Schaumgummi eine Hebung beizutragen brauchte; selbstverständlich hatte sie edle Fesseln, wunderbare Hände, tiefkastanienbraunes Haar, das von flammenden Grotzen gestromt war; türkisfarbene Augen, auf deren Grund dunkelte, was heraufzuholen wem wohl vergönnt sein mochte? Die Stimme war, um im Bildhaften zu bleiben, wie das Rauschen einer Muschel, in der es noch lebt. Natürlich hätten sich viele Männer gerne die Schale ans Ohr gehalten, aber wer es dann durfte, war ein Spanier, und der machte es gerade verkehrt. Das Mädchen war keine spanische Schöne, es kam vom entgegengesetzten Ende Europas, aus Finnland. Darum lachte sie auch über uns, wenn wir über die Millionen Mückenschwärme auf der Insel klagten, wo sie an die Milliarden summenden und stechenden Wolken ihrer heimatlichen Seenplatten gewöhnt war, die die Sonne verdunkelten. Dieser Ausbund von Schönheit und die Natur herausfordernder Natürlichkeit, so viel Moskitoerfahrung, göttinnenhaft Schwebendes und von dem spanischen Freier mit immer bleicher werdender Leidenschaft Begehrtes hieß Selkä Kyliki. In Mamús Haus wurde sie Auma genannt.

Ehe auch wir Auma zu ihr sagen durften, kam die Finnländerin zu uns ins Haus, um Englisch zu lernen. Sie sprach fließend Französisch und Spanisch, war gut im Deutschen und beherrschte obendrein die Sprachen ihrer engeren und weiteren Heimat.

Sie sprach viel von ihrer mütterlichen Freundin Mamú, und Mamú erzählte sie viel über uns, wie das so geht. Mamú wolle uns kennenlernen, dem unser Wunsch entgegen kam, der alten Dame unsere Aufwartung machen zu dürfen. Dann sei Eile geboten, und doch wage Mamú fast nicht uns einzuladen. Seien wir aber wirklich die »reizenden Leute«, als die Auma uns geschildert hatte, wolle sie uns vor ihrem Tode noch sehen, und wir müßten dann auch an ihrem Sarge stehen, wenn alles vorbei sei. So ungefähr lautete der Wunsch, der uns Auftrag wurde.

Mamú war nierenkrank. Die Ärzte, spanische Kliniker von Ruf, deren es einige auf der Insel gab, hatten sie aufgegeben. Ein deutscher Professor hatte sich dem Todesurteil rückhaltlos angeschlossen, und so konnte man sicher sein, daß Mamús Tage gezählt waren. Mit Nieren ist nicht zu spaßen, das hört man immer wieder. Die Mediziner hatten ausgerechnet, daß der »Caso« vierzehn Tage, höchstens drei Wochen, im allerhöchsten und für ihr Prestige selbst bedenklichen Falle noch einen Monat zu leben habe, und dann Schluß mit Mamú! Das sind bittere, gezählte Tage, jeder weiß am Beispiel seiner Ferien, wie schnell sie vorbeigeflogen sind.

So stand es um die Leidende, die auch wir in unseren

Gesprächen schon Mamú nannten, als wir an ihr Lager gerufen wurden, um die Probe abzulegen: waren wir reizende Leute? Reizend genug, wenn es aus sei, sie mit zu Grabe zu tragen? Eine zum Tode verurteilte Frau von 72 Jahren, die sich in den letzten Lebenswochen noch einen Vigoleis und eine Beatrice kommen läßt, die sie nur vom Hörensagen kennt, bloß weil es reizende Leute seien, als ob es deren nicht Tausende gäbe; die fremde Menschen entbietet in den Tagen, wo andere lieber einen Priester, die vertrauten Lieben oder den Notar um sich haben: so jemand mußte über eine Lebensweisheit und einen Quijotismus verfügen, die auch durch eine kaputte Niere nicht aus ihrem Recht gestoßen werden konnten. Laß doch die Ärzte über deinen Tod befinden, Mamú, und halte dich an höhere Mächte – wann also sollen wir kommen?

Die Vertreter der medizinischen Wissenschaft hatten, kurzsichtig wie sie sein können, nur mit dem Nierenkrebs gerechnet, nicht aber mit einer anderen Wissenschaft, der Christlichen, die es auch noch gibt. Diese macht zwar keine Toten lebendig, aber sie bannt den Tod über gewisse Grenzen hinaus. Man muß sie nur kennen. Da liegt die Blindheit nicht des Schicksals, sondern derer, die ihm Rezepte verschreiben.

Es war das dritte Mal, daß wir auf unserer Insel an das Lager eines sterbenden Menschen gerufen wurden. Nimmt es da wunder, daß wir schon ein wenig abgestumpft waren, unsere Herzen sich nicht zusammenkrampften und wir wohl neugierig, aber nicht ergriffen uns über die Greisin beugten, die in ihrem Garten unter einer Palma aufgebahrt lag? »Aufgebahrt« ist eine stilistische Reminiszenz an den Tod, um den es hier ja gehen sollte. In Wirklichkeit ruhte die Kranke in einem Liegestuhl, einem amerikanischen Modell mit vielen Kniffen, worin man auf Dutzende Arten hätte sterben können – ein Griff, und man kam in die rechte Lage.

Seit Tagen hatte Auma keine Kunst mehr auf Mamús Antlitz verwandt, so daß wir den Verfall selbst feststellen konnten. Ich gab ihr keine Woche mehr. Beatrice, im Kleinen gerne pessimistisch, sagte: 14 Tage. Hätten wir eine Ahnung gehabt von den steinernen Konkrementen in den Nieren, dann hätten wir den Nierenschlag noch während des Besuches erwartet.

Um die Verlöschende bemüht war außer einer alten, langgedienten deutschen Kinderfrau, einer mallorquinischen Magd und Auma, Mamús finnischer Sonne und beautiful little darling, auch eine Tochter, ein imposantes Frauenmöbel mit einem

Busen, wie er sich gerne hinter Zirkuskassen breit macht. Sie war telegraphisch aus Paris herbeigerufen worden und schaltete nun mit der Sicherheit eines Menschen, der gerne befiehlt und dem alles nach seiner Flöte tanzen muß. Eine andere Tochter, die in Budapest verheiratet war, wurde täglich erwartet, desgleichen der einzige Sohn, der in den Vereinigten Staaten lebte. Mamú wollte Kinder, Kindeskinder, Freunde und reizende Leute um sich versammelt haben und von der Welt scheiden auf jene klassische Art, die in Romanen viel geschildert wird; biblisch, mit Handauflegen und letztem Segen. Nachher mögen sich die Hinterbliebenen wegen der Erbschaft in die Haare fliegen. Das ist häßlich; darum soll, wer es eben kann, sich bemühen, schön zu sterben. Mamú wollte es partout, aber so schön wie ihr seliger Mann gestorben sei, würde ihr sicher nicht vergönnt sein. Wie erfuhren die Sterbegeschichte gleich, wenn ich sie auch später erst einflechten werde. Jetzt muß ich Mamús Herz im Sturm erobern, und dazu muß ich gewaltig spucken, buchstäblich mich in das Herz einer Sterbenden spucken. Das macht man so:

Wie Mamú keine gewöhnliche Sterbliche war, war sie auch keine gewöhnliche Sterbende. Der Empfang hatte Stil, es war die große Welt, die ihn vorschrieb, und eine nicht minder große, die ihn befolgte.

Die Tochter mit dem Busen, auf dem echte Diamanten Funken schossen, hatte die ausgesuchtesten kalten Schüsselchen in einem fahrbaren Kühlboy richten lassen; auch Getränke standen bereit; jeder hätte nach seinem Gelüste kosten können, aber – Madame la Fille war überzeugt, jedermann sei begeistert von ihren Tomatencocktails, die sie selbst mixte und kredenzte. Da blieb mir nichts anderes übrig, als naturellement zuzugreifen und noch viel natürlicher den scheußlichen Absud auf den Rasen zu spucken, kaum hatte ich den Mund damit voll – zu voll, ich gesteh's – genommen. Das war peinlich, ich benahm mich daneben, aller Augen waren auf mich gerichtet, was ich noch weniger mag als Tomaten. »Gesöff« hatte ich in die französisch geführte Konversation gelästert. Ich war rot wie die Tomaten. Auch die Sterbende hatte mich aufgenommen. Da sagte Mamú mit der Höflichkeit von Königen auf Deutsch: »Was machen Sie da? Speuzeln in meinen Garten? Mögen Sie den scheußlichen Tomatenabsinth auch nicht? Oder haben Sie sich verschluckt?«

»Auch nicht«, stammelte ich, immer roter geworden, während Madame la Fille mich mit zornigen Augen anfunkelte und sagte, ich sei nicht der erste Boche, dessen barbarische Zunge nicht über Choucroute hinauskäme. Das war eine gräßliche Beleidigung. Was hätte Freiherr von Martersteig in einem solchen Falle getan? Den Säbel gezogen oder sich stumm verneigt und den Rasen verlassen? Ich beherrsche nur wenige künstliche Anstandsregeln, die auch bei Tomatensoße nicht verfangen. So blieb ich rot und stumm.

Mamú fuhr fort, nun zu Auma gewandt: »So benimmt sich der Kerl bei einem Antrittsbesuch, Auma, Darling, das ist ja goldig! Und danken tu ich dir auch, daß du mir so ein goldigs Mannerl ins Haus gebracht hast, um meine letzten Tage zu verschönen!« Dann öffnete sie ihre todgeweihten Arme und rief: »Don Vigolo, komm an mein Herz, ich find es ja auch ein Gespeuz!« Verdattert und unbeholfen sank ich über die Sterbende und erhielt einen nach Apotheke schmeckenden Kuß auf den Mund. Dann schlossen sich die Arme um mich – umschlangen mich Millionen!

Goldiges Mannerl – Mamú, die amerikanische Millionärin, sprach am liebsten wienerisch. Sie hatte jahrelang in Wien Hof gehalten an der Seite ihres berühmten Gemahls, der außer ihrem Scheckbuch auch einen ungarischen Adelstitel trug. Er gehörte einem Geschlecht an, das in einer fürstlichen und einer gräflichen Linie blühte. Mamú ihrer war fürstlich und hatte mit Kaiser Franz Joseph auf Du gestanden.

Die Tochter hatte sich zurückgezogen, doppelt gekränkt. Eine Krankenschwester rollte den raffinierten Liegestuhl tiefer in den Garten. Auma bedeutete uns, noch ein wenig bei Mamú zu bleiben; eine halbe Stunde halte die Spritze vor, dann falle sie unvermittelt in Schlaf. Sie wolle nun sicher Beatrice noch auf die Probe stellen; Vigo hätte die seine glänzend bestanden.

In dieser kurz bemessenen Frist wurde auch Beatrice für würdig befunden, am Grabe der neuen Freundin zu stehen. Sie brauchte indes keine Anstandsregel zu verletzen und hätte es auch nie getan, um sich Mamús Zuneigung zu versichern. Sie hatten gemeinsame Bekannte in Wien: man denke, ihr Lehrer Juliusz Wolfsohn, wie oft hatte der nicht in Mamús kleinem Palais am Schwarzenbergplatz gespielt! Beatrice bekam auch einen Kuß, aber auf die Wange, und fast wäre er da noch abgeglitten, denn alles Leben wich mit einem Mal aus der Kranken. Hätte uns Auma nicht auf die Spritze aufmerksam gemacht, wir hätten gedacht, sie sei uns unter den Armen gestorben. Doch ehe sie wegdämmerte, fragte sie noch, und es war nur ein Hauchen: »Do you believe in healing by spirit?«

Mamús Wagen brachte uns nach Hause. Der Fahrer, ein Mallorquiner, hörte auf denselben Namen wie der elegante mallorquinische Kavalier, der Auma den Hof machte. Das führte zu komischen und meist peinlichen Verwechslungen. Da Mamú nicht starb, wie sich der Leser schon hat denken können, und der Bewerber, ein richtiger Staatsanwalt, täglicher Gast des Hauses war, blieb nichts anderes übrig, als den Chauffeur umzutaufen. Namenmagie war sowohl diesem wie seiner Herrin ein unbekanntes Gebiet, weshalb man sich leicht auf Miguel einigte. José oder Francisco lagen auch auf der Hand, aber José hieß der Koch und Francisco der Gärtner.

*

In den folgenden Stunden hatte Auma viel zu erzählen, man tauschte die Eindrücke aus, die man empfangen hatte. Die Frage der Verlöschenden, die uns auf der Heimfahrt beschäftigt hatte: ob wir an die Heilung durch den Geist glaubten, wurde nun in ein klares Licht gerückt: Mamú sollte durch den Geist geheilt werden. Durch welchen Geist, fragte ich Auma. Törichte Frage!

Eine holländische Dame von der Sekte der Christlichen Wissenschaft habe die Aufgabe übernommen, der Medizin und sogar dem deutschen Professor ein Schnippchen zu schlagen. Eine Gesundbeterin in Deutschland sei bereits angewiesen, das Geld an sie eingezahlt; nun hieße es nur noch Vertrauen haben, und auch die Todgeweihte müsse stark im Glauben an das Wunder sein, sonst helfe der große Geist nicht: denn es sei schließlich Krebs, da müsse alles aufgeboten werden. Ob es teuer sei? Ja, aber Geld spiele keine Rolle, es ginge um ein Menschenleben! Natürlich, zudem war Mamú Millionärin.

Ich wurde stutzig: eine holländische Dame? ob es die aus der Pension des Anarchisten war, die Beverwijn? Sie war's! Ob ich sie denn kenne? Hm, ja, und ich erzählte Auma, daß der Gemahl der Vermittlerin an einer Schrumpfniere leide, und ob der dann nicht auch gesund gebetet werden könne; Geld hätten die holländischen Pflanzer doch genug. Auma meinte, und da hatte sie wohl recht, vielleicht glaube der Mann nicht an die Zaubergebete, und dann nütze alles Beten und Betenlassen nichts, das habe die Dame selber gesagt. Der alte van Beverwijn glaubte nicht, das war plausibel. So einer Frau angetraut sein und dann noch glauben, an was es auch sei, das geht über jede Wissenschaft, selbst die Christliche. Er mußte ja kuschen, sonst wurde er angezischt, der Arme, dem die Niere vor lauter Ehekummer verkümmerte. Diese tüchtige Mevrouw konzentrierte sich also auf Mamús Nieren, und während die des eigenen Mannes immer mehr zusammenschrumpften, bewährte sich die Bannkunst an den edlen Teilen der amerikanischen Millionärin: sie wurde gesund! Nicht mit dem Wörtchen »kern« davor, dafür war sie zu alt, dafür hatte sie zu ausschweifend gelebt; aber doch so, daß sie wieder alles essen und fast alles trinken konnte, lustig und fidel mit uns Jungen übertat und die Alten immer mehr mied. Das kann ich bezeugen, wie ich ein »Wunder« von Fatima bezeugen kann, das ich in Lissabon erlebt hatte. Und die Zeugenschaft eines Ungläubigen gilt ja viel, wenn es um Glaubenswunder geht. Daß Mamú gesund wurde, daran ist nicht zu rütteln. Hatten sich die Ärzte in der Diagnose geirrt? Hatte Mamús Umgebung sich blenden lassen? Mamú sagte, sie habe geglaubt, und da habe der Heilung durch den Geist nichts mehr im Wege gestanden; erklären könne man das nicht. Ja, ein Gedicht kann man auch nicht erklären, man glaubt daran, falls es nicht allzu schlecht ist. Woran aber hatte Mamú, die Atheistin, geglaubt? An den Weltgeist? An den Panentheismus des Don Matias? An die saure Mevrouw van Beverwijn? Nein, an eine starke Geschichte dieser Holländerin, ein haarsträubendes »verhaal«, wie man es eher in einer alten Hauspostille vermuten sollte, als geschehen auf der Plantage der Beverwijns in Holländisch-Indien. Mamú hat uns die Legende erzählt, aber auch aus dem Munde von Mevrouw kenne ich sie. Die Fassungen wichen ein wenig voneinander ab. Die von Mamú war gemütlich und sollte niemand überzeugen, während die Heilswahrheit im Munde der Priesterin fanatisch und fast böse klang: wehe, wenn ihr nicht glaubt!

Mevrouw hatte am Tage vor unserem Besuch Zutritt zu Mamú bekommen, von der sie erfahren hatte, daß sie in den nächsten Tagen sterben würde. In fließendem Englisch predigte sie die Christliche Wissenschaft, verschwieg aber die Schrumpfniere ihres Mannes und tischte gleich als Beispiel für die Heilkraft des Geistes die Geschichte auf mit dem Hund.

Die Pflanzer hatten einen Hund, der sie immer begleitete, wenn sie im Auto auf benachbarte Plantagen fuhren. Bei einem solchen Besuch banden sie das Tier ganz gegen die Gepflogenheit hinten am Wagen fest. Auf der Heimfahrt vergaßen sie, den Hund zu sich in den Wagen zu nehmen. Wie das möglich gewesen sei, habe sie erst nicht begreifen können, später indessen erkannt, daß es göttliche Fügung war. Der arme Köter wurde viele Kilometer an der Leine hinter dem Vehikel hergeschleift; das heißt, er wird sich erst noch Zunge und Lunge aus dem Halse gerast haben, dann begann die Schlitterei. Auf der Plantage angekommen, fanden sie das jankende Tier hinter dem Wagen liegen, halbtot, blutüberströmt, verschmiert. Das Fell war an vielen Stellen weggeschliffen, doch am übelsten waren die Pfoten mitgenommen: sie waren verschwunden, die Stümpfe lagen bloß. Das Tier wurde von eingeborenen Dienern gesalbt und gepflegt, aber an sein Aufkommen glaubte niemand. Dennoch ging der Hund nicht ein; er erholte sich, war aber verstümmelt.

Ein Pflanzer, der sich in Christlicher Wissenschaft übte und Propaganda für die Bewegung machte, erbot sich, den Hund gesund zu beten. Skeptisches Lächeln: wo keine Pfoten sind, wachsen keine mehr, ein Hund ist kein Salamander; aber man solle den Sektierer ruhig machen lassen, schaden könne es ja nicht. Der Sektierer betete dem Hund wieder Pfoten und Krallen an. Auf den Schlag sei die Heilung vollzogen gewesen, sagte Mamú, während Mevrouw van Beverwijn selbst dem Geist einen Monat gelassen hatte für die Gewebebildung. Auf den Photographien, mit denen Mevrouw das Wunder stützte, war nicht zu erkennen, wie lange die Zellen gebraucht hatten, sich zu Pfoten mit Haut und Haar und Krallen zu entwickeln. Mijnheer konnte sich an die Zeitdauer überhaupt nicht mehr erinnern, wohl an den Hund, der mehr Glück gehabt habe als seine Schrumpfniere – was er natürlich nicht aussprach. Denn vor seiner Alten mußte er selber kuschen wie ein Hund.

Während des byzantinischen Bilderstreites ließ der Kalif von Damaskus dem Kirchenvater Chrysorroas wegen vermeintlichen Hochverrats die rechte Hand abhauen. Dieser ließ sich die Hand geben (o Don Patuco, alles ist schon dagewesen!) und flehte zur Jungfrau Maria, ihm im Streite gegen die Bilderstürmer beizustehen und die Hand wieder anwachsen zu lassen, da er nur so seine Unschuld beweisen könne. Die Hand wuchs wieder an. So die Legende. Bei Gott ist kein Ding unmöglich, und ein Hund stehe seiner Allmacht, sagte die Beverwijn, nicht näher und nicht ferner als der geschöpfliche Mensch, sei er Sünder oder tugendhaft in seinem frommen Wandel.

Der Hund wurde gesund; ich habe die photographischen Aufnahmen der vier Pfoten gesehen. Mamú wurde gesund, weil sie an die vier gesund gewordenen Pfoten geglaubt hat: und was es ist, mag der Teufel wissen.

In jenen Tagen, wo Mevrouw van Beverwijn mit Gott oder Göttern den Streit um Mamús Nieren aufgenommen hatte, spülte eine Welle des Wunderglaubens über Mallorca. Der Sohn einer Mutter, ich sage es biblisch, wie es sich zugetragen, war gestorben, und man trug ihn hinaus auf den Friedhof. Tote werden in südlichen Ländern der Hitze wegen oft schon am Todestage beerdigt oder zumindest in die Leichenhalle gebracht. Der Jüngling wurde auch in die Leichenhalle des Gottesackers geschafft und mußte warten, bis man eine Gruft ausgehoben hatte. Seine Mutter war ein blutarme Frau, die von der Arbeit ihres Jungen lebte. Nun waren sie mittellos. Betteln an der Kathedrale? Sie betete zu Gott, der schmerzensreichen Mutter und zu allen Heiligen und himmlischen Heerscharen, daß ihr der Sohn möge wiedergegeben werden. Der Himmel erhörte ihr Flehen. Als die Männer kamen und den Sarg aufhoben, um ihn in die Gruft zu senken, hatte er schon das Wunder gewirkt: die Träger vernahmen einen Klopfton, der aus dem Sarge kam. Sie erschraken sehr, ob sie auch rauhe Männer waren, gewohnt, mit Toten zu hantieren als seien es Sachen, was sie schließlich auch sind. Man kann von einem Totengräber keine Ehrfurcht vor dem Tode erwarten. Die Männer erschraken sehr, ließen die Kiste fallen und ergriffen die Flucht. Durch den Sturz barst die billige Kiste auf und der Tote fiel heraus. Die Mutter, die im Vertrauen auf die Hand Gottes dem letzten Gange ihres Sohnes beiwohnte und auch nicht zusammenfuhr, als es klopfte, so als habe sie nur zugewartet, daß der Sarg sich öffne, nahm den Jüngling auf die Arme und trug ihn in das Beinhaus zurück. Dort bettete sie ihn mütterlich auf ein Brettergerüst. Der Jüngling hob seinen Arm, als wolle er die Mutter schlagen oder liebkosen. Die Mutter, an der Gott sich mächtig erwiesen, weil sie den Glauben hatte, betete laut, sang und dankte dem Herrn. Das weitere würde sich finden, vor allem lebte der Jüngling mal.

Mit Windeseile hatte sich die Wundermär in der Stadt verbreitet. In Scharen strömte das Volk zum Friedhof hinaus, diskutierend die einen, lobsingend die anderen, und ganz Verzückte geißelten sich die Brust und bekannten öffentlich ihre Sünden. Ein Raubüberfall, der jahrelang zurücklag und nie hatte aufgeklärt werden können, erfuhr hier seine Aufhellung: der Täter bezichtigte sich selbst. Die Behörden sahen sich schließlich genötigt einzuschreiten. Ärzte wurden verständigt, vor allem der, der den Totenschein ausgefertigt hatte und dessen Prestige jetzt auf dem Spiel stand. Niemand ist gerne lebendig begraben, aber man soll einem Arzt auch nicht für jeden Dreck am Zeuge flicken. Der Arzt erklärte zum zweiten Male den Jüngling für tot. »Aber wie tot?« fragten die Palmesaner. Wohl kaum so wie Dickens' alter Marlay, der tot wie ein Türnagel war – »Wie ein Sargnagel!«: der Arzt beharrte auf seinem Urteil, und damit war für ihn der Fall erledigt.

Für den Jüngling nicht. Dieser hob von Zeit zu Zeit den Arm, ob segnend, ob zum Heilszeichen oder zum Schlage, das ist nie geklärt worden; zuweilen richtete er sich auch auf. Die Mutter wich nicht von seiner Seite. Da sie arm war, konnte sie es nicht bei den Behörden durchsetzen, daß man ihr den Toten mit nach Hause gäbe. Der Totenschein war ausgestellt, der Bursche hatte tot zu sein, was wollte der eigentlich noch? Gegen wen lehnte er sich auf? Speisen nahm er doch auch keine zu sich.

Der Professor, der sich so jämmerlich in Mamús Nieren geirrt hatte, erfuhr von dem Fall und untersuchte den Jüngling. Dieses Mal irrte er sich nicht: der Mensch lebe, erklärte er, würde aber sterben müssen, wenn man ihn nicht sofort in eine Klinik brächte, zur Not in sein Haus. Scheintot? Nein, springlebendig, aber total auf den Hund gekommen. Er erbot sich, den Kranken unentgeltlich zu behandeln. Erneut schritten die Behörden ein. Der deutsche Medizinprofessor hatte kein spanisches Arztpatent, er galt als Kurpfuscher; man erlaubte ihm aber, seine Beobachtungen an dem Jüngling fortzusetzen. Vom Festlande waren Kollegen herübergekommen. Man klopfte, horchte; das Opfer blieb teilnahmslos bis auf das Heben des Armes und zuweilen ein Zucken, das über den ganzen Körper ging. Die an sich schon reiche »Zuckungsliteratur« hätte auf dem Friedhof zu Palma um wertvolles Material bereichert werden können, denn sechs volle Wochen hat der Tote noch gelebt und gezuckt. Dann erschütterte ein Generalzucken seinen Leib, aus dem er so mausetot hervorging, daß selbst Hufeland, Deutschlands berühmter Scheintod-Spezialist, ihm ohne Bedenken den sauer verdienten Tod schriftlich gegeben hätte.

Die Wallfahrten nach dem Friedhof hatten schon bedenkliche Formen angenommen. Vor dem Tor boten devote Händler Kaugummi, Heiligenbilder, Turrón, geröstete Kastanien, weiße Mäuse, Limonade, Weihwasser und Rosenkränze feil. Mein Großvater hätte bestimmt sein Kaffee-Plakat angenagelt. Die Erregung in der Stadt wuchs. Die Kirche schwieg und wartete ab. So sehr sie das Wunder begrüßt: sie ist streng und fällt nicht auf den erstbesten Scheintoten herein. In diesem Sinne besprach ich den Fall mit einem der nachbarlichen Patres, wobei ich mich zu der Aussage hinreißen ließ, die Kirche sei – und wie könnte es anders sein? – Scheintoten gegenüber grausam und phantasielos. Beweise? Da hatte ich vor Jahren eine Glocke läuten hören und wußte nun nicht mehr, wo sie hing. Der Pater bohrte, und ich erzählte ihm die Geschichte von einer ins Wasser gefallenen Heiligsprechung. Im Eifer des theologischen Disputs und getrieben von unterbewußten Heimatgefühlen, entschied ich mich für einen kurkölnischen Bischof: der Diener Gottes hatte mehr als die für eine Kanonisation vorgeschriebenen Wunder gewirkt; sein Name war im Bewußtsein der Gläubigen verankert; der Advocatus Diaboli hatte keine Bedenken erhoben; die päpstliche Bulle berichtete Leben und Wundertaten des Heilig-zu-Sprechenden – das war alles in der schönsten Ordnung und sicher besser, als ich's damals memorierte. Es fehlte nur noch, die sterblichen Überreste zu exhumieren für die Translation. Als man den steinernen Sarg aufgemeißelt hatte, erfaßte ein Grauen die Priester und Beamten der Kurie: der Heiligkeitsanwärter lag auf dem Bauch! Das heißt, das Gerippe bewies eindeutig, daß der Tote bäuchlings zur letzten Ruhe bestattet worden war. Wird so ein Christ zu Grabe gelegt? Die Gehirne arbeiteten fieberhaft: was war geschehen? Die Kirche tiftelte sich aus der peinlichen Lage, in die die Bauchlage des Heiligmäßigen sie nun selber gebracht: der Bischof sei scheintot begraben worden! Aus der Starre erwacht, habe ihn die Verzweiflung gepackt; er habe Gott gelästert und, statt sich in den Willen des Allerhöchsten zu ergeben und die Stunde abzuwarten, wo es Ihm gefalle, seinen Knecht aus dem Scheintod in den Zustand des wahren Todes hinüberzuführen, habe er sich im Sarge gewälzt und gewälzt, bis er, auf dem Bauche liegend, aller Heiligkeit ein Frevel, Gott dem Herrn ein Schlag ins ewige Angesicht, seinen nichtwürdigen letzten Odem ausgehaucht. So jemand könne nicht kanonisiert werden! Da sei Gott vor! Und man spundete den Scheinheiligen wieder ein. – Ob das nun nicht grausam und phantasielos sei? – Und wie ich den Fall sähe, wollte der Pater wissen. So: als der Mann aus der Totenstarre erwachte und sich die Augen reiben wollte: wo bin ich? stießen seine Hände an den Deckel eines Sarges: lebendig begraben! Die tödliche Schrecksekunde glücklich überlebt, dankte der Heilige seinem Schöpfer für diese letzte Prüfung, ihm, dem Niedrigen, zugedacht, ehe er den himmlischen Vater sehen würde von Angesicht zu Angesicht. Weich gebettet auf der Pracht der Paramenten, mit erhöhtem Kopf, bequem, soweit man es einem in einem Schrein bequem machen kann, so lag er da und sann ebenfalls; aber nicht fieberhaft, denn er wußte, was einem künftigen Heiligen ziemt: demütig, wie er im Leben gewesen, wollte er sterben. So würgte er sich mit seiner letzten Kraft in die niedrige und für einen Bischof sowieso entehrende Bauchlage hinein und gab den Geist auf. Gott nahm ihn zu sich. Die Kirche verfluchte ihn.

Der Pater hatte kopfschüttelnd meiner Legendenlegende zugehört; dann sagte er milde, ich sei auf dem Holzwege, nicht was die Kirche beträfe, aber in bezug auf den Heiligen: es handele sich um den Autor der ›Nachfolge Christi‹. – »Meinen engsten Landsmann Hämerken?« – »Hämerken?« – »Ja, Thomas a Kempis?« – »Ja!«

Ich war erschüttert. Mein Vaterland hatte die Dolchstoßlegende seiner Helden in die Welt gesetzt; und nun stand ich an der Wiege der Bauchlagenlegende eines Heiligen, und noch dazu meines mystischen Freundes, dessen ›Imitatio‹ im Turm der Einkehr an handgreiflichster Stelle über der Leine gehangen . . .

Die Friedhofsverwaltung hatte, dem Druck des Volkes nachgebend, der Mutter gestattet, sich neben der Leiche des Jünglings häuslich niederzulassen. Dort hockte sie, wachend und betend. Gott, der ihr den Sohn wiedergegeben, würde sicher auch einen Beamten so weit triezen können, den Totenschein für ungültig zu erklären. So hoffte die Mutter, ein einfältiges Weib. Gott hatte das Seine gewirkt, der Rest ist Sache der Menschen. Die Menschen aber, vor allem, wenn sie Beamte sind, kommen selten über das Weichbild ihrer Dummheit hinaus, und Schein ist Schein. Weiß Gott das denn nicht? Ja, da rühren wir an die alte Hiobsfrage, auf die mein Pascoaes so schöne Antworten gibt.

Niemand wollte seine Toten mehr begraben lassen. Viele wagten es nicht einmal, sich zum Schlafen hinzulegen, aus Angst, im Sarge aufzuwachen. Einige von Beatricens Schülerinnen sagten den Unterricht auf und wollten erst weiterlernen, wenn der wunderbare Jüngling entweder richtig tot oder richtig lebendig sei. Dazwischen war die Peinigung, die Gottesfurcht, der Griff des Bösen. Auch Mamús Haus stand tief unter dem Eindruck der chiliastischen Bewegung, zu welcher der Jüngling zwischen Tod und Leben den Antrieb gegeben hatte. Da kam Mevrouw van Beverwijn und warf die Legende von Gottes hundsgefälligem Wirken in die schwelende Hoffnung: daß, wo immer Tod dräue, nicht Tod zu sein braucht, sehet den Jüngling draußen auf dem Gottesacker! Die Geschichte von dem Hund und seinen vier Pfoten fiel auf gepflügtes Erdreich. Mamú gab ihre Einwilligung, für die Nieren zu beten.

Nachher hat sie uns gestanden, daß sie ohne den zuckenden Jüngling nicht an den Unfug der Christian Science geglaubt hätte. Der war also im rechten Augenblick aus der Kiste gefallen. No hay mal, que por bien no venga – immer wieder erhärtet es sich auf dieser Insel.

Mamú wurde eine zwar nicht glühende, aber sehr fleißige und opferwillige Anhängerin der Christlichen Wissenschaft, und ihr Haus wurde auf Mallorca für den Scientismus, was die Hütte der Purpurkrämerin Lydia zu Kenchreä für des Völkerapostels frühchristliche Bewegung war: die Kirche.

Unser zweiter Besuch im Terreno fand um die Zeit statt, wo Mamú nach dem Urteil aller Ärzte schon tot oder zumindest in einem rätselhaften Zustande zwischen den Extremen neben dem Jüngling auf dem Friedhofe hätte liegen müssen. Sie lebte aber fröhlich, und wo vordem der Tod ihre Züge gemartert hatte, war eine käsige Aufgedunsenheit zurückgeblieben, die sich nie ganz verlor. Die Koliken hatten aufgehört, die schrecklichen Blutungen waren ausgeblieben, alle Medikamente auf den Müll geflogen, und natürlich hatte man die Krankenschwester mit einem reichen Geschenk entlassen: so trafen wir Mamú an. Wir feierten die Auferstehung ganz unter uns. Die Cocktailtochter war wieder abgereist, den anderen Kindern hatte man telegraphiert: Kommen überflüssig, Mamú werde gesundgebetet, von Sterben keine Spur! Der Lebendigen seien sie aber willkommen. So kamen sie nicht.

Frau van Beverwijn hatte gesagt, die Heilung durch den Geist sei nicht an eine Diät gebunden; die göttliche Mittlerschaft habe nichts mit Küchenzettel zu tun, sofern man nicht pures Gift ins Essen mische. Das war für Mamú wichtig, weil sie so furchtbar gerne gute Sachen aß und auf demselben Fuße mit Madame Sacher gestanden hatte, wie ihr Durchseligter Fürst mit Franz Joseph von Österreich. Da ich nun auch furchtbar gerne gute Sachen esse, ohne auf entsprechenden Füßen mit so berühmten Leuten gestanden zu haben, und dies Mamú auch bekannte, schloß mich die Greisin noch fester in ihr Herz. Im Laufe der Zeit entdeckte Mamú noch andere gute Eigenschaften an ihrem Vigolo; zum Beispiel, daß er pikante Dinge erlebt habe und das Erlebte auch mit Würze und Anstand erzählen konnte; daß da Abenteuer mit einer richtigen spanischen Puta seien; daß ich als Student am Arme der Mutter ins Haus der Kölner Mütter gezogen; daß die »Torre del Reloj«, ein Freudenhaus, uns Monate unter ihrem durchlöcherten Dach gehabt: Mamú strahlte. Ich *war* der reizende Mann, der sich gewiß an ihrem Sarge gut ausgenommen hätte; doch an ihrer Tafel und in der Plauderecke war er ihr lieber.

José, der katalanische Koch, Monica, die Aushilfsköchin aus Santa Catalina, und Celerine, das Küchenmädchen, schalteten wieder wie vor dem Ausbruch der verheerenden Krankheit in ihrem Reich. Nur Anna, die Kinderfrau aus dem Schwarzwald, brummig wie alle Dienstboten, die man nicht zeitig pensioniert, und zum Hausdrachen geworden, war mit der neuen Wendung nicht einverstanden. Daß ihre Herrin lebte, fand sie in der Ordnung, das gehört eine Herrin zu tun; aber fromm geworden, das behagte ihr weniger, und noch weniger das Drum und Dran dieser christlichen Betulichkeit mit lobsingenden Damen. Überall lägen nun Bibeln herum und höre man das Wort Gottes in vielen Sprachen, wo sie, Frau Anna, es nur guthieß im Wortlaut Luthers; und am allerwenigsten behagte ihr der Umgang mit Vigoleis, der anzügliche Geschichten wußte, die, wie sie meinte, wenig mit dem Christentum zu tun hätten. Da irrte die schlichte und immer werkelnde Alte. Francisco, der Gärtner, der schon mit der Herrin den Grabschmuck besprochen hatte, hielt weiter den Garten, Mamús »Park«, in blühender Ordnung. Von den Zimmermädchen, einer Näherin und einem Laufjungen ist nichts zu sagen, obwohl sie nicht so lautlos da waren, wie man es in einem reichen Hause sein soll. Aber Mamú lebte in Spanien. Miguel, der Chauffeur, dachte das Seinige über die alten Schachteln, die seine neue Fracht geworden waren.

Eine wunderbare Zeit begann. Jedes Wochenende wurde bei Mamú verbracht. Manchmal holte uns Miguel, meist aber wanderten wir der Bucht entlang den schmalen Steg, an dem das nicht ganz saubere Wasser leckte und der heute zum Paseo Marítimo ausgebaut ist. Wir hatten den Schlüssel zum Pförtchen, das in die Parkmauer eingelassen war.

Jeweils zu Beginn der Woche kam Mamú in die Barceló, um mit mir das Menü für den Sonntag zu besprechen. Da ich immer größere Ansprüche stellte, gastronomisch immer neugieriger wurde, der Groll auf Brot und Kartoffel sich tiefer fraß, so mußten allmählich die Zutaten aus vielen Ländern bezogen werden.

Die Colmados in Palma führten solche Spezereien nicht. Mamú kannte alle namhaften Delikatessengeschäfte in den Hauptstädten Europas; sie hatte eine Kochbuchliteratur von ungezählten Bänden und in vielen Sprachen. Als sie durch den Geist wieder an eine normal arbeitende Niere gekommen war, empfand sie diese Schwelgereien zuweilen doch als Sünde. Ich sah die Gefahr, die meinem kaum betretenen Neulande drohte, und redete ihr die Flausen aus. Ich hatte noch nie Bärentatzen gegessen und wollte endlich wissen, wie sie schmecken, oder ob es nur Snobismus sei, daß man sie rühme. Darum riet ich Mamú, einen gerechten Ausgleich zu schaffen und Bibeln in den Sprachen zu kaufen, in denen sie Kochbücher hätte. Mamú fand das eine pikante Lösung, sehr unchristlich, aber sie ging darauf ein und trug ihrem Buchhändler in Wien auf, alles zu besorgen. Ich hatte die Liste angefertigt. Die portugiesische Bibel hat mir dann später bei meiner Arbeit an Pascoaes gute Dienste getan. Auch das war wie Fügung, Mamú stritt es nicht ab: ob Jüngling mit zuckendem Arm, Hundspfote oder portugiesische Bibel; faustdicke Nierensteine, die schmerzlos und unsichtbar abgehen: alles auf dieser Insel hatte seine zweite Gestalt, seine doppelte Inkarnation. Man durfte nicht voreilig sein. Zudem haben Inseln ihre eigenen Gesetze.

Auf Mamús Bücherbrettern standen aber nicht nur Kochbücher, und Frau Anna stolperte nicht nur über heilige Schriften. Mamú hatte auch eine auserlesene Bibliothek zeitgenössischer Autoren vieler Länder. Die meisten kannte sie persönlich. Man brauchte nur ein Werk vom Schaft zu nehmen und aufzuschlagen, dann las man die Widmung; oder Mamú sagte, »was haben Sie da Gescheites – ach, Blei . . .« und es folgte eine Geschichte über Franz Blei, in der sie selbst bedeutend vorkam. »Fülöp-Miller?« – unüberbrückbar erscheinende bibliographische Schwierigkeiten bei der Abfassung seines Werkes über die Jesuiten hatte Mamú zwar nicht selber gelöst, aber lösen lassen durch ihre Beziehungen, die bis in die verborgensten Archive der Kirche reichten. Den unaussprechlichen Stanislaus Przybyszewski, den ich schätze, hatte sie gekannt und an ihrem Tisch gehabt; unsere Gerstenberg natürlich auch, und die großen Franzosen: Gide, Valéry, Romain Rolland; die großen Engländer, die großen Amerikaner; Gabriele D'Annunzio, Papini und Pirandello, der damals gerade mit dem Nobelpreis ausgezeichnet wurde – sie alle lebten in ihrem erstaunlichen Gedächtnis und der noch wertvolleren Bibliothek. Auch ein paar Tote hatten in ihrem Hause verkehrt, woran ich mich aber nicht stieß. Wohl Beatrice, deren Gedächtnis so stark wie grausam ist.

Gäste waren diese erlauchten Geister alle gewesen: in ihrem Wiener Palazzino, auf dem Landsitz ihres Seligen irgendwo in der Ungarei, vielleicht auf den Farmen ihres Vaters in Californien und Oklahoma; in ihrer Residenz in New York oder in ihrer von Henry van de Velde eingerichteten Etage in Paris, am Quai d'Orsay. Es ist nichts Außergewöhnliches, daß eine amerikanische Millionärstochter einen ungarischen Fürsten heiratet, der zwar beim Zusammenbruch der alten Donaumonarchie alle seine Besitzungen verlor, aber den Titel mit Dollarjutalin wieder blank rieb und sein Schloß von Mamú zurückkaufen ließ. Das alte Europa wurde ja damals von solchen amerikanischen Traditionshyänen buchstäblich heimgesucht. Auch war es glaubhaft, daß Mamús Graf oder Fürst – manchmal blühte der Selige auch in beiden Linien zugleich – kein Trottel war, sondern ein hochbegabter Architekt, dessen Kunst die Amerikaner die Metropolitanoper, das Waldorf-Astoria-Hotel und ein paar Dutzend weniger bedeutender Wolkenkratzer verdanken.

Beatrice, die an Geschichte glaubt, begann zu rechnen, als Mamú dem so schön gestorbenen Gatten die Metropolitan Opera zuschrieb. Dachte sie gar, daß Mamú schwindelte? Das hat eine Millionärin nicht nötig. Die Lüge kommt aus der Armut. Für 25 Peseten lügt jeder Führer.

Mamú war Millionärin. Wieviel mal? Wer wie ich im kleinen Einmaleins des täglichen Brotes steht, dem kann es gleich sein, wieviel Millionen × Millionen der Freund hat. Eine genügt, dem Verhältnis jene rauhen Kanten zu nehmen, die Freundschaft oft so bitter werden lassen. Dennoch: Mamú war tausendfache Millionärin.

Ihr Vater hatte ein Backpulver erfunden und, echter Amerikaner und doppelt genial, gab er dem Fabrikat einen königlichen Namen: Royal Baking Powder. Es wurde ein Weltprodukt, gegen das Dr. Oetker nicht mehr aufkam. Der Erfinder war bald Milliardär, das Unternehmen saß fest im Sattel. Mamú war die einzige Tochter, auf die ein wahrer Goldregen niederging. Sie genoß die entsprechende Erziehung, verbrachte ihre Jugend auf weiten Reisen an Bord der väterlichen Jacht; sie lebte, es sind ihre eigenen Worte, zeitlos dahin wie eine Millionärstochter aus einem richtigen Roman. Wo Leben und Dichtung in ihre Koordinaten treten, fängt das Leben ja erst an uns zu fesseln.

Während des ersten Weltkrieges starb der Vater, zu einer Zeit, wo sie mit ihren Kindern – sie hatte inzwischen den ungarischen Dynasten geheiratet und wieder flottgemacht – in Wien lebte. Der Fürst hielt sich wegen eines Bauauftrages in Barcelona auf. An eine Rückkehr nach New York war nicht zu denken, obwohl neutrale Diplomaten vermitteln wollten. Während des ganzen Krieges blieb er verschollen. Er hatte sich nach Mallorca begeben, um das Ende des Weltbrandes abzuwarten auf den Gütern seines dort lebenden Freundes Ludwig Salvator von Österreich. Der hatte aber mit einem Unterseeboot die Insel schon verlassen und weilte auf seinem k. k. Stammsitz, oder war überhaupt schon tot.

1918: Waffenstillstand. Mamú fliegt, im Sinne von eilen, nach Amerika zurück, sucht und findet ihren Mann, sucht, aber findet nicht ihr Millionenerbe – »Vigoleis, do believe me, mich rührte der Schlag!«

»Welcher Schlag, Mamú, der *dich* nicht rührte!«

»Goldiges Mannerl! But listen . . .«

Alles, was mit den Baking-Powder-Millionen zusammenhing, erzählte und diskutierte Mamú nur auf Englisch:

Im Konzern waren Unregelmäßigkeiten vorgekommen, die ins Zahlenlose gingen und darauf hinausliefen, daß man sie, die einzige Erbin, um ihre Backpulveranteile geprellt hatte. Auch munkelte man von düsterer Tat: der Vater sei keines natürlichen Todes gestorben. Ein Vetter stecke dahinter, ein Gangster: sie scheue sich nicht, dies Wort auf den anzuwenden, der vor vielen Jahren um sie und ihre Millionen geworben habe. Kleinere Gelder, die anderweitig angelegt waren, eine Bagatelle verglichen mit dem Baking-Gold, aber doch ein Milliönchen, ständen ihr zur Verfügung, um den Schatz den Räubern wieder abzujagen. Die Anwälte rieten: Prozeß. Ihr Sohn, dem damals gerade der Bart sproß, sagte: Mamú, shooting! Eine Tochter riet: Vergleich; die andere, die einen eigenen Millionär heimgeführt hatte, sagte achselzuckend: Mach, was du willst. Klugerweise wurde der Fürst in dieser Frage nicht gehört. Mamú strengte den Prozeß an, sie hatte ja das Geld dazu. Sie prozessierte mit Charme, mit Eifer, mit Geduld, mit allen Eigenschaften, die man dazu haben muß, nur nicht mit dem richtigen Anwalt, und natürlich auch mit einem total irrigen Begriff von der Gerechtigkeit, wie sie sich in Paragraphen einfangen und wieder laufen lassen läßt. Sie hatte zwar Kleist gelesen, er stand auf dem Schaft, aber, meinte sie, das sei Literatur, es ginge da um ein paar Rosse; bei ihr drehe es sich um Millionen – eine Köhlerlogik, die ich anerkannte. Der Konzern, den sie gegen sich hatte, arbeitete mit einer furchtbaren Waffe, die Mamú nie in ihrer ebenso natürlichen wie perfiden Schärfe erkannt hat, wo wir sie zu erkennen glaubten: hatte er sich ihren Anwalt und die Richter gekauft? – das Ei des Kolumbus!

Die Kinder wurden groß, heirateten, kriegten Kinder, ließen sich scheiden; es starb über den Prozeß ihr Mann den schon erwähnten schönen – Mamú sagte: scheenen – Tod; in ihren Nieren lagerten sich Steine ab; der Krebs kam und fraß, und ohne Mevrouw van Beverwijns Überzeugungskraft wäre Mamú über ihren Millionenfall auch noch gestorben, und der Konzern hätte lachend de jure factoque geerbt. Die Beverwijn hatte Mamú noch zwanzig Jahre gegeben: da lohnte es, sich wieder hinter die Prozeßakten zu machen. Mamú betrieb es mit neuem Eifer, beigestanden durch den um Auma werbenden Staatsanwalt, der zwar von Recht sehr viel verstand, aber Gangstermethoden nie ernstlich studiert hatte, freilich auch mit seinen Gedanken mehr bei der Finnländerin war. Dennoch half er, Stöße Papier mit Ziffern zu bedecken; das ging um Zins und Zinseszins, Kontraposten und Quotisation, Manualakte und dergleichen schwierige Dinge, von denen ich nichts verstehe. Mamú hatte sich da hineingearbeitet, und der Staatsanwalt bekam Gelegenheit, seinen juristischen Horizont zu erweitern und dabei Auma ganz nahe zu sein. Diese versagte sich ihm immer noch – warum eigentlich? Sie verzehrten sich, daß es ein Schmerz für uns alle war, die wir das mitansehen mußten. Wie beim Prozeß, hatte hier die Liebe einen toten Punkt erreicht. Man redete, redete, aber es kam nichts dabei heraus.

Mamús Monatswechsel war groß, indessen für eine Multimillionärin der nackte Bettel. Sie lag eben krumm wegen des Rechtshandels. Amerikanische Millionäre pflegten auf Mallorca ganz anders aufzutreten. Die kamen mit Luxusjachten, ambulanten Spielhöllen und pudelnackten Weibern, wo Mamú sich mit einem Mietauto und angezogenen Leuten behelfen mußte.

Die Streitsache mit dem Royal-Baking-Gang war es nun nicht allein, die an Mamús Guthaben zehrte. Viel Sorge bereitete ihr ein Bruder des Seligen, ein toller Wicht, alt, über achtzig, Fürst auch er und fürstlich verkommen. Er lebte in Budapest und mußte jährlich Unsummen an Alimenten zahlen, da er die Manie hatte, überall Kinder zu zeugen, nicht nur in der Ungarei, obwohl das sein hauptsächliches Jagdrevier war. Mamú hatte ihrem Gatten geschworen, coûte que coûte für die Schulden des lockeren Ferencz aufzukommen; das hielt sie bei, trotz der ständig neuen Einklagungen, die sich auf dem Aktenständer ihres Wiener Anwaltes häuften. Würde der Lustgreis doch endlich impotent – wie oft hat Mamú so geseufzt, wenn Post aus Wien gekommen war. Ich riet zur totalen Entohnigung, aber auf Bistouris war Mamú nicht zu sprechen. Ein Überblick über die Finanzlage ließ sich somit nicht gewinnen. Ihren Palacete in Wien hatte sie schon vermietet und beglich mit den Einkünften kleinere Alimentationsforderungen.

Dieses Schwagers Johannistriebe sollten uns teuer zu stehen kommen. Doch lassen wir erst den Seligen seinen schönen Tod sterben.

*

Es war bei einem Ausflug in der Umgebung von Wien, in einem der kleinen Städtchen auf den Höhen, ich erinnere den Ort nicht mehr. Sie hatten gewandelt und waren an eine Mauerbrüstung gekommen, unten lag das Land gebreitet, und dann sahen sie ein kleines Kirchlein in der Tiefe und daneben den Gottesacker. Winzige Gestalten ameiselten; an den Bewegungen sah man, daß sie eine Gruft aushoben. Mamús Mann, der Wolkenkratzer und Opernhäuser gebaut und als Dynast seines Landes Anspruch hatte, in der Krypta seiner Väter beigesetzt zu werden; der sich die teuerste Einäscherung in den Staaten erlauben konnte, er wurde weich, bekam Tränen in die Augen und sagte: »Ethel, da unten, siehst du den Friedhof? Auf einem solchen weltverlorenen Acker möchte ich begraben werden. Willst du mir das versprechen, Darling?« Mamú, selbst gerührt, gelobte es, dann gingen sie weiter. Kaum ein paar Schritte getan, wurde dem Manne nicht wohl, er griff an seine Brust, rang mit dem Atem; eine Bank war da, sie führte ihn hin, er setzte sich, sank um und war tot.

Mamú kaufte die Gruft, in die am anderen Tage ein Reicher des Ortes hätte begraben werden sollen, und zahlte noch eine Unsumme an den Gemeindevorstand, damit das Grab in Ordnung gehalten werde, auf Jahrzehnte hinaus, ich meine es waren 50 Jahre. Das wurde verbrieft. Mamú bewahrte die Schriftstücke in ihrem stählernen Reise-Safe.

*

Was ich hier mit ein paar Zeilen wiedergebe, würde in Mamús breit angelegter Erzählung viele Seiten beanspruchen. Denn erzählen konnte die alte Frau, wie ich nur noch eine andere, allerdings schwereren Kalibers, was das Romantische betrifft, kennengelernt habe: die Mutter des Dichters Pascoaes, Doña Carlota, von der in einem späteren Buch noch viel zu sagen sein wird. Auch die Feder hatte Mamú fleißig geführt. Stöße von Tagebüchern seien in New York deponiert. Seit der Nierengeschichte aber ermüdete sie leicht; das hatte die Beverwijn nicht ganz wegbeten können, so daß Mamú mich eines Tages bat, als Chronist in ihre Dienste zu treten. Sie wolle mir den Roman ihres Lebens erzählen, ich könne alles frei nachgestalten, Auszüge aus ihren eigenen Aufzeichnungen einflechten und mit »meinem Senf« anmachen. Dazu müßten wir ständig beisammen sein.

Der Gedanke kam, wie alle großen Gedanken, aus dem Nichts. Mamú beflog er beim Tranchieren eines Auerbratens; er war kühn und dieser großen Frau würdig. Beatrice, der das Nichts ein feiger Gedanke ist, sagte nachher, der betreffende Gedanke sei Mamú mehr aus dem Herzen als aus dem Braten gekommen; schließlich sei sie in mich verliebt. Gut, Herz oder Braten, der Gedanke war da:

Bei Valldemosa liegt der Landsitz Miramar. Ludwig Salvator, ihres verstorbenen Mannes Freund, Erzherzog von Österreich, hatte ihn mit anderen Besitzungen erworben und ausgebaut. Die rechtlichen Verhältnisse waren dunkel: der Erzherzog hatte die Insel mit Kindern übersät, Prozesse liefen, niemand kannte sich mehr aus, wem nun gehörte, was einmal archidukale Domäne gewesen war. Eines der Landhäuser von Miramar, ein kleiner Sommersitz, den auch Baedeker rühmt, war zu vermieten und selbst zu kaufen. Den mußte Mamú haben, dort sollten wir selbdritt wohnen – mir blieb der Braten im Munde stecken, was mir sonst nicht leicht passiert.

Aumas Staatsanwalt hatte die Unterhandlungen mit dem Nachlaßverwalter bereits eingeleitet, wir hatten das Schloß am Meer schon besichtigt: die Örtlichkeiten waren wie geschaffen für unseren Dreibund. Ich kannte die Anwesen von den Führungen und hatte alles auf meine Weise erklärt.

Beatrice würde ihren Flügel bekommen, sie hätte Mamú täglich vorzuspielen. Wenn alles gut ginge drüben mit dem Backpulver, ließe sie auch eine Orgel einbauen – Beatricens zweiter Traum.

»Und mein Vigolo, was will der haben?«

»Einen Esel, Mamú.«

Wollte Vigoleis Don Quijote und Sancho Panza zugleich sein auf seiner Spiegelinsel Barataria? Ja, Don Quijote wegen der Millionen, die mit Hilfe des königlichen Backpulvers immer luftiger habten, und Sancho Panza wegen des Pflocks, an den man den Ritter fesseln könnte, denn der war wohl ein Narr zum Anbinden; und einer stand wenig hinter dem anderen zurück.

Mamú hatte auf ein Auto getippt; verzeihlich, denn sie kannte mich noch zu wenig, um zu begreifen, daß mir an einer Selbstverständlichkeit nicht gelegen sein kann.

Mamús Herzensplan hatte sich übrigens erst in den letzten Monaten vor Ausbruch des Bürgerkrieges so weit entwickelt, daß mit einer Übersiedlung nach Miramar gerechnet werden konnte. Die Finanzen erlaubten den erlauchten Schritt. Noch vor der Weinlese sollte mit der Abfassung von Mamús Lebenserinnerungen begonnen werden. Der Titel stand für mich fest, ›The Royal Baking Gang‹; aber das sei späterer Sorge anheimzugeben, meinte die Millionärin, die als Titel ihres Lebenswerkes was Scheenes haben wollte.

Die Tochter aus Paris war gegen den Plan eingenommen, desgleichen die aus Budapest, desgleichen der Sohn, desgleichen die widerborstige Kinderfrau: sie alle witterten im armen Vigolo, an dem, das sah und wußte jeder, Mamú einen Narren gefressen hatte, den Erbschleicher. Frau van Beverwijn, die mich haßte, weil ich nicht an ihr vierpfötiges Wunder glaubte, bearbeitete Mamú mit allen Mitteln ihrer Afterwissenschaft. Mamú blieb fest. Die Beweisgründe des Neides prallten an ihr ab. Daß wir allesamt scheiterten auf unserer Insel, war unser anderes Schicksal, das mit dem einen und einzigen und unverwechselbaren Gesicht, welches die Züge eines doppelarmigen Generals trug.

So lege ich an Stelle der Erinnerungen Mamús dem Leser die angewandten ihres Vigoleis vor, in denen von dieser bezaubernden Hochstaplerin nicht so ausgiebig die Rede sein kann, wie sie es im Guten und Schlechten verdient: doch genügend, um deutlich zu machen, wie sehr ich sie geliebt habe. Und nie habe ich mich von einem Menschen, der mein Freund war, so gerne hinters Licht führen lassen wie von Mamú. Kein böser Traum hat je die Erinnerung an sie trübend überhaucht.

Wie grundschlecht dagegen und verlogen erscheint mir heute im wägenden Rückgedenken die Gestalt der für ihre leidenden Mitmenschen und -tiere betenden Mevrouw van Beverwijn.

VIII

1933

In einem südlichen Lande lebt der am besten, dem es gelingt, den Sinn für die Zeit ganz und den für das Räumliche nach Möglichkeit auszuschalten.

Manchmal ist es schon der morgige Tag, und man meint, es sei immer noch gestern oder vorgestern oder, in glücklichen Fällen völliger Zeitverwahrlosung: überhaupt nicht. Das Heute scheidet immer aus; es ist nur eine philosophische Abstraktion. Der iberische Mensch, und um den geht es hier, steht aber mit beiden Füßen auf seiner Wolkenerde.

Während der sieben Jahre unseres politisch-dichterisch-mystischen Exils auf Schloß Pascoaes in São Jão de Gatão – die Insel und Spanien lagen schon hinter uns; auch die Schweiz, auch Frankreich und die bangen Stunden der zweiten Flucht durch Spanien –, da sagte ich eines Tages zu Beatrice, vom Manuskript aufblickend: »Du, wann ist eigentlich Ostern? Ich möchte Mutter ein paar Auferstehungsgrüße senden ins immer größer und immer blutleerer werdende Reich.«

Telegraphisch übermittelt, entgegnete die zeitwägende Beatrice, kämen feurige Zungen noch zeitig an: in drei Tagen schrieben wir nämlich Pfingsten.

Und selbst bei dieser über-iberischen Zeitraffung war noch ein kleiner Reibungsverlust im Spiel gewesen, denn es stellte sich heraus, daß die Ergießung des Heiligen Geistes schon am folgenden Tage vor sich gehen sollte.

Es war also soweit, wir hatten es nur nicht gemerkt. Während wir unseren Inselschlaf gehalten mit der sich so laut gebärdenden Tagtraumwelt der Mamús, Patucos und Uluas, der streunenden Suredas und des immer besser malenden Pedro; mit Porras und Putas Pilar; Toten, die nicht tot, Lebendigen, die ums Verrecken nicht tot sein wollten – da war Deutschland erwacht. Und da zu einem erwachenden Deutschland ein verreckendes Juda gehörte – es gibt kein Heldentum ohne Opfer –, scharte sich das Volk der Dichter und Denker, das auch Hagens Volk ist, um den Führer.

Wie viele mochten das wohl sein, die da mit starr von sich gestreckten Gliedmaßen sterben sollten? Es ginge gewiß in die Millionen. Zwei konnten von vornherein von der Liste gestrichen werden, um die brauchte sich der Führer nicht mehr zu kümmern: Adele Gerstenberg und ihr Sohn ruhten vom eigenen

Tode auf dem Cementerio in Alicante. Millionen weniger zwei, macht das denn etwas aus? Wo eine Million verrecken, spielen da zwei noch eine Rolle? Wenn alle tüchtig mitmachen, schafft es das Volk im Handumdrehen. Sie müssen eben alle mitmachen. Alle! Keiner darf sich ums Morden herumdrücken, sonst wird er selber abgemurkst. So wollen es Hitler und die Geschichte. Und da behauptet Vigoleis noch, nicht an Geschichte zu glauben. Nur nicht die Toten zählen: Don Patuco und Hölderlin sagen es auch.

Nach Jahren der vaterländischen Schmach, der völkischen Erniedrigung, der nationalen Umdunkelung: endlich die Morgenröte, die Götterdämmerung, der Aufbruch mit Kind und Kegel und Mann und Maus. O, da konnte man sich wieder geschlossen freuen, in Reih und Glied zum Jux angetreten; und je mehr man mordete, je freudiger wurde einem ums Herz. Und da aus Freude Kraft erwächst, nannte man die so gewonnene Kraft die Kraft durch Freude; und mit dieser Kraft durch Freude bestieg man Kraft-durch-Freude-Schiffe und segelte in die Welt hinaus, denn war man nicht auch ein Volk ohne Raum?

So kamen die Erwachten auch nach Mallorca, das Ende der Welt, die Hinterwelt, die Unterwelt, aber immerhin noch Welt. Das wollte man sich einmal ansehen, Freude schöpfen aus dem Anblick des Niedrigen, gegen das das eigene Hohe um so ragender steht: Bei uns ist alles viel besser! Aber das wird natürlich bald ganz anders werden. So eine totale Schweinerei, nicht mal Bier hat dieses Volk – »Herr Führer, im Namen des Führers, sagen Sie mal, wo kann man hier mal anständig . . .« Doch ehe ich als Herr Führer dieser Volksgenossen den Protest annehmen und an den Führer weiterleiten kann, muß ich selbst erst wissen, woran wir sind.

Ich erfahre es von Herrn von Martersteig, einer nationalen Quelle also, denn wie gesagt: es war so weit gekommen und wir hatten es nicht gemerkt. Wir waren auf keine Zeitung abonniert, mein Heimatblatt kam unregelmäßig, und im deutschen Shop lasen wir nur, was unterm Strich stand. In Mulets Tertulia wurden die internationalen Tagesfragen zwar eingehend, aber zeitlos behandelt. In den Sesseln Mamús bärmte das königliche Backpulver, auf den Mehlsäcken Jaumes entschied sich das Schicksal Honduras', auf dem dreibeinigen Stuhl der Suredas das Schicksal der Suredas –: jeder denkt nur seine eigene Welt. So wußte ich nicht, daß ich über Nacht zum Angehörigen eines Herrenvolkes geworden war, und mein Führer in Anführungszeichen war das Ebenbild des Herrn.

*

Auf der Plaza Cort herrschte das alltägliche Leben eines alltäglichen Tages um die Stunde des späten Nachmittags, wo die Zeitungsjungen die ›Ultima Hora‹ ausrufen mit dem hohen, frohen, lockenden Singsang des langgezogenen O: Uultimmoooooooo-ra! wirklicher Schwanengesang der letzten Stunde allen Weltgeschehens. Wer das einmal gehört hat, wird es nicht so leicht vergessen – uultim-mooooooooo-ra – und wer kam da aus dem »Colmado Parisién« gehumpelt, wo nur Mamú und andere Millionäre und vielleicht noch Robert von Ranke Graves ihre Einkäufe besorgten? Joachim Freiherr von Martersteig – noch gelber im Gesicht, noch verschütteter die Züge, noch gebückter der Gang; wir hatten uns aber auch eine Ewigkeit nicht mehr gesehen. Ging es ihm schlecht auf der goldenen Sonntagsinsel, auf der doch immer blauer Montag war? Gleichgeblieben war er sich in der Geste des Erstaunens, mit der er das Glas, das er gleich wieder fallen ließ, ins Auge setzte; aber er mußte die Hand weiter als sonst von sich strecken, um es aufzufangen.

»Don Joaquín!« »Don Vigoleis!«

Wie alle Ausländer liebten auch wir es, uns spanisch zu geben. Ehe wir uns die Hände schütteln konnten, mußte der Hauptmann seinen Einkauf bergen. Statt des Geschabten eines grünen Käses hatte er sich einmal den Schabziger selbst geleistet; es mußte ihm wirtschaftlich also nicht schlechter gehen. Vermutlich hatte Hindenburg seiner Kriegsbeschädigten-Türängelei nachgegeben.

»Sie wissen das Neueste!«

Ich erschrak, weil ich es nicht wußte, es aber instinktiv mit seinem Feind zusammenbrachte. Das wäre ein Schlag für uns, wenn dem etwas zugestoßen sei. Sicher bei einer Rauferei schreibunfähig geschlagen! Musen, erhaltet mir Robert Graves so lange, bis er seinen ›Claudius‹ fertig hat!

»Hitler ist an die Macht gekommen. Deutschland hat aufgehört zu sein, was es war. Die Köpfe rollen schon!«

Bei Gott und in der Geschichte ist kein Ding unmöglich; dennoch war ich platt.

»Donnerlitsch, Herr Hauptmann, da beginnt für Sie eine großartige Zeit. Der braune Aufbruch verändert mit einem Schlag die strategische Situation.«

Martersteig funkelte mich mit seinem gesunden Auge an, bewaffnete dann das standesgemäße und begann auch damit zu blitzen. Steif kam die Frage: ob ich ihn beleidigen wolle?

Wie fern mir das läge! Ich hätte einzig an sein Affenheer gedacht, an die Rekrutierungsschwierigkeiten, mit denen er sich seit Jahren herumschlagen müsse. Nun brauche er seine Werbetrommel nicht im Urwald zu rühren; seine Konskriptionskommissäre brauchten nicht mit Bananen die Gestellungspflichtigen von den Bäumen herunterzulocken, denn von der Etsch bis an den Belt und von der Maas bis an die Memel stünde ihm nun genügend Material für den geschwänzten Heerbann zur Verfügung. Da geriet der Hauptmann vollends außer sich und zischte ein ungezogenes Wort, buckelte sich dann militärisch zusammen, wobei er stöhnte und sagte verächtlich: »Beleidigen Sie mir meine Affen nicht durch einen Vergleich, der wohl witzig sein soll! Deutschland steht auf dem Spiel! Der Pöbel walzt alles nieder, was Generationen aufgebaut haben. Ein Gefreiter . . .«

Lange debattierten wir über den Staatsstreich, der keiner sein wollte und darum um so gefährlicher war, und schieden in Unfrieden. Beide lehnten wir den neuen Modus ab, beide wollten wir diese Mythe nicht, ohne Juden noch angejudete Arier zu sein: Martersteig aus preußisch-militärischen Gründen, ich aus donquijotisch-menschlichen Überlegungen; aus Feigheit also. Irgend etwas in mir sträubte sich, einem Juden den Hals umzudrehen, ihn in den Zustand des Verrecktseins zu befördern, wie es das neue Programm meines Vaterlandes von jedem guten Untertanen verlangte. Das wollte der Hauptmann, zum Töten erzogen, auch nicht, aber eigentlich kniff er da nur, um sich nicht zu besudeln. Er näherte sich wieder bedenklich seinem General und Feldmarschall von Hindenburg. War der auf einmal kein Trottel mehr?

Beatrice brachte die Neuigkeit, eben weil ich sie aus des Hauptmanns Mund hatte, auch mit dessen Feind zusammen. Ob Graves etwas zugestoßen sei? Abgereist? Es wäre ein Schlag für meine Schreibmaschine! Denn was anders könne Martersteig außer seinen Affen noch bewegen als der Feind?

Dieser Feind war zu mir gekommen. Im deutschen Shop hatte man ihm mitgeteilt, ich käme ohne Zweifel in Frage, ein Manuskript abzutippen. Unter der Tür stand ein großer Mann mit groben Zügen, verkniffenen Augen, stark sonngebräunt; eine Haarlocke fiel ins Gesicht, er trug ein buntgewürfeltes Hemd, ein noch bunteres Halstuch und einen eigentümlichen Strohhut.

Ob ich sei, den er suche? Ich bekannte mich zu dieser Nämlichkeit. Der Mann sprach englisch. Mein erster Gedanke war: Arsenio, Rauschgiftaffären, neuer U-Bootkapitän, ein Ding muß gedreht werden, sie brauchen einen Dummen, und da kommen sie bei mir an die richtige Adresse. Ehe aber der Seeschäumer seinen falschen Namen nennen konnte, wußte ich, mit wem ich die Ehre hatte: Robert von Ranke Graves, der Feind, Herr über 115 Volt und 7 Watt – ein Zucken mit seiner Wisentbraue und ganz Deyá sitzt ohne Licht! Will der mich in seine Händel beziehen?

Es gibt viele Arten, sich seinen Mitmenschen vorzustellen. Keine hat mir so imponiert wie die, welche der Feind meines Freundes übte. Er sagte »Graves«, und auf deutsch: »Strich drunter!« Das war seine gesprochene Visitenkarte, und welch eine Karte! Wie kümmerlich klingt da das Burckhardt mit ck-dt, der Meier mit dem Eier-ei und Vigoleis mit Vogel-f. Graves, Strich drunter! das schließt Verwechslungen aus, man weiß sofort, mit wem man es zu tun hat. Voltaire liebte auch klare Situationen bei der Vorstellung. So hielt sich der große Kirchenfeind und Jesuitenfresser einen Haus-Jesuiten namens Adam. Wenn er ihn seinen Besuchern vorstellte, tat er es mit den Worten: »C'est le Père Adam, mais il n'est pas le premier homme du monde.« Wer Bücher auf seinem Namen stehen hat, wie Graves, hat es einfach. »Mann, Königliche Hoheit«, »Mann, Untertan«, »Mann, Mephisto«, oder »Vigoleis, Vigoleis« – wozu dann dieses Buch schon erschienen sein müßte.

Sammelt Graves Zeugen gegen den Hauptmann? Prozeß? Warum schlägt er ihn nicht einfach mit einem Genickfang aus der Welt? Es war Graves' von mir zu spät erkannte Gescheitheit, seinen Besuch in einer literarischen Angelegenheit auch literarisch anzuzeigen. Er kam nicht als Raufbold. Er hatte ein neues Buch geschrieben, dessen Titel vermutlich sein werde: ›I, Claudius, Emperor and God‹. Ob ich Zeit und Lust hätte, die Handschrift abzutippen? Das klang nach Frieden und Arbeit.

Robert Graves schrieb eine ziemlich schwer entzifferbare Hand. Zur Probe mußte ich ein paar Zeilen lesen, es ging nur mäßig, in jedem Examen wäre ich aufgeflogen; aber der Feind war gar nicht so kleinlich, wie Martersteig ihn geschildert hatte. Ich würde mich schon einlesen; was ich nicht entziffern könne, solle ich offenlassen, nur nichts Eigenes hineinpraktizieren, das koste ihn bei der Korrektur zu viel Zeit. Ich hätte doch eine passable Maschine? »Ganz neu!« Ob er sie sehen könne, wegen der Schriftgröße? Sie sei leider noch in der Werkstatt; spanischer Teclado, ich brauchte außerdem aber noch die deutschen Umlaute und das holländische ij. War das nicht geistesgegenwärtig von mir gelogen? Ich hatte nicht den Mut, dem verwegen aussehenden Schriftsteller mein Diamant-Juwel zu zeigen.

Über den Arbeitslohn wurden wir schnell einig: ich nannte eine ziemlich große Summe, und Graves war einverstanden. Das Papier könne ich auch selber kaufen, ob er mir gleich einen Betrag da lassen solle? Der Schriftsteller griff irgendwohin und hielt dann ein Bündel Scheine in der Hand. Mir traten die Augen aus den Höhlen. Sollte sich der Kollege in seinen Mußestunden doch als Wegelagerer betätigen? Schob er mit Rauschgift? Hatte ihm der Strich drunter den Bollen eingebracht? Einen solchen Strich würde ich auch ohne Bedenken unter meine Vergangenheit setzen. Vertrauensselig war er auch, und darin erkannte ich wieder den großen Menschen: er ließ mir den Packen beschriebener Blätter da, einem Unbekannten! Eine Abschrift bestünde nicht.

Unter der Tür fragte er mich, ob ich Deyá kenne, wo er lebe: ein schönes Worpswede, ich müsse mal kommen. Ja, in dem Schwalbennest sei ich schon gewesen, bei Drei Wölkchen und dem deutschen Hauptmann von ... Den kennte ich auch? Aber wer kenne ihn nicht? Spanisch fügte Graves hinzu, es war zugleich sein Abschiedsgruß: »No pinta mucho!«, der zähle doch nicht. Sein Name wurde auch nie mehr unter uns erwähnt.

Von der Lüge zur Wahrheit ist nur ein Schritt. Beatrice unterrichtete einen Señor Alvarez, Don Alejandro, Inhaber der »Casa Barlock«, Schreibmaschinen und Bürobedarf. Dort kaufte ich auf Abzahlung die schon vorweggelogene Maschine und bekam für meine ausgeleierte »Diamant« noch 100 Peseten – Rätsel der Handelswelt! Don Alejandro löste es. Er kenne einen jungen Mann, der Gedichte schreibe, sonst aber durchaus normal sei und auch etwas Geld habe. Dem käme so ein Klapperkästchen sehr zupasse. So wechselte die Maschine nur die Hand, sonst blieb alles beim alten. Ob der spanische Musensohn aber mehr aus ihr herausholte?

Ich entschied mich für eine »Continental«, das letzte Modell mit allen »Schikanen«, außer denen, die ich selbst ersonnen, aber in keinem Prospekt gefunden hatte. Die Typenänderungen erforderten einige Zeit. Don Alejandro mußte die Letternkombinationen beim Werk bestellen. Ich bekam leihweise eine gute Maschine und begann mich sowohl in Graves' Handschrift wie in sein Englisch einzulesen, gefesselt vom Text. Da stand nicht ein Affenheer gegen eine Kommode aus Martersteigschem Ahnengerümpel, sondern Er, Tiberius Claudius Drusus Nero Germanicus, contra »Continental«. Darum fuhr ich zusammen, als der Hauptmann mit seiner Neuigkeit winkte, und Beatrice ging es gleich: Graves durfte nichts zustoßen, es wäre ein Schlag in die Maschine. –

»Beatrice, seltsam, ich dachte auch sofort an den Feind und die Abzahlungen. Es ist aber viel schlimmer, glaube ich, obwohl Graves' Tod uns auch bedeppern würde. Die Nationalsozialisten sind am Ruder, und nun tun sie das, wovor der Gerstenberg so gegraust hat: sie bringen alle Juden um. Hitler soll zum Gott der Deutschen ausgerufen worden sein, und du weißt ja, man soll keine fremden Götter neben sich haben. Die ersten Köpfe sind schon abgeschlagen; im Rhein, Deutschlands Strom, aber immer weniger Deutschlands Grenze, treiben die ersten unvölkischen Kadaver. Nun wird Patriotismus wieder offiziell, und man muß den Hut abnehmen beim Anhören der Nationalhymne. Das ist doch unheimlich, da steckt noch der ganze Urwald dahinter; man weiß nie, wann der Tanz losgeht und man sich wieder einen Ring durch die Nase ziehen muß, um nicht aufzufallen. Und Martersteig war so komisch, gar nicht mehr antimilitaristisch, wiewohl er seine Affen nicht mit der braunen Affenschande über einen Kamm geschoren wissen wollte. Er rechnet mit großen Zeiten. Du wirst sehen, der kriegt noch seine Zulage! Er kam schon aus dem ›Colmado Parisién‹ heraus, wo ein Scheibchen Edamer 50 Centimos kostet.«

Damit hielten politische Gespräche ihren Einzug in die Straße des Generals, und wo vordem nur von Generälen die Rede gewesen war, stand nun ein Gefreiter zur Diskussion, um dessentwillen die ›Ultima Hora‹ sogar eine Stunde später erschien an dem Tage, wo er seine Rechte der Welt anmeldete. Das sei, sagte mir Verdaguer, der ein eifriger Mitarbeiter dieser Letzten Stunde war, seit ihrer ersten noch nie dagewesen.

Viel wurde geredet, und zu guter Letzt wurde selbst Beatrice an ihrer Geschichtsgläubigkeit irre. Ich war der Optimist, sie der Pessimist. Ich beharrte darauf, daß hundert oder tausend Menschen auf Kommando verrückt werden könnten, aber nicht ein Volk von 70 Millionen. Und die Kirche sei ja noch da, die habe auch ein Wörtchen mitzureden, die kriege jetzt ihre große Zeit – »Bonifatius . . .«

». . . paktiert diesmal mit den Barbaren. Wichtiger erscheint mir im Augenblick die Frage, was wir mit unserer Schreibmaschine machen.«

»Was hat die mit dem Dritten Reich zu tun?«

»Höchst einfach: jede Mark, die wir künftig abbezahlen, verwandelt sich in Nazigift, mit dem wir später selber angespritzt werden.«

Am folgenden Tage trug ich Don Alejandro den Fall vor. Der Barlockmann erklärte mich für verrückt, ob ich denn papaler sein wolle als der Papst? Mit diesem lächerlichen Privatboykott sei nichts an der Weltgeschichte zu ändern. Dennoch regelten wir, mit einem kleinen Verlust für uns, die Sache dahin, daß ich eine amerikanische »Royal« bekommen würde.

Wir hatten dem Dritten Reich den Krieg erklärt und die Handelsbeziehungen mit dem erwachten Deutschland abgebrochen, vierundzwanzig Stunden nachdem es in seine tausendjährige Geschichte eingetreten war.

Aus den Zeitungen erfuhren wir, daß die Welt sich noch im unklaren darüber sei, welche Haltung sie dem braunen Pronunciamiento gegenüber anzunehmen habe. Die Kabinette berieten sich, Diplomaten reisten eiligst zu geheimem Bericht in ihre Länder, Spione erhielten Zulagen, die Morseapparate klopften Tag und Nacht. Man wägte und wagte nicht.

Auch heute noch bilden wir uns nicht das Geringste darauf ein, damals einen so raschen und richtigen Entschluß gefaßt zu haben. Die Entscheidung wurde uns ja leicht gemacht: wir glaubten nicht an Gott und waren keine Titelchristen, und somit einzig unserem Gewissen Rechenschaft schuldig. Wir brauchten nicht Schein noch Schatz zu wahren.

Das Gewissen sagte nein, die Welt sagte ja, die Köpfe konnten weiter rollen. Diplomatische Beziehungen wurden nicht abgebrochen, auch keine Handelsbeziehungen. Darin standen wir einzig da auf der Insel unseres zweiten Gesichtes. Der Vatikan schloß ein Konkordat mit der braunen Macht. Christus und der Antichrist bewandelten den gesunden Mittelweg.

*

Schon als Kind habe ich eine ganz falsche Vorstellung von Gott entwickelt, und darum ist mein Leben auf dieser Gotteswelt auch in gänzlich verkehrte Bahnen geschlittert. Meine fromme, um das Seelenheil ihrer vier Kinder sehr besorgte Mutter hat das früh kommen sehen, und ihr uralter Tag findet es immer noch und wieder bestätigt. So denn wurde ich auch kein Nazimichel und eo ipso auch wohl nicht das, was ich zusammenfassend mit Generaldirektor zu bezeichnen liebe: etwas Ordentliches und Anpassungsfähiges in der menschlichen Gesellschaft. Ich vegetiere nur am Wegrande hin, jede Ziege kann mich fressen, ein Karrenrad zermalmen. Ich habe es, mit einem Wort, das auch das meiner Familie ist, zu nichts gebracht. Keine Schießschnur, von welcher Schütterei auch, ziert meine Brust.

Als der dienstmüde Pfarrer meines heimatlichen Sprengels mir mit dem Petrushieb die Froschader schlug, brach mein kleines, mystisch-ahnungsvolles Glaubensgebäude zusammen. Wie ich auch karrte, ich kam aus dem Schutt nicht mehr heraus, und erkannte Gott. Gott hatte aufgehört, das geheimnisvolle Wesen zu sein, das Unnahbare, das Namenlose, das Untödliche und Heilig-Dämonische. Das auch mir eingeborene Bedürfnis nach dem Dunkeln, aus dem wir kommen, öffnete mir den Weg zum Gedicht.

Die Welt um mich herum, die kleine Welt einer kleinen Stadt, redete weiter von Gott, der aber der nicht mehr war, dem ich die Zunge nicht weit genug herausgestreckt hatte. Der Krieg gab neue Rätsel auf, die auch der Kaplan, der an unserer Kaiserlichen Schule den Religionsunterricht erteilte, nicht lösen konnte: ob es nicht Gotteslästerung sei, daß »unsere« Soldaten den Namen des Allerhöchsten auf der Gürtelschließe trügen und, Gott mit uns, dem Franzmann das Bajonett in den Bauch rennten, den kein Gott panzerte? Erst Jahre später erkannte ich, daß dieser mit-uns-seiende Gott eine religionsgeschichtliche Merkwürdigkeit insofern darstellt, als Friedrich Wilhelms Blechparole die einzige, in Millionenauflagen als billigste Volksausgabe verbreitete Gotteslästerung ist, die sich des Imprimaturs aller Kirchen berühmen kann. Und Gotteslästerung wohl auch, einen Sieg mit Gottes erzenem Munde zu feiern? Es waren der dummen Fragen mehr, die den Kaplan veranlaßten, mich maßregeln zu lassen. Eine schriftliche Mitteilung ging an die Eltern, während der geistliche Leiter der Anstalt, jener Anwärter auf den Präsidentenstuhl der »Rheinischen Republik«, mich in sein wahres Gebet nahm: »Männeken, bringe mir das Lehrerkollegium nicht in Unordnung durch müßige Fragen. Du wirst es im Leben nie zu etwas bringen, wenn das so weitergeht, und es wäre schade um dich. Wenn du der Schule entwachsen bist, wirst du erkennen, daß es Fragen gibt, die ein Mensch sich nur selber stellen darf. Die Antwort muß er sich darum auch selbst geben. Jeder andere müßte zur Lüge greifen. Verstanden, du Heringsnase?«

Ich griff zur Lüge und sagte: »Ja!«

Als Sekundaner kam ich auf eine andere, ebenfalls »christliche« Bildungsanstalt, wo ein Religionslehrer mit Professortitel dozierte, der gefürchtet war wegen seiner österlichen Prüfungsfragen. Antworten erteilte er nie. Warum Gott ausgerechnet die deutschen Wehrbäuche für seinen Slogan auserkoren hatte, wußte er so wenig wie der unstudierte Kaplan, und auch anderes nicht, was mich bewegte. Nach der dritten, schüchternen Frage konnte ich mich für immer setzen; er wolle mich links liegenlassen. Rechts von mir saß auch einer, Erich, der links liegenblieb. Da lagen wir nun, verlorene, aber nicht verlogene Fälle.

Der Kaiser hatte den Krieg aufgegeben. Statt die Leichen zu zählen, zählte er sein Gold und verließ das Vaterland. Der Maler Georg Grosz zeichnete in jenen Tagen Christus am Kreuz mit einer Gasmaske. Ein Sturm der Entrüstung brach los. Der belgische Künstler Albert Servaes übergab seine Vierzehn Kreuzwegstationen ihrer Bestimmung, der Karmeliterkirche in Luythagen. Die Empörung über diese expressionistische Darstellung des Glaubensmysteriums war so groß, daß selbst der Papst bemüht wurde, um das Werk zu verdammen. Das war 1919.

1933 wurde Christus in Deutschland ans Hakenkreuz geschlagen unter dem tosenden Jubel von Millionen und der wortlosen Billigung von Milliarden. Die Menschen waren nicht mehr so engherzig wie nach dem kaiserlichen Krieg; sie anerkannten dies jüngste expressionistische Kunstwerk, bis auf einige wenige nach, die es immer und überall gibt, die blutten Kunstbanausen der Weltgeschichte, die Nörgler und Kritikaster. Sie zählen nicht. Vigoleis und Beatrice zählten ja auch nicht. Man ließ sie links liegen.

Hätten am Tage von Hitlers Machtergreifung alle Menschen in Deutschland, die sich für Christen ausgaben, im Geiste des Christentums gehandelt, dann wäre das Ebenbild des Herrn in eine Heilanstalt gewandert und dort auf Kosten der Gesellschaft bis ans Lebensende versorgt worden. Der Führer wäre ein Fall für Hochschulprofessoren gewesen, an dem Studenten hätten lernen können. So wurde er ein Fall für die Menschheit, an dem niemand lernte. Es gab aber keine Christen mehr in Deutschland. Gott war tot, Christus war tot, es lebte nur noch der Führer. Als man aus Taumel und sturer Faste erwachte, war es zu spät: Trägheit des Herzens.

Die Geschichte des Nationalsozialismus wird nie geschrieben werden können, solange die christliche Verlogenheit andauert.

Denn ohne die Entchristlichung des Abendlandes wäre der Einbruch der heidnischen Barbarei nicht möglich gewesen. Wir sind aber noch lange nicht soweit, uns einzugestehen, daß wir keine christliche Welt mehr haben. Immer noch wird Theologie doziert, der Name Gottes für ein Brotgedinge vergeblich geführt; es werden Knochen mit Pulver gefüllt und Schwerter mit saftigen Blutrinnen geschmiedet.

Das Jahr 1933 wurde auch für uns auf der Insel ein Meilenstein. Wir seien weit vom Schuß, meinte Don Matias, was ginge die ganze Schweinerei uns an? Er irrte sich. Hitler war kein Don Patuco, wenn auch er nur einen Arm hob, der aber weiter reichte als der des Hondurensers. Bald hatte er die Insel in seinem Griff. Volksgenossen, die täglich das Hakenkreuz schlugen im Namen des Führers und des Führers und des heiligen Führers Amen, wollten Vigoleis und seine verdächtig unarisch aussehende Beatrice umbringen, weil sie dem neuen Gott den Zehnten weigerten. Wir glaubten nicht an den Schwindel, abgesehen davon, daß er schmutzig war. Da hätten wir noch eher auf den Beverwijnschen Hund geschworen. Mevrouw van Beverwijn aber glaubte sofort an den neuen Heiland und wurde auch böse, als ich einmal vor versammelter christlicher Damenwissenschaft meinen Spott mit dem Führer trieb. Viele der Schwärmerinnen, denen ich sowieso ein Ärgernis war, weil Mamú mich nicht des Hauses verwies, kriegten einen gefährlichen Glanz in die Augen, wenn die Rede auf den Erlöser der Deutschen kam. Man konnte den Mann nicht mehr totschweigen, wie es die Welt mit Don Patuco tat. Der zählte fürwahr die Toten auch nicht, aber sonst schien er mir alles verkehrt anzustellen, während Hitler alles richtig machte. Der Deutsche hatte es gleich erlickt: Gott ist tot, kein Schwein glaubt mehr an ihn, aber alle tun sie so als ob, und das gibt mir die große Möglichkeit.

Wie aber verhielt sich Mamú selbst zur Führerfrage? Auch darin war sie großartig. Trotz ihrer Millionen, trotz des wichtigen Hinterlandes für das Backpulver, das immer noch ihr Backpulver war, lehnte sie den Heiland ab. Mit den Damen ihres Bibelkränzchens hatte sie Mitleid; man könne von alten Scharteken nichts anderes erwarten, die seien im Leben zu kurz gekommen, und nun erwärmten sie sich an der neuen Glut; das sei rein sexuell zu erklären, fügte sie hinzu. Mamú kannte auch diese verschütteten Zusammenhänge. Sie war mit Freud sehr befreundet gewesen und berief sich gerne auf ihn. – Ob sie denn nicht an ihrem Bibelchristus genug hätten, der sei doch auch so schön? Da legte Mamú den Finger auf den Mund und sagte: »bet my life!«

Die Kinderfrau, die von der biblischen Wissenschaft nichts wissen wollte, aber aus dem Schwarzwald stammte, betete den Führer an, der ein Führer ganz nach ihrem in der Fremde alt gewordenen Herzen war. Nun sehnte sie sich auf einmal nach Deutschland zurück. Auch empfand sie es plötzlich als eine völkische Schmach, daß sie vor Jahren dem Drängen ihrer Herrin nachgegeben hatte und amerikanische Bürgerin geworden war. Sie lag Mamú ständig in den Ohren, uns das Haus zu verbieten: denn nicht an Gott *und* an den Führer nicht glauben, sei der Gipfel der Verworfenheit. Mamú erhöhte ihren Lohn und hatte geraume Zeit Ruhe.

Der Staatsanwalt, der in eigener Herzenssache schlecht plädierte, so daß er Aumas Muschelhorn immer noch nicht so an sein Ohr halten konnte, wie es für beider Gesundheit das beste gewesen wäre, erklärte sich auch für den Führer. Auma war gegen ihn. Das führte zu neuen Spannungen, die so weit gingen, daß sie sich haßten, während sie sich im unpolitischen Fleische stärker begehrten als je. Sie waren gar zum Auseinanderfallen. Mamú hätte die beiden am liebsten eigenhändig auf die Pilarière gelegt, in Wien mache man das immer so. Aber in Spanien macht man das so sowieso nicht, und wie es die Finnen tun, weiß ich nicht.

In der Tertulia wurde ich, wie gesagt, zum Munde des deutschen Schicksals. Man hielt mich fast für einen Propheten, aber natürlich einen schlechten. Dabei tat ich nicht mehr, als für bare Münze nehmen, was der Führer und seine Sprüchemacher tagtäglich verkündeten: am Ende einer jeden nationalen Bewegung stehe der Krieg. Also umgekehrt wie bei den Patucos, wo erst der Krach und dann die nationale Bewegtheit kommt, die indessen nur darum nicht von langer Dauer ist, weil sie gleich wieder Krach auslöst.

Matias und Gracias a Dios waren nach langen Sackgesprächen anti Hitler geworden und immer mehr pro Patuco. Patuco, das bedeute: Freiheit, Gleichheit, Unabhängigkeit; endliche Heimführung der sich schmachtend versagenden Bräute, Ende der Schwächung so oder so, Friede auf der Spitze des Schwertes in der doppelt gestählten Faust.

Pedro Sureda blieb unberührt. So wenig ihn der bunte Rock hatte korrumpieren können, so wenig brachte ihn der deutsche Waffenrausch aus der Fassung. Das ginge ihn nichts an. Papá aber strahlte und dankte seinem Schöpfer beim täglichen Aderlaß, daß er ihm diese goldene Ader geschlagen. Denn jetzt konnte er den ›Völkischen Beobachter‹ und ›Das Reich‹ in der Ursprache lesen. Auch der Pakt der katholischen Kirche mit den Heiden fand seine Billigung. Unsere Diskussionen wurden immer lauter, zuletzt mußte ich brüllen wie ein Nazi, um mich seinem verstockten Horn verständlich zu machen.

Im deutschen Shop wahrte man eine abwartende Haltung. Ein Geschäftsmann kann keine Farbe bekennen. Der kleine Schwabe blieb still und fleißig. Zwei neu hinzugekommene, teilhaberartige Herren, riesige Kerle, Deutsche mit Gardemaß, witterten eher ein Geschäft im Bekenntnis zum Hakenkreuz. Doch waren auch sie noch zurückhaltend.

In den gräflichen, fürstlichen und vicefürstlichen Palästen herrschte eitel Freude. Bald würde ihr Don Francisco auch Führer sein: ein General, kein eingekümmerter Gefreiter! Und wehe dann den deutschen Untermenschen!

Als Kind habe ich oft Raubkäfer in eine Schachtel gesteckt. In kürzester Zeit fraßen sich die Tiere gegenseitig auf. Immer wieder habe ich das grausame Experiment wiederholt, weil ich nicht begreifen konnte, daß sie alle ums Leben kamen; einer, dachte ich, müsse doch übrigbleiben, der Starke, der Held, der Erkorene. Ich hätte meine Versuche noch länger durchhalten müssen, dann hätte mir die Natur ihr Geheimnis enthüllt. Dazu war ich aber nicht grausam genug. Die Frage blieb offen. Sie dem Kaplan oder dem Religionsprofessor zu stellen, war zu gefährlich, die hätten mich selbst gefressen. So sollten in den reifen Jahren meiner Schulentlassenheit die bestehenden, kommenden und vergehenden Führer aller Länder sie mir lösen.

*

In Scharen verließen deutsche Menschen das Dritte Reich und brachten sich in den benachbarten Ländern in Sicherheit. Zur Ruhe gekommen, dachten sie über ihr Schicksal und die damit verbundene Geldfrage nach. Wer es konnte, zog weiter. Spanien? Warum nicht, da braucht man im Winter keine Kohlen (dachten sie), und Mallorca? Die Insel stand immer noch im Ruf des idealen Klimas und einer noch viel idealeren Billigkeit. Die Gastlichkeit schwankte zwischen beiden, soweit Inselmenschen zur Gastlichkeit neigen. Wer von den Flüchtlingen den Weg bis nach Palma gefunden hatte, fand auch noch das kleinere Stückchen zur »Librería Alemana« und trug dort seinen Fall vor,

Landsmann dem Landsmann. Gerieten sie an den willfährigen Schwaben, dann mußten sie sich noch ein paar Sträßchen weiter fragen bis zur Barceló. Dort, Nr. 23, wohne auch ein Deutscher, der könne raten. Nein, kein Emigrant, alter Inselkrebs mit sehr besonderen Inselerfahrungen . . .

Das erste Hitleropfer, das so bis vor meine Tür geleitet wurde, war ein Jude.

Der Fall erledigte sich reibungslos und mit einer Logik, die zu den reinsten Erkenntnissen hätte führen können, wenn er nicht im Dunkeln hätte bleiben müssen.

Der Herr war etwa sechzig Jahre alt, hochkultiviert, wie ich bald feststellte, und schwarz gekleidet, daß er mir fast wie ein katholischer Geistlicher vorkam, der er denn schließlich auch war. Er war seinem Rabbiner untreu geworden und in die wahre Kirche Christi hinübergewechselt. Seine ersten Weihen erhielt er, als er schon gegen die Fünfzig ging. Er war Rechtsanwalt gewesen, ehe er »den falschen Sendboten Gottes« in die Finger fiel. Die Nazis hatten ihn lynchen wollen, weil er als Jude arischen Menschen die Beichte abgenommen habe. Ich erzählte, daß ein Onkel, Bischof, auch einmal fast gelyncht worden sei, weil er einem vom Baugerüst gefallenen Arbeiter die letzte Ölung gespendet habe. Man hatte ihn zu einem Sterbenden geholt. Natürlich fragt kein Priester in einem solchen Falle: Mann Gottes, bist du auch katholisch? Der Arbeiter war aber Jude, und da wurde das fromme Volk ungemütlich; es hätte nicht viel gefehlt, und man hätte den Priester gesteinigt. An Steinen, meinte der Märtyrer, habe es an der Baustelle ja nicht gefehlt.

Das war dem Emigrantenpriester kein Trost. Er wolle nicht mehr in den Urwald zurück. Ich begann über die katholische Kirche zu schimpfen, die Hitler toleriere, statt jeden Katholiken aus der kirchlichen Gemeinschaft auszuschließen, der den Arm hebe. Und in seinem besonderen Falle grenze die Exemption schon ans Verbrecherische. Der Konvertit war nicht meiner Meinung, im Gegenteil, er, der so still und wie geprügelt angeschlichen gekommen war, legte plötzlich eine jesuitische Rabulisterei an den Tag, die nicht mehr schön war. Er verteidigte die Haltung Roms. Die Kirche müsse fortdauern; und ginge sie über Leichen, über seine zum Beispiel: ad maiorem Dei gloriam . . .

»Hochwürden«, sagte ich, »warum sind Sie dann nicht im Reich geblieben? Da wären Sie mittlerweile schon in den entsprechenden Leichenzustand versetzt worden. Und warum sind

Sie zu mir gekommen? Hat der kleine Schwabe Ihnen vorgeflunkert, ich könnte Sie schmerzlos ins Jenseits befördern? Wünschen Hochwürden eine seidene Schnur für Ihren gesalbten Hals? Gehen Sie lieber zu den Wilden nach Afrika und lassen Sie sich dort von der protestantischen Konkurrenz noch einmal bekehren. Sonst bleibt Ihnen nur das Gift. Grad um die Ecke ist eine Farmacia. Veronal kriegen Sie ohne Rezept als Schlafmittel. Ein Bett für Sie haben wir nicht. Aber wenn Sie bleiben wollen, Essen und Stuhl teilen wir altchristlich.«

Hätte es eine Heilsarmee auf Mallorca gegeben, ich hätte den Verirrten dorthin geschickt. Von seinen Confratres wollte er nichts mehr wissen. Ich sprach noch mit einem der Patres vom Kloster gegenüber; der wollte helfen. Aber der Jude half sich selbst. In einer obskuren Pension nahm er sich das Leben. Der Fall wurde vertuscht, weder die weltlichen noch die kirchlichen Behörden wollten etwas mit dem deutschen Marranen zu tun haben.

Überhaupt begannen viele Emigranten ihr Leben wegzuwerfen, wodurch sie sich im Auslande unbeliebt machten. Erst nimmt man sie gastfreundlich auf und dann verdrecken sie einem die Bude und verursachen die größten Scherereien! Rücksichten schienen keine mehr genommen zu werden.

Fast gleichzeitig mit den ersten Flüchtlingen kamen die ersten Spitzel auf die Insel, und hinter diesen die Mörder, um gefährliche Gegner der Bewegung kaltzumachen. Ein aufregendes Leben begann wieder für Vigoleis und Beatrice. Gegen den Strom schwimmen erfordert starke Arme. Dabei hätten wir steinreich werden können, an Gelegenheit fehlte es nicht. Nur den Arm heben, Vigoleis, so tun als ob, und dann einkassieren. Was du glaubst, will keiner wissen.

Als ich, zehn Jahre alt, zum ersten Male antreten mußte, um in der Kapelle des Krankenhauses den Meßdiener zu spielen, bekannte ich dem zelebrierenden Priester, der auch mein Freund und Rektor meiner Schule war, daß ich die lateinischen Gebete noch nicht auswendig könne. Ein Waisenkind war ausgekniffen, und ich mußte einspringen. Da sagte der Priester – wir steckten beide schon in den Gewändern –: »Männeken, murmele nur etwas in deinen Bart, ich mach's auch so.«

Auf die Gebete kommt es nicht an. Wenn alle Priester, die am Altar stehen, an Gott glaubten, wäre die Kirche schon längst in die Binsen gegangen. – Es bimmelte, und ich murmelte in meinen Milchbart. So tun als ob . . . Ich habe eine gute Lehre hinter mir. Dem Priester bin ich noch heute dankbar für dieses offene Wort am Altare Gottes. Warum sagte ich dann aber nicht Heil Hitler in meinen starken Bart, 1933, auf Mallorca?

Ins Deutsche Konsulat war ein neuer Konsul eingezogen. Der bisherige Geschäftsträger, eine Art Kanzler und beeidigter Bürolist, pflichtbewußter Mann, der seine Stempelkissen immer feucht hielt und keiner Fliege ein Bein ausriß, außerdem in der Kolonie den Beinamen »Kartoffelkeim« hatte, weil er trotz der goldenen Sonne nicht braun werden wollte und immer aussah, als hätte man ihn gerade aus der Miete seiner ewigen Überwinterung gezogen, dieser Herr legte sein Amt nieder, oder es wurde ihm niedergelegt, und dann wusch er seine Hände in Unschuld und handelte weiter en gros mit Apfelsinen. Sein Nachfolger kam auch nicht gerade aus der Sommerfrische, aber er war braun, von Angesicht erst, dann der Gesinnung nach; eine kleine Umfärbung, und es war geschafft. Wir kannten uns gut. Er stand ganz links, war ganz klein gewesen, ein kleiner Angestellter in einem Reisebüro, sprachbegabt, und wollte hoch hinaus. Er hatte es schon zum Leiter der Agencia in Palma gebracht, für die ich mich als Führer in Lügen überbot. Er billigte das, es gehöre zum Führertum. Er spähte aus nach Hammer und Sichel; da witterte er anderes Heil. Das meine war ein Gedicht, später der Braten bei Mamú und noch später der Esel auf dem Meerschloß des Erzherzogs, und immer wieder der Stierkampf! Wie oft haben wir uns das Eintrittsgeld nicht vom Munde abgespart! Beatrice, die Mantilla auf dem Haar, wurde dann ganz Inkatochter. Das Baslerische mit allen ck-dt's fiel von ihr ab, sobald der Koloß in die weißglühende Bahn stürmte.

Der Konsul beorderte mich eines Tages vor seine amtliche Person. Er war ganz braun geworden und schrecklich wichtig, wie er da unterm Bild des Führers des Führers Lob sang. Dann kam die amtliche Verlautbarung: als Auslandsdeutschen müsse er mich parteipolitisch erfassen, und ich müsse das da – einen Wisch – unterschreiben. Es war eine Art Treuebekenntnis zum Führer, unverbrüchlich. Unverrücklich verließ ich das Lokal. Nun wußte der Konsul, mit wem er es zu tun hatte. Keine Antwort schuldig bleiben! hatte er mir einmal eingeschärft. Ich war auch ihm die Antwort nicht schuldig geblieben. Auf der Stelle erschossen wurde ich indessen nicht, denn der Herr Konsul wußte, was ich wußte – und da er, gut deutsch, als Einling feige war, sah er sich vor. Dies um so mehr, wo ich beim ersten Gespräch nicht verschwiegen hatte, ein engster Landsmann von

Joseph Goebbels zu sein und mit diesem zwar nicht die Schulbank, aber doch mit größter Tuchfühlung die eines germanistischen Seminars gedrückt zu haben; und er wisse vielleicht, daß wir beide verkrachte Lyriker-Philologen seien. Ich ließ durchblicken, daß wir uns duzten – und vom Duzen zur Denunziation ist nur ein Schritt – Hagens Volk! Man braucht nicht besonders helle zu sein, um herauszufinden, daß in einem Terrorstaat niemand niemandem traut. Dem haben wir es zu verdanken, daß uns die Nazis nicht Dutzende Male erschossen haben. Spitzel haben nie an mir oder an Beatrice etwas verdienen können. Wir sagten offen, welche Schufte die waren, die es waren. Da dachten die Spitzel: aufgepaßt, das sind sicher Spitzel!

Sonst aber war der Neue ein guter Kerl, dem der Führer, ich sage es lieber mit Nietzsches Worten, den Gummiknüppel über die Inseldeutschen mit Trompetenschall in die Hand gedrückt hatte –: dem Schaf, dem Esel, der Gans und allem, was unheilbar flach und Schreihals und reif für das Narrenhaus der modernen Idee war.

*

Martin Heidegger hatte inzwischen das »Zuhandene« seiner Existenz durch einen Kniefall vor dem Führer um ein neues Geworfensein ins Schicksal vermehrt, und Thomas Mann, der Deutschland für immer verlassen hatte, saß in seiner Villa am Zürichsee und wahrte noch beide Gesichter, das des Dichters und das des Bürgers, um es mit ter Braak zu sagen. Daß er seine Bücher noch bei Fischer in Berlin erscheinen ließ, hat viel Staub aufgewirbelt. Bei Heidegger wußte man nun, woran man war. Aber bei Thomas Mann? Wenige kamen dahinter. Ich habe es auch nicht begriffen.

Dr. ter Braak hatte seinen Lehrerberuf aufgegeben und war als Nachfolger von Henri Borel zum Redakteur für Kunst und Literatur bei der renommierten Haager Zeitung ›Het Vaderland‹ ernannt worden. Er entwickelte sich zu einem der schärfsten und geistreichsten Bekämpfer der nationalsozialistischen Rancunelehre. Als Kulturphilosoph gewann sein Name immer mehr an Bedeutung. Nun konnten seine Bücher in Deutschland nicht mehr erscheinen, er selbst auch nicht mehr, man hätte ihn aufgespießt. Über meinen Patucos und Uluas hatte ich zudem vergessen, daß noch einige meiner Übersetzungen aus dem Holländischen und Spanischen benebst eigenem literarischem Laßreis in den Schubladen deutscher Verleger in Vergessenheit geraten waren. Beim Weckruf des Führers trat man zum großen Ausmisten an. Die Verleger hatten es eilig, sich gleichzuschalten, und Vigoleis ging zurück an den Absender, falls er nicht im Klein-Auschwitz der Lektorate als Manuskript verbrannt wurde.

Der erste Band von Thomas Manns ägyptischen Geschichten war bei Fischer in Berlin erschienen. Das Buch wanderte zur Besprechung ans ›Vaderland‹, ter Braak leitete es weiter an seinen Referenten für deutsche Literatur, Dr. F. M. Huebner. Dieser lehnte es ab, einen Autor zu besprechen, der zwar noch in Deutschland erscheine, draußen aber auf den Führer schimpfe. Huebner hatte Angst, erschossen zu werden, wenn er sich mit dem heiklen Buch einließe; die Nazis kannten keinen Pardon. Niemand ist gerne erschossen. Ter Braak wußte sich zu helfen. Er erinnerte sich seines deutschen Übersetzers auf Mallorca und schickte ihm ein Telegramm: willst du die heimatlos gewordenen deutschen Autoren inskünftig für uns besprechen? Ich drahtete meine Zustimmung. Ein langer Brief kam, worin alles Technische der Mitarbeit behandelt wurde. Auch schlug ter Braak mir vor, unter einem Decknamen zu schreiben, damit ich nicht gleich erschossen werden könne. Einverstanden. So bekam ich einen kleinen Marktstand beim ›Vaderland‹ unter dem Krämernamen Leopold Fabrizius. Ich schrieb forsch von der Leber weg, was ich über jedes mir vorgelegte Buch und seinen Verfasser dachte. Bei vielen dachte ich gar nichts und ich sagte es auch. Den Autoren ist es immer schnuppe, was die Rezensenten zu lästern haben, aber die Verleger haben gerne den Superlativ des Lobes. Das nimmt sich gut auf der Bauchbinde aus. Bei anderen wieder dachte ich: wie schade, daß die Emigration nichts Besseres auf die Beine bringt, und wie mancher Schreiber findet nun einen Verleger, weil er anti ist. Und immer wieder und wieder wurde ich mit der Nase auf das Problem gestoßen: die Liebe zum Vaterlande, zur Heimat. Wie lächerlich ist so ein Gefühl, und wie gefährlich! Wo fängt ein Vaterland an, wann deckt es sich mit der Heimat? Und wo – mit uns?

Überall saßen jetzt vertriebene Schriftsteller und teilten das Los eines Heinrich Heine, Ludwig Börne oder Gracias a Dios, und schrieben und schrieben.

Immer wieder gab ein Buch mir Anlaß zu menschlichen Exkursionen, die aber politisch gedeutet wurden. Schrieb ich: Hitler ein Verbrecher an der Menschheit, die billigste Binsenweisheit überhaupt, so war das verkehrt und wurde auch prompt von der Redaktion gestrichen. Ter Braak bot mir dann umgehend seine Entschuldigungen an: er würde es durchgehen lassen, aber sein Vaterland meine, nicht dulden zu können, daß das Haupt einer befreundeten Nation in seiner Ehre gekränkt werde. Auch der Papst schien solch unfehlbares Haupt zu sein. Denn als ein Roman mir Gelegenheit bot, meinen Gedanken über ein Konkordat Ausdruck zu geben, das Millionen argloser Katholiken dem Führer in die Arme getrieben, war das auch vom Argen. Freilich hatte ich mein Dafürhalten nicht in klügelnde Worte gekleidet, vielmehr rundheraus geschrieben, der Heilige Vater habe die Monstranz seines göttlichen Herrn für einen Sputino gehalten und dementsprechend mit echt römischer Grandezza gehandelt. Es wurde gestrichen. Ich hätte alles im Geiste Loyolas umschreiben sollen, die Stilmittel dazu standen mir sicherlich zur Verfügung. So darf man nicht schreiben, aber handeln: jederzeit. Heute würde ich solche Schnitzer nicht mehr machen; einiges habe ich hinzugelernt, ob auch nicht viel.

Bis zum Mai 1940 habe ich als Leopold Fabrizius meinen Marktstand beim ›Vaterland‹ hochgehalten und Chroniken geschrieben auf spanischer, schweizerischer, französischer und portugiesischer »Erde«. Immer wurde an meinen Ausführungen herumgestrichen, die Maschen meines Maulkorbs waren noch stets zu weit. Ich vergaß eines: das Dritte Reich war das große Hinterland fürs holländische Gemüse. Herr van Beverwijn, Kolonist, an Untermenschen reich geworden, meinte, wenn Holland den Führer erzürne: wohin dann mit dem Blumenkohl? Meine letzte Besprechung brauchte die Redaktion nicht mehr zusammenzustreichen, das tat die befreundete Nation selbst. Und da das betreffende Volk für seine Gründlichkeit bekannt ist, hat es in Holland auch niemanden verwundert, daß man das Land gleich mit zusammenstrich. Vigoleis-Fabrizius, der sich nie für intelligent gehalten hat, dachte: waren die Holländer denn so dumm? Nein, sie waren nicht dümmer als die Franzosen oder Engländer, nur war ihr vegetabiles Hinterland größer als sie selbst.

Ehe Menno ter Braak von den Nazis gepackt werden konnte, nahm er sich das Leben: am Tage, wo der größte Gemüsekonsument des Königreiches der Niederlande den Handelsspieß endgültig umgedreht hatte.

Immer wieder bohrte der Konsul an mir herum. Unser Verhältnis war ja ein doppeltes geworden: ich war sein Führer und sollte nun auch sein Geführter sein. Er hatte es mit einem Verstockten zu tun, einem von denen, die sich gegen das Glück sträuben. Er schickte mir Späher ins Haus, heftete Spitzel an meine Fersen, die berichteten, daß bei mir nichts zu schnüffeln sei; alles träte offen zu Tage, die Armut nicht weniger als die politische Gesinnung. Da verlegte er sich aufs Warnen, er wurde väterlich und blieb, bei aller konsularischen Strenge, fast freundlich. Auch rechnete er mir gerne etwas vor: es sei doch schade, daß eine solche Kraft, wie in mir verschlossen, brach liege; man müsse sie für die nationale Bewegung nutzbar machen, das »Reich« ließe sich schon nicht lumpen. Was ja noch schöner sei, meinte ich, ein Erzlump, der sich lumpen lasse! Mein Spanisch war sehr zungenfertig geworden, geschult in Tertulias, auf Mehlsäcken, im täglichen Umgang mit Suredas: ein Grund mehr, diese Zunge in den Dienst des Führers zu stellen. Sie blieb aber tätig, mitsamt meiner Feder, gegen den Führer, wodurch das eigene Hungerideal bedeutend gehoben wurde. In Deutschland, meinte der Konsul, würde man für sowas eingesperrt, wenn nicht erschossen, und auf der Insel . . . er warne mich! Selbst unternahm er nichts; dagegen waren Parteigenossen und auch Spitzel und Mörder über ganz Spanien verteilt, um unliebsamen Elementen den Zaum anzulegen. Auch murkste man ab.

Bei uns begann es mit einem Boykott. Wir merkten auf einmal, daß wir weniger verdienten. Die feinen Leute in den Palästen zogen sich zurück. Wußten die Töchter schon genug? Nein, sagte Pedro, aber wir seien als Kommunisten verschrien in ganz Palma; in den Geschäften wiesen wir deutsche Erzeugnisse zurück, das komme uns teuer zu stehen. Kommunismus kommt immer teuer zu stehen, die Welt kann sich einen solchen Luxus noch lange nicht leisten. Die Tore wurden vor uns geschlossen, man mied uns wie die Meute Don Juan Suredas um die Stunde des fallenden Abends. Vigoleis, der katholische Deutsche, und Doña Beatriz, dieser hochmütige Inzest zwischen Basel und dem Titicacasee, endlich entlarvt: Kommunisten! Wie sich das ans Großkapital heranmacht, in Fürstenhäuser schleicht, auf dreibeinigen Stühlen voltigiert, um die Gesellschaft zu unterhöhlen! War sie ihnen noch nicht hohl genug? Und der letzte Schlag, den sie im Schilde führen, der gegen die Christliche Wissenschaft – darf das so weitergehen? Man fragte es sich, und mit Recht.

So stellte man an Mamú das christliche Ansinnen, uns die Tür zu weisen. Wortführer war die Beverwijnsche, und siehe da, jetzt hatte sie sogar ihren alten Seneschall, den jämmerlichen Nierenserbling, dem keine Gesundbetung gewachsen war, auf ihrer Seite, und natürlich alle Scharteken: in einem Hause, wo die Mutterkirche der Christian Science ihr Bibelbuch und ein knödelndes Örgelchen aufgeschlagen hätten, dürften Ketzer nicht mehr über die Schwelle kommen! Täglich versündigten sie sich am Führer und am Kapital: hinaus!

Mamú, die gern selber führte und selber das große Kapital darstellte, mochte es ihr auch vom Königlichen Baking Gang streitig gemacht werden, Mamú ließ sich nicht einschüchtern. Vor uns hatte sie keine Angst, und vor dem Kränzchen auch nicht, es sei denn, die Weiber würden ihr aus Wut wieder Steine in die Nieren beten. In der Hinsicht war Mamú nicht so ganz vom Christentum ihres gackernden Sprengels überzeugt. Dennoch wahrte sie uns die Treue, obwohl wir ihr zuredeten: »Laß uns in Frieden scheiden! Dein Haus ist ein Bethaus geworden, wir wollen es nicht zu einer Stätte des Rasaunens machen. Auch droht deiner inneren Sekretion Gefahr. Die Weiber sind zu allem fähig.«

»Bet my life, you stay!«

Eine Deutsche, die sich als Frau des schwedischen Konsuls ausgab, Hakenkreuz auf dem Busen, war die erste, die unseretwegen dem Bibeldienst fernblieb. Dann bröckelten andere ab, ein halbes Dutzend, ein Dutzend ging nun anderswo beten. An ihre Stelle kamen neue Anhänger, darunter solche, die aus Deutschland geflohen waren und Schauerliches berichteten über den Führer: der möge die Christliche Wissenschaft nicht und verfolge sie wie die katholische Kirche, den Penklub, die Logen und die Rotarier! Das war ein Schlag für die Kirchenmutter van Beverwijn. Gott schickte ihr eine harte Prüfung. Während die frömmelnden Unmütter in Mamús Halle sangen und sich darüber zankten, ob nicht der Führer vielleicht doch vom Teufel statt von Gott gesandt sei, saß der Herr mit dem schütteren weißen Bärtchen und einem königlichen Knopf im Knopfloch unter der Palme im Park und trauerte den Kopfjägern auf Borneo nach. Den Führer lobte er, war aber ehrlich und seltsamerweise klug genug zu gestehen: nur des Gemüses wegen, und wegen der Niederländischen Bank.

Das Schicksal ist ein Oktopus. Es hat viele Arme, die zum Fang ausstülpen können. Es brauchte der Führer den seinen nicht zu heben, um die Mutterkirche ins Wackeln zu bringen.

Zuerst kam der anonyme Brief: Mamús Hauskirche errege Ärgernis unter der Bevölkerung des Terrenos; sie solle den

Tempel schließen und ablassen von ihren gotteslästerlichen Umtrieben, man dulde im katholischen Spanien kein Heidentum. Unterschrieben: ein katholischer Spanier, der Vaterland und Kirche hochhält.

Der Drohbrief wurde kurz vor dem Gottesdienst abgegeben. Mamú, die schon auf ihrem Patriarchensessel inmitten der Frommen saß, bat mich, den Text ins Englische, die Sprache des Kränzchens, zu übersetzen. Ich tat es langsam und mit einer diabolischen Freude, und sicher nicht fehlerfrei. Die wissenschaftlichen Wachteln gingen hoch wie eine Kette Hühner. – »Heiden – wir?!« Eine stockalte Engländerin fiel in Ohnmacht und mußte in die Küche getragen werden, wo der Koch sie bespritzte. Die meisten Damen weinten einfach, so bitter war das alles – »Heiden – wir?!« Ja, sagte ich, »paganos«, das seien Heiden, kein Zweifel möglich: die Gentiles der Bibel, die Paulus schon ein Dorn im Auge gewesen.

Mevrouw van Beverwijn sprang auf. Selber weiß wie die getünchte Wand der Bibel, sagte sie, auf mich zeigend, da stünde er, der gemeine Verleumder, Verfasser des anonymen Briefes, Mamús Freund! Das Schriftstück riß sie mir aus der Hand – ein großer Augenblick an dieser heiligen Stätte. Ich zitterte an allen Gliedern, doch ehe die noch nicht entseelten Hyänen Gottes sich auf mich stürzen konnten, mich zu zerfleischen, hatte ich in beliebter Feigheit schon die Flucht ergriffen – ein Gotteszeichen mehr, daß ich der Urheber der infamen Anwürfe sei.

Mamú stöhnte und mußte ebenfalls beigestanden werden. Auma und Beatrice nahmen sich ihrer an. Alle dachten, nun stürbe sie, und dann wäre es gewiß kein schöner Tod gewesen, so mitten unter ohnmächtigen Weibern den Geist aufzugeben.

Hatte Gott ein Zeichen gewirkt? War es nicht deutlich, daß wir Kommunisten waren? Hinaus! Der Sonntagsbraten schmeckte mir trotzdem.

Kaum hatte man sich am Sonntag darauf wieder zur Andachtsübung um Mamú geschart, brach neues Unheil über die Mucker herein. Calpurnia, ein Zimmermädchen, kommt unter die Palme gelaufen, wo wir mit dem alten Beverwijn plauderten: der Herr Pastor sei da und wolle ihre Herrin sprechen, er lasse sich nicht abweisen – und da kam der Schwarzrock auch schon selbst. Ich stellte mich vor als Freund des Hauses: was sein Begehren sei? Er wolle Mamú warnen und sie bitten, die Kirchenreklame an der Tür zu entfernen. Unser Heidentum errege Ärgernis in ganz Terreno. Vom Hause Gottes hätten die Spanier eine ganz andere

Vorstellung. »Ich auch«, sagte ich und bat den Cura, mir zu folgen. Wie der Wolf unter die Herde, so trat der wahre Priester Gottes unter die Heiden, die gerade einen Lobgesang angestimmt hatten. Eine Dame aus Genf, die über mehr Schweizerfranken als musikalisches Talent verfügte, aber einen Sohn hatte, der ein berühmter Völkerrechtler war, saß am Örgelchen und ließ es blasen. Falsch und fromm strich der Wind in die Tuben, mit großen Staccatos, denn zwischendurch spritzte sie sich eine Ladung Morphium durch die Kleider ins tretende Bein – sie war noch nicht von ihrem Laster freigebetet – und dann erklang wieder Gottes Lob mit allen Registern. Die Heiligen sangen, wie es die Bremer Stadtmusikanten nicht überzeugender hätten tun können. Dann Stille; man hatte den schwarzen Mann und den noch schwärzeren Vigoleis erblickt.

Der Cura brachte sein Anliegen auf Französisch vor und tat es mit Takt und Mitleid. Er sei tolerant, andere Geistliche seien es weniger, und die kirchliche Obrigkeit am wenigsten. Das Plakat an der Tür müsse verschwinden, die Zusammenkünfte seien aufzuheben; er wisse, was der Scientismus für eine heidnische Bewegung sei, Gott möge sich ihrer aller annehmen. Gelobt sei Jesus Christus, sagte er noch; ich als einziger respondierte: in Ewigkeit, Amen, dann war der Mittagsspuk verschwunden.

Es fielen keine Toten, keine Ohnmacht brauchte bespritzt zu werden. Und doch war es ein Keulenschlag! Gott hatte erneut ein Zeichen gewirkt, das sich zum Segen von Vigoleis fügen sollte. Mevrouw van Beverwijn streckte mir die Hand hin und bat um Entschuldigung: sie nehme ihre Verdächtigungen zurück und wolle für mich beten. Das sagte sie auf Holländisch, während sonst alles, was Gott und seine Wissenschaft betraf, hier englisch behandelt wurde. Ich pries mich glücklich, ihr in derselben Sprache antworten zu können: »Mevrouw«, sagte ich, »bitte bemühen Sie sich nicht, meine Mutter betet schon zeitlebens für mich und da schlägt es auch nirgends an. Beten Sie nun endlich einmal für sich selbst! Bitten Sie Ihren Schöpfer, daß er Sie noch so lange am Leben läßt, bis Ihr Freund Hitler den Krieg vom Zaun bricht, Europa und damit auch Ihr holländisches Vaterland überflutet und alles niedermetzelt, was nicht mit dem starken Behemoth gemeinsame Sache macht. Denken Sie dann einen Augenblick an den armen Tor Vigoleis auf Mallorca und an diese Stunde in Mamús Haus, und wenn Sie dann noch über die Kraft und das Bankkonto verfügen, um weiterhin an Gott zu glauben: beten Sie dann für das Königreich der Niederlande!«

So schön, sagte Mamú, als wir beim Braten saßen – José hatte sich wieder einmal übertroffen, das heißt, er hatte erstmalig das sagenhaft uralt-mallorquinische Gericht »Erissó« nach einem geheimen und lange verschollen geglaubten Rezept zubereitet: eine Igelspeise so köstlich, daß es fast des Himmels Fügung schien, sie am Tage meiner christlichen Rehabilitierung vorgesetzt zu bekommen – so schön habe noch nie jemand in ihrer Mutterkirche gesprochen. Das mit dem Bankkonto freilich sei wieder eine Entgleisung gewesen. Aber sonst . . .

»Mamú, wer wüßte nicht, daß an Vigoleis ein Priester verlorengegangen ist. Finde du ihm die geeignete Kirche, und er wird ein guter Bekenner und Bekehrer werden.«

Zum Erissó schenkte José einen portugiesischen Tropfen, der im Sande bei Collares reift. Besondere Gerichte servierte er eigenhändig. Mamú liebte das.

IX

Beatrice rackerte sich in einem der uns treu gebliebenen Palacios mit einer Señorita ab, in deren Katzengedächtnis keine Vokabel haften blieb. Es brachte zudem nicht viel ein, denn die gräflichen Eltern waren so heruntergekommen, daß ihnen das Schreckgespenst des Kommunismus gar nichts anhaben konnte, wo zudem der Palast schon der Bank verfallen war. Ich saß an meiner Maschine und schrieb für die Ewigkeit. Da kam der Mann.

Warum sich verleugnen in der Leibung der eigenen Tür, wenn man kein Bösewicht ist? Ja, ich sei Vigoleis, und der Mann, triumphierend: »Endlich!«

Er war ärmlich gekleidet, klein und mager schlotterte er in dem verwaschenen Mallorquinerdrill; die Wangen hohl, und unrasiert die ganze Partie; das Haupthaar weiß, die Haut an den Händen nur locker über die Knochen gezogen, mit denen er mir einen Zettel hinhielt: ob ich die Unterschrift kenne und anerkenne? Kennen tat ich sie nicht, es war dunkel in der Entrada, und anerkennen, das schmeckte nach Zwingli. Ein trauriger Nachzügler? Ich will ihn beschwichtigen. »Herr«, sagte ich, »gut, daß Sie gekommen sind, da kann ich Ihnen gleich sagen, daß Don Helvecio schon lange nicht mehr auf der Insel weilt. Er lag nämlich im Sterben und da hat er sich in die Schweiz schaffen lassen, wo ihn der berühmte Professor Scheidegger entgiftet. Er wird wieder ganz gesund, was in diesem Falle gar keine ärztliche Redensart ist: die Homöopathie, nämlich ...«

Da sagte der Mann mit einer Entrüstung, die ich nie bei einem solchen Kakerlak für möglich gehalten hätte: Was Homöopathie, was Don Helvecio! die gingen ihn nichts an, die kenne er nicht; Doña Beatriz habe das da unterschrieben und dafür sei er wohl bei mir an der richtigen Adresse?

Beatrice macht Schulden auf meinen unbefleckten Namen! Mein Herz setzte aus. Das war arg. Im Käseblättchen meiner Vaterstadt hatte ich häufig die erniedrigenden Anzeigen gelesen, in denen ehrbare Bürger die Öffentlichkeit warnten, ihrer Frau etwas zu borgen, da sie für nichts aufkämen. Die Schmach, wie hatte ich alles mitempfunden, zumal, wenn ich den Betroffenen kannte! Und nun ging es mir selber so. Beatrice! Ich führte den Mann in die Kammer.

Der spuckte dort erst einmal gründlich auf den Boden. Wäre ich mit spanischen Sitten nicht so vertraut gewesen, diese Verachtung hätte mich doppelt gehöhnt. Aber das habe ich aufgewischt, ehe Beatrice kommt; wenn sie nur jetzt nicht käme, denn sie wäre imstande, dem Mann eine Szene zu machen wegen – »bitte«, sagte ich, »nehmen Sie doch Platz, und womit kann ich dienen?«

Der Mann war nicht nur schlecht erzogen, er war auch grausam und ein kalter Rechner. Die Erklärungen waren so überwältigend, daß ich mich gegen die Wand lehnen mußte, um nicht umzufallen. Kurz, er wollte 3000 Peseten haben für ein zertrümmertes Klavier. Hure Pilar, wie trifft deine Rache noch übers Meer hinaus!

»Zahlen!« sagte der Mann, »oder gerichtliche Gant!«

Zahlen könne ich nicht. Dann Zwangsversteigerung, alles unter den Hammer.

Ich sagte: »Bitte sehr!« Ich war nun ganz Herr der Lage. Wie hatte ich Beatrice nur mit meinem spießigen Verdacht beschmutzen können?!

Der Mann stand auf und sagte: »Momento«, was jeder versteht. Das Folgende wird wieder unbegreiflich. Er ging zur Tür und zur Etage hinaus. Fort war er! Ich atmete auf und wischte den Boden sauber. Nun kann Beatrice kommen. Es kam aber wieder der Mann, und hinter ihm drein stapften noch andere Männer, verwegene Kerle, jeder Zoll eines jeden ein Robert von

Ranke Graves. Ich glaubte mein letztes Stündlein gekommen, und so sehr ich es immer herbeigesehnt und herbeimetaphysiziert hatte – so nicht!

Der Mann sagte: er habe sich alles noch einmal überlegt. Gericht, Zwangsvollstreckung, Advokaten, das sei Nonsens, das Geld könnten wir uns selbst verdienen. Ich dachte an Mamús verbissene Backpulveraffäre: nein, lieber kein Prozeß! Der Mann nickte und gab den Männern ein Zeichen. Die waren geschult, hatten starke Muskelpakete und gewannen rasch den häuslichen Überblick. Die Türen schepperten, als sie das wenige, was wir besaßen, aus dem Piso trugen. Das Bett wollte er uns lassen; dafür nähme er alle Bücher mit, sie seien zwar nichts wert, aber – ein Wink, und die Packer trafen Anstalten, sich am Geist zu vergreifen. Ich fuhr dazwischen: »Das nie, eher den Schragen und meinen schwarzen Anzug!« –

»Wie Sie wollen, der ganze Plunder deckt sowieso nur ein Sechstel des gesamten Betrages. Wenn Sie sich wieder eingerichtet haben, komme ich zurück.« Er bückte sich und warf den Pakkern noch die Fußmatte nach, die seit drei Tagen vor der Tür lag.

Ab mit Schaden! Anwalts- und Sporteltaxen hätten sich auf mehr belaufen. Die verfluchte Hurenstrunzel!

»Ist denn die verfluchte Hurenstrunzel wieder auf der Insel?« fragte ich, als der Mann schon auf der Treppe stand.

»Was Hure? Nichts von Hure. Recht ist Recht!«

»Wie kommen Sie dann an meine Adresse, wenn Recht Recht ist und Sie es nicht von der Pilar haben?«

»Merken Sie sich, Don Vigoleis, die Politik und die Familie sind das größte Übel in Spanien! Adios!«

Die Nazis! fuhr es mir durch den Kopf, der erste, feingesponnene Anschlag des Führers auf unser Eigentum! Aber die Bücher hat er nicht erwischt!

Der Schaden, ob auch nicht unübersehlich und nicht durch Versicherung gedeckt, war zum Händeringen. Ich tat es, aber nicht lange, denn es mußte gehandelt werden. Beatrice durfte die Zwangsdreckerei im Hause nicht antreffen. Ich fegte und wischte, der gelernte Hausknecht. Alles blinkte freundlich, als Beatrice kam, zermürbt und geschunden von der Palastwursterei, die sie leider mit einem Einsatz betrieb, der sogar den Schülern unbequem wurde.

Dachte sie angesichts der ausgeräumten Wohnung, ich wolle sie mit einem Umzug in ein standesgemäßeres Viertel überraschen, wie in den goldenen Tagen unseres Auszuges aus dem

»Turm der Uhr«? Sie sprach französisch, hatte also düstere Ahnungen. Wir hatten die Etage durchmessen bis in den Raum, der einmal unser Dormitorium gewesen war. – »Und?«

Da spannte ich einen großen Bogen und erklärte meiner Chérie, es wäre besser gewesen, wir hätten uns damals vom Leukadischen Felsen ins Meer gestürzt; dann hätte des Führers Arm nicht nach uns langen können.

»Der Führer?« Beatrice hatte Tränen in den Augen stehen, andere liefen schon die Wangen hinunter, und eine fiel selbst auf den blanken Ladrillo. Beatrice tupfte sie auf.

»Die Nazis, Liebling, die Kossäten des Führers haben uns den Klaviermann auf den Hals geschickt mit einer Forderung von 3000 Peseten für den zusammengehauenen Kasten. Ich habe die Kleinigkeit geregelt, unter Umgehung der Gerichte, das brächte doch nur unnötige Kosten und Schererei. Wenn wir uns wieder emporgerappelt hätten, meinte der Encargado, käme er wieder, und noch vier Mal, dann sei alles abgezahlt. Aber bis dahin hat Hitler uns längst erschießen lassen, das heute ist nur eine Warnung. Paß auf, jetzt geht es los.«

»Ich hab's mir noch halb gedacht!«

Das war ein Glück im Unglück, denn wenn Beatrice ein kommendes Unheil schon halb gedacht hat, ist der erste Schritt zur Abwehr getan. Was ich zu tun gedächte?

»Ein Wörtchen, Chérie, und der Konsul besorgt mir einen Posten in der Auslandsorganisation der Partei, Madrid, Barcelona; er hat es wiederholt unmißverständlich angedeutet. 1000 Peseten im Monat mindestens. Da verduften wir hier. Der Klaviermann soll das Nachsehen haben.«

»Jamais!« sagte Beatrice.

»Nunca jamás!« fiel ich mit der noch stärkeren spanischen Ablehnung ein.

In dieser Nacht schliefen wir auf einem Haufen Kleider. Es hätte nahegelegen, Mamús Hilfe in Anspruch zu nehmen, aber Mamú hatte selber düstere Tage. Die Spaltung in der Mutterkirche nahm zu. Aus New York trafen beunruhigende Nachrichten von ihrem Anwalt ein. Die Tochter in Budapest berichtete, der potente Tättel habe weitere Kinder auf Mamús Alimentationskonto buchen lassen. Der Anwalt in Wien meldete, daß die Zinsgroschen des kleinen Palais nicht mehr ausreichten, die steigenden Forderungen zu decken. Mamú war verzweifelt. Diesmal gab ich ihr den Rat, dem alten Bock eine Springschürze vorbinden zu lassen oder die Hand von ihm abzuziehen. Was eine Springschürze sei, wußte Mamú nicht. Ich erklärte es ihr historisch am Beispiel der Etrusker. Sie fand das Bild, auf den Schwager übertragen, sehr pastoril und hellte ein wenig auf. In die Barceló kam sie schon seit Wochen nicht mehr, denn wozu Menüs besprechen, wenn man die Zutaten nicht bezahlen kann? Täubchen aus Brindisi, Muränen aus Tartessos, Kraniche aus Milo: das alles war abgeschrieben. José behalf sich, ohne seiner Kunst Abbruch zu tun, mit den Speisen des Landes. Uns war es recht, daß Mamú nicht mehr kam; wir hätten sie ja doch nicht auf eine Kiste setzen können.

Pedro war sprachlos über unsere Einfalt, über die meine nota bene. Der Mann wäre mit einem Stuhl zufrieden gewesen, wenn ich ihm den Rest für die Zukunft mit großen Worten, deren ich doch mächtig sei, versprochen hätte. So ein Versagen! und schon so lange im Land! Pedro schüttelte mich. »Gehen wir zu dem Mann, noch ist es nicht zu spät. Ich kenne die Firma, die Pianos ›Lladó‹ sind berühmt, ein altes Haus, gleich vorn an der Rambla, rechts.«

In einer geräumigen Halle zu ebener Erde standen viele Instrumente in den verschiedensten Stadien ihrer Bespielbarkeit, während eine sehr alte Frau inmitten dieser musikalischen Welt auf einem Ohrenstuhl hockte. Sie war gelähmt und trug eine Perücke aus weizengelbem Haar, die keine Echtheit vortäuschen konnte noch wollte. Sogleich erwachten in mir die Gelüste des Schüttelaffen Beppo, sie ihr vom Kopf zu ratzen. Sie war die Erbin des Hauses, der Klaviermann nur ihr Faktotum. Er baute, stimmte, verkaufte und vergantete die Instrumente. Das Geschäft blühte sichtlich nicht mehr. Die Gelähmte war freundlich. Mit der gesunden Hälfte ihres Körpers und dem völlig gesunden, aber schwachen Kopf wies sie auf ein paar Instrumente, die schon gefirnist waren. Sie dachte, daß wir ein Piano kaufen oder mieten wollten. Mit einem Stock klopfte sie auf den Boden. Auf dieses Zeichen kam mein Mann hereingeschlurft, der Encargado, mit dem ich den gütigen Vergleich geschlossen hatte. Pedro, der geborene Unterhändler, nahm den Mann auf die Seite. Er zeigte auf mich, der Mann kratzte sich an verschiedenen Stellen, schüttelte lange stumm den Kopf und reichte mir dann die Hand. Er sagte, ich sei, mit Verlaub, doch ein großer Idiot; warum ich denn keinen Krach geschlagen hätte, und, zu Pedro gewandt – »ja bitte« hätte ich gesagt, und da habe er die Fuhre geholt. Die Gelähmte nickte, sie nahm an allem Anteil, schien auch alles zu verstehen und mit allem einverstanden zu sein. Die gesunde Hand fuhr mehrmals in die Perücke, wo sie wohl eine Juckstelle beheben sollte, ein seltsamer und zugleich erschütternder Atavismus an die lang entschwundene behaarte Zeit.

Leider hatte der Mann unseren Bettel sogleich verramscht und natürlich weniger dafür bekommen, als er erwartet hatte. Er war untröstlich über die fatale Affäre, bei der eine Hure und die hohe Politik ihre übliche Rolle gespielt – was tun? Pedro wußte auch da den besten Rat. Die Firma Lladó, Pianos Lladó, Palma de Mallorca, Baleares, goldene und silberne Medaillen, etc. stelle dem schwergeschädigten Don Vigoleis für Doña Beatriz, Pianistin, Schülerin von Juliusz Wolfsohn, einen Lladó zur Verfügung. In den ersten Monaten sei keine Miete zu zahlen, das gelte als Wiedergutmachung für die Räumungsaktion. Doña Beatriz käme ein Instrument aussuchen. Der Mann war einverstanden, ein Stein fiel ihm vom Herzen. So großspurig und entschlossen er bei mir aufgetreten war, so milde und knetbar war er nun. Er diene nur der Kunst. Die Alte nickte und kratzte sich noch einmal da, wo es sie vor einem halben Jahrhundert gebissen hatte. Das zertrümmerte Klavier gehörte nun auch der Vergangenheit an.

Auf der Rambla äußerte ich die Vermutung, der Klaviermann sei verrückt. »Nein«, sagte Pedro, »aber auf dem kürzesten Wege, es zu werden. Das blüht uns ja allen hier auf der Insel. Wenn es einmal soweit gekommen ist, ist auch mit den Leuten nicht viel mehr anzufangen. Die Übergangszeit ist die beste. Papá hat sehr nachgelassen in den letzten Jahren, du merkst es nur nicht, weil du ihn nicht in seiner großen Zeit gekannt hast.«

Tatsächlich ist der Klaviermann später dem klinischen Wahnsinn verfallen, wie mir Joaquín Verdaguer auf eine diesbezügliche Anfrage mitgeteilt hat: »Se volvió loco. La fábrica ya no existe«, verrückt geworden, die Fabrik existiert nicht mehr. Punkt.

Ein paar Wochen später schleppten Männer mit dem breiten Gurt einen Lladó in die Wohnung, deren Leere der Akustik wunderbar zustatten kam. Täglich hielt Beatricens Spiel den Klang des Namens Lladó lebendig. Aber vorher kam noch der andere Mann.

*

Dieser Mann war ein Herr, der nicht spuckte und sich nirgendwo kratzte. Auch war er gut genährt, groß und seiner Größe und

Nahrung entsprechend stark, fein gekleidet, teures Tropical, die Aktentasche gewichtig, zu klein für einen Handlungsreisenden, zu groß für einen Generaldirektor: was wollte er von mir? Versicherungsagent? Kaum. Solche Gesellschaften haben für jedes Stadtviertel ihre entsprechend angezogenen Vertreter. Der Besucher schien aber keinerlei soziale Mimikry zu beobachten. Ein Verfasser, dem ich etwas abtippen mußte? Das wäre ein Segen. Die Maschine hatte der Klaviermann nicht mitgenommen; sie sei nicht oder noch nicht mein Eigentum, hatte ich gesagt, Abzahlung, und das respektieren die Firmen unter sich. Nein, der Herr schrieb nicht in meinem höheren Sinne. Er kam aus dem Reich, der Konsul habe ihn geschickt, mit Grüßen, und wie es mir ginge? Bei diesen Worten blickte der Herr, den ich ins leere Dünndruckzimmer geführt hatte, vielsagend um sich. Ich beeilte mich, ihn zu bitten, der Leere weiter nicht zu achten, es würde morgen im Hause alles neu gestrichen; morgen, na ja, in den nächsten Tagen, in Spanien müsse man Geduld üben.

Der Herr aus dem Reich: »Unser Konsul hat mich also nicht falsch informiert. Es geht Ihnen dreckig und Sie verfügen über eine gewisse Schlagfertigkeit, morgen tapeziert oder gestrichen, kurzum, deswegen bin ich hier.«

Ich: »Verzeihen Sie, aber man ist schlagfertig oder man ist es nicht. Das ›gewisse‹ ist eine Einschränkung, die dem anderen Zeit gibt zu parieren. Bitte!« Ich deutete auf eine Kiste. Der Herr setzte sich.

Der Herr: »Ausgezeichnet, Sie sind mein Mann. Erlauben Sie nun, daß ich mein Anliegen vorbringe und einige Akten zur Demonstration bereithalte. Ich darf wohl alles auf dem Boden ausbreiten?«

Ich: »Ich bitte darum, sich den Verhältnissen anzupassen.«

Der Herr aus dem Reich war Parteigenosse, alter Kämpfer, Ehrendolch, Blutorden, Meuchelstrippe; dazu Doktortitel aus der Systemzeit, der aber noch gute Dienste tat. Er bekleidete einen sehr hohen, wenn nicht den höchsten Posten im Außenpolitischen Amt der NSDAP, Auslandsorganisation Hamburg, Reichsleitung. Er wies sich entsprechend aus, indem er mit einem langen Bleistift auf die einzelnen Dokumente tippte, die er auf dem Steinflur ausgebreitet hatte. Der Mann gefiel mir nicht übel, er hatte Humor. Er kam aus Madrid, von der Gesandtschaft, wo, wenn mein Gedächtnis nicht versagt, damals ein Graf Welsceck das Hakenkreuz vertrat.

»Und?«

»Sie werden gleich sehen, ich will alles der Reihe nach entwickeln.«

Er tat es gewandt und mit immer mehr über den Boden sich ausbreitendem Anschauungsmaterial. Man suche einen Herrn, fest im Sattel in Wort und Schrift, vor allem der spanischen Sprache mächtig, nach Möglichkeit akademisch gebildet, gute Umgangsformen, gewandtes Auftreten, schlagfertig, phantasiebegabt, gutes Äußere, verheiratet und nach Möglichkeit mit einer Spanierin, keinesfalls aber mit einer Deutschen – so jemand suche man.

»Sehr schön, sehr schön. Ein beneidenswerter Mann, der alle diese Eigenschaften in seiner Person vereinigt«, sagte ich. »Wozu braucht man denn so einen?«

Es gelte, die Leitung einer deutschen Zeitung in Madrid zu übernehmen, daneben Vortragsreisen in ganz Spanien zu halten, innerhalb der deutschen Kolonie und auch für Spanier. Der Konsul in Palma, wie alle Konsulate um Informationen angegangen, habe meinen Namen eingereicht, und ein paar Daten gegeben, die man von Hamburg aus habe ergänzen lassen. Der Agent nahm neue Blätter aus der Mappe und reichte sie. »Bitte, wollen Sie das eben prüfen.«

Ich las aufmerksam und mit erzwungener Langsamkeit alles laut vor. Es stimmte bis auf ein paar Kleinigkeiten, die Verirrungen meiner vielen verkrachten Berufe betreffend. Da war einiges durcheinandergeworfen. In Münster hatte ich mich wohl mit Theologie beschäftigt, dieses »Fach« aber nicht studiert. »Gute Arbeit«, lobte ich und legte den Steckbrief zu den anderen Akten auf den Boden, »bis auf eines: der Konsul hat vergessen durchzugeben, daß ich ein ausgesprochener Gegner Ihres Führers bin; ich mache nicht mit, und er weiß es.«

Der Herr tat einen neuen Griff in seine Mappe und zog Papiere heraus, die er in der Hand behielt. »Sie dürften im Irrtum sein, der Konsul hat auch das gemeldet, und darüber hinaus verfügen wir über einen kleinen politischen Befund Ihrer Person, den uns Ihre Heimatbehörde zugeleitet hat. Man behält Sie auch dort im Auge, Ihres Briefwechsels wegen. Ihr Vater ist dieserhalb schon gemaßregelt worden.«

»Ich weiß, aber das muß seine Sache bleiben.«

»Wie man's nimmt. Wir kennen keinen Pardon.« Also da wäre er dann selbst mal rüber gekommen, um mit mir zu sprechen, denn von allen Kandidaten halte er mich für den geeignetsten: der Onkel Bischof; ohne Zweifel phantasiebegabt, aufgefangene Briefe und vor allem die Spottgedichte aus dem Zyklus – ein Blick in neue Akten – aus dem Zyklus ›Parteigenosse Molch‹ zeugten von Talent, doch leider, leider alles verspielt und ins Leere gespritzt. Beim Wort Leere ließ er seine Blicke wieder durch das nackte Zimmer gleiten. Er hatte auch Talent, aber vielleicht keinen Onkel, der Bischof war.

Mir wurde beim Namen Molch doch ein wenig bänglich zumute. Ich hatte eine Reihe Reimsatiren in Umlauf gesetzt, darunter den Parteigenossen Molch mit Hakenkreuz und Ehrendolch und blutigen Allüren, des Führers Sach' zu führen, der sich wüst gebärdet, und in der letzten Strophe: trägt er sichtlich Spuren als Träger von Kulturen. Das hatten sie schon herausgefunden, verdammt! Wenn ich Pech habe, wissen die Kerle auch, daß ich der Verfasser der Parodie auf das Horst-Wessel-Lied bin!

Ich sei arm, fuhr der Reichsleiter fort, unverschuldete Umstände. Meine Frau oder denn die Dame, mit der ich zusammenlebe, sei zwar keine Spanierin, aber doch Schweizerin, aus einer bekannten Gelehrtendynastie, dazu das indianische Bluterbe . . .

»Und wenn die Inkas, Herr Doktor, nun mal nicht arisch wären? Dann fliegt doch alles auf!«

»Nicht so, wie Sie denken. Heiraten müssen Sie natürlich, nicht unseretwegen, aber der Spanier, der Gesellschaft, der Kirche wegen. Die Inkafrage wird von zuständigster Stelle gelöst, machen Sie sich da keine Sorgen. Wer arisch ist, bestimmt der Führer.«

Folgendes wurde vereinbart: ich übernähme den Posten in Madrid, 1000 Peseten Anfangsgehalt, freie Wohnung, nach eigenem Geschmack einzurichten, Zuschuß in Höhe von zig × 1000 Peseten, die Kosten trage das Reich. Einmal im Jahre hätte ich in Hamburg zur persönlichen Berichterstattung zu erscheinen, Reise I. Klasse, alles frei, Ferien zwei Monate im Jahr, freie Fahrt auf allen deutschen Bahnen; auf den nichtdeutschen 60% Ermäßigung durch Zuschuß. Umzugskosten? Natürlich würden sie vergütet. Wir lächelten beide. Wir wußten schon schnell, was wir aneinander hatten.

»Haben Sie noch irgend etwas zu fragen, irgend etwas zur Sache vorzubringen?«

Ich stand auf und sagte sehr gelassen: »Zu fragen habe ich nur das eine: wie kommen Sie zu dieser Frechheit, mir hier Ihre Kolportage auszupacken? Bitte, verlassen Sie das Haus!«

Vigoleis hatte Mut. Woher kam ihm der? Hatte er Cascarilla geschluckt? Wirkte Don Patuco aus der Ferne seinen Heldenzauber? So einer geht stiften vor der Klinge der Pilar, würgt ein Henkersmahl hinunter, statt sich ins Meer zu stürzen; händigt einem halbverrückten Eintreiber Hab und Gut aus; er leidet Hunger und macht Traubenkuren; er hat kein Bett; noch ist Claudius der Kaiser und Gott nicht abgetippt, und wie will er weiter tippen ohne einen Tisch? Und da kommt das Dritte Reich in der Gestalt eines Herrn mit Titeln, Orden, Vollmachten und Geld, Geld wie Dreck, und sagt: was du, Vigoleis, über den Führer denkst, wollen wir nicht wissen; was du andere denken machst, dafür bezahlen wir dich, denn wir haben ja Milliarden × Milliarden; und wenn er wolle, könne seine Beatrice zugleich seine Sekretärin werden, seine ganz private, mit der er auch schlafen könne, also eine richtige Privatsekretärin, wie sie jeder hat, der was zu verbergen hat, und 500 Peseten im Monat könnten dafür ausgezogen werden – und so ein Vigolo steht auf, räumt mit dem Fuß gemächlich die Akten auf dem Boden zu einem Häufchen zusammen und sagt: »Raus!« War er verrückt geworden? Traf ihn schon das Los der Insel?

Der aus dem Reich blieb sitzen, zündete sich eine Zigarette an und lehnte sich gemütlich gegen die Wand: »Auch Mut haben Sie, das ist wichtig. Ich werde dem Führer persönlich über diese Begegnung berichten. Er ist . . .«

Laut schreiend rief ich nun, wenn er, der Kerl, nicht sofort das Zimmer verließe, dann schmisse ich ihn zur Türe hinaus. Und dann kam mir das glückliche Wort über die Lippen, es war wie der Stoß aus dem Unbewußten, wo es jahrelang verschüttet gelegen hatte: »Na, wird's bald!«

Es schwamm da allerlei vor meinen Augen in diesem historischen Augenblick meines Mutes. Vorzüglich waren es drei Fäuste, die ich erblickte. Die Doppelfaust des hondurensischen Generals und die winzige, aber nicht weniger fürchterlich verkrampfte meines Bruders Jupp – o Kindheit, o entgleitende Vergleiche! Der Werber muß diese magische Faust sich haben ballen sehen, denn ehe ich das Donnerwort zum dritten Male und nun mit Brüllstimme gegen ihn geschmettert hatte, als wär ich selber ein Herrenmensch und jener da der Muschik, der Mietling und Jochochse, hatte er alle Akten schon wieder in die Mappe gepackt und seinen Hut ergriffen und, sich noch in der

Tür verirrend, da überall die gleiche Leere war, schritt er eiligst aus dem Haus, nicht ohne dunkle Drohungen auszustoßen. Sie wiederzugeben, erübrigt sich, da von ihrer Einlösung noch die Rede sein wird.

Sein Zigarettenetui, es war aus purem Golde, ließ der Reichsleiter auf der Bücherkiste liegen. Ohne Finderlohn zu beanspruchen, gab ich es am anderen Tage auf dem Konsulat ab. Nicht aber vergaß der Herr, sich mit einem schmissigen Heil Hitler zu verdrücken.

Als Beatrice kam, übrigens unerwartet früh, so daß ich den Boden noch nicht hatte glatt reiben können, was sie sofort zum Blocher greifen ließ, geschlagen mit der falschen Vorstellung, die sie hat vom Boden und seiner Begehung – konnte ich sie mit dem Allerallerneuesten überraschen: ich hätte soeben wieder eine komplette Wohnungseinrichtung zum Fenster hinausgeworfen, 1000 Peseten im Monat hinterdrein und einen richtigen Reichsleiter obendrauf.

Beatrice schnupperte, sie roch den Duft der teuren Zigarette.

»Kugelfeste Westen werden das erste sein, was wir uns anschaffen. Im Augenblick ist das wichtiger als ein Bett.«

Ich winkte ab, quatsch, kugelfeste Westen! Die Nazis arbeiteten nämlich auf der Insel mit Gift.

*

Die Vorhersage, daß es auf die Dauer gar nicht makaber hier zugehen werde, scheint sich nicht zu erfüllen, denn lange ehe der Bürgerkrieg losbricht, beginnt es um uns brenzlich zu werden. Eine bewußte Irreführung des Lesers, um ihn an der Leine zu halten? Und wie steht es da mit dem »Wörtchen«, das ich als Autor mitzureden hätte, man erinnert sich vielleicht der Großsprecherei aus dem Prolog?

Um dieses Wörtchen steht es schlecht, einmal, weil ich mein Gedächtnis überschätzt, ums andere, weil ich die Nazis unterschätzt habe. Doch will ich zur Entgiftung der Atmosphäre nun einen harmlosen Jüngling vorstellen, der auch teure Marken aus einem goldenen Köcher raucht. Er bekommt ein eigenes Kapitel und sogar einen eigenen Stuhl.

X

Der Jüngling heißt Hutchinson, mit Vornamen: George und Brewis. Über George ist nichts zu sagen, ein Dutzendname; Brewis kannte ich als »Christian name« nicht, erfuhr aber, daß es Brühe bedeute, Kraftbrühe, eine Art Liebigs Fleischextrakt. Es war auch sein Rufname.

Er ist Amerikaner, schwindsüchtig und Inhaber eines niederen akademischen Grades der Universität von Princeton, und darüber hinaus mit einem feuerroten Haarschopf ausgestattet, um den ihn jede Frau hätte beneiden können, die ihr Heil in der Küpe sucht. Vielleicht tue ich aber besser daran zu sagen, daß er dieses alles war, denn vermutlich ist er schon lange tot. Seine Tuberkulose war nicht gutartig, und er neigte zu Ausschweifungen auch über das Geistige hinaus. Vieles spricht selbst dafür, daß es gerade die organische Zehrung war, die ihn ins Abenteuer trieb: mit Frauen, mit der Erkenntnis des Ewigen und Unvergänglichen und auch mit Vigoleis. Indessen soll das Mutmaßliche seines nachmaligen Schicksals nicht der Sporn sein, seiner hier mit Namen zu gedenken, noch war die Gespaltenheit seiner Person so klaffend, daß sie jeglicher Mißtat als Vorspann hätte dienen können. Im übrigen tritt hier jeder mit dem Angesicht auf, das er mir hingehalten hat.

Nein, ich habe nichts Ehrenrühriges von dem Jüngling zu berichten, keine Umstände, für die mich der angehende Herr Kommilitone einer deutschen Universität auf scharfe Säbel, oder, da er katholisch war, auf Ohrfeigen hätte fordern können. Das Gegenteil ist selbst der Fall: ich verdanke dem Fellow eine meiner vielen Erfindungen. Meine Erfindungen! Das wäre wieder ein Kapitel für sich, doch will ich hier die Dinge nur streifen. Sie haben, solch Vigoleisische Inventionen, die Welt um keinen Schritt weitergebracht, doch einzig deshalb, weil sie nie in meinem Sinne zur praktischen Ausführung gelangt sind. Wo sie dennoch zur Segnung der Zivilisation beigetragen haben, waren sie schon, wie das Pulver, von anderen erfunden worden. Das Glück des schöpferischen Augenblicks ist mir dennoch immer zuteil geworden, worauf es mir einzig ankommt.

Indessen, wo ich schon einmal dabei bin: mit ihrer ganzen Tragik hat mich des Vigoleis' Laufbahn als verkrachter Inventör gleich zu Beginn des Hitlerkrieges angehaucht, wo wir, immer staatenloser werdende Opfer des braunen Molochs, mit ängstlicher Spannung die Berichte über die ständig zunehmende deutsche U-Bootgefahr verfolgten. In jenen Tagen lebten wir politisch mit unausgesprochenem Vorbehalt, menschlich aber durchaus gesichert in Portugal auf dem Wein- und Dichterschloß Pascoaes, dessen Name schon wiederholt durch diese Seiten hat geistern müssen. Des Meisters steinalte Mutter, sie ging gegen die Hundert, liebte es, viele und wichtige Leute an ihrer gastfreien Tafel zu versammeln, zum Entsetzen des Schloßherrn übrigens, der auf einer ständigen Flucht vor diesen Invasionen war, die zum Teil sogar kamen, um ihn, den großen Mystiker, von nahebei zu sehen und seinem prophetischen Wort zu lauschen. Bei einem solchen, von der faszinierend häßlichen, wieselflinken und fast zwerghaft kleinen Dona Carlota, der Witwe des letzten Pairs des letzten Königs von Portugal, fürstlich improvisierten Mahl hatte ich Gelegenheit, vor einigen Dutzend aufhorchender Ohren eine Theorie über die Unterwasseratmung der Tauchboote zu entwickeln. Ich folgte der Eingebung des Augenblicks. Es war eine technisch-mystische Schau, der der Genuß erlesener Speisen und Getränke noch förderlich war – oder kam es, weil Justina, die Oberköchin, mit dem Teufel im Bunde stand und die Schwarze Kunst übte an Mensch und Tier? Dies schien mir die Lösung zu sein: Contra-Submarinos zu bauen mit einem langen, an einer auf dem Meeresspiegel schwimmenden Boje befestigten Schlauch, der verlängerten Luftröhre, durch die man den Sauerstoff erneuern könnte, ohne daß das Boot zum Atemholen an die Oberfläche steigen müßte. Ich erinnere mich deutlich, daß mir damals der viele hundert Meter lange Gartenschlauch Dona Carlotas vorgeschwebt hat, wie er sich brüchig und mit tausend geplatzten Stellen von der »Fonte dos Golfinhos« durch Rosen- und Feigenhain wand, sommers und winters, zu keinem Gebrauche mehr befähigt, ein Stück Natur wie eine Wurzel oder Liane. Mein mit Hilfe der Serviette anschaulich gestalteter Vortrag leuchtete vielen ein; vor allem ein junger Kapitänleutnant, der berühmt war, weil er mit einem kleinen Zerstörer einen großen Aufstand auf Madeira aus Schußweite unterdrückt hatte, nickte zustimmend. Ich geriet immer mehr in Flamme, zumal ich den Widergalm zur Weiterzündung durchaus vonnöten habe; und es dauerte noch einen, zwei Schlucke Wein und die Erfindung war abgeschlossen. Sie in die Praxis umzusetzen, mußte Sache der Admiralitäten bleiben. So äußerte ich den Wunsch, spornstreichs und mit der gütigen Erlaubnis der Senhora in ihrem Wagen nach Lissabon zu rasen, ungefähr 500 km von dem Orte, wo ich mein hydrostatisches Heureka gerufen hatte: auf nach der Hauptstadt und auf die englische Gesandtschaft, um His Majesty's Navy die Erfindung brühwarm und als späte Dankbezeugung für meine Evakuierung von der Insel des zweiten Gesichts anzubieten. Es wäre die Krönung des Gedankens gewesen. Das aber wirkte ernüchternd auf die Tafelnden. So sehr man Auge und Ohr gewesen war für meine Idee, nun wurde ich glatt für verrückt erklärt. Man flüsterte sich zu, daß ich ein Spaßvogel sei, der tolle Dinge, vor allem in Spanien, erlebt habe, doch auch, wie man sähe, solche im gegebenen Augenblick zu ersinnen imstande sei. Victorino, der kleine Tischdiener, der nur mit der rechten Hand gegen den Strich servieren konnte, weil die Linke ein Loch in der Hose zuhalten mußte, wo sich der weiße Handschuh dann aber kaum anders ausnahm als der Fetzen Hemd, den es zu übertünchen galt – Victorino wurde von allen Seiten beauftragt, mir nachzuschenken. Niemand wollte sich natürlich mit mir an höherer Stelle blamieren. Man kannte plötzlich Grenzen auf diesem Schloß, wo alles maßlos zuging. So kam auch die Ernüchterung über mich selbst; und wie immer nach einem Sturz aus den Wolken hielt ich mich mitsamt meinem neugeborenen Kinde für meschugge, murmelte etwas von der »ratonera speculum« des Dichters Pio Baroja (eine vom Dichter erfundene Falle, in der Mäuse auf ihr Spiegelbild hereinfallen) und suchte weiter mein Heil am Ursprung der Inspiration, bei Tafelport, dem uns von Mamús Tisch schon bekannten Sandwein aus Collares und dem würzig süffigen »Vinho Verde«, Schloßabfüllung Pascoaes. Pascoaes, selbst dem Ikarus verwandt, tröstete mich mit der Fabel vom verkannten Genie und der Zweifelhaftigkeit und Verworfenheit alles Technischen überhaupt, dem er abhold ist in seinem Werk. Das Werk selbst schreibt er indessen nicht beim Kerzenschein oder im glasigen Dämmer der von ihm so viel besungenen Tränenampel, sondern unter einer nackten Philipslampe von 100 Kerzen.

Daß der »Schnorchel« einige Jahre später von der deutschen Kriegsmarine erfunden und in Anwendung gebracht worden ist, weiß jeder. Von geistigem Diebstahl kann keine Rede sein, oder war der Gedanke vom Speisesaal der Casa de Pascoaes durchgeleckt bis ins Große Hauptquartier des Führers? Der englische Marineattaché hätte mich übrigens kaum für »mad« gehalten. Enfin, du bist ein genialer Erfinder, Vigoleis, aber was hat das alles mit dem Jüngling zu tun, dem dieses Kapitel eigens eingeräumt sein soll? Ach, nicht so sehr viel: er wurde der Anlaß einer anderen Schnorcheliade, wobei die Verkennung des Geistes wieder ihre betrübende Rolle spielt. Und dem Ernüchterten bot sich da nicht einmal der Trost des Weines.

*

Ich glaube, es war an einem Morgen im November, und sicher weiß ich, daß das erste Jahr des tausendjährigen Reiches noch nicht hinter uns lag, da stand ich an dem lang in den Golf von Palma hinauslaufenden Pier und folgte mit Anteilnahme dem schwierigen Landungsmanöver der »Ciudad de Palma«, die den Dienst mit dem Festlande unterhielt. Ich erwartete einen Inselgast, mit dem ich über literarische Dinge im Briefwechsel stand, ohne ihn persönlich zu kennen. Ich meine den bereits erwähnten Dichter Albert Helman, dessen Pseudonym damals schon so offen war wie das, was es decken sollte. Er lebte, angeekelt von der holländischen Kultur – er ist Surinamer – im freiwilligen und somit bittersten Exil auf einem Höhenzuge bei Barcelona, draußen im Hügelgelände von San Cugat del Vallés. Tage vorher hatte ich eine Karte von seiner minutiösen Hand erhalten, worin er seine Kunft anmeldete. Er komme mit der »Ciudad de Palma« und sei kenntlich an einem Albatros. Das berührte mich seltsam, nicht etwa wegen des Tiers »an sich«, aber gerade dieses Tier! Hieronymus ist ohne den Löwen aus der Wüste Chalcis nicht mehr zu denken. Der Dichter der Apokalypse wird gerne mit einem Adler dargestellt, der zu seinen Häupten schwebt. Bjørnstjerne Bjørnson ist in die literarische Überlieferung eingegangen mitsamt seinen Kakadus und Araras, die sicherlich nicht, wie ich einmal irgendwo aus neidischer Feder las, seine einsagende Muse waren. Minnesänger treten uns in den Handschriften mit dem Stößer auf gestrecktem Finger entgegen – warum da nicht auch Helman mit einem Tier? Aber ein Albatros? Den Sturmvogel unter den Arm geklemmt, wenn ich seine Zeilen richtig gedeutet hatte? Ich kannte die westindischen Erzählungen dieses Exoten, ›Het Euvel Gods‹ und vor allem sein Meisterwerk, den dramatischen kleinen Roman ›Mijn Aap Schreit‹, und meinte deshalb, in naheliegender Analogie, der Dichter käme, wenn schon von einem Tier begleitet, mit seinem geschulterten Tränenaffen. Indessen auf Veränderung erpicht, sein Los, hatte er des Menschen Spiegel mit dem reißenden Segler der Weltmeere vertauscht. Einen solchen Vogel zum Leibtier abzurichten, das allein schon zwang mir Achtung ab. Wie dem auch sei, Affe oder Albatros, mit diesem

Kennzeichen war ein Verpassen an der Laufplanke so gut wie ausgeschlossen.

Inzwischen hatte man den Steg ausgeschwungen. Viel Volk drängte an Land, vor allem Fremde, denn Mallorca kam immer mehr in Schwang. Schmand und Ausschuß der internationalen Reisebüros gaben sich auf den Balearen ihr meist zweifelhaftes Stelldichein. Der stolzen Spanier waren nur wenige unter den Passagieren, und diese trugen fast ausnahmslos einen Truthahn unter dem Arm, den sie auf dem Festlande billiger als auf der Insel hatten erhandeln können.

Der »Pavo« ist, ich habe es erwähnt, die heilige Festgans des spanischen Volkes. An einer Schnur am Bein auf dem Balkon angebunden, werden die unaufhörlich bellenden Hähne an der freien Luft gemästet. Man muß nur einmal die Adventszeit in einer spanischen Altstadt verbracht haben, angekullert aus allen Etagen, auf deren einander berührenden Erkern sich die Pavos gegenseitig aufbringen, von Sonnenaufgang bis Sonnenuntergang, um das stierkampfgekrönte Fest der Auferstehung dem Wunder der Geburt des Erlösers vorzuziehen. Denn ehe der Schruthahn beim Bäcker mit eingeschossen wird, hat man sich selbst so maßlos an den Biestern geärgert, daß einem die Freude am Schmaus vergangen ist. Immerhin, hätte Helman statt des Albatros' eine Schrute zum poetischen Reisebegleiter erkoren, die Gefahr der Verwechslung wäre mehr als groß gewesen. Doch so emsig ich auch Ausschau hielt nach meinem Vogler aus dem Rimbu, unterstützt von Pepe, einem mir befreundeten Hafenlungerer von der Barceló, ich erblickte nichts Dichterliches mit einem Kapschaf unter dem Arm – oder halt, sollte er den Vogel vielleicht wie einen Kinderballon über aller Häupter kreisend an einer Schnur mit sich führen? Dem Lauf des Fadens bis zum Finger folgend, wäre es dann ein leichtes, den extravaganten Reisenden aus der sich an Land würgenden Masse herauszufischen. Pepe mußte denselben Gedanken gehabt haben, denn beide schauten wir zugleich in die Höhe, wo nur die Möwen kreischten und kreisten im weißschimmernden Spiel ihrer Freiheit, von keines Menschen Finger aufgelassen. Schon wollte ich mich wegwenden, da zupfte Pepe an meinem Ärmel und machte mich auf einen feinen Herrn aufmerksam, der wirklich sehr fein war. Wie alle Müßiggänger, hatte Pepe eine Schwäche für feine Leute. Mein Inselgast? Der Herr wandelte über die Planke, aber ohne Privattier. Dennoch schenkten wir ihm unsere Beachtung.

Er trug einen hellgrauen Filzhut von der haarigen Sorte, wie Engländer sie lieben, auf einer Fülle von brandrotem Haar, schwarze Lackstiefeletten mit weißen Fußgamaschen und, ich möchte fast sagen: zwischen diesem Farbenspiel, einen Gehpelz mit einem auf das Haupthaar abgestimmten Fuchskragen, der das Neidobjekt manch eines ostelbischen Krautjunkers hätte abgeben können, auch hier auf dem 40. Breitengrad, wäre nicht in jenen Kreisen die Wolfsschure als reuterlicher im Aufkommen begriffen. In der Linken trug unser Herr einen kleinen Koffer, und was sah ich? es mußte ein Saratogakoffer sein, um so mehr, wo eine bunte Sarape, lässig durch den Griff gezogen, fast die Erde streifte. Ich gestehe beschämt, daß ich bis zu jener Stunde ein solches Gepäckstück einzig aus der Literatur und von einem verrückten Reiseabenteuer Don Juan Suredas kannte. Heute besitze ich selber eine Saratogatasche, von der ich mich aus einer vielleicht übertriebenen Bocksbeutelei nicht mehr trenne, obwohl sie längst geplatzt ist. Das Unikum stammt aus dem brasilianischen Nachlaß des noch im Leben weilenden Grafen Werner von der Schulenburg, von der Weißen Linie, und ich will die seltsamen, ja unheimlichen Umstände der Erblassung ante mortem ein andermal erzählen.

Pepe und ich waren die einzigen, die ihre unerschöpfliche Neubegier an dem unverkennbaren Herrensöhnchen befriedigten –: wir beide Lungerer mit einem auf das Höhere gerichteten Ziel, das bei Pepito einzig und beneidenswerterweise im Nichtstun bestand, während ich das Nichts im Tun erstrebte, armes Opfer einer deutschen Gründlichkeit – immer noch. Daß uns dies Nada verband, erklärt auch unsere Freundschaft, die sich später, als der Bürgerkrieg seine Hekatombe forderte, bis in Pepes Tod bewährte.

Der Aufwand des Fremden, der nicht Helman war, war dem Klima ebensowenig angepaßt wie etwa der Tropenhelm des sich hinter ihm ausschiffenden Deutschen; doch wirkte er im Gegensatz zu diesem nicht lächerlich. Er hatte eben Stil, an ihm haftete etwas von der großen Schundallüre gewisser Romangestalten des Portugiesen Eça de Queiroz, und in der freien Hand trug er eine offene Börse, aus der er mit einem zauberischen Spiel der Finger wettmachte, was ihm an »Tausend Worten Spanisch« noch zu fehlen schien. Das mußte viel sein, nach den Münzen zu schließen, die er in die Hände der dazu, wie an jeder Landestelle, vorgesehenen Leute gleiten ließ. Er schüttete die Peseten buchstäblich aus, so wie ich mir immer vorstelle, daß

Dividenden ausgeschüttet werden, und noch heute bedauere ich, nein heute mehr denn je, daß mich mein Schicksal wohl zum linkischen Lungerer an der Menschheit, nicht aber als deren Aktionär und Rentenschleicher bestellt hat.

So stand ich und staunte, Pepe stand und staunte, mal wieder kam ein Spanier, der seinen Pavo so fest unter den Arm gepreßt hielt, daß die warzige Klunker vor Ohnmacht weiß war, dann vorsichtig eine dürre Engländerin, die sich mit ihrem nackten Schirm die geländerte Planke mittstegs hinabtastete, ein paar Träger, Schübe Gepäck, und auf einmal war die »Ciudad de Palma« leer. Kein Albert Helman war gekommen. Dafür beschäftigte mich auf dem Nachhausewege der Jüngling im Gehpelz, der an Hand eines sagenhaften Koffers die Insel betreten hatte.

Ein paar Tage später erhielt ich wieder eine Mitteilung von Helmans Hand; dieses Mal war es ein Brief mit einem musikalischen Kopfemblem, das etwas Wandervogelhaftes in mir aufrief, das dieser Dichter, sei es pseudo- oder genonym, durchaus nicht an sich hat. Ja, er ist bei aller Weltbewandertheit und Weltbewanderung das Gegenteil der zupfgeigenden Vögel schlechthin. Poststempel: Valldemosa. Der Dichter teilte mir mit, daß er bedauere, mich nicht an der Mole getroffen zu haben, und da er nur die Nummer meines Schließfaches, nicht aber meine Wohnadresse kenne, habe er mich nicht besuchen können. Nun erwarte er mich, und dann und dann, im »Café Alhambra«. Kennzeichen: wie abgemacht, nur läge der Albatros jetzt offen vor ihm auf dem Marmortisch, hinter dem ich ihn unschwer finden würde, ob er auch leicht mit einem Spanier zu verwechseln sei.

Der Albatros auf dem Tisch! offen! – er hatte ihn geschlachtet? Die Instinkte des Urwaldes hatten sich als stärker erwiesen und zu guter Letzt seine abendländische Hochkultur überwuchert. Doch bevor ein Schauder mich rütteln, bevor mein geistiges Auge einen Dichter ausmalen konnte, der seiner Muse das Herz aus dem Leibe reißt im grausamen Mayakult seiner Rasse, da fiel es mir wie Schuppen von den Augen: Helmans Albatros ist ein Buch, kann nur ein Buch sein! Und mit der Freude des Entdeckers rief ich es Beatrice zu: »Beatrice, Helmans Albatros ist ein Buch! Der Dichter reist mit einem Buch!«

»Natürlich ein Buch, eine Albatros-Edition. Was hattest du geglaubt, daß es sei?«

Natürlich ein Buch! Dichter reisen eher mit einem Buch oder einer Puta als mit einem Tier unter dem Arm! Ach, ich war der ewige Ignorant, der Mensch mit der langen Leitung, die oft nur mühsam kurz zu schließen ist; der Mensch auch mit schauerlichen Bildungslücken, die selbst unter Palmen peinlich sind; der sich 1933, gezählte 30 Jahre seines Alters, noch nicht über die Edition des alten Tauchnitz hinausgelesen hatte; der von der anwachsenden Menagerie animalischer Nachahmungen mit Pinguinen, Zebras, Albatros, Salamandern, Känguruhs, Bantamhennen und Schleiereulen nichts wußte; bewußt nichts wußte, wenn ich diesen alles untergrabenden Unterschied machen darf. Solche Mängel rächen sich früh oder spät. Man gerät in die unliebsamsten Lagen und wird leicht verkannt. Immer ist irgendwo ein Finger, der sich hebt, um auf den Unwissenden zu zeigen. Da bleibt einem Vigoleis nur der fromme Trost, zuweilen durch sein zweites Gesicht, das seherische, nicht durch den Augenschlitz der Maske, den anderen im Wissen voraus zu sein; zum Beispiel heute schon zu ahnen, daß irgendwo in der Welt ein an der Lyrik seiner Frühvollendeten pleite gegangener Verleger die »Maulwurf-Reihe« vorbereitet, mit der er sich blind durch den ständig wachsenden Haufen von Meisterwerken der Weltliteratur wühlen will, seinerseits Haufen aufwerfend, die dem geistig Interessierten genau anzeigen, wo jeweils am eifrigsten gegraben wird: und die bildungsbesessenen Leser aller Kontinente schaufelnd hinter ihm drein. Armer Vigoleis, das alles schwant dir, was aber an Gebildetem vorhanden ist, entzieht sich deiner niederen Bildung.

Und bei dieser Bildungslücke angelangt, scheint mir abermal der Augenblick gekommen zu sein, dem lieben Leser – den ich weiterhin, ob er mich auch gar nichts angehen sollte, vertraut in einem Stil behandele, wie er einem verflossenen Jahrhundert geläufig und genehm war – die stirnrunzelnde Frage einzuräumen, was die unerfreuliche Lücke zusamt dem Dichter Helman – den ich übrigens zur festgesetzten Stunde im Café Alhambra traf: spanisch zufrieden, intellektuell, mit dem lauernden Blick des Urwalds und dem Auge des Frauenkenners über den fatalen Albatros hinweg nach einer Schönen schielend – was das alles mit dem Saratogaknaben zu tun hat? Ja, was hat im Leben das eine mit dem anderen zu tun? Was der Schnorchel mit Helman, was Helman mit dem Jüngling, und dieser wieder mit Vigoleis? Kreiste hier nicht alles um die Bildung, dann ließen sich die Begriffe leicht von ihren Inhalten scheiden. So aber nähere ich mich einzig dem Kern der Geschichte auf demselben Wege, auf dem ich überhaupt an meine Bildung komme, oder diese mir wieder abhanden gerät. Geduld müssen wir alle üben, und wie oft nicht ist der Umweg der kürzeste Weg. Dieser nun führt wieder zurück in unsere Häuslichkeit auf der Straße des Generals. Doch befürchte der Leser nichts. Kein kullernder Truthahn wird mir erneut den Faden der Erzählung abreißen, obwohl die Puter schon auf den Balkonen angebunden sind und Fleisch ansetzen für die Heilige Nacht ihres Opfertodes.

*

Wir hatten uns noch nicht mit neuen Möbeln emporgerungen, alles war jungfräulich wie am Tage des Einzuges. Kisten bildeten die bürgerlich-mobiläre Unterbauung unseres Daseins. Nur der Lladó hob sich mit seinen Klängen wie ein Pik über die Brandung des Nichts. Der kleine Schwabe und die zwei großen, norddeutscheren Herren, die zusammen Hasenbank, Schmidt und Kleinschmitt hießen und zusammen als German Booksellers mit unbeschränkter Haftung und unbeschränktem Vertrauen den winzigen Laden steuerten, hatten uns Makulatur überlassen, das Kilogramm für ein paar Centimos, meist unverkäufliche Zeitungen aus dem Dritten Reich. Unter einen Haufen Kleider gemischt, ergab das eine ganz brauchbare Schlafschütte, die zudem noch den Vorteil hatte, mit ein paar Fußtritten aufgelockert werden zu können. Sonstige Vorzüge waren der Jämmerlichkeit kaum abzugewinnen. Der Leser kann sich zudem selbst eine Vorstellung davon machen, wie ein Mensch lebt, dem alle Felle weggeschwommen sind. Heute, wo um uns herum die Welt noch in Trümmern liegt und Menschen in Höhlen hausen, klingt das alles nicht so erschreckend. Damals aber war für uns jener psychologische Zustand der Selbstverständlichkeit nicht gegeben, wie ihn jeder Ausgebombte kennt. So lebten wir noch in der metaphysischen Luftschicht, die hoch über der Welt des Existenzkampfes lagert und von der Nietzsche, der bürgerliche Antibürger, behauptet, daß erst in ihr die wahre Bildung beginne. In diesem Sinne ist Vigoleis wiederholt sehr gebildet gewesen. Doch war er darin weniger der Adept des säkularen Erschütterers, als vielmehr ein mit einer schönen Mimikry ausgerüsteter Mensch, und als solcher wieder ganz ein Schüler von Max Scheler. Doch lassen wir diese hybriden Geister aus dem Spiel, sie könnten das Kapitel erneut gefährden; vielleicht kann ich sie später noch einmal gebührend heranziehen. Jetzt muß ich endlich Mister Hutchinson ans Wort lassen. Als schwer zahlender Inselkunde hat er Vorzugsrechte, und außerdem genüge ich damit einer ob auch wieder verspäteten Höflichkeitspflicht gegenüber dem Leser, der der Amerikaner seinerseits mit einem kurzen »Hutchinson« entspricht, ganz so, als hätte er auf das Stichwort gewartet. Das meinige gebe ich mir selbst. Souffleur, Schauspieler und Dramatiker in einer Person, verbeuge ich mich leicht: »Vigoleis« – und beide waren wir angenehm berührt, einander kennenzulernen.

Angenehm berührt? Warum versuche ich, meine Verfassung zu bemänteln durch die Anwendung einer Redensart, die auf Straßen und Schwellen täglich gedankenlos hingeschwätzt wird? Berührt – ja, aber man frage mich nicht wie! Es rührte mich nämlich der Schlag, es warf mich gegen die Wand, ich traute meinen Augen nicht, als ich in der wie immer abgedunkelten Entrada den waschechten Jüngling vom Schiff vor mir sah, den Helmanersatz ohne Albatros, und nun auch ohne das saratogische Attribut, aber angetan mit dem Pelz, auf den schon Schwärme von Motten warteten, ihn aufzufressen. Die folgenden Sekunden waren ein wirres Traumspiel. Halb Helman, halb Saratogaknabe, war der Fremde da, und sicher hat er gewinnend gelächelt, denn das war seine Art. Ich stand blöde dabei. Der Himmel hat aber in seinem Entwurf alles so gefügt, daß auch des Ärmsten Hütte in den Augenblicken der Bestürzung durch das Unfaßbare, worin er sich gerne überbietet, dann immer noch eine Tür hat, die man auftun kann. So trat der Besucher in die Stube, in eine der sieben ausgeräumten Stuben, die der Entrada am nächsten lag.

Wie am Tage des Einzuges hatten wir wieder Kisten und Koffer über die Räume verteilt, in denen »morgen tapeziert werden sollte«. Eine spanische Familie, für die der Piso ja auch gebaut war, hätte denselben Effekt mit Kindern erzielt. Da wir den Zimmern auch das nicht bieten konnten, liehen wir ihnen wenigstens schöne Namen. Namen können zudem wertgebend sein; jeder Mystiker weiß das, die Philosophie weniger. In Amarante habe ich einen Mann gekannt, der hieß Homem Cristo, Mann Christus oder Christus Mensch. Er hatte eine Taberne, deren größter Kunde er selber war. Dort ging es immer hoch her, Huren und Zuhälter gaben sich ihr Stelldichein, und es war bewegend, zu hören, wenn der Patron bei seinem Namen gerufen wurde. In Lissabon lebt ein Milliardär, dessen Bankhaus seinen Namen trägt: Banco Espirito Santo e Commercial. Der Mann heißt Espirito Santo, Heiliger Geist, die Bank demnach Heilige Geist- und Handelsbank, in freier Übersetzung, was auch dem Geiste solcher Gründungen entspricht: Bank vom Heiligen Handelsgeist. Ich liebe es, so mit den Mächten im Bunde zu sein. Indem ich unseren Zimmern beziehungsreiche Namen verlieh, nahm ich ihnen zugleich die gähnende Leere. Koffer und Bücherkisten mußten Pate stehen: wir hatten ein Mädlerzimmer; eine Dünndruckstube, nach den Kisten mit deutscher Dünndruckphilosophie; eine Sala de Africa, nach dem echten Afrikatrunk; eine Kabinenkammer, die mit ck-dt noch näher umschrieben wurde, weil darin einer der ck-dt-Überseekoffer stand. Das Schlafzimmer, bis dahin schlicht Dormitorio, nannten wir nach der Makulatur, und mit rein dichterischer Überlügung, die Sala immaculata.

Den Fremdling hatte ich mit gut gespielter Beherrschung in den Raum geführt, den wir schlechthin das Zimmer nannten, weil er das einzige Möbel aufwies, das die Etage zur wahren Beletage hätte machen können: einen echten Mallorquiner Stuhl, bodenständige Drechslerarbeit, mit rotem und blauem Lack, gleichsam auf Goldgrund gemalt, eine Leihgabe übrigens aus einem unserer Paläste, die später in den rechtmäßigen Besitz des Don Vigoleis überging. Auf dieses Stück nötigte ich den Jüngling Platz zu nehmen, und womit ich dienen könne?

Ja, er komme spornstreichs von der Deutschen Buchhandlung am Borne; man habe ihm dort meinen Namen genannt und mich empfohlen als Lehrer der deutschen Sprache. Er beabsichtige, ein halbes Jahr oder länger auf der Insel zu bleiben, seiner Lunge wegen, der das mediterrane Klima zuträglich sein solle. Dann begebe er sich nach Heidelberg, um dort das Studium der Philosophie weiter zu betreiben. Er sei in Princeton erzogen worden, auch der Sprache Kants ein wenig mächtig, nur das Einlesen in die Urtexte mache ihm Schwierigkeiten; und da hätten die Gentlemen der Librería – und ob ich Zeit und Lust hätte – es sei ja mein Fach . . .

Ja, Zeit hatte ich, ich hatte Lust, und es war, cum grano salis, auch wohl mein Fach. Ein Preis wurde abgemacht, die Stunden vereinbart: drei Mal in der Woche je eine Stunde, er könne am folgenden Tage schon beginnen, gegen den Abend am besten, wegen der Hitze. Hutchinson dankte für diese kleine Aufmerksamkeit, die er seiner Lunge zugedacht glaubte und die zum Pelzmantel scharf kontrastierte. Auch ohne Tb betreibt man in Spanien gern alle Geschäfte im natürlichen Schatten, einzig der Stierkampf braucht und liebt die Sonne eben über den Zenith. Das wußte der Neuling natürlich nicht, und deshalb buchte er, was Landessitte und die eigene Fromme heischten, auf die Rechnung meiner Zuvorkommenheit und Rücksichtnahme auf seine gefährdeten Atemwege.

Nun ist Deutsch eine Sprache, in der ich mich ein wenig auszukennen glaube, wenn auch meine Haussprache seit Jahren Portugiesisch ist und ich auch portugiesisch denke und fluche. Es ist und bleibt meine Muttersprache; und dann habe ich mit ihr nämlich geistig sehr rege verkehrt. Ich lese, um ein Beispiel anzuführen, Goethe ohne Erläuterungen, George ohne steifen Nacken und Kant ohne das medizinische noch liturgische Miserere. Hingegen zum Erteilen von Unterricht tauge ich nicht. Dazu muß man zu einer Sprache in einem ganz anderen Verhältnis stehen, auf keinen Fall in dem meditativen, das ich unterhalte. Doch der Philosophiebeflissene wollte sogenannte Konversation, und dazu bin ich seit eh und je bereit und auch schon von vielen als tauglich befunden worden. Meistens schwätze ich ins Blaue hinein, als hätte ich mich selbst zum Gesprächspartner, oder Don Matias, oder, um einen ganz hohen Fall zu nehmen, den mystischen Freund Pascoaes. Das rührt an die Sterne . . . Und hier wurde mir für diese Tugend bare Münze geboten – immerzu! Ich war doch auch Führer. Außerdem schien mir das mit der Konversation noch einen mildernden Umstand aufzuweisen: sie war nicht an eine Schulmethode und noch weniger an Schulmöbel gebunden. Ein freies Schweifen im freien Raum nicht nur des Geistes, des konnte ich mich mit dem einzigen Stuhl des Hauses schon erkühnen. »Bis morgen denn, ja, um sechs, auf Wiedersehen.«

Anschließend an diesen Besuch hatten Beatrice und ich ein Gespräch, das strategischer Art war. Im Mittelpunkt stand der vorhandene, an der dialektischen Peripherie ein noch zu erstehender Stuhl, und irgendwo, in Gefilden über die atembare Lufthülle hinaus, schwebte ein Tisch – ob er zu uns niederstiege? Er löste sich auf in Dunst, als ich erklärte, meinem Lehrtalent so sehr zu mißtrauen, daß es mir ratsamer erschiene, mit zusätzlichen Anschaffungen noch zu warten, sagen wir einen Monat. Wolle der Adept dann noch weiter seiner Lunge und meiner Zunge auf der Insel pflegen, sei es gewagt.

Und wie ich den Unterricht erteilen wolle, nur mit einem Stuhl, bitte, wie ich mir das gedacht hätte?

In solchen Augenblicken von Kleinmut und Verzagtheit spiele ich gern fromme Trümpfe aus, die bei der verlorenen Theologentochter selten verschlagen; und mir, dem verketzerten Bischofsneffen, geraten sie leicht: »Wir stehen in Gottes Hand, Chérie, was können uns Menschen tun?«

Was Menschen uns trotz alledem tun können, wenn wir ihnen nicht mit unserem Tun zuvorkommen, wird sich herausstellen. Begeben wir uns darum wieder in das Zimmer, wo der Schüler auf seinen Lehrer wartet, und fördern wir die Handlung.

In den ersten Stunden spielten sich kleine Höflichkeitsscharmützel ab. Der Jüngling, aus gutem Hause mit entsprechender Kinderstube, wollte nicht sitzen, dieweil sein Lehrer stünde; doch immer wieder wurde er von diesem mit einem lächelnden Wort, einer philosophischen Maxime auf die einzige Sitzfläche des Hauses gezwungen, die sich in der seit Menschengedenken überkommenen anatomischen Höhe befand. Er ließ es dabei aber nicht bewenden. Er saß doch wie auf der Lauer, das merkte ich.

Eines Tages, wir hatten einander genügend abgetastet und manches Persönliche, auf beiden Seiten, war in die Konversation geflossen, wagte der junge Mann die fatale Frage: Was der tiefere Sinn dieser verwirrenden Zimmereinrichtung sei? Dabei entschuldigte er sich vielmals, war auch sehr verlegen, und fügte hinzu: »Es erzeugt in mir ein wachsendes Unbehagen, daß ich sitzen kann oder selbst muß, wo mein Präzeptor steht.«

Das war heraus, so hatte es kommen müssen, und es lag nun an mir, Herr der Lage zu bleiben oder es eigentlich erst zu werden. Beatrice hatte diesen Augenblick vorausgesehen – natürlich, sie dozierte ja auch – und mich immer wieder gedrängelt, doch eine Ausrede bereitzuhalten, um nicht überrumpelt dazustehen. Ich aber vertraute meinem Stern und meinem Führergeist und bedachte nichts. Nun hieß es Segel setzen zur Fahrt ins Ungewisse.

Hutchinson selbst hatte mir das Stichwort gegeben, das mich auf die schiefe Ebene der Mystifikation brachte, indem er nach dem »tieferen Sinn« der Innenarchitektur des Klassenzimmers forschte, bei einem Deutschen das Tiefe als a priori stellend. Dieses Wort war ein glückliches Wort. Es wurde mein Lotse. Ich folgte der Eingebung des Augenblicks, der nun im Zeichen des Tiefen stand, derselben auch, die mir einmal einen Schnorchel beschert, den selbstwogenden Busenhalter für flachere Damen, oder für auf Sauberkeit bedachte Herren den durch Reibung am Rock sich selbst reinradierenden Gummikragen.

»Mein lieber Freund«, so ungefähr fabulierte ich, »halten Sie es meiner angeborenen Bescheidenheit zugute, wenn ich Sie nicht gleich mit einer Eigentümlichkeit meiner Person bekannt gemacht habe. Ich bin nämlich, wenn Sie gestatten« – hier verbeugte ich mich – »der Erfinder des Einstuhlsystems, eines Systems, das nur darum nicht nach mir benannt ist, weil es noch nicht den Weg in die Öffentlichkeit gefunden hat. Niemand kennt es. Ich halte es auch bei weitem noch nicht für so reif, durchdacht, durchknetet und an der unberechenbaren Massenseele der Schüler bewährt, daß ich's wagen könnte, pädagogische Stellen darauf aufmerksam zu machen. Ich beschränke mich vorderhand immer noch auf Proben, statistische und rein pädagogisch-psychologische. Die letzten übrigens, dann trete ich aus dieser niederen Phase heraus. Sie nun, aufgeschlossener Vertreter der gelehrten Welt von Übersee, sind mir ein willkommenes Versuchsobjekt, unbelastet wie Sie sind vom abgestandenen abendländischen Bildungsramsch. Der Himmel hat Sie mir in diese nackte Miniaturaula geschickt und keineswegs der Bookseller vom Borne. Dieser ist nur das blindgefügige Werkzeug einer Vorsehung, die auf eine Höherentwicklung des durch Pestalozzi begründeten Erziehungswesens bedacht ist.«

Der Jüngling lauschte aufmerksam. Seine grünen Augen bekamen den wundervollen Glanz, wie er in Kinderaugen tritt, wenn sie vor einer Jahrmarktsbude stehen. Und um so mehr war sein Interesse geweckt, als das One-chair-system seinem auf Synthetisierung gestellten amerikanischen Geist wie liebliche Musik erklang. Er war weiterhin ganz Auge und Ohr.

Welche Bewandtnis es nun genau mit diesem Verfahren habe? »Passen Sie auf. Jeder Gegenstand, besser: jedes Ding der uns umgebenden Welt ist eine Welt an sich. Jede neue Sprache, die ein Mensch erlernt, um bei der Linguistik zu bleiben, ist wiederum eine Welt an, aber auch für sich. Man spricht ja heute schon ganz allgemein vom Weltbild einer Sprache. Bei Ihnen drüben doch wohl auch?«

»In der Tat, wir nennen es nur anders . . .«

»Behavior, nicht wahr? Gut. Diese beiden Welten oder, um es aristotelisch zu sagen, Kategorien . . .« Der Schüler nickte und bestätigte auch diesen sehr hohen Blödsinn; Princeton hatte ihm nicht die Mittel an die Hand gegeben, mich als Bönhasen und Scharlatan zu entlarven – »diese beiden Kategorien geraten in Widerstreit, wenn sie aufeinander losgelassen werden, was immer dann der Fall ist, wenn ein Lernender sich einem Ding, gleich Welt, gegenüber sieht.«

Hutchinson sah das alles greifbar vor sich. Ich fuhr fort:

»In meiner langjährigen Erfahrung als Linguistiker« – noch

staune ich, wie ich das so frech in meinen und seinen Hals habe hineinlügen können, doch es mußte sein – »habe ich erkannt, daß eine fortschreitende Sublimierung der Umwelt die Aufnahmefähigkeit des Schülers erhöht. In Deutschland, und noch als Student, ist es mir, zu Füßen von Max Scheler, zum ersten Male recht klar geworden, soweit einem in einem Kolleg dieses Philosophen etwas klar werden konnte, daß die Gegenstandssphäre mit Gewalt aus unserem Um-, nicht Unbewußten herausgerissen werden muß, wollen wir zur reinen Erfassung vorstoßen. Mit anderen Worten, mein Freund: je weniger sich im Klassenzimmer oder Hörsaal an Umwelt befindet, je kleiner wird der Ablenkungskoeffizient bei der lernenden Masse, wobei natürlich in Rechnung zu bringen ist, daß auch die Hörer wieder eine Umwelt bilden, die sogenannte Umumwelt, die einer Eigengesetzlichkeit unterliegt. Diese ist bislang vernachlässigt worden, unsere Philosophen gehen um die Umumwelt herum wie die Katzen um den heißen Brei, und doch muß eine Verabsolutierung ins Anonyme im Sinne von Jaspers angestrebt werden, sollen die in meinem System schlummernden pädagogischen Weltmöglichkeiten nicht mit dem Kinde aus der Badewanne gegossen werden.«

Mit schöner Beredsamkeit, manchmal stotternd und wie suchend nach der klarsten Formulierung, da sich das Letzte doch nicht sagen läßt, brachte ich dies alles und mehr Afterwissenschaft an den Jüngling. Diesem leuchtete das System ein. Fieber hatte ihn ergriffen, er rauchte in hastigen Zügen und streifte nervös die Asche seiner Zigarette in den Umschlag der feinen Tuchhose. Den Höhepunkt aber erreichte seine hektische Begeisterung, die er durch Aufspringen von der einzigen Sitzgelegenheit des nach ihr benannten Systems noch unterstrich – ich schätzte ihn auf 38^{5} – als ich, selbst gefesselt vom Schwung meines Unfugs und schon im Begriffe, etwas Wahres im Quatsch zu wittern und an die Parthenogenesis meines ökologischen Systems zu glauben, zum großen Schlag ausholte: ich zitierte die weisen Peripatetiker aus den Wandelgängen des hellenischen Lykeions in die traurige Emigrantenstube auf der Barceló. Die sanften Spaziergänger der Aristotelischen Philosophenschule wußten, so erörterte ich, nun selbst auf- und niedergehend vor dem Schüler, der sich wieder gesetzt hatte, warum sie ihre Vorträge, die an unseren heutigen Universitäten in Vor*lesungen* entartet seien, wandelnd in den Galerien hielten, statt in einem geschlossenen Raum, wo der Blick an allem haften bliebe, ja sich feststiere, bis sich der Geist zu guter Letzt verschlösse und umdüstere, falls er nicht schon längst durch die auf ihn zukommende Umwelt erdrückt worden sei. Hier bräche zudem eine ganz neue Deutung der Antike auf.

Hutchinson rauchte ungestümer, beinahe wie ein Zirkusaffe, der einen brennenden Stummel erwischt hat.

So hätte ich im Laufe der Jahre, Leidensjahre im Ringen um die wahre Erkenntnis und endliche Vollendung dessen, was mir vorschwebe, Jahre der Verkennung und Befehdung auch: ich hätte aus den Räumlichkeiten, worin ich meinen Unterricht erteilen mußte, nach und nach alle entbehrlichen Dinge hinausgeschmissen, vorsichtig wie ein Tierpsychologe auf der Versuchsstation, und damit die Gefahr der »Umweltquetschung« gemildert, deren Opfer ich, nebenbei bemerkt, selbst auf eine schulbeispielhafte Weise sei. Mit den Bildern an der Wand und auf Kommoden, den Nippes auf dem Sofaumbau hätte ich den Anfang gemacht – »doch um das einzufügen, begreifen Sie jetzt, Mister Hutchinson, warum in den Zellen der Mönche – Sie erinnern sich unseres gestrigen Gespräches über die Entstehung des Klosterkults – oder in den sogenannten Lauren der Wüstenheiligen aus der Frühzeit der monastischen Bewegung das gottsuchende Auge nur die nackten Wände treffen durfte? Diese schon heiligen oder heiligmäßigen Menschen lernten, mit Gott zu sein, nur mit Gott, und erst auf dem Stylolith hat jener berühmte Simeon, der Säulensteher, die uns hier beschäftigende Umweltentäußerung bis in die letzte Folgerung vorgetrieben.«

Nicht vertraut mit der frühchristlichen Literatur des Abendlandes, hätte der Jüngling gerne noch mehr gehört über die faszinierenden Asketengestalten des wilden Ostens. Ich versprach es ihm für ein andermal, flocht indessen schnell noch den historischen Anti-Vigoleis ein, jenen frommen und ob seiner Gelehrsamkeit geschätzten römischen Diakon Arsenius, den Kaiser Theodosius seinem Sohn Arcadius als Erzieher beigegeben hatte. Theodosius schätzte den im Geruche der Heiligkeit stehenden Priester so sehr, daß der Prinz nur stehend den Unterricht empfangen durfte. Arcadius, um jene Zeit schon zum Augustus ernannt, erblickte in dieser Maßnahme eine Erniedrigung seiner Person und trachtete dem Palastmagister nach dem Leben. Arsenius floh in die Wüste und entging so der Rache des kaiserlichen Zöglings. Die Rollen seien vertauscht, sagte ich, aber Mister Hutchinson brauche keine Angst zu haben, ich hätte es nicht auf sein Leben abgesehen – »aber bitte, nun bleiben Sie schon sitzen, und ja, wo waren wir stehengeblieben?«

»All the pictures.«

»Richtig, die Bilder also alle raus . . .« – die Wände ratzekahl. Etageren seien hinterdrein geflogen, Pfeifenreckchen, Brautkränze, Meisterbriefe, Kuckucksuhren; dann die Kommoden, Blumenständer – alles an die Luft. Daß dies nicht immer reibungslos vor sich gegangen sei, begreife er wohl; doch jene empörte Hospita auf der Klinkhammerstraße in Münster, die mich wegen »Umweltraserei mit Sachbeschädigung« strafrechtlich verfolgen ließ, sei, zur Rehabilitierung des deutschen Geistes sei es gesagt, eine beschämende Ausnahme geblieben.

Heute sonach und in diesem Zimmer sei auch ich zum Äußersten übergegangen, gleichsam der Simeon-Vigoleis unseres wenig zur Askese neigenden Säkulums, und, um bei den legendarischen Vergleichen zu bleiben, ich hätte den Kaiserschnitt an der Geburt meines entrümpelnden Systems vollzogen. »Sie sehen hier, lieber Hutchinson, nichts außer sich selbst, Ihrem Stuhl und Ihrem Lehrer, wobei Sie bedenken mögen, daß Stuhl und Lehrer die letzten, leider noch notwendigen Behelfe meines Verfahrens sind. Ich hoffe aber, im Laufe der Zeit so weit zu kommen, auch diese lästigen Blickfänger noch zu sublimieren, bis schließlich der paradiesische Zustand im modernen Sprachunterricht erreicht sein wird – Adam noch vor der Erschaffung des Weibes und einzig angewiesen auf den Monolog.«

Den Luxus, so beschloß ich mein Kolleg, des wandelnden Lehrens und Lernens könne sich unsere Zeit ja längst nicht mehr erlauben, vor allem in den großen Volkszentren nicht, wo allein die Straßen- und selbst Untergrundbahnen genügten, den peripatetischen Kandidaten aller Bildungsnöte zu entheben.

Der Amerikaner, an die Verkehrsunglücke seines Landes gewöhnt, bestätigte diese Gefahr.

Das Schreiben auf dem Knie schließlich, zu dem meine Methode den Schüler zwinge – der Jüngling hatte es darin schon zu einer rühmenswerten Fertigkeit gebracht, der geborene Aphorist – sei keineswegs nachteilig, wie es auf den ersten Blick erscheinen könne, denn es sei ja immer des Lernenden eigenes Knie, das als Unterlage diene – und mit diesem sophistischen Stein schloß ich die Kuppel meines Einstuhl-Systems.

Der Amerikaner, nun sicher schon über 39, schlug sich vor Begeisterung auf den Schenkel, es klatschte sehr wenig philosophisch, dann sprang er wieder auf und redete rasend schnell auf mich ein, vergessend, daß unsere peripatetische Umgangssprache die deutsche war: sofort müsse er über mich und meine Lehrmethode in einer Fachzeitschrift der Staaten berichten, wolle Gelehrte auf mich aufmerksam machen, ich müsse selbst nach drüben kommen und das Verfahren an den Colleges einführen.

»Gemach, mein Freund! Ihre Apperzeptibilität spricht für Ihre Aufgeschlossenheit unserer abendländischen Kultur überhaupt gegenüber. Indessen wollen wir nicht durch eine voreilige Veröffentlichung die noch auf dem Halm stehende Ernte gefährden. Wir sind nicht versichert gegen den Hagelschlag der Dummheit. Mein System hat noch diesen und jenen schwachen Punkt, die Fontanelle ist noch nicht zusammengewachsen. Zudem schreibe ich selbst eine Monographie über den Einstuhl; die Arbeit wird in einem münsterischen Universitätsverlag erscheinen, mit einem Vorwort von Rudolf Pannwitz, der bereits für das System gewonnen ist. Nachher, mein Bester, steht es Ihnen frei, über Ihre persönliche Begegnung mit mir und meinem Stuhl in der Welt zu berichten.«

Aus der Stunde waren zwei oder drei geworden, wir glühten beide. Beschwingt warf der Jüngling seinen Gehpelz über die Schulter und begab sich ins Hotel »Principe« zurück, beschwingt fand er sich zu den Stunden wieder ein. Er lernte wie am Schnürchen. Unsere Gespräche umfaßten immer weitere und verwickeltere Gebiete, wir schraken vor nichts zurück, was ja auch das Wesen der Philosophie ist. Doch als folgten wir einer heimlichen Vereinbarung: das System, das diese Erfolge erst möglich machte, wurde mit keinem Wort mehr erwähnt. Wir waren wie Liebende, die ihr Geheimnis wahren, Verschworene, Mystagogen beide, die nicht einmal eines Augenzwinkerns mehr bedurften, um den Zauber wirksam zu halten.

Dann mußte ein Text bestimmt werden, um endlich den Ausschweifungen ein Ziel zu setzen. An Hand der Lektüre und ihrer Auslegung gelange der Schüler noch schneller ans Ziel. Ich hatte Schopenhauers ›Aphorismen zur Lebensweisheit‹ vorgeschlagen, einmal um dem Amerikaner zu beweisen, daß es auch deutsche Philosophen gibt, die ein jedermann begreifliches, wenn auch nicht immer faßbares Deutsch schreiben; und dann rührten die Themen an die letzten Dinge, so daß unserem peripatetischen Drange doch wieder keine Schranke gesetzt sei. Ich empfahl die Reclam-Ausgabe, falls Hutchinson nicht gleich den ganzen Schopenhauer in der Großherzog-Wilhelm-Ernst-Ausgabe kaufen wolle.

Mit diesem sachlichen Vorschlag endete dann mein Bildungsversuch an dem künftigen Schüler von Jaspers und Heidegger. Denn George Brewis Hutchinson hat nie wieder den Weg in die Straße des Generals zurückgefunden. Der Einstuhl stand jetzt noch verwaister als zuvor im Raum. Verwaist blieb auch Vigos Börse, und das zum unausgesprochenen Kummer von uns beiden. Was war geschehen? War ein Äderchen in der Lunge meines vielversprechenden Adepten geplatzt? Hatte er bei einer weniger geistigen Ausschweifung einen Stich mit dem Stilett von einer fatalen Frau davongetragen? Der Bursche war nicht wählerisch, wenn es um die Nöte des unteren Eros ging, dabei immer noch ungenügend vertraut mit den Sitten eines Landes, wo der Dolch locker im Strumpfband der Schönen steckt. Hatte das Bankhaus des Vaters über Nacht seine Zahlungen eingestellt? Wir zerbrachen uns den Kopf, dieweil der Schüler verschollen blieb.

Folgendes hatte sich zugetragen: Von unserer Wohnung bis zum Buchshop war es nur ein Sprung, keine drei Minuten über die Straße Apuntadores, am Lädchen der Doña Angelita vorbei, wo Hutchinson gerne etwas kaufte, um sich an dem schönen Mädchen zu freuen. Noch glühend vom geistigen Erlebnis, noch beschwingt vom Flug der Stunde, betrat der Jüngling den Laden und bestellte Schopenhauer in Dünndruck, Inselausgabe, Leder. Es war nebenbei bemerkt der größte Auftrag, den die Firma je zu buchen bekommen hat. Die Herren strahlten – und wie man zufrieden sei mit dem Lehrer?

Auch der Amerikaner strahlte. Zufrieden? Er finde das Wort nicht, seinem Danke Ausdruck zu geben, ihn an diese einzigartige Lehrkraft verwiesen zu haben: keine geschicktere Adresse wohl auf der Insel, was sage er, auf der ganzen Welt! Dieses One-chair-system sei die Lehrmethode der Zukunft. Hamilton, Jacotots, Berlitz, Toussaint-Langenscheidt, Gaspey-Otto-Sauer: alles nur Stümper, Dillettanten! An dem bescheidenen Mietshause in der General Barceló werde in Zukunft eine Tafel verkünden: HIER LEHRTE VIGOLEIS.

Es scheint eine Weile gedauert zu haben, ehe die drei Buchhändler begriffen, wo der Hase im Pfeffer lag. Dann muß ein schallendes Gelächter erfolgt sein, das der Amerikaner seinerseits wieder nicht hat deuten können, bis endlich ein aufklärendes Gespräch haarfein alles zerpflückte: der Erfinder der bahnbrechenden Sprachmethode sei ein phantasiebegabter Verseschreiber, eine vielfältig verkrachte Existenz, den man nicht gleich einen Schwindler heißen wolle; und was sein System betreffe, sei es nicht ohne Witz nach dem einzigen Möbelstück benannt, das Don Vigo sein eigen nenne, denn es gehe ihm saudreckig; und es würde noch schlimmer kommen, wenn er sich nicht baldigst zu seinem Führer bekenne. Doch gebe es zum Glück noch Mittel, auch einen Auslandsdeutschen zur vaterländischen Pflicht zurückzurufen – und so weiter, ein jeder kennt die inzwischen gesprungene Platte, die aber im Augenblick, wo Vigoleis das schreibt, wieder geleimt wird.

Dem Amerikaner seien die Tränen gekommen, einmal, weil ihm ein Traum zerschlagen wurde, und wohl auch, weil ich ihn dauerte. Denn er hatte eine tiefe Zuneigung zu mir gefaßt. Sein Gemüt war weich und noch unverbildet von seiner Berührung mit dem Abendland; um so empfindlicher traf ihn daher der Scherz. In der Ohnmächtigkeit seiner Tränenwut habe er dann auf das Scheckbuch seines Vaters gewiesen, der sei Millionär, nur ein Wort, und er hätte mir die ganze Etage ausmöbliert, ohne weiteres den zehnfachen Preis für die einstühlige Aula entrichtet! Dies aber! what a shame! er könne mich nicht mehr sehen, ich hätte sein Vertrauen mißbraucht, hätte gespielt mit seinem Wissensdrang und, fahrlässiger noch, mit seiner Ignoranz. Überhaupt, er schäme sich, und für mich mit. Eine Welt sei ins Wanken gekommen . . .

Seien wir bescheidener, gewankt hat nur der entliehene Stuhl.

Soweit der Bericht aus dem Munde eines der drei Deutschherren.

Was aus diesem genasführten Helden meiner Aufzeichnungen geworden ist, weiß ich nicht. Jedenfalls hat er die Insel sofort angeekelt verlassen. Ob er sich seines im entäußerten Raume wandelnd vortragenden Lehrers von der Straße des Generals wohl noch erinnert hat, zu Füßen der alles andere als improvisierenden Existentialisten Jaspers und Heidegger gesessen, und lauschend dem Vorhandensein und Zuhandenen unseres in die Welt hinein Geworfenseins? Mein Kolleg war ohne Zweifel leichter verdaulich. Dafür hinwieder brach der Stuhl unter dem Diszipel zusammen, als wäre es der dreibeinige aus dem Hause Sureda.

*

»Wenige schreiben«, heißt es bei Schopenhauer in seiner Abhandlung über Schriftstellerei und Stil, »wie ein Architekt baut, der zuvor seinen Plan entworfen und bis ins Einzelne durchdacht hat; – vielmehr die Meisten nur so, wie man Domino spielt. Wie nämlich hier, halb durch Absicht, halb durch Zufall, Stein an Stein sich fügt – so steht es eben auch mit der Folge und dem Zusammenhang ihrer Sätze. Kaum daß sie ungefähr wissen, welche Gestalt im Ganzen herauskommen wird und wo das Alles hinaus soll. Viele wissen selbst dies nicht, sondern schreiben, wie die Korallenpolypen bauen: Periode fügt sich an Periode, und es geht wohin Gott will . . .«

Der Korallenpolyp, der unser Inselschicksal baute und in wilder Knospung Stock auf Stock setzte, daß man sich manchmal fragte: wo will das hinaus? – er hat zu dem Einstuhl auch einen Tisch gefunden, das heißt, mich ihn finden lassen, und ich habe ihn bezahlt mit dem Gelde, das ich mir als Herr Führer mit einer nun schon wegen des »Führers« noch wutverbisseneren Unverfrorenheit zusammenlog. Es war ein merkwürdiger Tisch, nicht einzig seiner Erstehungsgeschichte wegen. An ihm haben außer dem Dichter Marsman, meinem nachmaligen großen lyrischen Freunde, noch andere illustre Geister der holländischen Literatur unsterbliche Worte geschrieben; der demokratisch-kaiserliche Graf Harry Keßler einen Teil seiner Erinnerungen und der weltüberlegene und übergeschichtliche Graf Hermann Keyserling eine Postkarte an seine von Goebbels in der Schule der Weisheit als Geisel zurückgehaltene Frau.

Und Vigoleis?

Auch dieser hat an ihm Periode an Periode gefügt und Herz auf Schmerz und Molch auf Dolch sich reimen lassen, und manches mehr, was ihn zwar nicht reif machte für die Ewigkeit, aber doch für die Kugel der Nazis.

XI

Der Jüngling blieb verschollen, der Einstuhl verwaist; im Hause herrschte Betrübnis, Traurigkeit und Quo-vadis-Stimmung. Da kam Pedro angeträllert, tanzte seinen Paso doble, schnalzte mit den Fingern und sagte: »Kommt mit nach Valldemosa, was wollt ihr hier, wieder ohne Möbel und ohne Bett? Wir haben im Dorf noch ein Häuschen, es hat einer Amme gehört, da wird es famos, und es ist auch an der Zeit, daß ihr Don José kennenlernt, weiland Leibarzt S. K. H. Erzherzogs Ludwig Salvator von Österreich.«

Das ließen wir uns nicht zweimal sagen. Wir schlossen die Wohnung ab und gingen nach Valldemosa, wo Chopin und George Sand ihren tragisch-berühmten Liebeswinter im Klosterschloß der Suredas verbracht hatten und wo jetzt ein Trüpplein Emigranten nicht weniger Ärgernis erregte, als es vor hundert Jahren die geschupften Liebesleut getan. Die Schriftstellerin lief in Hosen durchs Dorf und im Hemd, bei Mondschein, über die Berge. Nun lief, so erzählte uns Pedro, ein deutscher Adeliger ihr den Rang ab, der sich für den Schwiegersohn des Herrn von Papen ausgab. Er trug keine Hosen, denn die Shorts, mit denen er seine feudale Blöße deckte, waren so zugeschnitten, daß die Röhren da, wo sie anfingen, auch gleich wieder aufhörten. Heraus kamen die Schnorchelbeine Seiner Exzellenz, lang, haarig und immer weiß gepudert, weil sie so schnell braun wurden. Das machte ihn aber rasend, da es ihn an den braunen Schwiegervater erinnerte, an dem er, mit Ausnahme seines Rennstalls, kein gutes Haar ließ. Sonst war der Puderaristokrat ein umgänglicher Mann, der Hühner züchtete, Briefmarken sammelte und unserem Freunde Paquito, dem Neffen des herzoglichen Leibarztes, deutschen Unterricht erteilte. Das taten übrigens viele oder fast alle Emigranten. Sie machten aus der Muttersprache eine Brotsprache, denn die meisten hatten ja nicht mehr aus dem Dritten Reiche herausschmuggeln können.

Das Häuschen der Amme, jetzt Eigentum Don Juan Suredas, lag an der Calle de la Amargura, Numero 11. Amargura heißt Bitterkeit, Herbheit, aber auch Kummer und Verdruß; Harm, Gram und Herzeleid nicht minder; alles, was in hohem Grade schmerzhaft, beklemmend, widerdrüssig ist; Schwermut auch bei einigen Autoren, und Unlust, und Verdruß, Mißvergnügen, Mißwende und Mißfallen – ach, so vieles schließt das Wörtchen in sich, und alles, alles haben die Suredas bis zur Neige kosten müssen: Papá, Mamá, die gestorbenen, die lebenden und die überlebenden Kinder. Da haben sie schon das Recht, daß man eine kleine Gasse nach dem Los ihres Geschlechtes benennt, wo in Palma ein ganzer Palast noch ihren Namen trägt.

*

Ein verbeulter, giftblauer Autobus stand auf der Plaza Olivar unter Dampf, als wir uns mit kleinstem Gepäck zur Reise einfanden. Und eben weil die Maschine dampfte, konnten wir nicht abfahren. Der Motor war heißgelaufen, der Kühler geplatzt; erst müsse gelötet, geschraubt, gebohrt und gehämmert werden, sagte der Unternehmer der Linie; und zugleich benutzte er die Gelegenheit, einen Reifen auszuwechseln, dann brauche er das unterwegs nicht selber zu tun, denn platzen werde er ohne Zweifel – »oder zweifeln Sie daran?« wandte er sich an einen Fahrgast, dessen Miene einen Zweifel allerdings ohne Zweifel zum Ausdruck brachte. Dieser hob die Schultern und ging drei Schritte weiter, da saß er schon vor der Taberne, klatschte in die Hände und bekam seinen Kaffee. Der Spanier hat gerne sein Café bei der Hand und die Autobushaltestelle bei einem Café.

Beatrice war ungehalten. Sie hatte sich immer noch nicht an den spanischen Stundenplan gewöhnen können, wo hinwieder sie hätte dankbar sein sollen, daß niemand ihn einhielt. Denn wieviel Peseten hat sie wohl im Laufe der Jahre an Schülern verdient, die einzig pünktlich im Bezahlen waren, aber selten und selten pünktlich zu den Stunden kamen, so daß die Lehrerin sich mit sich selbst beschäftigen konnte? Sie schleuderte täglich die niedrigsten Anwürfe gegen die Schwänzenden. Ich, der ich nur wenige Zöglinge um mich versammelte, fluchte über jeden, der einmal ausnahmsweise zeitig kam. Jeder, der meiner Aula fernblieb, förderte dadurch mein Eigenleben.

Wie gerne hätte ich da auf der Plaza Olivar Beatrice getröstet mit den Zuständen, wie sie vor hundert Jahren auch in meinem Vaterlande noch gang und gäbe gewesen. Doch dazu fehlten mir Börnes Sämtliche Werke. Sie lagen in einer Kiste im Piso der Barceló. Die köstliche ›Monographie der deutschen Postschnecke‹, Börnes Beitrag zur Naturgeschichte der Mollusken und Testaceen, hätte die Wolken ihres Unmutes mit Leichtigkeit weggeblasen.

Nach einer Stunde tauchte Pedro auf mit Staffelei und sonstigem Malgerät. »Eine Stunde zu spät«, sagte er, und, einen Blick auf den Autobus werfend, den Mechaniker kurz entschlossen in seine Einzelteile zerlegt hatten, »sicher noch zwei kleine Stündchen zu früh. Das ist gut so, dann kommen Yuñer und Puigdengolas noch zeitig. Sie fahren mit, rechnen aber mit der üblichen Verspätung von drei Stunden.«

Yuñer und Puigdengolas, waren das nicht die beiden Maler, die wir in der Pension des Grafen kennengelernt hatten? Ganz richtig, sie waren, der eine aus Barcelona, der andere aus Paris, wieder einmal gekommen, um in Valldemosa das Insellicht auf die Palette zu bannen. Dem stocktauben Yuñer gelang zuweilen, was Puigdengolas nicht fruchten wollte aus dem einfachen Grunde, weil sein Verhältnis zum Licht durch die Beschäftigung mit der Filmkamera überblendet war. Da wären wir in der besten Gesellschaft.

Gegen Mittag schickte der Unternehmer Straßenjungen aus, um die Passagiere, die sich verlaufen hatten, einzufangen; es nähme eine weitere Stunde in Anspruch, und dann sei der Bus soweit geflickt, daß man die Fahrt wagen könne. Die Kundschaft hatte sich aber inzwischen so gründlich zerstreut oder in anderen Cafés festgequatscht, daß es schien, wir führen allein. Pedro, mit den Gepflogenheiten des insularen Autobusverkehrs vertraut, zeigte auf eine Anzahl Fahrgäste, die schon seit einiger Zeit mit Sack und Pack auf der Plaza standen und auf die Abfahrt eines anderen Bus warteten, der eine Stunde nach dem unseren hätte fahren sollen, aber noch nicht aus Sóller zurückgekommen war. Diese würden die großartige Gelegenheit benutzen, fahrplanmäßig mit unserem Kraftwagen zu reisen. So verschiebe sich das den ganzen Tag über, nur am Abend bliebe man hängen, haue sich aufs Pflaster und erwarte den Turnus des kommenden Tages. Die beiden Maler hatten sich auch um 1 Uhr noch nicht eingefunden. Pedro gab dem Unternehmer einen Wink: was uns beträfe, könne man fahren. Der Motor ratterte im Leerlauf, die Mechaniker strahlten und nahmen Glückwünsche allerseits entgegen. Man kennt sein Fach! Vorsichtig wurde die Winde zurückgeschraubt, alles wartete voll Spannung auf den Augenblick, wo das Gewicht des Vehikels den ausgewechselten Reifen beanspruchen werde. Er platzte nicht. Wir konnten einsteigen.

Es war eine herrliche Fahrt, um so mehr, wo ich nicht den Führer zu spielen brauchte. Wir knatterten an den berühmtesten Punkten vorbei, und ich erklärte nichts. Alles war da wie die Schöpfung selbst, l'art pour l'art bis in die Staubwolken hinein. Die Stimmung unter den Reisenden war die beste, da ja die meisten wider jedes Verhoffen früh ans Ziel gelangen würden. Würden: wenn die Mechaniker nicht aus Versehen den falschen Reifen ausgewechselt hätten. Der richtige kündigte auf der Höhe des Landgutes Son Puig mit einem Knall an, daß er im Grunde doch der falsche war. Der Unternehmer, der selbst am Steuer saß, atmete auf. Der Wagen prallte gegen einen Baum und rammte sich fest. Wir waren außer Gefahr. Geschrei und Lamentos, alles aussteigen zur Besichtigung des Schadens. Der Fahrer erklärte, er habe ja die ganze Zeit die dunkle Ahnung gehabt, der Tonto von Mechaniker habe sich im Rade geirrt, und da habe er ständig auf das Malör gewartet. Dem hätten wir es zu verdanken, daß wir nicht mit zerschmetterten Knochen im Graben lägen.

Der Motor kochte wieder, bekam aber Zeit, sich abzukühlen. Jeder machte es sich gemütlich, so gut es ging. Pedro unterhielt die Passagiere mit Schauergeschichten über Reisen nach Valldemosa in der guten alten Zeit, wo man mit den Maultiergespannen einen ganzen Tag gebraucht, um in die Berge zu kommen. Knallerei hatte es da aber auch schon gegeben, nur besorgten das die Wegelagerer mit ihren Hinterladern. Ein Bauer, in seiner malerischen Tracht, der die Fahrt häufiger machte und wußte, daß immer irgend etwas verwechselt wurde, holte seinen Korb vom Verdeck und hielt ein Picknick, zu dem er jeden einlud, der Lust verspürte, seinen »Tinto« aus Binisalem und geräucherte Hühnchen zu versuchen. Pedro und ich griffen zu, Beatrice versenkte sich in den Anblick der Landschaft. Die, meinte ich, gehe doch nicht laufen, wo ich Räucherhuhn aber noch nie gekostet hatte. Der Porrón ging reihum, jeder ließ sich sein Maß in die Gurgel rinnen. Den Tropfen würde man sich merken müssen, ein Binisalem.

Weiter verlief die Fahrt ohne nennenswerte Störungen.

Unterwegs schloß ich Freundschaft mit denjenigen Mallorquinern, die neben, vor und hinter mir saßen, und mit denen, die mit vom Huhn gegessen hatten, und auch mit Amilcar, dem Unternehmer, dem wir unser Leben verdankten, weil er, auf den heißen Kohlen des Argwohns gesessen, mit besonderer Vorsicht gesteuert hatte – mit allen also, und es waren Freundschaften fürs ganze Leben. Diese aus der Tiefe des Augenblicks heraufsprudelnden Verbrüderungen, die man in Spanien immer wieder schließt, enttäuschen nie. Man sieht sich ja nie mehr wieder und kommt somit nicht in die Versuchung, dem Amigo Geld oder, wenn es sich um einen Aficionado der Literatur handelt, Bücher zu leihen. Beatrice war die einzige unter uns, die ihre Hände weder am Huhn noch an der spontanen Freundschaft besalterte. Mit um so größerer Achtung begegnete man ihr. Das Volk sieht gleich, wenn jemand irrtümlich statt in seinen Rolls-Royce in einen Pöbelford steigt.

Die Straße der Bitterkeit sah gar nicht so bitter aus, wie ich erwartet hatte; es war wohl nur eine verschämte Amargura. Sie mutete im Gegenteil freundlich an, war sauber gefegt und von Katzen, mehr als Beatrice lieb sein würde, bevölkert. Düster blickten einzig ein paar vor den Türen hockende Eingeborene, Nachkommen jener Valldemosiner, die Chopin und George Sand den Aufenthalt im Tal des Muza so verleidet hatten, daß das Liebespaar aufs neue den Plaid schnüren mußte. Die beiden waren übrigens die ersten Touristen, welche die Geschichte der Insel zu verzeichnen hat. An ihnen hat man nicht viel verdient, damals, wogegen zu unserer Zeit die Kassen schon überliefen vom Strom der Fremden, und vor allem die Eintrittskasse der Kartause, wo das extravagante Paar seiner Kunst, Liebe und Sünde gepflogen: man zeigt die Zellen. So machen sie wieder gut, was sie verbrochen haben. Der Nachruhm ist immer einträglicher als der Ruhm.

Pedro wies uns gleich unser Zimmer an, im ersten Stock: ein düsteres Gemach, vollgestopft mit Kisten, Koffern und Gerümpel. In der Mitte erhob sich ein Pik, der fast bis an die Decke ragte, eine wahre Bettpyramide. Das heißt, da lief nichts spitz zu, so daß ich besser tue, vom Tafelberg der Matratzen zu sprechen. Ich will alles erklären, doch nicht in meiner Eigenschaft als Führer; nein, der Wahrheit gemäß, die ja auch schön sein kann und sicherlich da nie langweilig ist, wo es um das illustre Haus der Suredas geht.

Über Nacht war Don Juan zum Bettler geworden, reif für einen ergiebigen Schüttplatz an der Kathedrale. Die Tatsache an sich bietet nichts Originelles; den meisten Aristokraten auf der Insel war dies Los beschieden, und alle trugen es mit der ungebrochenen Würde eines spanischen Granden, zu dessen Tradition es gehört, dem Verfall keinen Einhalt zu tun. Don Juan Sureda aber verarmte beispielhaft und mit mehr Phantasie, als man sie einem iberischen Menschen zutrauen möchte.

Don Juan war Herr der ehemaligen Kartause, sein Vater war auch Herr der Kartause gewesen, und so ging es in die Vorzeit zurück über viele Väter bis dahin, wo sie anfängt, grau und unumschränkter Tummelplatz der Historiker zu werden. Da war, was jetzt die »Cartuja« ist, noch königlicher Palast, Sitz der Könige von Mallorca, um das Jahr 1320 gegründet von Sancho I., der an Asthma litt. Nach ihm bezog Don Martín I. von Aragón, König auch er von Mallorca, das Luftkurschloß, das er im Jahre 1399 den Kartäusermönchen für eine Klosterniederlassung abtrat. Da die Regel des heiligen Bruno-von-der-harten-Faust vorschrieb, daß jeder Mönch in seiner Zelle, der Laura, sich das Essen selber zubereiten mußte, wurde die monumentale Schloßküche in eine Kapelle umgebaut. Wo man ehedem buk und briet, sollte gebetet und gefastet werden. 1835 wurden die Mönche vertrieben. Pedros Großvater gab die in Ruinen gesunkene Kapelle der härenen Brüder ihrer weltlichen Bestimmung zurück; doch statt einer Küche – das Haus hatte damals schon nicht viel zu beißen – ließ er einen Ballsaal daraus bauen, denn tanzen kann man immer, und beten überall.

Die Zellen wurden vermietet, unter anderem auch an Chopin und George Sand. Eine auf Peseten versessene Französin, so erzählt man sich im Hause Sureda, soll die erste gewesen sein, die auf den schamlosen Gedanken verfiel, für Geld die Zellen zu zeigen, in denen der sieche Tondichter Person und Namen der fleißigen Schreibekuh an seine unsterblichere Unsterblichkeit gebunden hat. Welche Zellen es genau gewesen waren, hat man in der Überlieferung nicht festgehalten, es tut ja auch nichts zur Sache. Die Geschichte mit ihrem ausgesprochenen Lokalinstinkt hilft sich da immer selbst, schon seit der Ortsbestimmung des Gartens Eden. Man muß nur den Fremden mit Nachdruck sagen: »Hier denn, meine Damen und Herren, sehen Sie die Zellen, in denen Chopin und George Sand . . .« Der Tourist schnuppert, und mit einer feinen Nase bedacht, erschnüffelt er noch einen ganz ganz fernen Hauch von jenen Fleurs d'amour, die die Wände durchtränken, wo vordem der Knoblauchduft die frommen Brüder bei guter Gesundheit erhielt. »Wir«, sagte Pedro, »haben die historischen Zellen immer mit Stolz gezeigt, ohne je einen Centimo dafür zu verlangen. Jacobo allerdings« – Pedros Bruder, den ich noch zur Sprache zu bringen hoffe, ehe mir das Finis Operis die Tür vor der Nase zuschlägt – »hat einmal jemand einen Duro für die Besichtigung abverlangt und damit die Ehre des Hauses und den Namen Sureda auf immer beschmutzt. Papá hätte ihm die Tür gewiesen, wenn er nicht schon draußen gestanden hätte; und eben weil er schon in der Welt stand und immer weiter in ihr herumkam, wußte er, daß es in Valldemosa zur Not auch ohne den Duro geht – zur Not, von der wir alle ein Liedchen singen können.«

Papá stimmte um jene Zeit schon das Instrument für das muntere Lied.

Als Don Juan pleite war und sein Bankier ihm die Tatsache mit der landesüblichen Verspätung mitteilte, fiel er nicht einmal aus allen Wolken, höchstens aus einer, und das wird die des großen Erstaunens gewesen sein, daß es noch so lange gut gegangen war. Wie es eigentlich gekommen ist, hat auch der Bankier nicht gewußt; das weiß in solchen Fällen niemand. Doch war ich überzeugt, daß das Geschlecht auf die ehrlichste und standesgemäßeste Weise an den Bettelstab geraten sein müßte. Pedro belehrte mich, daß auch Papás Phantasie eine Rolle gespielt habe, denn nicht einzig Jeu und Weiber waren es, die dem Hidalgo das

Wasser abgruben. Don Juan ließ sich mit Allüre bestehlen; mit Allüre konnte er schweigen, wenn man ihm sagte, sein Majordom habe sich schon einen eigenen Landsitz zusammenverwaltet – soll er doch! Ich bewundere diese Lebenshaltung, aus der heraus man das große Loch nicht stopft und das kleine groß werden läßt und arm wird, ohne an Größe einzubüßen. Ich habe später in Portugal, auf Pascoaes, selber miterlebt, wie groß man sein muß, um mit Stil in einem Schloß zu leben. Da schaltete jene vorgeschichtliche Herrin, deren wahres Alter aus keinem Grundbuch zu ersehen war, so daß ich am besten tue, es an Hand ihres Diamantringes zu umschreiben: es war ein Ahnenstück, das sie von Kind an getragen, Tag und Nacht. Die Steine waren bis auf die Einfassung abgeschliffen. Das war ihr säkularer Abreißkalender. Der Anblick dieses Ringes an dieser Hand wirkte nicht weniger erschütternd als der Armsessel, worin der Dichter sein Leben lang gesessen und geschrieben hat und noch sitzt und schreibt: die Lehnen waren durchgescheuert, das blankpolierte Holz kam aus dem sprocken Roßhaarkranz zum Vorschein – die Tonsur des Mystikers. Doch gut, ich war eines Tages Zeuge, wie eine verstörte Tochter und ein verstörter Sohn der noch immer regierenden Mutter die Mitteilung machten, es fehlten 100 Contos im Safe. 1 Conto de Reis = 1000 Escudos. »Hundert Contos?« fragte die Greisin, »Kinder, habt ihr auch gut gezählt?« Das hatten die Kinder mit Hilfe des, übrigens grundehrlichen, Verwalters getan: das Geld war weg. Doña Carlota schlug eine harte Lache auf und sagte: »So, dann merkt euch folgendes: Doña Mariola (eine reiche Freundin auf einem benachbarten Weingut) fiele bei einer solchen Nachricht in Ohnmacht, und mit Recht, denn sie wäre pleite! Ich kann mir den Schlag leisten. Americo soll vorfahren! Ich will es Doña Mariola selber sagen, wie es um sie stünde, wenn ihr sowas zugestoßen wäre.« Ehe sie abfuhr, wieselte sie noch in mein Arbeitszimmer, mit der Frage, was ich täte, wenn ich den Diebstahl von 100 Contos entdeckte. Nachdem ich sie zu dem Verlust gebührend beglückwünscht hatte, sagt ich: »Verehrte und verehrungswürdige Senhora Doña Carlota, ich habe auf der Insel Mallorca mein Haus und meine Existenz verloren, was bedeuten da schon 100 Contos?! Und mein Freund Don Juan Sureda Bimet aus dem Hause Verdugo, und als Vasconcellos noch ein anzestraler Verwandter Ihres eigenen Geschlechtes, hat noch viel, viel mehr verloren als ein paar lumpige Contos, nämlich ein ganzes Schloß, und doch ist er nicht in Ohnmacht gefallen. Der wahre Adel bewährt sich erst, wenn die Fundamente zu wanken beginnen.«

»So hast du tatsächlich alles auf Mallorca verloren, alles?«

»Alles, minha Senhora!«

»Dann ist es schade, daß du die 100 Contos nicht gestohlen hast!« Und fort war sie, um sich nicht von ihrer eigenen Fama überholen zu lassen. Abends erzählte ich ihr dann des langen und breiten, was hier in Rede steht.

Don Juans Spleen und Doña Pilars Leidenschaft für die Malerei, der sich der Gatte zwar nicht ausübend, doch als Kenner anschloß, beförderten den Untergang. Wenn man dann noch rauschende Feste gibt – auch das taten die beiden, nichts Außergewöhnliches: zu einem Schloß gehört der große Empfang. Bedenklich wird die Sache aber, wenn man eine Stunde vor dem Eintreffen der Gäste dem Majordom bedeutet, man gehe eben noch ein Stündchen an die frische Luft, sei aber zeitig wieder zurück und dann gebe die Fürstin ihm weitere Orders. Jeder weiß, wie anstrengend die Vorbereitungen sind, zumal wenn man sich auf ein Spiel von Dienern verlassen muß, die zwar geschult, aber doch spanische Diener sind und somit ihre eigene Auffassung von Fest und Pflichterfüllung haben. Doña Pilar hatte darum selbst nach dem Rechten sehen müssen. Alles war in Ordnung, bis auf den Schafskäse aus Mahón; der schiene ihr nicht so pikant zu sein wie sonst, aber vielleicht hatte sich der Speisemeister einen Mallorquiner Käse unterschieben lassen; na ja, man kann nicht überall sein, zumal wenn man malt, das wußte das Personal ja auch, und nun ging die Fürstin am Arm ihres schon etwas gebogenen Granden an die Luft.

Pferdegetrappel. Reiter? Eine Berline kommt angerast, halló und olá wird gerufen, man kennt sich ja, Nachbarn, aus Son Maroig, Miramar, Son Tatx, Es Mirabó? – und wohin so eilig mit dampfenden Rossen? – »Nach Palma, aufs Schiff!« – »Aufs Schiff? Nach Barcelona?« – »Ja, und weiter nach London, Kunstausstellung, Tate Gallery, Turner!« – »Turner! Caramba!« – »Keine Lust, mitzukommen? Wir müssen uns sputen!«

Papá und Mamá sind ein Herz und eine Seele, und diese gemeinsamen Organe schlagen nur für die Kunst. Man steigt ein, der Wagen rollt weiter zu Tal. In Palma besteigt der Kunstverein das Schiff, in Barcelona erstehen die Suredas das Nötigste für die Weiterreise, in London kleidet man sich aus und gehörig ein.

Der Majordom empfängt die ersten Gäste – und auch die letzten, der vollendete Tür- und Haus- und Alleshüter. Die

Knöpfe der Livree blinken, der Backenbart ist allen Anforderungen gewachsen – ein Stündchen, immer wieder ein Stündchen, dann seien Fürstin und Don Juan zurück. Aber so sehr der treue Diener das Stündlein auch reckt, es muß die Stunde kommen, wo auch der größte Zeitverschwender merkt, daß die Uhr nicht mehr schlägt. Zudem ist ja der Magen noch da, der sich meldet.

Als um Mitternacht der Mond aufging und über den Teix kletterte, um von dieser Höhe herab das Tal des Muza und die Königlich-Suredasche Kartause in seinen Geisterschein zu hüllen, meinte der Majordom, das Stündlein sei nun vorbei und die Herrschaften seien gewiß auf dem Heimwege begriffen. Aber heim kamen sie nicht. Sollte ihnen etwas zugestoßen sein? Sind sie in eine Schlucht gestürzt? Warum schickt man keine Diener mit Windlichtern aus, um auch die dunkelsten Schründe nach dem fürstlichen Paar zu durchsuchen? Ach, die beiden! Die sind doch romantisch veranlagt, zugestoßen ist denen nichts; sie sind nur plötzlich auf den Gedanken gekommen, mit Eseln auf den Puig Mayor zu zockeln, um von dieser höchsten Erhebung der Insel den Sonnenaufgang zu genießen. Das Schauspiel ist ja weltberühmt! Oder sie sind zum L'hombre auf ein Nachbarschloß gegangen – oder – oder – der Möglichkeiten sind so viele, wozu sich den Kopf zerbrechen? Man läßt anspannen, satteln; wer nur zu Esel gekommen ist, stülpt seine Beine über die Albarde, Empfehlungen an Doña Pilar, an Don Juan. Bonanit!

Der Majordom schloß ab, beurlaubte die Dienerschaft für die Nacht und legte sich aufs Ohr. Auch am folgenden Tage hielt er sich an die Weisung seines Herrn: die Fürstin werde ihm ihre weiteren Orders geben, wenn sie zurückkämen. Er wartete.

Ein paar Tage später kam eine kurze Mitteilung aus Barcelona, von Papá und Mamá, an die vielen Kinder: sie seien auf der Reise nach London: »Turner!« – »Turner?« – Der Majordom wußte auch nicht, was das sei, aber er hatte seine Orders: auf weitere Orders zu warten. Das geschah. Dann hörten die Kinder nichts mehr, niemand mehr vernahm ein Sterbenswörtchen von dem schloßflüchtigen Elternpaar. Waren sie wirklich in England? Und wer war Turner? Der Cura von Valldemosa, ein gebildeter Mann, hatte inzwischen festgestellt, daß Turner einen Menschen bedeute, der Leibesübungen mache; es sei ein deutsches Wort und auch in Deutschland erstmalig aufgekommen. Also Don Juan und seine Fürstin turnten jetzt in London – und warum auch nicht? Die hatten schon andere Verrücktheiten ausgeheckt.

Jeder Diener, jede Dienerin nahm sich eines der vielen Kinder an; mehr als ein Dutzend galt es zu versorgen, ehe der Winter hereinbräche. Die Eltern blieben verschollen. Der Majordom gewartete seiner Weisungen und rührte keinen Finger gegen den Willen der Herrschaft. Die Dienerschaft verlief sich und suchte anderwärts ihr Brot, um es mit den ausgesetzten Kindern zu teilen. Diese wuchsen heran und verwilderten zur zuchtlosen Bande, eine im ganzen Tal gefürchtete Koppel, den streunenden Suredas gleich, die das nächtliche Palma unsicher gemacht. Pedro sagte, es sei die schönste Zeit seines Lebens gewesen, dieses Interregnum ohne Papá und Mamá, ohne Haus und Herd.

Zwei Jahre dauerte der paradiesische Zustand, dann kamen die Eltern, künstlerisch gehoben und bereichert, heim. Außer Turner, der ein berühmter Maler war und nur so hieß, als ob er turne, hatten sie viel Kunst gesehen, die Elgin Marbles, die Kinderbildnisse des Sir Joshua Reynolds, die feudalen Porträts des Thomas Gainsborough – da verfliegt die Zeit. Man fing die Kinder bei der umwohnenden Dienerschaft wieder ein – wie sie gewachsen waren! und fast alle, Jacobo, Pedro, Pazzis – machten auch in Kunst! Das steckt im Blut. Mehrere Kinder waren gestorben und trübten vorübergehend die Freude des Wiedersehens.

Der Majordom erstattete seinen Bericht: nichts sei geschehen. »Du treuer Diener«, lobte Don Juan, »Du goldene Seele«, pflichtete die Fürstin gerührt bei, »schließe auf!« Der Backenbärtige tat, wie ihm geheißen, und räumte die Tafel ab, auf der sich im Verlaufe der zwei Jahre einiges geändert hatte. Das Silber war beschlagen, der Damast vergilbt, die Blumen verwelkt wie auf einem vergessenen Grabe. Unter den Glocken lag mumifiziert der falsche Schafskäse aus Mahón. Und tote Fliegen, ausgetrocknete Spinnen, Bienen, Wespen, Spinngewebe, Modergeruch, mit einem Worte: ein ergreifendes memento mori!

Nach Wochen traf Don Juans persönliche Ausbeute der Kunstreise in Valldemosa ein; schwere Kisten wurden in die Kartause geschleppt. Die Elgin Marbles? Nein, Prospekte, Theaterkarten, Programme, Billette, Menüs, Zeitungen, Heftchen: Alibis über zwei Jahre. Ist wo ein Mord geschehen? Erhebt wer Anspruch auf Don Juans Hals? Ein Griff in die Kiste, und er zieht den Kopf wieder aus der Schlinge. Doch wurden weder Don Juan noch die Fürstin für ein in der fraglichen Zeit begangenes Verbrechen zur Rechenschaft gezogen, denn für den am eigenen Hause begangenen Frevel trat kein Kläger auf.

So wird man arm. Der Zusammenbruch kam dennoch unerwartet.

Der Bankier sandte einen Eilboten nach Valldemosa in den Palast der Könige von Mallorca, wo Don Juan seinen Quevedo las, die Fürstin malte, Pedro und seine Brüder Fußball spielten mit den Totenschädeln der maurischen Scheichs, Fatimas und Eunuchen, die sie zum Entsetzen Papás aus den Grüften gebuddelt hatten. Dieser Bote war der Unglücksbote, wie er im Buche steht und noch lieber auf der Bühne eines Trauerspiels: er wirkte wie ein Schlag in den Bienenstock. Es begann ein Wimmeln und Rennen hin und her, man stob, man schrie, Befehle flogen: es war wie in der maurischen Zeit des Hauses, wo man sich den Beinamen Verdugo verdient hatte. Stand der Muselman wieder vor den Toren? Erscholl es schon von den Wällen herab: »Tod den Kastiliern! Tod den Suredas!«?

Es sollte den Suredas an den Hals, aber Mahomed hatte nicht seine maurischen Krummschwerter gegen die Kartause schwärmen lassen; er schickte einen seiner kleinsten Propheten, den Botones eines palmesanischen Klubs, mit der Hiobsbotschaft: morgen wird die Kartause gepfändet, alles kommt unter den Hammer! Rettet, Don Juan, was an unersetzbaren Kunstschätzen vorhanden ist!

Don Juans Bankier hatte Wind von der gerichtlichen Gant bekommen und warnte den Freund.

Don Juan Sureda Bimet aus dem Hause Verdugo stieß in sein Horn und rief es von der Zinne seiner Burg: »Der Feind ist im Anzuge! Rettet die Werte des Schlosses der Katholischen Könige von Aragón und Mallorca! An die Kisten!«

Groß und klein, Major- und Minordom, Botones, Knechte, Mägde, lungerndes Volk, jeder empfing seine Weisung. Don Juan persönlich schrieb noch ein paar Anhängezettel für berühmt beschlafene, besessene und begessene Betten, Stühle, Teller und Malgen – dann wurde alles in das Haus einer Amme geschleppt, in die Straße der Bitterkeit Nr. 11. Die dorfpolitische Vorsehung hatte bei dieser Namengebung eine glückliche Hand gehabt, denn nun erfüllte sich an diesem Namen das namenlose Schicksal. Alles, was in Don Juans Augen von Wert war, wurde ins Ammenasyl getragen und in wilder Hast abgestellt, aufgestapelt; die Schätze türmten sich, es bogen sich die Balken, aus den Fenstern quollen Stühle und Körbe. Kisten mit Porzellan, Hunderte von Stühlen, Sesseln, Schemeln; Matratzen eine auf der anderen zum Berge geschichtet in der Fossilienführung des

Zufalls. Und dann des Schloßherrn ängstlich gehütetes Alibi-Archiv, Kisten, Kisten, Truhen, Pakete – der Schweiß floß eine ganze Nacht.

Wer als Fremder dem nächtlichen Treiben zugeschaut hätte, hätte denken müssen, der Mob plündere ein Schloß. Schluß mit der Feudalherrschaft, an den Galgen die Fürsten, Grafen und Barone! Tod den Suredas! Nachher stellte sich heraus, daß man tatsächlich geplündert hatte, indessen nur das, was der Schloßherr zu retten nicht für wichtig genug befunden: die Schätze der Könige von Aragón und Mallorca. Dringlicher waren die Stühle, auf denen Zelebritäten gesessen hatten, die Tassen, aus denen sie ihren Kaffee geschlürft, die Matratzen, auf denen sie allein oder mit anderen gelegen hatten. Als Tags darauf der Embargador kam, war die Stätte wüst und leer. Außer einem Stuhl fand er nichts Pfändbares mehr vor. Er mußte sich mit dem unbeweglichen Gut begnügen. Als er sich zur Niederschrift des Protokolls auf den in einem anderen als vigoleisischen Sinne tragischen Einstuhl setzte, um die Akte aufzunehmen, schlug er der Länge nach hin. Der Stuhl hatte nur drei Beine. Da hatte der Mann alles vollzogen, was es in der Kartause noch zu vollziehen gab. – Don Juan war mit einem Klassiker in die Berge geflohen, die Kinder streunten wieder, die Fürstin malte. Der dreibeinige Stuhl wanderte nicht ins Arsenal in die Straße der Bitterkeit, mit entsprechendem Zettelchen: Don Juan blieb im Stil und ließ den Stuhl nach Palma schaffen, wo Verwandte inzwischen eine Etage gemietet hatten. Das Leben ging weiter, nun war man Etagenadel, der Dreifuß wahrte die Honneurs. Sind Tränen geflossen? Spanische Granden weinen nicht um eine Bagatelle.

»Warte, Beatriz, ich hole nebenan eine Leiter, sie leihen sie immer, wenn wir Besuch mitbringen. Du kannst dann die oberste Matratze herrichten, ich glaube, es ist die, auf der Don Ramón del Valle-Inclán geschlafen hat. Du schwärmst ja nicht für diesen wüsten Dichter, aber es wird schwierig sein, eine Emballage nach oben zu zerren, die deinem Geschmack mehr zusagt. Mal sehen . . .«

Der Bettberg, vom Boden bis unter die Decke aus Matratzen geschichtet, wies die folgenden, an Täfelchen abzulesenden Ablagerungen berühmter Schläfer auf: Don Gabriel Alomar – Don Felix Rubén Darío – Don Miguel de Unamuno – S. A. R. Luis Salvador – Don Federico Chopin – Jovellanos – Mutter Ey – Don José Miralles, Arzobispo Obispo – Don Antonio Gelabert – Azorín – Don Ramón del Valle-Inclán. Ich hätte lieber auf meiner engsten Landsmännin Mutter Ey gelegen, von der Pedro schon soviel erzählt hatte, während Beatrice sich für Chopin entschied. Doch eine Umschichtung war fast nicht mehr ins Werk zu setzen, ohne das ganze Zimmer auszuräumen. So nahmen wir mit der Formationsfolge vorlieb, wie sie die Eile am Polterabend der Pfändung bedingt hatte. Das war sowieso alles schicksalsmäßig gewachsen, denn zum Beispiel die Matratze mit dem Anhänger »Alfonso XIII El Rey« befand sich nicht unter unserem überwiegend demokratischen Schlafgeströhde.

Ein aristokratischer Zug, den ich an Mamú sehr bewundert habe, war der: sie konnte nicht in fremden Betten schlafen. Darum reiste sie mit ihrem eigenen Bett: das heißt, sie hatte deren mehrere. Eines wurde immer mit dem großen Gepäck vorausgeschickt. Andere Menschen hinwieder sind stolz, wenn sie ihren Kindeskindern erzählen können, in einem Bett geschlafen zu haben, worin ein König, ein Papst, eine große Hure, ein Heiliger, ein Diktator Lust und Angst, Frömmigkeit und Heuchelei, Todesfurcht und Gottesverachtung ausgeschwitzt hat. Beatrice mag fremde Betten auch nicht, während ich zu sehr zwischen Erde und Himmel schwebe, als daß mir die Unterlage viel anzuhaben vermöchte. Als aber Beatrice an diesem ersten Abend im Suredaschen Panoptikum den Valle-Inclán bestieg, hatte sie ein Schlafpulver genommen, nicht aus Abneigung gegen die infra-poetischen Ausdünstungen des romantischen Wüstlings, doch reinweg aus Angst, sich den Kopf an der Decke anzuschlagen, wenn tatsächlich das Geistergelege unter unserer Brutwärme lebendig werden würde wie Flöhe unter der Ausstrahlung des Menschblutes. Ich ließ eine solche Vorsichtsmaßregel außer acht und trug eine Beule an der Stirn davon, als die Seelen sich zu regen begannen und mich lebendig träumen ließen von dem, was eine jede zeit ihres Schlafes auf der Suredaschen Matratze bewegt. Herr Silberstern aus einem folgenden Kapitel hätte sich übrigens den Bauch angestoßen, so schmal bemessen war der Raum zwischen Valle-Inclán und dem Dekkengebälk.

Neben unserem Schlaf- und Schläferzimmer befand sich ein Stuhlgelaß. Obwohl die Austreibung aus dem Schloß nur zwei oder drei Jahre zurücklag, war es doch nicht mehr festzustellen, wie man die in die hundert gehenden Stühle und Sessel so aufeinander hatte türmen können, daß der Packer nicht unter den nachstürzenden Poltronen begraben wurde. Das Zimmer war schließend gefüllt. Nicht alle Stühle dieser Sammlung waren registriert. Auf jedem hatte aber einmal wenigstens eine bemerkenswerte Persönlichkeit gesessen – und wer ist in Spanien nicht bemerkenswert? Don Juan wollte auch die ungezeichneten noch mit ihrer Etikette versehen, unterließ es dann aber aus zwei Gründen: er wollte sich nicht dem Vorwurf fahrlässiger Geschichtsfälschung aussetzen, noch brachte er es über sich, das Tal des Muza wieder zu betreten. Zudem waren genügend Sitzplätze mit berühmten Vermerken für die Nachwelt versehen.

Angesichts der tausend Stuhlbeine erwies es sich wieder einmal, wie falsch und gemein die Behauptungen der Christinnen aus Mamús Mutterkirche waren, Vigoleis sei Kommunist. Dann hätte er ja vor Rankünе sieden müssen im Gedanken an seinen geliehenen Einstuhl: hier biegen sich die Stühle unter der eigenen und einer schwereren, der mythologischen Last! Ich verspürte nicht die mindeste Neidregung; kühl blieb ich wie ein Historiker, der die Tatsachen bucht, soweit sie noch als solche erkennbar sind. Hier war ein Waterloo, mehr nicht. Was auf ihm sich zugetragen, war schwer zu rekonstruieren.

Ein anderes Zimmer war den Kisten und Körben mit geschichtlichem Eßgeschirr vorbehalten; auch lag dort das Bettzeug, Decken, Kissen, Spreiten, in Bündeln und etikettiert. Das meiste war von Motten schon aufgefressen oder von Ratten und Mäusen zernagt. Mehrere Kisten stöberte ich auf, die mit den silbernen und goldenen Knöpfen der Livreen gefüllt waren. Als der Glanz getrübt, Schild und Helm geborsten waren, hatte Don Juan eigenhändig die Knöpfe abgedreht; mochten die Diener immer ihre Livreen behalten.

Fräcke, Hüte, weibliche Kostüme, Kinderkleider – eine Theatergarderobe der ausgefallensten Sortierung lag unter der Stiege zuhauf, mit Säcken bedeckt. Und in einer Kiste, sorgfältig in Stroh verpackt, die Nachtgeschirre des Geschlechtes. Unter diesen eines, das der Erwähnung wert ist, nicht wegen des Benutzers – ein Etikett verriet auch diese Not der Unsterblichen – sondern wegen dem, was darin zu sehen war. Aber bitte, man verstehe mich nicht falsch. Es kommt ein Kapitel, wo es falsch verstanden werden muß, indessen hier ziele ich lediglich auf Inschrift und Malerei eines solchen ethnologisch wichtigen Geschirrs, von dem noch die Rede sein muß.

Gemälde von Greco und Murillo; Italiener, Niederländer; Wiegendrucke, Handschriften, die ganze Bibliothek – davon hatte Don Juan nicht ein Stück gerettet oder retten lassen. Auf wie manchem Herdstein im Tal hat man in jenen Tagen Sardinen geröstet und Paellas geschmort auf einer Glut, die mit den Zeugen der großen Vergangenheit eines Volkes unterhalten wurde. Doch wir selbst, die wir uns Vertreter des Geistes, der Kultur, der höheren abendländischen Gesittung nennen, die wir uns der Beherrschung des Alphabetes rühmen, Bücher lesen und vielleicht sogar schreiben, waren wir anders als jene Valldemosiner, die sich einen Pfifferling darum scherten, ob sie ihren Fisch brieten auf den Flammen einer Erstausgabe des Quevedo?

Wir hatten sozusagen kein Geld. Ohne Geld aber sinkt auch der gebildetste Mensch in die haarigste Barbarei zurück, es sei denn, er läßt sich mit verglastem Asketenblick verhungern. Unsere Peseten reichten zu einer »olla podrida«, dem beliebten Eintopf, aber nicht mehr zum Brennstoff für den offenen Herd.

»Wir verstochen einen historischen Stuhl!« Pedro fand immer wieder das richtige Wort. Ich zog einen Stuhl von unten aus dem Stapel heraus, es kostete mich Mühe, aber es ging, so gut selbst, daß ein ganzes Spiel nachkam und wir die Tür verbarrikadieren mußten, um nicht von der Möbellawine verschüttet zu werden.

Pedro wollte den Stuhl in Ermangelung eines Beils zusammentreten, aber ich hinderte ihn an dieser pietätlosen Handlung. Ich stellte ihn auf den Feuerstein der geräumigen Esse, die durch eine niedrige Brustwehr von der übrigen Küche getrennt war, und zündete ihn an, wozu wir uns an Don Juans Archiv vergreifen mußten: Theaterprospekte, Sektion Paris. Dann schlossen wir eine Wette ab, nach welcher Seite sich der Stuhl neigen werde. Das war sehr spannend, so daß wir diesen Ritus bei jeder Mahlzeit beibehielten. Als Denkwürdigkeit ist mir ein Prunksessel erinnerlich geblieben, auf dessen Schildchen der Name weggefressen war. Er neigte sich weder nach rechts noch nach links, kippte nicht nach vorne und krachte nicht nach hinten, obwohl er lichterloh brannte; noch brach er in sich selbst zusammen. Er verkohlte, ohne die Form zu verlieren. Das schwarze Gerippe blieb übrig. Anfänglich hatten wir gescherzt und unsere Bemerkungen über diesen raren Heiligen auf dem Scheiterhaufen gemacht; dann wurden wir still, denn es fing an, unheimlich zu werden. Die sonst so nüchterne Beatrice wollte in den kleinen, aus Löchern hervorschießenden blauen Flämmchen die Umrisse einer Gestalt gesehen haben. Auch duftete es wunderbar nach Harz und Räucherwerk, daß es uns den Atem benahm. Da waren die höheren Kräfte im Spiel, die Don Juan meisterte, indem er sie an die Kettchen legte. Vermutlich hatte auf dieser Poltrona der Mallorquiner Mystiker und

Erfinder der Lullischen Kunst, Raimundus Lullius gesessen. Pedro stritt diese Möglichkeit nicht ab, denn der Magier hatte viel im Schloß verkehrt und den Urgranden die Geister beschworen. Leider befand sich im ganzen Hause kein gläserner Sturz, groß genug, das verkohlte Skelett zu bergen. Sonst hätten wir es der Nachwelt erhalten. Kleinere Gläser, Redomas genannt, standen genügend in der Entrada. Sie verwahrten unter ihrer blindgewordenen Stülpe Myrtenkränze und Brautgebinde, Muschel- und Korallengruppen, ganze Kreuzwegstationen mit viel buntem Volk und noch mehr Ungeziefer, das den Weg zu diesem Golgatha hinein – aber nicht wieder aus ihm heraus gefunden hatte. Der Tod, der so in fleißiger Heimkunst gefeiert wurde, hatte sie überrascht, und nun lagen die Kerblinge da, als habe der fromme Bastler sie zur Erhöhung seines tragischen Kitsches in die Szenen hineingearbeitet. Die Dienerschaft habe diese Nachbildungen sehr geliebt, sagte Pedro, und sie darum auch als erstes in Sicherheit gebracht, als Don Juan jedem ans Herz gelegt habe, nur das Wichtigste zu retten. Und warum sollte ein Bild von Velazquez mehr Wert haben, im Augenblick, wo ein Palast zusammenbricht, als ein gottgeweihtes Insektarium? Übrigens, es fällt mir beim Schreiben erst ein, fiel der Sturz des Hauses Sureda zusammen mit der Entthronung der Bourbonen. Unter der Redoma vertrocknete die Herrlichkeit, angereichert um das Geschmeiß, das sich bei jedem Untergang einfindet.

In langstieligen Pfannen bereiteten wir unsere frugalen Mahlzeiten; in einem Kupferkessel, der an der Hahlkette über der Esse hing, kochten wir das Wasser gegen Typhus und Pest.

Drei Wochen haben wir so gehaust und manchem großen Geist den Stuhl unter seinem vergeistigten Gesäß weggezogen, ohne daß uns nochmals einer in den blauen Flämmchen erschienen wäre.

Als Beatrice am ersten Abend das Geschirr abwaschen wollte, sagte Pedro, sie solle das lassen, wir seien nicht auf der Straße des Generals Barceló, sondern auf der der Bitterkeit. Dabei öffnete er ein kleines Fensterchen über dem nur mit einem Vorhang von der Küche abgetrennten Ort und warf die ganze Vaisselle in die Kloake, tief unter dem auf einem Felsen erbauten Haus. – »Wir haben Geschirr genug, mehr als zehn Kisten stehen noch auf dem Söller. Papá hat an alles gedacht. Nur keine Armut vortäuschen, nimm dir ein Beispiel an Vigoleis!«

Ich hatte einen frischen Stuhl in die glühende Asche gestellt, um mir ein Näpfchen heißes Wasser zum Rasieren zu bereiten. Glattgeschoren wollte ich dem Leibarzt Ludwig Salvators meine Aufwartung machen. Mich bücken und in der Asche stochern? Ich hatte lange genug ein gebücktes Dasein geführt. Nun lebte ich aus dem Vollen: ich hatte einen silbernen Becher entdeckt, aus dem seiner Beschriftung nach kein Geringerer die Galle des Exils getrunken hatte als Don Gaspar Melchor de Jovellanos. Der Staatsmann, Politiker und Dichter, neben Graf Keßler Mallorcas größter Bannling, hatte einen Teil seiner Haft in der Kartause verbracht. Ich benutzte den Pokal für mein Rasierwasser.

»Gehen wir!« rief Pedro, »Don José wartet. Er weiß, daß ich euch mitbringe.«

Ich ergriff einen Knotenstock aus Rosenholz mit elfenbeinerner Krücke, an der ein ganzer Büschel Zettel wie Lautenbänder flatterte – »gehen wir!«

»Was willst du mit dem schrecklichen Stock? Du machst dich doch immer lustig über Spazierstöcke, und nun ziehst du selber mit so einem Ding los!«

»Beatrice, das ist lange kein Spazierstock mehr, so wie alles hier seinen Brauchsinn eingebüßt hat. Es ist mein Fliegenwedel, der mir gute Dienste leisten wird. Für dich habe ich auch etwas gefunden, bitte!«

Ich reichte ihr ein stockfleckiges Paar Unaussprechlicher, das, wenn die Beschriftungen nicht durcheinander geraten waren wie auf der »Pressa«, die gräfliche Körperfülle von Spaniens größter Schriftstellerin verhüllt hatte, Doña Emilias de Pardo Bazán. »Fächele dir damit, wenn der Wind vom Teix bläst. Wollen wir gehen?«

*

Don José, Leibarzt S.K.H. Erzherzogs Ludwig Salvator von Österreich, war auch Arzt. Außerdem sammelte er mit Leidenschaft, ohne freilich das Opfer seiner Liebhabereien zu werden, die sich erstreckten auf Briefmarken, Menschenkenntnis und menschliche Leibesfrüchte in dem embryonalen Zustande, wo sie aufhören, Fötus zu sein. Zwillings- oder Drillingskeimlingen gab er da noch den Vorrang. Diese Beschränkung ging aber mehr auf räumliche denn auf wissenschaftliche Spekulationen zurück. Mehrlinge sind selten, und noch seltener erwischt man sie für das Einmachglas. Über Drillingspräparate ist Don José nicht hinausgekommen. Die im Mittelalter so berühmten und berüchtigten Siebenlinge von Hameln, von denen wir auf der Kölner »Pressa« einen schrecklichen Einblattdruck zeigten, waren Don José bekannt. Selber aber träumte er nicht einmal davon, solch magistrale Rarität auf seine Planke zu kriegen. Heute würde der sehr auf Fortschritt bedachte Arzt seine Mondkälbchen in Plastik haben einschließen lassen; damals war er auf die Gurkengläser seiner Küche angewiesen, die mit Schweinsblase oder Fischhaut zugebunden wurden. Wie des Rheines Töchter schwammen die Früchte verträumt in ihrem Alkohol, und man konnte auch das unter dem Namen der Karthesischen Taucher bekannte Prinzip an den Präparaten ausprobieren. Wer sich in die Copa verirrte, tat es, wenn er gut aufgelegt war, gute Nerven hatte und sich den Appetit nicht verderben wollte. Die Copa ist die neben der Küche gelegene Vorratskammer und zugleich der Anrichteraum. Außer echten Gurken und feineren Aspiks führten dort die Embryos ihr melancholisches Dasein jenseits von Raum und Zeit, aller Schwere bar, von Sünden frei und glücklich in ihrer paradiesisch eingewiegten Sülze. Um sie herum ein Kommen und Gehen. Kaum hatte man sich mit einer Zwiebel, einer Truite en Aspic, einem Hummer in Sulz angebiedert, und schon kam Doña Clara, um den Nachbar wegzunehmen und ein anders, nicht weniger köstliches Eingemachte aufs Brett zu stellen, bis auch das wieder den Weg alles Irdischen ging. Nur man selber blieb.

Zuweilen gaben die Rheintöchter auch Anlaß zu unliebsamen Störungen, sie, die Sanftmut und der blutwässerige Friede in Person! Da war jene Engländerin, eine leidende Dame, eine der tausend alten und leidenden Ladies, die jeden Winter mit der Regelmäßigkeit von Zugvögeln übers Mittelmeer nach Mallorca zogen. Seit Jahren schon kam sie nach Valldemosa ins Haus von Don José zur Kur. Doña Clara, des Arztes Nichte und guter Geist, hatte das Anwesen in eine Pension, ein Privatsanatorium, umgewandelt und führte es unter dem Namen »Hospedage del Artista«. Nicht jeder konnte sich übrigens dort in das Gästebuch eintragen; man mußte schon Künstler oder sonstwie krank oder verrückt sein. Erfüllte man diese Bedingungen, dann war man bei Don José und Doña Clara aufgehoben wie im Himmel. Auch die englische Zwitterdame, halb verspleent, halb unterzuckert, nannte die »Hospedage« des wunderlichen Paares ihre zweite Heimat. In der Copa war sie aber nie gewesen; solche Vertraulichkeiten erlaubte sie sich als Lady natürlich nicht. Dann hatte sie einmal einen schwachen Augenblick, schlich sich in die

Vorratskammer, um etwas zu stibitzen, wonach es sie gerade unbändig gelüstete – Don José hielt sie nämlich bei strenger Diät –, und was erblickt sie? Ihr Auge fällt auf die wie im Traum sich leise regende Vorstufe des menschlichen Seins, doppelt sich um sich selber drehend im grünlichen Schimmer des Zwiebelglases. War das salmon with vinegar and oil? oder curried lobster in jelly? Die Lady schreit und verliert das Bewußtsein. Im Fallen reißt sie noch einen Topf mit marinierten Oliven um, dann ist sie selbst zur Rheintochter entseelt. Das Haus stürzt zuhauf. Don José, der keine Toten sehen kann, taumelt; Paquito und Manolo, Doña Claras sehr erwachsene Söhne, mühen sich um den Arzt; Clarita, wie die Freunde Doña Clara nannten, beugt sich über die Totgeglaubte. Bobby, ein deutscher Hausfreund, arm, Emigrant, Künstler mit Valldemosareife, der sich als wandelnde erste Hilfe bei Unglücksfällen in diesem Sanatorium der Sympathie aller erfreute, besonders des Arztes selbst; Bobby brachte die am Boden Liegenden schnell wieder zu sich. Die Engländerin bestellte einen Wagen und fuhr nach Palma, wo sie noch am selben Abend den Dampfer bestieg. Alraune mit glupenden Wasserköpfen gehören doch nicht in Gurkengläser und noch weniger in die Copa einer Heilstätte.

»So geht es«, sagte Don José, »wenn die Patienten sich nicht strikt an die Verordnungen halten. Nun kommt sie nicht mehr wieder, und ich hätte sie gesund gemacht.«

Der Leibarzt war ein Arzt, unter dessen Hand nie ein Mensch gestorben ist. Wieviel Ärzte können das von sich sagen? Bedeutet dies nun, daß Don José ein Wunderdoktor war, ein Kurpfuscher oder Brunzarzner, der im Bunde stand mit Mamús christlicher Damenwissenschaft? Oder lag es an dem, daß er keine Patienten hatte außer der Durchlaucht, die sich ja längst auf Schloß Brandeis zum Sterben hingelegt? Don José hatte mehr Patienten, als seinen Liebhabereien zuträglich war, und soweit ihn sein Maultier tragen konnte: im Talkessel, jenseits der Berge, in Sollér, in Deyá, sogar in Palma. Überall hatte sein Name denselben guten Klang. Dennoch, er sah nicht gerne Blut und Tote mochte er gar nicht, da hörte der Spaß bei ihm auf. Sterben, meinte er, müsse der Mensch allein, das sei seine ganz persönliche Angelegenheit, man solle kein Aufhebens davon machen, Tiere täten es auch nicht. Er war ein großer Menschenfreund, und mußte es auch wohl sein, um so sprechen und handeln zu können.

Rief man ihn an das Lager eines Kranken, dessen Stunden

gezählt waren, und nur der allmächtige Gott noch helfen konnte, und der Todeskampf setzte ein, dann fiel unser Doktor in Ohnmacht. Die Bauern oder Fischersleute hatten dann ihre liebe Not mit dem schweren Mann und vergaßen darüber des eigenen Kranken; man weiß ja, wie das dumpfe Volk am Doktor, am Pastor, am Schulzen hängt, zumal in Ländern, wo nur solche lesen und schreiben können, ob auch nicht immer. Sie atmeten auf, wenn Don José unter Anwendung ihrer uralten Haus- und Zaubermittel wieder zu sich kam, und, gestärkt mit einem Schluck aus dem Porrón, auf die Mula gehoben werden konnte: das sei noch mal gut abgelaufen! Denk einer an, wenn der Doktor einem so unter der Nase weggestorben wäre! Das hatte inzwischen der Patient an des Arztes Stelle in aller Selbstlosigkeit besorgt und zugleich den Willen des Allerhöchsten erfüllt, der sich von keinem noch so tüchtigen Medizinmann ins Handwerk pfuschen läßt; was übrigens auch die Meinung des streng katholischen Don José war, die er teilte mit unserem eigenen Leibarzt in Palma, dem fast noch menschenfreundlicheren Dr. Solivellas, der auch seinen Patienten nie verschwieg, daß er in erster Hinsicht Katholik und dann erst Arzt sei.

Briefmarken sammelte Don José auf die normale Weise mit Hilfe seines Skalpells, das auch kein Blut sehen konnte; und die Menschenkenntnis mit Hilfe einer Wachsnase. Er trieb angewandte Psychologie, ohne dabei dem lächerlichen Ehrgeiz zu verfallen, seinen gründelnden Kollegen den Urschlamm der Menschwerdung streitig zu machen. Weit entfernt von solcher Vermessenheit! Er ging nicht in die Tiefe, er mied die Abgründe, wo sich Arzt und Patient nicht mehr voneinander unterscheiden lassen und aus denen sie, wie oft nicht, mit vertauschten Köpfen nach oben kommen, was dann eine noch gefährlichere Höllenfahrt bedingt. Darauf ließ er sich nicht mehr ein. Er hatte das alles studiert, in Barcelona, wo man ihn seiner wissenschaftlichen Publikationen wegen schätzte und für die akademische Laufbahn vorbereiten wollte. Der große Histologe Santiago Ramón y Cajal war schon auf ihn aufmerksam geworden, da passierte das Unglück. Don José verliebte sich, er blickte seiner Novia tief ins Auge und sehr tief in die Seele und merkte darum nicht, daß es das Mädchen an der Oberfläche mit einem anderen hielt. Die Entdeckung brach ihm das Herz und erschütterte sein Vertrauen in die Wissenschaft von der menschlichen Seele schlechthin. Amiel sind ja ähnlich fatale Absackungen zugestoßen, obwohl er sich mit seinem Zynismus einen druckfesten

Taucheranzug zugelegt hatte. Don José war nicht zynisch. Er blieb nun ruhig an der Oberfläche, irrte nicht mehr, verließ das Festland, wurde Landarzt in Valldemosa – den Rest besorgte die Wachsnase.

Man sitzt bei Tisch und läßt sich von den winzigen und kostbaren Schüsseln der aus mindestens 24 Gerichten bestehenden Speisenfolge Doña Claras überraschen – Doña Claras Kochkunst war auf der Insel berühmt –, Geschwätz hier, Gezänke da, guter Wein, auserlesene Diät für klinische Gäste, da steht Don José und verläßt die Table d'hôte, auf der er in seinem Hause bestand für die großen Mahlzeiten. Man denkt, nun läßt er satteln und reitet zu einem Kranken über die Berge. Aber nach wenigen Minuten kommt er zurück und nimmt schweigend seinen Platz wieder ein. Doch sieh, was ist geschehen? Don Josés Züge haben sich verändert, ist er das Opfer einer spontanen Spitzengroßheit geworden? Die Ärzte sprechen von Akromegalie, wenn bestimmte vorspringende Körperteile plötzlich an Größe zunehmen infolge einer Erkrankung der Hirnanhangdrüse. Das sind unheimliche und noch wenig erforschte Vorgänge im Organismus. Don Josés Nase ist geschwollen, rot angelaufen mit blauem Adernetz und dreimal, wenn nicht viermal so lang als vorher. Diese Verwandlung ins Karnevalistisch-Pathologische erreicht Don José nicht etwa durch ein geschicktes Zwicken der Hypophyse, das wäre ja wieder Tiefe und Untergründigkeit. José bindet sich zu diesem Zweck eine Prothese vor, eine Wachsnase, wie der Laie sagen würde, und oberflächlicher läßt sich der Fall wohl kaum lösen: Don José will wissen, wie die Menschen, die bei ihm ein- und ausgehen und meist auch seine Patienten sind, auf das Wunder reagieren, woraus er dann seine Schlüsse zieht, die unfehlbar genannt werden können. Schreckwirkungen waren ihm besonders lieb, und einmal, er erzählte es gerne und verletzte damit das ärztliche Geheimnis aus purer Eitelkeit, die ihm sonst fernlag, löste der Anblick seiner spontan unter dem Schnupftuch gewachsenen Nase bei einer hochadeligen Dame einen Bandwurm aus, wirkte also anthelminthisch, nachdem die üblichen Betäubungsmittel den Schmarotzer nicht aus dem feudalen Wirt hatten vertreiben können. Ein andermal vergaß Don José, den Wachskolben abzulegen, als er beim Café negro Hals über Kopf zu einem Kranken gerufen wurde. Der Patient erschrak ob des unerwarteten Anblicks so sehr, daß es nicht mehr notwendig war, die mitgenommenen Egel anzusetzen. Das gestaute

Blut floß wieder gehorsam weiter, der Mann genas auf der Stelle.

In den Jahren, wo Don José in Valldemosa als Arzt und Inspektor der öffentlichen Hygiene wirkte, ging die Sterblichkeit um die Hälfte zurück. Übrigens verstand sich Don José wie jeder gute Landarzt auch auf Vieh und Fragen des Ackerbaus.

So wie er den Tod nicht liebte, erfüllte es ihn auch mit Unbehagen, einen Totenschein auszustellen. Ein Glück also für ihn, daß mit der verminderten Sterblichkeit auch diese traurige Pflicht um die Hälfte erträglicher war. Dann kam freilich der Bürgerkrieg. Die Menschen starben zu Tausenden, es hieß: am Herzschlag, auch in Valldemosa, und Don José mußte diese epidemisch auftretende Todesursache urkundlich bestätigen für die vorgesetzte Behörde und eine spätere Geschichtsforschung. Das ist so üblich bei allen zivilisierten Völkern, mögen sie sich noch so sehr wie die Buschmänner den Garaus machen. Was tot ist, muß schwarz auf weiß an der Kasse bestätigt werden, und einmal abgebucht, bleibt abgebucht. Der Jüngling zu Palma hat davon sechs Wochen lang ein Liedchen singen können. Übrigens behauptete Don José, er hätte den Epileptiker durch einen Wachsnasenschock aus seinem Scheintod stöbern können, was ich ohne weiteres glaube. Schön, Don José schrieb Totenscheine aus, so vom Block, es wollte kein Ende nehmen, denn der Krieg war ja kein vorübergehendes Pronunciamiento; er hatte sich festgebissen, und das Morden war sein natürlicher Stoffwechsel. Bis sich der Arzt eines Tages weigerte, weiter zu testieren, und er schimpfte, wie nur je er hat schimpfen können. Obendrein, sagte er, sei er christkatholisch. Das waren die anderen aber auch, und da sie in der Mehrheit waren, schlugen sie Don José, der nicht ihr Bruder sein wollte, tot. Hätte dieser herrliche Mensch doch auf meinen Don Patuco gehört, von dem ich ihm so viel erzählt hatte: »Nicht die Leichen zählen, mein Freund, wozu? Die Natur rechnet auch nicht mit deinem Leben!«

Entbindungen waren auch keine starke Seite dieses Arztes, der auf dem gesunden Standpunkt beharrte, die Natur besorge das alles allein viel besser; der Mensch könne ein paar Handreichungen leisten, heißes Wasser bereit halten, Wäsche, einen Schwamm, und schon krähe der neue Erdenbürger mißvergnügt in die Welt. Meine Großmutter wäre die ideale Wöchnerin für Don José gewesen, denn sie besorgte das mit christlicher

Hingabe und von Kind zu Kind wachsender Tüchte auch alles selbst. Bei der letzten Niederkunft sagte sie, dem überraschten Gatten das Häufchen Erdennot unter die Augen haltend: »Du, Wöllem, zähl doch mal nach, ist es wohl schon das zwanzigste?« Da griff mein Großvater zur Pulle und trank sich ungezählt unter den Tisch seiner eigenen Wirtschaft.

So mag es begreiflich sein, daß Don José eines Tages zu seinem Deutschling sagte: »Bobby, ich werde dich zum Geburtshelfer ausbilden. In einem halben Jahre habe ich dich so weit in das öffentliche Geheimnis der Menschwerdung eingeweiht, daß du mich auf meinen Entbindungsritten begleiten kannst. Ich warte dann draußen auf dich, oder, weißt du, du gehst gleich allein, so sparen wir uns einen Esel!«

Bobby, heimisch zu Essen, war unter dem Rauch der Schlote aufgewachsen und schon mit zwanzig Jahren der jüngste, begabteste und somit vielversprechende Lehrer an der Folkwang-Schule. Sein Gebiet war die Photographie und die geschriebene Schrift. Aus rein ästhetisch-graphischen Erwägungen schrieb er alles klein, ohne sich um die philologische Seite dieses Problems zu kümmern. Dadurch machte er sich bei den Nazis von vornherein verdächtig, denn deren Neigung ging ja dahin, alles so groß wie möglich zu schreiben und wo nötig mit Blut. Bobby beharrte auf seiner Minuskel und der selbstgeriebenen Tusche. Also: Kulturbolschewist! Konzentrationslager! Erschießen! Bobby floh nach Paris, nachdem er vorher seine ziemlich bedeutenden Ersparnisse mit Hilfe eines hohen Parteifunktionärs zur monatlichen Devisenüberweisung ins Ausland freibekommen hatte. Der Funktionär wurde daraufhin erschossen, aber Bobby hatte Geld und landete, wie das so geht, auf Mallorca. Dort fiel er einer diebischen Deutschen in die Finger, die ihrerseits mit einem diebischen Spanier fingerte, der seinerseits mit dem deutschen Konsulat dunkle Tat beraumte – ein Rattenkönig an Unterschriftenfälschungen, Briefunterschlagungen und Hehlerei; bis die spanische Polizei eingriff und Bobby aus der Hand der Ganoven befreite. Aber da hatte er kein Geld mehr. Der Konsul wollte ihn auf Kosten des Dritten Reiches abtransportieren lassen, womit der Fall zugleich mit Bobby aus der Welt geschafft wäre. Da tauchte Manolo auf. Manolo, der Sohn Doña Claras, selbst Maler und künstlerischer Mensch, sagte: »Bobby, natürlich gehst du nicht heim ins Reich, komm nach Valldemosa. Du bist viel zu schade für die Kugel der Nazis.« Der verbeulte Autobus sorgte für den

Transport. Bobby wurde der Liebling des Hauses und schrieb weiterhin, und nur von sich selber angefochten, alles klein.

Außer mit dem Pinsel, verstand dieser tüchtige Deutsche auch mit Hammer und Säge, Pfriem und Weißquast, Leimtopf und Spargelstecher, Okuliermesser und Kochlöffel, Klistierspritze und Spicknadel umzugehen. Das stach Don José ins Auge; und eigensinnig sei er auch, die Voraussetzung für jeden guten Arzt: warum soll er da nicht noch lernen, die Geburtszange richtig anzusetzen? »Der wird mein Assistent, keinem anderen als Bobby übertrage ich meine Praxis.«

Damals lebten Reichsgerichtspräsidenten auf der Insel und ernährten sich wenig recht und sehr schlecht durch den Verkauf von Sauerkraut und Kichererbsen. U-Bootkapitäne von Weltruf schmuggelten Opium und Kokain. Universitätsprofessoren gruben Gärten um und dickten Aprikosen zu Marmelade ein. Geistliche Herren griffen zum Giftbecher; berühmte Ärzte schlichen in tiefer Nacht mit falschem Bart zu einem Patienten, den sie bei sehender Sonne nicht heilen durften, weil ihnen das spanische Doktorpatent fehlte. Nur die deutsche Hure ging erhobenen Hauptes am Borne auf den Strich, als sei es die Friedrichstraße in Berlin. Und jener Folkwangbobby weigerte sich, in Amt und Ehren eingesetzt zu werden! Wohl ließ er sich in den weißen Kittel des Doktors stecken, doch statt auf Krankenvisite zu gehen und Sprechstunde zu halten, strich er erst mal die ganze »Hospedage del Artista« in Folkwangtönen an und malte für Doña Clara eine strenge Madonna al fresco auf die Stirnwand des Treppenhauses. Weiter aber ging er nicht, keiner Frau hat er in der schweren Stunde beistehen wollen – ob in der leichten, das weiß ich nicht. Don José war verzweifelt, seine Menschenkenntnis hatte versagt, der Wachsnasenstoß hatte seine Wirkung auf diesen durchlittenen deutschen Emigranten verfehlt. Bobby blieb seiner künstlerischen Berufung treu. Die Malerei hat er nie mehr ernstlich betrieben, sein Steckenpferd wurde die strenge Typographie. Sein Name hat heute einen guten Klang. Mit der typographischen Gestaltung dieser Aufzeichnungen gibt er seine Visitenkarte ab, zugleich als Zeichen, daß man ihn ebensowenig erschossen hat wie deren Schreiber.

*

Als wir das Doktorhaus betraten, herrschte dort eine selbst für spanische Verhältnisse ungewöhnliche Aufregung. Don José durchlief alle Grade der Unlust und des Mißfallens, über den

Zorn, den ungezügelten Grimm, bis in die leidenschaftlich hervorbrechende Wut. Don José, der Weise? der Menschenfreund? Hatte ihn eine Tarantel gestochen? Nach Pedros Beschreibung konnte es sich bei dem Tobenden nur um den Leibarzt handeln. Die Rockschöße flogen, der Schnurrbart zitterte, und doch: ein schöner Mann in seiner schönsten Wut! Hatte man ihm seine Mauritius aus der Sammlung gestohlen? Hatte jemand seinen Mehrlingen ein Leids getan? Er rannte ins Haus, aus dem Hause wieder heraus, er fuchtelte mit den Armen und wehrte laut schimpfend die Beschwichtiger ab, die sich an ihn heranmachen wollten, auch sie schimpfend und fuchtelnd. Wir lernten sie nacheinander, gleichsam im Sielzeug ihrer hochentwickelten familiären Hilfsbereitschaft, kennen: Doña Clara, Manolo, Paquito. Spanisch und Mallorquinisch wurde durcheinander geredet, ich verstand kein Wort und konnte mir auch keinen Reim auf das Unglück machen, welches die »Hospedage« in eben dem Augenblicke getroffen hatte, wo wir, neue Gäste, eingeführt werden sollten. So etwas wirkt peinlich; man weiß nicht, wie man sich zu benehmen hat, so daß man sich am besten überhaupt nicht benimmt, was wir denn auch taten. Nachher stellt sich meist heraus, daß gerade dieser Anteil am Unglück Bande knüpft, die nicht einmal der Scheintod lösen kann.

Beatrice horchte in den Tumult hinein und begann eine rein zerebrale Arbeit, sezierte die Sprachbrocken, die meinem Ohr nur Lärm und unartikuliertes Geschnauze blieben, und flickte sie zu einer ersten, vorsichtigen Mutmaßung zusammen: etwas ganz Schreckliches müsse sich im Sprechzimmer des Doktors zugetragen haben, der Verbandeimer . . .

»Stop, Chérie, kein Wort weiter! Ich weiß alles! Der Eimer! Natürlich, Don José hat eine menschliche Frucht in seinem Kübel entdeckt; eine Rabenmutter hat den Abortus an diesen unverfänglichsten Ort geschmuggelt, und nun weigert sich Doña Clara, wieder ein Einmachglas für die Konservierung herauszugeben.«

»Pfui!«

»Pfui was denn, Beatrice? Don José ist doch ein Embryophiloge, soll er da Heringe einwecken?«

Es kam aber anders. Die Gerichte brauchten nicht einzuschreiten, denn keine Mutter hatte einen Anschlag auf das keimende Leben begangen. Beatrice hatte Handfesteres aufgeschnappt: die Sprechstundenhilfe mußte verbummelt haben, den hermetischen Abfalleimer zu leeren. Don José, Inspektor der Sanidad, war verständlicherweise ungehalten über das Versäumnis, aber so aus Rand und Band zu geraten? Und in Spanien?

Boten wurden ins Dorf geschickt, die Pflichtvergessene an den Kübel zu holen. Don José schäumte noch. Von uns nahm er keine Notiz.

Eine kleine, dicke, rundliche, um und um mollige Frau, Doña Clara, begrüßte uns herzlich: als Freunde Pedros seien wir ihrem Hause willkommen, leider, der kleine Zwischenfall – »Pedro, vertritt mich noch einen Augenblick, denn . . .«

Denn neuer Lärm erhob sich vor dem Hause, das heißt, er kam vom Dorfe her und immer näher: jetzt jagte man einen armen Hund! Der ihn hetzte, war ein bleicher Bursche, jung, mit langen Beinen, pechrabenschwarz, Paquito, Claritas jüngster Sohn, den wir während der Beschwichtigungsphase schon zur Begrüßung gestreift hatten.

Alles rief durcheinander: der Auskneifer, der schlechte Hund, das miserable Biest! So war denen also auch noch der Hund ausgekniffen! Ein Unglück kommt nie allein.

Don José wurde wie auf den Schlag ruhig und würdevoll, ganz Leibarzt einer Königlichen Hoheit, wie er nun dastand, sich den Rock glattstrich, ein rotes Taschentuch hervorzog und sich trompetend schneuzte. Um ihn ehrerbietig ein Häuflein Menschen, zu seinen Füßen winselnd der Hund. Die Sprechstundenhilfe schien vergessen zu sein. Hier war anscheinend größere Untat abzustrafen. Im Staub der Landstraße sich um die eigene Achse drehend, schweifwedelnd und jankend, ließ der Hund sich aushunzen. Da die Strafpredigt in mallorquinischer Mundart gehalten wurde, verstand ich kein Wort, aber dem Hunde schien sie geläufig zu sein, obschon dieser auch kein Mallorquiner war, wie ich später erfuhr. Er stammte aus Ibiza, der kleinen Insel der Balearengruppe, und war ein rassereiner Vertreter der dort blühenden Ibizencos, die zu den schönsten Hunden zählen, die ich je gesehen habe: eine Art Windspiel, kurzhaarig, gelb-ockerfarben mit weißen Flecken. Es gehört zur Eigentümlichkeit dieser Rasse, daß sie sich nur auf Ibiza hält und auch nur dort fortpflanzungsfähig ist. Schon auf Mallorca ist ihnen nur ein kurzes Leben beschieden. Die Karthager haben diese Hunde gekannt, gerühmt und verspeist.

»Du fieser Hund«, wird Don José gescholten haben, »was fällt dir ein, dich aus dem Staub zu machen« – das heißt, so hat er kaum gesprochen, denn man kann sich ja in Spanien praktisch nicht aus dem Staube machen, wo man auch hinflieht, man gerät immer nur in neue Wolken – dich also davonzumachen und so weiter, und das sei wohl der Dank dafür, daß man ihn – es folgt eine Aufzählung der Gründe, weshalb der Hund seinem Herrn dankbar sein müsse; und dann heitern sich die Züge des Doktors auf. Schluß mit der Moralpauke und Anranzerei – »adelante!« ruft er, »vorwärts!« Der Ibizenkische witterte den Umschwung im Gemüt seines Herrn, wedelte freudig ergeben mit seiner langen, sichelförmig gekrümmten Rute und sprang an den Drillichhosen des Doktors hinauf. »Fort!« aber, »an die Pflicht!« rief Don José und zeigte gebieterisch aufs Haus. Pistola gehorchte, dankbar für das ihm wieder erwiesene Vertrauen. Wuppdich war er über die Fensterbank ins Sprechzimmer gesetzt.

Pedro zog uns näher ans Fenster, es sei der Mühe wert, da hineinzusehen. Der Hund stand vor dem Eimer, setzte vorsichtig einen Fuß auf den unten befindlichen Hebel, drückte, langsam hob sich der Deckel, und Pistola begann mit der Entleerung. Beatrice schrie vor Ekel; hundsübel, mußte Don José sie mit in seine Apotheke nehmen.

Was mir ein vollendeter Dressurakt geschienen, war aber nur ibizenkischer Dilettantismus. Der Hund hatte sich das alles selber beigebracht, angelockt durch das Geheimnisvolle des hygienischen Gefäßes. Er gehörte auch nicht zum Hause, er hatte überhaupt kein Heim und war aufs Streunen angewiesen. Seit Jahren schon versah er in Don Josés Sprechzimmer diesen kleinen Dienst mit einer erstaunlichen Pünktlichkeit. Höchstens wenn er läufig sei, so Don José, hapere es mit der Müllabfuhr. Eine andere Sprechstundenhilfe hatte der Doktor übrigens nicht, und das war ein Grund mehr, weshalb er den Folkwangjüngling in seine medizinische Lehre nehmen wollte, denn was Pistola konnte, hätte Bobby noch im Schlaf geleistet.

Mich selbst hat Don José nie für würdig befunden, seinen Kittel anzuziehen, obwohl ich ihm doch auch manchen Beweis meiner Geschicklichkeit und schnellen technischen Auffassungsgabe geliefert habe. Zudem hatte ich mich als Student ein wenig mit medizinischen Fragen beschäftigt und auch schon Schritte unternommen, mir eine Embryosammlung anzulegen. Eine solche Laufbahn hätte ich nicht ausgeschlagen und meinem Leben damit eine neue Wendung gegeben. Pascoaes wäre dann wohl unentdeckt und dieses Buch ungeschrieben geblieben – welches von beiden ist wohl mein größeres Übel?

*

Drei Wochen blieben wir in Valldemosa. Endlich lernte ich die Cartuja kennen, die ich so oft anderen hatte zeigen müssen. Pedro erklärte uns alles, auch den Nagel vom Kreuze Christi, der übrigens zu den Erbstücken Don Juans gehört hatte und nur durch Zufall nicht von der wundergläubigen Dienerschaft mitsamt den Redomas ins Ammenhaus gebracht worden war. Ein Vorfahr der Suredas hatte an einem Raubzuge ins Heilige Land teilgenommen und den Nagel als Reliquie mitgebracht. Da ich Don Pedro als Führer mehr glaubte als mir selbst, hatte ich keinen Grund, an der Echtheit des heiligen Marterstachels zu zweifeln. Dennoch blieb ich bei meinen eigenen Führungen bei der Legende von der Pestfackel, die immer wieder zog, worauf es den Auftraggebern ja ankam. Nägel vom Kreuze des Erlösers gibt es Tausende, wogegen meine »Taeda pestis« einmalig war.

Wir machten auch die Bekanntschaft des Briefträgers, der nicht weniger originell und mit Spürsinn begabt war als Pistola, der Hund. Er war natürlich Analphabet und verfügte auch über das berühmte Gedächtnis solcher Glücklichen, das von den Historikern immer wieder unterschätzt wird, weil es ihnen nicht in den Kram paßt. Der Postmeister, der selber lesen und schreiben konnte, sortierte die Post und las dem Austräger die Adressen in der Reihenfolge des Bestellganges vor. Dieser merkte sich die Namen und vertrug alles, ohne sich auch nur um eine Tür zu irren, wie es manchen des Lesens kundigen Briefträgern auf Schritt und Tritt unterläuft.

Wir machten Ausflüge, stiegen hinab in die Cala von Valldemosa und fingen Fische und Schildkröten. Menschenhaie gingen uns keine ins Netz, nicht einmal die Hailinge, dic meine Volksgenossen mit solchem Heißhunger verschlangen, wenn sie erst hörten, daß es keine Ersatzfische waren, die man in Deutschland ja viel besser und billiger haben konnte. Wir biwakierten, sammelten Strandgut und kochten darauf unser Essen. Der Moskitos wegen ließen wir das Feuer Tag und Nacht brennen. Pedro erzählte Piratengeschichten und füllte seine Chronik des Hauses auf, ergänzte sie nach allen Seiten, den romantischen, klassischen, den heroisch-feudalen auch, bis er zu jenem Onkel vorstieß, einem Tio zweiten Grades, der seinen Tod im Bauch eines Meerungeheuers gefunden hat. In den Gewässern von Cabrera und Conejera, dem Heimatinselchen Hannibals, hatte ein Haifisch ihn mit Haut und Haar, allen Schulden, allen Dunkelheiten und Bitternissen, allen Hoffnungen als Sureda aus dem Hause Verdugo, einfach aufgefressen.

Pedro war zehn Jahre alt, als er mit auf das kleine Ziegeneiland genommen wurde, um dort die Totenwache zu halten für einen Toten, der es immerhin verstanden hatte, sich auf sehr originelle Art den Blicken der Welt zu entziehen, was übrigens ein Erbkniff des Geschlechtes zu sein scheint. Im Schlepptau dobberte der Sarg, der eigens für die Meerfahrt verpicht worden war. Nun stand er auf einem Fels inmitten der ausgebleichten Knochen jener 8000 französischen Soldaten, die nach der Schlacht von Bailén auf Cabrera ausgesetzt worden waren. Eine bessere Schädelstätte hätte man als Totenlug nicht antreffen können. Die gottgläubige Familie war nämlich der Meinung, der Fisch würde den Onkel wieder von sich geben, weil in ihm die unsterbliche Seele gehaust und er doch keine dumpfe Kreatur gewesen, die man frißt, um am Leben zu bleiben. Einmal an den Strand gespien, müsse ein Angehöriger gleich zur Stelle sein, um die gewiß sehr mitgenommene Leiche unter Wahrung der christlichen Totengebräuche in den Sarg zu legen. Daß Gottes Allmacht so weit gehen könne, den Onkel im Bauche des Meerungeheuers lebendig zu erhalten, zu solchem Wunderglauben konnten sich die Suredas bei aller nationalen Frömmigkeit nicht verstehen. Vielleicht wußten sie auch, daß des Onkels Lebenswandel nicht so gewesen war, daß er die Gnade einer lebendigen Ausspuckung verdient hätte, und man sich schon damit zufrieden geben müsse, wenn er überhaupt wieder an die Oberfläche käme. Ich weiß nicht mehr, wie lange die Inselwacht gedauert hat; der Onkel zeigte sich jedenfalls nicht. Dafür erblickte man hin und wieder eine Haifischfinne, die Maulflotze eines Delphins oder die Schlagschwarte eines unbekannten Getiers. Mit verhaltenem Atem starrte die Spähe auf die Erscheinung – wenn es der Onkel wäre! Dann schloß das Meer sich, die Wellen wurden wieder eins im Rhythmus des großen Atems, der über der Flut lag. Man schlug das Zeichen des Kreuzes und gab im Namen des Herrn, der gibt und nimmt nach seinem Willen, den Ansitz auf und ruderte nach Mallorca zurück.

Ein uralter Fischer, mit den Gepflogenheiten des Menschenhais vertraut, hatte den Suredas erklärt, alles Hoffen und Bangen sei zwecklos, nichts spräche dafür, daß der Fisch, der den gnädigen Herrn verschluckt habe, den gnädigen Herrn wieder ausbrechen würde; täte er es indessen aus rätselhafter Übelkeit, dann müsse sowieso damit gerechnet werden, daß gleich ein weniger leckermäuliger Artgenosse angeschossen käme, um den gnädigen Herrn zum zweiten Male ins Jenseits zu befördern, sich dabei auf den Rücken drehend, was den Raubakt noch grauenhafter mache.

Wäre der Onkel ein Prophet gewesen, dann hätte der Fisch ihn gewiß wieder an Land gebrochen, damit er dort Gottes Sendung erfülle, wie es mit Jonas geschehen war, der nach der Entlassung aus der Prüfungshaft um so eifriger Gottes Zornwort wider Ninive sprach. Aber der Sureda war nur ein spanischer Grande, und ein verschuldeter, und zu allem Unglück einer, der es liebte, die Schwankheit seines verzweifelten Gemütes Briefen anzuvertrauen, die viele Jahre später Pedro in die Finger fallen sollten. Dieser schloß daraus, daß der Onkel schwerwiegende Gründe gehabt haben mußte, als verschollen zu gelten: also auf und davon und fern der heimatlichen Insel am Knotenstock durch die Welt gezogen, um die Zeit, wo man seinetwegen Trauer trug und Messen lesen ließ, und Pedrito auf dem unwirtlichen Felsen saß und weinte, weil der Fisch ihm seinen Onkel nicht mehr wiedergeben wollte.

»Hast du viel um den Onkel geweint? Und mußtest du nicht immer an die biblische Geschichte von Jonas denken, der auch von einem Fisch verspeist wurde?« – Ich sah das Bild vor mir, in den grellen Farben des Mittelmeeres gepinselt: der heulende Knabe neben dem Sarge auf der von der Verwitterung tief eingeschnittenen Kruste des Felsens, der aus den Fluten ragt wie Salas y Gomez im Chamissoschen Gedicht. Das Meer ewig nagend am Riff.

Pedro hatte nicht an Jonas gedacht, sondern an die drei Jünglinge im Feuerofen, an Daniel in der Löwengrube und an den vermoderten Lazarus; und geweint habe er, bitte, auch nicht, denn er habe den Onkel nicht einmal gekannt. Er habe einfach Ausschau gehalten über das Meer; vielleicht käme der Verwandte, über den in der Familie Gemunkel umlief, auf den Wogen gewandert mit einer Puta im Arm. Denn daß da eine Frau im Spiele gewesen, habe ihm damals schon gedämmert. Für einen zehnjährigen Jungen war das ein sehr fortgeschrittenes Vorstellungsvermögen.

Als ich so alt wie Pedro war, saß ich nicht auf einem Fels neben einem Sarg, wartend auf einen ausgespuckten Onkel. Ich saß folgsam in eine zu enge Schulbank geklemmt vor dem Religionskaplan unserer Klasse, der das Korn der biblischen Wahrheit auch in meine Seele senken mußte. Da ihm Gott eine unerfahrene Größe geblieben war, trug sein Unterricht Bewahrschulcharakter. So behandelte er auch das Buch Jona: des kleinen Propheten Sendung, Ungehorsam und Strafgericht. Das Meerungeheuer, behauptete er, sei ein Walfisch gewesen und er habe dem Prüfling auch noch einen Tisch und einen Hocker mit in das Blindgewölbe geschluckt. Um jene Zeit saß der Vater eines Mitschülers im Gefängnis, weil er fahrlässigerweise einen Arbeiter in seine Sandgrube hatte fallen lassen, ein Drama mit tödlichem Ausgang. Das bewegte unsere kindlichen Gemüter sehr, und als die Geschichte mit der Untersuchungshaft des kleinen Propheten zur Sprache kam, stellten wir uns Jonas wie Ottos Vater vor, und umgekehrt, mit dem einzigen Unterschied, daß Jonas keinen Besuch ans Gitter geführt bekam. Später, als ich mich ein wenig mit theologischen Fragen abgab, erfuhr ich zu meinem Erstaunen, daß es sich gar nicht um einen Walfisch gehandelt habe, sondern um einen richtigen Menschenhai, nach einigen zoologisch besonders bewanderten Theologen sogar um den gefürchteten Jonashai selbst, Carcharias verus L., der dann tatsächlich die Ehre seiner Spielart rettete, indem er kurz entschlossen gerade diesen Propheten verschlang. Dem Kaplan glaubte ich damals blind, obwohl ich aus der Tierkunde schon wußte, daß der Schlund eines Wals mit knapper Not einen mittleren Hering durchläßt. Das Wunder, und darum war es der Kirche zu tun, wurde dadurch um so größer. Einem Pedro hätte der Kaplan das nicht aufgebunden; der war schon so reif mit seinen 10 Jahren, daß er ins Bordell ging, um sich mit dieser nationalen Einrichtung vertraut zu machen. Wir gingen an der Hand des Lehrers in eine Wandermenagerie und bestaunten den fliegenden Hund, der nicht fliegen, und die Klapperschlange, die nicht klappern konnte, alles für 10 Pfennige, die man der Mutter abgebettelt hatte. Für 10 Centimos, die er einfach klaute, ging Pedro, auch mit der ganzen Klasse, aber ohne Lehrer, in die Menage des Lasters, um seinen ersten Griff an den Busen der Natur zu tun, wo sich diese noch nicht zwischen Tier und Mensch entschieden hat. Um keine größeren Aufträge zu verlieren, war es die Geschäftsführerin meist selbst, die die Ausspendung der erotischen Pökelweihe vornahm: sie setzte sich auf einen Stuhl, löste die Drapierung, ließ die neugierigen Bengel erst die Münze in die ausgestreckte Hand legen, dann ein Griff, dann sagte sie: »basta, otro!«, genug, der nächste, und fertigte in wenigen Minuten ganze Schulklassen ab. So ist alles gleich anders in der Welt, wenn man über das Weichbild der

Vaterstadt hinausblickt. Auf dem 52. Breitengrad Jonas, sittsam auf einem Schemel im Bauch eines Wales hockend und auf das Klingelzeichen wartend, daß er wieder gehen kann; auf dem 40., im Mittelmeer, auf einem winzigen Eiland ein Knabe wartend auf einen richtigen Fisch, der einen richtigen Jonas ausspeien soll, der obendrein noch ein richtiger Onkel, ob auch zweiten Grades, ist. Und dieser selbe, vom Schicksal so bevorzugte Junge hat auch schon an eine weibliche Brust gegriffen! ein Ding, dessen Vorhandensein von einigen Mitschülern wohl vermutet, von dem betreffenden Kaplan unter Androhung von Strafarbeit aber abgestritten wurde. Nicht einmal Eva im Paradies hatte eine Brust; ihre Kinder waren Flaschenkinder, System Soxhlet – ich habe auch das geglaubt. Die Bibel als Tausend-und-eine-Nacht, das ist eine gewagte Sache, auch heute noch.

Abgesehen von der rein geographisch bedingten Pubertätsspanne zwischen Pedro und Vigoleis, wäre mir ein echter Jonasonkel trotzdem nie beschert worden. Pedro ist der Nachfahre eines Geschlechtes, das Weltgeschichte geschrieben hat, während Vigoleis aus einem Hause stammt, auf dessen Namen höchstens eine Dorfgeschichte zurückzuführen ist; einem kleinen Hause also, in dessen Tradition die gebärfreudige Mutter seines Vaters mit neunzehn Draggen, die sie in die Scholle senkte, eine gewisse irdische Stabilität brachte, während mütterlicherseits zwei Bischöfe die Vertäuung mit dem Himmel erstrebten. Das alles mag schön sein als häuslich herzinniger Umgang mit der Welt der Seinen, als nach Zahl und Inful-geschmückten Häuptern willkommene Bereicherung von Photoalben und Vertiko – hat es aber Wert und Geltung als Geschichte, die keiner nachhelfenden Fälschung bedarf, um nach was auszusehen? Kaum. Und auch in einem anderen Bezuge scheint es damit wenig auf sich zu haben, ich meine, wo es um das rein Dokumentarische dieser Aufzeichnungen geht. Man denke sich für einen Augenblick in meine, des Vigoleis Leibbiographen Situation: ich gewähre meinem Bruder Ludwig laufend Einsicht in das Manuskript dieses Buches; und als er an die Stelle kommt, wo Großmutters 19 Kinder erstmalig erwähnt werden, schreibt er an den Rand: *Stimmt nicht! Waren nur 9! – Druckfehler im Totenzettel! laut Onkel Joseph.* Hinter jeder lapidaren Sentenz das Ausrufezeichen des schadenfreudigen Lesers, der einen Autor auf einem Druckfehler ertappt. Nur hinter der Quellenangabe fehlte der hämische Pfeil, weil diese ihm über jeden Zweifel erhaben schien, und es auch wohl ist, denn der betreffende Onkel ist Drucker und hat den Totenzettel vermutlich selber auf der Presse seines Vaters abgezogen.

Nanu, dachte ich, das geht zu weit, das ist unlautere Pocherei. Mit einem einzigen Federzug werden 10 Kinder von der Liste gestrichen: das nähert sich schon verdächtig dem bethlehemitischen Kindermord. Schwingt ein neuer Herodes die Zuchtrute des Herrn? Zehn zuviel! und dabei hätte Drücke gerne die Zwanzig vollgemacht, um ihren Wöllem mit einem kaiserlichen Fruchtbarkeitsorden auf dem Bratenrock herumlaufen zu sehen! Die neune blieben zwar, wenn es auf eine Abstimmung hinausliefe, in der Minderheit; dennoch, eine solche Dezimierung geht zu weit. Ich schrieb es dem Zehntöter: schöne Familie das, wo man sich nicht mal auf die Totenzettel verlassen kann! Ich denke nicht daran, auch nur auf eines der 19 Kinder zu verzichten, ich werde sie alle gegen den Druckfehlerteufel durchsetzen. Und hast du, grausamer idumäischer Bruder, schon darüber nachgedacht, daß unter den zehn, die du hinmachst, unser eigener Vater hat sein können? Wie steht es da um uns? Neunzehn Kinder, bitte, ist das nicht erregender als Fünflinge? Und bedenke: die großen Genien der Menschheit stammen fast alle aus kinderreichen Familien, meist über 15. Daß da unserem Hause trotzdem keines geblüht hat, ist um so bemerkenswerter, das sollten wir achten. Und zugegeben einmal, es gäbe sie nicht, deine zehn, sie wären nicht da, sie wären nie dagewesen – so weißt du selbst als alter Freund der Randarenen und Schaubuden, daß das »Niedagewesene« seine besondere Anziehungskraft ausübt, im breiten Volk nicht minder als in Hirn und Werk der Philosophen. Jeder Impresario kann dir das am Abend, wenn er beim Schein der Karbidlaterne und einem klargebrannten Kartoffelschnaps die Kasse zählt, mit klingendem Beutel bestätigen.

Eine weitere Beanstandung von dieser Seite blieb aus; der Bruder war in sich gegangen, vielleicht schämte er sich seiner Kleingläubigkeit. Zudem ist er kein Historiker, der einen toten Druckfehler gegen neunzehn lebende Menschen ausspielt.

Trotz der vielen Onkel – Mädchen waren bemerkenswerterweise keine in ein tantenfähiges Alter gelangt – war keiner darunter, der das Zeug gehabt hätte, von einem Fisch verschlungen zu werden, und nicht allein, weil das Flüßchen, an dem ihre und meine Vaterstadt seit Jahrhunderten geschichtsmüde dahindämmert, nicht meertüchtig ist. Der einzig beachtliche ist mein Taufpate, der wie alle Gebrüder den Trunk aus der Flasche liebte, sonst aber Buchbinder war, ohne allzuviel in die Werke hineinzusehen, die er band; und das sind bekanntlich die zuverlässigsten Binder, wie auch analphabetische Setzer sich am verläßlichsten an die Vorlage halten. Dieser fröhliche Bruder hob mich aus der Taufe, wobei er mir seinen Namen abtrat. Albert, das heißt der an Geschlecht Glänzende. Leider habe ich von diesem Glanze weder bei ihm und noch weniger bei mir je etwas verspürt. Das muß wohl alles mit dem Taufwasser verwässert, verdunstet sein. Immerhin, als das Erlösungswerk Christi durch seinen Beistand und sein Gelübde an mir vollzogen war, alle Sünden und Sündenstrafen mir nachgelassen waren, ich der Gnade, Erleuchtung und Heiligung durch den Geist teilhaftig geworden, und auch der Kindschaft Gottes und der Anwartschaft auf die himmlische Seligkeit – Erweisungen, die man gewiß verdient, wenn man in ein Jammertal ausgesetzt wird; für die ich aber nur mit Gebrüll und Nässung der feierlichen Unterlage, einem brokatenen Taufkissen aus der »Scheifeshütte« meiner Mutter, dankte –, als ich, kurz, ein Christenmensch geworden war, fanden die Taufgänger es an der Zeit, daß auch der Segen über sie käme. Sie zogen in die erste Wirtschaft neben der Kirche, die die meines Großvaters war. Den Täufling legte man auf den Schanktisch und trank. Dann ging es weiter, von einem Lokal ins andere; mein Pate wurde immer blauer und der Getaufte immer knalliter im Gesicht: doch man ließ nicht ab von der alkoholischen Wiedertaufe. Der Vater, die anderen Onkel, Nennonkel und Freunde waren einverstanden, und auch sie tranken. So hatte man sich schon aus der Stadt in die Sektionen hinausgetrunken, auf jeder Theke der an Geschlecht Glänzende krähend nach der Mutter Brust, bis man ihn schließlich irgendwo liegenließ. Man hatte den erbsündigen Anlaß des christlichen Mysteriums, das an mir vollzogen worden war, vergessen und sank, den Bierschaum aus den Kaiserschnurrbärten schleckend, in die heidnische Liturgie zurück, Opfer der Konkupiszenz, das ist böse Begierlichkeit, die ja nicht aufgehoben wird: man trank ohne mich. Ohne mich traf man zu Hause wieder ein. Wo war der frisch Gechristete?

Alarm wurde geschlagen, man rekonstruierte die Schnapsfahrt, irrte sich in den Stationen, aber nicht in den Flaschen, die jetzt wieder getrunken werden mußten, und nach Stunden emsigen Forschens gelang es einem Stadtweibel, sich bis an jenen Schanktisch heranzupicheln, auf dem das Häuflein Christentum, von Gott und seinem Schutzpatron verlassen, im vollgepferchten

Wickel lag. Gegen eine Flasche Alten Korn wurde ich meiner Mutter wieder ausgeliefert – aber: war ich noch derselbe? Hatte sich mein Taufzug nicht mit einem anderen, ebenso unchristlichen gekreuzt? War ich ein fremder Säugling, den man nach der heiligen Handlung auch zu Biere getragen? Diese Frage hat mich zeitlebens beschäftigt, und sie ist auch einer der Gründe, warum ich Schutz suche hinter meinem Vigoleis; zu schweigen vom Mythologem!

»So geschwind«, heißt es im ersten Kapitel des Napoleonbuches von Pascoaes, »ging die Geburt vonstatten, daß man den Neugeborenen in Ermangelung einer Wiege in einen Teppich bettete, worin mit bunten Fäden kriegerische Szenen eingewirkt waren. Dies erscheint sagenhaft und wahr zugleich. Die Wahrheit ist ja nichts anderes als eine Legende. Nun hat es seinen ganz besonderen Reiz, sich einmal den Einfluß dieser vielleicht den Schilderungen der Ilias entlehnten Stickereien auf das Schicksal des Helden vorzustellen. Im Gegensatz zu vielen lebenden Dingen können die toten von belebender Wirkung sein. Mit dem ersten Blick drangen diese bildlichen Darstellungen in das Innere des Kindes ein, in jenes Nebelreich, worin die Persönlichkeit noch schlafend ruht, in Erwartung des ersten Lichtstrahls, der sie aufwecken soll. Das ist die Stunde, wo das Ich seine Prägung erhält und langsam Form sich an Form um den gemeinschaftlichen Mittelpunkt lagert, sich schichtend, bis sich allmählich ein mehr oder weniger bestimmbares Ganzes herausgebildet hat.«

Als ich diese Stelle vor Jahren im Hause des Dichters aus dem Manuskript übersetzte, mußte ich an meinen Taufteppich denken, an den Geruch nach Fusel und abgestandenem Bier, nach Tabak und anderem Weihrauch, der in das Nebelreich meiner werdenden Persönlichkeit eindrang: ein zweifelhafter Lichtstrahl, aber immerhin ein Strahl. Meine Abneigung gegen Bier und niedere Schnäpse muß auch dem, der nicht mythologisch zu denken gewohnt ist, erscheinen, als was es ist: der geistige Einklang mit der aus dem Vollen gespendeten Wiedertaufe. Über die Ichgleichheit mit mir selbst sagt das natürlich nichts; es bestätigt nur nach den Gesetzen des Kräfteausgleichs, daß man mich auf der Zapfstelle meinem Schicksal überlassen hat.

Unter den Büchern meiner Handbibliothek befindet sich eines, das ich sehr liebe, das illustrierte Handbuch der Geographie von Professor Daniel, der halb Theologe, halb Erdkundler war. Daß ich im ersten Buch den Tisch der Pilar mit einem Auslegerboot vergleichen konnte, verdanke ich dem Paten, der es so gebunden hat, daß der 42. Bogen von der Nadel nicht erfaßt worden war. Der Onkel hatte da sein panta rhei im Kopf. Als er die Arbeit ablieferte und ich beglückt zu blättern begann, fielen die Karolinen-, Palau- und Sandwichinsulaner heraus, und jedesmal, wenn ich den Daniel zu Rate zog, mußte ich die finsteren Gestalten an ihren Standort zurückverweisen, so daß ihre gefährlichen Fratzen sich mir unauslöschlich eingeprägt haben.

Solches erzählte ich Pedro über mein Geschlecht, an dem keines Untiers Rachen, noch eines Muselmanen Krummschwert sich je vergriffen hat; über die kleinen Bürger einer kleinen Stadt, die Bücher druckten, banden oder, wie mein Vater, hielten, aber nicht lasen; die lebten, liebten, tranken, immer wieder tranken, direkt aus der Flasche oder aus edlen Gläsern, und dann starben, jeder, wie er glaubte, nach des Höchsten Ratschluß, und jeder ein Mensch, nach dem nur die Hähne des eigenen Wiemens krähen.

*

Als wir den winzigen Schlupfhafen von Valldemosa verließen und uns wieder durch Felsgeröll und über halsbrecherische Ziegenpfade nach dem Luftkurort der Könige von Aragón und Mallorca hinaufkraxelten, seilten wir eine zentnerschwere Last nach oben, eine Seeschildkröte, das größte Exemplar, das je an diesen Küsten angebissen hatte. Sie war uralt und, wie uns ein ebenso alter Fischer sagte, nicht in den mallorquinischen Gewässern heimisch. Sie müsse aus den Untiefen bei Menorca stammen, wo es noch solche Riesen gäbe. Vermutlich war unser Beutetier durch das berühmte Seetreffen zwischen der englischen Flotte unter dem tragischen John Byng und französischen Piraten, 1756, aus diesen unruhigen Zonen nach der friedlichen Cala von Valldemosa hinübergepaddelt, um dort den Lebensabend zu genießen. Nun machten wir die Tortuga Doña Clara zum Geschenk. Mit Toninas, der Köchin Hilfe bereitete sie viele kostbare Speisen daraus, auch eine sogenannte Schildkrötensuppe mit Schildkrötenwürstchen und Schildkröteneier, mit Madeira, au four: für Gourmets, deren Geschmack noch nicht durch Maggi verdorben war. Die »tortue au naturel« wird man Doña Clara noch über das Grab nachrühmen müssen, aber für Schildkröten muß man eben Kenner sein, sonst rate ich zu den anerkannten Büchsenimitationen. Die von der Cala schmeckte wie Mammut aus dem ewigen Eis.

Wir saßen noch bei unserem diluvialen Mahl, da kam ein Telegramm für Beatrice. Lag wieder jemand im Sterben? oder war man gar schon tot? Es war nur ein Lebenszeichen und kam aus Paris. Es lautete: »Ist Luft rein? Zwingli.«

Von Professor Scheidegger mit allen Potenzen der homöopathischen Wissenschaft entpilarisiert, näherte sich der Schwager wieder den südlichen Breiten.

Nun litt es Beatrice nicht mehr im Haus der Kunst. Gefahren besteht man lieber auf der eigenen Zinne. So verließen wir Valldemosa und sanken von der Höhe der geschichtlichen Matratzen wieder auf die namenlose Aufschüttung unserer Armut. Pedro wollte uns Stühle mitgeben, ein Bett, Geschirr, eine Kiste mit Alibis: so handelt der Freund, wenn er zugleich ein spanischer Grande ist. Wir aber, die immer noch sehr unspanischen Kleinen, empfanden das als einen Frevel am Geschlecht der Suredas, und solcher bürgerlichen Anfechtung nicht gewachsen, begnügten wir uns damit, viele Hände zu schütteln, auf viele Schultern ein Trommelfeuer loszulassen; ich warf noch einen Blick auf das dahindämmernde Gurkenglück meiner Embryos –: »Adios, ihr Freunde, ja, wir kommen wieder!«

Sechs Stunden später saßen wir schon auf den Kisten unserer Dünndruckstube und plauderten nach, wie schön es gewesen, und welch einen Reichtum die Suredas vergeudet hatten, und wie verrückt die da oben in den Bergen allesamt waren, schlimmer als in der Capital, und –: »ja, Beatrice, echte Schildkrötensuppe ist doch eine Viecherei. Das hat euer Maggi klug erkannt und seine Mock Turtles auf die Menschheit losgelassen.« Das Gespräch nahm nun eine Wendung zu dem anderen Eidgenossen, der wissen wollte, ob die Luft rein sei.

»Luft, Beatrice, das weißt du, bedeutet Pilar, wenn auch nicht so, daß der Schwuchtelbuder nun wissen möchte, ob die Pilar selber inzwischen entpilarisiert ist. Was gedenkst du zu tun? Rückantwort bezahlt.«

»Ich telegraphiere.«

»Es fragt sich nur: was? Aber ich halte mich draus. Du mußt ganz nach deinem Gewissen handeln, das tun wir ja immer, drum ruhen wir auch so sanft auf unserer Makulatur. Denke nach, ich trete mittlerweile das Bett ein bißchen locker. Heute Nacht schlafen wir wieder auf unserer eigenen Geschichtslosigkeit.«

»Es ist schließlich mein Bruder!«

»Das klingt wie ein Vorwurf, so spielen wir nicht, und ich bin noch nie ein Spielverderber gewesen, wenn's um andere geht.«

Beatrice drahtete an Zwingli, daß die Luft rein sei, was sie ja auch war, soweit es den Flartsch von Hure betraf.

Doña Clara hatte uns einen Korb Eßwaren mitgegeben und einen Eimer eingedickter Schildkrötensuppe mit großen Mokken Fleisch. Das reichte für zwei Wochen feine Küche. Zwei Wochen feine Küche entsprechen wieder dem Kaufwert eines Tisches und, wenn man einzukaufen versteht, von zwei Stühlen. Das wollen wir mal im Auge behalten. Den Mammutgestank ertragen wir mit zugehaltenen Nasen – »nur 14 Tage, Beatrice, mehr brauchen wir nicht, uns durch das Biest durchzufressen . . .«

XII

Als in den Hungerjahren des Wilhelminischen Weltkrieges mein Vater zwei Drittel seiner Leibesfülle eingebüßt hatte, meine Großmutter sich zum Sterben hinsetzte, ehe sie ihre ganze verlor, und der hohe Nährwert der Steckrübe von derselben einsatzbereiten Gelehrtenkaste entdeckt worden war, die später auch die gemeine Hitlerrübe als vitaminreichen Volksfraß erklärte, da war ich schon so sehr dem Zweifel anheimgefallen, daß ich nicht mehr mit dem Wunder der Brotvermehrung rechnete, obwohl der unserige Gott gut etwas für sein auserwähltes Volk hätte tun können. Oder wollte er mit ein paar Millionen Brötchen die Gelehrten vom Kaiser-Wilhelm-Institut nicht Lügen strafen? Das betrifft den leiblichen Hunger, der mich immer weniger zu grimmen vermag. Das Wunder der Brotvermehrung zähle ich darum auch schon längst zu den kleinen Fingerfertigkeiten der Schöpfung. Ich habe es nicht einmal herbeigesehnt, als wir im »Turm der Uhr« tagelang hungerten. Ich meine »die heilige Macht des echten, wahren Hungers«, die Raabe den ›Hungerpastor‹ in die Feder gegeben hat und mich immer wieder nach einer Brotvermehrung verlangen läßt; ein Heiland müßte aufstehn und meine durch Krieg und Verfolgung dezimierte Bibliothek um das Tausendfache vermehren. Indessen heute wie damals, auf der Straße des Dichters Helmers oder der des Generals Barceló, muß ich mir jedes Buch vom Munde absparen. Wunder geschehen keine im Hause des Vigoleis.

Mit einem Wort, vom Sümmchen, das wir uns durch unser zähes Verbeißen in den Saurier zusammengespart hatten, zogen wir noch einen Posten für Bücher ab. Die deutsche Sprache bietet nach unten hin wenig Möglichkeiten; die Verkleinerungsform für Summe ist Sümmchen, und damit Schluß. Die Portugiesen kommen weiter, sie können das Sümmchen noch bis ins Unendliche mindern, was durch eine Umkehr der Wirkung wieder zu ganz großen Sachen führen kann. Die Diminutivbildung wirft ein von den Philologen noch viel zu wenig beachtetes Licht auf die Sprache. Für 1000 Reis kann sich der Lusitane noch kein Brot kaufen, für 20000 noch kein Buch. Unser Sümmchen lag so tief unter der Verkleinerungsgrenze, daß wir Tisch und Stuhl aus der mehrfachen Hand kaufen müßten, der vierten, zehnten womöglich.

Pedro kannte einen Altrüscherladen auf der Rambla, unterirdisch gelegen, eine Art Ramschkatakombe, wo auch Gemüse und lebendes Geflügel, Kaninchen, Wein, Ton- und Bürstenwaren feilgeboten wurden.

Jedes Land hat seine eigene Steuermoral, aus der eigentümliche Steuergesetze hervorgehen, die zur offenen und geheimen Steuerhinterziehung führen. Gleich wie in den Ministerien mit den Gesetzesvorlagen gewildert wird, stellt der Untertan dem Fiskus seine Fallen. Diesen Kleinkrieg kennt jedes einigermaßen zivilisierte Land. In Spanien mußten Ladenbesitzer eine Ladensteuer zahlen, ganz egal, ob viel, wenig oder was immer verkauft wurde. Darum verkauften alle alles: der Metzger auch Gemüse und Alpargatas, der Grünkrämer auch Brandstoffe, Unterwäsche, Heiligenbilder und Brot; der Kohlenmann schusterte, der Schuster machte nebenher Bomben; in den Bordellen lagen außer den Mädchen auch Tageszeitungen auf; den besten Turrón kauften wir in Palma immer in einer Buchhandlung, wo man auch Esel haudern konnte; der Klerus war bekannt dafür, daß er benebst der Kirche auch Bordelle, Stierkampfarenen und Eisenbahnen unterhielt. Darum wunderte es mich nicht, vor dem Antiquariat Früchte, Kleinvieh und Besenbinderei anzutreffen. Eine Wachtel drehte sich wild in ihrem kleinen Käfig. Die Wachtel ist in Palma sehr beliebt. Sie soll Glück bringen, sagen die einen, andere zähmen sie als Lockvogel für den Wachtelfang. Das Fleisch ist zudem sehr geschätzt. Mamús Koch briet die gespickten Vögel am Spieß, welche Zubereitung mir am liebsten war.

Bückwerwück, bückwerwück, erscholl es komischerweise in deutscher Lautmalerei, als ich mich bückte, um in den Keller zu steigen. Dennoch stieß ich meinen Kopf an einem über dem Eingang gespannten Krokodil. Ich nahm es als gutes Omen und klatschte in die Hände.

Eine alte Frau, die vor ihrer Tür saß und Stroh flocht, fragte mich, ob ich Doña Carmen suche? die sei unten im Gewölbe, ich solle nur hineingehen, aber aufpassen, das Ungeheuer über der Luke sei zwar tot, aber immer noch gefährlich.

Nun wußte ich schon, ehe ich unter Tag war, mit wem ich die Ehre haben würde, meinen Krempel zu erramschen. Bei Behörden kommt man schneller vorwärts, wenn man einen Namen weiß, auf den man zusteuern kann. Dennoch vertraute ich hier mehr dem Schlag der Wachtel als der Offenbarung des Namens Carmen.

Ich klatschte, und schon stand ich im Laden. Vor mir war es dunkler geworden, es dauerte eine Weile, ehe sich meine Augen an den Dämmerschein gewöhnten. Erst nach der dritten Palmada ertönte aus dem Hintergrunde die Stimme, eine weibliche: wer da sei, und was man wolle? »Vigoleis« rief ich, der wolle Doña Carmen sprechen. O, da möchte ich mich einen Augenblick gedulden.

Die Barschaft betrug 12,50 Peseten; einhandeln wollte ich dafür einen Tisch und zwei Stühle. Handeln kann ich aber nicht, ich bin zu stolz und auch zu dumm dazu, dem altfränkischen Sprichwort gemäß, das Dummheit und Stolz auf einem Holze wachsen läßt. Was ich so um mich herum im Halbdunkel erspähte, sah teurer aus als 12,50, der Mahagonischrank zum Beispiel war ein Prachtstück, das einem Sureda gehört haben mußte; unter 1000 Peseten ging das nicht über den Drempel.

Doña Carmen hatte eine große Auswahl in allem. Schlichte Öldrucke hingen neben echten Gemälden, die an sich wieder gefälscht waren. Palmen ragten königlich in das Dunkel hinauf, nicht sehr hoch, und eine stand selbst schräg, weil sie für höhere Räumlichkeiten angefertigt worden war. Altes Porzellan, Bügelfibeln aus der Bronzezeit, grüne Säureflaschen, Kleiderständer mit drehbarer Achse, Supraporten mit neckischen Rokokogemälden, ausgestopfte Gürteltiere, deren es auf der Insel noch viele gab, Flügelaltäre und grün bezogene Spieltische, Walroßzähne mit eingeschnitzten Legenden, Spiegel, die erste Schreibmaschine der Welt, wieder Spiegel, Uhren, Ritterrüstungen, Zuber, Poltronen, Recamiers und Pilarièren, Kronleuchter,

Putten, Käfige, Brillen, Gemmen, ein Storchennest, eine Elektrisiermaschine und ein Gebetbuch: alles war da. Und von allem auch das Gegenteil, die Ergänzung, das Pendant, die Rückansicht; und von vielem nur ein Teil, der, aus seinem früheren Dasein gelöst, einem neuen entgegenträumte. Was ist das Gegenteil von einer Nähmaschine? Ich weiß es nicht, aber Doña Carmen hätte es nicht nur gewußt, sondern auch gehabt, vielleicht nicht »a vista«, sie hätte es unter einer umgestülpten Sitzbadewanne hervorziehen müssen oder aus einer Zylinderschachtel geholt. Und dann hatte sie noch tausend andere nützliche Dinge; auch Ratten, drei Stück, wenn ich im Dunkel richtig gezählt habe.

Und dann hatte sie sich selbst, Königin in ihrem Reich.

Daß sie Carmen hieß, besagt noch nichts. Die meisten Frauen in Spanien heißen Carmen, es sei denn, daß sie als Dolores, Maria de los Dolores, Schmerzhafte Maria, oder Pilar, die auf der Säule, aus der Taufe gehoben werden. Diese Namen sind tatsächlich sehr beliebt, wenn auch nicht so wie in den Büchern, die über Spanien geschrieben werden, eine verzeihliche Übertreibung, da die Autoren peinlicher auf das echt Spanische bedacht sein müssen als die Spanier selbst.

Doña Carmen war ein üppiges Weib, bei deren Anblick einem immer noch der Bohr aus dem Körner hätte laufen können. Immer noch: sie bewegte sich majestätisch gegen die Sechzig. Potz Velten, dreißig Jahre früher zu ihr in die Katakombe gestiegen unter dem lockenden Silberschlag der anderen Wachtel: meine Carmen, meine Carmencita, Carmencitiña, Carmencitilla, Carmencitititititilla, bis in die unendliche Sünde hätte ich dich verkleinert auf dem Kanapee Louis-seize unter dem ausgestopften Faultier mit Haarausfall! Aber die Riesenpuppe stand da mit ihrem pompös geschrägten Busen und tat nichts, ihr Alter zu verschleiern; sie hatte nicht einmal, soweit das Halblicht dies erkennen ließ, zu diesem Zwecke ihr klassisches Carmengesicht bemalt. Das brauchte sie nicht, denn sie war eine Persönlichkeit, die unter zeitlosen Umweltsbeziehungen ihr Leben verbrachte. Auf der Stirn trug sie allerdings die bekannte Locke, das umgekehrte Fragezeichen, das ja heute noch in der spanischen Typographie gebräuchlich ist und das Verständnis langer Satzgefüge erleichtert. Man weiß gleich zu Beginn einer Periode, daß die ganze Angelegenheit in Frage gestellt wird. War das auch bei Doña Carmen der Fall? Sie trug einen Albornoz aus schwarzer Seide mit aufgestickten Rosen, ein Stück zum Stehlen oder der Dame so vom Leibe herunterzukaufen, was in solchen

Geschäften ja weiter keinen Anstoß erregt. Alles ist für den Kunden da, und eben darum: dreißig Jahre zu spät! Doch für Tisch und Stühle immer noch früh genug, und um diese unspanisch frühe Stunde vielleicht sogar zu früh.

Aus dem Lichtkegel der Treppenmündung ging ich der Lädnerin ein paar Schritte durch das Gerümpel entgegen und verbeugte mich: ich hätte die Ehre, ihr Bazar sei mir besonders empfohlen worden.

Auf die Frage: von wem, die von einer einladenden Geste begleitet wurde, hätte ich der Wahrheit gemäß sagen können: von meinem Freunde Don Pedro Sureda, el de los Verdugos y Alba Real del Tajo, womit gleich ein aristokratischer Eindruck erzielt worden wäre – ob auch nicht der von Geld. Mein Armeninstinkt ließ mich schnell sagen: von Don José, wobei ich wohl den letzten José meinte, der mein Denken beschäftigte, den Leibarzt Ludwig Salvators.

»Don José?« Wieder eine Geste der Hand, nicht mehr einladend, sie drückte nun freudiges Erstaunen aus.

Jeder Spanier heißt José, wenn er sich nicht Pedro oder Pablo schreibt. Darum kennt jede Spanierin wenigstens einen José. Doña Carmen kannte den ihren auch. Es mußte sich gleich herausstellen, ob wir denselben meinten.

»Don José? Was Sie nicht sagen, mein Herr . . .«

Statt nun fortzufahren: ja, derselbe, Don José Giménez de Oliveros, sagte ich aufs Geratewohl, wie gestochen von jenem Floh des Steuereinnehmers: Don José Montodo y Lopez Grau, oder: Don José Nicolao Campaña Campins, oder: Don José Portella de Marmolejo – ich nannte einen Namen, der mir schön genug klang für diese schöne Frau, irgendeinen, vielleicht war es sogar der des mir befreundeten Professors für Kunstgeschichte an der Universität Salamanca, an den Professor Brinckmann mich empfohlen hatte: Don José Aranda y Bustamante, was gleichfalls überzeugend klingt.

Wer es auch war, Doña Carmen kannte ihn. Ihre Augen bekamen den Schmelz der Rührung, denn im Gespräch, das nun warm und persönlich wurde, stellte sich heraus, daß mein Don José Doña Carmen sehr gut gekannt hatte, und Doña Carmen, ach mein Gott, sagte sie, wie die Zeit vergehe – welche Frau, die keine Persönlichkeit ist, erwähnt das Verfliegen der Zeit? – es sei ihr, als wäre es gestern gewesen, wo Don José im Geschäft ihres seligen Vaters . . . ach damals – und die Ausgrabungen, an denen er interessiert und sogar mit dem Spaten beteiligt war;

er grub auf Ibiza und Formentera nach den Resten der punischen Kultur – wer grub, Don José oder ihr Vater? – »ach, und nun schickt er Sie zu mir.« So war Don José Archäologe. – »Wie rührend, daß er sich meiner noch erinnert!«

»Wer, Doña Carmen«, sagte ich und brauchte nicht zu lügen, »der sich Ihrer nicht erinnerte! Don José hat geschwärmt, Sie hätten ihn hören sollen!« Doña Carmen schloß die Augen, machte eine halbe Wendung mit dem Kopf und verharrte geraume Zeit in der melancholischen Pose der Selbstbenebelung.

Ich sei Mallorquinist, sagte ich, mit einem weit gesteckten Forschungsgebiet, kein eigentlicher Spezialist und sicher nicht ein solcher, der sich auf einen Topf, beim Topf nur auf eine Scherbe und bei der Scherbe nur auf den Kratzer feststiert, der dort sein müßte, wenn ... Ich schriebe an einem Buch, und da hätte mir Don José geraten, seine Freundin Doña Carmen aufzusuchen, dort fände ich Material für meine Untersuchungen und fände sie, Doña Carmen.

Doña Carmen schlug die Augen wieder auf. Sie habe gerade nichts Punisches oder Karthaginensisches, Don José habe übertrieben, er liebe das, ach, das sei alles schon verkauft, die Fremden hätten ein Auge für Altertümer; aber Fayencen, Majoliken, die doch ihren Ursprung auf Mallorca hätten – sie zeigte um sich, tatsächlich hatte sie eine große Auswahl. Vasen und Teller mit maurischen Motiven, blattwandige Granitgefäße, Mosaikbrokken – ich schaute in die angedeuteten Richtungen, sah aber nicht das, was mich hergeführt hatte und woran ich mit 12,50 Pts. nicht scheitern würde. Schließlich hatte ich ja noch gar nicht mit meiner Ausgrabung begonnen; ein wenig gestochert, Geröll beiseite geschafft, die eigentliche Arbeit stand noch bevor.

Was Doña Carmen mir zeigte, kam eigentlich nicht für meine Forschung in Frage; wohl lobte ich jedes Stück, prüfte mit Kennerblick, erlaubte mir einiges anzuzweifeln, anderes einzuordnen, und so schoben wir uns durch das Gerümpel weiter im angeregtesten wissenschaftlichen Gespräch. Hier galt es eine Waschkanne zu rühmen, dort ein seltenes katalanisches Tafelbild, Mariae Gürtelspende darstellend. Ich kletterte über Kisten und Teppichrollen, hatte meinen Kennerpfiff für den Herrgottswinkel, in dessen silbergetriebener Ampel auf ranzigem Öl der brennende Docht schwamm, ein unbezahlbares Stück –: »Burgunderbeute?« Ich stolperte über einen Kindersarg, der auf einem Bidetschemel stand. Mit Gepolter fiel er zu Boden. So grub ich mich weiter, und weiter ging auch unsere Unterhaltung.

Wir waren in den Wohnbereich Doña Carmens vorgedrungen: eine spanische Wand trennte die Schlafstätte mehr andeutend als abschließend von dem weniger intimen Teil des Bric-à-brac. Dort sei nichts mehr für mein Gebiet, Dinge des täglichen Gebrauchs, ein Bett, ein Tisch, ein paar Stühle.

»Verachten wir den niederen Bedarf nicht! Tisch, Stuhl, Bett und Brot sind die Grundfesten der menschlichen Gesellschaft; denken wir sie uns fort aus unserem Leben, und es ist aus mit der Gesittung, wir sinken auf die Stufe eines Neandertalers zurück.« – Und wie sich das manchmal füge, sehe sie: wir hätten da eine Magd, einen wahren Bauerntrampel, ein tumbes Stück Werkfleisch, die geborene Schürgekuh, Analphabet, was noch das Schlimmste nicht sei: die Muskeln, Doña Carmen, die Muskeln einer solchen Person, was die zerstören, das sei nicht aufzubringen, nichts bleibe heil, was nicht niet- und nagelfest sei. Geschirr: nur Emaille. Doña Carmen: nein, ich solle nichts sagen, die Plage, dies alte Lied eines noch älteren Leids – wir stellten fest, es mit einem Weltübel der Kultur oder einem Kulturübel der Welt schlechthin zu tun zu haben. Doch käme man nicht weiter, wenn man dem Mißstand einen Namen anhinge, und meine Frau ärgere sich Steine in die Galle, läge mir in den Ohren, täglich: Na' Maguelida dies und Na' Maguelida das, und nun müßten auch die Möbel schon dran glauben. Die Magd säubere sie beim Reinemachen in Stücke. Ravagen, die mich kaum weniger in Atem hielten als die Trümmer meiner eigentlichen Disziplin, zuweilen selbst mehr, und in diesem Augenblicke – prüfend wog ich einen Aquamanile aus Bronze, einen Greif darstellend – »ohne Zweifel islamischer Einfluß, ibizenkisch?« fragte ich leichthin, um meine Erregung zu verbergen. Denn endlich hatten meine Augen erblickt, was ich für unseren Vandalentrampel brauchte, weswegen ich gekommen war: einen kleinen, aber sehr pfostigen Tisch! Zwei Fliegen mit einer Klappe zu schlagen, sei eine deutsche Redensart, und zuweilen sogar eine deutsche Tat; und gewillt, sie gegen den spanischen Brauch in Anwendung zu bringen, wies ich in die Kabinettecke der Bric-à-braquière. Der Tisch war nicht groß, die Platte maß höchstens 60 × 80 cm, aber er hatte eine Schublade und starke Beine, die achtortig gekantet waren wie gotische Pfeiler. Ich sah mich schon an ihm schreiben, hobeln und essen, Gäste empfangen und bewirten, tausend Fliegen mit einer Klatsche töten, und so sagte ich Doña Carmen: der stabile Tisch da, der sei ja wie gezimmert für unsere Magd, wenn sie erlaube . . .

Ich machte einen Schritt auf den Tisch zu, doch versperrte mir die Dame jach den Weg, teils mit ihrem Busen, teils mit einem vorgestellten Fuß: bis hierhin und nicht weiter! »O bitte«, sagten wir beide zugleich, und Doña Carmen fügte hinzu, das elende Ding, das sei nichts für mich, sie hätte einen runden, aus Macacaoba, auf kultischem Dreifuß, wie geschaffen . . .

»Doña Carmen, den klobigen oder keinen!« Mir schwoll der Mut, und ich tat einen weiteren Schritt. Der Busen wogte zurück, die ganze Carmen mit ihm, mit abgespreizten Fingern breitete sie die Hände nach hinten, als wolle sie einer andrängenden Meute wehren, und sagte abermal: »Bitte, nicht weiter!« Das ging mich nichts an, ich wollte den Tisch sehen, und tat darum einen noch kühneren Schritt auf die antiquarische Dame zu. Die benimmt sich mal komisch, dachte ich, als Doña Carmen auch noch einen winzigen, ihre Körperfülle fast höhnenden Schrei ausstieß, wie sie ihn vielleicht vor 40 Jahren als Carmencita in anderer Bedrängung getan hatte. Jetzt konnten höchstens noch Mäuse eine ähnliche Reaktion auslösen, oder sah sie in mir den Lustmörder, wo ich mich als Deutscher ausgewiesen hatte? War sie belesen? Haarmann, Großmann, Kürten? Hitlers blutige Hausmystik, Feme und nationale Erhebung? Immerhin hatte der Tisch eine geräumige Schublade für Manuskripte, Werkzeug, Brot . . .

Der dritte Schritt: ein gellender Schrei, Doña Carmen warf die Hände nach vorn und schlug sie vors Gesicht. Dabei rief sie ihren Heiland an: »Ay Jesús, erbarme dich meiner!«

Frauen sind unberechenbar in ihrer ewig klimakterialen Natur. Wie oft hört man davon, daß in internationalen Zügen die Notbremse gezogen wird und eine Dame dem Zugführer meldet, man habe sie vergewaltigen wollen; dann gibt es ein großes Aufgehebe, mit Meldebuch und Verspätung, und nachher fehlt dem aggressiven Herrn die Brieftasche, oder er muß sonstwie zahlen, da sein Alibi an die Spröde gebunden ist und er wirklich keine Lust verspürte, der Dame den Gefallen zu tun. Was, wenn jetzt auch Doña Carmen die Notbremse zöge, deren sie sicher eine unter ihrem Trödel hat, und auf die Rambla flüchtete, Zeter und Lustmordio schreiend: dann ist's um Vigoleis geschehen. Der Augenblick war kritisch. Doña Carmen griff sich an einen Teil ihrer Büste, der wohl Herz sein oder zumindest versinnbilden sollte, und beschwor den aufdringlichen Mallorquinisten zum letzten Mal: »Señor!« Auch ich hatte mich gefaßt, aber statt an mein Herz zu greifen, tat ich den letzten Schritt, der mich von dem begehrten Tisch trennte, und packte den Knopf der Lade: »Ha, ein Schubfach!«

Doña Carmen schrie, daß es durch ihre Höhle gellte, als wäre sie die Hexe von Endor. Entseelt sank sie auf ein Altertum nieder, das unter ihrer Last zusammenbrach. Ich hatte die Lade herausgezogen. Sie war tief, nicht so ein schmächtiges Ding, das mit einem Tischtuch und zwei Servietten schon quengelt, wenn man es zuschiebt.

In der Schublade stand ein Nachtgeschirr. Ein freudiger Schrecken fuhr durch mein Gemüt, als ich es auf dem Grunde des Gefäßes dunkeln sah: endlich hatte ich einen der berühmten Töpfe erwischt, auf dessen Boden ein Auge aufgemalt ist, das Auge Gottes genannt, und darunter gepinselt die Worte: »Yo te veo«, oder »Yo te veo bribón«, ich sehe dich, du Gauner! ich sehe dich! Seit langem war ich auf der Suche nach einer solchen mystischen Vase – wie war das Glück mir hold! Im selben Augenblick aber, wo mein Auge das Symbol erkannt zu haben glaubte, erkannte die Nase, daß ich auf der falschen Fährte war. Mit einem Ruck schob ich die Lade in den Tisch zurück, und Mitleid empfand ich mit dem Auge des Herrn, das sich beprinzeln lassen muß, um die Geheimnisse der eigenen Schöpfung zu ergründen.

Professor Stuhlfauth deutet das »Auge Gottes« als Symbol Gottvaters, sofern es in seiner typischen Form als menschliches Auge inmitten eines Dreiecks begegnet. Die Entstehung dieses Zeichens, das an Altären, Kanzeldecken, auf Schilden, Grabmälern, in Titelvignetten und in Spanien sogar in Nachtgeschirren west, ist noch nicht geklärt. Vermutlich haben wir es bei der hispanischen Emblematik mit Kontaktmagie zu tun, mit einer ungewöhnlichen Art, den bösen Blick zu bannen, da Iettatore oder Iettatrice so lange auf dem Gegenauge sitzen bleiben, bis dieses getrübt und überhaupt keines Blickes mehr fähig ist. Ein namhafter spanischer Ethnologe, Professor Ismael del Pan, hatte die Freundlichkeit, mich wissen zu lassen, daß er in dem »Auge der Vorsehung« an dieser Stelle der häuslichen Scherbe exorzistische Praktiken erblickt, die auf jüdisch-marokkanisches Glaubensgut zurückzuführen seien. Durch die fortschreitende Hygienisierung der Schlafzimmer haben diese Vasos viel an praktischer Bedeutung eingebüßt, während ihr Zauber lebendig erhalten wird: in Zellophan eingewickelt und mit rosa Schleifchen verziert, überreicht der Bräutigam dieses sinnreiche Verlobungsangebinde seiner Braut . . .

Doña Carmen hatte von ihrem Nutzungsrecht als Antiquaire Gebrauch gemacht, und da thronte sie denn, als ich zum ersten Mal in die Hände klatschte. Beim zweiten Mal hatte sie den Nießbrauch auf die Schublade ausgedehnt und kurz entschlossen das Töpfchen in den Tisch geschoben, so daß sie beim dritten Kundenzeichen schon lächeln konnte und freudig die Grüße entgegennehmen, die ihr Don José Saavedra de Casas Novas durch Don Vigo überbrachte. Und dann schreitet das Schicksal, das blind nennen will wer mag, Schritt für Schritt und mit bösestem Blick auf das Auge des All-Einen zu, das leider ein anderes war.

Ich hatte die Schublade im Unmut der Enttäuschung so heftig zugeknallt, daß es da drinnen ein Malheur gegeben haben muß. Doña Carmen krempelte sich wieder empor aus der Zersplitterung und trat gelassen die Trümmer beiseite. Das Unglück war geschehen, auch als Frau muß man gewissermaßen seinen Mann stehen, und ferner lief alles so ab, wie es Schopenhauer in seiner Lehre von der Bejahung und Verneinung des Willens zum Leben geschildert hat, dort freilich in einem weniger anrüchigen Zusammenhange. Auch im Antiquariat hatte sich der Wille zum Leben bejaht. Doña Carmen war wieder Herrin über sich und ihren Ramsch geworden. Unfaßbar, elementar stand sie da, das echteste Stück ihres Bazars.

Neben dem Tisch, den auch drei Magueliden nicht klein kriegen würden, standen zwei windige Küchenstühle aus knotigem Tannenholz, das immer noch nicht ausgeschwitzt hatte: meine Garnitur. Noch dies und jenes preisend, begab ich mich an den Ausgang der Katakombe zurück, griff wie von ungefähr in meine Tasche und sagte: ach, Doña Carmen, da seien zwei Duros, für den Tisch und die Stühle, sie sei wohl mit dem Preis einverstanden, ich ginge rasch einen Almocreben holen.

Als ich mit dem Grauchen zurückkam, hatte Carmen die Möbel schon auf die Rambla gestellt. Während mein Diener die Albarde packte, legte ich die Silberstücke auf einen Lattenverschlag, in dem Kaninchen hoppelten, und küßte Doña Carmen auf schwebendem Abstand ihre an der Entthronung so nahe beteiligte Rechte. Lächelnd trug sie mir Grüße auf an unseren gemeinsamen Freund Don José Toboso y de Tembleque aus Toledo, der es ja wohl war, der mich an sie empfohlen hatte.

Ich neige zur Geschwätzigkeit. Geheimnisse sind darum bei mir nicht schlechter aufgehoben als bei anderen Menschen.

Beatricens Augensterne leuchteten, als der Almocrebe die

komplette Zimmereinrichtung hinaufgeschafft und den Lohn von 50 Centimos mitsamt dem fürstlichen Trinkgeld von zwei Peseten in Empfang genommen hatte; die Freude, als sie die Schublade sah! »So tief«, war auch ihr erster Gedanke, was da nicht alles hineingehe, das Brot, der Käse, das Suppengrün, ihr ganzes Nähzeug – »Vigo!« Ein Traum ging in Erfüllung. Sie küßte mich.

Das »Auge Gottes« brannte mir aber mehr auf den Lippen als ihr Kuß, und es hieß mich aus der Schublade zu plaudern. Ich spielte Doña Carmen, mich selbst, die Wachtel, den Kindersarg; klatschte in die Hände, Verbeugungen, die Ausrufe des Kunstkenners, der Blick in den Hintergrund, mein nachtwandlerisches Schreiten auf den Tisch zu, der Tisch, die Lade, ich ziehe sie auf – dann verlor Beatrice das Bewußtsein. Es war das zweite Mal auf der Insel, daß der Geist sie verließ.

Seife, Soda, kochendes Wasser, Räucherzäpfchen bei Nacht, Sonnenbestrahlung über Tag, »Legia«, Ammoniak, Essigdämpfe – eine Woche lang schrubbte ich die Schublade. Hätte ich geschwiegen und heimlich die Erinnerung an Doña Carmens Lebensbejahung ausgetilgt, es hätte mir Ärger, Arbeit und einen Duro erspart, den Wert eines Romans in der Ausgabe von Espasa Calpe.

Mitteilsamkeit ist ein Kennzeichen des echten Pessimismus, ohne sie gäbe es keine pessimistische Literatur.

*

Seltsamerweise war es Beatrice, die darauf bestand, ein »sehendes« Nachtgeschirr zu besitzen. Ich selbst hatte den Gedanken schon lange erwogen, wagte es freilich nicht, das ethnologische Thema anzuschneiden, um nicht gefährliche Geruchsassoziationen zu wecken, die bei dieser hochallergischen Frau verhängnisvoll werden konnten: »Du, riechst du nichts? Es riecht wieder, hat sich eine Katze eingeschlichen?« Dann stößt ihre Nase auf die Schublade, in der zwar nicht Brot und Käse, aber doch meine geistige Existenz geborgen ruht.

»Vigo, Liebling, weißt du, was ich schrecklich gerne hätte, und ich glaube, wir können es uns jetzt leisten, nämlich –«

»Halt, laß mich raten, und du wirst sehen, daß ich mich ganz in dich hineinversenken kann: The Scarabs Murder Case, van Dine!«

»Gefehlt! Höher bitte, und auf einem anderen Gebiet.«

Mit führerhafter Schlagfertigkeit sagte ich, den Sprung aus der

Unterwelt nach oben wagend: »Entweder Burckhardts Kulturgeschichte Griechenlands in einer unbeschnittenen Ausgabe oder ein Paar Schuhe für dein Indianerkleid, und dann nur von Ulua.«

Beatrice schüttelte den Kopf. »Das alles gibst du mir später. Jetzt möchte ich ein solches Gefäß haben, weißt du, mit dem Spruch am Boden und dem Kyklopenblick.«

Ich umarmte die Frau, der ich so oft Phantasielosigkeit vorgeworfen hatte. »Goldene! Du willst auf dem Auge – Auge in Auge ...?«

»Nicht ganz so, Liebling, ich meine als Schirmständer, in der Entrada, oben herum erfindest du einen Ring.«

»Damit das Auge immer feucht bleibt, ich verstehe.«

Einem Nachtgeschirr Gottes Auge zu leihen, mag dem ketzerisch oder ruchlos erscheinen, der von Gott eine filzige Vorstellung hat. Auch darf man nicht vergessen, daß der Spanier den Namen des Allerhöchsten gerne vergeblich führt, weil er ja mit ihm in einer Art Personalunion lebt. Wer fiele nicht hintenüber, wenn er zum ersten Mal einen Spanier fluchen hörte: *me cago en Dios*, was man nur mit drei Pünktchen wiedergeben kann. Ich habe es Priester im Eifer der Diskussion rufen hören und bin überzeugt, daß auch Kardinäle es in den Mund nehmen. Denken tut man sich nichts mehr dabei. Aber wer denkt sich auch schon etwas beim Namen Gottes? Sehet den Lauf der Welt – Gottes.

»Beatrice, ich werde nicht rasten, bis das Auge Gottes seinen Blick in unsere Entrada wirft, und wehe dem, der es anders als durch einen Regenschirm in Tränen hält!«

Nach langem Rechnen wurden fünf Peseten für die himmlische Murrhine ausgezogen. Am Ende des Monats seien sie eingespart, bis dahin müßten wir uns ohne den bösen Blick behelfen. Es war ja auch so lange schon ohne ihn schief gegangen.

Das Auge verfolgte mich jetzt, wo ich ging und stand. Da ich als einhäusiger Mensch meistens saß, und dann vor der Maschine, in die ich eigene und fremde Literatur tippte, blickte es über meine Schulter in den Text, etwas, das ich nicht vertragen kann.

Schnapser und Lustmörder kennen auch das Gefühl, das plötzlich über einen kommt, den unwiderstehlichen Drang: jetzt mußt du dir einen hinter die Binde gießen, jetzt mußt du eine Gosche zwischen die Finger kriegen, sonst passiert was! Dann stehen sie ruhig auf und suchen das Opfer. Sie gehen in die Kneipe oder in die städtischen Anlagen.

So erging es auch mir mit dem Auge. Ich mußte mich auf den Weg machen, es zu suchen, das heißt, das Gefäß aufzuspüren, das seinen Blick barg. Fünf Peseten waren in der Schublade, nicht die für den Topf, sondern fürs tägliche Brot. Das »Auge Gottes« hieß sie mich nehmen, fürs Auge.

Wenn ich es für 1 Pesete bekäme? Wenn ich mich zum Handeln erniedrigte, einmal im Leben, weil Beatrice sich in dieses Einauge verliebt hat?

Den Wunder-, Plunder- und Altbüßermarkt von Palma, auf der Plaza del Olivar, kannte ich gut; manches hatte ich dort schon aufgestöbert. Der Trödler in Nachtgeschirren habe aber seinen Stand auf dem Gelände »Ses Enremades«, sagte mir Pedro. Dort würde ich sicher das Auge finden, aber aufgepaßt! »En Xaragante« sei ein Gauner, der verreckte Schweine zu Sobrasada verwurste. Das ging mich nichts an, wenn er unter seinen blinden Töpfen nur einen sehenden hätte.

Die Sonne brannte auf einen zerflederten Schirm, unter dem En Xaragante saß und seine Geschirre hütete. Er war sehr dick, und dürftig bekleidet, was an sich nicht die Art des Spaniers ist. Überall, wo sein Hemd körperliche Blößen aufwies, waren diese durch Schmutzkrusten oder dichten Haarwuchs gemildert. Der Sombrero spendete Schatten, wo der Schirm die Sonne durchließ. Der Mann hielt sein Nickerchen, falls dies das richtige Wort ist für das, was er schnarchend besorgte, schweren Leibes zusammengestaucht auf einer Kiste.

Neben dem Schläfer, der wie ein europäisch aufgeschmückter Kaffernhäuptling wirkte, stand ein großer runder Käfig, dem soviel Stäbe fehlten, daß ein Huhn ohne weiteres hätte herausspazieren können. Aber der schwarze Vogel, der darin saß und von der Sonne gebraten wurde, konnte es nicht, er versuchte es nicht einmal, so ausgesöhnt war er mit seinem Schicksal. Er maß gut 70 cm von seinem ebenhölzernen Schnabel bis zum abgestoßenen Schwanz, und die Flügelspannweite schätzte ich alter Vogelzüchter auf zwei Meter oder mehr. Es war ein Rabe, der Kolkrabe, corvus corax, der wie alles, was auf diesem Pflaster feilgeboten wurde, seine besseren Tage gesehen hatte. Im Gegensatz zu seinem Besitzer schlief der Vogel nicht. Er war unglücklich. Ungeziefer, Durst und Gelüste nach einem leckeren Aas schien er auch zu haben, doch verstand er es, weise wie Erzraben sind, sich zu beherrschen. Vielleicht wußte er auch: deine zerzausten Schwingen tragen dich nicht mehr in die Lüfte.

Um diesen schläfrigen Mittelpunkt standen die Gefäße, derwegen ich gekommen war. Da es sich um zerbrechliche Ware handelte, hatte En Xaragante sie auf einer Zeltbahn ausgebreitet. Die nächtigen Geschirre hoben sich von dieser Unterlage seltsam ab. Sie wirkten wie Eulen am Tage.

Das Schicksal, ich muß das großspurige Wort wieder einmal gebrauchen, hat mir oft den Stuhl unter meinem Leder weggezogen, und dann mußte ich nach einer anderen Sitzgelegenheit Umschau halten. Ich habe oft die Tapete gewechselt und somit viel in der Welt herumgewohnt, und überall, wenn ich's besser traf als bei meinem Vigoleis, fand ich die beliebten Schränkchen neben dem Bett, unten das Fach für die Not. Nicht jeder liebt solchen Brauch und zahlt den Hang zur Ästhetik mit Nierensteinen. Andere sind dankbar, wenn sie im Schutze der Dunkelheit ins Geschirr gehen können. Die Zivilisation hat das so mit sich gebracht, und wen geht's etwas an? Ich kenne den deftigen Kamerpot der holländischen Mevrouw, die treue Nachtscherbe der deutschen Mutter, den urchigen Hafen der Schweizerin, die, in welchem Kanton auch, ihre Urstände zu wahren weiß. Ich kenne die Geschmacksrichtung anderer Völker, habe das Gedicht von Vasosinho der zartwüchsigen portugiesischen Menina in der Hand gehabt – und immer wieder muß ich Vigoleis beipflichten, der sein dem Irrsinn verfallenes Nachtgeschirr in die Nutzanwendung ausarten läßt: der Nachttopf ist ein nützliches Gerät, wenn er verschweigt, was in ihm vor sich geht.

Einen Topf mit dem Auge der Vorsehung hatte ich noch nie gesehen. Sollte En Xaragante einen haben? Mehr als hundert Gefäße aller Klassen standen in einladender Bereitschaft um den Herrn und seinen Raben. Würde ein Topfauge sich zu mir aufschlagen und sagen: »Vigoleis, ich sehe dich«?

Der Rabe hatte seinen Blick aus dem eigenen, verstrobelten Schicksal herausgehoben und schaute nun mit einem in Weiß eingelegten braunen Auge zu, wie ich vorsichtig über das Gescherbe seines Herrn storchte und gleichsam aus der Vogelschau nach dem Einauge spähte.

Meine bedächtige Stelzerei hatte nicht nur die Aufmerksamkeit des Corvus Corax erregt. Dutzende Marktschlenderer säumten den Geschirrstand und verfolgten jeden meiner Schritte. Ich war zum Mittelpunkt der öffentlichen Anteilnahme geworden, etwas, das sofort Platzangst und Nesselfieber in mir auslöst. In solchen Fällen sacke ich einfach inwendig zusammen und erröte auch von innen, während die Wangen bleich bleiben. Als Führer beginne ich dann zu schwätzen.

Das Auge sehen und mich bücken, war eins. Ich hob den Gral aus dem Gewirre seiner Mitgefäße heraus und kam mit meinen eigenen Augen dem mystischen Auge auf halbem Wege entgegen. Ich war im Himmel.

Lauter Jubel umbrandete mich, der Schläfer wachte auf, der Rabe krächzte. Nur auf bunt überschmolzenem Grunde das Auge blieb stumm; desto beredter die Inschrift: du Halunke, ich sehe dich.

Ich mußte handeln, wollte ich nicht wieder das Opfer meiner Umwelt werden. Im Geiste sah ich Beatrice vor mir; nein, nicht auf dem Auge, Entschuldigung, sondern in einem Palast sich schinden mit kosmetisch hochgezüchteten Señoritas. Ich hatte ihr ewige Liebe geschworen, und hier konnte ich beweisen, daß ich für sie auch über Nachtgeschirre ging. Über Töpfe aus Porzellan und Ton, Emaille und Steingut – ein keltiberisches Urinal aus feinwandig gedrechseltem Granit war sogar darunter – stapfte ich auf Xaragante zu, hielt ihm die Keramik unter die Nase und fragte: wieviel?

»Ein Duro.«

»Wegen dem Auge? Der Topf hat einen Sprung!«

»Das Auge macht zwei, Lady Hamilton drei Peseten, sind fünf, mein Herr.«

Lady Hamilton? Was hatte Fanny mit dem Geschirr zu tun, oder zu tun gehabt? Mir schwante Indiskretes. Don Juan Sureda hätte ein Kärtchen mit der Legende an den Henkel gebunden.

Genau wisse er das auch nicht, sagte En Xaragante, aber ein Engländer habe ihm erklärt, das Gefäß stamme ohne Zweifel aus der Sammlung Lord Hamiltons, und da sei es natürlich, daß seine Frau . . .

Schallendes Gelächter im Publikum, das sich neugierig um die Geschirre drängte. Zu meinem Schrecken erblickte ich auch noch einen guten Bekannten, einen forschen Kerl mit buntem Halstuch und Einkaufshut: meinen Arbeitgeber Robert Graves, der aber nicht dergleichen tat, als ob er mich erkannt hätte, wofür ich ihm dankbar war. Als Kunstsammler, Historiker und Engländer war er dreifach an der Transaktion interessiert. Selbst kein Sammler, berührte mich die der Urne anhaftende Patina von Lady Hamiltons Vielseitigkeit nicht. Ich wollte den Topf als Träger des Auges haben und dafür auch gerne 2 Peseten ausgeben, doch nicht den historisch bedingten Mehrpreis.

Bei dem sich entspinnenden Handel zog ich den kürzeren, meine Führereigenschaften ließen mich im Stich. Das Publikum amüsierte sich großartig auf Kosten des Ausländers, der mit vorgehaltenem Nachgeschirr auf den schmierigen Höker einredete. Lausejungen, die das Geheimnis des Topfes kannten, hänselten mich: yo te veo, bribón, ich sehe dich, du Gauner. Der Rabe krächzte mitüber und regte seine Flügel, daß das Bauer wackelte.

In jedem Topfe wohnt Gott, lautet ein berühmter Ausspruch der Heiligen von Avila, der mir in den Sinn schoß, als ich mir meiner Lächerlichkeit bewußt wurde. Helfen tat auch diese mystische Erkenntnis mir nicht. Ich wünschte mir das bekannte Loch im Boden, in das ich versinken könnte mitsamt dem ruchlosen Augentopf. Aber die Erde tat sich nicht vor mir auf. Der Dicke wurde ungeduldig, ich solle mich gefälligst entschließen, er sei nicht auf Kunden angewiesen, und auf so einen wie mich schon gar nicht! Das sah ich ein. Kein Lumpenhändler ist darauf angewiesen, seinen Ramsch loszuwerden, das ist das Geheimnis ihres Erfolges. Zum Zeichen, daß ich und die Welt ihn weiter nichts angingen, schloß En Xaragante wieder seine Schweinsaugen. Nun hätte ich das Auge Gottes still auf den Boden stellen und gehen sollen. Aber ich war wie gebannt. Stammelnd fast sagte ich: »Und der Rabe? Ein prächtiges Tier! Ich habe nie ein so großes Exemplar gesehen. In meiner Heimat sind sie kaum größer als eine fette Krähe.«

Der Potier de chambre schlug ein Auge wieder auf und blinzelte mich an. Mein Lob auf den verpluderten Kraker hatte eine Stelle seines Herzens getroffen, die noch nicht durch den Umgang mit so anrüchiger Handelsware verdorben war. Er streckte einen dicht behaarten Arm nach dem Käfig aus und hob diesen anpreisend in die Höhe. Der Rabe sperrte den Schnabel auf, er dachte, nun bekäme er eine Sobrasada aus En Xaragantes Schindküche.

»Verkaufen Sie den auch? Was kostet so ein Teufel?«

»Der kann sprechen, ein Duro pro Sprache, basta.«

»Und wieviel Sprachen spricht er?«

»Drei, das macht 15 Peseten, da haben Sie was für Ihr ganzes Leben. Der Knabe wird uralt, die Kindeskinder werden daran noch ihre Freude erleben.«

Die Zuschauer brüllten: olé, olé, der Kreis hatte sich dicht geschlossen. Das Schauspiel versprach immer lustiger zu werden, doch niemand durchbrach die Sperre, die die stummen Geschirre auf der Plache zu bilden schienen.

Der Rabenvater, der nun auch sein zweites Auge geöffnet

hatte, stellte das Vogelbauer wieder ab, wobei er mich ermunterte: »Und jetzt?« – »Mut, Señorito!« wiegelte das Volk. Von meiner Stirn troff der Schweiß, mein Brägen kochte. Ich ergriff den Knauf des Rundbauers und hielt das Tier mit gestrecktem Arm wie abschätzend von mir. So stand ich denn da, in der Rechten immer die Prunzscherbe, aus der mich das Auge Gottes, in der Linken den Käfig, aus dem mich das Auge des vermilbten Teufels ansah.

»Ich nehme den Topf«, sagte ich zu dem Dicken, stellte das Gefäß auf den Boden, holte den Duro aus der Tasche und warf ihn dem Gauner zu. Nun toste die Menge wie bei einer Novillada. Meine Fehlhandlung bestand darin, daß ich den Duro in der rechten Tasche hatte und den Käfig nicht abstellte. »Ein Prachtkerl!« lobte ich wie zur Entschuldigung, daß ich ihn nicht auch noch kaufen konnte, »und drei Sprachen, das ist viel. Ich kenne einen Kakadu, der spricht Spanisch und Portugiesisch.«

»Und du«, rief ein Rotzlöffel, »sprichst Spanisch wie ein Rabe!«

Da mußte selbst der Trödler mit seinen fauligen Zähnen lachen. Stand Robert Graves noch da? Nicht hinsehen, Vigo! Nun war ich auch philologisch noch durchgefallen, das gab mir den Rest. In der Linken den Erzraben, stapfte ich über die Pötte dem Rande des Schauspiels zu. Der Mann brüllte hinter mir her, ich verstand ihn nicht, alles tanzte vor meinen Augen. Die Menge klatschte Beifall. Es war ein erhebender Abgang.

Zu spät merkte ich, daß ich mich vergriffen hatte. Kinder zogen johlend hinter mir drein, der Corvus Corax L. krächzte und lockte noch mehr Jugend an. Gröhlend gab mir die Schar das Ehrengeleite bis in dic Straße des Generals und erteilte Ratschläge: wie das Biest zu halten sei, daß es täglich eine lebende Ratte fräße, dazu viel Aas, und es habe auch Läuse, die ihm allmählich die ganzen Federn vergrindeten. Das hatte ich selbst schon gesehen, aber gedacht, es handele sich um das Phänomen der Puderdunen. Das Alter des Krächzers wurde von der Gassenjugend auf 30 Jahre geschätzt. Mich sollte das alles vorerst nicht bekümmern. Ich war zu Hause. Was nun?

Meine Arme waren steif, die Gelenke schmerzten, mein Beutel war leer. Ich stellte den Käfig auf den Tisch der Doña Carmen und sprach auf den Vogel ein. Er krächzte in seiner heimischen Zunge, zu einem Wort in menschlicher Sprache war er nicht zu bewegen. Ich hatte Erfahrung mit Corviden und wußte, daß er sich erst an die neue Umgebung und den neuen Herrn gewöhnen müsse. Außerdem schien er mir dasselbe zu haben, was ich hatte, nämlich Hunger. Erst das Vieh, dann der Mensch, sagen die Bauern. In wenigen Minuten fraß der Bursche alles auf, was an Eßbarem auf dem Küchenbord stand. Viel war es nicht, aber es hätte zu einem bescheidenen Abendessen für uns zwei gereicht. Der Vogel war aber noch nicht satt. Gewisse Omnivoren fressen täglich das Vielfache ihres eigenen Gewichtes. Das würden wir ja nie aufbringen können! Gottes Auge wäre billiger zu halten gewesen. Und er stank wie alle Allesfresser, und war auch noch frech. Mit seinem gewaltigen Schnabel hackte er nach meiner Hand, als ich ihm eine Fliege hinhielt. Eine Fliege, wird er sich gedacht haben, was soll ich mit einer Fliege? Ich will Aas, pfundweise, oder Sobrasada aus verreckten Schweinen! En Xaragante hatte das alles – hätte ich ihn doch bei den Töpfen gelassen. Und was wird Beatrice sagen?

Ich warf ein Tuch über den Käfig, setzte mich auf eine Kiste und brütete. Auge Gottes, warum hast du mich falsch angeblickt?

Beatrice zog die Luft durch die Nase und sagte: »Was riecht es hier eigentümlich? Hat Pedro wieder ein Modell mitgebracht, das sich nicht wäscht? Das geht auf die Dauer nicht!«

Pedro hatte sein Atelier in einem unserer Zimmer eingerichtet, mit Staffelei und einem Schafsfell, auf dem die Mädchen sich niederließen. Ein Aktmodell hieß Joan. Joan kam aus Irland und roch unbestritten gesetzwidrig. Übel stank auch ein verkommener Aristokrat, der in Joan verliebt war und sich darum auch von Pedro malen ließ. – »Aber diesmal, Beatrice, sind es nicht die Modelle, es ist der typische Wildgeruch aller Carnivoren, und stell dir vor, er spricht drei Sprachen!« Und er fresse für drei, fügte ich noch hinzu, aber Beatrice hörte es nicht mehr.

Ich enthüllte das Geschenk, das statt der Himmelsgabe ein diabolisches Angebinde war, und sprach etwa folgendermaßen: »Beatrice, Chérie, ich wollte dich mit dem Auge Gottes überraschen, aber es ist ausgelaufen. Während der Transaktion mit dem Kunsthändler verlor ich den Überblick, der Mann hatte mindestens 300 Geschirre, und nun haben wir einen echten Raben, Corvus Corax L., aber zum Glück ist der Preis derselbe, ich habe mich von dem Gauner nicht breitschlagen lassen, denn stell dir vor, 3 Duros wollte er für den Erzvater haben! Ich hab ihn für einen erhandelt, und das ist fast geschenkt.«

»Es war unser letzter Duro!«

»Ich weiß, Liebste, aber die Gelegenheit war einmalig, die bietet sich nie mehr.«

Beatrice fragte nichts, nicht einmal, ob ich verrückt geworden sei. Ein Blick auf die Planke hatte genügt, ihr zu zeigen, daß der Vogel sich schon über unser Abendessen hergemacht hatte. Sie hatte noch einen Rest Läusepulver, das streute sie über den Raben aus und deckte den Käfig wieder zu. Eines Raben wegen zankt man sich nicht in einer harmonischen Ehe. Zudem erbot ich mich sofort, bei Don Matias ein Brot auf Pump zu kaufen.

Don Matias hörte sich die wunderbare Geschichte an, und er riet mir, den Vogel auf den Balkon zu stellen und gegen Ungeziefer mit Holzasche einzustäuben. Dann gab er mir das Brot und noch eine Handvoll Mäuse, die Jaume mit der Schösser erwischt hatte. Eine zappelte noch, das gäbe einen ganz besonderen Happen für meinen Unglücksraben.

Don Matias hatte es gut gemeint. Der Galgenvogel rührte die Mäuse nicht an. Er krächzte nach Aas und Milchpappe. Da er nicht mehr fliegen konnte, konnten wir ihn nicht einmal fliegen lassen. Pedro sagte: Verschenken! Ein Rabe sei immer noch ein originelles Geschenk. – »Mamú!« rief ich, »wie haben wir Mamú vergessen können!«

Mamú hatte bald Geburtstag. Ich hatte schon ein Gedicht für sie verfaßt und lernte es auswendig. Es war sehr stimmungsvoll, mit Mond als Barke am Himmel segelnd, kleinen weißen Wölkchen . . . der Rabe war bestimmt ursprünglicher. Es war ja auch das erste Mal in meinem Leben, daß ich einer Millionärin ein eigenhändig verfaßtes Gedicht aufsagen mußte. Mamú war zudem durch dichtende Freunde wie Rilke, Hofmannsthal, Werfel und andere arg verwöhnt. So zauderte ich keine Minute, den Raben, den ich sowieso schon gegen das Auge Gottes eingetauscht hatte, gegen meine Lyrik auszuspielen. Beatrice war es recht, sie bedauerte nur, daß Mamú nicht ein paar Tage früher zur Welt gekommen sei.

Mamú wurde mit Geschenken überhäuft, aus aller Herren Länder kamen Telegramme. Die Damen der Christlichen Wissenschaft stimmten einen frommen Sang zur Orgel an, Auma war zum Anbeißen, der Staatsanwalt wie immer auf dem Sprung, es zu tun. Der Koch tat besonders geheimnisvoll, die Kinderfrau war auch an diesem Jour mürrisch und ohne Glanz – da kamen Vigoleis und Beatrice mit dem Vogel. Der Käfig war blankgeseift, die verkröpften Stäbe zurückgebogen, eine rosa Schleife zierte den Kuppelknauf. Daran baumelte ein Kärtchen mit dem Namen, auf den wir den Nimmersatt in aller Eile getauft hatten: Rabindranath.

Rabindranath hackte allen anderen Geschenken buchstäblich die Augen aus. Mamú weinte vor Rührung, wie Paraffintropfen kullerten die Tränen ihre etwas wabberigen Backen hinunter. Die Damen witterten Unrat und Rabensaat und klappten die Bibeln zu. Mamús Pekinese bekam einen Nervenzusammenbruch.

»Vigo, mein Vigolo, goldigs Mannerl, ein Rabe aus Tausendundeinernacht! Erzähle, wie du ihn gefangen hast!«

Ich erzählte von En Xaragante und seinem kyklopischen Scherben, was die Medizinfrauen wieder zu fuchsen schien, da sie dachten, die magischen Geschirre seien eine böswillige Erfindung von mir. Insofern log ich den Hergang allerdings um, daß ich als Held das Schlachtfeld verließ. Die Beterinnen waren empört, sie hätten mich am liebsten getötet. Mich reizte diese ewige Scheinheiligkeit, und so ging ich zum Angriff über, um die Wissenschaft ein für allemal auffliegen zu lassen. Ich nahm den Käfig und stellte ihn mitten unter die Heiden. Der Rabe, sagte ich, habe leider seine drei Sprachen verloren; ob nicht eine unter ihnen sei, die dem Tier wenigstens seine Muttersprache wieder an den Hals beten könne, denn ein Vogel sei schließlich vor den Augen des Herrn nicht weniger als ein Hund.

Das saß. Ein Rauschen wie von Flügeln erhob sich. Unter dem unartikulierten Gekrächze Rabindranaths räumten die frömmelnden Schachteln das Feld. Mamú war jetzt noch dankbarer. Das Fest konnte beginnen.

Rabindranath bekam eine Volière im Park und ein Fressen, wie er es sich in freier Wildbahn nie hätte zusammenaasen können: rohes Fleisch, Palatschinken, Quakeroats und Eier à discrétion. Das Gefieder verlor seine Struppigkeit, es lag glatt und glänzend an, der Schnabel blinkte wie poliert, alles an ihm war nun wieder rabenschwarz, auch seine Seele. Die Feindschaft mit Mamús Pekinesen, eine auf den ersten Blick, war nicht aus der Welt zu schaffen. Mamús Schildkröten ließen ihn kalt. Fingerzahm ist er nie geworden, im Gegenteil, er wurde immer frecher und hackte jedem nach der Hand, der ihm einen Bissen hinhielt. Er war versessen auf Menschenblut, der echte Galgenvogel.

Kurz bevor wir die Insel verließen – Mamú war schon geflohen –, habe ich Rabindranath fliegen lassen. Nun konnte er seinen menschenfresserischen Gelüsten frönen, denn unsere Insel war geworden, was Bernanos zum Titel für sein Buch über Mallorca gewählt hat: der große Friedhof unter dem Mond.

Les grands cimetières sous la lune: in seiner funebren Aussage ist das ein guter Titel für ein Buch, in dem auch von der ersten bis zur letzten Seite die große Friedhofsstimmung aller Menschenschlächtereien herrscht. Dennoch handelt es sich bei dieser Titelgebung um eine leichte Bildverschiebung. Ein Friedhof ist ein Ort, wo die Toten zur letzten Ruhe bestattet werden; eine gefreite Stätte, auf der früher auch der Verbrecher vor Verfolgung sicher war; wo man in Frieden ruht. Der heilige Krieg forderte aber auf Mallorca so viele Opfer, daß man sie auch mit doppelter Spatenschicht nicht mehr begraben konnte. Sie blieben liegen, wo man sie abgemacht hatte oder die Lastwagen sie aufs Feld gekippt hatten, zu Tausenden, Tag für Tag, den Vögeln des Himmels ein Aas.

Den Vögeln des Himmels überließ man darum auch den werktätigen Erweis der menschlichen Barmherzigkeit, den die Kirche als das siebente unter den leiblichen Werken der Misericordia aufführt und dem Eifer der Gläubigen empfiehlt: die Toten begraben. Dadurch, daß ich meinen Rabindranath dem Himmel wiedergab, habe ich mich ein wenig um dieses göttliche Erbarmen verdient gemacht, das außer acht lassen mußten, die im Namen des Herrn die Leichen häuften. Später, als böse Ausdünstungen die Gesundheit gefährdeten, bestreute man die Kadaver mit Kalk. Das haben die gefiederten Totengräber dem Leiter des öffentlichen Hygienedienstes sicher sehr verübelt, denn nun drohten sie ja selber zu verrecken wie die Menschen.

XIII

Dieses 13. Kapitel schreibe ich an einem 13. des Monats und noch an einem Freitag. Es sollte handeln von der traurigen Geschichte, wie Vigoleis, der Kinderfreund, ein Kind an Kindes Statt annehmen wollte, und wie das auch daneben ging. Doch will ich dem Aberglauben, der mit der Zahl 13 getrieben wird, mal ein Schnippchen schlagen. Immanuel Velikovsky führt in seinem Welten bewegenden Buche ›Worlds in Collision‹ eine Stelle an über ägyptische Mythologie, die folgendermaßen lautet: »Der 13. Tag des Monats ist ein sehr schlechter Tag. An diesem Tage sollst du nichts tun. Es ist der Tag, an dem Horus sich in einen Kampf einließ mit Seth.«

An diesem 13. Tage will ich darum erzählen, wie sich Rabindranath, der Unglücksrabe, in einen Kampf einließ mit T'uang,

Mamús goldlockigem Liebling, und wie das unseren Helden eitel Glück gebracht hat.

»Wie steht es?« fragte Beatrice, als ich von der Fremdenpolizei zurückkam, »unsere Papiere sind doch in Ordnung.«

»Die deinigen schon, als Schweizer Bürgerin bist du auf allen Meldeämtern der Welt beliebt. Es dreht sich um mich, und es steht ziemlich mau. Man will mich als lästigen Ausländer abschieben, aber Genaues habe ich nicht in Erfahrung bringen können. Sicher ist, daß die Nazis dahinter stecken, das Deutsche Konsulat, der herausgeschmissene Reichsleiter und meine Heimatbehörde. Das arbeitet Hand in Hand. Wer gegen den Führer ist, wird ausgemerzt wie ein untaugliches Schaf. Die Herde ist Trumpf.«

Meine Aufenthaltsbewilligung sollte nicht mehr erneuert werden. Eine Denunziation lag vor: ich sei ein »elemento disolvente«, ein auflösendes, zersetzendes Element. Element im Sinne von Kerl natürlich und nicht als Grund- oder Weltstoff gedacht. Meine katalysierende Kraft schien gefährlich zu sein. Ich gebe zu, daß es eine Meisterleistung der Nazis auf Mallorca war, damals, wo in Spanien alles in Auflösung begriffen war, noch einen Vigoleis der spanischen Politik als Gärstoff gefährlich werden zu lassen.

Der Beamte riet mir, die Insel freiwillig zu verlassen, ich zöge ja doch den kürzeren. Man hätte nicht gerne Leute in den Matrikeln stehen, die sich mit ihrem Konsulat nicht vertrügen. Das gäbe Scherereien, Scherereien gäben Arbeit, und Arbeit liebe man nicht. Man sei eine goldene Insel und damit basta.

Bei dieser Feststellung hätte ich dem Beamten zwei Duros unter das Löschblatt schieben sollen. Der deutsche Konsul wäre dann mit dreien gekommen, aber ich hätte Zeit gewonnen, sicher ein halbes Jahr. Ich ging aber ohne diese Aufmerksamkeit fort.

Es stand also brenzlich für mich und somit auch für unser deutsch-schweizerisches Konkubinat.

Don Matias, von dem drohenden Unheil gebührend in Kenntnis gesetzt, erbot sich sofort, die hondurensische Freiheitsbewegung einzuschalten. Don Patuco habe für solche Fälle einen besonders gewieften Wicht an der Hand. Der bekäme den Auftrag, meine Matrikel bei der Fremdenpolizei verschwinden zu lassen, ähnlich wie es mit meinem Steuerkram gegangen sei. Ich billigte den Schritt. Matias machte sich ein paar Notizen in seiner lyrischen Kladde, wobei er auf sein letztes Gedicht stieß, das er mir vorlas. Ich rühmte es mit dem stummen Blick des Selbst-auch-Dichters, der sich fremder Größe nicht verschließt: und *das* liegt ungedruckt in der Schublade einer Bäckertheke! Don Gracias a Dios wollte seine Braut für unsere eheliche Seßhaftigkeit auf Mallorca beten lassen. Don Pablo Sacramento versprach mir einen Pulverknochen aus dem Arsenal seines Vaters Ulua. Pedro hob nur die Schultern. Mamú hingegen erschrak, als ich ihr erzählte, daß die Nazis schon ihre Lunte an unser bescheidenes Inselglück gelegt hätten.

Wir saßen unter der Palme, die ihre Aufgabe, die Sonne abzuhalten und Park zu sein, durch keine Dürre angefochten bestritt. Auma war auch dabei, ihr Bräutigam auch. Von den beiden Liebenden wußte die in Liebessachen so erfahrene Mamú selbst nicht mehr, wer wessen Schatten sei. Bald würden sie aber überhaupt keinen mehr werfen, denn das finnisch-mallorquinische Brandfieber zehrte sie zusehends aus.

Mamú klatschte plötzlich in die Hände, die weiß, weich und mit braunen Tupfen am Rücken übersät waren. Sie kam ins Wackeln, der Liegestuhl schüttelte, die Backen, Hamstertaschen, die ihre Mimik bedeutend unterstützten, warfen sich, als sie jetzt rief: »T'uang!« Der so hieß, hatte das flammende Rothaar meines Schülers Hutchinson; die zu jedem Zusammenbruch rasch bereiten Nerven des Essener Hüttensyndikus; einen Stammbaum, an dessen Wurzeln noch nie der Wurm der Anarchie genagt, und die vier Pfoten des van Beverwijnschen Tropenhundes nach der Schlitterpartie und vor dem Wunder: nämlich keine. Er war Pekinese, der als solcher seine eigene, drollig verbasterte Art hatte sich fortzubewegen. Sie erweckte mein Mitleid nicht weniger, als es der Gesichtsausdruck tat, der ständig im Zeichen tränennaher Vergrämung und eines völlig unbegründeten naserümpfenden Hochmutes stand. Vielleicht litt T'uang auch an Würmern; an Migräne sicher.

Mamú hob das goldige Hunderl auf den Schoß und sprach lange auf Wienerisch mit ihm. Es lief darauf hinaus, daß mir der Hund erklären solle, er sei nicht lächerlicher als ein Pudel oder ein Basedowscher Pinscher, und Frauchens Liebling, und 5000 Dollar habe er gekostet.

Das war's. T'uang hatte 5000 Dollar gekostet, Ahnentafel einbegriffen. Er stammte aus dem gefürsteten Zwinger des Hauses Esterhazy, der, ich glaube es Mamú gerne, der berühmteste im alten Europa war. Wo sich der Stammbaum verdickte, lagerten schon die dichten Nebel der Vorzeit und schufen eine solche Finsternis, daß sich selbst in der Heraldik erfahrene Waldläufer nur mit Mühe ihren geweisten Pfad keilten. Mir sagen Stammbäume nichts, ich schaue nicht zu ihren Kronen auf, und darum wohl konnte ich mich so diebisch freuen, als die Nazis mit ihren Rassengesetzen die ganze genealogische Wissenschaft ad absurdum führten. T'uang aber war stolz auf seinen Geschlechterbaum. Wäre er nicht nur ein degenerierter Hund, sondern ein Mensch gewesen, dann hätte er sich die botanische Darstellung seines Ursprungs in die gute Stube gehängt, wie es der Fleischer mit dem Meisterbrief oder ein spanischer Arzt mit seinem akademischen Heilschein tut. Und warum nicht? Ob Affenpinscher oder Homo Sapiens, Harzer Edelroller oder Weißes Deutsches Edelschwein, es ist immer gut zu wissen, warum man so und nicht anders rollt, grunzt und bibbert, und sich so und nicht anders über die Roller, Grunzer und Bibberer erhebt. Beim Anblick eines farbig angelegten Ahnengebüsches überkommt mich immer eine tiefe Rührung, und ich beuge mich in Ehrfurcht vor dem stallblinden Glauben an die eheliche Treue, die bei einem Hund noch an der Leine gehalten werden kann. Der Mensch liebt die Freiheit kraft eines ihm eingeborenen Dranges, den man ihm freilich auszutreiben versucht und auch austreiben wird. Vorläufig aber noch sorgt er für die nötigen kahlen Stellen im Laubwerk des Ahnenkultes. Es sind dies die gefürchteten Punkte, wo sich die Fährte tot läuft und auch der verbissenste Schweißgenealoge nicht mehr weiter kommt. Dann kann der Ahnengärtner beweisen, daß er über Geduld, Diskretion und Einfühlung in die Belange des Auftraggebers verfügt. Okulieren ist da die einzige Lösung. Ein bekannter Ahnenbotanologe, der jeden Baum bis an die Jessewurzel bloßlegt, sagte mir einmal, die Kunst bestände in der geschickten Zuweisung eines Ahns, wenn man schon beim ersten Beiseitebiegen der Äste auf die geilen Triebe stoße, die das ganze Geschlechtsregister zunichte machten. Der Mensch, so tröstete ich den Gelehrten, wurzele zwar in seinen Ahnen, aber der Ahn klettere nicht immer in seinem eigenen Stammbaum herum.

T'uangs Herdbuch sei echt, sagte Mamú, als ich mich auf Kosten des Hunderls über diesen Kleine-Leute-Unfug lustig machte; das sei nicht von einem Historiker zusammengeklittert, und darum wolle sie auch nicht, daß T'uang sich paare mit der pekinesischen Töle des Direktors der Fremdenpolizei. Dieser läge ihr schon seit einem Jahr in den Ohren mit seiner genealogischen

Eitelkeit: er wolle Nachwuchs aus T'uangs Blut! Sie habe ihn abgewimmelt, ja dulde nicht einmal, daß er seinen Bastard mit ins Haus brächte. Das wußte ich. Der Polizeidirektor verkehrte viel bei Mamú. Er war ein großer Schwadroneur, der sich mit Haut und Haar außer dem eigenen Liebesleben auch dem seiner vierbeinigen Tiffe verschrieben hatte, und er hoffte, Mamú mürbe zu kriegen zum Kopulationsgeschäft. Vor dem Hause wartete immer der Chauffeur mit der verschmähten Braut. Don Fulano hatte Mamú schon manchen Dienst erwiesen bezüglich ihres nichtspanischen Personals. Nun machte er der Millionärin mit der durch die Läufigkeit seiner Hündin bedingten Regelmäßigkeit seine Aufwartung. Als Mann von der Polizei wußte er, daß jeder Bube einmal ins Garn geht.

Seinen ersten Antrag hatte Mamú empört abgewiesen und T'uang wie zum Schutz an ihren Busen gedrückt: armes Hunderl, man will dich verkuppeln! Alle im Hause teilten mit ihr Zorn und Abscheu über ein solches Ansinnen, auch die Personen des heidnischen Kränzchens, die an T'uangs himmlisch-reinem Lebenswandel darum einen besonderen Anteil nahmen, weil sie selbst wegen eines wunderbaren Hundes ihre Bundeslade bei Mamú hatten aufstellen können.

Da kamen wir mit unserer ganz anders bedingten Lebensnot, und Mamú, von bangen Ahnungen erfüllt, klatschte in die Hände. T'uang kam angedackelt, wurde auf den Schoß genommen und mit der Mißwende seines Lendenadels vertraut gemacht. Das ging nicht ohne viel Abherzen und wienerische Sentimentalität, doch auch wienerische Ungeniertheit: vor Zeugen und mit unzweideutigen Worten erfuhr das Hunderl, daß es gegen den Stammbaum sündigen müsse. Mit dem müden Blick seines hochgezüchteten Geschlechtes blickte T'uang seiner Herrin in die Augen und rümpfte noch mehr die Nase, als es aus reiner Entartung schon geschah, wie er hörte, welch ein zweifelhaftes Frauchen schon die längste Zeit lange Zeit nach ihm habe. Mamú sah zum Glück die Verzweiflung in den Augen ihres Lieblings nicht. Sie wandte sich an den Staatsanwalt und bat ihn, den Polizeidirektor sofort zu verständigen.

Die Feste war gefallen. Der Mob, der im Lande der Dichter und Denker raste, forderte auch hier sein Opfer. Und wir, alle, billigten den Verrat an T'uangs Lenden.

Der Gewaltige kam, verzweifelt und doch beglückt: seine Cadilla sei nicht aufnahmebereit; es könne nicht mehr lange dauern, ob er dann anrufen dürfe? Es wurde vereinbart, daß er sich nach Möglichkeit einen Tag vorher anmelden solle, da Madame gewisse Vorbereitungen zu treffen habe. Diese bestanden aber nur darin, daß ich den Folkwangbobby aus Valldemosa kommen lassen solle, er müsse alles photographisch festhalten.

Der Tag der Besudelung fiel auf einen Sonntag. Schon früh zogen wir mit Bobby ins Terreno hinaus. Unter der Parkpalme machten wir es uns bequem und warteten, bis die Mutterkirche ihren Dienst beendet hatte. Mamú schickte die Damen fort; sie durften auf keinen Fall, wie sonst üblich, zu einem weltlichen Nachschwatz bleiben. Auch Auma mußte gehen. Mamú riet ihr, sich mit dem Staatsanwalt in den Park des Schlosses Belver zu schlagen, der aber viel zu gelichtet war, um es zu einer Doppelhochzeit kommen zu lassen.

Wir speisten Auserlesenes, Mamús Kasse war wieder gefüllt. T'uang bekam Kraftbrühe mit Palatschinken und durfte, was er immer durfte, den Saft aus der Blutrinne der Vorschneideplanke lecken. Das Tischgespräch drehte sich um ferne Dinge, niemand erlaubte sich auch die mindeste Anzüglichkeit, wie sie so gerne hochzeitlich Tafelnden über die Zunge kommt. Beatrice und ich waren voll verhaltener Erregung, als wären wir selber die Betroffenen gewesen, die in Bälde mit dem größten Geheimnis der Natur vertraut gemacht werden sollten. Unser Inselschicksal stand und fiel mit T'uangs Stärke und Sudelmut.

Der Direktor wurde gemeldet, Mamú ließ bitten. Nie hat ein glücklicherer Brautvater eine verschüchtertere Braut auf den Armen getragen. Ein heller Pelz mit gestromten Grotzen war alles, was man erblickte, als sich der Gewaltige zum Kuß über Mamús Hand niederbeugte. Das aber war vollauf genug, Mamús Abneigung gegen diesen Brautlauf zu begreifen. Auch der Nichtkynologe mußte mit Schaudern erkennen, daß T'uangs Kebse Raupenfraß im Stammbaum hatte. Die Eltern waren nicht immer züchtig an der Leine gehalten worden. Dieses Blut kriegte auch T'uang mit seiner kaiserlichen Ahnenreihe aus dem Reiche der Mitte nicht mehr in anständige Bahnen. Höchstens der Dr. Baruch aus Amerika, auch ein Freund Mamús, hätte sich da zu helfen gewußt, wie man es übrigens von einem Diplomaten nicht anders erwartet. Ich habe diesen Herrn bewundert, damals, als er Ambassadeur der USA in Portugal war und wir sein »behavior« gut beobachten konnten.

Portugal war während des Hitlerkrieges sehr germanophil und gegen Amerika. Dr. Baruch hatte einen schweren Stand, obwohl das Ärgste schon überwunden war. Er war Jude, aber das kümmert die Portugiesen nicht, dazu stehen sie einmal menschlich zu hoch, und dann haben sie immer noch nicht vergessen, daß seit der Austreibung der Kinder Israels das geistige Niveau Lusitaniens gesunken ist.

Dr. Baruch war schon ein alter Herr, als er sein Beglaubigungsschreiben in den »Necessidades« abgab, eine große weiße Blume im Knopfloch. Die Chrysantheme fanden die kritischen Portugiesen gar nicht originell. Der Doktortitel imponiert noch weniger in einem Lande, wo jeder, der einmal auf einer Hochschule gesessen hat, mit Senhor Doutor angeredet wird. Adelig hätte er sein müssen, ein Herr Baron, Graf, Fürst, eine von oben bis unten durchlauchtigste Dekadenz, dann hätte er die Nachfahren des sagenhaften Stammesfürsten Luso schnell auf seiner Seite gehabt. Der Amerikaner war aber listiger als alle Portugiesen und wußte, welches Geschütz am Tejo aufzufahren sei. Ich habe ihn einige Male gesehen. Er erinnert mich sehr an die Gestalt des Grafen Keyserling, mit dem er auch den Vornamen gemeinsam hat. Dr. Baruch wollte aber an eine viel bedeutendere Persönlichkeit erinnern, und tat es nicht unter Jesus Christus. Mit Hilfe der Flüsterkampagne setzte er die Legende seines Stammbaums in Umlauf: der Anfang seines Fleisches gehe zurück auf jenen Jesus von Nazareth, über Maria, in theologisch sehr verwirrender Genealogie aus davidischem Blut, und in weiterer Abwicklung der Stammrolle über Heli und Matthat, Levi und Nathan bis zu dem großmütigen Fahrtenbruder, Leidensgenossen und Biographen des Propheten Jeremia, Baruch, des Nerias Sohn. Diese verbiblischte Geschichte machte die Runde durch die aristokratischen Salons und Teestuben, die Casas de Châ. Sie gewann an Deutlichkeit, Jesus schälte sich klar heraus, der Baruch schliff sich immer mehr ab, und als ich das Verzeichnis der Nachkommen Adams bis auf Dr. Hermann Baruch aus dem Munde meiner Freundin Belita erfuhr, siehe: da hatte der Diplomat sein eines Bein schon aus dem Morast des Alten Testamentes herausgezogen und stand nun mit beiden fest auf dem Boden des Neuen: sein Stammvater war ein Bruder Christi gewesen! Wer also auf den Gartenfesten der amerikanischen Gesandtschaft Baruch die Hand drückte: der habe sie über zweitausend Jahre hinweg Jesus Christus gedrückt, wie mir eine fromme Dame aus dem Kreise Belitas sagte und, unter meinem zweifelnden Blick, die etwas bissige Frage hinzufügte, ob ich das vielleich nicht glaubte. Ich sagte ihr sehr überzeugt, bei Gott sei kein Ding unmöglich, aber – es waren schon viele Blicke auf mich gerichtet. Als Freund und Übersetzer des Nationalgenies Pascoaes genoß ich eine Vorzugsstellung und konnte auch Dinge sagen, um deretwillen man anderen, selbst Fürsten und Königen, die Tür gewiesen hätte. – Aber: wüßten wir überhaupt, ob sich die Brüder die Hand gegeben hätten? Sie seien vielleich verkracht gewesen, ein beliebtes Thema der Bibel, das von den feindlichen Brüdern...

An dieser Stelle der Diskussion über Baruchs christologischen Mythos sah sich Belitas Mutter, die gestrenge Doña Maria Augusta, genötigt, mit ihrer ganzen, eindruckweckenden und durch die Einkünfte aus der »Quinta do Vesúvio«, allwo Portugals bester Port wächst, noch souveräneren Persönlichkeit einzuschreiten, denn die Verwilderung in dieser amerikanischen Glaubens- und Sittensache wurde beängstigend. Eine andere alte Aristokratin ging aber noch weiter, indem sie erklärte, sie habe aus unbestechlicher Quelle gehört, der Gesandte stamme unmittelbar von Christus ab. Das hätte nicht einmal der alte Baruch so fein ausgemittelt. Er konnte zufrieden sein mit der genealogischen Saat, die er ausgeworfen hatte.

An der Geschichtlichkeit Dr. Baruchs zu zweifeln wäre ebenso töricht, wie es heute vermessen wäre, noch Zweifel zu hegen an der Historizität von Christus. Christi Schicksal als historische Person, mit dem viel erörterten palästinensischen Erdgeruch, steht fest, und das ist schade, oder selbst verhängnisvoll für die Menschheit. Denn hätte das Christentum seine Sache auf Nichts gestellt, wäre es nur ein Traum, ein Gebilde des Wahns, der Dichtung, dann hätte es kaum bis in den Grad entarten können, den wir heute mit Schaudern feststellen. Mein Pascoaes tut da in einem Buch über sein Christuserlebnis, ›Der Christus von Travassos‹, den für seine mystische Enthistorisierung der Gestalt wichtigen Ausspruch, Christus sei auf die Welt gekommen mit der ersten Träne, die auf der Welt geweint worden sei: und an einem Ort, der später den Namen Bethlehem tragen sollte. Das hören die Christen der Kreuzzüge, der kirchenpolitischen Saalschlachten und des heiligen Rockes von Trier nicht gern. Sie brauchen die offene Wunde, worin sie den Finger legen können. Das ist menschlich, und am Menschlichen ist noch jede Religion gescheitert, die sich auf einen menschlichen Stifter beruft.

Mentir comme un généalogiste, lautet ein französisches

Sprichwort. Baruchs kühn gepflanzter Stammbaum war eine diplomatische Leistung ersten Ranges, die mehr zum Verständnis des amerikanischen Volkes in Portugal beigetragen hat als das Auftreten der kulturellen Missionare. Wer bislang die USA bewertet hatte nach ihrem »verkrüppelten« Präsidenten und »Gangster« Roosevelt, stellte mit Scham und Überraschung fest, daß in den Staaten auch Menschen lebten mit einem Gott wohlgefälligen Geschlechtsregister, mit Mammutstammbäumen, die fest verwurzelt sind wie nur einer in der Alten Welt; kein historisch noch so gewaltiger Sturm, der sie umlegen könnte. Durch Leichendung fast in den Himmel gewachsen, kann man kultische Begehungen um sie herum veranstalten, Totentänze, die jedem Gott das liebste Opfer sind.

*

Liebe macht blind, eine uralte Weisheit, die sich so oft bewährt hat, daß sie als Maxime ins Weltbewußtsein und in alle Zitatenlexika hat eingehen können. Der Direktor der Fremdenpolizei aller Balearen war auch blind in seiner Liebe zum Hunderl, das er immer noch auf den Armen hielt. Solch miesem Gezücht galt also seine Zuneigung! Welche Ahnen hätte Dr. Baruch einem derartigen Wechselbalg wohl angelogen? Mamús kaiserlicher Palasthund wirkte neben dieser Töle noch königlicher, wie er sich jetzt auf unsichtbaren Gehwerkzeugen dem großen und dem kleinen Frauchen näherte.

Der Direktor setzte die Braut auf die Rasensode neben T'uang, der sich selber Schatten spendete mit seinem über den Rücken emporgewedelten Schweif, dem Zeichen der höchsten Majestät. Als ich T'uang neben der Namenlosen stehen sah, begriff ich erst, warum die chinesischen Kaiser jahrtausendelang auf die Ausfuhr dieser Hunderasse die Todesstrafe verhängten; und sicher wäre unter dem Richtbeil gefallen, wer des Polizeidirektors polizeiwidrige Spielart ins Reich der Mitte eingeschmuggelt hätte.

Mamús Garten war, wie gesagt, ein Park und sehr klein. Rabindranath konnte ihn mit der seiner Schlacht eigenen lächerlichen Würde in wenigen Minuten der Länge nach durchschreiten, und im Nu überwand er die Breite mit ein paar flügelschlagenden Hopsern. Nur auf den Photos, die Bobby für Mamús Album angefertigt hatte, wirkte das Fleckchen Aufenthalt im Freien wie der Palmenhain von Elche, und ein Blümchen aus der Ordnung der Skorzoneren, von der Leiter aus aufgenommen, erweckte den Eindruck, ein Ausschnitt aus dem Garten Eden zu sein. Die photographische Platte lügt ja noch viel mehr als das so in Verruf geratene Gedruckte. Don Juan Sureda wußte schon, warum er in seinem Alibi-Archiv nicht eine einzige photographische Aufnahme aufbewahrte. Welcher Richter, der sich auf die Zeugenschaft eines Lichtbildes verließe! Das tun nicht einmal die Spiritisten.

In diesem Urpark des schönen Scheins verkrümelte sich T'uang sehr kaiserlich, als er merkte, weshalb man den Knäuel Inzucht vor seine immer höher gerümpfte Nase gesetzt hatte – Joseph im Hause des Potiphar, Vigoleis auf der Straße der Einsamkeit handelten nicht dümmer, ob auch die Pfülbe eine andere war. Im Pekinesen wehrte sich das Blut vieler Jahrtausende, und so gerne er einmal ein richtiges Frauchen berochen und bekrochen hätte: die zur Vernunftkopulierung dargebotene Plebstöle lehnte er ab und ging einfach stiften.

Mamú strahlte, »Kinders, die 5000 Dollars machen sich bezahlt, hier bestätigt sich das Blut aus dem Zwinger meines Freundes Nikolaus.« Aber die Kinders waren gar nicht zum Strahlen aufgelegt, als sie T'uang ins Gebüsch rollen sahen.

Die verschmähte Braut, deren Vorfahren die Leine selten am eigenen Halse gespürt, wurde vom Direktor bei der Wolle gepackt und mit eiserner Faust zurückgehalten, als sie sich hinter das goldige Hunderl herkegeln wollte; er wußte, was sich für ein Frauchen schickt. Für Bobby und mich war damit das Zeichen gegeben, einzuschreiten. Wir taten, was Jäger in solchen Fällen zu tun pflegen: wir klopften auf den Busch; aber der Kaiserling kam nicht zum Vorschein. Ohne die gepflegten Rabatten noch mehr zu zertreten, war des Auskneifers nicht habhaft zu werden. Bobby hatte sein kulturbolschewistisch durchlittenes Folkwanggesicht aufgesetzt und stellte Berechnungen an, die ihn dazu führten, mit einem langen Bambusrohr ins Gesträuch zu staken. Sein mikroskopisches linkes Auge, heute ungezweifelt das Geheimnis seiner typographischen Erfolge, damals freilich ein jagdliches Hindernis, hatte sich verfinstert. Der abgefeimte Chinese ließ sich von einem Essener Jungen nicht aus dem Gau klopfen! Er war in ein Loch geschlieft, das Mamús Karnickel sich gegraben hatten, Was nun? Da kam es über mich.

Der Rabe hat einen schlechten Ruf, den er sich seit Odins Zeiten gefallen lassen muß. Er verkörpert in seiner Rabenschwärze das Satanische schlechthin, hackt als echter Rabenvater der eigenen Brut die Augen aus, und wenn er ausstürbe, was laut Brehm der Fall zu sein scheint, dann wäre es schade für die Zivilisation, denn er ist immer noch die plastischste Zier unserer Schlachtfelder. Andererseits wieder hat er es verstanden, sich als Lichtwesen einen Ruf zu ergaunern. Die Mythologen wissen von geradezu rührenden Rabenstreichen zu erzählen. Apollo bediente sich ihrer als Götterboten; lusitanische Köhler haben mir die Corvos als Pfadfinder gerühmt, die vor dem in den Bergen verirrten Wanderer herfliegen zur nächsten menschlichen Siedlung. Hinzugenommen sein bedeutendes Gedächtnis – der Rabe ist ein maniakalischer Sammler, der auch nach Jahren die Verstecke noch wiederfindet – und seine Wut auf den asiatischen Mops – ich sagte: »Rabindranath! Ich lasse den Raben los!«

Auf eine solche Instinktlösung wäre selbst die Folkwangschule in ihrer bolschewistischen Hochblüte nicht verfallen. Ich merkte es an ihrem Lehrer, dessen gesundes Auge jetzt auch hinter einem Schleier braute. Neid unter Künstlern ist so natürlich.

Mein Vorhaben war gefährlich, aber ich sah keinen anderen Ausweg. Ein Schnabelhieb genügte, T'uang für immer aus der kaiserlichen Erbfolge auszuschalten. Mamú wehklagte laut. Der Direktor war noch bleicher geworden, als er merkte, daß Rabindranath kein Dichter, sondern ein Raubvogel war: er nahm die Hündin zur Vorsicht wieder auf den Arm. Mamú war grandios in ihrer Opferbereitschaft, und ein wenig vertraute sie natürlich den beiden tüchtigen Deutschen, die die Verantwortung auf sich luden. Die Hochzeit durfte eines bettflüchtigen Bräutigams wegen nicht auffliegen.

Als ich die Volière öffnete, tapste Rabindranath von seinem Standholz und schritt sofort bedeutsam auf ein Versteck zu, wo er täglich ein halbes Pfund rohes Fleisch zu hinterlegen pflegte, um täglich immer wieder mit derselben aristokratischen Nonchalance festzustellen, daß Parasiten den Happen aufgefressen hatten. Zur gewünschten Veraasung kam es darum nie. Dann holte er T'uangs silbernes Glöckchen aus einem anderen Winkel, erschrak heftig vor den Tönen, die er ihm entlockte, und versteckte es in eine Bastmulde der Palme. Das waren zwei altvertraute Handlungen, die verdrießlich und unter übellaunigem Gekrächze ausgeführt wurden. Jeder im Hause kannte sie, mit Ausnahme von T'uang, der immer eingesperrt wurde, wenn Rabindranath Ausgang hatte. (Als er flugfähig geworden war, hatte ich ihm eine Flügelklammer angelegt.) Dann erst näherte er sich dem Kaninchenloch, wo es auch viel zu erledigen gab, und siehe da: heiser bellend schoß der Zwerg aus der Höhle und wie der Blitz an dem verdutzten Vogel vorbei, der einen Fehlhopser tat und erst wieder auf seinen Ständern zurecht kam, als Bobby schon die Hand in den Pelz des Hämlings gekrallt hatte. Zu ehelichem Behufe ausgeräuchert, trug er ihn vor Mamú, die über die weiteren Schritte befinden mochte.

Ich sagte: »Mamú, es bleibt uns nur noch Notzucht; eine freiwillige Verbindung kommt nicht zustande; wir haben die Rechnung ohne den Kaiser von China gemacht. Und, wer weiß, ob nicht der Schrecken dem Hund so in die Lenden gefahren ist, daß wir mit ihrer Lähmung rechnen müssen. Es gibt da gewisse Erscheinungen . . .«

Mamú war selbst durch alle Erscheinungen des Lebens hindurchgegangen, und alle Erscheinungen durch sie, und jeden Sonntag die alten Damen mit neuen Wundern – ihr brauchte man kein langes Gesperre zu machen. Resolut ergriff sie den Schwächling –: »in den Speisesaal, kommt!« Wir folgten ihr, zu allem entschlossene Zuhälter, die, indem sie einem Gefährdeten den Aufenthalt auf der Insel sicherten, zugleich dem Führer einen Schlag versetzten.

Der Direktor stellte seine morganatische Zippe auf den Teppich ab. T'uang, ebenfalls auf den Teppich gelassen, wo er seine T'atsu sammetweich hätte heimführen sollen, floh unter einen Schrank, statt kräftig Hymens Bande zu schlingen. War er erschrocken vor so viel pekinesischer Häßlichkeit? Sicherlich tappte er im Dunkeln über sein eigenes Spiegelbild. Ich sah mich schon ausgewiesen. Der Köter knurrte unter dem Möbel hervor. Das war Provokation!

In diesem Augenblick empfand ich mich als Deutscher, als tüchtiger, gründlicher Deutscher, der sich von keinem noch so hochnäsigen Sohn des Himmels die Zähne zeigen läßt, und ich wußte mich sinneseins mit Bobby: Deutscher, gründlich und tüchtig auch er, das heißt tüchtiger noch, denn er kroch schon unter den Schrank und zog den feigen Hund wieder ans Licht. Wir schickten uns an, dem Schicksal ins Rad zu greifen.

»Ihr wollt die beiden . . .?«

»Ja, Mamú, es muß sein, sonst werde ich ausgewiesen. Der Führer kennt auch keinen Pardon. C'est la guerre!«

Dann müsse der Spanier raus, sagte Mamú, das brauche der nicht zu sehen; aber sie wolle dabei sein. »Und nicht auf dem Teppich, Vigo, auf den Tisch mit den Freiersleut', und rück mir den Sessel an. Bobby, lassen Sie sich von Calpurnia ein Damastlaken geben.«

Es war nicht das erste Brautlager, das Mamú bereiten half. »Dô het er gemachet alsô rîche von bluomen eine bettestat«, singt Walther von der Vogelweide, und ich sang es Mamú vor. – »So geht es unrecht zu in der Welt, Mamú: T'uang erkennt T'atsu auf einem Tafeltuch aus feinster Webe; dabei kenne ich Leute, die sich mit einer Stauche Papier behelfen.«

Ich bedeutete dem Direktor, daß er beim Trauakt nicht als Zeuge erwünscht sei, und gab ihm mein Ehrenwort, über die Vorgänge wahrheitsgetreu zu berichten. Da der Herr nicht wußte, daß ich identisch war mit einem Subjekt, das der Insel verwiesen werden sollte, ließ er sich auf das Wort ein. Ich wahrte mein zweites Gesicht, um das erste zu retten.

Auch auf der orientalischen Unterlage wollte T'uang nicht aus sich heraus. Bobby hatte die Braut beim Wickel genommen, mit derselben sicheren Hand, die jeder an ihm bewundert, der seine geschriebenen Lettern kennt. Ich selbst stand am entgegengesetzten Ende der Kutsche. Mamú saß auf ihrem Ehrenplatz, die Lorgnette auf das Brautpaar gerichtet, und sicher nicht anders als bei einer Premiere in der von ihrem fürstlichen Gemahl erbauten Metropolitan Opera.

Das Gespann stieß eigentümliche Laute aus, die niemand von uns deuten konnte. Mamú ermunterte den Liebling mit ihrem unerschöpflichen Fiakerdeutsch, aber es nutzte nichts. Ich war gewillt, mein Ehrenwort zu brechen, wenn das Gezwerg nicht zum Sprung käme. Wie lächerlich war das alles! Wir wirkten wie Handlanger, die vor einem Schöffengericht mit Hilfe von Modellen einen Eisenbahnzusammenstoß demonstrierten. Bobby blieb unerschütterlich, was schließlich auch seine Funktion war. Aber mich faßte plötzlich die Wut und ich stieß zu. »O mein süßes Hunderl«, rief Mamú, der vor Aufregung die Stielbrille aus der Hand fiel, »es hat zuckelt! Vigo, du kannst bleiben!«

Mamú war hochgebildet, aber hier hätte ein Straßenjunge besser Bescheid gewußt. Selbst wußte ich auch einiges auf diesem Gebiet; ich hatte ja Kaninchen gezüchtet, und nie ins Blaue hinein, immer an Hand der einschlägigen Literatur: ein Bändchen der ›Lehrmeisterbibliothek‹. In diesem zerlesensten Werk meiner Jugendbücherei stand der nie vergessene lapidare Satz: »Kommt dann der Rammler zum Sprung, so kann man des Erfolges sicher sein.« Aber belgische Riesen sind keine pekinesichen Zwerge. Zudem sind Asiaten unergründlich, und schließlich hatte ich den Stoß selber ausgelöst.

Noch zweimal ließ ich T'uang die anschluchzende Sekunde erleben. Bobby fing die Stöße stirnrunzelnd auf. Ich wußte, daß er für Gemurkse nicht zu haben war, und hier wurde, ob auch in Minuskel, keine klare Hand geschrieben – streuen auch wir Sand darüber! Es ist und bleibt unerfreulich, sein Ehrenwort als Deutscher eines Kuttelfressers wegen zu brechen.

Die Kinderfrau hatte schon das Bad für T'uang gerichtet. Die Hochzeitstafel wurde abgeräumt und ebenfalls desinfiziert.

»All right«, sagte Mamú zum Polizeidirektor, der unter der Palme qualvolle Minuten verbracht hatte, und wies ihm vier Finger der erhobenen Rechten. »Caramba!« sagte der Überglückliche. »Gut Zucht!« sagte ich und gratulierte ihm. Er sei Madame ewig dankbar, und sie wisse, wenn er etwas für sie tun könne, bitte!

Mamú: ich solle dem Kerl mit deutlichen Worten sagen, was er für mich tun *müsse*. Ein zweites Mal leihe sie ihr Hunderl nicht für eine solche Schweinerei. Aber »scheen« sei's doch gewesen! Ich nahm Don Fulano beiseite und erklärte ihm die Lage, in die ein Freund Mamús geraten sei. »Bagatelle, mein Lieber, hier, geben Sie dem Herrn die Karte, er soll sie dem Beamten vorweisen, dann wird das Mißverständnis aus der Welt geschafft. Vier Mal! Caramba! Mit einem wäre ich schon ganz zufrieden gewesen!«

*

Die Fremdenpolizei hat uns nie mehr belästigt. Wir waren nun steuerfreie Ehrenbürger von Palma de Mallorca geworden. Erwähnen will ich noch, daß Don Patucos Schleichmann seinem General meldete, die betreffende Karte sei in der Kartothek nicht zu finden gewesen. Durch eine wahrhaft lullische Kunst waren wir im Sinne der bürgerlichen Erfassung entmaterialisiert worden. Als der Bürgerkrieg ausbrach, sollte das General Franco zwei Kugeln sparen.

Nun hatten wir gar kein Gesicht mehr, und den Führer hatten wir geschlagen mit seinem eigenen Rassenschwindel.

Der Staatsanwalt wußte später zu berichten, daß des Direktors Hündchen Junge gekriegt habe, die unverkennbar die Familienmerkmale aus T'uangs kaiserlichem Blut aufwiesen. Auf der ganzen Insel und über sie hinaus verkünde es der Züchter: seine T'atsu habe von T'uang geworfen.

Sollte da Mevrouw van Beverwijn ...? Ein Stählchen ihrer christlichen Wissenskunst? Dann hätte ich ihr vieles abzubitten!

XIV

Ich habe in Spanien einen Freund, der traurig wird, wenn er an seine Sterbestunde denkt. Nicht daß er Angst vor dem Tode hätte. Ein Haudegen und Draufgänger, hat er sich auf seinen Forschungsreisen mit Indianern und reißenden Tieren herumgeschlagen und einmal, an einen richtigen Marterpfahl gebunden, schon dieses letzte Stündlein kommen geglaubt. Er hat zwei Kinder, die er mehr liebt als sich selbst, obwohl er sich ein wenig vergöttert; mehr auch als seine Schätze und Ländereien, die ein bedeutendes Vermögen darstellen. Wenn er stirbt, werden die Kinder bettelarm, denn dann kriechen aus dem Dickicht der Anonymität über dreißig uneheliche Kinder, die der in alttestamentarischer Zeugefreudigkeit dahinlebende Mann seines Wissens allein im eigenen Lande auf die Welt gesetzt hat, und fallen die Erbschaft an. Er tut nichts, dem vorzubeugen. Aus den dreißig sind zudem inzwischen fünfzig geworden, wenn nicht mehr. Seine fromme Frau, von der er glaubt, sie wisse nichts von seiner Erzvaterschaft, betet zwar täglich zu Gott, er möge die Bastarde zu sich nehmen, eine Plage über sie verhängen, sie ausrotten als Früchte der Unzucht.

Wenn Vigoleis die Augen schließt, wird niemand sich hermachen über seine immer wieder dezimierte und wieder beigehungerte Bibliothek, das einzig Nennenswerte, was er hinterlassen dürfte. Mit sich erlöscht er in jeder seiner Existenzen. Wer sich als aus seinem Blute ausgibt, lügt, und noch mit einer Lüge, die nicht einmal der Wahrheit dienen könnte, wie es Baruch tat.

Kinderlos aus metaphysischer Überwindung der christlich kunikularen Triebverklärung, liebe ich Kinder trotzdem sehr, und um eins zu bekommen, ohne mich an meiner Welt zu versündigen, wählte ich den Weg über die Adoption.

Adoption, behaupten die Gelehrten, sei eine Nachahmung der Natur, eine schwierige Angelegenheit somit, wenn man bedenkt, daß sich die Natur nur schwer nachahmen läßt, was jeder Naturmensch und naturalistische Dichter bestätigen kann. Darum verfügten die Alten, daß Kastraten keine Kinder adoptieren dürften, eine weise Maßregel im Hinblick auf den Stimmbruch bei Vater und Sohn. Auf Vigoleis traf diese einschränkende Bestimmung nicht zu, obwohl er seiner Rassenschande mit Beatricen wegen bereits auf der Kappliste der Nazis stand. Eine Verwarnung hatte er schwarz auf weiß im Schließfach gefunden: das Reichsgelzamt behielt ihn im Auge. Sein Januskopf bliebe gewahrt: der lyrische und knäbliche Barde – und es wird weiter gesungen. Schlimmer traf ihn die Einschränkung: ein Armer dürfe keinen Reichen an Kindes Statt annehmen. Da fing die Naturgeschichte an, verrucht zu werden.

Solche Traumgebilde einer synthetischen Vaterschaft umbrauten meinen Geist in den Tagen, wo Mamús Anwalt die Frage prüfte, ob, wie, wann und wo ich von Mamú adoptiert werden könnte. Ich wäre dann amerikanischer Bürger geworden und hätte Beatrice heiraten können, ohne daß sie ihren unbescholtenen Schweizer Paß gegen das kriminelle braune Papier hätte abstehen müssen.

Meine wilde und wilpernde Ehe, die am Herzen meiner Mutter fraß, war den Bekennerinnen der Mutterkirche nicht nur ein Dorn im Auge. Sie erblickten darin einen Beweis mehr für unseren Unglimpf und die satanische Verdammnis, der nur durch einen Höllenzwang beizukommen sei. Als sie durch Mamús und meine eigene Schwatzhaftigkeit erfuhren, daß Vigoleis adoptiert werden sollte, kannte die Empörung des schäbigen Genüssels keine Grenzen: der erste offene Anschlag des auf Zeitungsstreu schlafenden Bettelvolks auf die königlichen Backpulvermillionen! Sie hätten mich am liebsten gestäupt oder Rabindranath auf mich losgelassen. Mamú aber blieb fest.

Was hätten die Sittenwächterinnen wohl gesagt, hätten sie gewußt, daß Mamús künftiger Sohn selbst auf Adoptionsfüßen ging?

*

Natürlich war mir als der Insel beschlagenstem Führer bekannt, daß Mallorca auch Kinder ausführte – außer seinen Renommiergütern und dem Schmalze des seit den Tagen des römischen Konsuls Caecilius Metellus, mit dem Beinamen Balearicus, an Erbspeck unübertroffenen mallorquinischen Süßschweins (Sus dulciculus maioricensis V.), das die Küchenleistungen des Hotels Adlon in Berlin über den Durchschnitt der deutschen Kochkunst hat heben können, wie Graf Keyserling wußte.

Dieser Zweig balearischen Gewerbefleißes wird in allen Reisehandbüchern übergangen, aber man weiß ja, wie mangelhaft unsere Baedeker immer noch sind. Der einzige, der einen alles umfassenden Führer durch die Insel Mallorca hätte schreiben können, war mein verehrter Freund und Lehrer in der Zeitungswissenschaft, Görresforscher und Sachverständiger für Frauen und geistige Getränke, Günther Wohlers, der an den Folgen seiner Vielseitigkeit starb um eine Zeit, wo ein Baedeker ihn entdeckt hatte. Nach seinem Tode sah ich weit und breit nur Don Vigoleis als einen zwar würdigen, aber doch nicht so in allen Sätteln gerechten Strauchräuber der Baedekerei, der es mit der Insel hätte aufnehmen können und es auch in Hunderten von Briefen an seine Freunde aufgenommen hat, die zuweilen für die Freunde der Freunde vervielfältigt wurden, so daß er sich rühmen konnte, einer der meistgelesenen pikaresken Epistolographen der mittelmeerischen Welt zu sein.

Don Fulgencios Kinder- und Commissions-Comptoir, gegründet 1876, Goldene und Silberne Medaillen, Lobende Anerkennungen, zählte nicht zu den Attraktionen, die man gesehen haben mußte, wollte man die Insel gesehen haben.

Pedro hatte von einem Mann erzählt und diesen auch in den verschiedensten beruflichen Posen gezeichnet, der auf der Insel seinem Geschäft nachgehe als »corredor de niños«, Kindermakler; auch in Mulets Tertulia war hin und wieder von einem solchen Mittler die Sprache gewesen, ohne daß ich mir ein klares Bild von dem Unternehmen hätte formen können. Immer sah ich im Geiste ein großes Messer, an dem Blut klebte, Kinderblut natürlich; dazu die weinenden Mütter und arglos spielende Kinder, denen das breite Blatt schon geschliffen ist. War das zu deutsch, zu sadistisch gedacht? Doch traf den Kreis nicht weniger Schuld, wo derartige Fragen mit großem Munde so »ventiliert« wurden, daß mit den Spelzen auch die Frucht in alle Winde flog und man zu keinem brauchbaren Ausdrusch kam. Wie im Süden der Himmel mit seinen Sternen und Heiligen geudet, springt man auf seiner Erde verschwenderisch mit Worten um, mag man auch wie Don Joaquín Verdaguer durch die Pfeife, oder Don Miguel de Villalonga durch Gicht und andere Kümmernisse eines abgedankten Militärs zur Bedächtigkeit gezwungen werden – an die letzten Fragen rührt man doch, Sternfragen der Ewigkeit, wie der Fall Don Fulgencio eine war. Und von diesem geheimnisvollen Kaufmann zur mystischen Nonne von Avila war der Sprung wieder nicht weiter, als es der ist von jeder irdischen Anwünschung zur Gotteskindschaft selbst. Bei all meiner Bewunderung für die spanische Art, jedes Thema in den Rang eines Philosophems zu erheben, Vorstufe zur letzten Grübelfrage, merkte ich doch bald, daß unter meinen Tertulianisten keiner war, der es darin unserer Teresa gleich getan hätte. Spaniens Schutzpatronin und Enfant terrible der katholischen Kirche waren die Voraussetzungen zu solchen Steigungen in die Wiege gelegt worden. Sie war ein verteufelt tolles Weib, dessen Schriften mir die iberische Seele immer mehr erschlossen durch das, was an Ewig-Weiblichem zwischen den Zeilen geschrieben steht, in einer ungekeuschten Form reif für den Index. So in Gottes und des Klosters Küche den Löffel zu rühren, ohne mißverstanden zu werden! – es sei denn von Frömmlern, aber die nehmen die Urtexte doch nicht in die Hand. Immer wieder, wenn ich mich an ihren Schriften erbaue, muß ich an Hamanns, des Magus im Norden, Wort denken, es sei seine grobe Einbildungskraft niemals imstande gewesen, sich einen schöpferischen Geist ohne Genitalia vorzustellen. Der meinen gelingt es nicht, die iberische Mystik als reinen Anlaut Gottes zu begreifen.

Eines Tages wurde der fündige Gesprächsstoff, den ich übrigens nie Beatrice hatte aufschüsseln können, aus seiner geistischen Abgrenzung und literarischen Unmute herausgehoben und mitten in Don Vigos Leben gestellt, weshalb es mir vergönnt ist, die Umstände aus erster Hand zu berichten. Ich erhielt einen Brief, dessen Inhalt in geraffter Übersetzung besagte:

Der Endesunterzeichnete könne mit einem besonders günstigen Angebot aufwarten, betreffend die Annahme eines Kindes an Kindes Statt. Durch seinen Adoptionsanbahnungsdienst wisse er, daß ich kinderlieb sei, mich aber, metaphysisch und politisch verfolgt, entrechtet und entadelt, dem Kindersegen verschlösse, was der Kirche sündig, dem Staate ungesund erscheine, ihm aber geschäftlich willkommen sei: er öffne mir das Tor der Sühne. An fremdem Blute könne ich gutmachen, was ich am eigenen fehle, indem ich mich zu den Schlüssen der faulen Vernunft bequemte. Das Tor führe in seine Kindermäklerei, der eine katholische Eheanbahnungscourtage angegliedert sei. Das selbstgezeugte Kind könne bei verwickelten, der Natur abhanden gekommenen Naturen zur moralischen Belastung werden, die auch materiell schwer zu tragen sei. Das angenommene drücke einzig den, der nicht an den Spruch glaubt: wo zwei essen, können es auch drei (– und wo drei, auch vier, wo vier, auch fünf, usw., das heißt, wo zwei essen, können es auch fünf – ich glaube nicht an diese Brotvermehrung, denn wie oft haben wir zu zweit gegessen und es war nicht einmal genug für eine Katze –) und außerdem garantiere das spanische Findlingsrecht dem ausgesetzten Kinde, da es von adeligen Eltern gezeugt sein könne, den Stand des Edelmannes, des Hidalgos (das heißt: hijo de algo, Sohn von jemand). Sein Kindercomptoir führe nur Findelkinder, die sogenannten Expósitos. Heute zwängen den Unterzeichneten vorgerücktes Alter und Ermangelung eigenen Nachwuchses, das Geschäft aufzulösen, denn leider habe er versäumt, eigene Kinder unter sein Dach zu nehmen oder sich einen Hidalgo in Adoption für den alten Tag zu sichern; er habe nur für die anderen gelebt und nie an sich selbst gedacht. Dann folgte eine Stelle aus dem Römerbrief, was mich stutzig machte, denn ich hatte in jenen Tagen den ›Paulus‹ von Pascoaes entdeckt und beschäftigte mich mit der paulinischen Materie. Der Sensal war also auch bibelfest. Auf Wunsch liefere er zu Findlingen, die er frisch aus den Drehladen der Klöster bezöge, (bezogen habe), die Amme mit. Einen Restposten habe er noch am Lager: den biete er mir an, er sei für meine Verhältnisse geeignet. Die Zeiten, so ging das Handschreiben weiter, seien verworren, Wunsch nach Kindern werde oft von Staats wegen unterbunden, und er wisse, daß auch mir die Zwangssterilisierung angedroht worden sei: so gälte es zu handeln, ehe ich überhaupt des Rechtes einer Ankindung verlustig ginge. Daß ich aus freien Stücken nicht Mehrer des menschlichen Geschlechtes sein wolle auf einer Erde, wo dieses Menschsein schon lange nicht mehr stünde im Spiegel und der Ebenbildlichkeit des Herrn, sei meine Sache: ein Jeder sei Herr in seinem Gedinge.

Der Brief, ein kalligraphisches Meisterwerk, endete mit den in Spanien immer noch gebräuchlichen Abkürzungen s.s.q.e.s.m., die besagen, daß der Schreiber der zuverlässigste Diener des Angeschriebenen sei und selbigem zugleich die Hand zum Handschlag hinhalte. Mir wurde diese Rechte entgegengestreckt durch

Fulgencio de la Fuente y Carbonell de Lladó,
Corredor de Niños

doch ehe ich in den Pakt einwilligte, übergab ich den Brief der Vorsicht halber Beatricen.

»Da lies, und wenn du dann noch auf der Behauptung beharrst, die Spanier sähen ihr Lebensziel nur im Totschlagen der Zeit, werde ich inskünftig an eurem Käse kein Loch unbenörgelt lassen.«

Beatrice ging stillschweigend über diesen kindischen Anwurf hinweg, und sie dachte auch nicht daran, so mir nichts, dir nichts die Schamade zu schlagen. Sie nahm den Brief und las. Ich machte mich zur Abwehr bereit, um Argumente im Keime zu ersticken, die in wenigen Sekunden gegen mich und die Epistel ins Feld geführt werden würden. Ich sage Sekunden, obschon die Einladung lang und umständlich aufgesetzt war: Beatrice würde den Fulgencischen Schrieb im Nu verschlungen haben. Ihre Augen sind nicht allein lesegeübt, sie verfügen auch über die merkwürdige Gabe, eine nicht zu breit gesetzte Zeile mit einem einzigen Blick zu fassen und das graphische Bild in Verstandenes umzuformen. Sie liest die Zeilen so, wie sie aus dem Gießkasten einer Setzmaschine herausfallen. Das Diagramm ihrer Pupillenvergenz ist darum keine Zickzacklinie, sondern der gleichmäßig sich absetzende gerade Strich. Ein erstaunliches Lesetempo wird bei einem solchen Zeilengreifen erzielt. Der Verstand hält zudem Schritt mit der optischen Schnellmäherei, Strich um Strich fällt das Geschriebene. Ich lese sehr langsam, Wort für Wort, und nur solche Bücher, wo zwischen den Zeilen noch das Meinige steht, das jeden Satzspiegel sprengt und mich zwingt, in den leeren Raum zu stieren. Da ist es begreiflich, daß wir uns nie die schöne Sitte von literarisch gleichgesinnten Eheleuten haben angewöhnen können, auf der Pilarière liegend aus einem Buche zu lesen. Bei uns hat jeder sein eigenes Buch.

Kommt zu der optischen Fixigkeit noch ein Silogedächtnis, dann kann eine Unmenge an Gedrucktem verschlungen, verdaut und für den späteren Gebrauch gespeichert werden. Die psychische Netzhaut bleibt unbeeinflußt. Beatrice ist vom vielen Lesen nicht dümmer geworden, pardon, nicht dumm geworden, und auch das ist eine Merkwürdigkeit, die mir zu denken gibt. Hoffentlich währt dieser Zustand noch einige Zeit, damit das Gleichgewicht unseres ehelichen Bundes, der auf dem Prinzip der Gegensätze aufgebaut ist, nicht gestört wird. Was derartige Verdummungserscheinungen betrifft, halte ich angebildete Dummheit für schlimmer als angeborene, die im Grunde harmlos ist, solange sie sich nicht mit der des Nachbarn in einer Kettenreaktion zusammenrottet. Dann werden gefährliche Reiche gestiftet. Ich habe das Phänomen der geistigen Plattwalzung bei künstlich hochgezüchteten Alleslesern aus nächster Nähe beobachten können, ohne daß ich die damit verbundene Gefahr in ihrer Größe erkannt hätte. Ich meine den Typus des deutschen Gelehrten, der auf jeden Kaiser, jeden

Weichkäsepropheten, jeden Scharlatan hereinfällt, wenn diese sich nur mit der nötigen Unverfrorenheit und Rastelbinderphilosophie auf den Markt stellen. Diesen Professoren ist das Wissen zum blinden Fleck ihrer Disziplin geworden, wie es Gott in einem sei es tragischeren Maße bei den vernünftelnden Theologen der kalten Presse der Fall ist.

Als ich, lang, lang ist's her, in Köln mit geplatzter Bücherkiste ankam und auch mit Muttern schon die Bordellprobe bestanden hatte, wie sie keinem Grünschnabel aus der Provinz erspart bleibt – das einzige Examen übrigens, das ich je habe bestehen können, – warf ich mich den Professoren in die Arme: hier bin ich, erschafft mich neu nach eurem Ebenbilde! Ich war nicht mehr ganz jung, und leider auch noch nicht ganz reif für diese Umformung. Bei mir hatte sich zwar früh gekrümmt, was ein Häkchen werden wollte, aber immer am verkehrten Ende. Ich blickte zu den Eingeweihten auf wie zu Überwesen; ich staunte über ihr Wissen, das nicht nur in Büchern niedergelegt war, sondern auch, ob auch von wenigen, lebendig vorgetragen werden konnte. Noch erstaunungsvoller waren die Bibliotheken dieser gelehrten Häuser, die nach deren Ableben geschlossen an K. F. Koehler und Konsorten gingen. Mit welcher Ehrfurcht hatte ich nicht die beliebten Antiquariatskataloge immer studiert. Ein Gelehrter, der sich zeitlebens nie blamiert hatte, konnte es nach dem Tode noch nachholen, indem sein Bücherschatz offenbar wurde. Und am meisten wunderten mich die Doktoren, die am laufenden Band aus den Seminaren mit geliehenem Cut und summa cum laude herauskamen. Da winkten Lebensziele.

Ich hörte überall herum, bildete mich mit einem wahren Furor teutonicus, immer weiter steckte ich die Prellsteine meines geistigen Horizontes, wo nach oben sowieso keine Grenze markiert werden konnte. Bei den Professoren der Gottesgelehrtheit merkte ich eigentlich zuerst, daß da manches nicht stimmen könne im deutschen Bildungswesen, auf das Goethe und sein humanistisches Geschlecht so pochten. Ich stellte mit Erschütterung fest, daß die Theologiedozenten kein Organ für das Religiöse hatten; sie waren lediglich Mathematiker von Glaubenssätzen, in die sie den Lieben Gott einbauten, seine Kubikwurzel zogen, ihn in die gewünschte Potenz erhoben; das heißt: sie führten, den sie ihren Schöpfer nannten, an der Strippe. Wer sie länger auslaufen ließ, hatte auch den meisten Zulauf der Jugend, aber man spürte doch, daß es ein Ende gab, das über ein kleines kommen werde, mit einem Ruck. Johannes Hessen war so ein Freibeuter der Theologie, der erregende Dinge vortrug. Es war ein öffentliches Geheimnis in den Wandelgängen, daß er immer mit einem Bein im päpstlichen Arrestlokal stand. Er warnte vor Rilkes gefährlichem Pantheismus – Rilke, den ich für religiöser hielt als die ganze Bibel zusammen.

Bei den anderen Fakultäten dauerte es länger, ehe ich heraus hatte, daß die deutsche Wissenschaft eine verknorpelte Wissenschaft war, die dem Druck des Stärkeren nachgab. Darum wunderte es mich nicht, die Hochschulen 1933 ein Opfer der Gleichschaltung werden zu sehen. Die meisten Schriftgelehrten verzichteten sogar auf das angestammte Recht des akademischen Viertels, denn wer wollte da nachhinken? Vor nationaler Ergebenheit sanken, die sich »frigid und impotent studiert« hatten, in die Knie und dozierten auf halber Höhe weiter – Nationalismus ist immer Halbheit –, und in einer Duckung vor dem namenlosen Allwissen des Führers. Die Welt kam über dieses jüngste D. R. P. nicht aus dem Staunen heraus. Auslandoktrois wurden schon angemeldet, und Nachahmungen sogar nahegelegt statt mit Verfolgung bedroht. Wer nicht imitierte, war der Geschlagene. Große Schriftsteller trugen sich, klein geworden, in die Liste der Schrifttumskammer ein; ich hatte die Namen einmal bewundert – nun war man auch dumm geworden und auf einen Jahrmarktrabulisten hereingeflogen, wie Touristen auf Mallorca auf den Schwindel eines anderen Führers immer wieder hereinfielen. Beide Führer hatten das eine gemein: sie verachteten das Herdenvieh, und jeder erbrach sich auf seine Weise.

Je gelehrter, je verkehrter: Schopenhauer, Lichtenberg, Nietzsche – wer hätte nicht schon seine Bedenken gehabt gegen die sich einspinnenden Gelehrten, in der Schale sich Bergenden, denen aber der Eizahn fehlt, wie ihn jedes Vögelchen von der Natur mitbekommt, um sich aus der Hülle herauszupicken. Auch Kierkegaard hat darüber das Seine gedacht und gesagt. Professor Wernicke, der sich um die Erforschung der höheren Denktätigkeit des Menschen und die Lokalisierung der Geistesfunktionen so verdient gemacht hat, daß eine Hirnregion nach ihm benannt worden ist, was seinen Namen länger im Bewußtsein der Menschen erhält als eine nach ihm benannte städtische Anlage; dieser in den vaterländischen Hirnen so bewanderte und behauste Mann soll einmal den Ausspruch getan haben, 22 von 100 aller deutschen Universitätsprofessoren seien schwachsinnig; ein Wort, das dem Nietzsche von ›Jenseits von Gut und Böse‹ aus der Seele gesprochen wäre: wen's betrifft, kann sich nur an den Kopf greifen, und wenn er Pech hat, gerade dahin, wo die Wernickesche Region umschrieben ist: ihre völlige Zerstörung hat Worttaubheit zur Folge . . . Ich werde der Sache nachgehen, obwohl Gerüchte dieser Art nicht von ungefähr entstehen. Ja, es gibt Gerüchte, die wahrer sind als der ihnen zu Grunde liegende Vorfall, des Menschen Menschwerdung zum Beispiel.

Graf Keßler, des Kaisers Adjutant im Wilhelminischen Weltkrieg, hat ähnliche Schauergeschichten über die Hirnzonen der hohen Generalstäbler losgelassen, als er beim Eintreffen der Nachricht vom Tode Pilsudskis über den ihm vom Kaiser erteilten Auftrag erzählte, den Verschwörer aus der Feste Magdeburg zu befreien, was ihm auch in der Vermummung eines Schließers gelang. Ich fragte ihn, über die Dummheit als geistige Lebensform sprechend, ob diese Erscheinung, Eindummung als Ausbund des Wissens, auch bei verantwortlichen Offizieren der deutschen Armee zu Tage getreten sei. Keßler flammte mich mit seinen tief in den Höhlen liegenden Augen an, war aber zu höflich und zu sehr alte Schule, um zu sagen: »Mensch, stellen Sie doch keine so dummen Fragen.« So sagte er nur, die Herrschaften seien dumm gewesen aus lauter »säbelbeiniger Borniertheit«; doch zu ihrer Entschuldigung führte er an, daß selbst diesen Herren die Knallerei an den Fronten oft zu dumm geworden sei, aber – dann gingen sie auf die Entenjagd und knallten weiter, und der Feind brach in die Reihen ein, und Kaiser Wilhelm ließ nach seinen Generälen fahnden, die nun ein ganz anderes Wild auf der Pirsch erlegten. Und wer von allen der dümmste gewesen sei, wollten wir wissen. Da seien verwickelte Kompetenzstreitigkeiten gewesen, meinte Keßler, doch sollten wir uns noch gedulden. Wenn die Nazis uns die Insel nicht streitig machten, könnte ich die Namen bis zum Überdruß abtippen, das Thema käme allerdings erst im abschließenden 4. Bande seiner Erinnerungen zur Sprache.

Graf Keßler ist nicht über die ersten Kapitel des 3. Bandes hinausgekommen, so daß ich mir die Namen habe zusammenreimen müssen.

Erst im Auslande habe ich gemerkt, wie verrufen dieser am eigenen Wissen emporgezüchtete deutsche Gelehrte ist, der die Berührung mit der Umwelt nur noch aufrecht erhalten kann über das gedruckte Wort seiner sehr besonderen Sparte. Menschlich ist da wenig zu holen. Darum hatte es Hitler leicht, sie Stück für Stück auf seine Schnur zu reihen, die Similibrillanten der deutschen Wissenschaft. Ich war einmal Zeuge, wie sich zwei berühmte deutsche Gelehrte zum ersten Male begegneten, nachdem sie sich zwanzig Jahre in Fachbriefen und wissenschaftlichen Traktaten ausgetauscht hatten. Ich meldete den Berliner Professor dem Münchener Kollegen. »O«, sagte dieser, »gut, daß der Geheimrat kommt, da können wir ihn gleich fragen ... brieflich ist das kaum noch zu klären.« Kein Aufblitzen der Freude – die Herren reichten sich die Hand, zwei Kalbsschnitzel hätten sich nicht saftloser aufeinanderlegen können: kein persönliches Wort. Ich stand erschüttert dabei. So benehmen sich doch nur Sieger und Besiegter bei der Unterzeichnung des Waffenstillstandes. Ich leugne nicht, daß diese Gelehrten eine katalysierende Aufgabe an der Wissenschaft »an sich« zu erfüllen haben. Sie sind hoch aktivierende Parasiten, gleich den Millionen Larven im Magen des Elefanten, die das Unverdauliche verdauen helfen. Solange es eine Wissenschaft gibt, wird es diese Professorenspezialität unter den Spezialisten geben, die zum Glück selber nicht wissen, daß sie ein Purgatorium sind. Hitler hat diese Aufgußtierchen seiner Bewegung ebenso verachtet wie die Kirchen, mit denen er paktierte.

*

Beatricens imaginärer Stift hatte schon längst zu zeichnen aufgehört. Sie legte das Schreiben aus der Hand und sagte lakonisch: »Pedro! Und du fällst darauf herein.«

»Wieso Pedro? Was hat Pedro mit Don Fulgencio zu tun? Kann es nichts mehr geben, was aus dem Alltag herausfällt, ohne daß es Pedro zugeschrieben wird? Bloß weil er ein Sureda ist?«

Das war der Angriff, den ich befürchtet hatte, doch kam er aus einer anderen Richtung, nämlich von oben. Ich mußte vorsichtig zu Werke gehen, um den Freund vor dem Ärgsten zu schützen. Wenn sein Modell wieder röche, wäre Beatrice, gereizt, wohl imstande, die beiden mitsamt dem Schafsfell und der Staffelei auf die Straße zu schmeißen. Was dann mit Pedros Kunst? Pedro liebte Beatrice, und Beatrice liebte ihn immer weniger, je mehr Einblick und Einruch sie in seinen malerischen Umgang bekam, und je zweifelhaftere Leute er uns ins Haus schleppte. Die Gestalten waren gewiß unmöglich, wollte man an unspanischen Maßstäben festhalten, was Beatrice tat. Darum konnte sie auch dem Spaß, den Pedro mit seinen Opfern trieb, keinen Spaß abgewinnen. Ein Beispiel, das zwar wieder von Don Fulgencio ablenkt, doch ihn später um so begreiflicher macht: Pedro kannte einen Apotheker, der geistig nicht so regulierte, wie es die Herstellung von Pillen erfordert hätte. Der Mann rühmte sich, auf zwanzig Meter Abstand einer Frau anzusehen, ob sie sich noch im Zustande der Unbeflecktheit befinde, eine Gabe, der er später selbst zum Opfer gefallen ist; aber das ist eine Geschichte mit tödlichem Ausgang für sich. Pedro erzählte diesem Seher von seinem deutschen Freunde, der Gedichte schreibe und auch sonstwie geistig nicht richtig sei. Er müsse, zum Beispiel, wenn er jemandem vorgestellt werde, schrecklich lachen, es käme zu wahren Krämpfen, die er natürlich, gut erzogener Junge, zu verbeißen suche, was den Fall nur noch peinlicher mache. Ob er ihn kennenlernen wolle? Das wollte der Pillendreher, von dem Pedro mir dasselbe erzählte: ob ich ihn kennenlernen wolle? Die Begegnung fand bei uns statt und leider um die Minute, wo Beatrice, verstimmt über die mangelnde Sprachbegabung der mallorquinischen Menschheit, nach Hause kam. Sie überraschte uns, wie wir uns unter der Tür gegenseitig anblödelten, während Pedro, den Zeichenstift emsig führend, jedem von uns zuzwinkerte: hab ich dir's nicht gesagt! Alle hatten sie recht, und am meisten Beatrice, die einen Wutanfall bekam.

So war Pedro im Laufe der Zeit der Hausfreund mit dem roten Tuch geworden. Darum mußte er auch hinter der Briefgeschichte stecken, und ich, der Deutsche, sei auf den Zauber hereingeflogen wie alle Deutschen auf den Adolf Hitler! Das saß! Nun begann der politische Hauszank. Beatrice fand meine Gutgläubigkeit sehr deutsch und sehr katholisch; noch ein Schritt, und ich landete selber bei Führer und Papst, den beiden Medizinmännern des organisierten Massenschwindels. Na, meinte ich, das sei doch zu schweizerisch und reformiert gedacht: noch ein Schritt . . . Ich schwieg, einmal, weil ich nicht wußte, wohin ein solcher Schritt eine solche Frau bringen kann, und dann fand ich, wir sollten uns der Nazis wegen nicht zanken, die würden noch früh genug den Keil zwischen uns treiben. In die Ecke mit uns und sich geschämt, und dann: das friedliche Altersangebot des Wundermannes!

Pedro, fuhr Beatrice gemäßigt fort, kenne seit langem mein Interesse an dem sagenhaften Kinderhändler oder -würger, das in Mulets Tertulia wachgehalten werde, vermutlich sogar nur, um mich aufzuziehen. Verdaguer sei solches ohne weiteres zuzutrauen; nachher schreibe er eine mysteriöse Novelle über Don Vigoleis, der außer an Gott an alles glaube. Die von der

Tertulia seien aber nur Literaten. Pedro ginge weiter. Er erfinde nicht nur Sonderlinge, er schleppe sie sogar ins Haus, ich solle mich vorsehen: Pedro haben den Brief verfaßt, heute abend käme er angetanzt, pinsele wie immer und horche uns dabei aus – schon angebissen? – »Bei mir kann er lange spinnen, ich gehe ins Bett.«

»Pedro, mein Inkamädchen, kommt heute abend so sicher, wie er gestern abend gekommen ist und auch morgen abend wieder kommen wird; er läßt nicht locker. Er will dich mürbe kriegen, stellt es nur verkehrt an. Aber keine Bange, ich gebe ihm keinen Leitfaden an die Hand für den Umgang mit einer transalpinen Squaw. Zudem, einen solchen Brief hätte Pedro, seiner ganz unspanischen Phantasie nicht zu nahe getreten, nie erfinden können.«

Beatrice griff zu einem Buch, das ihr mehr Unterhaltung zu versprechen schien als der Fall des Kinderjobbers. Ich ließ mich nicht entmutigen und fuhr fort: »Ausgeklügelt und hintersinnig, abgefeimt, reiner in ihrer Bläue als die Traumblume der Romantik, die uns an der Quelle welcher Erkenntnis auch entgegenduftet; trächtig für jeden Leichenmord in einem ›Turm der Uhr‹, Zwiegebilde aus Dichters Traum und Wachen, was immer du willst, daß eines Menschen Hirn erbrüte: alles verblaßt, wenn die Wirklichkeit anfängt, nicht Geschichte, aber Geschichten zu schreiben, ohne Konzept, aus dem Stegreif, ins Blaue hinein, unbekümmert darum, wer das schon liest, l'art pour l'art in weltumfassender Schau. Sie kann alles; sie greift Themen auf, an die sich unsere Poeten nicht herantrauen, schreibt mich zum Beispiel, oder, la mia Bella, den Don Fulgencio Lladó dieses Briefes. Sie verfügt über die meisten Erfahrungen, wie das Novalis oder Rilke von einem, der schreibt, voraussetzt. Dabei lügt sie nie, mögen ihre Texte uns noch so verlogen erscheinen, daß wir zu zweifeln wagen, wie du es tust. Dafür bist du allerdings eine Theologentochter, die zu viel hinter die Kulissen der Schriftstube gespäht hat, wenn der im Solde des Himmels stehende Papa mit der Abfassung von Sonntagspredigt oder Kolleg beschäftig war, wie ein anderer Papa beschäftigt ist, das tägliche Brot zu verdienen. Das muß einem frühreifen Kinde einen Knacks fürs ganze Leben geben. Nun bist du nicht mehr offenbarungsgläubig. Natürlich, wenn der, der Gottes Wort am Sonntag verkündet, in der Woche der Mutter das Haushaltgeld auf den Tisch zählt – ein unmöglicher Zustand! Die katholische Kirche hat das alles gescheiter und tiefsinniger angestellt, viel ewiger, möchte ich sagen. Oder glaubst du etwa, sie habe die Zölibatgesetze ausgefertigt und gegen jeden Sturmlauf durch die Jahrhunderte gehandhabt, weil die Virginität der Kirche auch ein jungfräuliches Priestertum erfordere, oder gar aus Angst vor der wirtschaftlichen Belastung des hierarchischen Apparates, die zweifellos ins Gigantische wüchse, wenn sich vom Dorfkaplan bis zum Pontifex Maximus der Stand mit Weib und Kind herumzuschlagen hätte? Ignatius von Loyola hätte auch dafür eine militante Lösung ausgeklügelt. In keiner Heilsanstalt wie beim Katholizismus klingt ja Pracht und Pracherei wie ein Herz und ein Seele. Du weißt, daß ich immer noch auf der Suche bin nach einem gebrötelten Diener seines Herrn, der auch an diesen Herrn glaubt. Ich bin wunderfitzig, Romantik liegt mir im Blut.«

Es würde sie schon geben, gläubige Priester, aber es sei schwierig, sie aus der Masse herauszufischen, fuhr ich fort, denn sie hätten ihre Mimikry. Nur wo es zur Schreckfärbung käme, seien sie noch zu erkennen und wie Savonarola schnell als Ketzer verbrannt. Sie selbst aber, Beatrice, Tochter eines Patristikers und Pastors, sei eine schöne Bestätigung meiner Theorie, daß die Kinder der Gottesmänner dem Teufel verfallen, dem baren Unglauben, der Heuchelei, und wie könnte es anders sein? Man könne keine Kinder zeugen, mit dem peinlichen Drum und Dran eines plärrenden Haushalts, mit einer schwangeren Frau Pastor spazierengehen und zwischendurch auf die Kanzel steigen und das Brot brechen. Es erschiene mir ein Hohn auf das Heilige. Doch wolle ich mit meiner Kritik ihrem lieben Papa nicht zu nahe treten, wenigstens nicht näher als ihr selbst. Ich hätte nämlich die meisten seiner Bücher gelesen und auch nicht vergessen, was sie mir einmal erzählt habe: dies menschlich rührende Zwischenspiel in der Studierstube, wo der Gelehrte an einem Stehpult zu schreiben pflegte: wenn die Mutter Beatrice für eine Weile los sein wollte, ließ sie den Goof in die Studierstube schlüpfen, wo der Mann Gottes an seinen »Erwekkungsbewegungen« schrieb und nicht wußte, was mit einem Kinde anzufangen, das begann, planmäßig alle Merkzettel aus allen erreichbaren Büchern zu ziehen. In seiner Unbeholfenheit sah der gelehrte Vater nur eine Möglichkeit, sich des lästigen Eindringlings zu erwehren, ohne ihm die Tür zu weisen, was seiner Kinderliebe widersprach: er hob das Mädchen auf sein Stehpult und deponierte es auf dem Manuskript, um an einem Tisch weiter zu schreiben, ad maiorem Dei gloriam. Aus Angst herunterzufallen, verhielt sich die Göre mäuschenstill. Daß Beatrice dabei den Bund segnete, den ihr Erzeuger mit seinem Schöpfer geschlossen hatte, ist nur zu menschlich. Nachher hat sich dann Adolf von Harnack, der die Manuskripte seines Lieblingsschülers vor der Drucklegung zu lesen liebte, über das eigentümliche Aroma gewundert, das dem Stoß beschriebener Blätter entstieg. Er wird es der muffigen Luft einer Schweizer Pastorenstube zugeschrieben haben, selbst mehr an den feinen Wind des deutschen Kaiserhauses gewohnt. Ich, so schloß ich meine Verteidigung des merkwürdigen Briefes, sei in einer total ungelehrten und von Büchern gar nicht umstellten Welt aufgewachsen, und nie, nie hätte ich meine kleinen Geschäfte auf einem geistlichen Thron verrichten dürfen. Des Frevels am Heiligen hätte ich mich in so jungen Jahren nicht schuldig gemacht.

»Dafür tust du es heute, mon Cher!«

»Ein jegliches hat seine Zeit, ma Chérie! Früh oder spät kriegen wir alle den Schlag auf die Zunge, und dann zeigt es sich, ob man in der Gnade steht. Mich hat's aus mir selbst hinausgeworfen, und dich auf andere Weise. Nun machen wir unseren Dreck alleene, und es fluppt, nicht wie geschmiert, aber erträglich. Das kommt davon, wenn Menschen zum Dienst antreten müssen an den Tagen, wo Gott ruhte, was auch wieder so eine Geschichte ist. Kannst du dir das vorstellen: einen Gott, der ganze Welten entwirft und ausführt, und ruht dann wie ein Bürgersmann am siebten Tag? Hat dein Papa darüber etwas Schriftliches hinterlassen?«

»Aber Vigo! Du spinnst! Was hat das alles mit dem Brief zu tun? Der stammt von Pedro oder einem seiner Helfershelfer, und um nicht zuzugeben, daß du wieder einmal der Düpe bist, spielst du die beiden Konfessionen, deren traurige Produkte wir sind, gegeneinander aus und verrennst dich dabei.«

»Ich verrenne mich gar nicht, und die Zusammenhänge sollen dir noch deutlich werden. Ich habe dir viel von meinem bischöflichen Onkel erzählt, der ein großer Mensch war, den die preziöse Mitra nur wenig hat erdrücken können. In seinem Haus, am Domplatz 30, habe ich auch ein wenig hinter die Kulissen eines höhergestellten Stellvertreters Christi blicken können. Setzen wir also voraus, daß unsere beiden Anverwandten, jeder in seinem alleinseligmachenden Lager der Heerscharen, welche den Streit mit der Ewigkeit aufgenommen haben, lautere Menschen waren, die ihre geistigen und menschlichen Eigenschaften in den Dienst einer Sache stellten, die gelinde gesagt wenig menschlich und wenig geistig wird, wenn der politische Augenblick es erfordert. Mein Papst paktiert ja schon mit Hitler. Gottglauben und Weltbeflissenheit müssen sich da die Waage halten. Onkel Jean war sich des Zwiespalts bewußt, in den ihn die Berufung ins Hirtenamt treiben mußte. Er hat denn auch zwei Mal den Krummstab zurückgewiesen. Auf meine Frage – er war da schon Bischof –, ob er denn an Gott glaube, blickte er mich mit Augen an, in denen ich meine ganze Verworfenheit hätte lesen können, wäre ich mir verworfen vorgekommen, und sagte: ›Ich bete viel, mein Sohn.‹

Deinem Papa werden solche Schicksalsmutungen nicht erspart geblieben sein, aber er hat sich ja noch zeitig aus dem Staub der sterilen Basler Gelehrtenluft gemacht. Dem wurde es sicher nicht geheuer, sonst wäre er kaum in die Pampas gezogen, um Gauchos und Savannenindianern das Wort Gottes zu verkünden. Es imponiert mir, den Sproß einer alten Gelehrtendynastie sein Stehpult verlassen und sich auf einen Mustang schwingen zu sehen, um vom Sattel herab Araukaner und Tehuelchen zu taufen. Es kostete ihn sein Leben, aber doch, er entrann so dem Schicksal, der Nestlé-Theologie einverleibt zu werden.«

»Der was?«

»Nestlé-Theologie, eine Richtung der schweizerischen Gottesgelehrsamkeit: eingedickt, keimfrei, unter Verschluß jahrelang haltbar. Jedes Land entwickelt ja seine eigene Industrie, mit eigenem Warenzeichen. Vor Nachahmungen wird gewarnt. Ein fesselndes Kapitel, dem ich die Überschrift geben möchte: Theologie als Totengräbertum Gottes. Mit Onkel Jean habe ich viel über solche Dinge gesprochen, und immer hinter verschlossenen Türen, vor allem der Tischdiener durfte nichts davon aufschnappen: ein falsch verstandenes Wort, und der Skandal wäre dagewesen. Der Onkel war tolerant, alles konnte ich vorbringen. Nur einmal wurde er böse. Ich hatte Barth und Mausbach gehört und schlug ihm vor, eine moderne Theodizee schreiben zu lassen, eine Rechtfertigung Gottes nicht wegen des Unglücks und Übels in der Welt, sondern wegen des Vorhandenseins der Theologen, die für mich der schlagende Beweis seien, daß es Gott nicht geben könne, denn er hätte diese Minderer längst auf alttestamentarische Weise mit Heuschrekkenplagen oder Steinregen vertilgt.«

»Der arme Bischof! Hat er dir nicht entgegengehalten, daß Gott auch gegen seine Männer gefeit ist, um so mehr, wo er sie hat kommen sehen oder gar werden lassen? Die Pforten der Theologie werden Gott nicht überwältigen. Sicher hat der Onkel sich dreimal besegnet, wenn du ankamst.«

»Auch das ist ein Irrtum. Wir haben uns gut verstanden, und er hat nicht einmal versucht, mich zu bekehren, denn er ging ja selbst ziemlich gebückt unter seiner Würde. Die Mütze allein wog an die zehn Pfund; er hat sie mir einmal aufgesetzt, sie stand mir herrlich. Stell dir vor, Vigoleis als Episkopus, in partibus infidelium, mit fürstlichem Weinkeller, Kammerdiener, Hauskaplan, Firmungsreisen – das heißt, die lieber nicht, die machen jeden Bischof kaputt, sowas hält der stärkste Magen nicht aus – und einer niederrheinischen Madonna aus dem 13. Jahrhundert in der Nische der Bibliothek.«

»Und ohne mich, bitte!«

»Was du bedauern dürftest, denn dann bekämst du eine Orgel, wie sie Mosén Tomás von der Capilla Classica nicht einmal hat.«

»Mon Chéri, tu es maboul. Je n'ai pas le talent d'être la maîtresse d'un évèque.«

Gerne hätte ich geantwortet, daß die Versuchung von dieser Seite wohl noch nie an sie herangetreten sei, wowohl sie lange genug in Ländern und in Kreisen gelebt hatte, wo Kirchenfürsten ohne zweischläfriges Bett übel auffallen. Doch ich schwieg. Was konnte ich gegen die französische Sprache ausrichten, die jetzt gegen mich ins Feld geführt wurde? Mein Französisch war, ist und bleibt barbarenhaft, nicht allein dem Zungenschlage nach. Das Scheitern einer deutsch-französischen Verständigung ist eine Frage, mit der sich Philologen mehr beschäftigen sollten als Politiker. Aber Verständigungen werden ja immer im verkehrten Lager angestrebt – siehe die Trift, in die ich selbst geraten war, um meinen Kindermakler aus den Wolken der Mystifikation auf unsere Erde zu ziehen: ich hatte ihn zerquatscht!

»Beatrice«, lenkte ich ein, »ich frage nicht mehr, ob dich das Angebot interessiert, wo du daran zweifelst, daß es die Firma überhaupt gibt. Ich gehe einfach zu der angegebenen Adresse, hinter dem erzbischöflichen Palast, um dir den Daseinsbeweis zu liefern. Vielleicht bespreche ich auch einiges mit dem Vermittler, was unserem Leben eine neue Wendung geben dürfte. Auf dem Rückwege besuche ich Angelita; du brauchst dann nicht mehr auszugehen und kannst üben.«

»Geh du getrost, den Makler findest du nicht. Das Einkaufen besorge ich aber lieber selbst, denn wenn Angelita dich mit ihren

Engelsaugen bezirzt, verlierst du das Gleichgewicht und bringst wer weiß was mit nach Hause. Heute abend möchte ich aber wieder einmal richtig essen. Wir haben noch 2 Peseten.«

»Keine Angst! Es gibt nur einen Rabindranath, und wenn die Tanten nicht im Laden sind, verkauft Angelita mir für 2 Peseten mehr, als wir in einer Woche verkimmeln können. Das Mädchen ist nicht nur ihrem Namen nach ein Engel.«

»Und du nicht nur auf dem Papier ein Utopist. Die Tanten sind *immer* im Laden.«

»Da wären wir längst verhungert! Ich gehe, und vergiß nicht: auch meine Wege sind manchmal wunderbar.«

Aus dem theologisierenden Disput war ich nicht besonders stark hervorgegangen, und um ehrlich zu sein, begann ich nun selbst an der Wirklichkeit Fulgencios zu zweifeln. Zweifel kann eine Vorstufe der Erkenntnis sein, aber hier half kein Grübeln, die Calle Morey würde die faßbare Auskunft erteilen. Unterwegs vertiefte ich mich nochmals in den Schriftsatz des Maklers, den ich jetzt als eine Art Fleißaufgabe für ein psychologisches Mittelseminar betrachtete. Einige Wendungen waren wendig und in einem skurril überspitzten Stil abgefaßt, der an Unamuno geschult sein mußte – Pedro doch? Pedro schrieb einen glänzenden Stil, wie ich aus der Lektüre seiner merkwürdigen Tagebücher wußte.

Aus dem Brief sei noch nachgetragen, was erst die Vertiefung in seinen Text mir klar werden ließ: daß der Vermittler mir eine monatliche Bekleidungszulage von 10 Peseten in Aussicht stellte, die zwei Jahre lang aus einem besonderen Fonds für die ausgesetzten Hijos de Algo bestritten würde, falls der Adoptivvater nicht über Mittel verfüge, den Balg zu kleiden. Der Sorge um die Ernährung könne aus einer frommen Vinzentinischen Stiftung begegnet werden; doch bedürfe es in beiden Fällen des Erweises meiner Mittellosigkeit. Das hielt ich für klug, und auf mich angewandt nicht einmal für kränkend. Ich bin wohl oft das Opfer, nie aber die Ursache meines eigenen Notstandes gewesen, was Beatrice bezeugen könnte, wäre sie zu Aussagen darüber zu bewegen. Sie weiß, Verschlingerin von Kriminalromanen, daß jedes Wort »will be used as evidence against her«; und ich weiß, als Mensch unter Menschen, daß, wo kein Essen ist, auch kein Kind sein soll, obwohl das Umgekehrte gemeinhin der Fall ist.

Lesend und meditierend wandelte ich zur Calle Morey, vorbei an der Kathedrale, die in der Sonne noch den Ton der gebrannten Erde hatte, der Erde Mallorcas. Das Haus des Maklers war schnell gefunden: ein mumifizierter Palast aus dem Jahrhundert Moretos, der bauliche Wandlungen aus späteren Epochen aufwies. Doch faßte die Patina des Verfalls alle Stile wieder zu einer Wirkung zusammen. In Spanien setzt ein solches Verbrökkeln und Ausrieseln unter der Sotte der Zeit in dem Augenblick ein, wo der Baumeister dem Auftraggeber den Schlüssel des Gebäudes aushändigt, gleichwie ein Lebewesen mit dem ersten Atemzuge sich anschickt, den letzten zu tun. In Portugal beginnt eine solche durchaus todesschöpferische Dekadenz – immer wieder: Schöpfung als Verfall vorausgesetzt – schon bei der Grundsteinlegung, was zu einem noch menschlicheren Vergleich Anlaß böte. In der Konservierung des Geschaffenen sehe ich immer wieder, und mit zunehmendem eigenen Alter deutlicher noch, eine Bekundung der geistigen Armut, ein tragisches Eingeständnis der Impotenz, der Ohnmacht; den rettenden Griff in den Raum. Man braucht eine Planke, um nicht unterzugehen. Da ist nichts mehr vom großen Armschlag der eigenen Kraft, es wird geklebt, gestückelt, aus tausend Scherben wird die Madonna wieder zusammengeleimt, und wir rühmen noch den Fleißigen, der die Geduldsarbeit leistet. Ich liebe den Zusammenbruch, aus dessen Gepolter, Aschenregen und blakenden Wolkenballen plötzlich dann eine Gebärde erkennbar wird, ein Wort aufsteht, ein Tun sich verheißt, das mich ergreift; ein Ton erklingt, der mich, verzückt, in das Unsagbare weiter entführt, als es das Gefestigte, von allen Seiten Gestützte, das Verankerte und Verpichte vermag. Gedichte von Trakl lösen das in mir aus, gehe ich aufs Wort. Und kommt es zu keinem Wort und keiner Geste, zu keinem Klang, dann ahne ich immer noch, was sich aus den Trümmern loslösen, welch eine phantastische Verwandlung sich vollziehen kann.

In Gedanken verloren stand ich im Innenhof des Palastes. Katzen schlichen glutäugig, bei heller Sonne dämonisch wie die verschleierten Beatas und erotischen Priester in ihren faustischen Soutanen: ein Dutzend von den Tausenden, die Palma zum wahren Katzenschutzpark machen. Katzen, Padres und Betschwestern stempeln das Straßenbild von Palma.

Drei Stufen mußte ich emporsteigen, ehe ich zum »Porche« gelangte, einer kleinen Säulengalerie, wo sich die verblindete Mahagonitür mit dem bronzenen Schlägel befand, der das Geständе eines Raubvogels darstellte. Links neben dem Eingang erblickte ich ein in den Sandstein eingelegtes Schild –

siehe da: der Name des Trödlers mit allen Von und Zu seines Geschlechtes. Kein Pedro hatte mich genasführt! Beatricens Instinkt für wirklich kriminelle Verwicklungen, wie war er durch Literatur getrübt! Nie werde ich sie auf eine Fährte setzen können, deren erste Stapfe das Unwahrscheinliche ist. Beschämend, mein Inkamädchen, hier zwar nicht schwarz auf weiß, aber doch auf eine dieser Redensart technographisch entsprechende Weise die Probe aufs Exempel zu finden. Und schau, da steht noch mehr geschrieben. »Corredor de Niños«, und darunter »Gran surtido en ambos sexos«. Das hättest du natürlich mit einem Auge schon entziffert, wo ich noch bei den Katzen war, und mit dem anderen hättest du mich blitzartig aufgenommen, mich, Vigoleis triumphator, der es nun selber liest und übersetzt: großes Lager in beiden Geschlechtern. Aus dem Brief wissen wir, daß es ausverkauft ist bis auf jenes Stück, das mich die Stufen zu dem Firmenschild hinaufgeführt hat. Darunter prangte eine Emailleplakette, wie es schien erst nachträglich angebracht, den Göttlichen Kinderfreund darstellend; nichts Absonderliches übrigens, da fast alle spanischen Häuser auf den Himmel als die billigste Wach- und Schließgesellschaft abonniert sind. Und unter dem Herrn das unfehlbare Stoßgebet zur unbefleckt empfangenen Gottesmutter, »Ave Maria Purísima Sin Pecado Concebida«. Da aber, wo ich dachte, daß nun stünde: »Bitte für uns«, las ich von wenig kalligraphischer Hand auf den Stein gepinselt: »Bitte klopfen«. Ein feiner Hinweis, daß man dem Allerhöchsten wohl seinen Tribut zu entrichten, die Belange von Geschäft und drückendem Alltag freilich nicht außer acht zu lassen gesonnen sei. So rührte ich den Schlägel.

Eine Magd erschien, ein Inselmädchen mit dem unterm Kinn verknoteten Kopftuch aus weißem Tüll, rebocillo genannt, Hängezopf und Häubchen, die ansprechende Tracht des dienenden Volkes. Das bewegte sich also durchaus in den Bahnen des Herkömmlichen. Jede einigermaßen gut gestellte Familie hatte einen Schub solcher Mägde in Dienst. Aus dem Rahmen fiel einzig der Busen der Jungfrau, der sich sehr bewegte und auch mich ergriff. Ich verbeugte mich darum um ein paar Wirbel zu steif, immer noch in jenem Übergangsstadium, wo ich die lächerliche deutsche Verbeugung aus der Studentenzeit gegen die natürliche Aufgeschlossenheit des südländischen Begrüßungszeremonials eintauschte. Zur Umarmung mit dem Staubaus der trommelnden Schulterbeklopfung war ich noch nicht bei jedermann vorgedrungen, und bei der Magd wäre sie auch kaum am Platze gewesen. Ich gab ihr nur meine Karte, auf der ein einziges Wort stand, das mich darstellte: Vigoleis.

Diese Dienerin – ja, so will ich das Mädchen nennen statt Magd, da Magd mich zu sehr an die von Morgenstern berühmt gewordene erinnert, die in aller Heimlichkeit ein Kind mit einem Käse als Kopf stillen mußte, ein Vorgang, der meine zwar noch unklaren Absichten in diesem Hause schädlich beeinflussen könnte; und überhaupt bedürfte es dieser gedankenverbindenden Anleihe beim Galgenchristian nicht einmal. Vigoleis könnte aus eigenen Reimbeständen solche psychoanalytisch aufschlußreichen Lücken füllen, und was insonderheit die Magd betrifft, maßt er sich an, beispielhaft zu werden, ob auch seine »keusche vorgetäuschte Küchenmagd am Abwaschtrog, weder sauber noch auch Leuchte, die gnä' Herrschaft frech belog«, keine verkäste Frucht an ihrem Busen nährte. Schriebe ich als Romantiker, anderthalb Jahrhunderte früher auf die Welt gekommen, da wäre es fast selbstverständlich, daß ich diese Aufzeichnungen mit Gereimtem durchsetzte, dem Eichendorffschen Taugenichts gleich, der alle paar Seiten zu singen anhebt. Derartige Überschwenglichkeiten sind gänzlich aus der Mode gekommen, ja selbst verpönt, seit man nicht mehr wandernd, sondern liftend und ewig auf der Flucht vor Potentaten durch die Welt zieht. Sowieso sind Gedichte zum Schleichgut der Literatur geworden; ängstlich wachen die Verleger darüber, daß das nicht in die Prosa, die den Absatz bedeutet, hineingeschmuggelt wird. Auch in dieser Gerechtsame des Reimes waren die Romantiker der blauen Blume näher als wir, entsternte Nachfahren in einem literastischen Jahrhundert.

Die Dienerin las das Wort, lesen konnte sie also auch! Sie schaute mich an, dann blickte sie wieder auf die Karte, lächelte und stellte die mich noch mehr als ihr Busenappeal verwirrende Frage, ob ich ein Vigoleis sei. Das sei ich – unbestritten, fügte ich nach einer Weile hinzu, mich selbst wie von einem Blitzstrahl aus mir herausgeleuchtet überschauend. Aber dann begriff ich auch schon, daß sie etwas ganz anderes gemeint hatte. Ein Vigoleis, das klang ihr wie ein Titel, eine Standesbezeichnung, irgend ein hoher Rang: ein Wojewóde, Padischah, ein Mahonda, vor dem man ins Knie sinken müßte, wäre man kein so hübsches Mädchen gewesen mit schelmischen Augen und steifer, hinten abstehender Flechte, an deren Ende ein noch steiferer Strick den feinen Rang der eigenen Herrschaft zum Ausdruck bringt. Und was mein Begehr sei?

Ich händigte ihr den Brief aus: deswegen sei ich gekommen. Sie bat mich, ihr zu folgen. Wir betraten einen Raum, der außer einem Spucknapf nur eine Maus enthielt, die aber davonhuschte, so daß ich mit dem Steingut allein war, denn die Dienerin verschwand durch eine andere Tür. Bald erschien sie wieder und nötigte mich, immer lächelnd, in ein anschließendes Gemach, das Wartezimmer. Die Dienerin entfernte sich. Ich verbeugte mich wieder tief.

Ich hatte Muße, an den Wänden eingerahmte und angeheftete Gutachten und Dankschreiben zu studieren. Die Anordnung des Materials war mit der Kunst eines Museumsdirektors getroffen, der die Besucher zu zwingen weiß, die Wände entlang zu schlendern und alles in sich aufzunehmen und sich zu bilden – eine Kunst für die Kunst. Mich zwang sie, daneben noch Gedanken anzustellen über die Psychologie des Wartezimmers, ein unbeschriebenes Blatt. Jeder Beruf hat darin seine eigene Note, den eigenen Stil entwickelt. Im allgemeinen schwanken die Einrichtungen zwischen denen einer Vorfolterkammer, einer Maria-Hilf-Kapelle und dem Boudoir einer wohlhabenden Freudenhausvorsteherin. Don Fulgencio schien eine Synthese angestrebt zu haben; das Warten fiel mir nicht schwer.

Die Lektüre der Stücke war aufschlußreich. Zwei Dokumente nahmen meine Aufmerksamkeit am meisten in Anspruch. Eines war von Höchstdero Königlicher Hand verfaßt – die Behauptung Robespierres, daß Könige Analphabeten seien, fand hier endlich ihre schlagende Entgegnung – und verlautete dahin, daß Don Fulgencio gebeten wurde, eine Offerte in nicht hämophilem Nachwuchs zu unterbreiten. Der es geschrieben, lebte damals schon im Exil, vielleicht unbckümmert um die geheimnisvollen Blutkörperchen, deren mangelhafte Koagulierfähigkeit den Sturz der Monarchie kaum gefördert haben dürfte, wie man es aus dem Munde utopischer Monarchisten in den ersten Jahren der Republik immer wieder zu hören bekam. Das zweite Dokument teilte mit, daß ein Alicantinischer Mutterorden alle in seiner Lade ausgesetzten Findlinge dem Hause Fulgencios mit Vorzugsrecht überlasse.

Wie in einer Bildergalerie machte ich folgsam die Runde, allerdings ohne Katalog und unbehindert von einem nachdrängenden Publikum, das sich nicht an das Zeitmaß gewöhnen kann, welches die Originale auferlegen, oder besser gesagt, auferlegen würden, wenn heute der Ansichtskarten-Aspekt der Kunst nicht vorherrschend geworden wäre. Zur Förderung dieser Einstellung hält jede Museumsdirektion auch die Kartenstände am Ausgang der Säle bereit. Bei Don Fulgencio war das indessen anders. Kaum hatte ich die letzte Zeile in mich aufgenommen, da erschien sie wieder, meine in 1001 Nacht hinüberträumende Busenlust, und geleitete mich über einen abgedunkelten Flur in ein weites Zimmer. Ein alter Herr trat mir entgegen.

Es war der Herr des Hauses; die Dienerin hätte es mir nicht zuzuflüstern brauchen: Don Fulgencio, der Sagenhafte.

Und welch ein Fulgencio, welch eine männliche Fulgenz! Ich schätzte das Alter dieser Gestaltwerdung, dieses aus der mythologischen Nebelwiese im, sei es auch angewellten, Fleische Erstandenen auf gute 80 Jahre, wobei ich allerdings gleich bekennen muß, daß ich bei solchen Taxierungen selten ein glückliches Auge habe. Mein eigenes Alter, wäre es mir nicht durch wachgehaltene Überlieferung und das noch wachere Register der bürokratischen Stempelwesen bis auf einen halben Tag genau vermerkt, würde ich nie auch nur annähernd erraten können, während sich das meines Vigoleis vollends den Berechnungen entzieht, obwohl ich ihn selbst aus der Taufe gehoben habe. Bei Frauen fängt die Geschichte aber an fatal zu werden. Nicht bei jenen natürlich, die wie Mamú in jedem Alter über dem Taufschein stehen; die die 50 nicht wegretuschieren und mit 80 um den verwelkten Mund das Lächeln der Jugend tragen, die ewig ist. Nein, ich meine jene tragischen Truggestalten, die an die Grenze kommen, das Felleisen voll kosmetischen Unrat, wo man keine Geburtstage mehr begeht und wie die Schildkröte schwankt zwischen dem rein Vegetativen und rein Animalischen. Da schminkt man sich, wenn man fünfzig ist, um noch als Dreißigerin durchzugehen, und wirkt wie siebzig am Aschermittwoch. Diesem Phänomen wird noch viel zu wenig Beachtung geschenkt. Mord und Totschlag ist schon daraus entstanden, Ehen sind vorzeitig aufgeweicht, ja die Männerwelt muß zusehen, wie eine ganze Generation einfach übersprungen wird, wie Streber in der Schule eine Klasse überspringen. Doch wer ob der Krähenfüße mit Salbe und Kalfatage springt, kommt nicht ans Ziel. Indische Fakire machen das mit Pflanzen unterm Zaubertuch; auch da sind die Wachstumsstöße verblüffend. Ja, hätte sich van Meegeren der kosmetischen Mystifikation am lebendigen Frauenantlitz zugewandt, in einem Pariser oder Amsterdamer Schönheitssalon, wäre er steinreich geworden. Einer aufgeflogenen Milliardärsvettel aus Monte Carlo hätte er der

Mona Lisa Lächeln so meisterhaft um den Mund gelegt, daß es erst im Chambre séparée mitsamt dem zusammengestümperten Rest von dem entwerteten Goldgrund des Leibes abgeschilfert wäre. Statt dessen hat er durch seine gottbegnadeten Fälschungen nur die Instinktlosigkeit akademisch gebildeter Kunstkenner vor aller Welt bewiesen und sie und sich selbst ans Kreuz geschlagen. Da hängen sie nun, der Exegese des Unverstandes und dem fanatischen Eifer ein Spiel. Die Aktien der Kunst steigen, je weniger man von ihr versteht. Sie verstehen bedingt aber, sich ihr von innen her nähern, mit dem Herzen, und nicht mit den Behelfen von Lakmuspapier und Röntgenröhre. Dieselben Gelehrten der Epidermis der Kunst, die über die »Emmausgänger« gestrauchelt sind, entdecken jetzt das L'art pour l'art der Höhlenmenschen in den Grotten von Altamira, Valltorta, Covalanes und anderen. Bis in die Höhlen von Mallorca sind sie noch nicht vorgestoßen, aber auch da sind die van Meegeren der Eiszeit am Werk gewesen ... Doch nichts darüber jetzt, Auge in Auge mit Don Fulgencio, der sich unter meinen Abschweifungen leicht in Nebel auflösen könnte.

Don Fulgencio hatte sich geschneuzt, tat aber weiter nicht dergleichen, als dränge es ihn, das Wort an mich zu richten. Seinetwegen brauchte ich nicht aus meinen Meditationen aufzuducken. Aber ich will die Zeit nicht verfumfeien. Zudem zeigen verfängliche Horchgeräusche an der Tür an, daß die Dienerin ihren Posten am Spalt bezogen hat, neugierig, was der fremde Beglerbeg mit ihrem Gebieter zu bereden habe. Doch bevor ich die beiden Hochwürdenträger miteinander ins Gespräch kommen lasse, will ich über die Erscheinung des von Beatrice angezweifelten Maklers etwas sagen.

Die Haltung des Mannes war stramm, beim Gehen nur verriet er eine gewisse Unsicherheit im Aufsetzen des linken Beines, von dem ich nicht behaupten will, daß er es nach sich zog; aber es ging nicht wie das andere. Man hätte ihm einen Krückstock gewünscht, obwohl er das abgelehnt hätte, mit der Eitelkeit des Greises, der noch seinen Mann steht. Generalfeldmarschall von Hindenburg war ja ein schönes und auch international anerkanntes Beispiel für solch eine strammstehende Senilität, die Deutschland so teuer zu stehen kam. Don Fulgencios Hände waren schön, aber nicht gepflegt. Ich betrachtete sie eingehend, einzig ihrer Form wegen, denn es gibt wenig Menschen mit schönen Händen, und noch weniger Maler, die eine Hand malen können. Don Fulgencio mißbilligte meine Blicke, weil er sie falsch deutete, und darum schickte er sich auch gleich an, den Schmutz unter den spachen Nägeln mit einem an jeder Hand dafür geeigneten Nagel zu entfernen. Er tat es gewandt, was eine lebenslängliche Schulung verriet. Übrigens war es nicht das erste Mal, daß ich bei meiner Manie für Hände ganz unfreiwillig der stumme Aufforderer zur Fingerpflege wurde. Ach, wenn die Leute, die sich ertappt fühlen, doch wüßten, daß schmutzige Nägel in meinen Augen eine sehr persönliche und von mir beneidete Lebenshaltung darstellen, eine Selbstsicherheit und Herrlichkeit, die ich nie erreicht habe: sie ließen den Dreck, wo er bei ihnen hingehört.

Don Fulgencio hatte mir einen Sessel angeboten und sich wieder hinter den Schreibtisch gesetzt, der mit einer dicken Glasplatte bedeckt war. Darunter befanden sich Briefe, Ansichtskarten, Zeitungsausschnitte, eine Haarlocke, handgeschriebene Poesien – ein wahres Herbarium an vergilbten Zeugen seiner Sentimentalität. An den Wänden hingen Abreißkalender, die verschiedene, teils vergangene, teils zukünftige Daten zeigten. Das mußte seine Gründe haben in einem verfallenen Palast, wo nichts dem Zufall überlassen zu sein schien, nicht einmal ich selbst. Mir gegenüber, über dem Haupt des Greises, prangte eine reich geschnitzte Schwarzwälder Uhr, deren Kuckuck soeben mit schnarrendem Geräusch aus dem Fensterchen flog. Viermal rief er, flügelschlagend.

Augenblicks zog Don Fulgencio aus einer Tasche seiner gepaspelten Weste eine Klappdeckeluhr und verglich die Zeit. »Auf die Sekunde genau, mein Herr«, sagte er, und es waren die ersten Worte, die er sprach, »bitte, überzeugen Sie sich selbst.«

Dabei hielt er mir die goldene Zwiebel hin. Ich konnte seine Angabe nur bestätigen, es stimmte, und eben weil es stimmte, bekam ich den Eindruck, daß da etwas nicht stimmen konnte – aber was? Es ist eine Eigentümlichkeit der Schwarzwälder Uhren, daß sie nie genau gehen. In meinem elterlichen Hause hatte jedes Familienmitglied seine eigene Kuckucksuhr, überstürzte Käufe aus der Inflation, die uns in ihrer reißendsten Phase bei einem Ferienaufenthalt in Triberg überraschte. Jeder Kukkuck hatte seine eigene Zeit. Meinen genau rechnenden Vater verstimmte das täglich, während ich es als romantisch und natürlich zugleich empfand. Zwei Thermometer oder Hygrometer zeigen auch nie dieselben Grade an. In Fulgencios Haus schien sich jedoch ein Vogel verflogen zu haben, der den Spaniern einmal zeigen wollte, was deutsche Pünktlichkeit ist. In Spanien beginnen ja nur die Stierkämpfe auf die Minute genau. Erstaunt über diesen Anschlag auf das iberische Zeitgefühl, fragte ich den Herrn, welche Bewandtnis es habe mit der aus der Art geschlagenen Uhr.

»Dieses Prachtwerk«, sagte Don Fulgencio, indem er den Bollen wieder in die Tasche schob, wobei er den Bauch ein wenig einziehen mußte, »ist das Geschenk eines beglückten Ehepaares aus Titisee. Sie wissen, im Schwarzwald, welchem ich vor nunmehr 37 Jahren ein Kind geschenkt habe, das im germanischen Busch mit seinem schwarzen Glatthaar und dem feurigen Temperament gut angeschlagen hat. Nebenbei bemerkt war dies mein einziges Exportgeschäft mit Deutschland; die transalpinen Rassen scheinen sich mehr an nordische Belieferer zu halten. Daß ich das Findelkind zu guter Letzt verschenkte, hat einen besonderen Grund, der aber nichts zur Sache tut. Als das Mädchen vier Jahre alt war, schickten mir die Pflegeeltern diese Uhr. Sie ist seitdem nicht ein einziges Mal stehengeblieben, für mich das untrügliche Zeichen, daß es dem Menschenkinde gut geht. Setzte sie aus, dann wäre auch der Lebensfaden abgewickelt.«

»Und wenn Sie vergessen, die Gewichte hochzuziehen? Auf diese Weise haben Sie doch, wenn ich Sie recht begreife, ein Menschenleben in der Hand.«

»Vergäße man, die Uhr aufzuwinden, so stände es in einem ursächlichen Zusammenhang mit dem Schicksal des Kindes. Das Vergessen wäre dann schicksalbestimmt.«

Gerne hätte ich mich mit dem Spanier in ein Gespräch über Zufall und Vorsehung eingelassen, mir einigen Gewinn für persönliche Erkenntnisse davon versprechend, und dies um so mehr, wo wir beide keine Berufsphilosophen waren, unter denen Dispute hochinteressant, aber fruchtlos sind. Sie laufen auf ein Spiel mit vielen Bällen hinaus, von denen immer einige in der Luft schweben. Es ist eine Frage des täglichen Übens, mit wievielen man jonglieren kann. Geborene Philosophen sind selten. Die wenigsten wachsen auf den Bäumen, darum brauchen sie nahezu alle die Treibhausluft von Universitäten, »Schulen der Weisheit« oder das bedruckte Papier. Ich schwieg aber. Don Fulgencio gab mir indessen Zeit, über seinen Ausspruch nachzudenken. An der Leere seines unter unbeschnittenen Brauen hervorwesenden Blickes merkte ich, daß er in Titisee war. Reiner Aberglaube? In jungen Jahren habe ich mich allen abergläubischen Menschen gegenüber sehr hochmütig verhalten. Ich glaubte damals auf Grund meiner Dünndruckphilosophen zu wissen, aus welchen Ursachen die Wirkungen kämen, und erblickte in der Superstition einen krankhaften Auswuchs, eine Art Myom, das sich an die Erkenntnis ansetze. Von dieser schauerlichen Verirrung bin ich geheilt. Viel hat dazu außer der Lektüre der abendländischen Mystiker, vor allem der Teresa von Avila, mein langjähriger Aufenthalt im katholischen Iberien beigetragen, wo der apostolisch-nihilistische Glaube in einen Aberglauben von oft erschütternder Menschlichkeit überspielt ist. Aus vielem, was ich hier aus meiner oder des Vigoleis Erfahrungs- und Erlebniswelt mitteile, kann deutlich werden, daß ich nicht »zufällig« der Übersetzer eines Mystikers, Pascoaes, geworden bin. Da waltete Vorbestimmung; mir war's in die Wiege gelegt.

Die Stille im Raum war klösterlich. Ruhig tickte die Uhr mit der klein übersetzenden Unruhe; hinter dem Fensterchen hockte der Vogel auf der Lauer, hinter der Tür die Dienerin. Don Fulgencio weilte im Schwarzwald. Ich wartete, bis er wieder aus dem Dickicht herauskäme. Der geborene Warter, wäre ich der ideale Zuchthäusler mit lebenslänglicher Einzelhaft, der botmäßige Mönch oder Anachoret. Aber um ins Zuchthaus zu gelangen, müßte ich ein Verbrechen an einem Mitmenschen begehen, für die klösterliche Weltentsagung aber eins an mir selbst.

Don Fulgencio war auf einmal auch wieder da, und wir traten in die Erledigung dessen ein, was zu erledigen mir noch ziemlich unklar war. Der Appetit kommt mit dem Essen. Meine eigentliche Sendung war nach der Ersteigung der drei Stufen beendet, Beatricens Unglaube durch das Firmenschild widerlegt und Pedro von allem Verdacht reingewaschen. Ich hätte gehen können und sollen. Die Gefahr, daß mir ein Kind aufgeschwätzt würde, war groß. Rabindranath ist noch frisch in unser aller Erinnerung. Ich blieb und war wie der Kuckuck ein Zahn im Schneckengang des Weltgeschehens.

Für den Makler war ich in diesem Augenblick allerdings nur ein Kunde, der sich ein Angebot unterbreiten läßt. Zum Zeichen meiner inneren Lockerung hatte ich die Beine übereinandergeschlagen, blieb aber der arme Tropf und meilenweit entfernt vom Padischah der immer noch lauschenden Dienerin, die endlich auf ihre Kosten kommen sollte.

Don Fulgencio mußte ein gewiegter Geschäftsmann gewesen sein, nach der Rage zu schließen, mit der er sich ins Zeug legte. Ein Riemenstecher auf einer Feria hätte es kaum besser vermocht, so daß ich versucht bin, den Vergleich mit Hindenburg wieder zurückzunehmen. Der Kaufmann brachte es fertig, mir den Handel schmackhaft zu machen. Ich ertappte mich, daß ich Argumente zurechtlegte, um sie später gegen Beatrice ausspielen zu können, falls ich wider Willen mit einem menschlichen Raben nach Hause käme. Übrigens war das liegengebliebene Kind männlichen Geschlechtes, was mich ein wenig enttäuschte, denn ich hätte zum Spielen lieber ein Mädchen gehabt. Die vorgeburtliche Geschlechtsbestimmung ist immer noch ein dunkles Problem. Hier erwies sich aber auch die nachträgliche als ein bitterer Zwang, dem ich mich fügte.

Ich ließ mich zu der Vereinbarung überreden, mir das Kind ein paar Tage auf die Seite zu legen; raschestens würde ich dem Makler Bescheid zukommen lassen, ob wir es nähmen. Den Gerümpler zu bitten, mir den Gegenstand des Handelns eben zu zeigen, vergaß ich, zu sehr bedrückt von der Selbstüberrumpelung. Wie oft nicht ziehe ich aus einem Laden ab mit einem Kauf, den ich gar nicht haben wollte! Ich erhob mich. Don Fulgencio zwängte sich hinter seinem Herbarium hervor, ich hörte die Dienerin von dannen stieben, Katzen huschten durch den Flur, dann stand ich auf der Straße, mit den Augen zwinkernd, denn der Tag hatte noch nichts an Helligkeit eingebüßt. Ich faltete die Boina zu einer Mütze mit Schirm und ging nach Hause.

Ich wählte den Umweg als den kürzesten Weg, mußte ich mir doch die Strategie aller weiteren Handlungen zurechtlegen, die sich aus meinem Versprechen zwangsläufig ergaben. Und mehr für mich selbst als für Beatrice, die nicht wenig erschrecken würde. Erst ein Rabe, nun ein Kind.

Unterwegs traf ich einen kriegsbeschädigten Deutschen, dessen Heldentum (E.K. 2) in die Nie-wieder-Krieg-Bewegung ausgelaufen war. Er litt an Heuschnupfen, Catharrus aestivus, wie er das Leiden gebildeter nannte, lebte aber sonst glücklich und zufrieden mit seiner spanischen Frau, die ein Putzgeschäft betrieb. Wer in Palma etwas vorstellen wollte, bezog seinen Kopfschmuck von ihr. Der Kriegsbeschädigte, dessen Vater Lehrer und Rätselverfasser war (gereimt), kaufte selber in Paris ein, und das war fatal. Denn seine Angst vor dem Heuschnupfen ging so weit, daß er auch künstliche Blumen mied, um jede Gedankenverbindung mit der blühenden Wiese auszuschalten. Seine Frau mußte sich bald schon auf Büstenhalter, Strümpfe und ähnliche Artikel verlegen, da niemand mehr ihre neurotischen Hüte tragen wollte. Beatrice war ihr letztes Opfer.

Den Rest des Weges legte ich in der üblichen geistigen Abwesenheit zurück, die mich zu einem für mich und andere gefährlichen Fußgänger macht. An die mir von den Göttern der Insel vorbehaltene Vaterschaft werde ich kaum gedacht haben.

Ich traf Beatrice auf einer Kiste an, vertieft nicht in einen Mordfall, sondern in den Padre Feijó, den ich damals gerade übersetzte, um mich an den Dunstkreis zu gewöhnen, der seine eigentümliche Gedankenwelt umlagert. Ich halte es da wie die submarinen Arbeiter, die sich erst in einer Druckluftzelle an die neuen Atembedingungen gewöhnen müssen, ehe sie in die Taucherglocke steigen. Nur so kann ich einem fremden Geiste anverwandt werden. Gerne hätte ich den großen Essay des Benediktiners über den Unfug der Nationalitäten deutschen Lesern zugänglich gemacht. Im Dritten Reich konnte davon keine Rede sein, aber vielleicht in einer Zeitschrift der Emigration? Ich korrespondierte darüber mit Klaus Mann, der doch einen solchen Beitrag über den nationalen Aberglauben für seine »Sammlung« mit Kußhand hätte nehmen müssen – aber auch er hatte für die dreihundert Jahre alte Stimme des Geistes wider den Ungeist keinen Raum.

»Na, hat Vigoleis gute Geschäfte gemacht? Und wie hat Pedro sich aus der Affäre gezogen?«

»Es ist sehr die Frage, ob man das, was ich erreicht habe, mit Geschäftemachen bezeichnen kann, und was Pedro betrifft, kannst du beruhigt sein. Ich war nicht bei Pedro, sondern bin schnurstracks zu Don Fulgencio gegangen; er wohnt auf der Morey, wie du weißt, in einem von Katzen und Dienerinnen durchschlichenen Palacete. Du hast ja gerade diese Straße des heimtückischen Gelichters wegen immer gemieden. Da wohnt er, Herz Jesu und Palmzweig sind auf die Tür genagelt. Was hat Angelita dir verkauft?«

»Schafskäse aus Menorca, eingeweichte Garbanzos und dazu eine Büchse Calamares mit der Tinte.«

»Ich habe nur . . . aber rate, wen ich getroffen habe.«

»Bobby auf der Flucht vor Don Josés gynäkologischen Nachstellungen. Dann ist er morgen hier. Ich will ihm gerne die Garbanzos und meinen Teil an der Qualle aufbewahren, wenn er mich nur mit seiner abstrakten Kunst verschont.«

»Der Folkwangjunge kann sich gewiß noch eine Woche in Valldemosa ohne Zangengeburt halten – den Heuschnupfer!«

»Jesses, du hast auch immer Pech! Hat er dich sehr angeödet?«

»Er klagt bitter über das Versagen der medizinischen Wissenschaft, die keine Mittel gegen sein Leiden findet, nicht einmal die deutsche, was ihn am meisten wurmt. Doch er schwört seit Hitler nicht mehr so laut, daß es nie wieder Krieg mit Pollenreizbarkeit gebe. Wichtiger für den Augenblick erscheint mir aber, daß ich mit Don Fulgencio handelseinig geworden bin. Erblicke in mir den Engel der Verkündigung und sprich dein »ecce ancilla«, und die ausgeraubte Etage wird unser Bethlehem. Ich fliege zum Findlingscomptoir zurück. Aber haben wir nicht noch einen Schluck Felanitx?«

Stumm reichte Beatrice mir die Flasche. Ich setzte sie an die Lippen, während sie, an der Grude stehend, die Calamares ein paar Mal durch die Tinte zog. Ich war auf alles gefaßt, schweres Geschütz, und zur Unterstreichung der Mißhelligkeit noch französischer Schießbedarf – allons-y!

»Na, dann komme ich ja noch gnädig ab. Ich war, ehrlich gesagt, auf Schlimmeres gefaßt, vor allem, wo du mir schon den Silberstern mit seinen ekelhaften Geld- und Weibergeschichten, einen vertrottelten Apotheker, den exhibitionistischen Kitschoffer (das war ein unglücklicher spanischer Schüler, dessen schweizerische Vorfahren einmal Kirchhofer geheißen hatten), die ungewaschene Miss Joan, en chaleur perpétuelle, und statt des langersehnten Grals mit dem Auge Gottes einen vermilbten Raben ins Haus gebracht hast. Nur ein Kind? Deine Phantasie läßt nach. Bist du krank? Was sollen wir mit dem Goof anfangen? Hoffentlich ist es schon entwöhnt und macht nicht mehr in die Zeitung. Die Milch läßt sich auftreiben, aber Windeln wasche ich nicht.«

Das war in schicklich vorgebrachter Rede eine Abfuhr, ein Schlag mit der flachen Klinge zwar, aber ein Schlag. Ich parierte mit einem Schluck Felanitx. Alkohol ist für die Eißen des Geistes immer noch das wohltätigste Linderungsmittel, und der genannte Tropfen enthält 16%.

Wäre nun das, was ich hier erzähle, reine Erzählung, Fiktion, etwas Ersonnenes, dann ließe ich den Klopfer ertönen und das besondere Klingelzeichen, mit dem Pedro, der einen Schlüssel hat, sich meldet, wenn er zu uns durch den Gang kommt – oder mit vier schnellen Schlägen, Beatrice möge es mir zugute halten, eiligst Einlaß begehrend, Herrn Silberstern auftreten mit einer neuen Geschlechtsnot, die ich zu bereinigen oder zumindest anzuhören hätte: und Beatrice liefe davon, mich aller weiteren Erklärungen über das Findelkind überhebend. Hier aber wird leider Wirklichkeit gestaltet; es wird noch einmal ins Bild gesetzt, was sich damals bis in die kleinste Auftupfung, die unbedeutendste Schattenstelle gegen den Hintergrund unseres entmöbelten Alltags tuschte. Beatrice ist kein Nebelstreif, und falls das Daseiende als Erscheinungsform überhaupt noch eine Steigerung zuläßt: Don Fulgencio, den sie so gerne ins Reich der Fabel und Pedroschen Mummenintrige verwiesen hätte, noch viel weniger, und am wenigsten ich selbst, obwohl ich gestehen muß, daß ich Augenblicke im Leben gekannt habe, wo ich mir vorgekommen bin wie der schweißtreibende Traum eines Unholds. Wer aber sollte mich Tor schon träumen? Auch das muß ich selbst besorgen, muß mein eigener Nachtmahr und Schröpfkopf sein. So habe ich niemandem, außer der Schöpfung, etwas vorzuwerfen. »Scham, Scham – das ist die Geschichte des Menschen!« Also sprach Zarathustra.

Beatricens unerwartetes Einverständnis bewegte mich tief, stellte mich zugleich aber vor eine schwere Entscheidung. Ich sagte: »Gut, dann gehe ich heute abend noch zum Vermittler und setze den Tag fest, wo wir die kindesstattliche Annahme des Hidalgos vollziehen können. In drei Tagen habe ich eine Wiege gezimmert. Angelita wird mir schon ein paar leere Kisten geben – die wird überhaupt Augen machen!«

Beatrice hängt nicht an Kindern. Darum ist sie jahrelang eine von den Kindern vergötterte Erzieherin gewesen. Sie verstand es, mit ihnen umzugehen. Sie traf ihre Entscheidung mit der sicheren Unerbittlichkeit, die auf die Dauer zur Freundschaft und Liebe führt und die mir in einigen Erzählungen des Alten Bundes imponiert. Manchmal schien der Herr durch sie zu sprechen. Auch jetzt?

Aus der Küche der unter uns hausenden Fischersleute drang die Fischenz gerösteter Sardinen; die Töchter des Parkes zankten sich mit peinlich keifenden Stimmen um eine Nichtigkeit; im obersten Stockwerk lag Pepa, eine Herrschaftsnäherin, im Rahmen und klärte über den Park hinüber modetechnische Fragen mit einer Kundin – es war die altgewohnte Welt von reich und arm in ihrem altgewohnten Austausch. Nichts hatte sich geändert, morgen wird es wieder so sein, und übermorgen, und dann erst wird für uns in der Beletage diese Welt aufhören, den kopernikanischen Umlaufgesetzen zu gehorchen. Regieren wird das angewünschte Kind. Ob es mir meinen Weltschmerz vertreibt? Den hirnbrütigen Drang nach Selbstvernichtung? Seinen Untergang zu wollen, sagt Kierkegaard, sei doch zu hoch für einen Menschen.

Pedro kam noch, es war schon spät. Die Flasche war leer, die Mollusken mitsamt der Verdunkelungstunke verzehrt, die Mädchen des Parks lagen schon längst in ihrem feuchten Schlaf, eine jede der Umarmung ihres Novios entgegensehnend, obwohl sie auch mit einem Einschläfer aus der Rotte des »Turms« vorlieb genommen hätten.

Er spürte, daß etwas in der Luft lag, zog aber wie sonst seinen Skizzenblock und strichelte an unseren Konterfeis. Beiläufig erkundigte er sich nach Beatricens verstockten Schülern, nach meiner letzten Erfindung, nach Mamú, Rabindranath und Bobby. Ich gab ihm den Brief des Maklers – Beatrice habe ihn der Urheberschaft verdächtigt. Der Maler, galant, verliebt und verrückt, immer in der Pose des Boleros, brachte sofort seine Glückwünsche dar und entwarf in wenigen Linien den in unsere Armut eingesprengten Sohn: es wurde ein Wechselbalg und Kaulkind so schrecklich, daß er es sofort wieder mit Beatrice verdarb, die ihm schon Abbitte hatte leisten wollen wegen des schnöden Verdachtes.

Angesichts der Zeichnung kam es mir erst zum Bewußtsein, daß ich versäumt hatte, nach dem Alter des Setzlings zu fragen. Nach einer langen Debatte einigten wir uns auf 13 Monate. Dementsprechend bemaß ich die Wiege.

Muß ich die folgenden Tage schildern? Wie sie angefüllt waren mit einer hektischen Betriebsamkeit? Beatrice hatte wieder mehr im Sparstrumpf, als ich ahnte. Pedros Eifer war rührend, immer wieder kam er mit nützlichen Dingen angeschleppt. Erst brachte er ein Taufkissen mit dem Wappen der Albas, 300 Jahre alt. Dann packte er ein Paar Unterhosen aus, deren Etikette besagte, daß sie von Fortunato, einem heiligmäßigen Mönch, in der Kartause zurückgelassen worden seien, als die Plättlinge vertrieben wurden. Wichtiger als die Paramenten war eine Flasche mit einem Rest Wein, den, Don Juans Beschriftung zufolge, Rubén Darío, Antonio Gelabert und Paco Quintana bei einem Aufenthalt im Schloß nicht ausgetrunken hatten, anno 1913. Zwanzig Jahre hatte der Schluck nachschönen können – welcher Keller hätte einen edleren Tauftrunk zu spenden vermocht?

Paco Quintana ist vielen ein Begriff, Rubén Darío eine Weltberühmtheit, wer aber war der dritte im Bunde, Antonio Gelabert?

Don Antonio hat als Barbier viele Generationen Suredas unter dem Messer gehabt, doch daß er mit den genannten Größen aus einer Flasche getrunken, verdankt er seiner Eigenschaft als

Künstler. Als solcher stand er auch den Suredas nahe. Don Juan war sein großer Freund. Er begann als Töpfer und endete, verkannt wie van Gogh, als Maler. Seine Gemälde erzielen heute ungeahnte Preise. Er lebte in Valldemosa mit einer Magd und seinem festen Kundenkreis. Des Scherens müde, kaufte er sich ein Häuschen in Deyá, Künstler unter Künstlern, und lebte nun nur noch der Magd, die er ehelichte, der Malerei, mit der er weiterhin in um so wilderer Ehe verkehrte, und seiner Häßlichkeit, die ihn inspirierte und die auch einen Goya noch hätte hinreißen können. Alles dessen auch überdrüssig geworden, nahm er einen Strick und erhängte sich am Treppengeländer. Dieser Strick war aus der Flechte seiner Magd gedreht: Don Antonio kehrte zu seinem ursprünglichen Gewerbe zurück.

Rührend war auch die Anteilnahme einer Nachbarin, Doña Maria de los Angeles, einer alten, vor Gicht gekrollten Frau, die im äußersten Elend lebte, seitdem ihr Mann im Säuferwahn in einem Gefängnis verschieden war, wo er den Rest seiner Ersparnisse mit ein paar Wärtern verpraßt hatte, und ihre drei Söhne, Fischer und Rauschgiftschmuggler aus der Bande Arsenios, den Tod im Meer gefunden hatten. Vielleicht erzähle ich ein anderes Mal die Lebensgeschichte dieser einst reichen und schönen Frau, die sich anbot, auf das Kind zu passen, ein Liebesdienst als Dank für die Kost, die sie schon lange mit uns teilte.

Als Zeitpunkt der Adoption, schöner: der Anwünschung, wurde ein Samstag bestimmt, eine Stunde vor Mittag; dann wäre die Handfeste vorüber, wenn Graf Keßler zur üblichen Memoirensitzung erschiene. Einen Schluck aus der Flasche kriege er auch, und dann ginge sie an Don Juan zurück, um einen illustren Namen auf der Etikette bereichert.

In der Nacht zuvor war ein Wolkenbruch niedergegangen, wie ein solcher Palma seit Jahrzehnten nicht heimgesucht hatte. Die Straße des Generals verschlammte von den Fluten, die sich aus den höher gelegenen Stadtteilen ein Strombett zur geräumigen Plaza Atarazanas fegten. Beatrice hatte den von ihr gewischten und von mir mit einem eigens dazu erfundenen Gerät blankgewichsten Ladrilloboden mit einem Läufer aus Makulatur belegt, was wieder zu drolligen Szenen mit dem Grafen führen würde, der in diesem Notbehelf natürlich nicht die Erziehungsmaßregel erblickte, die er spanischen Besuchern gegenüber unbestritten war. Dennoch empfand er es peinlich, uns die Wohnung schmutzig zu machen, wußte er doch, daß wir uns kein Personal halten konnten. Diesbezüglich standen wir in derselben

Fahr und Not. Immer wieder kostete es mich Mühe, ihn davon abzuhalten, sich die Schuhe in der Entrada auszuziehen. Auf den Gedanken, statt einer Fußmatte Schloßpantoffeln bereitzustellen, kamen wir erst viel später.

*

Pedro erschien an dem Tag, den die Gestirnung uns allen zum Schrecknis werden ließ, mit dampfenden Ensaimadas; es war also noch früh. Er half beim Auslegen der Zeitungen und heftete dann ein Schildchen an die Etagentür mit den geheimnisvollen Buchstaben NHN, die ich so häufig an fremden Türen angetroffen und immer falsch gedeutet hatte. Sie bedeuten nicht: »nil homo nequit«, Nichts, was ein Mensch nicht vermöchte, sondern »no hay nadie«, niemand zu Hause. Wir wollten ungestört sein während der feierlichen Annahme des Vigoleisowitsch.

Wenn ich mich heute, zwanzig Jahre nach jenem tollen Morgen, frage, ob ich erregt war, so kann ich ohne Übertreibung sagen, daß mich das Klopfen des Hammers nicht im geringsten zusammenfahren ließ; doch schritt ich auch nicht so gelassen über den Deutschen Allgemeinen Zeitungsläufer zur Tür, als hätte ich dem Milchmann seine immer im Vorstadium des Sauerwerdens befindliche Milch abnehmen wollen. Beatrice war nervös, zu nervös gar, um sich mit Pedro herumzuzanken; sie im Vorstadium der Wut, die sie zur Säule gerinnen läßt: Pedro war Pedro wie immer, voll Firlefanzerei auch in dieser zwiespältigen Stunde.

Der Schlägel fiel, es dröhnte durchs Treppenhaus, und jeder für sich, wie man nach dem Aufflammen des Blitzes die Sekunden zählt bis zum Donnerschlag, zählten wir die Stufen, die es bis zum Absatz vor unserer Tür zurückzulegen galt, noch – noch – Pedro hob die Hände wie zum Tanz, Finger um Finger abspreizend, dann rasselte die Klingel: dreimal.

»Ave Maria Purísima!« sagte Pedro. Ich respondierte wie ein Ministrant: »Sin Pecado Concebida!« und ging zur Tür.

Als Romancier ließe ich an dieser Stelle noch einen halben Zweifel offen, ob es wirklich Don Fulgencio mit dem Kinde sei, der Einlaß begehrte, trotz des NHN, Beatrice die kleine Chance gönnend: Ha, alles Schwindel, nur der Sereno, der seinen Wächtergroschen einkassiert! Aber die geschichtliche Treue verlangt, daß ich den Makler einlasse. Seltsam bleibt, daß er mir noch um ein gut Stück größer erschien, als ich ihn aus dem Palacete in Erinnerung hatte. Es mag daher rühren, daß die Ausmaße meiner eigenen Behausung diese optische Täuschung bewirkten. Dem Kleinen erscheint alles groß.

Don Fulgencio füllte die Leibung ganz aus, ich befürchtete selbst, daß er sich seinen Kopf am Sparren des Oberlichtes anstoßen werde. Ob ich vorgehen dürfe? Da erlickte ich eine zweite Gestalt – wohl der Kutscher, unten steht die Tartane mit Kind und Dienerin. Der zweite Besucher, kleiner als sein vermeintlicher Herr und auch sonst wenig bedeutend in Kleidung und Auftreten, mochte die Sechzig überschritten haben, konnte aber auch nur fünfzig sein, schnalzte mit der Zunge, so daß ich ihn als Kutscher wohl richtig eingeschätzt hatte. Er verbeugte sich, was ein spanischer Cochero zwar nie tut, aber na – gehen wir mal ins Zimmer, wo Beatrice und Pedro in schlecht gespielter Lässigkeit auf den Besuch warten. Ich sage schlecht gespielt, weil niemand dem Wunder der Begegnung ohne eine Vergewaltigung der Selbheit entgegensieht. Eine gegenseitige Vorstellung erfolgte nicht. Nach dem Kind fragte niemand. Hätte sich Don Fulgencio eine Knallzigarre angezündet oder Beatrice zu jodeln angefangen – sie jodelt nie –, es wäre uns allen als der selbstverständlichste Auftakt zum Fest erschienen. Da begann auch Pedro schon leise seine Lieblingscopla zu trällern: »Ay si, ay no, ses at lo tes em dinen, que'l m'ham de teiar . . .« Der Kutscher rülpste klangvoll und spuckte mit Grandezza hinter das Klavier. Ich wagte nicht, Beatrice anzusehen.

Man sprach über das Wetter, den Wolkenbruch, über die reingewaschenen Palmen im Park der schönen Mädchen. Dann ein Wort über die politischen Zeitläufte und über jenen Herrn Hitler, der sich immer fester nestelte und dem Sturz ferner war, als es Don García Díaz, der Berliner Korrespondent der Zeitung ›El Sol‹, allsonntäglich seinen Lesern vorprophezeite. Don Fulgencios Ansichten waren bemerkenswerter, als ich es bei unserem stark persönlichen Gespräch an seinem Herbarium hatte begreifen können. Es waren gewiß nicht die meinen, doch ließ sich mit ihm reden. Der Namenlose, den ich immer noch für den Kutscher hielt, obwohl er nun, im vollen Lichte stehend, wie ein Notar oder Schutzvogt wirkte, tat den Mund nicht auf, es sei denn zum Görbsen oder Spucken, ein Beweis mehr, daß er eine anonyme Kraft sein mußte, vielleicht ein Eideshelfer, der mitgekommen war, die Annahme an Kindes Statt aktenmäßig zu verbriefen. Seine schlechte Kinderstube war dabei seine eigene Sache. Die Gedankenverbindung lief über Kutscher, Gaul, Amtsschimmel zum Beamten. Sogar in Spanien, wo die Menschen noch nicht zum Stammrollenvieh erniedrigt, die Beamten noch der Bestechung fähig sind, kann man zuweilen an einen entarteten Vertreter der Behördenwelt geraten, der auf Stempel und Schnörkel besteht, auf einen Schein. Dieses Wort, im späten Mittelalter aus Helligkeit, Glanz und Schemen zu Ausweis und Zeugnis vielsagend entartet im Sprachbewußtsein des Volkes, von einem Beamten drohend ausgesprochen, gehört zu den schrecklichsten, die ich kenne: »Hast du auch einen Schein?« An meine Schulzeit und meine Lehrer habe ich, abgesehen vom geistlichen Rektor Kremers, die schlechtesten Erinnerungen. Lieber möchte ich in einem Straßengraben verenden, als nochmals die Schulbank drücken und von den Paukern erniedrigt zu werden. Dennoch werde ich nie von Schulträumen heimgesucht. Dafür triezen mir im Schlaf Beamte den kalten Schweiß aus den Poren. Ich drohe zu ersticken und schreie. Beatrice hat sich im Laufe der Jahre an diese nächtlichen Überrumpelungen gewöhnt, während ich jedesmal der Heimtücke neu ausgesetzt bin, da man ja gegen Träume nicht abstumpft, mögen sie sich noch so oft einstellen. Tiefenforscher der Seele könnten zu dem Schluß gelangen, daß ich statt »im Geiste bei der Mutter« bei einem Beamten gelegen hätte – »wer's von sich wirft, erträgt die Last des Lebens, der andere erliegt«. Die Wichte lassen mich nicht. Augustins Gottesstaat steht darum auf schwachen Füßen, weil der Vorläufer der psychologischen Wissenschaft den Beamten kein Pöstchen in seiner Civitas eingeräumt hat. Der Beamte ist aber das Salz des Staates und dessen eigene Lecke. Mein Ödipus hat folgendermaßen in mein Leben eingegriffen (Don Fulgencio verzeihe den Abstecher nach Köln, wo er amtssässig war, hinter einem Postschalter):

Es war im ersten Semester, das mich mit neuen Eindrücken überstülpte. Ich wollte Briefmarken kaufen, fand das Schalterfenster geschlossen und klopfte bescheiden an die Scheibe. Es war zwei Uhr, die Stunde, wo das Publikum wieder Zutritt hatte. Hinter dem matten Glas gewahrte ich eine dunkle, runde Ballung, die nur der Kopf des Beamten sein konnte, der schon auf die Opfer seiner Nachmittagsrunde lauerte, die angefeuchtete Bleifeder in der Hand. Mit einem Ruck schnellte der Rahmen in die Höhe, der Diensthabende stieß seinen Reichsschädel vor, der denselben kriegerisch gesträubten Haarschnitt aufwies wie das Bildnis der Wertzeichen, die er verkaufen mußte, und ranzte mich an: »Sind Sie Analphabet? Hier herrscht Schalterschluß bis um zwei!« Mit einem Knall ging das Fenster wieder zu, gleich einer Guillotine, die den Terroristen der Mattscheibe nur darum nicht selbst enthauptete, weil er eine schon der Pensionsberechtigung sich nähernde Übung hatte, den auf die Sekunde eingestellten Kopf in den Kragen zurückschnellen zu lassen. Ich war vor Schreck einen Schritt nach hinten gewichen und stand zitternd auf dem Fuß einer Hinterperson, die mich mit einem Fluch von sich stieß, so daß ich gegen den Schalter taumelte. Die Schalter waren aber so gebaut, daß die Beamten nie ganz herausschießen konnten. Das Prinzip der freien Wildbahn, von Hagenbeck und Lutz Heck in den zoologischen Gärten schon Jahrzehnte früher eingeführt – durch kein Gitter getrennt steht der Besucher Auge in Auge mit den wildesten Tieren und kann doch nicht gefressen werden – hatte noch keinen Anklang gefunden bei den Architekten von Schalterräumen. Immerhin, der kleine Hindenburg hatte seinen preußischen Vorderlader abgeprotzt und hockte nun rauchend hinter der Scheibe, die noch nachklirrte, als es auf der amtlichen Uhr, der die Kommunionuhr meiner Großmutter um wenige Sekunden vorausging, zweimal schlug: sofort flog der Rahmen wieder hoch, und derselbe Reichshund, der mich angeblafft hatte, fragte sachlich: »Was wünschen Sie?« Zwischen dem Schuß von vorne und dem Schubs von hinten hatte ich vergessen, was ich wollte, ich stammelte etwas, vernahm ein Knurren hinter mir und floh. Es hat Monate gedauert, ehe ich den Mut hatte, wieder an einen Postschalter heranzutreten. Ein Kommilitone tröstete mich. Er war eben bei Scheler im Staatsexamen durchgefallen, der ihn seinerseits mit dem phänomenologischen Ausspruch getröstet hatte: um ihn zu begreifen, müsse man Analphabet sein. Wußte der Schalterbedienstete, daß auch ich Scheler hörte? Und dachte er dann, ich verstünde ihn auch?

Ohne Zweifel hat dieser Kölner Ödipus dazu beigetragen, mich vor dem Weimarer Schalterschluß in die Fremde zu treiben, lange bevor des Reiches Oberbeamter Hitler selbst den Dienst hinter der Mattglasscheibe antrat mit einer Uhr, die allerdings mehr als nur einige Sekunden hinter der meinigen dreinging, nämlich ein paar Jahrhunderte.

*

Trabanten sind oft so wichtig wie das Hauptgestirn, dem sie immer dieselbe Seite zukehren. Sancho Panza ist dafür ein unsterbliches Beispiel. Betrachten wir uns darum den Urkundenkutscher, ehe er nach der Aufnahme des notariellen Instrumentes wieder in die Anonymität seines Grundbuches verschwindet, das auch eine Remise sein kann.

Beginnen wir bei einer so bodenständigen Gestalt bei den Grundsohlen und arbeiten wir uns langsam an den geringelten Hosen empor, über die schwarze Baumwollschärpe bis an den offenen Hemdkragen, aus dem ein bedeutender Kropf, und aus diesem ein unbedeutender Kopf herauswächst; und beginnen wir darum bei der Sohle und nicht am Scheitel, weil wie so oft der Sockel mehr wert ist als das ganze Standbild. Kernhafte Sprüche und ein Reliefreigen sollen von dem ablenken, der sich im Erz weidlicher über sein Heldentum wundert, als er es im Fleische schon getan hat. Der Kutscher trug die Hanfspargatten der kleinen Leute, allerdings mit der katalanischen Verschnürung. Diese Sorte ist etwas teurer, und doch, für einen Mann seines Standes!

»Nimm dies!« sagte Pedro, riß ein Blatt aus seinem Block und gab es mir. Er hatte den geheimnisvollen Begleiter im Verhältnis 1:10 gezeichnet und dabei dem Kopf mehr Aufmerksamkeit geschenkt als dem Postament. Nun erst bemerkte ich gewisse Verzerrungen um die Mundwinkel, eine stoppelbestandene Ungebärde, an der auch die Falten des Halsgewächses beteiligt waren. Ein Blick auf das Gegenbild belehrte mich, daß der Maler richtig beobachtet hatte, und ich – wo hatte ich eine solche, dem menschlichen Angesicht abholde Prägung schon gesehen? Ja, gewiß, im Zuchthaus zu Münster, wo Professor Többen uns Studenten seine »Fälle« im vergitterten Hörsaal vorführen ließ.

Der Makler unterhielt sich auf Mallorquinisch mit seinem Armenvogt. Dieser, ungehalten, stampfte mit dem Fuß, daß es staubte, lachte gräßlich dabei und fluchte durch die Nase, an der sich eine Blase bildete, die aber, kaum eigroß, sprühend zerplatzte. Ich ersank. Soll ein so wichtiger und ohne Zweifel einmaliger Akt durch einen Notar bekräftigt werden, der sich in den Grenzbereichen des klinischen Blödsinns bewegt? Schriftmäßiges Unheil könnte allen Beteiligten daraus entstehen! Ich blickte in die Runde, wer stünde mir bei? Beatrice zog eine Kiste an den Lladó, stellte sie hochkant und klappte den Deckel auf – wollte sie üben, jetzt? Gut, ich handele allein, ich bitte kurz entschlossen den Händler, mir endlich das Kind zu zeigen – doch wenn der Kröpfling kein Fuhrknecht wäre, hielte unten auch kein Wagen, keine Magd, kein Hijo de Algo ...

»Don Fulgencio«, sagte ich, »laßt uns unverzüglich ...«, weiter kam ich nicht. Der Balgkröpfige warf sich mir mit einem durchdringenden Schrei an die Brust. Hielt er mich für einen König, der kraft alten Glaubens durch Berührung Kropfleiden heilt, the royal touch?

Dieser Schrei war ein Urlaut. Wir alle haben ihn einmal ausgestoßen. Ohne ihn wäre das Menschengeschlecht nicht zur Menschheit entartet, glücklich hockte es noch auf Bäumen oder kaulquappte weiter im glasigen Urschleim. Es wäre aus mit ihr, weil nie begonnen, seit Jahrbillionen schon. Kein Christus hätte sie zu erlösen brauchen, kein Pessimist sie anzuklagen, kein undichterischer Existentialist um ihre späte Erhellung bemüht zu sein. Der Notar schrie: »Papá!«

Was sich, lieber Leser, nach diesem Brunstlaut noch weiter in der Dünndruckstube abgespielt hat, die zur Stätte meiner schönsten Anwünschung hätte werden sollen, gehört weit eher in ein Handbuch der Psychiatrie als in diese angewandten Erinnerungen. Festgehalten sei nur, was an äußeren Begebnissen noch merkwürdig war, und wie es eigentlich hat kommen können, daß wir mitsammen das Opfer einer solchen Mystifikation geworden waren, zu deren Vollendung Beatricens barer und am Sichtbaren noch gesteigerter Unglaube und Phantasiemangel, mein vielleicht unbilliges Aufbegehren und ein aus Schwermut geborener Trieb ins Spielerische sich liehen, zugezählt mein das Simiëske schon gefährlich streifender poetisierender Idealismus, dem Neugier kecklich in die Hand spielt:

Don Fulgencio de la Fuente y Carbonell de Lladó war ein gewöhnlicher Stellenvermittler. Dienstmädchen, Kellner, Botones, Küchenjungen, Ammen waren der Rohstoff seiner Handelschaft, eine gewiß nicht immer bequem zu hantierende Ware. Zu Beginn seiner Laufbahn entfaltete er seine vermittelnden Talente auf dem Festland. Sitz der Firma war Barcelona. Nachher hat er sich auf Mallorca niedergelassen, wo er einheimisch war. Er stammte aus einem Dorf im Innern, Son Ferragut. Durch einen Zufall wurde ihm einmal der Auftrag übermittelt, einem kinderlosen englischen Ehepaar, das regelmäßig die Wintermonate auf den Balearen verbrachte, einen Findling zu besorgen, einen Hijo de Algo aus dunkler Geburt, einen Expósito, wie ihn die Drehladen der Klöster auch heute noch einem weitaus dunkleren Schicksal entziehen. Die Dankbarkeit der Pflegeeltern kannte keine Grenzen, als sich das Mädchen zur Glückseligkeit der ungesegneten Ehe entwickelte und die Bindung an den idealen Süden auch dann wachhielt, wenn man auf dem Landgut in England weilte oder auf Reisen war. Don Fulgencio, von warmer Menschlichkeit bei aller durchtriebenen Handelsübung, vermittelte im Laufe der Jahre verschiedene solcher Annahmen an Kindes Statt, und, zu Übertreibungen neigend, als Mensch seiner Rasse spielerisch ohne Verderbtheit, und wohl auch, um dem Gewerbe, das es schließlich blieb, den Segensschein des Höheren zu verleihen, wurde er Kindermakler, der sein Geschäft unter das Patronat des Göttlichen Kinderfreundes stellte. Einem sich erst gegen den Lebensabend einschleichenden Hang zur Lügenhaftigkeit, Pseudologia phantastica in einer wenig untersuchten Form, nachgebend, erfand er hochtönende Dankschreiben von Potentaten. Wir haben das königliche Billett gesehen und kommentiert, das in hämischer Weise die Verbitterung des Fürstenfressers nach dem Sturz der Monarchie noch zum Ausdruck bringen sollte. Vermutlich ist Vigoleis der einzige gewesen, der das alles für bare Münze genommen hat, wie er es mit sich selber tagaus, tagein tut.

In der Stadt, auf der ganzen Insel wußte man, daß Don Fulgencio an Abweichungen litt; daß er sich gerne mit fremden Federn schmückte; daß er noch höher hinaus wollte, als ein Handelscomptoir trotz aller goldenen und silbernen Medaillen ermöglichte. Nie indessen haben die Behörden Anlaß gehabt, gegen den in Menschen machenden Courtier einzuschreiten. Man sah ihm vieles durch die Finger, zwinkerte sich zu und freute sich wohl auch, selber noch nicht ganz so verrückt geworden zu sein – das Inselschicksal!

Verdunkelt wurde das Leben des Stellenvermittlers durch das rein sachliche Vorhandensein eines jüngeren Bruders, der schwachsinnig war und dessen er sich nach dem früh erfolgten Tode der Eltern annehmen mußte. Vermutlich hing auch seine Übersiedlung nach Mallorca mit der ihm angestorbenen Pfleger- oder Vormundschaft zusammen. Dieser Bruder blieb ewig Kind, ein Armer im Geiste, dessen zwar einmal das Himmelreich sein werde – und vermutlich heute schon ist. Don Fulgencio hatte ihn am Hals. Ich kenne nichts Furchtbareres als ein solches Schicksal: mit einem Geistesschwachen geschlagen zu sein. Alles bäumt sich in mir auf gegen diesen Irrsinn der Natur, die unter normalen Umständen schon irrsinnig genug ist. Niemand weiß, wann zuerst der Plan in Fulgencio aufkam, den mittlerweile über das Mannesalter hinaus prächtig gediehenen Bruder als Kind, das er geblieben war, zu vergeben. Ob der Makler so beschloß in einem Zustande eigener tiefer Zerrüttung, unter dem Andrang seiner abergläubischen Gesichte; oder ob er Helfershelfer hatte, böse und dem Spott verschriebene Einbläser? – ich habe auch das nie erfahren können. War Pedro trotz allem an dem Komplott beteiligt, wenigstens insofern er dem Kaufmann meine Person als einen geeigneten Vater für den Kröpfling vorgeschlagen hat? Rätsel über Rätsel! Am Vorabende unserer Flucht, bei einem letzten Zusammensein in einem Café am Borne – neben uns am Tisch saß ein richtiger General mit seiner Pilar – ließen wir noch einmal in gedrängter Bildfolge unser Leben auf der Insel in Freud und Leid, mit allen Hungernäpfen und Mamúschen Fettaugen an uns vorüberziehen. Ich fragte: »Pedro, damals mit dem Hijo de Algo, hattest du die Hand im Spiel?« Er gab keine Antwort, denn der General spitzte die Ohren wie ein Schießhund. Hatten die Literaten und Philosophierer der Tertulia des uns bis zuletzt treu gebliebenen Mulet dem Zauber ein wenig nachgeholfen? Verdaguer? Don Jaime Escat, die Brüder Villalonga, vor allem der Seelentaucher, der von Berufs wegen an dem Fall interessiert sein mußte? Es heute noch ergründen zu wollen, hat keinen Sinn. Denn in meiner Erinnerung haben die Begebenheiten der Inselzeit, die vielleicht dem einen oder anderen Leser zur Erheiterung dienen, einen Traurigkeitswert und Gehalt an Melancholie, der sich in gar nichts wandelt, nicht nach oben und in die Tiefe nicht, mag immer durch eine Bloßlegung der oberen Schichten sogenannter ursächlicher Zusammenhänge an ihnen herumvernünftelt werden. Ich glaube immer weniger an die Moränenpsychologie, noch an eine mythologisierende Auslegung der menschlichen Vor- oder Urgeschichte, die beide sich da unten, wo's graust, die Hände reichen wollen. Dafür, man verzeihe Vigoleis diese private Eitelkeit, ist er zu sehr dem Dichterischen hold. Der fröhliche Weltgram des Vigoleis, wie jeder Narr anfällig für Scham und Eigenscheu, der bis zur Stunde, wo ich ihn dies niederschreibend beobachte, noch nie in eine Vergrämung ausgeartet oder besser: entartet ist, hat ihn dem Schicksal zum Spielball gegeben, und wenn der Ball meist über die Ortung hinausflog, wäre es dennoch verfehlt zu glauben, er habe da ein wenig nachgeholfen. Nie hat er, der Geschobene, gemeint, er schiebe selber. Wer an der Peripherie des Daseins wandelt, wo geleugnet wird, daß im triebhaften Fortbestehen die Erfüllung des Unerfüllbaren liegt, mag es immer die heiligste sein mit allem, was dies an seelischer Bereitschaft bedingt: dem kann auch kein außergeburtliches Kind beschieden sein. – Das Unkind hieß übrigens Olimpio.

XV

Als das Niemandskind sich mit dem Schrei nach dem Vater dem Kuckucksvater an die Brust geworfen hatte, war ein wenig Schaum vor seinen Mund getreten. Beatrice hatte sich angeekelt zurückgezogen. Der Lladó blieb stumm.

Wir brachten den Makler und seinen im Preis gesunkenen Ladenhüter nach der Plaza Atarazanas, luden das Brüderpaar auf eine Fuhre, und Pedro ließ es sich nicht nehmen, den Kutscher zu spielen. Don Fulgencio war ein toter Kaufmann, ein toter Mann. Olimpio wurde in eine Anstalt eingeliefert. Fulgencio in seinen Palast.

Ich zog nach Hause. Einen klaren Gedanken konnte ich nicht fassen. Mein Verstand ging immer mehr in die Krimpe. Es langte nur noch zu dem Entschluß: Matias! Ein Brot kaufen bei Don Matias! Ich sank auf den Mehlsack wie der sich schwächende Gottseidank.

»Die Nazis?« fragte der Bakkalaureus, »hat der Konsul dich auf die Hörner genommen?« Ich vertröstete ihn auf morgen, faßte ein Brot und ging, Conde de Keßler erwarte mich – und wie würde mich Beatrice empfangen?

Sie tat es mit einem Blick der Verzweiflung, der so dunkel und flackernd war, wie ich ihn seit der Prüfung mit der Lunze Pilar nicht mehr an ihr beobachtet hatte. Gewiß, der Schaum vor dem Munde des kropfkauligen Kretins hatte jedes mütterliche Gefühl in ihr erstickt, ehe es aufbrechen konnte, und der Korridor war trotz aller Zeitungen verdreckt, die Dünndruckstube verspuckt. Doch auch das – es war ja alles in Frieden ausgegangen. Ich schaute sie fragend an, als sie orakelhaft sagte: »Das haben wir nun davon!«

Beatrice hatte den Schaub Zeitungen im Schlafzimmer zu einem bequemen Sitz zusammengerüttelt. Mutzig hockte sie in dem raschelnden Nest. »Der kommt nicht wieder«, fuhr sie fort, »du wirst sehen, es geschieht was!«

»Meinst du Keßler? Der Arbeitsplan für heute ist sehr umfangreich, mehrere Wustmännereien müssen ausgemerzt werden. Keßler kommt mit der gewohnten Pünktlichkeit, und nach dieser Sintflut mit schmutzigen Stiefeln.«

An ihrem gegen die Decke gerichteten Blick merkte ich, daß Beatrice weder Graf Keßler noch den Menschling Fulgencios bedeutete. Wenn abergläubische Regungen sie ergriffen, war sie unausstehbar. Ich hätte sie dann am liebsten gepackt und zum

Abschrecken in die eisige Lösche der Vernunft getaucht, daß es zischte. Aber – mit welchem Arm und mit welchem Recht? Ich hob darum meinen Blick auch gegen die Decke und sah, daß er wirklich fort war: Empedokles! Ich erschrak nun selbst, wurde aber durch ein Klingelzeichen der Wirklichkeit wiedergegeben.

*

Wenn ich eine neue Adresse beziehe, prüfe ich, ob sie postalisch funktioniert, und ich erlasse die Spinnenbulle.

Die Post: ich lasse zwei Postkarten an mich selbst los –: zurück an den Absender, falls unbestellbar. Als Absender gebe ich mich selbst auf, einmal mit der alten, dann mit der neuen Adresse. Die Karten folgen einander im Abstand von einigen Tagen. Den Rest besorgt der Postbote. Er stellt fest, daß es Vigoleis auf der angegebenen Adresse nicht gibt und steckt die Karte wieder in die Tasche – zurück an den Absender. Beim nächsten Bestellgang wird dieselbe Adresse wieder beschritten, mit demselben Ergebnis. Die Karte geht verloren. Die zweite ist nicht frankiert, weshalb die Post die Gänge mehrmals ausführen läßt, um an ihr Geld zu kommen. Auf diese Weise spielt sich die Bestellung ein, und wenn ich ankomme, klappt es wie am Schnürchen. Das Geheimnis verdanke ich übrigens Don Fernando, dem Generalsekretär der Post in Palma. Es hat sich in vielen Ländern bewährt, sogar im Tessin.

Die Spinnenbulle, nach den Anfangsworten des Textes »Sollicitudo omnium aranearum« zitiert, verfolgt andere Ziele. Ich bin immer sehr arm gewesen. Aus Armut entwickeln sich Notstände. Not macht erfinderisch und schlecht. Wenn ich eine neue Wohnung beziehe, achte ich darauf, daß sie nicht zu gründlich ausgefegt wird, und erlasse allsogleich die Spinnenbulle. Ich setze die vertriebenen Spinnen wieder in ihr Recht ein, wie es Napoleons päpstlicher Gegenspieler 1814 mit dem Jesuitenorden tat. Die Spinnen müssen wieder Netze wirken und in meinem Namen Fliegen und Mücken fangen. Ich halte sie – in südlichen Ländern, versteht sich – wie die alten Ägypter sich das heilige Ichneumon zum Mäusefangen erzogen. An besonders lästigen Stellen, wo man den Stichen ununterbrochen ausgesetzt ist, über dem Bett, am Schreibtisch, in der Leseecke lasse ich Netze weben. Ich öffne zu diesem Zweck das Fenster, damit alle Fliegen der Nachbarschaft hereinströmen. Wo ich die Spinnen zum Siedeln zwingen will, streiche ich Honig an die Wand oder an eigens dazu ausgespannte Stäbchen. Sofort bilden die Fliegen schwarze Haufen, die Lockfriesel. Dann lasse ich die sorgfältig nach Größe und Rasse eingefangenen Spinnen los. Von zehn knüpft eine das Netz da, wo ich es haben will. Oft dauert es Wochen, ehe an jedem wichtigen Anflugpunkt eine Spinne auf der Lauer liegt.

Die erste Spinne, die ich auf diese Weise dahin brachte, über Beatricens Leseschütte die Wacht zu beziehen, wurde von ihr, der Bibelfesten, Mephiboseth getauft. Als sie eines Tages spurlos verschwunden war, meinte sie, das bringe Unglück – und brachte es! Von da an tauften wir ihre Hauptspinne Empedokles, da sie sich wie dieser immer in Luft auflöste. Wie es Frauen gibt, die keine Mägde halten können, konnte Beatrice keine Spinnen halten. Darum schenkte ich ihr später ein Moskitonetz. Das war weniger romantisch, aber zuverlässiger. Nur wenn eine Mücke sich darin verirrt, ist es des Teufels.

Empedokles war Dichter und Philosoph zugleich, eine Art Wanderheiland, Arzt und Brotvermehrer; er las und fraß aus der Hand, und wenn wir der Legende glauben, war auch er auf einmal verschwunden. Einige sagen, er habe sich in den Krater des Ätna gestürzt, um dadurch den Geruch seiner Göttlichkeit zu erhöhen, da Götter es gleichfalls lieben, die Fährte hinter sich auszuwischen. Der Berg scheint aber den schlechten Hund an diesem Überwesen gemacht zu haben, denn die Sage erzählt weiter, daß der Krater die Pantoffeln des Wundermenschen – er blühte um 500 vor Christus – wieder ausgebrochen habe, um ihn zu verpetzen. Dies zur Erklärung, warum wir auf diesen Griechen verfallen waren.

Als es Graf Keßler wieder einmal schlecht ging – er hatte einen frechen Brief von Goebbels erhalten, dessen Drohungen für die Arbeit an den Memoiren fatal werden konnten –, erzählte ich ihm von der Spinnenbulle. Das munterte ihn vorübergehend auf. Da er abergläubisch war, im Geiste der Antike, maß auch er dem Verschwinden eines spinnenden Empedokles Bedeutung bei.

Vigoleis, der pessimistische Lichtmensch, nannte seine Spinne immer Spinoza.

XVI

An Stelle des flüchtigen Empedokles hing bald schon ein anderer Unstern im Netz zu unseren Häupten, ein grausliches Tier, das kein Ungeziefer fing, obwohl sein ganzes Leben ein Pakt mit dem Gekerfe war. Es machte in Wein und in Weibern. Es kam aus Würzburg. Es hieß Adelfried Silberstern und war der leibliche Bruder eines Geheimen Rates Silberstern, der auf den Vornamen Brunfried hörte.

*

»Vigo, sei so lieb und bitte den Milchmann, daß er uns heute einen Liter mißt statt einen halben.«

»Der wird nicht wissen, wie ihm geschieht.«

»Ciau!«

»Ciau!«

Ich hatte einen Roman in Angriff genommen, ein Buch über das Dritte Reich in der kleinstädtischen Karikatur meiner Vaterstadt an der Niers. ›Hünengräber ohne Hünen‹ war der Titel des Werkes, das durch die Vermittlung meines Menno ter Braak vom Verleger Querido in Amsterdam auf Grund eines Probekapitels bereits angenommen war. Ich schrieb und schrieb in den Stunden, wo ich nicht für Graf Keßler schrieb und schrieb, und wo ich nicht Briefe über das hirnwütige Reich an mir persönlich unbekannte hohe Karnüffel der Bewegung schrieb. Ich schrieb, selbst ein Besessener, und was schlimmer ist, des Glaubens, man könne gegen den Strom anschwimmen. Der Mensch ist kein Salm. Wenn er in geschlossenem Zuge schwimmt, geht es immer bachab.

Die Klingel! Was hatte Batrice gesagt? ja richtig, heute keine Milch – noch schnell den Satz fertigschreiben – wieder die Klingel, der Kerl hat Eile, da ihm sonst die Kanne sauer wird, ehe er sie vertragen hat – noch schnell einen Satz fertigschreiben – zum dritten klemperte der ungeduldige Lechero. Ich flog an die Tür und rief meinen Spruch ins dunkle Treppenhaus: »Heute, Milchmann, ausnahmsweise zwei Liter, Moment, ich hole die Büchse . . .«

Der Milchmann war schwerhörig und unsichtbar. War er schon eine Etage höher gestiegen? Eine Stimme sagte jetzt in einem schwäbelnden Deutsch: »Ich bin, wenn Sie gestatten, Herr Silberstern aus Würzburg, Adelfried Silberstern, Weine und Spirituosen, Bruder des Wirklichen Geheimen Kommerzienrates Brunfried Silberstern, aus Würzburg, beide aus Würzburg.«

Mein Geist weste in meiner Vaterstadt, wo der Pastor des Sonntags von der Kanzel die Eheschließungen verkündete:

»Zum heiligen Ehestande werden verkündet: Peter Joseph ... und Anna Maria ... beide aus Süchteln. Sollte jemand Kenntnis haben von einem Ehehindernis, so ist er im Gewissen verpflichtet, dasselbe anzuzeigen ...« Mein Roman handelte über eine Eheschließung im Dritten Reich, mit Hindernissen, auf die Todesstrafe stand. Kein Wunder, daß ich beim Sprüchlein des Milchmannes in Gedanken weiterschrieb – aber meine Eheopfer waren doch nicht beide aus Würzburg?

Erst als der Milchmann einen Schritt auf mich zukam, was er noch nie getan hatte, da er immer den entsprechenden Eimerabstand wahrte, merkte ich, daß ich nicht in der Stadt der Heldengräber war, sondern auf der Straße des Generals, im Hause Nr. 23, das man in der Deutschen Buchhandlung dem Würzburger angegeben hatte, der sich allmählich aus dem Dämmer herausschob, mit einem neuen Schwall von Worten und einem dicken Wanst, vor dem ich abermal weichen mußte.

Ich drehte das Licht an. Der Besucher nannte noch einmal seinen vollen Namen und die Beziehung zum Wirklichen Geheimen Rat aus Würzburg, Brüder, Weine und Spirituosen. Statt einer Besuchskarte drückte er mir einen Prospekt in die Hand und sagte: »Das sind wir! Lesen Sie das, aber ich komme in einer ganz anderen Angelegenheit. Hören Sie überhaupt zu?«

Er sagte läsen statt lesen, so wie ich oft jut statt gut sage. Der geheime Bruder war natürlich ein Pruder, und der Katalog ein Führer durch die prüderlichen Universitätskellereien.

Herr Silberstern war anderthalben Kopf kleiner als ich, und er hatte einen Tönnchenbauch, vor dem er die Hände gefaltet hielt, nachdem er seine Aktentasche vorsichtig auf den Boden gestellt hatte. Einen teuren Hut hatte er vergessen abzunehmen. Dann drehte er die Daumen, vorwärts und rückwärts, sprach mich mit Herr Doktor an, wie das in Universitätsstädten jeder Frisör mit jedem Kunden tut, und fuhr sich mehrere Male unter dem Hut durch das etwas struppige Bürstenhaar, unaufhörlich sprechend, als wolle er mich mürbe wörteln. Darauf stellte er die Drehmühle ab, da er die Daumen brauchte, um sie in die Armlöcher zu stecken, wo sie sich einhakten, während die Finger, Brust heraus, im welligen Spiel von Flossen zu rudern begannen, und wir noch immer in der Entrada standen – da wußte ich schon, ob auch nicht alles zu mir durchdrang, daß Adelfried in dem Augenblick die Flucht ergriffen hatte, wo Hitler den Griff nach der Macht getan; daß die Waffen-SS das 1,90 m breite Messingbett verlassen fand, worin sich regelmäßig zuchtvergessene arische Frauen von ihm beschlafen ließen; daß er ein großes Vermögen im Reich zurückgelassen hatte; viele Frauen um ihn weinten, seine Brüder alle hocharische Namen trügen, fünf Stück, alles mit Fried und Wolf und Helm, und eine Schwester endete auf Linde. Dennoch ginge es ihnen jetzt allen an den Hals, obwohl die Familie an den Großmut des Führers glaube. Er wäre auch nicht so schnell geflohen, wenn er nicht Rassenschande en gros betrieben hätte. Und wußte schon, daß da eine Nina war, »ein Weib, Herr!« ein Weib aus Köln, mit der er was habe, der erotische Höhepunkt seines Lebens, Glanz seiner metallenen Sponde: Vater tot, zweimal unter den Zug gekommen, beim ersten ein Bein und beim zweiten das ganze Leben verloren, das im Dienste des Herrn Generaldirektors Dorpmüller gestanden habe; Mutter lebte noch, Bahnwärterswitwe, mit Schrankendienst, Gänsen, Ziege und Nina, »ein Weib, Herr Doktor, und katholisch ist sie auch und noch größer als Sie.«

Was Herr Silberstern von mir wollte, blieb ungeschwätzt. Darum führte ich ihn in mein Arbeitszimmer, statt ihn hinauszuschmeißen. Beatrice trägt mir diese Feigheit heute, wo ich über den Schmutzfink schreibe, noch nach.

Ich hatte schon vielen nach Mallorca geflohenen Juden mit Rat und Tat und oft mit dem letzten Duro beigestanden. Sie kamen verstört, eingeschüchtert oder auch aufdringlich, je nach Art, Erziehung und Geldbeutel. Ein sehr hoher Titular an einem Berliner Gericht, der einen Berg von Frau und eine Tochter hatte, die aus dem Hohenliede herausgetreten zu sein schien, trug mir seinen Fall vor: ausländisches Bankguthaben, Verbindungen nach Übersee, alles, wonach mein Herz sich seit Jahren sehnte. Er wollte einige Monate auf Mallorca ausruhen und erkundigte sich nach dem deutschen Konsul: wie der sich Juden gegenüber verhalte? Ich klärte den Richter auf. Der Konsul war kein Judenfresser, ihm war lediglich der Posten in den Kopf gestiegen, zudem hatte er selbst Angst vor der Partei und ihrer Spitzelwirtschaft. Wenn er Juden bei der Abschiebung nach Übersee behilflich sein konnte, tat er es ohne weiteres, nur: die Leute durften nicht über seinen Führer herziehen, wie ich es öffentlich tat. Ja, sagte der Richter, mein Geschimpfe ginge auch zu weit, denn schließlich handele es sich um Deutschland; der Führer sei ein Zwischenfall. Wir gerieten hart aneinander und schieden im baren Unfrieden. Auf der Treppe rief ich dem Präsidenten noch nach, er solle machen, daß er mit seinem Gelde nach Brasilien käme, denn sie würden alle hingemeuchelt, Stück für Stück, und wer etwas hätte, der würde erst noch wie ein Ferkel in die Feim getrieben. – Ein paar Tage später traf ich die Geheimrätin im deutschen Shop. Sie bat mich um Verzeihung wegen der Härte, mit der ihr Mann meinen schonungslosen Äußerungen begegnet sei; er habe ja nur Heimweh nach Deutschland, könne ohne Deutschland nicht leben; er wolle wieder zurück, nach Berlin. Aus Berlin schrieb sie mir einen Monat später, verschleiert. Der Richter saß schon im Kazett.

Einen solchen Physicuncus freilich wie den Bruder des Geheimen Rates aus Würzburg hatte die Not noch nie in unser Haus gespült. Ein Gestrick von groß angelegtem Kleinquatsch wurde über mich gezogen. Darin zappelte es von den feinsten deutschen nackten Weibern, deren aber keine an eine Nina tippen könne, die hochgebildet sei, schwarz wie ein Jüdin, aber vollarisch und katholisch, Tänzerin und Mannequin in Köln im feinsten Modehaus, Hohe Straße, und weil sie so jüdisch aussehe, habe sie Arbeitsverbot, man habe sogar schon mit Steinen nach ihr geworfen; ich solle mir das nur einmal vorstellen – »in Köln, Herr Doktor, wo man sonst doch nur Luftschlangen wirft!«

»Luftschlangen? 1928 schon war ich Zeuge, wie man in Köln dem Speisewirt Katz Rosenthal oder -stein einen Stehfreßladen zertrümmerte, weil man Mäuse im Essen gefunden hatte, die ein mir befreundeter Student der Zeitungswissenschaft da hineinzauberte. Dr. Ley wanderte dafür ein halbes Jahr ins Gefängnis. Aber wenn ich Sie richtig verstanden habe, kommen Sie wegen einer Nina aus Köln zu mir, Herr Silbersteg?«

»Stern, bitte Stern . . .«

»Silberstern, aber es tut mir leid, ich habe zwar vier Jahre in Köln gewohnt, aber die Nina, doch warten Sie mal, natürlich, die muß ich ja kennen, so 'ne große Schwarze, sieht aus wie 'ne Jüdin, tolles Stück, war der Vater nicht Reichsbahndirektor?«

»Ich komme nicht wegen der Nina, Herr Doktor, ich komme in einer sehr dringenden Angelegenheit, wegen meiner Piecher, und dann sagte die Mutter, nein, Nina, der Herr Silberstern, das ist, was ein feiner Herr ist, so gebildet, aus den besten Ständen . . .«

»Ich verstehe, Sie kommen wegen der Schwiegermutter der betreffenden Dame, die ich auch nicht kenne, das heißt, ist das nicht so eine rundliche, gewälgerte Person? natürlich, der Mann war Totengräber in Köln-Poll, Firnich, Sie meinen Frau Firnich!«

»Sie hören ja nicht zu, ich komme wegen der Piecher, sage ich Ihnen nochmals, und mit meinem eigenen Wagen sind wir durch ganz Deutschland gefahren, Tausende Kilometer, immer die Nina am Steuer, und nachts nur in den feinsten Hotels, aber, Herr Doktor, da hatte sie mich immer noch nicht drangelassen, so fein war sie erzogen, die warf sich nicht weg, und da sagte die Nina in . . .«

»Ich verstehe, Herr Silberstern, Sie kommen, weil irgendwo irgendwer irgendwen nicht dranläßt, und da soll ich . . .«

»Sie belieben zu scherzen, aber es ist mir ernst mit meinen Piechern, Sie müssen da einspringen, Sie sind doch Schriftsteller und arisch!«

Er kam wegen seiner Bücher. Der Fall schien dringend zu sein. Auch mein Manuskript drängte. Ich war an die Stelle gekommen, wo der Leiter des städtischen Enthirnungsamtes dem Bürgermeister den Näber an den Hinterkopf setzt und mit einer Keule zuschlägt, um in der feierlichst aufgebotenen Massenkundgebung den Spund zu öffnen, aus dem das Kopfmark des ersten Vaters der Stadt in den bereitgehaltenen städtischen Eimer flösse, und da fragt ein Kind die Mutter: »Mutter, was tut der schreckliche Mann da mit dem Hammer? der schlägt dem Bürgermeister ja den Kopf ein!« – »Nein«, entgegnet die Mutter, »der läßt nur das Gehirn aus dem seinem Kopf laufen«, worauf das Kind die kindliche Frage stellt, ob der Bürgermeister das Gehirn nicht mehr brauche. Die Mutter: Nein, der Führer denke jetzt für ihn. Das Kind: »Und du, Mutter, hast du auch ein Gehirn und wirst du auch geschlagen?« Ehe die Mutter antworten konnte, daß der Führer auch für sie denke, war der Bürgermeister schon gleichgeschaltet und schritt, den Mistelbruch in der Wunde, von dannen unter dem Beifallsgebrüll der Masse. Als er sich, zu nötigster Verrichtung, hinter einen Baum begab, wo er sich unbeobachtet glaubte, es aber nicht war, da griff er sich an den Hinterkopf: alles war fort, alles war Hitlersche Region geworden, o Führer . . .

»Aber bitte! Sie sind ja nicht aufmerksam, wiederholen Sie, was habe ich zuletzt gesagt?«

Ich zuckte zusammen, wie auf handfester Tat ertappt, und stammelte fast: »Verzeihung, Herr Stern, ich habe sehr scharf zugehört, Ihr Schicksal erschüttert mich. Die Nina hat Ihre Bücher gestohlen, und nun soll ich Ihnen einen spanischen Advokat besorgen. Das kann ich. Ich schreibe ein paar Worte an einen mir befreundeten Staatsanwalt, und alles kommt in Ordnung.«

Vor mir gingen die Wortlawinen weiter zu Tal, während ich im Rücken eine neue Gefahr herannahen fühlte: Beatrice. Wenn sie jetzt käme und den jüngsten Stern meiner kleinen Kosmologie erblickte, den Kometen, in dessen Schweif eine Nina geistet, und er würde sagen: Gnädige Frau, ich habe die Ehre, ich bin nämlich Herr Silberstern aus und von und mit und zu, und im selben Gerölle käme das sperrige Weib – nicht auszudenken!

»Herr Silberstern, Ihr Fall eilt – der meinige auch.«

»Dann kommen Sie mit, sofort, wir müssen ein Exempel statuieren.«

Während ich mir meine Alpargatas unterband, nahm Silberstern den Hut ab und berichtete mir in rasender Eile die Lebensgeschichte dieser Kopfbedeckung: wo gekauft, normaler Preis, heruntergehandelt auf soviel, wo überall liegengelassen, wie oft vertauscht, einmal gestohlen, doch zurückerhalten durch die Vermittlung seines Bruders Muthelm Silberstern, Rechtsanwalt in Frankfurt, verheiratet, drei Kinder, geschieden, Dr. jur. – »*und*, bitte, Dr. phil.!«

Ich ließ mich führen. Unterwegs erfuhr ich nebenher, wozu er meine Hilfe brauchte. Hauptthema war das Liebesleben der Professoren Furtwängler und Sauerbruch, die beide ihre Weinkeller durch ihn unterhalten ließen.

Vier Kisten Silbersternscher Bücher lagen im Zollschuppen, gebrandmarkt als verbotene Literatur und als solche beschlagnahmt. Vermutlich hatte ich aus dem Redeschwall über Frauen, die ihn wohl, und Frauen, die ihn nicht . . . das verfängliche Wörtchen »verboten« aufgeschnappt und mich von meinem Manuskript abkörren lassen, denn so feige bin ich auch wieder nicht, jedem hergelaufenen Kerl zu folgen, der strichtig im Kopf ist.

Wie kommt aber ein lüsterner, weinreisender, durch und durch eingegeilter Adelfried an politisch gefährliche Literatur? Durch seine Brüder natürlich! Er steht in ihren Diensten, zusammen wollen sie den Führer stürzen und die jüdische Weltherrschaft aufrichten. Zentrum: Insel Mallorca. Der Zöllner ist aber helle genug, den Schlag zu vereiteln. Das würden wir schnell regeln: ich sei Assistent von Professor d'Ester gewesen, rechte und linke Hand von Professor Wohlers, also mit etlichen Wassern gewaschen, auch eingeschaltet in die hondurensische Freiheitsbewegung unter Don Patuco. Das wußte Silberstern, meine Fama war mir vorausgeeilt, der deutsche Buchhandel hatte meine Personalien durchgegeben; aber daß der Furtwängler mit der Sängerin Marietta Kefer-Froitzheim nicht geschlafen hat – »nicht! ich sage: Nicht geschlafen«, das habe dem deutschen Musikleben den empfindlichsten Schlag der Nachkriegszeit versetzt, denn die Neunte in Würzburg ...

»Bitte, Herr Silberstern, warten Sie hier draußen, ich will erst allein mit den Beamten sprechen. Die Neunte wird sie kaum interessieren. Frau Froitzheim, das ist eine andere Sache; ich kenne sie persönlich, habe oft mit ihr im Gürzenich Knackwürste mit Ammenbier verzehrt.«

Im Zollschuppen kannte ich meinen Mann, den freundlichen Beamten, der unsere Zollgeschichten mit Antonio geregelt hatte und der die schwierigsten Fälle löste, in dem er sie von der Hand wies und weiter schlief. Er war nicht da. Ich fragte nach dem Direktor. Was ich denn wolle, der Direktor dürfe nur in ganz ungewöhnlichen Angelegenheiten gestört werden. Ich sagte, mein Klient habe einen solchen unerhörten Fall, er stehe da draußen, der kleine dicke Herr mit dem teuren Hut. Der Zöllner, Silbersterns ansichtig werdend, lachte: Der? das sei ein lästiger Kerl, und ein Schwein! Ich winkte dem Störer, noch ein wenig Geduld zu haben, und zog mich mit dem Beamten zur Beratung zurück: »Was ist los?«

Ich erhielt folgende Aufklärung: Aus Deutschland, einer Stadt Namens Furzeburg, seien Bücher eingetroffen, bestimmt für einen Señor Ssilberesterren, wohnhaft in der Pension »La Sagrada Familia«. Die zollamtliche Untersuchung habe ergeben: alle Bücher lauter Schweinerei, Pornographie; die Wände des Schuppens seien vor Scham rot geworden, – »eine nie gesehene Anhäufung von Unflat, Señor!« aber – interessant, man habe nicht einmal gewußt, daß es eine so umfangreiche Literatur der Unzucht gebe. Die Deutschen seien ein gründliches Volk, indessen: Schweinerei bleibe Schweinerei, und wir Ausländer hätten uns den Verhältnissen seines katholischen Landes anzupassen. Der Beamte lachte, ich lachte mitüber. Wir kannten unsere katholischen Gepflogenheiten.

Herr Silberstern hatte schon mit Hilfe eines Dolmetschers, die Stunde zu 10 Pts., im Schuppen unterhandelt. Der Dolmetscher, ein Spanier von Cook, kam nicht weiter, weil auch er sich auf die Unflätigkeiten feststierte, statt sie den Beamten abzuschwatzen. Sein Geld strich er doppelt schmunzelnd ein. Er schickte den deutschen Pornokraten an den Verkehrsverein, dessen Leiter ein Deutscher war, mehr als dreißig Jahre in spanischen Diensten. Der wollte sich mit der Geschichte nicht einlassen, verwies den Emigranten aber an die Deutsche Buchhandlung, und diese schickte ihn mir bis hart an den Rand meiner Hünengräber. Nichts zu machen, sagte der Beamte, der Direktor habe die Sendung beschlagnahmt, sie befände sich bereits unter Verschluß, und in welcher Eigenschaft ich denn aufträte? Das wußte ich nicht, darum ging ich vor die Tür und bat den Bruder von Rechtsanwalt Dr. jur. *und*, bitte, Dr. phil. Muthelm Silberstern aus Frankfurt, mir schnell zu sagen, welches meine Befugnisse in dieser Sittengeschichte seien. »Sie sind mein Rechtsberater, haben Sie das noch nicht begriffen?«

Ich verkündete es dem verdutzten Beamten: Juriskonsultus des Herrn aus der Stadt, die spanisch ausgesprochen ein wenig unanständig klingt. Die Tatsache, daß ich in dieser Eigenschaft an dieser Stelle stünde, sei mein Akkreditiv. Das war einleuchtend. Der Beamte wolle den Direktor verständigen. Er bat meinen Klienten, hereinzukommen und Platz zu nehmen. Die Abwicklung des Falles wurde offiziell. Herr Silberstern unterstand meinem Rechtsschutz.

Die Kisten mit der angefochtenen Literatur seien nur ein Teil seiner Bibliothek, im Grunde genommen nur die Handbücherei. Der Rest mitsamt dem Messingbett und einem automatischen Kleiderschrank sei noch unterwegs. Bei der beschlagnahmten Fracht handele es sich um eine kleine Sammlung erotischer – Silberstern hob einen Wurstfinger – und rein wissenschaftlicher Literatur! Zu Studienzwecken!

Der Direktor ließ bitten. Ich stellte mich vor, Prokurator und Prolokutor, wies auf meinen Klienten und tat einen Griff nach der Brusttasche. Aber der Direktor wollte meine Papiere nicht sehen. Ich sagte: »Bitte, was geht hier vor? Mein Klient erleidet Schaden dadurch, daß er nicht über seinen wissenschaftlichen Handapparat verfügen kann. Ich protestiere im Namen der freien Forschung!«

Der Direktor lachte. Was hier vor sich gehe? »Momento!«

Er holte einen dicken Schmöker, haute ihn knallend auf den Tisch, schlug ihn an einer gemerkten Stelle auf, und dann klatschte er mit der flachen Hand auf eine Seite: »Das geht hier vor, mein Herr!«

Rosig wie Schmalz und Marzipan quoll aus einem diskret heruntergelassenen Spitzenhöschen der Popo einer in Rumpfbeuge stehenden Schönen hervor, die den Kopf nach hinten gewendet hielt und so dem Betrachter ihre beiden zum Verwechseln ähnlichen Gesichter zeigte. Einzig das Lächeln stand dem zweiten Gesicht besser an als dem ersten.

Meinem Klienten traten die Augen aus den Höhlen, wässrig stierten sie auf die Illustration. Ich blieb Herr der Lage. Ich stand nicht in einem schwülen Korridor mit Maria del Pilar, ich war Rechtsberater für wissenschaftliche Schmierpeselei. Darum antwortete ich mit Würde und Sicherheit auf die vom Direktor mit Ungeduld und unter erneutem Klatschen auf die Blöße gestellte Frage: was das denn sei?

»Herr Zolldirektor, hier haben wir es zu tun mit dem seiner üblichen Hüllen entblößten Gesäß einer meiner Vermutung nach französischen Jungfrau, beziehungsweise deren Gesicht.«

»So so! Wir hier in Spanien nennen das Schweinerei, eine ganz große zumal, die größte, die man sich denken kann.« Wieder sauste die Hand auf den Corpus delicti nieder. Mein Klient wollte wissen, was der Direktor zu dem Bilde geäußert habe. Ich übersetzte. Da wurde Silberstern lebendig. Die Augen traten noch weiter hervor, jetzt aber vor Empörung: das sei das Schlimmste an Schweinerei? »Da schauens her, da will ich Ihnen mal zeigen, was alles in *diesem* Bande drinsteht.« Er fingerte gewandt und schlug ohne Lesezeichen eine Seite auf, wo es wirklich toll zuging. Es waren nämlich zwei im Spiel, er und sie. Meinem Klienten verschleierte sich wieder das Kennerauge. Er hatte sich ja solange ohne seine Nackedeis behelfen müssen.

Der Direktor klatschte ein drittes Mal, nun als Zeichen für seinen Untergebenen, einmal die »ganze Schweinerei« herbeizubringen. Der Tisch füllte sich, auf den Stühlen häufte sich das Laster, überall machten nackte Weiber, vertierte Zuhälter, schlüpfrige Zöfchen sich breit; man liebte sich nach allen Regeln der Kunst, man hielt sich zur Schau. Der Besitzer all dieser Wissenschaft machte den Zolldirektor auf besonders wertvolle Stücke aufmerksam, nannte Preise, geheime Bezugsquellen, Möglichkeiten des Rabatts bei Dauerbezug von Seriendrucken – ich mußte den Direktor fragen, ob er sich abonnieren wolle.

Mehrere Beamte hatten sich eingefunden, Bände und Einblattdrucke gingen von Hand zu Hand, wurden belacht, besprochen, gewürdigt – wie bei der Besichtigung vor einer Auktion. Schweinerei, lautete das allgemeine Urteil, und sowas käme aus Deutschland! Ich sah, wie einige Zöllner kleinere Werke in ihre Staubkittel verschwinden ließen. Da gäbe es nur eines zu tun, meinte der Direktor: »quemar!« Ich übersetzte: »verbrennen!« Mein Klient erbleichte, doch nicht wegen des angedrohten Auto-da-fés. Er wühlte schweißtriefend in seinen Schätzen und zog ein paar Bücher heraus, die er in den Händen der Beamten gesehen hatte. Er blätterte, blätterte. »Da, da stand das beste, Herr Doktor, das haben die Herren schon herausgeschnitten, sehen Sie, mit dem Federmesser. Protestieren Sie doch!« Ich formulierte den Einspruch: widersächlicher Einbruch in ein geistiges Gesamtwerk. Der Direktor, lachend: »Darauf mag ein Richter hereinfallen, wir hier sind autonom.« Das Himmelschreiende habe er selbst herausgerissen, er habe ganze Nächte geopfert, um die Schweinerei durchzuarbeiten. Ich blieb sachlich, wie ich es als Assistent von deutschen Gelehrten gewohnt war. Darum erlaubte ich mir die Frage, was der Herr Direktor angesichts dieser Ganzheitserfassung (spanisch schwer auszudrücken, aber es gelang) der erotischen Wissenschaft noch das Himmelschreiende nenne. Er gäbe durch Herbeiholung dieses Ausdruckes der Angelegenheit einen Stich ins Theologische – ob er sich der Tragweite bewußt sei?

Das sei schnell erklärt: er griff in die Brusttasche seiner eleganten Americana und zog ein paar Blätter zum Vorschein, die mythologisch zu deuten selbst einem Prof. Kerényi Schwierigkeiten bereitet hätten. Herr Silberstern sagte bebend beim Anblick dieser Fraude: »Tausend Mark das Stück! Protestieren Sie im Namen der Bücher! Ich klage auf Schadenersatz!«

Der Direktor konnte nur wieder auflachen: »Tausend Mark? In Paris kriegt man das en nature viel billiger. Kennen wir, sind ja selbst dagewesen, als wir noch jung waren. Heute, mit Frau und Kindern . . .« Er steckte den Lustersatz wieder zu sich und hob die Sitzung auf. Sein Urteil war bündig: alles werde verbrannt. Ich drohte mit dem Konsul. Konsuln und Zöllner haben einander nötig. Ich erwirkte einen Aufschub von 24 Stunden.

Don Joaquín Verdaguer war nicht nur Professor, Schriftsteller und Pfeifensachverständiger, er war auch Konsul von Ekuador. An diesen und natürlich nicht an den deutschen hatte ich gedacht. Ich legte ihm den Fall dar und bat um Rat und Hülfe im Namen der erotischen Wissenschaft.

Don Joaquín wurde traurig. Er zeigte mir die brüchig gewordenen und krummgezogenen Stempel des Konsulats, die eingetrockneten Farbkissen, das vergilbte Siegelpapier, die leere Kasse: Jahre sei er schon Vertreter der glorreichen Republik, immer habe er darauf gelauert, daß mal einer käme, um seinen Schutz in Anspruch zu nehmen, und dann komme einer und der sei nicht einmal Ekuadorianer! Ich müsse zum deutschen

Kollegen gehen, die Sache sei höchst einfach: Veto im Namen des Reiches, Untersuchung des Falles durch den zuständigen Richter, Expertise anfordern bei der Biblioteca Nacional. So gewinne man Zeit. Der Konsul müsse energisch auftreten, notfalls auf Kosten meines Klienten an das Auswärtige Amt in Berlin telegraphieren. Aber – ob es denn wirklich so schlimm sei? Man sei in Spanien manches gewöhnt. Der Barrio Chino in Barcelona habe nicht seinesgleichen in der Welt, da verblasse Paris oder Marseille. – »Und himmelschreiend? Das Allerschlimmste? Was kann das schon sein, dies Allerschlimmste?«

Ich griff in die Brusttasche meiner wenig eleganten Americana und zog ein Blatt hervor: »Das Himmelschreiende der Silbersternschen Sammlung sieht zum Beispiel so aus.« Es handelte sich um das erregendste Werk der Kunstgeschichte, Mona Lisas enigmatisches Lächeln von hinten gesehen.

Don Joaquín zog an seiner Pfeife und nahm alles zurück über die Priorität von Barcelona in Sachen der Unzüchtigkeit. »Geklaut?«

»Nein, so kann man das nicht nennen, mein Freund. Ich habe mir das Blatt mit einem Hilpersgriff meines neuen Berufes angeeignet, um mich seiner zu bedienen als Akkreditiv. Nun stehe ich wirklich stark als Prokurator und Prolokutor meines jüdischen Klienten.«

»Jüdischen?«

»Eben, da liegt die Sau im Blut. Silberstern ist nicht arisch, wegen Rassenschande geflohen. Er kann den Schutz seines richtigen Konsuls nicht so ohne weiteres in Anspruch nehmen.«

Der Konsul von El Ecuador klärte mich auf. Wenn der Jude noch einen gültigen Paß habe, müsse der Konsul ihm beistehen.

Meinen Ausweis in der Tasche, ging ich zu »unserem« Konsul. Ich legte ihm dar, daß sein Prestige auf dem Spiel stände, wenn er die Sache nicht so schnell wie möglich ins reine brächte. Mit meinem Freunde Verdaguer, dem Konsul von Ekuador, hätte ich bereits gesprochen, morgen wisse es jeder in Palma akkreditierte konsularische Vertreter, daß der neue deutsche Konsul nicht wisse, was er zu tun habe.

Er kenne seine Befugnisse aus dem Effeff. Jude sei Jude, aber Recht sei Recht. Er vertrete einen Rechtsstaat. – »Gehen wir!«

Der Direktor des Schuppens blieb unerschütterlich, Schweinerei sei Schweinerei. Er klatschte auf viele Hinterpartien, Vorderteile, Mischgruppen und Trapezkünste der Liebe, aber – die zünftigsten Stücke waren verschwunden. Die palmesanischen Aduana-Beamten schwammen nun selbst schon in der Pornographie. Was der Vertreter des Dritten Reiches aber zu sehen bekam, genügte vollauf, ihm einen moralischen Konflikt zu bereiten. Das sei ja »himmelschreiend«, meinte er, um Gotteswillen, sowas! Wissenschaft, beharrte ich, und das eine schlösse das andere nicht aus, im Gegenteil! Er kenne doch den klassischen Ausspruch: zwischen Kot und Harn werden wir geboren. Das sei des Menschen tiefste Tragik, aus ihr entstünden alle Verirrungen, von ihr lebe die Kunst und, heute, fülle sie die Wartezimmer der Psychiater. Es sei schwer, dies Erbe von sich zu tun. Der Konsul sagte kleinlaut: »Aber bitte, Sie kennen mich lange genug, ich bin ein Handlungsgehilfe, kein studierter Mann, aber wenn das hier Wissenschaft ist, dann verstehe ich die Welt nicht mehr. Bei uns in Deutschland nennt man das Schweinerei!«

Ich hielt ihm entgegen, daß wir über die Schweinerei im Reich nicht einer Meinung seien, und bat ihn, auf Kosten meines Klienten an die Gesandtschaft in Madrid zu telegraphieren, um ein Veto gegen das Privaturteil des Zolldirektors zu erwirken. Ich selbst wolle einen Eilbrief an Miguel de Unamuno schreiben und ihm mitteilen, daß man in Spanien auch schon zu Bücherbränden übergehe wie im Dritten Reich. – Unamuno antwortete mit einer Postkarte, sarkastisch: in seinem Spanien bereite sich ein größerer Brand vor, es schwele an allen Ecken, Gott möge seinem Lande beistehn.

Der Zolldirektor bekundete dem Konsul des Dritten Reiches sein höfliches Bedauern: die Vernichtungsbulle sei schon ausgefertigt und unterschrieben. Er zeigte sie uns und deckte dann mit ihr die Blöße eines Dirnchens zu, es war eine symbolische Handlung. Der Fall sei erledigt: Scheiterhaufen, Auto-da-fé. Auf mein Andringen schlug der Konsul vor, die Kisten wieder an den Absender nach Deutschland zurückzuschicken. Der Direktor: Ausgeschlossen! Die Sauerei käme aus dem Schuppen nicht mehr hinaus. Ich sprang in die Bresche, im Namen meines Klienten bat ich, das gesamte wissenschaftliche Material, vier Kisten bordschäbevoll, an die Nationalbibliothek in Madrid zu schicken. Stiftung: Señor Adelfredo Silberstern aus Furzeburg.

Das schlug dem Faß den Boden aus. Es war dumm von mir, einen solchen Vorschlag zu machen. Der Bilderraub wäre ans Licht gekommen, der Direktor und seine Untergebenen der Maßregelung ausgesetzt worden. Sie hatten sich zu sehr mit

Porquería eingedeckt. Bitter klang dem Vertreter des Führers die Rüge des Zolldirektors in die Ohren: Wie er, den er nun schon so lange kenne als rechtschaffenen Mann, sich für einen solchen Dreck habe einsetzen können!

Der Konsul ging, er hatte eine Niederlage erlitten.

Ich blieb. Ich wollte wenigstens die Einbände retten, Schweinsleder, Leder, Titelblätter ohne Unkeusches – man wies mir die Tür. Ich ging. Ich hatte eine doppelte Niederlage erlitten.

Mein Klient rang die Hände, als ich ihn von der Sachfälligkeit meiner Bemühungen in Kenntnis setzte. Meine Advokatentaxe veranschlagte ich im Geiste auf 100 Pts., aber Herr Silberstern dachte nicht ans Bezahlen; er fragte nicht einmal, was er mir an Deserviten schuldig sei.

Der Auto-de-castidad wurde auf dem Hofplatz des Zollamtes vollzogen. Wertvolle Erstdrucke, viele nicht mehr im Handel befindliche Werke, Raritäten der Pornographie, aber auch harmlose Bücher wie Fuchsens Sittengeschichte, illustrierte Boccaccio-Ausgaben, alles flog auf den Scheiterhaufen. Sogar eine Monographie über die Oberammergauer Passionsspiele, bebilderte Bibeln und ein Handbuch der Gynäkologie wurden als unzüchtig den Flammen überantwortet. Mein Klient schaute durch ein Astloch des Bretterzauns der Einäscherung seiner Lustbarkeiten zu. Er schätzte den Verlust auf 25 000 Mark.

Mulet von der Tertulia, der einen guten Freund im Zollschuppen sitzen hatte, wohnte als Vertreter des Intellekts dem Brandopfer bei. Im Sacktuch trug er ein Häufchen Asche nach Hause. Ein angekohltes Blatt ließ noch eine nackte Stelle erkennen, aber auch der ausgelaugteste spanische Lustmolch hätte nicht mehr mit Sicherheit angeben können, wo die Blöße einmal, im Rahmen der gesamten Anatomie, ihre Reizwirkung ausgeübt haben mochte. Er tröstete mich indessen mit der Enthüllung, daß keine ganz- oder halbseitige Illustration verlorengegangen sei; er habe sich selbst überzeugt, daß man zuvor alles Reizvolle sorgfältig aus den Bänden herausgetrennt habe. Der Zolldirektor verfüge nun ohne Zweifel über die beste erotische Bildersammlung auf den Balearen. Er sei ein alter Kenner . . . »Nicht nur auf dem Papier!« erscholl es aus dem Hinterzimmer, wo die intime Tertulia tagte.

*

Der treueste Kunde des deutschen Shops hatte die quicken Äuglein eines Läuflings und einen langen, schwarzen Bart. Sein härenes Kleid war mit dem groben Strick gegürtet. Er war so arm wie der Orden, dem er sein Leben geweiht hatte.

Der Mönch war auf ein paar Pariser Heftchen abonniert, in denen es sehr unbekleidet zuging. Mehrmals in der Woche kam er fragen, ob seine Sachen schon gekommen seien. Wenn sie da waren, versteckt hinter der Theke, zog er sich für einen raschen Einblick in das Nebenzimmerchen zurück, das uns schon von erotischen Ausschweifungen in natura bekannt ist. Er bezahlte immer pünktlich. Der kleine Herr Hasenbank hatte ihm einen Vorzugspreis für notleidende Kleriker eingeräumt, aus rein christlicher Nächstenliebe. Als aber der große und sehr reiche Mitinhaber des Geschäftes dem nach irdischer Liebe sich verzehrenden Geistlichen einen blanken Duro und die Adresse geben wollte, dankte Pater Pachomio im Namen des Herrn. Ein Bordell sei Sünde, da ginge er nicht hin, aber sich mal was Photographiertes ansehen, das nähme der liebe Gott einem Klosterbruder nicht übel. Er beichte es immer bei einem Confrater, der sich mit denselben Nöten herumschlüge und übrigens an dem Pariser Abonnement beteiligt sei.

Diesem so schwer unter dem Gelübde der ewigen Keuschheit gebückt gehenden Minderbruder schenkte ich Mona Lisas Zweites Gesicht. Er segnete mich mitten im Laden und vor den Augen aller drei German Booksellers. Von den Tausenden, die das Lächeln zu deuten versucht haben, wird Pater Pachomio der einzige gewesen sein, dem es sich in der Stille seiner Zelle entschleiert hat.

XVII

»Heil Hitler!«

»Guten Morgen.«

Der deutsche Konsul hatte mich zu sich beschieden, er müsse einige Fragen an mich stellen. »Bitte!«

»Haben Sie Feinde in Ihrer Heimatgemeinde?« Der Konsul hatte sein amtliches Gesicht aufgesetzt, das auf mich aber keinen Eindruck machte. Bedeutungsvoll raschelte er mit Papieren, was auch keinen Eindruck auf mich machte. Die Zeiten waren vorbei, wo ich vor einem bürokratischen Wildesel die Flucht ergriff. »Ja«, entgegnete ich, »ich bin von Feinden umringt.«

»Können Sie mir die Personen nennen, die Ihnen übel wollen, und die Gründe? Es steht einiges für Sie auf dem Spiel.«

»Das kann ich, Herr Konsul, aber es nimmt Zeit in Anspruch, bis ich sie alle aufgezählt habe. Notieren Sie: der Totengräber und seine Spatenknechte, alle Stoppelhopser, Schlunzhämmel und Pagenstecher, sämtliche Tippfräuleins, sämtliche Geistlichen aller Glauben und Unglauben, die Kolonialwarenhändler und alle Vorführdamen, Schuster, Schneider, Küster und Apotheker, die Inhaberin eines exklusiven Freudenhauses und deren Bouquet, der Bürgermeister, der Direktor der Müll . . .«

»Sie treiben Ihren Spott mit mir! Was soll das heißen? Geben Sie Antwort auf meine Fragen; ich bin hier eine amtliche Person!«

»Eben darum – also Müllabfuhr, und der von der Stadtkasse, die Milchhändler und Sömmerer, alle Steuerausrechner, -einnehmer und -hinterzieher, alle Kinder, ausgenommen . . .«

Der Konsul wurde böse und verwahrte sich gegen eine solche Verhöhnung des Reiches. Ich mache mich der Verunglimpfung des Führers schuldig, auf deutschem Boden, denn sein Amtszimmer sei Hoheitsgebiet. Das wußte ich. Dann wurde mir mitgeteilt, daß mein Vater von den Parteibütteln behufs Einvernahme über den mißratenen Sohn bereits festgenommen worden sei. Wenn ich weiterhin meinen Angehörigen Schmähbriefe über den Führer schriebe, sähe sich die Partei genötigt, an Leib und Leben meiner Familie Vergeltung zu üben. Er warne mich.

»Herr Konsul, Sie wollen doch nicht sagen, daß meiner Auslassungen wegen, ich streite sie nicht ab, meinen Leuten ein Haar gekrümmt werden könne?!«

Das schien aber der Fall zu sein; man kenne im Dritten Reich keinen Pardon, und ich stände auf der Liste der Volksschädlinge. Meine Heimatbehörde beantrage die Ausmerzung. – »Verstanden?«

Der Konsul, vor seinem Fall ein bescheidener, höflicher, gut erzogener und sehr umgänglicher Auslandsdeutscher, wurde nun ganz groß, ganz unumgänglich, jeder Zoll ein durchflaserter Dünkling der Bewegung. Er stand auf und berührte fast mit seinem Kopf den Rahmen des Führerbildes. Ich stand noch immer und sagte: »Herr Konsul, seit Jahrhunderten blüht unser Geschlecht an der Niers, bis in die graueste Vorzeit läßt sich der Name Thelen zurückverfolgen. Im Mittelhochdeutschen nannten wir uns Diuten, bei den Angelsachsen hießen wir Géthidan und Theodan und Thiudan, bei einigen Stämmen auch

Thiudisk. Im Altnordischen stoßen wir auf einen Urschoß mit Namen Thiuda, das heißt Volk, altirisch Tuat, das heißt der im Lande Völkische oder Völkernde, Herumdeihende, Heimzeugende, das Land Habende; es bedeutet aber auch soviel wie Heide. Also Heiden waren wir auch schon, und Deutsche schlechthin, mit dem von Nietzsche besonders hervorgehobenen Anklang an tiuschen, täuschen, Spiegelfechterei, verborgener Tänteltrug, denn darauf läuft es hinaus: Thelen, wenn Sie gestatten, ist synonym für Deutscher. Die Italiener, Sie wissen es, nennen uns heute noch Tedeschi, die Thelen, und, das wissen Sie wieder nicht, es greifen Bande hinüber nach Portugal, wo die blutrünstige Doña Leonor Telles sich zur Königin emporfrevelte. Diese kleine Gründelpartie in den trüben Tümpeln der Vorzeit soll Ihnen nur zeigen, daß ich aus ältester Geburt stamme, indessen: Helden, von denen Bar und Bänkel noch nach Jahrhunderten singen, hat unser Geschlecht, abgesehen von jenem fragwürdigen Gotenkönig Theudis, nicht hervorgebracht, und da kommt Adolf Hitler und gibt uns verbutteten Spätlingen die große Gelegenheit. Meine Angehörigen lieben den Führer, sie haben es mir selbst geschrieben. Sie werden sich glücklich preisen, wenn sie ihr Leben für ihn und seine Sache hingeben können. Auch das haben sie mir geschrieben. Meine Mutter schließt den neuen Heiland sogar in ihr Gebet ein. Wenn ich dann das Meinige dazu beitragen kann, daß meinen Lieben daheim ihre patriotischen Wünsche in Erfüllung gehen, daß sie Dünger sein können auf der Scholle des Vaterlandes: Herr Konsul, so verkommen bin ich noch nicht, daß ich es denen wehrte! Ich bin das schwarze Schaf des Hauses, und heute, wo ich ums Verwerfen nicht braun werden will, bin ich ihnen noch schwärzer geworden. Man schämt sich meiner in meiner Vaterstadt. Berichten Sie also der Heimatbehörde, daß ich mit dem Vorschlag einverstanden sei. In diesem Sinne werde ich mit gleicher Post auch meinem Vater schreiben. Wünschen Sie eine Abschrift für Ihr Archiv? Dann darf ich mich wohl empfehlen. Guten Morgen!«

»Heil Hitler!«

Unter der Tür rief der Konsul mir nach: »Übermorgen kommt die ›Monte Rosa‹ mit 2000 Touristen, da brauche ich Sie wieder. Sie sind mein bester Führer!«

»Danke, ich weiß diese Steigerungsform zu schätzen, pünktlich werde ich an der Mole stehen. Also nochmals, guten Morgen!«

»Guten Morgen!«

*

Zu Hause hatte ich Beatrice, es liegt wieder ein paar Kapitel zurück, mit der Frage des Hauptmanns von Martersteig überrumpelt: ob sie das Neueste wisse? Da sie es nicht wußte, sagte ich ihr, daß Hitlers Drittes Reich in seine tausendjährige Geschichte eingetreten sei, die Köpfe seien ins Rollen gekommen, wie der Führer es dem Volke versprochen habe. Beatrice, auf Geschichte versessen, auch auf linkshändig geschriebene, stellte die überraschende Gegenfrage: »Na, da bin ich neugierig, wie sich deine Leute verhalten werden. Machen sie mit?«

Wie alle historisch denkenden Menschen liebt auch Beatrice keine löcherigen Situationen.

Eine Lebensregel, nach der ich handele und die mich aus einer Misere in die andere geritten hat und immer wieder reitet, bis an mein Ende; deretwegen ich auch heute weder General, noch Generaldirektor, noch Kardinal, noch Universitätsprofessor bin, sondern nur der Narr meines eigenen Hofes und Verfasser der angewandten Erinnerungen des Vigoleis, diese Maxime lautet: In Zweifelsfällen entscheidet die Wahrheit. Ihr gemäß beleuchtete ich auch diesen Fall: die Familie mache mit, der Vater bedächtig, die Wirdsbaldbrüder laut und begeistert vor nationaler Kurzsichtigkeit. Mutter? Das sei noch einfacher, die höbe den Arm nicht, die bisse sich eher die Zunge ab, als Heil Hitler zu rufen, hinter ihr stünde die glaubensstarke katholische Tradition derer aus der Scheifeshütte. Zudem sei sie Mitglied des Müttervereins. Sie besudele sich nicht mit Mord an Juden. Sie übe passiven Widerstand, und wenn alle Mütter aller katholischen Müttervereine in Deutschland dasselbe täten, flöge Hitler auf. Beatrice schüttelte den Kopf, ich sei der alte Utopist.

Fünf Tage brauchte ein Brief vom Niederrhein bis nach Palma de Mallorca. Nach fünf Tagen fand ich einen Brief im Schließfach, und etwas später fand mich Beatrice stieren Blicks auf einer Kiste hocken, mein bedeutender Unterkiefer klapperte hörbar; im Neandertal hätte sich das Weib aus Furcht vor einer Keulenszene in den Busch verkrochen. Nun warf sie sich über mich: »Liebling, was ist geschehen? Waren die Tintenfische giftig?« (Auf 30000 Kraken kommt ein giftiger.) »Schnell das Doktorbuch!« Dann sah sie den Brief – »deine Leute?«

»Ja, aber geschiedene Leute, auch die Mutter. Alles gleichgeschaltet, ein widerliches Schreiben. Das Tier der Apokalypse hat gesiegt.«

Kurz, sie zogen mit, sie hängten die Fahne heraus, sie sangen die Lieder des braunen Aufbruchs; kürzer: auch sie hatten sich ihres Verstandes begeben. – Aber ich hätte es doch nicht anders erwartet. Gewiß, das Schlimme sei auch ein Wort meiner Mutter. Die fromme Frau hatte sich nicht an der überschwenglichen nationalen Zeilenschinderei beteiligt. Sie beließ es bei ein paar Sätzen, des Schreibens nicht so gewohnt und umgeben von tüchtigen Mannsen, die rasch, sicher und gebildet in die Feder steigen. Auch sie erfüllt vom Führer: mit schlichten Worten teilte sie dem Sohn in der weiten, ach so weiten Ferne mit, daß Deutschland nun wieder hoch käme, und wie schade es sei, daß er diese Stunde nicht habe miterleben können.

Beatrice holte das Doktorbuch. Gegen nationale Vergiftungen hatte Hahnemann und seine Schule kein gleiches Fürgift im Reiche der Natur gefunden, und es wird auch keines blühen, was ich Beatrice klarmachen wollte; aber sie begann schon mich zu verarzten. »Auch Mutter!« sagte ich, immer noch mit dem Kiefer schlagend. Sie ergriff meinen Puls, zählte, stülpte die Lider um: die Augäpfel rollten. Sie holte ein Kleiderbündel und bettete mich sorgsam gegen die getünchte Wand.

»Du hast Konvulsionen, auch innerlich?« – »Ja.« – »Stark?« – Ich zitterte heftig. »Das können tonische Krämpfe sein, aber auch klonische Zuckungen. Hast du das Gefühl, als würde die Nasenwurzel in den Kopf hineingedrückt?«

In Zweifelsfällen entscheidet die Wahrheit. »Eher heraus«, sagte ich, »mitsamt dem Gehirn. Ich fürchte, ich werde auch national!« – »Steigt etwas Warmes vom Magen auf und benimmt dir den Atem?« – »Wir haben doch heute noch nichts gegessen, da kann nichts aufsteigen. Aber der Atem ist futsch.« – »Siehst du, dann hast du auch Kitzel im Hals und das Gefühl von einem Faden, der aus dem Schlund in die Speiseröhre hinabhängt?« – »Mehrere Fäden, Beatrice, wie Seile so dick. Vater schreibt nämlich, daß Onkel Josef auch schon die Fahne herausgehängt hat, aber nicht auf Halbmast. Zentrumsmann, eine Säule der Kirche, der geachtetste Bürger der Stadt – gefallen!« – »Und Schmerzen?« – »Wie Unamuno kann ich jetzt sagen: ›me duele Alemania‹, mir schmerzt Deutschland; komisch, daß es mich so trifft. Ich sehe doppelt.« – »Das ist immer so. Ich gebe dir mal Cuprum aceticum, Hahnemann gab in solchen Fällen vermutlich Cuprum metallicum, Großpapa, der sich darüber viel mit Hahnemann herumgestritten hat, würde Cuprum ustum D 4 ansetzen.« – »Mein Großvater gäbe mir jetzt einen alten Korn und mein Führer eine Kugel.«

Beatrice holte Großpapas homöopathische Reiseapotheke zum Vorschein. Das Kästchen hatte schon seine Dienste bewiesen am Krankenbett eines Königs von England, des Sultans von Marokko, des Zaren von Rußland, eines Präsidenten der Vereinigten Staaten und anderer Mächtigen dieser Erde gegen kühle Stellen an den Fußsohlen, zwischen 11 und 12 Uhr abends schlimmer, gegen Blähungsbeschwerden mit Rückfällen infolge von Ärger – und gerade die Mächtigen ärgern sich oft grün und blau –, gegen Eieressen im Herbst, schlimmer nach saurem Bier, bei üblem Mundgeruch, den der Kranke selbst nicht wahrnimmt – der Nationalkrankheit der Deutschen, von Hahnemann verkannt –, dieser Schatulle entnahm Beatrice ein Fläschchen und zählte die Tropfen ins Glas. Es wurde auch die höchste Zeit, denn ich fühlte jetzt unter Krämpfen den Hungerinkubus in mir aufsteigen, der mich immer beunruhigt, da ich eine ausgesprochene Nux-Natur bin. »Keinen Alkohol, keinen Kaffee«, warnte Beatrice, »sonst wirken die Gaben nicht. Und ruhig liegenbleiben. Ich hole ein Brot.«

Als sie fort war, setzte ich die Flasche Felanitx an den Mund und trank den goldenen Rest. Wo die vielen Fäden in den Schlund hinabhingen, rollte der Blanco. Ich hörte es im Magen kullern. Als Beatrice zurückkam, war ich wieder fidel. – »Siehst du«, sagte sie stolz, »bei der Homöopathie kommt es einzig auf die Diagnose an. Großpapa soll darin glücklicher gewesen sein als seine Lehrer!«

Ich fiel ihr um den Hals und versicherte sie, daß unsere beiderseitigen Großpapas groß gewesen seien in den Tropfen. Dann schrieb ich einen in unserer Familie berühmt gewordenen Brief an meine liebe Mutter vom katholischen Mütterverein, auf den ich eine nicht weniger denkwürdige Antwort bekam. Der verlorene Sohn schrieb an eine verlorene Mutter.

Heil Hitler, so argumentierte ich, bedeute den Tod von Millionen Juden. Der Rest, die sogenannte Politik der Nazis, kümmere mich nicht, davon verstünde ich doch herzlich wenig. Ich hatte ja nie eine Zeitung ernstlich über dem Strich gelesen; hatte nie von meinem Wahlrecht Gebrauch gemacht, weil ich mich nicht berufen gefühlt, am Volk zu bauen, wo ich mit mir selber noch nicht ins reine hatte kommen können. Zentrum? Sozialdemokraten? Kommunisten? Nationale aller Strichelungen? Ich hatte gute und schlechte Kerle unter diesen Sekten kennengelernt, aber Juda verrecke: nein und dreimal nein!

Als nach dem Sturz der Monarchie der spanische Pöbel

Priester und Nonnen auf offener Straße hänselte, hängte sich Don Miguel de Unamuno, der eingeschworene Feind von Monarchie und Klerisei, ein großes Kruzifix um den Hals, und wehe dem, der es gewagt hätte, auch nur mit dem Finger auf ihn zu zeigen! Abajo el Cristo? Christus verrecke? – nimmer, sagte Unamuno, aber die Priester, die in Christi Namen Stierkampfarenen, Bordelle oder Eisenbahnen unterhielten – nieder mit ihnen! Auch dieses schönste Beispiel der Toleranz führte ich in meinem Briefe an. Wie kann eine Mutter Heil Hitler rufen? Das söhnliche Schreiben endete mit der Mitteilung, daß angesichts der Deutschen Erhebung von einem baldigen Wiedersehen in der Heimat keine Rede sein könne. Ich schlug vor zu warten, bis Hitler seinen Krieg gerüstet, entfesselt und verloren hätte. Und wenn man mich bis dahin nicht auch hätte verrecken lassen, dann käme ich. Vorher kriegten sie natürlich ein Telegramm.

Der Führer hat Wort gehalten, aber auch Vigoleis. Meine Mutter hat das Telegramm bekommen. Achtzehn Jahre hat sie darauf warten müssen. Ausgebombt und ausgehungert sank sie, ein altes Mütterlein, in meine Arme. Die Heimkehr des verlorenen Sohnes an einen verlorenen Herd.

Die Antwort auf diesen Brief ließ Beatrice wieder zum Doktorbuch greifen. Obwohl es sich um die erweiterte elfte Auflage handelte, suchte sie vergeblich nach dem richtigen Tropfen für meine Symptome. Sie suchte unter Angst und Ansprung, Ausschweifungen und Säfteverlust, Heimweh, Grauwerden der Haare am Bein, Sträuben derselben auf dem Kopfe, Unlust zum Rasieren, Mundschließen mit Gefahr, sich die Zunge abzubeißen – alles versagte. Mein Krankheitsbild war von dem gelehrten Guttologen nicht erfaßt worden. Mercurius gab er bei Widerwillen gegen Rindfleisch, aber gegen Rindvieh? Und gegen Infamie? Meine Aversion galt dem Pastor meiner Mutter, der die Mütter des Müttervereins an die vaterländische Longe genommen hatte. Mutter schrieb: sie sei eine einfache Frau, von Politik verstehe sie nichts, sie handele, wie es der Pastor von der Kanzel vorschreibe. Die Kirche habe den Führer nicht verdammt. Sie, Mutter, bete für ihn – und für mich und Beatrice, denn wir bedürften der Gnade des Himmels, unsere wilde Ehe sei Sünde ...

Das Morden im Reich ging weiter. Christus und der Antichrist: ecce homo, sagt Pascoaes. Beatrice versuchte es trotzdem einmal mit Antimonium crudum, Spießglanz, denn meine Zunge war weiß belegt.

*

Denk ich an Deutschland in der Nacht, dann bin ich um den Schlaf gebracht. Das Wort ist von Heine, seit 1933 sein meist angeführter Ausspruch.

Mein Großvater hat sich nicht nur durch die Versorgung der Kevelaerpilger mit heißem Wasser um das Christentum verdient gemacht. Darin war er ein Mann der Tat. Ein Mann des Wortes wurde er, als er auf einer Auktion eine alte Druckpresse erstand, eine Zeitung gründete und die Auflage mit Hilfe einer taubstummen und blinden Frau, die über riesige Muskelkräfte verfügte und den Preßbengel bediente, abzog. Aus diesem Blatt hat sich die Tageszeitung meiner Vaterstadt entwickelt, ein katholisches Organ, das neben der ›Stadt Gottes‹ und dem ›Steyler Missionsboten‹ die periodisch erscheinende Weltliteratur im Elternhause vertrat. Mein Vater schickte sie mir regelmäßig nach Mallorca. Aus ihr erfuhr ich die Gleichschaltung meiner Vaterstadt, die das Kapellchen einer Jungfrau im Wappen führt, deren Heiligkeit in den Acta Sanctorum der Bollandisten bezeugt ist. Die fromme Klause liegt draußen auf den bewaldeten Höhen. Auf diesem Höhenzuge befindet sich auch eine berühmte Irrenanstalt. Die Kinder des Direktors und eines Anstaltslehrers waren meine Schulkameraden. Dadurch bekam ich schon früh Gelegenheit, ein Gelände zu betreten, wo der Geist in die Irre geht, wie es bei den großen Genien der Menschheit der Fall ist, die ich von Angesicht zu Angesicht kennenlernte: Napoleon, Nietzsche, Buddha, Christus. Ich verkehrte mit ihnen, wie ich mit dem lahmen Hühnerbein verkehrte, der den elterlichen Garten umgrub. Jeder hatte sein Memorial und sein Sankt Helena. Zuweilen kniffen Kranke aus der Anstalt aus und sausten durch die Vaterstadt; die Wärter hinterdrein. Das Volk stob von dannen wie die Palmesaner beim Anpreschen der Suredameute. Einmal hatte ein Irrer, der sich für einen Amokläufer hielt, eine Latte als Kris gezückt, den Weg ins Freie gefunden. Die Panik war unbeschreiblich. Zwei Polizisten waren die einzigen, die ihre Fassung behielten. Sie schritten gemessen den Orten zu, wo das Gerücht den Rasenden am Werke wußte.

Viele Leichen, so hieß es, zeichneten die Bahn des doppelt Wahnsinnigen. Wärter fingen auch diesen Ausreißer wieder ein. Die Stadt atmete auf. Vielen bedeutete es ein Wunder, daß keiner dem Kranken in den Amok gelaufen war. Ein Mensch ist schnell erstochen.

Als 1933 der Führer in seiner nationalen Raserei den Amok lief, siehe, da öffnete die Irrenanstalt alle Zellen und ließ die Koppel der Gestörten auf meine Vaterstadt los. Alles wurde verrückt, vom Bürgermeister bis zum letzten Weibel, vom Pastor bis zum letzten Ministranten wurde alles vom Veitstanz erfaßt. Ein paar Normale, die der Wurm nicht plagte, wurden dingfest gemacht. Ich las es in meinem Heimatblatt, täglich eine neue Wundermäre, täglich neue Märzgefallene. Man legte den inneren Schweinehund ab, um den äußeren anzuziehen. Das größere Wunder aber erschien mir, auf Mallorca dem Widerhall der vaterländischen Selbsterniedrigung lauschend, daß die Heilige meiner Stadt, die edle Magd Irmgardis, Gräfin von Zütphen, Herrin über die Ortschaften Rees, Emmerich, Straelen und Süchteln, keine Wunder mehr wirkte. Als, der Sage nach, lüsterne Ritter der Jungfrau nachstellten, die in einem Baumloch des Waldes in frommer Weltabkehr hauste zwischen Reh und Eule, Iltis und Eichhorn, genügte ein Wort aus ihrem Munde, und die Burgen der frevelmütigen Trutzherren sanken in Schutt und Asche. Zehn Jahrhunderte später, als die Mauern der unter dem Schutz der Heiligen stehenden Stadt widerhallten vom Frevel und heidnischen Heilgebrüll, blieb das Wort der Jungfrau ungesprochen: ein Wort, dachte ich, und meine Stadt sinkt in Trümmer, Deutschland geht in sich: eine kleine Heilige rettet ein ganzes Volk! Die Heilige aber blieb stumm, den Rittern des Hakenkreuzes war sie nicht gewachsen.

Meine Heimat war gleichgeschaltet. Über Nacht war die Bewegung in Bewegung gekommen, es wimmelte in meiner Vaterstadt. Das Rezept ist jedem bekannt, als Junge habe ich es oft ausgeführt: ein Glas, eine Handvoll Heu, man stellt die Brühe in die Sonne, bis sich die Jauche gebildet hat, dann einen Tropfen unter das Mikroskop. Es wimmelt von hin und her schießenden Lebewesen, den Aufgußtierchen. Und wenn ein ganzes Volk in Fäulnis übergeht, entstehen auch Aufgußtiere, die der Bewegung; mit bloßem Auge indessen sind sie erkennbar, und wenn sie auf dich zuwimmeln, und du hebst nicht den Arm, dann heben sie ihn und schlagen dich tot.

Meine Vaterstadt begann mich mit Angst zu erfüllen, und wenn ich an Deutschland dachte, wurde ich um den Schlaf gebracht.

*

Statt nun ein Buch zu schreiben über Spanien, das ich zu lieben und zu verstehen begann, schrieb ich ein Buch über Deutschland, das ich nie geliebt hatte und immer weniger verstand.

»›Die kleine Stadt‹, wäre das nicht ein guter Titel für dein Buch?«

»Er wäre sogar ausgezeichnet, wenn Heinrich Mann mir nicht zuvorgekommen wäre. Ich nenne den Roman schlichtweg ›Hünengräber ohne Hünen‹.«

Der Vorwurf: Hitler hatte angeordnet, daß inskünftig alle standesamtlichen Trauungen mit nationaler Prächtelei vor sich gehen sollten. Der Standesbeamte mußte sich kräftig aufputzen, das Rathaus mußte kräftig aufgeputzt werden, die zu Trauenden, die Zeugen, die Ehehalten, alles müßte in Wichs erscheinen, germanischem Brauchtum gemäß, mit Mondriten, Kleinviehopfern, wüsten Metgelagen im Blothus; Nerthusdienst, Enthirnung der Sippenältesten durch einäugige Leichendämonen, mit anschließender Weissagung aus den Hirnen durch Priesterinnen; Brautnacht unter der zur Weltenesche Yggdrasill erklärten heiligen Irmgardislinde und Fackelzug um dieselbe; Heidhrun, die Führerziege, und Saerhimnir, das Führerschwein, fressen dem Brautpaar nach der Erkennung aus der Hand. Der Standesbeamte reitet den Hengst Svadilfari, der Bürgermeister den achtbeinigen Sleipnir; es erdröhnt der Aufmarsch der Mistelformationen. Kriegsgefangene werden umgeführt, Nidhögger, der Neiddrache, bläst Feuer wider Juda; es rauscht in den Lüften, groß klafternde Walküren singen das Horst-Wessobrunner-Lied. Der Fenriswolf geht um, suchend, wen er verschlinge. Wer aber gleichgeschaltet ist, der ist gefeit gegen den reißenden Zahn. Zur Besiegelung des neuheidnischen Bundes soll ein Christ am Runenstein der Siep, einem Waldquell, geschlachtet, sein Gebein in alle vier Weltgegenden geworfen werden, um böser Zukunft zu gehalten. Anschließend eine Kranzniederlegung am »Grabmal des Unbekannten Gehirns«.

Da stellt der Gauleiter fest, daß in der ganzen Gemeinde schon kein Christenmensch mehr aufzutreiben ist. Die Bluthochzeit mit einem Festbann von Tausenden aus nah und fern droht mit einem Schlage in nichts zusammenzusinken, denn die Juden, die als Ersatz hätten dienen können, sind schon totgeschlagen worden. In diesem, dem aufdunsenden Reich kritischsten Augenblick hebt der Brautmann den Arm, gebietet Schweigen, zeigt auf seine Braut, dann auf sich selbst. Er schlägt das Zeichen des Kreuzes: er und sein Mädchen seien heimlich Christen geblieben, dem Glauben der Väter hätten sie nicht abgeschworen. Staunen, man schlägt an die Schilde, Raben krächzen. Dann fällt erneut der Spruch am Weltenbaum: »Hinschlachten!« Der Bürgermeister schwingt den Riesenhammer Mjölhnir und erschlägt ihn, Hinnes, den Weber, und sie, Minchen, die Winderin, die zusammen einen Wochenlohn von 142 Mark aufbringen. Als beide gefällt unter der Esche liegen, packt ihn das Grausen, des Mordens noch nicht gewohnt. Ein Griff an den Kopf, da merkt er erst, daß er kein Gehirn mehr hat. Könnte er noch denken, dann würde er denken, verdammt noch mal, der Führer denkt ja für dich! Das Paar aber, es kann jetzt keine Kinder mehr zeugen! Indessen weiß der Reichsbegattungsmeister Rat. An einem hänfenen Strick zieht er Audhumla herbei, die Urkuh, und läßt sie aus einem salzigen Eisblock Buri herauslecken, den ersten hirnlos geborenen Führermenschen.

Nebenhandlungen waren in die Geschehnisse eingeflochten, Aussprüche führender Stadtgenossen aus den Zeitungsberichten wörtlich angeführt. Die Namen aller handelnden Personen entsprachen der Wirklichkeit, da ich sie so überzeugend in ihrer Selbstschändung nicht hätte erfinden können. Der Roman war schon weit gediehen, eigentlich fertig bis auf das letzte Kapitel: da kam auch für ihn das Ende so unerwartet wie für seine Helden.

»Und warum ›Hünengräber ohne Hünen‹?«

»In rein dichterischer Analogie zu Buri. Du kennst den bewaldeten Strich, zu dem sich das Land im Norden der Stadt aufwirft, ›Süchtelner Höhen‹ genannt. Dort befinden sich mehrere Hünengräber oder Bülzenbetten, die Grabkammern meiner Vorfahren aus der Steinzeit. Skelette und Urnen mit den Überresten der verbrannten Leichen bergen sie aber nicht, denn diese Riesenbetten sind die geniale Schöpfung eines Bürgers, der über ebensoviel Geld wie Phantasie verfügte, Dinge, die sich selten zusammenfinden. Schade nur, daß der Kommerzienrat keinen Menhirologen zugezogen hat, dann hätte selbst der gelehrteste Sonntagsausflügler mit heiligem Schauder vor dem Knochenloch gestanden. Derselbe Wohltäter hat auch eine versunkene Kirche auf seinem Namen stehen: nur der Turmhahn ragt über den Wasserspiegel eines Weihers hinaus. Die leeren Gräber und die durch einen Tremel symbolisierte Kirche haben mich als Kind viel beschäftigt. Meine mystischen Spekulationen über den schöpferischen Wert des Seinslosen gehen auf diese Vorspiegelungen zurück.«

»Wenn ich dich richtig verstehe, ist auch die Heilige, die man bei euch verehrt, eine Mystifikation des betreffenden Bürgers?«

«Leider nicht!«

»Warum leider?«

»Sie ist in der Hagiographie belegt. Sie hat gelebt, sich droben im Busch von Schnecken und Kräutern ernährt; sie verstand, wie alle Heiligen, die Sprache der Tiere, aber nicht die der Menschen. Sie hielt sich die brünstigen Raubritter vom Gürtel, und vieles mehr hat sie getan – ich werde einmal ihre Vita schreiben, mystisch-mariologisch, um sie gegen die eigene Heiligkeit durchzusetzen. Denn, hätte sie nicht gelebt, dann wäre sie wundertätig.«

»Deine Leute schlagen dich tot, wenn du ihnen ihre Heilige und deren Kirmes nimmst.«

»Geh zum Konsul, dort kannst du erfahren, daß ich auch ohne die Biographie der Gräfin von Aspeln zum Tode verurteilt bin. Es steht in den Akten. Wer nicht mütert wie ein Krebs, dem bricht man die Schale gewaltsam auf. Ein Glück, daß wir noch so friedlich hier auf der Insel leben können.«

»Friedlich? Das klingt wie ein Witz. Sobald wir Geld haben, kaufen wir ein Patentschloß für die Entrada. Was die andalusische Zigeunerin alles prophezeit hat, geht mir nicht mehr aus dem Sinn. Es ist geradezu unheimlich. Und deine Angstträume in der letzten Zeit! Wenn Mamú dich doch schon adoptieren könnte, wenn wir uns schon in Miramar als amerikanische Bürger verschanzen könnten! Es dauert alles so lange.«

*

Außer dem Doktorbuch besaß Beatrice ein Traumbuch, dessen Lektüre fast noch aufregender war als die homöopathische Handleitung. Sie hütete es wie einen Augapfel, bis dann die Zeit kam, wo durch ihre Mesalliance mit Vigoleis ihre beiden Augen so gefährdet waren, daß man auf Bücher nicht mehr achten konnte. Das ganze Leben war gefährdet. Traum- und Doktorbuch gingen unter.

Das Traumbuch war ein persönliches Geschenk des Großfürsten Alexander von Rußland, der in seinem Pariser Exil mystische Traktate schrieb über die Vereinigung der Seelen mit Gott, von denen einer ihrer Mutter gewidmet ist.

Es war ein italienisches Traumbuch aus dem 17. Jahrhundert. Die Symbolisierung war noch biblisch wunderbar. Längliche harte Gegenstände waren noch nicht als Rute, tiefe weiche und runde nicht als weibliche Scham anerkannt, ein Traumbuch also, an Hand dessen man einen Traum vernünftig deuten konnte, falls man sich seiner bloß vernünftig erinnerte. Wenn dann doch alles anders kam, lag die Schuld nicht an dem venezianischen Oneiromanten, sondern an der Unzulänglichkeit des Traumlebens. Wir deuteten immer alles richtig, träumten indessen verkehrt. Als ich richtig zu träumen begann, versagte die Postille. Beatrice hatte vollauf zu tun, mir den Schweiß vom Leibe zu reiben. War mir Freud wieder einmal erschienen als Engel mit dem flammenden Schwert, mich aus dem Paradiese auszutreiben? Ach, der arme Freud! Er war harmlos geworden im Vergleich zu dem mich jetzt heimsuchenden Traumgesindel. Die von Audhumla aus dem Eisblock der nationalen Erhebung herausgeleckten Urgermanen meiner Vaterstadt hatten die jüdische Gelehrtensau aus der Fehm gejagt, und alles auf Kosten meines Schlafs:

Ich sitze in unserem Piso auf der Straße des Generals, habe aber zugleich meine Füße unter Mutters Tisch gesteckt. Auf dem Tisch steht Sauerbraten und eine Flasche Blanco aus Felanitx; um den Tisch die Familie, in Tuchfühlung mit dem verlorenen Sohn. Dieser erklärt seinen Leuten, daß Beatrice infolge ihres indianischen Bluterbes unter arischen Menschen verfemt und vogelfrei sei. Da erheben sich meine Brüder und sprechen drohend ihr »Wird's bald!« Sie heben den Arm und ich ducke mich, in Erwartung des Schlages. Aber sie machen nur Heil Hitler, wollen mich indessen zwingen, es auch zu tun. Nie! höre ich mich auf spanisch sagen, dann sehe ich mich fliehen. Feigheit ist erblich in meinem Geschlecht, weshalb es auch nicht so schnell ausstirbt. Ich renne durch den langen Hausgang auf die Straße; dic Familie fällt über den Sauerbraten her und läßt mich entkommen. Dem Elternhause gegenüber befindet sich das Blothus der Nazis, das ehemalige Bürgermeisteramt, daneben das katholische Krankenhaus, wo ich als Meßdiener versagt hatte. Ich will aufatmen, spüre aber den heißen Bedrang neuer Verfolger im Rücken: drei Urgermanen, wüst behaart mit eigenem und tierischem Pelz und rotem, hinten zu einem Büschel gefaßtem Haar, setzen mir nach. Ich erkenne sie mit der Sicherheit, mit der man im Traume alles erkennt. Es sind der Bürgermeister, der katholische Pfarrer und der Apotheker. Jeder droht mit der Waffe seiner Brachialgewalt, dem Hammer Thors, dem Schlüssel Petri, dessen Bekanntschaft meine Zunge schon so überzeugend gemacht hatte, daß sie nie mehr das Pange lingua gloriosum anstimmen konnte; der dritte schwingt die bronzene Mörserkeule. Ich renne zur Haltestelle der Straßenbahn und erwische einen Wagen, der von einem mir befreundeten Weber gesteuert wird, springe auf, meine Häscher kriegen den Anhänger zu packen. An der nächsten Haltestelle steigen sie in den Vorderwagen und beobachten mich. Ich hebe den Arm, nicht zum Nazigruß, sondern um die Lederhafte zu ergreifen. Die Triumvirn beraten sich: macht er Heil Hitler oder hält er sich nur fest? Wenn er sich festhält, wird er erschlagen im Namen des Führers. Erschlagen, sagt der Bürgermeister. Erschlagen, sagt der Priester. Erschlagen, sagt der Pillendreher. Sie betreten das Wageninnere, um das Urteil zu vollziehen, die Mordwerkzeuge sausen durch die Luft, es gibt einen gewaltigen Krach. Die Bahn ist gegen einen Baum gefahren und zerschellt. Ich wache auf, und statt meine Mörder über meine Leiche gebeugt zu finden, erkenne ich Beatrice mit dem Frottiertuch. Ich bin gerettet.

Und statt ein Buch zu schreiben über Spanien, das ich liebte, je mehr es sich mir erschloß, schrieb ich an einem Buch über Deutschlands Erniedrigung, die ich erlebte im Fall meiner kleinen Stadt und ihrer Bürger, die sich in Selbstdemütigung überboten. Mit Vehemenz traten sie die Balgen der Orgel und spielten mit allen Registern den Trauermarsch des eigenen Untergangs. Und so wie sie heute fürs Vaterland ins Gewehr treten, tun sie es morgen für Gott, wenn sie sich einen Gewinn davon versprechen für die Bierbank, den alten Tag oder die ihm folgende lange Nacht. Tüchtige Kalkanten vor dem Herrn, treten sie dann die Luft für den Himmel, pustend wie ein bauchbläsiges Roß, bis die gedackten Tuben platzen. Solch blinder Schildbürgereifer könnte einen lächern, wenn er die Menschheit nicht immer wieder Ströme von Blut und Tränen kostete. Liebe zu Gott oder zum Vaterlande – wer da nicht mitmacht, dem soll Grauen und Grube werden, Verwüstung und Verderben, spricht der Herr.

Während ich so auf Mallorca an meinen Hünengräbern schrieb, entwarf deutscher Geist schon die Feueröfen von Auschwitz.

Denk ich an Deutschland in der Nacht, dann bin ich um den Schlaf gebracht . . .

XVIII

In Zeiten, wo der Quell meiner lyrischen Schöpferkraft zu versiegen drohte; wo es nur tröpfelte und alle untergestellten Gefäße zusammengeschüttet nicht eine einzige Zeile ergaben; wo ich mich tröstete im Gedanken an andere Dichter, die lange auf dem Trockenen gesessen haben, Rilke, Marsman: in solchen Epochen blühte Vigoleis als Erfinder um so ergiebiger.

Ich erfand so viel, daß mein Gedächtnis nicht mehr alles schobern konnte. »Schreib es doch auf«, sagte Beatrice dann, »du bist schrecklich, nie machst du Aufzeichnungen, ganze Gedichte läßt du in die Rapuse gehen. Andere arbeiten mit Zettelkästen, notieren jeden Gedanken, halten alles fest. Du läßt alles schwimmen oder erzählst deine Erfindungen und Geschichten herum, und wenn du sie nachher von anderen verwertet findest in Zeitungen oder als Patent, wirst du traurig oder schimpfst über die menschliche Niedertracht. Diktiere mir, Gedicht oder Erfindung, ich werde schon schlau draus.«

Auch Mamú nahm regen Anteil an meiner erfinderischen Ader, und gleich Beatrice rügte sie es, daß ich die verborgenen Schätze nicht mutete. Es war ja schon Tradition geworden, ihr sonntags, wenn die Amazonen der Goldschnittbibel ihren letzten Hymnus zu Ende gekolkst hatten, über meine jüngste Erfindung Bericht zu erstatten. Als tüchtige USA-Geschäftsfrau prüfte sie, anerkannte, verwarf, gab Anregungen. Ich war dazu übergegangen, alles auf einen großen, an die Wand der Dünndruckstube – Geist findet immer zum Geist – gehefteten Bogen zu schreiben, mit Illustrationen, für die Pedro seinen Stift lieh. Ein Pyjama zum Aufblasen mit gleichmäßig verteilten Atemlöchern zur Schweißverhütung, der auch als Rettungsanzug gegen Ertrinken gebraucht werden konnte, erregte Bewunderung. Er war im Hirn des Ströters geboren, der kein Bett sein eigen nennt. Ein Modell wurde auf Mamús Kosten bei einer Gummifabrik in Palma in Auftrag gegeben. Ich verhandelte lange mit einem technischen Leiter, der in mir den kommenden Mann für Gummiartikel sah. Die Fabrik brannte aber ab; es entwickelte sich ein solcher Rauch, daß die Stadt viele Stunden in Finsternis gehüllt lag. Wie beim Ausbruch des Krakatau schien das Ende der Welt gekommen zu sein. Es war aber nur das Ende meines pneumatischen Schlafanzugs.

Eine andere Erfindung trat an die Stelle: der sich selbst spitzende Bleistift für Bibelforscher, die sich noch Gedanken beim

Lesen machen und das Gedachte dann aufschreiben wollen. Ich legte Mamú eine kleine Werkzeichnung vor. Sie fand sich darin nicht zurecht, hatte aber eine Ahnung, wie ich mir die Lösung dächte, und da stand sie auch schon auf und ging an ihren Schreibtisch. »So ungefähr wird auch deine Bleifeder aussehen, Vigoleis, die Dinger sind ungemein praktisch!« Ich hielt meine Erfindung fix und fertig in der Hand. Die Christliche Wissenschaft war mir, sei es auch nur im Technischen, zuvorgekommen. Sie lieferte zu den Bibelbüchern den sich selbst spitzenden Bleistift hinzu. Die Tragkraft meiner Idee war bestätigt worden. Wer aber hatte sie mir geklaut? »Prozessieren!« sagte Mamú. Ja, aber gegen wen? Gegen das Christentum oder dessen Wissenschaft?

Als wir soviel Geld beisammengehungert hatten, daß wir uns ein paar Meter Leinen kaufen konnten, um daraus ein Laken für die Makulatursponde zu nähen, konnte ich es nicht abwarten, bis Beatrice von Hand die langen Säume fertig hatte. Ich griff selbst zum Nähling und säumte am anderen Ende mitüber. Zwischen uns das Schweigen und die weiße Fläche. So, dachte ich, kann das nicht weitergehen, da sticht man sich das arme Tier, das müßte man mechanisch machen: eine Nähmaschine! Kein klobiges Ding, das im Prinzip nicht über Singer und Madersperger hinausgekommen ist, nein, ein Rädelchen, nicht größer als die Hand, das man wie ein Perforierrad über den Stoff führt, mit einfädiger Stichbildung. Der Gedanke verfolgte mich tagelang, sogar die wildgewordenen Menapier meiner Vaterstadt litten darunter. Ich bastelte ein Modell, groß, primitiv, auf den ersten Blick wirkte es wie eine Kreuzung zwischen Rasenmäher und Preßlufthammer, aber es funktionierte tadellos. Neben Traum- und Doktorbuch, Lyrik, kleiner, größerer und großer Prosa, 3000 Büchern, einem und vielleich sogar dem einzigen Autogramm Clavijos (Goethes Clavigo), den Abschriften von Keßlers Memoiren, einer unveröffentlichten Handschrift des Grand Duc Alexandre de Russie und allem Unveröffentlichten des Vigoleis liegt auch der Schnellsäumer D. R. P. a. (= aufgeflogen) unter dem Schutt unserer Inselexistenz. Und als ich mutternackt im nacktesten Erfinderglück unter dem eben vollendeten Modell eines Schirmes stand, der es mir möglich machen sollte, im strömenden Inselregen Gedichte lesend zu schreiten, da kam Graf Keßler.

Beatrice hatte auch einen Regenschirm, an dem sie hing wie an ihren Büchern, ein Geschenk ihrer Mutter, ein wertvolles Stück, dessen Geschichte zu erzählen selbst mir hier zu weit gehen würde. Kurz, er hatte als Griff einen Klumpen leicht geflammten honiggelben Bernstein mit einem eingeschlossenen Insekt, einem Tausendfuß, dem aber ein paar hundert Füße abhanden gekommen waren, was die zoologische Merkwürdigkeit nur erhöhte. Vermutlich hatte ein Eozänkind, das den Spruch noch nicht kannte: quäle nie ein Tier zum Scherz, denn es fühlt wie du den Schmerz, ihm die fehlenden Beine ausgezupft. Meine erste Begegnung mit Beatrice fand in Köln, bei strömendem Regen, unter diesem Dache statt. Bald aber wurde ich eifersüchtig auf den Schirm, denn ich bekam den Eindruck, daß sie ihn mehr liebte als mich. Sie umhegte ihn geräuschlos, brachte ihm einen nicht sichtbaren Kult dar, wie es Kaffern tun mit ihrem höchsten Wesen, dem Urheber des Kaffern-Alls, Gott Unkulunkulu. Da ich damals auf der Suche war nach einer anständigen Religion, die nicht in Äußerlichkeit, olmigem Kränzchengeist und kleinbürgerlich vergeizter Lüge erstickt wie die, in der ich aufgewachsen war, las ich viel über Glaube und Aberglaube bei den Wilden und stieß so auf Unkulunkulu, dem kein äußerer Kult bestellt ist. Der Zulu, der diesen Gott verehrt, kommt nicht in Versuchung, seines Nachbars wegen zu heucheln: das machte mir Eindruck, und in diesem Geiste taufte ich Beatricens Schirm den Unkulunkulu.

Unkulunkulu war aus Seide, außen grüngold changiert und innen rot wie Blut. Auf dieses Farbenspiel muß ich noch eben eingehen.

Ein Bruder von Pascoaes, João Pereira Teixeira de Vascon-cellos, hat zwanzig Jahre im Innersten Afrikas gelebt und Elefanten gejagt, nur um des Abenteuers willen. Wie oft habe ich an seinem Herd gesessen und den Jagdgeschichten gelauscht. Über meinen Schirmgott Unkulunkulu befragt, erzählte er mir, daß er in den Wäldern des Distriktes Inhambane Stämme der Vatzuas angetroffen habe, die ihren Gott Incoluculo benennen, nach dem Vogel Culuculo oder Inculuculo, bezaubert von seiner Farbenpracht: das Federkleid außen grün, der Kopf blau, doch wenn der Vogel die Flügel breite im Flug über die glühende Erde, sähe man es von unten blutig rot leuchten. In keinem religionsgeschichtlichen Werk habe ich diesen natürlichen Zusammenhang zwischen Vogel und Gott gefunden, und wie sehr berührte mich da die Tatsache, daß auch Beatricens Unkulunkulu blutig rot leuchtete, wenn er aufgespannt war! Ich hatte den Schirm instinktiv richtig getauft.

Dieser Schirm mußte nun daran glauben.

*

Ich schraubte die Bernsteinknolle mit dem Einschluß ab und hängte sie Beatrice mit einer Schnur um den Hals. Das versöhnte sie etwas mit der Verstümmelung ihres geliebten Unkulunkulu. Daß die Erfindung, zu der er herhalten mußte, epochemachend sei, wollte ihr nicht recht einleuchten, und noch weniger paßte es in ihren häuslichen Kram, daß ich auch das einzige Leintuch, das Laken unserer papierenen Eheschütte, für meine Forschungen beanspruchte. Sie erhob Einspruch, und gar noch auf Französisch, doch ich blieb fest. Wie nichtig im Grunde Bettücher seien, erwies ich ihr schlagend am Beispiel der uns von Maria del Pilar entführten: mit ihrer Hilfe hatte sich das Freudenmädchen in Barcelona wieder selbständig gemacht; auf ihnen ging es nun lustiger zu als auf unserm Sömmerhaufen. Beatrice schüttelte sich vor Ekel, und ich hatte mein Tuch, das ich für den erweiterten Unkulunkulu brauchte. Ich zerschnitt es und nähte einen Vorhang, der von der Traufe des Schirmes bis auf den Boden reichte. Durch ein Gewirre von Schnüren ließ er sich so drapieren, daß ein Druck auf eine Feder genügte, und man stand bis an die Knöchel unter der schützenden Hülle. Mit drei Griffen an einem in den Stock eingearbeiteten Schieber war die Gardine wieder aufgezogen. Je feiner der Stoff, je kleiner die Wulst, die sich bei geschlossenem Unkulunkulu bildete. Das Modell war ungeschlacht, die feinen Stäbe trugen kaum die Last des schweren Lakens, aber – es klappte, und wie würde es erst funktionieren, wenn der Vorhang aus hauchdünner Ballonseide hergestellt sein würde, mit eingetränkten Fensterchen – damals gab es noch keine Plastikstoffe – und einer kleinen Leselampe im Gestänge für nächtliche Regenwanderer. »Die Auflagen werden steigen, Beatrice, die Bücherpreise sinken, und vielleicht fragt einer auch einmal den Vigoleis, um ihn unterm Unkulunkulu im sanft niederdräuschenden Regen zu lesen.«

Ich bin kein Anhänger der Nacktkultur, ob ich auch nicht sagen kann, daß ich den bekleideten Menschen erbaulicher finde. Doch wenn es mir zu heiß wird, streife ich die Hüllen ab; als Notbehelf, nicht aus Weltanschauung.

Es war ein doppelt heißer Tag, als ich die letzte Hand legte an das Modell meines Unkulunkulus. Ich glühte vom Inseltag und von der Bestrahlung meiner geglückten Invention. So stand ich in nacktester Menschlichkeit unter dem Gott, der Vorhang war herabgelassen – ein Druck auf die Feder, ein Rauschen, und ich war von der Umwelt abgeschlossen. Im beengenden Dämmer kostete ich meinen Triumph: Beatricens Opfer war nicht zu groß gewesen. Da hörte ich Stimmen im Gang, das klang doch französisch? Beatrice und Selbstgespräche? Das ist nicht ihre Art; ich habe sie noch nie bei einem solchen ertappt, nicht einmal beim kleinsten Fluch, der gedrängtesten Form des Monologs. Den Schirm hatte sie verschmerzt, aber das einzige Laken unserer Zigeunerehe schien sie immer noch zu wurmen. Zur Krönung des Schöpfungsaktes denn eine französische Standpauke? Auch das ist nicht ihre Art. Sie, aus hoher indianischer Geburt, versteht es, die Lippen aufeinander zu pressen. Und nun sprudelte es.

»Da kommt Graf Keßler, Chéri«, es hallte durch den langen Gang: ich vernahm es, schwitzend unterm Unkulunkulu, zugleich mit dem Scheppern der verglasten Doppeltür und dachte, am Mechanismus der Gardine fingernd: die leidige Tür, ich muß einen Span abheben, doch Unkulunkulu geht vor, Porra und Puta, nun zwängt er und eben tat er es noch!

Die Hitze unter dem schillernden Flügel des Vogels Inculuculo wurde afrikanisch – was hatte Beatrice gerufen? Keßler? und Graf? Unkulunkulu, öffne dich! Aber der Gott rührte sich nicht. Na, wird's bald! Und ist da wer? Ich zwickte an den Zügen und sagte, mehr für mich als für Beatrice: »Beatrice, Keßler und Graf, das gibt es nur auf Mallorca. Ein Keßler ist entweder ein Kesselflicker oder ein Reformator, und dann ist er ein Glaubensgangster und wir müssen auf der Hut sein. Und Graf? Das ist noch das Mindeste, was unsereins hier sein kann, das glaubt jeder, aber ich, Chérie, paß mal auf: ich bin der Unkulunkulu, an mich glaubt nur der Kafiru! Achtung, ein Schlag auf die Negertrommel, der große Augenblick – verdammt noch mal, der Schieber klemmt, aber ich schwöre dir bei deinem Tausendfuß, eben hat er es noch getan, das Ding will nicht hoch; sicher, Bice, wie gefluppt, wärst du, Porra, doch eine Sekunde früher gekommen!«

Tiefe Stille. War Beatrice im Zimmer? Hatte ich eine Halluzination? War ich, ohne es zu wissen, ein Vatzua, bezaubert vom Vogel Culuculo, in den der Gott seiner Wälder eingetreten war? Aber Kessel zum Flicken haben wir keine, nicht einmal einen Topf, wir kochen in Konservenbüchsen, und, verdammter Unkulunkulu, wenn du jetzt nicht hoch gehst . . .

Der Schieber rührte sich nicht. »Beatrice, eine Minute Geduld, dann klappt es wie ein Zylinderhut, falls man ihn besitzen tut . . . und dann . . .«

Ich raffte den Vorhang von unten auf, »Beatrice . . .« – da

rührte mich der Schlag. Neben Beatrice stand ein Herr, groß, schmal, etwas vornübergebeugt, mit blondem, ins Weiße spielendem Haar, blauen Äderchen auf den eingefallenen Wangen, in der Hand eine Mappe und einen Panamahut – aber halt, das ist ja alles Literatur, was ich da schreibe! Ich sah nämlich gar nichts außer den Umrissen einer menschlichen Gestalt, die wie zur Säule erstarrt auf den nackten weißen Gott stierte, der unter dem Vorhang zum Vorschein gekommen war – und augenblicks wieder hinter der niederrauschenden Hülle seinen Blicken entzogen wurde. Wie ein Gewand raffte ich den verfluchten Unkulunkulu um meine Glieder und stolperte davon, ein von einem Wolkenbruch überraschter Regenmacher und Wolkensammler. War es Gelächter, was hinter mir zusammenschlug? Ich warf den Unkulunkulu aufs Bett. Dort lag er, Makulatur auf dem Haufen Makulatur, seiner Pracht und Dienstbarkeit entkleidet, wieder der Gott des Urwaldes, dem kein sichtbarer Kult dargebracht wird. Ich dagegen, sein Lästerer, kleidete mich hastig an. Mein Schädel war zum Zerspringen. Keßler? Doch wohl kaum Nietzsches Freund aus Weimar? Lächerlich! Cranach Presse? Unsinn! Deutschlands letzter Mäzen? Und war da nicht ein Buch über Rathenau? Im Mallorquiner Drillanzug schlicht bürgerlich den nackten Wilden verbergend, betrat ich die Dünndruckstube und fand mich einem Herrn gegenüber, der schlicht bürgerlich gekleidet war in einen Mallorquiner Drillanzug – die demokratische Hülle vergangener Reichsunmittelbarkeit?

»Das ist Graf Keßler aus Weimar«, sagte Beatrice, »er möchte etwas ins Spanische übersetzt haben.«

»Verzeihung tausendmal«, sagte der Besucher, »daß ich Sie überfallen habe, Herr Thälmann! Ihre Gattin hat mir alles erklärt. Ginge es? Die Sache ist leider ziemlich eilig.«

Thälmann? Was ist das nun wieder? Wer bin ich eigentlich? Seit Jahren war ich Vigoleis, Don Vigo; als Thelen erschien ich mir nur noch in den Schweißthermen des Traums, und eben war ich noch der im weißen Fleisch der abendländischen Spekulation entartete Korpanzil, unterm Unkulunkulu selbst zum höchsten Wesen der Kafirum geworden – und jetzt verwandelt oder verwunschen in Thälmann, den Vorsitzenden der KPD, Hitlers Feind Nummer Eins? Ich verbeugte mich und nannte meinen richtigen Namen. Natürlich, meinte der Besucher, das sei ja mein Name, er bäte tausendmal um Verzeihung, es stände auch so auf dem Zettel, es sei zu peinlich.

Beatrice, die meine Betretenheit verkehrt deutete, fügte

erläuternd hinzu: ich wisse ja, Josephslegende, mit Hofmannsthal, Richard Strauß, und – »ja«, fiel ich ihr in die bibliographische Soufflage, »die Notizen über Mexiko, die schon seit Jahren auf deinem Wunschzettel stehen.« Und zu Keßler gewandt: »In zweiter Auflage vergriffen, nicht wahr? Sie sehen, Ihr Ruf ist Ihnen in diese dürftigste aller Stuben vorausgeflogen. Jetzt lesen wir allerdings nur iberische Mystiker und Kriminalromane.«

»Das verrät einen anpassungsfähigen Geschmack, um den ich Sie beneide, heute, wo wir uns alle anpassen müssen.«

Über Unkulunkulu, den Kesselflicker, den Glaubenswüterich, die Nacktkultur: kein Wort! Das war wieder die große Welt, und der da vor mir stand im billigen Drilch, war ein Grandseigneur, der die Kulturen dreier Vaterländer in sich zu einer menschlichen Vollkommenheit und Überfeinerung hatte reifen lassen, wie sie unter dem Siegel des Deutschtums selten ist. Seine Aufmachung wirkte zwar ein wenig abgeschabt und schmuddelig – man merkte, daß er seinen Kammerdiener nicht mit ins Exil hatte nehmen können – doch war sie immerhin originell. Wo sich die Mallorquiner die Hose mit der malerischen Schärpe gürteten, hatte sich Graf Keßler seine baumwollene Unterhose, die bis über die Magengrube hinaufreichte, stierfechterhaft verwegen zur Wurst zusammengerollt und um den Bund gedreht. Ich dachte zuerst, es sei ein Rettungsgürtel, für einen landesflüchtigen Diplomaten keine schlechte Erfindung. Des Grafen Hände waren auffallend schön und von der Art, wie man sie selbst bei guten Autoren als durchgeistigt bezeichnet findet. Daß sie das waren, konnte nicht ausbleiben, denn wenn ein Geist wie Harry Keßler keine solchen Hände hat, wer soll sie schon haben? Graf Hermann Keyserling hatte sie jedenfalls nicht, und darum hatte Goebbels vor ihnen einen gewaltigen Respekt.

Dieses erste Zusammentreffen mit Graf Harry Keßler ist so skurril, daß ich mich bei Beatrice mehr als einmal während der Niederschrift meiner Vigoleisiaden vergewissert habe, ob ich nicht einem Traumgebilde Deichselrecht in fremder Wirklichkeit abzwänge, was einsichtige Leser dann Dichtung nennen. Aber nein, so leid es ihr täte, ich hätte wirklich nackt unterm Unkulunkulu gestanden, als sie Keßler hereingeführt habe; doch wie gesagt: der Einschluß im Bernstein sei ein ganz gewöhnliches Insekt gewesen, hinwieder der Tausendfuß eine Erdichtung von mir.

»Die du mir hoffentlich nicht nehmen willst. Ich brauche sie für den Eozänknirps, und diesen wieder, um nachzuweisen, daß sich der Mensch in der Urzeit schon von grausamen Trieben leiten ließ, die Feueröfen von Auschwitz, Konzentrationslager, Atombomben also keineswegs als Auswüchse unserer christlichen Zivilisation aufgefaßt werden müssen, wie solches den Anschein hat.«

Graf Keßler brachte sein Anliegen vor. Er sei, wie wir vielleicht wüßten, aus Deutschland geflohen, erst zu seiner Schwester nach Paris, wohin er regelmäßig kam und in den bekannten Kreisen am Werk der Völkerverständigung mitarbeitete; dann habe er sich für Mallorca als Ort seines Exils entschlossen. Katalanische Freunde, oder Keyserling, hatten die Anregung dazu gegeben. Die Schwester lernten wir nachher kennen, eine schlichte Frau, die ich beim ersten Besuch für eine Botin oder Hausgehilfin des Grafen hielt. Da ich im Umgang mit Spaniern und vor allem im Verkehr mit den gefürsteten Suredas die letzten Schranken des Standesunterschiedes hatte fallen lassen, behandelte ich einen Schuhputzer wie einen König und einen König wie einen Bettler. In der Schule hatte ich den simplen Lehrsatz von den zwei Größen, die einer dritten gleich sein sollen, wenn sie es auch unter sich sind, nie begriffen. Das kapierte ich erst am Beispiel der spanischen Größen. Alle Erdgeborenen, dachte ich, wandeln auf denselben Höhen der Menschheit, die, auch das hatte ich inzwischen gemerkt, gar nicht so hoch sind. So machte ich keinen Faux-pas mit der Marquise de Brion, die ihren Bruder abgöttisch liebte und die mitsamt den Opfern, die sie für ihn gebracht hat, aus Keßlers Lebenswerk nicht wegzudenken ist. – Nun sei er auch ein Inselgast, einer unter den vielen Emigranten. Er habe ein Häuschen bezogen vor der Stadt, in Bona Nova, auf der Landstraße nach Génova.

Ich bedeutete dem Grafen, daß ich kein Emigrant im staatspolitischen Sinne sei, da ich schon vor der konstituierenden Reichsenthirnung das Vaterland verlassen hätte, aber unter die Taucherglocke des Führers kriege man mich nicht. Keßler blickte auf Beatrice und murmelte etwas von »naturellement«, und ich dachte, komisch, nun denkt auch so ein internationaler Mann, daß Beatrice vielleicht Jüdin sei und wir darum auch die anderen Juden nicht verrecken lassen wollen. Da mußte reiner Tisch gemacht werden, was schnell geschehen war an Hand von ein paar ck, ck-dt und dem fossilen Inkafürsten, der ihrem Blut das indianische Schnippchen schlüge. Da erlebten wir die nette

Überraschung, daß Keßler es für möglich hielt, ihrem Papa in Berliner Kreisen begegnet zu sein, wo der Patristiker zum Entsetzen der Basler ck-dt Harnacks Schüler geworden war. Adolf von Harnack und Kaiser Wilhelm, naturellement, meinte Graf Keßler. Ich schwieg, da mit diese Natürlichkeit nicht so deutlich war. Beatrice klärte mich nachher entsprechend auf ... Gott mit uns!

Meine Einfaltsgleichung: Heil Hitler = Juda verrecke, Juda verrecke = Verbrechen, also ist, wer Heil Hitler sagt, ein Verbrecher, löste bei dem alten Diplomaten und Friedensutopist einen Ruf der Bewunderung aus, und er meinte, wenn alle Deutschen es so einfach sähen, säße Hitler längstens im Irrenhaus. – »Eben«, entgegnete ich, »nun sitzen wir drin«, womit ich die Insel Mallorca meinte, schwieg aber betroffen unter dem Blick des Gastes, der mich, noch keine fünf Minuten waren darüber vergangen, als blanken Kaffer unter dem Unkulunkulu betroffen hatte.

Die Nazis hatten Graf Keßler einen Prozeß anhängig gemacht wegen Steuerhinterziehung. Wo sie ihn schon nicht mehr aufhängen konnten, wollten sie wenigstens sein Vermögen auf legale Weise einkassieren. Er habe ein Gemälde aus seiner Sammlung – war es ein Renoir? ich erinnere mich nicht mehr – für eine Million verkauft, indessen nur einen ganz niedrigen Betrag gebucht. Auf Ersuchen seines deutschen Anwaltes habe er vor einem spanischen Notar seine Aussagen zu Protokoll bringen wollen, aber es sei keine Verständigungsmöglichkeit mit dem Beglaubiger vorhanden. Keßler sprach nur einen Brocken Spanisch und der Notar verstand außer Spanisch keine andere Sprache, nicht einmal Latein. Meine Adresse habe er von Zwingli bekommen, ans »Principe« sei er von Keyserling verwiesen worden. Ich verbeugte mich und sagte, da sei er auch bei mir am rechten Ort, nur möge er statt Thälmann einfach Thelen sagen und Beatrice sei Zwinglis, alias Don Helvecios, Schwester.

Graf Keßler stutzte, nahm seine Dokumente aus der Mappe und wir übersetzten seine Aussage ins Spanische. Es war das erste Mal, daß ich einen Diplomaten an der Arbeit sah, zwar in eigener Sache, doch bei einem von der Artung Keßlers wird nicht viel Unterschied gewesen sein zwischen einer Staatsaktion im Frack und der kleinen Abwehr eines Erpressungsversuches im Mallorquinerdrill.

Was er uns schuldig sei? Ich erlaubte mir, ihm einen Emigrantenpreis zu machen: aber davon wollte Keßler nichts wissen.

Wir seien nun alle arm, und ich hätte vermutlich weniger als er, der seinen monatlichen Scheck noch bekäme. Ich sagte, da könne er recht haben, doch wenn erst mein Unkulunkulu auf den Weltmarkt käme, sei ich ein reicher Mann und dann würde es mir eine Ehre sein, Deutschlands letzten Mäzen mit unter den Schirm zu nehmen. Der Graf schlug eine Lache auf und verabschiedete sich. Welche Umwege man im Exil machen muß, wird er gedacht haben.

»Da hat Unkulunkulu seinen schwarzen Zauber walten lassen und mir die Schnüre gerade in dem Augenblick verhaspelt, wo ich den Vorhang aufziehen wollte«, sagte ich zu Beatrice, kaum war die Tür hinter Keßler ins Schloß gefallen. »Trotzdem denkt er nun, er sei aus dem Regen in die Traufe gekommen. Stand er vor der Tür? Ich habe vor lauter Eifer die Klingel überhört. Und nun liegt der ganze Brast in der Ecke!«

Beatrice hatte den Herrn auf der Apuntadores getroffen, gerade als sie aus Angelitas Lädchen kam. Er sprach sie in gebrochenem Spanisch an: er suche die Straße General Barceló, und Beatrice, auf Französisch, antwortete, sie habe denselben Weg, ein paar Schritte nur, und welche Nummer er suche? 23? das sei drôle, da könnten sie noch ein Endchen zusammengehen, und vor dem Hause habe sich herausgestellt, daß sie auch zusammen zur Beletage hinaufsteigen könnten. Zwar würde er dort den gesuchten Thälmann nicht antreffen, wohl aber mich. Ein Blick auf seinen Zettel habe ihn dann belehrt, daß er auch keinen anderen sprechen wolle. Die Verwechslung habe ihn ein wenig aus der Fassung gebracht, er habe etwas gestottert. Dann die peinliche Szene mit dem Regenschirm, sie sei vor Scham fast in den Boden gesunken, ganz nackt hätte ich unter dem blödsinnigen Ding gestanden, er habe es genau gesehen, und er wäre sicher davongelaufen, wenn er noch gedurft hätte. Er habe dagestanden wie ein Ölgötze, was ich ein prächtiges Bild fand: Gott und Götze, die einander in unserer miserablen Stube glotzend begegnen. Ob sie denn gleich gewußt hätte, wer er gewesen sei? Ja, aber das sei Zufall, denn sie habe auf dem Heimwege im deutschen Shop gehört, daß Harry Keßler schon seit einiger Zeit auf der Insel weile. Da habe es nur dieser sein können.

Beatrice, auf Politik versessen, hatte sein Buch über Rathenau gelesen, und, noch versessener auf Musik, kannte sie auch die Josephslegende, während ich nur den Ruf des vielseitigen Mannes kannte. Gelesen hatte ich noch keine Zeile von ihm, und wiedersehen würde ich ihn wohl auch nicht mehr, nicht mehr die schon legendäre Hand drücken, die Nietzsche die Augen geschlossen hat. Aber Unsinn, das wußte ich damals ja noch nicht. Keßler hat uns das erst viel später erzählt.

An meiner unkulunkulischen Erfindung arbeitete ich an diesem historischen Tage nicht weiter. Das höchste Wesen meines dichterischen Ehrgeizes lag, verschnitten, verstrickt, aller Herrlichkeit entblößt, in einer Ecke der Sala Immaculata. Glaubte nun auch Vigoleis, sein letzter Kafirum, nicht mehr an ihn? Gemach! Am anderen Tage wollte ich die Bastelei wieder aufnehmen. Am anderen Tage kam aber Graf Harry Keßler unter tausend Entschuldigungen zurück und fragte, ob ich sein Schreibgehülfe werden wolle.

*

Wenn Beatrice für kleinere Botengänge das Haus verließ, nahm sie nie den schweren Etagenschlüssel mit. Wir hatten ein Klingelzeichen vereinbart, und ich öffnete dann die Tür in dem Zustande, in dem ich mich gerade befand, was sehr oft, wie ich schon angedeutet habe, der adamische war. Bei 40° im Schatten sogar immer.

Das vereinbarte Zeichen ertönte, ich flog an die Tür, öffnete und erkannte zweierlei: daß ich nackt und kein geborener Nudist war. Der alte Berliner Dachgartennackteologe Richard Ungewitter, Verfasser vieler Traktätchen über den ausgezogenen Menschen, wäre in seiner bärtigen Würde und im Faltenwurf der Haut, die wie eine Toga wirkte, an der Tür stehengeblieben und hätte Graf Keßler wie der angezogenste Mensch empfangen. Ich flitzte aber, adamisch befangen, hinter die Tür.

»Verzeihung tausendmal!« sagte Graf Keßler, »ich komme wieder ungelegen, aber genieren Sie sich nicht, es macht mir gar nichts.«

»Aber mir!« Ich nahm einen Regenmantel vom Haken und schlug ihn um meine Blöße. Der Unkulunkulu hätte mich besser getarnt. Ich war mehr als verlegen. Der Besucher, der mich zum zweiten Male in meiner irdischen Göttlichkeit erwischt hatte, half mir indessen über den peinlichen Augenblick hinweg. Er wies auf den Park, in dem es kochte und eben eines der Schildferkel meiner schönen Mädchen träge sich fortbewegte. Ich hörte ihn noch sagen, daß er es bezaubernd fände, wie wir wohnten; von draußen würde man es einem solchen und noch in solcher Straße gelegenen Hause nie ansehen, daß es nach hinten Aussicht böte auf das reine Paradies. »Damit«, rief ich zurück, »ist auch mein Zustand entschuldigt.«

Das Dritte Reich, hub Graf Keßler an, werde noch sehr lange dauern. Die Herren Emigranten, Georg Bernhard, Leopold Schwarzschild und wie sie heißen möchten, täten Hitler unterschätzen, und mehr noch das deutsche Volk. Es ginge nun Jahre so, und dann käme erst noch der Krieg, und dann ein Ende mit noch größerem Schrecken. Er sei pessimistisch, und in diesem Pessimismus der ewige Optimist, denn er habe nun seine Memoiren in Angriff genommen, das heißt, die Vorarbeiten reichten weiter zurück, aber hier auf der Insel wolle er sie in einem Zuge schreiben, unbekümmert um alles, was nun in seinem geliebten Deutschland vor sich gehe. Er begänne, wo ihm der Weg von vorne abgeschnitten sei, zurück zu leben. Kaum wage er es allerdings, mich zu fragen, ob ich ihm seine Manuskripte ins reine tippen wolle – abtippen, er wisse es, sei Sträflingsarbeit, etwas ganz Furchtbares, aber –

Ich beruhigte ihn. Er sei abermals an die richtige Adresse gekommen, denn ich sei reichlich abgehärtet, da ein paar andere Verfasser mich schon seit Monaten an die Maschine gekettet hätten, allerdings, die Manuskripte von Robert Graves tippte ich sogar mit einem gewissen aufregenden Vergnügen, während Laura Riding eher langweilig sei, da man bei der immer wisse, was nachher kommt.

Es begann mit dem Abschreiben des ersten Bandes seiner Erinnerungen. Als Honorar schlug ich dieselbe Vereinbarung vor, die ich mit Graves getroffen hatte. Keßler war einverstanden, indessen wird es dem Engländer leichter gefallen sein, die Summe aufzubringen, denn – denn Harry Keßler, der faszinierende Stilkünstler, der Meister der deutschen Sprache, er war noch zu teuer fürs Papier und für seinen Skriba! Er benutzte ein bläulich getöntes Leinenpapier von schmalem Format, Briefbütten, vermutlich aus Paris bezogen, von seiner Schwester, denn so was Feines gab es in Palma nicht einmal in der teueren Casa Mir. Für seine Manuskripte bediente Keßler sich der gotischen Letter, im Briefverkehr schrieb er mit lateinischen Charakteren. Damit brachte er die große künstlerische und geistige Spaltung seiner Persönlichkeit zum Ausdruck: in seinen Episteln war er der Mensch der Völker, der durch Abstammung, höchste internationale Erziehung, angeborene Bildung und weite Reisen; durch seine Laufbahn als Diplomat, durch seinen Umgang mit Menschen, die einer Zeitwende, wie fragwürdig sie immer gewesen sein mag, ihr Gesicht gegeben haben; der durch sein Verhältnis zur Welt der Antike (er las lateinische und griechische Autoren im Original, wie andere nicht einmal einen Autor in ihrer Muttersprache zu lesen imstande sind) – gehobene Mensch, der über den Vaterländern stand. Vaterländer: er hatte drei, mitsamt deren Sprachen, von denen aber nur die deutsche sich ihm als »Muttersprache« erschloß, in jenen Hamburger Jahren, die für seine »Deutschheit« entscheidend werden sollten. Goethes Menschentum und der Geist der Romantik standen ihm in dieser nicht schmerzlosen Wiedergeburt bei. In seinem schriftstellerischen Werk war er, und wurde es durch sein besonderes Schicksal immer mehr, der Mensch seiner tragischen Wahlheimat, die ihn schon bald in Konflikt brachte mit seinen Auffassungen vom freien deutschen Menschen. »Doch wie kam es«, fragt er in seinen Erinnerungen, »daß in Deutschland, der Heimat Schillers, Kants, Fichtes, Charakterlosigkeit gezüchtet wurde?« Weil wir auch Hagens Volk seien, erlaubte ich mir zu sagen, als ich diese Stelle abgetippt hatte, das für Gold von Treue töne, »Untreuland«, wie Bertram es nennt, der sich, geblendet, selbst um des Führers willen auf die Seite der »Engel des Unlichts« schlug. Keßlers Wort über Rathenau, daß, wer Rathenaus Bedeutung ermessen wolle, immer genötigt sei, dessen Persönlichkeit in den Mittelpunkt der Betrachtung zu stellen und sie zu allem, was er gesagt und getan habe, hinzuaddieren müsse oder denn von ihr abziehen – das gilt im gleichen Maße von Rathenaus Biographen selbst, der stärker aus dem unberechenbaren Künstlerischen als aus dem Kalkül des Geistes heraus gelebt und gewirkt hat.

Wir kamen uns langsam näher. Hinter der Maske der Höflichkeit lernte ich allmählich sein wahres Gesicht kennen.

Ich tippte nun tatsächlich wie ein Tintenkuli, falls dieser Vergleich erlaubt ist, da die Tinte ja nur aus der Feder des Autors floß. Die Handschrift war nicht immer leicht zu entziffern, aber Beatrice sprang dann ein. Mit vollendeter Zurückhaltung gab ich das getippte Pensum ab, um es wenige Tage später mit vollendeter Zurückhaltung wieder in Empfang zu nehmen, dazu wieder ein paar Blätter der neuen Niederschrift. Das alles mußte ich tausendmal verzeihen, was ich auch tat. Denn das schon Getippte wieder abzutippen, wobei die von gotischer Hand angebrachten Verbesserungen, Streichungen und Ergänzungen zu berücksichtigen waren, war kein Schleck. Auf diese Weise entstanden eine ganze Anzahl Fassungen, die der Philologe, der sich mit textkritischen Ausgaben beschäftigt, mit den Minuskeln des lateinischen Alphabetes zu kennzeichnen pflegt. Das hat sich so eingebürgert in der Wissenschaft; mir bereitete es aber Schwierigkeiten rein mnemischer Art. Denn es gab Fassungen, die bis zum Buchstaben m vorgestoßen waren. Nun genügten manchmal kleine Änderungen, ein Wort, und die ganze Seite mußte abgeschrieben werden, mit vielen Durchschlägen. Nur so hatte der Verfasser den klaren Überblick über das, was eines schönen Tages die Fassung von letzter Hand sein würde. Gesichter und Zeiten, Völker und Vaterländer begannen sich in meinem Hirn zu drehen, daß es mir schwummerig wurde; es war wie eine Springprozession, aber mit jeweils vielen Schritten zurück und nur ganz wenigen, die einen weiter brachten. Wie sehnte ich mich da nach meinem Unkulunkulu oder nach meinen getüderten Hünen, denen ich auch die Treue gebrochen hatte. Untreuland? Wie man's nimmt. Graf Keßler war ein pünktlicher Zahler. Je höher die Lesearten ins Alphabet liefen, um so mehr verdiente ich. Und Keßler wird gedacht haben: halb verrückt ist der schon, also der angewiesene Kopist. Die Schreiberwillkür der mittelalterlichen Mönche, der die deutsche Sprache ihre an Hahnenfedrigkeit gemahnende Orthographie verdankt, ist mir damals begreiflich geworden. Leider war mir eine derart ästhetisierende Freibeuterei nicht erlaubt. Im Gegenteil, ich mußte emsig den Duden wälzen, denn Graf Keßler schrieb noch k. k. Deutsch, und ich wußte bald selbst nicht mehr, ob man Thron mit th, Kamel mit zwei e oder Grenze mit ä schrieb. Thelen schrieb sich damals jedenfalls meist wie Thälmann. An diese dritte Dimension meines Vigoleis hatte ich mich am schnellsten gewöhnt, ohne jeglichen Argwohn.

Alles oder doch fast alles wurde nun nach dem Regelbuch des Deutschen Buchdruckervereins E. V. demokratisiert. Ich hatte freie Hand. Die letzte Verantwortung trug unser gemeinsamer Freund Dr. Theodor Matthias, dessen Zuständigkeit Graf Keßler zuweilen anzuzweifeln liebte, sich aber als guter Deutscher ihm unterwarf. So war er diese Sorge los. Schlimmer wurde es mit Gustav Wustmann, den ich nur dem Namen nach kannte, denn für Sprachdummheiten hatte ich mich nie wissenschaftlich interessiert. Sprache ist Konvention, und als solche kommt sie ohne Dummheit nicht aus; im Gegenteil, sie hat es darin sehr weit gebracht, zumindest soweit wie ein entmenschter Mensch:

Als ich an Keßlers kleine Manien und Schriftstellertricks gewöhnt war, nahm ich es mir eines Tages heraus, ihn mit aller

Vorsicht auf ein paar Stilschludrigkeiten aufmerksam zu machen – es sei denn, ich hätte schlecht entziffert. – Das seien ja echte Sprachdummheiten, meinte er, ich solle doch so freundlich sein, gleich im Wustmann nachzuschlagen. Den hätte ich nicht. Was!? Und das wolle ein Schriftsteller sein, und Germanist! – Verkracht im einen wie anderen, und womöglich, weil ich mir meine eigenen Gedanken gemacht habe über Sprache, Dummheit und ähnliche Synonyme. – Das sei natürlich Unfug, Wustmanns Sprachdummheiten müßten indessen sofort angeschafft werden, auf seine Rechnung solle ich sie bestellen bei dem kleinen Schwaben im deutschen Shop. Sein eigenes Exemplar gebe er nicht aus der Hand; es läge immer griffbereit auf seinem Tisch – und doch!

Ich bestellte das Buch, aber der Lauf der Geschichte wollte, daß die alten Dummheiten vergriffen waren. Nach langen Monaten trudelte eine neue Auflage ein, die von einem Herrn Schulze der Generaldummheit des Dritten Reiches angepaßt war und in der auch ein Motto von Göring nicht fehlen durfte: Für eine reine und jedermann verständliche Sprache zu sorgen, sei eine besonders vornehme Aufgabe. Deutlich haben die Reinemacher ja gesprochen. Als ich Graf Keßler diesen Kniefall der deutschen Sprache vor dem deutschen Führer zeigte, erschrak er sehr und meinte in einer sichtlichen Anwandlung von Verlegenheit: so etwas könne er mir natürlich nicht schenken, das sei ja geradezu eine Beleidigung. Verzeihung tausendmal. Ich hielt ihm entgegen, bei aller Zweifelhaftigkeit meines germanistischen Studiums doch soviel mit auf den Lebensweg bekommen zu haben, zu wissen, daß, wer der Sprache hinter ihre Dummheiten kommen wolle, selbst die größten mache. Darauf bat ich ihn, mir etwas in das Buch hineinzuschreiben. Das lehnte er entschieden ab, er wolle doch den Teufel nicht an die Wand malen. Das war weise gesprochen, denn die Erinnerungen des landesflüchtigen Grafen sollten ja noch in Berlin beim alten Fischer erscheinen.

Mein Gedächtnis ist mangelhaft. Gedrucktes bleibt nicht lange darin haften. Ein Gedicht, das mich trifft, einen Roman, der mich anspricht, kann ich nach einem Monat wieder lesen, und ich erlebe alles aufs neue. Einer kritischen Durchdringung ist das ohne Zweifel hinderlich – ich lese eben gerne Mystiker und bin ja auch nicht von ungefähr der Übersetzer von Pascoaes, mit dem die Reihe der großen iberischen Mystiker ihren Abschluß gefunden hat. Aber bei aller Schlüchtigkeit und Abscherung der entsprechenden Hirnpartie konnte es mir doch passieren, daß ich die Erinnerungen von Harry Graf Keßler mit der Zeit auswendig heruntertippte. Nach einem halben Dutzend Mal saß es meistens wie Goethes Erlkönig, mit dem Unterschied freilich, daß der klassische Spuk eine Fassung von letzter Hand war, während die Erinnerungen an Völker und Vaterländer, in mir schon zum literarhistorischen Geoid gestockt, beim Autor noch in schöpferischer Fließe waren; und da ich nur mit zwei Fingern tippe, ob auch ziemlich schnell, und mein Augenmerk mehr auf die Tasten als die Vorlage richten muß, kam ich aus dem neuen in ein altes Konzept, und über die Verbesserungen hinweglesend, ließ ich das Ausgemerzte wieder gelten, vertippte mich also um ganze Worte und Redewendungen: Keßler deutete es oft als meine kritische Mitarbeit, für die er dankbar war; die frühere Fassung sei entschieden die bessere gewesen, und ich erntete Lob für mein vermeintliches Stilgefühl und einen wustmännernden Spürsinn.

Ich wurde rot bis in die Ohren und schämte mich meines eigenwilligen Gedächtnisses, wohl auch ein wenig betrübt, daß es für meine eigenen Arbeiten nie einen so gut abgerichteten sprachlichen Vorstehhund abgibt. Die fremden Federn, mit denen mich der Graf schmücken wollte, nahm ich nicht an: er möge verzeihen, was ihm doppelt leicht fallen müsse, einmal weil er mich vor der Galeerenarbeit selbst gewarnt hätte, und dann als Schüler von Wundt, bei dem er ja promoviert habe. Seit der Zeit nannte Keßler mich zuweilen scherzhaft seinen Wustmann. Die Diskussionen über Stilfragen sind mir als die schönsten und auch lehrreichsten in der Erinnerung haften geblieben. Thälmann trat in den Hintergrund, er wurde verdrängt. Wie wunderbar hätte Wilhelm Wundt da seine Registrierapparate spielen lassen können!

Als der erste Band der ›Erinnerungen‹ schon erschienen war und ich bereits mit dem bekannten Mute der Verzweiflung und gestützt auf meinen inneren und äußeren Wustmann am zweiten Bande tippte, der verrückten Geschichte von der Entstehung der amerikanischen Aristokratie, den »Vierhundert« von Mac Allisters Gnaden; den einsamen Nächten in den Blockhütten Kanadas, wo Keßlers Vater einen Bärenjagdgrund besaß so groß wie das Königreich Bayern; den nackten Mädchen in den Schaufenstern der Freudenhäuser von San Francisco, die vorbildlich für andere Städte geworden sind, mit Ausnahme von Amsterdam, wo sich die Unzucht ja auch in Etalagen ausstellt,

Klima und calvinistische Tradition eine anständige Entkleidung freilich nicht aufkommen lassen – und ich natürlich wieder die Versionen durcheinanderstilisierte, schenkte mir Graf Keßler zwei Exemplare der ›Völker und Vaterländer‹, ein gebundenes und ein geheftetes. Hineingeschrieben hatte er in beide nichts. Er habe es sich sogar lange überlegt, ob er mir zumuten könne, das Buch in seiner »letzten Fassung« anzunehmen, es müsse mir ja zum Halse heraushängen – und noch drei weitere Bände sollten folgen! Beatrice hatte im Gedanken an den Reformator Johannes Keßler aus St. Gallen St. Galler Biber gebacken, um den ersten Teil der Memoiren gebührend auszusegnen – sie verwöhnte Keßler mit Gebäck und Französisch –, und da wurde Keßler, der an Heimweh litt, sentimental und schrieb zwei Widmungen, eine in gotischer, eine in lateinischer Schrift. Die gotische galt seinem treuen Wustmann und Helfer beim technischen Zustandekommen des Werkes. Die andere sollte für Beatrice sein, die ihn, aufdringlich, wie sie in solchen Fällen zu sein liebt, eigens darum gebeten hatte. Und siehe, da rutschte der große Diplomat und Geist vieler Völker und Vaterländer aus: Thälmann kam ihm über den Wechsel geschlichen, und so floß es auch aus der Feder. Graf Keßler stutzte, als er sah, was er angerichtet hatte. Ich lachte schallend. Beatrice, in ihren abergläubischsten Instinkten angeschrieben, wurde bleich und murmelte etwas von bösem Ende. Da kein Ding auf der Welt so viele böse Enden haben kann, wie Beatrice sie ihnen in ihren Kassandrastunden anknüpft, blieb ich unbehelligt. Graf Keßler dagegen wurde unruhig und empfahl sich bald nach der Feier, die ein Portugiese mit soviel charmanter Selbstironie ein »copo d'agua« nennen würde, was es bei uns auch beinahe war. Kaum zur Türe hinaus, ergriff Beatrice das Buch und verschwand mit ihm in der Küche. Jahre später, als wir nochmals auf diese merkwürdige Vertauschung der Gestalten zu sprechen kamen, sagte ich, sie hätte doch einfach die Seite mit der Widmung herausreißen können, statt gleich das ganze Buch zu verbrennen – aber den bösen Zauber scheint man mit Stumpf und Stiel ausquecken zu müssen. Und zudem: auch das andere Exemplar ist verlorengegangen, während ich, größtes aller Rätsel, die gleichgeschalteten Wustmannschen Sprachdummheiten mit auf die Flucht genommen habe in unserem Bündelchen – wo Wichtiges und Unersetzliches zurückbleiben mußte! Ja, Bücher haben ihre Schicksale, wenn sie auch leichter damit fertig werden als die, die sie schreiben.

*

Keßlers eigene Familie, so heißt es in den Erinnerungen, stammt aus der Gegend des Bodensees bei St. Gallen. Zuerst erscheint ein Kessiler urkundlich im Jahre 1282. Dieser war zu Studon zwischen Feldle und Vonwil begütert. In die Fehden der Zeit verwickelt, fiel ein Vorfahr unseres Grafen, namens Heinrich Keßler, als »miles« im Heere der Reichsstädte, 1372 – kein allzu denkwürdiges Ereignis. Erst im 15. Jahrhundert begann das Geschlecht aufzublühen, angesessen in und bei St. Gallen. Im Jahre 1502 wurde sein Vorfahr Johannes Keßler geboren, der als Reformator gegen die Macht des gefürchteten und gefürsteten Abtes des Benediktinerstiftes St. Gallen zu Felde zog. Das Bürgerbuch von St. Gallen rühmt des Mannes vielseitige Bildung, seinen geläuterten Geschmack, den biederen, sanften, edlen und liebenswürdigen Charakter und sein musterhaftes Leben. Keßler zitiert diese Stelle wörtlich. Unter dem Titel ›Sabbata‹ hinterließ er Memoiren, in denen er – ich folge Keßler noch auf dem Fuße – unter anderem schildert, wie er als junger Student auf der Reise zur Universität Wittenberg im »Schwarzen Bären« zu Jena Martin Luther traf, der sich als »Ritter Georg« auf der Wartburg verborgen hielt. Gustav Freytag zitiere in seinen ›Bildern aus der deutschen Vergangenheit‹ diese Erzählung.

Für meinen Roman über die Hünengräber ohne Hünen hatte ich ein wenig Quellenstudium treiben müssen über meine urgermanischen Vorfahren im Stromgebiet der Niers. Es war nicht leicht, das nötige Material aufzutreiben, ich war ausschließlich auf private Bibliotheken angewiesen. Irgendwo stöberte ich Freytags ›Bilder aus der deutschen Vergangenheit‹ auf, ich glaube sogar auf Don Juans hochgebildeten Planken, und sie kamen mir sehr zupaß. Da las ich denn rein zufällig die Geschichte von dem St. Galler Reformator Johannes Keßler. Es war in den Tagen, wo sein Ururenkel die Schritte zur Straße des Generals Barceló lenkte. Ich hatte nie von diesem harmlosen Umstürzler gehört, der an den blutigen Streitigkeiten der Theologen keinen Anteil nahm, und ihn einen Glaubensgangster zu nennen, wie ich's unter der Hitze des Unkulunkulus getan hatte, war mehr als üble Nachrede, die der frömmige Mann, der sich aus den kleinsten Verhältnissen, er war Sattlergeselle, zum Antistes emporgerungen hatte, nicht verdient.

Keßler ging schon über ein Jahr bei uns ein und aus, doch nie war des Tages unserer ersten Begegnung auch nur mit einer Andeutung gedacht worden. Da fragte ich den Grafen einmal, ob er mich nicht für total verrückt gehalten habe, als ich, unter einem Bettlaken stehend, nackt und alle Kessiler verfluchend, Unkulunkulus Lob gesungen habe, an welchen nur ein Kaffer glauben könne?

Ja, meinte er, wo ich das wieder heraufholen wolle, er habe seinen Augen nicht getraut und wäre am liebsten gleich wieder fortgegangen, aber das habe ihm als eine Unhöflichkeit Beatrice gegenüber geschienen, und überdies habe er sich gar keinen Reim machen können auf mein zwar gereimtes Geschwätz, in dem von einem Reformator Keßler die Sprache gewesen sei. Unter tausend Menschen sei nicht einer, der wisse, daß der St. Galler Glaubensreiniger sein Vorfahr sei. Das habe ihn begreiflicherweise noch stutziger gemacht.

»So verdanke ich es Unkulunkulu, daß ich mich an der Peripherie Ihrer Memoiren bewegen darf?«

Graf Keßler, zu sehr mit seiner eigenen Welt beschäftigt, die ihn immer beängstigender in die Vergangenheit spann, zeigte auf Beatrice und begann französisch mit ihr zu sprechen, wodurch er sich einer Antwort auf meinen mystischen Blödsinn überhob.

Ja, sagte ich, da habe er recht, Beatrice sei eine wunderbare Frau, sie möge zwar meinen aufgeklärten Unkulunkulismus nicht, weil sie keinen Sinn für technokratische Mystik habe, aber sie dulde ihn, und das sei viel. Dann klärte ich den Grafen darüber auf, daß ich ein paar Tage vor seinem Erscheinen für noch verrücktere Zwecke rein literarischer Natur in Freytags ›Bildern‹ auf den Reformator Keßler gestoßen sei.

*

Zuweilen drängte es Keßler, solche Seiten, auf denen er viele Veränderungen angebracht hatte, gleich wieder ins reine getippt zu sehen. Ich zog mich dann mit der Maschine in die Küche zurück und überließ ihm den klobigen Tisch der Doña Carmen, nicht ohne gebührenden Hinweis, daß die Schublade schon Dienste als Tabernakel für den Gral mit dem »Auge Gottes« habe verrichten müssen. Die Denkwürdigkeit amüsierte ihn köstlich, seine Augen verkniffen sich vor Vergnügen. Er liebte es, hin und wieder mit einer pikaresken Erzählung aufgemuntert zu werden; wenn sie nur nicht zu lang war, denn er hatte es immer eilig. Er lebte nur noch dem Memoirenwerk, in das er sich wie für einen endlosen Winter einmummelte. Tagesfragen der Politik und vor allem die des Nazireiches berührten ihn kaum; das heißt, er hielt sie sich vom Leibe, so gut es ging, was manchmal gar nicht ging. Dann kam er in die peinlichsten Lagen. Als er dahintergekommen war, daß wir nur einen einzigen Tisch besaßen, den wir in die Dünndruckstube schafften, wenn er kam, und ich in der Küche an einer Planke arbeitete, die mir der kleine Schwabe für ganz andere Zwecke gestiftet hatte, zog er es vor, ins »Café Alhambra« zu gehen oder in einen jener Klubs am Borne, wo er ein alter Herr unter alten Herren war; doch statt zu lungern, Domino zu spielen oder, im dusigen Halbschlaf, sich die Stiefel zehnmal hintereinander putzen zu lassen, schrieb er weiter an seinen Erinnerungen, überlas die getippten Seiten, fand plötzlich, daß es auf Seite 206, Zeile 9 v. u. doch besser eilten statt liefen heißen sollte, und dann eilte oder lief, oder vielleicht rannte? ein Botones von einem damals gerade ins Leben gerufenen Flitzdienst mit einem Brief voll neuer Korrekturen in die Straße des Generals, wo der Skriba alles geduldig und wenn eben möglich unter Ausschaltung seines Gedächtnisses in die Versionen eintrug.

In jenen Tagen saß Ernst Thälmann schon im Konzentrationslager, zum Tode verurteilt, aber rätselhafterweise immer noch nicht ins Jenseits befördert. Die spanischen Linksblätter beschäftigten sich ausgiebig mit dem Fall, Anarchosyndikalisten erließen Flugblätter und veranstalteten Umzüge mit Fahnen und Spanntüchern: »Nieder mit Hitler! Im Namen der Menschenrechte fordern wir die Freilassung Thälmanns!« So war es auch an einem Samstag. Keßler war dagewesen; Beatrice hatte mit Mühe verhindert, daß er sich die Schuhe auszog, um den mit der Deutschen Allgemeinen belegten Flur nicht schmutzig zu machen, im Gedanken an den Sonntag der kleinen Leute, die es ein bißchen sauber haben wollen. Und war nach dem Diktat einiger Briefe und der Erledigung des Manuskripts wieder gegangen, ins »Alhambra«. Eine halbe Stunde später kam ein Botones angesaust mit einem Brief, bläulicher Umschlag, leicht parfümiert, was aber eine Geruchstäuschung gewesen sein kann, und lateinischer Schrift: »Verehrter Thälmann ...« – vielleicht käme der Junge noch zur rechten Zeit und hätte ich noch nicht mit dem Abtippen begonnen, denn Seite ... hieße es doch besser ... Die Briefe hätten keine Eile, er käme auch nicht wie verabredet noch in die Barceló, er fahre gleich zurück nach Bona Nova.

Thälmann war lange nicht mehr aufs Tapet gekommen, mein erstes Gesicht hatte ihn völlig verdrängt, und vom zweiten hatte Graf Keßler keine Ahnung oder doch nur die von Unkulunkulu überschattete Vorstellung. Und auf einmal war der rote Untermensch wieder da und schreckte mich. Denn so leicht ich mich in meiner Rolle als Vigoleis bewegte, was sollte ich mit dem Erzgleichmacher in mir anfangen? Ich tat alles, den mir durch eine Graf Keßlersche Allergie übertragenen Ausschlag auf die weniger reizbaren Hauptpartien zu beschränken.

Zu ungewöhnlich später Stunde kam Keßlers spanische Haushälterin mit einem zweiten Brief. Es sei dringend, sagte sie, der Herr Conde sei ziemlich aufgeregt nach Hause gekommen, sie müsse auf Antwort warten. Ich erbrach den Umschlag und erfuhr, angeschrieben als verehrter Freund, daß der Unterzeichnete ganz genau wisse, daß ich nicht Thälmann heiße und noch weniger Thälmann sei, aber wie ich hieße, falle ihm nicht ein. Es sei dies alles unerhört peinlich, er bäte tausendmal um Verzeihung, und er würde mir auch eines Tages eine Erklärung geben. Zuviel dringe im Augenblick auf ihn ein. Er ersuche um ein paar Zeilen, die Servante warte.

Ich wußte um jene Stunde schon, daß in Palma eine Protestkundgebung zugunsten Thälmanns stattgefunden hatte. Es war sogar zu ernsthaften Ausschreitungen gekommen und Verhaftungen hatten die Manifestation würdig abgeschlossen. Eine Handvoll gepulverter Knochen, so erzählte uns Don Pablo Enorme, von Ulua für den Anlaß zur Verfügung gestellt, kamen nicht zur Zündung, weil die Werfer sich in einem Café festgequatscht hatten.

Ich besitze oder besser gesagt besaß mehrere Briefe von Keßlers Hand, in denen ich Thälmann heiße, und mehrere, in denen er die anarchistische Wiedertaufe annulliert und in das Kreuzworträtsel, das meine Person ihm zuweilen aufgab, den wahren Namen einsetzte, einen, dem ich mich selbst schon lange enttauft hatte. Die in dem betreffenden Eilbrief angekündigte Erklärung ist er mir schuldig geblieben. Ich erhielt sie Jahre später sehr unerwartet von einem anderen Grafen, den wir in unserem schweizerischen Exil, im vorbelobten Auressio kennenlernten, Werner von der Schulenburg. Schulenburg lebte dort, ein paar hundert Meter über uns und aller Welt in seinem wunderbaren Dichterhause »La Monda«, nachmals Marsmans Dichterklause, auf Flüchtlingsdiät gesetzt, ohne Reichshund, ohne Unmittelbarkeit, aber in Begleitung seiner Düsseldorfer Frau Marianne, die ich, obwohl sie zu fein war noch radzuschlagen, auch für wunderbar hielt. Beim Röhmputsch sollte der Graf um einen Kopf kürzer gemacht werden, aber, alter Verschwörer und Condottiere, den kein Gerüffte aus dem Busch seiner politischen Umtriebe zu klopfen vermocht hat, saß er da oben im schwarzen Overall und schrieb Komödien. Wir mieden uns, Deutsche immer noch, und jeder im anderen den Spitzel vermutend, den Dolch im Gewande geborgen nebst dem Blutgeld vom Luganer Konsul Hauptmann Rausch, der gefürchtet war weit und breit. Bis mir denn eines Tages – Ostern war's und der Herr ging um und segnete Haus für Haus – der Zustand als zu lächerlich erschien: siebzig Herdstellen im Dorf; jeder kannte jeden, und jeder wußte von jedem, ob und wen er schon gemordet hatte (im Onsernonetal wurde noch die Vendetta geübt); und jeden Abend standen wir unten an der Landstraße vor der Post und warteten, bis Mella, der Postmann, Küster, Totengräber, Bergbauer und diskreter Austräger seiner eigenen Fraubasereien in einer und immer fein gewichster Person war, den Eingang verlesen hatte. Dann stiegen wir im gemessenen Abstande des Mißtrauens die in die Felsen gehauenen und von Kühen glitschig gehaltenen Stiegen zum Dorf hinauf. So, meinte ich, könne das nicht weitergehen, und schickte dem Herrn von der Monda meine kürzlich erschienene deutsche Paulus-Ausgabe von Pascoaes ins Haus. Überbringerin war Emma, das Zugehemädchen der gräflichen Einsiedler, ein stilles und zuverlässiges Kind mit dem Mattenblick des Bestiame und einem goldenen Herzen, das ihren Vater Lügen strafte, der des Tales gefürchtetster Tyrann war. Eine Stunde später erschien S.K.K. Herrlichkeit mit Lodenkotze und Ziegenhainer, jeder Zoll ein Beweis, daß meine T'uang-Theorien angezweifelt werden können und es im Gotha zuweilen auch mit rechten Dingen zugeht. Kurz, nicht einmal die Martersteigschen Stiftstanten, die so gegen die Tscharners gemoppert hatten, hätten an dem Besucher zu mäkeln gehabt, sieht man von dem spärlichen Haarwuchs ab und vielleich noch von Marianne. Marianne war nämlich auch Schauspielerin, und katholisch. Das Sprichwort vom Glanz in der Hütte hatte sich erfüllt. Wie aber war er da hineingekommen? Ganz einfach, indem Graf von der Schulenburg sich bückte, jeder Lebenslage gewachsen, wie er war. Er stellte sich vor mit allen Titeln, akademischen, heraldischen, genealogischen und denen der Feder: Schillerpreis, Goethemedaille, meist gespielter Autor, Senator der Halkyonischen Akademie. Dem entgegen stand wieder einmal nur Vigoleis mit dem F des Vogels, das aber immer mehr ein Vögelchen geworden war – in Basel wollte es die Verwandtschaft mit ck-dt auch nicht so ohne weiteres gelten lassen, betrachtete sie es doch als einen Einbruch in ihre Prärogativen. Gut, auch Herr von der Schulenburg ließ mich links liegen und beschäftigte sich sofort mit Beatrice: er bestand darauf, sie zu kennen, er sei ihr schon begegnet, aber wo? Zwei so weitgereiste Menschen können sich an vielen Orten der Welt über den Weg gelaufen sein –in Südamerika? schlug der Ritter zuvorkommend vor. Ja, da sei sie in früher Jugend gewesen, entgegnete Beatrice und zog sich auf ihre Inkafeste zurück. Der Graf knobelte weiter. Ich blieb Luft, in der sich mein Vogel um so lustiger tummeln konnte. Daß man sich kenne, war nun ausgemacht, ein Wie und Wann und Wo ließe sich mit der Zeit schon finden. Halt, dachte ich, in Zweifelsfällen entscheidet die Wahrheit, da muß eingeschritten werden. Ich ging ans Büchergestell, holte den Burckhardt hervor und schlug einen Band auf, der ein Jugendbildnis des Basler Renommier-Heiligen enthielt. Das zeigte ich S.K.K. Hoheit, von der ich wußte, daß sie die Jugendbiographie Jacob Burckhardts geschrieben hatte: »Hier ist der Ort Ihrer geheimnisvollen Begegnung mit Donna Beatrice aus dem Hause derer von ck-dt!« Der junge Burckhardt ist Beatrice nämlich aus dem Gesicht geschnitten.

Ein Basler hätte darauf mit »däwäg« geantwortet. Graf Werner von der Schulenburg aber – doch das geht wieder zu weit. Als er uns nach drei Stunden verließ, stellten wir nicht nur fest, daß er uns allen Wein ausgetrunken, alle Salami aufgegessen und alle Hoffnungen auf ein baldiges Ende der Nazis vernichtet hatte, sondern auch noch, daß die Liste unserer Begegnungen mit seltenen Persönlichkeiten um eine Doppelnummer bereichert worden war. Ein Pendelverkehr zwischen der Hütte des kleinen und dem Haus des großen Schriftstellers entspann sich, Marianne entspann sich, vieles entspann sich. Ich erzählte meine spanischen Abenteuer, reinigte des Grafen verstopften Abflußkanal in der »Monda«, medisierte über den Preboste vom benachbarten Loco, von dem ich unfehlbar wieder in Hurengeschichten aus Mallorca verfiel (»toll, wie der Kerl das macht!« – aber der Kerl bekam dafür auch Valpolicella und Gemse oder, das köstlichste, Onsernonefuchs!), und da man nicht immer nur von Porras und Putas reden kann, auch wenn's über Spanien geht, berichtete ich sachlich, ich sei Harry Keßlers Schreibjunge und sowas wie sein letzter Sekretär gewesen, mit entsprechenden Einblicken in die Werkstatt der Weltgeschichte, und, wieder ins Fabulieren verfallend, es kam die Geschichte mit meinem dritten Gesicht, das mir auf der Insel, sei es auch nur für kurze Zeit, vorgebunden wurde: Thälmann.

Herr von der Schulenburg blickte finster, aber auch ritterlich kühn in den Raum, mit einem Blick eben, wie nur ein altes Geschlecht ihn so überzeugend und beinahe furchterweckend aus stechenden Augen zu werfen vermag, und sagte: was! das alles sei ich gewesen, und der Kerl, der Tölpel, der Hornochse schlage kein Kapital daraus, und leide fast Hunger, und schriebe nicht ein Buch oder zumindest ein Büchlein über die letzten Lebensjahre des sogenannten Grafen Harry Keßler aus dem Hause . . .

»Bitte, sogenannt und aus dem Hause?«

»Aus dem Hause der Reußen, alte Geschichte das, unehelicher Sohn, nicht mal so verwickelt, andere sind noch anders an ihre Titel gekommen.« Ich zitiere wörtlich, was Schulenburg auf jeden Fall viel geistreicher gesagt hat, und genauer, ohne zum Beispiel, was mir hier unterläuft, die Ältere mit der Jüngeren Linie verwechselt zu haben. Und da fiel mir auch ein, daß ich auf Mallorca schon ähnliche Medisancen gehört hatte über meines Brotherrn düster-glänzendes Bänklingsblut, das nur übertroffen wurde durch die Abstammung seiner geliebten Schwester, als deren Vater Kaiser Wilhelm I. galt. Keßler würde eine solche volkläufige Korrektur des Gotha nicht ohne weiteres niederschreiben; aber soll, so frage ich den gewierigen Leser, eine Nachtigall nicht singen dürfen, was die Spatzen von den Dächern pfeifen? Ein solcher Trätscher war zum Beispiel Hauptmann von Martersteig. Ich glaubte ihm um so williger, wo eines doch wohl feststeht: während man mich auf einer Biertheke vertauschte und so aus mir machte, was ich von Hause aus gar nicht bin, geschehen solche Verwechslungen in den höchsten Kreisen der Gesellschaft auch auf einer höheren Stufe, das heißt: sie fangen gleich in den kaiserlichen Pilarièren an, oder in fürstlichen, in gräflichen, oder in der Remise. Mich, der ich keinen Stammbaum, sondern nur ein Horoskop habe, dessen Abweichungen auf den anderen passen, hat das nicht groß aus der Fassung gebracht. Jüngere Linie oder Ältere Linie – Jungfernzeugung ist gut für Krebse und kleines Gewürm, und für den Ammenglauben. Was aber der in allen Linien sattelfeste Ritter Schulenburg über die andere Mystifikation zu sagen wußte, über den Thälmannkomplex meines verehrten Grafen Keßler, warf mich fast um, denn da wurde die Geschichte psychoanalytisch: Harry Graf Keßler habe in Weimar, in roter Bluse, auf den Barrikaden gestanden. Und Schulenburg ließ mich raten, wer, ebenfalls in der roten Bluse, neben ihm das Vaterland verteidigt hätte. Ich sann nach, in Geschichte hatte ich immer mangelhaft und kam deshalb nicht über Rosa Luxemburg hinaus. Beatrice aber sagte fließend: Thälmann! Der war's. Alles übrige habe sich dann nach den Gesetzen der Verdrängung vollzogen: auf Mallorca habe der Anklang Thälmann – Thelen den roten Blusenmann wieder an die Oberfläche getrieben, und so weiter, ich hätte ja Psychologie studiert.

Fürwahr eine einleuchtende Erklärung, sogar für jemand, der nicht an solche schlagenden Wetter seelischer Sumpfgasbildung glaubt.

Graf Keßlers intimer Freund, der in der Weimarer Zeit eine so entscheidende Rolle gespielt hat, der belgische Baumeister und Denker Henry van de Velde, den ich während der Niederschrift dieses Buches im Rahmen einer Suchaktion nach dem verschollenen Nachlaß Keßlers in der Schweiz kennenlernte – eine pantagruelische Gestalt, mit seinen 90 Jahren, in einem wunderbar erfundenen Reißverschlußanzug als letzter Überwindung des Jugendstils, kaum davon abzubringen, mit mir ein Karussell der Zuger Kirmes zu besteigen – auch Professor van de Velde fand das mit Thälmann psychologisch zwar einredend, aber – wo hat denn Harry je auf einer Barrikade gestanden? Er wußte sich nicht zu besinnen, und hätte es doch wissen müssen. Daß ein roter Graf auf die Straßenschanze klettert, darin sehe ich nichts Besonderes. Die rote Bluse braucht ihm auch nicht schlechter gestanden zu haben als der Mallorquiner Drillanzug. Und als ich Professor van de Velde, für seine eigenen Erinnerungen an des Freundes letzten Lebensjahren interessiert, erzählte, daß Keßler im »Café Alhambra« oder einem anderen der tausend palmesanischen Cafés an seinem Manuskript geschrieben habe, meinte der alte Keßlerkenner: das sei so gar nicht Harrys Art gewesen, in Cafés herumzusitzen und zu schreiben. Hätte mich eine Hammelkeule nicht ganz auf mich selbst gestellt, dann hätte ich wohl entgegnet, daß ein Mann, so gefestigt er auch in seiner Persönlichkeit wurzele, zwei Situationen ausgesetzt werden könne, wo man leicht entartet: der Ehe oder dem Exil.

Graf Harry Keßler war Junggeselle, aber das Exil ist ihm nicht erspart geblieben.

*

Harry Keßler somit eine späte, über Völker und Vaterländer prangende Blüte am erlauchten Stammbaum der Reußen? Warum nicht? Bei Gott ist kein Ding unmöglich, und Anthropologie und Genealogie werden schon vor schwierigeren Fällen von Kuckucksknospung gestanden haben. Solange die Fortzeugung des menschlichen Geschlechtes nicht wie beim Bombyx mori in numerierten Kopulationssäckchen vor sich geht, sind Ahnentafeln ins Reich des Köhlerglaubens zu verweisen, ob ich auch nicht bestreiten will, daß Herr Müller jr. meist der unangefochtene Sproß von Müller sen. ist.

Harry Keßler gehört zu den wenigen höflichen Menschen, die ich im Leben kennengelernt habe. Aber war seine Höflichkeit ein Erzeugnis seiner feinsten Erziehung? Hatte er Welt, weil er von Hofe kam? Kam er darum Beatricens heimlichsten Wünschen zuvor, wenn er Anstalten traf, sich die Schuhe auszuziehen, um uns die Wohnung nicht schmutzig zu machen, weil er wußte, daß wir uns keine Aufwartefrau leisten konnten? Oder könnten da herzensbildende erbliche Anlagen eine Rolle spielen? Die eugenetische Wissenschaft steckt noch in den Kinderschuhen, kein Geringerer als Eugen Fischer hat das 1933 der Welt bewiesen; auf ihre Erkenntnisse ist kaum oder kein Verlaß. Weiter kommen wir schon mit dem ungarischen Schicksalsanalytiker Szondi und seiner Theorie über das familiär Unbewußte. Wie dem auch sei, es stimmt mich nachdenklich, wenn ich in des Reformators Johannes Keßler Memoiren die Stelle lese, die dessen angezweifelter Nachkomme Harry in den seinigen nur bruchstückweise anführt: wo der junge Studiosus Johannes mit einem Reisegefährten den »Schwarzen Bären« in Jena betritt. Dort saß Martin Luther breit an und tafelte. Der Wirt, ein jovialer Mann, ermunterte die schüchternen Scholare: nur hereinspaziert, meine Herren! Indessen Johannes Keßler, kleiner Leute Kind, der eben erst das Sattlerhandwerk gegen die Gottesgelehrsamkeit eingetauscht, Johannes genierte sich, denn er hatte schmutzige Schuhe an. Und da tat er doch bei Gott, seinem neuen Brotherrn, was vier Jahrhunderte später Harry, emporgegrafter Leute Kind, auf der Straße des Generals Barceló wieder tun sollte: er schickte sich an, sein Schuhzeug abzulegen. »Denn unsere Schuhe waren, hier mit Verlaub zu schreiben, so voll Koth und Schmutz, daß wir aus Scham über die Kothflecken nicht fröhlich in die Stube eintreten konnten, und drückten uns heimlich bei der Tür auf ein Bänkli nieder . . .«

Harry drückte sich nicht heimlich auf ein Bänkli nieder, aus dem einfachen Grunde, weil Vigoleis, der Wirt zum General Barceló in Palma de Mallorca, kein solches in seiner Entrada stehen hatte.

XIX

Zurückhaltung ist ein auffallender und nicht wenig peinlicher Wesenszug des Vigoleis, peinlich für ihn selbst, wie sich versteht. Der menschenscheue Mensch ist durch Instinkt und Erfahrung zu sehr von der Erkenntnis durchdrungen, daß der Mensch dem Menschen ein Mensch ist, als daß er sich seiner Art gegenüber noch frei bewegen könnte. In frühester Jugend von gottverlassenen Schulmeistern und noch gottverlasseneren Priestern auf Finger und Zunge geklopft und vorlauter Fragen wegen, die damals schon an die letzten Dinge rühren wollten, in die Ecke gestellt, ins Dunkel, wo er sie dann selbst zu lösen lernte und sich erlöste: so dankt er im Grunde doch der Armseligkeit seiner Erzieher das Fleckchen treibende Scholle, auf dem er in einem wohltuenden Gewahrsam ist, besorglich zwar, daß sie ihm unter der Sohle wegschmilzt. Daher sein Hang zum Metaphysischen. »Oh«, sagt Nietzsche, »wer die Geschichte jenes feinen Gefühls, welches Einsamkeit heißt, uns erzählen könnte!« Hier, lieber Leser, wird ja dieser Versuch unternommen – Vigoleis im Einsamen unter den Freunden der Insel, wo er die Zurückhaltung übte im Verkehr mit Freund, nicht indessen mit Feind. Aber die Nazis waren schließlich keine Menschen: sie hatten sich selbst über die Menschheit gestellt und waren so zu Getier geworden. Dessen galt es sich zu erwehren.

*

Don Matias war mein Freund. Ein Herz und eine Seele, teilten wir im schönsten Gottesfrieden die Mehlsäcke des Bäckers Jaume, die dadurch mehr waren als nur Hinter- und Untergrund unserer Tertulia des täglichen Brotes und der sonntäglichen Ensaimada. Wir drückten uns fest die Hand, klopften uns mit immer kleineren Wirbeln den Staub aus den Schultern; nur uns küssen, das taten wir nicht, wir überließen es den feurigen Jünglingen des Göttinger Dichterbundes, über dessen Umtriebe ich Matias viel erzählt hatte. Wir Mehlbrüder liebten die

Freiheit mehr, als wir uns gegenseitig liebten. Es war eine schöne Gilde, die vor jeder anderen bestehen konnte und deren Dritter immer noch Don Gracias a Dios war, Gottseidank, der die Freiheit seiner hondurensischen Pampas in immer glühender werdenden Gesängen und mit immer schwerer hängenden Tränensäcken pries.

Das alles ging so von einem Tag, wo ich unser Brot kaufte, auf den anderen Tag, wo ich wieder eins kaufte, viele Brottage lang. Da eines Morgens bemerkte ich, daß Don Matias seinen Blick, der auf mich gerichtet war, hinter mir wieder zusammennahm und ins Leere weitersandte, ein okulistischer Seelenzauber, der mich beunruhigte, obwohl ich solcher abgründiger Augenblicke mehr erlebt hatte, vor allem bei Dichtern in der Vorstufe der Imago. Don Matias war Dichter, der sich auch mit dem Unsäglichen einließ, aber nimmer noch hatte ich ihn in Entrückung angetroffen. Schließlich war er ein iberischer Mensch und als solcher vorbestimmt, mystische Dinge nicht nur zu erleben, sondern auch über sie zu schreiben, als wäre es die natürlichste Sache der Welt, wie Santa Teresa es tat. Hatte sein Schwager ein Verhältnis, das ins verwaiste Ehebett steigen und damit auch den Platz hinter der Theke einnehmen würde? Mußte Don Matias wieder vor die Klasse treten?

Auch Gottseidank war blicklos wie ein Rindvieh, so daß ich nun doch erschrak. Er machte das Bild des Jammers voll, das der Laden darbot mit seinem Matias-auf-dem-Sack und doch nicht recht auf dem Sack. Die Männer stierten. Ich staubte aus kleinbürgerlicher Gewohnheit meinen Sitz ab, merkte zu spät, daß es der Sack war, und stand verklärt in der weißen Wolke. Selbdritt waren wir dem Irdischen entrückt.

Was war über die Jünglinge gekommen? Ich hätte fragen können, doch hielt meine verfluchte Zurückhaltung mich ab, in das Geheimnis einzudringen. Waren wir wirklich Freunde und ein Bund, dann mußten sie über kurz oder lang mit der Sprache herausrücken. So setzte ich mich auf meinen Zentner.

Kummer? Honduras in Not? Sollte ich sie aufmuntern, was ich ja gekonnt hätte, nun auch Deutschland in Not war? Rief die Savanne? und die Helden konnten nicht Plaute noch Bundschuh gürten, dem Rufe nicht folgen, weil sie vielleicht kein Fahrgeld hatten? Ulua? War ihm das Pulver verschimmelt? Don Patuco? Hatte ihm eine Gesundbeterin in christlicher Überstürzung den abgehauenen Arm an den Leib gehext, und nun war es aus und Essig mit seinem Stummelruhm? Und Pablo,

Don Sacramento, genannt El Enorme? Saß er hinter Schloß und Riegel als Rädelsführer des Thälmann-Putsches? Die beiden hockten immer noch wie bewispert da, kein Wort; kein Glied rührte sich. Sollte ich mein Brot fassen und gehen, sie ihrem Schicksal überlassen? Ich blieb und begann eine Geschichte zu erzählen, diejenige meiner Aufrückung zum Stift des berühmten deutschen Emigranten Conde de Keßler, wobei ich den Stift natürlich zum Privatsekretär hinaufkamouflierte. Der alte Herr schreibe an seinen Erinnerungen und habe mich dazu nötig, teils als Schürfer, teils als Gölder der Sprache, und immer in Tuchfühlung mit der Weltgeschichte. So spann ich's, nicht alles der Wahrheit gemäß, da ich ja als vereideter Sekretär nicht aus der Schreibstube plaudern durfte.

Zuerst war es Gottseidank, der seine Blicke aus der Ewigkeit zurücknahm und auf die Gestalt des Conde zu richten begann, die ich vor den Mehlsäcken erstehen ließ. Gott sei Dank, einer war wenigstens von seines Schicksals Sternen abgezogen. Als ich an die Stelle kam, wo ich sagen mußte, daß die Basler und Sankt Galler Spezialitäten, Biber und Leckerli, die ich Jaume zuweilen zum Einschießen brachte, von Beatrice eigens für den Conde gebacken würden, fand auch Don Matias ins mehlige Diesseits zurück und sagte, sofort ad rem, da müsse er beim nächsten Mal doch die Totenbeinli eigens daraufhin abschmekken, daß sie von einer Weltberühmtheit verzehrt würden, von der er allerdings nie vernommen habe. »Du?« wandte er sich an Gottseidank, dem der Name auch nichts bedeutete.

Da mußte dem Gedächtnis der Patrioten beigestanden werden, denn, so behauptete ich, es sei ausgeschlossen, daß sie noch nie von Conde de Kessler gehört hätten; das sei ein Begriff unserer abendländischen Kultur; der Mann habe ein berühmtes Buch über Mexico geschrieben, Nietzsche die Augen geschlossen, nachdem dieser sie ihm erst geöffnet; die beiden sollten nur einmal im Gedächtnis Umschau halten, dann fänden sie unter dem Gerüll dies und jenes Stück, diese und jene Tat, die nun, zu Papier gebracht, Keßlers Erinnerungen abgäben. Tatsächlich begann es bei den Hondurensischen auch bald zu dämmern. Ich half ein wenig nach wie ein Wahrsager, der einem Gimpel die Würmer aus der Nase zieht, die er für seinen Blick in die Zukunft braucht, und so lag denn dieses phantastische Leben vor uns; man konnte es so von den Mehlsäcken ablesen: Natürlich, die Agadir-Affäre, um 1911 herum, die ersten Blitze am politischen Horizont, erstes Wetterleuchten des Wilhelminischen

Orlogs, Deutschlands Panthersprung nach Marokko, Spannungen mit England in der Flottenfrage, Panik an der Börse und Panik im Louvre, wo man die Gioconda gestohlen hatte, was von den Unken des Leitartikels sofort als böse Verheißung ausgelegt wurde; Unruhen in Lissabon, Unruhen in Mahón, dem größten Kriegshafen des Mittelmeers, wo unser General die nach ihm benannte Speise immer häufiger nötig hatte – und da trat Graf Harry Keßler zum ersten Male auf die Bühne der Weltgeschichte! Don Matias und Don Gracias a Dios erinnerten sich nun mit aller Deutlichkeit der Vorgänge, Spanien war ja unmittelbar bezogen, und die literarische Welt, der die beiden auch angehörten, hatte noch nicht das berühmte Dankmanifest vergessen, das Bernhard Shaw dem deutschen Grafen für die Erhaltung des Friedens zugestellt hatte; daß es von Emery Walker gedruckt war, wußten sie nicht; ich auch nicht. Keßler der Mäzen, Keßler der Entdecker Maillols – es dämmerte auf allen Säcken, und die Blicke der Geschlagenen hingen nun an meinem Munde. Keßler als Dieb? Daß er Pilsudski aus der Feste Magdeburg befreit hatte, war doch kein Diebstahl, oder ...?

Maillol hatte die »etwas unkünstlerische« Angewohnheit, nach dem Guß noch an den Bildwerken herumzumeißeln, wodurch sie nicht gewannen. Keßler hatte ihm eine Plastik in Auftrag gegeben, soweit ich mich erinnern kann, war es der Boxer. Der Gießmeister wurde bestochen. Ehe der Künstler sich ans Beimeißeln machen konnte, hatte Keßler mit seinen Helfershelfern den Guß im Mantel aus der Werkstatt entführen lassen. Im Beisein des Grafen wurde er aus der Form geschlagen und in seine Wohnung gebracht. Große Erregung, als Maillol von dem Diebstahl erfuhr. Keßler, hinzugerufen, beruhigte den Meister, nahm ihn mit und zeigte ihm das Werk, wie er es haben wollte.

Die hondurensischen Bundschuher waren begeistert: Maillol, kein anderer als Aristide Maillol müsse die Freiheitsstatue des Don Patuco für die Plaza de la Libertad in Tegucigalpa gestalten, und wir alle, unter Keßlers Anleitung, schlügen am Tage der Einweihung die Form ab – »à cire perdue«, warf Don Matias ein, und ich sagte: »siehste, was du alles weißt!« Natürlich erbot ich mich, über Keßler die Verhandlungen mit dem französischen Bildhauer aufzunehmen, während Don Matias erneut und mit noch geschwollenerem Ringerleibchen mir in die Hand schwur, alles in die Wege zu leiten, daß ich als Sachverständiger für abendländische Freiheits- und Denkmalfragen attachiert werde. Noch selbigen Abend ginge er ins Pueblo und erstatte dem General Bericht. – Und Keßler im Völkerbund, Keßler als Initiator der Dünndruckeditionen, Großherzog-Wilhelm-Ernst-Ausgaben, sie wüßten ja, und wußten, und siehe: Honduras' Klassiker nur auf Bibelpapier und nur als Cranach-Drucke, das heißt, man würde sich aus nationalen Gründen zu einem anderen Namen entschließen müssen. Ich schlug vor: ›Ediciones Maneta‹, Einarm-Klassiker, zu Ehren Don Patucos.

Keßlers Leben und Taten erfüllten die Backstube. Unten schwugte Jaume mit den Platzen und schüttelte den Kopf: war es über uns? war es um die Schweißtropfen abzuschleudern? Die Kundschaft bediente sich selbst, ein Kommen und Gehen, bis ich die Geschichte erzählte – die Hondurensischen kannten sie natürlich auch – und imitierte, wie Keßler in der Pelerine eines Gefängniswärters Pilsudski befreite, mit Schlüsselbund und Latüchte, den Kragen hochgeschlagen – ich bediente mich eines leeren Sackes, um es darzustellen –, draußen wartete das Auto mit der Kaiserfanfare, und ab ging's, und der Pole schliefte wie ein Frettchen hinter die polnische Front – ähnlich spielte es sich ab, wie etwas später der andere Graf, Schulenburg, im Auftrage desselben fortschrittlichen Kaisers Lenin aus der Schweiz nach Rußland schlüpfen ließ: die Kundschaft vergaß ob dieser Vorstellung aus Keßlers Welttheater den Brotkauf. Und die Hondurensischen gestanden sich, daß sie von dem so verachteten alten Europa doch noch manches für die eigene Freiheit würden lernen können. Mein Prestige war ungeheuerlich gestiegen, es fehlte nur noch das verdammte Pronunciamiento in Tegucigalpa, und wir alle – Ulua und Gottseidank, Sacramento, Conde de Keßler mitsamt seinem Schreibgeist, Beatrice mitsamt ihrem verstümmelten Unkulunkulu, Don Patuco mit seiner Don Matias zugedachten keuschen Tochter von der unbefleckten Empfängnis, Pedro Sureda mit seinem Naturschutzmodell und dem Sammelvater Don Juan, der Würzburger Unstern, der Leibarzt Ludwig Salvators mit seinem Assistenten Bobby – wir alle brächen auf nach Honduras, an Bord einer Karavelle, und Mamú, Mamú, die den finanziellen Wind in die Segel bläst mit ihrem königlichen Backpulversegen, der doch einmal aufgehen muß . . .

Zurück bleiben die Damen der Christlichen Wissenschaft und harren in erbaulich blinder Glaubenseintracht, bis ihr angebeteter Erlöserersatz Hitler sie als Unterchristen aufhängen läßt.

Dem Bergantin voran aber wird fliegen Rabindranath als

Adler der Freiheit, und in ihren Streichholzschachteln warten Empedokles und Spinoza auf die Mückenschwärme der Moskitobai.

Kaum hatte ich die Vorstellung beendet, und die beiden Freunde sackten auf ihren Säcken wieder zusammen und huben erneut zu stieren an. Geisterseher? Ich nahm mein Brot, zahlte den Real auf die Theke und ging.

»Geisterseher?« sagte Beatrice, »du bist schon genau so verrückt wie die zwei. Da sind Weiber im Spiel!«

»Eine Pilar?«

»Höher kaum.«

Es war tatsächlich eine Pilar, aber eine, die in diplomatischen Diensten stand, also ein doppelter Gärungserreger.

An den Weibern geht die Welt zugrunde, behaupten die Weisen. Aber leider richtet sie sich an ihnen immer wieder auf.

*

Mittags traf ich die Brüder des hondurensischen Freikorps auf der Plaza Atarazanas wieder an. Sie hatten die Mehlsäcke mit den Caféhausstühlen vertauscht und saßen in der schmorenden Sonne da, tropenfeste Trauerklöße des Patriotismus. Der Zeugplatz war ausgestorben, kein Esel weit und breit, nicht einmal Menschenseelen, und Pans Stunde war doch schon lange vorbei. Und was tranken die Jünglinge? In ihren Gläsern brauste es, Magnesia! Das ist gut für den Magen, führt manches ab und hält manches munter. So waren das einzig Lebendige an diesem Mittage und auf diesem Platz die gastrischen Vorgänge von Don Matias und Don Gracias a Dios.

»Olá, Mensch! Olá, Mensch!«

»Olá, Menschen!«

Ich setzte mich zu meinen Menschen, klatschte in die Hände, bestellte etwas, das nicht kam, und fand es gut so. Die Tische erinnerten mich an Zwinglis Eisbar und an die Hure Pilar, und ich sagte, um ein Gespräch anzuknüpfen, daß runde Marmortische in mir immer heikle Gedankenverbindungen zustandebrächten. Dasselbe schien auch bei den beiden der Fall zu sein, denn sie stöhnten, jeder auf seine Art, wobei sie ineinandersackten: »Eva! Eva!«

Zwei Stunden später wollte ich Beatrice strahlend berichten, warum die Tegucigalpaner unter die Hohlblicker gegangen seien. Und das Brot, fragte Beatrice, wo das denn sei? Ich hatte es vergessen. Da sie es der Sicherheit halber nun selbst holen ging, riet ich ihr an, den kleinen Umweg über die Atarazanas zu machen, sie könne dann die Opfer Evas noch dahocken sehen, wie Rabindranath auf dem Rasen vor Mamús Stuhl, den Kopf schräg, mit vor Hitze gespachtem Schnabel, ein Auge dem Himmel, eines der Erde zugewandt, ein Bild der Erschlaffung. So oder so, es interessierte Beatrice nicht, sie hatte die Hurengeschichten satt, immer wieder Putas: als ob es in Spanien nichts anderes gäbe. Ich sagte: kaum, Huren seien das Salz dieser Erde, ohne sie schmecke Spanien fade, doch sie brauche sich die Geschichte der 1001. Eva nicht anzuhören, ich würde in Pedro ein dankbares Publikum haben.

Das stimmte nur halb, denn Pedro hatte Evas Bekanntschaft schon gemacht, nur war er an ihr nicht zugrunde gegangen, ein Schicksal, das den Hondurasrittern zu blühen schien. Ein Sureda überwindet auch die Pforten des Freudenhauses. Sie sind ein sehr altes Geschlecht, mit einer forschen Frau im falben Dämmer ihrer Geschichte und einem geköcherten Frettchen im Wappen, dessen Spruchband die herausfordernden Worte trägt: »Wer holt es da heraus?«

*

Eva war abendfüllend.

Kein Wunder, meinte Pedro, wo sie in einer so kleinen Fonda ihre so große Nacktheit zeige. Zudem seien es immer dieselben Blicke, die an ihrer Üppigkeit kleben blieben: Don Matias, Don Gracias a Dios, Don Sacramento, Ulua, ganz Honduras mit einem Wort.

»Du kennst also die Geschichte?«

Pedro kannte nur Eva und ihre Anbeter, von denen meine Backstubenfreunde die Seßhaftesten seien, das heißt, gewesen seien, denn Eva sei fort, durch höhere Gewalt wieder in die Kleider gesteckt und dann abgeschoben worden.

Schade, dieses Mal hatte ich an meinem Sureda nicht viel, er wußte seine Hälfte besser als ich die meine. So ging ich zu Mamú, die Talent und ein geschultes Ohr für schlüpfrige Geschichten hatte, die um ein Haar nicht mehr salonfähig waren. Besonders nach den Ausschweifungen mit den Müttern der Christlichen Wissenschaft liebte sie die stille Einkehr in eine Welt, die sie mit dem Stich ins Grüne an Wien erinnerte.

Mamú schmunzelte. Es hatte ihr gefallen. Ich hatte sie nicht enttäuscht. Sie versprach mir zur Belohnung für den kommenden Sonntag Täubchen mit Krebs nach Binisalemerart, und ich erbat mir für den übernächsten ein Spanferkel à la Broche.

»Und ich kriege . . .?«

»Die hochpikante Tragödie von Adelfried Silbersterns jüngster Geschlechtsnot.«

*

Eva war abendfüllend.

»Weißt du, Mamú, füllend in doppelter Hinsicht, sie füllte die Bühne und den Zuschauerraum, und das um so mehr, wo beide Reiche nicht durch ein Doxale getrennt waren. Dafür war Eva wohl zu leutselig, als daß sie solche Schranken um sich geduldet hätte. Sie brauchte die Hautfühlung mit der künstlerischen Umwelt. Nun darfst du dir das alles nicht vorstellen wie die Patti in der Metropolitan Opera deines seligen Fürsten, oder wie die Gerstenberg als Maria Stuart im Burgtheater – kleiner, Mamú, gemütlicher, intimer. In einem Café Cantante auf der San Miguel hat sie sich gezeigt. Ganz ausgezogen bis auf vorne eine giftgrüne Puderquaste hingeklebt, was Rouge auf dem Popo und um den Hals ein Skapulier, das mit einem Streifchen Leukoplast an der Haut befestigt war, so daß es auch beim wildesten Tanz ruhig am Busen vor Anker lag. Skapuliere, finden die spanischen Männer, gehören dazu, und Eva kannte auch diese Anstandsregel. Sie sang und trug eigene Gedichte vor, auf Französisch, aber keine Couplets, nein, tiefschürfende Lyrik, ich bekomme demnächst Abschriften; es heißt, daß Eva eine zweite Vittoria Colonna sei, und hinten in der Taberne war ein Verschlag, so mit einem Vorhang was, da stand ihre Pilarière und da lag sie in den Pausen und ruhte und hatte ihre Gesichte oder auch mal einen Schöngeist bei sich, der sich für ihre Gesichte und Gedichte interessierte.«

»Während der Vorstellung? Wie aufregend!«

»Gar nicht, Mamú, denn sie hat ja niemand an sich heran gelassen, Pedro sagt es selbst. Alles nur im Dienste der Kunst für die Kunst.«

»O, mon pauvre Vigolo!«

»Ich lege meine Hand für Eva ins Feuer, Mamú. Dranlassen wäre das Ende ihrer Karriere gewesen, denn sie war, muß man wissen, diplomatisch. Sie arbeitete auf diesem ausgezogenen Posten des Auslandsdeutschtums für den Führer.«

Haarklein bekam Mamú alles zu wissen. Rabindranath hörte zu, desgleichen der Pekinese. Die beiden hatten nämlich längst

Frieden geschlossen, schon mit Rücksicht auf ihrer Herrin paradiesischen Park, der durch das Geschrei vieler Wellensittiche und Rosenpapageien seine Urwaldnote erhielt. Vogelmeister: Vigoleis mit Vogel-f. Daß aber hinter dem Vorhang Eva ihrem Paradiese keine Ehre gemacht haben sollte, sekierte Mamú, die im Grunde genommen doch zu viel im Wahn ihrer Goldschnittbibel lebte, als daß sie sich noch eine Eva immaculata hätte vorstellen können, reines Weib auf dem reinen Schragen der Liebe zu Führer und Vaterland. Nun ja, Mamú war Amerikanerin und Millionärin, aus bodenloser Geldgeburt, ohne Tradition, durch Wien verpratert und durch den ungarischen Dynasten auf einen Rang gestellt, der ihr nicht erst mit diesem Vorspann hätte zuteil werden sollen.

Ein blinder Guitarrist und ein tauber Sänger bildeten Evas musikalische Untermalung. Der Sänger hörte niemalen, was der Guitarrist zupfte, obwohl er sich beim Vortrage ganz tief auf das Instrument niederbeugte. Diese akustisch bedingte Akrobatik zwang ihn, in den Erdboden hinein zu singen statt ins Publikum oder in die schimmernd grätige Keuschheit der Sonderbeauftragten des Führers. Der Guitarrist hinwieder sah nicht, was um ihn vor sich ging, angezogen oder ausgezogen: er ließ die melancholisch violenten Weisen seines »Canto hondo« erklingen, die toten Augenbälle auf einen blinden Fleck gerichtet, der, hätte er sehen können, der grüne Evas war. Das Publikum, vorzugsweise aus dem Kreise um Don Patuco, blieb bis hoch in die Uchte und stierte auch auf diesen grünen Giftverschluß.

Eva war als Aktmodell »cojonudo«, wie Pedro das bezeichnet; wir würden weniger anstößig sagen »einfach fabelhaft«, obwohl es so einfach auch wieder nicht war. Pedro hatte einen ganzen Block voll Evas, wobei das Gesicht immer nur mit einer Umrißlinie angedeutet war. Für den Aktzeichner ist das Gesicht ja überflüssig. Mich hätte es jedenfalls über manches aufklären können; denn zu meinen vielen verpaßten Gelegenheiten gehört auch Eva.

Nun war kürzlich ein jüdischer Herr deutscher Nationalität aus der Kapkolonie nach Mallorca gekommen, um sich von einer eben überstandenen Krankheit zu erholen. Dann wollte er weiterreisen nach Amerika, wo er Geschäfte zu erledigen hatte. Er war Diamantenhändler. Die deutsche Buchhandlung hatte ihn um politischen Rat zu mir geschickt. Er war sehr reich. Seine Erklärungen waren lückenlos falsch vom ersten bis zum letzten

Wort, und dabei brauchte er mir ja keine zu geben. Ich merkte sogleich, daß er vor den Nazis in Kapstadt geflohen war, die außer nach seinem nichtarischen Blut auch nach seinen Diamanten lechzten. Darum erteilte ich ihm den unentgeltlichen Rat, sofort die Insel zu verlassen, denn es sei wenige Wochen zuvor ein eigentümlicher Giftmord in Palma auf- und wieder zugedeckt worden, in einer lithographischen Anstalt, wo man genügend totenkopfgezeichnete Flaschen hat, um ganze Menschenspiele ins Jenseits zu befördern. Die Polizei hatte den Fall, der mit den gefährlichen Umtrieben der Inselnazis zusammenhing, aus Bequemlichkeit niedergeschlagen – nur ja keine Überstunden! Der jüdische Herr sagte mir nicht ohne Eitelkeit, er habe so viel Pfund bei sich, daß er die ganze Insel kaufen und von den Nazis säubern könne. Ein Grund mehr, das Weite zu suchen! Was sein Leben wert sei, wisse ich nicht, aber schade sei es doch, wenn den Halunken auch noch die Sterlinge in die Finger fielen. »Fliehen Sie mit dem nächsten Schiff, es geht in wenigen Stunden!« Zu natürlich, daß ich dabei wieder fürchterlich über die Deutschen schimpfte, die Hitler seine Bübereien ausüben ließen und sich obendrein noch ihrer Henkerstüchtigkeit vor aller Welt berühmten. Der Herr verbat sich schließlich solche Anpöbeleien seines Vaterlandes, denn ich müsse mir merken, er sei immer noch Deutscher. Daß er Jude sei, habe er vor 1933 nicht einmal gewußt, sein Herz schlüge treudeutsch weiter – unter seinem gespickten Brustbeutel. Und wie der Konsul sei? Kein Judenfresser, in der Beziehung habe er von ihm nichts zu befürchten. Darauf ging der biedere Spießgermane mit seinem diamantenen Herzen in sein Hotel zurück. Ein paar Tage später war er schon da, wo die Nazis ihn haben wollten. Selbstmord, sagte die Polizei, glaubte aber nicht so recht daran und begann zu schnüffeln, weil ja außer dem Leben auch das Geld des Fremdlings abhanden gekommen war. Es dauerte nicht lange, da kriegte sie den Schweiß der Eva in die Nase, schaute sich das nackte Stück vorgeschobenes Deutschtum mal auf seine Angezogenheit hin an, und siehe, man kann als Frau auch Reize in den Kleidern stecken haben! Nach Inspizierung und Desinfektierung des grünen Punktes sagten die Profossen: »Los, anziehen und mit auf die Wache!« Angezogen oder ausgezogen das Opfer, das sie in ihre Mitte nehmen: die Männer der berühmten spanischen Zivilgarde verziehen nie eine Miene. Sie taten es darum auch nicht, als sie Eva später aufs Schiff brachten. In Barcelona kamen wieder zwei, wieder wurde keine Miene verzogen, und so ging's über mehrere Stationen, bis Eva in Frankreich ihren Punkt für die Sache des Führers wieder entblößen konnte. Die Spanier waren froh, die Spionin und Giftmischerin los zu sein.

Eva war ihr Künstlername, ihr zweites Gesicht, das sich nur durch den grünen Puschel von ihrem ersten abhob, mit dem sie im »Turm der Uhr« unter Almocreben und Picadors vor Seligkeit gestöhnt hatte: »Mein Gott, die können es aber! Und wenn mein Mann mich hier liegen sähe . . .«

Ihr Mann hat sie weder im »Turm der Uhr« noch im Tasco Cantante liegen gesehen, wie das Gesetz ihrer vaterländischen Läufigkeit es befahl. Ihr Mann weilte in Essen. Aus seinen Nervenzusammenbrüchen hatte sich eine totale Nervenaufraffung entwickelt, die er ebenfalls in den Dienst des Vaterlandes stellte. Sein Gesetz hieß: Kanonen statt Butter.

O mein Kathrinchen, wie gerne hätte ich einmal mit dir in scheuen Züchten die Pilarière beschlagen, einmal nur deinen grünen Punkt berührt!

»Den braunen, meinst du«, sagte Mamú, »und dann hättest du es doch wieder nicht getan.«

Mamú hatte recht. Frau Doktor arbeitete ungespalten für den Führer.

*

Don Matias hatte sein Herz gleich beim ersten Nackttanz an Eva verpfändet. Für Gottseidank wurde der grüne Wisch auch zum blinden Fleck seiner zu patriotischer Selbstschwächung neigenden Überschwenglichkeit. Das Schicksal, wieder einmal als Eva in voller Erdenbrunst, hatte die Jünglinge im Griff, so sehr, daß sie ihre Bräute aus Herz und Sinn entließen. Die Welt drehte sich nur noch um die erste Männin. Don Matias war der Auserkorene. Sein lahmes Bein gab ihm eine gewisse Vormachtstellung hinter dem Vorhang. Dann hockte Gottseidank davor und litt und sah den Freund, wie ich ihn vor mir sehe: die Augen blutunterlaufen, das Schrumpfbein ein wenig auf die Pilarière hinaufgezogen, auf der sie liegt; mit brennenden Schläfen, mit heißen Händen, die auch feucht sind und darum leichter die Seiten von Evas lyrischem Tagebuch wenden können, das Don Matias übersetzen und herausgeben will. Hätte Vigoleis anders neben der grünen Wiese gesessen? Hätten seine Schläfen weniger gehämmert, seine Finger weniger feucht im Almanach geblättert? Auch ihm wären die Augen aus den Höhlen getreten, und auch er hätte nicht gemerkt, daß man ihn aushorchte. Er hätte, als Don Matias, alles haarfein ausgepackt über seinen Umgang mit dem volksschädlichen Don Vigo von der Straße des Generals, der so ganz nebenbei und wirklich zufällig auch der Sekretär von Harry Graf Keßler ist. Niemand, der auf Grün rot reagiert, hätte gemerkt, daß die schimmernde Weiße alles in ein anderes Heft eintrug. Wie Don Matias hätte auch ich gedacht: und in den Pausen schreibt sie noch Gedichte – nacktes, unbeflecktes Instrument der Ewigkeit.

Als ich die beiden krummgezogenen Freier auf der Atarazanas traf, purgierten sie ihren Weltschmerz mit Magnesia. Eva war den Abend zuvor nach Barcelona abgeschoben worden. Die Pilarière war leer, als Don Matias hinter die spanische Wand humpelte. Der blinde Barde schlug die Leier der taube sang seinen abgewürgten Flamenco. Publikum war keines da, denn es war ja nichts mehr da, worauf es seine Blicke hätte richten können. So konnten die Musikanten in aller Ruhe proben; und es müßte endlich gelingen, Sang und Laute aufeinander abzustimmen.

Don Matias erholte sich in der Hitze der Backstube allmählich von dem Schlag, den des Führers blonde Bestie seinem Herzen versetzt hatte. Er wendet sich wieder der Philosophie zu, soweit sie auf dem Papier steht, den hondurensischen Tagesfragen und der diesbezüglichen Braut. Diese, die über keinen sichtbaren grünen Punkt verfügte, saß weiterhin über den Stickrahmen gebeugt und wirkte an der Fahne des Pronunciamientos. Allmählich erfuhr ich denn auch, daß Eva den Anbeter ihrer Lyrik über mich ausgehorcht hatte – verzweifelt schlug er sich vor den Kopf, er kam sich wie ein Verräter vor. Ich beruhigte das Freundesgewissen: Keßler verstünde sich selber zu schützen, und was meine politische Person beträfe, wisse er ja: das Blatt, das Eva vor ihr erregendes Geheimnis gehalten, ich nähme es nicht einmal vor den Mund. Mein Punkt liege jedem zum Greifen. Zudem dürfe er nicht vergessen, daß ich Hitler vom ersten Tage seiner Herrschaft an als Gangster betrachtet und mich dementsprechend verhalten, – dürfe fürder nicht vergessen, daß ich mich als Student viel mit Verbrecher-Psychologie beschäftigt hätte, neben Theologie meine damalige Welt und Unterwelt. Nur zu natürlich, daß die Nazis dachten: wer so offen über den Führer schimpft, muß Rückendeckung haben; in wessen Spitzeldienst mag er stehen? Göring? Goebbels? Heß? von denen jeder den anderen lieber heut als morgen am Galgen sähe. Diese für Vigoleis ziemlich beachtliche geistige Leistung hat uns das Leben gerettet. Ich habe einen Verbrecher gegen den anderen ausgespielt: in Spanien, in der Schweiz und vor allem später in Portugal. Und darum haben mich die Tüderhünen meiner Vaterstadt nicht in ihre taube Steinzeitgruft legen können.

Don Matias atmete auf. Er drückte mir die Hand, wir sahen uns festen Blickes in die Augen. In den seinen flammten die Savannen von Honduras, zuweilen angedüstert von den Mückenschwärmen der Moskitoküste, die der Wind über sie hinträgt. Und in den meinigen, was sah Don Matias auf dem Grunde der Seele des Vigoleis? Nach einem unserer langen Gespräche über Deutschlands Untergang sagte er mir einmal, in meinen Pupillen spuke etwas von den riesigen Menhiren der nordischen Urzeit, er sähe immer Hünenbetten ... »aber ohne Hünen, bitte, wenn dir unsere Freundschaft lieb ist, Don Matias, ohne Hünen, denn die Zeit, wo die Friedhöfe vor Leichen platzen, wie bei deinem Espronceda, wandelt ja noch auf den Rosenfüßen der Götzendämmerung.«

Eine Woche nach Evas Austreibung aus dem Inselparadies wurde bei uns eingebrochen.

XX

Wenn der Kapitän der »Ciudad de Palma« keine Geliebte unter der Kommandobrücke in seiner Pilarièrenhange schaukelte, die auf die Nadel des Kompasses astatisch wirkte – wie mir meine verrücktesten Schüler, William und Charles Batty, Compass-Adjusters der englischen Kriegsflotte im Wilhelminischen Weltkriege, fachmännisch erklärten –, dann konnte das Schiff um sieben Uhr an der Mole von Palma vertäut werden, und um acht schon konnte unsere Flurglocke drehen, wer die Reise übers Mittelländische Meer angetreten hatte mit einem solchen Vorhaben.

Um acht schrillte die Klingel – der Milchmann? Ein Telegramm vom Herrn Silberstern, ihn aus einer erotischen Sackgasse herauszulotsen? Nina auf der Flucht vor desselben Silbersterns geschlechtlicher Nachstellung? Graf Keßler auf der Flucht vor meinem Drittgänger Thälmann? Ein Emigrant? Der holländische Dichter Marsman, der täglich eintreffen mußte?

Es war Zwingli, unser erloschener Hausschein, Melanchthon, Oekolampadius, auch auf Martinus getauft, alias Don Helvecio.

In der Tür stand er zwar noch nicht, er warf nur seinen Schatten voraus und hinein in Gestalt eines stämmigen Kerls, der mich fragte, ob ich Don Vigo sei. Auf mein Ja zeigte der Mann ins Dunkel des Treppenhauses und sagte, dann müsse das alles hier rein, und was noch unten stände. Ich wurde auf die Seite gedrückt, noch ehe ich hatte fragen können, wer das denn alles schicke. – »Schicke? Das hat er mitgebracht, er ist ja wieder da, unser Don Helvecio vom ›Principe‹: und packen Sie mal an, ja, die Kiste; so, das sind Bücher, er macht jetzt eine Universität auf.«

»Jesses«, konnte ich noch gerade sagen, da kam Beatrice und sagte: »Jesses! doch nicht Zwingli?«

»Wer denn sonst? Der Himmel ist uns wieder einmal gnädig und schickt uns den verlorenen Bruder in die Arme, mach sie nur schon auf.«

»Aber ich verstehe das nicht. Was will Zwingli denn wieder in Spanien, und hier bei uns?«

»Na, sich wohl persönlich überzeugen, ob die Luft auch wirklich rein ist, wie du ihm telegraphiert hast.«

»Er ist schließlich mein Bruder.«

»Und dadurch mein Schwager, standesamtlich nicht anerkannt, aber moralisch um so gültiger. Er reist mit großem Aufwand, das liegt wohl in der Familie von Inkaseite; du weißt, ganze Büffelkarawanen, drunter taten es eure Vorfahren nicht. Ich wette, daß er zudem noch ein Weib mitbringt, eine Marketenderin, ein Köfferchen voll homöopathischer Mittel für die Entgiftung, und ein Felleisen mit Künzlitee für die allgemeine Körperschwemme. Die Amante steht unten und legt sich noch ein bißchen Rouge auf, und wenn wir Pech haben, sogar auf den Popo.«

Aber Zwingli kam unbegleitet. Er klimperte mit Geld, sein Anzug war Kluft schlechthin, vom ersten Schneider in Barcelona gearbeitet; die Nagelpinne blank, sauber, poliert, der ganze Helvecio wie aus dem Ei gepellt, und er hatte sich auch eine Kabine I. Klasse geleistet für die Überfahrt, die er dann aber aus purer Nächstenliebe mit einer französischen Malerin geteilt hatte.

»Olá, Beatrice, Bice, Bé! Olá mon Vigo, Vigoleis, Vigolo!«

So wie er unter uns getreten war mit seiner noch kühner gewordenen Nase, dem noch schwärzer glänzenden Haar, dem wieder feuersprühenden Blick, dem wieder prallen Säckel, hätte er auch den verstocktesten Gegner des großväterlichen Tropfentums ins Lager der Homöopathie hinübergezogen: Professor Scheidegger hatte der Insel einen entgifteten Zwingli wiedergeschenkt. Diese Entpilarisierung gehört sicherlich zu den schönsten Leistungen der betreffenden Disziplin, höchstens noch, soweit ich dies Feld einsehen kann, übertroffen durch Beatricens Errettung von der Bubonenpest. Bruder und Schwester, beide Blutzeugen einer nicht für voll genommenen Wissenschaft, sanken einander in die Arme und tauschten einen keimfreien Kuß. Das Alte Testament mit seinen Plagen war überwunden. Ich stand erschüttert dabei, das Kind aus kleinem Hause, wo man Mumps oder Ziegenpeter hatte und sich am Krankenbett nie einen gehörigen Professor leisten konnte, sondern Genüge nahm mit einem frommen Sanitätsrat, der auch manchen Heilerfolg erzielte, ihn aber mit seinen allopathischen Rechnungen wieder zunichte machte. Er war nebenbei bemerkt der erste Ausbeuter, den ich von Kindsbein an studieren konnte. Später liebte er es, sich mit mir lateinisch zu unterhalten, zum Schrecken meines Vaters, der, nicht akademisch gebildet, sofort erkannte, daß ihn diese Art Heilung durch die Bildung teuer zu stehen käme. Was auch der Fall war.

Zwingli erkundigte sich nach meiner Literatur und nach Beatricens Musik, wie es damit stünde. »Schlecht? Und Telephon habt ihr auch nicht? Na, dann ist es gut, daß ich gekommen bin, das wird jetzt alles anders. Und sag mal, Bé, gibt es bei euch denn nichts zu essen?«

Die Rollen waren vertauscht. Genau dieselbe Frage hatte Beatrice an den Bruder gestellt an jenem Morgen unserer Ausschiffung auf die Insel der großen Puta.

Außer Geld hatte Zwingli auch neue Pläne mitgebracht. Kindlich wie ich bin und leicht zu blenden durch Geld, an dem mich nicht der Besitz interessiert, sondern das Geheimnis, wie man auf ehrliche Weise an vieles kommt, ließ ich mir die Börse zeigen: sie war gespickt mit Schweizer Franken!

»Hast du deiner Gotte mal wieder die Ader geschlagen?«

Zwinglis Patin galt damals als Basels größte Steuerzahlerin; in einer Stadt mit mehr als 400 Multimillionären ein begehrenswertes Weib, ganz gleich, wie sie unterm Goldhemd ausgesehen hat. Ich habe sie nicht gekannt, sie soll aber zu allem Gelde auch noch sehr schön gewesen sein und einen Stich ins Filzige gehabt haben, obwohl das bei einem Multimillionär nie zu kontrollieren ist, weil da jedes geeichte Geizlehr versagt. Diese Tante hatte die Entpilarisierung finanziert und damit zugleich der Wissenschaft einen Dienst erwiesen, einen der vielen, die die Menschheit ihr dankt. Man denke nur an das D.D.T. Aber nun sei es auch Schluß, sagte Zwingli, und seine Eroberernase legte sich in griesgrämige Falten, kein Fränkli sei mehr aus ihr herauszuholen, nicht ein Räppli mehr, fini! Und wenn ein Millionär einmal seinen Beutel zugeknüpft habe, sei keine Kraft der Welt imstande, ihn zu übermögen, außer Geld.

Ich habe Zwingli immer bewundert, er war ein genialer Mensch. Von Millionären hatte er aber eine durchaus irrige Vorstellung. Ob die meinige richtig ist, lasse ich so lange dahingestellt, bis ich sie an mir selber erhärten kann. Ich hatte aber vor Zwingli eines voraus: ich kannte keinen Multimillionär persönlich. Graf Keßler war einer gewesen und Mamú würde hoffentlich bald wieder eine sein; die beiden schieden also aus. Mein Blick auf diese Phänomene, die, hatte ich eine Vorlesung des Kölner Volkswirtschaftlers von Wiese und Kaiserswaldau richtig verstanden, auf der mentalen Ebene des Bubentums liegen, war also nicht getrübt. Später werde ich noch Gelegenheit bekommen, Zwingli zu beweisen, daß meine bei drei Fakultäten zusammengekiebitzte Wirtschaftstheorie die richtige ist.

Zwingli hatte sich das Geld in Köln, Amsterdam, Brüssel und Paris verdient, so en passant. Den Löwenanteil hatte ein amerikanischer Sammler beigetragen. Zwingli hatte ihm ein paar Tips gegeben, ihn von einem Kunsthändler zum anderen geschleift, und in Brüssel noch im letzten Augenblick verhüten können, daß der Yankee einen falschen Cranach (?) mit übers Wasser nahm. In Le Havre hatte dieser seinen kleinen Opel einfach am Hafen stehenlassen und sich eingeschifft. »Take it«, rief er seinem Dolmetscher zu, der sich das nicht zweimal sagen ließ und das Vehikel in Barcelona genau so schwarz verkaufte, wie er es über die Grenze geschmuggelt hatte. Ich, der ich nicht einmal den Mut habe – aber auch zu stolz dazu bin –, eine Schachtel Zigaretten zu paschen, bewunderte Zwingli.

Er packte seine Geschenke aus: Bücher, Bücher, Noten, wieder Bücher und nochmals einen Stoß Noten. Eine feine Auslese spanischer Mystiker für mich, da er wußte, wie sehr ich an diesen enfants terribles der Kirche hing; Santa Teresa in einer alten, ungeläuterten Ausgabe, die mir ein Porra aus vollem Halse entlockte, während Beatrice nur noch sagen konnte: »Buschibuëb!« Und das war sehr viel.

Zwingli inspizierte die Wohnung und entschied sich für zwei Zimmer nach der Straße. Die seien, bei Chrut und Uchrut, für seine Zwecke wie geschaffen.

»Deine Zwecke? Willst du auf der Insel bleiben?«

»Auf der Insel, in Palma und bei euch. Nicht gerade eine Empfehlung, die Straße eures Piraten, aber enfin, als Keimzelle des Generalsekretariats meiner internationalen Akademie für Kunstgeschichte langt es. Nachher ziehen wir um.«

»Kein Freudenhaus? Professor Scheidegger hat dich so überzeugend für neue Matratzensprünge überholt, daß dein Generalsekretariat doch höchstens das Wartezimmer einer dir gemäßeren Lustschule sein könnte.«

Nein, so Zwingli, er rühre kein Weib mehr an, und für den Stubenhocker habe er noch etwas Besonderes, das müsse er ihm zeigen. Er schleppte eine Handtasche herbei, die mir einen Ruf des Entzückens entlockte: »Guanakoleder? Echt? Dann schätze ich sie auf 5000 Peseten.«

»300 Franken, Lama, Zürich, Bahnhofstraße. Kannst sie behalten, weil du sowas zu schätzen weißt. Aber es geht nicht um die Tasche. Der Inhalt ist wichtiger.«

Das war Zwingli in Zeiten, wo die Weiber für ihn geschlechtslose Wesen darstellten, Geräte, die man hantiert, Stücke, denen man je nach Nutz und Schönheit einen Platz auf dem Vertiko anweist: er war charmant, geistreich, freigebig, das Hemd vom Leibe, wenn es nötig war. Wurde es aber isabellenfarben, dann war's um ihn geschehen.

Die Tasche barg Kräutertee, Mischungen für jedes Alter und Geschlecht, Künzli; dazu des bärtigen Pfarrers Lebenswerk »Chrut und Uchrut«. Zwingli beschritt alle Pfade der Gesundung, er rauchte auch nicht mehr. Ich stutze immer, wenn jemand sagt: nein danke, ich rauche nicht. Er hatte noch sein kostbares chinesisches Zigarettenetui, reichte es herum, und ich mußte leider sagen: nein, danke, ich rauche leider immer noch nicht. (Da ich aber nicht genügend Nikotin aus dem Essen abbaue, kriege ich zuweilen eine Einspritzung mit 0,x mg Nikotin. Daher das »leider«.) Das Etui konnte Beatrice behalten.

Auf das rührendste ausgesöhnt, tranken Bruder und Schwester nun gemeinsam den Aufguß ihrer Bergheimat. Ich hielt mich an Wein, den ich, zwar auf Kosten Zwinglis, auf das Wohl des menschenfreundlichen Krauters trank. Nicht daß ich Künzli verachtet hätte, im Gegenteil. Seinen Tee mag ich nicht, aber als Menschen schätze ich den Pfarrer sehr hoch. Wenn alle

Theologen sich statt auf Gott auf die Blumen und Gräser seines Feldes geworfen hätten, wäre das Christentum nicht vor die Hunde gegangen. Aber zum Kräuterlesen braucht es viel Liebe zur Natur und zu ihrem Schöpfer, ein einfältiges Gemüt, Unterwürfigkeit, Milde, Demut: Demut vor allem, aus der ein Sichbescheiden fließt. Auf Millionen Pfarrer kommt vielleicht einer, der zum Kräuterlesen in den Wald geht. Die anderen ziehen die Kirche vor. Auch heute noch trinke ich lieber Wein als Kräutertee, obwohl ich nicht bestreiten will, daß dieser, richtig angewendet, alles löst, Nierensteine wie Gedanken. Der Mystiker Albert Talhoff weiß schon, warum er seinem Tabak die Unze Künzlitee beimischt. Die Posologie bleibt sein Geheimnis.

Eine Stunde später: Männer kamen, Kalk rieselte von den Wänden, Gepolter, Geschimpfe. Zwinglis Nagel erteilte Weisungen. Alles neu, alles aufeinander abgestimmt, Zwingli hatte Kultur, wenn er kein Weib hatte. Der Schreibtisch, die Büchergestelle, der Aktenschrank, der Diwan, der mit einem Griff in ein Bett, mit einem zweiten in eine Pilarière verwandelt werden konnte: alles Wiener Werkstätte, und bar bezahlt.

Eine Stunde später: Männer kamen, wieder rieselte Kalk, alles wie oben, nur brachten sie jetzt Büromaschinen, zum Schreiben, zum Rechnen, zum Vervielfältigen. Dazu einen jener kleinen, bunt bemalten Geldschränke im Emanuelstil. Für meinen literarischen Nachlaß wie geschaffen! Alles bar bezahlt.

Hatte Zwingli den falschen Cranach selbst gekauft und für eine Million einem Museum angehängt? Ehe der Experte auf eine diesbezügliche Anspielung eingehen konnte, schepperte die Klingel abermals. Keine Männer, ein Mann, allein, klein, hinkend, schmutzig: Don Darío.

*

Ja, lieber Leser, es ist derselbe Don Darío vom »Principe«, Don Helvecios Liebesfürsprech, der hinkende Sporner seiner Männlichkeit, Urheber des geflügelten Wortes vom Manne, der seinen Mann stehen muß, will er nicht fallen; der aus der gräflichen Pulverkammer hinausgeworfene Anarchist, der eingeschworene Feind des Papstes und aller schwarzen Süpplinge Gottes; Inhaber einer Stierchenkampfarena in Felanitx, der politische Plänkler, der Mann, der dem Bankier Juan March die Blutrache erklärt hatte; der, mit einem Wort, alles war, nur nicht der Märtyrer seines Kleides. Und zu denken, daß mir diese Gestalt fast durch die Lappen gegangen wäre! Das Buch wuchs an,

Kapitel reihte sich an Kapitel, Don Darío aber schien sich dem Chronisten nicht mehr stellen zu wollen. Und doch hatte ich dem Leser versprochen, ihn besonders vorzureiten, im Paradesielzeug seines beflecktesten Anzuges, auf den ich vielleicht schon das Blut Don Juan Marchs als Pour le mérite würde heften können: die schönste Krönung der Inselvendetta. Nun kommt er, spät, vor Toresschluß; kein Mordgelüst beschwingt seine leichte Lähmung, doch blinzelnd wie immer durch den Kneifer, der wie immer beschlagen ist. Er bekommt seinen Kaffee und sudelt. Er raucht seine schlecht gedrehte Zigarette und läßt sich von der abflimmernden Asche Löcher in Hose, Unterhose und Haut brennen. Er nennt das mit Stolz seine eigene Inquisition, die der Freiheit, hinter der natürlich ein bedeutendes Konto stand; allerdings nicht auf der Banca March.

Beatrice hätte Don Darío nicht einmal mit einer Zange angefaßt. Zum Glück brauchte sie das auch nicht, denn Don Helvecio hatte seine Gemächer in dem Trakt des Hauses, der vom unsrigen viele Flohsprünge entfernt war. Flöhe hatte Don Darío nämlich auch, und da es nichts Ansteckenderes gibt als diese Tierchen, sah sie ihren geliebten Zwingli schon wieder sich kratzen: es liefe auf Typhus hinaus, wir würden ja sehen.

Auf meine Frage, was die beiden Herren, die sich wie Verschwörer in dem reich ausgestatteten Generalsekretariat bewegten und dabei dunkle Sprüche von sich gaben, nun zu tun gedächten und in welcher Eigenschaft ich in die internationale Universität eingeschaltet werden würde, erhielt ich die wie ein Vorwurf klingende Antwort: »Wir lassen uns erst handelsgerichtlich eintragen, dann machen wir alles.« Der so sprach, war Zwingli. Don Darío bestätigte diesen Tatendrang und fügte fast befehlend hinzu, mit der Auswertung von Erfindungen fingen sie an –: »Bringen Sie mal die Liste!«

Meine Stunde war gekommen!

Ich brachte die Liste meiner sämtlichen Erfindungen, die schon eine beträchtliche Länge hatte. Vom Kinkerlitzchen für den Manufakturwarenladen bis zur umwälzenden Idee auf verlagstechnischem Gebiet war da ein weites Feld der Betätigung für eine Gesellschaft mit beschränkter Haftung und unbeschränktem Wagemut.

Don Darío prüfte alles, einen Silberstift in der Hand, und, weitblickender Geschäftsmann, der er war, strich er, was schon erfunden zu sein schiene, wie er sich ausdrückte, wohl um mich nicht zu kränken. Er kannte mich und meine Auffassungen vom

Kreativen nicht, nicht meine lyrische Selbstverleugnung, kurz, Vigoleis nicht – und zudem blieb eine Menge übrig; noch war meine Ader nicht versiegt wie Zwinglis Basler Patensprudel. Ich empfahl der Sociedad Anónima, mit der Auswertung meiner Haftschreiberidee zu beginnen, die heute unter dem Namen Kugelschreiber der schreibenden Menschheit ein Begriff und für 1 Mark erschwinglich ist. Eine Limonadenflasche, deren Hals gerade über der Verschlußkugel abgebrochen war, hatte mich auf den Gedanken gebracht, die im Gelenk rotierende Kugel als sparsamsten Tintenspender zu verwerten. Es gelang mir auch zum Erstaunen von Beatrice, mit der Flasche auf die gekalkte Wand zu schreiben. Don Darío und Don Helvecio waren indessen skeptisch: nur als Mikromechanismus sei die schreibende Kugel brauchbar. So kleine Kugeln ließen sich aber nicht herstellen – Strich durch, Spielerei, man sei eine seriöse Handelsgesellschaft. Ich beharrte auf der Nützlichkeit meines Gerätes. Was denn die Vorteile eines Haftschreibers seien? Ich erklärte dem Terroristen, daß man mit meinem Stift auch unter Wasser schreiben könne, weil er auf dem Prinzip der Adhäsion beruhe. Es käme nur darauf an, eine wasserbeständige Tinte und wasserbeständiges Papier zu haben. Für Anarchisten, die plötzlich untertauchen müßten, unentbehrlich. Perlenfischer, Korallentaucher, Schwammsucher könnten sich unter Wasser in aller Ruhe ihre Notizen machen, Schiffbrüchige ihr Tagebuch beihalten – der Anwendungsmöglichkeiten seien Hunderte, über das herkömmliche Schreiben hinaus, was die Erfindung immer noch empfehle. Strich durch, typisch deutsche Pobreterie! Auch der sich selbst tränkende Blumentopf, die Preßluftfahrradspeiche, der Unkulunkulu, der Rollstepper, die leuchtende Schreibmaschinenwalze für nächtliche Liebesbriefschreiber, das Reißkuvert: alles gestrichen. Der Stadtplan mit elektrischem Wegweiser? Don Darío ließ seinen Klemmer wackeln: bitte, ich solle das Patent erläutern. Die unbeschränkten Gesellschafter wurden lebendig. Zwingli ging auf den Balkon hinaus und pfiff einen Betteljungen herbei: Wein, Kaffee, aber fix. Die Münzen klimperten aufs Pflaster. Für sich selbst braute er auf einem Schnellkocher einen Plunsch Entsagungstee. Ich hielt Vortrag, entwarf Skizzen, brillierte technisch bis in die kleinste Einzelheit, noch ehe ich mich am Wein in den Rausch der Millionen stürzen konnte, die die kalt rechnenden Aktionäre aus meiner Erfindung zu münzen gedachten.

Monate später hing der erste automatische Stadtplan der Welt an der Mauer des »Café Alhambra« – und die Welt beobachtete nicht einmal eine Minute lang Stille, wie man sie am Grabmal auch des unbekanntesten Soldaten noch übt. Die Spanier oben auf der Terrasse tranken weitere ihren Café negro, spielten weiter Billard, hechelten weiter ihre Huren durch. Die berühmten Schriftsteller schrieben weiter an ihren Werken: Marsman, Keßler, Keyserling, Helman, Graves, Miomandre, Don Gracias a Dios, Martersteig, Franz Blei, Verdaguer, Bernanos – doch wozu sie alle aufzählen, wo es in die Schocken geht? Unten stand der namenlose Erfinder und konnte sich nicht satt drücken, immer neue Straßenzüge, Plätze, Sehenswürdigkeiten, Kaufhäuser ließ er aufstrahlen. Palmas Geschäftswelt hatte sich rührig an dem Unternehmen beteiligt; wer fortschrittlich sein wollte, hatte ein Anzeigenfeld gemietet und sein entsprechendes Lämpchen bekommen im unübersichtlichen Weichbild. Die Rechte an der Erfindung waren bereits nach Barcelona, Madrid und Buenos Aires verkauft. Und warum die Wahrheit schonen in einem Buch, das wie jedes Erinnerungswerk mit ihr steht und fällt: Vigoleis hat nie einen Centimo in seine eigene Tasche fließen sehen. Millionen haben die spitzbübischen Aktionäre nicht verdient, aber tausende, viele tausende Peseten häuften sich im emanuelischen Geldschrank.

Die Firma blühte, die Inhaber blühten, vor allem seit sie herausgefunden hatten, daß man in die Ideenmühle des Vigoleis immer nur Wein, und zu seiner Schande sei es gesagt: nicht mal vom besten, hineinzuschütten brauchte, um sie am Klappern zu halten. Dann kam alles heraus, in wirrer Fülle; ich erspare dem Leser weitere Aufzählungen, zumal ich dazu wieder eine Flasche Wein zum Nachfüllen nötig hätte, und soviel haben mir meine Ideen nie eingebracht, daß ich mir davon auch nur die Tinte hätte kaufen können, sie zu Papier zu bringen. Was hätte mir Hitler wohl 1939 für meine U-Bootgurgel in die Hand gezahlt? Und hätte Don Darío mit seinem überblendeten Geschäftsgeist wohl den Haftschreiber von meiner Liste gestrichen, wenn ich dessen Anwendungsmöglichkeiten mehr im Rahmen der Wirklichkeit gehalten hätte?

Die Firma blühte, die Inhaber blühten, während Beatrice und Vigoleis weiterhin darbten. Beatrice mit ihrem Lladó, Vigoleis mit seinen Mystikern.

Wie jeder aufrechte spanische Mann haßte Don Darío die Curas, die Priester, Quelle allen Übels in Iberien. Er bat mich, einen Galgen zu erfinden, woran man das schwarze Gelichter in einem Zuge aufknüpfen könne. Ich verwies ihn an meine Landsleute im Dritten Reich, die für Massenabschlachtungen zuständig seien, Postkarte an den Führer genüge. Ich möge sie auch nicht, die düsteren Brödlinge des Herrn: von der Pike auf zum Fanatismus erzogen, und wehe dir, wenn du nicht ihres Glaubens bist! Und doch, im Grunde genommen seien es arme Tröpfe, die wenig verdienten, wenn sie nicht aus ihren Freudenhäusern, Stierkampfarenen, Lehranstalten, die zuweilen die wahren Unschulen sind, einen einträglichen Nebenverdienst zögen. Warum sie aufknüpfen? Sie höben zudem das Straßenbild und trügen somit zur Förderung des Fremdenverkehrs bei. Don Darío sah in ihnen natürlich mehr als die beatifizierenden Handlanger des Allerhöchsten, die geschäftstüchtigen Kaufleute, die seinen eigenen Unternehmungen in die Quere kamen. Ach, würden sich alle Curas in Spanien mit der Exploration der genannten Kommanditen abgeben – wie harmlos wären sie! Dann hätte es nie eine Inquisition gegeben, und gäbe es heute keinen Franco, und würde die Schöpfung sich Lügen strafen in ihrer kreatürlichsten Bedingtheit, die Leben nur auf Kosten von Leben zuläßt. Gott als Ungeheuer – die alte Hiobsfrage, die ich außer in der Bibel nur noch bei Pascoaes ungescheut angerührt finde. Geschäftemachende, pilarisierende, tag- und nachtdiebende Priester, wieviel mehr tragen sie dazu bei, und schöner, Gottes Unergründlichkeit gerecht zu werden, als jene verbissenen Kuttengeier und geschlaubten Duckmäuser, die in jedem Menschenwesen nur das Kind des Teufels sehen! Aber weder in Spanien noch später in Portugal ist es mir gelungen, den Hetzern klarzumachen, daß ein Cura oder Abade weniger Unheil stiften kann, wenn er sein Sach statt auf Gläubige auf Gläubiger gestellt hat. Hätte der Pastor meiner Vaterstadt wohl je meine politisch unmündige Mutter vom katholischen Mütterverein dem Führer in die Arme getrieben, wenn er auf den Süchtelner Höhen Kräuter gelesen hätte, Teilhaber der Bimmelbahn gewesen wäre oder, sympathischer noch, Inhaber des Freudenbüdchens an der Ecke? Er war fanatisch auf Gott und Vaterland gestellt und stürzte darum zwar nicht Gott, aber doch seine Gemeinde ins Verderben.

Don Darío erklärte meine Theorie rundheraus für verrückt. Der spanische Bürgerkrieg hat ihn indessen eines anderen belehrt. Aber da war es zu spät, auch für Don Darío. Auf seinem Anzug prangte nicht das Blut seiner kirchlichen und weltlichen Feinde, doch das eigene. Er wurde grausamlich umgebracht.

Ich schrieb und schrieb, erfand und erfand, ich baute Modelle, spielte den Wustmann über Völker und Vaterländer, sehnte in schlaflosen Nächten meinen Tod herbei – unwandelbar. Beatrice übte und übte auf ihrem Lladó, daß es mich den Mächten gegenüber immer dankbarer stimmte, daß sie nicht auch sang. Und sie las, las, und gab ihre Stunden, und flickte und wischte, und was sie herbeisehnte, war nicht Tod oder Geld, kein Hut aus der Casa de Modas des Heuschnupfendeutschen, keine Igelspeise Erissó, es war mehr: daß Vigoleis endlich einmal einem Werk seiner eigenen Feder das »gut zum Druck« erteilen möchte, statt es in den Ofen oder auf den Mist zu schmeißen. Und Zwingli tat nichts und wieder nichts und war dabei derjenige von uns dreien, der immer Geld vorzeigen konnte. Mehrere meiner Erfindungen liefen, nur das Geld lief nicht in meine Kasse. Dazu hätte ich ein besonderes Verfahren ausklügeln müssen, und dazu langte der Erfindergeist nicht mehr. Jeder Schöpfer kennt diesen Knacks, von dem die Schmarotzer leben – die alte theologische Doktorfrage. Dennoch aßen wir täglich Südfrüchte. Zwingli ließ es seine Sorge sein, daß die Schalen nicht leer wurden. Wie oft, ehe er zu unserem freihaltenden Hausschein geworden war, hatte ich mich nach Köln zurückgesehnt, wo ich mir von meinem bescheidenen Monatswechsel täglich noch eine Orange hatte kaufen können und manchmal sogar eine Banane aus der Bude einer besonders günstigen Gemüsetefe. Das konnten wir uns in Spanien nur ausnahmsweise leisten. Zitronen waren überhaupt unerschwinglich. Südfrüchte sind preiswert, wenn man sie vom Baume stehlen kann. Einmal in den Kratten, werden sie erst jenseits der Landesgrenzen wieder erschwinglich. In Portugal habe ich dieselben Erfahrungen gemacht. Ananas aus Madeira für einen Schnipperling, Feigen aus dem Algarve, Trauben vom Douro aber Luxus. Indessen verdiente Zwingli an meinen »Pobreterías« so viel, daß er die nationalökonomischen Spannungen ausgleichen konnte. Er selbst aß lieber Schweizer Käse, den echten, den man in der Schweiz nur bekommt, wenn man gute Beziehungen zum Bund hat.

Nichts trübte das Zusammenleben mit dem genialen Schwager, der seinem Namen die strahlendste Ehre antat: Hausschein war er, wo er sich zeigte. Kein Weib nahm uns sein Licht, und der Dreck, den Don Darío in die Etage trug, blieb auf die vorderen Räumlichkeiten beschränkt.

Emsig betrieb Zwingli seine Vorbereitungen für die Gründung der Akademie. Die Zettelkästen füllten sich, und wir labten uns weiter an den Früchten der Insel; sogar die kostbaren Aprikosen, sonst nur für die feinste Schweinemast bestimmt, schleppte Buschibuëb an. Auch der Künzlitee wurde nicht alle. Eitel Glück und Friede, wohin das Auge blickte. Das Wort Puta war aus unserem Wörterbuch wie gestrichen. Don Darío hatte die seinen, doch davon merkten wir nichts. Er war in dieser Beziehung diskret wie ein Spanier.

Eines Tages raste der hinkende Ausbeuter meiner Erfindungen. Was war los? Hatte ein Cura ihm meine Idee vom rollenden Freudenhaus gestohlen und in die Tat umgesetzt? Zogen die Wagen schon über Land? War ihm ein Kardinal mit der Hotelrechnung durchgegangen? Hatte Graf Keyserling, der gerade wieder des Hotels meist verzehrender Gast war, Gäste, die er durch seine berühmte Gegenwart angelockt hatte, durch seine »Jovialität« wieder vertrieben? Ach, es war nur ein amerikanischer Millionär, der meinen Anteilhaber in Rage gebracht hatte. Und oben auf seinem Zimmer der Luxusklasse raste der amerikanische Millionär, weil ihn ein verdammter kleiner Spanier mit einem Klemmer und einer leichten Lähmung im Bein in Rage gebracht hatte.

Don Darío saß in der Réception und rechnete, was er an seinem letzten Stierkampf verdient hatte, an seinem deutschen Erfinder noch alles verdienen würde; was er an seiner letzten Geliebten alles verloren hatte und was er in die kommenden noch alles hineinstecken würde, und da sah er eben von den Zahlen auf, jemand kam, er sah . . . porra! das geht zu weit! In seinem eigenen Hause sozusagen! Er steht auf und humpelt mit dem kleinen Gebrest in die Halle, das linke Bein wird nachgezogen, es gibt einen statischen Augenblick, wo das Gewicht des Körpers nur auf dem rechten Stempel ruht, der als Achse dient, um den das linke Bein sich dreht, mit einem fast lustigen Schwung, wobei der Körper einen Ruck nach vorne macht, den man auch Schritt nennen kann.

Durch die Halle humpelt der amerikanische Gast mit dem Millionenkonto und einem kleinen Gebrest. Er ist eigens nach Palma gekommen, um Keyserling sprechen zu hören und essen zu sehen, zwei Eigenschaften, die dieser kalmückische Philosoph kultivierte. Nun humpelt der bildungsbesessene Yankee durch die Halle: das rechte Bein wird nachgezogen, es gibt einen statischen Augenblick, wo das Gewicht des Körpers nur auf dem linken Stempel ruht, der als Achse dient, um den das rechte Bein sich dreht, mit einem fast lustigen Schwung, wobei der Körper einen Ruck nach vorne macht, den man auch Schritt nennen kann.

Spotte nicht über fremde Gebrechen, es gilt für Spanier so gut wie für Amerikaner. Don Darío brauste auf, als er sah, daß der Amerikaner seine »leve cojera« nachahmte, täuschend gut eingeübt, caramba! Der Amerikaner brauste auf, als er sah, daß der Spanier seinen »slight limping« nachahmte, täuschend gut eingeübt, damned! Mitten in der Halle stießen die Darsteller aufeinander und berührten sich in dem statischen Punkt, worin sie sich einig waren. Alles andere war namenlose Schimpferei, wobei sich jeder seiner eigenen, dem anderen unverständlichen Sprache bediente, so wie sich jeder zur Verhöhnung des fremden Gebrechens des eigenen hatte bedienen können. Der Ruf des Hotels stand auf dem Spiel, desgleichen das Leben der beiden Kampfhähne; aber da war auch schon der Retter in der Not erschienen in Gestalt eines Riesen mit hochrotem Kopf, Kalmückenaugen, Schütterbärtchen, Möbelpackerpranken. Dieser fuhr zwischen die beiden, packte rechts den Spanier, links den Amerikaner, und statt sie mit den Köpfen gegeneinanderzuschlagen, was sie verdient hatten, hielt er sie weit auseinander und ließ sie so lange in der Luft zappeln, bis er seinen Discurso auf Spanisch und den Speech auf Amerikanisch beendet hatte: was schämen sollten sich zwei bessere Herren, die doch schließlich an ihrer Lähme genug zu hinken hätten! Das war weise gesprochen, ein Philosoph hätte es nicht klüger zuwege gebracht, höchstens Graf Keyserling mit seiner selbst noch über Keßlers Völker und Vaterländer hinausragenden Menschenkenntnis. Und Graf Keßler hätte denn auch die beiden Widerstreiter sich gegenseitig mit dem Schwenkbein totdengeln lassen; ja er hätte nicht einmal vom Manuskript aufgeblickt, wenn er zufällig in der Halle des »Principe« an seinen Erinnerungen geschrieben hätte. Anders Keyserling. Der mußte die Vertreter der Alten und der Neuen Welt zur Besinnung bringen, was ihm auch gelang, wie wir gesehen haben. Es fiel den beiden wie Schuppen von den Augen, und sie erkannten, daß sie lahm waren, jeder an des anderen Spiegelbein. Keyserling von der Schule der Weisheit hatte das natürlich sofort gesehen und auch sofort die Flasche Wein gewittert, die der Friedensvertrag ihm einbringen würde.

Prächtiger Laune war der Philosoph in sein Hotel zurückgekehrt, noch grinsend über den Sieg, den er auf der Straße General Barceló im Hause eines namenlosen Emigranten über seinen alten Schulfreund Harry Keßler davongetragen hatte. Der Darmstädter hatte den Weimaraner an die Wand gedrückt, und dann hatte sich Harry Hermann gefügt. Gentleman Agreement nannte der Philosoph die geschlossene Vereinbarung. Für den Diplomaten war es der reine Schwindel, Verzeihung tausendmal, die nackte Hochstapelei.

Graf Hermann Keyserling sollte sich in Graf Keßler täuschen, nicht indessen in seinem hinkenden Don Darío. Dieser ließ den Wein auftischen und noch obendrein einen jungen Truthahn am Spieß für ihn rösten.

*

Zwingli liebte seine Patin sehr, und darum pflegte er sie auch um Geld anzugehen in Zeiten, wo er es gar nicht nötig hatte. Das war eine psychologisch vollkommen richtige Handlungsweise. Wer eine Millionärin zur Gotte hat und er zapft sie nicht an, gerät in den Verdacht der Scheinheiligkeit und Erbschleicherei. Die meisten Enterbungen sind auf einen falschen Umgang mit den Erblassern zurückzuführen. Zu große Bescheidenheit erweckt Verdacht. Regelmäßige kleine Aderlässe und von Zeit zu Zeit die lebenswichtigen Bluttransfusionen sind die einzige Art, sich des Anzusterbenden zu versichern, zumal wenn man weiß, nicht zu den Erben zu gehören, die vom Himmel fallen. Das war die lichte Seite des Falles. Die der Sonne abgewandte hing mit Begebenheiten zusammen, die noch heute ein halbes Dutzend Gesichter in der Schweiz zu Stein erstarren lassen, wenn jemand sie, rein historisch, zur Sprache bringt. So hat jede Familie ihren dunklen Punkt; und aus dieser schwärzlich geballten Nebelwand zog Zwingli auch noch Funken. Das läpperte sich dann zusammen.

Eines unseligen Tages hatte er wieder einen erbgängerischen Brief an die Gotte geschrieben. Ich nenne den Tag deshalb unselig, weil das Kreuz zum Aderschlagen, wie es in alten Kalendern zu stehen pflegt, astrologisch gesehen an die falsche Stelle gerutscht war. Ergebnis: Zwingli erhält einen eingeschriebenen Brief, den jemand im Namen der Patin verfaßt hat, auf Deutsch, mit verschiedenen Verstößen gegen die Regelbücher, auf die man als Millionär ja pfeifen kann. Was mich betrifft, lasse ich den Wustmann für weniger schon von der Leine, mais enfin, der Inhalt des Schreibens war deutlich. Zwingli wetterte in allen ihm zur Verfügung stehenden Sprachen. Sein Fluchlexikon feierte Triumphe; aber das Schweizerische Idiotikon, das hier gegen ihn ausgespielt wurde, konnte er doch nicht unter den Boden ketzern. Ich las die Zeilen. Mit meinem Sinn für Mystik, und es gibt ja auch eine solche des Geldes, erkannte ich auf den Plotz die Tragweite der Verfügung, die gleichsam der vorausgeworfene Schatten der letztwilligen war.

Zwingli hatte eine Schlacht verloren. Die Kraft des Zaubernagels war gebrochen. Was tun?

Da entwickelte ich meine Theorie über das fremde Eigentum in eigener Tasche, Kapitalismus als Geburtshelferkröte; Ideen, die auszubilden mir um so leichter fielen, wo ich zum Kommunisten zu gescheit und für Marx zu dumm war. Ich stützte mich einfach auf Kaiserswaldau und Heinrich Többen vom Zuchthaus in Münster.

Im Hörsaal dieser Anstalt hatte Professor Többen einmal einen wie zum Schulfall geschaffenen schweren Jungen vorgeführt, der viele Morde, Totschläge, Stuprierungen am laufenden Band und ähnliche Paragraphen auf dem Gewissen hatte. Der dicke und im Umgang mit Verbrechern leutselige Gelehrte, der mit der einsichtigen Schläue eines Kornaks seine Ungeheuer lenkte, vermochte den Patienten zu Tränen zu rühren, als er dessen Kindheit vor uns Studenten erstehen ließ. Der Mörder weinte die dicksten Tränen, die ich je auf dieser Welt gesehen habe, und dabei winkte er schluchzend in das Auditorium, wo gerade ein Zinnlöffel zirkulierte, den er verschluckt hatte, um ins Spital zu kommen: er wolle es nie mehr wieder tun; und nur die älteren Hörer wußten, daß der Schandbube den Löffel meinte und nicht, wie wir Neulinge erst annahmen, den Mord und Totschlag. Vor mir begann unter dem Eindruck der Többenschen Romantik – Vater und Mutter beide liegen im kühlen Grab – eine Studentin zu heulen. Ein altes Semester gab ihr einen Rippenstoß: »Zusammennehmen! wenn Többen das sieht, fliegen Sie raus!« Der Professor sah es nicht, dafür aber kriegte das Mädchen den Verweis von der höheren Instanz. Der Verbrecher fiel dem dozierenden Papa ins Wort und machte darauf aufmerksam, daß der Herr Professor es nicht dulde, wenn im Auditorium sentimentale Regungen einrissen! Der einzige, der hier weinen dürfe, sei er, der Massenmörder! Worauf dann der Professor seinem Wärter zurief, es sei das letzte Mal, daß man den Burschen vorführe, der wisse schon mehr als er selber. Trotzdem wurde die Studentin noch vom Herrn Professor ernstlich verwarnt, als nämlich der verschluckte Löffel auch zu ihr kam; mit spitzen Fingern reichte sie ihn weiter. Többen erblickte in dieser Fingerspitzigkeit eine Kritik an den Desinfektionsmethoden seiner

»Versuchsanstalt«, die als mustergültig galt in ganz Deutschland. Ein Fall, der nicht durch Többens Hände gegangen war, konnte als Bröseldieb abgeschrieben werden.

Don Darío hatte aufmerksam meinen Zuchthauserinnerungen gelauscht, aber, me cago en Dios! was das mit der Basler Geldperson zu tun habe, begriff er nicht gleich, und auch Zwingli sah ich seine Stirnhaut spannen: wo soll das hinaus? Ich mußte also deutlicher werden, wo die Symbole zu versagen schienen. Ich meine wohl, sagte Zwingli, man müsse da an die Kindheit rühren, erst Tränen lösen, wo nachher das Geld fließen solle?

»Getroffen! Millionär oder Verbrecher, es ist dieselbe Anhäufung von Schuld, die ihre Sühne in Tränen findet. Den Beweis? Nimm deine Handschrift, Zwingli Oekolampadius, und schreibe!«

Ich diktierte Zwingli einen Brief an die Patin in die Feder. Weihnachten stand vor der Tür, ich hatte es leicht. Der Lichterbaum wurde zur christlichen Eingebung dieses unchristlichen Themas. Der Verstand der Millionärin mußte ausgeschaltet werden, wofür ich eine Zeile brauchte. Der Rest, viele Seiten, griff direkt ans Herz, und von da der Druck auf den Drüsenkomplex im Augenwinkel. Würmchen wurden wieder einmal von der Mutterbrust gerissen, Kinder in die bare Fremde gestoßen, Vater und Mutter beide liegen im kühlen Grab. So troff der Brief, und so ging er noch am selben Abend an Basels höchste Steuerzahlerin.

Don Darío, dem wir jedes Wort übersetzt hatten, schüttelte seinen Klemmer. Schweizer Millionäre kenne er nicht; einem spanischen müsse man schon mit Putas und Curas kommen, oder, und dabei dachte er an seinen Erzfeind Juan March, mit der Toledana. Basel sei eben anders, sagte ich, und ich vermaß mich, eine Wette abzuschließen: pro Träne zehn Fränkli plus einem sechsfachen Sicherheitszuschlag fürs schlechte Gewissen – so wahr ich selber eins hätte.

Ich hatte ausgerechnet, wann die Geldanweisung in Palma eintreffen müßte. Am fraglichen Tage, Don Darío war benachrichtigt worden, zogen wir selbviert auf die Post – nichts! Ich hatte die Wette verloren, und den Többen, den hätte ich erwürgen können und wäre dann wenigstens für den Rest meines Lebens aufgehoben gewesen. Der düstere Tag war ein Samstag.

Am Montag kam eine Anweisung von der Banca March über 2000 Fränkli. Der Leser möge selbst ausrechnen, wieviel Tränen da in Basel geflossen sind. Mir traten zwei in die Augen, solche der innigsten Hingabe und des Dankes an meinen Genius. So wogt der Busen nur nach einer gelungenen Erfindung, nach einem gelungenen Gedicht, nach der Deutung einer dunklen Textstelle; bei Pascoaes zum Beispiel.

Zwingli bot mir die Hälfte des Betrages, und an seinen Augen sah ich, daß er nun auch eine Geldtheorie entwickelte, indem er dachte, von dem Schandgeld nimmt der doch nichts. Er hatte recht: danke! zudem hätte ich ja selbst eine Millionärin an der Hand, Mamú vom Königlichen Backpulvertrust.

Eine Woche nach diesem denkwürdigen Sieg über das Großkapital erkrankte Zwingli mit geheimnisvollen Symptomen. Ferngift aus den Laboratorien der Gotte? Aus der Hexenküche der Pilar? Dr. Solivellas sagte beruhigend: Typhus.

XXI

»Sie hören ja wieder nicht zu!« rügte mich mein Lauser, Knast und Knirrenficker, »wenn Sie mein Angestellter wären, hätte ich Sie längst entlassen. Wiederholen Sie, was ich gesagt habe!«

Es war mein Unglück, daß ich nicht der Angestellte des Herrn Silberstern war, denn dann hätte er mich auf die Straße gestellt und ich wäre den vergeizten Leuteschinder los gewesen. So blieb ich in seinem Dienst, der ungebrötete Trottel eines Herrn, der da, Mamús Bibel zufolge, verhüllte ohne Einsicht den Ratschluß des Allerhöchsten. Na ja, warum sollte Herr Silberstern mich nicht ausbeuten, wo er schon merkte, daß ich sowieso für andere schrieb um nichts, erfand um nichts, und einzig, weil ich um nichts im Leben stand? Vigoleis war der größte Tor, der je auf der Insel gelebt hat. Als solcher hat er auch Eingang in diese Blätter gefunden.

Ich hatte tatsächlich nicht zugehört, was Herr Silberstern, den ich aus Zerstreutheit zuweilen mit Herr Stern anredete, im geschäftstüchtigen Auf- und Niedergehen auf mich eingequatscht hatte. Meine Gedanken weilten tiefer, nämlich in den Hünengräbern meiner Vaterstadt.

Silberstern hatte einen Prozeß angestrengt gegen das Dritte Reich, es ging um Hunderttausende, um das gesamte Bankguthaben des Landesflüchtigen, in Nirosta-Hitlermark eine halbe Million. In Peseten umgerechnet war mein Adelfried ein beträchtlicher Millionär. Mit Zwinglis Gotte verglichen freilich ein Habenichts, indessen man darf die Vergleiche auch nicht zu weit treiben. Die Schwierigkeit bestand einzig darin, daß er den Prozeß verloren hatte. Seine Anwälte rieten ihm, Berufung einzulegen, und Herr Silberstern, die Daumen in den Armlöchern der Weste, sagte: »Schreiben Sie!«

Ich schrieb. Die Bogen füllten sich mit Silbersternscher Juristerei. Alles in dreifacher Ausführung? Erstens heiße es in der kaufmännischen Welt eine Ausfertigung ausfertigen, zweitens verstünde ich von allen solchen Vernotwendigungen nichts und solle keine dummen Zwischenfragen stellen, und drittens habe er drei Rechtsberater, die ihn gegen das Reich verträten: seinen promovierten jüdischen Bruder, seinen nicht promovierten arischen Verteidiger und einen wieder promovierten beratenden Fürsprech-Anwalt in Zürich, der einfach Schweizer war und, wie ich an seinen Briefen merkte, am Fall Silberstern kein besonderes Interesse hatte. Mau, dachte ich, aber ich schrieb.

Der Briefwechsel schwoll an. Der Schweizer bekam immer weniger in die Suppe zu brocken, da ihm verschiedene Fakten vorenthalten wurden. Er zog sich darum mit einer an sich bescheidenen Nota aus dem Fall zurück. Es schien ihm auch brenzlich zu werden, denn er hatte, wie ich nachher erfuhr, auch arische Kunden im Reich. Für mich bedeutete sein Rückzug eine Arbeitsersparnis.

Was da hin und her geschrieben wurde, war Quatsch, der in seiner Ausschließlichkeit nur noch vom dem Reich übertroffen wurde, in dessen Unname das alles vor sich gehen mußte. Ich sagte es meinem Chef, der fuchsig wurde und mir über den Mund fuhr. Ein Schuster solle bei seinen Leisten bleiben; die meinen, das seien Gedichte. Und die deinen, dachte ich, sind Huren, schluckte aber die Rüge und schrieb weiter.

Das Ergebnis dieser Rechtspflege war die Mitteilung seines arischen Anwalts, die Berufung sei in einem Schnellverfahren behandelt, und das hieße: zurückgewiesen worden. Alles verloren, weitere Einrede unnötig und selbst gefährlich. Silberstern, ein vorne oft hinausgeworfener und hinten ebenso oft wieder hereingekommener Weinreisender, sagte, zwar bebend vor Entrüstung: »Schreiben Sie! Recht ist Recht. Ich appelliere an die höchste Instanz.«

Das sei in diesem Falle der Führer, also: »Mein Führer!« Silberstern wies mich zurecht, das Diktieren ging weiter. Briefe, Telegramme; die Post in Palma rieb sich die Hände, die Reichspost desgleichen, während der Litigant seine Daumenmühle drehte, Vigoleis schrieb und Beatrice mit Scheidung drohte, wenn das mit dem Schmierfink nicht bald aufhöre. Aber es fing erst an. Ich lernte juristische Ausdrücke, erkannte, von Hause aus Philologe, daß dem Wortgehalt kein Gedankengehalt und dem Gedankengehalt kein Sachgehalt entsprach, man aber mit den drei Unbekannten so jonglieren mußte, daß immer eine Größe fest in der Hand bliebe. Diese Größe war einmal Silbersterns nicht-arische Condition humaine, dann wieder sein Geld und erst sein blinder Fleck im oft vor Wut rot unterlaufenen Auge. Als Jude müßte er, so sagte ich ihm, doch eigentlich längst verreckt sein, und da ließe er mich immer noch an seine Henker schreiben. Recht sei Recht, war das einzige, was Michael Kohlstern mir entgegenhalten konnte.

»Summum jus, Herr Stern, summa injuria. Das Wort ist zwar nicht von Augustin, könnte ihm aber mit Leichtigkeit untergeschoben werden, falls es nicht zufällig doch von ihm ist. Und mehr verstehe ich von der Rechtswissenschaft sowieso nicht. In Ihrem Fall interessiert den Richter Ihr Kopf und Ihr Geld, das in seinen Schoß fällt, wenn der Kopf rollt. Und da Ihr Kopf hier auf der Insel höchstens noch in den Schoß einer Puta fallen kann, nimmt sich der Richter Ihr Geld mit der Selbstverständlichkeit, wie sie jede Kopflosigkeit kennzeichnet. Was Ihren arischen Anwalt betrifft, der geht für Sie nicht durchs Feuer, es sei denn, daß Sie ihm als Honorar Ihr ganzes im Reich eingefrorenes Vermögen indossieren, wie Sie das nennen. Ihr promovierter Bruder scheidet aus, der wird sowieso aufgeknüpft, an seinem arischen Vornamen wird man ihn erkennen. Auch der Geheimrat kommt an den Galgen, alle Silbersterne müssen dran glauben, mitsamt ihrem Vermögen, das sich ja nach Ihren eigenen Aussagen auf einige Millionen Mark beziffert. Sie berufen sich auf Paragraphen, wo Sie sich auf Geld berufen müssen. Die Nazis sind eine Rauborganisation, vergessen Sie das nicht. Sie können in der höchsten Instanz immer noch alles zurückgewinnen, wenn Sie es jesuitisch anstellen. Lernen Sie als Jude einmal von der katholischen Kirche. Nur indem Sie über Geld gehen, kommen Sie zu Ihrem Gelde.«

Silberstern saß schwer atmend auf einer Kiste und drehte nun statt der Daumen seine beutelüsternen Augen. Worte wie Geld und Huren bildeten den Kernbestand seines Liliputwörterbuches. Da mußte er aufhorchen. Was meckert so ein Verseschreiber, der nicht imstande ist, seine eigenen Groschen einzuziehen? Schriftsteller sind dumm, was die sich schon zusammenköken: »Schreiben Sie!«

Die Dokumente häuften sich. Silberstern war in seinem Element und diktierte, stundenlang. Um Keßlers Erinnerungen nicht zu gefährden, mußte ich die Nächte opfern, und tat es. Ich erholte mich an des Grafen Lebenslauf. Und zum Abschluß immer noch ein paar Seiten Hünengräber, obwohl mich Beatrice mehr als einmal im Morgendämmer im Hünengrab meiner eigenen Heldenlosigkeit liegen fand – eingeschlafen über dem Manuskript.

Wochen, vielleicht waren es Monate, gingen so über die Insel. Dann kam der große Augenblick, wo Silberstern durch einen Notar eine Erklärung ausfertigen lassen mußte, für die höchsten Instanzen im Dritten Reich. Sein arischer Anwalt teilte ihm mit, es ginge dann alles sehr geschwinde. Also va banque mit den Silbersternschen Silberlingen?

Dem urdummen, lächerlichen, eitlen und bis in den letzten Winkel seiner Seele verfilzten Geizkragen Adelfried Silberstern hätte ich es gönnen mögen, daß er seines Wucherhortes verlustig gegangen, den Nazis vergönnte ich die Gelder nicht. So begann ich zu kämpfen, wie ich mich nur um Wohl und Wehe eines anderen abäschern kann. Ich stellte eine Gleichung auf wie im Falle Zwinglis mit der Basler Gottendame. Nur mußte ich die große Unbekannte anders aufziehen; der Többensche Koeffizient blieb derselbe. In diesem Geiste hämmerte ich auf den Unstern ein. Aber er war nicht mürbe zu kriegen, Reich sei Reich und Recht sei Recht. »Porra!« – »Mischen Sie sich bitte nicht in meine Angelegenheiten, schreiben Sie!« – »Dann tschüß ihr Sternschen Millionen . . .«

Ich reichte meinem Chef die sauber getippten Akten, er studierte alles, Perlen auf der Stirn, unterschrieb und ging auf die Post. Wessen Schädel so dick wie sein Fetzer ist, dem ist nicht zu helfen.

*

Mitternacht war schon vorbei. Der Mond wanderte langsam durch den Park der schönen Töchter. In den Klapperbäumen raschelte der Wind, die Bilchmäuse gingen auf Raub aus, ihr pfeifender Schrei war kaum zu unterscheiden von den Pfiffen der Fledermäuse, die unheimlich die durchgleimte Finsternis durchschnitten. Gespensterhaft auch schwankten der Mädchen Kalenderfahnen an der Wäscheleine, ein ergreifendes Memento homo quia pulvis es in dieser Nacht der Millionen Sterne.

Nebenan lag Beatrice auf den Deutschen Allgemeinen Zeitungen und schlief. Sie ist ein Frühaufsteher, wo ich ein Nachtmensch bin. Mit Hilfe zweier Erfindungen hatte ich meine Schreibmaschine fast geräuschlos gemacht. Nasse Tücher fingen das bißchen Geklapper, das nicht totzukriegen war, noch auf und sorgten zugleich für die Kühlung. Nichts störte den Schlaf der Geliebten, während ich schrieb an Keßlers Vergangenheit und an des Vigoleis Zukunft, die noch in den Hünengräbern seiner Niersgemarkung ruhte:

Eben hatte der Bürgermeister im Namen seines Führers das »Grabmal des Unbekannten Gehirns« enthüllt, Beigeordnete hatten Kränze niedergelegt, Horden brüllten, die Luft kochte vom vaterländischen Blutgesutter der verdrängten Hünen, und derselbe Bürgermeister brüllte seiner Herde zu: Deutsches Volk, daß du nicht mehr zu dichten und zu denken brauchst, wie deiner Väter Brauch gewesen, das dankst du deinem Führer, der für dich dichtet und denkt auf eine Weise, wie sie keines Menschen Hirn je erdichten oder erdenken könnte, nicht einmal das ehemalige Volk der Dichter und ... Denker hätte nun der Tradition gemäß kommen sollen, aber es kam nur ein dumpfer Schlag gegen die Tür. Ich erschrak, noch im Ungewissen, ob über das, was ich schrieb, oder über eine lärmige Überwältigung von draußen.

Betrunkene? Der Spanier betrinkt sich nicht, mit Ausnahme eines einzigen, und das war unser Sereno, der jetzt statt zu wachen in der Taberne an der Atarazanas hockte. Nazimörder? Die schleichen auf Socken, und in Spanien arbeiten sie neuerdings mit Äthermasken und Entführung. Die Alte von oben? Sie hat Krampfadern, rutscht manchmal auf der Treppe aus und fällt gegen die Tür. Dann bringe ich sie unters Dach. Die streunt aber nicht nächtlicherweile. So waren es doch die Hünen, die angeschlagen hatten, und ich konnte weiterschreiben. Wer Geister ruft, darf selber nicht vor ihnen zurückschrecken, auch wenn es arme Geister sind, die sich um so beschwerlicher bewegen.

Das zweite Bumsen war sehr von dieser Welt und hatte mit meinem Manuskript nichts zu tun. Ich ging an die Tür und riegelte auf.

Erst rollte ein Hut in die Entrada, dessen Preis, Qualität und alle mit seinem Kauf verbundenen Umstände mir bekannt waren. Hinterher flatterten Schriften, sauber getippte Akten, Briefe; und auch diese waren mir mit allen Haupt- und Nebenumständen bekannt. Dann erhob sich Herr Silberstern von seinem zweiten Fall und wankte in die Beletage hinein. Ich warf noch einen Blick ins Treppenhaus hinab, horchte, sah und hörte indessen nichts. Mein erster Gedanke war: Volksgenossen der Deutschen Arbeitsfront liegen dem Juden auf den Bränden; sie wollen ihn verrecken lassen, er will nicht und rast zu seinem Rechtsberater, um die Klageschrift zu diktieren. Ich riegelte die Tür wieder zu.

Silberstern begann ein großes Palaver, sein Palaver, Geseires, das mich ein Kapitel meines Buches kostete, die Nazis aber um den Schatz des Juden brachte.

Adelfried hatte die Akten nicht an seinen Anwalt geschickt. Meine Bedenken und jesuitischen Hinweise auf die Kirche hatten sein Froschhirn in Unordnung gebracht – wenn er doch recht hätte, der trauerklößige Verseschreiber, der sich nicht mal ein Bett kaufen kann? Wenn es doch wahr wäre, was er sagt über Deutschland, das aufgehört habe ein Rechtsstaat zu sein? Bedenklich immerhin, daß der arische Anwalt alle Briefe an seinen jüdischen Klienten mit Heil Hitler unterschreibt. Und ob tatsächlich der arische Rechtsanwalt gehenkt werden würde, weil er Juden ihr Geld ins Ausland nachwerfen hülfe?

Um die Stunde, wo die »Ciudad de Palma« auf den bleiernen Wogen des Mare Nostrum schwamm, im Postsack die Leere von nicht abgesandten Akten, schwamm der Litigant für 2 Peseten in den Armen einer zu 2,50, der er in schweißtriefender Gebärdensprache eine halbe Pesete von der Liebe heruntergehandelt hatte, und erst nach Beendigung dieser doppelten Transaktion begab sich der Bruder eines Wirklichen Geheimen Rates Silberstern vor die Tür seines Rechtsberaters, den er noch an der Maschine hocken wußte. Auf der Treppe war er ausgerutscht, und dann nahm er mich streng ins Gebet, mit erhobenem Finger, noch nachbebend bei dem Gedanken, daß die Hübscherin es auch für 1,50 getan haben würde, wenn er nur ein paar Brocken Spanisch hätte zu Hilfe nehmen können. »Wie hätten Sie das angepackt?«

»Wen? Die Betreffende oder das Dritte Reich?«

»Spotten Sie nicht! Es geht um mein Vermögen!«

Ich entwickelte abermals meine private Wirtschaftstheorie, die ich in einer allgemeinen Theorie der Privatwirtschaft gipfeln ließ. Der kleine Erfolg auf dem Basler Geldmarkt lag hinter mir und hob mein Prestige, um so mehr, wo mein neuer Klient die Dame persönlich kannte. Nur ihr Bankkonto, meinte er, hätte ich stark unterschätzt. Des weiteren deutete ich an, daß Graf Keßler zur Zeit auch einen Prozeß gegen das Dritte Reich laufen habe, daß ich auch dessen geheime Akten tippen müsse; er stände also bei mir in der guten Schranke, wenn er nur guten Willens sei. Das stärkte meine Position noch mehr, denn Silberstern kannte zwar den Grafen nicht persönlich, dafür aber um so besser dessen Weinlieferanten, und er wußte, welche Tropfen in der Cranachstraße geschenkt worden, wenn sich die geistige Elite der Welt dort eingefunden hatte.

Ich bestellte meinen Klienten auf den folgenden Tag Punkt zwölf, wissend, daß er sich um halb elf einfinden würde, mit der Pünktlichkeit aller Klatschbasen. Er kam um halb elf, wir besprachen die dringende Reichsangelegenheit: Punkt zwölf war ein Brief an den Anwalt fertig: die ganze Angelegenheit werde mit gleicher Post zur Erledigung der Nationalbank in Madrid übergeben, dann wickele sich alles automatisch ab im Rahmen der deutschen Außenhandelsbeziehungen. Anordnungen aus Madrid seien abzuwarten und strikt zu befolgen. Das Generalkonsulat in Barcelona sei avisiert, Dr. Köcher persönlich – es war ein riesiger Bluff. Der Anwalt, der um seinen Kopf bangte, mußte darauf hereinfallen, was er auch tat. Dadurch gewann ich Zeit, die Bank in Madrid tatsächlich einzuschalten. Auch da war meine Überlegung die richtige gewesen: während in Deutschland täglich Hunderte von Menschen in Konzentrationslagern hingemordet wurden, mußte der Führer Wert darauf legen, im Auslande statt mit braunem Hemd in der beliebten weißen Weste des Politikers dazustehen. Kardinäle, Hundertmeterläufer, Reeder, Opernsänger, Sechstagefahrer, Magnaten: wer immer an einer führenden Stelle stand, sah nur den weißen Latz. Das Gewissen war narkotisiert, der Außenhandel blühte wie nie, die Welt bog sich vor dem Ebenbilde des Herrn deutscher Nation. Sollte Silberstern auch davon sein Profitchen haben.

Der Anwalt in Frankfurt saß nun zwischen zwei Stühlen. Er schickte kostspielige Telegramme, die sein Klient in Spanien natürlich bezahlen mußte. Der promovierte Bruder war schon lange mundtot geworden und der Wirkliche Geheime Rat hatte sich in Nebel aufgelöst. Adelfried wurde wieder schwach. »Nicht nachgeben! Ein Vigoleis findet auch einmal ein Korn. Schreiben Sie!«

Zum ersten Male in seinem Leben schrieb Herr Silberstern einen Text, der ihm diktiert wurde! das heißt, in diesem Falle war es ja doch wieder Vigoleis, der es sich selbst diktierte. Stern, pardon, Silberstern unterschrieb mit schwitzender Hand – va banque.

Einige Monate später teilte der Banco Nacional de Madrid dem Señor Don Adelfredo Silberstern, Palma de Mallorca, Calle Cecilio Metello, mit, daß die Verrechnungsstelle der Deutschen Devisenbewirtschaftungsoberamtsleitung zu Berlin an ihn überwiesen habe den Betrag von . . ., in Buchstaben von . . . und man seiner weiteren Orders gewärtig sei.

Silberstern war Millionär geworden, richtiger, er war wieder Millionär und als solcher ein würdiges Mitglied der arisch bevornamten Silbersterne. Und ich, Vigoleis, hatte wieder einmal eine glückliche Hand gehabt im Umgang mit Millionären. Wer weiß, bald würde ich der gesuchteste Kornak des großen Kapitals sein – und ohne ein Zeile Marx gelesen zu haben! Ich schüttelte mir die Hand, da es Silberstern doch nicht tat. Er nahm, und auch das ist sternhaft, den ganzen Glanz unter den eigenen Hut. Vigoleisisch ist, weiterhin unbesoldet im Dienste dieses Herrn zu bleiben, sei es auch nicht als Rechtsberater, nun dem Recht Recht widerfahren war: ich stieg auf zum Geschlechtsberater.

*

Silberstern verachtete mich, wie wohl selten jemand einen Menschen verachtet hat. Die Schuld lag an mir. Hätte ich ihm in dem miserablen Kaufmannsdeutsch, das er sich aus seinen Daumen drehte, eine Rechnung, pardon, eine Debetnota über ausständige Deserviten gemacht in Höhe von Peseten 100.000 für geleistete Rechtsberatung in Sachen Silberstern contra Drittes Reich, dieser Stern hätte sich seine kupiden Hände gerieben und blitzschnell auf dem Umschlag ausgerechnet, wieviel Prozent ich noch unter einem Gewinnanteil von 10% geblieben wäre. 10% von der Mitgift hatte er mir ja auch belobt, wenn ich ihm eine reiche Marrana, eine jener getauften Jüdinnen aus Palmas Silberschmiedstraße, fürs Ehebett besorgte: nicht über 30 und nicht unter 3 × 100.000 Duros. Pedro und ich haben Schritte in diesem Kuhhandel unternommen. General Franco aber war dagegen.

Nun erwog ich so in meinem Zwerchfell: der Silberstern wird sich schon erkenntlich zeigen, hier mal mit 10.000 Peseten aushelfen, da mit einer, die er einem Freudenfräulein Centimo um Centimo von der Pilarière abgerungen hat. Und Silberstern dachte, Vigoleis ist ein solcher Hornochse und ausgemachter Stiesel, daß er es sich noch als eine Ehre anrechnen muß, überhaupt für mich schuften zu dürfen. Zudem kann er lernen. Der Schlag gegen das Dritte Reich zum Beispiel, das solle dem

Adelfried, Bruder von Brunfried, beide aus Würzburg, nur mal einer nachmachen! Die deutsche Kolonie hatte ja den Atem angehalten, als der Rechtssieg ruchbar wurde.

Zwei Jahre diente Vigoleis dem Herrn, der vorne arisch und hinten nichtarisch war und in der Mitte der Insel größter Putafex. Er diente ihm bei Sonnenaufgang und -untergang, beim Gestirn im Zenith und unter der Kimmung; in Stunden, wo selbst die ärmeligste Schlutte den Schragen für sich allein hat; und immer auf Kosten der eigenen Arbeit, und, schlimmer und selbst unbegreiflich und an einen Punkt im Dasein des Vigoleis rührend, wo Professor Többen ein Wörtchen mitzureden hätte: auf Kosten von Beatricens Nerven. Warum, so mag ein Leser, dem Spaltungen der Persönlichkeit als die geschlossenste Sache der Menschenwelt vorkommen, sich mit mir fragen, warum hat sich Vigoleis immer wieder wie eine Nudel wälgern lassen? Das ist ein weites Feld, würde Fontanes alter Briest sagen. Gott hat seine Werkzeuge überall, und mit Vorliebe bedient er sich der einfältigen Kreatur, um gewisse Linien in seiner Schöpfung aufzuzeigen, die unter dem Gewirre von Verwitterungen und Verwerfungen zu Fehldeutungen Anlaß geben können und, wie oft nicht, gegeben haben. Wäre es darum zu absonderlich, daß er sich des Vigoleis bediente, um zu beweisen, daß ein Arier aus zweitausendjährigem Hünenadel trotz aller Anfechtungen, Demütigungen, Ausbeutungen und Anwanzungen des Ungestirns Silberstern nicht zum Antisemiten zu werden braucht, wie sehr auch Freunde und Bekannte die verwegensten Wetten abschlossen, daß er zu Fall käme? Durch diesen Juden würde selbst Vigoleis zum Judenfresser, war ein geflügeltes Wort auf der Insel. Er wurde es nicht, und wer sich am meisten darüber wunderte, das war der Unjude selbst.

War es aber wirklich Dankbarkeit, in einer ob auch mikroskopischen Form, wie Vigoleis herumposaunte, die Silberstern trieb zu tun, was er tat, als ich ihm sagte, wir erwarteten Besuch: ein berühmtes Künstlerpaar käme nach Mallorca, die Mengelbergs aus Amsterdam, Carel und Rahel? Wir möchten sie gerne bei uns aufnehmen für ein paar Tage, dann zögen sie weiter mit Rucksack und ihrem nicht weniger berühmten Schwager, dem Dichter Helman, aber – ohne Bett? Sie hätten kein Geld, seien aus Deutschland geflohen, wo Carel am Berliner Rundfunk einen hohen Posten hatte. Aber er hatte auch Rahel, und daran nahmen die Nazis Anstoß. Natürlich könne eine Frau Rahel heißen und arisch sein, so wie er ja trotz seines Adelfriedens Jude sei; aber die Nazis wären so mißtrauisch in diesen Dingen, er wisse es ja selbst. Kurz, die drei . . . »Halt«, sagte Adelfried, »ehe Sie weitersprechen: haben wir es hier mit Willem Mengelberg zu tun, Professor, Concertgebouw?« – »Nicht ganz, die Vornamen sind anders, die Taktstöcke, die Leistungen, die Tantièmen, die Gesinnungen: alles anders, nur was dahinter steht, der Mengelberg, der ist unverrückbar.« – »Ein Sohn?« – »Ein Neffe. Die Mutter eine geborene von Huflattich, die Frau, Rahel, erste Harfinistin an der Berliner Staatsoper . . .« – »Gewesen, bitte!« – »Gewesen, danke, wie wir alle Gewesene sind.« – »So schwören Sie, daß wir es hier mit einem echten Mengelberg zu tun haben?« – »Ich schwöre es bei allen Mengelbergs, daß sie echt sind!«

Silberstern erklärte sich darauf sofort bereit, mir die Matratze der buhlflüchtigen Nina für Mengelberg und seinen Anhang auszuleihen; ich könne sie bei ihm holen kommen, auf den Buckel laden und den Mengelbergs in einem unserer leeren Zimmer spreiten. Und wenn es also wirklich der Neffe von dem ganz berühmten Willem aus Amsterdam sei – ja der, wo der schon alle nicht mit geschlafen habe, erstens mit der, dann mit der, und überhaupt erst die . . . und was die Rahel beträfe, das sei doch die Tochter von Hindemith, wenn es die sei, die im Leipziger Gewandhausorchester . . . ja, er kenne sie alle, alle! Feine Leute das, ganz, ganz feine erste Herrschaften der Musik. Und darum dürften sie auf der Pilarière der Nina schlafen. Der Dichter Helman dazu, auch fein? – »Viel feiner, Herr Stern, pardon, Silberstern, westindischer Rimbuadel, mit Wasserzeichen, handgeschöpft.«

»Diese Herrschaften, das sage ich Ihnen, dürfen nicht nur auf der Nina ihrer Matratze schlafen, die *müssen* auf ihr schlafen, müssen, verstehen Sie mich?«

Ich verstand, es war Dankbarkeit. Der Mensch regte sich in Silberstern, der sich so oft auf der Matratze geregt hatte. Es gibt noch eine ausgleichende Schlafgerechtigkeit.

*

Mitternacht war schon vorbei. Der Mond wanderte wie auf Seite 784 langsam durch den Park der schönen Töchter, wo auch die Klapperbäume, die Bilch- und Fledermäuse raschelten, pfiffen und flatterten. Wieder mahnten der Mädchen Kalenderfahnen an die Flüchtigkeit der Jahre auch in dieser Nacht der Millionen Sterne und des einen Silbersterns, Herr und Millionär.

Ein dumpfer Schlag gegen die Tür. Ich erschrak diesmal nicht, denn ich war es ja selbst, der da zusammenbrach unter der Last der Matratze. In Schweiß gebadet, wie aus dem Wasser gezogen lag ich auf dem Patamar; über mir gute zwanzig Kilo Wolle vom sanften Mallorquiner Schaf dufteten nach Lanolin, nach Nina, nach dem Bruder eines Wirklichen Geheimen Rates und nach dem sine qua non aller Matratzen.

»Was riechst du so eigentümlich?« sagte Beatrice, als ich mich zu ihr auf die Deutschen Allgemeinen streckte, »wo kommst du her?«

Beatrice gehört zu jenen unglücklichen Geschöpfen, die einem Solei noch anschmecken, ob es in Heu, Stroh oder die offene Hand gelegt worden ist.

»Ich rieche nach Lanolin, nach Nina, nach dem Bruder eines wirklich geheimnisvollen Rates und nach dem, was passiert, wenn man eine Matratze unterschiebt. Wenn ich sie zurücktrage, sind weitere Pollen hinzugekommen: Carel, Rahel, Lou ... Oder willst du dem Besuch unsere Schütte abstehen, und wir legen uns mal wieder in ein richtiges Bett?«

Beatrice schlief schon wieder, als ich immer noch an meinen Geruchskombinationen spann.

Tags darauf trafen die Berühmtheiten ein, in der folgenden Nacht schliefen sie auf Ninas Wolle, während der großmütige Matratzenstifter irgendwo in einem Hause zu 2 Peseten lag, und Nina ihre Wonnen einem echten Scheich auf die Kamelhaardecke breitete, unter den Sternen von Marrakesch.

*

Nun könne er sich einen Besuch in der Casa Marguerita leisten, zu einem Duro, Trinkgeld einbegriffen, sagte ich Herrn Silberstern, als die Hitlermark in Peseten umgewechselt worden waren. Der Knauser lächelte. Nun er wieder Millionär sei, könnte er sich sogar die Geliebte eines Kardinals leisten, mit violett ausgeschlagenem Boudoir; ich wisse eine, tolle Geige, zur Zeit beurlaubt. Der Knauser lächelte.

Er lächelte und drehte die Daumen. Er gehörte nicht zu jenen verschämten Reichen, die den Armen vormachen wollen, daß sie noch ärmer sind als ein Kirchenkäuzchen, das sich, iberischer Legende gemäß, vom ranzigen Öl der heiligen Ampeln ernähren muß. Der Schmorger war stolz auf seine Millionen, und noch stolzer war er auf den Hilpersgriff, mit dem er, der Nichtarier, das Vermögen den arischen Nazis entrissen hatte. Ich konnte nicht umhin, das zu bestätigen; nur jemand mit seiner Hutnummer hätte das so raffiniert deichseln können, und obendrein ein Beweis mehr, daß die blinden Hühner, die auch mal ein Korn finden, nicht alle würden. Doch zur Sache, womit ich dienen könne?

Ja eben, wegen der delikaten Angelegenheit sei er gekommen; es würde ihm auf die Dauer zu teuer, ich solle ausrechnen, falls ich's könnte, wie das ins Geld liefe, selbst bei bescheidensten Ansprüchen und hartnäckigstem Feilschen. Und da habe er gedacht, er müsse sich was Beständiges einschlagen, eine Frau, mit der er sich auch über die Sachen unterhalten könne, und so käme nur eine Landsmännin in Frage, außer wegen der Sprache auch wegen der Heimatgefühle; er hinge ja immer noch an seinem Deutschland, nicht wie ich, der ich mich völlig verkosmopolitisiert hätte. – »Kosmokratisiert, wenn ich bitten darf!« Wenn das Gespräch auf Deutschland kam, weinerte der geizige Schleimling mit einem feuchten Auge. Es zöge ihn immer stärker nach Würzburg. Heimweh, sagte ich dann regelmäßig, sei wie alle großen Gefühle eine Geldfrage. Ob ich ihm die Fahrkarte bei »Viajes Marsans« bestellen solle?

Und da kenne er eine in Köln oder bei Köln, in meiner Gegend herum, wo man auch Jejend statt Chächänd sage; die sei arisch, hocharisch sogar, er könne es beschwören, aber jüdisch täte sie leider aussehen, und der Vater sei unter den Zug gekommen, die Mutter lebe noch und sie bezöge eine jener bescheidenen Renten vom Herrn Generaldirektor Dr. Dorpmüller; die Mutter meine er, nicht die Nina, die Weichen hätten ja falsch gestanden, aber Nina sei Mannenkwien, falls ich wisse was das sei, in dem feinsten Geschäft der Branche auf der Hohenstraße, wo Adenauers Tochter persönlich gekauft habe, alles von Hand genäht, und die könne wegen der nichtarischen Gesichtsverhältnisse da nicht mehr arbeiten, und er wolle sie kommen lassen, und was ich davon hielte. Zuverlässiges Mädchen, und Busen! Und Beine! Und groß! Stelle was vor, und gebildet sei sie auch.

Mit solchen Eigenschaften plus einem unter den Zug gekommenen Vater könne ich mir kein Mädchen vorstellen, das geeigneter sei, auf Mallorca das Bettbudget meines Klienten auf dessen Vermögenslage abzustimmen, weshalb ich riete, mal eine Postkarte zu schreiben an Fräulein Nina.

»Postkarte? Wissen Sie nicht, daß sich das nicht schickt bei einer Dame? Nina ist nämlich vollendete Dame.«

Adelfried Silberstern war ein leidenschaftlicher Briefschreiber.

Seine Stärke war das Diktat, bei dem seine Schwäche, die Rechtschreibung, nicht ans Tageslicht kam. Das blieb Sache des Sekretärs, meine, in diesem Fall. Lieber wäre meinem Chef natürlich eine weibliche Angestellte gewesen, mit Busen! und Beinen! ohne Hemmung, ohne Höschen, wie sie in Romanen und im Film dem Generaldirektor wie der Blitz aufs Knie hopsen und nachher den ganzen Konzern um den Finger wickeln. Dennoch empfand er auch bei Vigoleis eine bedeutende Befriedigung seiner Eitelkeit, wenn er daumendrehend und flügelschlagend auf und ab wandern konnte, nachdem er kategorisch gesagt hatte: »Herr Doktor, schreiben Sie!«

Es wurde ein langer Brief, mein Brief an die Nina auf der Strecke zwischen Köln und Neuß, wo das jetzt vaterlose Bahnwärterhäuschen stand; eine Epistel des nachschmeckenden Rückgedenkens und des vorkostenden Hoffens, mit ausführlichen »weißt du noch?« und »siehst du wohl« und »laß mich mal«: laß mich mal vor allem. Beim Diktieren traten dem kugelrunden Bräutiger die Augen aus den Höhlen. Die Nase schwitzte Perlen der schleckenden Wollust, die bei einem solchen Phänomen ja überall ihren Sitz hat. Wie er so wandelte und auspackte, war er ein wandelndes Blatt aus den verbrannten Schätzen seiner wissenschaftlichen Sammlung. Als die Einladung fertig war, blieb der Verfasser vor seinem Skriba stehen und rieb sich die Hände: »Na, was sagen Sie jetzt?«

»Druckreif diktieren gelingt wenigen, nur Gerhard Hauptmann soll es darin zu einer gewissen Vollendung gebracht haben, aber er liegt auch dabei. Und bewundernswürdig diese Mischung zwischen Blaubart und Commis voyageur. Die Zeilen werden der Dame ans Herz greifen; sie können ihr Schicksal werden.«

Das schmeichelte dem Filz. Er klopfte sich sein Bäuchlein vor Behagen, sah er sich doch wieder mit der Nina im blanken Messingbett das tägliche Brot und die nächtliche Schwemme teilen, und sonntags eine Ensaimada, wo sie sich in Köln mit Reibekuchen die Finger fettig gemacht. Silberstern unterschrieb, setzte den Paraph auf den ersten Durchschlag und ein geheimes Zeichen auf den zweiten. So war es sein geschäftlicher Brauch. Und Nina war schließlich auch eine geschäftliche Transaktion.

»So!« Silberstern leckte den Brief zu, stülpte sich den Kloßdeckel auf die Bürste und wollte auf die Post.

»Halt! Herr Direktor, wollen wir nicht erst einmal feststellen, wann der Brief zwischen Köln und Neuß ankommt, damit wir uns im Geiste ausmalen können: wie die Zensur ihn erbricht, ein paar telephonische Winke erteilt, und dann haben sie die Nina schon gepackt, und sie wird auf der Wache erst mal kahl geschoren wegen Rassenschande mit der ›Judensau‹ Silberstern aus Würzburg, zur Zeit Palma de Mallorca. Dann wird sie im Klingelpütz gepfählt; Adelfried von den Schergen des Balearengaues umgebracht.«

Vigoleis ist kein Heiliger, wenn er auch oft seiner selbstlosen Handlungen willen in die Geruchsnähe der Heiligkeit gekommen ist. Er ist auch kein Christ, dafür hat er bei aller Armut noch zu viel anzuziehen. Schlecht ist er auch nicht, noch verbittert, noch nachträgerisch. Hätte Silberstern ihn für seine Rechtsberatung honoriert, und sei es nur mit ein paar tausend Peseten gewesen, als Geste gleichsam, dann bin ich überzeugt, daß er nie auf den Gedanken verfallen wäre, den Mann zu quälen. So rächte er sich an ihm; oder war es nur ein Spiel, wie es die Katze mit der Maus treibt?

Silberstern war mit Stummheit geschlagen, der Schweiß brach ihm aus, er mußte den teuren Hut wieder abnehmen, da er der Qualität des Schweißleders nicht zu trauen schien. Er rang die mutzeligen Hände, in seine Mundwinkel trat ein wenig Speichel. Eben noch auf stolzen Rossen, und nun Hitlers Häschern ein Spiel! Und das viele Geld! Und das Messingbett!

Ich beschwichtigte ihn, er solle mich nur wieder machen lassen, die Nina kriegten wir heil aus dem Dritten Reich heraus, genau so wie sein Geld. Man müsse klug zu Werke gehen, der Feind höre mit, und man dürfe vor allem den Feind nicht unterschätzen, in ihm nicht nur den Buben, sondern den Überbuben sehen. Vorerst solle er getrost nach Hause gehen, seinen siebenarmigen Leuchter anzünden und Moses und den Propheten danken, daß sein Vater ihn nicht Itzig oder Isidor getauft habe, sondern gleich Adelfried: und als Adelfredo ließe er dann eine Postkarte an die Nina ab, trotzdem sie eine Dame sei, und darin müsse stehen, daß ein alter Freund in Spanien sich freue, wenn sie ihn einmal besuchen käme, auf Mallorca, »Clima ideal«, keine endemischen Krankheiten, keine ungesunden Herde, Sterblichkeit auf 1000 Einwohner 10, 44, Feuchtigkeit . . .

»Sie spotten wieder, Herr Doktor! Was soll das alles, Sterblichkeit, endymisch, Herde . . .

»Vergleichswerte, Herr Stern, die Ihre Nina anlocken dürften. Die Sterblichkeit in Deutschland beträgt heute 27,8 auf 1000 Volksgenossen; ich weiß es deshalb so genau, weil meine

Augen beim Aufwachen immer auf eine Spalte der Deutschen Allgemeinen Zeitung fallen, wo von derlei Dingen rein statistisch die Rede ist; und endemisch, nicht endymisch, leider nicht das, wissen Sie, ist der Nationalsozialismus; er ist die endemische Krankheit des deutschen Volkes geworden. Nina ist gebildet, die begreift es im Schlaf.«

»Sie werden wieder ausfällig gegen mein Vaterland! Und die Feuchtigkeit?«

»Auch zum Vergleichen, 68%, und die höchste Erhebung 1472 m, freie Reise und freie Station, sonntags Ausgang allein oder mit andern.«

»Freie Reise, bittschön, Sie denken doch nicht, daß ich der Nina die Reise zahle? Die muß ja froh sein, daß sie kommen darf!«

»Wer soll's denn zahlen, wenn nicht der Silberstern? Der Führer vielleicht? Der hat jetzt andere Sorgen. Oder die Witwe Jensen von ihren lumpigen Dorpmüllergroschen? Laß die mal 50 im Monat haben . . .«

»63,20, und wenn mein Bruder Rechtsanwalt nicht den Brief an die Bahn aufgesetzt hätte, hätte sie nichts bekommen. Der Mann stand doch auf einem toten Geleise, als er unter den Zug kam!«

»Ein Grund mehr, daß Sie die Reise auf dem lebendigen zahlen. Aber erst müssen wir wissen, ob Nina überhaupt noch lebt. Wenn sie so unrassig aussieht, wie Sie sie schildern, sehe ich schwarz.«

»Da kennen Sie die Nina schlecht! Das ist ein süperbes Weib, sag ich Ihnen, die auch mit der SS umspringen kann. Ich schreibe sofort die Karte, dann können Sie sich überzeugen, daß jedes meiner Worte auf nackter Wahrheit beruht. Ich habe ja Photos, die ich Ihnen und der Frau Gemahlin vorzeigen kann. Alles hochanständig, bitte, von einem Kölner Photographen, wo sie doch auch katholisch ist.«

»Schade, ausgezogene Frauen vermitteln immer ein klareres Bild.«

»Hab ja auch solche, Herr Doktor, bringe alles mit.«

»Tun Sie das, ich gebe sie dann Graf Keßler, der sie mit ein paar empfehlenden Worten weiterleitet an den Sohn des derzeitigen amerikanischen Botschafters in Madrid. Sie wissen ja, der Boy unterhält hier auf der Insel den feudalsten Nacktklub der Alten Welt. Da kann die Nina ihren Staat entfalten. Doch erst die Postkarte, damit wir das Weib so schnell wie möglich aus dem Reich losungeln.«

Ninas Antwort, auf einer Postkarte, war sachlich, ob auch Herr Silberstern eine große Freude in den Zeilen mitschwingen spürte. Dennoch rang er wieder die Hände: das sei sein Ruin, 400 Mark solle er überweisen für die Reise! Mit 300 führe er, Silberstern, um die ganze Welt. Er rechnete, kramte schmutzige Papiere aus seiner strotzenden Brieftasche hervor und wies mir auf den Pfennig nach, was ihn die Reise von Aachen bis Palma gekostet habe, dritter natürlich, aber mit Gepäckversicherung und zweimal ein Brötchen mit Lachs. Der Kampf ging hart auf hart; er wurde geführt angesichts der auf dem Tisch ausgebreiteten Photographien der Vorführdame. Süperbes Frauenzimmer, ohne Zweifel, in manchem an die Turmkathrine anklingend, ob auch Nina straffer war in der Erfassung ihrer liebeswichtigen Partien, vermutlich Mensendieck. Über den lauschigen Stellen weste etwas wie Hauch von Traurigkeit, der ja die Kunst aller großen Kokotten ist. Nina mußte unermüdlich, aber auch unergründlich sein. Nach einer Stunde hatte ich den lüsternen Filz soweit, daß er 500 Mark nach Köln überweisen ließ, 400 für die Reise, 80 für neue Koffer, 20 für eine neue Ziege für Mutter Jensen. Denn das hatte Nina, die Rührende, dem Adelfredo noch als PS. hinzugekritzelt: der Mutter ginge es soweit ganz recht, aber nun sei ihr die Ziege auch unter den Zug gekommen. Ich bedeutete dem Knauser, daß Dr. Dorpmüller für diesen Unfall nicht verantwortlich gemacht werden könne; es sei das Schicksal aller Kreaturen, die am geschotterten Damm ihre Kräuter rupften: sie endeten alle unter den Rädern, Bahnwärter, Gans oder Ziege. Zudem habe Mutter Jensen an der Geburt dieser Venus einen nicht zu unterschätzenden Anteil gehabt. Mit einer Hippe sei das kümmerlich vergolten.

Außer dem Geld übersandte Silberstern auch Küsse, die den Zweck hatten, die Reise zu beschleunigen. Aber das Mädchen kam nicht. Das Messingbett war aufpoliert worden, die Matratzen aufgemacht – die Nina brauche sich nur hineinzulegen, ruck ruck ruck an die unappetitliche Seite ihres Herrn. Das ginge so nicht, sagte ich, er müsse der vollendeten Dame ein eigenes Zimmer einrichten, seine Etage sei groß genug. Wozu, wo sie doch bei ihm schliefe? – Eben nicht! der arischen deutschen Kolonie wegen müsse das arische Weib getrennt schlafen. Sonst lande sie im Klingelpütz, und das teure Geld für die Katz!

Blutenden Herzens kaufte Silberstern die Einrichtung, der Leute wegen. Aber die Nina kam nicht. Silberstern, immer noch auf seine Zweipesetentouren angewiesen, ließ mich seinen

Unmut entgelten. Geduldig legte ich den Nacken unter seinen Fuß. Was ich in so einem Fall täte, fragte er eines Tages. Das wisse ich nicht, über mich selbst vermöchte ich nie zu befinden, über andere schon. Und in so einem denn? – Das sei höchst einfach. Wir müßten in Erfahrung bringen, ob die Bank das Geld ausgezahlt habe. – Ginge nicht, sei Bankgeheimnis. Gut, dann mit bezahlter Antwort eine Rückfrage bei Mutter Jensen, ob sie eine neue Ziege habe. – Und warum nicht Telegramm an die Nina selbst? – Das sei verletzend für eine Dame, es sei denn, sie sei keine.

Mutter Jensen hatte die Ziege bekommen, und Silberstern bekam nach weiteren Wochen schmerzlichster Ungeduld eine Postkarte aus Berlin, von Nina: zerknirscht, Brief folge.

Sie sei mit einem Schatz und 480 Mark auf eine Porzellanfahrt gegangen. In Berlin habe der Kerl mit ihr das Geld drauf gemacht und sei dann verschwunden. Sie flehe um Vergebung und um weitere 500 Mark.

»Nicht einen Pfennig, nicht mal im Traum, dieser Drecksau! Schluß mit der Fopperei, Schluß mit dem Prellen!« Er habe zum Glück Mittel, sie zu zwingen – »schreiben Sie!«

Ich schrieb einen langen Brief mit verschrobenen Drohungen, vorweggenommenen Triumphen, Verstößen gegen die Consecutio temporum und: hochachtungsvoll Silberstern.

Ob das nicht mal wieder, seit langem, ein tüchtiger Brief sei? – Ohne Zweifel, zumal für einen Weinreisenden, der ja die Gesetze kenne. Mination heiße es in der Jurisprudenz, in früheren Zeiten sei darauf mit Gefängnis erkannt worden, heute: Todesstrafe! Die Nina, auch helle, Köpfchen, gebildet, ginge mit dem Brief auf die Polizei, das heißt zu einem Nazi mit Blutorden, und wenn wir uns beim Hasenbank die nächste Nummer vom ›Stürmer‹ ansähen, könnten wir schon den Fall Silberstern in Streichers saftiger Kolportage lesen: Judensau lockt arisches Weib auf die Insel der Unzucht! Aufpassen, Nina könne gefährlich werden; er sei zu weit gegangen, es gebe kein Zurück mehr. Überweisen: 500 weniger eine Ziege, telegraphisch!

Silberstern schickte das Geld an die Witwe am Bahndamm, wo sie mit dem roten Fähnchen stand. Er erhielt einen schlichten Brief zurück: sie habe es ja gewußt, es gäbe auch noch anständige Juden, und sie wisse ihr einziges Kind bei solch einem edelmütigen Manne am besten aufgehoben in Zeiten, wo man seines Lebens nicht sicher sei, wenn man zufällig eine krumme Nase habe. Das war rührend unvorsichtig, es hätte der Nina noch auf dem Bahnsteig den Hals kosten können; aber die Nina hatte einen Schutzengel im Handgepäck; sie hat ihn mir später gezeigt.

Nina hielt, was sie auf ihren Photographien versprach. Um acht, wenige Minuten nach der Ausschiffung, Herr Silberstern hatte ein Taxi genommen, um nicht gleich an der Mole eine Szene zu machen: um acht stand die Süperbe in der Dünndruckstube. Potztausend, sowas hätte ich mir auch vom Bahndamm geholt und zu Lasten des Bestellers kommen lassen! Die Stirn wirkte im natürlichen Angesicht noch niedriger als auf den Bildern, aber das erhöhte die Spannung. Der Rest entsprach allen Anforderungen, die man wo immer an eine Nina stellen kann, sei es im Leben, sei es in einem Buch des Lebens. 1000 Mark hatte sie Silberstern schon gekostet, wie sie so dastand mit ihrem imposanten Körperbau; und es sollte meine Sorge sein, daß sie ihn noch mehr kosten werde, obwohl Beatrice, die zur Begutachtung hinzugezogen worden war, nachher sagte, da brauchte ich nicht nachzuhelfen, das liefe nun wie von allein. Und so war es auch.

Am anderen Tag, in aller Herrgottsfrühe, stand der Edelmütige wieder vor der Tür, in Sack und Asche. War sie schon ausgerissen? Nein, im Gegenteil, sie war noch da, aber eingeschlossen hatte sie sich! oh, hätte er doch nie auf meinen Rat ein Schloß an ihre Tür machen lassen! was gingen ihn schließlich die Leute an? Sie ließe ihn nicht rein und par conséquence ... 1000 Mark, und nun diese Affütage! Das klang bei allem Schmerz gebildet, was es aber war, das mit der Affütage, das wußte ich als Stubenphilologe nicht, und als Rechts- und Geschlechtsberater durfte ich mir auch nicht die Blöße geben, im Dupiney nachzuschlagen. Sicher war es etwas sehr Gemeines und stand in unmittelbarer Beziehung zum verwaisten Messingbett. Beatrice, die der Begegnung zu so früher Stunde nicht ausweichen konnte, meinte, affutage sei ein starkes Wort: die Nazis und ihre Mordbrennerei, das sei zum Beispiel affutage. Herr Silberstern sackte zusammen – das sei es ja, äben, äben, die Nina sei Nazi geworden, die Nina, von der katholischsten Bahnstrecke Deutschlands! Und Antisemit! Und immer sich gebeichtet!

Ich tröstete den Geaffütierten. Es sei eben eine neue Reformation angebrochen, es gäbe keine Katholiken mehr, es gäbe nur noch Nazis. Das sei der Segen des Konkordates; meine Mutter, die zwar an keinem Bahndamm Ziegen weide, bewandele dieselben Pfade der finsteren Erhebung. Aber die Nina, die wolle sicher was dabei herausschlagen, man sperre sich einem so großzügigen Adelfried nicht bloß aus, weil man Antisemit geworden sei. »Was ist los?«

»Sie will ja nach Lissabon, gleich am Hafen hat sie's mir gesagt!«

»Na also, ein bißchen Chantage. Was will sie da? Hat sie da auch einen Stern?«

»Einen Grafen, ganz feiner Herr, und ich soll's wieder zahlen, sonst mache sie Klamauk.«

»Ein richtiger Graf? Wie Keßler? Oder nur ein Hochstapler wie Graf . . .«

Da kam der Weinreisende wieder in die große Form seiner Branche: portugiesischer Uradel! Er nannte den Namen, der wirklich groß war, weltgeschichtlich, zumindest im 8. Jahrhundert; nachher hat die Familie nur noch unter sich von sich reden gemacht. Ich muß den Namen verschweigen, da der Graf noch lebt und zu den Freunden meiner portugiesischen Freunde gehört, die aufhorchten, als ich eines Tages, ewiger Geschichten voll, auf Pascoaes die Nina ihre Reize dem Silbersternschen Messingbett vorenthalten ließ, mit bezahltem Abstecher nach Lissabon zum Grafen . . . Siehe da, sie kannten ihn alle, und sie wußten um des Grafen deutsche Liebschaft: Nina, ja, dieselbe, Tänzerin, Ballett; der Graf sei wie weg gewesen, Familienzwist, er drohte das Mädchen heimzuführen, reich mir die Hand zum Leben, komm auf mein Schloß mit mir . . . Schade, sagte ich, daß er es nicht getan hat. Dem Uradel könnte ein bißchen Aufschotterung vom Bahndamm zwischen Köln und Neuß nicht geschadet haben. Böse Blicke, obwohl ich als Habsburger Bastard schon ein Wörtchen mitreden durfte. Nur der adlige Dichter, als Dichter über allem Blute stehend, pflichtete meinem Bedauern bei.

Nina hatte schon früh den vollendeten Körperbau in den Dienst ihres Eigennutzes gestellt. Mit diesem Pfund wucherte sie, und schließlich, wer so aus den Gliedern geschossen war wie sie, hatte es nicht nötig, eine Ziege den Bahndamm entlang zu führen und dürren Schachtelhalm rupfen zu lassen, auch wenn der Damm an Deutschlands frömmster Strecke liegt, zwischen Neuß und Köln. Es war mir ein Bedürfnis, Nina gleich bei der ersten Begegnung zu verraten, daß ich diese Strecke Dutzende Male gefahren sei, und vermutlich hätte ich sogar in dem Zug gesessen, der ihrem Vater so verhängnisvoll geworden. Das brachte uns menschlich schon näher. Herr Silberstern sah das nicht gern, und darum rechnete er aus, daß es zeitlich nicht stimmen könne. Wir ließen das auf sich beruhen. Als Nina sechzehn war, ließ sie sich von ihrem erblindeten Spiegelchen beraten, zog ihr

Hütekleidchen aus und wurde Girl. Mit achtzehn wurde sie im »Fiesen Kunibert« zu Köln von einem Studenten entdeckt, der sie hatte göbeln hören und von diesen Geräuschen auf ihre Stimme Rückschlüsse zog, die ihr neue Wege öffneten. Ein paar Monate später tanzte und sang sie in Berlin, Paris und auch in Lissabon, nackte Nina unter 30 nackten Ninas. Die Truppe war auf Tournée und schiffte sich in Leixões nach Rio de Janeiro ein. Der Graf, in allem auf den Vorsprang aus, hatte seine Nina rasch unter den dreißig herausgefunden: die und keine andere! Für den Schäfer hat jedes Schaf seine Eigenpersönlichkeit. Er kriegte sie – doch nur kurz währte das Schäferglück. Darum: auf Wiedersehn in Köln: »Minha alma!« sagte der Graf. »Tschüß«, sagte Nina.

Der Graf, der auch Baron und Marquis war, und weibertoll wie nur ein Portugiese, und katholisch, reiste auf Ninas Heimkehrtelegramm nach Köln, kniete im Dom, in Maria im Kapitol, und suchte auch die weltlichen Stätten auf, die Nina zur Nina gemacht: den »Fiesen Kunibert« vor allem. Nur dem Bahndamm blieben sie fern. Da hütete Mutter Jensen die Ziege und eine Gans. Als der Graf kein Geld mehr hatte und auch nichts mehr zum Verpfänden, das letzte Landgut in Portugal war schon unter den Hammer gekommen, kehrte er in das Land seiner Väter zurück, rechnete und verlobte sich mit einer Menina, die keinen Körperbau hatte, aber dafür Weingüter im Dourotal. Der Bund wurde gesegnet, aus dem Uradel sproß neuer Adel, und zwei Kinder lagen schon in der Wiege, als Nina auf Mallorca landete. Nun wollte sie überhals nach Lissabon zu ihrem Conde.

Silberstern, hin und her geworfen zwischen Eitelkeit und Geiz, was sollte er tun? Es könne die Welt nicht kosten, flüsterte ich ihm zu, und besser gleich als später. Denn wenn er sich erst wieder an die Süperbitäten des Weibes gewöhnt hätte, fiele die Trennung um so schwerer, sei es auch nur für ein paar Tage. Nina hielt alles geschlossen in der Zeit, wo Silberstern mit dem Engel seines Geizes rang: Kammer, Keuschheitsgürtel und selbst den schönen Mund. Der Verkehr fand schriftlich unter der Türritze statt; Essen faßte sie nur, wenn der Belagerer zum Hause hinaus war. Hinter der schmalen Stirn hauste der Instinkt aller Weibchen, die abbeißen, wenn's nicht ihre Stunde ist. Ninas Stunde war jetzt ein Graf. Da schlug der Engel dem Silberstern auf die Hüfte. Dieser, händeringend abermals, kaufte die Fahrkarte nach Lissabon. Nina wußte es einzurichten, mir besonders überzeugend für meine Vermittlung zu danken; dann dampfte sie ab, königlich. Der schäbige Stern hatte das Nachsehen, aber auch die Befriedigung, einem Conde, Marquêz und Barão seine Nina für eine Woche abzustehen.

Silberstern begann jetzt zu kümmern wie ein Albigenser, der sich in die Endura versetzt, oder, da dieser Vergleich für den erotomanen Kauz zu schade ist, wie eine Ziege, die aus unerfindlichen Gründen plötzlich nicht mehr frißt. Auch Palmas Freudenhäuser vermochten ihn nicht aufzumuntern. Die Nina schrieb nämlich nicht, nicht mal eine Ansicht vom Schloß ihres Grafen. Das Geld wieder futsch, der Reisemantel, den er auf Vigoleis' Rat noch gestiftet hatte: futsch! Er könne sich die Haare ausraufen! Nun, dachte ich, mehr will ich nicht, aber mach es bei dir zu Hause.

*

War es wieder eine Nacht der Millionen? Träumte es in den Palmen? Schob sich das Schildferkel der schönen Mädchen durchs Genist? Ich weiß es nicht mehr, und es ist auch gleichgültig, in welchem Zeichen die Natur stand, als ich, Stunde um Stunde, geräuschlos an den Hünengräbern meiner heidnischen Magen schuf. Die Geschichte, wie alle Geschichte, schrieb sich fast von selbst; meist genügte ein Blick in mein Heimatjournal, in dem der nationale Wahnsinn die geilsten Schossen trieb, um dem Tausendjährigen Reich ein weiteres Sprietlein Ewigkeit aufzupfropfen. Dann ertönte die Klingel, und nach der Überwindung des Schreckens – ich bin ein Nachtmensch – ließ ich Silberstern unter die Lampe treten: was wieder los sei? Diese Stunde gehöre doch mir und meinen Getüderten. Und wie er aussehe. Ich lief um Wasser.

Ich müsse mit, sofort, kein Hüne, der mich hier halten dürfe, kein Keßler nicht, nicht einmal die gnädige Frau. Denn, wer ein rechter Mann sei, der lasse sich das nicht bieten, *das*! Und beschimpft habe sie ihn auch, *ihn*, den Bruder von Geheimrat Silberstern aus Würzburg!

Also die Nina. Zurück? Und mit ihm natürlich . . .

Kurz, ich wurde aufgefordert, sofort, ohne zu fackeln, mit in die »Casa del Fortunón« zu kommen; als Palmas bester Führer wisse ich ja, was das sei, und dann der Dame mal gründlich den Standpunkt klargemacht, *ihm* das! Sein Geld wolle er zurück, oder eine andere Dame haben; die, welche er gehabt, entspräche nicht seinem Kaliber – »ein blanker Duro, Herr Doktor, bedenken Sie!«

»Also wieder ein Fall von Affütage, diesmal im technischen Sinne des Wortes. Dafür bin ich nicht zuständig. Zudem verfüge ich nicht einmal über die nötigen Obtrunkationsinstrumente.«

Es half nichts, der nächtliche Ruhestörer ließ sich nicht abspeisen. Ich müsse kommen, ein Duro stände auf dem Spiel und sein Ansehen als Deutscher. Ich müsse wieder auftreten als Dolmetscher und Rechtsberater ... »Verzeihung, wenn schon Berater, dann doch nur Geschlechts-, und was den in seiner Mannesehre geschändeten Deutschen betrifft, dafür ist das Konsulat da. Solange Sie nicht ausgebürgert sind, haben Sie Anrecht auf Beistand. Sie wissen ja, wo der Konsul wohnt. Nehmen Sie ein Taxi, beim Alhambra.«

Da wurde Silberstern fuchsteufelswild und senkte den Kopf, wie ein Stier und drohte: schön, ich ließe ihn hängen, ich wolle nicht, schön, wir sprächen uns noch; aber er habe mich nicht nötig, er gehe jetzt schnurstracks zur gnädigen Frau, um deren Meinung und Rat und Beistand und ... Der Herr weinte fast vor Verzweiflung, und, mit den Örtlichkeiten vertraut, setzte er seine einwärts gerichteten Füße schon auf das erste Zeitungsblatt des Korridors, um von Zeitung zu Zeitung in die Sala Immaculata zu eilen, wo sich die Blätter zur Schütte häuften, auf der Beatrice lag und schlief. Ich, der mich plötzlich der Mut meiner Hünen anflog, faßte den Rechtserpicher beim Schlafittich und donnerte ihn an: »Unterstehen Sie sich, mit Ihren thermo-pylischen Nöten meiner Frau zu nahe zu treten! Es könnte Sie das Schicksal des Origenes ereilen, aber von meiner Hand!«

Da brach der Lüstling vollends in die Knie, er wimmerte nur noch, waren es hebräische Worte? Ein Bild des Elends war es jedenfalls, so daß ich mich des Schelms erneut erbarmte. Was ich sonst noch für ihn tun könne? Silberstern richtete sich aus seiner Niedergeschmettertheit auf, neue Hoffnungen blitzten in seinen hab-, weib- und geldgierigen Augen. »Etwas Geschriebenes«, sagte er, »schreiben Sie ein paar Zeilen an die Patrona, daß sie mir einen Gutschein ausstellt, mit Umtauschrecht, fürs nächste Mal.«

Ich fertigte ein Dokument aus, auf blauem Bütten; es war leicht parfümiert, woraus geschlossen werden darf, daß ich mich an Keßlers Schachtel verging. Die ungewöhnliche Stunde und der denkwürdige Anlaß ermächtigten mich zu diesem Übergriff, wo ich sonst einen Heidenrespekt habe vor fremdem Eigentum.

Silberstern, gebührend auf die Tatsache aufmerksam gemacht, daß der Hurenukas auf einem von Gaspard Maillol geschöpften Papier geschrieben sei, zog gehoben von dannen. Nichts kann einen Menschen, der an der Welt irre geworden ist, so aufrichten als das Bewußtsein des gewordenen Rechts. Und wenn man es noch schriftlich hat, auf welthistorischem Papier ... Silberstern zeigte Monate später dem Folkwangbobby das Dokument. Es lag geborgen in einer besonderen Mappe, die die Aufschrift trug: Umständliches. Er hatte es der Vorsteherin des Freudenhauses vorgezeigt, mit 2 Peseten Schaden die Affütage noch in selbiger Nacht bereinigt, und nun bewahrte er die Urkunde auf, weil es Papier eines richtigen Grafen sei. Den Grafen selbst müsse er nun endlich persönlich kennenlernen. »Sieh dich also vor«, sagte Bobby, »der Kerl ist schlimmer als ein Frett.«

*

Ein paar Wochen vergingen, dann kam das erste Lebenszeichen von Nina, und mit ihm, es ist mir schon peinlich zu sagen, wieder »händeringend« der Unstern: ein Telegramm, in Casablanca aufgegeben, wo das etwas allzuschwarz nachgedunkelte blonde Kind vom Rhein in einem Hotel mit bedeutend klingendem Namen auf die sofortige Überweisung einer ziemlich großen Summe wartete, um das Hotel und die Rückreise nach Mallorca bezahlen zu können. – Er dächte nicht daran, Geld zu schicken, er habe andere Mittel, das Flittchen zu sich zurückzuzwingen. – Wozu dann Hände gerungen werden müßten? bitte, er solle seine Künste spielen lassen, während Fräulein Nina ihre Trümpfe ausspiele ... »Die, woso denn, Trümpfe? Nicht mal Strümpfe hat sie, wenn ich sie ihr nicht schenke!«

Ein Hinweis auf die Intervention des deutschen Generalkonsulates genügte, diese Kleinigkeit in Ordnung zu bringen; ein paar tausend Peseten, daran stirbt ein Millionär vom Geiz der Silbersterne höchstens in Gedanken. Darauf kamen süße Worte des Dankes aus Portugal, aus dem Luxusbad Estoril; sie käme bald selbst, über Marrakesch, 1000 Küsse: Nina.

Die Liebe aller süperben Weiber habe ihre eigene Geographie, mußte ich dem einer neuen Erschütterung ausgesetzten Klienten bedeuten. Er verfiele in den Fehler, Luftlinien zu ziehen. Seine Nina sei zwar ein Zugvogel mit vielen Brüteplätzen, aber verschüttetem Heimkehrinstinkt. Geduld!

So wie auf Mallorca jeder ein Graf, ein Doktor, ein Professor, ein meist gelesener Autor oder meist unverstandener Maler war;

ein langer Biedermann, vermutlich seiner behaarten Jockeybeine wegen, sich für den Schwiegersohn des Rennstallbesitzers Franz von Papen halten ließ; auch eine große Lady da lebte in einer allerdings sehr kleinen Pension, mit der ich in meinem Pidgin-Englisch weidlich über die Führer-Papst-Achse schimpfte und dabei aus Büchern zitieren konnte, die ich zur Besprechung vom ›Vaderland‹ erhalten hatte, höchst gescheiten Büchern übrigens – und dann lächelte die Lady, geschmeichelt in ihrer Muttereitelkeit: jede Zeile des Prinzen Hubertus zu Löwenstein, Wertheim und Freudenberg kannte sie auswendig – und was der gescheite Sohn noch alles schreiben werde . . . wie das alles auf der Insel seine Gesichter wahrte, so können wir annehmen, daß die Männer in den Zelten von Marrakesch, denen Nina auf schön gewirkten Teppichen sich willig erwies, auch alle echt waren: Scheichs, die ihr statt schäbiger Baumwollstrümpfe aus dem Ehape Narde und Safran schenkten, kostbare Weihrauchhölzer, goldene und silberne Geräte, und für die Witwe Jensen sogar eine Kamelstute statt einer meckrigen Ziege. Nina gab, was sie auf der Strecke ihrer Geburt zwischen Köln und Neuß vom Schöpfer erhalten hatte: Schenkel, die wie Säulen aus Marmor auf goldenen Sockeln stehen; und ihren Gaumen, der eitel Süße war; und ihre Brüste, die waren wie die Tröge der Himmlischen. Die Scheichs, aus alttestamentarischer Macht und Herrlichkeit entsprossen, konnten es natürlich noch viel besser als die Spanier unseres Kathrinchens im »Turm der Uhr«. Eine Frau aber, die einmal das Beilager mit einem richtigen Scheich geteilt, geht für keine Schätze der Welt mehr zurück ins Messingbett eines Silberstern. Geschweige denn für einen Strumpf.

Wieder in Palma, wieder im Hause ihres verachteten Gebieters, wollte die linksrheinische Sulamitin nur noch tanzen, im »Trocadero«, dem eben fertig gewordenen teuersten Dancing der Stadt, wo bald ein echter Mengelberg den Taktstock schwingen würde über eine Bande echter Czigánys, unter den Harfengriffen einer echten Rahel. Tanzen, tanzen, nach anderem stand Nina der Sinn nicht mehr; doch um des Himmels willen nicht mit dem schäbigen Silberstern, der es übrigens auch gar nicht gekonnt hätte.

Viele spanische Verehrer lagen Nina zu Füßen, sagten ihr gewagte »Piropos«, machten verlockende Angebote. Einen ließ sie in ihre berückende Atemnähe; es war ein wohlhabender Mann, schön, jung, ihm reichte sie das Schlüsselchen ihres Gürtels. Er hatte einen eleganten Piso, eine Segeljacht und ein

Windspiel, auf das Herr Silberstern, ein Fanatiker des Windhundrennens, schon mit Gewinn gesetzt hatte. Statt mit Adelfredo auf dem Markt zu feilschen, beide ohne eines Wortes Spanisch mächtig zu sein, flanierte sie mit dem Señorito über den Borne, wo sie die Blicke anderer Señoritos dermaßen auf sich zog, daß der Jüngling beschloß, sie zu entführen. Der Rapto vollzog sich am hellichten Tag, vor den Augen des Bruders eines promovierten Rechtsanwalts; ein Zeichen, daß es nicht immer genügt, einen starken Bruder zu haben. Erneut flog Silberstern in die Barceló: die Nina sei seine Nina; er habe sie kommen lassen; ausgekleidet – er meinte ausschließlich im Sinne von eingekleidet, denn es war noch nicht wieder zur Rassenschande gekommen – habe er sie, zu essen gäbe er ihr und müsse sich trotzdem noch eine Zugeherin halten, und zum Dank triebe sie es mit einem Spanier.

Gemach, ich kriegte sie schon wieder heraus, es koste ihn ein paar seiner klemmigen Peseten, nicht was das Loseisen beträfe, das koste mich nur ein Telephongespräch mit dem Spanier; nein, die Entpilarisierung, denn nun sei seine Nina von oben bis unten beschmettet.

»Be-was?«

»Beschmettet, ein Hollandismus, wohinter sich die Syphilis verborgen hält. Wir müssen den Tatsachen klar ins Auge blicken.«

Einen Monat blieb Nina verschollen. Dann kam ein Brief, dessen furchtbarer Inhalt nur gemildert wurde durch das rührend unbekümmerte Bahndammdeutsch, in dem er verfaßt war: der Señorito hielt sie auf seiner Finca im Innern der Insel eingesperrt, er sei ein Sadist und Syphilis habe er auch. Adelfried könne sie haben, bedingungslos, wenn er sie nur aus den Klauen des spanischen Ungeheuers befreie.

Nun er sie haben konnte, hatte sie die Schmette! Zum Haare ausraufen! Und aus Köln kommen gelassen!

Ich empfahl Professor Scheidegger in Basel; für 3000 Franken nähme er das Mädchen in seine Kläranlage, vielleicht koste es auch 5000, es hinge von der Anzahl der Bazillen ab, die der Spanier ihr eingeimpft habe. In einem halben Jahr könne sie dann ihren Dienst bei ihm wieder aufnehmen.

Als Entgegnung auf meinen sachdienlichen Vorschlag hatte Silberstern nur zwei große Tränen, die aber nicht der Nina galten. Mit der Mutter wäre er weiter gekommen.

»Emigrantenlos«, sagte ich, »den einen trifft's vorne, den anderen hinten, und Sie trifft es mitten ins Bankguthaben.«

Dem Spanier schrieb ich, daß er eine gefährliche Spionin des Dritten Reiches in Gewahrsam halte, das bringe ihm die Gegenspionage auf den Hals. Umgebracht würde sie auf alle Fälle, und wenn man ihre Leiche in seinem Bett fände ... Drei Tage später hielt eine Luxuslimousine vor unserem Hause: Nina.

Nina bekam ihr Reisegeld 3. Klasse zurück an den Schotterdamm zwischen Köln und Neuß und ein gutbürgerliches Dienstzeugnis, worauf sie seltsamerweise bestand. Und dann: heim ins Reich. Ihr Reich war aber schon so groß geworden, daß es in Barcelona anfing. Herr Silberstern brachte die Nutte, die ihm zur baren Niete ausgefallen war, ans Schiff. Immer Kavalier, und wer weiß, sie *könnte* ...

Nun lief das Fugbild der Liebe wieder ins Geld, so billig auch die Steinchen waren, aus denen Silberstern es fügte. In der erregenden Ninazeit hatte er sich im bargeldlosen Verkehr aus der Affütage gezogen.

*

Eine Mallorquiner Magd mit Zopf und Rebocillo, Busen und Beinen unter der Wehr von sieben Miedern und Röcken hatte ihren Einzug in Silbersterns Haus gehalten. Beatrice warnte: keine unsittlichen Anträge, sonst werde er von den Burschen der Insel gelyncht.

Die Magd ergriff nach drei Tagen die Flucht, erstattete aber keine Anzeige, weil sie den Monatslohn, auf mein Andringen, im voraus bekommen hatte. Es war also noch mal gut abgelaufen – aber auf die Dauer?

Auf die Dauer ging das nicht, es war kein Leben. In Deutschland ... ich mußte es dem Emigranten immer wieder in den Schädel hämmern: er lebe nicht in Deutschland, und wenn er auch in erotischer Hinsicht ein wenig in der Klemme säße, möge er doch bedenken, daß seine Glaubensbrüder im Kazett säßen, ohne Weiber und bald ohne Leben.

Die Bibel war schon auf den Gedanken gekommen, daß es nicht gut sei, wenn der Mensch allein sei; es müsse ihm darum eine Gehilfin geschaffen werden, die zu ihm passe. Auf die Frage, wer aber zu einem geadelfriedeten Silberstern passe, hat sie keine Antwort gegeben, weshalb Vigoleis wieder einmal sein menschenmögliches tun mußte, auch diese Lücke zu schließen. Ja, aus wessen Rippe muß das Weib geschaffen werden, das einem solchen Adam die Ehre des Messingbettes antut, über dem die Photographien aller weiblichen Wesen hingen, deren Liebesleben schon in einem unmittelbaren Zusammenhang mit dem Möbel gestanden hatten? Es waren gute fünfzig – fünfzig Sternstunden im Leben des Herrn Silberstern.

Da ich mir gelobt hatte, meine Sonne über den Unseligen so lange leuchten zu lassen, bis meiner Rache Genüge geschehen sei, sagte ich ihm eines Tages, er solle doch mal ausrechnen, ob nicht heiraten billiger käme als Haushälterin *und* Freudenhaus, noch abgesehen von dem moralischen Gewinn, den ein eigenes Heim bedeute: ein Heim, ein deutsches Heim in der baren Fremde! Deutsche Trautheit, deutsche Gemütlichkeit! Und wer wie er habe die Mittel, so geistige als materielle, ein Musterheim im Auslande zu erschaffen, wo die Heime in Deutschland doch über kurz oder lang nur noch Brutstätten des völkischen Irrsinns seien? Die Frage der Ehepartnerin solle meine Sorge sein; ich hätte sowieso ein schlechtes Gewissen, ihn mit der Nina so ungut beraten zu haben; aber na, sie sei schließlich auch eine zu enge Landsmännin aus meiner Jejend jewesen.

Ich setzte eine Anzeige auf, die zwar anders ausfiel, als der Freier sich das vorgestellt hatte. Er wollte eigentlich eine Haushälterin in Dienst nehmen, spätere Heirat nicht ausgeschlossen; also mit dem, was man auf dem holländischen Dienstmädchenmarkt eine solche nennt »met gebruik van mijnheer«, freilich umgekehrt, und Mitgift erwünscht, aber nicht Bedingung. Die Anzeige erschien in den größten Zeitungen des Dritten Reiches. Das Ergebnis war erschütternd. Sogar Silberstern wurde eben still bei dem Gedanken: so viele wollen dem sicheren Tode entrinnen? Denn jüdische Abstammung war eine meiner Bedingungen gewesen. Zu guter Letzt siegte aber des Mannes Eitelkeit: so viele wollten zu ihm ins Bett!

Es gibt verdammt schöne Jüdinnen in Deutschland, dachte ich, als ich das Material sortierte, nicht nach Schönheit des Angesichtes, sondern nach den Schicksalen, die aus den Begleitbriefen sprachen. Herr Silberstern wollte die schönste haben, *mußte* sogar, denn schließlich: wer zahle die Reise wieder? Eben weil er die Reise wieder zahlen müsse: keine Schöne, die gleich mit einem anderen abginge! Alle Ninas schieden aus, viele Nichtninas, deren Leben nicht unmittelbar bedroht war, bis eine Frau übrig blieb; die aber war eine Dame. Doch nicht im Sinne des Adelfriedschen Umgangs mit Weibern.

Der Fall, einer unter tausend, hatte mich am meisten getroffen:

die sich bewarb, dem Inserenten den Dreck zu fegen, wobei sie keine Ahnung hatte, auf was er sich alles erstreckte, war die Witwe eines berühmten Bankiers aus Berlin. Der Magnat hatte sich kurz nach der Machtergreifung ans Fensterkreuz seines Schlafzimmers geknüpft. Das Vermögen war enteignet worden. Ein Sohn, ich meine mich zu erinnern: der einzige, lebte in einer Heilanstalt. Der Brief war einfach gehalten; zu jeder Arbeit sei sie bereit, Reisegeld habe sie nicht.

Herr Silberstern sagte, eine Beauté sei das ja gerade nicht, auch altersmäßig etwas über seine Bedürfnisse, aber sonst: wirklich das Allerfeinste aus den höchsten Kreisen Berlins, da habe Rathenau verkehrt und sicher auch Graf Keßler; ich müsse sofort Erkundigungen bei diesem einziehen, und ob ich denn dächte, daß sie auch mit ihm schliefe, das heißt, er wolle lieber die gnädige Frau fragen, die ausschließlich in solchen Kreisen verkehrt habe. Ich erteilte indessen die Auskunft auf Grund meiner Belesenheit über die gleichen Kreise: Herren pflegten ohne weiteres mit Damen zu schlafen, wenn der Herr ein vollendeter Herr und die Dame eine vollendete Dame sei, es sei denn, daß sich die beiden nicht riechen könnten. Was das aber beträfe, sähe ich in unserem Falle gar nicht schwarz, im Gegenteil ... Doch erst müsse die Vollendete aus den feinsten Kreisen herauskommen.

Sie kam, klein, schmal, abgehärmt, in Kleidern, die schon den Übergang anzudeuten schienen von der Herrin des Grunewaldpalastes zur niederen Magd, die dem Filz die Stiefel wichsen mußte; und wehe, wenn sie die Schmiere zu dick auftrüge! Wie die Nina, wurde uns auch die erste Dame der Berliner Hochfinanz sofort nach der Ausschiffung vorgeführt. Silberstern war glänzender Laune, die Hände über dem Bäuchlein gefalten, die Daumen drehend; er triefte vor Stolz. Wo er nicht mal als Weinhändler Zugang gefunden hatte, das war nun seine Untergebene, und 12 Stunden noch, 13, seine Unterlegene im Messingbett: Berliner Hochfinanz! Wo Kaisers verkehrt haben!

Beatrice erbot sich, der Dame in den ersten Tagen behülflich zu sein, mit Französisch könne sie auf dem Markt wenig anfangen, und ob sie mittags auf einen Sprung zu ihr hinüber dürfe? Herr Silberstern war gerührt und sagte: »Sehen Sie, habe ich zuviel gesagt? Ich verkehre nur mit gebildeten Leuten.«

Beatrice klärte die neue Hausangestellte auf: sie müsse sich auf alles gefaßt machen, sich einschließen, und Geduld haben, es sei nur eine Übergangszeit, wir hätten schon Beziehungen aufgenommen mit einem katalanischen Großindustriellen, der eine deutsche Hausdame suche.

Es ging schiefer, als wir gedacht hatten, nämlich schon nach 24 Stunden. Die vollendete Dame wollte nicht. So beschränkte sich ihr Verhältnis zum Messingbett einzig darauf, daß sie es mit Jutalin blank hielt, klopfte und spreitete. Hineinlegen tat sie sich nicht. Das führte wieder zu neuem Händeringen, zu Worten des bitterbösen Bezichts, die in niedrigste Anpöbeleien ausarteten, als Silberstern dahintergekommen war, daß die feine Dame statt auf dem Markt im Colmado Parisién einkaufte, weil sie sich dort verständigen konnte. Wir hatten kein Bett, sonst hätten wir den Aschenputtel aufgenommen, denn die Antwort aus Barcelona ließ auf sich warten. Doch die Dame meinte, in Deutschland sei sie tiefer erniedrigt worden, und wenn sie nur ihr Kind herausholen könnte; aber die Nazis gäben es nicht her, es sei ein wenig geistesschwach, es würde wohl beseitigt werden.

Der katalanische Industriemagnat kam selbst nach Mallorca, um die Dame abzuholen, in seiner eigenen Jacht. Wir waren glücklich. Herr Silberstern, wieder einmal der Verzweiflung nahe: wieder alles futsch, und nichts gehabt!

Ein paar Briefe haben wir noch von der Dame bekommen; sie habe den Himmel auf Erden an der »Costa Brava«, doch würde sie ihres Lebens nicht mehr froh, solange sie den Jungen in Deutschland wisse. Der Katalane wolle persönlich vermitteln, aber sie habe es abgelehnt. Sie ginge wieder nach Berlin zurück.

Ein Jahr später bekamen wir aus Paris ein paar herzliche Worte des Dankes. Sie sei auf der Durchreise nach Deutschland. Ihr Kind sei verschwunden, sie müsse es suchen. Dann verschwand sie selbst. Sie wird den Weg ihres Kindes gegangen sein, den der Millionen Kinder Israels.

*

Wenn Steine wirklich zum Erbarmen gebracht werden können, dann hätten Silbersterns tägliche Klagelieder es vermocht. Seine Lage hatte sich verschlimmert. Nach der großen Dame hatte er auf mein Anraten einen Hausburschen angestellt, der aber nach ein paar Wochen schon ausriß. Der Junge verstand ein paar Worte Deutsch, da er in Deutschland im Südfruchthandel tätig gewesen war, wie so viele Mallorquiner. Silberstern versuchte nun den »Diener«, wie er Jaime nannte, auf Frauenfang abzurichten. Für diesen Zweck mußte ein besonderes

Leimrutenkonto angelegt werden. Die Vögelchen, die Jaime ins Haus brachte, gingen aber nicht zum Patron aufs Stöckchen; der Vogler ließ sie in seinem eigenen Kämmerchen ihre Kantaten schlagen. Es setzte Prügel. Ich drängte erneut: heiraten, und nur eine Deutsche, aber vielleicht aus Kreisen, die den offenen Bräuchen der Welt auch offen gegenüberstünden.

»Künstlerin?«

»Künstlerin!«

»Wie die Rahel Mengelberg?«

»Jedenfalls etwas Vorragendes in diesem Sinne.«

»Dann schreiben Sie . . .«

Da das forsche Judenmorden im Reich weiterging, liefen auf die neue, ganz aufs Künstlerische abgestellte Anzeige Hunderte von Bewerbungsschreiben ein. Mein Tisch bog sich unter der Last der abgewirtschafteten nichtarischen Kunst. Große Namen traten mir unter den Blick. In der steigenden Sintflut erschien den Schiffbrüchigen der Silberstern als rettende Boje. Mir war daran gelegen, wieder einen Menschen auf Kosten meines Klienten aus der Hölle herauszuholen und, einmal in Spanien, irgendwo anständig unter Dach zu bringen. Zugleich aber mußte die betreffende Künstlerin geeignet sein, dem vor Geld und Geilheit triefenden Pomuchel einen gehörigen Denkzettel zu geben. Das erschwerte die Auswahl. Ich mußte meine ganze Beredsamkeit aufbieten, dem lechzenden Adelfried ein paar Dutzend leckere Bissen auszureden. Ins Auge stach mir eine Frau mittleren Alters, aus der Filmwelt, für die ich seit meiner Berührung mit Victor E. van Vrieslands bildschöner Mittlerin eine Schwäche übrigbehalten hatte, wo ich sonst mit der flimmernden Welt nichts anzufangen weiß. Filme kapiere ich nie, allerdings habe ich auch höchstens 25 in meinem Leben gesehen.

Diese denn sollte es sein: und so berühmt, daß sie kein Photo einzureichen brauchte, da sie als Postkarte in allen Kiosken zu haben war. Geschiedene Frau eines noch berühmteren Regisseurs, war sie in jeder Beziehung durchgedreht und damit die Person, die ich für mein Bubenstück nötig hatte, das zugleich ein Rettungswerk war. Silberstern beargwöhnte mein Tun, ließ mich aber wieder gewähren, als ich seine Eitelkeit gestachelt hatte: er käme in alle spanischen, was sage ich? in die Zeitungen der ganzen Welt, wenn er diesen Stern über seiner Messingkrippe aufgehen ließe. Zudem ständen Frauen mit solcher Blume, das wisse er ja aus der Weinbranche, über jedem Alter. Als Filmstar beherrsche sie die Kunst der Camouflage, und sogar die Hände, das verräterische Leitfossil aller sich verjüngenden Weiblichkeit, könnten bei ihnen täuschen. Schreiben wir? »Schreiben Sie . . .« Herr Silberstern hatte sich schon in seine neue Rolle als berühmter Silberstar hineingelebt. Von dümmster Eigenrichtigkeit, die mit seiner Beschränktheit in ständiger Fehde lag, ergeiferte er sich schon im Geiste an dieser kostbaren Beute. Ob sie ihm auch die Wohnung sauber hielte? Das Bett, dachte ich, hält sie dir sicher sauber, und auch die Kolbe wird sie dir lausen!

Der Brief an die Spitzendame war keine Kleinigkeit, aber er gelang mir so, daß weder Absender noch Empfänger merkten, wie sie mißbraucht wurden. Rückschauend bin ich auf diese epistolare Leistung nicht minder stolz als auf die Christbotschaft an die Basler Millionen.

Die Antwort war befriedigend, schoß aber in dem über die Schranke hinaus, daß die Bewerberin sich erbot, nach Palma zu reisen, und nach einer angemessenen Probezeit den werten Silberstern zu heiraten. Zu den gemeinsamen Bekannten gehörte übrigens der Bruder und Wirkliche Geheime Rat. Ihr Bild schickte sie nicht, bat aber um das ihres künftigen Brotherrn, worüber ich nicht wenig erschrak – nicht wegen der Gefährdung der Diskretion, die zugesichert war. Silberstern schleppte alle Bildnisse herbei, die im Laufe seines wein- und weiberreichen Lebens von seiner nicht sehr ansprechenden Erscheinung gemacht worden waren. Sie sprachen die Bände, die das Modell zu sprechen pflegte; da hieß es aufpassen. Schickt er eins, dann hören wir nie mehr etwas von der Künstlerin, deren eigene Hinterabsichten mir sowieso nicht erkennbar waren. Sie hatte doch kaum einen solchen Stern nötig, um aus der Unterwelt zu entkommen. Der Himmel, von mir angezweifelt und angeklagt, kam mir da sicherlich entgegen, indem er mir ein Mittel lieh, den Ausbeuter des Vigoleis zu schädigen, ihn auf schreiende Unkosten zu treiben. »Ein Kavalier«, sagte ich darum, die Photographien dem Beau zurückgebend, »schickt einer solchen Dame nicht sein Bild, er schickt sich selbst.«

Ich sei wohl verrückt, oder spöttele, man schlüge ihn ja tot im Reich! Nein, er schicke die Bilder: alle – »schreiben Sie!«

Ein solcher Herr, eine solche Dame und ein Engagement, das die Augen der Welt auf sich zöge –: »Herr Stern, dafür hat Gott der Herr die freie Schweiz geschaffen, Zürich, und das ›Hotel zum Storchen‹, aber fragen wir eben Beatrice, wie das auf Französisch heißt, es klingt internationaler. Ein Storch ist zwar auch international, hat aber was Mütterliches, was wir vermeiden sollten. ›Baur au Lac‹ kommt nicht in Frage, das haben Sie als alter Kapitalist nicht nötig. Ich schreibe eben ein paar Zeilen in diesem Sinne.«

Kampf, rasend schnelles Überschlagen der Unkosten, Eitelkeit, Zerknirschung, Daumendrehen, Daumen in die Armlöcher, Auspacken aller Bettgeschichten seiner Zukünftigen, Brautfahrt zum Storchen . . . und ich konnte schreiben.

Antwort aus Berlin, telegraphisch: Einverstanden, Cigogne, wer weitere Reise habe, bestimme den Tag.

Vigoleis rieb sich die Hände. Wenn doch die Verleger so weitsichtig wären wie diese Künstlerin, dann wäre sein literarischer Nachlaß schon längst auf dem Markt.

Der Geizbauch, einmal zu dieser riesigen Ausgabe entschlossen – es gab kein Zurück –, wollte gleich abends aufs Schiff, ich solle telegraphieren. Halt, Männeken, rief ich, so wie er sei, könne er nicht reisen, denn er wolle doch schnurstracks in den »Storchen«, und im »Storchen« mit ihr ins Nest; es gehöre sich auch so, aber nicht in solchen Unterhosen, wie ich mir zu vermuten erlaube, daß er sie trüge. Er wisse ja, Katharina die Große habe einmal einen Großfürsten totpeitschen lassen, weil er sich in der Eile in belobter Peinlichkeit auf sie zubewegt habe, und gerade diese Dame sei doch sonst nicht so gewesen. Silberstern verbat sich meine Einmischung in seine Wäschefragen, kaufte aber doch ein paar erstklassige Garnituren. Und als Millionär wolle er wohl nicht in so verschabten Kleidern absteigen; dazu sei er nicht reich genug, also zum Schneider. – Ja, da müsse er mir recht geben, und er habe einen gefunden, ganz billig, für 60 Peseten mit Zutaten. Schön, sagte ich, Palma habe für derartige Fälle auch seinen Sastre: Bauzá, auf der Plaza Cort. Dort lasse die spanische Generalität arbeiten – und Graf Keßler.

»Der Herr Graf? Das erfinden Sie. Beweise!«

Damit konnte ich dienen, ich hatte die Rechnung selber bezahlt, um Keßler einen Gang zu sparen; 500 Peseten, von Paquita, der schönen Angelita noch schöneren Schwester, die bei Bauzá an der Kasse saß, quittiert.

So reiste Adelfried Silberstern, von Kopf zu Fuß neu eingekleidet, nach Zürich. Nur den alten Adam hatte er nicht ablegen können – die Karte, auf die ich alles setzen mußte. Und darum wurde das Treffen im »Storchen« das erwartete Fiasko. Haare zum Ausraufen waren längst keine mehr da, und Herr Silberstern hätte die Hände gerungen, wäre er nicht als ein toter Mann zurückgekommen.

Die Rache war mein gewesen, wie bei Pilar und Courths-Mahler.

Nach und nach erfuhr ich, wie sich manches, nicht alles, zugetragen hatte in Zürich, wo die feine Welt sich so gerne trifft. Er war im kleinen »Hotel zur Krone« am Limmatquai abgestiegen; sie, mit Freunden vom Film, im »Baur au Lac«. Zu einer Manifestation des Interloc kam es nicht. Die Begegnung fand in der Halle des »Storchen« statt, der auch kein Interesse zu haben schien, die beiden zusammenzubringen. »Der Dame wenigstens die Reisespesen vergütet?« – »Ja, leider, aber immer kulant, Herr Doktor.« Der habe es auch nicht anders von seinem Klienten erwartet. »Und sonst auf die Kosten gekommen? Kleine Mädchen?« Zürich habe seine versteckten Kitzel, ein wenig teuer, da es in der Schweiz keine vom Bund subventionierte Freude gebe. Das treibt die Preise ins Ungemessene. – Nein, nichts dergleichen, äben: zu teuer. Am Tage nach der Scheidung ab nach Barcelona. Bis Paris sei die Reise gut verlaufen, aber dann hätten ein paar »Elemente« in seinem Coupé Platz genommen, die ihm mehr als verdächtig vorgekommen seien. Sie hätten getuschelt, auf Deutsch, Blicke nach ihm geworfen, die wohl mehr dem Juden gegolten als dem feinen Anzug von Bauzá, und Dachau-Panik sei über ihn gekommen: Spitzel, die fangen dich und hängen dich auf, Rassenschande, oder werfen dich kurzerhand aus dem Zug! Damals wurden ja auf allen Strecken der Welt immer wieder Juden gefunden, die aus dem Zug gefallen waren. Silberstern wußte das. Silberstern, mopsig, ungelenk, kein Vater Jahn, schlich aus dem Abteil und in einem ungesehenen Augenblick, der Zug verminderte gerade seine Fahrt, kletterte er unter Lebensgefahr nach draußen und verbrachte die Nacht auf dem Trittbrett. Dabei verlor er den teuren Hut von Bauzá. Eine französische Mutter Jensen wird ihn auf der Strecke zwischen Clermont-Ferrand und Port-Bou gefunden haben. Adelfried hatte seinen alten Deckel wieder auf, als er sich von der Reise zurückmeldete und sagte: »Schreiben Sie.«

*

Und so schrieb ich wieder. Dieses Mal einen Brief an Ninas Titulierten in Lissabon, mit dem die anzestrale Linie seines Hauses stand und fiel, was ich damals natürlich nicht wußte. Er antwortete mit der Höflichkeit aller Portugiesen: Zu Diensten, nein, Schulfilme gäbe es in Portugal noch nicht, der Freund der Nina solle nur kommen, auch dessen Compagnon; er, Conde, Marquêz und Barão wolle bei den gesamten Vorbesprechungen, Transaktionen des Kapitals etc. behülflich sein. Die deutschen Fachleute hätten dort ein weites Betätigungsfeld.

Silberstern hatte einen Sozius aufgetrieben, mit dem er große Geschäfte machen wollte, ein Millionenunternehmen sollte es werden, und, reiner Zufall, in der Filmbranche. Der betreffende Herr lebte in der Emigration auf Mallorca, Schulfilmexperte aus Berlin, Mann von Namen, dem es keinen Abbruch tat, daß ich ihn nie vernommen hatte. Bobby kannte ihn, Beatrice kannte ihn, jedermann kannte ihn. Silbersterns Stern begann wieder zu steigen.

Die Millionen wurden aus Madrid nach Lissabon überwiesen; der Briefwechsel darüber war umfangreich und verwickelt. Ich konnte viel lernen, tat es aber nicht. Auch die Möbel wurden nach Portugal geschickt, denn von seinem Messingbett trenne ihn nur noch der Tod. Zuviel war darin vor sich gegangen und nicht gegangen, als daß er sich von dieser Pilarière noch hätte ausschließen lassen. Er reiste, wie Mamú, mit seinem eigenen Bett.

Wenn wir ohne Centimos waren und ich pumpte Silberstern an, lieh er mir großmütig Geld, bis 50 Peseten sogar ohne Quittung, was er aber nur bei mir täte, sonst nicht mal bei seinem besten Freund. Er bekam immer alles auf den Centimo zurück. Ehrlichkeit, das hatte der Filz rasch herausgebracht, gehört auch zu den peinlichen Eigenschaften des Vigoleis. Nun schuldete ich ihm aber schon seit einigen Wochen das Porto für einen Auslandsbrief; ich hatte es wirklich vergessen, die Kleinigkeit zu bereinigen.

Als sich Herr Silberstern von uns verabschiedete, auf Nimmerwiedersehen, sagte er, es sei da noch eine Kleinigkeit zu bereinigen: ein unnennbarer Schauder erfaßte mich. Ich dachte, wirklich, lieber Leser, ich dachte, nun zieht der Filz seine geproppte Brieftasche und entnimmt ihr einen Umschlag, reicht ihn mit fast verlegenem Lächeln, und der andere nimmt ihn in Empfang mit eindeutig verlegenem Lächeln, weil er ja kein Verhältnis zum Gelde hat und es darum notwendiger braucht; und wenn er dann fort wäre, der Silberstern, den ich täglich als unseren Unstern verflucht, verlacht, verspottet habe, auf Unkosten getrieben auch, und fast sogar in den Tod auf der Strecke zwischen Clermont-Ferrand und Port-Bou, wenn er fort wäre, das heißt kaum zur Türe hinaus, dann würde Vigoleis den Umschlag erbrechen und vor Scham in den Boden sinken: ein Scheck auf

100.000 Peseten, für Deserviten in Sachen Silberstern contra Drittes Reich, Silberstern contra Nina, Silberstern contra Puffmütter, contra, contra . . . und contra Vigoleis. Und wo er schon in die Tasche griff, und Vigoleis, seiner Gesichte wieder mächtig, nur stammelte: »Aber Herr Silberstern! zu gütig, im Grunde genommen doch nur eine Kleinigkeit . . .« da sagte der Unbruder seiner Brüder: »Sagen Sie das nicht, Herr Doktor, in Geschäftsangelegenheiten gibt es keine Kleinigkeiten, und wie Sie wissen aus unserer langen Zusammenarbeit, bin ich da sehr penibel, es war . . .« Er hatte inzwischen einen seiner schmierigen Merkzettel hervorgefummelt – »ja richtig, das Porto für einen Auslandsbrief.«

Antisemit ist Vigoleis auch in dieser abschluchzenden Sekunde nicht geworden, denn schließlich gibt es auch anständige Christen.

*

Wenn die Damen der Christlichen Wissenschaft ihr Neues Testament zugeschlagen hatten, war für mich die Stunde gekommen, wo ich mit den Geschichten des Alten Bundes meinen Sessel neben Mamú rückte. Die Christlichen wußten, daß ich in einem wenig klaren Verhältnis zu einem pikanten Silberstern stand, der um ein Haar in der Nacht der Machtergreifung um seinen Kopf oder mindestens um sein Geschirr gebracht worden wäre; sie wußten auch, daß Mamú eigentlich mehr am Alten denn am Neuen Bunde hing und darum den Geschichten dieses Jaakobs so gerne lauschte; und schließlich wußten sie auch, daß Mamú selber die arische Blutprobe nie hätte bestehen können, und die umstrittenen Backpulvermillionen bei aller königlichen Verbrämung schmutzige jüdische Millionen seien – wo sie selbst sich ganz dem Neuen Testament verschrieben hatten und wie meine Mutter, nur anders, für den Führer beteten, jede in ihrer Muttersprache, unter denen die deutsche seltsamerweise nicht vertreten war. Mamú also jüdisch – darum die wachsende Angst vor den betenden Megären! Bobby hatte es immer vermutet, während ich mich durch das Royale im Bakingpowder hatte blenden lassen, und dieser Aspekt für Beatrice, vielblütige Eidgenossin, überhaupt kein Problem war. Als Mamú wenige Tage nach dem Ausbruch des Bürgerkrieges von der Insel floh, obwohl sie unter dem ausgezeichnet organisierten Schutz des amerikanischen Konsulates stand, war es vor allem die Panik: als Jüdin von den Zeloten der Achse Rom-Berlin-Burgos abgemurkst zu werden. Die Angst war begründet. Mehrere der christlichen Wissensdamen hatten sich das Emblem des heiligen Krieges, das Allerheiligste Herz Jesu, auf die Bluse geheftet, dazu das Hakenkreuz – da waren Weiber zu Hyänen einer Bewegung geworden, die ihnen das eigene Wasser abgraben sollte. Wir sagten: Mamú, schleunigst aufs Schiff, das nächste; morgen schon könne es zu spät sein – jewish und Millionärin ... Sogar vor ihrer deutschen Kinderfrau, die Nazi geworden war, hatte sie Angst.

Die Geschichten des Alten Bundes aber, soweit sie im Silberstern ihre ewig-menschliche Gültigkeit an den Tag legten, mußte Mamú mit allen Versikeln hören, und nichts unterschlug ich. Da Mamús Monatswechsel wieder regelmäßig eintraf, entgalt sie meinem Gaumen, was meine leichtfertige Zunge ihr gab. So schwelgten wir beide. Mein Sieg über das Dritte Reich nötigte ihr Bewunderung ab, doch nicht genug, mich als Rechtsberater in den höchsteigenen Millionenprozeß gegen die Königlichen Pulver-Bäcker einzuschalten. Ihr Anwalt in New York habe Titanisches geleistet, er übersähe den ganzen Gang – und dann las sie mir seitenlange Briefe dieses Juristen vor, in denen es hoch herging, so hoch, daß ich ihr prophezeien konnte, sie würde in Bälde tausendmal reicher sein als alle Silbersterne miteinander.

Ein Känguruhgericht trug mir die Chronique scandaleuse aus der internationalen Musikwelt ein, soweit Silberstern sie dem Carel und der Rahel Mengelberg enthüllte, kaum waren die beiden eine Minute in unserer Dünndruckstube, wo unseligerweise der wandelnde »Wer schläft mit Wem?« mir einen Brief diktierte.

Carel Mengelberg, kein prüder Schluffer, sondern ein Musiker von Welt, der weiß, daß, wo man singt, man sich auch meistens niederläßt, weil das Lied nachher um so reiner und voller aus der Kehle dringt: Carel war doch erschüttert über so viel Austausch unter dem Völkchen, dem er angehört. Nee so was, also die mit dem und der aus der? Auf Ehre, sagte dann Herr Silberstern und plusterte sich vor Eitelkeit, wenn eine ganz unvermutete und fast unmögliche Kombination vor die Rampe geschleppt wurde, mit wann und wo und welchen Folgen, und, meine Herrschaften, jetzt aufgepaßt: was wäre, ich sage wäre geschehen, wenn nicht wer mit wem und dort statt da und dann statt dann – Waterloofragen immer wieder, die auch nur den müßig dünken können, der nicht weiß, daß Geschichte aus dem

Nichtgeschehen entsteht. Kurz, ohne Sünden wider das 6. Gebot keine philharmonische Weltbeglückung. Und als Carel Mengelberg feierlich dem Schmerbauch in die Hand versichert hatte, ein echter Mengelberg zu sein, ohne Fehl, Mengelberg aus Mengelberg, ja, Neffe vom grooten Willem, da sagte Silberstern: vortrefflich, dann besorge er ihm ein Angkaschemang im Trocadero; die gnädige Frau Rahel: erste Harfe. Drunter tat er's nicht.

Der arme Mengelberg, echt oder unecht, er war ja nur mit einem poveren Rucksack gekommen, um ein wenig mit seiner Rahel über die goldene Insel zu wandern, und nun – Kapellmeister im Trocadero! Lebensstellung! Aufstieg und Glanz! Neid der Kollegen, Neid von Willem Oom – und keinen Frack im Rucksack, kein Geld im Säckel außer einem Duro. Herr Silberstern machte sich schnurstracks auf den Weg zum Inhaber der Diele, um den Vertrag zu besprechen, und als er nach drei Stunden wirklich ging, sanken die Mengelbergs erst einmal erschöpft auf das Bett der Nina. Daß es nach Bürgerleutsmeinung hoch hergehen solle hinter den Kulissen, in den Souffleurkästen und versenkbaren Orchestern, davon hatten sie munkeln hören, doch so? War Willem Mengelberg dann vielleicht ein musikalisch untergeschobener Wilhelm? Abendroth Schnabel und Schnabel Edwin Fischer? Ich sah mich genötigt, dies Potpourri zu stören, ein Eilbrief müsse geschrieben werden: Carel wolle doch seine Schwester in San Cugat del Vallés bitten, ihm den Frack per Expreß zu schicken, denn der Unstern hastete um dieselbe Stunde schon die kleine Steigung nach El Terreno hinan, wo der mächtige Besitzer vom Trocadero lebte.

Der Frack kam als geplatztes Paket, denn Carels Schwester, Leentje, auch eine echte Mengelberg, falls wir uns durch Herrn Silbersterns Kulissenzauber nicht verwirren lassen, lebte noch längst nicht lange genug in Spanien, um zu wissen, wie man einen Frack von Barcelona nach Palma schickt, ohne daß er unterwegs von selber zu laufen anfängt, wobei er zu Fall und somit zu spät kommt. Und ohne daß bei dieser Überstürzung das schwarze Strickchen verloren geht. Don Matias, selbst in Trauer, machte sich zum Glück eine Ehre daraus, das seinige dem berühmten holländischen Maestro zu leihen. Ich deutete es, immer weit den Ereignissen voraus, als eine erste Anknüpfung: einmal Honduras befreit, warum sollte da Carel Mengelberg nicht die Gottseidanksche Freiheitshymne in Töne setzen, und Rahel, schwarz wie Rabindranath, die Leier schlagen im Kielsog des

Befreiungsmarsches, und dann: Carel Dirigent der Staatsoper von Tegucigalpa!

Gemach, dämpfte Mengelbergs neuer Impresario solche Hochflüge; erst müsse das Angkaschemang mit der Bar perfekt sein, 500 Peseten Anfangsgehalt für den Kapellmeister, die Harfe einbegriffen; davon könne er auf Mallorca standesgemäß leben, sogar als überzeugter Mengelberg. Beatrice, fragend aus vier Augen angeblickt, bestätigte es.

Silberstern als Impresario des Komponisten und Dirigenten Mengelberg, der sich gerade in Barcelona zur Geltung gebracht hatte mit der Uraufführung seiner Skizze für die hundertzehn Musiker starke Banda Municipal de Barcelona »Catalunya renaixent« im Palacio de Bellas Artes: ein Kapitel, das ich Mamú mit allen Orchester-, Pult- und Bettbesetzungen schildern mußte. Des Mittlers Aufgeblasenheit, sein Gerenne mit fliegenden Rockschößen, das heißt, ich übertreibe, die gibt es nicht mehr, und Silberstern trug, um Stoff zu sparen, seine Röcke sowieso fetzerfrei; und Rede und Gegenrede der Unterhandlungen mit dem Mann vom Trocadero, der natürlich nie den Namen Mengelberg gehört hatte; aber, wenn der betreffende Don Carlos schon eine so große Nummer sei in der Schrammelwelt und die Doña Raquel gehörig auf die Pauke hauen könne, na, denn man los: Probespielen mit dem Ensemble ... Und wir erkannten, daß Leentje den Frack für nichts geschickt hatte, denn in dem Tingeltangel hätte Carel auch in Shorts schrammeln und Rahel im Büstenhalter mit Kassandrablick, den sie sowieso hat, ein paar Saiten zupfen können – »und weißt du, Mamú, daß Silberstern in seiner Wichtigtuerei übertrieben hat, hat höchstens zur Folge, daß die Mengelbergs sich unnötige Hoffnungen vorgegaukelt haben, die ihnen nun nicht einmal die Beverwijn erfüllen könnte. Darüber kommen sie hinweg, wenn sie erst wandern. Valldemosa, Deyá, das machen sie alles zu Fuß. Nein, tragisch, Mamú, aber richtig tragisch, ist etwas anderes, viel Schauderhafteres, denn sieh mal, bei der ganzen Hin- und Herfahrerei von Palma ins Terreno hat Carel die Entdeckung machen müssen, daß der einzige Duro, den er außer etwas Calderilla besaß, auch noch falsch war: ein Bleitaler, man schmeißt ihn auf die Marmorplatte, wo er ohne zu springen und zu klingen liegenbleibt; er macht plumps, und wie du weißt, kommt das Wort von plumbum, und wenn ein Duro so macht, nimmt ihn kein Spanier im ganzen Lande an. Er wandert in die Taschen der Ausländer. Carel war nun mit einem solchen Mühlstein beschwert. Rahel sagte überhaupt nichts, denn sie lebt nicht nur in äolischen Wolken wie Carel. Zur Bestätigung des Unheils schmiß sie den Duro noch mal extra fest auf die Fliesen, wir alle hörten das etymologische Geräusch und wurden alle erfüllt von dem inwendigen Glanz der Armut, der Rilke berühmt gemacht hat. Der einzige, der der Sachlage gewachsen war und blieb und bleiben wollte, war Silberstern. Er erbat sich den Duro, um ihn am Totalisator auf einen Windhund zu setzen. Dort und in den Opferstöcken der Kirche würde man auch die plumpsten Falschmünzen los. Der Kalmäuser hatte aber keinen guten Stern, man ertappte ihn; am folgenden Tage brachte er den Duro zurück, mit Bücklingen des Bedauerns.«

»Aber ein Millionär, Vigo! Der sollte sich was schämen! Er konnte doch einfach sagen: es hat geklungen, hier, Maestro, als Rausgeld einen echten.«

Carel ist kurzsichtig, weshalb er um so besser hört. Darum sieht er einem Gegenstande auch nicht an, ob er echt oder falsch ist, und, Ästhet, an schönen Frauen sich gern entzündend, wie oft sah er da nicht in einer vorüberschreitenden Spanierin Spaniens schönste Frau; und dann zog es ihn ihr nach, er mußte sie vor seine Augen halten, wie eine Stimmgabel ans Ohr: und Carel auf und davon. Rahel, besorgt und in allem bemüht, dem schöpferischen Menschen Enttäuschungen zu ersparen, obwohl auch diese inspirieren – warnt, es sei nicht der Mühe wert, die schönen Frauen Spaniens hingen nur an den Plakatsäulen. Carel freilich, der es besser ahnte, entschwand unseren Blicken. »Niet de moeite waard«, lautete immer die lakonische Feststellung, wenn er sich uns abgehetzt wieder anschloß. Sein Gehör, echter Mengelberg seiner Gilde, hätte ihn indessen kaum getäuscht; aber er wagte es noch nicht, die vermeintliche Schöne kurzerhand zu ergreifen und wie einen Duro auf den Boden zu schmeißen, um aus ihrer klanglichen Reaktion auf das Lautere zu schließen. So weit es die Duros betraf, hatte ich es in dieser Beziehung schon weit gebracht; manchmal hörte ich das Atonale heraus – ein unerschöpfliches Thema für einen Mengelberg. Oft käme es nur darauf an, wie der Taler aufschlage, um doch zu ertönen; man könne es ja nochmals versuchen. Ich nahm unseren eigenen, echten, erprobten, aber auch letzten Duro, ließ mir von Carel den falschen, erprobten, ebenfalls letzten Duro geben, prestidigitatierte ein wenig, niemand bemerkte es, die Mengelbergs waren zu sehr in ihr Schicksal verstrickt, aber da – es klang! Silber, man hörte nicht einmal den Schwindel heraus, den die inzwischen abgedankte königliche Münzhoheit mit dem Feingehalt des echten getrieben hatte, und was ging uns, Volk, das auch noch an? Carel und Rahel, vom Klang ergriffen, schnellten aus ihrer Umdüsterung auf. Rahel redete unglaublich rasch auf uns ein, jeder meinte bestürzt, es gälte ihm, aber es galt niemand oder allen. Es galt dem Duro: nie hat jemand in Spanien mit einem aufgewerteten Sevillano so viel in so wenig Zeit verwirklicht. Rahel plante, sie entwarf Welten, für die noch unser im Dingen durch Geiz bewanderter Urfilz Silberstern mindestens 3 Duros hätte opfern müssen. Geld, so behaupteten die Kölner Wirtschaftsphilosophen zu meiner Zeit, sei eine Fiktion. Ich hatte meine Bedenken, die allerdings stark durch andere Fakultäten, vor allem die theologische, gestützt wurden. Nun erhärtete der echte Duro die Falschheit dieser Lehre. Wir umarmten uns alle und gingen schwimmen nach Coll den Rebassa. Carel bezahlte die Straßenbahn, ein Mengelberg läßt sich nicht lumpen. Die Sonne war mit von der Partie, und viele schöne Frauen schritten vor Carel her. Rahel kam aus dem Verwundern nicht heraus: wie arm Spanien doch an schönen Frauen ist!

Was aus dem falschen Duro geworden sei, wollte Mamú wissen, am Geldverkehr wie an allem interessiert. Dabei winkte sie dem Tischdiener, mir nachzuschenken.

»Den habe ich am anderen Morgen dem Milchmann in die säuerliche Hand gedrückt. Der war auch kurzsichtig, und da er an unserer Tür nie betrogen wurde, ließ er den Sevillano nicht schnellen; arglos gab er das Rausgeld. Ich, Mamú, atemlos zu Beatrice an die Zeitungskrippe: den Sevillano seien wir endgültig los, das erste Mal in meinem Leben, daß ich einen Mitmenschen betröge, aber das seien echte Mengelbergs mir wert. Da klingelte es; der Milchmann sagte, es seien wieder Bleiduros im Umlauf, und die Ausländer fielen als erste herein. Worauf ich nur sagen konnte, eben, und wenn es ihm recht sei, würden wir Ende der Woche abrechnen.«

»Und dann?« Mamú blieb nie auf halbem Wege stehen, dafür hatte sie ja auch ihren Monsterprozeß.

»Ich habe den Sevillano in ein Kästchen gelegt, worin Beatrice ein paar Andenken aufbewahrt, die uns beiden lieb geworden sind. Dort liegt er immer noch zur Erinnerung an die Mengelbergs, die es nie erfahren haben und auch nie erfahren dürfen, daß ich ihretwegen zum ausgemachten Betrüger geworden bin. Die Linke soll nicht wissen, was die Rechte tut, sagen die Damen des Zirkels nicht so?«

»Ein Amulett der Freundschaft also? Wie rührend. Das erinnert mich an meinen Fürsten selig, der nicht anders gehandelt hätte. Sie ist schön, deine Auffassung von der Freundschaft, denn Freundschaft hast du doch für die Mengelbergs empfunden?« Sie winkte, der Diener füllte nach. Es war ein ungepeitschter Valdepeñas.

»Auf den ersten Blick, Mamú, und daran hätte sich auch nichts geändert, wenn Stern mir an Hand seines ›Wer schläft mit Wem?‹ nachgewiesen hätte, daß die Mengelbergs nicht echt sind. Und trotz Carels Rucksack, den ich nicht an ihm leiden mag.«

Wie Beatrice denn denke über Freundschaft? – Nicht anders als Vigo. In vielem seien wir Gegenfüßler, doch in einigen Grundfragen des Lebens stünden wir auf gleicher Ebene, dächten wir gleich. Freundschaft gehöre dazu, Stefan George aber nicht.

Der Diener, seit einiger Zeit übrigens kein anderer als Silbersterns herausgeprügelter Frauensteller Jaime, den sich Mamú zum Butler heranbilden wollte, beeilte sich auf einen Wink seiner Herrin mit der Flasche. Für Beatrice war es Manzanilla.

Bei Mamú kam jeder auf seine Kosten, solange sie auf die ihrigen kam. Lieber hätte sie natürlich gehabt, daß wir uns den Wein aus dem Porrón in schönem Strahl in die Kehle hätten rinnen lassen. Dafür war der Tropfen zu schade, als daß wir ihn nur des Nährwertes wegen zu uns genommen hätten, wie die Südländer das tun. Spritzen und Kosten in einem geht nicht. Gewiß macht es Eindruck, an gepflegtester Tafel die Spritzpulle reihum gehen zu sehen, besonders wenn geübte Porronisten die Tülle schwenken. Kein Tröpfchen auf die weiße Weste!

»Und schreibt euer Silberstern jetzt seinen musikalischen Kürschner? Den subskribiere ich sofort!«

»Wenn Hitler nicht die Macht über die deutschen Schläfer an sich gerissen hätte, wäre der erste Band, A – Adelfried, schon erschienen. Nun ist der Herausgeber nicht mehr auf dem laufenden, Mamú. Die Emigranten schlafen jetzt sowieso wo und wie und mit wem es sich trifft, und was die im Reich betrifft, geht das jetzt alles über die Reichsbeischlafkammer, die ihre eigenen Herdbücher herausgibt.«

In diesem Augenblick kam mit einem Telegramm Calpurnia hereingestürmt. Die Zofe hatte sich immer noch nicht an die Tatsache gewöhnen können, daß auch im Hause eines Millionärs Depeschen immer dringend sind, sich aber vom Augenblick an, wo der Bote sie aushändigt, in feierlich zu behandelnde Ambassaden neuer Millionen oder des völligen Zusammenbruches verwandeln. »Don't hurry!« tadelte Mamú noch, erbrach aber selbst mit Hast den Umschlag – und Calpurnia fing die erbleichend Hinsinkende auf.

Vigoleis blieb der einzige ruhende Punkt in dem Getümmel, das um die Ohnmächtige entstand. Er wahrte die Würde des großen Kapitals. Jaime, auf seinen Wink, schenkte nach. Es war ein 23er.

Als er den Speisesaal verließ, sah er das Telegramm am Boden liegen, hob es auf und las gegen seine Gewohnheit, aber im Geiste des Hauses, den Text. »Der Fürst«, murmelte er, »das kann ja heiter werden.«

*

Einige Wochen oder auch nur Tage später fuhr Mamú in die Straße des Generals und schaffte sich keuchend die Beletage hinauf. Überflüssig zu sagen, daß sie außer sich war, daß ihre Wangen schlugen, sie sich erst einmal setzen mußte. Sie hatte einen Brief bekommen, aus Budapest, der ewigen Wetterecke; doch ehe sie sich in Erklärungen erging, fragte sie, ob unsere Freundschaftsmoral, damals, anläßlich des Mengelbergschen Duros dargelegt, ob das nur ein schönes Tischgespräch gewesen sei, oder wir wirklich so dächten?

Da sagte ich: Mamú, wahre Freundschaft bewähre sich doch immer nur am Gelde. Ginge sie daran zugrunde, dann sei es nie wahre Freundschaft gewesen, nie sogenannte Tugendfreundschaft, pythagoräische schlechthin. Auch die Freundschaft zwischen Gott und den Menschen könne am Gelde scheitern – aber das wollte Mamú jetzt nicht wissen. Sie sei nicht als Haupt ihrer Mutterkirche gekommen, sondern als bedrückte Seele in einer Sache, von der die alten Schachteln nie etwas erfahren dürften. Das beruhigte mich etwas, es konnte also nichts Unüberwindliches sein.

So wollte sie denn wissen: ob Beatrice noch ihr Konto in Basel habe? Ja, es sei ein Notrappen. Dann die Schicksalsfrage: würde Beatrice sie ihr leihen, diese Kleinigkeit, die für sie im Augenblick der höchsten Bedrängnis freilich zum Retter werden könne?

Beatrice sagte ohne Bedenken ja; denn wenn Mamú uns arme Schlucker darum anginge, müßten die Beweggründe ernster Natur sein, und zudem solcher, daß sie sich nicht an die Damen der Wissenschaft wenden wolle, von denen die meisten steinreich waren.

Mamú, Tränen in den Augen, die den Feingehalt unserer Freundschaft aufs schönste bezeugten, reichte uns den Brief aus der Pusta. Der Fürst, dachte ich. Es war des Fürsten wegen, daß Mamú an unsere Freundschaft appellierte.

Der achtzigjährige Schwager und Schürzenjäger hatte sich dieses Mal nicht an einer netten Leibeigenen vergriffen, sondern an einem fremden Bankguthaben, Scheckfälschung, eine bedeutende Summe; wenn man ihn fasse, wandere er, gefürsteter Greis mit Backenbart, ins Zuchthaus, und so würde er wohl seine Tage bei Wasser und Brot und ohne kleine Mädchen beschließen müssen. Da die Donaumonarchie abgewirtschaftet hatte, stand das Prestige des hohen Namens auf dem Spiel. Mamú brauchte sofort Geld, um einen Anwalt in Budapest einzuschalten. Ihr Scheck sei schon weitergeleitet – man denke, mit Achtzig noch ins Zuchthaus . . .

»Erst mit Achtzig, Mamú! aber wie dem auch sei, Beatrice hat über sein Schicksal zu befinden. Sie liebt Ungarn; ihre schönsten Schloßerinnerungen sind an das Haus Colloredo-Mansfeld gebunden.«

Das seien die böhmischen gewesen, meinte Beatrice sachlich, und ja, es seien zwar nur 1000 Franken, wie Mamú wisse. Mamú habe zu verfügen.

Dieses Sümmchen, das Diminutiv jetzt in seiner abschwächenden Bedeutung, stand in Basel auf der Sparkasse, ein Notgroschen, ihr in Erbschaft zugefallen. Daran würde sie erst rühren – wie oft hatte sie es gesagt –, wenn uns das Wasser bis an die Kehle gestiegen sei. Da wir über Wasser- und Lebensnöte geteilter Meinung sind, ich zuweilen den Eindruck hatte, das Wasser nicht an, sondern schon in der Kehle zu haben, während sie, indianisch zäh, den Biber spielte, war das vereinbarte Telegramm an den wissenschaftlichen Bruder in Basel nie abgeschickt worden, nicht einmal im »Turm der Uhr« während der Endura, nicht angesichts des leukadischen Felsens. Als Mensch, der aus den Extremen lebt, wußte ich eine solche auf die Spitze getriebene Auffassung von der äußersten Not zu schätzen und verdrängte das Konto.

Die Freundschaft bewährte sich, kein leeres Geschwätz war es gewesen, keine wie immer orientierte Wissenschaft. Das Telegramm wurde abgeschickt, Mamú bekam die »tausig Fränkli«, der Anwalt in Budapest seine Orders, und 24 Stunden später konnte der Fürst aus seinem Versteck wieder hervorkriechen, wo er inzwischen zwar neues Unheil angerichtet hatte, indessen nur an einer Schürze. Innert neun Monaten hoffte Mamú ihren Prozeß aber gewonnen zu haben. Im nächsten bekämen wir unser Himmelsgeld dreifach zurück. – »Wucherzinsen?« – »Nein«, sagte Mamú, »ein kleines Aufgeld der Freundschaft.« Sie klopfte ans Glas und Jaime war wieder beflissen.

*

Bobby, der Folkwangseher, der die Transaktion mißbilligt hatte, sagte: das Geld sei futsch; schade, was wir davon alles hätten kaufen können, sogar ein Häuschen in Valldemosa! Was sollten wir aber mit einem Häuschen in Valldemosa, wo wir mit Mamú in ein Schloß einzögen?!

Bobby hat recht behalten. Mit seinem mikroskopischen Auge hatte er hinter Mamús Millionen das kleine Pünktchen ihres Lebens erspäht, das ihr großer dunkler Punkt war. Aber eine charmante Hochstaplerin sei sie immerhin gewesen, das könne er nicht bestreiten! Und die Damen der Christlichen Wissenschaft vermutlich ihre Zuhälter.

»Das sowieso.«

»Schade. Dieses Gotteskränzchen erschien mir so echt in seiner christlichen Gesellschaftslügelei, wie nur der Kreuznagel in der Sakristei der Carjuta echt sein kann. Aber schließlich kommt es auf die Wunder an, die sie bewirken.«

Anti-christ ist Vigoleis auch nach dieser zerschmetternden Erfahrung mit Mamú nicht geworden, denn schließlich gibt es auch anständige Juden.

XXII

Mit Speck fängt man Mäuse, aber auch einen Hauptmann und Freiherrn von Martersteig aus der Jagdstaffel des Freiherrn von Richthofen, wenn dieser Speck, mild durchwachsen, vom deutschen Edelschwein geschnitten, auf deutschen Butterstullen aufgetischt wird, mit deutschem Bier und einem Schlag Düsseldorfer Senf.

In der Bucht von Palma lag ein deutscher Dampfer vor Anker, ein Schiff der Woermannlinie. Statt nun wie üblich seine Touristen auf die Insel loszulassen, war dieses Schiff eigens nach Mallorca gekommen, um Leute an Bord zu locken, deutsche Leute genauer gesagt, alle Auslandsdeutschen im wahlberechtigten Alter: die deutsche Kolonie sollte ihr »Ja« in geheimer Wahl auf den Führer ausbringen. Musikkapelle an Bord wie bei einem Sonntagsausflug auf dem Rhein, Gelegenheit zum Absingen vaterländischer Lieder, zum Schunkeln, zur stillen Heimwehträne. Und als persönliches Geschenk des Führers nach vollzogener Jasagung: zwei Stullen mit Schinkenspeck, Bier vom Faß und Senf nach Belieben. Um die deutsche Kolonie während des Aktes unter die Hoheit des Dritten Reiches nehmen zu können, mußte man den Machtbereich der spanischen Gewässer verlassen. Das lieh sich wundervoll zur Mittelmeerfahrt mit Kind und Kegel. Ein Tusch, die Ankerketten rasseln – Deutschland, Deutschland über alles . . .

Der Konsul hatte wochenlang vorher seine Werber von Haus zu Haus geschickt, nachdem erst viel Papier gekommen war: Deutscher Mann! Deutsche Frau!

Zu mir kam ein Schreiner von der Arbeitsfront, ein tüchtiger Handwerker, der seit Jahren auf der Insel lebte und es gar nicht nötig hatte, sich so in dem zu erniedrigen, was ihm Erhöhung schien. Er ermahnte mich zur vaterländischen Pflicht: Sonntag um acht stäche der Dampfer in See; es sei der Ehrgeiz des Konsuls, die Kolonie geschlossen an die Urne zu schleppen. Wortwechsel über Gott, König, Führer und Vaterland – alles Schwindel, sagte ich, ich sei nur ein Mensch, und ich hätte da einen Schreibtisch entworfen, sobald ich Geld hätte, müsse er mir einen genau nach Maß anfertigen, warte, ich wolle ihm schon mal die Pläne zeigen. Der Schreiner: er sei als Bote des Deutschtums gekommen, und falls es mein Herz nicht zöge, dann vielleicht den Magen: zwei Stullen, Schinken, Bier, und Mostrich aus meiner engsten Heimat, aus Düsseldorf! Ob mir das denn nichts sage? Ich: »Eben alles!« Gerade den Senf, den möge ich nicht, er sei mir zu scharf. Der Schreiner ging, er murmelte etwas von anderen Saiten, die man aufziehen müsse. »Speckseiten für den belegten Bordfrühschoppen«, rief ich ihm nach. Deutschen Frühschoppensitten hatte ich nie einen Geschmack abgewinnen können.

Mittags traf ich Martersteig.

»He, Sie mal wieder! Der Vigoleis mit dem Vogel-f!«

»Und mein Hauptmann nicht am Feind, nicht bei seinen Affen? Stehen die Heere einsatzbereit?«

Er sei nicht auf der Flucht vor Graves, und sein Buch sei nahezu abgeschlossen, aber das solle kein Thema sein zwischen uns. Ich verneigte mich, und er fuhr fort: er habe in der Stadt zu tun, und dann, ich wisse ja, morgen, die große Fahrt!

Fahrt? Er wolle doch nicht sagen, daß er sich für den Wahlschwindel habe breitschlagen lassen? – Er habe immer gewußt, daß ich kein Stratege sei. Natürlich ginge er stimmen, geschlossen, und geschlossen stimme die deutsche Kolonie auf Mallorca mit Nein, der Konsul einbegriffen, und Vigoleis!

»Mann Gottes, Sie sind ja des Teufels! Wollen Sie einen neuen Trudelrekord aufstellen? Ich dachte, einmal abgesackt sei genug in einem deutschen Heldenleben. Der Pour le mérite wird nicht zweimal demselben Verdiener auf die Brust geheftet.«

»Stullen mit Schweinespeck, deutsches Bier vom Faß, sagt Ihnen das wenigstens noch etwas?«

»Eben, es sagt mir alles, mehr noch, falls das möglich ist. Morgen wird das ganze, in jahrelanger Entbehrung ausgehobene Affenheer für eine Wurschtpartie verraten, und Hauptmann von Martersteig gibt sich selbst den Laufpaß. Ein Strich Senf besiegelt die Charte. Affen! Weg-ge-tre-tennn!«

Im »Alhambra« tranken wir einen Anis aus Buñola und schieden als Freunde. Es sei alles nur Spaß gewesen, er habe mal wieder sehen wollen, wie ich hochginge über die ganze Nazibande, die sich zum Herrn unserer Insel aufspielen wolle. Denn unter den Auslandsdeutschen seien wir fast schon alter Inseladel.

Am Führersonntag klingelte mich der Wahlschlepper schon früh aus der Makulatur. Das heißt früh für einen Nachtmenschen, es war halb acht. Er sei mit einem Taxi gekommen, um die Säumigen im Namen des Konsuls aufzuladen: schnell, alle seien da, ja, natürlich auch Herr von Martersteig, es würde ein feiner Tag, die Kinder mit Fähnchen und Luftballons, ich dürfe nicht fehlen.

»Dann grüßen Sie den Konsul von seinem anerkannt besten Führer, der dem anderen nicht in die Quere kommen will. Und wenn du Zeit hast, kommst du mal wegen des Schreibtisches. Tschüß!«

Der Dampfer stach ohne der Insel besten Führer in See. Man sang, tanzte, wählte, schunkelte, koste sich, trank und strich sich den Mostert auf die Stullen. Tümmler zogen singend im Kielsog mit, auch Möven begleiteten das schwimmende Wahllokal, wo der Konsul seines Amtes waltete. Und richtig, er hatte sich doch nicht getäuscht in seiner Kolonie: einstimmig war der Führer aus der Urne hervorgegangen; und daß sie so unter Sang und Klang, bei Speck und Bier und Kaffeeklatsch auf deutschem Boden mitten im Mittelmeer wählen konnten, das verdankten sie dem Führer. Das Meer erdröhnte vom Heilgebrüll, die Sonne stach hernieder. Gott läßt sie scheinen, sagt man, über Gerechte und Ungerechte; aber auch über Verrückte. Hauptmann von Martersteig ließ sie sich gehörig auf seine Gicht brennen.

Gegen Ende der Fahrt, man näherte sich schon der Mole, der Senf war verstrichen, die Luftballönchen geplatzt oder verschrumpelt, die Bierreste klucksten schal in den Stangen, da ergriff der Konsul noch einmal das Wort und dankte allen für ihre Treue zum Führer, zum Reich, zur Heimat; und als kleinen Unkostenbeitrag erlaube er sich, pro Person 13 Peseten zu erheben, so ein Dampfer, das koste natürlich Geld. Die Begüterten, die für den Führer nicht nur Liebe, sondern auch Peseten übrig hatten, beglichen, ein wenig befremdet zwar, die Bagatelle; und die anderen dachten: verdammt, da sind wir wieder mal reingefallen. Aber niemand getraute sich ein Wort des Protestes laut werden zu lassen. Ein Menschenleben ist schnell über Bord geworfen und nicht weniger schnell von einem Hai gefressen.

Und jedem, der es wissen wollte, erzählte der Hauptmann die Geschichte von der Bauernfängerei: 13 Peseten, unerhört, dafür hätte er sich ein paar komplette Gedecke leisten können in einer anständigen Fonda. Und, sein Monokel mit einem Zwiebelflies putzend, fügte er böser hinzu, was das Stimmen beträfe, da wisse er ja nicht, wie die anderen gestimmt hätten, aber er habe mit Nein gestimmt und als Ja sei's herausgekommen. Das habe sich denn in der Urne verwandelt?

Ich hielt das durchaus für möglich, wo doch der Führer das Ebenbild seines Herrn sei.

Mit Speck fängt man Mäuse und ersäuft sie dann in einem Eimer. Dieser Kelch war an mir vorübergegangen. Ich war stark geblieben. Jahre später sollte ich erneut auf die Probe gestellt werden. Statt Stulle mit Schweinernem trat der Versucher in Unterhosen an mich heran: der Hölle des spanischen Krieges mit heiler Haut, aber auch wenig mehr, entkommen, hatten wir Obdach gefunden bei Beatricens rein wissenschaftlichem Bruder in Basel und waren nicht, wie meine Leute am Niederrhein es in ihrer fast rührenden Führerblindheit erwartet hatten, drei Minuten weiter gereist, heim ins Reich, und dann an ihrer aller Hünenbrust. Ziehen die Bande der Heimat nicht mehr? Lockt nicht das Blut aus uralt anzestralem Thiudâ, nicht Zauber mit Wutkraut und Geckenheil? Versuchen wir es dann einmal mit Trikotage. Einer meiner Wird's-bald-Brüder nahm seine Handschrift und schrieb: Ob ich, Bruder, nicht wüßte, daß der herrliche Führer jedem Spanienflüchtling ein Makoleibchen und zwei Paar lange Unterhosen aus eigenen Mitteln stifte, so er heimkehre ins Reich? Ich schrieb zurück, daß mich der Konsul in Palma gebührend auf dieses Führerangebot aufmerksam gemacht hätte, indessen – was könnten einen Mann solch peinliche Kleidungsstücke noch frommen, wenn er den Kopf verlöre, den er schließlich brauche, um sich ihrer zu schämen als Unterwäsche und als Köder der Unterwelt? Vigoleis widersagte auch diesem Teufel.

*

In der Bucht von Palma lag ein deutsches Schiff vor Anker, eines der Woermannlinie, die regelmäßig den Hafen anlief. Aber dieses Mal war es keine Wahlarche, sondern die »Monte Rosa«, viele tausend Bruttoregistertonnen, mit vieltausend Touristen an Bord.

Richtig, der Konsul hatte ja gesagt, nicht als Konsul, sondern als Leiter des Reisebüros, übermorgen käme die »Monte Rosa« mit 2000 Touristen aus dem Reich; ich sei sein bester Führer, da brauche er mich. Nun war übermorgen, und die Rosa war da und machte ihrem Namen Ehre: wie ein Berg ragte sie aus der blauen Flut. Immer, wenn der Konsul mich brauchte für seinen Führer, stieß er auf Widerstand, auf Hohn und offene Feindschaft. Sollte ich aber selbst sein Führer sein, und noch sein bester – allons! Zudem war ich der einzige Führer, auf den er sich blind verlassen konnte, weil ich sehend war. Und an solchen Führertagen wurde ich nicht im Namen des anderen Führers angeranzt, abgekanzelt, verwarnt. Unser Verhältnis war dann das beste, und kotzen mußte ich sowieso.

Beatrice war mitgekommen. Für gemischte Gruppen war sie beliebt, man konnte in allen Zungen zu ihr sprechen und wurde verstanden und gewissenhaft verauskunftet, wie man in der Schweiz sagt. Vierzig andere Führer waren noch aufgeboten, einheimische und fremde, auch Herren von der Arbeitsfront darunter, die aber neutral blieben. Der einzige, der sich nie um einen Führerposten zu 25 Peseten pro Tag beworben hat, war Herr Silberstern. Warum eigentlich, bei seiner Versessenheit auf Geld, seiner Allwissenheit und Schaumschlägerei? Es muß ein ungeschriebenes Kapitel bleiben.

Aber ist der Konsul, sind die Herren der Arbeitsfront heute nicht noch freundlicher als sonst? Wir machten beide diese Feststellung und folgerten dasselbe daraus, was übrigens nicht schwer war. Man konnte nicht wissen, wie sich das im Reich entwickeln würde mit der Röhmrevolte. Jetzt wurden ja nicht nur Juden totgeschlagen: man hatte endlich angefangen, sich gegenseitig den Garaus zu machen. Und was, wenn sich die Bande selber liquidierte, bis auf den letzten Mann, der sich ihr Führer schimpfen ließ? Auch der hohe Beauftragte der Partei, ein Lehrer mit Doktortitel aus dem Westfälischen, schwerer Mann mit Blutorden und auch sonst wenig ansprechend, tat so, als hätte er Beatrice niemals mit Juda verrecke angepöbelt. Er war noch nicht lange aus den teutschen Windeln raus und so erschien ihm alles verdächtig, was sich nicht blond und busig in Führerbrunst erging. Von da bis zur nichtarischen Inkrimination war es nur ein Schritt. Heute unterblieb der Aberwitz. Röhm erschlagen – da könnte dann doch was Wahres an der Geschichte vom Inkablut sein, und die Inkas sind keine Juden, wenn man auch nicht weiß, was sie wirklich sind. Er verbeugte sich mit dem Schneid seiner Obeine; ach, im Grunde genommen gibt es soviele Abstammungen auf der Welt, allein das Alte Testament kennt deren über eine Million, und wer hat da nicht alles sein Geschirr in aller Spiel gehabt?

Als die ersten Schaluppen anlandeten, stürzten sich die Kraft-durch-Freude-Menschen nicht wie üblich auf die Wagen, sondern jagten nach Zeitungen: verdammt noch mal, wo sind denn die Kioske? Die Insel interessierte sie nicht, nicht der beste Platz im besten Auto, der, wenn man Glück und lange Beine hat, sogar der Führerwagen ist. Die Horden wollten wissen, was im Dritten Reiche vor sich ging. An Bord hatte man sie über den Ausgang der Revolte im ungewissen gelassen, es war Montag geworden und noch wußte niemand: war auch der Führer getötet worden? Und wer noch? Und werden wir nun alle hingerichtet, die wir ein Hakenkreuz im Knopfloch tragen? Dann steckt man es besser mal hinter den Aufschlag. »Herr Führer«, trat denn auch bald schon ein Herr an mich heran, »Verzeihung, können Sie mir sagen, ob der Führer noch lebt?« – »Soviel wir Führer wissen, lebt er leider noch.« Die Züge des Fragenden blieben unerschüttert, so daß nicht auszumachen war, war er für oder gegen den Führertod. Die spanischen Zeitungen der Insel hatten ein Extrablatt herausgegeben, Namen und Zahlen waren bekannt geworden. Vieles erschien übertrieben und erwies sich nachträglich, wie bei welthistorischen Bartholomäusnächten immer, als weit hinter den Tatsachen zurückbleibend. Die Erregung wuchs, je mehr Volksgenossen an Land gespült wurden. Namen von

Toten und Lebendigen schwirrten durch die Luft, die Herren Führer wurden mit Fragen bestürmt; man wollte ausländische Blätter, es sei doch eine Sauerei, nicht mal eine Zeitung in einer anständigen Sprache! Beschwichtigung. Hinweis auf die Tatsache, daß montags kein Postschiff käme, man sei auf einer Insel. Aber Schleicher, das stehe fest? Ja. Und seine Frau auch? Ja. (Schleicher war ein Schurke, sagte Keßler, aber einen solchen Ausgang seiner ewigen Intrigen habe er nicht verdient.)

Mit einer Stunde Verspätung gelang es der obersten Reiseleitung und allen Führern, den ersten Schub von Tausend in Bewegung zu setzen. Beatrice und ich gehörten diesen Gruppen an. Wir fuhren, wie üblich an Tagen mit Massenausbootung, die umgekehrte Route, erst mit dem Eisenbähnchen vom Hafen unter der Stadt durch zum Bahnhof und von dort, nach verwikkeltem Rangieren, weiter nach Sóller. Statt nun meinen Vortrag über die Insel zu halten, über ihre Könige, Kirchen, Bettler, das Haus Sureda, die Kunst, referierte ich bis Sóller über zweifelhafte Größe, schnellen Aufstieg und sicheren Untergang des Dritten Reiches. Erst hatte ich soviele aufmerksame Zuhörer, als mein Führerabteil fassen konnte. Je gewagter aber meine Darlegungen wurden, je düsterer meine Prophezeiungen, je sündhafter meine Ausfälle gegen die wieder einmal versagende Christenheit, je mehr Volksgenossen verkrümelten sich, was heißen will, da man sich ja nicht davonturnen konnte wie Silberstern zwischen Clermont-Ferrand und Port-Bou: man drückte sich auf die Bänke nieder und war nur noch Auge für die Landschaft, deretwegen man die Reise schließlich unternommen hatte. Die Landschaft war auch entschieden schöner als das Bild, das ich entwarf und hier unterschlagen will, da es als nachträgliches Plagiat der Wirklichkeit gedeutet werden könnte oder fast müßte; denn ich sah es so schwarz, wie es gekommen ist. Die Konzentrationslager wurden weggeleugnet, die Juden nicht zu Tausenden abgeschlachtet, sondern mal einer irrtümlich umgelegt: aber Stierkämpfe, die blutigen Volksbelustigungen der Spanier, ob das nicht grausamer sei als die vom Führer befohlene Aufnordung? Wer so sprach und fragte, war eine feste deutsche Mutter, meine einzige Gegnerin übrigens, die sicher ihre eigene Brut erwürgt hätte, wenn sie ihrem Vaterlande damit hätte nutzen können. Sie bekleidete einen hohen Posten in der Frauenschaft der Nation. Ich mochte sie. Ich liebe vaterlandsliebende Menschen, die nicht die Flinte ins Korn werfen, wenn sie fürs Vaterland die eigenen Kinder mit eigener Hand erschießen müssen. Ihre Augen waren hart, der Schädel auch, das Herz nicht minder – aber wozu sich auf steckbriefliche Einzelheiten noch einlassen? Jeder kennt den Typus dieser Stechschrittwalküren, ohne die kein lieb Vaterland mag ruhig sein. Sie würde Anzeige gegen mich erstatten, Name und Adresse sich vom Konsul besorgen lassen – eine Mühe, der ich sie überhob. Ich gab ihr meine Karte, wies auf mein dem Konsul und meiner Heimatbehörde bekanntes Sündenregister hin, und daß ich auch eines Tages umgelegt werden würde, wenn es soweit sei. Und wann es das wäre – »Herr Führer?« – »Gnädige Frau, mit dieser Schicksalsfrage müssen Sie sich an den anderen Führer wenden, falls er noch nicht abgestochen ist, was der Himmel geben möge!«

Das war es: niemand wußte, ob der große Führer noch lebte, sonst hätte mich das Führerweib ja ohne weiteres niedergeschlagen und mit Hilfe von ein paar Volksgenossen, die jetzt nur schadenfreudig greinten, zum Abteilfenster hinausgeworfen. In Buñola, das wir gerade passierten, befände sich dann mein Grab.

An diesem Tage habe ich nicht wie sonst den Stierkampf verteidigt, wenn er von meinen Landsleuten, die Millionen Menschen in die Gasöfen schoben, als grausamer Zug der »spanischen Volksseele« hingestellt wurde. Das große Schlachten um Röhm in der Arena des Führers stellte andere Anforderungen an meine Führertaktik. Ich konnte mich auf die kleine, ob auch sehr wichtige, blutige Volksbelustigung meiner Spanier nicht in dem Maße konzentrieren, daß es mir gelungen wäre, eine Lanze für das Nationalfest zu brechen, das ich selbst sehr liebte. Sonst hätte ich den Herrschaften klargemacht, daß der Spanier nicht grausamer, archaisch behexter oder entmenschbarer sei als welch guter Europäer immer, die Deutschen einbegriffen, die damals gerade der Massenpsychologie bedeutendes Studienmaterial über geistige Epidemien lieferten. Ich hättc den Leuten meine üblichen Vergleiche geboten: warum Stierkampf grausam und Pferderennen, Windhundrennen, Gänsestopfen oder etwa der Schnepfenstrich nicht? Und der Fliegenfänger und die schneidige Kavallerie für des Menschen frischfröhliche Kriege, – die Grubenkracke und der anthelminthisch gereizte Bandwurm, der vor Gott nicht weniger Recht auf sein Parasitentum habe als der Mensch in der Schöpfung schlechthin? Und das Taubenschießen, die Vivisektion, getriezter Mann auf dem Bürostuhl? Es trüge doch auch das alles mittelbar oder unmittelbar zur Befriedigung menschlicher Bedürfnisse bei. – Aber das Blut, das da flösse, Herr Führer, sagte dann immer jemand, nachdem sich erst einmal eine Partei für und eine gegen den engeren und weiteren Schnepfenstrich naturgewollter Tierquälerei gebildet hatte. Ja, das mit dem Blut, das sei gewiß die große Doktorfrage, um die sich der Mensch herumdrücke, seitdem er sich zum denkenden Wesen emporgemordet habe, immer vergeistigter lebend und nicht leben lassend. Zum Glück sähe man das aber nicht, ich meine das Blut, das aus den Wunden des Stiers zu fließen begänne, wenn man ihm die ersten Banderillas stecke, so wie man auch das Blut nicht sähe, das einem tapferen Soldaten das E. K.-Eins eingetragen habe. Wie könnte sich jemand sonst eine solche Auszeichnung gerade bei festlichen Gelegenheiten, einer Kindtaufe zum Beispiel, an die Brust heften? Da ist man doch nicht gerne an den Tod erinnert. Jener Massenmörder im Zuchthaus zu Münster, der sich einen eigenen Mordorden basteln, verleihen und anlegen wollte, wenn Papa Többen ihn nur endlich wieder unter die anerkannten Mörder sich mischen ließe, habe im Grunde gar nicht so unrecht, und vermutlich sei er schon bei der SS. Der Tod am Nachmittag sei das unblutige Schauspiel des spanischen Volkes.

»Sie werden uns doch nicht aufbinden wollen, daß der Stier nicht entsetzlich leidet, wenn das Blut zu fließen beginnt, Ihr unsichtbares Blut, Herr Führer!«

»Der Stier reagiert auf Schmerz auch nicht anders als ein wildgewordener Mensch, ein Soldat im heiligsten Freiheitskampf zum Beispiel, Hölderlins wogende Jünglinge, wenn Sie wollen. Das Bewußtseinsfeld wird durch den Rausch so weit eingeengt, daß kein Fleckchen für Schmerzempfindung mehr frei ist. Der Stier spürt nur seine Heldenwut, und das kann was Herrliches sein, so richtig mit eingelegten Hörnern ran an den bunten Fant, der ihm den Platz an der Sonne streitig machen will, wo er so lange im dunklen Toril ruminiert hat. Da wird der fragwürdige Lebenssaft, der nun schon in prächtigen dunklen Strömen rinnt, nicht einmal von den alten englischen Spinsters wahrgenommen, die außer ihrer hysterischen Protestbereitschaft auch den Sonnenschirm mitgebracht haben, so daß die Spanier nicht wissen, worüber sie sich mehr ärgern sollen, wenn das so dahockt, als gelte es den Five o'clock auf der Terrasse des ›Borne‹: man trifft so interessante Leute, und die ganze Pracht, die sich buntschillernd und lärmend um die halb in der Sonne, halb im Schatten liegende Arena bis gegen Himmel türmt; that's Spain, you see, das nimmt man alles mit, marvellous, wie die Truppe einzieht, auf in den Kampf, Torero, Pauken und Trompeten, die

Begrüßungspause vor der Loge des Präsidenten, die vielen schönen, aus der Ferne noch schöneren und vom billigen Platz der Engländerinnen aus gesehen schönsten Frauen Spaniens – Carel Mengelberg hätte sie hier zum Greifen. Und die stillenden Mütter, und da, look at that – der Präsident hat den Schlüssel des Torils in die Sandbahn geschleudert, ein bunter Mann hebt ihn auf, gibt ihn einem anderen Bunten, der öffnet den Zwinger. Totenstille über dem Rundbau, aus Tausenden Herzen geschichtet; nur die Sonne rückt um einen Herzschlag weiter – und dann der Schrei. Der Stier steht plötzlich da, mit gesenkten Hörnern ein Koloß im Rondell, und nimmt auf, und Stück für Stück wie sie dasitzen, fallen die Engländerinnen um, steif, der Schrecken hat sie gelähmt, und eine erlaubt sich gar, was um diese Stunde einzig unten in der Arena geduldet wird: sie ringt mit dem Tode und verliert, eine ›suerte de capa‹ von wenigen Sekunden nur. Die Spanier, Caballeros, heben sie auf und lehnen sie, an solche Ohnmachten der Ladys gewöhnt, gegen eine zwar noch lebendige, aber stocksteife andere Lady und folgen mit erneuter Aufmerksamkeit dem Fangspiel da unten.«

»Aber Herr Führer, warum gehen die sich dann so blutige Sachen anschauen, da bleibt man doch weg, wenn man schwache Nerven hat?«

»Die Pilger von Cook wollen in Rom den Heiligen Vater, in Paris nackte Weiber, in Lourdes ein Wunder und in Spanien eine Corrida de Toros sehen. Fußball gibt es in der ganzen Welt. Wären die Spanier der Ausbund an Grausamkeit, den ihnen die Tierschutzvereine nachsagen, dann würden sie die Spielverderber, die ohne zwingenden Grund in Ohnmacht fallen oder, ob auch in den seltensten Fällen, von der Bank weg sterben, als wären sie bei sich zu Hause, ich sage Ihnen, dann würden die Spanier sie in die Arena schmeißen oder unter die Bänke treten. Das geschieht nie. Nur einmal war ich Zeuge, wie ein empörter ›aficionado‹ – so nennt man die auf Stierkämpfe eingeschworenen Stammgäste – aus Wut einer solchen Spielverderberin, die allerdings nur ohnmächtig geworden war, den Sonnenschirm entzwei brach und ihn ihr, als sie wieder zu sich kam, mit den Worten zurückgab: ›Laß dich hier nicht mehr sehen, verstanden!‹ Was das bedeute und was er gesagt habe, stammelte die Lady. Ich schaltete mich ein und sagte, der Spanier habe ihr, abergläubisch wie alle Spanier, den Schirm geknickt, um den bösen Zauber zu brechen. Ohnmacht beim Stierkampf bedeute den Tod, für den Fechter – ›oder für Sie, Mylady, it means always death‹. Die Lady, noch um einen Schein bleicher geworden, gab dem Spanier erschüttert die Hand; das heißt, sie machte den Versuch dazu, aber es ging nicht, denn unten in der Arena vollzog sich der Tod, der ihr erspart geblieben war, die ›suerte suprema‹. Der Bann war gebrochen, und während die Lady sich die wolkigen Strümpfe wieder um die Beine drapierte, toste das Volk, klatschte, trampelte; Beatrice, nicht mehr zu halten . . .«

»Beatrice, wer ist das? Verzeihung, daß ich unterbreche.«

»Meine Frau . . .«

»Natürlich, Spanierin, aus Valencia und so . . .«

»Kleinbasel . . . nicht mehr zu halten, rast mit olé und Händeklatschen. Hüte, Röcke, Mantillas werden in die Kampfbahn geschleudert, wo der um die Spanne eines heißen Atems dem Tode entronnene Fechter seidenglänzend den Dank der Schönsten im Lande entgegennimmt. Und dann erst sieht man, daß auch Blut geflossen ist, wie beim Zahnarzt, wenn er sagt: spülen Sie bitte. Chulos kommen mit der Maultierdregge und schleifen den Stierberg hinaus, andere harken Sand über die schwarzen Lachen, und das Nachkarten der Aficionados beginnt, bei dem es auch aussieht, als käme es zum großen Blutvergießen.«

»Aber Verzeihung, Herr Führer, das mit den Gäulen, was man immer hört, aufgeschlitzt, ich will das nicht ausmalen, Sie müssen es ja oft gesehen haben?«

Diese wirklich peinliche und wirklich schwierig zu beantwortende, aber immer wiederkehrende Frage schüttele ich von mir wie ein valenter Stier die schlecht gesteckte Banderilla: ich verweise auf Montaigne, der die Antwort im zweiten Buch seiner Essays unumstößlich gegeben habe, vertrauend, daß niemand sich die Blöße geben will, die nie geschriebene Passage so wenig zu kennen wie ich selbst.

*

In Sóller war die Spannung so groß geworden, daß der Reiseleiter zu Wasser den Reiseleiter zu Lande bat, ihm den besten Führer zu nennen; die Volksgenossen müßten in einem Generalappell abgelenkt werden. Dies besorgte Vigoleis. »Bringen Sie sie auf andere Gedanken, aber so, daß es ihnen ganz spanisch wird. Wir haben drei Stunden Zeit.«

Vigoleis hielt eine Ansprache, und er soll sehr schön gesprochen haben über Spanien als Wahlheimat; ganz unpolitisch, und darum um so erbaulicher und fast sogar aufbauend. Doch da er nicht beim Thema bleiben kann, einfach weil er kein Kernforscher ist und immer am Rande des Problems viel mehr sich zutragen sieht, landete er schon schnell beim Untergang und Aufstieg des Hauses Sureda, wobei auch nicht deutlich wurde, wer fiel und wer sich erhob. Nachher würde man die Cartuja besichtigen, da atme jeder Stein einen Sureda, und dann sei da ja noch die nette Geschichte von der Zellenrevolte: Nachdem jahrelang zwei Zellen gezeigt worden waren, in denen Chopin und George Sand gehaust hatten, ermittelte plötzlich jemand, daß die beiden ein paar Zellen weiter oben oder unten im Gang ihrer Liebe gepflogen; und schon war der Stellungskrieg ausgebrochen. Denn wo sie's getrieben, da floß das Geld. Schließlich zeigt man den Fremden doch nur Echtes, wie in einem Museum. Die beiden Inhaber schlugen sich die Köpfe blutig. Man versuchte es noch mit einem Wünschelrutengänger, mit einem Telepathen, und dann soll Graf Hermann Keyserling das erlösende Wort gesprochen haben: »Kinder, warum zeigt ihr nicht beide Suiten, wo sie schon nicht im selben Kreuzgang liegen?« Das war ein philosophischer Fingerzeig. Das neue Appartement wurde genau so ausgestattet wie das durch die Tradition geheiligte; und es begann ein Werben um die Gunst der Führer, die mit Zigaretten, Wein und Anis bestochen wurden. An Tagen mit Hochbetrieb fiel es sowieso nicht auf, daß man die Gruppen teilte. Nur wenn wenig Leute durch die Cartuja geschleift werden mußten, wurde es peinlich, denn dann bekamen die heiligen Hallen etwas von einem Freudenhaus, wo die Vorsteherin lockt und jedes Fräulein apart. Da ich keinen historischen Instinkt besitze; nicht rauche; den Wein, welchen die feindlichen Ausbeuter uns boten, ausspuckte, so schlecht war er, überließ ich es von Anfang an meinen Touristen, sich selber die echten Zellen herauszuriechen. Das Instrument, auf dem Chopin gespielt habe, stehe sowieso seit Jahren in Paris; ich würde mir erlauben, den Herrschaften nachher in Valldemosa das Haus zu zeigen, wo der Mann wohne, der den kleinen Flügel höchstpersönlich an einen französischen Antiquar verkauft habe. Ich meinte damit meinen Freund Don José, Leibarzt S. K. H. Erzherzogs Ludwig Salvator von Österreich – und es folgte diesem auf dem Fuße der pflichtvergessene Sprechstundenhund, der auf den Namen Pistola höre und auch wie aus sich selbst geschossen davonschösse, wenn die Feigheit seiner ibizenkischen Rasse in ihm mächtig werde. Falls wir Glück hätten, stände Don José unter der Tür; ich würde ihn zeigen, zumal Leibärzte aus der Mode gekommen seien. Und wenn er nicht dastand, was meist der Fall war, aber das sagte ich nicht, zeigte ich doch einen Mann und einen Hund. Der Erfolg war immer derselbe. Die Macht der Suggestion ist groß. Jeder Führer kann das bestätigen, sei es daß er Fremde, sei es daß er ganze Völker führt. Nur Bärenführer müssen auf der Hut sein. Sie lösen das Problem durch den langen Prügel, der den Geführten nicht an den Führer herankommen läßt.

An diesem welthistorischen Führertage schloß ich meinen Vortrag wie immer mit einer schlichten Verbeugung und dem etwas professoral demütigen Dank für die Aufmerksamkeit. Da tosten die Bravos, Hurras, der Beifall brandete wie nie: »Unser Führer, er lebe hoch!« Kein Volk, mußte ich denken, ist so unglücklich in der Wahl seiner Führer wie das deutsche. Und doch, immer noch besser Vigoleis auf der Plaza Grande in Sóller als Führer auf den Schild erhoben, als jener andere, große im Tausendjährigen Reich – wenn er nicht schon massakriert worden war.

Die deutsche Blutmutter kochte vor Ingrimm. Auch andere, und nicht nur Weiber, fanden diese Art der spontanen Führerehrung nicht am Platze, alle die sicher nicht, die mich im Abteil meine andere Rede an die deutsche Nation hatten halten hören. Zu morden wagte mich indessen niemand. Und dann: wo fängt einer an, wahrer Führer eines wahren Volkes zu sein? Und wo hört ein falscher Führer auf? Wie beißt er ins Gras? Diese Frage konnte nicht auf der Insel Mallorca gelöst, an diesem Tage nicht einmal mehr erörtert werden. Sie wurde im Reich mit der Pistole ausgetragen, aber ohne die ibizenkische Hundsfeigheit.

*

Auch Beatrice sollte diesen Tag nicht so schnell vergessen. Ihre große Stunde kam angesichts des Meeres, am Vorgebirge mit dem Felsenloch, der »Ponta de la Foradada«. Es war ein dankbarer Punkt, der immer zog, sogar bei Regen. Beatrice liebte Stellen, wo die Natur sich offenbart wie sonst nur in solcher Reinheit auf Ansichtskarten. Und während alles auf das Loch im Felsen schaute, die Kühnheit der Rundung pries, Vergleiche zog mit anderen berühmten Löchern wo immer in der Welt; während man es knipste, sich in Mutmaßungen über den Durchmesser erging oder auch den Blick in die Tiefe senkte – »ja, 400 gepeilte Meter, und sehen Sie da rechts etwas sich bewegen, nein noch weiter, unter dem Vorsprung mit der Konservenbüchse, genau, das ist ein Oktopus! Wie gespenstisch seine Arme den Schatten werfen; ein Greifer genügt, einen Menschen hinabzuziehen« – doch ich will hier Beatrice nicht ins Wort fallen: kurz, während die Natur der Wunder unzählige bot und man sie dankbar nahm, da stierte ein Herr unentwegt auf seine Führerin, was zur Folge hatte, daß seine Galle sich regte und überlief; und mit ihr um die Wette stieg des Herrn edles Geblüt, und so wie unten die Brandung flockte und ihren ewigen Schaum schlug, begann es in dem Manne zu gelfern und zu geifern. Er blickte um sich, suchte, fand, nahm stramme Haltung an vor dem Gefundenen, der kein anderer als Vigoleis war, und sagte: »Herr Führer, das geht zu weit. Ich protestiere! Wo kann man sich hier beschweren?«

Ich deutete auf mein Führerabzeichen, er könne es bei mir besorgen, die Klage würde dann gehorsamst weitergeleitet. Ob er in Sóller nicht genug zu essen gekriegt habe? Aber ein bißchen Nachsicht, bei so einem Massenbetrieb, doch ich hätte noch eine Stulle ...

Der Herr, Volksgenosse, zeigte auf Beatrice und sagte, er habe sich schon die längste Zeit über diese suspekte Person geärgert, immer wenn er sie reden höre, sei es in einer anderen Sprache, und zudem: unerhört, auf Ferienfahrt mit »Kraft durch Freude«, auf einem deutschen Schiff, mit anständigem deutschem Gelde durch die Welt, und dann kriege man Juden vorgesetzt, wo man im Reich dabei sei sie auszumerzen – und hier spiele das Führer! Unglaublich – es folgte der bekannte Unflat. Man sei eine deutsche Gruppe, da brauche man kein fremdes Sprachgut um sich zu dulden, die Welt solle allmählich lernen, sich der deutschen Zunge zu bedienen, und wer schon auf deutschen Schiffen Gastrecht beanspruche, solle deutsch reden und nicht das, was die da parliere.

Der in seiner völkischen Ehre Erniedrigte hatte leider recht. Auf der »Monte Rosa« waren viele Nicht-Deutsche, die von der Reiseleitung zu einer Babelgruppe zusammengeklittert waren. Beatrice führte sie mit dem größten Vergnügen, mitten im Satz aus einer Sprache in die andere fallend, und vergaß für einen langen und harten Tag ihre Menschenverachtung.

Der Herr hatte sich in seinen Zorn so hineingeredet, daß er an sich halten mußte, um nicht auf Beatrice loszupreschen. Solange er das aber nicht tat, konnte ich ihn schimpfen lassen. Die Szene hatte schon das Mißfallen vieler Touristen erregt; die einzige, die nichts merkte, war die fremde Tarantel, die den Volksgenossen so gestochen hatte. Dieser mochte ein hoher Parteibonze sein, denn niemand wagte es, ihm über den Mund zu fahren; im

Gegenteil, die Herrschaften verdrückten sich, das Loch im Fels bot keine Reize mehr. Der Genosse schimpfte weiter, ich nickte ihm zu, was er für Ermunterung nahm, und so kam ich nicht zu meinem Wort. Ich wollte ihn nämlich, einmal die Galle entleert, beim Ärmel fassen und ihm zuflüstern: Vorsicht, man wisse ja nie, wen man vor sich habe, und was die Dame betreffe, könne er sich Ungelegenheiten auf den Hals laden, diplomatischer Art. Was er für Judensau halte, sei nicht mehr und nicht weniger als Madame Enderun, die Frau des persischen Konsuls auf den Balearen, und als solche etwas sehr Arisches, vermutlich sogar Urarisches, und ob man schon soweit sei, daß der Führer internationale Konflikte vom Zaun brechen könne?

Madame Enderun, nur noch von einem kleinen Trupp Standhafter umgeben, hatte inzwischen gemerkt, daß etwas los war. Die Foradada zog jetzt keinen Blick mehr auf sich. Im Mittelpunkt der Schöpfung stand der schäumende Wutgermane. Ein Herr der Gruppe hatte sich den Zornesausbruch angehört, jetzt hielt er den Augenblick für gekommen einzuschreiten. Er ging gemessen auf den Wüterich zu, biederer Herr gegen die Sechzig, verschossener Panamahut, gestärkter Fallkragen mit einem platten schwarzen Lappen Schlips; auf der Weste baumelte an schwerer Silberkette das, was wohl die Breloquen seines Geschlechtes waren. Die Stiefel waren derb, der Stecken eisenbeschlagen, seine Sprache mit Rachenlauten durchknurrt: und wehe, wer einen Schweizer reizt.

Der Deutsche, der »chaibe Schwob«, wurde zusammengestaucht in einem Schwyzerdütsch, das man im Baselbiet spricht. Furchtbar hagelte es auf ihn nieder. Aber verstand er es überhaupt? Wenn ja, dann konnte er sich hinter die Ohren schreiben, daß es in Basel eine Geschlechteraristokratie schon im 11. Jahrhundert gegeben habe, und diese Dame – der Stecken zeigte auf Beatrice – hei jo, täte ihr angehören mit allen ck's und ck-dt's, trotz spanischer Haut, und wer ein Löli sei und wer sich was schämen solle und – erneut hob sich der Stecken, diesmal aber gegen den Schwaben, der darum auch einen Schritt zurückwich – wenn er nicht mache daß er fortkomme, der verfluchte Saupreuß, dann ...

Das war Tells Geschoß!

Weitere Eidgenossen hatten sich aus Beatricens Leibstandarte gelöst und nahmen drohende Haltung an: man ließe eine Landsmännin nicht beschimpfen, und so stand einer gegen viele. Da sagte der Schweizer, der Schwob solle sich vorsehen, er sei verloren; worauf ich dem Deutschen plausibel machte, daß er besser täte auszukneifen, denn der Baselbieter heiße obendrein auch noch Strub.

Aus einem Dutzend Rachen wurde der Volksgenosse zusammengemault. Er stand immer noch da wie der Uhu bei Tag, auf den das Gevögel lärmend niederstößt. Er war sprachlos, denn er wußte ja auch nicht, ob sein Führer noch lebte. Ein kleiner Schubs mit einem Basler Stecken, und der Rassenwüterich wäre dem Oktopus in die Arme gefallen, sein Schatten gespenstisch über das Riff geglitten.

In meinem Führerwagen saßen die Herrschaften schon voll Ungeduld. Das sei ein peinlicher Zwischenfall gewesen da bei der Foradada: um was habe es sich eigentlich gedreht, wohl der Führerdame wegen, habe man die beschimpft? Vermutlich Jüdin, na, immerhin, jetzt an der Tagesordnung, aber schließlich, im Auslande müßten mildernde Umstände zugebilligt werden, und schade sei's der Landschaft wegen, das Meer, blau, blau und tief unten grün mit Oktopus, da solle man die Politik zu Hause lassen oder selbst zu Hause bleiben; freilich, im Grunde wohl berechtigt, der Protest, man reise mit deutschem Geld und wolle nach Möglichkeit alles deutsch haben.

Ich erzählte den Herrschaften des langen und breiten die Lebensgeschichte von Madame Enderun, der Tochter des persischen Generalkonsuls in Madrid, der auf Mallorca eine Finca habe; ich würde sie ihnen zeigen, subtropischer Garten und so. Der Mauler habe gedacht, na wieder so eine Judensau, und sofort hätten die Eidgenossen die Wälle bezogen, denn Madame Enderun spräche neben allen anderen Sprachen auch Schweizerdeutsch, sie habe in Basel studiert. Mundarten seien aber, wie er wisse, immer bindend.

Wenn sie persisch sei – ehrlich, er habe sie auch für eine Jüdin gehalten – dann sei sie nicht nur arisch, sondern hocharisch. Und Vater Generalkonsul – schöne Pöstchen seien das, fiel jetzt die gnädige Frau ein, soweit habe es ihr Mann noch nicht gebracht. – Und ob das Pöstchen seien! Es sei ja mein Lebenswunsch, entweder Generaldirektor oder Generalkonsul zu werden, aber . . .

Hm, da solle ich dem Mädchen nur ein wenig den Hof machen, ein bissel anbändeln, und er meine sogar, mich in Valldemosa und Sóller wiederholt mit ihr gesehen zu haben, da täte sich vielleicht schon was – und wenn man's fein einfädele, würde ich zwar nicht Generalkonsul, aber ein betreffender Schwiegersohn mit, wie hätte ich's genannt? – Finca, ja mit der Finca.

»Da haben Sie das Landgut der Enderuns«, rief ich und zeigte eine Finca, an der wir gerade vorüberstaubten.

Die »Monte Rosa« verließ die palmesanischen Gewässer an diesem Tage ausnahmsweise spät; es sollte das mit den Ereignissen in Deutschland zusammenhängen. So hatte man in Palma noch ein paar Stunden zum Strolchen.

Beatrice und ich, tot wie wir nur wünschen konnten, daß der Unführer schon wäre, saßen noch auf der Plaza Atarazanas und tranken uns den Staub aus der Kehle. Da kamen die Herrschaften aus meinem Führerwagen und ließen sich ein paar Tische weiter nieder. Der Herr blinzelte, die gnädige Frau hob schelmisch den Finger: es verliefe ja wohl alles programmäßig? riefen sie zu mir hinüber.

»Glänzend! Wir haben uns soeben verlobt.«

*

Beim Appell an Bord fehlten an die hundert Volksgenossen. Die Berichte aus der Heimat waren derart, daß sie es vorzogen, nicht mehr zur Scholle zurückzukehren. Aufgehangen werden kann man schließlich überall, dazu braucht man das Vaterland nicht.

Als ich am anderen Tag den Führerlohn von 50 Peseten für mich und meine persische Braut beim Reisebüro einkassierte, hatte sich der Direktor, der zugleich der Herr Deutsche Konsul war, wieder völlig in der Gewalt; so sehr, wie sein zwar nicht bester, aber doch erster Führer das Heft wieder in den Händen hielt. Die Röhmrevolte war niedergeschlagen. Ein paar Köpfe rollten noch nach, und Herrn von Papens Schwiegersohn, den ich in der Stadt traf, hatte seine Beine nicht gepudert. Das war sein Trauerzeremoniell.

XXIII

Wir hatten einen großen Maler zu Grabe getragen, Jacobo Sureda.

Elly Sackett, die Tochter eines amerikanischen Bankiers, hatte sich des Menschen, Mutter Ey in Düsseldorf des Künstlers Jacobo angenommen. Er war der beste Maler auf Mallorca, was viel heißen will, denn es wimmelte auf der Insel von Malern. Pedro hatte nur noch den einen Wunsch: es mit Pinsel und

Palette so weit zu bringen wie sein Bruder. Darum malte er immer besessener, und Jacobo malte immer weniger. Sein Lungenleiden verschlimmerte sich von Jahr zu Jahr. Als wir ihn kennenlernten, im ersten Inselwinter, der ganz unter dem Zeichen der schwülen Pilar gestanden, ging es ihm verhältnismäßig gut. Er konnte sich jährlich eine längere Kur in St. Blasien leisten. Er liebte Deutschland, wo er kein Unbekannter mehr war. Mutter Ey hatte ihn entdeckt und schwärmte für den blutjungen und blutspuckenden spanischen Edelmann, der als Dichter begonnen hatte und den ersten, natürlich schmalen Band Lyrik auf der Presse seines Freundes, Josef Weisemberger, selber setzte und druckte. Der Titel lautete ›El prestidigitador de los cinco sentidos‹, und wie dieser waren auch die Gedichte: tausendkünstlerisch expressionistisch mit allen fünf Sinnen beisammen. Als Jacobo starb, befanden sich seine besten Bilder in Mutter Eys Galerie, oder richtiger gesagt in ihren Händen, denn die Galerie war da schon von den Nazis ausgemerzt worden; entartete Kunst soll ja auch von Mutter Ey gepflegt worden sein. Vermutlich sind die Bilder Don Jacobos von den Nazis ebenfalls als entartete Kunst vernichtet worden. Sie sind immer noch verschollen.

Ich habe Mutter Ey nicht persönlich gekannt und nur, als einzige intimere Berührung, auf einer von ihr historisch beschlafenen Matratze geschlafen. Nach allem, was Pedro und Don Juan Sureda, Jacobo und auch der Folkwanglehrer mir von ihr erzählt haben, begriff ich nur zu gut, daß Don Juan Matratze und Bettzeug der »Señora Huevo«, wie die Suredakinder die Eimutter nannten, dieselbe Ehre angedeihen ließ wie den Gastbetten, die Seine Katholische Majestät und deren Gegenspieler Don Miguel de Unamuno mit ihren schlaflosen Nächten verewigt hatten. Auch die Weisembergersche Matratze war durch den Schloßherrn der Profanierung entzogen worden, und dieser wird seine Gründe dafür gehabt haben. Weil der Deutsche ein Freund seines begabtesten Kindes war? Vielleicht. Ich kenne dieses Mannes Verdienste um die Kunst nicht, ich weiß nur, daß sein Name im Hause Sureda die Matratze, auf der er geschlafen, überdauern wird: Josef Weisemberger war der erste Mensch auf Mallorca, der im Winter ohne Hut über die Straße ging. Auf historische Genauigkeit eingeschworene Baedeker seien darum darauf aufmerksam gemacht, daß diese Primeur Chopin nicht zukommt.

Jacobo starb an einem Blutsturz in seinem schönen Künstlerheim »Ca's Potecari« zu Génova, in Pedros Armen. In Barcelona hatte er sich einer schwierigen Operation unterzogen, die von einem katalanischen Arzt, einem Schüler Sauerbruchs, ausgeführt worden war, und so schlecht, daß der Eingriff zwar gelang, aber der Patient starb. Wir hatten darauf angedrungen, daß er sich in Deutschland von Sauerbruch selbst operieren lassen sollte, Elly hatte ja das Geld dazu. Aber Don Jacobo wollte nicht nach Deutschland, das doch sein Deutschland nicht mehr sei. Und Professor Sauerbruch kommen lassen? Graf Keßler, am Fall Sureda interessiert, sagte mir, Sauerbruch käme sofort, im Flugzeug, mit Assistent und Krankenschwester, und nachher käme das dicke Ende: Patient gerettet, Bankguthaben erloschen. Er sei ja selbst schon einmal der Düpe dieses berühmten Speckschneiders (das Wort ist nicht von Keßler) geworden, vor vielen Jahren, als er krank in London gelegen. Eine nicht sehr klare Diagnose seines englischen Arztes habe seine Schwester beunruhigt; sie habe ihm täglich in den Ohren gelegen, er möge doch Sauerbruch kommen lassen, und ja, alte Bekannte seien sie gewiß. Sauerbruch kam angeflogen, klopfte, horchte, beruhigte, verschrieb, und fragte beiläufig, ob Keßler was dagegen habe, wenn er noch mit dem Leibarzt des Königs diniere, er bliebe dann einen Tag länger. Keßler hatte keine Bedenken, im Gegenteil, er arrangierte das Treffen. Die Rechnung, für ärztliche Bemühungen und soviel Tage London, ging in die Tausende, eine Summe, über die selbst ein Keßler die Fassung verlor. Er habe prozessieren wollen gegen den Schurken (das Wort ist von Keßler), aber seine Schwester hätte aus eigenen Mitteln die Forderung beglichen, um dem geliebten Bruder den Krach vom Halse zu halten. Solcher Geschichten über Sauerbruchs Pfeffernoten kannte ich auch eine, Onkel Jean in Münster hatte sie mir erzählt: Einem drostischen Erbdroste war der einzige Sohn auf den Tod erkrankt, die Professoren sagten: nur noch Sauerbruch. Der kam, schnitt, flickte und ließ den Patienten außer Gefahr zurück. Der Papa, reich, freigebig, glücklich, ließ noch selbigen Tages dem Retter eine bedeutende Summe überweisen, sagen wir 50000. Der Chirurg bestätigte den Empfang mit einem Telegramm: 50000 biete man einem Assistenten, aber keinem Sauerbruch, Sauerbruch.

Ein schönes Wort! Nur groß ist, wer im gegebenen Augenblick ein Wort sprechen kann, das zum geflügelten wird. So hätte ich Adelfried Silberstern kommen sollen, als wir die »Kleinigkeit« bereinigten: Null Komma Nichts bietet man einem

Bruder Rechtsanwalt, aber keinem Rechts- und Geschlechtsberater Vigoleis, Vigoleis.

Was gäbe ich nicht für ein Gemälde von Jacobo Sureda, vor allem für eines aus der Zeit seines körperlichen Verfalls: den »Almocreben« zum Beispiel, Spaniens Stolz, Härte, Armut und Unerbittlichkeit dargestellt in einem Eseltier mit seinem Treiber und dem Schatten, den sie werfen über die angeglühte Erde. Das Bild war nicht groß, es würde genau an die Stelle passen, wo jetzt eine Landkarte von Mallorca hängt, die mich nicht weniger mit Wehmut nach der untergegangenen Insel meines zweiten Gesichts erfüllt, mit Saudade, wie die Portugiesen das nennen, und wie Pascoaes, mein Pascoaes! sie in seinem Œuvre einmalig gestaltet, Buch um Buch, das heißt – gestaltet hat, denn jetzt ist er tot. Noch ehe ich an die Schilderung meiner Begegnung mit seinem Werke habe kommen können, erreicht mich die Nachricht von seinem heroisch-tragischen Ende, vom Ende des letzten portugiesischen Mystikers, mit dem zugleich auch die große iberische Mystik ihren Ausklang gefunden hat.

*

Bei den Suredas ging es immer sehr verrückt zu auf der Adelsetage; aber nun, sagte Pedro eines Tages, sei es das wahre Tollhaus geworden: Papá, Mamá, alles übergeschnappt, und sie müßten zu den Nachbarn auf den Ort. Papá schlösse sich stundenlang ein und rezitiere. Pixedes, eine Magd, die sich länger als je eine gehalten habe, weil Papá eine stille Phase durchgemacht, sei nun auch weggelaufen. Pedro hatte Decken und Nachtzeug mitgebracht, denn auch die Nächte zu Hause seien nicht mehr zum Aushalten. – Ob neue Goldadern aufgebrochen seien? Und für welche Sprache sich Don Juan jetzt entschieden habe?

»Er paukt sich keine neue Sprache ein. Erst dachten wir zwar, es sei Arabisch, das hat ihn immer interessiert, und darüber habe er den kleinen Riegeltrick vergessen und könne nicht mehr raus wie die Nonne und bliebe dann einfach hocken. Als aber die ersten Schreie ertönten: ›Paulus! Paulus, öffne Spanien!‹ wurden wir stutzig. Pixedes packte ihr Bündel und floh. Pazzis ist verzweifelt, denn es sind nicht die verpönten Knoten, es ist der religiöse Wahnsinn, und ausgebrochen an diesem Ort!«

»Religiöser Wahnsinn? Für Spanien nicht schlecht. Große Tradition! Woraus schließt ihr das?«

»›Wehe mir, weh mir, wenn ich das Evangelium nicht

predige‹, ruft er, oder ›Wann werde ich mich befreien von diesem Leibe des Tcdes?‹«

Dem war nicht zu widersprechen, das war religiöser Irrwahn; als Magd Pixedes wäre ich auch geflohen. Als Vigoleis horchte ich auf. An diesem Ort der Einkehr lesen, Grammatik treiben, ein Kreuzworträtsel lösen, das geht noch an. Aber predigen? Im Flur sah ich die Familie Sureda sich rotten und zusammenzucken bei jedem neuen Ausbruch des väterlichen Ketzerwahns, der Blasphemie, der mit ermahnender Rede nicht mehr beizukommen war; wie sie dem Granden sein Hörrohr ins Ohrloch steckten und brüllten: »Jetzt aber Schluß, denn wisset, Ihr lästert Gott!«

Aus dem angeführten Orte erscholl es weiter: »Das Christentum ist die Religion des Abends, der alle Dinge im Zwielicht vergeistigt: dann tut der Himmel, den über Tag das Blau verschlossen hält, tausend kleine leuchtende Fenster auf. Das Christentum ist die Religion der letzten Stunde, in der nur die Hoffnung uns noch retten kann, diese schon ein wenig verzweifelte Hoffnung des heiligen Paulus. Retten wir uns in die Hoffnung!«

»Papá, komm heraus! Papááááá, komm heraus!«

»Gott fühlte die Unvollkommenheit seines Werkes, aber er konnte es nicht mehr ungeschehen machen. Noah war in die Arche gegangen. Nun kann das Werk nur noch berichtigt, das Verbrechen einzig gesühnt werden. Darin liegt die tiefe Bedeutung von Golgatha. Jesus ist die Gewissensqual Gottes, der Sohn.«

Die Familie überließ den Rufenden seinem Schicksal. Pedro floh in die General Barceló. Juanito griff zur Andachtsübung, im Verein mit seinen frommen Schwestern betete er für Papá; nicht übertrieben viel, weil er als einziger in der Familie die Übertreibungen nicht liebte, denn er war faul und immer müde, doch dies wieder nicht aus geschlechterlanger Müdigkeit. Nur Doña Pilar, die Fürstin, stand fest in der Wirklichkeit: ihr Juan war nicht wahnsinnig geworden, war auch nicht quijotesker als sonst; er hatte nur ein Buch aufgetrieben – wo schon? in einer literarischen Tertulia natürlich – das ihn mehr fesselte, innerlich; und äußerlich an den suspekten Ort, der hier leider nicht verschwiegen werden darf. Sie schmähte nicht, wissend aus alter Eheerfahrung, daß er schon wieder herauskommen würde. Die Suredas kamen ja immer wieder heraus. Das Geschlecht führt einen Frett im Wappen. Und wenn er draußen wäre, nähme sie ihm das Buch einfach ab, und es gäbe wieder Frieden und freie Bahn auf der Etage.

»Weiß man schon, welches Buch Don Juan in die Ekstase versetzt? Um welche neue Heilsbotschaft handelt es sich?«

»Ein Buch über Paulus, von einem Portugiesen, mehr haben wir nicht herausgefunden.«

Tatsächlich gelang es Doña Pilar, dem mystischer Schwärmerei verfallenen Gatten das Buch zu entreißen, woraus er auch nachts, im Bett, mit lauter Stimme vortrug, sei es auch nur Stellen, die sein Imprimatur trugen. Über Tag, wenn er seinem Leben als spanischer Grande auf der Promenade, im Café, in den Klubs, in den Palacios noch nicht ruinierter Granden nachging, versteckte Don Juan das Buch: es sei im höchsten Grade ketzerisch, eine Gefahr für das Seelenheil der Familie, vor allem der Töchter, es gehöre auf den Index. Doña Pilar, weniger um das Seelenheil ihres Hauses als um dessen Ruhe besorgt, lauerte dem Gatten auf, und als er seiner Wege ging, nahm sie das Buch aus dem Versteck. Don Juan begann zu randalieren, als er die leere Hand gewahrte, die aus der Nische kam: gestohlen! Sein Verdacht fiel auf einen Freund, den er des Tabernakelraubes für fähig und im Grunde auch würdig hielt, einen Arzt. Mitten in der Nacht trommelte er ihn aus dem Bett: »Du hast mir meinen Paulus entführt! Wehe mir, wenn ich das Evangelium nicht predige!«

Der Arzt wurde nicht ungehalten wie so viele Ärzte, wenn man sie einer vermeintlichen Kleinigkeit wegen aus dem Bett läutet. Da er das Buch nicht gestohlen hatte, verschrieb er eine Purga, das Allheilmittel der spanischen Medizin, und entließ den verzweifelten Hidalgo.

Damit wußte ich aber immer noch nicht, um welches Werk es sich handelte. Wohl war meine Neugier größer geworden. Ein Buch, das eine Steigerung der Verrücktheit Don Juans zu bewirken vermochte, mußte schon zu den großen Büchern der Menschheit gehören. Ich nahm einen Duro, es schien der letzte zu sein.

»Es ist unser letzter Duro«, rief Beatrice mir nach.

»Ich weiß, wir leben ja nur aus dem Letzten, immer. Ciau!«

*

In Palma kam damals auf 1000 Einwohner ein Bordell, das heißt, die Verhältnisse lagen noch günstiger, wenn man die nicht anerkannten Casas hinzuzählte. Nicht weniger sprechend offenbarte sich die Statistik im geistigen Verkehr, wo auf 40 000 Einwohner eine Buchhandlung zu verzeichnen war. Palma hatte also zwei, außer Mulets Leihbücherei, wo man zuweilen auch Klandestine buchhändlerische Geschäfte abwickeln konnte. Für meine Suche nach dem Friedensstörer und Geistverwirrer Paulus kam nur Palmas erste Buchhandlung in Frage, auf der Plaza Cort.

Ein Buch über Paulus also. Was wußte ich von Paulus? Es war bitter wenig. Daß Nietzsche ihn den Dysangelisten nannte, in ihm das Genie des Hasses, den Fleisch gewordenen Tschandala-Haß gegen Rom sah, gegen die Welt, den ewigen Juden schlechthin, ja, und was mehr? Unamuno beschäftigte sich mit ihm in seiner ›Agonie des Christentums‹, die aus der Agonie des Paulus komme. Cervantes nennt ihn den fahrenden Ritter des Lebens und den zur Ruhe gekommenen Heiligen des Todes. Die Nazis begannen auch, sich mit dieser Gestalt auseinanderzusetzen; für sie war er der jüdische Untermensch, er kam auf den Index, mitsamt dem Meister und den Jüngern allen. Und dann kannte ich den ›Römerbrief‹ von Karl Barth, eine hochmütige, kalte Schrift. ›Die Mystik des Apostels Paulus‹ von Schweitzer kannte ich nicht.

Die Bekanntschaft mit dem ›Römerbrief‹ hatte ich in Münster gemacht. Das Werk hatte viel Staub aufgewirbelt, es wurde von den Kandidaten der Theologie eifrigst diskutiert, sei es in den Wandelgängen der Universität oder bei Bratkartoffeln und Pfannkuchen in der Mensa. Zu jener Zeit las Magon sein berühmt gewordenes Kolleg über Kierkegaard, der noch nicht Mode war, aber schon einen großen Hörsaal füllte. Er lag in der Luft, wie auch der »Magus aus Norden«, Johann Georg Hamann mit seinem Tagebuch eines Christen wieder in den Kreis der Betrachtung gerückt wurde. Auch Hitler lag in der Luft mit seinem ›Kampf‹ als heilsgeschichtliche Sendung und mehr noch als Pflasterstein, der in jüdische Geschäfte flog. Des Dr. Ley Mäusefänger waren schon fleißig am Werk: sie gingen in jüdische Speisehäuser, bestellten sich einen Kartoffelsalat, praktizierten eine geschlachtete Maus aus der Streichholzschachtel hinein, und dann donnerte die Beschwerde und klirrte das Glas. Das war 1927. Wätjen dozierte, unangefochten von dem Heraufkommen der Tschandalas, seinen Hanseatenkult vor einem auserlesenen Auditorium. Seine Kollegien waren ein gesellschaftlicher Anlaß. Monokelblinkende Generäle küßten schönen Frauen die Hand, man klirrte mit Sporen, kitzelte mit Pelzmänteln, notierte sich ein paar elegante Wendungen mit goldenem Stift in eine Goldschnittkladde, und als ein namenloser Reichsschmachwehrgeneral zu Grabe getragen wurde, ging es aus dem Hörsaal geschlossen hinter die Lafette. René van Sint-Jan strich sein gepflegtes Flamenbärtchen und fühlte dem Kandidaten der niederländischen Philologie Vigoleis auf den Zahn, ob er wohl gleich ins Oberseminar aufgenommen werden könnte. Dann hätte er zwei Schüler, es lerne sich besser so. Das Einkindersystem ist auch für Almamütter nicht zu empfehlen. So gab er dem Prüfling ein Gedicht von Pieter Corneliszoon Hooft und sagte: »Bitte, interpretieren Sie das.« Vigoleis las den Text langsam durch; es war eines jener reizenden Spielgedichte, einem »schoon nymfelyn« gewidmet, dem Meisken Ina Quekel, das in bunter Folge als Diana, Iphigenia, Dia oder Amaryllys angeschmachtet wird: »Amaryl de deken zacht / Van de nacht . . .«

Ich stolperte gleich über das erste Wort, als hätte ich mich nie mit Schäferpoesie beschäftigt. Daß es Zwiebelgewächse dieses Namens gibt, brauchte ich schließlich nicht zu wissen, wußte es aber zufällig: die Amarylliden. Das Blut, das mir in den Kopf geschossen war, floß langsam wieder in seinen beherrschten Kreislauf zurück, und aus der Botanik wagte ich den Sprung in das Zeitwort amaryllieren. Ich räusperte mich und begann also zu übersetzen: Lasset uns blumenhaft und sanft die Spreite der Nacht glätten . . . Pilarière, würde ich heute sagen. Der Professor spreitete auch sein Bärtchen sanft und glatt und immer glätter, je gewagter meine Interpretationen wurden, stets gewärtig, der Kandidat der kleinen Matrikel, der zugleich seine Begabten- oder Intelligenzprüfung zu bestehen hatte fürs weitere Studium, fiele vom Seil. Aber er fiel weder vom Stengel noch durchs Examen. Eigentlich, sagte Mijnheer van Sint-Jan, müsse er mich sacken lassen, doch täte er es aus zwei Gründen nicht: der andere Kandidat bliebe nur noch ein halbes Semester, er promoviere, und dann habe er überhaupt keinen Schüler mehr und müsse das Seminar schließen. Fürder reize ihn mein »Fall«: ein ebenso verblüffendes wie wissenschaftlich gefährliches Kombinationsvermögen, das, pädagogisch gut geleitet, schöne Früchte tragen könnte; zudem seien wir ja bald ganz unter uns. Er heiße mich willkommen, wolle mich vor der Fakultät protegieren; er habe ein Doktorthema wie für mich geschaffen . . . Mein Onkel am Domplatz hatte mich auch willkommen geheißen, auch gefährlich gefunden meiner Sprünge wegen, weshalb auch er es vorzog, mit mir unter uns zu sein, was aber keine weiteren Schwierigkeiten bot. Er schickte bei Tisch den Diener hinaus, und alles ging aufs beste.

Und Günther Wohlers dozierte Zeitungswissenschaft vor einem nicht minder selekten Auditorium: Vigoleis und ein überzüchteter Rittergutsbesitzersproß, der ebenso intelligent wie müde war, bei Wätjen über Lord Grey promovierte, aber an Frauenmüdigkeit vor dem Summa cum laude loblos verstarb. Sein Frühstück bestand aus einer Banane und Erdbeersekt, während Wohlers, mit unserer gütigen Erlaubnis, sich seine Maß aufs Katheder bringen ließ und ich mich in Enthaltsamkeit übte, immer noch nicht an die urdeutsche Unsitte des Frühschoppens gewöhnt, am wenigsten im Hörsaal.

Und sonntags, nach der letzten Messe im Dom, wo Donders' Predigtkunst auch Gottlose anlockte, zogen die farbentragenden und nicht farbentragenden Studenten im Kreise herum über den Domplatz, akademischer Hufdrusch, was auf mich immer wirkte wie ein riesiger Zuchthaushof, wo die Sträflinge bewegt werden.

Der alte Mausbach, ein verschlagenes Bäuerlein, lehrte uns seine Auffassungen vom Sittlichen und Kulturpolitischen.

Das war damals meine Welt, wie sie sich um mich bewegte und mich bewegte. Es hatte sich wie von ungefähr gefügt, daß mein intimerer Umgang Kandidaten der protestantischen Theologie waren. Mich reizte es sehr, in Herz und Seele dieser jungen Menschen schauen zu können, die ein paar Jahre später mit Talar und Bäffchen auf die Kanzel steigen würden, um der Gemeinde das Wort Gottes zu verkünden mit denselben Lippen, mit denen sie auch die Nationalhymne sängen, wenn es die Stunde erfordere. Sie waren fest entschlossen, Gott zu geben, was Gottes, und dem Teufel (Kaiser), was des Teufels (Kaisers) sei, auch wenn dieser noch unter das imperiale Maß sänke, als Hitler etwa. ›Vater unser‹ und ›God save the king‹ – ich fand, es ginge nicht zusammen. Die katholische Einstellung war mir ja bekannt. Die Kandidaten hielten seltsamerweise große Stücke auf mein Urteil. Sie wußten auch, daß ich »schrieb«, und daß ich es nur für die Nachwelt täte, erhöhte mein Prestige nicht weniger als die Tatsache, daß ich ein Propinquus des wegen seiner Toleranz gerade in protestantischen Kreisen sehr geschätzten Weihbischofs Dr. Johannes Scheifes war. Es waren übrigens dieselben Theologiebeflissenen, die mir den Spitznamen Vigoleis angehängt haben. In einem Kolleg des hochdramatischen Papa Schwering über den Ursprung des Romans, über Wirnt von Gravenberg und sein Volksbuch vom Wigalois hatte ich ein paar pikareske Zusammenhänge entdeckt, die bisher der zünftigen Forschung einige hundert Jahre lang verschlossen geblieben waren. Ich betrat Neuland, für das auch Schwering ohne weiteres einen Doktortitel übrig gehabt hätte. Die Theologen, von Hause aus phantasielos, fanden den Einfall, wenn ich mich nicht irre, und ich irre mich nicht, sogar genial und tauften mich Wigalois, den Ritter mit dem Rade, wobei sie die Helmzier meinten. Ich aber deutete es als das Rädchen im Kopf und fand es gut getroffen. Nur machte ich aus den Wig-alois, des Alois wegen, die andere, philologisch auch überlieferte Form des Vigoleis, da instinktiv schon nach Spanien hinüberweisend, wo die Geschichte ja auch beheimatet ist. Natürlich drehte ich den Spieß jetzt um, und was als Hänselwort gedacht war, erhob ich ins Ritterbürtige, ohne zu wissen, daß ich mich mit solcher Selbsterhöhung in die Gesellschaft des umbrischen Lauden-Dichters Jacopone da Todi begab, der auch seinen Spitznamen ratifizieren ließ. Und noch weniger konnte ich ahnen, daß mir diese echt münsterische Wiedertaufe zehn Jahre später auf Mallorca das Leben retten sollte.

Die Kandidaten gaben mir den ›Römerbrief‹, ich solle das Werk lesen und dann orakeln: glaubt dessen Verfasser an Gott oder nicht an Gott? Wenn Gott, so weissagte ich, ein Schriftsteller sei, wie man immer wieder höre, dann glaube Barth an ihn, so wie Bohr an sein Atommodell glaubt, Planck an die Quanten und Többen an seine schweren Jungs. Ach, wenn auf der Welt die theologischen und juristischen Fakultäten nicht mehr unterhalten werden müßten, wie schön könnte dann das Leben sein: paradiesisch, kein Vogel fräße eine Mücke und lebte doch, kein Wolf schlüge das Schaf und lebte doch, kein Adam ...

... und da stand ich auch schon vor der Buchhandlung auf der Plaza Cort und sah mich genötigt, meine Rückerinnerungen abzubrechen, oder wollte ich den letzten Duro etwa doch nicht mehr opfern für einen Paulus?

Von einem Buch über San Pablo, und noch von einem Portugiesen geschrieben, sagte die Frau im Laden, wisse sie nichts. Von einem Portugiesen! Sie lachte, wie jedermann in Spanien lacht über Portugal, und ob ich den Zweizeiler nicht kenne: Los portugueses pocos y estos pocos locos! Daß es der Portugiesen nur wenige gäbe, wisse ich aus der Geographie: kleine iberische Anklitterung nach der Atlantik hin; aber daß die wenigen dazu noch verrückt seien – ist es denn möglich? Gibt es nach Spanien, nach Don Juan, Don José, Don Matias, Don

Pedro noch eine Steigerung, gewissermaßen einen siebten Himmel der Locura, der alle erfaßt? Ich war auf der richtigen Fährte. Beatrice würde den Duro nicht mehr wiedersehen. Ich ließ mich nicht abweisen. Ob ich auf eigene Faust in den Regalen stöbern dürfe? Ja, das dürfe ich, das müsse ich sogar, denn sie wolle nicht belästigt werden, und erst nicht mit Büchern! Da könne ja jeder kommen und nach einem Paulus fragen, und noch von einem Portugiesen! Da, wie in meiner eigenen Bibliothek, die Bücher weder nach Sprachen, noch nach Autoren oder Sachgruppen geordnet waren, hatte ich in wenigen Minuten das Gesuchte gefunden: eine Ausgabe der ›Editorial Apolo‹, Barcelona, Verdaguers Verleger, also eine Empfehlung. Der Umschlag: ein iberisches Paulusbildnis, Titel: ›San Pablo‹, Verfasser: Teixeira de Pascoaes, Geleitwort: Miguel de Unamuno – rühmlicher konnte das Kleeblatt nicht sein. Drei Exemplare standen noch auf der Planke. Ich klemmte eines unter den Arm und fragte nach dem Preis. Die Frau rührte sich nicht, sie begnügte sich damit, feindselig auf mein Buch zu blicken. Ich wurde sehr verlegen, wie immer, wenn ich einem Analphabeten gegenüberstand. Dann schämte ich mich des Alphabetes, das ich auswendig kann. Erst in Portugal, in der Bergwelt von Travanca do Monte, wo noch Wölfe nachts um unser Haus kreisten und nur ein Mensch lesen und etwas schreiben konnte, habe ich mit Erschütterung erfahren müssen, daß das Problem nach einer ganz anderen Seite hin betrachtet werden muß. Immerhin, mit der Frau kam ich nicht weiter, aber zum Glück trat ein Mann aus einer Hintertür in den Laden, an den ich mich, in ihm den Buchhändler vermutend, der er auch war, aufatmend wandte – Preis? Ich hielt ihm das Buch hin, was genügte, in dem Mann einen kleinen Koller auszulösen. Auf Mallorquinisch, wovon ich sozusagen nichts verstand, fauchte er seine Frau an; dann, höflich ins Kastilische übergehend, erläuterte er mir, daß seine Frau eine Eselei nach der anderen begehe – zum Beispiel glaube, eine Buchhandlung sei ein Bäckerladen, wo man nur immer weggibt, bis nichts mehr auf den Börtern läge; doch was verstünde die Ärmste schon von Literatur! Den ›San Pablo‹ also wolle ich ihm entführen? Zum Glück sei er noch zeitig dazugekommen, sonst sei auch dieses Exemplar zur Tür hinaus, auf Nimmerwiedersehen! Nein, das gäb's bei ihm nicht, und bitte, ich möge mich selbst überzeugen, nur noch drei Exemplare, drei! Vor einer Woche habe er noch zwei Dutzend gehabt, und davor an die fünfzig, das Buch ginge wie geschmiert, da stecke Don

Miguel dahinter, und ob ich auch Ausländer zu sein scheine, so wüßte ich ja schon, daß damit Unamuno gemeint sei – »aber nein, Señor, geben Sie das Buch wieder her, es gehört da auf den Schapp. Wir haben hier nämlich eine Buchhandlung, mein Herr, und keinen Brotkram.«

Der Buchhändler stellte mein Exemplar wieder zu seinen Ladenhütern. Ich schwieg betroffen. Don Joaquín Verdaguer hatte mir eine ähnliche Geschichte erzählt, und ich hatte es für seine feine »broma«, seinen lichtenbergischen Spaß gehalten.

»Und was kostet so ein Buch?« wagte ich doch noch zu fragen, »vielleicht übersteigt es sogar meine Verhältnisse.«

»Vielleicht, Bücherkäufer lassen sich schwer auf Kaufkraft abschätzen; eine Ausgabe von Apolo, 8 Peseten.«

»Das beruhigt mich, ich habe nämlich nur einen Duro.«

»Wunderbar, ein Kunde nach meinem Herzen. Sie behalten Ihren Duro und ich behalte mein Buch.«

»Und dürfte ich mir noch eben den Verfasser notieren?«

»Nicht nötig, ich gebe Ihnen einen Prospekt, versuchen Sie's mal auf der San Miguel, da hat man jetzt eine neue Buchhandlung aufgemacht, moderne Ambitionen, die verkaufen alles, alles, sage ich Ihnen.« Daran ginge die Literatur zugrunde: am totalen Ausverkauf durch Analphabeten, rief er mir noch unter der Tür drohend nach. Meinte er mich oder seine Frau? Vermutlich uns beide.

Mulet hatte das Buch nicht, er kannte aber den Portugiesen, und er wollte mir gerne den Paulus aus Barcelona kommen lassen, in ein paar Tagen, sagen wir übermorgen, könne er da sein, nein, sei er bestimmt schon da. Ich hatte also ein paar Wochen Zeit. Verrat müßte geübt werden an dem Mengelbergschen Freundschafts-Duro. Dazu mußte ich mich in einen Handel mit einem Bettler an der Kathedrale einlassen. Erst ließ ich mich gehörig anjammern, spielte den Verlegenen, der wohl gerne geben würde, aber – eben erst habe er die Erfahrung gemacht, daß sein letzter Duro ein echter Sevillano sei, und nun müsse er auch noch zu Fuß nach Hause, nach Génova. Der Bettler meinte: fifty – fifty; ich gab ihm die 5 Peseten, erhielt 2,50 zurück und den Segen aller Heiligen und obendrein einen Ablaß von 100 Tagen. Die zwei noch fehlenden Reales würde mir Mulet schon stunden, ich war ja nicht sein einziger »intelectual con su carcoma«, um es mit dem Titel eines Romans von Mario Verdaguer zu sagen.

Der ›São Paulo‹ von Teixeira de Pascoaes wurde das große

Abenteuer meines Lebens. Don Juan Sureda Bimet: dein katholischer Deutscher dankt dir und deinen goldenen Adern dafür, daß du ihn mit Pascoaes und seinem iberischen Paulus in den Himmel des Gottlosen entrückt hast.

Ich hatte ein religiöses Genie entdeckt.

*

Beinahe zwanzig Jahre sind seit dem Tage vergangen, wo ich die erste Zeile von Pascoaes las – und nach der ersten Seite schon wußte, daß mich ein Genius angerührt hatte, dem ich verfallen würde. Und als ich, auf den letzten Seiten, mit dem lusitanischen Seher meditierte, wo auf Erden des Apostels armer, bresthafter, von so unsäglicher Mühsal ausgemüdeter Leib der Erde mochte wiedergegeben worden sein: »in Spanien, in Rom, in Asien, in Mazedonien? Haben Lydia und Timotheus ihm die Augen geschlossen und ihn, von ihren Tränen naß, ins Grab gelegt?« – damals, als Ausgrabungen in Katalonien es als sicher erscheinen ließen, daß der Apostel die vielumstrittene iberische Reise hat ausführen können, was den Pascoalinischen Paulus in den Augen Unamunos doppelt zu einem iberischen machte, und er, Unamuno, nach der Lektüre des Werkes ausrufen konnte: »San Pablo, erschließe du uns Spanien!« – damals wußte ich, daß ich der Übersetzer dieses Dichters werden würde. Ich bin es geworden, und mehr noch: sein Leibhumanist, wie Menno ter Braak mich getauft hat. Und nun, so Gott will, der »gottlose« Gott von Pascoaes, werde ich auch noch sein Biograph.

Ich hatte das Werk in einem Zuge ausgelesen, was mir selten bei einem Buch gelingt, und am wenigsten, wenn die Thematik religiös ist. Probleme, die mich seit Jahren bewegten, Dinge jenseits der letzten Dinge fand ich angerührt in einer faszinierenden, oft dunklen, oft armen Sprache: die Gottessünde, die Welterneuerung, die Einsheit von Verbrechen und Erlösung, der Mensch nicht als Sünder, sondern als Sünde, und, in der logischen Weiterentwicklung dieses mir vertrauten Gedankens: Theologie als Totengräbertum Gottes; und die Wirklichkeit als Vorhof des Zaubertempels der Illusion; und das Illusorische aller geschichtlichen Überlieferung; und das Mysterium tremendum neben der Tremenda ... lieber Leser, lies den ›Paulus‹ selbst und du weißt, was ich der Goldenen Ader Don Juan Suredas verdanke; was ich für einen echten Duro, einen zweiten falschen und für den kleinen Freundeskredit des Mannes Mulet in den Händen hielt. Nimm und lies, auf die Gefahr hin, daß auch dir die Pixedes stiften geht. Ob du mit Notgeld bezahlst, muß deine Sorge bleiben; beim Buchhändler wirst du jedenfalls mit offenen Armen empfangen, denn Pascoaes hat sich zu einem Autor für die »happy few« entwickelt, das heißt: zum Ladenhüter.

Während der Lektüre ertappte ich mich dabei, daß ich ganze Stellen übersetzend las, es also in mir schon feststand, daß ich den ›São Paulo‹ in meine Sprache hinüberbringen würde. Auch merkte ich, daß die spanische Fassung nicht überall »stimmen« konnte, nicht ans Ziel gelangt sei, es sei denn, meine Vordeutungen stimmten nicht und schössen über das Ziel hinaus. Eine spätere Vergleichung der Texte belehrte mich, daß ich auf der richtigen Fährte war. Mein Instinkt hatte noch nicht gelitten, Spanien mich noch nicht so in seine Walkmühle genommen, daß ich auf morgen verschob, womit ich gleich einen Anfang machen müßte: Portugiesisch lernen, um mehr von diesem ungewöhnlichen Autor lesen zu können. Portugiesisch galt als eine schwierigere Sprache denn Spanisch. Ich würde meinem Gehirn mehr Phosphor zuführen müssen, um der Aufgabe gewachsen zu sein. Dann schrieb ich an den Dichter und bat um die Rechte für eine deutsche Ausgabe seines ›São Paulo‹. Pascoaes, Herr auf Pascoaes, antwortete mir postwendend, was eine hohe Auszeichnung war, wie ich später erfahren sollte. Der Gedanke, in die ihm verschlossene deutsche Sprache übersetzt zu werden, bedeute ihm viel. Deutschland: ihm sei es mehr das Land des nebelhaften Philosophen von Königsberg als des olympischen Strahlers von Weimar. Ein Briefwechsel setzte ein, der, nur während der sieben Jahre meines Lebens auf Pascoaes unterbrochen, bis wenige Wochen vor dem Tode des Meisters aufrechterhalten worden ist.

Hünengräber, Rechts- und Geschlechtsberatung, Graf Keßler, Leopold Fabrizius, alles litt unter meinem Aufbruch ins Reich der »Saudade«, und am meisten unsere Portokasse, denn gezählte 37 Verleger lehnten die Herausgabe meines Pascoaes ab, bis Rascher in Zürich sich entschloß, das Abenteuer des Geistes zu wagen. Ich hatte somit den Bumerangrekord der Literatur gebrochen, der bis dahin von Remarque mit 33 Absagen für sein Buch ›Im Westen nichts Neues‹ gehalten wurde. Ich schrieb es dem Dichter. In einer Epoche, wo auf tausend Menschen, die Bücher schreiben könnten, einer komme, der auch imstande sei, eines zu lesen, sei es gewiß eine Spitzenleistung, daß ich bereits 37 deutschsprachige Leser für sein Buch gefunden hätte: so lautete die Antwort.

Zigeunerinnen: das waren doch schmutzige Weiber mit staubaufwirbelnden Röcken, schweren goldenen Ohrgehängen, barfüßig weit ausschreitend, einen saugenden Säugling im bunten Tuch vor die Brust gebunden, um die Hände zum Stehlen immer frei zu haben. So hatte ich sie in meinen Kinderjahren kennengelernt, die dunklen Völkchen, die sich von gestohlenen Pferden in gestohlenen Wagen von Ort zu Ort ziehen ließen und sich ernährten von Gestohlenem. Deren Kinder weder in die Schule, noch, um was ich sie hauptsächlich beneidete, in die Kirche zu gehen brauchten; die zum Diebstahl erzogen wurden; blutrünstige Hochzeiten feierten in ihren Lagern am Waldrande mit Tanzbären, Messerstecherei, Lagerfeuern, Schellentrommeln und großem Palaver. Wenn die Zigeuner durch mein Städtchen zogen, bettelnd und wahrsagend von Tür zu Tür, dann wetzten die bärbeißigen Hüter der Ordnung auf der Rathaustreppe ihre schleppenden Plauten, fegten mit geübten Daumen die Blutrinne sauber und warteten nur, bis auf Zimmer 1 der Ausweisebefehl aufgesetzt, geschrieben, gezeichnet, gesiegelt, gegengeschrieben, gegengezeichnet und gegengesiegelt war, und dann: hebda, Diebsgesindel, ab in die nächste Gemeinde. Meine Mutter zählte die Häupter ihrer Lieben, und dann zählten wir gemeinsam die Hühner, während unser Nachbar, dessen Lieben Pferde waren, seine Pferde zählte.

Was nun im Hause Don Josés in Valldemosa herumlief oder, im Augenblick, wo ich sie vorführen will, herumsaß, die Beine übereinandergeschlagen und rauchend aus einer langen elfenbeinernen Spitze, Stöckelschuhe anhatte anstelle der schwarzgegerbten Barfüße, schwarz wie die Nacht war, gewiß, und auch das glänzende Haar in der Mitte gescheitelt trug; auch Ohranhängsel, die aus so schwerem Golde waren, daß sich die Läppchen zur Klunker dehnten, und an jedem Finger funkelte ein Ring – das war auch eine Zigeunerin und mußte demnach Doña Soledad sein, eine echte andalusische Gitana, über die uns Bobby schon geschrieben hatte: sie lese aus der Hand, aus den Karten und aus dem Kaffeesatz die Zukunft, die Vergangenheit, und als Synthese liege auch die Gegenwart offen vor ihr; und man brauche im Hause keine Tür noch Schublade unter Verschluß zu halten, Doña Soledad stehle nicht, und wir sollten zum Weekend kommen, Clarita erwarte uns. Pedro mitbringen, hieß es post scriptum, und an den Rand geschrieben: es gibt Gürteltier mit Champignonsoße. Also auf nach Valldemosa. Eine Zigeunerin, die nicht stiehlt, sonst aber echt ist, kannten wir noch nicht; das hatte selbst Beatrice auf dem Balkan nicht erlebt.

Doña Soledad, rote Nelke im Haar, das Fragezeichen der Locke auf der Stirn, stammte aus den Cuevas bei Granada. Sie war reich und brauchte nicht mehr zu stibitzen. Abends führte sie Zigeunertänze auf. Pedro schlug das Tamburin und schnalzte zu den Castagnetten. Soledad sprach auch fließend Französisch, doch was noch mehr für sie einnahm, wenigstens in den Augen Beatricens, war die Tatsache, daß sie nicht mit dem Messer aß. Peinlich wurde es für einen Moment, als sie es dann mit den Fingern tat. Pedro beeilte sich zu erklären, das sei nicht zigeunerisch, sondern so erfordere es der feine Anstand bei Armadillos: Rollasseln müßten mit den Fingern gegessen werden.

Zuerst Beatrice: ein Mann sei in ihr Leben getreten, keine große Sache, eher das Gegenteil, und es seien keine Anzeichen vorhanden, daß er so schnell wieder aus demselben verschwände. Geduld und nicht verzweifeln! In das Leben des betreffenden Mannes träten auch Fremdkörper – Frauen? – das sei nicht deutlich zu erkennen, es könnten ebensogut Bücher sein oder sonst etwas Hartes, und es gäbe einen Knall und alles sei aus. Sie sähe eine Reise, ein Schiff, Kanonen, wieder Hartes, eine Taurolle – und ob sie ein Bett sähe? fragte ich. Nein, das nicht. Also weiterhin auf Makulatur schlafen? Doña Soledad, so hellsichtig sie auch war, begriff diese Zwischenfrage nicht. Nichts verschwiegen? Nichts hinzugesehen? Dann könne ich ihr ja meine Hand hinhalten.

Meine Vergangenheit entschleierte die Zigeunerin mit einem Blick in die Linke. Es war unerfreulich. Dann ein Blick in die andere Hand: eine Frau träte in mein Leben. Ob es eine Zigeunerin sei? – Nein, warum? Eben darum, und doppelt schade: ich hätte mich gerne von einer echten Gitana entführen lassen. Die Pilar hatte ja was Zigeunerisches, aber sie sah alles falsch. Sie stammte auch nicht aus einer Höhle im Sacro Monte. Der feurige Strom, der durch unsere Hände fuhr, hielt an: ein Mensch, der mir ebenso nahe wie fern stünde, sei bedroht, es balle sich etwas zuhauf, er würde sterben. Ich hoffte, es sei Herr Silberstern. Der betreffende Mensch sei ein guter Mensch . . . schade, also nicht mein Ausbeuter. Und dann sah Doña Soledad deutlich: Polizei. Ich bekäme Schwierigkeiten mit der Polizei, das hieße, alles hinge von mir selbst ab, ich hätte das Schicksal in der Hand. Bei diesen Worten ließ sie meine Hand los, so daß ich mich nicht einmal der Illusion hingeben konnte, mein Schicksal hieße Soledad Torres Medina. Und sonst sähe sie nichts? Doch, eine Reise übers Wasser, Kanonen, Taurollen, wie bei Doña Beatriz. Ob wir untergingen? Nein, die Insel ginge unter.

Es war sehr aufregend. Don José hatte für seine eigenen Seherzwecke eine Wachsnase vorgestülpt, Doña Clara servierte »Empanadas«, Manolo, des Hauses erste Flöte, Erbe und beliebter Maler, drohte mit Nervenzusammenbruch an der Kirchentür nach der letzten Messe, morgen, Sonntag, wenn Tio José ihm nicht 100 Peseten gäbe. Aller Augen richteten sich sofort auf den Leibarzt, der schon mit schlimmeren Fällen fertig geworden war. Dieser, über seine verlängerte Nase hinweg, blickte auf Bobby, der sich mit seinem optischen Auge auch ein wenig zum Orakel der Hospedage entwickelt hatte, und Bobby wiederum blickte auf die Zigeunerin, die gerade seine Hand ergriffen hatte, die sie nach kurzer Berührung, Blick hinein, Erbleichen, von sich abschüttelte. Ein Schrei verkündete, daß sie gesehen hatte. Aber was hatte die andalusische Salonhexe in den Linien der Hand des Folkwangers gesehen? Beatrice, die auch aus der Hand zu lesen versteht und ihr Schicksal sieht, macht das ganz anders, wenn's ihr zu dick wird. Sie nimmt sich zusammen und sagt: ach, sie sei schon zu müde, da sähe man alles doppelt, ein ander Mal.

Über den Schreck, der in uns alle gefahren war, vergaß Don José, seinem Neffen den Nervenobolus zu verabfolgen, worüber Bobby und Pedro sehr erfreut waren; denn nun könnten wir morgen an der Pforte der Cartuja uns selbst überzeugen, wie der talentierte Maler sich blackmailend auf den Boden würfe und dann, gleichsam die gigantische Larve einer Schaumzikade, mit dem Munde den nötigen Speichel schlüge, um den Onkel gefügig zu machen. Und so geschah's, das heißt mit einer kleinen Zugabe noch, denn Don José schlug beim Anblick des fallsüchtigen Anverwandten ebenfalls zu Boden, so daß er samaritanischer Hülfe bedurfte. Bobby erledigte das. Zu Hause regelten die beiden Opfer ihrer gegenseitigen Epilepsie die wirtschaftlichen Hintergründe, nicht ohne daß Don José, wieder Herr seiner leiblichen und leibärztlichen Nasenweisheit, im ehrlichsten Zorn einen Stuhl nach Manolo geschmissen hätte. Dieser, auch wieder firm, ließ sich abermals fallen und der Stuhl flog durch die große Scheibe auf die Straße. Pistola apportierte die Trümmer. Die Scherben rührte der vorsichtige Hund nicht an. Darauf gab es große Versöhnung mit Zigeunerweisen und edlen Weinen, neuen Blicken in die Zukunft und einstimmigem Protest von seiten der Gastgeber gegen unsere Absicht, wieder nach Palma zurückzukehren. Das Wochenende war abgelaufen; indessen überstimmt, beschlossen wir, eine ganze Woche zu bleiben, aus der dann von selbst zwei oder drei werden würden, sagen wir ein runder Monat. Ferien täten uns beiden gut. Vigo könne auch in Valldemosa an seinen Giganten schreiben, oder sich in den lusitanischen Mystiker einlesen, und Beatrice hätte einen Flügel. Uns war's recht, aber dann müsse Beatrice doch anderen Tages in die Stadt fahren, um ein paar Kleinigkeiten zu holen, Wäsche, Bücher, Noten; auch müßten meine sich selbst tränkenden Blumentöpfe in Betrieb gesetzt werden. So fuhr Doña Beatriz allein.

Als sie zurückkam, sah ich an ihrem Gesicht, daß etwas geschehen war. »Eingebrochen«, sagte sie, »das unterste nach oben gekehrt, aber Gott sei Dank, die Hünengräber haben sie nicht gefunden.« Sie zog das fast abgeschlossene Manuskript aus der Cenaia. Ich hatte es in einer wasserdichten Umhüllung in den Ziehbrunnen hinabgelassen, eigentlich aus Angst vor einem Hausbrand. Die Nazis hatten zum Schlage ausgeholt! Ich fuhr nun selbst in die Stadt und besah mir den Schaden. Das Schloß war mit einem Sperrwerkzeug geöffnet worden. Ich kaufte ein neues, Yale-Prinzip, dazu Sperrstifte, und feilte den Schlüssel in eine andere Stellung.

Mamú fand die ganze Einbrecherei »thrilling«. Ob ich Verdacht hätte? Ja, die Nazis oder die Schandsäulen der Christlichen Wissenschaft, oder beide in abgefeimter Zusammenarbeit. Dann Polizei, meinte Mamú und ließ vorfahren. Aumas Staats- und Liebesanwalt, der der Finnin zu Füßen saß, kehrte für eine kleine Weile in die Welt seiner Rechtsklugheit zurück und warnte davor, die Behörden von dem Fall in Kenntnis zu setzen. Die Fremdenpolizei, das müsse ich doch allmählich schon begriffen haben, wolle keine Ausländer, die lästig würden. Ich solle zur Selbsthilfe greifen.

»Aber wie?«

»Ich dachte, Sie seien Erfinder?«

Immerhin benutzte ich den Wagen, um mich nach Bona Nova zu Graf Keßler fahren zu lassen. Da ich seine Manuskripte und oft auch Briefe und andere Dokumente von ihm im Hause hatte, war er an der Sache beteiligt. Ich traf ihn schreibend an seinem Arbeitstisch, der alles andere als von seinem Leibarchitekten Henry van de Velde entworfen worden war. Es war eine kleine, halbrunde Auskragung, ein Dienstmädchenmöbel, mit gemustertem und gerüschtem Kattun behangen. Daran saß der seiner Zeit berühmteste Mann der Insel und schrieb für die Nachwelt. »Also eingebrochen?« Und seine Manuskripte hätten sie unberührt gelassen? Natürlich, wo doch alles noch bei S. Fischer erscheinen solle, mitten im Reich; die Spitzel wüßten das und hätten ihre Anweisungen. Na, meinte Graf Keßler, alles wüßten sie nicht, der arme Konsul wisse ja noch nicht einmal, daß er, ob auch ausgebootet, immer noch exterritorial sei. Auch die Fremdenpolizei habe davon keine Ahnung gehabt, aber der stände die Unwissenheit sogar ganz charmant. Immerhin, möge alles auch auf mich, Thälmann, Feind Nummer 1, gemünzt sein, so wolle er sich doch einen Hund anschaffen; er wisse eine Adresse, irgendwo auf der Insel in einem verlorenen Nest wohne ein Deutscher, dessen Zwinger bekannt sei.

Einige Wochen später kam Keßler sehr aufgeregt an: ihm sei nun auch etwas Schauderhaftes passiert. Eingebrochen? und der Hund aus dem berühmten deutschen Zwinger habe nach vollbrachter Tat den Nazis ein Hitlerpfötchen gegeben und dann an allen Klinken und Kästen die Fingerabdrücke ausgeleckt?

Graf Keßler hatte den Züchter aufgesucht und ihm sein Anliegen vorgebracht: wer er sei, weshalb er einen Wächter brauche, auf den Mann dressiert, denn Hitler . . . Hitler? Wer das sei? – »Bedenken Sie das einen Augenblick, ich bitte Sie: so ein Mann lebt seit Jahrzehnten auf der Insel und züchtet seine Hunde. Was in der Welt vor sich geht, weiß er nicht. Den Namen Hitler muß er aus meinem Munde vernehmen. Nun habe ich seine Ruhe gestört, um meine eigene zu sichern. Ich mache mir die größten Vorwürfe, ich hätte eine hiesige Rasse kaufen sollen.« Ich tröstete ihn und verwies auf die Feigheit der balearischen Spielarten; damit wäre er auch nicht viel weiter gekommen. Natürlich, als ehemaligen Präsidenten der Deutschen Friedensgesellschaft und somit als einen in den Fragen des Wunschtraumlebens der Menschen bewanderten Diplomat müsse ihn der Besuch des Zwingers aufgerüttelt haben. Doch den Schwarzen im Urwald gehe es nicht anders. Sie wissen nichts von Christus, fressen sich gegenseitig, wenn's ihnen schmeckt, und dann kommen ein paar Missionare und rauben ihnen den Frieden, und die Wilden müssen nun sehen, wie sie sich auf den Vegetarianismus umstellen.

Wie hatte Doña Soledad geweissagt? Ich bekäme Schwierigkeiten mit der Polizei – doch hinge alles von mir ab. Ich mied die Behörden und bekam keine Schwierigkeiten, wodurch sich das Wort der Gitana erfüllte. Ihr Ruf stieg. Doch als sie zu prophetisch wurde und ein wahres Blutbad verhieß, das sie in den feuchten Händen eines älteren Herrn aus Palma gesehen haben wollte, mied man sie.

Wenige Wochen später erhielt ich ein Telegramm mit der Nachricht vom Tode meines Vaters. Mein erster Gedanke war: die Nazis! Ich wagte es nicht, zur Beerdigung in die Heimat zu reisen. Ein Grab, so erschien mir, sei wohl genug. Man soll zwar seine Feinde lieben, aber ihnen auch noch die Arbeit der Gegenliebe erleichtern, davon steht in der Bibel nichts. Die Zigeunerin hatte wieder richtig geblickt.

Einige Jahre später saßen wir auf Taurollen an Bord eines englischen Zerstörers; um uns Flüchtlinge, Kanonen, Elend und Gewimmer. Hinter uns die Insel, versinkend in den Flammen des Bruderkrieges, in Nacht und Nebel – wie es die Zigeunerin gesehen hatte. Es war die Reise übers Wasser.

Auch für Bobby hatte sie richtig gesehen . . . und das Ganze nennt Henri Bergson das Phänomen des »déjà vu«.

XXV

Graf Harry Keßler hatte sich immer tiefer in seine glorreiche Vergangenheit eingegraben; bis über die Ohren steckte er in seinen Notizen, Tagebüchern, Tausenden von Briefen, Merkzetteln, fertigen Manuskripten und solchen in immerwährender wustmännischer Halbkonfektion, daß ihn kaum ein Ereignis der Gegenwart aus seinem Bau herausfretten konnte. Und weil er die Vergangenheit wieder heraufhole, müsse er doch wissen, ob er mit Hermann auf der Schulbank gesessen habe, womit Hermann aber nicht die eigene Schule in Darmstadt meine. Er könne sich wahrhaftig nicht an eine gemeinsame Schulzeit erinnern, und doch bestünde Keyserling darauf – mit anderen Worten: er schreibe seine Erinnerungen, ohne sich an sich selbst erinnern zu können?! Ich erlaubte mir zu sagen, daß in der Weltliteratur solche Fälle vorgekommen seien: Don Quijote zum Beispiel. Ach, ich solle doch nicht spotten, sondern ihm sagen, wie er sich den aufdringlichen Kerl vom Leibe halten könne. Der sei noch imstande, ihn bis in die General Barceló zu verfolgen. – Was der wolle mit solcher Verbissenheit? – Er brauche einen Helfershelfer für seine Harlekinade. Seit Wochen sei angekündigt, daß Graf Hermann Keyserling Schule der Weisheit halte im »Principe Alfonso«. Und da sie dieselbe Schulbank gedrückt, finde Keyserling, daß er, Keßler, im Gewissen verpflichtet sei, ihm auf diesem vorgeschobenen Posten der deutschen Philosophie ein wenig unter die Arme zu greifen. An die gemeinsame Schulbank könne er sich freilich nicht erinnern . . .

Ich kann mich auch an vieles nicht mehr erinnern, aber meine Schulbänke haben sich mir eingebläut. Darin unterscheide ich mich von Keßler, der vom Tage seiner Geburt an für eine Laufbahn vorbestimmt war, an deren Ende man seine Erinnerungen schriftlich niederlegt. Ich bin nur für eine Laufbahn vorbestimmt, an deren Ende ich höchstens selber niedergelegt werde; und darum habe ich auch nie Aufzeichnungen gemacht, nie Tagebuch geführt, nie Zettel vollgeschrieben und sie, wie Don Juan Sureda, in Kisten und Koffern aufbewahrt – Bausteine für meine anzuwendenden Erinnerungen. Keßlers Fußstapfen wären noch nicht von der blanksüchtigen Beatrice getilgt worden, und schon hätte ich meine ›Gespräche mit Graf Keßler‹ zu Papier gebracht mit der Wörtlichkeit der frischen Erinnerung, die nur kleine Gefühlsabweichungen, wie zwischen Schuft und Schurke, zuläßt, was aber der sittlichen Verworfenheit des Angeschuldigten wenig Abbruch tut, zumal es sich um einen Verleger handelte, den Keßler sowieso im vierten Bande noch besonders brandmarken wollte. Von seinem eigenen sagte er, daß er sich zu seinem Sargnagel entwickeln würde; aber auch das scheint mir Gefühlssache zu sein. Verleger seien die ewige Beunruhigung des Autors, und wenn man Pech habe, gehe man an ihnen zugrunde, und er beginne nun Pech zu haben. Oder hat er Unglück gesagt? Bei der Wiedergabe historischer Gespräche käme es nicht auf eine verbale, sondern auf die psychologische Genauigkeit an, sagte mir Keßler auf eine diesbezügliche Frage. So muß Bismarck gesprochen haben können, nach allem, was man von ihm weiß, sich notiert hat, was er selber geschrieben hat, und so weiter. Das gibt mir natürlich ein ruhiges Gefühl bei der Abfassung dieser Aufzeichnungen, wo ein Verleger als Schuft die verbale, als Halunke die psychologische und als Sargnagel die historische Wirklichkeit verkörpern muß. Ein Spitzbube sei er sowieso schon immer gewesen.

Graf Keßler hat uns viele Episoden aus seinem Leben erzählt, die für die kommenden Bände seiner Erinnerungen vorgesehen waren. Dazu sagte er jedesmal, in welchem Zusammenhang sie ständen und in welchem Teil sie kommen sollten. Hätte ich mir für meine eigenen »Memoiren« Aufzeichnungen davon gemacht, so könnte ich der weltgeschichtlichen Erinnerung noch ein wenig unter die Arme greifen, nun das alles verschollen ist und in Vergessenheit zu geraten droht.

»Und was will Keyserling von Ihnen? Er ist doch philosophisch ebenso autonom wie menschlich und braucht meiner Meinung nach keinen Mann zur Hülfestellung. Zudem wohnt er im ›Principe‹, wo man ihn vergöttert als beste Reklame des Hauses. Ich weiß das von meinem Schwager Don Helvecio.«

»Zu peinlich, mein Freund. Ich soll der Mann aus dem Publikum sein, ein abgekartetes Spiel, ganz niedriger Schwindel, ich denke nicht daran mitzumachen.«

Der Darmstädter Weise logierte wieder im »Principe«, wo er sich mehrmals durch die Speisekarte durchdinierte und den Wein à discrétion in solchen Mengen trank, daß die Direktion Gegenmaßnahmen hätte treffen müssen, wäre er nicht immer noch die beste Attraktion des Hauses gewesen. Wenn er abstieg, waren Betten zu wenig, und seit seinen »Südamerikanischen Meditationen« hatte er auf Betreiben Zwinglis im Hause unbeschränkten Kredit.

Don Joaquín Verdaguer hatte mir erzählt, wie Graf Keyserling im Pinienhain des Hotels »Formentor«, auf der Halbinsel Formentor, seine Schule der Weisheit abzuhalten pflegte: mit gekreuzten Beinen hockte er auf dem Boden, um ihn herum im Halbkreise hockten mit gekreuzten Beinen seine Schüler und Gasthörer aus aller Welt. Unter diese hatte sich eines unseligen Tages der berühmte und berüchtigte spanische Schriftsteller und Aphorist, Saltimbänkler und Schnellfingerer des Geistes Don Ramón Gómez de la Serna geschlichen, sich niedergehürkt, die Beine gekreuzt und getan, als sei er ein beliebiger Schüler, nicht aber Ramón, wie die Spanier ihn einfach nennen. Seine Stärke sind die sogenannten »Greguerías«, was eigentlich Vogelgeschwätz bedeutet: tolle Einfälle, die seiner besonders gearteten donramonistischen Weltanschauung entsprießen. Ein fleißiger Besucher des »Rastro« von Madrid, des Trödel- und Altbüßermarktes, studiert Ramón den dort feilgehaltenen Plunder, versenkt sich so lange in dessen Betrachtung, bis er seiner Existenz neue Aspekte ablauscht. Dann beginnt er seine existentielle Philosophie zu entwickeln. Ramón betrieb schon Existentialismus, als man von dieser Wissenschaft als Snobismus noch keine Ahnung hatte. Sicher hat er sich auch mit dem Auge

Gottes in den Nachtgeschirren beschäftigt, nur sind mir Aphorismen zu dieser Topfkunst nie zu Gesicht gekommen. Außerdem sammelt Ramón Grabinschriften, und wenn er als Conferencier auftritt, liebt er es, auf einem über die Bühne gespannten Seil zu balancieren. In Keyserlings Schule zu Formentor ließ er sich aber kein Seil zwischen die Pinien spannen; er setzte sich wie jeder sterbliche Adept in die Ameisen, Auge in Auge mit der Darmstädter Weisheit.

Der Weise bat seine Schüler, ihm ein Thema aufzugeben, darüber wolle er dann seine Improvisationen anstellen und es, Lächeln im Kreise herum, am Schluß mit einem Griff erschöpfen. Nun weiß jeder Lehrer, daß es eine schwierige Sache ist, ein gescheites Thema auszudenken; und ist einmal das Thema gefunden, liegt die halbe Lösung schon auf der Hand. Das wußte Ramón auch, und darum rief er einen am Rande der Weisheit kleiner Winke gewärtigen Kellner – man erinnert sich, daß das Hotel »Formentor« im Rufe stand, Spaniens bestes Hotel zu sein –, eine Kaffeekanne zu bringen. Der Camerero flog und kam mit einem Luxusobjekt zurück. Ramón reichte es dem deutschen Philosophen und sagte: »Hier ist Ihr Thema: die Kaffeekanne.«

Keyserling, ich folge Verdaguers Erzählung, hatte schon viel Wein getrunken und war noch röter, als er stehenden Fußes zu sein pflegte. Niemand merkte ihm darum seine Verlegenheit an, die noch größer geworden wäre, hätte er gewußt, daß kein geringerer als Gómez de la Serna ihm die Aufgabe gestellt hatte. Na gut, was hat nun ein deutscher Grundphilosoph zur Kaffeekanne zu sagen? Keyserling wandte die Kanne hin und her, meditierend, und dann nahm er sie mit einem flugsen Schubs, wie eine Robbe den Ball, auf die Schnauze und sagte, was er als deutscher Philosoph im allgemeinen und als Darmstädter Keyserling im besonderen zur Kanne beizutragen hatte: mit sprühendem Geist, mit Witz, mit Paradoxen, mit Hohn, mit Tiefe, mit Bodensatz – der hingehockte Kreis kam aus dem Staunen nicht heraus. Wer hätte gedacht, daß man aus einer simplen Kanne, einer Kanne an sich, so viel herausholen konnte? Keyserling, selbst erstaunt, daß er alles wieder einmal so gut hingekriegt hatte, verbeugte sich über den Nabel und legte das Gefäß neben sich in einen Ameisenhaufen. Dann winkte auch er dem Kellner und bat um einen Porrón und ließ sich den Roten in archaisch bemessenem Strahl in die gescheite Kehle laufen. Auch das konnte er ohne sich zu besudeln. Wieder erntete er Anerkennung. Er war der Held des Pinienhains, ganz wie er es liebte, der Held wo auch immer zu sein. Und so leichthin fragte er, ob sonst noch wer etwas zum Thema Kaffeekanne zu sagen hätte, gewohnt, daß niemand mehr mit einem von ihm erschöpften Thema die Nagelprobe würde bestehen können.

Wer Ramón kannte – und wer von den anwesenden Spaniern kannte ihn nicht? – blickte auf Ramón. Dieser erbat sich die Kanne, blies die Ameisen ab und begann: Der illustre Gast habe die glänzende Oberfläche des glänzenden Gegenstandes ebenso glänzend wie oberflächlich behandelt; ihm, Ramón – bei diesem Worte rührte den Weisen aus Darmstadt der erste Schlag – sei es gestattet, sich ein wenig mit dem dunklen Inhalt des Themas zu beschäftigen. Und Ramón Gómez de la Serna spritzte seine Greguerías in die Runde und bewies zweierlei: daß die deutsche Philosophie keine Tiefe habe, eine Kaffeekanne aber unerschöpflich sei.

Als der Kreis sich aus der Hocke erhob, voll Ameisenkribbeln in den Beinen und auf den Beinen, sah man, daß der Weise leicht schwankte. Waren auch ihm die Beine eingeschlafen? Oder hatte er gar mitten in einem Ameisenhaufen gesessen? Als geschlagener Denker ging er in sein Luxusgemach zurück; als solcher verließ er schleunig das Hotel und die Insel.

Keßler kannte diese schon ein paar Jahre zurückliegende Kannegießerei nicht. Als ich sie ihm erzählt hatte, meinte er: also darum dieser Schwindel! Hermann Keyserling wolle sich vorsehen. »Welcher Schwindel?« Der folgende:

Keyserling wollte im kleinen Saal des »Principe« vor einem geladenen Kreis Weisheit aus dem Ärmel schütteln, ein ihm vom Publikum gestelltes Thema nach einer Minute Bedenkzeit erschöpfend behandeln. Vom Festlande waren wieder viele »Aficionados« der Philosophie herübergekommen, Leute also, die sich aus Langeweile mit den Fragen der Lebensweisheit beschäftigen; gefährliche Leute somit in einem Lande, das keine Philosophie hervorgebracht hat, weil jeder ein geborener Nichtstuer und Philosoph ist. Ramón war nicht eingeladen worden, aber man kann nie wissen, und darum wollte Hermann sich keiner Gefahr aussetzen. Ein Glück demnach, daß der andere Conde, Harry, alter Schulfreund, auf der Insel weilte. Hermann war es ja auch gewesen, der ihm Mallorca als geeignetes Exil und Ort der Besinnung auf die Memoiren empfohlen hatte. Graf und Graf gesellt sich gern, und so suchte der eine den anderen auf. Hermann begann sofort über die Nazis zu schimpfen, vor allem über Goebbels, der seine Frau als Geisel in der Schule zu Darmstadt zurückgehalten hatte. Er, Hermann, habe darum auch einen Eid schwören müssen, während seiner Vortragsreise durch Spanien die Politik von der Philosophie zu trennen, was ja seit Platons Zeiten zu den großen Leistungen dieser Branche zählt. Dann kramte Hermann das Märchen von der gemeinsamen Schulbank aus. Wo sie gestanden, mag der Teufel wissen, denn Keyserling wurde in Livland, Keßler in Paris geboren, und noch mit einem Altersunterschied von 12 Jahren! was allerdings bei so raum- und zeitüberlegenen Geistern keine große Rolle spielt. Harry, der ältere, hätte zudem immer sitzenbleiben müssen, was bei seiner hohen Intelligenz, selbst auf einer Klitsche, auch wieder schwierig gewesen wäre.

Kurz und recht: Keyserling triezte den armen Harry so lange, bis dieser um des lieben Friedens und der Ruhe für die eigene Arbeit nachgab und sich bereit erklärte, als Mann aus dem Publikum aufzutreten und ein Thema zu stellen. Erst würde Conde de Keyserling ein paar einleitende Worte sprechen, in sechs oder sieben Sprachen die Gäste begrüßen; das heißt zuallererst einen Liter Roten in die Kehle spritzen, ein paar Gürteltiere verzehren, und dann die verehrten Publikümer bitten, ihm das Thema des Abends aufzugeben – bitte immer ranspaziert, meine Herrschaften, keine Schonung nicht, unser Hirnakrobat ist jeder Aufgabe gewachsen. Man lacht dann höflich über die Randarenenwitze, vielleicht auch ehrlich getroffen von soviel unakademischer Clownerie; aber keiner meldet ein Thema an. Jeder denkt: soll der andere sich mit einem dummen Vorwurf blamieren. Aus Erfahrung wußte Keyserling, daß die ersten Minuten ungefährlich sind. Dann kommt der Augenblick, wo die Pleuelstange im toten Punkt steht, und dann atmet man auf, wenn die Gefahr vorübergegangen ist und man selbst ein paar Themen zur Auswahl vorschlägt, es sei denn, ein Ramón stünde auf ... Dem müsse vorgebeugt werden, und darum, Harry, alter Pagenstecher, was meinst du, wenn wir zusammen ein Thema ausknobeln und du spielst nachher den Aficionado aus dem Publikum? Daß niemand ihn kenne, sei ein Vorteil ...

Die Zumutung ekele ihn an, sagte Keßler, und er könne den Kerl nicht mehr loswerden, was solle man da tun?

»Mitmachen, Graf Keßler! Sie stellen Keyserling jetzt ein Thema, er hat noch drei Tage Zeit, es zu präparieren, und wenn er auf der Bühne steht und seinem Komplizen zublinzelt, stellen Sie ihm ein Bein und nennen ein anderes. Ein Schwindel ist den anderen wert. Beide Themen müssen aber so sein, daß er sich die Zähne ausbeißt. Der Gauner muß mal hochgenommen werden!«

Graf Keßler war zu diesem doppelten Schwindel nicht zu bewegen, so überzeugt war er, daß der Balte ihn coram publico mit seinen Pranken erwürgen würde. Er begnügte sich damit, seinem Schulfreunde eine besonders verfängliche Aufgabe zu stellen: »Die Maschine als Parvenu unseres Jahrhunderts«.

In der Zwischenzeit hielt Graf Keyserling in einem großen Theater in Palma noch einen zweistündigen öffentlichen Vortrag über sein Lieblingsthema: Die spanisch-mediterrane Kultur als neues Hellas. Er sprach frei, teils spanisch, teils katalanisch, und es war überwältigend. Ganz Honduras war erschienen, alle Anarchisten der Insel, auch Klerus, viel Adel und sogar eine stillende Mutter, was den kalmückischen Conde besonders rührte und auch zu inspirieren schien, denn seine Blicke wanderten immer in die Richtung, wo Jung-Hellas saugte. Neben mir saß mein Freund Enorme, als Krausist an Keyserling interessiert und als Verschwörer von mir schon eingeweiht in die Verschwörung der beiden Grafen. Wir unsererseits vereinbarten, den Philosophen hereinzulegen, was am besten ginge, indem wir ihn durch Zwischenfragen auf politisches Glatteis führten.

Keyserling hatte mit Zwinglis Hilfe alles aufs beste vorbereitet: im Sälchen des »Principe« Stuhlreihen, davor eine Respektsschneise, dann quer ein langer grüner Tisch; rechts und links künstliche Palmen, wie bei Pilars, nur größer. Die Erschienenen waren wirklich Crème, Zwingli kannte die meisten: Literatur, Musik, bildende Kunst, Zeitung, Großkapital und die gefürchteten Aficionades der Literatur, Musik, bildenden Kunst, Zeitung und des Großkapitals. Gut ein Dutzend Sprachen wurden gesprochen, und Conde de Keyserling unterhielt sich, hochrot vom Roten, mit jedem in eines jeden Zunge. So liebte er es. Das war große Welt, der Klangboden seiner Weisheit, die keine Grenzen kannte. Viele und schöne Frauen waren auch gekommen, überall schwirrten Fächer, funkelten Edelsteine, duftete es nach geistiger Erregung. Schmal und wortlos drückte sich Graf Keßler durch die lärmende Schar, bedacht, seinen Schulfreund zu meiden; auch sichtlich verlegen. Als er uns erblickte, eilte er auf uns zu; ich stellte ihm den Krausisten Don Sacramento vor, den er für einen Mexikaner hielt. Dann kam Zwingli, in seiner Eigenschaft als Don Helvecio, und bat uns, auf der ersten Reihe Platz zu nehmen, dort sei für uns reserviert. Keßler wehrte ab: um Gottes willen, nur nicht so fokiert sein! Und wie sein Urahn Johannes aus Sankt Gallen drückte er sich aufs letzte Bänkli nieder.

Das entfaltete sich programmäßig. Keßler, der Mann aus dem Publikum, saß unerkannt unter den Gästen. Dann kam wieder jemand auf ihn zu, der Presbyter Don Francisco Sureda Blanes, ein mallorquinischer Schriftsteller, Amateurphilosoph und Ramón-Llull-Forscher. Er führte das Präsidium der »Charla«, kannte Graf Keßler und hatte ihn bald aus der Anonymität herausgefischt. Nun zerrte er den Widerstrebenden an den Grünen Tisch, wo ein kleiner Vorstand sich schon eingefunden hatte; Ortsgrößen, aber auch eine ausländische Berühmtheit, die damals in Spanien hoch gefeiert wurde: Francis de Miomandre, Hispanist, der den Quijote neu ins Französische übersetzte, Monumentalausgabe.

Don Darío flüsterte mir zu, daß Conde de Keyserling schon viel Wein getrunken habe. Er sei aber nicht einmal beschwipst.

Alle um Haupteslänge überragend, dieses Haupt wieder rot und, es muß gesagt werden, aus einem rosafarbenen Hemde mit grünem Schlips herauskommend, das Bärtlein pfiffig flatternd, die Äuglein quick, so stand er da und ließ sich vom Presbyter Don Francisco vorstellen: Hier ist zu sehen, was noch nie dagewesen . . . und ich erkannte klar, daß Gott nicht diesen gemeint haben konnte, als er mit leiser gehendem Odem einen Keyserling erschuf, wie es im Liedchen heißt: Als Gottes Odem leiser ging, schuf er den Grafen Keyserling. Für Hermann brauchte auch der Liebe Gott die vollen Bälge. Der Vers paßt besser auf den Vetter Eduard, den müden Erzähler des baltischen Adels, den auch ein kleiner Blizzard von der Erdoberfläche weggeweht hätte.

Graf Keyserling sprach spanisch, fließend, merkte aber bald an der Unruhe im selekten Publikum, daß man seinen einleitenden Worten nicht folgen zu können schien. Also englisch? Nein, bitte, wenn es ginge, französisch. Natürlich, sagte der Weise, es sei ihm schnuppe, er füge sich den Wünschen seines verehrten Publikums. Beifall, dessen sich einzig Vigoleis und Don Sacramento enthielten. Beide der französischen Sprache vollauf mächtig, waren wir doch nicht geschult genug im Parlieren, um den Salonlöwen der Philosophie aufs Glatteis zu führen. Spanisch hätte es geklappt. Die ersten Opfer waren gefallen.

Die Zirkusnummer wickelte sich fürderhin wie bestellt ab: der Gehirnkünstler im rosa Hemd und mit weiß züngelndem Bärtchen hatte die Herrschaften gebeten, ihm das Thema des

Abends geruhlich aufzugeben – und bitte nicht schonen, wir sind ja Meisterklasse, also wer hat den Mut? Na, noch keiner, niemand da? Ist es so schwer? und auch vom grünen Tisch niemand, was ist denn los? Der Conde rang beschwörend die Hände; ich sah, wie er Harry Keßler zublinzelte, und dieser, der Anti-Clown, blickte in die Ecke, wo wir saßen. Wenn er jetzt nicht aufsteht, ist Hermann verloren, denn auf der ersten Stuhlreihe hörte man eine Kehle sich räuspern; vermutlich wurde da ein Adamsapfel noch einmal auf- und abgerollt – Totenstille, Blicke auf den Räusperhelden – da erhob sich Graf Keßler.

Harry Keßlers Erscheinung kann ich nicht historisch einwandfrei wiedergeben, einmal, weil ich nicht an geschichtliche Makellosigkeit glaube, und eben, weil ich mir nie Aufzeichnungen gemacht habe. Indessen soviel ist mir in der Erinnerung an diese Galavorstellung deutscher Philosophie im Gedächtnis geblieben, daß Graf Keßler seinen schönen Anzug von Bauzá angezogen hatte, den ich vom ersten bis zum letzten Knopf beschreiben könnte; nicht weil mein Klient Silberstern so sehr an dieser gräflichen Garderobe interessiert war, sondern weil ich mir zufällig um dieselbe Zeit vom selben Stoffballen beim selben Bauzá nach demselben Schnitt einen Anzug hatte machen lassen. Und an eben diesem festlichen Tage stellten wir fest, daß wir denselben Sastre, denselben Geschmack und dasselbe Vertrauen in den Absatz der ›Völker und Vaterländer‹ hatten.

Keßler, der Tausende von Malen vor einem viel schwierigeren Hörerkreis gesprochen hatte, sprach langsam, bescheiden, fast rührend bescheiden; und sicher im Ausdruck. Außer uns dreien und Keyserling wird ihm niemand ein paar rote Flecken auf den Wangen als Verlegenheit gedeutet haben. Er schwindelte ganz passabel: einem solchen Philosophen wie Keyserling ein Thema aufzugeben, sei nicht leicht. Man müsse das Niveau zu wahren oder zumindest zu erreichen suchen – und deshalb, mon cher Keyserling, wie wär's mit folgendem: »La machine comme parvenu de notre siècle?«

Und heraus war's! Tusch und Peitschenknall. Der Clown purzelt in die Manege und zieht sich ein Karnickel aus der Nase. Graf Keßler setzte sich. Nur nicht in die Ecke sehen, wo der Thälmann sitzt – und er konnte seine Gedanken weiter spinnen über Gesichter und Zeiten, seine Gesichter und seine Zeiten; während der andere Graf sich nun räusperte.

Ein Ventilator fächelte Wind über den grünen Tisch. Die

künstlichen Palmen huben zu raunen an, das Bärtchen des Philosophen, vom Süd getroffen, stellte sich waagerecht – Don Quijote wie er leibt und lebt!

Hermann spielte seine Rolle besser als Harry, da er ja alles in einer Person war: Philosoph, Picheler, Diplomat, Don Quijote, Sancho Panza, Taschenspieler. Und da er sich durch sein Werk für die Zukunft auf Jahrzehnte hinaus legitimieren konnte, brauchte er nicht wie Harry den Blick für die Vergangenheit frei zu halten. Also die Maschine ein Parvenu? Hermann prüfte mit einem geschlitzten Blick sein gemischtes Publikum; dann prüfte er die Seile, an denen er sich ins Trapez schwingen würde: alles fest in Ring und Haken? Gelacht, es wäre doch gelacht, wenn Hermann mit einem solchen Parvenu nicht fertig würde. Paukenschlag, Peitschenknall, das rosa Hemd verbeugt sich, giftig schillert der grüne Schlips – »Mesdames et Messieurs, la machine comme parvenu . . . nous verrons.«

Hermann hatte seine Zeit gewiß nicht vertrunken. Er hatte sich alles mundgerecht zurechtgelegt, summa cum laude schnitt er ab. Es war einfach genial, wie er das Thema anpackte: sofort ging er in die Tiefe, Harry hatte ihm ja keine Kaffeekanne zugeworfen. Hermann gründelte nicht, er tauchte. Geheimnisse der Tiefsee, Fische mit Rückstrahler, Lanzettaugen, Leuchtquallen, Meerungeheuer mit elektrischer Hochspannung: das waren die Vorbilder der Parvenus auf dem festen Land, ein ganzes Aquarium voll. Langsam stieg Hermann an die Oberfläche und kroch nun als Amphibie der Weisheit weiter, einem noch genialeren Ende zu – das ich leider nicht behalten habe. Nach einer Stunde war das Thema als erschöpft zu betrachten, und mit ihm auch der Conferencier. Der Beifall war stark, ehrlich und verdient. Dr. Sureda Blanes dankte im Namen der Lullischen Wissenschaft und aller anderen Anwesenden für die geniale Art, auf die der große deutsche Philosoph ein nicht alltägliches Thema aus dem Stegreif behandelt habe: erschöpfend behandelt, denn, das dürfe er doch wohl im Namen aller sagen, den Ausführungen des Grafen sei nichts mehr hinzuzufügen – oder? Dann könne man ja zur Diskussion schreiten, falls das gewünscht sei, denn sicher würde Conde de Keyserling die Freundlichkeit haben, etwaige dunkle Punkte . . . Hermann nickte, mais naturellement, immer nur losgefragt, Darmstadt ist jetzt um keine Antwort mehr verlegen.

Niemand rührte sich. Nur der wieder angeschaltete Ventilator blies das Bärtchen des Perlenfischers ins befriedigte Publikum. Die grüne Halsbinde schillerte, die Palmen wiegten sich. Die Herren am grünen Tisch wiegten sich auch, vor allem Harry, der den Anschein erweckte, als wolle er noch etwas sagen. Ein paar Worte des Dankes? Er stand auf, die feine Maßarbeit von Bauzá hob sich distinguée ab neben dem rosaroten Hemd seines ihm aufgezwungenen Klassenkameraden. Dieser winkte seinem Komplizen zu, im Sinne: na, sprich noch ein paar nette Worte, Harry, aber mach's kurz; sollte es den Herrschaften gefallen haben, dann halten wir uns rekommandiert für ein anderes Mal, und dann gehen wir zusammen noch eine Flasche trinken. Ist alles schon parat gestellt.

Harry dankte, gewiß. Sein alter Freund habe dem von ihm bedachten Thema interessante Seiten abgewonnen; aber, Verzeihung tausendmal, er sei nicht in die Tiefe gegangen, so sehr er auch, Verzeihung tausendmal, in die Tiefe gegangen sei. Ob man ihm erlaube, ein paar Gedanken vorzubringen, er habe sich Stichworte notiert, zehn Minuten, nicht mehr ...?

Bewegung im Sälchen, Bewegung am grünen Tisch, Bewegung im rosa Hemd. Don Francisco sagte: aber bitte, Señor Conde; aus dem Publikum ertönte das Bitte in vielen Sprachen, und Hermann, Zirkusdirektor und dummer August in einer Bluse, sagte auch bitteschön und klatschte flott in die Hände. Niemand folgte seinem Beispiel, und Harry begann, den Kopf ein wenig nach vorne gebeugt, sich an dem louchen Drückeberger einer erfundenen Schulbank zu rächen. Stück für Stück holte Harry die Tiefseeungeheuer, Strahltiere, Medusen, Quallen an die Oberfläche, wo sie eines nach dem anderen platzten. Als das Aquarium leer war, war auch Hermann erledigt, ausgezogen bis aufs eosfarbene Hemd. Den Gnadenstoß brauchte der eine Graf dem anderen nicht zu versetzen, das besorgten die Geladenen: sie bereiteten Conde Harry de Kessler eine donnernde Ovation, die selbst der Conde de Keyserling mit seinen Riesenpranken nicht überklatschen konnte, denn gute Miene zum bösen Spiel zu machen verstand er als Weiser eigenster Schule auch.

Graf Keßler blickte in die Ecke, wo wir saßen. Wir winkten ihm zu. Er dankte. Nachher sagte er uns, er habe sich so maßlos geschämt vor uns beiden, daß er ständig überlegt habe, was er nur tun solle, um sich reinzuwaschen. Er hat sich glänzend rehabilitiert.

Hermann zog sich in seine Gemächer zurück und trank die kaltgestellten Pullen allein, 6 Stück. Dann beschied er Don

Helvecio aufs Zimmer und besprach mit ihm die Abreise. Nach Formentor ginge er nicht mehr: dringende Angelegenheiten in Barcelona, Madrid, Salamanca ...

Die Zeitungen beschäftigten sich mit dem Fall: Wer ist Graf Keßler, der dem berühmten, beliebten, iberophilen Grafen Keyserling an Alter, Weisheit und Schlagfertigkeit so weit überlegen ist? Gast der Insel, verbannt, berühmt über alle Erdteile auch er, und man hat nie von diesem gehört? Er schreibe an seinen Erinnerungen – man hoffe, sie auch spanisch lesen zu können.

In den folgenden Tagen wurde Graf Keßler mit Briefen überhäuft; Conferencias hier, Conferencias da, Bitten um Vorabdrucke aus den Memoiren, um Nachdrucke aus den Notizen über Mexiko – Keßler lehnte alles ab. Er hatte sich nicht ins Licht setzen wollen; nur dem aufdringlichen Hermann, dem mußte eine Lektion erteilt werden. Dieser hat auch den Tag verflucht, wo er mit Harry die platonische Schulbank gedrückt hat.

Harry vergrub sich wieder in seine imperiale Zeit, während Hermann auf dem spanischen Festlande sich mit neuem Spiel und neuem Glück als Seher des iberischen Hellas feiern ließ.

*

Mir war nicht bekannt, daß der Verleger Samuel Fischer von seinen Freunden »Sami« genannt wurde, und so wußte ich im ersten Augenblick nicht, wessen Tod Graf Keßler so aus der Fassung gebracht hatte, daß er, der auch in der Verbannung noch an Formen festhielt, zu nachtschlafener Zeit an unsere Tür klopfte, was nur Herr Silberstern sich erlaubte.

»Sami ist tot, darf ich hereinkommen?« Den Zeitungen nach zu schließen, die im Flur ausgelegt waren, muß es eine Nacht von Samstag auf Sonntag gewesen sein. Keßler traf keine Anstalten, sich die Schuhe auszuziehen. Er war verstört, sagte immer nur, Sami sei tot, das sei schrecklich, und erst als er hinzufügte, schon gegen das Büchergestell der Dünndruckstube gelehnt, der Nachfolger würde sich jetzt zu seinem Sargnagel entwickeln, wußte ich, daß S. Fischer gemeint war. Nun gäbe es Krach, nun sei es vorbei mit der schönen Zusammenarbeit, mit der Ruhe, die er brauche für seine weiteren Bände. Keßler verlor sich in Erinnerungen an die Gründerjahre: Naturalismus, Hauptmann, Hofmannsthal, Bodenhausen, die großen Europäer, die Sami von draußen hereingeholt habe, Ibsen, Dostojewskij, Brandes; und dann kreiste er sich selbst immer mehr ein und übte sich gesprächsweise, wie er es zuweilen liebte, an ein paar Themen des letzten Bandes, der mit seiner Flucht schließen sollte: es ist eine Szene im Hotel Adlon in Berlin. Er führt Besprechungen mit einigen Persönlichkeiten, deren Namen ich natürlich auch vergessen habe, in einem Privatzimmer; da kommt der Kellner und sagt: »Meine Herren, der Reichstag brennt!« Jemand faßt Keßler beim Arm und flüstert ihm zu, nun würde es für ihn die höchste Zeit, die Koffer zu packen und nach England oder Frankreich zu fliehen. Keßler nahm sich nicht einmal mehr die Zeit, in seine auch von Henry van de Velde eingerichtete Wohnung in der Köthener Straße zu gehen. Er fuhr mit dem nächsten Zug nach Paris. Sein Kopf stand auf der Liste derjenigen Persönlichkeiten, die umgebracht werden sollten, wenn die Nazis ein kommunistisches Attentat auf den Führer inszenieren würden. Keßler besaß die Liste, die ihm seine Freunde von der Deutschen Botschaft in London zugestellt hatten.

Das mit dem Sargnagel hat damals einen großen Eindruck auf mich gemacht, denn ich dachte, ein Schriftsteller von der Weltgeltung eines Harry Keßler sei unabhängig von der Willkür und dem Besserwissen eines oder seines Verlegers. Heute weiß ich, daß ein Autor sich glücklich preisen muß, wenn sein Verleger ihm nicht mit dem Verlagsvertrag gleich den fertigen Sarg ins Haus schickt, der dann womöglich auch noch zu klein ist. Zum Glück für den Fortbestand der Literatur fühlen sich die meisten Verfasser so über den Tod erhaben, daß sie auch angesichts ihrer eigenen vier Bretter weiterhin an ihren Leichensteinen schreiben.

Im Frühjahr 1936 verließ Graf Keßler die Insel. Seine Gesundheit war ruiniert, er spuckte Blut; sein Anblick war oft erschreckend. In Barcelona und in den Galerias Costa in Palma hat er noch Ausstellungen seiner Cranach-Drucke veranstaltet, die viel Beachtung fanden.

Wir hatten abgemacht, daß ich auch par distance noch sein Abschreiber sein sollte; er wolle mir die Manuskripte schicken und ich möge wie sonst meine wustmännischen Randglossen machen. Ein paar Briefe und Manuskriptsendungen zwischen seinem neuen Asyl, der »Hôstellerie des Compagnons de Jéhu« in Pontanevaux, und der Straße des Generals gingen noch hin und her, dann machte der Ausbruch des Krieges allem ein Ende.

Graf Keßler kann von Glück sagen, daß er schon auf französischem Boden weilte, als es losging. Er hätte die Franconacht vom 18. auf den 19. Juli nicht überlebt. Jener Revolverheld aus Königsberg, der die Säuberung der deutschen Kolonie auf sich genommen hatte, wäre ihm verhängnisvoll geworden. Lange hieß es ja, Keßler sei auf der Insel erschossen worden. Unter normalen Umständen hätten die Nazis ihn noch ein paar Jahre am Leben lassen können; er war verhältnismäßig ungefährlich. Er führte keine losen Reden wider das Dritte Reich, zettelte keine Verschwörungen an, und nur der Tatsache, daß die Zusammenarbeit mit seinem wust-, thäl- und thelemännischen Sekretär so gut klappte, habe ich es zu danken, daß er sich keinen politisch unbescholtenen Abschreiber gesucht hat. Manchmal wurde ihm ja angst und bange über meine Unberechenbarkeit. Erst der abschließende 4. Band der Memoiren hätte Hitler Anlaß geboten, den Verfasser zu beseitigen. Dieser durfte nicht geschrieben werden. So sagte mir, eigene Befürchtungen bestätigend, ein Mann, der neben mir auf der Taurolle des englischen Zerstörers saß, mit dem wir flohen: Franz Blei, Keßlers Freund und Mitarbeiter aus der Pan-Zeit.

XXVI

Wie es so geht, wenn es mit einem Menschen bachab geht: die nächste Umgebung merkt es erst, wenn die Trift schon beängstigend geworden ist. So war es auch mit Zwingli. Wir stellten eines Tages fest, daß er sich nicht mehr wusch; daß er uns nicht mehr mit seinen kleinen Aufmerksamkeiten auszeichnete; daß wir immer häufiger seinem hinkenden Gesellschafter sagen mußten, Don Helvecio sei noch nicht zurück; daß seine Kleider verdreckten – kurz: ein Weib!

Sie war Tänzerin von der nackten Besonderheit und hieß Konákis, was auf ihren griechischen Ursprung schließen ließ, oder gleich richtig gesagt: auf den griechischen Ursprung ihrer Kunst. Denn obschon sie sich ganz für ein Griechenkind ausgab, war sie Italienerin, stammte aus Chicago und hatte irisches Blut. Rundherum ausgezogen, wurde sie strichweise gesehen in den verrufensten Tabernen, wo sie ihrer Schönheit wegen angebetet und angesungen wurde.

Wie viele hochgezüchtete Frauen, bevorzugte auch Konákis die Männer mit einem starken Höhlengeruch. Auch sie wollte ergriffen und mit haariger Schimpansenfaust ins Gestrüpp geworfen werden, wollte über sich einen gewaltigen Brustkorb gebeugt sehen, in dessen Haarwald Erdklümpchen kleben, die man einzeln herausziehen kann: »er liebt mich, er liebt mich nicht«; doch bereitet der Wüstling solcher Depilation ein schauerlich erschauerndes Ende. Zwingli hatte Konákis in der »Torre del Reloj« aufgestöbert, und nun war er in ihrem Griff und ließ sich rasch verwildern, um sie seinerseits besser greifen zu können. Denn er mußte ihr lange noch nicht erdenklößig genug sein. Was wir darum als eine neue Verschlammung betrauerten, war für Zwingli der Aufstieg. Die Schülpe am kleinen Finger wies wieder das eingelegte Schwarz auf, und in seinem Hirn brodelten die verwegensten Pläne und erzeugten soviel Schuppen auf der Kopfhaut, daß der leise Schneefall schon einsetzte, wenn der Höhlenmensch nur sein Haupt wiegte. Das tat er jetzt oft.

Im Mittelpunkt der Stadt hatte er einen halb verfallenen Palast gemietet für seine Akademie. Der geldspendende Millionär war mit der »Bezuschussung« noch nicht aus seinem Bankkonto herausgetreten. Er käme selbst nach Mallorca, Zimmer im »Principe« seien seit langem reserviert. Da er aber unsichtbar blieb, ging Zwingli mit Hilfe seines einheimischen Gründergenies, Don Darío, an die Arbeit. An meinen Erfindungen hatten sie einen »kleinen Bollen« verdient. Der wurde nun in Kunstakademisches umgesetzt. Es begann mit einer Reihe von Aktkursen für Anfänger, Fortgeschrittene und Meisterklasse; mit Spählöchern für die »Aficionados des Nackten«, und alles unter der Leitung von Spaniens berühmter Malerin Doña Pilar, deren voller Name mehrere Zeilen lang war, obschon einzig das fürstliche Prädikat genügt hätte, den Aktsaal zu füllen. Pedros Mutter hatte natürlich keine Ahnung, daß mit ihrem Alba Schindluder getrieben wurde. Sie erfuhr es von den aufgeregt stiebenden Verwandten, die ihren Namen hatten prangen sehen auf Spanntüchern, Maueranschlägen und fliegenden Blättern. Eine neue Verrücktheit des Hauses Sureda? Man munkelte so. Der Aktsaal sei Tarnung, es ginge um Freudenhäusliches in großer, gesellschaftlich nie dagewesener Allüre. Tatsächlich konnte Zwingli die Anmeldungen für alle Kurse kaum verarbeiten; und er hatte nur das eine Modell: Konákis! Alte Herren, ihrer sterilen Klubs überdrüssig, trugen sich in die Liste der Anfänger ein; sie wollten nicht aus dem Leben scheiden, ohne vorher Akt gezeichnet zu haben. Das hatten sie noch nie getan, sie wußten nicht einmal, daß man es konnte. Frauenkörper waren für sie da, um sich darein zu verlieben, sie anzufenstern, zu beschlafen, zu heiraten, einzusperren, zu verprügeln, in die Kirche zu schicken, dem Himmel zu erlauben, die Ehe jährlich mit einem Kind anzulängen – und nun sollte so ein vielseitiges Kammertier auch mal mit dem Zeichenstift angegangen werden in Don Helvecios Internationaler Akademie: das nähme man mit!

Dem unter durchlauchtigster Palette stehenden Aktsaal waren, so las man in Anzeigen und Flugblättern, zwei weitere Institute angegliedert: eins für Sprachen und eines für Kräutertee.

Zu Tausenden hatte Zwingli seine Propaganda über die Insel gestreut. Ausrufer zogen über den Borne und warfen die Blätter unter die Wandelnden. Einmal hörte ich meinen Namen ausrufen. Neugierig, was denn mit Vigoleis wieder los sei, griff ich nach einem Prospekt und erfuhr, daß es der p. p. Akademie gelungen sei, den an deutschen und holländischen Universitäten ausgebildeten, auf weiten Reisen geschulten und als Erfinder des »Einstuhlsystems« schon berühmt gewordenen Professor Vigoleis für den Lehrkörper zu gewinnen. Eine dreiviertelstündige einstühlige Aula koste nur 25 Peseten, Sprache nach Belieben, und bitte wenden. Mens sana non potest vivere in corpore sicco, stand dort Rabelais' Parodie auf den Spruch Juvenals zu lesen: ein gesunder Geist könne nicht leben in einem trockenen Leibe, ergo: trinkt Pfarrer Künzlis Kräutertee! Probetäßchen im Institut. Die Trinität von Weib, Wein und Gesang war hier angestrebt, mit den kleinen Entartungen, die gerade diesen Dreibund so fruchtbar machen können. Das Weib hieß Konákis, der Wein Künzlitee und der Gesang mußte aus des Vigoleis Kehle dringen.

Hochgestimmt über meine Berufung an die neue Akademie eilte ich nach Hause. Das war der grüne Zweig, auf den ich endlich käme. Beatrice sollte die erste sein, es zu erfahren.

Vor unserem Hause wurden Möbel aufgeladen, Zwingli dirigierte alles mit seinem Nagel. Neben ihm, auf dem Balkon, stand Konákis, in vollen Kleidern noch ein begehrenswertes Stück Natur. Die beiden beachteten mich nicht. Unter einem schwebenden Möbel huschte ich ins Portal.

Ich fand Beatrice im Mädlerzimmer. Hatte sie geweint? Das ist nach soviel Jahren und soviel Mißstand einer allwärts und allerweil raupenäßigen Strauchehe schwer zu sagen. Immerhin hätte sie Grund zu Tränen gehabt, auch die Haare hätte sie sich ausraufen können, und nach dem Recht aller Memoirenschreiber dürfte ich sie es hier tun lassen, wenn theatralischer Masochismus in ihrer Art läge. Soviel nur: Bruder und Schwester hatten sich gründlich gezankt. Sie hatte ihm Wasser angeschmissen, er ihr Medizinflaschen an den Kopf geworfen, während die Griechin ihren urchigen Troglodyten anfeuerte, die prüde Schwester mal gründlich zu säcken. Beatrice hatte Zwingli Vorhaltungen gemacht wegen des Mißbrauchs, den er mit dem Namen von Pedros fürstlicher Mutter triebe, und sie wisse natürlich, daß hinter der Neugründung ein kunsthistorisch getarntes Bordell stünde – da war das widerliche Wort gesprochen, und es flogen die genannten Sachen. Daß Zwingli mit Arzneiflaschen warf, hing noch mit dem überstandenen Typhus zusammen, durch den wir ihn, monatelang, hindurchgepflegt hatten. Dr. Solivellas hatte eingreifen müssen, da die Geschwister plötzlich den großväterlichen Tröpfchen nicht mehr vertrauten – und Zwingli den spanischen Spitälern nicht, und Vigoleis Zwingli nicht, und so weiter.

Schade, wäre Konákis nicht zufällig angezogen dabeigewesen, dann hätten die Geschwister statt sich zu zanken sich noch mal umarmt, und Zwingli wäre mit Würde in sein Haus der weiblichen Kunst gezogen. Nun brach er wieder alles hinter sich ab. Nur die Liste mit meinen Erfindungen nahm er mit, Konákis hatte darauf bestanden. Das schmeichelte mir.

Beatrice war schnell überzeugt, daß wir noch froh sein müßten, die Freudenakademie nicht in unserer Beletage aufblühen zu sehen; ein schmerzlindernder Einfall, der zur Laus im Pelz wurde: nun kam Beatrice nicht mehr von dem Gedanken los, die Etage sei durch die Möglichkeit allein schon entweiht. Sie wolle nicht mehr bleiben, ins Wasser wolle sie auch nicht wieder, und ins Schloß des Erzherzogs nach Miramar zögen wir doch erst, wenn die Mamú-Millionen freigeworden seien. Vorderhand aber könne Mamú nicht einmal die tausig Fränkli zurückgeben.

»Gut, dann ziehen wir um. Das Haus ist dir verleidet, besser gesagt: verkonakiert. Ich suche eine andere Bleibe.«

*

Ich fand eine Wohnung im 6. Stockwerk eines Neubaues auf der Straße, die uns schon bekannt und deren Namengeber uns mehr als vertraut ist: Avenida del Archiduque Luis Salvador. Salvator heißt Erlöser. Ein paar Häuser weiter waren die Suredas mit Kind und Kisten eingezogen – heischten wir bessere Nachbarschaft? Der Anstrich klebte noch, als wir mieteten; Trockenwohner waren wir aber nicht. Der Piso hatte ein Bad, eine eingebaute Musterküche, einen Dachgarten mit Blick aufs Meer. Wirtschaftlich waren wir ziemlich flott, und gesundheitlich reichlich auf den Hund gekommen. Überarbeitung, sagte Dr. Solivellas; aufs Land, in die Berge, drei, vier Monate. Nichtstun, denn wir hätten geschuftet wie Sklaven. Er bot uns sein Lusthäuschen am Meere an, bei Pollensa. Bergluft sei freilich besser: Valldemosa, Génova, Monasterio de Lluch . . .

Mamú hatte eine Freundin, die nicht zur göttlichen Tafelrunde zählte, eine schwedische Malerin unbestimmbaren Alters, aber desto besser zu bestimmender Abstammung: sie mußte zu ihrem König Onkel sagen und tat es jedes Jahr während der Ferien, die sie bei Hofe im Kreise der Ihrigen verbrachte, leidenschaftliche Tennisspielerin, die auch sie war. Sie hieß Agnes, auf der Insel also Doña Inés. Sie überließ uns ihr Häuschen in Génova für vier lange Sommermonate. Unser Umzug in die Straße des Erzherzogs war sonach ein doppelter Auszug.

Don Matias bezeugte Trauer, als ich ihm sagte, es sei dies nun das letzte Brot aus Jaumes Ofen, das wir am letzten Tage auf der Straße des uns lieb gewordenen Generals verzehren würden. Natürlich, mein Guter, natürlich, mein Freund: wir dürften einander nicht aus den Augen verlieren; obendrein sei es überflüssig, noch eine neue Wohnung zu beziehen, wo es bald losginge in Honduras. Die Fahne sei fertig, das Volk sei bereit, Don Patuco lebe bei gepacktem Tornister; es fehle nur noch der Pronunciamiento. »Und wann zieht ihr aus?« – Bei Sonnenaufgang käme die Fuhre, die Habseligkeiten würden provisorisch abgestellt, dann ging's mit ein paar Koffern nach Génova weiter, ins Haus der malenden Prinzessin Inés, die auf der Insel so demokratisch täte, als sei sie nur die Bürgerin Agnes.

Auch Mamú rügte uns; wir täten unüberlegte Schritte: wozu noch umgezogen, wo in wenigen Wochen ihre Millionen zu fließen begännen und wir alle in Miramar fürstlichen Einzug hielten? Von der Straße des Archiduque bis in seinen Palast sei es nur ein Schritt, meinte ich; gerne gingen wir wieder zügeln, wenn die ersten dicken Tropfen als Vorboten des goldenen Wolkenbruches fielen. »Kein Vertrauen?« Daran fehle es nicht, aber alles zöge sich bei Mamú so unamerikanisch in die Länge, was nicht ihre Schuld sei; es läge an den Advokaten der beiden Parteien, deren Einvernehmen sie als gute christliche Wissenschaftlerin nicht stören wolle. Bauen und bauen lassen, war das nicht auch die Devise ihres Durchseligten gewesen?

Überall, wo Vigo und Beatrice in diesen Tagen sich sehen ließen, mußten sie die Geschichte erzählen von ihrem Aufschwung: Wohnung mit Bad und Dachgarten, die allerdings einen Duro billiger war als die alte; Ferien in der Casa Inés, rosige Zukunft im Palast des Archiduque; und es brauchte nur noch der lusitanische Mystiker im deutschen Sprachgebiet einzuschlagen, die ›Hünengräber ohne Hünen‹ etwas von sich reden machen, dazu die eine oder andere Erfindung: und man wäre über den Berg. Viel Hunger und Not waren überstanden, und als letzter Schritt ins Glück des kleinen Mannes sei die kugelfeste Weste angeführt, die wir abwechselnd trugen, weil die Nazis jüngst auch einen Volksschädling mit der Pistole erledigt hatten.

Der Umzug ging glatt vonstatten. Die Männer kamen am späten Mittag, doch früh genug, daß wir noch am selben Tage auch in Génova einziehen konnten. In der Etage hatten wir alles wie Kraut und Rüben liegen lassen.

Erst ausruhen, eine Woche, zwei Wochen; nichts tun, und dann schriebe ich das letzte Kapitel meiner ›Hünen‹ in ein paar Tagen herunter und alles ginge an den Verleger Querido nach Amsterdam.

Ich hatte ein zweites Sicherheitsschloß in die Flurtür eingebaut; man müßte nun schon das Getäfel eintreten, um in den Piso einzubrechen. Wir schlossen viermal ab und eine Stunde später sperrten wir die Tür der Casa Inés mit einem Vorzeitknochen auf. An dieser Tür, die grün gestrichen war, prangte der Pavillon des schwedischen Königshauses, eine kleine Eitelkeit der Malerin, die ein paar Wochen später uns und Dutzenden von Menschen das Leben retten sollte.

Vier Monate dehnten sich vor uns, und sie schienen endloser zu sein als das blaue Meer zu unseren Füßen, wie es unter einem schon seit Monaten wolkenlosen Himmel zitterte. Aber die Zisterne, wieviel Handbreit Wasser mochte sie noch haben? Zwei bis drei Wochen, sagte ein Nachbar, wenn wir sparsam seien, was Ausländer mit dem Wasser ja nie sind. Regen? Kaum. Ich beschloß, mich bis zum nächsten Regenfall nicht mehr zu waschen.

Die Malerin hatte sich einen Felsengarten angelegt, dessen unspanische Niedlichkeit in scharfem Gegensatz stand zu den üppig wüsten Gewächsen der Natur, Agaven und meterhohen Kaktusstauden, die das gestufte Grundstück gegen einen steilen Abhang abschlossen.

Auch den Hintergrund des Bildes hatte die durchlauchte Schreberin nicht verbessern können: die Einbuchtung von Cala Mayor, die sich öffnete in die Bucht von Palma. Winzige Lichter begannen aufzufunkeln und ihre feinen Strahlenstriche übers Meer zu werfen; es waren Fischer mit ihren Feuerkörben, die zum Fang ausfuhren. Und über allem stand das Sternbild des Orion.

Der Tag war aus.

* * *

Der Tag war aus, und mit ihm sollte auch der erste Band dieser angewandten Erinnerungen zu Ende sein. Es wäre dann ein glücklicher Ausgang für ein Buch, das unglücklich beginnen mußte: Vigoleis und Beatrice schlafend im himmlischen Bett einer richtigen Prinzessin, das schimmernde Leinlaken bestreut mit Keatings insektentötendem Goldstaub, von Moskitos hinter einem Hauch von Netz in den Schlaf gesummt, und auch von keinem bösen Traum geplagt in dieser Nacht unterm Orion, der das Dreigestirn meiner Mörder überglänzte. Draußen funkten die Gleimchen, es geigten die Grillen, sie tobten sich aus, ehe der große Regen käme – unserem Traumohr erklang es wie Fugen von Bach, gespielt auf der Orgel, die Mamú in Miramar einbauen ließe – der Kostenanschlag war bereits eingeholt bei einem Orgelbauer in San Sebastián –, und auch mein Esel bockte schon irgendwo auf gährender Streu und wartete nur darauf, in den fliegenfreien erzherzoglichen Marstall gezerrt zu werden.

Hier sollte das Buch aufhören: Orion mit seinem Jakobsstabe leuchtend über den Schlaf der Helden. Friede über dem Inselreich, Friede in unseren Herzen, Friede in jedem Grillenloch. Denn du, lieber Leser, weißt ja aus meinen ewigen Andeutungen, daß noch viel Blut wird fließen müssen, vor allem das von Vigoleis, der nach fünf gezählten Nächten schon zu den Erschossenen gehören müßte. Aber eben, daß er auf die unwillige Frage des Deutschen Konsuls: »Was, sind Sie nicht erschossen?« die rührend törichte Gegenfrage stellen konnte: müsse er das denn sein? ermächtigt ihn, das Finis Operis noch um ein weiteres Buch hinauszuschieben, sei es auch nur ein Buch mit einem einzigen, also keinem Kapitel, ein Buch des in die Länge gezogenen Abschieds. Ich selber erschrecke schon nicht mehr. Ich mußte umgelegt sein und stand noch, und jeder Leser kann mich erschießen, indem er das Buch an dieser Stelle schon zuknallt. Dann bleibt ihm erspart, Zeuge des Schreckens der anderen zu sein, Angelitas zum Beispiel, die ihren Augen nicht traute, als sie uns bei lebendigen Leibern erblickte. Allen unseren selbst noch nicht erschossenen, ersäuften, aufgeknüpften oder gekreuzigten Freunden ist es kalt in die Glieder gefahren, als wir zum Abschied an ihre verrammelten Türen klopften. Einige schlugen die Türen entgeistert zu; aber meist hatte ich den Fuß rasch genug in den Spalt geschoben und mit der Parole auch mein wahres Gesicht zu erkennen gegeben. Dann ließ man uns herein, riegelte ab, und wir von den Toten Auferstandenen erzählten, erzählten. Damals gab es einen Augenblick auf der Insel, wo, wer nicht erschossen war, als von den Toten auferstanden galt. Ich will da kurz sein, wo ich kapitellang die Begegnungen schildern könnte, im ersten, zweiten, im dritten Monat des Aufstandes: die mit dem hinkenden Don Matias, die mit Don Gracias a Dios, der sich nun am spanischen Pronunciamiento lyrisch-vaterländisch schadlos hielt – wie soviele Verschwörer fremder Mächte. In Jaumes Backstube hatten die Hondurensischen schon eine kleine Totenfeier für den erschossenen Don Vigoleis abgehalten, und auf einmal steht er auf der Straße vor einem und streckt die Hand, die man in der ersten Verwirrung nicht annimmt. Das war das Fatale, daß niemand in jenen Tagen den Mut hatte, uns zu sagen: »Wieso hat man euch noch nicht abgefertigt? Ihr gehört doch erschossen zu sein!« Ich sah in Don Matias immer noch den alten Krausisten und Welt-Enträtseler, den Freund von den Mehlsäcken. Indessen, dieser Pseudohondurenser hielt mit seinen Gefühlen zurück; er war steif geworden wie das Vorhemdchen, das er wieder trug. Angelegentlich erkundigte ich mich nach dem Befinden des einarmigen Generals Don Patuco, dessen geflügelte Warnung vor Priestern mit zwei Zungen und Generälen mit zwei Armen in diesen Tagen des Pronunciamientos der Generäle und Priester mir zur Richtschnur diene: ich sei auf der Hut, Franco habe immer noch zwei Arme! Don Matias, erbleichend, fiel mir ins Wort: still, wenn man mich höre, ich würde erschossen, man könne uns für Verschwörer halten; und er sei, ja, er sei für Franco, er habe die Tochter seines Generals geheiratet, der auch für Franco sei, und seine Encarnación sei für Franco – denn schließlich könne man auch mit zwei Armen ein ganzer Kerl und Umstürzler sein . . . »Und Schuster Ulua?« Den hätte man lebend in eine Zisterne geworfen, Stein drüber, seine Frau in eine andere, Stein drüber. Der Sohn sei geflohen, mit falschen Papieren, nach Uruguay.

So könnte ich Seiten füllen im letzten, kapitellosen Buch und darüber uns selbst wieder aus den Augen verlieren, was auch kein schlechtes Ende wäre für ein Heldenpaar, das sich namenlos in diese Geschichte eingeschlichen hat, von Flöhen und Träumen geplagt, an Bord eines Schiffes, das sie, zwei unter Hunderten, auf die Insel gebracht hat – Jahre liegt es zurück.

Zwei unter Tausenden verließen sie die Insel, aus wachhaltender Wirklichkeit von keinem Traum geplagt. Schlafen konnten sie freilich nicht, ich meine nicht so mondhell übergossen, wie nun Vigoleis und Beatrice schlummern im Himmelbett der Doña Inés, die wie im Märchen du zu einem König sagt, während sie ihren polyglotten Mietern durch ein quer über die Kopfkissen gesticktes Spruchband sagen läßt: Godnatt!

Vigoleis drehte das Kissen um; nur keine perligen Sprüche in die Wange drücken. Zudem klingt es auf Mallorquinisch viel schöner: Bona-nit! Bona-nit enthält alles: den Bilch, der in den Palmen raschelt, die Schattenspanne der Fledermaus im Ausschnitt des Fensters, das Schattenspiel des Oktopus auf dem Felsengrund des Meeres, das Meer, den Mond im Meer, die Millionen Sterne, die Königin der Nacht, die ihren Kelch aufspringen läßt, und Orions roten Schulterstern Bed-el-schauzâ, der nicht nur in seinem Märchennamen die heiße Südnacht kündet.

Bona-nit!

Epilog

> Die Welt ist bloß die Portechaise, die uns aus dem Himmel in die Hölle bringt. Die Träger sind Gott und der Teufel; der Teufel geht voran.
>
> *Johann Wilhelm Ritter*

Wiederholt habe ich bei der Abfassung meiner zwar nicht aus dem Blauen heraus, aber doch sehr ins Blaue hinein geschriebenen Inselerinnerungen die Erfahrung machen müssen, daß der Auftakt eines Kapitels jeweils dessen Gliederung und Länge bestimmte. Hat es auch vieler Kapitel bedurft, ehe ich dahinterkam, daß da geheimnisvolle tektonische Kräfte am Werk sind – wie beim Gedicht –, so könnte ich mir ja diese Einsicht in meine Werkstatt noch zunutze machen beim Epilog, dem einzigen Abschnitt des Memorials, den ich im Hinblick auf seinen Umfang und das vom Schreiber kaum weniger als vom Leser herbeigesehnte Ende schreibe.

Beginne ich ihn zum Beispiel mit der sachlichen Feststellung, Beatrice hätte als erste hausfrauliche Handlung in der Casa Inés das kleine Fremdenzimmer gerichtet für Frederico García Lorca, dann muß ich mich in Einzelheiten verlieren über Lorcas geplante Mallorca-Reise, deren Scheitern dem Dichter so verhängnisvoll werden sollte – und wieder schösse ich über die Schranke hinaus. Noch gefährlicher, ob auch verlockender, wäre es, etwa so zu beginnen: »Beatrice, sieh mal, da rechts, ja, genau über der siebten Kaktuspalette von links, richtig, unterhalb von Son Maroix, der weiße Fleck, das ist die Terrasse des Hauses, das ich für Henny Marsman mieten wollte und sollte« – und es käme, was nicht ein Kapitel für sich, sondern ein Buch für sich werden wird: meine Freundschaft mit Marsman, Hollands großem Lyriker und Mitarbeiter an meinen holländischen Pascoaes-Ausgaben; unsere pikareske Begegnung auf Mallorca, das Wiedersehen in Basel; die Stationen Dornach, Arlesheim, Locarno, Auressio; die verwunschene Casa Peverada, Schulenburgs »Monda«, die Wochen in der Skihütte zu Bogève in der Haute Savoie; unsere Flucht nach Portugal, wohin uns Marsman folgen wollte, und wo, auf Pascoaes, das uralte Mütterchen des Mystikers das Königszimmer für den holländischen Dichterkönig ebenso liebevoll richtete, wie nun Beatrice die Kammer für Lorca in der Casa Inés. Und noch der eine, noch der andere Dichter erreichte das Ziel seiner Bestimmung. Lorca wurde auf dem Festlande füsiliert; Marsman ertrank, nun selbst auf der Flucht nach Portugal, torpediert, im Kanal.

Und wenn ich mit der letzten Schnecke begänne, die wir verspeisen wollten und die uns entkam, das heißt keinem Geringeren entkam als dem gewieften Bobby, der außer sich selbst und der leibärztlichen Gynäkologie allen Problemen gewachsen war, die die Insel an einen Inselgast stellte? Und nun eine Weinbergschnecke, die ihm durch die Lappen geschlichen – aber ich beginne lieber mit dem Anfang und damit Schluß!

Ewig unbegreiflich wird es mir bleiben, warum Leute wie wir, Vigotricens, denen das Schicksal keinen festen Platz auf dem Erdball zugewiesen hat, nicht das Loblied der Sardine singen, sei es der in Olivenöl oder in »Escabeche« eingeblechten, die Büchse zu zwei Realen; ein Stück Brot dazu, und man hat seinen Hunger für die ersten zehn und alle weiteren Minuten bis zur nächsten Büchse gestillt. Doña Inés hatte viele solcher Latas aufgestapelt, und sie hatte gebeten, uns nach Möglichkeit durch sie alle hindurchzufressen, zum Selbstkostenpreis. Auf diese Weise erneuerte sie einmal im Jahre ihre Vorräte. In ihrem Krautgärtlein wuchs der steife, knusperige Salat, Wein und Öl standen in Krügen, das Brot besorgte uns ein alter Matrose aus dem Nachbarhause: womit ich nur sagen will, daß wir in den ersten Tagen, auch ohne das Haus zu verlassen, keinen Hunger zu leiden brauchten. Die geistige Nahrung stand schon auf den Planken, kondensiert wie die Sardinen: Augustin, Cervantes, Pascoaes, Novalis; mehr hatte ich nicht mit in die Einsamkeit genommen; hier nimmt es sich nun sehr gebildet aus. Den welt- und gottläufigen Tagastaner unterm Zeichen des Orion zu lesen, war ein Erlebnis, das die Erinnerung bewahrt hat; und dann fällt ein Schuß, man blickt vom Buche auf und späht in die Richtung, aus der es noch nachdröhnt. Ein großer bunter Vogel trudelt aus der zwinkernden Helle in das schwarzgrüne Laub des Orangenhains. Man ertappt sich dabei, Goethes Verse zu erinnern, und, den Blick erneut Augustin zugewandt, sage ich: »Du, Beatrice, da haben die verdammten Jungens wieder einen Wiedehopf abgeknallt. Bis Bobby kommt, sind sie alle ausgerottet.«

Sonst störte nichts den Frieden der Insel. Einmal nur sah ich einen Adler, der so tief dahergeschossen kam, daß sein weit klafternder Schatten auf der roten Erde genau zu verfolgen war.

Der Sonntag brach strahlend an wie nie ein Tag. In der Nacht waren wieder Schüsse gefallen. Was man nachts noch jagen könne, wollte Beatrice wissen. Fledermäuse, sagte ich, der beste Ersatz für Tontauben, und der billigste. Das Meer lag unbewegt und sich selbst genug in der Bucht; kein Segel, kein Kielwasser eines schon unter die Kimme gesunkenen Schiffes, kein Windhauch, der auf dem Spiegel den flammicht gewässerten Moiré-Effekt erzeugt. Bleiern auch der Himmel.

Gegen Mittag kamen Flugzeuge. Sie zogen eine Runde über Palma und den Hafen von Porto-Pi: sieh mal, nun tauchen sie, und da oben, das Pünktchen im Zenith, das ist sicher ein Himmelschreiber, der jetzt seinen Spruch fliegt: Mallorca clima ideal, und hinterdrein schnell noch das Wort Persil, an dem er natürlich mehr verdient.

Hier und dort wurden wieder Schüsse gelöst. Die Wiedehopfe, die Raben, die Feigschnepfen, dachte ich, Sonntagsjäger – gibt es das auch in Spanien?

So vergingen ein paar Tage. Beatrice machte einen kleinen Gang ins Dörfchen, falls man die Zwölfzahl Häuser in Génova schon so nennen kann, und sagte ganz nebenbei, Doña Inés scheine Schulden im Lädchen zu haben, die Leute hätten so komisch geglurt, kaum guten Tag gesagt, mürrisch seien sie, da ginge sie nicht mehr hin. Sie hätten natürlich Angst, daß auch wir anschreiben ließen, um dann zu verschwinden. Solches war damals auf der Insel an der Tagesordnung, viele Emigranten hielten sich so über Wasser.

Wieder ein paar Tage später kam Pedro Sureda – in Uniform! Und unrasiert, und ohne Firlefanzereien. Keine Sprüche, kein Tanzschritt, kein Schulterklopfen. Auch Pedro stierte uns an, als ob wir Schulden hätten, und die schienen wir tatsächlich zu haben, ohne es zu wissen. Wir schuldeten unser Leben ein paar Leuten, die nun begonnen hatten, alte Verbindlichkeiten einzutreiben. Jemand hatte Pedro gesagt, wir seien beide erschossen, auf höheren Befehl, und da hatte er sich doch erst überzeugen wollen; denn, der gute Freund, er konnte sich den todessüchtigen Vigoleis überhaupt nicht tot vorstellen. Vorderhand also lebten wir noch, das beruhigte ihn. Aber Pedro sagte uns das nicht an diesem Tage der Auferstehung. Auch er schwieg – warum? Erst am Vorabend unserer Flucht, in einem Café an der Ecke der Apuntadores, wo es von Uniformierten aller politischen Aushebungen wimmelte – sogar richtige Generäle waren darunter –, rückte Pedro mit der Sprache heraus: damals habe er sich von meinem Totsein überzeugen wollen.

Er berichtete: Pronunciamiento! Unser Bekannter, General Franco, habe losgeschlagen, in Marokko, von da sei der Feuerbrand auf das Festland übergesprungen. Die Insel sei in der ersten Nacht schon den Aufständischen in die Hände gefallen – also keine Tontauben? Menschen sind ja ein noch besseres Ziel für Schießübungen. Es sei Krieg, aber ein heiliger Krieg, zur höheren Ehre Gottes und seiner Generäle.

Die Hintergründe des Aufstandes waren dunkel und sind auch bis zur Stunde noch von keinem Historiker geklärt worden. Es war mir in all den Inseljahren nie gelungen, ein Bild von der spanischen Politik zu bekommen; einmal, weil ich kein Organ für derartige Entwicklungen habe, und, was genau so schlimm ist, weil es mir gleichgültig ist, wer sich zum Herrn über mich aufwerfen will. Ehrengast der Insel, exterritorial und als solcher auch kein Steuerzahler, kümmerte mich der Hexenkessel der spanischen Politik noch sehr viel weniger. Von einem allerdings war ich überzeugt: was in Deutschland vor sich ging, die Verherdung eines ganzen Volkes unter einem blökenden Leithammel, würde in Spanien nie möglich sein. Dafür hatte ich den Spanier als viel zu selbstversessen, zu überzeugt vom eigenen Wert kennengelernt. Selbstmenschlich, würde er nicht der Vermassung anheimfallen. Der Rest war für mich lachhaft, ich meine das, was einem Fremden als spanische Politik unter die Augen trat. So zum Beispiel die Reaktion der Klöster beiderlei Geschlechts auf ein einschneidendes Dekret der Linksregierung, das Nonnen und Mönchen die Lehrbefähigung entzog. Auf unserer Straße waren zwei Orden, die Bildungsanstalten unterhielten, für Knaben und für Mädchen. Täglich begegneten wir den Nonnen und Mönchen; wir grüßten uns, und mit manchem Bruder Schulmeister habe ich unterm Portal einen gebildeten Schwatz gehalten. Denn gebildet waren diese Geistlichen. Mit den Nonnen habe ich nie einen persönlichen Gruß getauscht; das wäre ja auch Sünde gewesen. Einige waren sehr schön, bleich lauerten sie zwischen den schwarzen Scheuklappen ihrer Hauben und verrieten den Feuerbrand, der sie von innen verzehrte. Das Laienschulgesetz war als ein Schlag gegen die Orden gedacht. Es stellte die Unternehmungen indessen nur vor eine Bekleidungsfrage: raus aus der Kutte und wieder rein in den bürgerlichen Habitus. Der Papst erteilte die nötigen Lizenzen.

Brüder und Schwestern schlossen die Institute für drei Tage. Sie fuhren nach Barcelona und kamen als bürgerliche Personen, Herr González und Fräulein Sánchez, als Don José und Doña Carmen wieder zurück, mit Kragen, Schlips und Strohhut; mit Jackenkleid und dem in der Eile erfundenen Perückenhut für die kahlgeschorenen Schwestern. Die Linken rasten vor Wut, die Rechten grinsten, die Witzblätter fanden reißenden Absatz bei allen Parteien. Als dann wieder Wahlen kamen und man einen Sieg der Rechten erzwingen wollte, mußten auch die Nonnen an die Urne treten; sogar solche mit lebenslänglicher Klausur erhielten einen freien Tag und traten wieder unter Gottes Sonne: der Spott war namenlos! Sie ertrugen ihn mit Würde und Rosenkranz. Kleider machen Leute – und böses Blut. In Mulets Tertulia wurde immer heftiger politisiert, die Meinungen platzten aufeinander. Ich hielt mich abseits, wenn es um spanische Fragen ging: davon verstünde ich noch weniger als die Abgeordneten der Cortes selbst. Über das Dritte Reich könne ich ein Wörtchen mitreden, was ich auch tat.

Als Pedro wie ein Dieb in der Nacht in die Nacht verschwunden war, saßen wir noch lange auf dem Brunnenrand und horchten. Das Sternbild des Orion war sich gleich geblieben, es strahlte in seiner Ewigkeit; aber die Nachtgeräusche waren andere geworden, das heißt, nun hatten sie einen anderen Sinn. Schüsse fielen, wir hörten Schreie, Kinder wimmerten, Hunde schlugen an. Die Nacht um uns und unter uns war beredt; nur sprach sie nicht mehr die uns vertraut gewordenen Laute der Inselnächte. Wie hatte ich doch übersetzt, im ›Paulus‹ von Pascoaes, jene Stelle über den rasenden Saul von Tarsus, in der Raschers schlotternder Verlagsvertreter in Leipzig eine Karikatur des Propaganda-Apostels Goebbels erblicken wollte: »Er drang in die Häuser ein, nahm Menschen gefangen, verurteilte sie und lieferte sie dann ins Gefängnis. Er war ein Verbrecher im Namen des Gesetzes.« Auch Jünger Goebbels drang in die Häuser ein, nahm Menschen gefangen und tötete sie, im Namen Audhumlas, der Urkuh. Und auf der Insel Mallorca geschah der Massenmord im Namen der unbefleckt empfangenen Jungfrau Maria und des Heiligsten Herzens Jesu. So hielten es auch die Bannerträger: sie nahmen gefangen und töteten, Tausende, Abertausende, die Summe hat man nie errechnen können. Auf der anderen Seite, der sogenannten roten, tötete man im Namen der Freiheit, der Gleichheit und Brüderlichkeit – und alle rasten sie im Namen des Vaterlandes. Darauf kommt es ja an, daß wir im Namen des Namenlosen tun, was wir tun, und dann ist es recht getan.

Im spanischen Kriege ist die Insel am fürchterlichsten heimgesucht worden. Die Schrecken des Festlandes, rechts oder links entfesselt, sind nichts im Vergleich mit der Geißel Gottes, die über die Balearen geschwungen worden ist. Es gab kein Entweichen. Wer gezeichnet war, fiel. Man konnte sich nicht zu seinen Gesinnungsgenossen auf die andere Seite durchschlagen, man saß in der Falle. Denn mit dem ersten Schuß des Pronunciamientos war die Insel durch einen genialen Handstreich in die Gewalt der Katholischen Generalität gefallen, die den Heiligen Krieg ausrief. Man sank zurück ins Mittelalter. Der Streich auf der Insel wurde ausgeführt von einem ohne Zweifel echten Granden, dem Marqués de Zayas, der mit seinen Komplizen wegen eines Bombenattentates auf das Gewerkschaftshaus in der Feste San Carlos gefangen saß. Er wurde befreit und von Stund an zum rasenden Saulus. Ob aus ihm ein Paulus geworden ist, weiß ich nicht.

Der Krieg, der Heilige Krieg gegen die Sarazenen, wie man ihn auf der Insel auch nannte, war ausgebrochen. Aber so heilig immer ein Krieg sein mag, so sehr Gott auch mit den Kriegern ist, ohne Gold kein Sieg. Die Spenden flossen reichlich, wer nicht freiwillig gab, wurde erschossen. Kirchliche Kultgeräte, hochkarätig, alles wurde mit Weltlichem eingeschmolzen und an den deutschen Führer geschickt, der sich bereit erklärt hatte, Flugzeuge, Waffen, jedweden technischen Bedarf zu liefern. Das Dritte Reich lieferte, auf Außenhandel nach wie vor erpicht, allerdings nur das, was man selbst nicht mehr brauchen konnte. Ich sah Kreuzritter, die das Wehrgehenk trugen mit dem gotteslästerlichen »Gott mit uns«, das zufällig gut paßte zu der Franco-Devise: »Im Kampfe zu fallen ist die höchste Ehre. Man stirbt nur einmal. Der Tod kommt ohne Schmerzen, und das Sterben ist nicht so schrecklich, wie es aussieht. Schrecklicher ist es, als Feigling weiterzuleben. Es lebe Spanien! Es lebe Christus der König! Es lebe Franco!«

Ein alter Priester, der als Domprediger einen Namen hatte, dachte anders; das heißt, er war schon so in seinem Dienst am Schöpfer vergreist, daß er sich überhaupt nichts mehr dachte und darum aufflog. Er stieg auf die Kanzel der Kathedrale und predigte. Er hatte im Leben nichts anderes getan als gepredigt. Seine Worte sollen immer ergreifend gewesen sein – ein spanischer Donders. Tausende und Abertausende waren schon verlocht, das Morden ging weiter, denn der Krieg ging weiter, Woche um Woche, wie das bei Kriegen meist der Fall ist. Sie können das rechte Ende nicht finden. Auch war die Goldfrage noch nicht gelöst worden; man unterhandelte noch mit den Stellvertretern irdischer und himmlischer Mächte, und da tat denn Monseñor den unseligen Ausspruch, sich auf das noch unseligere Testament Christi berufend: »Du sollst nicht töten!«

Zwei forsche Knaben von der Knabenwehr, in echten Soldatspiel-Uniformen, auf denen in echt Mallorquiner Paramentenstickerei das Herz Jesu prangte, wie es seine göttlichen Pfeile schießt; die zwei stießen sich an und sagten: »Sabotage! Wenn das einreißt, ist es um die Sache Gottes geschehen.« Laut brüllten sie zur Kanzel hinauf: »Maul halten, alter Schwätzer. Wir sind jetzt am Wort!«

Der Priester, in seiner Verirrung, berief sich weiter auf Gott, so wie er es vor 60 Jahren im Seminar gelernt hatte; und man sieht, er hatte nichts hinzugelernt. Gott schien auch nicht mit ihm zu sein, denn die Burschen, 13, 14 Jahre, wie alle Puber die Hoffnung der Vaterländer, hatten ihn schon von der Kanzel gezerrt, hielten ihm die Faust unter die Nase und schleppten ihn, unter der andächtigen Stille der Gläubigen, vor das Portal der Kathedrale. Die Schüsse hallten dumpf durch die heilige Halle, die heilige Messe ging weiter, und nachher segnete der Bischof auch die Vollzieher dieses Gottesgerichts. Auf Sabotage steht bei allen Völkern und zu allen Zeiten der Tod, wenn einmal der Kriegszustand verhängt ist. Der geplagte Bischof kam in diesen Tagen überhaupt nicht mehr aus dem Einsegnen heraus; er segnete alles: italienische und deutsche Flugzeuge, italienische und deutsche Matrosen, die nächtlichen Abfertigungsstreifen, den italienischen Kriegsmann Conte di Rossi, die deutschen Stahlhelme für Wasserköpfe, in die selbst kein Nazi mehr hineinwachsen konnte; die Straßen, die man umgetauft hatte, wie es jede Revolution tut, um sich zu verewigen, weshalb die Verewigung menschlicher Heldentaten in Hirnzellen à la Wernicke an sich klüger wäre; aber Revolutionen haben wieder mit Klugheit nichts zu tun. Er segnete und segnete, und wer seine »Ostern« nicht hielt, der wurde erschossen, und auch der, der die schriftliche Empfangsbestätigung verlor, die man ausgestellt bekam. Die Kirche triumphierte. Nimmer war sie so mächtig gewesen, aber auch nie war die Angst vor der eigenen Übermacht so groß wie während des Heiligen Krieges auf Mallorca. Man tötete nachher nur noch aus Angst, und der erzbischöfliche Bischof spendete seinen Segen aus Angst, jener Kirchenfürst, den Bernanos in seinem Buch über Mallorca, ›Les grands cimetières sous la lune‹, an den Pranger stellt. Doch statt ihn schlechthin einen Verbrecher zu nennen, wie ich es täte, oder einen Großinquisitor, sagt der französische Schriftsteller viel vernichtender immer nur: »le personnage, que les convenances m'obligent toujours à nommer son Excellence l'évêque-archevêque de Palma«. Es war dies dieselbe Eminenz Don José, an die mich mein Onkel empfohlen hatte. Als ich darum merkte, aus welcher Ecke der tödliche Wind über die Insel blies, kramte ich das Handschreiben wieder hervor u[illegible]rug es als Ausweis mit mir herum, das beste Zeugnis, das ich je im Leben erhalten habe: »propinquus meus, oriundus ex familia vere catholica (nach 1933 allerdings a-catholica) officiis catholicis semper optime satisfecit (der Onkel hatte eine wunderbare Auffassung von den katholischen Offizien) et dignus est ut in omnibus suis studiis adiuvetur.« Dieser Freibrief, vom Bernanosschen Personnage gegengezeichnet und mit dem kirchlichen Insiegel versehen, war kugelfester als die engmaschigste Stahlstrickweste, aber – die Spanier wollten mich ja nicht umbringen; ich sollte mit Beatrice, Hand in Hand wie beim Hochzeitsphotographen, auf Betreiben der Nazis erschossen werden.

Es kann Zeiten geben, wo ein Mensch, der nicht an Gott glaubt und darum auch nicht leicht bereit gefunden werden kann, im Namen Gottes seinen Mitmenschen abzustechen, sich den Haß der Gottgläubigen auf den Hals lädt und damit selber dem Halsgericht verfällt. Das war die Lage auf der Insel, wo die düsteren Fanatiker des Glaubens ihr Ketzergericht hielten; dieselben Männer und Jungmänner, die in der Semana Santa barfuß, in die schauerlichen Pestgewänder gehüllt, die hohen Hauben gegen Himmel gerichtet, den Blick durch den Schlitz auf die Schönen am Wegrand, hinter dem Allerheiligsten herschreiten, während auf den geschmückten Balkonen die Frauen wetteifern in Koketterie mit dem Gotteslamm. Glauben sie an Gott, die da unter der Haube? die da mit der Jesus-Broderie auf der Bluse Vater und Mutter in die Zisterne werfen, Stein drüber und fertig? Eine müßige Frage. Wer Gott und sein Vaterland liebt und nicht bereit ist, für Gott und sein Vaterland Vater und Mutter zu erwürgen, wenn diese wider Gott und das Vaterland sind, der ist nicht würdig, daß ihn Gottes oder des Vaterlandes Sonne bescheint. Darum richte ich die Mörder auf Mallorca nicht. Sie waren mir nur unbehaglich.

Mamú war von einigen Damen der Wissenschaft umgeben, als wir sie aufsuchten; es war am Tage nach Pedros Besuch in Génova. Sie wäre uns am liebsten an den Hals geflogen, aber Alter und Körperfülle – sie hatte vom guten Essen wieder Fett angesetzt, die Nieren arbeiteten vorzüglich – behinderten sie. Sie habe uns geschrieben, Boten ausgeschickt, den Chauffeur herumgehetzt; nichts, keine Antwort, kein Lebenszeichen. Auf unserer alten Straße habe man gesagt – »die?« Die seien doch in der ersten Nacht schon beseitigt worden!

Panik hatte Mamú ergriffen – sie sei ja Jüdin! Vor den Spaniern habe sie keine Angst, aber vor den deutschen Agenten, und ... und ... Sie hatte nicht einmal den Mut, auf ein paar der Damen zu blicken, die sich außer dem Hakenkreuz auch das Herz Jesu und das Liktorenbündel auf die Büste hatten sticken lassen. So hatte jeder seinen Talisman. Denn war mein Hirtenbrief aus Münster etwa besser? Auch diesen Damen habe ich längst verziehen. Sie liebten außer ihrem Jesus auch Hitler; dafür waren sie zu sehr Weib geblieben.

Mamú war in solcher Umgebung ihres Lebens nicht sicher. Die Kinderfrau, die für Jesus nie etwas gefühlt hatte, für Hitler aber um so mehr, schien mir auch ein gefährliches Aas zu werden, wenn sie weiter in dieser aufgepeitschten Atmosphäre blieb. Wir rieten dringend: Mamú, fliehen!

Alle Länder hatten ihre Konsulate mobilisiert. Die Fremden verließen in Scharen die Insel. Die Hotels standen leer oder wurden als Gefängnisse gebraucht. Das ideale Klima diente nur noch dem Heiligen Krieg. Kein Tropfen Regen fiel, und wo sonst in himmelschreiender Menschenblöße die Fremden lagen oder schwammen, lagen und schwammen nun Leichen, übrigens auch entblößt. Die Banken hatten ihre Schalter zugemacht; fremde Guthaben waren gesperrt. Als ein Mann namens Vigoleis auf die Sparkasse ging, um einen Notpfennig abzuheben – es war nicht viel, hätte aber für ein halbes Jahr in der Casa Inés gereicht –, sagte man ihm, das Geld habe man schon abgehoben, für den Heiligen Krieg, und ob er etwa nicht für den Heiligen Krieg sei? Er sei Deutscher und katholisch, sagte Vigoleis. Da drückte der Direktor, bis zu dem er sich hinaufgelogen hatte, ihm warm die Hand. Nun waren wir ohne Geld. Ich konnte nicht einmal mehr mit der Straßenbahn nach Génova zurück, ich ging zu Fuß. Ich hatte aufgehört, ein Kapitalist zu sein. Daß ich überhaupt nicht mehr hätte sein dürfen, wußte ich da seltsamerweise immer noch nicht.

Beatrice sah mir sofort an, daß wir wieder einmal arm geworden waren. Ich kann mich, bei allen Gesichtern, die mir der Himmel verliehen hat, nicht verstellen. Man sieht mir sofort an, wenn ich die Wahrheit sage, wo eine Lüge einzig am Platze wäre. Ich werde dann rot. Ich gehöre eben, mit Augustin zu sprechen, zu den Dummen, die niemals eines ihrer Worte zu widerrufen brauchen.

Bankerott! unser altes, hausbackenes Leiden, ein uns fast liebgewordener Zustand. Wir brachen nicht zusammen. Schlimmer war eine Feststellung, die ich in Palma hatte machen müssen, ehe ich mich nach Génova hinaufkraxelte. Ich ging nämlich noch einmal in die neue Wohnung, um ein paar Sachen zu holen. Die Avenida starrte von Waffen und deren meist blutjungen Trägern. Der Heilige Krieg hatte sich zu einem Stahlbad der Pubertät entwickelt. Kanonen waren aufgepflanzt, Maschinengewehre hielten ihre Rohre auf den Aus- und Eingang der langen Allee gerichtet. Immer wieder wurde ich angehalten und um meine Papiere gefragt. Ich zückte den Hirtenbrief und sagte Erklärendes. Ausländer? fragten die Milchlinge. Ja, ein katholischer Deutscher. »Heil Hitler«, riefen sie dann und ließen mich ziehen. Hitler und der Papst waren die großen Vorbilder des zweiarmigen Generals Franco. Kein Wunder, daß auch die Köttelgarde diese Götzen verehrte. Zudem hatten die Deutschen ihren besonderen General, Faupel, nach Madrid entsandt, wo er Franco ein wenig unter beide Arme greifen mußte. Das soll sehr nötig gewesen sein. Aber – wozu das Waffengeklirr gerade auf dieser Straße?

Unserm Hause gegenüber befand sich das Große Hauptquartier der Blauhemden, der Falange. Für eine Sekunde ging mir der Boden meiner weißen Leinenhose mit Grundeis, bei 40° im Schatten des Heiligen Orlogs; aber ich faßte mich schnell und schritt würdig ins Haus. Oben traf ich die Nachbarin vom rechten Trakt, der wir noch nicht die übliche Antrittsvisite gemacht hatten. Sie stürzte mir ein paar Stufen entgegen, ergriff meinen Arm und sagte: sofort müsse ich alle Persianas nach der Straße öffnen, wegen der Franktireurgefahr würden geschlossene Läden nicht geduldet. Dem Chef der Falange habe sie, Gattin eines hohen Falangeoffiziers, gesagt, die Etage sei von einem Deutschen bewohnt, der sich zur Erholung irgendwo in den Bergen befinde; sie übernähme die Garantie für die Sicherheit. Aber jetzt, um zwölf, sei der Termin abgelaufen: wenn bis dahin nicht alle Blenden offenstünden, würde hineingeschossen. Es fehlten noch wenige Minuten. Ich flog in die Wohnung, an die Fenster und stieß die Schlagläden zurück. Im Blauen Hause gegenüber hatte man gerade ein Maschinengewehr im höchsten Stockwerk montiert. Diese Pünktlichkeit, das wollte mir nicht gefallen. Ein Spanier, der heute schießt und nicht morgen – eine faule Sache! Ich salutierte hinüber, die Jungen salutierten zurück; es war wie auf Schiffen, die sich begegnen.

Ich packte ein paar Bücher ein, nahm das begonnene Manuskript meiner Hieronymus-Übersetzung, um in Génova an Pascoaes weiter zu arbeiten, heftete eine meiner Padischah-Karten an die Tür, schloß viermal ab, klebte Wachsklümpchen hier und da zur Kontrolle und verließ die unheimliche Nachbarschaft.

*

Einmal am Tage, mit der Regelmäßigkeit meiner guten Verdauung, schritt ich, eine Zeitung in der Hand, in den Kaktushag der Prinzessin. Um dieselbe Zeit kam dann immer ein Mann, unser Freund der Matrose, dessen Verdauung auf die meine abgestimmt war, auch mit einer Zeitung in der Hand auf die Kakteenburg zugeschritten. Der stachelige Ort erlaubte eine diskrete Selbstbesinnung; er war auch so groß, daß die Benutzer sich nicht in die Quere zu kommen brauchten, wenn sie es nicht wollten. Wir aber wollten es. Wir suchten uns. Der alte Seebär hielt mich auf dem laufenden über den Fortgang des Aufstandes. Ich verarbeitete seine Berichte mit dem, was ich selber sah, zu Kriegsberichten, die ich an ausländische Zeitungen schickte. Dazu mußten wir nach Palma gehen, an den Hafen, wo Beatrice mit Matrosen ausländischer Kriegsschiffe anbändelte, die sich für Zigaretten auch sofort erboten, die Briefe zu befördern. Es stand Todesstrafe auf diese Hintergehung der Zensur. Das hat uns nie abgehalten, wöchentlich einen Bericht loszulassen. Außer von meinem Matrosen erfuhr ich alles Wissenswerte von einem hochgestellten Vertrauensmann in Palma selbst über den Kreuzzug wider den Unglauben. Christi Kreuz kann ja nur pflanzen, wer über tausend Kreuze nicht strauchelt. Und auf Mallorca strauchelte niemand darüber. Auch das, meinte ich, müsse gesagt werden.

Bobby kam uns zuweilen besuchen – wie in Friedenszeiten. Das Leben ging ja seinen Gang, über Tag, wo nachts der Tod seine blutige Begehung hielt. Bobby wußte das Seinige, aus Valldemosa, aus den Bergen seiner neuen Heimat. Doña Clara ließ ausrichten: wenn wir nichts mehr zu beißen hätten, sollten wir zu ihr kommen und in ihrer Hospedage das Ende des Krieges abwarten; denn wo zwölf äßen, könnten zwei Mäuler mehr keine Hungersnot verursachen. Wir hatten aber noch etwas Geld, auch waren die Konserven von Doña Inés noch nicht alle verbraucht.

Als Bobby wieder einmal kam, nach Wochen, grausigster Mären voll, fand er uns abgemagert. Das Geld war auf, das Konto blieb gesperrt, die Büchsen waren leer, der Ölkrug stand auf der Neige. Wir lebten seit drei Wochen schon von Tee, Weinbergschnecken und Kaktusfeigen. Es war ein Himmelsglück, daß es im Felsengarten von Schnecken wimmelte, falls man das Zeitwort als einen statischen Hinweis auf die Vielfalt und nicht dynamisch auf ein Hin- und Herwebern und Kriebeln der schmackhaften Schleichsohler beziehen will. Über Tag sah man sie nicht; wie die Kreuzgangster traten sie nur nachts aus ihren Verstecken hervor. Während um uns herum die Genickschüsse krachten und Motorräder knatterten, die Inselbewohner nach Glaube und Unglaube ausgedünnt wurden wie Rüben, suchten wir mit abgeblendeten Kerzen nach Schnecken. Bobby hatte eines Nachts den Bestand aufgenommen. Er wußte genau, wieviel Braten noch da sein mußten; er berechnete ihre Schleichwege, kannte ihren Wechsel. Schon lange hatten die Mollusken aufgehört, Leckerbissen zu sein; doch so wie der Teufel in der Not Fliegen fressen soll, verzehrten wir unsere Schnirkel. Mit unfehlbarer Sicherheit führte der Folkwangweidner mich an die Orte, wo seinen Berechnungen nach noch Tiere zu finden seien: 4 unter jener Scherbe, 2 unter dem fauligen Kaktusblatt, 7 unter der ausgefransten Agave und 2 unten am Begattungsstein: er hole sie blind, falls unser Matrose sie nicht schon ins Jenseits getreten habe. Das hatte er leider, und so kam der Augenblick, wo wir vor dem Nichts standen. Nein, sagte Bobby, nicht immer so pessimistisch, eine Schnecke sei noch da, und da er zuweilen den eigenen Bart wachsen hörte, trauten wir ihm ohne weiteres zu, daß er auch der letzten Schnecke auf den Schlich kommen würde. Wir hatten zudem nur noch ein Zündholz für das Henkersmahl. Die Nacht war eine jener Südnächte, die aus sich leuchten. Schneckenspuren leuchten auch. Aber Bobby kam nach einer Stunde ohne seine Beute zurück, Ausschlag im Gesicht, vor Empörung. Eine von mir veranstaltete Nachlese hatte nicht mehr Erfolg. Die letzte Schnecke hatte uns einen solchen Vorsprung abgewonnen, daß wir sie nicht mehr einholen konnten.

Dann könnten wir ja auch gehen, meinte Beatrice. Künstlich wachgehaltener Hunger macht reizbar, zudem sind Schnecken mit Kaktusfeigen à la Vinaigrette ein scharfer Fraß. Noch eine Woche bei dieser Reizdiät, und auch wir pazifistisch verseuchten Tränenampeln hätten zur Pistole gegriffen und mit denen da draußen Gott zu Ehren und seinen Acker zu mehren übergeknallt. Abgestumpft waren wir schon. Ich wenigstens gestehe für meine Person, daß mich die Erschießung von 14 Menschen, deren Tod ich ungewollt herbeigeführt hatte, nicht um den Verstand brachte. Es führt zu weit, die tragischen Umstände eines Irrtums, der den Kreuzrittern Anlaß zu neuen Terrorakten gab, zu schildern. Als die Schüsse um die Casa Inés herum krachten, Frauen und Kinder, die aus den Häusern gezerrt wurden, schrieen, da sprang mein Herz nicht. Es war die furchtbarste Nacht meines Lebens: die, wo mein Herz nicht stillstand.

Es ist ja das wunderbare an jedem Kriege, daß der Mensch schon nach wenigen Greueltaten in den Schoß der Urgreuel zurückkehrt.

Die vorletzte Schnecke verspeist und die letzte entkommen – da hatten wir in Génova nichts mehr zu suchen. Wir gingen anderen Tages auf das Englische Konsulat und baten, mit einem Kriegsschiff evakuiert zu werden. Dem stände nichts im Wege, hieß es, His Majesty's Navy hole jeden aus der Hölle heraus, gleich welcher Nationalität. – »Nationalität?«

»Deutsche.« Das sei all right, nur erfordere es die Formalität der internationalen Zusammenarbeit, daß ich auf mein Konsulat ginge und mir die Pässe für die Evakuierung abstempeln ließe. Beatrice, die inzwischen meine paßechte Ehefrau geworden war – der reine Wahnsinn, der sie um den kugelfesten Schweizerpaß brachte – und ich: wir starrten den Beamten entgeistert an. War der verrückt geworden: Stempel zum Fliehen! Und noch dazu vom Nazikonsul, der mit Heimatpapieren raschelte! Ich wies auf meine besondere Lage hin: alter Auslandsdeutscher, aber Antinazi, man müsse begreifen, daß ich nicht auf mein Konsulat gehen könne. Beatrice fiel ein und bat, den Konsul selbst sprechen zu dürfen. Wir kannten den Herrn, Graf Keßler hatte gute Beziehungen zu ihm unterhalten. Er war nicht da; er war dringend ins Innere der Insel gefahren, um britischen Untertanen das Leben zu retten, die irrtümlich erschossen werden sollten; ebenso irrtümlich ohne Zweifel, wie man den Admiral der Mittelmeerflotte um ein Haar abgeknallt hätte, als er, in Zivil, weißer Tropenanzug, und allein, von seinem

Flaggschiff in einer Jolle am Sandstrand von Coll den Rebassa angerudert kam. Er wollte schwimmen, und das war bei Todesstrafe verboten, wie überhaupt jeder Strand jetzt Todeszone war. Eine schwer bewaffnete Knabenstreife warf sich mit Indianergeheul auf den weißen Mann. Dieser, mittelgroß, mager, die Züge echt englische Kreuzung zwischen Seeschäumer und Stubengelehrtem – wir lernten ihn später auf seinem Schiff kennen –, blieb unerschütterlich wie Old Shatterhand am Marterpfahl: »Was wollt ihr denn, Kinners?« Aber die Kinder verstanden kein Englisch und keinen Spaß. Sie hatten alle schon die Revolver entsichert und stritten sich nur noch darum, wer den ersten Schuß bekäme. Daß der Spion kaltgemacht werden müsse, stand fest. Man kam zu keiner Einigung, und nur diesem Umstande hat es der Admiral zu verdanken, daß er nicht gleich in den Sand gestreckt wurde. Man holte einen Lastwagen und lieferte den kostbaren Fang in Manacor ab. S. Lordschaft ließ alles mit sich geschehen. Er konnte kein Spanisch, und in Manacor verstand man nur so viel, es mit einem Verrückten zu tun zu haben, der sich als Admiral der englischen Mittelmeerflotte ausgab. Das war man gewohnt; auf der Insel war schon in Friedenszeiten jeder alles, und erst im Kriege! Da wurden sogar Generäle heilig gesprochen und angebetet. Dennoch, ein paar Offizieren wurde die Sache brenzlich. Die Haltung des Verrückten ließ auf einen Grad von Wahnbildung schließen, den man in Spanien nicht kannte. Man holte einen Dolmetscher, der nach einem kurzen Gespräch den Offizieren den Rat gab, den Sir erst mal unerschossen nach Palma zu befördern. Stelle es sich heraus, daß er wirklich verrückt sei und also Spion, dann könne man ihn immer noch umlegen. In Palma war inzwischen eine kleine Palastrevolte unter den untereinander verkrachten und teils bis aufs Blut verfeindeten Generälen und Obergenerälen aller nationalistischen Musterungen ausgebrochen. Carlisten, Falangisten, Legionäre, Requetés, Grundmilitärs, Guardia Civil: alle fuhren sich mit den gelackten Fingern verzweifelt durch die Brillantine, als sich die Nachricht verbreitete, der Admiral der englischen Mittelmeerflotte sei beim Baden in Coll den Rebassa erschossen worden. Die Offiziere des Flaggschiffes »London« reklamierten ihren Boß. Unversehrt wurde er ihnen ausgeliefert. Die Spanier waren froh, einer internationalen Verwicklung ausgewichen zu sein. Abends, so hörte ich von zuverlässigster, weil beteiligter Stelle, gaben alle Generäle ihren Huren ein rauschendes Fest, während den Knaben für 24 Stunden die Feuerrohre abgenommen wurden.

Vom englischen Konsulat gingen wir auf das französische. Evakuieren? Ja. Schweizer? Nein. Deutsche? Ja. Zwei Sekunden später standen wir auf der Straße; schneller ging es nicht, denn es lagen mehrere Türen zwischen ihr und dem alten Kämpfer von Verdun. Mach du mal einem französischen Konsul klar, daß du zu dem Häuflein von entarteten Deutschen gehörst, die nicht siegreich sein Vaterland schlagen wollen! Und schließlich, der Herr Deutsche Konsul, dessen bester Führer ich immer gewesen war, was konnte der uns schon anhaben? »Beatrice, kommst du mit oder soll ich allein gehen?«

Wir gingen zusammen. Beatrice hatte ihre Puderdose mit Pfeffer gefüllt, für alle Fälle.

Das Konsulat befand sich neuerdings in El Terreno, der Villenstadt, im ersten Stock der Villa des Herrn Konsuls. Es war nicht als solches gekennzeichnet; aus Angst vor Steinwürfen hatte der Vertreter des Führers die Hoheitszeichen abgeschraubt. Alle anderen Konsulate hatten riesige Fahnen anfertigen lassen und auch auf die Dächer ihre Farben gepinselt, wegen der ständigen Luftangriffe aus Barcelona. Auch an ihren Automobilen flatterten große Fahnen, die nur übertroffen wurden von dem päpstlichen Abenteurer Conte di Rossi, Herrn der Insel, der auf seinem Bugatti eine schwarze Flagge mit überlebensgroßem weißem Totenkopf und Knochen gehißt hatte.

Der Konsul hat also Schiß, dachte ich; er ist seiner Sache nicht sicher. Und mein Mut, der Mut des Bücherwurms, wuchs. Ungefähr eine Stunde ließ der Gestrenge uns warten.

Ich habe es mir ja nicht verkneifen können, im Laufe der Erzählung des Konsuls Kernfrage nach meiner Erschossenheit andeutungsweise vorwegzunehmen, so daß ich mich jetzt, wo es soweit ist, um einen epischen Effekt geprellt sehe. Statt aus meinen Erinnerungen ein Perpetuum mobile zu machen, hätte ich den historischen Weg beschreiten sollen, der mit Zettelkästen gepflastert ist. Alles klar gegliedert, die Quellen ungetrübt, unverwerflich das Überlieferte; sogar noch auf Irrtümer ist Verlaß: so arbeitete Graf Keßler zum Beispiel. Auf meinen Vigoleis kann ich mich nur insoweit verlassen, als er, der Schwanz der Welt, nicht weiß, was der Kopf vor hat, um mit Lichtenberg zu sprechen. Aber es gibt Lebewesen, die sich mit dem Schwanz besser fortbewegen als mit dem Kopf; die sich, wie Walfische, mit einem einzigen Schlag ihrer Schwanzflosse über ihr Milieu hinauspeitschen können; ein Beben entsteht, wenn sie wieder in ihr Element zurückplatschen. In diesem Sinne sind die Memoiren des Vigoleis mit dem Schwanze geschrieben. Graf Keßler gehörte zu den Ausläufern einer untergegangenen Kopfkultur. Daß aber auch ein solcher geistig überragender Mensch sich eine Uniform hat anziehen können, und noch die des Kaisers, halte ich für das größte Rätsel seines Lebens. Im dritten Bande seiner Memoiren wäre dieses Thema zur Sprache gekommen. Schade, daß Keßler sie nicht von hinten nach vorne geschrieben hat. Als ich es ihm einmal nahelegte, hatte er nur ein mitleidiges Lächeln, wie so oft, wenn ich ihm mit Geschichten oder Anregungen kam, die seinem Denken fremd waren. Sah er in mir dann den Wechselbalg, den er nackend unterm Unkulunkulu betroffen? Da war nur höfliches Schweigen am Platze. Hinten anfangend, hätte er sich allerdings der Gefahr ausgesetzt, gleich beim ersten Band von den Nazis erschossen zu werden, so wie ihm die Mexikaner an den Kragen wollten, weil er, als erster in Europa, in seinen 1898 erschienenen ›Notizen über Mexiko‹ über die satanische »Ley Fuga« (auf der Flucht erschossen) des Diktators Porfirio Diaz berichtete. In Mexiko wurde Keßler daraufhin für vogelfrei erklärt. Grauenhaft, auf der Flucht erschossen zu werden, fand der Autor. Aber schon 1921 sah er sich gezwungen, in der Neuauflage eine Fußnote anzubringen: »Leider haben wir in Deutschland nach der Revolution ähnliches, und insbesondere auch die ›Ley Fuga‹ erlebt.« Ähnliches: das bezieht sich auf die Unterdrückung einer Verschwörung gegen Don Porfirio, die der Gouverneur von Veracruz aufgedeckt hatte. Er bat telegraphisch um Instruktionen. Porfirio Diaz depeschierte zurück: »mátanlos todos«, alle abmurksen! Noch in selbiger Nacht, schreibt Keßler, ließ der Gouverneur neun junge Leute von neunzehn und zwanzig Jahren in ihren Wohnungen überfallen und auf der Stelle unter ihrem eigenen Dache umbringen. Die Leichen wurden den Eltern, durch den Rücken geschossen, zur Verfügung gestellt – wenig originell also, was nun auf der Insel Mallorca oder, seit Jahren, im Dritten Reiche geschah. Aber dafür ist es historischer.

Mehr Anspruch auf Phantasie, ob auch eine, die den Sprung über zwei Jahrtausende machen muß, erheben schon die Kreuzigungen auf Mallorca. Man flüsterte es herum, daß Menschen, die nicht an Gott glaubten oder als Gottesleugner gezeichnet waren (die Gottglaubeninquisition hat ja noch keinen brauchbaren Test herausgebildet, da versagt sogar Szondi), von ganz besonders gottgläubigen Falange-Fanatikern gekreuzigt würden. Man schlage sie an die berühmten tausendjährigen Olivenbäume, die nicht nur der Stolz der Insel, sondern auch die große Werbenummer der Reisebüros waren. Gustave Doré schon hatte sich von den verknorrten Wachstumsformen der Oliven faszinieren lassen: sie dienten ihm als Modell für seine Höllenbilder in Dantes Göttlicher Komödie. Also in jeder Beziehung auserkorene Bäume, für religiöse Schädelstätten wie geschaffen! In früheren Zeiten wurden bei Massenhinrichtungen vielfach Bäume verwandt, wenn nicht genügend Kreuze beschafft werden konnten. Auch das: alles schon dagewesen. Aber stimmte es, wurden wirklich Menschen auf Mallorca an die Oliven geschlagen? Ich konnte keine Augenzeugen auftreiben, die es mir bestätigt hätten. Man flüsterte nur.

Bernanos, der allen Unmenschlichkeiten nachgespürt hat, erwähnt keinen Fall von Kreuzestod, und der hätte doch mit der Gewissenhaftigkeit des schlechten Gewissens alles aufgezeichnet, was ihn seelisch hätte entlasten können – vor sich selbst. Schlechtes Gewissen ist, psychologisch, sehr oberflächlich gesagt, wo es einen Denker betrifft, dem die schwierige Frage der Erbsünde ein Leichtes war, der aber auf die urdummen Losungen der spanischen Monarchisten hereinfiel, wie nur ein kleiner deutscher Nobelpreis-Philosoph auf Hitlers Geschwafel hereinfallen konnte. Als mich Bernanos zu einer Besprechung bat wegen der deutschen Übersetzung seines ›Journal d'un curé de campagne‹, sagte ich ab. Sage mir, mit wem du umgehst, und ich sage dir, was dabei herauskommt. Bernanos verkehrte in denselben hochkatholischen und hocharistokratischen Kreisen der Insel, wo auch wir Zugang gefunden hatten und aus denen die Revolution hervorging. So hätte ich also auch mir selber absagen müssen? Ein Hofnarr darf sich erlauben, was einem Könige nicht ansteht. Hätte ich damals mehr von Bernanos gekannt, hätte ich mir sagen müssen: dem gehen noch die Augen auf. Von Miguel de Unamuno, der sich viel stärker hat blenden lassen; der im zweiarmigen General Franco wirklich den Erlöser des Spaniens erblickte, an dem er zeitlebens gelitten hat: von diesem wußte ich, daß ihm die Schuppen von den Augen fallen würden. Es dauerte auch nicht lange, bis er geheilt war, dann aber auch gleich in Schutzhaft genommen werden mußte, die er nicht überlebt hat. Ein großer, einarmiger General trug zu diesem Wunder bei. Nein, nicht unser Patuco, leider nicht. Millán Astray gab den Anlaß zu dem berühmten Wortspiel, das Unamuno das Leben kosten sollte. In Salamanca und vor seinen Studenten wurde Unamuno prophetisch: Franco und seine Anhänger würden zwar siegen (vencerán), überzeugen freilich (convencerán) würden sie nicht, und sein geliebtes Spanien ginge aus der Revolution hervor – »wie Sie, Herr General«, wobei er auf den einarmigen Astray zeigte. Da wurde es höchste Zeit, seine Magnifizenz einzusperren. Unamuno war ja gefürchtet für seine Worte, die Flügel bekamen, kaum waren sie ausgesprochen. Wenige Stunden später zirkulierten sie in den Tertulias der entlegensten spanischen Provinzen. Dutzende über den König, Dutzende über Primo de Rivera, eines geistreicher als das andere. Solche Sprüche haben schon Könige entthront. Franco wußte das, und ein abgefallener Unamuno ist gefährlicher als ein Don Miguel, der sich von Anfang an dem neuen Heiland widersetzt. Don Miguel mußte mundtot gemacht werden. Ley Fuga? Die Umstände erlaubten es nicht. So wandte man die Schutzhaft an. Not macht erfinderisch und verstärkt auch das Zusammengehörigkeitsgefühl. Den Rektor der Universität Salamanca, einen religiösen Geist von Weltruf, vor seinen Studenten einfach niederzu...

»Sie? Sind Sie nicht erschossen?«

Da hast du sie nun, lieber Leser, die Frage an des Helden Schicksal aus dem Munde des Konsuls selbst. Mich schreckte sie aus meinen Träumereien auf, und ehe ich die dem Leser ebenfalls bekannte Gegenfrage stellen konnte, hatte ich vermutlich schon, Opfer meiner Triebverschränkungen, der mußpreußischen Schreckreaktion freien Lauf gelassen: aufspringen und stramme Haltung annehmen waren wohl eins: »Muß ich das sein?« Wann, sagt Paulus, werde ich mich erlösen von diesem Leibe des Todes? Und wann wird sich der aufsätzige Untertan Vigoleis erlösen vom Chrisamhemde seiner Nationalität? Wer unter wilden Tieren aufgewachsen ist, fällt noch nach Jahren in den Urlaut zurück, wenn das Bellen eines Schakals unerwartet an sein Ohr dringt. Madame de Manziarly berichtet in ihren ›Pérégrinations Asiatiques‹ von solcher Rückkehr ins Paradies.

Der Konsul legte los. Er hatte sich hinter seinen Schreibtisch gesetzt; ich saß wieder neben Beatrice, deren Züge steinern waren. Sie hatte die Puderdose aus ihrem Handtäschchen genommen. Seit Generalkonsul Dr. Köcher in Barcelona unseren Bund gesegnet und, Ehrensache für uns, die Gebühren nach dem Armenrecht niedergeschlagen hatte, war sie deutsche Reichsangehörige geworden. Nun sah sie durch den Vertreter des Mußvaterlandes hindurch, was aber nicht heißen will, daß sie ihn auch durchschaute.

Wir erfuhren in langer Strafrede kurz folgendes: In der Nacht, wo die meuternden Generäle im ganzen Lande losschlugen, wurden auf Mallorca eine Anzahl deutscher Emigranten verhaftet und in Gefängnisse geschleppt, wo sie gerichtet werden sollten. Unter diesen befand sich auch der berühmte Kapitänleutnant Kraschutzki, der 1918 in Kiel gemeutert hatte. Als Staatenloser lebte er seit Jahren auf Mallorca und züchtete Hühner. Er, Konsul, habe sie alle wieder herausgeholt, bis auf Kraschutzki, den man erschossen hätte, weil er sich für ihn, den Ausgebürgerten, nicht mehr habe verwenden dürfen. Franz Blei sagte uns nachher, auch die anderen seien alle erschossen worden. Auf der Tilgungsliste habe auch unser beider Namen gestanden. Natürlich: wir hatten kein anderes Los verdient, wir waren gegen den Führer. Eine Eskorte sei in die Barceló gedrungen, ins Haus, habe herumgefragt – die Vögel waren ausgeflogen. Wohin? Pepe, mein Freund und Hafenlungerer, der unsere neue Adresse kannte, weigerte sich, sie zu verraten. Man ließ ihn erschossen zurück. Drei Wochen lang sei dann ein Lastwagen mit einem Dutzend Burschen der Falange, begleitet von einem deutschen Dolmetscher, kreuz und quer durch die Insel gefahren auf der Suche nach uns beiden. Schließlich habe man die Verfolgung aufgegeben. Dem Konsulat wurde mitgeteilt, wir seien erschossen worden. Und dann, nach Monaten, tauchen die Untermenschen plötzlich wieder auf und begeben sich schnurstracks in die Höhle des Untiers!

Ob es uns bewußt sei, daß wir ihn, den Konsul, durch unsere lebendige Anwesenheit in seinen Amtsräumen kompromittierten? Wieso? Nun, es sei doch seine Pflicht und Schuldigkeit, dem Führer der Falange mitzuteilen, daß die Erschossengeglaubten sich auf seinem Konsulat gestellt hätten. »Gestellt?« Na ja, daß sie da seien. Beatrice spielte mit dem Puderpfeffer. Wollte sie dem Konsul jetzt das Augenlicht ausblasen? Ich winkte ihr zu. Dann sagte ich: nun, das sei uns natürlich alles neu, was er da erzähle; daß meinen Volksgenossen daran gelegen sei, uns kalt zu machen, wüßten wir seit langem; er habe ja wiederholt mit den p. p. Akten aus meiner Heimat geraschelt. Sie, die ganze braune Bande, seien die Sieger, wir hätten das Spiel verloren, also –: »bitte!« – »Was bitte?« Na, er solle seine Pflicht als Beamter des anderen Führers nicht versäumen, er solle die Falange anrufen und den Fall durchgeben: zwei Schüsse, und allem sei Genüge geschehen. – »Wie bitte?« Er solle seine verdammte Pflicht und Schuldigkeit tun und das Blaue Haus verständigen! Der Konsul erschrak: ob ich verrückt geworden sei? – Eben nicht, dann wäre ich doch Nazi, und nun nicht gefackelt, Dienst sei Dienst!

Der Konsul begriff die Lage immer noch nicht. Darum stand ich auf; zu Beatrice gewendet: sie erlaube doch? (Damenrecht), nahm den Hörer ab und wollte ihn dem Konsul in die Finger drücken: »Melden Sie der Falange, was hier vor sich geht. Wir leben unter Standrecht. Tun Sie Ihre Pflicht!«

Der Konsul schmetterte den Hörer auf die Gabel zurück. Ich setzte mich wieder neben meine deutsche Frau aus dem Hause ck-dt und aus indianischem Blut. Sie hatte die Puderdose schon in den Pompadour gesteckt. Pfeffer war keiner nötig, der Konsul kniff.

Auch Beatrice erinnert sich heute nicht mehr, wie lange der Konsul gebraucht hat, um sich wieder in seine amtliche Überlegenheit zurückzuschimpfen. Wir wurden nach Strich und Faden abgekanzelt. Der Auszug aus unserem politischen Strafregister war umfangreich; es ist dem Leser bekannt. Nicht aber, wie der Konsul seine Feigheit bemäntelte. Er könne es jederzeit vor seinem Führer verantworten, warum er uns nicht zur Erschießung dem Blauen Hause aushändige; er wisse, mit wem er es zu tun habe, er sei Menschenkenner. Ich sei verhetzt, in philosophische Wahnideen verrannt, rauhe Schale, aber guter Kern; Herz auf dem rechten Fleck, wo es, o schöner Tag, einmal für Volk und Führer schlagen werde. Die Überzeugung, daß aus mir noch einmal ein tüchtiges Glied der neuen Volksgemeinschaft werde, hieße ihn mein Leben schonen – und was ich denn überhaupt von ihm wolle?

Ich sagte es, und er lachte nun aus voller Brust: mit einem englischen Schiffe zu fliehen, davon könne nie die Rede sein! Wir seien immer noch Deutsche, und folglich: heim ins Reich mit S. Führerherrlichkeit Panzerkreuzer »Deutschland«, der gerade in den spanischen Gewässern kreuze. Und es sei selbstverständlich, daß wir all unser Hab und Gut mitnehmen könnten. Koffer, Kisten, Möbel, Bücher (wir hatten uns schon eine umfangreiche Bibliothek zusammengehungert), nichts brauche zurückzubleiben; und in der Heimat, ja, da würden wir einem Schulungslager zugeteilt; vor allem meine Frau müsse erst lernen, deutsche Frau zu sein.

Ich erschrak, denn jetzt öffnete Beatrice wieder das Täschchen und zog ihre Kosmetika hervor. Ich hielt es für den psychologisch ungünstigsten Moment, dem Konsul jetzt den Pfeffer in die Augen zu blasen. Doch ehe ich Beatrice warnend auf den Fuß treten konnte, hatte sie bereits begonnen, sich zu schminken. Sie lächelte dem Vertreter des Führers zu. Natürlich, sie saß ja da als deutsche Frau, und die deutsche Frau schminkte sich nicht mehr, und darum schminkte sie sich.

Die Heimreise, meinte ich, träten wir nicht an; erst wenn die ganze Nazibande mitsamt dem Führer zum Teufel gegangen sei, ginge ich wieder an die Niers; jetzt wollten wir in die Schweiz. Das sei gelacht, wie denn? Den Stempel gäbe er nicht. Sich am Führer versündigen und dann doch seinen Stempel wollen, »gibt's nicht!« Und ob wir uns nicht schämten? ob wir nicht wüßten, wie wir uns Ihm gegenüber zu benehmen hätten, solange wir Seinem Schutz unterstünden? Wenn wir mit der neuen Ordnung nicht einverstanden wären, hätten wir den Mund zu halten, solange wir Deutsche seien, Schützlinge des herrlichen Führers! Das war stark gesprochen. Wir, Schützlinge eines Verrückten, eines Többentyps? Ich stand auf, nahm die beiden Pässe, zeigte auf das überlebensgroße Bild des Führers und fragte Beatrice, ob sie noch weiter unter dem Patronat dieses Mannes stehen wolle? Das wollten wir beide nicht, und so schmiß ich die braunen Heftchen dem Konsul auf den Tisch, daß es klatschte. Wir gingen. Ich hatte uns ausgebürgert. Wir waren wieder freie Menschen.

Noch hatten wir das Vorgärtchen nicht durchmessen, hörten wir Schritte hinter uns. Der Konsul packte mich bei der Schulter, er stotterte: das sei ja alles Wahnsinn, ob wir nicht wüßten, daß wir sofort erschossen würden, beträfe man uns ohne Papiere! Dabei stopfte er mir die Pässe in die innere Rocktasche. Wo es schon einmal, sagte ich ruhig, unsere Bestimmung sei, erschossen zu werden, käme es doch auf den Ort und die Umstände nicht so besonders an. –

»Und machen Sie nun, daß Sie fortkommen. Heil Hitler!«

Fort von dieser ungastlichen Stätte, das war auch unser Wunsch, doch – hast du auch den Stempel in die Pässe gedrückt, Freundchen? Ich blätterte: nichts! Der Konsul ging in sein Haus zurück, wir hinter ihm drein. Denn ohne die Stempel wäre der Gang nach Canossa sinnlos gewesen. Wieder oben: er wieder hinterm Tisch, wir auf den Stühlen; wieder Geschimpfe; die Pfefferbereitschaft, das Tauziehen zwischen Leben und Tod.

Neue Inzicht, Erweiterung des Sündenregisters, Drohungen. Ich: »Und die Stempel?« Er: ob es wahr sei, daß ich eine Karikatur des Führers in meinem Arbeitszimmer hätte, eine scheußliche Verunglimpfung dieses von Gott gesandten Erlösers, um sie den Spaniern zu zeigen und meine Kommentare zu machen? Ich stritt es ab, es sei Lüge, ich hätte keine solche Karikatur in meinem Zimmer hängen. Unverschämt, auch noch zu lügen wage er; man habe Beweise, Zeugen. Es fielen Namen. Der Konsul war blau vor Wut. Da beruhigte ich ihn: was er politisch zu behandeln beliebe, sei für mich eine rein philologische Frage, denn schließlich sei ich von Hause aus ein, obzwar verkrachter, Philologe. Es ginge um haben und gehabt haben, also um das Zeitwort und seine Abwandlung. Ich hätte die Karikatur leider nicht mehr, sie sei an der Wand geklebt gewesen, und beim Umzug sei sie zerrissen. Eiweiß sei der beste Klebstoff. Ich hätte gehabt, ich hätte nicht; er möge die Schulmeisterei entschuldigen. Lächelnd hielt ich dem Herrn die Pässe hin; wütend haute dieser die Stempel hinein, und wir sollten uns merken: die »Deutschland« nähme alles mit; bei den Engländern könnten wir nur an Bord gehen mit dem, was in der Hand zu tragen sei, kleine Köfferchen, eine Schachtel . . . Und dann: sollten Streifen uns anhalten und identifizieren als die zu Erschießenden von der General Barceló, dann könnten wir uns auf das Konsulat berufen: für 24 Stunden garantiere er im Namen des edelmütigen Führers, dessen treuer Diener ich noch einmal sein würde, unser Leben. Kein Haar würde uns gekrümmt, der Führer brauche Köpfe – ein schönes Kompliment, das schönste, das unter den obwaltenden Umständen ein Konsul mit Seherblick zwei p. p. Köpfen machen konnte, die noch nicht im Namen des Führers gerollt waren und auch für die kommenden 24 Stunden im Namen des Führers nicht rollen würden. Daß sie rauchten, hat man hoffentlich nicht gemerkt. Unsere Knie wankten, als wir zum vierten Male durch das Gärtchen schritten.

Wir waren abgestempelt für die Flucht: welch ein bürokratischer Irrsinn! Die Engländer, zu Wasser groß, waren auf dem Lande auch nur miserable Federfuchser.

Für 24 Stunden waren wir unseres Lebens sicher; doch ehe sie abliefen, säßen wir längst auf dem Schiff. Drei Monate Pendelverkehr zwischen Génova und Palma, zu Freunden, an den Hafen; wir hatten Briefe und Berichte geschmuggelt, ohne zu wissen, daß wir längst hätten verlocht sein müssen!

Rast und Kriegsrat. Ich hatte mich wieder in der Gewalt und schmiß die Puderdose mit dem Pfeffer in den Graben. Beatrice zitterte so, daß ich befahren mußte, sie könne sich im Döschen vergreifen und dann wär's aus gewesen mit ihrem Augenlicht. Und nun? Wir wollen uns trennen: einer nach Génova, um die Bündelchen zu packen; der andere ginge in die Stadtwohnung, um dort das nötige zu erledigen, vor allem das Manuskript der Hünengräber einzupacken. Beatrice wollte das auf sich nehmen. Hielte man sie an, mit dem Manuskript, dann wäre sie als Frau ein besseres Präservativ gegen den Tod gewesen als ich mit meinem bischöflichen Führungszeugnis. Doch erst aufs Englische Konsulat.

Dort trug man unsere Namen ordnungsgemäß in die internationale Flüchtlingsliste ein. Dann hieß es, der Zerstörer, der noch am selben Abend nach Mallorca hätte kommen sollen, habe seinen Kurs ändern müssen, es käme ein anderes Schiff. »Wann?« Das wisse man nicht; morgen, es könne auch Tage dauern. Wir sollten mit dem Konsulat in Verbindung bleiben, täglich dreimal anrufen oder fragen kommen. Wir erstarrten. Wir wohnten draußen in Génova, da sei kein Telephon, auch hätten wir kein Geld mehr, und man sei hinter uns her. – Ob denn der deutsche Konsul uns nicht die vorgeschriebenen 200 Mark Fluchthilfe ausgezahlt habe? »Nein.« – »Sorry«, und damit war der Fall für den Engländer erledigt.

Wer des Führers Heimkehrtrikotage ausschlägt, braucht auch seine Sperrmark nicht zu haben, das war logisch gedacht.

Wir mußten unsere Pläne ändern, trennen durften wir uns jetzt nicht mehr. Unter Wahrung aller erdenklichen Vorsichtsmaßregeln gingen wir in die Stadtwohnung. Die Portiersleute sagten, man hätte wiederholt nach mir gefragt, man schiene mich zu suchen. Ja, gab ich zurück, ich hätte Tag und Nacht zu tun, beide übrigens, Dolmetscher im Dienst der Falange.

Die Wachsklümpchen an der Etagentür waren unbeschädigt. Wir schlossen uns ein und ich begann, aus einer mir nie deutlich gewordenen Panik heraus, dem Manuskript meiner getüderten Hünen ein noch unheldischeres Grab zu bereiten. Das Buch, das von der Nacht des Wahnsinns verkündete, in die meine Vaterstadt gesunken war, fiel neuem Wahnsinn zum Opfer. Gewiß, wir blieben noch auf unbestimmte Zeit auf der Insel, da bestand die Gefahr, daß man es in meinem Besitz gefunden hätte, und man hätte mich sowieso erschossen.

In der Wohnung war kein Kamin. Ein Feuerchen auf den

Steinfliesen? Der Rauch hätte das Blaue Haus alarmiert. So blieb nur der Abtritt. Ich riß die Blätter in Streifen, diese in Fetzen, und kapitelweise ging meine Schöpfung den Weg, den sie bei manchem Leser vielleicht auch gegangen wäre. Ich riß und zog ab, riß und zog ab, in immer größer werdenden Abständen. Denn das Reservoir auf dem Dach war fast leer; der Spülkasten füllte sich nur langsam, und so konnte ich bei aller Verzweiflung meinen Untergang genießen.· Zwischendurch las ich einzelne Passagen, änderte dies und jenes, strich, und zog dann wieder ab. Drei volle Stunden währte dies Spiel der feigen Eitelkeit: sollte das Werk wenigstens druckreif den Weg aller Gülle gehen. Ein denkwürdiger Auto-da-fé! In dieser Stunde erkannte ich, der ich schon so viele meiner geistigen Erzeugnisse der Vernichtung überantwortet hatte, daß ich der geborene Schriftsteller war: kein Wort zum Hause hinaus, das nicht das Gut-zum-Druck trägt. Statt des fehlenden letzten Kapitels spülte ich meinen mir, ich gesteh's, unterm Schreiben liebgewordenen Hünen noch einen Stoß verdächtiger Briefschaften in die Cloaca Maxima Maioricensis nach. Dann bat ich Beatrice, die wie eine Klosettfrau Wache gehalten hatte, um ein Papier für mich selbst.

Die Nacht verbrachten wir in der Casa Inés. Auch dort stellten wir unser Eigentum provisorisch zusammen und hinterließen Anweisungen, was damit zu geschehen habe. Früh des anderen Tages zogen wir nach Palma, jeder in jeder Hand das kleine Bündelchen, wie's der Herr Deutsche Konsul uns gesagt hatte. Auf dem Englischen Konsulat erfuhren wir zu unserem Schrecken, daß kein Schiff gekommen sei und vorläufig auch keines käme.

Was nun? Kein Geld, kein Haus, denn immer wieder nach Génova laufen, in der glühenden Sonne – und seit zwei Tagen hatten wir nichts gegessen.

Unsere Schonzeit war auch abgelaufen. Wir waren vogelfrei.

*

»An Unheilbaren soll man nicht Arzt sein wollen: also lehrt es Zarathustra: – so sollt ihr dahinfahren!

Aber es gehört mehr Mut dazu, ein Ende zu machen, als einen neuen Vers: das wissen alle Ärzte und Dichter.« Auch das lehrt Zarathustra, oder das Leben, was auf dasselbe hinausläuft.

Dahinfahren – aber wohin? Wir sagten uns, vor den Stufen des Englischen Konsulates, Bündelchen bei Fuß: war damals des anarchistischen Grafen und der anarchistischen Gräfin

Anerbieten – unser Haus ist euer Haus – nicht die landesübliche Redensart, sondern eine echt anarchistische Verbindlichkeit, dann würden wir in der »Pensión del Conde« ein Unterdach finden, falls der Conde noch lebte.

Altvertraute Wege, vertraute Gesichter, aber kein olá und olé; und hatte Josefa, die aus dem Busen Dampfende, nicht das Kreuz geschlagen? Doña Inés öffnete das Portal einen Spalt, tat den hier fälligen kleinen Schrei und ließ uns eintreten. »Ihr? Ihr lebt?« Es war noch dieselbe Halle; dieselben Gemälde, dieselben Schaukelstühle. Die Gräfin nur war anders geworden, kleiner, bleicher, magerer. Wir verstünden doch soviele Sprachen? Das sei jetzt wichtig; sie ginge Alonso holen.

Don Alonso hieß uns flüsternd willkommen. Obdach? Solange die Meuterer sein Haus nicht die Luft sprengten, was täglich, stündlich geschehen könne! Es sei ein Wunder seiner anarchistischen Madonna, daß es überhaupt noch stünde. Haussuchung einmal die Woche, klar, obwohl er sich pro forma zum Heiligen Krieg bekehrt habe, um seine Verschwörer zu beherbergen. Uns hätte er in den ersten Tagen schon brauchen können, aber in der Barceló habe man ihm gesagt, wir seien abgefertigt worden, despachados, wie der Ausdruck lautete. Der Graf tat einen leisen Pfiff. Türen öffneten sich, aus allen Winkeln kamen Verschwörer herbei, Männer, Frauen, Dutzende, meist Intellektuelle, ihrem Aussehen nach. Mir lief es kalt über den Rücken: wir waren aus der Nachbarschaft des Blauen Hauses in die Hochburg des Anarchismus geraten. Nur die Salonanarchisten waren ausgeflogen. Um uns standen zu allem entschlossene Menschen. Auch wir waren zu allem entschlossen. Nach einem Imbiß, auf den ich mich schon lange gespitzt hatte, wurden wir eingesetzt. Unter dem glutheißen Dach war eine Kambuse, ehemals Taubenschlag; dort hatte man einen in seine Einzelteile zerlegten Radioempfänger und Sender so montiert, daß er im Nu aus der Welt geschafft werden konnte. Jeder wußte, wohin mit seinem Unterteil, wenn Haussuchungen gehalten wurden. Don Alonso, der geniale Bastler, hatte alles klug organisiert. Mehrere anarchistische Priester, großartige Menschen, gaben nach außen hin noch eine zusätzliche Sicherheit. Auch übers Dach kamen Razzias. Sie anzuzeigen, waren besondere Posten aufgestellt, auch Hunde. Man erdete, wir bauten uns ein, Lucken und Wände waren schalldicht mit Decken verhangen, und zur Vorsicht wurde noch eine flöhige Manta über unsere Köpfe geworfen. Dann knackte es im

Gerät, und wir traten in Tätigkeit: ausländische Stationen abhören und übersetzen. Man wollte wissen, was die Welt draußen zum Heiligen Kriege sagte, Beatrice hörte ein paar Sätze ab und übersetzte, während ich weiterhörte und übersetzte; es klappte lückenlos. So verloren die Todeskandidaten kein Wort. Schwitzend und verstochen verdienten wir uns unser Brot. Gerne hätte ich mir einen Badeanzug angezogen für die Sitzungen, aber Spanier wahren in allem die Etikette.

Zehn Tage warteten wir auf das englische Schiff, Tage, in denen sich mehr als eine Tragödie in der Feste abspielte. Einer der Priester verliebte sich in eine Lehrerin. Der Cura wollte noch solange Messe lesen, bis der Krieg zu Ende sei, dann hinge er seinen Beruf an den Nagel, um mit seiner Novia ein neues Leben irgendwo auf dem Festlande zu beginnen. Ein kommunistischer Matrose, der nichts von Anarchie wissen wollte, wurde rebellisch und mußte gefesselt und sogar geknebelt werden. Ein Bürger aus Manacor knüpfte sich in den Dachstuhl, als er erfuhr, daß man seine ganze Familie bei der Generalsäuberung seines Städtchens umgebracht habe. Don Alonso schnitt ihn ab; röchelnd kam er wieder zu sich. Sich das Genick brechen ist eine Kunst. So war immer etwas los, und immer auf halber Lautstärke. Vigoleis sprach über des Menschen Würdigkeit, den freien Willen, über Völker und Vaterländer – hehre Themen, während draußen auf der Insel das Mordbrennen weiter ging.

Den Kontakt mit dem Englischen Konsulat hielten wir aufrecht, morgens, mittags und abends sprach einer von uns dort vor.

Bobby hatte sich angeboten, unsere Habe aus der gefährdeten Etage nach Valldemosa zu schaffen, wo alles gut aufgehoben sei. Doña Clara drang darauf an, in ihrer Hospedage zu überwintern. Das lehnten wir ab. Wir wollten niemandes Leben in Gefahr bringen; zu sehr waren wir gezeichnet.

*

Don Joaquín Verdaguer, dem Verfasser des heiter-tiefsinnigen Katechismus für Pfeifenraucher, war nun der Kneller ausgegangen. Und da er sein Pfeifchen nicht mehr nach eigener Schule schmauchen konnte, konnte es ihm auch nicht aus dem Munde fallen, als er uns höchsteigen auf unser Klingeln die Tür öffnete. Dafür wurde er um so bleicher. Wir seien gekommen, Abschied zu nehmen.

Von ihm erfuhren wir, was es eigentlich mit der ganzen Erschießerei auf sich hatte:

Unsere Namen standen auf der Kopfliste, die von deutscher Seite aufgestellt worden war. Die Spanier hatten an sich kein großes Interesse daran, uns den Garaus zu machen; aber wo einmal zur Generalreinigung geblasen wurde, sträubten sie sich nicht, uns antifaschistische Elemente mit zu beseitigen. Eine Gunst sei die andere wert. Verdaguers Bericht stimmte mit dem des deutschen Konsuls in vielem überein. Nach drei Wochen vergeblicher Pirsch hatte der Führer des Exekutionstrupps es satt, er wollte uns laufen lassen; da sagte man ihm, Don Joaquín Verdaguer sei sehr befreundet gewesen mit dem zu erschießenden deutschen Ehepaar, der könne vielleicht nähere Auskunft geben. Verdaguer wurde verhört. Er sagte alles aus über mich, was er wußte: ich sei Mitglied der literarischen Tertulia des Mannes Mulet gewesen, sonst unbescholten. »Einmischung in spanische Politik?« Davon sei ihm nichts bekannt, er halte es für höchst unwahrscheinlich, doch – die beste Stelle sei da wohl der Eigentümer der Leihbibliothek, Señor Don Jaime Escát, der kaum schlechter für mich zeugen würde.

Der Henkersknecht suchte den genannten Herrn auf. Er traf ihn im Hinterzimmer der Bücherei, wo wir so oft politisiert und philosophiert hatten, und wo Don Jaime sich fast betrunken hatte aus Freude über den Wahlsieg des roten Azaña; und wo er dann Don Vigoleis bat, doch auch mit anzustoßen auf die rote Fahne. »Ach«, sagte da Vigoleis, »ihr mit eurer Politik!« Er würde alt und grau, ehe er ein Jota davon kapiere, und zudem interessiere es ihn auch nicht und – es stünde dem Gast eines Landes wenig an, sich in dessen interne Fragen zu mischen. Für Hitler, da bleibe er erste Autorität.

Don Jaime, fuhr Verdaguer fort, habe den Henker gefragt, was er denn eigentlich von diesem verflixten katholischen Deutschen wolle. Natürlich kenne er den, und nur zu gut. Der Bandenführer habe da den Mordschein vorgewiesen: Mann und Frau, beide gegen die Wand! Da sei Don Jaime aufgesprungen; ha, habe er gerufen, her mit dem Wisch! das sei seine Sache, nun kriege er sie, mit solchen rechne er selber ab, Hochverräter, die Kugel! Daraufhin habe er den Rockaufschlag gelupft und sich als Chef der Geheimen Polizei der Insel ausgewiesen. Der Henker habe den Schein abgegeben und eine Quittung über Vigoleis und Beatrice bekommen, und damit sei er den lästigen Kram los gewesen. Bei sich würde er gedacht haben, das müsse ein ganz gefährliches Gelichter sein, daß der Chef sie selber umlegen wolle; na, mochte er! Aber kaum draußen, habe Don Jaime den Exukutionsschein verbrannt und zu dem versteinerten Mulet gesagt: ein Glück, daß sich dieser katholische Deutsche nicht um spanische Politik gekümmert habe, sonst hätte er ihn suchen und abknallen lassen. Doch die Nazis sollten sich ihre Gegner nur selber aus dem Wege räumen – womit der Fall auch für Don Jaime erledigt gewesen sei.

Nun konnten mich höchstens noch die Damen der Christlichen Wissenschaft den Feinden ans Messer liefern. Vor diesen habe ich tatsächlich Angst gehabt.

Keiner von den Anhängern der Muletschen Tertulia hat übrigens gewußt, daß der Inhaber des Unternehmens schon seit Jahren ein geheimes Mitglied der Franco-Bewegung war. Er galt als ein verbissener Linksradikaler.

Bei Bauzá, dem ersten Schneider der Stadt, hatte ich noch Schulden. Ich konnte sie nicht bezahlen, wollte aber nicht fliehen, ohne meine Schweizer Adresse aufzugeben. Schulden? meinte der Besitzer, ich sei wohl verrückt geworden, und was er mit der Basler Adresse solle? Jetzt wirst du erschossen, dachte ich, denn man erschoß auch Leute, die zwar an Gott glaubten, aber einem anderen Gläubigen wirtschaftlich im Wege standen. Der Krieg, fuhr der Besitzer fort, dauere nicht mehr lange, Franco habe den Sieg in der Hand, und dann kämen wir ja zurück; er wisse von Paquita, wie gut es uns auf Mallorca gefalle. Und um nicht arm und in abgetragenen Kleidern bei der Verwandtschaft zu erscheinen, was ein schlechtes Licht auf Franco und den Heiligen Krieg werfen könnte, wolle er mir noch zwei Anzüge machen lassen. Er klatschte in die Hände, Personal sprang herbei, man zeigte mir feinste englische Kammgarne. Ich verstehe etwas von Tuchen, darum erschrak ich wieder: das war erste Qualität. Ich log, ich fleuchte schon morgigen Tags. Kein Grund: in 24 Stunden sei die Maßarbeit fertig; bezahlen könne ich, wenn wir wiederkämen, man brauche das Geld nicht, Uniformen trügen jetzt mehr ein als in Friedenszeiten. Ich troff im Schweiß. Die Welt war irrsinnig geworden. Erst soll ich erschossen werden, dann will mir der Führer aus der eigenen Kommode Trikotage besorgen, und nun läßt mir General Franco aus Prestigegründen zwei Anzüge auf den Leib schneidern – ich drückte hastig ein paar Hände und stürzte aus dem Laden.

Das englische Rettungsschiff aber kam nicht.

Plötzlich erinnerte sich Beatrice, daß in unserer Wohnung noch zwei Bücher lägen aus der Leihbibliothek. Man könne doch nicht weggehen, ohne sie zurückgebracht zu haben, gerade Bücher! Sie wagte nochmals den Gang in die gefährlichste Gegend der Stadt, holte die Bücher und brachte sie Mulet. Dieser konnte, ihrer ansichtig werdend, zuerst kein Wort hervorbringen. Dann sagte er: »Wollt ihr denn durchaus erschossen werden?« Nein, meinte Beatrice, aber Bücher seien Bücher, die gehörten zurückgegeben, selbst im Kriege. Auch Mamús kostbaren Fernstecher, ein Stück aus der militärischen Ausrüstung ihres hochseligen Fürsten, den sie uns geliehen hatte, brachten wir zurück. Da Mamú schon geflohen war, gaben wir ihn der Köchin. Die Dummen werden nicht alle, auch im Kriege nicht; was sage ich, gerade im Kriege erweist sich des Menschen Dummheit von der göttlichsten Seite.

Einmal schlenderte ich über den Borne, da fiel mein Auge auf den »Fomento del Turismo« und ich dachte, na, geh mal rein, der Direktor war immer so nett mit dir, alter Auslandsdeutscher, schon ganz veriberisiert, 30 Jahre Dienst im Verkehrsverein. Müller oder Schulze hieß er, einzig das hatte sich noch nicht abgeschliffen. Sowas bleibt man oft ewig. Wir unterhielten uns; über Mord und Totschlag wollte der Herr aber nicht sprechen, begreiflich bei einem Staatsbeamten, und dann ist man in Mordzeiten schnell ausgesprochen. Er sagte, so nebenbei, zuweilen hole man ihn als Dolmetscher, und einmal, ja, verdammt, da suchten sie einen berüchtigten Deutschen, Schriftsteller oder sowas, ganz gefährliche Hornisse, von der Calle del General Barceló. Nicht gefunden, aber drei Wochen lang hätte er immer mit rausgemußt, auf dem Lastwagen, als Dolmetscher. Hätten beide abgeknallt werden sollen, Frau übrigens Schweizerin.

Seien es aber nicht, sagte ich, bei der spanischen Schlamperei seien sie durch die Maschen geschlüpft. Ob er sie gekannt habe? Nein, nie gesehen; er schriftstellerte so'n bissel, sie gab Stunden: gescheiterte Existenzen. Ob er mich denn auch für verkracht hielte? Natürlich nicht, der Insel bester Führer! Er lachte. Da gab ich mich zu erkennen. Wieder lachte Meier oder Schulze. Wir lehnten beide gemütlich mit den Ellenbogen auf der Theke. Ich zeigte ihm meinen Paß. Als es zu ihm durchdrang, daß ich identisch sei mit meinem Doppelgänger, kam er um die Theke herum, packte meinen Arm und schob mich zur Tür hinaus: »Hinaus, Mann Gottes, Sie werden ja erschossen, und kompromittieren Sie mich nicht!« – Meine Tötung sei längst niedergeschlagen, wollte ich noch als mildernden Umstand bemerken, aber ich stand schon auf dem Borne. Herr Müller riegelte seinen Verkehrsverein hinter mir zu.

Wo ich auch kam, überall war ich zuviel. O schmölze doch dies allzufeste Fleisch, zerging' und löst' in einen Tau sich auf, hätte Hamlet unter solchen Umständen gesagt. Vigoleis, weniger klassisch, ging aber nochmals auf das Englische Konsulat. »Gute Nachricht, eben eingetroffen: morgen um vier Uhr früh am Hafen sein, H. M. Destroyer Grenville.« – God bless you, hätte der waschechte Engländer nun gesagt. Ich stürmte mit einem: Porra! davon.

»Grenville? Grenville?« Beatrice schien der Name nicht zu behagen. Sie kramte in ihrem Gedächtnis herum und sagte, das sei kein gutes Omen, falls der betreffende Zerstörer auf den berühmten Seehelden aus dem Zeitalter der Königin Elisabeth getauft sei. Den hätten die Spanier nämlich in der Seeschlacht bei den Azoren gekapert.

»Also der böse Blick über Jahrhunderte hinweg?«

Abends war Abschied bei den Suredas.

*

Die Suredas sind ein national sehr urbares Geschlecht, das sein Gottesgnadentum vererbt von Vater auf Sohn. Selten liegen Parzellen bloß oder fallen angerodete wieder dem wüsten Zustande anheim, wie es geschieht, wenn ein Sprößling sich der Kunst und allen schönen Wissenschaften zuneigt, rein geistiger Mensch wird, sich über den nationalen Unfug erhebt und somit für die Sache des Vaterlandes gestrichen werden kann – Pedro zum Beispiel. Solche Häuser sind Freude und Habitat aller Monarchien; und fällt der Monarch vom Thron, weil er seine Gottesgnade nicht vom Reichsapfel in den Adamsapfel im Stehkragen, von der Krone in den weichen Filzhut verlegen konnte, dann träumen die Geschlechter, deren Krone nur im Siegelring bewahrt zu werden braucht oder als Ahnenbotanik an der Wand hängt, weiter von königlicher Macht und Herrlichkeit, von Hermelinschwanz und Dalmatika. In Zeiten, wo sie der Thronleere müde sind, zetteln sie sich zusammen, um den König wieder auf den Thron zu winden.

Alle Suredas waren königstreu, bis auf Pedro, der zu sehr Künstler war, um daneben noch einem anderen Herrn dienen zu können. Er lag auch sonst nicht gerne im Staub. Alle Suredas sahen daher im doppelarmigen General den Wiederbringer des vertriebenen oder den Bringer eines neuen Königs. So hatte Franco es vor Jahren, bei seinem Verbleib auf der Insel, den Inselmonarchisten versprochen. In der Geschichte ist kein Fall belegt, wo ein General sein Wort gebrochen hat. Höchstens, daß er es nicht hielt, aber das ist mehr eine Frage der Zeit.

Der Empfang fand im Hause von Pedros Schwester Celerina statt, in einem großen Salon, auf soliden Sitzgelegenheiten; kein Stuhlbein war vom Wurm der Zeit angefressen, keines fehlte; die Tür des geheimen Ortes hatte kein Geheimnis; für jeden Gast waren Teller und Tassen vorhanden, und wer über Nacht bleiben wollte oder mußte, wegen der Nachtsperre, konnte ein Bett beziehen, ohne sich am Gedächtnis einer Berühmtheit zu versündigen – mit einem Wort, Doña Celerina hatte einen reichen Mann.

Da die großen Friedhöfe unter dem Inselmond immer größer wurden, weil der Heilige Krieg noch weiter seine Kreuze pflanzte, saß man in etwas gedrückter Stimmung in der Runde, als wir, die wir widersetzlich auf unserem bißchen Leben bestanden, in diese nach Mallorquiner Sitte angeordnete Besuchsmanege traten. An Familie war viel Volk aufgeboten, aber auch Freunde des Hauses waren erschienen, um der Abschiedsfeierlichkeit beizuwohnen. Man mochte uns gern, wir hatten viele Herzen geneigt; zudem hatte die Tatsache, daß wir uns ohne zu stehlen aus der größten Misere emporgekraxelt hatten, auf alle, die unsere Abenteuer kannten, Eindruck gemacht; auf den Adel besonders.

Auf aller Gesichter lag die Mischung von Terror, Mitleid, eschatologischer Erwartung und jener ganz besondere Glanz, den wir Jahre später in Portugal in ähnlich dekadent ritterbürtigen Kreisen antreffen sollten: die Vorverheißung – noch ein paar Schüsse, noch ein paar Köpfe, dann ist es erreicht: seht, da kommt der König!

In dieser Phase des Krieges noch zu fliehen: lächerlich! Wozu? Der Salonzug stände schon unter Dampf – »aber mit euch, wie verhält sich das nun eigentlich?«

Also mußte ich wieder dieselbe Geschichte erzählen; ich tat es zum dutzendsten Male, wie in einem Totenhause, wo man den Tanten, den Nachbarn, dem Milchmann die besonderen Umstände haargenau wiedergibt.

Die Ballade unseres unterkötigen Heldentums fand viel Anklang: bei alten Tanten mit Lorgnon und Ridicule, von erbberechtigter Jugend hofiert; bei alten Herren mit Backenbärten und Orden; bei Militärs mit Brillantine im Haar, Brillanten an den Fingern und dem Marschallstäbchen in der Westentasche; bei der schlichten Fürstin, die auf einem Schemel saß, als hocke sie vor ihrer Staffelei – und da ist es nicht zu verwundern, daß ich bald schon über meine Geschichtlichkeit hinauswuchs und nicht mit schlotternden Knien, doch festen Ganges die uns zugemessene vierundzwanzigstündige Gnadenfrist durchschritt. Immer war aber die große Schalltrompete Don Juans vor meinem Munde, sogar wenn ich den Platz wechseln mußte, um einer schwerhörigen Dame eine Einzelheit unserer einmalig immerwährenden Füsilierung zu enthüllen. Dann folgte mir der Grande mit gebogenem Rücken, ein Vasall seiner eigenen Taubheit, die sich von Jahr zu Jahr verschlimmerte, sowie das Haargesprüpp in der Ohrmuschel zunahm. Aus Höflichkeit brüllte ich auch ihm ein Wort in den Trichter, um mich dann wieder den normalen Ohren zuzuwenden. Taube sind ja dankbar für jeden Wortbrocken, den man ihnen zuwirft. Sie zerkauen ihn solange, bis er in ihrem Inneren zu Gift wird. Darum sind Taube bösartig, sie denken immer, man hätte ihnen den falschen Brocken in die Trompete geschmissen.

Alle empfanden Papás gebücktes Herumhorchen als eine Störung der Abschiedsrunde. Hatte er denn kein Recht auf die Geschichten? Ach, wir merkten erst später, daß ihn diese gar nicht interessierten. Noch wie sein Freund, der katholische Deutsche, noch wie die anderen Kreuzritter sich zur Frage des Heiligen Krieges stellten, wollte Don Juan Sureda wissen. Pedro sagte mir, Papá habe einen Seufzer der Erleichterung ausgestoßen, als er vernommen, Vigoleis sei gar nicht erschossen worden, er lebe noch, nur wisse niemand, wo; vermutlich in die Berge geflohen. Suchen lassen, sofort, habe er angeordnet, er dürfe die Insel nicht verlassen, noch abgeurteilt werden, ohne ihn vorher gesprochen zu haben. Würde er eingelocht vor der Verlochung, dann hole er, Juan Sureda Bimet, ihn kraft seiner bis zum König und seinem Generalissimus reichenden Beziehungen aus jeder Feste heraus. Er brauche ihn. Wozu? In einer katholischen Mission? Niemand in der Familie wußte es. Darüber hatte Papá sich ausgeschwiegen.

Kaum hatten wir den Salon betreten, machte Don Juan sich an mich heran, hielt mir das Horn unter die Nase und stubste mich mehrmals damit, wie Lämmer in die Euter stoßen, um den Fluß der Milch zu fördern. Dabei stieß er Worte aus; ich meinte das Wort »diferencia«, Unterschied, zu verstehen, auch Goethe – und schon war ich in ein Gespräch verwickelt mit dem und der. Don Juan mir nach. Des Konsuls geflügeltes Wort, das übrigens großen Beifall fand – Don Juan schubste mich mit seinem Horn. »Alter Knabe«, sagte ich einem Freunde des Hauses, der sich immer etwas auf seine anarchistischen Ideen zugute gehalten, »noch nicht eingesargt? Das hast du nur Don Juan zu verdanken, der euren ganzen Clan mit Monarchismus überfremdet« – und wieder der Trichterhieb unter die Nase; »Unterschied», »Goethe« – da beugte ich mich zum Kuß über eine welke Hand, die einer Greisin gehörte, und die gottselige Frau segnete meinen Scheitel. Zum Märtyrer der Revolution tauge ich nicht. Jemand warf hin: na, erschießen hätte man den schon sollen, so wie der habe noch kein Führer gelogen, die Fremden hätten ein ganz falsches Bild von der Insel mitbekommen. Anfragen über dies und das seien schon zu Dutzenden bei amtlichen Stellen eingelaufen, kein Datum habe gestimmt, kein Name, kein Zusammenhang, also – erschießen!

Bis Don Juan einen Stuhl neben mir erwischte, mich mit entschlossenem Griff aus dem Gespräch mit der Fürstin riß und mir den Trichter so drohend vor den Mund hielt, daß ich zum ersten Male seit dem Ausbruch der Meuterei dachte, von allen meinen letzten Stündlein sei dieses nun das letzte.

Don Juan Sureda wollte von seinem katholischen Deutschen wissen, welcher Unterschied bestünde zwischen übersetzen mit der Betonung auf setzen und übersetzen mit der Betonung auf über. Desgleichen überwinden, desgleichen über ... Proteste wurden laut. Don Juan hörte, überhörte oder überhörte sie, und darum ging es ja: in halb deutsch, halb spanisch vorgetragener Rede äußerte er die Meinung, die deutschen Klassiker, vor allem und leider auch Goethe, hätten diese Zusammensetzungen immer verkehrt gebraucht. Ich solle das klären, endgültig und zur Stunde, dann möge mich erschießen, wer glaube, ein Recht auf mein Leben zu haben. Revolutionen liefen bekanntlich von selbst, an der Wissenschaft aber müsse hart gearbeitet werden, auch unterm Krachen der Petarden.

Pedro zerrte mich vom Trichter fort, als ich mich schon meiner philologischen Ader überantworten wollte. Es sei der letzte Abend, sagte die Fürstin wie entschuldigend, vielleicht sähe man sich niemals wieder – »niemals wieder«, trompetete der ganze Suredaclan dem Tauben ins Ohr, der mit seiner Wurstfelge in die Luft hineintappte, auf der Suche nach seinem Orakel. Ich, der Übersetzer, der im Begriffe stand, nach Frankreich überzusetzen, wagte einen letzten Versuch, den Fall an Hand meines eigenen Lebens zu klären, wurde aber überschrien. Don Juan hörte es nicht mehr. Ein Gegenstand kam durch den Salon geflogen, mitten in den Trichter hinein. Weich schloß er die Diskussion. Es roch nach Fußschweiß. Ein Sohn, ein Sureda aus dem Hause der Verdugos, Weichling einer entarteten Zeit, hatte seine Socke wider den Vater erhoben, wo fünf Jahrhunderte früher ein gleicher Sureda des Vaters Kopf hätte rollen lassen. Draußen, auf der Insel, warfen andere Söhne ihre Väter in die Zisternen, hängten sie auf, schlugen sie ans Kreuz. Die Zehn Gebote Gottes gelten nicht in Gottes eigenen Kriegen.

Das sei kein rechter Abschied gewesen, und bloß wegen des verrückten Hidalgos, meinte Beatrice. Ich fand den Abschied den besten von allen, die ich überstanden hatte. Beatrice wäre am liebsten gleich nach Hause gegangen.

Um die Zeit, wo der Strumpf in die Trompete flog, hatten Agenten in der »Pensión del Conde« nach uns gefahndet. Sie hätten uns so aus den Schaukelstühlen lüpfen können, und Vigoleis, der Übersetzer, wäre ins Jenseits übergesetzt, und mit ihm seine Beatrice.

*

Mit einem Brief für eine Braut auf dem Festlande fing es an: ob wir ihn in Marseille aufgeben wollten? Ein Lebenszeichen, weiter nichts. Es war dies bei Todesstrafe verboten, jedermann wußte es; zudem hatte man es uns auf dem Englischen Konsulat noch besonders eingeschärft. Auch die konsularische Post unterlag schon der Zensur, nachdem sich herausgestellt hatte, daß Konsulate »Greuelmärchen« im Auslande verbreiteten. Der deutsche Konsul hatte sogar den Empörten gespielt über solche Schauergeschichten: von Mord und Totschlag auf der Insel sei ihm nichts bekannt.

Und es endete damit, daß Beatrice ihr kleines Lacknécessaire wieder ausschüttete und die immer stärker anfallende Post hineintat. Jeder hatte Angehörige auf dem Festlande; nein, Gott bewahre, nichts Politisches! Nur einer der anarchistischen Geistlichen gab mir einen dicken Brief mit den Worten: »Wollen Sie es für die Sache Gottes wagen? Er enthält die Wahrheit über das, was auf unserer Insel geschieht.« Er war bestimmt für den Erzbischof von Paris. Ich dankte dem Cura für sein Vertrauen und steckte den Brief in meine Brusttasche, wo ich auch das bischöfliche Brevet meines Onkels trug. Den Brief an den Erzbischof hatte ich erst noch mit bedeutend aussehenden Siegeln versehen.

Es war Wahnsinn, sich auf ein solches Abenteuer einzulassen – an die 200 Briefe – gibt es überhaupt so viele Lieben daheim?

Auch Angelita, die Schöne, bat uns, etwas mitzunehmen. Sie war die einzige, die keine Lieben drüben hatte, und darum hatte sie einen Korb mit Proviant vollgepackt, Leckerbissen aus den Verstecken des Lädchens – gab es das noch? Sobrasadas? Turrón? Die Tanten weinten, die kwispelige Paquita war auch ein wenig gerührt, tippte aber mit dem Finger an die Stirn. Als Kassiererin von Bauzá, dem ersten Haus am Platze, wußte sie, daß ich ohne Maßarbeit von Bauzá die Insel verließ.

Anständig zu fliehen ist auch eine Quijoterie.

*

Unser Auszug aus der »Pensión del Conde« vollzog sich diesmal ohne Schaugepränge, kein Spalier, ohne Porra und Puta; kein Beppo bewarf uns mit einer Handvoll Schmutz.

Don Alonso hatte ein Taxi aufgetrieben für die gotteslästerlichste Frühe, die mich je aus den Federn gesehen hat. Der Fahrer sei zuverlässig, er habe genaue Anweisungen. Josefa, die Köchin, segnete mich, und wenn ich es zum letzten Male noch aus dem Vesuv ihres mächtigen Busens rauchen lasse, so nur des rührenden Bildes wegen, das ich von ihrem Opferaltar in meiner Erinnerung trage, denn wie Don Joaquín war auch ihr die Pfeife längst erkaltet.

Man sah uns ungerne scheiden. Als Amateurverschwörer hatten wir uns die Achtung aller erworben. Für Aficionados haben die Spanier Sinn. In diesen Kreisen glaubte schon keiner mehr an ein schnelles Ende. An ein gutes: alle, bis auf die Priester.

Der Fahrer war einer jener spanischen Proletarier mit den Allüren eines Grandseigneurs. Neben ihm der Palefrenier war nicht weniger großartig in seiner namenlosen Größe. Er spielte den Herold: »Bahn frei für katholische Deutsche in besonderer Mission!« So rief er, als beim Einbiegen in den Paseo Sagrera ein paar Dutzend Flinten sich uns in den Weg stellten. Der Wagen hielt. Auf jeder Seite klopften Pistolen an die Scheiben. Der Palefrenier schrie die Bande an, wobei er mit einem Frachtbrief winkte: »Freunde des Movimiento Salvador! Beauftragte des Caudillo! Mission an den Führer! Zum Hafen, der Kreuzer wartet nicht!« Wir konnten unbehelligt weiterfahren. Stiefelabsätze knallten, mit Inselgold bezahlte deutsche Stahlhelme wackelten auf rassisch zu klein gebliebenen Köpfen. Gefaßt und unserer Mission eingedenk saßen wir im Fond, auf meinem Schoß mein einziger Besitz, die Schreibmaschine; auf Beatricens Schoß der Koffer, worin statt meiner ›Hünengräber‹ viel gefährlichere Schreiberei geborgen war. Auch eine zweite Kontrolle ließ uns passieren. Die dritte fiel auf den Schwindel nicht herein. Halten, Pässe vorzeigen, aussteigen zur Revision! Ein höherer Offizier winkte seine Leute heran, bitte!

Wir blieben sitzen, wir waren exterritorial! Ich hatte Keßler einmal bei einem Gang auf die Fremdenpolizei begleitet. Ich wußte, wie sich Botschafter zu benehmen haben. Das Schreiben meines Onkels hatte ich so in den Paß geheftet, daß Handzeichnung und Siegel des Erzbischofs von Mallorca gleich in die Augen sprangen. Der Offizier studierte den lateinischen Text, schaute mich fragend an – »besondere Mission?« – Ja, sagte ich und zeigte den Brief des Priesters an den Erzbischof von Paris: es sei in kirchlicher Sache. Ein Wink, die Soldaten traten ins Gewehr, der Offizier salutierte mit dem Degen; es war sehr feierlich, wie eine Messe mit drei Herren. Es hätte unser Seelenamt werden können. Eine Minute später hielten wir auf dem Pier.

Das Bild, das sich unseren Augen jetzt bot, ruft heute manche Illustrationen der alten Schweizerchronik des Kaplans Diebold Schilling vor mir auf. Heute: denn an jenem Oktobermorgen sah das alles zwar nicht weniger bunt oder historisch, aber doch so gar nicht romantisch aus. Das heißt, auch das stimmt nur halb. Romantik war vorhanden, wir hatten nur nicht den richtigen Blick dafür.

Als ich mich aus dem Fond nach vorne schob, um auszusteigen, merkte ich, daß ich auf etwas Nassem gesessen hatte – also doch! Der Wagen war trocken vorgefahren. Um uns starrte es wieder von Flintenläufen. In jedem Lauf steckte mindestens eine Kugel, und wir wußten: lose. Daß es überhaupt noch Lebewesen auf der Insel gab, war damals das große Wunder. So schnell kommt auch der spanische Mensch mit der Nachzeugung nicht nach. Obwohl, wo geknallt wird, sei es auf dem Jahrmarkt, an Sylvester oder im Kriege, mobilisiert der Mensch seine Triebgene, so daß anzunehmen ist, daß unser Menschengeschlecht sich auch über die künftigen großen Atomfeuerwerkereien hinwegzeugen wird.

An langen Stangen flatterten Fahnen im Wind, die Feldzeichen der verschiedenen Konsulate. Um sie herum hatten sich Haufen und Häuflein der Flüchtlinge geschart. Herren mit Armbinden und Listen, die Konsuln selbst oder deren konsularische Fluchtordner, waren geschäftig. Wären wir zum Beispiel Holländer gewesen, dann hätten wir uns einem halben Dutzend Menschen angeschlossen, die Oranje boven über sich knattern wußten: ihnen konnte nichts mehr geschehen. Darum hatten sie auch nichts von der beliebten jovialen und wetterbeständigen Weltfröhlichkeit eingebüßt, mit der sie sich auf allen Bahnhöfen und Schiffsländen untereinander unbeliebt machen. Denen war bestimmt keine letzte Schnecke beim Morgengrauen davongeschlichen. Und so wie wir keine Holländer waren, waren wir nichts von dem, was da an Nationalitäten seine Farben sprechen ließ.

Ein Haufe bekannte keine Farbe, aus dem einfachen Grunde, weil er es nicht konnte, doch war er auch wieder nicht neutral. Ich erkannte ein paar Gesichter, deutsche Emigranten, ausgebürgert, eine Niemandsschar, Verworfene. Sogar auf der Insel, wo das Blei nicht mehr wog, waren sie den Schuß Pulver nicht wert gewesen. Darunter Juden, politisch unbescholtene Wesen, die ihren Mund gehalten hatten. Mit denen hatten wir auch nichts gemeinsam, denn wir trugen ja Couleur.

Und noch weiter abseits, gesondert vom bunten Aufmarsch, hing an einem Stecken ein erbärmliches Fähnchen, das dem frühen Winde zu wenig Fläche bot, um stolz, wie im Liede, zu wehen. Es war das Hakenkreuz des Führers. Unter diesem Zeichen, das tausend Jahre vor sich hatte, stand der Machthaufe des Dritten Reiches: unser Herr Konsul und ein kleiner, schäbig gekleideter Volksgenosse, der im Knopfloch ein Parteiabzeichen und auf dem Arm einen Mopshund trug. Der Mann war unrasiert, aber Flüchtlinge brauchen sich nicht zu rasieren, und er war auch ungewaschen und, wie sich erst später herausstellte, überhaupt kein Flüchtling. Er war beauftragt. Hoher Funktionär des Reiches, in einer Sache dienstlich, die schlichtschäbiges Äußeres bedingte, vermutlich Kraft-durch-Freude mit kleiner Abmurksmission. Das mochte seine Sache bleiben.

Dann Niemandsland, und dann ein toter Haufen, den ich als haushoch in der Erinnerung habe. Es türmte sich: Koffer, Kisten, Ballen – uns gab es einen Stich durch die Existenz. Die fahrende Habe der zu Evakuierenden? Wohl kaum.

Der Konsul des Dritten Reiches hatte uns erspäht. Er behielt unser Tun im Auge. Beatrice wollte wegen des Gepäcks Gewißheit haben. Ja, sagte der englische Konsulatsbeamte, man könne mitnehmen, was man habe, keinerlei Beschränkung sei auferlegt.

Nach diesem neuen Schlag sammelten wir uns um das unsichtbare Fähnlein des Vigoleis: auf weißem Grunde ein weißes Kreuz, oder auf schwarzem ein schwarzes, jeder mag sich das Nichts auf seine Weise heraldisieren. Dann kam ein Matrose und fragte, ob wir auch Flüchtlinge seien, oder Hilfspersonal. Wir gaben ihm unseren explosiven Bettel, den er sofort in die Jolle trug. Diese Gefahr war vorbei.

Dann kam der deutsche Konsul.

Der Schurke, dachte ich, hat uns um Hab und Gut gebracht mit seiner niederträchtigen falschen Auskunft, womit er uns auf die »Deutschland« locken wollte! Er begann mit ein paar leeren Phrasen; wir blieben unbeteiligt, ich kalt wie ein Stein, Beatrice war nicht einmal vorhanden. Nun war es der spanischen Wachen wegen, die zahlreich aufgeboten waren, durchaus erforderlich, gute Miene zum schauerlichen Spiel zu machen, weshalb ich auftaute und dem Herrn Rede und Antwort stand – nein, heim ins Reich natürlich nicht; er wisse ja, wir hätten Familie in Basel. Die Nähe der Heimat, so jener, würde uns noch umstimmen, die Stimme des Vaterlandes, wenn sie über den Grenzstein wehe . . . und dann die leise gestellte Frage: ob ich ihm einen Gefallen tun wolle? Kleinigkeit an sich, aber für ihn wichtig. Er wurde sentimental. Er habe einen alten Vater in – war es Hamburg? – der seit langem keine Nachricht habe von seinem Sohn; er sorge sich, denn auch als Konsul dürfe er nicht ins Ausland schreiben, nur amtlich und kontrollierte Geschäfte. Der Brief, den er geschrieben habe, ein paar Worte von Sohn an Vater: ob ich ihn in Marseille in den Kasten werfen wolle? er gäbe mir ein paar internationale Antwortscheine . . .

Mein ist die Rache, sagt der Herr, sagt die Hure Pilar, sagt überhaupt jeder anständige Mensch. Auch Vigoleis wurde sie in dieser Herrgottsfrühe in die Hand gegeben. Ein Wink nach rückwärts, das Wörtchen »oiga« und ein spanischer Offizier wäre herbeigeschlenkert – der Rest hätte sich nach den Bräuchen des Standrechts vollzogen. Vermutlich hinter dem Zollschuppen, um die Ausländer nicht unnötig zu schrecken.

Da ich mir selbst vorkomme als der Racheakt dunkler, womöglich kosmischer Kräfte, geschlagen mit einem Leben, das mir dumme Fragen aufgibt, lag mir nichts daran, den Konsul eben totschießen zu lassen. Ich schwieg. Dann zeigte ich auf den

Mann mit Hund und Parteiabzeichen, schäbige Embleme beide, der nun allein die Wacht hielt bei der Fahne des Führers. Ich sagte:

»Herr Dede, ich habe keinen Grund, Ihnen einen Gefallen zu erweisen. Sie sind ein schlechter Mensch. Ihretwegen ziehen wir als Bettler ab. Doch geben Sie mir den Brief, ich werde ihn prompt besorgen.«

Der Konsul gab mir den Brief, seine Hand zitterte. Ich steckte ihn ruhig in meine Tasche zu den bischöflichen Akten. Dann fuhr ich fort:

»Mit diesem Brief des Deutschen Konsuls habe ich Ihr Leben in der Hand. Ein Wink, und Sie werden erschossen, standrechtlich, Sie wissen es besser als ich; man kennt keinen Spaß, wenn Sie auch die Greuel bestreiten, die hier geschehen. Aber haben Sie keine Angst, ich verrate Sie nicht. Die Genugtuung, daß Sie, Parteigenosse und Konsul Ihres Führers, dem fiesen Kerl da unter dem Mordbanner nicht über das Banner trauen, ist mir mehr wert als Hab und Gut, das wir zurücklassen müssen. Sie haben mehr Vertrauen zu einem Feinde Ihrer Bewegung, den Sie als Mensch kennengelernt haben. Das ist hoffnungsvoll für uns Verfolgte. Ich danke Ihnen.«

In diesem Augenblick ertönte die Sirene. Wir stiegen in die Barkasse. Die »Grenville« lag weit draußen in der Bucht vor Anker. Ein paar Minuten später standen wir auf englischem Boden und unter englischem Schutz.

Der Chef der spanischen Hafenzensur, der das Handgepäck noch hätte kontrollieren sollen, hatte sich verschlafen. Sein Wagen preschte mit tollem Gehupe über den langen Pier; zu spät. Um die Form zu wahren, stieg er noch in eine Lancha, schäumte in weitem Bogen hinter uns drein und kehrte in noch weiterem Bogen zu seiner Pilar zurück.

Dem Schreiben des bischöflichen Onkels und einer spanischen Hure, die unersättlich war, haben wir es zu verdanken, daß wir nicht wenigstens am Hafen noch erschossen wurden.

*

Ringsum hatte sich die graue Schicht der Nacht völlig gehoben, als wir das Achterdeck betraten, unausgeschlafen, zermürbt und leicht fröstelnd in der Brise, welche die Kimm reinfegte und uns in nie gesehener Schönheit das Schauspiel der langsam entgleitenden Steilküsten der Insel bot. Es begann rot und golden zu flammen in den Felsbrüchen, es flammte auf den spiegelnden

Flächen; hier und da war das Meer noch schwarz und von keinem Hauch der Frühe angerührt. Möwen gaben uns das Ausgeleite.

Auch an Bord des Zerstörers blieben die Fähnlein beieinander. Wir suchten uns einen Platz auf den Taurollen. Ein Herr saß schon dort, mit Bärtchen und blauer Baskenmütze, in dem ich Franz Blei erkannte, den österreichischen Schriftsteller, den ich immer mit Genuß gelesen habe. Ich ließ mich neben ihm nieder. Zur anderen Seite hatte ich einen Mann, der wie ein Mallorquiner Bauer gekleidet war. Er saß tief in sich gekauert und brütete; dann stieß er plötzlich fürchterliche Laute aus, es war schon ein Brüllen: gekreuzigt habe man seinen Sohn! und doch: er glaube nicht an Gott, auch er nicht, nein und ewig nein! und schlüge man ihn selbst ans Kreuz, er bleibe ungläubig, wie ihn das Leben gemacht! Er sackte wieder in sich. Ich hörte ihn weinen. Kein Mallorquiner; er sprach das Spanisch eines Südamerikaners.

Die englischen Offiziere und Matrosen waren die vollendeten Gastherren auf H. M. Schiff. Es fehlte an nichts. Offiziere spielten die Nurse, damit erschöpfte Mütter in ihren Kajüten ruhen könnten. Das Essen war wunderbar, wie in Friedenszeiten – der ewigalte Vergleich unserer Zivilisation.

Ich kam mit Franz Blei ins Gespräch: über die Lage, über Keßler, über die Schwierigkeit, als Antinazi mit einem deutschen Paß zu reisen. Dann begann der Bauer wieder zu brüllen.

Er war Argentinier, der sich vor vielen Jahren auf Mallorca niedergelassen hatte. Nun hatte er ein kleines Gut, eine Frau und viele Kinder. Sein ältester Sohn ward von den Fanatikern Gottes ergriffen, und sie führten ihn ab, um ihn seines Unglaubens wegen, zu dem er sich freimütig bekannte, an einen Olivenbaum zu schlagen: Kreuziget ihn! hätten die Burschen geschrien. Vor den Augen des Vaters gab der Sohn den Geist auf. Jener, immer das Gebrüll seines Kindes in den Ohren, sei zu sich selbst erwacht und geflohen; wie? er wußte es nicht mehr. Alles hatte er im Stich gelassen, Frau, Kinder, Haus und Hof. Und nun brüllte er, dem Wahnsinn halb verfallen, seinen Schmerz und seinen Unglauben übers Meer hinaus. Denn hätte man ihn gefangen, hätte dasselbe Schicksal auch ihn ereilt: ibis ad crucem!

An Bord waren noch mehr argentinische Bauern, eine ganze Gruppe, mit Kind und Kegel; verwegene Gesellen, die empört das schneeweiße Brot der Engländer zurückwiesen. Bauern, heischten sie ihre schwarzen Krusten. Mit einem, einem Freunde des Getroffenen, kam ich ins Gespräch. Gott, meinte er, was wisse ein Bauer schon von Gott? Daß er regnen lasse, wenn's nicht nötig sei? Und Dürre schicke, wenn die Erde nach einem Tropfen schmachte? Davon verstünden sie nichts, es sei Sache der Curas und der Betschwestern. Und das mit dem Kreuzestod, was seinen Kameraden um den Verstand gebracht zu haben scheine: ja, was solle er dazu sagen? Das verstehe wer wolle, er nicht. Da werde also dem Pepe sein Sohn ans Kreuz genagelt, weil der Junge nicht an Gott geglaubt habe, und Christus, der aus der Bibel, sei doch auch gekreuzigt worden, hieße es, er könne selbst nicht lesen; und dieser Christus, hieße es weiter in demselben heiligen Buch, habe wohl an Gott geglaubt, wenigstens habe er es immer beteuert. Vielleicht sei das aber alles Schwindel, was der Cura erzähle, um den Dummen dumm zu halten. Ihm sei's gleich – »me cago en Dios!«

Ich war erschüttert.

In der Ferne stand ein Wölkchen, war es ein Segel? Nebel? Die Bauern machten sich auf die Erscheinung aufmerksam. Wir fuhren mit mächtiger Schraube unter dem allmählich schwarz gewordenen Himmelblau auf den Flecken zu, bis wir auf einmal mitten in ihm waren. Man konnte die Hand nicht mehr vor den Augen sehen. Die Nebelhörner begannen zu heulen, die Maschinen fielen zurück, das Stampfen und Rollen hatte aufgehört. Die »Grenville« schien ohne Schraube auszulaufen. Unheimlich die Stille inmitten der kalten Wolke. Dauerte sie Stunden? Plötzlich zerriß die Wand, die Nebelhörner brachen ab, der Zerstörer schoß mit vollen Knoten in die neu erstandene Welt. Blau, Blau, soweit das Auge sah.

Ein Offizier kam an Deck, er hob die Hand, man sah, daß er sprechen wollte. Einen Speech, dachte ich, komisch, ohne das geht es wohl nicht, und nachher alle aufstehn und singen: God save the King.

Der Offizier sagte es kurz und bündig: Dispositionsänderungen, man fahre nicht, wie vorgesehen, nach Marseille, sondern halte direkt auf Genua zu. Dort lägen andere Schiffe bereit, die Flüchtlinge nach ihren Bestimmungshäfen zu bringen.

Italien! Aus dem Regen in die Traufe! Sollten wir doch noch in den Hünengräbern meiner Lieben beigesetzt werden? Ans Hakenkreuz geschlagen? Jemand rief: Mussolini!

Franz Blei erhob sich, und es soll um der Erhabenheit des historischen Augenblicks willen auch noch vermeldet werden, daß sich der Schriftsteller auf die Taurolle stellte. Er wandte sich an den Offizier. Er spreche nicht in eigener Sache, er sei als Österreicher noch ein freier Mensch. Doch seien verfolgte Deutsche an Bord, auch Staatenlose, und da gehe es nicht an, diese Menschen in Italien an Land zu setzen; es bedeute für sie alle: Drittes Reich, Konzentrationslager, Tod! Darauf kletterte er von seinem Podest herunter und setzte sich. Der Offizier sagte nichts und verschwand durch eine Luke.

Nur Wasser und schwarzes Himmelblau. Ein schnellender Delphin, und die Musik der schütternden Fahrt. Kein Wölkchen über uns, keines am Horizont. Am Kielwasser sahen wir, daß man in einem riesigen Bogen den Kurs auf Mussolini genommen hatte.

Der Vater des Gekreuzigten war wieder zu sich gekommen. Das weiße Brot, die Pappe für Säuglinge, hatte das Wunder bewirkt. Er schimpfte sich aus. Zum Glück hatte er eine schwarze Kruste in der Tasche.

Gott, sagte Franz Blei, der es auch sah, segne jedem sein Brot.

Mit neuer Meldung kam der Offizier wieder an Deck. Man habe sich in Verbindung gestellt mit dem Admiral auf H. M. Flaggschiff »London« im Hafen von Barcelona. Die Mittelmeerflotte Seiner Britischen Majestät, so laute der Funkspruch, setze keinen Menschen gegen seinen Willen in einem unfreien Lande an Land. Nach Marseille könne man indessen nicht, die »Grenville« habe Order für Genua. Darum laufe man Barcelona an, dort würden die Flüchtlinge die Nacht auf dem Flaggschiff verbringen, und am anderen Morgen ginge es mit einem anderen Zerstörer nach Marseille weiter – »All right?«

»All right!« sagte Franz Blei, an den sich der Offizier ausschließlich gewandt hatte, »God bless the King!«

»God bless him!« fügte Beatrice, die eine Schwäche für alles Englische hat und mit solchen Sprüchen vertraut ist, aufatmend hinzu. Ich war sprachlos über diesen Meerstreich von Old England: groß zur See, wo auf dem Lande ein Konsul sich an seine Anweisungen hielt! Ein Wink dem Rudergänger, und man beschreibt eine Schleife für die Freiheit. Am Kielwasser war nun deutlich die neuerliche Kursänderung zu sehen. Der Kreis hatte sich geschlossen, und gegen den mählich verwogenden Doppelsog rauschte der Zerstörer in die alte Spur zurück, um dann scharf nach backbord abzudrehen.

Die Natur sorgte für einen letzten Effekt, der bei allem Gleisen doch nicht zu theatralisch genommen sein will. Wieder heulten die Sirenen auf, und im selben Augenblick schloß sich die Wolke.

Wer hatte sie fallen sehen? Ein weißlicher Schein umhüllte uns, starr war die Planke, lautlos die Welt. Unsichtbar über uns blaute der glühende Meertag, und unten wallte die Nacht, die das Ziel verhüllt.

Das Ziel hieß: Freiheit.

Seitdem der Mensch aus dem Paradiese hinüberwechseln mußte in das Naturreservat seiner Kultur, wo er sich halten kann, solange er den Instinkt für den Grenzstrich nicht einbüßt, über den hinaus er abgeknallt wird, ist die Geschichte seiner Freiheit eine Geschichte ohne Pointe: man kann sie kaum erzählen, ohne peinliches Befremden auszulösen. Darum hat sich auch hier die Natur ins Spiel gemischt und eine Nebelwand an das Ende der Aufzeichnungen des Vigoleis geschoben statt eines leuchtend erdichteten

finis operis.

Berichtigung

Wenn es in der ›Weisung an den Leser‹ heißt: Alle Gestalten dieses Buches leben oder haben gelebt, – so ist damit wegweisend zum Ausdruck gebracht, daß es sich bei dem vorliegenden Buch nicht um eines handelt, dessen treibende Kraft die dichterische Phantasie ist, sondern um einen Tatsachenbericht, oder, falls man das lieber hört, um ein mit den Mitteln des Dichterischen gestaltetes Memorial, worauf also nicht zutrifft, was viele reine Dichter zur Verhütung von Rechtsplänkeleien und sonstigen Einbrüchen in ihre Werkstatt beteuern: daß nämlich alle Gestalten ihrer Bücher erfunden seien und irgendwelche Ähnlichkeiten mit lebenden Personen dem schieren Zufall zugeschrieben werden müssen.

Bei meinen lebenden oder schon entleibten Personen kann darum von bloßer Ähnlichkeit keine Rede sein. Jeder Mitspieler steht da in seiner eigenen, schattenlos sich deckenden Ebenbildlichkeit, die freilich bei dem und jenem ins Ähnliche abgetüscht werden mußte, um den Leser von seiner Fährte vor allem dann abzubringen, wenn Verfolgungen durch politische Machtgruppen oder einen einzelnen Mächtigen zu befürchten standen, was zum Beispiel bei dem rheinischen Kathrinchen nicht der Fall ist, weshalb es in seiner ganzen, ausbündigen Mannstollheit unangetastet bleiben mochte. Das gilt auch für ihr Gegenstück auf der männlichen Liebesprahm, den eberschäumigen Wüstling Silberstern, an dem ich freilich ein wenig die Eiche insofern vorgenommen habe, als ich diesen Mann, der ja unbestritten Gold wert ist, versilberte. Das kommt seiner Familie zugute. Hie und da griff ich zu Lautverschiebungen bei einem Namen, und ich brauchte dann keinen Deut an seinem Träger zu ändern. An mir selber habe ich selbstverständlich nichts vorgenommen. Als Autor und Mensch mußte ich mich ja aller Augen und jeder etwanigen Verfolgung bloßstellen.

Viele meiner Figuren hatten schon das Zeitliche gesegnet, bevor ich im Jahre 1952 an die Niederschrift meiner Erinnerungen heranging, auf nichts mehr gestützt als auf mein magisch-integrierendes und meiner unentwegbar tapfer an meiner unentwegt versagenden Seite ausharrenden Beatrice rein logarithmisches Gedächtnis. Andere segneten es, während ich sie ahnungslos zu Papier brachte oder man sie gar schon druckte.

Und heute, wo ich dieses Nachwort einzig abfasse, um eine Leichlege aufzuheben, ist die Zahl der abgeschiedenen Seelen meiner Insel-Welt noch um vieles größer geworden; dabei erreichen mich nicht einmal alle Todesanzeigen. Zwingli, der eigentliche Heraufbeschwörer meiner zwiegesichtig insularen Abenteuer, und den man, wie seine Schwester und mich, während des spanischen Aufstandes beseitigen wollte, fand sein frühes Grab in Santa Fe de Bogotá. Mamú, christmilden Angedenkens, Don Juan Sureda, die Grafen Keßler und Keyserling, Villalonga, der Große Mulet, sie sind alle schon tot. Von den Toten auferstanden indessen ist nur einer: der Kapitänleutnant Heinz Kraschutzki, von dem es auf Seite 899 heißt, er sei erschossen worden, und den ich in Kiel meutern und auf unserer Insel Hühner züchten lasse, entsprechend der Fama, der er sich erfreute und die ich auch trotz eifrigen Stöberns in den Bibliotheken von Amsterdam und den Haag nirgend widerlegt fand. Denn so ins Blaue hinein schreibe ich nicht, und nichts könnte mir ferner liegen, als jemandes Ehre anzutasten, sei es dadurch, daß ich sie ihm abschneide oder ihm gar noch eine aufbinde.

Dieser Held meiner Angewandten schrieb mir im Frühjahr 1957, daß alle meine Angaben über seine Person unrichtig seien. Doch tat er dies nicht, wie zu erwarten gewesen wäre, entsprechend einer weiteren Wegweisung an den Leser, »im Doppelbewußtsein seiner Persönlichkeit«, sondern im vollen Einzelbewußt seiner in den Unglimpf falscher, doch gottlob nicht fälschlicher Aussagen geratenen Person: denn erstens habe er an keiner Matrosenmeuterei in Kiel teilgenommen; vielmehr sei er dazumal – ich halte mich streng an seine brieflichen Ausführungen, denen zugleich kriegsgeschichtliche Bedeutung zukommt – Kommandant des Minensuchbootes »M 100« gewesen, Heimathafen Bremerhaven, und er habe sich auf hoher See befunden, als die Meuterei in der Marine ausgebrochen sei. Nach der Rückkehr in den heimatlichen Port, dessen Stadt längst in den Händen eines Soldatenrates gewesen, sei er von der Besatzung seines Bootes einstimmig zum Vertrauensmann in den Soldatenrat gewählt worden, und auf diese Weise also erst nach der Revolution in den betreffenden Rat von Bremerhaven gelangt. Insofern, heißt es weiter in dem Bewahrbrief des von mir totgesagten und auch sonst übel benauten Schiffers, habe es auf seinem Boot keine Meuterei gegeben, und wäre überall das Vertrauensverhältnis zwischen Kommandant und Besatzung so gewesen wie auf »M 100«, dann hätte es überhaupt zu keiner Meuterei kommen können.

Zweitens habe er auf der Insel keine Hühnerzucht betrieben, ja in seinem ganzen Leben habe er nie ein Huhn besessen; und drittens sei er auch nicht erschossen worden, obschon viel später das Radio und drei namhafte Zeitungen Nachrufe auf seinen Tod gebracht hätten. (Auf meinen übrigens auch.) Die Zeitungen führt er namentlich auf, und einer der Nekrologe stammt nebenbei bemerkt aus meiner eigenen Feder, die damals noch nicht ahnen konnte, daß aus ihr einmal die Insel-Denkwürdigkeiten fließen würden, mitsamt dem totgeschossenen Herrn Heinz Kraschutzki. – Er lebe aber, immer noch, obwohl man ihn damals in Spanien zu »nur« dreißig Jahren Gefängnis verurteilt habe; davon habe er neun Jahre, zwei Monate und vier Tage abgesessen.

Weiterhin rügt der Auferstandene in seinem Brief, daß ich »an sich« nicht berechtigt sei, Einzelheiten aus dem Leben eines Lebenden zu veröffentlichen, die diesem möglicherweise schaden könnten; doch wolle er mir daraus keinen Vorwurf machen, da ich ja nach den Pressenachrichten annehmen konnte, er sei kein Lebender mehr gewesen.

Erschüttert über diese Stimme eines Beweinten war ich nicht. Die Freude über die Wiederauferstehung, verbunden mit dem Schmerz, einem Menschen zu nahe getreten zu sein, das lag schon geraume Zeit hinter mir; denn von meinem Dichter-Freunde Karl Otten, wie Kraschutzki und wir Gleichgesinnten alle ein Opfer der Nazi-Verfolgung auf der in Flammen stehenden Insel, hatte ich schon erfahren, daß die Angaben des deutschen Konsuls, auf die ich mich stützen konnte, nicht der Wahrheit entsprochen hatten, und zurecht legte mir Herr Kraschutzki in einem späteren Brief die Frage vor: was diesen Hitlerknecht könne bewogen haben, einen Gegner, von dem er wußte, daß er noch lebte, unter die Toten zu reihen. Jede Häufzeit des Mordes gibt Rätsel auf . . . Dennoch schleunte ich mich, dem Ex-Kommandanten zu Ruder mitzuteilen, daß ich ihn bei einer Neuauflage des Buches seinem Wunsche gemäß 1.) entmeutern, 2.) enthühnern und 3.) dem Leben in voller Lebendigkeit wiedergeben werde. Allerdings konnte ich mich nicht entbrechen zu bemerken, es sei bedauernswert, daß er nie zu einem lebenden Huhn in ein persönliches Besitzverhältnis getreten sei, in jenem rechtlichen Sinne einer wirklichen »Inhabung« des Huhns (detentio gallinae). Selbst habe ich ja auch nie ein Huhn gehabt, obschon ich jahrelang auf das innigste mit Hühnern, tausenden von Hühnern sogar, verkehren mußte, auf der Farm eines Bruders, wo ich auch Gelegenheit hatte, viele ihrer Legegeheimnisse zu erkennen und oft selbst betreten zu stehen vor ihrer sprichwörtlichen Dummheit. Doch weiß ich auch, wie anhänglich sie dem Futtereimer sind, wie wach ihr Herdentrieb bleibt, der zwar nur eine biologische Ausweitung des betreffenden Eimers ist, und wie verzweifelt ihr Züchter sein kann, wenn in fatalen Brutjahren mehr Hähne schlüpfen als Hennen, was man, wenn ich mich recht erinnere, Geschlechtsmeuterei nennt. Das sei aber nur am Rande meines Widerrufs bemerkt, obschon auch hier eines ins andere greift. Schlimmer, so mußte ich dem Seemann schreiben, fände ich, daß er nicht gemeutert habe, denn gerade als Meuterer sei er mir sehr sympathisch gewesen. Ich halte nämlich, und das hat nun nichts mehr mit dem Einzelfall des dem Blei der Meuterer wider Recht und Freiheit Entwichenen zu tun, – ich halte die Revolte in der Luft, zu Wasser und zu Lande für eine höchst ehrenvolle Art, die Sünde gegen den eigenen Geist zu sühnen, die man auf sich nahm, als man den bunten Rock der Tötung anzog; und ein meuternder Soldat steht in meinen Augen höher als jener, der mit dem Mordorden auf der ach so wenig heldischen Brust ausharrt, bis die Vergatterung zum Tode geblasen wird.

So ist hiermit mein eigener Sühneakt vollzogen und Herr Kapitänleutnant Heinz Kraschutzki wieder unter die lebenden Gestalten meines Buches eingereiht, zwar ohne Huhn, und kein Meutmacher gegen Gott, König und Vaterland, drei Wesenheiten, die dem Menschentum schon viel zu schaffen gegeben haben, nach oben und nach unten, doch meist nach unten hin, wo dann der Soldat auf den Plan tritt, Hände an die Hosennaht und Gehirn bei Fuß. Denn über die Verharschung im Geiste des Steinbeils sind wir ja noch nicht hinausgekommen, und daß der Mensch ein vernunftbegabtes Wesen sei, dem es gelänge, Klaue und Zahn zu überwinden, das glaube wer will. Doch entscheide im Zweifelsfalle auch hier die Wahrheit.

Ascona . Casa Rocca Vispa . am 8. Juli 1960

*

Ergänzende Berichtigung

Auf S. 609 heißt es von einer Gestalt meines Insel-Memorials, Bobby, er gebe mit der typographischen Gestaltung dieser Aufzeichnungen seine Visitenkarte ab. Diese Stelle bezieht sich ausschließlich auf die Erstausgabe des Buches, dessen Kolophon folgendermaßen lautet:

»Die Insel des zweiten Gesichts von Albert Vigoleis Thelen wurde im Auftrage von G. A. van Oorschot, Verleger an der Herengracht zu Amsterdam, im Herbst 1953 bei der N. V. Drukkerij G. J. Thieme zu Nijmegen aus der Poliphilus gesetzt und gedruckt und von Elias P. van Bommel zu Amsterdam gebunden. Die typographische Gestaltung lag in Händen von Helmut Salden zu Wassenaar. Die für das deutsche Sprachgebiet bestimmte Lizenzausgabe erscheint unter dem Marzocco des Eugen Diederichs Verlages zu Düsseldorf.«

Blonay. La Colline en Malaterraz, am 7. September 1970

Weitere Berichtigung

Seit Jahren heißt es, ich sei tot, doch ist es nicht der Zweck dieser Ergänzung zum Insel-Memorial, meine eigene Leichlege aufzuheben. Die Meldungen, Vigoleis sei von hinnen gegangen, häufen sich in letzter Zeit; es ist sogar zu Beileidsbekundungen gekommen, die ebenso rührend sind, wie sie mich amüsieren, denn wenn's dann einmal soweit ist, habe ich ja nichts mehr davon, da sie mich weder im Himmel noch in der Hölle erreichen; ich verschwinde ins Nichts, dans le néant, und das ist gut so.

Leute aber, die ich unter meiner Feder habe sterben lassen, und später stellt sich heraus, daß sie noch unter den Lebenden weilten, denen gebe ich auch in meinen Aufzeichnungen das Leben wieder, wie im Falle des Kapitänleutnants Kraschutzki.

Auf Seite 323 habe ich den Totenzettel eines Onkels meiner Mutter vom Scheifeshof in St. Hubert wiedergegeben, mit der anschließenden Beteuerung, Gott habe dem Mörder vergeben, doch der irdischen Gerechtigkeit sei er nicht entgangen, man habe ihn aufgeknüpft, entsprechend den Berichten aus Großmutters und Mutters Mund. Diese Überlieferung stimmt aber nicht, weshalb ich die Gelegenheit dieser Neu-Ausgabe des Buches benutze, den Fall ins Reine zu bringen.

Unlängst bekam ich das Heimatblatt der Ortschaft St. Hubert in die Hand, den ›Hubertus-Boten‹, Nr. 98 vom Oktober 1974. Unter der Überschrift »St. Hubert in der Weltliteratur?« ist der

Totenzettel aufgenommen worden, mitsamt meinen Ausführungen zu dieser Mordtat. Der Verfasser des Artikels fügt folgende *Anmerkung* hinzu:

»Der von A. V. Thelen in seinem Roman eingeflochtene Totenbrief des Heinrich Hermann Scheifes ist mit einigen weiteren Angaben in der Fußnote 29 zu der Veröffentlichung ›Tagebuch der merkwürdigen Ereignisse aufgeschrieben von C. Pielen in St. Hubert‹, Hubertusbote 42 mitgeteilt. Im übrigen hat nicht nur Gott dem unglücklich schuldig gewordenen verziehen, auch die irdischen Richter waren ihm gnädig. Er hat nach einer frühen Begnadigung noch lange in Stenden-Rahm gelebt und ist dort auch gestorben. Nach allem, was man von ihm weiß, war er ganz sicher kein Mörder.« Gez. Ma.

Ich habe den vermeinten Mörder nicht an den Baum hängen lassen aus mutwillig-makabrer Phantasie, vielmehr bin ich der Legende, die in meinem Elternhause um ihn gesponnen ward', auf dem Fuße gefolgt, und das führt geradewegs zum Thema der Glaubwürdigkeit meiner Angewandten Erinnerungen: Was ist Legende? Hier, in der INSEL, hat man lesen können, daß Pascoaes die Auffassung vertritt, die Legende korrigiere die Geschichte, und an anderer Stelle: die Wahrheit sei nichts anderes als eine Legende. Beim eminenten spanischen Mann der Wissenschaften, Gregorio Marañón, hingegen liest man, im ›Conde-Duque de Olivares‹, »Die Legende ist eine Karikatur der Wahrheit«. Ein Schritt weiter in dieser umstrittenen Sache, und ich bin zu Ernst Bertram und seinem Nietzsche-Buch gelangt, dem »Versuch einer Mythologie«. Die Einleitung ist ganz der Legende gewidmet, und übrigens viel angefochten worden: was als Geschichte übrig bleibe, das sei eben – die Legende. Mein Dank darum dem Hubertusboten, der mich befugt, den Gehenkten seiner Welt und meinen Lesern halb reingewaschen wiederzugeben, indem ich ihn aus dem Strang ziehe.

Weiteres ist eine Ergänzung aufzuzeichnen, die sich auf Seite 595 bezieht, wo ich, getreu den damaligen Berichten Pedros, so am Rande bemerke, mehrere Kinder seien gestorben: und dann stimmt *das* auch wieder nicht, denn es kommen noch zwei hinzu. Diese Unterschlagung sei kurz erklärt:

Im Herbst 1976 beschlossen Vigoleis und Beatrice, endlich eine Reise nach Mallorca anzutreten, Don Pedro wiederzusehen, und seine Frau und ihre drei Töchter kennenzulernen.

Zudem hatte Pedro den Wunsch geäußert, mein Greisen-Porträt auf die Leinwand zu bringen.

Nach 40 Jahren, auf die Woche genau vom Tage unseres Abschieds, sanken wir einander erschüttert in die Arme, und Beatrice bekam, wie vor 40 Jahren, den Handkuß des Granden de España, – es hatte sich nichts geändert: einzig, wir waren alt geworden. Viel wandelten wir auf unseren eigenen Spuren, indes die Insel war nicht mehr unsere Insel, vielmehr ein Heerlager des internationalen Tourismus. Wo vordem die Woermann-Linie Kraft-durch-Freude-Leute auf die Insel losgelassen, donnern jetzt die Jets über das Eiland und spucken allstündlich die Fremden aus.

Unser erster Besuch galt der Straße des Generals, der Calle del General Barceló, und dem Hause No. 23. Sie hat sich fast nicht verändert, einzig die Numerierung der Häuser ist anders geworden, doch im Innern des Eingangs ist unsere alte Nummer angegeben. Weiter unten, an der Ecke, suchten wir die Backstube Jaumes und des Don Matias, aber sie war nicht mehr da. Dann bogen wir in die Calle de los Apuntadores ein, die Pension des Grafen und das Lädchen von Schön-Angelita zu sehen. Doch o du lieber Himmel: die kleine Straße war nicht wieder zu erkennen! ein einziger Bazar, Taberne an Taberne, und in einer jeden war Sorge getragen für Teutsche Essensspeiß: von Sauerkraut mit echtem Bohnenkaffee und ähnlichen Freßdeutschereien konnte man auf Fensterscheiben und Plakaten lesen. Was ehemals der Laden der Tanten gewesen, war ein Restaurante. Doch – darf ich weiter baedekern? – der kleine Palast, der die Pensión des Conde geborgen, war noch da, nur verfallen; im Innenhof die donnernde Palme des Schüttelaffen Beppo; aber oben, da war alles umgemodelt; es wimmelte von Hippies, die dort ihr internationales Quartier aufgeschlagen. Es war mir unbehaglich, mich in dieser Gesellschaft zu bewegen, man stolperte über sie, deren Welt damals eben die ihre war, weshalb der Inhaber der Pension, ein bärtiger Geselle, mürrisch fragte, was *wir* denn bei ihm wollten? Ich klärte ihn auf über den Zweck unseres Besuches in der gräflichen Pension, aber Auskünfte konnte er uns nicht geben. Von Grafen wisse er nichts, zudem verstand man auch kaum ein Wort im Lärm der verwilderten Schar. Wo einst edle Gestalten ihre Herberge gefunden, war der neue Stil behaust. So gingen wir, ich gesenkten Hauptes.

Der Borne? Nun, über diese ehemals so exklusive Promenade

wallten stripteasend blonde Walküren; andere saßen unter den Sonnenpalmen, mit Bier und nach spanischer Schenkeltüchte gierendem Schoß, während ihre männlichen Partner sich an den spanischen Schönen in Bluejeans versahen.

In Valldemosa besuchten wir Pedros kleines Atelier-Haus, und es ward uns auch gestattet, vom heutigen Besitzer, Stück für Stück die Gemächer des Schlosses zu besichtigen, welches Don Juan Sureda verjubelt hatte.

Vieles haben wir nicht mehr wieder sehen wollen, und von den alten Freunden trafen wir, außer Pedro, nur noch einen an, seinen Schwager Don Eduardo, weit über 80, eine imponierende Gestalt.

Pedros eigentliches Heim ist seine Atelier-Mühle Es Molí in Sa Cabaneta, einige Kilometer außerhalb von Palma, auf dem unberührten Lande; ein zauberhaftes Gewese; Ziehbrunnen, Esel und Kaktushain, ein Flug Tauben; und erst ein Jahr vor unserem Besuch hatte der Maler es sich leisten können, elektrisches Licht einziehen zu lassen.

Wir fuhren, um nur eine Exkursion herauszugreifen, nach Felanitx, wo alles noch war wie zu unserer Zeit, und aßen in einer alten Taberne. Wir unterhielten uns mit dem Gastwirt, der gerade den Namenstag eines Sprößlings mit großem Essen feierte, zu dem wir sofort eingeladen wurden. Es gab Täubchen, obzwar keine aus Brindisi, doch aus Binisalem, und weißen Felanitx. Zum Dank sprach ich ein paar Worte zu Ehren des Heiligen, dessen Segen ich über alle, die an der Festtafel ansaßen, niedergehen ließ, was man den ebenso alten wie seltsamen Fremdlingen mit der ganzen spanischen Herzlichkeit hoch zu Dank hielt.

Da der Fürwitz Pedros Frau Catalina und die erwachsenen und verwirrend schönen Töchter gestochen hatte, Vigo und Beatrice kennenzulernen, mußte ich viel erzählen: denn sie wollten alle Geschichten des Hauses Sureda, wie sie hier aufgezeichnet sind und die sie natürlich kannten, aus unserem Munde hören, dem meinen vor allem, der ich die Chronik des hochmögenden Geschlechtes literaturfähig gemacht habe. Ich ließ mich nicht lange nötigen und flocht in meine Erzählungen auch andere groteske Fürfallenheiten unseres Lebens ein. Meine spanische Zunge war wieder sehr flott geworden, doch bat ich die Familie, unter sich den mir lieben Dialekt zu sprechen, dem ich zwar nicht mehr in allem folgen konnte. Bei den Sitzungen vor der Staffelei liebte es Pedro, daß mein Mund in Bewegung bliebe, –

so kam ich aus dem Reden nicht heraus, zumal ich rasch erkannte, daß es des Malers Geist beregte; es wurden die 40 Jahre überbrückt und das Bild ist glänzend geraten.

So denn erfuhren wir, was Pedro uns nie zur Geschichte seines Stammes mitgeteilt hatte: während des Kunstaufenthaltes in England waren zu den malerischen Erzeugnissen seiner Mutter und dem Sammelsurium von Billetten, Prospekten, Museumskatalogen etc. seines Vaters noch zwei Kinder hinzugekommen, und hier denn lasse ich die Ungeborenen, die sie uns waren, Mensch werden, Menschenwesen, von denen ich weiter nichts weiß. Pedro über ihr Schicksal oder einfach deren Leben zu fragen, habe ich vergessen, vielleicht sind sie nicht einmal über den Kanal gekommen. Widerfährt mir etwas Ungewöhnliches im täglichen Verkehr mit der Umwelt, so denke ich nie: ha, das kannst du brauchen für's Manuskript.

Immerhin versprach ich Pedro vor unserer Abreise, diese Lücke in meinem Memorial zu füllen, womit ich gleichzeitig dessen Glaubwürdigkeit erhärten zu können meine, da es sowieso schwer ist, das Daseinswirkliche, welches bei einigen meiner Gestalten rundheraus ehern ist, vom angeblich baren Schwindel abzuheben. wie solchen man in meinen Aufzeichnungen auch zu finden vermag: denn es mußte ja so niedergeschrieben werden, wie's einer erlebt, der auf den Schwindel anderer hereinfliegt. Viele meiner Figuranten haben mich und meinen Vigoleis übertölpelt, wir sind ihnen aufgesessen, zur Bereicherung übrigens meines Lebens, und, nachgehends, auch der meiner Erinnerungen. Dichtung und Wahrheit, »bizarre Mystifikation« und Realität, – ich treibe mein Spiel mit dem wirklich Erlebten, zur wissenschaftlichen Beschwernis der Erforscher des Schelmenromans, die das Fiktive meiner »Angewandten« betonen und somit die Wege des Unwahren beschreiten müssen.

Ob zweier namenloser Menschenkinder dieser ganze Wortaufwand? mag manch ein Leser denken. Ja, kraft ihres Lebensrechtes gehören sie ins Buch, in dem, wahrhaftigen Gotts, schon genug an Unerhörtem unterschlagen worden ist, des Sinnes, daß ich nämlich aus dem in genau neun Monaten gezeitigten Manuskript gute 500 Seiten herausgenommen habe; und, meinem Hang ins Nihilistische folgend, habe ich sie im Bullerofen auf der Helmersstraat zu Amsterdam verbrannt, zur ungeäußerten Betrübnis von Beatrice, die ihrem Vigo diese antiherostratische Barbarei bis zur Stunde nicht nachgetragen hat. –

Barbarei? Vielleicht. Aber ist es das gefährliche Vielleicht Nietzsches in ›Jenseits von Gut und Böse‹? Im Zweifelsfalle entscheide wieder einmal die Wahrheit.

Lausanne-Vennes, auf der Straße der Dichterin Ysabelle de Montolieu, im Frühjahr 1981

Paul Theroux

Das chinesische Abenteuer

Reise durch das Reich der Mitte

Roman, 512 Seiten, Leinen gebunden, Schutzumschlag

»Der Eiserne Hahn kreischte, krähte und schien zu flattern, während Dampfschwaden aus ihm herausquollen, und er über die Schienen ratterte. Er war ein großes, klapperndes, mit Klingeln und Pfeifen bestücktes Ding, das sich laut nach Westen quälte, in die Wüste eines Gebiets, das früher Turkestan hieß. Die Lokomotive war unzählige Male repariert, der Kessel undicht, und während der Zug Hunderte von Kilometern durch die Steppe schnaufte, gab es nichts zu essen und nichts zu trinken.«
Ein Jahr ist Paul Theroux mit der Eisenbahn durch das Reich der Mitte gefahren. Seine Erlebnisse hat er aufgeschrieben in einem modernen literarischen Reisebuch – dem aufregendsten Chinabuch seit Marco Polo. Wenn wir nicht längst nach China wollten, nach der Lektüre müssen wir hinfahren, und sei es nur in unserer Phantasie.

Claassen

Postfach 300321, 4000 Düsseldorf 30

Albert Cohen im dtv

Solal

Der junge Solal ist früh entschlossen, sich von seiner jüdischen Familie in Griechenland zu lösen, um die Welt – speziell auch die Damenwelt – zu erobern. Das turbulente Europa der zwanziger Jahre scheint wie geschaffen für eine steile Karriere, doch ist Solals Fall schon vorprogrammiert... Bei seiner deutschen Veröffentlichung im Jahre 1932 erntete dieser Roman enthusiastische Besprechungen, bis er ein Jahr später von den Nationalsozialisten verboten wurde. dtv / Klett-Cotta 11064

Eisenbeißer

»Eisenbeißer« heißt eigentlich Pinhas Solal. Er versteht sich als Oberhaupt der »Fünf Tapferen«, einer kauzigen Vetternschar jüdischer Provinzler, die durch einen 300000-Drachmen-Scheck und eine verschlüsselte Botschaft nach Genf gerufen und dort in burleske Abenteuer verstrickt wird.
»Ein Schelmenroman von deftiger Intensität, eine turbulente menschliche Komödie mit tieferen Hintergrund.«
(Heinz Albers im »Hamburger Abendblatt«)
dtv / Klett-Cotta 11102

Die Schöne des Herrn

Nicht ohne es der zunächst Widerstrebenden vorher anzukündigen, verführt der junge, schöne und vermögende Solal von den Solal, ein hoher Beamter beim Völkerbund, Ariane, die Ehefrau eines Untergebenen. Er verführt sie mit einer diabolischen Rede über die Widerwärtigkeiten, Heucheleien und Lächerlichkeiten der Liebe, zynisch erklärt in allen Details, wie er sie gewinnen wird – Ariane hat dem nichts entgegenzusetzen, ein selbstzerstörerischer Liebesrausch beginnt...
dtv / Klett-Cotta 11134